SQL Server 2014

Développer et administrer pour la performance

CHEZ LE MÊME ÉDITEUR

R. BRUCHEZ. – **Les bases de données NoSQL.**
N° 14155, 2e édition, à paraître au 1er trimestre 2015.

C. SOUTOU, F. BROUARD. – **UML 2 pour les bases de données.**
N°13413, 2e édition, 2012, 322 pages.

C. SOUTOU, O. TESTE. – **SQL pour Oracle.**
N°13673, 6e édition, 2013, 642 pages.

C. SOUTOU. – **Programmer avec MySQL.**
N°13719, 3e édition, 2013, 520 pages.

R. BIZOÏ. – **Oracle 12c Administration.**
N°14056, 2014, 560 pages.

R. BIZOÏ. – **Oracle 12c – Sauvegarde et restauration.**
N°14057, 2014, 334 pages.

R. BIZOÏ. – **SQL pour Oracle 12c.**
N°14054, 2014, 412 pages.

R. BIZOÏ. – **PL/SQL pour Oracle 12c.**
N°14055, 2014, 336 pages.

SQL Server 2014

Développer et administrer pour la performance

Frédéric Brouard
Christian Soutou
Nicolas Souquet
David Barbarin

Préface de Frédéric Pichaut

EYROLLES

ÉDITIONS EYROLLES
61, bd Saint-Germain
75240 Paris Cedex 05
www.editions-eyrolles.com

Préface

Comprendre et résoudre les problèmes qui surviennent lors du développement, du déploiement ou de l'exploitation d'un produit aussi riche que SQL Server nécessite une grande expertise. D'autant qu'avec le temps, on a tendance à se spécialiser dans un certain secteur : avec près de 20 années de support sur SQL, je me suis ainsi beaucoup focalisé sur les problématiques de performance. Mais à force de se spécialiser, on finit par perdre la vue d'ensemble du produit et ce qui est en réalité très simple vous apparaît complexe. Aussi est-il très utile de temps en temps de retrouver cette vision globale.

Se regrouper à trois experts, sous la houlette d'un spécialiste des SGBDR jouant le rôle de candide, pour écrire un livre accessible, détaillé et exhaustif sur SQL Server, est une excellente idée. Les auteurs ont ainsi pu mutualiser leurs connaissances et élargir le champ de vision que l'expertise restreint souvent. Leur expérience de consultant au service des clients leur a fourni une bonne appréciation de ce que chacun va rechercher dans un livre technique. Ici, chaque chapitre expose des concepts simples qui sont enrichis de précieux conseils. En effet, si la description d'une fonctionnalité ou d'un processus n'est souvent qu'un reflet de la documentation du produit, l'ajout de recommandations pratiques et d'avertissements sur ce qu'il faut faire ou éviter constitue une véritable plus-value.

Selon ma définition, un système de gestion de base de données est un logiciel permettant de stocker, interroger et manipuler de grandes quantités de données, tout en garantissant longévité et accessibilité de manière concurrente. SQL Server remplit bien ces fonctions, mais à condition de bien définir les bases et les données, savoir les manipuler, les sauvegarder, les protéger… Il ne faut pas oublier non plus qu'un système vit, évolue dans le temps. Rien n'est figé, on insère toujours quelque chose. Le système change également pour répondre à de nouveaux besoins business, à de nouvelles contraintes. Il doit par ailleurs offrir de bonnes performances pour que les utilisateurs ne perdent pas de temps.

Frédéric, Nicolas, David et Christian apportent au fil des différents chapitres les clés d'utilisation de SQL Server. En partant des langages de définition et de manipulation des données, en incluant les aspects de programmation, en décrivant les structures physiques, la gestion de la sécurité et les contraintes de maintenance, ils nous ouvrent les portes de ce puissant logiciel.

Cet ouvrage traite de l'ensemble du moteur, du développement à l'administration. Vous y découvrirez aussi les nouveautés de SQL 2014, qui se présente comme une version majeure. Si, après 20 ans d'expérience sur un produit, vous apprenez encore des choses dans un livre technique, c'est que celui-ci est de qualité. Or j'en ai beaucoup appris dans cet ouvrage, même si certains conseils faisaient déjà partie de ce que je recommande.

Parfois, je réalise que ce produit n'est pas qu'un logiciel parmi d'autres et qu'une même passion nous anime autour. Travailler avec SQL Server, avec tout ce qui a été intégré durant ces années, est un plaisir. Et comme on dit dans un club de rugby que j'affectionne : parce que… SQL Server !

Frédéric Pichaut
Microsoft France
Senior Escalation Engineer

Table des matières

CHAPITRE 3

Évolution d'un schéma 85

CHAPITRE 4

CHAPITRE 6
Chargement en bloc, export et import de données 247

PARTIE II
Programmation avancée 281

CHAPITRE 7
Programmation Transact-SQL 283

PARTIE V

Administration du serveur 843

La partie V, les annexes et l'index sont disponibles en ligne, sur la fiche de l'ouvrage sur www.editions-eyrolles.com.

CHAPITRE 17

Maintenance courante 845

CHAPITRE 18
L'Agent SQL 921

Chapitre 19

Audit de performance ... 973

Chapitre 20

Audit des données et du paramétrage ... 1037

Avant-propos

Aujourd'hui, de moins en moins d'ouvrages traitent d'informatique, car il est possible de trouver un très grand nombre d'informations sur Internet via les forums, la documentation en ligne des éditeurs de logiciels et les sites spécialisés.

Illustré de très nombreux exemples et figures, ce livre a été rédigé avec une volonté de clarté et de progression dans la démarche. Bien que la source principale de nos informations soit la documentation officielle Microsoft (http://msdn.microsoft.com/library), l'ouvrage ne constitue pas un simple condensé de commandes SQL. Il présente les aspects fondamentaux de SQL Server de façon claire, tout en tenant compte de l'expérience de chacun des auteurs. Chaque notion importante est illustrée par de nombreux exemples qui se veulent didactiques et démonstratifs.

Cet ouvrage s'adresse à tous ceux qui désirent découvrir SQL Server, qu'ils soient concepteurs, développeurs ou administrateurs.

Contenu de l'ouvrage

Nous avons pensé ce livre principalement pour les développeurs et les administrateurs, mais aussi pour les acteurs responsables, ayant pour idée de développer et d'administrer sous SQL Server des solutions orientées performances. Nous avons donc estimé qu'il fallait parler d'un minimum de choses tant sur le plan de la gestion pure des performances, que sur l'administration (sauvegarde et restauration, maintenance des index et statistiques, vérification d'intégrité, planification des tâches...). Ce à quoi nous avons ajouté un chapitre sur l'audit et un autre sur la gestion de la haute disponibilité. Ainsi, aussi bien le développeur aguerri que le DBA débutant trouveront tout le matériel nécessaire pour assurer sereinement son activité !

Nous avons laissé de côté quelques éléments relatifs au développement, compte tenu de l'ampleur des choses à dire. Mais nous ne désespérons pas d'écrire de nouveaux chapitres et pourquoi pas, publier un second tome si ce livre devient un succès...

Parmi les points volontairement oubliés, on trouve :

- la réplication des données (SQL Server étant doté d'au moins 6 modes différents) ;
- Service Broker : un système de messagerie de données transactionnel (SODA) destiné à fabriquer des bases de données réparties et collaboratives ;
- SQL Server Reporting Services (SSRS) : un outil intelligent, sécurisé, fiable et performant pour établir des rapports et les distribuer ;

- SQL Server Integration Services (SSIS) : l'ETL de SQL Server qui sert aussi aux plans de maintenance ou à l'import-export de données ;
- Query Notification : pour s'informer des changements de données en fonction de requêtes cibles ;
- Azure : la solution SQL Server dans le cloud, pour se débarrasser des problèmes d'administration système ou bien dupliquer ses bases en ligne ;
- HDInsight : qui exploite pleinement Big Data depuis SQL Server avec une solution Hadoop.

Toutes ces points ont un point commun : des flux de données en émission ou réception par le serveur SQL…

Et enfin nous avons omis toute la BI :

- SQL Server Analysis Services (SSAS) : possibilité de créer des cubes pour des datamarts et surtout d'en tirer la quintessence, par des requêtes MDX ou DMX, ou encore de forer des données à l'aide des nombreux algorithmes de datamining ;
- PowerPivot : l'outil de manipulation dynamique des cubes décisionnels.

Notre hypothétique tome 2 serait donc à l'évidence découpé en deux parties…

Le présent livre compte plusieurs centaines d'exemples, tous disponibles en téléchargement sur la fiche de l'ouvrage sur http://www.editions-eyrolles.com ou sur le site dédié http://www.mssqlserver.fr.

Guide de lecture

Ce livre s'organise autour de cinq parties distinctes mais complémentaires. La première intéressera le lecteur débutant avec SQL Server, car elle concerne principalement les instructions SQL de base pour manipuler des tables. La deuxième partie est davantage ciblée programmation et aborde le langage procédural Transact-SQL.

Les parties suivantes attireront l'attention des futurs administrateurs qui y trouveront une synthèse de résolution des tâches qui les attendent : la troisième partie concerne la gestion au quotidien de la base (stockage, sécurité, sauvegardes et restaurations), la quatrième partie traite du maintien des performances et la cinquième partie présente les principales tâches d'administration.

Première partie : manipulation d'une base

Cette partie présente les fondamentaux du langage SQL pour déclarer des tables et leurs contraintes, insérer et modifier des données, faire évoluer un schéma relationnel et écrire des requêtes d'extraction. La gestion des données complexes (dates, hiérarchies, LOB, Filestream, SIG et XML), de même que l'importation et l'exportation sont également détaillées.

Deuxième partie : programmation

Cette partie couvre toutes les caractéristiques du langage Transact-SQL (variables, objets temporaires, fonction utilisateur, gestion des transactions, exceptions, procédures stockées, déclencheurs et curseurs). La mise en œuvre de vues et l'intégration avec l'environnement .NET est détaillée.

Troisième partie : gestion des bases de données

Pour pouvoir exploiter une base SQL Server, vous aurez besoin de maîtriser au moins le stockage et la sécurité et vous devrez être en mesure d'effectuer des sauvegardes et des restaurations.

Le chapitre 10 vous guidera dans un des aspects les plus imporants de SQL Server : l'art de stocker les données. Les notions de groupes de fichiers et de fichiers seront abordées, aussi que le stockage des LOB, le fonctionnement du journal des transactions. Nous expliquerons aussi comment sont structurées binairement les données.

Le chapitre 11 vous permettra d'établir une véritable politique de sécurité (connexions, schémas, utilisateurs, rôles, privilèges, vues système et cryptage).

La réalisation des sauvegardes, mais surtout les techniques de restauration, seront abordées au chapitre 12.

Quatrième partie : maintien des performances

Les aspects relatifs au maintien des performances sont étudiés sous quatre angles différents : les réglages à effectuer sur le serveur, comment fonctionne l'optimiseur et à quoi servent les statistiques, l'indexation, et finalement comment s'effectuent les transactions d'un point de vue physique, c'est-à-dire au niveau du verrouillage.

Cinquième partie : administration du serveur

Cinq chapitres composent cette partie, qui concerne la maintenance courante (défragmentation des index, recalcul des statistiques, vérification d'intégrité), la planification de travaux et l'envoi de messages d'alerte, les différents moyens d'auditer le serveur, tant sur le plan des performances que celui de la sécurité. Il explique aussi comment établir un système de serveurs hautement disponible avec SQL Server.

Annexes

Les deux annexes contiennent une bibliographie/webographie, ainsi qu'un glossaire.

La cinquième partie, ainsi que les annexes et l'index, sont disponibles en ligne sur la fiche de l'ouvrage sur www.editions-eyrolles.com.

Conventions typographiques

La police `courrier` est utilisée pour souligner les instructions SQL, les noms de types, de tables, de contraintes, etc. Par exemple, `SELECT pil_nom FROM T_pilote_pil`.

Les majuscules sont majoritairement employées pour les mots-clés SQL et les minuscules pour les autres éléments (variables, tables, index, vues, etc.).

Les termes de SQL Server (traduits littéralement de l'anglais) sont notés en italique lors de leur première occurrence (exemple : *trigger*, *table*, *column*, etc.).

Dans une instruction SQL, les accolades ouvrante et fermante ({}) désignent une liste. La barre verticale| représente un choix (par exemple, `CREATE {TABLE|VIEW}`). Les crochets ouvrant et fermant ([]) précisent le caractère optionnel d'une directive au sein d'une commande. Les identificateurs en italique dénotent le nom de vos tables, contraintes, etc. (par exemple, `CREATE [UNIQUE] [CLUSTERED|NONCLUSTERED] INDEX` *nom_index*...).

Cette icône introduit une définition, un concept ou une remarque importante. Elle apparaît soit dans une partie théorique, soit dans une partie technique pour souligner des instructions importantes ou la marche à suivre avec SQL.

Cette icône annonce soit une impossibilité de mise en œuvre d'un concept, soit une mise en garde. Elle est principalement utilisée dans la partie consacrée à SQL.
Nous en profitons pour faire passer le message suivant : si vous travaillez avec une version de SQL Server antérieure à 2014, certaines instructions décrites dans ce livre ne seront pas supportées. Cet ouvrage n'est pas un guide de référence ! Vous trouverez sur le Web des ressources pour connaître la compatibilité de telle ou telle fonction SQL.

Cette icône indique une recommandation permettant d'améliorer la performance de SQL Server.

Cette icône signale une astuce ou un conseil personnel.

Contact et téléchargements

Si vous avez des remarques à formuler sur le contenu de cet ouvrage, n'hésitez pas à nous écrire à l'adresse suivante : sql.server.eyrolles@gmail.com.

Par ailleurs, une extension web de l'ouvrage (*errata*, corrigés des exercices, source des exemples et compléments) est accessible via le site des éditions Eyrolles (http://www.editions-eyrolles.com), sur la fiche du livre, ou sur le site compagnon http://www.mssqlserver.fr.

Les auteurs

Christian Soutou – alias *soutou* sur Internet

Spécialiste d'Oracle et de la modélisation, il n'avait jamais utilisé SQL Server avant 2012, date du début de ce projet qu'il a initié. Il a donc joué le rôle de candide en rédigeant les chapitres sur les bases du langage SQL et de la programmation (chapitres 1 à 5, 7 et 8).

Seul fonctionnaire de la bande, ayant donc du temps devant lui et derrière aussi, il a dû attendre les chapitres de ses collègues de longs mois, entendre ou sous-entendre les clichés liés à sa profession et lever les yeux au ciel en lisant de longues tirades à la prétendue supériorité de SQL Server par rapport à celle d'Oracle.

Maître de conférences rattaché au département Réseaux et Télécoms de l'IUT de Blagnac, il intervient en licence et master professionnels. Il est également consultant indépendant chez Orsys et auteur d'ouvrages parus aux éditions Eyrolles.

Frédéric Brouard – alias *SQLpro* sur Internet

Il s'intitule lui-même « Expert en matière de SGBD Relationnel ». Il est MVP[1]*(Most Valuable Professionnal)* sur la technologie SQL Server depuis plus de 10 ans.

Il a écrit plusieurs livres consacrés au langage SQL et rédigé de très nombreux articles sur Internet, notamment sur le site developpez.com, sous le pseudonyme de SQLpro. Sous ce même pseudonyme, il sévit dans les forums de ce site developpez.com sur lesquels sa réputation n'est plus à faire : dent dure, style acerbe, plume acide… Bref, loin du politiquement correct et du consensus mou ! Il se définit lui-même d'ailleurs comme le « terminator » du SQL…

Il dirige la société SQL Spot présente à Paris et PACA, laquelle fournit des services d'assistance, conseil, audit et formation sur SQL Server principalement (notamment à travers un partenariat avec Orsys), et sur l'architecture de données. Il enseigne dans différentes écoles d'ingénieur, comme à l'Epita.

Il a rédigé les chapitres consacrés à l'optimisation (chapitres 13, 14, 15 et 16) et la plupart de ceux sur l'administration (chapitres 10, 11, 12, 17 et 18). Il a aussi cosigné le chapitre sur les imports-exports (chapitre 6).

Nicolas Souquet - alias *elsuket* sur Internet

Thaïlandais d'adoption, toulousain d'origine, français de naissance (il refuse honteusement de revenir travailler dans l'actuelle douce France, pays de son enfance…), il a travaillé pour l'un des plus grands hôpitaux de Bangkok avant d'intégrer Microsoft, pour en sortir quelques années plus tard afin de ne pas migrer vers les États-Unis !

Il a aussi œuvré pour Agoda, le spécialiste de la réservation hôtelière dans le monde asiatique.

Il est également MVP sur SQL Server (malgré une interruption due à son passage chez Microsoft…).

Lui aussi libère sa prose sur developpez.com où il signe des articles techniques sur un joujou qu'il aime bien, à savoir SQL Server, vous l'aurez compris…

Il a écrit les chapitres 9, 19 et 20, consacrés l'un à .NET et les deux autres à l'audit, et cosigné le chapitre 6.

David Barbarin - alias *mikadavem* sur Internet

Réfugié en Suisse, originaire de Lyon et français de souche et de naissance, il n'a plus l'intention de revenir en France lui non plus. Le climat tant météorologique que social, ou encore politique, semble lui convenir à merveille (non, il affirme ne pas avoir de compte en banque en Suisse… enfin si, mais seulement alimenté par son salaire local !).

Avant de devenir helvétique dans l'âme, il a officié aux Hospices Civils de Lyon sur une base de données de 2 To encaissant jusqu'à 8 000 connexions concurrentes. Aujourd'hui, il s'est spécialisé dans le *tuning* des performances et la haute disponibilité. Certifié SQL MCM *(Microsoft Certified Master)*, David est aussi formateur MCT *(Microsoft Certified Trainer)*.

Lui aussi est MVP sur SQL Server et distille son savoir sur SQL Server sur developpez.com.

Il a rédigé le chapitre 21 consacré à la haute disponibilité.

Frédéric, Nicolas et David interviennent régulièrement dans des manifestations organisées par le GUSS[2] (Groupe des utilisateurs de SQL Server). Cette association des professionnels francophones de

1. Il s'agit d'un « label » attribué annuellement par Microsoft et destiné à récompenser les personnalités qui renseignent et aident la communauté à enrichir ses connaissances sur les technologies de Microsoft grâce à leurs écrits (tant papier que sur le Web) ou par leurs participations à des manifestations professionnelles (forums, journées techniques, conférences…).

SQL Server organise des séminaires, notamment les fameuses journées SQL Server avec l'aide de Microsoft France.

Remerciements

Un tel ouvrage est le fruit collectif de multiples réflexions et nécessite de nombreux échanges, rectifications et corrections. De nombreux acteurs nous ont aidés, certains sans le savoir. Qu'ils soient ici remerciés : Arian Papillon, Pascale Doz, Christophe Laporte, David Baffaleuf, Claude Leroy, François de Sainte-Marie, Pattareeya Junthakeeree, Lee Yates, Dickon Smart-Gill... Nous en oublions sans doute ! Qu'on nous pardonne...

Enfin, merci à notre éditeur, Antoine Derouin, qui non seulement a cru à notre projet, mais a eu la patience d'attendre parfois longtemps certains chapitres et le courage de s'atteler à cette entreprise de taille !

2. Sur Internet : http://www.guss.pro

Introduction

SQL Server est un système de gestion de base de données (SGBD ou SGBDR pour système de gestion de base de données relationnelles), développé et commercialisé par Microsoft.

Position de SQL Server dans le monde des SGBDR

SQL Server est l'un des SGBDR les plus pointus qui soit. Aujourd'hui, il dépasse largement son principal concurrent Oracle sur de nombreux points : sécurité, fiabilité, performance et coûts...

Peu après la sortie de la version 2005, les experts en sécurité[1] avaient soulignés que les importants efforts de refonte du SGBDR avaient apporté un très haut niveau de sécurité, devançant largement Oracle. Il est simple de s'en rendre compte en effectuant une recherche dans Google sur les failles de sécurité des deux SGBDR. En tapant les mots-clés adéquats comme NIST[2] et CVE[3], associés au nom du SGBDR, nous trouvons les métriques suivantes : 56 600 résultats pour Oracle et 22 500 pour SQL Server, soit moins de la moitié... C'est encore plus flagrant lorsqu'on effectue cette requête directement dans le moteur de recherche du NIST pour les trois dernières années : 1 405 cas pour Oracle, contre 191 pour SQL Server... Bref, sept fois plus de bogues, parfois critiques, pour Oracle par rapport à SQL Server ! Une tendance encore confirmée aujourd'hui par Qualys[4] qui pointe un nombre de vulnérabilités dans Oracle deux fois plus élevé que dans SQL Server.

Certains auteurs signalent en outre que la correction des problèmes est généralement beaucoup plus lente (au moins deux fois plus) chez Oracle que chez SQL Server. De plus, Oracle n'a pas corrigé un certain nombre de bogues détectés depuis de plusieurs années, chose impensable pour Microsoft. Depuis plus de dix ans maintenant, celui-ci a mis au point le *Microsoft's Secure Development Lifecycle*, une méthodologie destinée à aider les développeurs de la firme de Redmond à construire des systèmes plus résilients et naturellement plus fiables.

1. Pour l'année 2006, l'analyse de David Litchfield avait montré qu'Oracle présentait 34 vulnérabilités ayant fait l'objet d'une correction tandis que SQL Server n'en présentait aucune...
2. *National Institute of Standards and Technology.*
3. *Common Vulnerabilities and Exposures.*
4. http://www.qualys.com/solutions/technology/database/

Et ceci, couplé à la très robuste plate-forme de test, a payé !

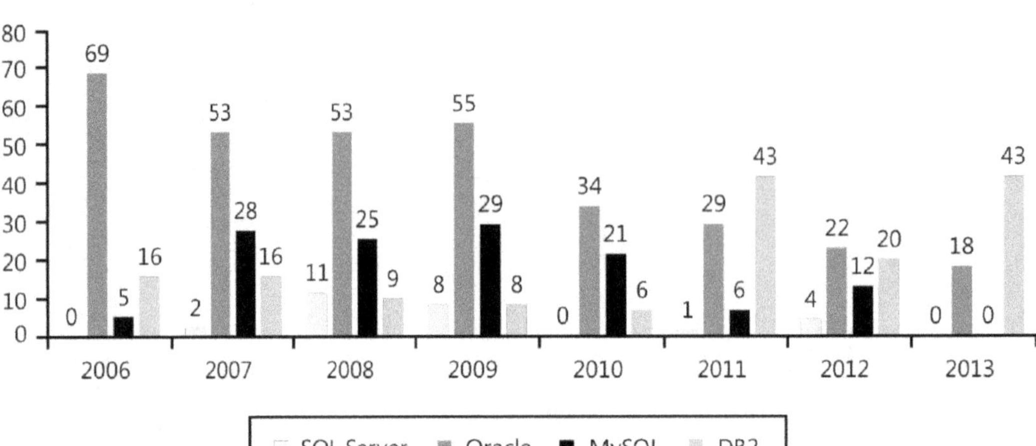

Figure I–1 Nombre de vulnérabilités recensées par le NIST par an depuis la sortie de SQL Server 2005

La fiabilité de Windows associé à SQL Server n'est plus à prouver, n'en déplaisent aux afficionados de Linux[5]. De nombreuses études comparatives ont été menées concernant les coûts d'exploitation[6] de SQL Server par rapport à ceux d'Oracle sous Linux. Elles mettent en avant une moins bonne fiabilité de la solution Oracle sous Linux, alors que celle de SQL Server s'est nettement améliorée depuis la version 2005. De même, les coûts d'exploitation sont bien moins importants…

C'est sans doute pour cette raison que la brigade des sapeurs-pompiers de Paris a opté pour SQL Server afin de gérer l'ensemble des systèmes d'alerte avec le logiciel Adagio. C'est aussi pour cela que la DDE du Gard (aujourd'hui DDTM) a confié à SQL Server la gestion des données des cours d'eau du grand delta du Rhône[7] afin de prévoir les épisodes de crues (celle de 2003 avait fait plus d'un milliard d'euros de dégâts). Le précédent système sous PostGreSQL était incapable de supporter à la fois la charge, la fiabilité et la haute disponibilité… Cette solution de gestion des épisodes de crues est aujourd'hui adoptée par une grande partie des SPC[8] pour d'autres réseaux hydroliques et elle est en voie d'introduction dans d'autres pays européens…

Certes on peut arguer qu'Oracle supporte le poids du passé avec un volume de données stockées généralement supérieur à celui de SQL Server. Mais les études[9] ont justement comparées des choses com-

5. Voir, par exemple, les études suivantes :
http://www.iaps.com/2010-2011-server-reliability-survey.html (2011)
http://itic-corp.com/category/servers/ (2014)
6. Le coût d'exploitation est directement lié à l'indisponibilité des données résultant de la fiabilité du système. Des données inutilisables du fait de l'indisponibilité du système coûtent cher à l'entreprise…
7. Logiciel Aquaréel développé par Synaspe et SQL Spot.
8. Service de prévision des crues, dépendant des DDT/DDTM.
9. La première étude de ce type est celle de Alinean Inc., publiée en 2006, qui a comparé Oracle 10g et SQL Server 2005 dans une centaine d'entreprises sur des volumes comparables. Les résultats ont montré que le TCO *(Total Cost of Ownership)* était d'environ 2 052/an pour SQL Server contre environ 7 358/an pour Oracle.

parables et s'accordent à affirmer que le coût total d'exploitation est en faveur de la solution de SQL Server et cela en raison de critères objectifs et précis :

- la simplicité d'administration de SQL Server ;
- le faible nombre de combinaisons entre les versions du SGBDR et de sa plate-forme d'exploitation.

La simplicité d'administration est depuis longtemps un argument de vente des produits Microsoft. Certes, il n'est pas possible de tout faire à coup de clics, mais pour bien des tâches simples, les interfaces graphiques de SQL Server permettent d'obtenir rapidement les informations et d'administrer facilement les serveurs là où la concurrence exige de passer par la ligne de commande, avec toute la joyeuseté des erreurs de syntaxe qui l'accompagne. Que de temps gagné pour exécuter des tâches simples !

Par exemple, il est généralement admis qu'une installation d'instance SQL Server nécessite seulement 1 heure et demie contre environ 6 heures pour Oracle…

De plus, avec une plate-forme système unique, les commandes à rallonge spécifique à telle ou telle mouture ou version d'OS deviennent inutiles ! Une simplicité payante qui raccourcit l'écriture des tâches et en optimise l'exécution.

La plate-forme unique Windows simplifie encore plus la vie lorsque l'on analyse l'étendue des situations de Linux. Loin d'être une richesse, l'énorme quantité des distributions (plus de cent à ce jour, parmi lesquelles Red Hat, Debian, Suse, Mandriva, Ubuntu, CentOS…) et des multiples versions des différents Linux complexifient de manière démesurée l'exploitation et la maintenance des systèmes. En effet, il devient difficile d'industrialiser la maintenance lorsque l'on est confronté à plus de 200 versions différentes d'un prétendu même système, comme c'est le cas chez la plupart des grandes entreprises ayant massivement adopté Linux dans des temps passés et aujourd'hui contraints de faire machine arrière afin de réduire les coûts !

Quelques récentes études menées en France dans des entreprises autrefois pro linuxiennes et étatiques ont bien montré les désastres engendrés par une politique absurde du « complètement libre » idéologique, sans avoir au préalable entrepris des études prospectives pour en connaître les tenants et aboutissants, notamment économiques…

Sur le plan des performances, SQL Server avait déjà devancé son principal concurrent en matière d'extraction des données, mais pas en ce qui concernait le pur transactionnel. Aujourd'hui, l'écart est comblé, SQL Server dépasse Oracle en termes de vitesse transactionnelle avec Hekaton (c'est-à-dire la technologie *In Memory*), initié par SAP et son SGBDR Hana DB. Il est à noter qu'aucun des concurrents du libre n'offre aujourd'hui une telle solution combinant base relationnelle et technologie In Memory.

C'est sans doute pour ses performances et aussi pour son moindre coût d'exploitation que la plupart des grands sites web marchands français ont optés pour SQL Server. Citons par exemple les sites de la Fnac, CDiscount, Ventes Privées…

En comparaison, le site d'annonces faiblement transactionnel leboncoin.fr est obligé d'arrêter le service des données de ses serveurs PostGreSQL pour effectuer les principales tâches de maintenance (sauvegarde, réindexation, nettoyage des versions de lignes…), qui s'avéraient incompatibles avec la production, même aux heures creuses ! Heureusement, sur ce point, SQL Server peut procéder aux opérations de maintenance (réindexation, modification de la structure des objets – tables en particulier) même en pleine production et sans gêner les utilisateurs concurrents. Et avec le bon hardware, il est même possible de rajouter CPU ou RAM à chaud…

En matière de coûts, il y a longtemps que SQL Server est considéré comme un SGBDR low cost et il gagne de nombreux marchés au détriment d'Oracle. C'est en particulier un choix que font de très nombreuses entreprises sur des nouveaux projets, notamment dans le décisionnel. En effet, le Gartner Group[10] a montré à quel point Microsoft était en pointe dans la BI *low cost* depuis plusieurs années. Il suffit de mentionner quelques-unes des réussites françaises dans ce domaine : Bouygues, Havas Média, Conforama, L'Occitane, Veolia, L'Oréal…

Certains croient naïvement que SQL Server n'est qu'un simple Access amélioré. Ce serait faire injure à son ancêtre, Sybase, fortement implanté à l'origine dans le monde bancaire. D'autres croient que les volumes gérables par SQL Server sont minimes par rapport à ceux gérés par Oracle. Qu'on en juge… De nombreux acteurs français ont largement dépassés la dizaine de téra-octets, comme Fnac.com, CDiscount, Vente Privées, Essilor… Citons aussi le cas de BMW avec plus de 70 To de données en Allemagne.

De nombreuses banques françaises utilisent SQL Server au quotidien pour gérer de très nombreuses bases. Citons Société Générale (plusieurs milliers), Crédit Agricole (plus de 2 000), BNP Paribas (plus de 500)… C'est aussi le cas des sociétés de services comme AutoLib (groupe Bolloré), Velib (groupe Decaux) ou encore Bouygues…

Pour ce qui est du prix de vente, il semblerait bien que la concurrence soit aux abois. Certains clients ont obtenu d'Oracle des réductions allant jusqu'à 70 % du tarif officiel, alors que SQL Server applique des tarifs très encadrés, dont la marge de manœuvre est bloquée à 40 % pour les clients les plus « pauvres » (souvent des administrations) qui achètent des volumes conséquent de licences. Mais même avec un tel rabais, Oracle reste démesurément cher[11] et fait payer au tarif fort le moindre package supplémentaire : environ 3 600 € par processeur pour le Diagnostic Pack ou le Tuning Pack, environ 8 300€ par processeur pour Data Guard (l'équivalent du Mirroring), la compression ou le partitionnement, environ 12 620 € par processeur pour le spatial et 33 170 € par processeur pour le moteur OLAP et l'analytique… Alors que tout cela est compris dans la version Enterprise de SQL Server !

Pas étonnant alors qu'Oracle stagne en parts de marché, qui sont calculées sur le chiffre d'affaires, alors que SQL Server progresse largement en nombre de licences…

Et le libre ?

Il est donc certain que SQL Server possède de nombreux atouts face à la concurrence commerciale mais aussi face aux SGBDR pseudo ou réellement libres que sont MySQL ou PostGreSQL…

En fait, ni MySQL ni PostGreSQL ne sont de véritables SGBDR, tous deux échouant aux tests ensemblistes[12] (comme celui invoqué par Chris Date dans un célèbre article intitulé « A cure for Madness » et indiquant quel devait être le comportement logique d'un SGBDR).

Cet échec est la conséquence d'un développement superficiel incapable de prendre en compte la réelle complexité du monde relationnel. C'est assez flagrant quand on se rend compte que MySQL et PostGreSQL ne peuvent pas utiliser plus d'un thread pour une même requête, s'interdisant ainsi tout

10. http://www.zdnet.com/gartner-releases-2013-bi-magic-quadrant-7000011264/

11. Entre 2 et 24 fois plus cher selon les configurations par rapport aux tarifs officiellement publiés.

12. Par exemple, il n'est pas possible de mettre à jour une colonne clé dans certaines conditions. Voir à ce sujet l'article disponible à l'adresse suivante : http://blog.developpez.com/sqlpro/p10916.

parallélisme d'accès ou de manipulation des données. Quant aux aspects de BI ou In Memory, ces « bases libres » n'en sont évidemment pas dotés.

Même si PostGreSQL offre un bon support du SQL[13], il reste très pauvre en outils d'administration ou de diagnostic et catastrophiquement lent dans certaines manipulation d'administration (par exemple lors des migrations de bases d'un serveur à l'autre[14]...).

Et au final, aucun des acteurs du libre n'offre une telle richesse de versions pour des besoins plus spécifiques :

- un moteur relationnel pour stocker et manipuler (SQL) des données des bases transactionnelles (OLTP) ;
- un moteur transactionnel dans le cloud (Azure) pour ceux qui ne veulent pas s'embarrasser de la partie purement « système » d'un SGBDR (haute disponibilité en particulier) ;
- un moteur décisionnel pour stocker et manipuler (MDX/DMX) des données des bases analytiques (OLAP) ;
- un ETL intégré hautement multithreadé et performant pour l'alimentation des datawarehouse (1 To en 30 minutes...) ;
- un outil de reporting dynamique, sécurisé avec un cache intégré ;
- un outil visuel de manipulation de tableaux croisés dynamique avec *drilling* (PowerPivot) ;
- des extensions pour la gestion de très forts volumes de données non structurées avec HD Insight afin d'aller dans le « Big Data ».

Et finalement, le gratuit s'avère cher... Dès que les besoins applicatifs sortent du bas de gamme, le recours au libre nécessite des palliatifs que la différence de licence finit par absorber. Par exemple, dans le cas de la gestion des crues du grand delta du Rhône, il avait été imposé au SPC de la DDTM du Gard de rester dans le libre afin de minimiser les coûts. Mais avec PostGreSQL, il fallait d'énormes ressources pour les serveurs afin de compenser l'absence des vues indexées[15] (donc un coût de serveur démesuré), du matériel, une infrastructure et des logiciels supplémentaires afin de répliquer de manière fiable et cohérente l'ensemble des données de la base à grande distance (de Nîmes à Avignon) dans des tuyaux ne supportant pas plus de 4 Mo de bande passante au mieux. Il a donc fallu se battre contre une administration centrale bornée pour imposer SQL Server au détriment de PostGreSQL, l'argument massue étant le total hors budget de la solution PostGreSQL avant même le début de l'exploitation...

Il suffit de penser aux pertes de chiffre d'affaires que le site Leboncoin.com se permet en coupant PostGreSQL la nuit pour maintenance, ce qui le prive de la manne que pourrait lui rapporter les annonces des nombreux francophones vivants en horaires décalés (personnes résidant par exemple aux Antilles, en Polynésie ou en Nouvelle-Calédonie, mais encore et surtout au Canada, qui seraient sans doute heureuses de pouvoir profiter d'un site d'annonces aussi populaire !).

13. MySQL offre un support très restreint du SQL basé sur une grande partie de la norme de 1992, soit plus de 22 ans de retard ! Pour pallier certains de ses défauts, il offre en compensation des fonctions très exotiques, loin du fonctionnement normal d'un SGBDR...

14. Il suffit de quelques millisecondes pour migrer une base de données SQL Server d'une instance à une autre, même quand il s'agit d'une migration évolutive en version (par exemple de 2008 à 2014...).

15. Certaines tables comptent plusieurs centaines de millions de lignes.

Des métriques

Parmi les métriques records, nos collègues de PASS[16] ont relevé il y a quelques années les chiffres suivants, déjà largement dépassés :

Base de données monolithique la plus grosse	100 To
Table la plus « longue »	1,5 milliard de milliards de lignes
Nombre de transactions le plus élevé	200 000 transactions par seconde[a]
Application ayant le plus gros volume de données	88 Po
Vitesse de chargement des données dans une base	1 To en 30 minutes

a. Société SIB Liquidity Market

Parlons maintenant de quelques projets poids lourds :

- BWIN : plus de 100 instances de SQL Server abritant quelques 120 To de données sur plus de 1 400 bases, gérées par 5 DBA plus un architecte de bases de données… Et sur le serveur principal, plus de 450 000 requêtes SQL par seconde…
- Itaù (Brésil) : BI alimenté par 180 millions de faits par jour. Croissance annuelle de 30 à 50 To.
- Pann-STARRS (Hawaï) : base relationnelle comportant plus de 100 To de données (en 2009) sur un ensemble de 8 serveurs fédérés.

Parmi les acteurs connus pour dépasser allègrement les 100 To, citons Centipede, MySpace, Hotmail… certains ayant franchi la barre du péta-octet.

Un peu d'histoire

Initialement développé par Sybase, Ashton-Tate et Microsoft, la première version de SQL Server est sortie en 1989 (plates-formes Unix et OS/2)[17]. En 1994, le partenariat entre Sybase et Microsoft s'est terminé et Microsoft a alors porté ce système sous Windows NT avec la version 6.0 puis 6.5. Dans le même temps, Sybase a renommé Sybase SQL Server en Sybase Adaptive Server Enterprise pour éviter toute confusion. La version 7 (refonte complète) de SQL Server sort ensuite, suivie de SQL Server 2000 (l'année figure désormais dans le nom de la version).

En novembre 2005, le système connaît nouvelle refonte complète et sort alors SQL Server 2005 (nom de code Yukon), suivi de SQL Server 2008 (nom de code Katmaï) et SQL Server 2008 R2 en 2010. Début 2012, SQL Server 2012 voit le jour (nom de code Denali). Des nouveautés apparaissent tant au niveau des éditions que sur la manière de tarifer les licences.

En mars 2014, sort enfin une nouvelle version intégrant la technologie In Memory. L'optimiseur est entièrement refait.

16. Professionnal Association for SQL Server (organisations internationales non lucratives destinées aux utilisateurs de SQL Server).

17. En fait, SQL Server de Sybase a été créé en 1984 et tourne sous Unix. Son moteur est d'origine Ingres. Ses concepteurs viennent de l'université de Berkeley.

Tableau I–1 Dates importantes pour SQL Server

Années – Versions	Caractéristiques principales
1995 – SQL Server 6.0	Windows NT
1998 – SQL Server 7.0	Verrouillage ligne, services OLAP, SQL cluster
2000 – SQL Server 2000	64 bits, support multi-instance, data mining, reporting Services, UDF
2005 – SQL Server 2005	Réécriture complète du moteur de Sybase, SSIS, XML, CLR, mirroring, chiffrement à la colonne
2008 – SQL Server 2008	Filestream, SIG, compression, PowerShell, gestion basée sur les règles
2008 – SQL Server 2008 R2	Master Data Services, StreamInsight, gestion multiserveur, UCP, DAC
2012 – SQL Server 2012	Groupes de disponibilités AlwaysOn, Data Quality Services, Filetable, recherche sémantique, nouvelles fonctions T-SQL, index columnstore
2014 – SQL Server 2014	Hekaton et tables In Memory, chiffrement des sauvegardes, extensibilité forte vers Azure, refonte de l'optimiseur

Offre du moment

L'offre autour de SQL Server se décline en différentes éditions :

- Express : édition gratuite et allégée, elle dispose du même moteur de base de données que les éditions supérieures. Limitée à 10 Go de stockage par base, 1 Go de cache, elle offre néanmoins de nombreuses fonctionnalités (sauvegardes, restaurations, compatibilité avec la plate-forme SQL Azure, outil graphique de développement et reporting, recherches *full-text* et spatiale). Également limitée à 50 instances comportant au maximum 32 760 bases de 10 Go, avec 4 cœurs et 4 Go de RAM, elle se décline en plusieurs choix (Express… with Tools… with Advanced Services).
- Web : édition disponible dans le cadre d'un contrat de location de licence auprès de certains hébergeurs (tarif très compétitif par rapport à l'achat, visant à détrôner l'hégémonie de MySQL sur ce segment). Limitée à 16 cœurs sur 4 CPU et 64 Go de RAM.
- Standard : édition limitée désormais à 16 cœurs sur 4 CPU et 128 Go de RAM.
- Business Intelligence : édition uniquement limitée sur le relationnel, RAM de 64 Go. Du côté du décisionnel, cette édition est illimitée et supporte toutes les fonctionnalités de Reporting Services, Analysis Services et Integration Services.
- Enterprise : édition la plus riche et illimitée sur tous les points (la virtualisation illimitée nécessite toutefois la Software Assurance) qui voit disparaître le mode de licence par client et serveur au profit du mode par cœur. Cette édition est la seule à bénéficier de toutes les améliorations du clustering et mirroring avec AlwaysOn.
- Parallel Datawarehouse : édition qui utilise le concept du « massivement parallèle » pour exécuter les requêtes sur un volume important de données. Ces systèmes sont vendus sous la forme d'une appliance, contrairement aux autres éditions
- SQL Azure : le cloud étant devenu incontournable depuis quelques temps, Microsoft offre une édition dans ce sens. Cette édition fait partie des offres PAAS *(Platform As A Service)* de Microsoft et permet d'étendre les possibilités des applications vers le cloud.
- Developer : édition présentant les mêmes fonctionnalités que l'édition Enterprise, mais restreinte principalement aux tests. Cette édition n'est pas destinée à la production.

Du serveur à l'utilisateur

La figure I-2 illustre la hiérarchie de SQL Server. Dans cet exemple, le SGBD SQL Server Express nommé `SQLEXPRESS` est installé sur le serveur `SOUTOU-PC-W7` qui contient la base `BD_Air_France`, dans laquelle sont définis, entre autres, le schéma `S_Vols` et les utilisateurs SQL `USR_soutou` et `USR_brouard`.

- Les comptes de connexion permettent à des utilisateurs (mappage de compte Windows ou purement SQL Server) d'accéder au serveur. La connexion créée initialement se nomme `sa` *(system administrator)*, l'installation par défaut définit également l'utilisateur Windows ayant installé le logiciel en tant que connexion Windows. Ces paramètres peuvent être modifiés après installation, voire supprimés.
- Le serveur est la machine qui héberge le logiciel (ou les logiciels) SQL Server.
- L'instance est une installation de SQL Server, composée des fichiers d'exécution de SQL Server, et d'un paramétrage des ressources nécessaires pour faire fonctionner le moteur du SGBD. Plusieurs instances peuvent fonctionner en parallèle sur un même serveur (50 au maximum) et chacune peut recevoir jusqu'à, 32 760 bases de données. Différentes versions peuvent également cohabiter sur le même serveur (SQL Server Express 2012, SQL Server 2005 et SQL Server 2008 R2, par exemple).

Figure I–2
La hiérarchie de SQL Server

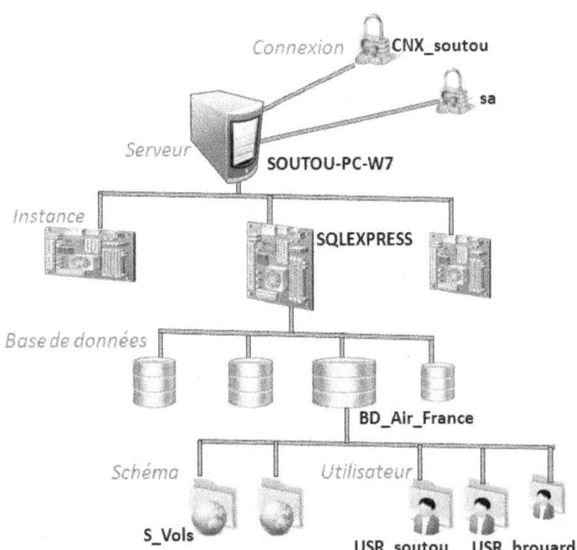

- La base de données regroupe différents objets (tables, index, vues, etc.). Plusieurs bases peuvent être définies sur une instance qui en héberge systématiquement au moins 4 qui sont visibles (les bases système `master`, `model`, `msdb` et `tempdb`). Une cinquième est invisible et inatteignable depuis la version 2005 (base `resource`), et une sixième (en principe la base `distribution`) apparaît lors d'une réplication.
- Les schémas, sont des « conteneurs » internes à chaque base de données et jouent le rôle d'espaces de noms (conteneur d'objets) permettant une gestion indépendante de l'utilisateur qui l'a créé. L'utilité de ce niveau réside dans la grande flexibilité de transmission des privilèges. Un schéma peut contenir des objets appartenant à différents utilisateurs de la base de données. Le schéma par défaut de tout utilisateur est `dbo`.
- Les utilisateurs SQL (niveau base de données) sont des entités de sécurité, généralement associées à des comptes de connexion, afin de définir un profil de navigation dans chaque base. Deux utilisateurs de même nom appartenant à deux bases distinctes ne sont pas forcément identiques.

Installation de SQL Server

Si tout se passe bien, comptez environ une demi-heure pour installer SQL Server en fonction de la configuration de votre machine. Nous présentons ici l'installation de SQL Server 2014.

Rendez-vous sur le site de Microsoft http://www.microsoft.com/en-us/evalcenter/evaluate-sql-server-2014 et connectez-vous avec un compte MSN Hotmail, Messenger ou Passport (avec un mot de passe de type Windows Live ID). Suivant l'édition, vous aurez la possibilité de télécharger sous la forme Azure, ISO ou CAB. Dans ce dernier cas, il vous reste à décompresser l'archive puis à lancer l'exécutable qui crée une arborescence contenant le fichier `SETUP.exe`. En exécutant ce dernier, vous avez la possibilité d'effectuer différentes tâches.

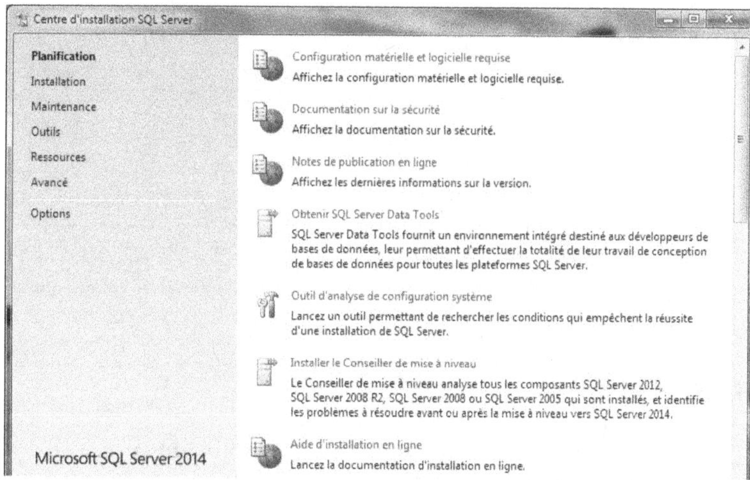

Figure I–3
Page d'accueil de l'installation

Une fois l'installation lancée, différentes étapes intermédiaires (règles d'installation) vous permettront de valider votre configuration. Chaque règle doit être validée avec succès.

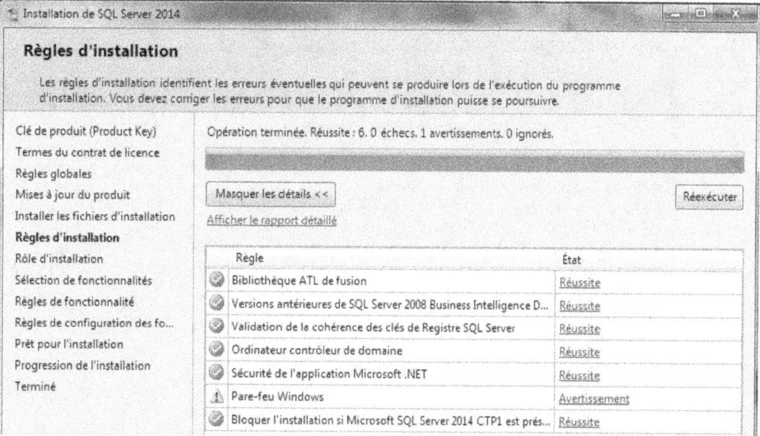

Figure I–4
Règles d'installation

Le choix vous est donné de sélectionner l'édition gratuite (Express), d'évaluer pour une période de 180 jours le produit complet ou encore de valider une clé de produit si vous en possédez une. Vous pouvez personnaliser l'installation en désactivant un certain nombre d'options ainsi que le choix du répertoire d'installation (nous avons conservé les options par défaut). À noter que le répertoire de destination des bases de données système ne pourra pas être modifié par la suite (sauf pour la base `tempdb`).

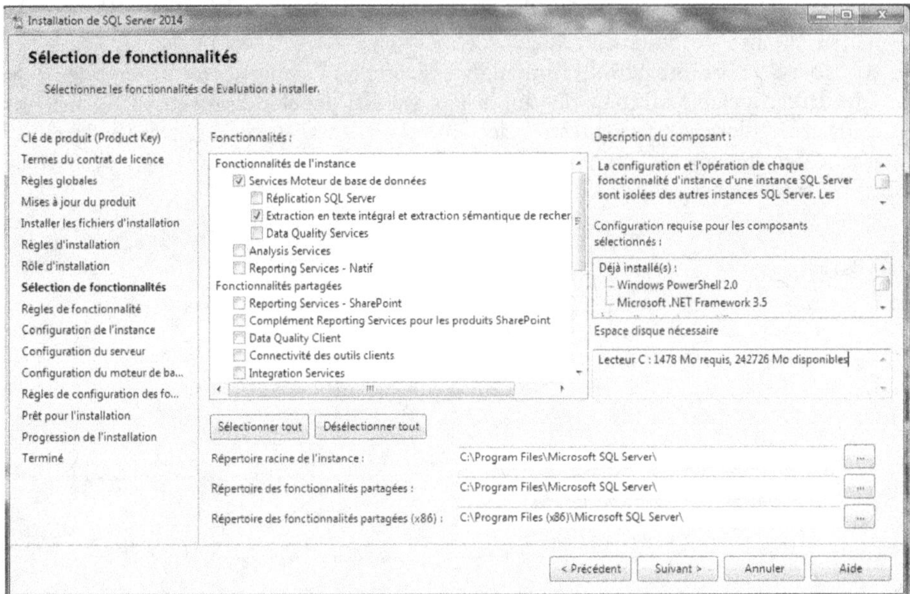

Figure I–5 Sélection de fonctionnalités

Lors de la configuration du serveur, vous pouvez modifier le type de démarrage de certains services (ici, le service de reporting, par exemple). L'onglet *Classement* (en fait, les « collations ») permet de choisir la collation par défaut des bases de données. Ce choix n'est pas anodin car il peut être lourd de conséquences sur certaines requêtes (voir chapitre 2).

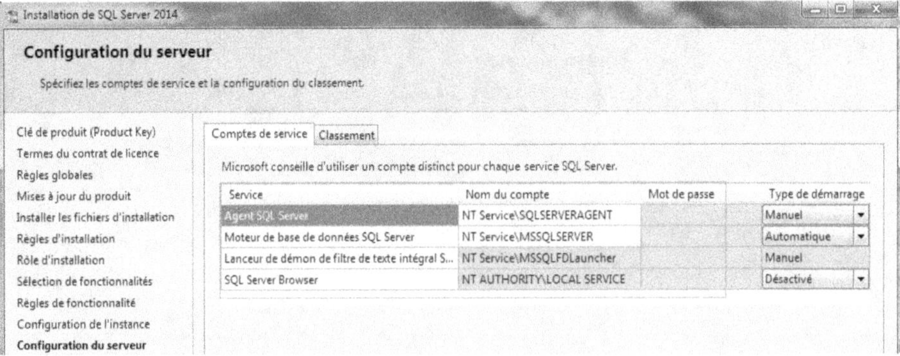

Figure I–6 Types de démarrage des services

Pour ce qui est de la configuration du moteur, choisissez le mode d'authentification mixte qui vous permettra d'ajouter des nouvelles connexions indépendamment des utilisateurs Windows. Saisissez un mot de passe pour le compte `sa` (équivalent du `root` sur Unix ou du `system` dans Oracle) et ne l'oubliez pas… Activez les options relatives à Filestream.

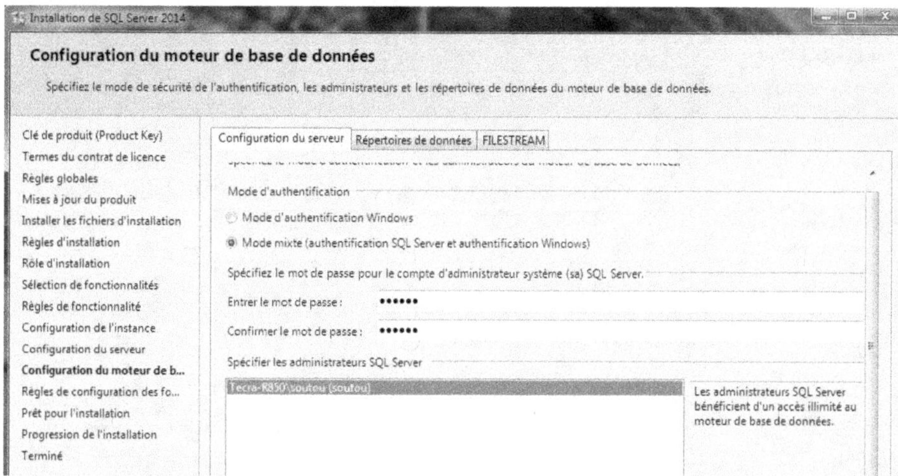

Figure I–7 Modes d'authentification

Dans la fenêtre suivante, ne configurez pas le mode de Reporting Services. Cliquez uniquement sur le bouton *Installer*. Une fois cette étape accomplie, un récapitulatif est affiché. Le redémarrage de votre machine sera sans doute à prévoir à l'issue de l'installation.

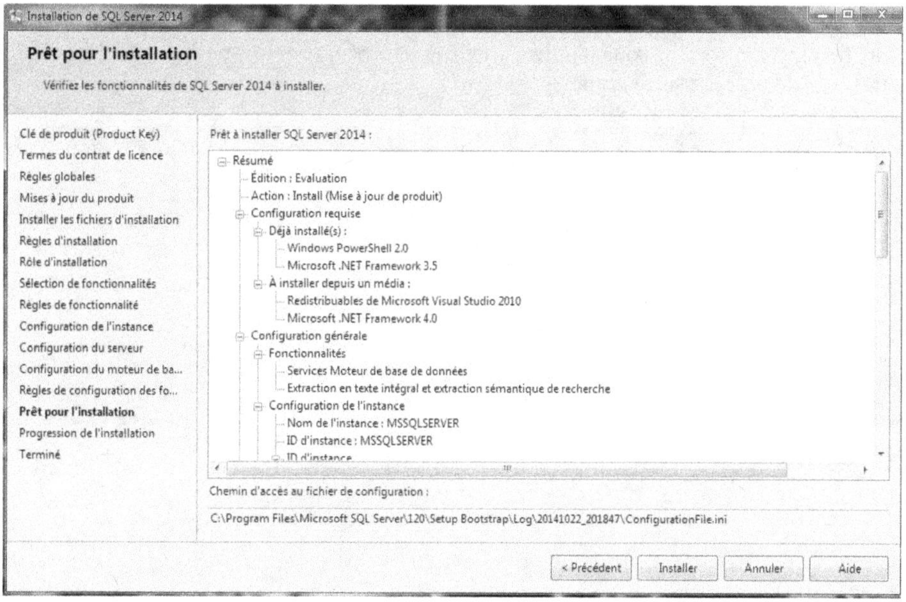

Figure I–8 Récapitulatif

L'état des composants installés est décrit dans une dernière fenêtre où vous pourrez placer dans les favoris de votre navigateur les liens indiqués dans la zone de texte du bas.

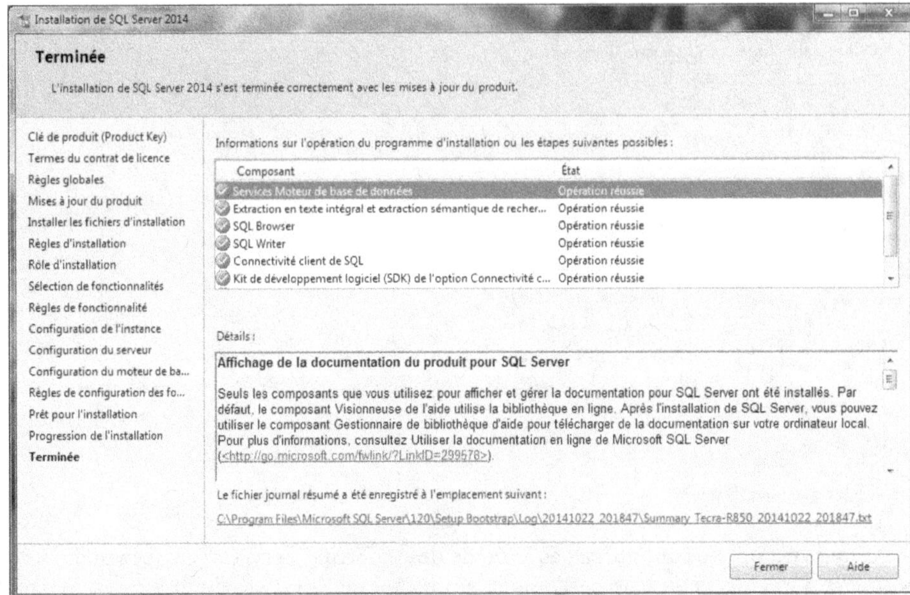

Figure I–9 Fin de l'installation

Redémarrez votre machine qui doit alors inclure différents services selon les options que vous aurez choisies lors de l'installation. Si vous n'utilisez pas souvent SQL Server, pensez à arrêter ces services et à paramétrer leur démarrage sur Manuel.

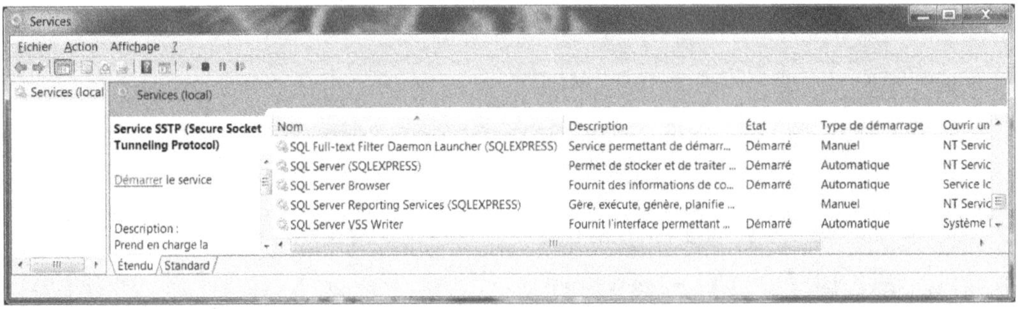

Nom	Description	État	Type de démarrage	Ouvrir un
SQL Full-text Filter Daemon Launcher (SQLEXPRESS)	Service permettant de démarr...	Démarré	Manuel	NT Servic
SQL Server (SQLEXPRESS)	Permet de stocker et de traiter ...	Démarré	Automatique	NT Servic
SQL Server Browser	Fournit des informations de co...	Démarré	Automatique	Service lc
SQL Server Reporting Services (SQLEXPRESS)	Gère, exécute, génère, planifie ...		Manuel	NT Servic
SQL Server VSS Writer	Fournit l'interface permettant ...	Démarré	Automatique	Système l

Figure I–10 Services lancés

Désinstallation de SQL Server

Avant de supprimer SQL Server, et si vous disposez de la quantité minimale de mémoire physique requise, assurez-vous que la taille du fichier d'échange soit suffisante (supérieure ou égale à deux fois la quantité de mémoire physique).

Il est préférable d'arrêter les services SQL Server avant de désinstaller ses composants. Utilisez un compte Windows bénéficiant des autorisations appropriées et utilisez l'option *Désinstaller un programme pour Microsoft SQL Server* au niveau du Panneau de configuration.

Si vous avez plusieurs instances de SQL Server, le composant SQL Server Browser for SQL Server sera automatiquement désinstallé après que la dernière instance de SQL Server soit désinstallée. Si vous hébergez une ou plusieurs instances de version(s) précédente(s), SQL Server Browser restera installé pour assurer les anciennes connexions. Afin de désinstaller tous les composants, vous devrez désinstaller ce composant.

Premiers pas : création d'une base

Vous pouvez placer l'icône de SQL Server Management Studio sur votre bureau (*Tous les programmes>Microsoft SQL Server>SQL Server Management Studio*). Cette interface permet de dialoguer avec le SGBD (exécution de commandes SQL, de blocs, requêtes et tâches d'administration en ligne).

Figure I–11
Connexion à l'aide de Management Studio

Dans l'explorateur d'objets, vous pouvez créer une base de données avec les options par défaut.

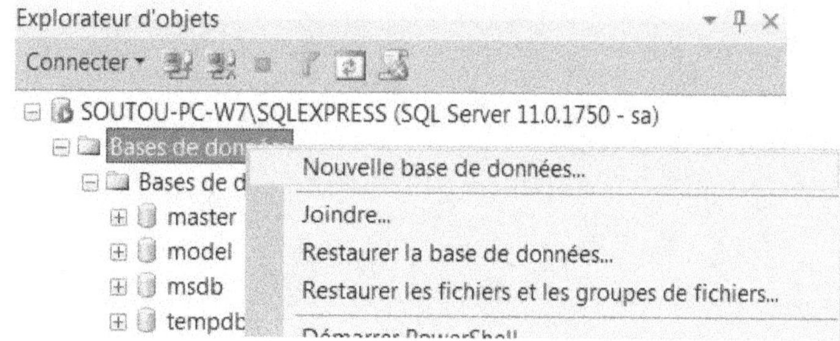

Figure I–12
Création d'une base de données

> Pour une meilleure portabilité de votre base, nous vous invitons à créer une base de données losque vous êtes connecté en tant qu'utilisateur SQL et non en compte Windows, ou alors transférez la propriété de la base au compte sa, par exemple.

Dans la base, vous pouvez créer des tables en suivant un assistant (clic droit sur *Tables>Nouvelle table...*). Vous remarquerez que le nom de la table est accessible après avoir défini les colonnes. Vous constaterez également que cette table appartient au schéma par défaut (dbo).

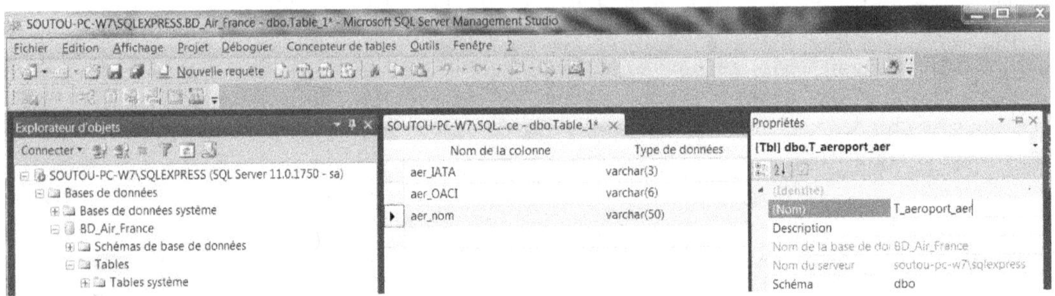

Figure I–13 Création d'une table

Rafraîchissez l'explorateur d'objets afin de retrouver votre table sous l'arborescence *Bases de données>votre_base>Tables*. Dans le répertoire *Colonnes*, effectuez ensuite un clic droit sur le nom de votre base afin de définir sa clé primaire.

Les notions d'utilisateurs et de schémas seront abordées plus tard dans l'ouvrage, notamment au chapitre 12. Pour l'instant, vous utiliserez la connexion sa afin de pouvoir manipuler votre base dès à présent.

Partie I

Manipulation d'une base

1

Définition des données

Ce chapitre décrit les principales instructions de Transact-SQL (langage de programmation de SQL Server) qui concernent le LDD (langage de définition de données). Vous découvrirez notamment comment créer une base de données et des tables avec leurs éventuelles contraintes. Les types de colonnes les plus courants seront décrits, ainsi que les mécanismes d'indexation et des tables en mémoire *(In-Memory engine)*.

Les droits relatifs à l'exécution des commandes et des instructions ne sont pas présentés ici. Consultez le chapitre 11 pour plus d'informations sur le sujet et sur la gestion de la sécurité. Si vous êtes connecté avec le compte `sa`, vous disposez par défaut de tous les droits.

Préambule

Pour manipuler des tables dans une base de données en particulier, vous devez au préalable sélectionner cette base. Le menu *Fichier>Nouveau>Requête avec la connexion actuelle* ouvre une fenêtre de commandes, également accessible via le bouton *Nouvelle requête*). La commande `USE` permet de choisir la base souhaitée. À noter que vous pouvez également la sélectionner dans la liste déroulante des bases de données située dans la barre d'outils.

Pour ajouter un commentaire sur une ligne, faites-la commencer par un double tiret (`--`). Si votre commentaire nécessite plusieurs lignes, encadrez-le par les caractères `/*` et `*/`.

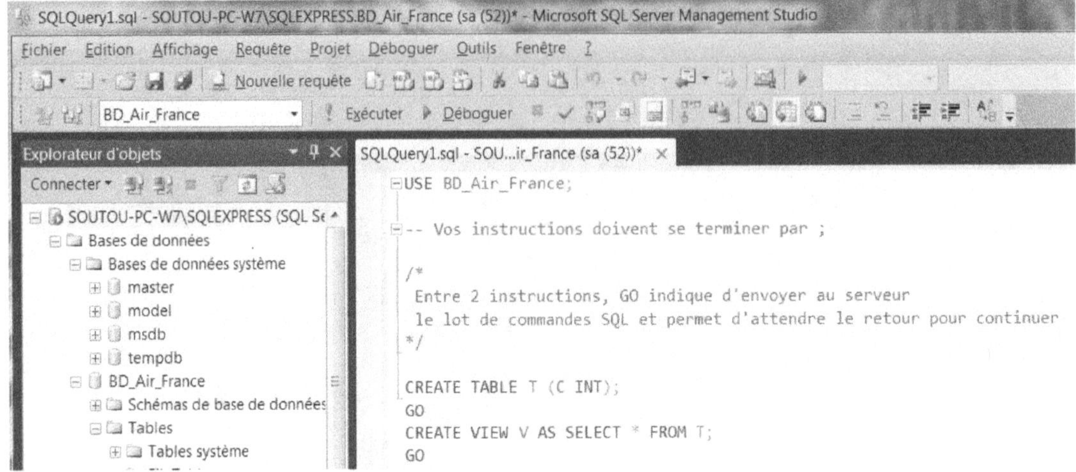

Figure 1–1 L'interface de commandes de SQL Server

La directive GO n'est ni une instruction SQL, ni Transact-SQL. Elle appartient à l'interpréteur de commandes et permet d'indiquer qu'il faut envoyer au serveur un lot de codes SQL et attendre le retour du dernier pour continuer. GO ne peut donc pas figurer dans une routine (fonction ou procédure stockée et déclencheur). En revanche, elle est souvent indispensable dans un lot de commandes LDD (principalement entre des instructions de type CREATE, ALTER et DROP).

Base de données

Avant de créer des tables, vous devez déterminer dans quelle base vous allez stocker vos données. Vous venez de créer une base grâce à l'interface graphique et les options par défaut. Vous allez maintenant créer une base de données qui contiendra vos tests et exercices.

Création d'une base (CREATE DATABASE)

La création d'une base de données s'effectue grâce à la syntaxe SQL simplifiée suivante (la spécification du stockage sera étudiée au chapitre 10).

```
CREATE DATABASE nom_base
[specification_du_stockage];
```

- nom_base : nom de la base avec un maximum de 128 caractères (mêmes règles que les tables et colonnes).
- ; : caractère qui termine une instruction en mode ligne de commande.

Comme nous l'avons vu, vous pouvez facilement créer une base de données (ici nommée BD_Soutou_Brouard) via l'interface graphique. Le code correspondant peut alors être le suivant (le répertoire C:\temp\MSSQL doit avoir été créé au préalable).

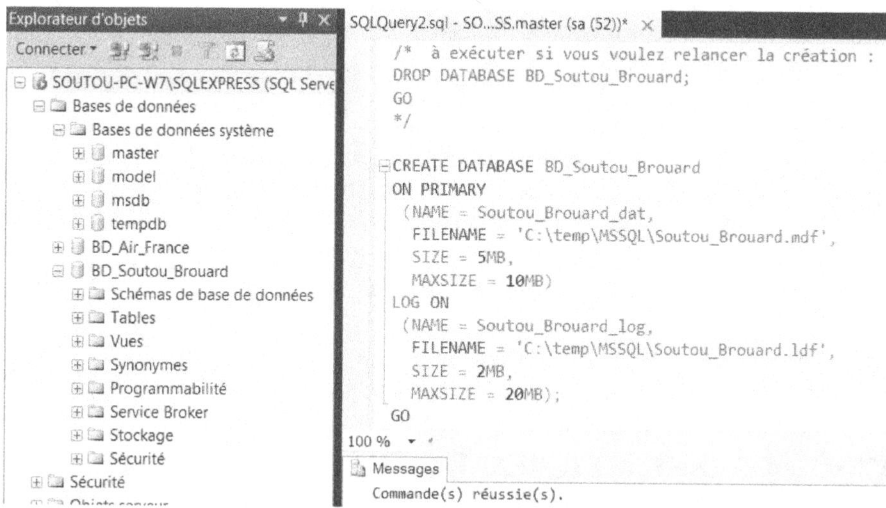

Figure 1–2
Création d'une base de données

Les tailles initiales de fichiers sont de 5 Mo (au minimum) pour les données et de 2 Mo pour le journal des transactions. Une taille maximale de 10 Mo pour les données et de 20 Mo pour le journal est définie.

Suppression d'une base (DROP DATABASE)

Pour supprimer une base de données, il convient d'utiliser la commande `DROP DATABASE nom_base`. Si vous détruisez une base de données, par défaut ses fichiers physiques disparaissent aussi, sauf si la base ou l'un de ses fichiers est hors connexion au moment de la suppression. Ces fichiers pourront ensuite être supprimés manuellement à l'aide de l'Explorateur Windows.

Il n'est pas possible de supprimer une base tant que des connexions sont ouvertes. Vous devez donc vous assurer qu'aucun utilisateur n'accède à la base. Ceci n'est pas toujours simple car des processus système peuvent y accéder. Dans ce cas, il est possible de forcer la déconnexion des utilisateurs en utilisant le script suivant :

```
-- On se place dans le contexte de la base à supprimer
USE BD_soutou_brouard;
GO
-- On déconnecte les utilisateurs (ROLLBACK) et on devient le seul utilisateur
ALTER DATABASE BD_soutou_brouard
   SET SINGLE_USER WITH ROLLBACK IMMEDIATE;
GO
-- On se place dans le contexte de la base master
USE master;
GO
-- À ce stade, la base à supprimer n'a plus aucun utilisateur
-- On la supprime
DROP DATABASE BD_soutou_brouard;
GO
```

Conventions recommandées

Nous vous conseillons d'adopter les conventions suivantes.

- BD_nom_base : nom d'une base de données.
- BD_nom_base_AAAAMMJJ_HHMMSS : nom d'une base de données *snapshot* (nom_base correspond au nom de la base d'origine et AAAAMMJJ_HHMMSS indique la date et l'heure du cliché).

Tables relationnelles

Une table est créée en SQL par l'instruction CREATE TABLE. Pour la modifier au niveau de sa structure, vous utiliserez l'instruction ALTER TABLE et vous la supprimerez par la commande DROP TABLE.

Création d'une table (CREATE TABLE)

Pour créer une table dans une base de données, la syntaxe SQL simplifiée est la suivante :

```
CREATE TABLE [nom_base.][nom_schema.]nom_table
        (nom_col type_SQL
           [COLLATE nom_collation]
           [NULL | NOT NULL]
           [[CONSTRAINT nom_contrainte] DEFAULT expression] [, ...]
        [CONSTRAINT nom_contrainte type_contrainte], ...);
```

- nom_base : nom de la base de données qui héberge la table.
- nom_schema : nom du schéma qui contient la table.
- nom_table : nom de la table avec un maximum de 128 caractères (ne commençant pas par un chiffre et composé de lettres, de chiffres ou des caractères _, @ ou #). Il existe une exception, à savoir les tables temporaires locales à la session ou globales à l'instance (les noms sont précédés respectivement des caractères # et ##) dont les noms ne peuvent dépasser 116 caractères.
- nom_col type_SQL : nom d'une colonne (mêmes caractéristiques que pour les noms des tables) et son type système (INT, CHAR, DATE...). La directive DEFAULT fixe une valeur par défaut (pour un certain type d'insertion). La directive NOT NULL interdit que la valeur de la colonne soit nulle.
- COLLATE ... : renseigne la collation de caractères de la colonne pour les types littéraux.
- nom_contrainte type_contrainte : nom de la contrainte et son type (clé primaire, clé étrangère, etc.).

NULL ne représente pas une valeur mais doit être considéré comme un marqueur qui signifie *non disponible*, *non affecté*, *inconnu* ou *inapplicable*. Ne considérez pas que l'absence de valeur est identique à un espace, un zéro, etc. Vous découvrirez que le NULL des bases de données ne correspond pas vraiment au null des langages comme Java, C++ ou C#. En effet, pour ces langages, deux variables qui sont affectées à null sont considérées identiques (non initialisées par exemple). Avec SQL Server, deux colonnes qui contiennent le marqueur NULL ne seront pas considérées d'égale valeur.
Il est aussi possible de créer une table à partir d'une requête (voir le chapitre 4, SELECT...INTO) et d'y insérer dans le même temps, les lignes résultantes.

Commentaires

Dans toute instruction SQL, vous pouvez inclure des retours chariot, tabulations, espaces et commentaires sur une ligne. Si vos commentaires nécessitent plusieurs lignes, encadrez-le des caractères /* et */. Si vous commencez une ligne par un double tiret (--), vous ne commentez que la ligne de code qui suit ces caractères.

Conventions recommandées

Nous vous conseillons d'adopter les conventions suivantes.

- T_nom_table_### : nom d'une table, ### représente un trigramme de la table.
- IX_nom_index : nom d'un index.

Premier exemple

Le tableau suivant décrit une instruction SQL, incluant des commentaires et permettant de créer la table T_aeroport_aer de la base B_Air_France (si l'instruction USE est activée dans la session).

Tableau 1–1 Création d'une table

Instructions SQL	Commentaires

CREATE TABLE T_aeroport_aer
(
  -- Code IATA qui jouera le rôle de clé primaire
  aer_IATA VARCHAR(3),
  -- Code OACI qui jouera le rôle de clé candidate
  aer_OACI VARCHAR(6) NOT NULL,
  /* Nom de l'aéroport */
  aer_nom VARCHAR(50) NOT NULL DEFAULT 'Paris');
	La table contient trois colonnes (chaînes de caractères).
	La table inclut deux contraintes :
	• DEFAULT fixe *Paris* comme valeur par défaut de la colonne aer_nom.
	• NOT NULL impose la non-nullité des deux colonnes.

Pour tester cette création de table, supprimez la table au préalable à l'aide de l'interface graphique, si nécessaire.

Ajoutez ensuite le préfixe du schéma dbo. (par défaut) au nom de la table et créez à nouveau la table avec le nom dbo.T_aeroport_aer (supprimée au préalable). Procédez de la même manière en ajoutant le nom de la base (B_Air_France.dbo.T_aeroport_aer). Vous constatez que ces trois écritures sont équivalentes dans votre session car elles permettent de créer une table dans le même niveau d'arborescence.

Types des colonnes

Pour décrire les colonnes d'une table, SQL Server (plus précisément Transact-SQL) fournit les types natifs suivants. Vous découvrirez par la suite qu'il est aussi possible de définir ses propres types.

Tableau 1–2 Types de données

Besoins	Types SQL Server
Chaînes de caractères ASCII (1 octet par caractère)	CHAR(n), VARCHAR(n) et VARCHAR(max)
Chaînes de caractères Unicode (2 octets par caractère)	NCHAR(n), NVARCHAR(n) et NVARCHAR(max)

Tableau 1–2 Types de données *(suite)*

Besoins	Types SQL Server
Valeurs numériques exactes	TINYINT, SMALLINT, INT, BIGINT, NUMERIC(*p*,*s*), DECIMAL(*p*,*s*), SMALLMONEY et MONEY
Valeurs numériques approximatives	FLOAT et REAL
Date et heure	DATE, DATETIMEOFFSET, DATETIME2, SMALLDATETIME et TIME
Booléen	BIT
Chaînes binaires	BINARY(*n*), VARBINARY(*n*) et VARBINARY(*max*)
Autres types de données	HIERARCHYID, UNIQUEIDENTIFIER, SQL_VARIANT,XML, GEOMETRY et GEOGRAPHY

Détaillons à présent les types les plus courants. Vous découvrirez les autres tout au long de l'ouvrage.

Les types TEXT, NTEXT et IMAGE sont considérés comme obsolètes depuis la version 2005 de SQL Server. Le type TIMESTAMP est remplacé par ROWVERSION. Le type DATETIME est remplacé par le type DATETIME2. Les types MONEY, SMALLMONEY et SMALLDATETIME sont à éviter.

Chaînes de caractères

Le type CHAR permet de stocker des chaînes de caractères non Unicode de taille fixe. Les valeurs sont stockées en ajoutant si besoin des espaces *(trailing spaces)* à concurrence de la taille définie. Le type VARCHAR permet de stocker des chaînes de caractères non Unicode de taille variable. Les valeurs sont stockées sans l'ajout d'espaces à concurrence de la taille définie. Le type TEXT, voué à disparaître, est à remplacer par VARCHAR(MAX).

Tableau 1–3 Types de données chaînes de caractères

Types	Description	Commentaires pour une colonne
CHAR(*n*)	Chaîne fixe de *n* caractères	Taille fixe maximale de 8 000 octets
VARCHAR(*n*)	Chaîne variable de *n* caractères	Taille variable maximale de 8 000 caractères
VARCHAR(*MAX*)	Données non Unicode	Taille maximale de 2 Go

Valeurs numériques exactes

Le tableau 1-4 décrit les types proposés par SQL Server pour définir des numériques exacts (entiers et décimaux).

Tableau 1–4 Types de données numériques exacts

Types	Description
TINYINT	Entier (sur un octet) de 0 à 255
SMALLINT	Entier (sur 2 octets) de -32 768 à 32 767
INT	Entier (sur 4 octets) de -2 147 483 648 à 2 147 483 647
BIGINT	Entier (sur 8 octets) de -9 223 372 036 854 775 808 à 9 223 372 036 854 775 807
DECIMAL[(*p*[,*s*])] NUMERIC[(*p*[,*s*])]	Décimal à virgule fixe (de 5 à 17 octets), *p* désigne le nombre de chiffres total (entre 1 et 38, par défaut 18). *s* représente le nombre de décimales après la virgule (entre 0 et *p*). La plage de valeurs possible va de $-10^{+38}+1$ à $10^{+38}-1$.

Tableau 1–4 Types de données numériques exacts *(suite)*

Types	Description
SMALLMONEY	Décimal (sur 4 octets) de -214 748,3648 à 21 4748,3647
MONEY	Décimal (sur 8 octets) de -922 337 203 685 477,5808 à 922 337 203 685 477,5807.

Les types SMALLMONEY et MONEY sont des nombres à 4 décimales très particuliers qui permettent de stocker des valeurs monétaires (sans inclure la devise, ni le taux de conversion).

En valeur, SMALLMONEY équivaut à DECIMAL(10,4)/DECIMAL(9,4), tandis que MONEY équivaut à DECIMAL(18,4)/DECIMAL(19,4). Ces types monétaires sont assez peu utilisés et peuvent induire des erreurs de calculs si le nombre de décimales des opérations est mal maîtrisé. Préférez le type DECIMAL en déterminant le nombre de décimales pour chacune de vos colonnes ou variables.

Valeurs numériques approximatives

Les types FLOAT et REAL (qui équivaut à FLOAT(24)) permettent de manipuler des nombres en virgule flottante.

Tableau 1–5 Types de données numériques approximatives

Types	Description
FLOAT[(*n*)]	Flottant (de 4 à 8 octets). *n* désigne la mantisse en notation scientifique (entre 1 et 53, par défaut 53), de -1,79 10^{+308} à -2,23 10^{-308}, 0 et de 2,23 10^{-308} à 1,79 10^{+308}.
REAL	Flottant (de 4 octets), de -3,4 10^{+38} à -1,18 10^{-38}, 0 et de 1,18 10^{-38} à 3,4 10^{+38}

La plupart du temps que vous utiliserez des colonnes FLOAT ou REAL dans les calculs (par exemple des lignes de commmandes), vous obtiendrez des erreurs d'arrondi. Cela provient du fait que ces types sont encodés sous la forme de fractions binaires. Pour vous en prémunir, vous devez toujours utiliser les types entiers ou décimaux si vous envisagez des calculs comptables par exemple.

Dates et heures

Les types suivants permettent de stocker des moments ponctuels (dates, dates et heures, années et heures). Le type DATETIME2 étend DATETIME (obsolète depuis SQL Server 2008) par le fait de disposer de 7 chiffres significatifs pour les fractions de secondes (précision de 100 nanosecondes).

Tableau 1–6 Types de données dates et heures

Types	Description	Commentaires pour une colonne
DATE	Dates du 1er janvier de l'an 0001 au 31 décembre 9999	Sur 3 octets (10 positions au format AAAA-MM-JJ)
DATETIME2 [(*f*)]	Dates du 1er janvier 0001 au 31 décembre 9999 et heures (de 00 h 00 de la première date à 23 h 59 min 59 s de la dernière date avec une précision de 100 nanosecondes)	De 6 à 8 octets (de 19 à 27 positions au format AAAA-MM-JJ hh:mi:ss.nnnnnnn). Par défaut, 7 chiffres composent la partie fractionnaire des secondes.

Tableau 1–6 Types de données dates et heures *(suite)*

Types	Description	Commentaires pour une colonne
`SMALLDATETIME`	Dates du 1er janvier 1900 au 6 juin 2079 et heures (de 00 h 00 de la première date à 23 h 59min 59 s de la dernière date)	Sur 4 octets (19 positions au format `AAAA-MM-JJ hh:mi:ss`)
`DATETIMEOFFSET`	Combine `DATE` et `DATETIME2` avec une précision de 100 nanosecondes et possibilité de fuseaux horaires.	Sur 10 octets (de 26 à 34 positions au format `AAAA-MM-JJ hh:mi:ss:nnnnnnn he:mm`, avec `he:me` de + 14:00 à - 14:00).
`TIME[(p)]`	Heures avec une précision de 100 nanosecondes	Sur 5 octets (de 8 à 16 positions au format `hh:mi:ss.nnnnnnn`). *p* indique la précision fractionnaire (de 0 à 7, 7 par défaut).

Le type `ROWVERSION` (anciennement `TIMESTAMP`) n'a pas de signification temporelle pour SQL Server (comme c'est le cas pour d'autres SGBD, par exemple Oracle et MySQL) : c'est un binaire sur 8 octets dont la valeur est unique pour chaque enregistrement et qui est mis automatiquement à jour dès que l'enregistrement est modifié. Il sert à pratiquer le verrouillage optimiste, mais son utilité est moindre du fait de l'apparition du niveau d'isolation *snapshot* depuis SQL Server 2005 (voir chapitre 7).

Chaînes de caractères Unicode

Les caractères Unicode UCS-2 (forme 16 bits de l'ISO 10646 permettant d'affecter une valeur unique pour tout caractère quelle que soit la plate-forme, le programme ou la langue) sont pris en compte par les types `NCHAR` (`N` pour *National*) et `NVARCHAR` et `NVARCHAR(MAX)` qui sont respectivement analogues à `CHAR`, `VARCHAR` et `VARCHAR(MAX)`.

Le type Unicode utilise deux octets pour stocker un caractère (deux fois plus qu'une chaîne ASCII), ce qui peut pénaliser le stockage et les performances. Ne systématisez pas l'usage des caractères Unicode et préférez les chaînes ASCII si vous utilisez des langues latines. Le domaine privilégié des types Unicode concerne les langues idéogrammiques (mandarin, japonais, etc.) et les applications multilingues.

Chaînes binaires

Les types suivants permettent de stocker des données binaires.

Tableau 1–7 Types de données binaires

Types	Description	Commentaires pour une colonne
`BIT`	Donnée sur 1 bit	Valeurs possibles : `0`, `1` ou `NULL`
`BINARY(n)`	Données binaires de longueur fixe	Taille de *n* octets (*n* de 1 à 8 000)
`VARBINARY(n | MAX)`	Données binaires de longueur variable	Taille variable maximale de 8 000 caractères (excepté avec le mot réservé `MAX` qui étend la taille à 2 Go).

Chaque colonne de type `BIT` utilise réellement un bit pris sur le même octet. Dès lors, utiliser une ou huit colonnes de type `BIT` n'occupe pas plus de place.

Autres types de données

Les types suivants permettent de stocker des données système ou non structurées.

Tableau 1–8 Autres types de données

Types	Description	Commentaires pour une colonne
HIERARCHYID	Type système de longueur variable	Représente une position dans une hiérarchie (type CLR).
UNIQUEIDENTIFIER	Chaîne de caractères composée en 4 octets suivis de 3 groupes de 2 octets, puis de 6 octets	GUID *(Globally Unique IDentifier)* sur 16 octets
SQL_VARIANT	Type système de longueur variable	Permet de stocker des valeurs INT, BINARY et CHAR (avec un maximum de 8 000 octets).
XML	Document ou fragment XML	Taille maximale de 2 Go (type CLR)
GEOMETRY	Objet de géométrie euclidienne (dans un plan infini)	Taille variable (dépend du serveur).
GEOGRAPHY	Objet de géographie terrestre (sur le géoïde terrestre)	Taille variable (dépend du serveur).

Identificateurs

La quasi-totalité des objets de SQL Server sont dotés d'identificateur (facultatifs pour les contraintes qui ne sont pas nommées, mais auquel SQL Server affecte un nom automatiquement, voir chapitre 3). Ainsi, vous devrez nommer chaque serveur, base de données, table, vue, colonne, index, déclencheur, procédure, variable, etc.

SQL Server distingue les identificateurs réguliers (dont le nom n'est pas délimité), des identificateurs délimités (dont le nom est encadré par des guillemets " ou par crochets [...]). Le format des identificateurs réguliers est quelque peu analogue aux autres langages ou systèmes informatiques.

- Le premier caractère est une lettre (Unicode 3.2), le caractère *underscore* (_), l'arobase (@) ou le dièse (#). L'arobase est réservé aux variables (ou paramètres), le dièse (ou double dièse) désignera toujours un objet temporaire (table ou procédure). Le double arobase désigne certaines fonctions internes Transact-SQL.
- Les caractères suivants peuvent inclure : des lettres, des chiffres, l'underscore, l'arobase, le dièse ou le signe $.
- Les mots réservés (IF, TABLE, etc.) et les espaces incorporés sont interdits. La casse comme les accents sont préservés, en fonction de la collation de votre base qui affecte toutes les tables système.
- La taille de tout identificateur est comprise entre 1 et 128 caractères (seule la taille du nom d'une table temporaire locale est limitée à 116 caractères).

Le tableau suivant présente des identificateurs réguliers valides.

Tableau 1–9 Identificateurs valides

Variables	Table et colonnes

`DECLARE @compteur    SMALLINT;`
`DECLARE @tel_@maison INT;`
`DECLARE @1mail       VARCHAR(100);`
	`CREATE TABLE T_vols_vol`
	`(_vol_num       VARCHAR(5),`
	`  vol_date2      DATE,`
	`  vol_porte#1    CHAR(3),`
	`  vol_porte#2    CHAR(3),`
	`  prix_billet_$ DECIMAL(6,2));`

Le tableau 1-10 présente quelques identificateurs réguliers invalides.

Tableau 1–10 Identificateurs invalides

Identificateurs	Commentaires
`DECLARE compteur INT;`	Le préfixe de la variable n'est pas le caractère @.
`CREATE TABLE index`	Le nom de la table est un mot réservé.
`( @vol_num VARCHAR(5),`	La colonne ne doit pas être préfixée du caractère @.
`vol/date2 DATE,`	Seul le séparateur _ est permis.
`1vol_porte CHAR(3),`	Le nom de la colonne ne peut débuter par un chiffre.
`vol2 porte CHAR(3));`	L'espace vide n'est pas autorisé. Seul le séparateur _ est permis.

Les identificateurs qui ne respectent pas ces règles de format doivent être délimités, exception faite des variables Transact-SQL (voir chapitre 7) dont l'écriture nécessite d'être régulière.

Tableau 1–11 Identificateurs délimités

Incorrects	Corrects

`DECLARE [compteur] INT;`
`DECLARE [@compteur] INT;`
`DECLARE "compteur" INT;`
`DECLARE "@compteur" INT;`
	`CREATE TABLE [index]`
	`( [@vol_num] VARCHAR(5),`
	`[vol/date2] DATE,`
	`[1vol_porte] CHAR(3),`
	`[vol2 porte] CHAR(3));`

Bien que les délimiteurs permettent d'utiliser tout type de séparateur ou des mots réservés (tels que *user* ou *login*), ce mécanisme n'est pas recommandé pour des développements d'envergure.

Il est possible de créer des colonnes « calculées » (voir chapitre 3).

Contraintes

Les contraintes ont pour but de programmer des règles de gestion au niveau des colonnes des tables. Elles visent à alléger le code client en déportant des tests de validité côté serveur.

Les contraintes qui sont déclarées en même temps que la table sont dites contraintes en ligne *(inline constraints)*, le premier exemple du tableau 1-12 présente deux déclarations de ce type.

Les contraintes qui sont déclarées après la table sont dites contraintes hors ligne *(out of line constraints)*. Ce type de déclaration est plus puissant car il n'est pas limité à une seule colonne et peut ainsi inclure plusieurs colonnes dans la déclaration d'une contrainte (par exemple, une clé primaire composée).

Il est recommandé de déclarer les contraintes `NOT NULL` en ligne.
Nommez explicitement toutes vos contraintes (les conventions préconisées sont précisées à la section suivante).

La syntaxe de déclaration d'une contrainte SQL est la suivante :

```
CONSTRAINT nom_contrainte
{ UNIQUE (colonne1 [,colonne2]...) |
  PRIMARY KEY (colonne1 [,colonne2]...) |
  FOREIGN KEY (colonne1 [,colonne2]...)
            REFERENCES nom_table_ref [(colonne1 [,colonne2]...)]
            [ON DELETE {CASCADE | NO ACTION}]
            [ON UPDATE NO ACTION] |
 CHECK (condition) }
```

- La contrainte UNIQUE impose une valeur distincte pour chaque colonne (ou couples, triplets, etc.). Les marqueurs nuls font exception et ne posent pas de problème.
- La contrainte PRIMARY KEY déclare la clé primaire de la table. Un index est généré automatiquement sur la (ou les) colonne(s) concernée(s). Les valeurs des colonnes clé primaire ne peuvent être ni nulles, ni identiques (en totalité si elles sont composées de plusieurs colonnes).
- La contrainte FOREIGN KEY déclare une clé étrangère implémentant une association entre deux tables par l'intermédiaire d'une ou de plusieurs colonne communes. Cette association est orientée du sens de la table qui héberge la clé étrangère vers une table de référence dont la clé primaire (dans la plupart des cas, ou alors les colonnes d'une contrainte unique) sont communes avec la clé étrangère. Ces contraintes définissent l'intégrité référentielle que nous aborderons plus tard. Les options des directives ON UPDATE et ON DELETE sont détaillées à la section « Intégrité référentielle ».
- La contrainte CHECK impose un domaine de valeurs, ou une condition simple ou complexe entre colonnes (par exemple, CHECK (note BETWEEN 0 AND 20), CHECK (grade='Copilote' OR grade='Commandant')).

Si la contrainte NOT NULL est appliquée à une ou plusieurs colonnes et que vous désirez toutefois définir une contrainte d'unicité, vous pourrez déclarer un index unique filtré (WHERE col1[,col2...] IS NOT NULL). Ce mécanisme est présenté à la fin de ce chapitre.

- Le chapitre 3 détaille les mécanismes d'ajout, de suppression, de désactivation et de réactivation des contraintes (options de la commande ALTER TABLE).

Conventions recommandées

Nous vous conseillons d'adopter les conventions suivantes (en considérant que ### représente le trigramme de la table).

- ###_nom_colonne : nom des colonnes (sauf pour les clés étrangères pour lesquelles le trigramme est celui de la table de référence).
- PK_###_... : nom de la contrainte clé primaire.
- UK_###_... : nom d'une contrainte d'unicité.
- FK_###_###_... : nom d'une contrainte clé étrangère. Le premier trigramme concerne la table dans laquelle la contrainte se trouve, le second celui de la table de référence.
- CK_###_... : nom d'une contrainte de validation (CHECK).
- DK_###_... : nom d'une contrainte de valeur par défaut (facultatif).
- NK_###_... : contrainte d'obligation de valeur (facultatif).
- IX_###_nom_index : nom d'un index (### indique le trigramme de la table ou de la vue).

En respectant ces conventions, la création des tables `T_aeroport_aer` (table de référence) et `T_vols_catalogue_vlc` (hébergeant deux clés étrangères) avec leurs contraintes de clés est la suivante. Notez la contrainte de vérification qui s'assure que pour tout vol figurant dans le catalogue, l'aéroport de départ est systématiquement différent de celui d'arrivée.

Figure 1–3
Deux tables reliées à créer

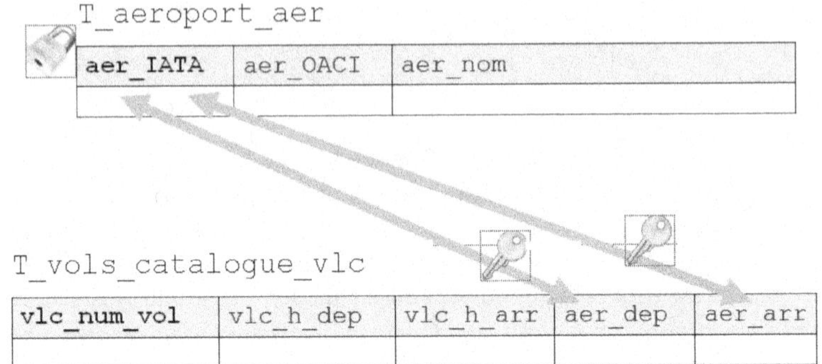

Tableau 1–12 Contraintes en ligne et nommées

<table>
<tr><th>Tables</th><th>Contraintes</th></tr>
<tr><td><pre>USE BD_Air_France;

CREATE TABLE T_aeroport_aer
(aer_IATA   VARCHAR(3),
  aer_OACI   VARCHAR(6) NOT NULL,
  aer_nom   VARCHAR(50) NOT NULL,
  CONSTRAINT PK_aer   PRIMARY KEY(aer_IATA),
  CONSTRAINT UK_aer_OACI UNIQUE(aer_OACI));</pre></td><td>Deux contraintes en ligne (NOT NULL) et deux contraintes nommées (clé primaire et clé candidate)</td></tr>
<tr><td><pre>CREATE TABLE T_vols_catalogue_vlc
(vlc_num_vol VARCHAR(8),
vlc_h_dep   TIME(0),
vlc_h_arr   TIME(0),
aer_dep   VARCHAR(3)   NOT NULL,
aer_arr   VARCHAR(3)   NOT NULL,
CONSTRAINT PK_vlc   PRIMARY KEY(vlc_num_vol),
CONSTRAINT FK_vlc_aer_dep FOREIGN KEY(aer_dep)
             REFERENCES   T_aeroport_aer(aer_IATA),
CONSTRAINT FK_vlc_aer_arr FOREIGN KEY(aer_arr)
             REFERENCES   T_aeroport_aer(aer_IATA),
CONSTRAINT CK_vlc_dep_arr CHECK (aer_dep != aer_arr));</pre></td><td>Deux contraintes en ligne (NOT NULL) et quatre contraintes nommées (une clé primaire, une vérification et deux clés étrangères)</td></tr>
</table>

Remarques

- L'ordre n'est pas important dans la déclaration des contraintes nommées. S'il s'agit d'une contrainte d'unicité (ou clé primaire) qui concerne plusieurs colonnes, l'ordre des colonnes détermine la sélectivité de l'index (voir chapitre 13).
- `PRIMARY KEY` équivaut à `UNIQUE` + `NOT NULL`.
- L'ordre de création des tables est primordial si vous écrivez toutes vos contraintes en ligne : vous devrez d'abord créer les tables de référence, puis les tables qui en dépendent. L'ordre de destruction des tables suivra l'ordre inverse.
- Pour éviter d'être contraint par un tel ordre, écrivez toutes vos contraintes hors ligne (voir chapitre 3).

Structure d'une table

La vue normalisée de métadonnées `INFORMATION_SCHEMA.COLUMNS`, comme la procédure stockée système `sp_columns`, permet d'extraire la structure brute d'une table, d'une vue ou d'un objet ayant une colonne. La syntaxe simplifiée de l'appel à cette procédure est la suivante :

```
exec sp_columns @table_name = 'nom_table';
```

Utilisez cette procédure pour retrouver la structure de la table `T_vols_catalogue_vlc` précédemment créée. Le type de chaque colonne apparaît :

Figure 1–4
Structure d'une table

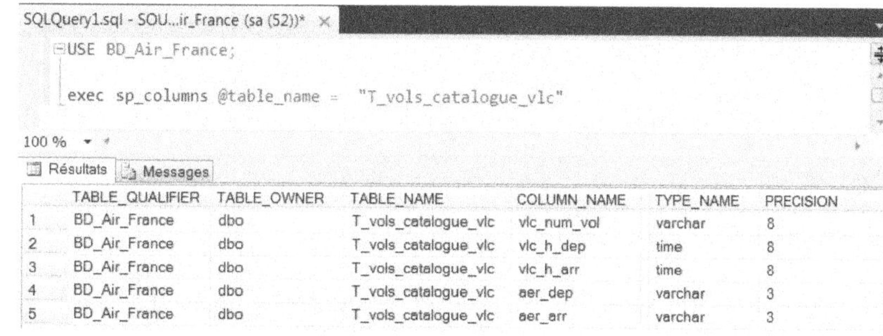

	TABLE_QUALIFIER	TABLE_OWNER	TABLE_NAME	COLUMN_NAME	TYPE_NAME	PRECISION
1	BD_Air_France	dbo	T_vols_catalogue_vlc	vlc_num_vol	varchar	8
2	BD_Air_France	dbo	T_vols_catalogue_vlc	vlc_h_dep	time	8
3	BD_Air_France	dbo	T_vols_catalogue_vlc	vlc_h_arr	time	8
4	BD_Air_France	dbo	T_vols_catalogue_vlc	aer_dep	varchar	3
5	BD_Air_France	dbo	T_vols_catalogue_vlc	aer_arr	varchar	3

Une table ne peut pas contenir deux colonnes distinctes de même nom.
Les noms de tous les objets (base de données, tables, colonnes, contraintes, vues, etc.) ne doivent pas emprunter des mots-clés de SQL Server (`TABLE`, `SELECT`, `INSERT`, `IF`...). Si vous êtes « franco-français » cela ne vous gênera pas.

En revanche, il est possible d'utiliser le même nom de colonne dans différentes tables et d'une manière générale, les noms des objets peuvent être identiques s'ils résident dans deux schémas différents (voir chapitre 11).

Suppression des tables

Tôt ou tard, vous aurez certainement besoin d'écrire le script de suppression des tables, par exemple si vous souhaitez recréer un ensemble de tables à la demande. Bien entendu, si des données sont présentes dans vos tables, et que vous souhaitez les conserver, vous devrez les réinjecter dans des nouvelles tables. À ce stade de l'ouvrage, vous n'en êtes pas là. Le script proposé ici vous permettra de corriger des erreurs de syntaxe lors de la création des tables.

Nous avons vu qu'il fallait d'abord créer les tables de référence, puis celles qui en dépendent (si les contraintes sont définies en ligne au niveau des tables). L'ordre de suppression des tables, doit suivre le raisonnement inverse (il faut détruire les tables dépendantes, puis les tables de référence). Dans notre exemple, il serait malvenu de supprimer la table des aéroports (`T_aeroport_aer`) avant la table des vols (`T_vols_catalogue_vlc`) du fait de l'existence des clés étrangères qui n'auraient plus de cohérence.

Syntaxe

Pour pouvoir supprimer une table dans une base, utilisez l'instruction DROP TABLE qui vide les données, et détruit les index, les déclencheurs associés *(triggers)* et la description de la table dans le dictionnaire des données.

```
DROP TABLE
[nom_database.[nom_schema]. | nom_schema.] nom_table [,...];
```

Certains objets qui utilisaient la table (vues, fonctions et procédures) ne seront pas supprimés, mais ils seront temporairement inopérants. Attention, une suppression n'est pas facilement récupérable.

Il suffit de lire à l'envers le script de création de vos tables pour en déduire l'ordre de suppression à indiquer dans le script de destruction de votre schéma.

Du fait des clés étrangères, le script pour détruire les tables de notre exemple est le suivant :

```
USE BD_Air_France;
DROP TABLE T_vols_catalogue_vlc;
DROP TABLE T_aeroport_aer;
```

Si vous avez besoin de supprimer de nombreuses tables dépendantes les unes des autres, vous pouvez utiliser une requête récursive pour déterminer le séquencement des opérations de suppression des différentes tables. Une telle requête peut s'exprimer comme suit :

```
DECLARE @TABLE_SCHEMA VARCHAR(128),
        @TABLE_NAME NVARCHAR(128);

SELECT @TABLE_SCHEMA = 'S_PRS', @TABLE_NAME = 'T_PERSONNE_PHYSIQUE_PSP';

WITH
T_CONTRAINTES (table_schema, table_name, root_table_schema, root_table_name)
AS (
SELECT DISTINCT CTU.TABLE_SCHEMA, CTU.TABLE_NAME, TCT.TABLE_SCHEMA, TCT.TABLE_NAME
    FROM INFORMATION_SCHEMA.REFERENTIAL_CONSTRAINTS RFC
           INNER JOIN INFORMATION_SCHEMA.CONSTRAINT_TABLE_USAGE CTU
                 ON RFC.CONSTRAINT_CATALOG = CTU.CONSTRAINT_CATALOG
                    AND RFC.CONSTRAINT_SCHEMA = CTU.CONSTRAINT_SCHEMA
                    AND RFC.CONSTRAINT_NAME = CTU.CONSTRAINT_NAME
           INNER JOIN INFORMATION_SCHEMA.TABLE_CONSTRAINTS TCT
                 ON RFC.UNIQUE_CONSTRAINT_CATALOG = TCT.CONSTRAINT_CATALOG
                    AND RFC.UNIQUE_CONSTRAINT_SCHEMA = TCT.CONSTRAINT_SCHEMA
                    AND RFC.UNIQUE_CONSTRAINT_NAME = TCT.CONSTRAINT_NAME),
T_TREE_CONTRAINTES (schema_to_delete, table_to_delete, niveau, chemin)
AS (SELECT DISTINCT table_schema, table_name, -1,
           CAST(table_schema+ '.' + table_name AS NVARCHAR(max))
    FROM T_CONTRAINTES
    WHERE root_table_name = @TABLE_NAME
      AND root_table_schema = @TABLE_SCHEMA
    UNION ALL
    SELECT priorT.table_schema, priorT.table_name, niveau - 1,
           chemin + N', ' + priorT.table_schema + N', ' + priorT.table_name
    FROM T_CONTRAINTES priorT
           INNER JOIN T_TREE_CONTRAINTES beginT
                 ON beginT.table_to_delete = priorT.root_table_name
                AND beginT.schema_to_delete = priorT.root_table_schema
```

```
    WHERE priorT.root_table_name <> priorT.table_name
      AND chemin NOT LIKE 'N%' + priorT.table_schema + ', ' + priorT.table_name + N'%')
SELECT schema_to_delete, table_to_delete
FROM T_TREE_CONTRAINTES
ORDER BY niveau;
```

Test d'existence d'un objet (OBJECT_ID)

La fonction système OBJECT_ID renvoie le numéro d'un objet de la base de données et retourne NULL en cas d'erreur. Ceci vous permettra, par exemple, de vérifier si un objet existe déjà avant de le créer. L'appel à cette fonction s'écrit de la manière suivante :

```
OBJECT_ID ('[nom_base.[nom_schema].
          | nom_schema.]nom_objet' [,'type_objet'])
```

- nom_objet indique le nom de la table, de la vue, de la contrainte, etc.
- type_objet indique le type de l'objet. Les valeurs les plus courantes sont C (contrainte CHECK), D (contrainte DEFAULT), F (contrainte FOREIGN KEY), P (procédure stockée), PK (contrainte PRIMARY KEY), R (règle), SO (séquence), TR (déclencheur), U (table définie par un utilisateur), UQ (contrainte UNIQUE) et V (vue).

En utilisant cette fonction, le script suivant permet de recréer les tables en les détruisant systématiquement au préalable et indépendamment du fait qu'une des tables existe ou pas initialement.

```
USE BD_Air_France;
IF OBJECT_ID('dbo.T_vols_catalogue_vlc','U') IS NOT NULL
   DROP TABLE dbo.T_vols_catalogue_vlc;
GO
IF OBJECT_ID('dbo.T_aeroport_aer','U') IS NOT NULL
   DROP TABLE dbo.T_aeroport_aer;
GO
CREATE TABLE T_aeroport_aer (…);
GO
CREATE TABLE T_vols_catalogue_vlc (…);
GO
```

Types personnalisés

Créer un type de donnée personnalisé permet de rendre plus générique la définition des colonnes des tables ou des variables de traitement. Ces types dérivés sont aussi appelés types d'alias ou types utilisateurs dans la documentation ou le langage courant.Équivalent à la notion de domaine qu'on peut trouver dans les outils de conception tels que PowerAMC, un type personnalisé est une spécialisation d'un type natif SQL Server (sous-type) ou une composition de types personnalisés dans le cas du type table. Après avoir défini des types personnalisés, l'étape suivante consiste à disposer des éventuelles contraintes de valeur au niveau de la table (s'il s'agit de colonnes qui sont typées).

Dans le même ordre d'idée, l'instruction CREATE RULE qui fonctionnait conjointement avec la procédure sp_bindrule et qui permettait de contraindre une colonne en type et en valeurs, devient obsolète. Prévoyez de modifier vos applications qui utilisaient cette fonctionnalité via des contraintes de vérification (CHECK) dans des instructions CREATE TABLE ou ALTER TABLE.

Sous-types

La syntaxe permettant de créer un type personnalisé à partir d'un autre type est la suivante :

```
CREATE TYPE [nom_schema.]nom_type FROM type_base
    [(precision [,decimales])] [NULL | NOT NULL];
```

Rendons générique la définition des colonnes de la table des aéroports en créant dans la base `BD_Air_France` (schéma par défaut `dbo`), les quatre types suivants :

```
USE BD_Air_France;
CREATE TYPE IATA_t           FROM VARCHAR(3) NOT NULL;
CREATE TYPE OACI_t           FROM VARCHAR(6) NOT NULL;
CREATE TYPE libelle_t        FROM VARCHAR(50) NOT NULL;
CREATE TYPE frequence_VHF_t FROM DECIMAL(6,3);
GO
```

La table des aéroports peut désormais utiliser ces types pour caractériser chacune de ses colonnes. Les contraintes de valeur se définissent au niveau de la colonne et non du type. À titre d'exemple, supposons que la colonne `aer_twr` désigne la fréquence VHF de la tour de contrôle (bande autorisée : de 117,975 à 137,000 MHz). La colonne `aer_ils` désigne la fréquence de la balise d'approche (de 108,000 à 117,950 MHz).

```
USE BD_Air_France;
CREATE TABLE T_aeroport_aer
(aer_IATA   IATA_t, aer_OACI OACI_t, aer_nom libelle_t,
  aer_twr    frequence_VHF_t, aer_ils frequence_VHF_t,
  CONSTRAINT PK_aer      PRIMARY KEY(aer_IATA),
  CONSTRAINT UK_aer_OACI UNIQUE(aer_OACI),
  CONSTRAINT CK_aer_twr CHECK (aer_twr<=137.000 AND aer_twr>=117.975),
  CONSTRAINT CK_aer_ils CHECK (aer_ils<=117.950 AND aer_ils>=108.000));
```

Types table

Le type de données table est généralement utilisé pour manipuler des jeux de résultats (stockage temporaire d'un ensemble de lignes retournées par une fonction `table`). Des fonctions et variables peuvent être déclarées de type table. Les variables de type table peuvent être utilisées dans des traitements, des fonctions ou des procédures cataloguées (voir chapitre 7).

La syntaxe simplifiée permettant de créer un type table composé de plusieurs types SQL ou personnalisés est la suivante :

```
CREATE TYPE [nom_schema.]nom_type AS TABLE
    (nom_colonne [nom_schema] nom_type
     [COLLATE nom_collation] [NULL | NOT NULL] [DEFAULT expression]
     | {[IDENTITY [(entier,increment)] | [ROWGUIDCOL]}
     [,...]
     [ contrainte_table]);
```

Seules les contraintes référentielles (`FOREIGN KEY`) sont permises au niveau d'un type table. De fait, il est possible de définir des contraintes `PRIMARY KEY`, `UNIQUE`, `CHECK` et `DEFAULT`.

Définissons un type table qui permettra de stocker sous une forme tabulaire, et pendant la session en cours, des données contraintes relatives à des aéroports (code OACI, fréquences de la tour et de l'approche).

```
CREATE TYPE tab_frequences_t AS TABLE
   (OACI OACI_t,
    twr frequence_VHF_t CHECK (twr<=137.000 AND twr>=117.975),
    ils frequence_VHF_t CHECK (ils<=117.950 AND ils>=108.000),
    PRIMARY KEY(OACI));
```

En déclarant (avec DECLARE…) une variable locale du type tab_frequences_t (voir chapitre 7), il vous sera possible de manipuler avec SQL (par INSERT, SELECT, UPDATE ou DELETE) des données tabulaires, comme s'il s'agissait de tables conventionnelles.

Visualisation des types

Dans la fenêtre de l'explorateur d'objets de l'interface Management Studio, dans la hiérarchie de votre base et sous l'entrée *Programmabilité* (en version anglaise *Programmability*), vous trouverez toutes les informations relatives aux types personnalisés (sous-types et types table).

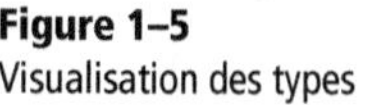

Figure 1–5
Visualisation des types

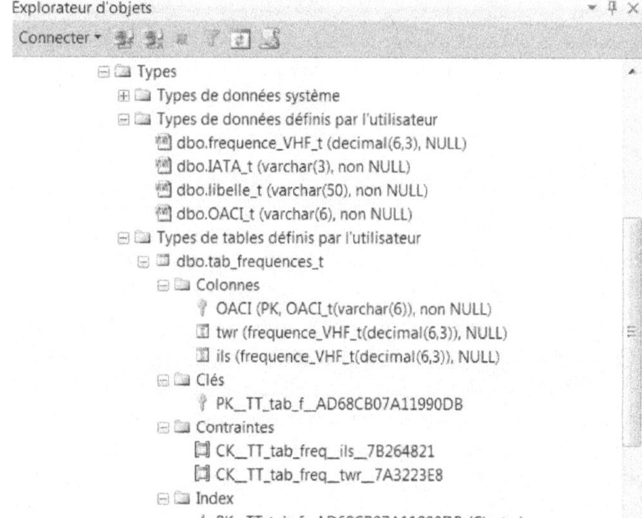

Modification de types

Contrairement à Oracle, SQL Server ne dispose pas de l'instruction ALTER TYPE. La modification d'un type (par exemple, passer d'un CHAR à un VARCHAR(40)) peut induire en effet des conséquences fâcheuses pour les variables qui l'utilisent et pour les colonnes des tables qui en dépendent. La solution préconisée par Microsoft consiste à créer un nouveau type, puis à substituer ce nouveau type dans tous les objets qui l'utilisent. En dernier lieu, il faudra supprimer le type initial.

Suppression de types

L'instruction qui supprime un type d'un schéma est la suivante :

```
DROP TYPE [nom_schema]nom_type;
```

Pour supprimer un type sans encombre, vous devrez probablement agir sur la structure des objets de votre schéma qui en dépendent (voir chapitre 3). Les étapes suivantes doivent être respectées :

- Si une table ou une vue dispose d'une colonne dépendante de ce type, vous devez modifier la structure de la colonne au niveau de la table ou de la vue.
- Si une table dispose d'une contrainte par défaut au niveau d'une colonne dépendante de ce type, supprimez la contrainte.
- Si une procédure ou fonction utilise des paramètres ou variables de ce type, modifiez en conséquence le sous-programme.
- Si un index est défini sur une colonne dépendante de ce type, supprimez-le.
- Si l'index est la clé primaire, supprimez les contraintes de clé étrangère.
- S'il existe des colonnes calculées sur la colonne dépendante de ce type, supprimez-les.
- S'il existe des index sur des colonnes calculées sur la colonne dépendante de ce type, supprimez-les.

Afin de répondre à ces questions, vous pouvez consultez les vues `sys.column_type_usage`, `sys.columns`, `sys.sql_expression_dependencies`, `sys.parameters` et `sys.parameter_type_usages` du dictionnaire de données (voir chapitre 11).

Index

Ce chapitre présente brièvement l'indexation, qui sera détaillée dans les chapitres 14 et 15, pour décrire les bonnes pratiques à utiliser et les moyens permettant d'optimiser des requêtes.

Comme l'index de cet ouvrage vous aide à atteindre les pages contenant un mot que vous recherchez, un index SQL Server a pour objectif d'accélérer l'extraction de données (requêtes). Il permet d'éviter de parcourir systématiquement une table séquentiellement (particulièrement si l'enregistrement que vous recherchez se trouve dans le dernier emplacement du fichier de données). Sans index et pour n lignes, le nombre moyen d'accès nécessaire pour extraire un élément en particulier est égal à $n/2$. Avec un index, ce nombre se rapprochera de $\log(n)$ et augmentera donc faiblement lors de la montée en charge des enregistrements.

Le principe d'un index est donc de pouvoir rapidement associer à une valeur d'une ou de plusieurs colonnes indexées (par exemple, le nom d'un aéroport), l'adresse du ou des enregistrements concernés.

Avant de décrire la structure d'un index, il est nécessaire d'introduire quelques mécanismes relatifs au stockage des informations. Les lignes des tables sont situées dans des pages (blocs) dont la taille est généralement de 8 Ko (chiffre pouvant varier selon les SGBD et la configuration). Les lignes des index sont aussi situées dans des pages.

La structure d'une page débute par un en-tête (numéro de la page dans le fichier de données, numéro identifiant l'objet dans la base (index ou table), numéros de la page précédente et suivante, etc.). La suite de la page contient les lignes de la table (ou de l'index) de longueur variable. La fin de chaque page contient les adresses des lignes (déplacements ou *offsets*).

Figure 1–6
Page de données

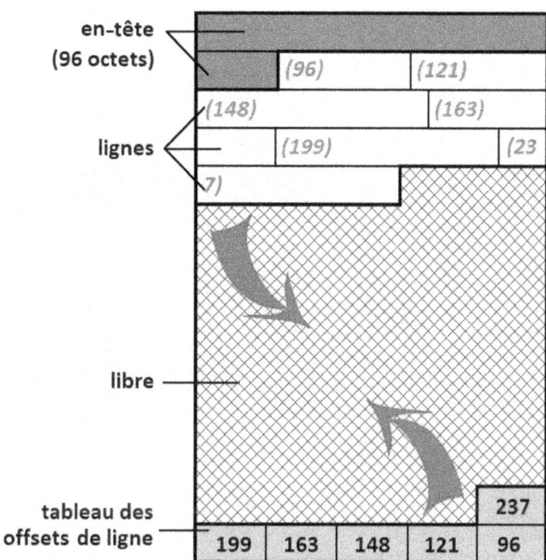

Chaque ligne d'une table est donc directement adressable dès lors qu'on connaît le numéro de page et son déplacement dans la page. Toute page ne contient que des lignes d'une seule table (ou d'un seul index).

Bien qu'il existe plusieurs structures d'organisation pour les index, la plupart d'entre eux sont implémentés à l'aide de la structure d'un *B-tree,* pour *Balanced tree* (arbre équilibré). La particularité des B-tree est qu'ils conservent en permanence une arborescence symétrique (la distance entre la racine et toute feuille est uniforme). Toutes les feuilles sont à la même profondeur et le temps de recherche est à peu près constant quel que soit l'enregistrement recherché.

D'autres types d'index existent, citons ceux qui sont basés sur des tables de hachage, ceux qui concernent des données textuelles ou spatiales et ceux qui sont basés sur des matrices de bits *(bitmap).* SQL Server ne prend pas directement en charge un index en hachage, mais dispose de la fonction `CHECKSUM` pour ce faire. De la même manière, vous pouvez créer l'équivalent d'un index bitmap, via une modélisation particulière de votre colonne à indexer.

B-tree

Les pages situées entre la page racine et les pages de données sont parcourues d'une manière transparente en fonction de la recherche. Le dernier accès permet d'identifier la ou les pages recherchées ainsi que l'adresse de la ou des lignes à extraire. Les feuilles de l'index (pages de données) sont chaînées entre elles car dans certains cas, le moteur utilisera cette navigation pour parcourir l'index.

On parle d'index non cluster *(non clustered index)* lorsque l'index et la table sont indépendants et qu'aucune page intermédiaire n'est constituée de pages de données.

Un index est associé à une table et peut être défini sur une ou plusieurs colonnes (dites indéxées). Par exemple, il est possible d'indexer la table des passagers d'une compagnie aérienne sur leur nom et leur prénom. Une table peut « héberger » plusieurs index. De même, vous pouvez indexer la table des aéroports sur le code OACI, IATA ou sur le nom des aéroports afin d'accélerer les recherches quel que soit le critère utilisé.

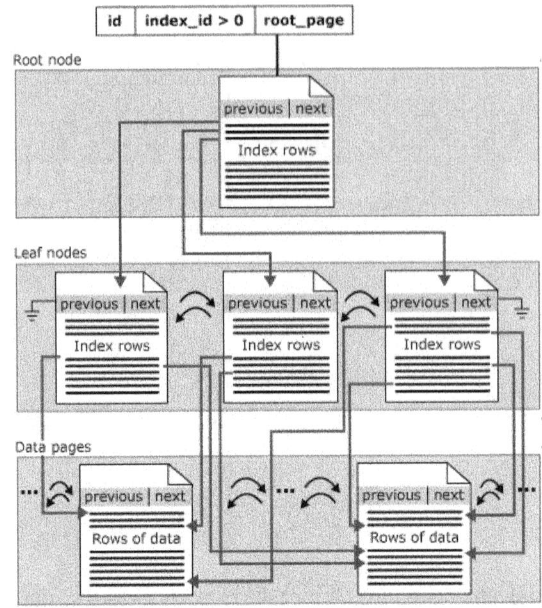

Figure 1–7
Index B-tree (index non cluster).
Source : documentation Microsoft

Chaque index est mis à jour après tout ajout ou suppression d'un enregistrement. La modification des colonnes indéxées de la table entraîne la mise à jour des index concernés. Un index est dit unique si les valeurs des colonnes indéxées sont elles-mêmes uniques dans la table (par exemple, le code IATA dans la table des aéroports). Un index peut ne pas être unique (par exemple, le nom des passagers en cas d'homonymies).

Par défaut, les clés primaires des tables de SQL Server génèrent un index cluster *(clustered index)*. Il ne peut exister qu'un seul index cluster par table. En d'autres termes, si vous désirez définir plusieurs index par table, ils devront tous (sauf un) être déclarés `NONCLUSTERED`.

Index cluster

Les index cluster possèdent la même structure arborescente que les index non cluster à la différence que la couche inférieure ne comporte pas que des pages d'index, mais aussi des pages de données. Le niveau feuille d'un index cluster n'est constitué que des pages de données de la table ; en ce sens, la table correspond à l'index et inversement.

Dans cette architecture, les insertions successives d'une table ne s'opèrent pas forcément en séquence dans la même page de données, mais peuvent être disséminées dans autant de pages que nécessaire selon la valeur de la clé primaire. En effet, un index cluster est défini par défaut sur une clé primaire. En revanche, il est possible de définir une clé primaire sur une table sans générer un index cluster (option `NONCLUSTERED`).

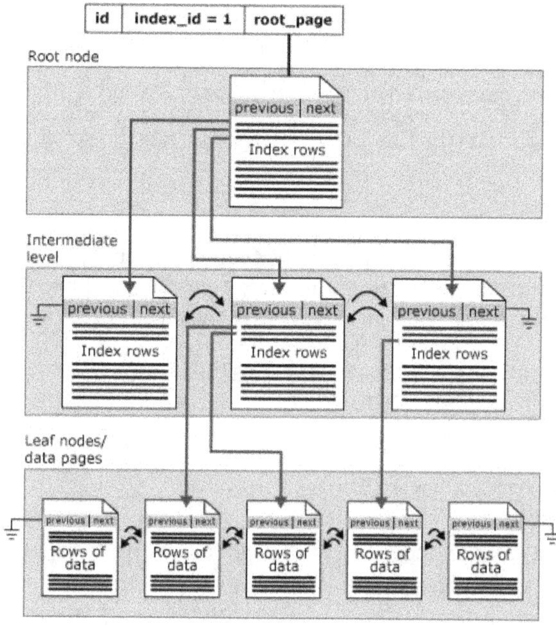

Figure 1–8
Index B-tree (index cluster).
Source : documentation Microsoft

Création d'un index B-tree

Nous nous intéressons ici aux index B-tree sur des tables uniquement. Il existe d'autres types d'index SQL Server (spatial et XML, par exemple) et un index peut être créé sur une vue (voir chapitre 8).

L'autorisation `ALTER` sur la table est requise pour qu'un utilisateur puisse créer un index. Cet utilisateur doit être membre du rôle serveur `sysadmin` ou des rôles de base de données `db_ddladmin` et `db_owner`.

Une table ne peut disposer que d'un seul index cluster ou d'aucun. En effet, l'index cluster ordonne physiquement les lignes de la table suivant les valeurs logiques de sa clé. Étant donné qu'il n'existe qu'un seul ordre physique pour les lignes de toute table, un index cluster peut être déclaré, au plus, par table.

Index implicite

Un index peut être défini implicitement :

- La déclaration de la contrainte `PRIMARY KEY` crée un index cluster par défaut (dans le cas contraire, spécifiez `NONCLUSTERED`).
- La déclaration d'une contrainte `UNIQUE` crée un index non cluster par défaut (dans le cas contraire, spécifiez `CLUSTERED`).

Le code suivant illustre la création d'une table et de deux index. Le premier provient de la clé primaire et est déclaré non cluster. Le second est créé par la contrainte d'unicité qui est de type cluster. Les informations relatives aux passagers s'inscriront dans des pages de données physiquement organisées selon le nom, prénom et date de naissance. On fait la supposition qu'aucun homonyme n'est né le même jour.

```
USE BD_Air_France;
CREATE TABLE T_passager_psg
(psg_id     INT, psg_prenom VARCHAR(30) NOT NULL,
  psg_nom    VARCHAR(30) NOT NULL,
  psg_miles INT, psg_naiss DATE NOT NULL, psg_depart TINYINT,
  CONSTRAINT PK_psg          PRIMARY KEY NONCLUSTERED (psg_id),
  CONSTRAINT UK_psg_identite UNIQUE CLUSTERED (psg_nom,psg_prenom,psg_naiss));
```

Index explicite

L'instruction CREATE INDEX crée un index explicitement, le type d'index par défaut est non cluster. Il est toutefois possible de créér explicitement un index cluster (pas plus d'un par table). La syntaxe simplifiée de création d'un index B-tree sur une table est la suivante :

```
CREATE [UNIQUE] [CLUSTERED | NONCLUSTERED] INDEX nom_index
    ON [nom_base.][nom_schema.]nom_table
    (nom_colonne [ASC | DESC] [,...])
    [INCLUDE (nom_colonne [,...n])]
    [WHERE condition]
    [WITH (DROP_EXISTING = {ON | OFF})];
```

- UNIQUE permet de créer un index qui interdit les doublons de valeur.
- CLUSTERED et NONCLUSTERED définissent l'organisation physique de l'index.
- ASC et DESC précisent l'ordre (croissant ou décroissant) de tri des valeurs (par défaut ASC).
- WHERE permet de restreindre les lignes de la table concernées par l'index (non cluster).
- INCLUDE permet d'inclure des colonnes de la table à ajouter au niveau feuille de l'index (non cluster).
- DROP_EXISTING permet de régénérer l'index s'il existait déjà (par défaut OFF).

- Un index peut être créé indépendamment du fait que la table contienne des données.
- Il est possible de créer un index sur une table temporaire (voir chapitre 7). Ainsi, quand la table est supprimée ou si la session prend fin, l'index disparaît.
- Il n'est pas possible de créer directement des index sur des variables de type table. Mais pour une meilleure optimisation, vous pouvez ajouter une clé primaire ou une contrainte d'unicité.
- Chaque table peut héberger jusqu'à 1 000 index (donc 999 index non cluster).

Index simple mono-colonne

L'index suivant permettra d'accélérer les recherches basées sur le numéro de département des passagers. La clause UNIQUE est omise car plusieurs passagers peuvent être associés au même département. La clause CLUSTERED est interdite car la table dispose déjà d'un index cluster.

```
CREATE INDEX IX_psg_depart ON T_passager_psg (psg_depart);
```

Index filtré

L'index suivant est restreint aux passagers nés en 1950 et jusqu'en 1979 ; il accélérera les recherches basées sur la date de naissance de ces passagers.

```
CREATE INDEX IX_psg_naiss
       ON T_passager_psg (psg_naiss)
       WHERE psg_naiss >= '19500101' AND psg_naiss < '19800101';
```

Le prédicat de filtre peut combiner différents opérateurs de comparaison (incluant IS NULL et IS NOT NULL). Ce mécanisme permet de créer des index uniques sur des colonnes autorisant le marqueur NULL. Le prédicat de filtre ne peut inclure une colonne calculée, un type personnalisé, un type spatial ou de type hierarchyID. Le prédicat doit être « cherchable » (voir chapitre 13).

Index avec inclusion de colonnes

L'index suivant favorisera l'accès aux départements et miles cumulés des passagers selon le numéro de ces derniers.

```
CREATE UNIQUE INDEX IX_psg_id_miles_dept
       ON T_passager_psg (psg_id)
       INCLUDE (psg_miles, psg_depart);
```

Les colonnes incluses ne peuvent pas être utilisées simultanément comme colonnes indexées. Elles permettent de contenir des types de données qui ne sont pas autorisés dans les colonnes de clés d'index. Par ailleurs, les index non cluster contiennent toujours, à leur niveau feuille, les colonnes de la clé de l'index cluster si un index cluster est défini sur la table (sinon, il s'agit du *rowID*). Dans notre exemple il s'agira des colonnes nom, prénom et date de naissance.

Ce mécanisme permet d'éviter à certaines requêtes une double lecture (celle de recherche dans l'index et celle dans la table des données), seule la lecture de l'index suffit à ramener les données à extraire.

Déclaration d'un index en ligne (inline)

Depuis la version 2014, il est possible de déclarer des index en ligne (au sein de l'instruction de création de la table). Ceci est valable pour les index qu'ils soient CLUSTERED ou NONCLUSTERED. En revanche, ce type d'écriture ne permet pas de déclarer des index restreints ou comportant une inclusion de colonnes. La syntaxe simplifée est la suivante.

```
INDEX nom_index [ CLUSTERED | NONCLUSTERED ] (colonne [ASC|DESC] [,...] ) [options]
```

A titre d'exemple, la création de table suivante inclus la déclaration d'un index non unique en ligne (sans parler de la clé primaire qui en définit un aussi).

```
CREATE TABLE T_passager_psg
(psg_id INT, psg_prenom VARCHAR(30) NOT NULL, psg_nom VARCHAR(30) NOT NULL,
  CONSTRAINT PK_psg PRIMARY KEY NONCLUSTERED (psg_id),
  INDEX IX_nom NONCLUSTERED (psg_nom));
```

Visualisation des index

Dans la fenêtre de l'explorateur d'objets, dans la hiérarchie de votre base et sous les entrées *Tables/nom_table/Clés* et *Tables/nom_table/Index*, vous trouverez toutes les informations relatives à vos index.

Figure 1–9
Visualisation des index d'une table

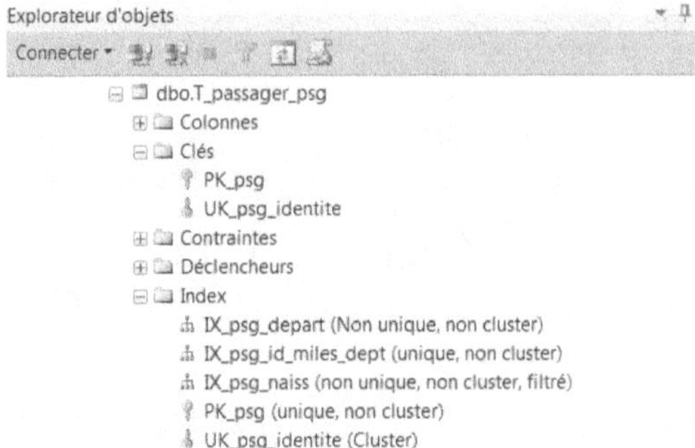

Suppression d'un index

Un index est supprimé par `DROP INDEX` en précisant le nom de l'index et la table concernée par celui-ci.

```
DROP INDEX nom_index
    ON [nom_base.][nom_schema.]nom_table
```

La suppression d'une table entraîne la suppression de tous les index qui étaient définis sur cette dernière.

Tables en mémoire (In-Memory engine)

Depuis la version 2014, SQL Server est doté d'un moteur de stockage pour les tables en mémoire permettant (*In-Memory OLTP Engine*) de nom de code Hekaton. Emboîtant le pas à IBM (*SolidDB*) et Oracle (*TimesTen*) qui proposent des solutions similaires mais hors du produit de base, Microsoft rend native cette fonctionnalité. L'accès aux tables en mémoire est transparent pour l'utilisateur (programmation identique pour les tables stockées sur disque). Cette technologie vise à rendre plus performant les accès aux données par le fait de limiter le verrouillage. Le fonctionnement du moteur Hekaton est basé sur les mécanismes suivants (voir le chapitre 7) :

- un contrôle optimiste de la concurrence des accès qui élimine les verrous ;
- des procédures cataloguées natives peuvent être conjointement compilées avec ces tables.

Les tables en mémoire sont aussi persistantes (stockées aussi sur disque pour pallier l'arrêt du serveur).

Exécution d'une instruction

Du fait de l'existence de ce nouveau type de table, deux scénarios peuvent se produire :

- L'ensemble des tables utilisées dans l'instruction (requête ou procédure) sont en mémoire ce qui active le compilateur dédié est utilisé et les requêtes sont optimisées.
- Certaines tables sont stockées sur le disque et le compilateur dédié ne peut pas être utilisé, le fonctionnement devient classique.

Figure 1–10
Scénarios d'exécution

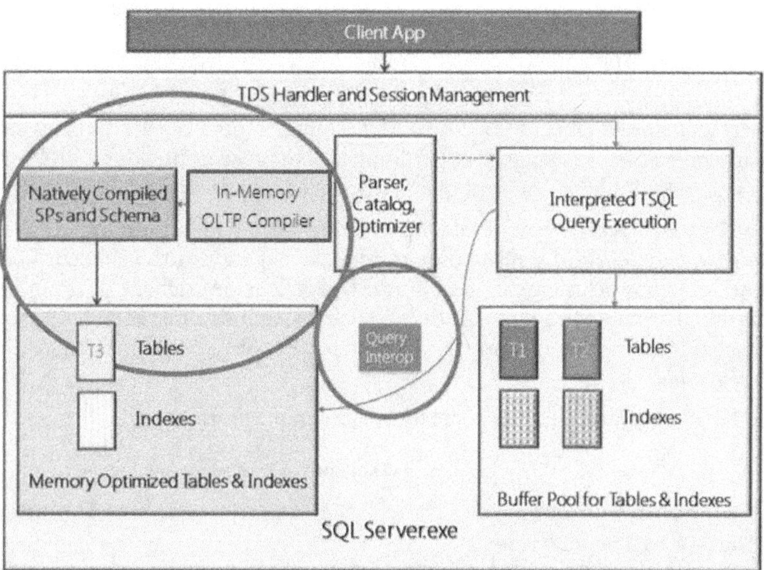

Les données ne sont pas stockées en page (comme sur une table traditionnelle) mais en lignes indexées par un mécanisme de hachage (*hash index*). Cet index rend obligatoire d'avoir une clé primaire (donc unique) pour chaque table « in memory ».

Création d'une table en mémoire

L'instruction CREATE TABLE permet de créer des tables en mémoire en générant directement une structure C compilée par la suite sous la forme d'une DLL. La table doit être stockée dans un *filegroup* créé avec l'option CONTAINS MEMORY_OPTIMIZED_DATA. Voici un exemple d'ajout d'un tel espace de stockage à notre base :

```
-- création d'un espace de stockage pour les tables "in memory"
ALTER DATABASE DB_Soutou_Brouard
   ADD FILEGROUP FG_INMEMROY1
      CONTAINS MEMORY_OPTIMIZED_DATA;
GO
-- création d'un fichier dans l'espace de stockage des tables "in memory"
ALTER DATABASE DB_Soutou_Brouard
   ADD FILE
     (NAME = 'DB_SB_InMemo1',
  FILENAME = 'E:\DATA\DB_SB_InMemo1.ndf')
   TO FILEGROUP FG_INMEMROY1;
GO
```

Voir le chapitre 10 consacré au stockage pour de plus amples informations sur le sujet.

Les options de création d'une table en mémoire sont les suivantes :

```
WITH (MEMORY_OPTIMIZED = {ON | OFF}
      DURABILITY = {SCHEMA_ONLY | SCHEMA_AND_DATA})
```

- MEMORY_OPTIMIZED = ON déclare la table en mémoire.
- SCHEMA_AND_DATA est la valeur par défaut d'une table en mémoire.
- SCHEMA_ONLY ne garantit pas aux données de rester persistantes après un redémarrage du serveur.

La durabilité (DURABILITY) précise ce que l'on stocke de manière persistante. Ce peut être au minimum la structure de la table (SCHEMA) sans les données, auquel cas les données seront perdues en cas de redémarrage, ou bien la structure et les données. Ne précisez une durabilité sur le schéma uniquement, que lorsque cette table ne contient que des données calculées avec un calcul reproductible à tout moment.

L'indexation en mémoire des colonnes d'une table ne peut être mise en œuvre que par hachage (*non-clustered hash index*). Le résultat de chaque hachage fournit une valeur (*bucket*) permettant l'identification des lignes. Plusieurs lignes ayant même valeur de hachage pour un index donné, sont référencées par une liste chaînée à l'intérieur d'un *bucket*. Ces index ne répondent pas efficacement aux opérateurs d'inegalité de même qu'aux tris. Il n'est pas encore possible d'utiliser des index traditionnels (*non-clustered index*).

Le tableau suivant présente la création d'une table en mémoire.

Tableau 1–13 Table en mémoire

Création	Commentaires

`CREATE TABLE T_aeroport_aer`
` (aer_IATA   VARCHAR(3) COLLATE French_BIN2 NOT NULL`
`             PRIMARY KEY NONCLUSTERED HASH`
`                 WITH (BUCKET_COUNT=1000),`
	Trois colonnes.
	Deux contraintes en ligne (NOT NULL)

`  aer_OACI   VARCHAR(6) COLLATE French_BIN2 NOT NULL,`
`  aer_nom    VARCHAR(50),`
`  INDEX     UK_aer_OACI NONCLUSTERED HASH (aer_OACI)`
`              WITH (BUCKET_COUNT=1000)`
	Deux contraintes hors ligne (clé primaire et index additionnel).

`) WITH (MEMORY_OPTIMIZED = ON,` `       DURABILITY = SCHEMA_AND_DATA);`	Données à rendre persistantes.

- Au niveau de la base, seules les collations de type BIN2 sont pour l'heure supportées.
- Toutes les colonnes concernés par les index en mémoire doivent être déclarées non nulles.
- La valeur du paramètre bucket_count concerne la taille de la table de hachage allouée à un index. Une trop grande valeur peut se révéler pénalisante. Microsoft recommende de positionner ce paramètre au double du nombre prévisionnel de clés unique.

Limitations

Comme pour toute nouvelle technologie, il existe pour l'heure, de nombreuses limitations à l'utilisation de tables en mémoire :

N. B. : si vous voulez des performances maximales, placez le stockage des tables « in memory » sur une grappe de disque SSD en RAID !

La taille d'un ligne d'une table en mémoire est limitée à 8Ko et il n'est pas possible de définir plus de 8 index (en mémoire).
Une clé primaire est obligatoire et toute ligne devient non modifiable au niveau des colonnes de la clé.
L'utilisation de nombreux types de données est interdite (`NVARCHAR(MAX)`, `XML`, et plus généralement les types `LOB` et `.NET/SQL CLR`), tout comme les colonnes d'identification (`ROWGUIDCOL`) et d'auto-incrémentation par `SEQUENCE`).
Aucun index ne peut être ajouté à une table en mémoire à moins de recréer la table avec le nouvel index (de type *hash* obligatoirement).
Aucune contrainte ne peut être définie : clé étrangère, vérification (`CHECK`) ou valeur par défaut (`DEFAULT`).
Vous ne pourrez pas mettre à jour des données par `MERGE`, vous servir de déclencheurs LMD (voir le chapitre 7) ou de bénéficier d'un quelconque moyen de compression de données.
La modification structurelle d'une table en mémoire (ajout ou suppression de colonnes par exemple) nécessite de recréer la table.
Enfin, les statistiques ne peuvent être collectées que manellement (avec `UPDATE STATISTICS` ou `sp_updatestats`).

Métadonnées de la base

SQL Server dispose de deux niveaux de visualisation des métadonnées en dehors de l'interface graphique parfois troublante. En effet, l'IHM SSMS de SQL Server nous présente les colonnes participant à la clé primaire de couleur « or » et celles participant à une clé étrangère de couleur « argent ».

Figure 1–11
Colonnes et clés d'une table

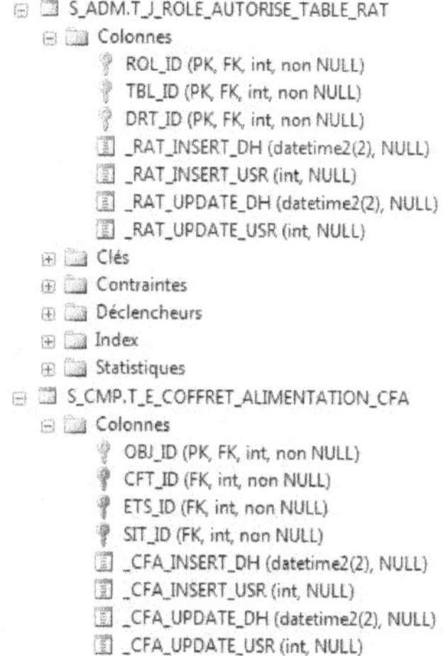

La figure 1-11 nous montre deux tables, l'une semblant avoir trois clés primaires et l'autre trois clés étrangères. Mais c'est oublier qu'il n'existe qu'une seule clé primaire par table. La première est donc composée de trois colonnes. Y a-t-il des clés étrangères ? Rien ne permet de le dire… Mais alors la seconde table possède-t-elle une, deux, trois, ou plus encore de clés étrangères ? Il n'y a qu'une seule façon de le savoir : interroger par requête les vues de métadonnées…

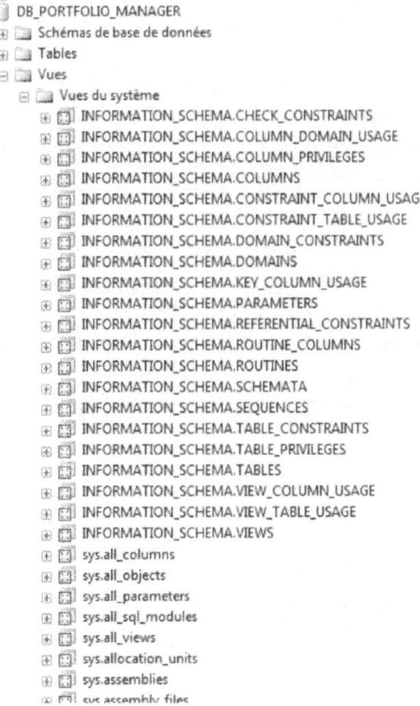

Figure 1–12
Vues de métadonnées

Les vues normalisées de métadonnées sont situées dans le schéma SQL `INFORMATION_SCHEMA`. Elles sont au nombre de 21. En voici les principales :

Tableau 1–14 Principales vues normalisées

Famille	Nom de vue	Description
Schémas SQL d'une base	`SCHEMATA`	Liste des schémas SQL
Objets d'une base	`DOMAINS`	Liste des domaines
	`TABLES`	Liste des tables et vues de la base
	`VIEWS`	Définition des vues de la base
Éléments d'une table	`COLUMNS`	Liste des colonnes de TOUTES les tables de la base
	`TABLE_CONSTRAINTS`	Liste des contraintes des tables de la base
	`REFERENTIAL_CONSTRAINTS`	Liste des intégrités référentielles de la base
	`CHECK_CONSTRAINTS`	Liste des contraintes de validité de la base
	`KEY_COLUMN_USAGE`	Liste des colonnes définissant les clés (primaire, unique ou étrangère) de la base
	`CONSTRAINT_COLUMN_USAGE`	Liste des colonnes définissant les contraintes de la base
	`CONSTRAINT_TABLE_USAGE`	Liste des tables utilisées par les contraintes de la base
Éléments d'une vue	`VIEW_TABLE_USAGE`	Liste des tables composant les vues de la base
	`VIEW_COLUMN_USAGE`	Liste des colonnes composant les vues de la base
Éléments d'un domaine	`DOMAIN_CONSTRAINT`	Liste des contraintes des domaines de la base
	`COLUMN_DOMAIN_USAGE`	Liste des colonnes basées sur les domaines de la base

Exemple d'une requête présentant la liste des colonnes des clés primaires de toutes les tables de la base :

```
SELECT TC.TABLE_SCHEMA, TC.TABLE_NAME, ORDINAL_POSITION, COLUMN_NAME
FROM INFORMATION_SCHEMA.TABLE_CONSTRAINTS AS TC
       INNER JOIN INFORMATION_SCHEMA.KEY_COLUMN_USAGE AS KCU
             ON TC.CONSTRAINT_SCHEMA = KCU.CONSTRAINT_SCHEMA
             AND TC.CONSTRAINT_NAME = KCU.CONSTRAINT_NAME
WHERE TC.CONSTRAINT_TYPE = 'PRIMARY KEY'
ORDER BY TABLE_SCHEMA, TABLE_NAME, ORDINAL_POSITION;
```

Des vues système spécifiques à SQL Server sont disponibles dans le schéma SQL « sys ». Au nombre de 404 (version 2014), elles donnent une vision plus détaillée que les vues d'information de schémas, mais sont à utiliser avec précaution. En effet, Microsoft se réserve le droit d'en changer la structure à tout moment, comme d'en rendre certaines obsolètes… Vous ne devez donc en aucun cas baser le développement fonctionnel de vos applications sur des appels à ces tables.

Voici la liste de ces principales vues.

Tableau 1–15 Principales vues système

Famille	Nom de vue	Description
Serveur	`databases`	Liste des bases de l'instance
Schéma d'une base	`schemas`	Liste des schémas de la base
Types	`types`	Liste des types de données
	`filetables`	Liste des types de table « filetable »
Séquence	`sequences`	Liste des séquences
Objets	`all_objects`	Liste des objets de toutes les bases
	`objects`	Liste des objets de la base
	`all_views`	Liste des vues de toutes les bases
	`views`	Liste des vues de la base
	`tables`	Liste des tables de la base
Colonne	`all_columns`	Liste des colonnes de toute la base
	`columns`	Liste des colonnes de la base
	`computed_columns`	Liste des colonnes calculées de la base
	`identity_columns`	Liste des colonnes auto-incrémentées de la base
	`column_type_usages`	Liste des types utilisés par les colonnes d'une base
Contraintes	`default_constraints`	Liste des contraintes par défaut de la base
	`key_constraints`	Liste des contraintes de clé primaire et unique de la base
	`foreign_keys`	Liste des contraintes de clés étrangères de la base
	`check_constraints`	Liste des contraintes de validité de la base
	`foreign_key_columns`	Liste des colonnes des clés étrangères de la base
Index	`indexes`	Liste des index de la base
	`index_columns`	Liste des colonnes composant les index de la base

Exemple :

```
SELECT s.name AS TABLE_SCHEMA, o.name AS TABLE_NAME,
       ic.key_ordinal AS ORDINAL_POSITION, c.name AS COLUMN_NAME
FROM sys.objects AS o
       INNER JOIN sys.schemas AS s
             ON o.schema_id = s.schema_id
       INNER JOIN sys.indexes AS i
             ON o.object_id = i.object_id
       INNER JOIN sys.index_columns AS ic
             ON i.object_id = ic.object_id
             AND i.index_id = ic.index_id
       INNER JOIN sys.columns AS c
             ON ic.object_id = c.object_id
             AND ic.column_id = c.column_id
WHERE i.is_primary_key = 1
ORDER BY TABLE_SCHEMA, TABLE_NAME, ORDINAL_POSITION;
```

Cette requête présente la liste des colonnes des clés primaires de toutes les tables de la base. Elle donne un résultat identique à la précédente, mais sans garantie de portabilité !

2

Manipulation des données

Ce chapitre décrit les principales instructions du langage Transact-SQL en ce qui concerne la manipulation des données. Ces instructions sont classifiées par SQL dans la partie DML *(Data Manipulation Language)*. Vous découvrirez comment insérer des enregistrements avec `INSERT` en respectant le typage des colonnes et les contraintes de la table, modifier des données avec `UPDATE` et `MERGE`, puis supprimer des lignes avec `DELETE` et `TRUNCATE TABLE`.

Par ailleurs, les collations sont abordées, de même que les mécanismes d'auto-incrémentation (séquence et propriété d'identité) et les types GUID *(Globally Unique IDentifier)*. Enfin, les particularités relatives aux tables en mémoire sont détaillées.

Mise à jour des données

Contrairement à d'autres SGBD relationnels, SQL Server fonctionne nativement en autocommit. Il n'est donc pas nécessaire de finaliser la mise à jour des données par la commande `COMMIT`. En revanche, si vous désirez commencer une transaction explicite, il faut lancer préalablement la commande `BEGIN TRANSACTION` et finaliser les multiples opérations de mise à jour par un `COMMIT` (validation) ou un `ROLLBACK` (annulation).

Il est aussi possible de modifier le comportement de votre session pour la faire correspondre au mode implicite, c'est-à-dire entamer automatiquement une transaction après finalisation de la précédente. Pour cela, vous devez lancer la commande :

```
SET IMPLICIT_TRANSACTIONS ON;
```

Insertion de lignes (INSERT)

L'instruction `INSERT` permet d'ajouter des lignes à une table. Il est possible d'ajouter une ligne avec une instruction (insertions monolignes) ou plusieurs à la fois (insertions multilignes). Il est aussi possible de charger une table à l'aide d'une requête (voir chapitre 4).

Syntaxe

La syntaxe simplifiée de l'instruction `INSERT` monoligne est la suivante :

```
INSERT [ INTO ]
   { nom_serveur.nom_base.nom_schema. | nom_base.[nom_schema]. | nom_schema.] }
   nom_table_ou_vue
[ ( nom_col1 [ nom_col2 [, ... ] ] ) ]
[ OUTPUT clause_output ]
{ VALUES ( { DEFAULT | NULL | expression } [,...] )
     [ ,  ( { DEFAULT | NULL | expression } [,...] ) , ( ... )
  | DEFAULT VALUES }
```

- `INTO` est une directive facultative mais il est préférable de l'utiliser, de même que la liste des colonnes concernées par l'ajout (même si elles le sont toutes).
- `COLLATE` permet de sélectionner un classement de caractères.
- `DEFAULT` permet d'affecter la valeur par défaut d'une colonne.
- `OUTPUT` est une clause qui sera étudiée en fin de chapitre.
- `DEFAULT VALUES` insère une ligne avec toutes les valeurs à défaut.

Si une colonne présente dans la table (ou vue) ne se trouve pas dans la liste, le SGBD doit pouvoir fournir automatiquement une valeur, par exemple celle par défaut (contrainte de colonne `DEFAULT`), ou encore la propriété `IDENTITY` (valeur incrémentielle suivante), ou sinon accepter le marqueur `NULL`. Les colonnes calculées (`expression`) n'acceptent jamais de valeur. La liste des colonnes est facultative. Dans ce cas, toutes les colonnes doivent avoir une valeur sauf celle ayant la propriété `IDENTITY`.

À l'aide d'exemples, détaillons les possibilités de cette instruction en considérant différents types de données.

Ligne par ligne

Le tableau 2-1 présente plusieurs écritures permettant l'ajout de trois lignes dans la table `T_aeroport_aer` :

Tableau 2-1 Insertions

Instructions SQL	Commentaires
`USE BD_Air_France;` `BEGIN TRANSACTION`	Sélection de la base et début de la transaction
`INSERT INTO T_aeroport_aer` `  VALUES ('TLS','LFBO','Toulouse Blagnac');`	Aucune colonne n'est spécifiée, elles doivent donc toutes être renseignées.
`INSERT INTO T_aeroport_aer (aer_IATA, aer_OACI, aer_nom)` `  VALUES ('ORY','LFPO','Paris Orly');`	Les colonnes sont spécifiées suivant l'ordre de la création de la table.

Tableau 2–1 Insertions *(suite)*

Instructions SQL	Commentaires
`INSERT INTO T_aeroport_aer (aer_nom, aer_OACI, aer_IATA)` `VALUES ('Marseille Provence', 'LFML', 'MRS');`	Les colonnes sont spécifiées mais dans un ordre différent de celui de la création de la table.
`COMMIT TRANSACTION;`	Fin de la transaction

Marqueurs NULL et DEFAULT

L'ajout de colonnes `NULL` se programme explicitement (indication du marqueur `NULL`) ou implicitement en omettant le nom de la colonne dans la liste de colonnes de l'instruction `INSERT`. Notez que si une valeur par défaut existe, elle sera affectée à la colonne dont le nom est absent de la liste, sinon le marqueur `NULL` sera affecté. Pour affecter une valeur par défaut, utilisez le mot-clé `DEFAULT`.

Tableau 2–2 Insertions de marqueurs NULL

Instructions SQL	Commentaires
`USE BD_Air_France;` `BEGIN TRANSACTION`	Sélection de la base et début de la transaction

`INSERT INTO T_vols_catalogue_vlc`
`(vlc_num_vol,vlc_h_dep,vlc_h_arr,aer_dep,aer_arr)`
`VALUES ('AF6143',NULL,NULL,'TLS','ORY');`
	Les colonnes sont toutes spécifiées et les marqueurs `NULL` sont indiqués explicitement.

`INSERT INTO T_aeroport_aer`
`(aer_nom, aer_OACI, aer_IATA)`
`VALUES ('Marseille Provence', 'LFML', 'MRS');`
	Les colonnes ne sont pas toutes spécifiées et les marqueurs `NULL` sont indiqués implicitement.

`COMMIT TRANSACTION;`	Fin de la transaction

Pour visualiser le contenu de l'une de vos tables, effectuez un clic droit sur le nom de cette table, puis choisissez *Sélectionner les 1000 lignes du haut* :

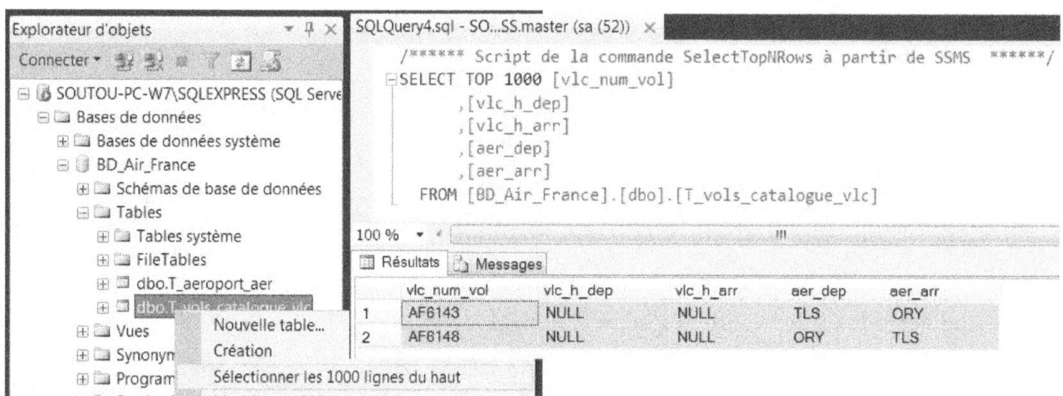

Figure 2–1 Visualisation du contenu d'une table après les insertions

Plusieurs lignes à la fois

Le script suivant ajoute trois aéroports en une seule instruction INSERT (on parle de l'utilisation du mécanisme de *row value constructor*).

```
USE BD_Air_France;
INSERT INTO T_aeroport_aer (aer_IATA, aer_OACI, aer_nom)
       VALUES
            ('NCE','LFMN','Nice Côte d Azur'),
            ('PUF','LFBP','Pau Pyrénées'),
            ('CDG','LFPG','Paris Roissy Charles de Gaulle');
```

L'utilisation du mécanisme de row value constructor ne permet d'insérer au plus que 1 000 lignes à la fois.

Collations

Clause pouvant être appliquée à la définition d'une base de données, d'une colonne ou de toute expression littérale, la collation est utilisée pour définir un interclassement des caractères pour les données littérales. Une collation permet aussi à une expression de chaîne de caractères d'appliquer un changement de classement.

Les collations sont des outils indispensables au traitement des données alphanumériques. Le choix d'une collation n'est pas anodin car il entraîne invariablement une différence de comportement des requêtes, des contraintes et des performances, de même qu'il influence l'écriture du code.

SQL Server 2014 propose 3 887 collations différentes représentant 72 langues (dont le breton et le corse…) et 14 jeux génériques dont l'EBCDIC en 9 déclinaisons.

Considérons que la collation soit de langue anglaise. La chaîne de caractères « parlé » se trouverait après « parle » (ce qui n'est pas gênant en soi) et « parloir » car les caractères accentués sont situés après les caractères non accentués conformément à la page de code.

Le classement peut se faire selon un jeu de caractères basé sur la page de code de Windows ou de SQL Server. La syntaxe de cette clause est la suivante :

```
COLLATE
{nom_collation_casse_accents[_kana][_largeur]
| nom_collation_ {BIN | BIN2}
| SQL_reglestri[_pref]_CPpagecode_casse_accents
| SQL_reglestri[_pref]_CPpagecode_BIN
| database_default}
```

- nom_collation indique la langue (par exemple, Latin1_General, Danish_Norwegian, etc.).
- casse indique si la casse doit être respectée (CI, sinon CS).
- accents indique si les accents sont pris en compte (AI, sinon AS).
- kana indique si les kanatypes des caractères japonais du katakana et de l'hiragana doivent être distingués.
- largeur indique si la « largeur » d'une casse de données doit être prise en compte (omise à défaut, sinon WS). Par exemple, pour distinguer ou nom des caractères comme 2 et ^{2}.

- BIN et BIN2 indiquent un ordre de tri binaire basé sur l'encodage hexadécimal des jeux de caractères. Le premier assure une compatibilité descendante et le second utilise une sémantique de comparaison au niveau des points de code (à privilégier pour les nouveaux développements).
- SQL_reglestri indique la langue ou un jeu générique (par exemple, Latin1_General, Danish_Norwegian, etc.).
- pref indique une préférence pour les caractères en majuscules.
- pagecode est un code de 1 à 4 chiffres qui identifie la page de code (par exemple, CP1251 correspond à la page de code 1251).
- database_default applique le classement de la base de données active.

La première collation (appelée classement du serveur) se détermine lors de l'installation du serveur (concerne les tables système master, tempdb, msdb...). Sans directive contraire, elle constituera la collation par défaut des bases, donc des colonnes des tables créées par la suite dans ces mêmes bases. Lors de la création d'une base, il est possible de spécifier une collation différente de celle du serveur.

Vous pouvez obtenir la liste des collations de votre instance en utilisant la fonction table sys.fn_helpcollations comme suit :

```
SELECT *
FROM   sys.fn_helpcollations();
```

Considérons la table suivante qui est constituée de quatre colonnes de collations différentes.

```
CREATE TABLE T_Collations_col
(col_French_BIN VARCHAR(8)               COLLATE French_BIN,
col_SQL_Latin1_CP1250_CI_AS VARCHAR(8) COLLATE SQL_Latin1_General_CP1250_CI_AS,
col_SQL_Latin1_CP1251_CI_AS VARCHAR(8) COLLATE SQL_Latin1_General_CP1251_CI_AS,
col_SQL_Latin1_CP1253_CI_AI VARCHAR(8) COLLATE SQL_Latin1_General_CP1253_CI_AI);
```

Insérons dans cette table des données comportant des mots accentués et ligaturés.

```
INSERT INTO T_Collations_col VALUES ('épitète', 'épitète', 'épitète', 'épitète');
INSERT INTO T_Collations_col VALUES ('écœuré', 'écœuré', 'écœuré', 'écœuré');
INSERT INTO T_Collations_col VALUES ('ÉCŒURÉ', 'ÉCŒURÉ', 'ÉCŒURÉ', 'ÉCŒURÉ');
INSERT INTO T_Collations_col VALUES ('HÔPITAL', 'HÔPITAL', 'HÔPITAL', 'HÔPITAL');
```

Le contenu de cette table est le suivant, vous constaterez que l'utilisation de la collation French_BIN n'est pas superflue...

Résultats | Messages

	col_French_BIN	col_SQL_Latin1_CP1250_CI_AS	col_SQL_Latin1_CP1251_CI_AS	col_SQL_Latin1_CP1253_CI_AI
1	épitète	épitete	epitete	epitete
2	écœuré	écouré	ec?ure	ec?ure
3	ÉCŒURÉ	ÉCOURÉ	EC?URE	EC?URE
4	HÔPITAL	HÔPITAL	HOPITAL	HOPITAL

Figure 2–2 Visualisation des données en fonction des collations

Vous trouverez à l'adresse http://sqlpro.developpez.com/cours/sqlserver/collations/, sur la base de cet exemple, une discussion à propos de la manipulation et de l'extraction de données suivant leur collation.

Évitez les collations faibles, installez SQL Server avec une collation forte : sensible aux accents et à la casse (voire binaire). De même, il est préférable de ne pas spécifier une collation au niveau de la base de données. Dans ce cas, votre base héritera de la collation du serveur.
N'utilisez des collations faibles que ponctuellement pour des colonnes relevant de traitements particuliers. En effet, le traitement de ces colonnes sera moins performant du fait de la superposition des collations.

Non-respect des contraintes

Si vous tentez d'insérer un enregistrement qui ne respecte pas toutes les contraintes de la table, le moteur vous renverra une ou plusieurs erreurs. Le tableau 2-3 décrit les messages retournés pour chaque type d'erreur (les valeurs erronées sont notées en gras).

Les deux premières erreurs concernent un doublon de valeur interdit, au niveau de la clé primaire pour la première instruction (contrainte `PRIMARY KEY`), au niveau de la clé candidate pour la deuxième insertion (contrainte `UNIQUE`). La troisième erreur provient d'un marqueur `NULL` interdit (contrainte en ligne). La quatrième erreur évite qu'un même aéroport soit à la fois au départ et à l'arrivée d'un vol (contrainte `CHECK`). La dernière erreur est relative à l'absence de référence (ici un aéroport inexistant) dans une clé étrangère (contrainte `FOREIGN KEY`). Ce dernier problème sera approfondi dans la section suivante « Intégrité réferentielle ».

Tableau 2–3 Insertions invalides

Tentatives d'insertions	Messages d'erreur
INSERT INTO T_aeroport_aer (aer_IATA, aer_OACI, aer_nom) VALUES ('**TLS**','LFBO','Toulouse Blagnac');	Msg 2627, Niveau 14, État 1, Ligne 6 Violation de la contrainte PRIMARY KEY "PK_aer". Impossible d'insérer une clé en double dans l'objet "dbo.T_aeroport_aer". Valeur de clé dupliquée : (TLS).
INSERT INTO T_aeroport_aer (aer_IATA, aer_OACI, aer_nom) VALUES ('ALB','**LFBO**','Albi');	Msg 2627, Niveau 14, État 1, Ligne 12 Violation de la contrainte UNIQUE KEY "UK_aer_OACI". Impossible d'insérer une clé en double dans l'objet "dbo.T_aeroport_aer". Valeur de clé dupliquée : (LFBO).
INSERT INTO T_vols_catalogue_vlc (vlc_num_vol,vlc_h_dep,vlc_h_arr,aer_dep, aer_arr) VALUES ('AF6140','12:35:00','13:55:00',**NULL**,'ORY');	Msg 515, Niveau 16, État 2, Ligne 3 Impossible d'insérer la valeur NULL dans la colonne 'aer_dep', table 'BD_Air_France.dbo.T_vols_catalogue_vlc'. Cette colonne n'accepte pas les valeurs NULL.
INSERT INTO T_vols_catalogue_vlc (vlc_num_vol,vlc_h_dep,vlc_h_arr,aer_dep, aer_arr) VALUES ('AF6140','12:35:00','13:55:00','**ORY**','**ORY**');	Msg 547, Niveau 16, État 0, Ligne 9 L'instruction INSERT est en conflit avec la contrainte CHECK "CK_vlc_dep_arr". Le conflit s'est produit dans la base de données "BD_Air_France", table "dbo.T_vols_catalogue_vlc".
INSERT INTO T_vols_catalogue_vlc (vlc_num_vol,vlc_h_dep,vlc_h_arr,aer_dep, aer_arr) VALUES ('AF6140','12:35:00','13:55:00','*******','ORY');	Msg 547, Niveau 16, État 0, Ligne 3 L'instruction INSERT est en conflit avec la contrainte FOREIGN KEY "FK_vlc_aer_dep". Le conflit s'est produit dans la base de données "BD_Air_France", table "dbo.T_aeroport_aer", column 'aer_IATA'.

Les principaux éléments d'un message d'erreur sont les suivants :

- numéro d'erreur, qui identifie le message associé ;
- niveau de gravité (*level*), qui founit une indication à propos du type du problème ;

- numéro de ligne, qui localise la ligne de code dans le script ;
- message, qui explicite le problème et vise à y remédier.

Dates et heures

Les types DATETIME2, DATE, TIME et DATETIMEOFFSET sont apparus avec SQL Server 2008. Ils sont à privilégier car ils permettent une gestion plus fine des données : le type DATE permet de compacter les dates simples, DATETIME2 est plus précis que DATETIME (devenu obsolète, comme SMALLDATETIME). Le type DATETIMEOFFSET permet de gérer les décalages horaires. Nous verrons au chapitre 5 comment manipuler correctement ces types.

DATE, DATETIME2 et TIME

La table suivante contient des colonnes de type date/heure.

```
CREATE TABLE T_vols_historique_vlh
(vlh_num_vol VARCHAR(8),
 vlh_creation          DATE        NOT NULL,
 vlh_fin_exploitation DATETIME2,
 vlh_h_dep             TIME(0),
 vlh_h_arr             TIME(0),
 aer_dep               VARCHAR(3) NOT NULL,
 aer_arr               VARCHAR(3) NOT NULL,
 CONSTRAINT PK_vlh          PRIMARY KEY(vlh_num_vol,vlh_creation));
```

L'insertion d'une ligne initialise la création du vol au 25 novembre 1965, et la fin de son exploitation le 20 décembre 1998 à 15 h 45. Les heures de départ et d'arrivée de ce vol étaient respectivement 12 h 35 et 13 h 55.

```
INSERT INTO T_vols_historique_vlh
(vlh_num_vol,vlh_creation,vlh_fin_exploitation,vlh_h_dep,vlh_h_arr,aer_dep,aer_arr)
VALUES
('AF6140','1965-10-25','1998-12-20 15:45:00','12:35:00','13:55:00','TLS','ORY');
```

La structure de la ligne stockée est la suivante :

	vlh_num_vol	vlh_creation	vlh_fin_exploitation	vlh_h_dep	vlh_h_arr	aer_dep	aer_arr
1	AF6140	1965-10-25	1998-12-20 15:45:00.0000000	12:35:00	13:55:00	TLS	ORY

Figure 2–3 Visualisation du contenu d'une table après les insertions

Fonctions utiles

Les fonctions SYSDATETIME, SYSDATETIMEOFFSET et SYSUTCDATETIME renseignent précisément sur la date du jour, avec ou sans fuseau horaire et au niveau du méridien de Greenwich (ces deux dernières fonctions intéresseront peut-être ceux qui prennent souvent l'avion pour se rendre dans des pays lointains). Les fonctions Transact-SQL équivalentes de la première et dernière sont respectivement GETDATE() et GETUTCDATE(). La fonction normalisée CURRENT_TIMESTAMP peut être utilisée en lieu et place de GETDATE().

Notez l'utilisation de l'instruction SELECT qui évalue des expressions et extrait des données (voir chapitre 4). Les directives as permettent de renommer une colonne à l'affichage. Le résultat suivant illustre que cette instruction a été exécutée le 17 février 2012 à 8 h 59, 42 secondes. Le fuseau horaire du serveur est GMT + 1 h. À Londres, il était une heure de moins.

Figure 2–4
Affichage de la date du jour

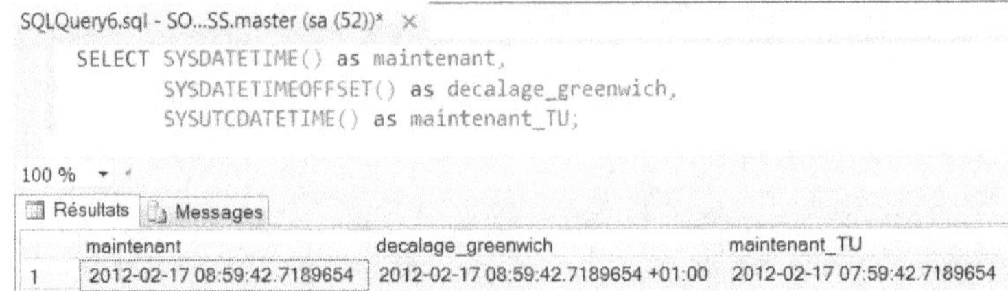

Chaînes de caractères Unicode

Si vous êtes amené à gérer des données au sein de bases de données internationales, vous devrez utiliser les types Unicode NCHAR et NVARCHAR, plutôt que leurs équivalents classiques (non Unicode) CHAR et VARCHAR. Si vous travaillez avec des données danoises ou norvégiennes, par exemple, il est indipensable de pouvoir stocker la caractère ø (« o » barré).

Figure 2–5
Affichage d'un caractère Unicode et de sa valeur

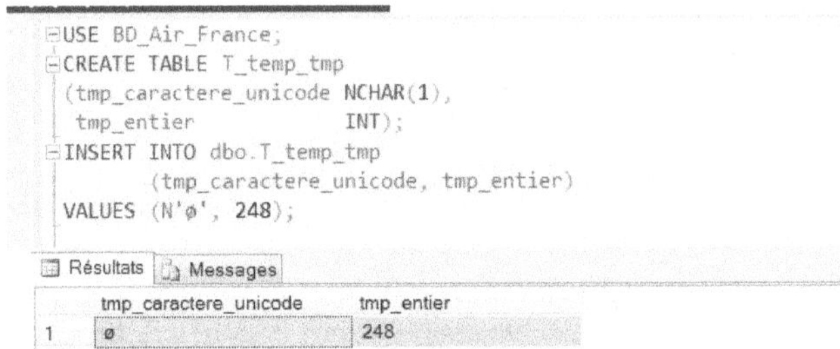

Par la suite, vous aurez sans doute besoin de la fonction UNICODE() qui retourne la valeur entière définie par le standard Unicode pour le premier caractère de l'expression. De même, la fonction NCHAR() renvoie le caractère Unicode correspondant à l'entier passé en paramètre :

```
SELECT UNICODE(N'ø')         AS code_o_barré,
       NCHAR(UNICODE(N'ø')) AS o_barré,
       NCHAR(248)           AS o_barré;

code_o_barré    o_barré    o_barré
248             ø          ø
```

Une chaine de caractères ASCII se distingue d'une chaîne de caractères Unicode par la présence du préfixe N devant l'apostrophe commençant la chaîne (N pour National).

> N'utilisez pas les chaînes UNICODE (NCHAR, NVARCHAR) sauf en cas de nécessité. Elles utilisent deux octets par caractère contre un octet pour l'UNICODE. La base serait alors deux fois plus grosse et moins performante.

Chaînes binaires

Si vous êtes amené à gérer des données binaires, vous devrez utiliser les types BIT, BINARY et VARBINARY. Utilisez BINARY quand la taille des données est fixe, VARBINARY dans le cas contraire. Le script suivant créé une table composée de trois colonnes de type binaire, insère une ligne avec la valeur 0 associée à la colonne de type BIT et la valeur décimale 12 (exprimée en hexadécimal : 0C) associée aux colonnes BINARY et VARBINARY. Notez l'utilisation de la fonction CONVERT (voir chapitre 4).

```
CREATE TABLE T_temp_tmp
(tmp_bit BIT, tmp_binary BINARY(3), tmp_varbinary VARBINARY(3));

INSERT INTO dbo.T_temp_tmp (tmp_bit,tmp_binary,tmp_varbinary)
VALUES (0,CONVERT(BINARY(3),'0x0C',1),CONVERT(VARBINARY(3),0x0C,1));
```

Il n'est pas nécessaire de placer les valeurs hexadécimales à insérer entre apostrophes simples (ce ne sont pas des chaînes de caractères). Vous obtiendrez le même résultat, tout en évitant à SQL Server de transtyper implicitement ces valeurs.

L'affichage suivant permet de constater que la taille fixe de la colonne BINARY complète la donnée par des zéros à droite, ce qui modifie la valeur de la donnée initiale.

```
SELECT tmp_bit,DATALENGTH(tmp_bit)             AS taille_bit,
        tmp_binary,DATALENGTH(tmp_binary)       AS taille_binary,
        tmp_varbinary,DATALENGTH(tmp_varbinary) AS taille_varbinary
FROM dbo.T_temp_tmp;

SELECT CONVERT(INT,tmp_binary)    AS valeur_binary,
       CONVERT(INT,tmp_varbinary) AS valeur_varbinary
FROM dbo.T_temp_tmp;
```

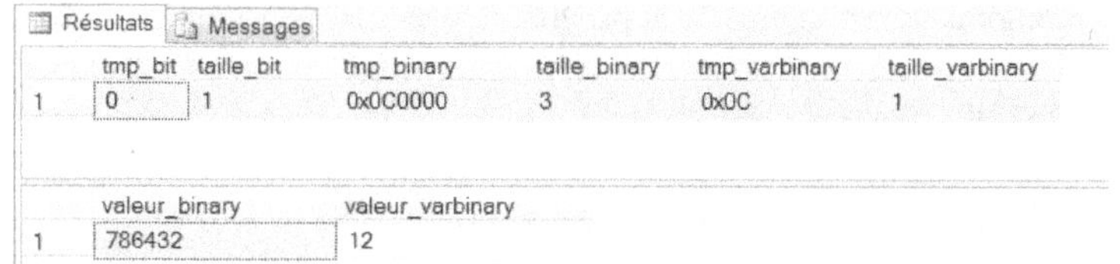

	tmp_bit	taille_bit	tmp_binary	taille_binary	tmp_varbinary	taille_varbinary
1	0	1	0x0C0000	3	0x0C	1

	valeur_binary	valeur_varbinary
1	786432	12

Figure 2–6
Affichage de données binaires

Auto-incrémentation

Apparu à la version 2012, le mécanisme de séquences permet de générer automatiquement des valeurs numériques entières. Avant l'implémentation de ce mécanisme, l'auto-incrémentation était simplement programmée avec la propriété IDENTITY. Ces deux techniques d'auto-incrémentation sont utiles pour composer des valeurs pour les clés primaires des tables.

Un autre mécanisme est présenté : il s'agit de la gestion de GUID par l'intermédiaire du type de donnée UNIQUEIDENTIFIER et de la propriété ROWGUIDCOL.

Séquences

Les séquences sont gérées indépendamment des tables. Une séquence est généralement affectée à une table, mais elle peut aussi être utilisée au sein de différentes tables ou variables. La syntaxe de création d'une séquence est la suivante.

```
CREATE SEQUENCE [nom_schema.]nom_sequence
  [AS [type_entier | type_user-defined]]
  [START WITH entier] [INCREMENT BY entier]
  [{MINVALUE entier | NO MINVALUE}] [{MAXVALUE entier | NO MAXVALUE}]
  [{CYCLE | NOCYCLE}] [{CACHE entier | NO CACHE}];
```

Si aucune option n'est spécifiée, la séquence créée commencera à 1 et augmentera de 1 sans limite (limite d'un `BIGINT`). En spécifiant `INCREMENT BY -1`, la valeur séquence est décrémentée.

- `INCREMENT BY` spécifie l'intervalle entre deux valeurs de la séquence (entier positif ou négatif mais pas nul). La valeur absolue de cet intervalle doit être plus petite que `MAXVALUE-MINVALUE`. L'intervalle par défaut est 1.
- `START WITH` précise la première valeur de la séquence à générer. Pour les séquences ascendantes, la valeur par défaut est égale à la valeur minimale de la séquence. Pour les séquences descendantes, la valeur par défaut est égale à la valeur maximale de la séquence.
- `MAXVALUE` précise la valeur maximale de la séquence. Cette limite doit être supérieure ou égale à l'entier défini dans `START WITH` et supérieure à `MINVALUE`.
- `MINVALUE` précise la valeur minimale de la séquence. Cette limite doit être inférieure ou égale à l'entier défini dans `START WITH` et inférieure à `MAXVALUE`.
- `CYCLE` indique que la séquence doit continuer de générer des valeurs, même après avoir atteint sa limite. Après la valeur maximale, la séquence générera la valeur minimale et incrémentera comme défini dans la clause concernée. Après la valeur minimale, la séquence générera la valeur maximale et décrémentera comme spécifié dans la clause concernée.
- `CACHE` spécifie le nombre de valeurs de la séquence que le cache doit contenir (préallocation de mémoire et persistance de la prochaine plus grande valeur dans les tables de métadonnées de la base de données, pour redémarrer la séquence à cette valeur en cas de restauration de la base de données, après un crash par exemple).

Conventions recommandées

Nous vous conseillons d'adopter les conventions suivantes :

- `SQ_nom_sequence` : nom d'une séquence.

Utilisation pour une clé primaire

Le script suivant crée une table et une séquence dans la base `BD_Air_France` (et dans le schéma `dbo`) qui va générer sans cycle des entiers consécutifs à partir de 1 500 (jusqu'à la valeur maximale 100 000).

```
USE BD_Air_France;
CREATE TABLE T_affreter_aff
(aff_numaff INT,     aff_comp VARCHAR(4),
aff_immat CHAR(6), aff_datea DATE, aff_nbpax SMALLINT,
CONSTRAINT pk_T_affreter_aff PRIMARY KEY (aff_numAff));
CREATE SEQUENCE SQ_seqaff
  AS INT START WITH 1500 INCREMENT BY 1
  NO MINVALUE MAXVALUE 100000;
```

Seule la fonction `NEXT VALUE FOR` permet d'incrémenter une séquence. En utilisant cette fonction dans une instruction `INSERT`, la séquence permet d'initialiser une colonne, ici la clé primaire. Trois lignes sont ajoutées à la table.

```
INSERT INTO T_affreter_aff(aff_numaff,aff_comp,aff_immat,aff_datea,aff_nbpax)
VALUES (NEXT VALUE FOR SQ_seqaff, 'AF', 'F-WTSS', '2013-05-13', 85);
INSERT INTO T_affreter_aff(aff_numaff,aff_comp,aff_immat,aff_datea,aff_nbpax)
VALUES (NEXT VALUE FOR SQ_seqaff, 'SING', 'F-GAFU', '2013-02-05', 155);
INSERT INTO T_affreter_aff(aff_numaff,aff_comp,aff_immat,aff_datea,aff_nbpax)
VALUES (NEXT VALUE FOR SQ_seqaff, 'AF', 'F-WTSS', '2013-05-15', 82);
```

La figure 2-7 illustre la table mise à jour.

Figure 2–7
Séquence appliquée à une clé primaire

Résultats | Messages

	aff_numaff	aff_comp	aff_immat	aff_datea	aff_nbpax
1	1500	AF	F-WTSS	2013-05-13	85
2	1501	SING	F-GAFU	2013-02-05	155
3	1502	AF	F-WTSS	2013-05-15	82

Autre utilisations

À chaque appel, NEXT VALUE FOR retourne la valeur incrémentée de la séquence. Cette fonction peut s'utiliser :

- au sein d'une requête SELECT, une nouvelle valeur sera générée par ligne de résultat ;
- dans la clause VALUES d'une instruction INSERT (voir l'exemple précédent) ;
- dans la clause SET d'une instruction UPDATE (voir la section suivante) ;
- dans des instructions procédurales (DECLARE, SET, etc.) ;
- comme valeur par défaut d'une colonne (nom_colonne type_SQL DEFAULT NEXT VALUE FOR nom_sequence).

Il est à noter que le sous-programme sp_sequence_get_range retourne la première et dernière valeur de la séquence, ainsi que d'autres caractéristiques.

Les principales restrictions d'utilisation de NEXT VALUE FOR sont les suivantes :

- sous-interrogation (au sein d'une instruction SELECT, UPDATE ou DELETE) dans une expression de table communes (CTE) et dans une table dérivée ;
- dans la déclaration d'une vue (voir chapitre 8), d'une fonction utilisateur (voir chapitre 7) ou dans une colonne calculée ;
- dans une requête SELECT utilisant DISTINCT, UNION (UNION ALL est possible), EXCEPT, INTERSECT ou ORDER BY (sauf si OVER ... ORDER BY ... est utilisé) ;
- dans une requête SELECT utilisant les clauses TOP, OFFSET, FETCH, OVER, OUTPUT, ON, PIVOT, UNPIVOT, WHERE, GROUP BY, HAVING, COMPUTE, COMPUTE BY et FOR XML ;
- dans la définition d'une contrainte de validation (contrainte CHECK d'un CREATE TABLE ou ALTER TABLE) ;
- comme valeur par défaut dans un type de table.

Modification d'une séquence (ALTER SEQUENCE)

Les modifications les plus courantes sont celles qui consistent à augmenter les limites d'une séquence ou à modifier son incrémentation. Dans tous les cas, seules les valeurs à venir de la séquence mise à jour sont modifiées (les valeurs générées avant la modification de la séquence restent inchangées, c'est heureux pour le contenu des tables...).

La syntaxe de modification d'une séquence reprend la plupart des éléments de sa création.

```
ALTER SEQUENCE [nom_schema.]nom_sequence
  [RESTART [WITH entier]] [INCREMENT BY entier]
  [{MINVALUE entier} | {NO MINVALUE}]
  [{MAXVALUE entier} | {NO MAXVALUE}]
  [CYCLE | {NO CYCLE}] [{CACHE [entier]} | {NO CACHE}];
```

La clause RESTART WITH... permet de réinitialiser la prochaine valeur générée par la séquence de l'objet séquence. En l'absence de WITH, la séquence est réinitialisée avec la valeur définie lors de sa création (dans ce cas, il ne faut pas que la séquence constitue une clé primaire !). Un certain nombre de contrôles permettent d'éviter des fâcheux effets de bord (la valeur initiale doit se situer entre les limites minimales et maximales, la limite supérieure doit être inférieure à la valeur courante de la séquence, etc.).

L'instruction suivante modifie la séquence de notre exemple en la forçant à générer des nouvelles valeurs en partant désormais de 2 000 jusqu'à 150 000.

```
ALTER SEQUENCE SQ_seqaff
      RESTART WITH 2500 MAXVALUE 150000;
```

Suppression d'une séquence (DROP SEQUENCE)

L'instruction DROP SEQUENCE supprime une ou plusieurs séquences :

```
DROP SEQUENCE [nom_base.][nom_schema.]nom_sequence [,...];
```

Une séquence peut être supprimée même si elle est utilisée dans une procédure ou un déclencheur. En revanche, il ne sera pas possible de supprimer une séquence référencée en tant que valeur par défaut d'une colonne d'une table. Dans ce cas, vous devrez supprimer la contrainte avant de supprimer la séquence.

Pour supprimer la séquence de l'exemple courant : DROP SEQUENCE SQ_seqaff;

Propriété IDENTITY

Avant de proposer le concept de séquence, SQL Server générait automatiquement des entiers par le biais de la propriété de colonne IDENTITY. La colonne concernée devait alors être de type numérique (TINYINT, SMALLINT, INT, BIGINT, DECIMAL ou NUMERIC). Par défaut, la valeur initiale vaut 1 de même que l'incrément, mais il est possible de moduler ces variables par l'écriture IDENTITY(valeur_initiale ,increment). L'incrément peut être négatif.

Ce mécanisme n'est pas aussi puissant que celui des séquences. En effet, il n'est pas possible de le spécifier sur plus d'une colonne de la même table, de borner une valeur ou de modifier par UPDATE la colonne incrémentée. La commande DBCC CHECKIDENT permet toutefois de modifier la valeur à générer.

Par ailleurs, contrairement à une idée reçue, ce n'est pas parce que vous dotez une colonne de la propriété IDENTITY que cette dernière devient une clé primaire (vous devrez ajouter explicitement la contrainte comme l'illustre l'exemple suivant).

Utilisation pour une clé primaire

Le script suivant crée dans la base BD_Air_France (et dans le schéma dbo) une table dotée d'une colonne auto-incrémentée qui servira de clé primaire. La première valeur générée sera 1 500 (puis jusqu'à la valeur maximale d'un INT).

```
USE BD_Air_France;
CREATE TABLE T_affreter_aff
 (aff_numaff INT IDENTITY(1500, 1),
 aff_comp   VARCHAR(4), aff_immat   CHAR(6),
 aff_datea DATE,       aff_nbpax   SMALLINT,
 CONSTRAINT pk_T_affreter_aff PRIMARY KEY (aff_numAff));
```

Pour insérer des lignes dans une table dotée d'une colonne auto-incrémentée, il faut omettre le nom de cette colonne dans l'instruction INSERT :

```
INSERT INTO T_affreter_aff(aff_comp,aff_immat,aff_datea,aff_nbpax)
VALUES ('AF', 'F-WTSS', '2013-05-13', 85);
INSERT INTO T_affreter_aff(aff_comp,aff_immat,aff_datea,aff_nbpax)
VALUES ('SING', 'F-GAFU', '2013-02-05', 155);
INSERT INTO T_affreter_aff(aff_comp,aff_immat,aff_datea,aff_nbpax)
VALUES ('AF', 'F-WTSS', '2013-05-15', 82);
```

Le résultat de ces insertions est identique à celui obtenu avec la séquence (section précédente).

Les tables mono-colonnes

Les tables mono-colonnes constituent un cas particulier car elles nécessitent d'utiliser la directive DEFAULT VALUES dans l'insertion. Le code suivant décrit la création d'une table mono-colonne, l'insertion de deux lignes et l'affichage de la table.

```
CREATE TABLE T_test_tst (tst_numero SMALLINT IDENTITY(26,3));
INSERT INTO  T_test_tst DEFAULT VALUES;
INSERT INTO  T_test_tst DEFAULT VALUES;

SELECT * FROM T_test_tst;
```

Résultats | Messages

	tst_numero
1	26
2	29

Figure 2–8 Auto-incrémentation d'une table mono-colonne

Forcer des valeurs (propriété IDENTITY_INSERT)

La propriété de table IDENTITY_INSERT (option de session) permet de forcer des valeurs d'une colonne de type IDENTITY. Par défaut, cette propriété est désactivée (OFF), mais l'instruction suivante permet d'activer une génération manuelle :

```
SET IDENTITY_INSERT [nom_base.[nom_schema].]nom_table {ON | OFF}
```

De plus, les insertions devront mentionner le nom de la colonne auto-incrémentée et la valeur forcée. Le script suivant active cette propriété, au niveau de la table des affrètements, et insère deux nouvelles lignes en forçant la valeur de la colonne auto-incrémentée (dont la prochaine valeur à retourner devait être 1 503).

```
SET IDENTITY_INSERT T_affreter_aff ON;
INSERT INTO T_affreter_aff(aff_numaff,aff_comp,aff_immat,aff_datea,aff_nbpax)
VALUES (10, 'BAC', 'N-5678', '2013-02-19', 150);
INSERT INTO T_affreter_aff(aff_numaff,aff_comp,aff_immat,aff_datea,aff_nbpax)
VALUES (11,'AF', 'F-GHZE', '2013-02-19', 103);
SET IDENTITY_INSERT T_affreter_aff OFF;
```

La table contient désormais les lignes suivantes.

Figure 2–9
Auto-incrémentation d'une table

	aff_numaff	aff_comp	aff_immat	aff_datea	aff_nbpax
1	10	BAC	N-5678	2013-02-19	150
2	11	AF	F-GHZE	2013-02-19	103
3	1500	AF	F-WTSS	2013-05-13	85
4	1501	SING	F-GAFU	2013-02-05	155
5	1502	AF	F-WTSS	2013-05-15	82

À présent, et en l'absence de désactivation de la propriété IDENTITY_INSERT, la valeur suivante de cette colonne auto-incrémentée reviendra à 1 503 car les valeurs forcées étaient inférieures à ce nombre. En forçant une valeur qui est supérieure à l'auto-incrément en cours, vous modifiez automatiquement la numérotation de l'auto-incrément. Dans l'exemple suivant, l'affrètement sera numéroté 2 000, et le suivant 2 001.

```
SET IDENTITY_INSERT T_affreter_aff ON;
INSERT INTO T_affreter_aff(aff_numaff,aff_comp,aff_immat,aff_datea,aff_nbpax)
VALUES (2000, 'BAC', 'N-5678', '2013-05-03', 155);
SET IDENTITY_INSERT T_affreter_aff OFF;
```

La restriction de ce mécanisme réside dans le fait qu'il n'est utilisable que sur une seule table à la fois au cours d'une session. Mais vous pouvez enchaîner des couples SET IDENTITY_INSERT ... ON / SET IDENTITY_INSERT OFF pour forcer des valeurs dans des tables successives.

Extraction d'un auto-incrément

SQL Server offre trois dispositifs permettant de récupérer la dernière valeur générée d'une colonne auto-incrémentée :

- La variable @@IDENTITY d'une session, quelle que soit la table bénéficiaire (visibilité limitée à la session de l'utilisateur).
- La fonction SCOPE_IDENTITY d'une session dans l'étendue de code (ignore le code imbriqué des déclencheurs), quelle que soit la table bénéficiaire (évite d'éventuels effets de bord).
- La fonction IDENT_CURRENT('nom_table'), dont la visibilité concerne une table quelle que soit la session.

Figure 2–10
Extraction d'un auto-incrément

```
USE BD_Air_France;
SELECT @@IDENTITY AS '@@IDENTITY',
       SCOPE_IDENTITY() AS SCOPE_IDENTITY,
       IDENT_CURRENT('dbo.T_affreter_aff') AS IDENT_CURRENT;
```

	@@IDENTITY	SCOPE_IDENTITY	IDENT_CURRENT
1	2001	2001	2001

Utilisez systématiquement la fonction SCOPE_IDENTITY() et non la variable globale de session @@IDENTITY. En effet, SCOPE_IDENTITY() vous garantit que la valeur de l'auto-incrément est bien la dernière retournée de la table visible de la routine courante, et non une valeur parasite due à un déclencheur !

Modification d'un auto-incrément (DBCC CHECKIDENT)

La commande DBCC CHECKIDENT vérifie la valeur actuelle de l'auto-incrément. L'option RESEED entier permet de mettre à jour cette valeur.

```
DBCC CHECKIDENT
(nom_table [, {NORESEED | {RESEED [,entier]}}]) [WITH NO_INFOMSGS]
```

Comme pour les séquences, un certain nombre de contrôles sont opérés avant que la mise à jour de l'auto-incrément soit effectuée. La commande suivante réinitialise l'incrément au niveau de la table des affrètements et la nouvelle numérotation commencera à 3 001 (le pas initial est respecté et inchangeable).

```
DBCC CHECKIDENT('dbo.T_affreter_aff', RESEED, 3000);
```

À l'issue de cette modification :

- La variable `@@IDENTITY` et la fonction `SCOPE_IDENTITY` retourneront 2 001 (en supposant qu'aucune insertion n'ait eu lieu entre temps).
- La fonction `IDENT_CURRENT` retournera 3 001.

Comme pour les séquences, toute valeur « consommée » par un auto-incrément est restreinte et unique à une session. Aucune valeur n'est réutilisable par défaut et dans le cas des transactions annulées (`ROLLBACK`), les valeurs des auto-incréments ne sont pas récupérables.

Il n'est pas possible de modifier le contenu d'une colonne ayant la propriété `IDENTITY`. Un `UPDATE` sur cette colonne part systématiquement en échec avec le message 8102 : Impossible de mettre à jour la colonne identité...
En revanche, il est possible de forcer une valeur dans cette colonne, lors de l'insertion d'une ligne (`INSERT`) dans la table. Le compteur d'auto-incrément sera alors réajusté.

Pseudo-colonne $identity

Dans une requête `SELECT`, si vous ne connaissez pas la colonne comportant la propriété `IDENTITY`, il vous suffit de rajouter dans la liste de sélection (clause `SELECT`) la pseudo-colonne `$identity`. En lieu et place de cette pseudo-colonne, vous verrez apparaître le nom de la colonne auto-incrémentée avec ses valeurs.

Exemple :

```
SELECT *, $identity
FROM T_affreter_aff
```

Le résultat étant :

```
aff_numaff aff_comp aff_immat aff_datea aff_nbpax aff_numaff
----------- -------- --------- ---------- --------- -----------
1500        AF       F-WTSS    2013-05-13 85        1500
1501        SING     F-GAFU    2013-02-05 155       1501
1502        AF       F-WTSS    2013-05-15 82        1502
```

Les GUID (ou UUID)

Très présent dans le monde Microsoft (base de registres, *Active Directory*, documents Office, etc.) et dans le monde Unix (où il est appelé UUID), le GUID est utilisé en tant qu'identifiant pour un composant logiciel. Sur les 16 octets, qui sont toujours décomposés en 5 groupes hexadécimaux (par exemple, GA2504E0-4F89-11D3-9A0C-0305E82C3301), 122 bits sont exploitables en fournissant environ 5×10^{36} combinaisons aléatoires possibles. Le GUID est généré par rapport à l'adresse MAC de la carte réseau de la machine, ce qui lui confère un caractère d'unicité.

SQL Server se sert en interne de GUID lors des phases de réplications bidirectionnelles (fusion ou transactionnelle), pour définir un identifiant quel que soit le serveur sur lequel il est généré. Ce mécanisme garantit que chaque ligne issue de copies d'une table est identifiée de manière unique.

Le type `UNIQUEIDENTIFIER` permet de déclarer une colonne en tant que GUID. Toutes les propriétés et contraintes de colonnes, à l'exception de la propriété `IDENTITY`, sont autorisées dans le type `UNIQUEIDENTIFIER`.

Utilisation pour une clé primaire

Le script suivant crée dans la base `BD_Air_France` (et dans le schéma `dbo`) la table des affrètements, identifiés par un GUID.

```
USE BD_Air_France;
CREATE TABLE T_affreter_aff
 (aff_numaff UNIQUEIDENTIFIER,
  aff_comp    VARCHAR(4), aff_immat CHAR(6),
  aff_datea   DATE,       aff_nbpax SMALLINT,
  CONSTRAINT pk_T_affreter_aff PRIMARY KEY (aff_numAff));
```

La fonction `NEWID` génère automatiquement une valeur GUID. Il est aussi possible de générer manuellement une telle valeur en convertissant une chaîne de caractères hexadécimale correctement formée. En utilisant ces mécanismes, trois lignes sont ajoutées à la table (les clés des deux premières lignes sont générées automatiquement, la clé de la troisième ligne est affectée manuellement).

```
INSERT INTO T_affreter_aff(aff_numaff,aff_comp,aff_immat,aff_datea,aff_nbpax)
VALUES (NEWID(), 'AF', 'F-WTSS', '2013-05-13', 85);
INSERT INTO T_affreter_aff(aff_numaff,aff_comp,aff_immat,aff_datea,aff_nbpax)
VALUES (NEWID(), 'SING', 'F-GAFU', '2013-02-05', 155);
INSERT INTO T_affreter_aff(aff_numaff,aff_comp,aff_immat,aff_datea,aff_nbpax)
VALUES ('0E984725-C51C-4BF4-9960-E1C80E27ABA0',
        'AF', 'F-WTSS', '2013-05-15', 82);
```

La figure 2-11 illustre la table mise à jour.

Figure 2–11
Génération d'un GUID appliquée à une clé primaire

Résultats | Messages

	aff_numaff	aff_comp	aff_immat	aff_datea	aff_nbpax
1	AC566C07-8664-4F9F-8909-52D714A59ACA	AF	F-WTSS	2013-05-13	85
2	78F04F85-C91B-49C9-9174-9829DBD4F6B6	SING	F-GAFU	2013-02-05	155
3	0E984725-C51C-4BF4-9960-E1C80E27ABA0	AF	F-WTSS	2013-05-15	82

L'utilisation d'une clé primaire composée par des GUID générés aléatoirement par `NEWID` présente trois inconvénients. Le premier concerne la taille de l'index créé (8 fois plus volumineux qu'une clé basée sur un `INT`). Le deuxième, plus pénalisant, concerne la fragmentation de l'index du fait de l'hétérogénéité des valeurs de la clé. Cette fragmentation entraîne invariablement un ralentissement des insertions, mises à jour et de certaines lectures. Le troisième est l'augmentation de volumétrie des index en cas d'utilisation d'un GUID en index clustered (cas de la clé primaire par défaut), car cette information sera utilisée par tous les index secondaires comme repère de ligne.

Séquencement des GUID

Il est possible de générer des GUID de manière séquentielle. Ce procédé présente deux avantages : d'une part, il est plus rapide à générer du fait de la moindre logique de cryptographie et d'autre part, le séquencement évite que les index soient trop fragmentés.

Pour ce faire, il est indispensable d'utiliser la fonction NEWSEQUENTIALID conjointement avec une contrainte de type DEFAULT sur la colonne de type UNIQUEIDENTIFIER. Le code suivant crée la table des affrètements selon cette technique. Cette fonction n'est disponible que dans les tables pour une contrainte DEFAULT.

```
CREATE TABLE T_affreter_aff
(aff_numaff UNIQUEIDENTIFIER DEFAULT NEWSEQUENTIALID(),
 aff_comp   VARCHAR(4), aff_immat CHAR(6),
 aff_datea DATE,        aff_nbpax SMALLINT,
 CONSTRAINT pk_T_affreter_aff PRIMARY KEY (aff_numAff));
```

Trois lignes sont ajoutées à la table, les GUID sont générés automatiquement en séquence.

```
INSERT INTO T_affreter_aff(aff_comp,aff_immat,aff_datea,aff_nbpax)
VALUES ('AF', 'F-WTSS', '2013-05-13', 85);
INSERT INTO T_affreter_aff(aff_comp,aff_immat,aff_datea,aff_nbpax)
VALUES ('SING', 'F-GAFU', '2013-02-05', 155);
INSERT INTO T_affreter_aff(aff_comp,aff_immat,aff_datea,aff_nbpax)
VALUES ('AF','F-WTSS', '2013-05-15', 82);
```

La figure 2-12 illustre la table mise à jour.

Figure 2–12
Génération de GUID séquencés

Résultats | Messages

	aff_numaff	aff_comp	aff_immat	aff_datea	aff_nbpax
1	D50C3B2B-4370-E111-A9B4-0027132DDBEE	AF	F-WTSS	2013-05-13	85
2	D60C3B2B-4370-E111-A9B4-0027132DDBEE	SING	F-GAFU	2013-02-05	155
3	D70C3B2B-4370-E111-A9B4-0027132DDBEE	AF	F-WTSS	2013-05-15	82

Contrairement au mécanisme des séquences, le mécanisme de génération de GUID peut intéresser plusieurs tables.

La propriété ROWGUIDCOL

En utilisant la propriété ROWGUIDCOL, vous désignerez la colonne qui sera utilisée lors d'une réplication bidirectionnelle ou par l'intermédiaire d'un stockage des données de type FILESTREAM au niveau du système d'exploitation (voir chapitre 5). Une telle colonne est dite identificateur unique global de ligne et dispose des caractéristiques suivantes :

- La propriété ROWGUIDCOL peut uniquement être affectée à une colonne de type UNIQUEIDENTIFIER.
- La propriété ROWGUIDCOL ne peut pas être affectée à une colonne de type personnalisé.
- Une seule colonne de cette nature peut exister dans une table.
- La propriété ROWGUIDCOL n'assure pas l'unicité des valeurs stockées dans la colonne (utiliser conjointement une contrainte UNIQUE et la fonction NEWID, ou NEWSEQUENTIALID (plus efficace).
- Il est possible d'utiliser l'alias ROWGUIDCOL pour interroger une telle colonne dans sa table (SELECT ROWGUIDCOL,... FROM ...).

Le code suivant crée la table des affrètements selon cette technique.

```
CREATE TABLE T_affreter_aff
(aff_numaff UNIQUEIDENTIFIER ROWGUIDCOL DEFAULT NEWSEQUENTIALID(),
 aff_comp   VARCHAR(4), aff_immat CHAR(6),
 aff_datea DATE,        aff_nbpax SMALLINT,
 CONSTRAINT pk_T_affreter_aff PRIMARY KEY (aff_numAff));
```

Deux lignes sont ajoutées à la table, les GUID sont générés automatiquement en séquence.

```
INSERT INTO T_affreter_aff(aff_comp,aff_immat,aff_datea,aff_nbpax)
VALUES ('AF', 'F-WTSS', '2013-05-13', 85);
INSERT INTO T_affreter_aff(aff_comp,aff_immat,aff_datea,aff_nbpax)
VALUES ('SING', 'F-GAFU', '2013-02-05', 155);
```

La figure 2-13 illustre la table mise à jour.

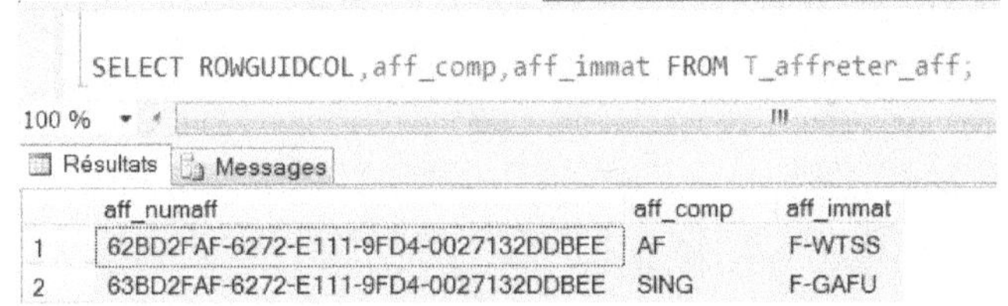

Figure 2–13
Utilisation d'un identificateur unique global de ligne

Comparaison des GUID

Les seules opérations qu'il est possible de réaliser sur des colonnes de type UNIQUEIDENTIFIER sont les comparaisons (=, <>, <, >, <=, >=) et le test de marqueurs NULL (opérateurs IS NULL et IS NOT NULL). Il est à noter que le classement entre plusieurs GUID n'est pas basé sur la comparaison des représentations binaires des valeurs. La comparaison s'effectue en réalité au niveau de groupes d'octets de droite à gauche d'abord, puis de gauche à droite à l'intérieur d'un groupe. Les octets numérotés de 10 à 15 sont examinés en premier lieu, puis 8 et 9, puis 6 et 7, 4 et 5, et finalement de 0 à 3.

Modifications de données

L'instruction UPDATE permet la mise à jour d'une ou de plusieurs colonnes ou lignes d'une table.

Syntaxe (UPDATE)

La syntaxe simplifiée de l'instruction UPDATE est la suivante :

```
UPDATE [TOP (expression) [PERCENT]]
    {{nom_serveur.nom_base.nom_schema.nom_table_ou_vue
         | nom_base.[nom_schema.]nom_table_ou_vue
         | [nom_schema.]nom_table_ou_vue}
      | @variable_type_table | alias_table}
SET colonne = {expression | DEFAULT | NULL} [,colonne2 =...]
[FROM requete_SELECT]
[OUTPUT clause_output]
[WHERE (condition)];
```

- `TOP` spécifie le nombre ou le pourcentage (avec `PERCENT`) de lignes qui seront mises à jour. L'utilité de `TOP` et `PERCENT` réside dans la mise à jour par lots de lignes de volumétrie réduite, de manière à diminuer la taille du journal des transactions.
- La clause `SET` affecte à chaque colonne modifiée une expression (valeur, valeur par défaut, calcul ou résultat d'une requête). Vous décrouvrirez au chapitre 7 comment initialiser une variable dans cette clause. Ce mécanisme est rarement utilisé mais il est fort pratique.
- La clause `OUTPUT` est détaillée plus loin.
- La clause `FROM` permet d'extraire des données pouvant alimenter les mises à jour. Ces données proviennent d'une requête avec ou sans jointure (voir un exemple d'utilisation dans la section « Vues indexées » du chapitre 8).
- La condition du `WHERE` filtre les lignes à mettre à jour dans la table. Si aucune condition n'est précisée, tous les enregistrements seront mis à jour. Si la condition ne filtre aucune ligne, aucune mise à jour ne sera réalisée.

Exemple

Considérons la table des passagers suivante :

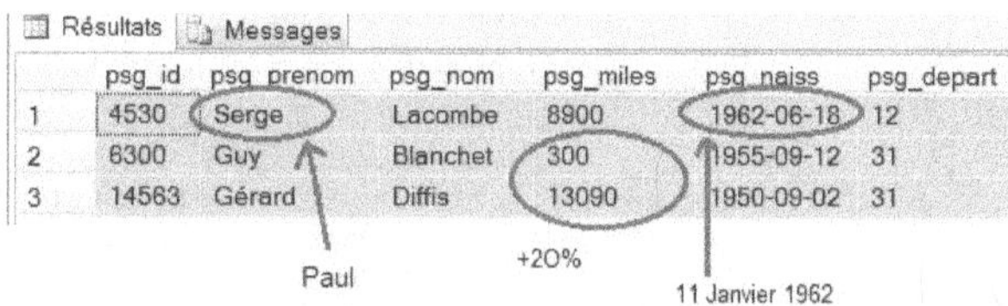

	psg_id	psg_prenom	psg_nom	psg_miles	psg_naiss	psg_depart
1	4530	Serge	Lacombe	8900	1962-06-18	12
2	6300	Guy	Blanchet	300	1955-09-12	31
3	14563	Gérard	Diffis	13090	1950-09-02	31

Figure 2–14
Modifications à réaliser

Il s'agit de modifier le prénom et la date de naissance d'un passager et d'augmenter de 20 % les miles cumulés de tous les passagers du département de la Haute-Garonne (31). Les instructions `UPDATE` suivantes réalisent ces modifications.

```
UPDATE T_passager_psg
       SET   psg_prenom = 'Paul', psg_naiss = '1962-01-11'
       WHERE psg_id     = 4530;
UPDATE T_passager_psg
       SET   psg_miles = psg_miles * 1.2
       WHERE psg_depart = 31;
```

S'il n'existe aucun passager vérifiant une des conditions, la transaction se termine normalement. En d'autres termes, vouloir modifier une ligne qui n'existe pas ne renvoie pas d'erreur.

Non-respect des contraintes

Comme pour les insertions, les contraintes de colonnes sont à respecter. Dans le cas contraire, une erreur est renvoyée (le nom de la contrainte apparaît) et la mise à jour n'est pas effectuée.

Considérons la table des passagers avec ses contraintes et supposons les enregistrements précédents en base.

```
CREATE TABLE T_passager_psg
 (psg_id     INT,
  psg_prenom VARCHAR(30) NOT NULL,
```

```
psg_nom    VARCHAR(30) NOT NULL,
psg_miles INT, psg_naiss DATE NOT NULL, psg_depart TINYINT,
CONSTRAINT CK_miles   CHECK (psg_miles >=0 AND psg_miles<=2000000),
CONSTRAINT FK_psg_dpt FOREIGN KEY (psg_depart) REFERENCES T_departement_dpt(dpt_depart),
CONSTRAINT PK_psg     PRIMARY KEY (psg_id));
```

Le tableau 2-4 décrit plusieurs modifications non valides. La dernière mise à jour concerne la clé étrangère pour laquelle on suppose que la table des départements est correctement chargée.

Tableau 2–4 Tentatives de modifications

Instructions	Cause et message d'erreur
`UPDATE T_passager_psg SET psg_id = 4530 WHERE psg_id = 6300;`	Numéro déjà attribué `Msg 2627, Niveau 14, État 1, Ligne 5 Violation de la contrainte PRIMARY KEY « PK_psg ». Impossible d'insérer une clé en double dans l'objet "dbo.T_passager_psg". Valeur de clé dupliquée : (4530).`
`UPDATE T_passager_psg SET psg_naiss = NULL WHERE psg_id = 6300;`	Date de naissance doit être non nulle `Msg 515, Niveau 16, État 2, Ligne 11 Impossible d'insérer la valeur NULL dans la colonne 'psg_naiss', table 'BD_Air_France.dbo.T_passager_psg'. Cette colonne n'accepte pas les valeurs NULL. Échec de UPDATE.`
`UPDATE T_passager_psg SET psg_miles = 245000000 WHERE psg_id = 6300;`	Nombre de miles dépassant 1 million `Msg 547, Niveau 16, État 0, Ligne 17 L'instruction UPDATE est en conflit avec la contrainte CHECK "CK_miles". Le conflit s'est produit dans la base de données "BD_Air_France", table "dbo.T_passager_psg", colonne 'psg_miles'.`
`UPDATE T_passager_psg SET psg_depart = 245 WHERE psg_id = 6300;`	Département français non répertorié `Msg 547, Niveau 16, État 0, Ligne 23 L'instruction UPDATE est en conflit avec la contrainte FOREIGN KEY "FK_psg_dpt". Le conflit s'est produit dans la base de données "BD_Air_France", table "dbo.T_departement_dpt", colonne 'dpt_depart'.`

Suppressions de ligne

Les instructions DELETE et TRUNCATE TABLE permettent de supprimer des lignes d'une table. Elles ne fonctionnent pas de la même manière.

Instruction DELETE

La syntaxe simplifiée de l'instruction DELETE est la suivante :

```
DELETE [TOP (expression) [PERCENT]]
[OUTPUT clause_output]
FROM {{nom_serveur.nom_base.nom_schema.nom_table_ou_vue
        | nom_base.[nom_schema.]nom_table_ou_vue
        | [nom_schema.]nom_table_ou_vue}
     | @variable_type_table | alias_table}
[WHERE (condition)]
```

- TOP spécifie le nombre ou le pourcentage (avec PERCENT) de lignes qui seront supprimées.
- La condition du WHERE sélectionne les lignes à supprimer. Si aucune condition n'est précisée, toutes les lignes de la table seront supprimées. Si la condition ne sélectionne aucune ligne, aucun enregistrement ne sera supprimé.

À titre d'exemple, la première instruction supprime le passager numéro 4530 et la seconde supprime tous les passagers dont les miles dépassent 45 000.

```
DELETE FROM T_passager_psg
       WHERE psg_id     = 4530;
DELETE FROM T_passager_psg
       WHERE psg_miles > 45000;
```

S'il n'existe pas de passagers vérifiant une des conditions (c'est le cas pour la seconde suppression), la transaction se termine normalement (pas de remontées d'erreur). Ainsi, vouloir supprimer quelque chose qui n'existe pas ne renvoie pas d'erreur.
Pour savoir combien de lignes ont été supprimées par le dernier ordre SQL de mise à jour, vous pouvez utiliser la variable globale de session @@ROWCOUNT.

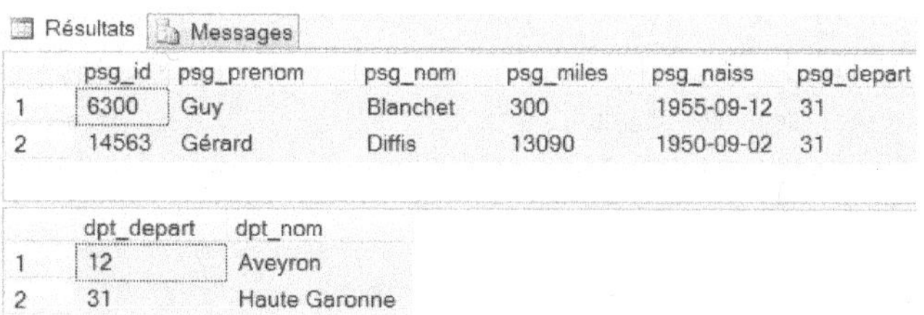

	psg_id	psg_prenom	psg_nom	psg_miles	psg_naiss	psg_depart
1	6300	Guy	Blanchet	300	1955-09-12	31
2	14563	Gérard	Diffis	13090	1950-09-02	31

	dpt_depart	dpt_nom
1	12	Aveyron
2	31	Haute Garonne

Figure 2–15
Tables après suppression

Tentons à présent de supprimer un département (par exemple, celui de la Haute-Garonne) qui est référencé par un passager à l'aide d'une clé étrangère. Une erreur se produit, il s'agit de l'intégrité référentielle que nous aborderons plus loin.

```
DELETE FROM T_departement_dpt WHERE dpt_depart = 31;
Msg 547, Niveau 16, État 0, Ligne 9
L'instruction DELETE est en conflit avec la contrainte REFERENCE "FK_psg_dpt". Le conflit s'est
produit dans la base de données "BD_Air_France", table "dbo.T_passager_psg", colonne 'psg_depart'.
```

Instruction TRUNCATE TABLE

La commande TRUNCATE TABLE effectue un vidage de la table. Contrairement à d'autres SGBD relationnels, elle est bien journalisée et peut être annulée dans une transaction. Mais à la différence de l'instruction DELETE, cette commande supprime toutes les lignes d'une table et libère l'espace de stockage précédemment utilisé. La syntaxe est la suivante :

```
TRUNCATE TABLE {nom_serveur.nom_base.nom_schema.nom_table
               | nom_base.[nom_schema.]nom_table
               | [nom_schema.]nom_table}
```

Comme DELETE sans WHERE, l'instruction TRUNCATE TABLE préserve la structure de la table (colonnes, contraintes et index). Pour supprimer la définition de la table, utilisez DROP TABLE.

Si la table contient une colonne IDENTITY, son compteur est réinitialisé à sa valeur initiale (par défaut, 1). Inversement, l'instruction DELETE préserve l'auto-incrémenation.

Si les limitations suivantes vous pénalisent, vous devrez vous tourner vers l'instruction DELETE.

Il n'est pas possible de « tronquer » une table qui est référencée par des clés étrangères actives (et même si la table de référence est vide). La solution consiste à désactiver les contraintes, puis à tronquer la table. Pensez à réactiver ces contraintes en fin de vidage.
L'instruction TRUNCATE TABLE ne permet pas d'activer un déclencheur associé à l'événement de suppression (voir chapitre 7).
L'instruction TRUNCATE TABLE est inopérante sur une table qui participe à une vue indexée ou qui est publiée à l'aide d'une réplication transactionnelle ou de fusion.

Tentons de supprimer brutalement les passagers et les départements précédemment créés. Constatons l'importance de l'ordre de troncature et l'influence des clés étrangères :

Tableau 2–5 Suppression des tables

Table de référence en premier	Table de dépendance en premier
TRUNCATE TABLE T_departement_dpt; GO TRUNCATE TABLE T_passager_psg; GO Msg 4712, Impossible de tronquer la table 'T_departement_dpt' parce qu'elle est actuellement référencée par une contrainte FOREIGN KEY.	TRUNCATE TABLE T_passager_psg; GO TRUNCATE TABLE T_departement_dpt; GO Msg 4712, Impossible de tronquer la table 'T_departement_dpt' parce qu'elle est actuellement référencée par une contrainte FOREIGN KEY.
Troncature impossible des départements car des passagers existants utilisent des numéros de départements qui doivent être référencés.	Troncature des passagers effectuée mais impossibilité de supprimer les départements, non pas d'un point de vue des données, mais du fait de l'existence seule de la contrainte de clé étrangère.

Mises à jour conditionnées (MERGE)

L'instruction MERGE extrait des lignes d'une table source afin de mettre à jour (UPDATE), de supprimer (DELETE) ou d'insérer (INSERT) dans une table cible. Cette instruction évite d'écrire des modifications multiples en plusieurs instructions.

La syntaxe simplifiée de l'instruction MERGE est la suivante :

```
[WITH expression_table [,...]]
MERGE [TOP (expression) [PERCENT]]
      INTO [nom_base.nom_schema. | nom_schema.] nom_table [AS alias_table]
      USING nom_table_vue_source [AS alias_table]
      ON (condition)
     [WHEN MATCHED [AND condition] THEN
       {UPDATE SET ... | DELETE...}] [...]
```

```
[WHEN NOT MATCHED [AND condition] THEN
   INSERT (colonnes) {VALUES(valeurs) | DEFAULT VALUES}[...]]
[WHEN NOT MATCHED BY SOURCE [AND condition] THEN
   {UPDATE SET ... | DELETE...}] [...]
[OUTPUT clause_output];
```

- La clause `ON` conditione le choix entre la mise à jour et l'insertion dans la table cible.
- La clause `WHEN MATCHED` permet de mettre à jour ou de supprimer toutes les lignes de la table cible qui correspondent aux conditions initiales (et qui répondent à des éventuels critères supplémentaires). Si deux de ces clauses sont spécifiées, la première doit être accompagnée d'un `AND` et l'une d'elle doit spécifier une action `UPDATE` tandis que l'autre un `DELETE`).
- La clause `WHEN NOT MATCHED` permet d'insérer une ligne dans la table cible qui ne correspond pas aux conditions initiales de la table source.
- La clause `WHEN NOT MATCHED BY SOURCE` permet de mettre à jour ou de supprimer toutes les lignes de la table cible qui ne correspondent pas aux conditions initiales (et qui répondent à des éventuels critères supplémentaires). Si deux de ces clauses sont spécifiées, la première doit être accompagnée d'un `AND` et l'une d'elle doit spécifier une action `UPDATE` tandis que l'autre un `DELETE`).

L'instruction `MERGE` est déterministe : il est impossible de mettre à jour la même ligne plus d'une fois (ou de mettre à jour et supprimer la même ligne).

L'exemple suivant ajoute au salaire d'un pilote un bonus en fonction de chaque vol. Si un vol concerne un pilote non référencé, il faut ajouter ce nouveau pilote.

Tableau 2–6 Fusion par MERGE

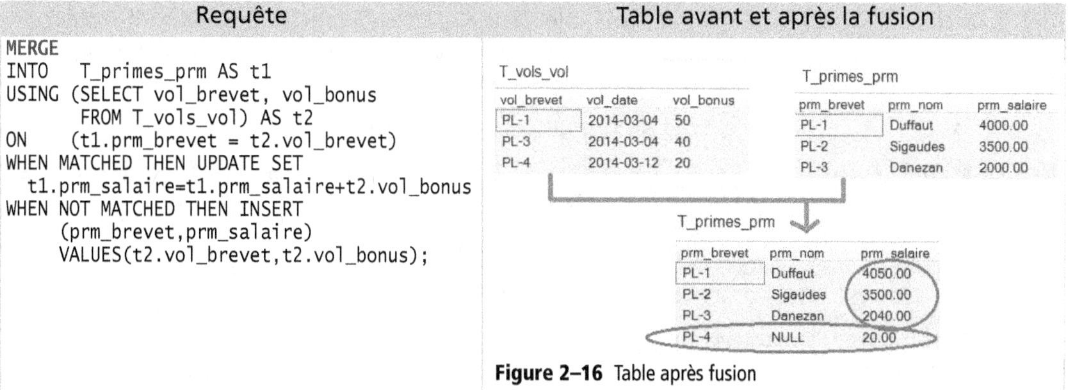

Requête	Table avant et après la fusion

```
MERGE
INTO   T_primes_prm AS t1
USING (SELECT vol_brevet, vol_bonus
       FROM T_vols_vol) AS t2
ON     (t1.prm_brevet = t2.vol_brevet)
WHEN MATCHED THEN UPDATE SET
  t1.prm_salaire=t1.prm_salaire+t2.vol_bonus
WHEN NOT MATCHED THEN INSERT
     (prm_brevet,prm_salaire)
     VALUES(t2.vol_brevet,t2.vol_bonus);
```


Figure 2–16 Table après fusion

La clause OUTPUT

La clause `OUTPUT` permet de retourner des informations ou expressions basées sur les lignes affectées par une mise à jour (`INSERT`, `UPDATE`, `DELETE` ou `MERGE`). Ces résultats peuvent être retournés à l'application, par exemple pour afficher des messages de confirmation ou dans le but d'archiver un historique d'événements. Il est aussi possible d'utiliser ces résultats pour alimenter une table ou une variable de type table (option `INTO`).

Bien que la clause OUTPUT utilise les pseudo-tables *inserted* et *deleted* (voir section sur les déclencheurs du chapitre 7), les valeurs retournées correspondent à celles avant l'exécution d'éventuels déclencheurs. En revanche, on ne peut pas utiliser OUTPUT sur une table dotée d'un déclencheur sans utiliser INTO.

La syntaxe de cette clause est la suivante :

```
OUTPUT
{{DELETED | INSERTED | nom_table_FROM} . {* | colonne}
 | expression} [AS alias] [,...]
[INTO {@variable_table | nom_table_OUTPUT} [(colonne [,...])]]
```

Considérons la table des affrètements et l'existence du type et de la variable suivants :

```
CREATE TABLE T_affreter_aff
(aff_numaff INT IDENTITY(1500,1), aff_comp VARCHAR(4),
 aff_immat VARCHAR(6), aff_datea DATE, aff_nbpax SMALLINT,
 CONSTRAINT pk_T_affreter_aff PRIMARY KEY (aff_numAff));
CREATE TYPE tab_aff_t AS TABLE
(num INT, immat VARCHAR(6), ancienne_immat VARCHAR(6));
DECLARE @table_aff tab_aff_t;
```

Deux cas d'utilisation sont présentés. Le premier permet de récupérer les valeurs d'une clé automatiquement générée après une insertion. La possibilité d'accéder aux valeurs des colonnes de chaque nouvelle ligne est donnée par la pseudo-table *inserted.* Le deuxième exemple permet d'historiser les modifications d'une colonne (ici, l'immatriculation d'un avion). La table des affrètements est mise à jour et ne contient que les nouvelles immatriculations. La variable table contient les détails des modifications (qui pourraient d'ailleurs être archivés dans une table à part entière). La possibilité d'accéder aux valeurs des colonnes modifiées est donnée par la pseudo-table *deleted.* Ce même mécanisme permet d'accéder aux valeurs des colonnes des lignes supprimées par DELETE.

Tableau 2–7 Utilisations de OUTPUT

Mise à jour SQL	Contenu de la variable table @table_aff
INSERT INTO T_affreter_aff(aff_comp,aff_immat,aff_datea,aff_nbpax) **OUTPUT INSERTED.aff_numaff,INSERTED.aff_immat,NULL** **INTO @table_aff** VALUES ('AF', 'F-WTSS','2013-05-13',85), ('SING','F-GAFU','2013-02-05',155), ('AF', 'F-WTSS','2013-05-15',82);	num immat ancienne_immat ----------- ------ -------------- 1500 F-WTSS NULL 1501 F-GAFU NULL 1502 F-WTSS NULL
UPDATE T_affreter_aff SET aff_immat = 'N-456Y' **OUTPUT INSERTED.aff_numaff,INSERTED.aff_immat,DELETED.aff_immat** **INTO @table_aff** WHERE aff_immat = 'F-WTSS';	num immat ancienne_immat ----------- ------ -------------- 1500 N-456Y F-WTSS 1502 N-456Y F-WTSS

Intégrité réferentielle

L'intégrité référentielle assure en majeure partie la cohérence d'une base de données relationnelle. L'implémentation de l'intégrité référentielle est la correspondance que le moteur SQL assure en permanence entre les clés étrangères et clés primaires (ou candidates). Ce faisant, bon nombre de contrôles peuvent se déporter côté serveur plutôt que dans la couche applicative. Pour des règles de gestion plus complexes, vous pourrez programmer des déclencheurs ou des procédures (voir chapitre 7).

La contrainte référentielle concerne toujours deux tables – une table de référence *(parent)* et une table dépendante *(child)*. Ces deux tables possèdent une ou plusieurs colonnes en commun. Pour la table de référence, ces colonnes composent la clé primaire (ou candidate). Pour la table dépendante, ces colonnes composent une clé étrangère.

Cohérences assurées

L'exemple suivant illustre trois contraintes référentielles. Une table peut être à la fois « de référence » pour une contrainte et « dépendante » pour une autre contrainte (c'est le cas de la table `T_avion_avi`).

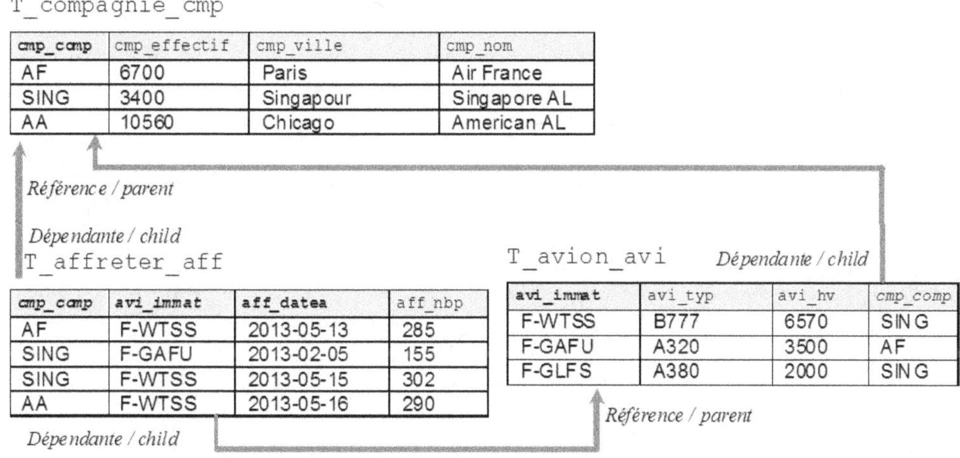

T_compagnie_cmp

cmp_comp	cmp_effectif	cmp_ville	cmp_nom
AF	6700	Paris	Air France
SING	3400	Singapour	Singapore AL
AA	10560	Chicago	American AL

T_affreter_aff

cmp_comp	avi_immat	aff_datea	aff_nbp
AF	F-WTSS	2013-05-13	285
SING	F-GAFU	2013-02-05	155
SING	F-WTSS	2013-05-15	302
AA	F-WTSS	2013-05-16	290

T_avion_avi

avi_immat	avi_typ	avi_hv	cmp_comp
F-WTSS	B777	6570	SING
F-GAFU	A320	3500	AF
F-GLFS	A380	2000	SING

Figure 2–17 Contraintes référentielles

Deux types de problèmes sont automatiquement résolus par SQL Server pour assurer l'intégrité référentielle :

- La cohérence du « dépendant » vers le « référent » : il ne doit pas être possible d'insérer un enregistrement « dépendant » (ou de modifier la valeur de sa clé étrangère) si ce dernier n'est pas rattaché à un enregistrement « référent » existant. La seule autre possibilité qu'un enregistrement « dépendant » ne soit pas associé à un enregistrement « référent » existant est que la clé étrangère soit égale au marqueur `NULL` (et qu'il n'existe donc pas de contrainte `NOT NULL` au niveau de la colonne).
- La cohérence du « référent » vers le « dépendant » : par défaut, il ne doit pas être possible de supprimer un enregistrement « référent » si un ou plusieurs enregistrements « dépendants » existent.

Déclarons à présent ces contraintes en détaillant les options disponibles.

Contraintes de clés étrangères

L'intégrité référentielle se programme dans la table dépendante par la contrainte FOREIGN KEY. Il est conseillé de nommer explicitement la contrainte.

```
CONSTRAINT nom_contrainte
        FOREIGN KEY (colonne1 [,…])
             REFERENCES [nom_schema.]nom_table_reference (colonne1 [,…])
             [ON DELETE {NO ACTION | CASCADE | SET NULL | SET DEFAULT}]
             [ON UPDATE { NO ACTION | CASCADE | SET NULL | SET DEFAULT}]
             [NOT FOR REPLICATION]
```

La clause NOT FOR REPLICATION désactive la contrainte lorsque les agents de réplication effectuent des opérations d'insertion, de mise à jour ou de suppression.

Une clé étrangère peut être créée sur plusieurs colonnes (16 au maximum), on parle de *composite keys*. Dans ce cas, la clé primaire (ou candidate) est elle-même composée d'autant de colonnes.
Une clé étrangère peut accepter le marqueur NULL si aucune contrainte NOT NULL n'est déclarée et que la colonne ne fait pas partie d'une clé primaire (ou candidate).

Décrivons à présent le script SQL qui correspond à notre exemple. Nous décidons que chaque avion est associé à sa compagnie propriétaire (colonne cmp_compNOT NULL dans la table T_avion_avi).

```
USE BD_Air_France;
CREATE TABLE T_compagnie_cmp
(cmp_comp VARCHAR(4), cmp_effectif INT,
cmp_ville VARCHAR(30), cmp_nom VARCHAR(30),
CONSTRAINT PK_cmp PRIMARY KEY(cmp_comp));
CREATE TABLE T_avion_avi
(avi_immat VARCHAR(6), avi_typ VARCHAR(30),
avi_hv DECIMAL(10,2), cmp_comp VARCHAR(4) NOT NULL,
CONSTRAINT PK_avi PRIMARY KEY(avi_immat),
CONSTRAINT FK_avi_cmp FOREIGN KEY(cmp_comp) REFERENCES T_compagnie_cmp(cmp_comp));
CREATE TABLE T_affreter_aff
(cmp_comp VARCHAR(4), avi_immat VARCHAR(6), aff_datea DATE, aff_nbp SMALLINT,
CONSTRAINT PK_aff     PRIMARY KEY (cmp_comp,avi_immat,aff_datea),
CONSTRAINT FK_aff_avi FOREIGNKEY(avi_immat) REFERENCES T_avion_avi(avi_immat),
CONSTRAINT FK_aff_cmp FOREIGN KEY(cmp_comp) REFERENCES T_compagnie_cmp(cmp_comp));
```

Chargement de la base

Pour ajouter un affrètement, vous devez au préalable disposer d'une compagnie et d'un avion. Le chargement de la base de données est donc conditionné par la hiérarchie des contraintes référentielles.

Dans notre exemple, le niveau le plus haut est relatif aux compagnies, puis viennent les avions et ensuite les affrètements. Le code suivant décrit une partie de l'insertion dans ces tables des données du jeu de tests.

```
-- référents
INSERT INTO T_compagnie_cmp(cmp_comp,cmp_effectif,cmp_ville,cmp_nom)
       VALUES ('AF',6700,'Paris', 'Air France');
INSERT INTO T_compagnie_cmp(cmp_comp,cmp_effectif,cmp_ville,cmp_nom)
       VALUES ('SING',3400,'Singapour','Singapore AL');
...
```

```
-- dépendant avec référent
INSERT INTO T_avion_avi(avi_immat,avi_typ,avi_hv,cmp_comp)
       VALUES ('F-WTSS','B777',6570,'SING');
...
-- dépendant avec référents
INSERT INTO T_affreter_aff(cmp_comp,avi_immat,aff_datea,aff_nbp)
       VALUES('AF','F-WTSS','2013-05-13',285);
...
```

Si les contraintes référentielles du script de création de vos tables sont écrites en ligne *(inline constraint)*, il vous suffit de lire le script à l'endroit pour en déduire l'ordre d'insertion des lignes, et de le lire à l'envers pour en déduire l'ordre de suppression des lignes.

Cohérence du dépendant vers le référent

Pour toute clé étrangère déclarée NOT NULL, l'insertion d'un enregistrement dépendant n'est possible que si l'enregistrement référent existe. Le tableau 2-8 décrit des insertions incorrectes : un avion associé à une compagnie inexistante, un avion sans compagnie, un affrètement associé à une compagnie inexistante et un autre associé à un avion inexistant.

Le message d'erreur désigne le nom de la contrainte lorsqu'il s'agit d'un référent inconnu. Pour les marqueurs NULL, le message d'erreur est relatif à la colonne.

Tableau 2–8 Insertions incorrectes

Insertions incorrectes	Message d'erreur
INSERT INTO T_avion_avi (avi_immat,avi_typ,avi_hv,cmp_comp) VALUES ('F-HCGA', 'B747', 5700, 'EJET');	Msg 547, Niveau 16 : L'instruction INSERT est en conflit avec la contrainte FOREIGN KEY "FK_avi_cmp". Le conflit s'est produit dans la base de données "BD_Air_France", table "dbo.T_compagnie_cmp", colonne 'cmp_comp'.
INSERT INTO T_avion_avi (avi_immat,avi_typ,avi_hv,cmp_comp) VALUES ('F-JIKO', 'B737', 9070, NULL);	Msg 515, Niveau 16, : Impossible d'insérer la valeur NULL dans la colonne 'cmp_comp', table "BD_Air_France.dbo.T_avion_avi". Cette colonne n'accepte pas les valeurs NULL.
INSERT INTO T_affreter_aff (cmp_comp,avi_immat,aff_datea,aff_nbp) VALUES('EJET', 'F-WTSS', '2013-07-16', 270);	Msg 547, Niveau 16 : L'instruction INSERT est en conflit avec la contrainte FOREIGN KEY "FK_aff_cmp". Le conflit s'est produit dans la base de données "BD_Air_France", table "dbo.T_compagnie_cmp", colonne 'cmp_comp'.
INSERT INTO T_affreter_aff (cmp_comp,avi_immat,aff_datea,aff_nbp) VALUES('AA', 'F-JIKO', '2013-07-16', 270);	Msg 547, Niveau 16 : L'instruction INSERT est en conflit avec la contrainte FOREIGN KEY "FK_aff_avi". Le conflit s'est produit dans la base de données "BD_Air_France", table "dbo.T_avion_avi", colonne 'avi_immat'.

Stratégies de cohérence

En fonction des options de la contrainte référentielle que vous choisirez (il est d'ailleurs possible de combiner une option en DELETE et une autre en UPDATE) pour chacune de vos clés étrangères, plusieurs scénarios sont possibles tout en respectant la cohérence entre la table dépendante et la table de référence :

- Prévenir la modification ou la suppression d'une clé primaire (ou candidate) de la table de référence. Cette alternative est celle par défaut (ou en utilisant explicitement les directives `ON DELETENO ACTION` et `ON UPDATE NO ACTION`). Par exemple, la suppression d'un avion est impossible si ce dernier est référencé dans un affrètement. De même, la modification d'un avion d'un affrètement par une immatriculation non référencée entraînera la même erreur (voir le premier exemple du tableau).
- Propager la modification de la clé primaire (ou candidate) de l'enregistrement référent vers les enregistrements dépendants associés. Ce mécanisme est réalisé par la directive `ON UPDATE CASCADE`. Dans notre exemple, il s'agit de mettre à jour tous les affrètements automatiquement après la modification d'une immatriculation d'un avion (deuxième exemple du tableau).
- Propager la suppression des enregistrements référents associés à l'enregistrement de référence supprimé. Ce mécanisme est réalisé par la directive `ON DELETE CASCADE`. Dans notre exemple, il s'agit de supprimer tous les affrètements d'un avion s'il est supprimé de la base (troisième exemple du tableau).

Le tableau 2-9 décrit les politiques de cohérence les plus courantes, appliquées aux tables de notre exemple.

Tableau 2-9 Politiques de cohérence de l'intégrité référentielle

Alternative	Syntaxe / Message d'erreur

Prévenir la modification ou la suppression d'un référent :
 	
`--dans T_affreter_aff`
`CONSTRAINT FK_aff_avi FOREIGN KEY(avi_immat)`
`REFERENCES T_avion_avi(avi_immat)`
`ON DELETE NO ACTION`
`ON UPDATE NO ACTION`
	`UPDATE T_affreter_aff`
	`SET cmp_comp = 'EJET'`
	`WHERE avi_immat = 'F-WTSS'`
	`AND aff_datea = '2013-05-16';`
	`Msg 547, Niveau 16 : L'instruction UPDATE est en conflit avec la contrainte FOREIGN KEY "FK_aff_cmp"...`
	
	`DELETE FROM T_avion_avi`
	`WHERE avi_immat = 'F-WTSS';`
	`Msg 547, Niveau 16 : L'instruction DELETE est en conflit avec la contrainte REFERENCE "FK_aff_avi"....`

Propager la modification de l'immatriculation et la suppression d'un avion :
`--dans T_affreter_aff`
`CONSTRAINT FK_aff_avi FOREIGN KEY(avi_immat)`
`REFERENCES T_avion_avi(avi_immat)`
`ON DELETE CASCADE`
`ON UPDATE CASCADE`
	`UPDATE T_avion_avi`
	`SET avi_immat = 'F-GNJL'`
	`WHERE avi_immat = 'F-WTSS';`
	
	`--> Modifie l'avion et tous les affrètements`
	
	`DELETE FROM T_avion_avi`
	`WHERE avi_immat = 'F-GNJL';`
	
	`--> Supprime l'avion et tous ses affrètements`

D'autres alternatives moins répandues sont possibles, elles présentent l'avantage de pouvoir garder en historique des données qui auraient été supprimées par défaut. L'inconvénient de ces politiques concerne les éventuels parcours de clés étrangères (une table *t1* qui référence *t2* et *t3*, sachant que *t3* est aussi référencée par *t2*). C'est précisément notre exemple où nous définissons cette politique uniquement entre la table des avions et celle des affrètements (sans inclure la table des compagnies).

- Propager le marqueur `NULL` dans la clé étrangère des enregistrements dépendants associés à l'enregistrement de référence supprimé (ou modifié). Ce mécanisme est réalisé par les directives `ON DELETE SET NULL` et `ON UPDATE SET NULL`. Cela n'est possible que si la contrainte `NOT NULL` est absente sur la clé étrangère.
- Propager une valeur par défaut dans la clé étrangère des enregistrements dépendants associés à l'enregistrement de référence supprimé (ou modifié). Ce mécanisme est réalisé par les directives `ON DELETE`

SET DEFAULT et ON UPDATE SET DEFAULT. Cela n'est possible qu'en présence d'une contrainte DEFAULT sur la clé étrangère et de l'existence d'un enregistrement de référence identifié par la valeur par défaut.

Le tableau 2-10 décrit l'utilisation de la dernière alternative afin de garder le plus d'informations dans la table des affrètements après la suppression d'un avion (ou modification de son immatriculation).

Tableau 2–10 Politiques de cohérence de l'intégrité référentielle

<table>
<tr><th>Création de la contrainte</th><th>Insertion des référents « fantômes »</th></tr>
<tr><td><pre>
CREATE TABLE T_affreter_aff
(cmp_comp   VARCHAR(4),
  avi_immat VARCHAR(6)
            CONSTRAINT DF_aff_avi_immat
                       DEFAULT '------',
  aff_datea DATE,
  aff_nbp   SMALLINT,
  CONSTRAINT PK_aff PRIMARY KEY
            (cmp_comp,avi_immat,aff_datea),
CONSTRAINT FK_aff_avi FOREIGN KEY(avi_immat)
           REFERENCES T_avion_avi(avi_immat)
           ON DELETE SET DEFAULT ON UPDATE SET DEFAULT,
CONSTRAINT FK_aff_cmp FOREIGN KEY(cmp_comp)
           REFERENCES T_compagnie_cmp(cmp_comp));
</pre></td><td>Compagnie et avion référents fantômes :<pre>
INSERT INTO T_compagnie_cmp
       VALUES ('----',0,'','');

INSERT INTO T_avion_avi
       VALUES ('------','',0,'----');
</pre></td></tr>
</table>

En raisonnant sur les données initiales, la suppression d'un avion préserve des informations au niveau des affrètements. Seule la table des compagnies n'est pas impactée.

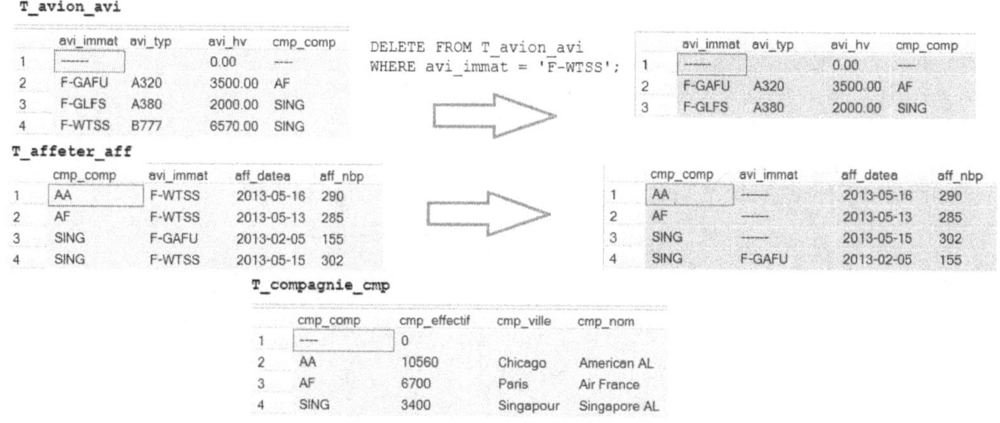

T_avion_avi (avant)

	avi_immat	avi_typ	avi_hv	cmp_comp
1	------		0.00	----
2	F-GAFU	A320	3500.00	AF
3	F-GLFS	A380	2000.00	SING
4	F-WTSS	B777	6570.00	SING

T_avion_avi (après)

	avi_immat	avi_typ	avi_hv	cmp_comp
1	------		0.00	----
2	F-GAFU	A320	3500.00	AF
3	F-GLFS	A380	2000.00	SING

T_affeter_aff (avant)

	cmp_comp	avi_immat	aff_datea	aff_nbp
1	AA	F-WTSS	2013-05-16	290
2	AF	F-WTSS	2013-05-13	285
3	SING	F-GAFU	2013-02-05	155
4	SING	F-WTSS	2013-05-15	302

T_affeter_aff (après)

	cmp_comp	avi_immat	aff_datea	aff_nbp
1	AA	------	2013-05-16	290
2	AF	------	2013-05-13	285
3	SING	------	2013-05-15	302
4	SING	F-GAFU	2013-02-05	155

T_compagnie_cmp

	cmp_comp	cmp_effectif	cmp_ville	cmp_nom
1	----	0		
2	AA	10560	Chicago	American AL
3	AF	6700	Paris	Air France
4	SING	3400	Singapour	Singapore AL

Figure 2–18 Politique de répercussion par défaut

Clé étrangère sur une contrainte unique

L'intégrité référentielle peut aussi se programmer sur la base d'une contrainte UNIQUE (et non nulle). Dans ce cas, et si la table de référence possède déjà une clé primaire, elle offre deux références possibles.

Dans l'exemple suivant, une compagnie est associée à un aéroport par un code IATA, tandis qu'un avion est référencé à un aéroport à l'aide d'une autre codification. La cohérence sera établie dans les deux sens d'une manière transparente.

Tableau 2–11 Clé étrangère vers une colonne UNIQUE

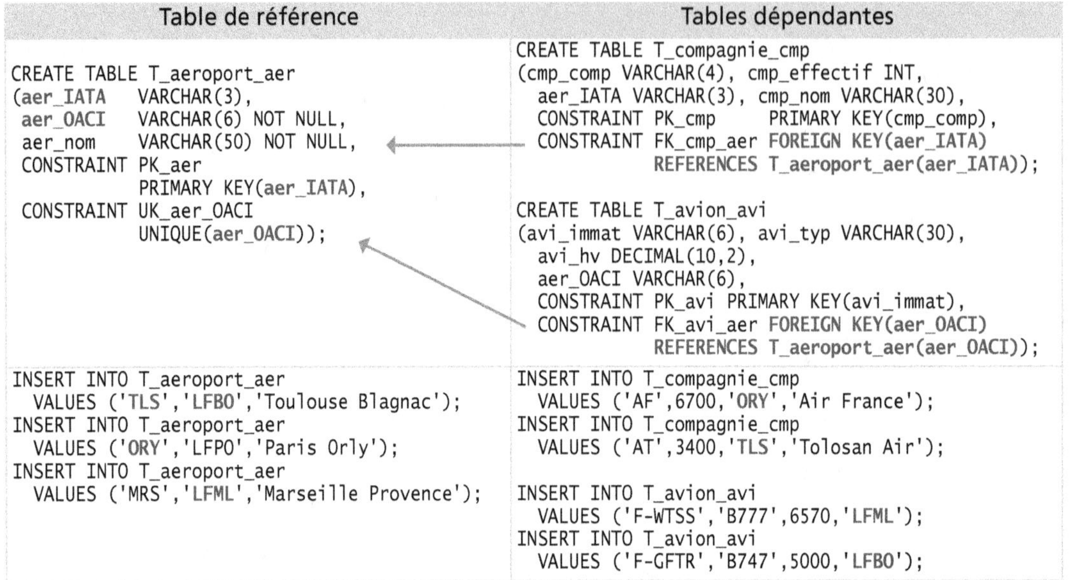

Table de référence	Tables dépendantes
CREATE TABLE T_aeroport_aer (aer_IATA VARCHAR(3), aer_OACI VARCHAR(6) NOT NULL, aer_nom VARCHAR(50) NOT NULL, CONSTRAINT PK_aer PRIMARY KEY(aer_IATA), CONSTRAINT UK_aer_OACI UNIQUE(aer_OACI));	CREATE TABLE T_compagnie_cmp (cmp_comp VARCHAR(4), cmp_effectif INT, aer_IATA VARCHAR(3), cmp_nom VARCHAR(30), CONSTRAINT PK_cmp PRIMARY KEY(cmp_comp), CONSTRAINT FK_cmp_aer FOREIGN KEY(aer_IATA) REFERENCES T_aeroport_aer(aer_IATA)); CREATE TABLE T_avion_avi (avi_immat VARCHAR(6), avi_typ VARCHAR(30), avi_hv DECIMAL(10,2), aer_OACI VARCHAR(6), CONSTRAINT PK_avi PRIMARY KEY(avi_immat), CONSTRAINT FK_avi_aer FOREIGN KEY(aer_OACI) REFERENCES T_aeroport_aer(aer_OACI));
INSERT INTO T_aeroport_aer VALUES ('TLS','LFBO','Toulouse Blagnac'); INSERT INTO T_aeroport_aer VALUES ('ORY','LFPO','Paris Orly'); INSERT INTO T_aeroport_aer VALUES ('MRS','LFML','Marseille Provence');	INSERT INTO T_compagnie_cmp VALUES ('AF',6700,'ORY','Air France'); INSERT INTO T_compagnie_cmp VALUES ('AT',3400,'TLS','Tolosan Air'); INSERT INTO T_avion_avi VALUES ('F-WTSS','B777',6570,'LFML'); INSERT INTO T_avion_avi VALUES ('F-GFTR','B747',5000,'LFBO');

Clé étrangère composite

L'intégrité référentielle peut aussi se programmer sur la base d'un couple de colonnes (ou d'un triplet, etc.). Dans ce cas, la table de référence possède une clé primaire composée de 2 jusqu'à *n* colonnes (*n* = 16 avec SQL Server).

Dans l'exemple suivant, une compagnie est associée à plusieurs aéroports par un bail, tandis qu'un personnel d'une compagnie peut travailler à un comptoir dans différents aéroports. La table des contrats est la table de référence de deuxième niveau car la table des personnels s'y réfère.

Tableau 2–12 Clé étrangère composite

Tables de référence (niveau 1)	Tables dépendantes
CREATE TABLE T_aeroport_aer (aer_IATA VARCHAR(3), aer_OACI VARCHAR(6) NOT NULL, aer_nom VARCHAR(50) NOT NULL, CONSTRAINT PK_aer PRIMARY KEY(aer_IATA)); CREATE TABLE T_compagnie_cmp (cmp_comp VARCHAR(4), cmp_effectif INT, cmp_ville VARCHAR(30), cmp_nom VARCHAR(30), CONSTRAINT PK_cmp PRIMARY KEY(cmp_comp));	CREATE TABLE T_contrats_ctr (aer_IATA VARCHAR(3), cmp_comp VARCHAR(4), ctr_bail DATE, CONSTRAINT PK_ctr PRIMARY KEY(aer_IATA,cmp_comp), CONSTRAINT FK_ctr_aer FOREIGN KEY(aer_IATA) REFERENCES T_aeroport_aer(aer_IATA), CONSTRAINT FK_ctr_cmp FOREIGN KEY(cmp_comp) REFERENCES T_compagnie_cmp(cmp_comp)); CREATE TABLE T_personnel_prs (prs_id INT, aer_IATA VARCHAR(3), cmp_comp VARCHAR(4), prs_ncpt VARCHAR(4), CONSTRAINT PK_prs PRIMARY KEY (prs_id,aer_IATA,cmp_comp), CONSTRAINT FK_prs_ctr FOREIGN KEY(aer_IATA,cmp_comp) REFERENCES T_contrats_ctr(aer_IATA,cmp_comp));

Tableau 2–12 Clé étrangère composite *(suite)*

Tables de référence (niveau 1)	Tables dépendantes

`INSERT INTO T_aeroport_aer`
`VALUES ('TLS','LFBO','Toulouse Blagnac');`
`INSERT INTO T_aeroport_aer`
`VALUES ('ORY','LFPO','Paris Orly');`
 	
`INSERT INTO T_compagnie_cmp`
`VALUES ('AF',6700,'Blagnac','Air France');`
`INSERT INTO T_compagnie_cmp`
`VALUES ('AT',3400,'Castanet','Tolosan Air');`
	`INSERT INTO T_contrats_ctr`
	`VALUES ('TLS','AF','2016-06-20');`
	`INSERT INTO T_contrats_ctr`
	`VALUES ('ORY','AF','2015-03-01');`
	`INSERT INTO T_contrats_ctr`
	`VALUES ('TLS','AT','2014-06-10');`
	
	`INSERT INTO T_personnel_prs`
	`VALUES (102,'TLS','AT','A20');`
	`INSERT INTO T_personnel_prs`
	`VALUES (104,'TLS','AT','A20');`

Tables en mémoire (In-Memory tables)

Le tableau suivant récapitule les spécificités de mises à jour des tables en mémoire.

Tableau 2–13 Mises à jour d'une table en mémoire

Permis	Interdit
Instructions `INSERT`, `UPDATE` et `DELETE`.	Les insertions incomplètes (toutes les colonnes ne sont pas renseignées).
	La clause `OUTPUT`.
`MERGE` si la table en mémoire est la source.	`MERGE` si la table en mémoire est la cible.
	L'instruction `TRUNCATE TABLE`

3

Évolution d'un schéma

La capacité d'évolution d'un schéma, autrement dit les changements dans la structure de la base, par le design de ses objets : tables, vues, routines, index…, est une des principales forces des SGBD relationnels. Cela répond aux besoins de maintenance et de modification des applicatifs, par exemple, si le code d'un client doit passer de 4 à 8 caractères, si la remise sur les produits provenant d'Espagne est divisée, ou encore si l'on a oublié de stocker l'e-mail des fournisseurs. Bien sûr, certaines modifications vont probablement entraîner un examen des procédures stockées et autres sous-programmes, mais l'impact pourra être limité sans interdire la modification.

L'évolution d'un schéma est aussi dynamique. Elle se fait « à chaud » : nul besoin d'arrêter votre serveur pour que vos modifications soient immédiatement prises en compte, même si cela bloque temporairement l'objet visé. Mieux, avec l'édition Enterprise et le « DDL On Line » une modification de structure ne bloque pas l'objet en cours de refactoring. Vous découvrirez qu'il est ainsi possible de modifier, le plus souvent en une seule instruction (`ALTER`), les objets d'une base de données (tables, index, vues, etc.) d'un point de vue structurel (colonnes et types) mais aussi comportemental (contraintes et programmes).

- Au niveau des tables, l'instruction principale que vous devrez utiliser est `ALTER TABLE` (classifiée en tant que commande du LDD), qui permet d'ajouter, de renommer, de modifier et de supprimer des colonnes. Cette instruction permet aussi d'ajouter, de supprimer, d'activer et de désactiver des contraintes.
- D'une manière analogue, `ALTER DATABASE` permet de modifier certaines caractéristiques d'une base, `ALTER INDEX` modifie la structure d'un index, etc.

Modifier une base

Sans entrer dans les détails qui relèvent de l'administration (voir chapitre 13) et des aspects physiques (voir chapitre 10), la commande ALTER DATABASE permet de modifier certaines caractéristiques relatives à une base de données sélectionnée ou celle en cours d'utilisation (fichiers de données et journaux associés, classement ainsi que d'autres options).

Cette commande est à utiliser avec modération car elle conditionne l'existence de tous les objets logiques qui s'y trouvent (tables, schémas, vues, sous-programme, etc.).

```
ALTER DATABASE {nom_base | CURRENT}
{   MODIFY NAME = nouveau_nom
  | COLLATE nom_collation
  | SET option [{ON | OFF}] [,...]};
[ WITH terminaison ]
```

```
terminaison ::=
{   ROLLBACK AFTER n [SECONDS]
  | ROLLBACK IMMEDIATE
  | NO_WAIT}
```

Sauf exception, il est préférable de se situer dans le contexte de la base master pour modifier l'état d'une base de données.

Dans certains cas, la commande ALTER DATABASE n'est possible qu'en l'absence de connexion à la base. Les options de terminaison des connexions actives sont les suivantes :

- ROLLBACK AFTER n SECONDS : invalide les transactions (au bout de *n* secondes) des sessions actives.
- ROLLBACK IMMEDIATE : invalide les transactions.
- NO_WAIT : lance immédiatement la commande (échec en cas de transactions actives).

Changer la connexion à une base

Il est possible que vous éprouviez des difficultés à passer une commande ALTER DATABASE, du simple fait que des connexions y sont ouvertes. Dans ce cas, vous devez prévoir de déconnecter impérativement tous les utilisateurs avant de procéder à la modification. Pour ce faire, il existe deux méthodes :

- laisser à chaque utilisateur le temps de terminer sa session, ou au bout d'un certain temps en annulant les transactions, tout en interdisant les nouvelles connexions : ROLLBACK AFTER n SECONDS ;
- annuler impérativement les transactions en cours (forçage d'un ROLLBACK des connexions actives) : ROLLBACK IMMEDIATE.

Mais dans tous les cas, il faut se prémunir de nouvelles connexions pouvant avoir lieu après passage de cette commande. Le moyen le plus simple est alors de prendre la main en utilisateur unique.

Exemple :

```
USE BD_Brouard_Soutou;
GO
ALTER DATABASE BD_Brouard_Soutou
   SET SINGLE_USER
   WITH ROLLBACK IMMEDIATE;
```

À partir de ce moment, il faut lancer un script qui effectue les tâches suivantes :

- sortir de la base ;
- passer une commande ALTER DATABASE ;
- repasser en mode MULTI_USER.

Exemple :

```
USE master;
GO
ALTER DATABASE BD_Brouard_Soutou
   COLLATE French_CI_AI;
GO
ALTER DATABASE BD_Brouard_Soutou
   SET MULTI_USER;
GO
```

Lecture seule

Pour déclarer une base en lecture seule, utilisez une option de SET :

```
ALTER DATABASE BD_Brouard_Soutou SET READ_ONLY;
GO
```

Typiquement, placer une base en lecture seule est intéressant pour faire du reporting sans peser sur la production. Dans ce cas, on utilise une sauvegarde restaurée sur un autre serveur, chose que l'on peut automatiser via l'Agent SQL (voir chapitre 18) pour obtenir une copie de la base à intervalles réguliers. Une autre solution similaire mais plus précise dans le temps consiste à utiliser un cliché de base de données *(database snapshot)*.

Renommer une base

Pour modifier le nom d'une base, aucune connexion ne doit être active. L'option à utiliser est MODIFY_NAME :

```
ALTER DATABASE BD_Soutou_Brouard MODIFY NAME = BD_Brouard_Soutou;
GO
```

Modifier la collation d'une base

La modification d'une collation d'une base contenant des données est potentiellement problématique car les colonnes des tables déjà créées conserveront la collation d'origine (héritée de la création de la base). En effet, la collation est un paramètre du type de la colonne. Dans tous les cas, la modification de collation d'une base ne s'appliquera qu'aux nouvelles colonnes des tables existantes et à toute colonne de chaque nouvelle table.

En supposant que la base est vide, la modification du classement du jeu de caractères par défaut de notre base de données d'exemple est la suivante :

```
ALTER DATABASE BD_Brouard_Soutou COLLATE French_CI_AI;
GO
```

Vous ne pouvez pas modifier la collation de tables en production par ce procédé.
Pour changer la collation d'une colonne existante, vous pouvez la supprimer, puis la recréer à l'identique. Si vous désirez conserver vos données, vous devrez migrer par un moyen quelconque (en dupliquant une colonne, puis en la renommant, par exemple).

Modifier le paramétrage de la base

Les bases de données de SQL Server disposent d'un paramétrage important relatif au comportemment fonctionnel, aussi bien en matière d"administration que de performances. La plupart du temps, vous pouvez ignorer ces paramètres. Les options de la clause SET qui sont notables sont les suivantes :

- COMPATIBILITY_LEVEL = {100 | 110 |120 } : positionne la base en mode de compatibilité 100 (version 2008 / 2008 R2), 110 (version 2012) ou 120 (version 2014).
- READ_ONLY : permet de placer une base de données en lecture seule (pour du reporting, par exemple).
- READ_WRITE : place la base en mode lecture-écriture.
- AUTO_CLOSE : paramétrée sur ON, cette option ferme la base de données et vide son cache.
- AUTO_SHRINK : paramétrée sur ON, cette option tente de réduire les fichiers de la base.

Les deux dernières options sont à éviter absolument, sauf pour la version CE de SQL Server (fonctionnement sur smartphone), car elles dégradent sévèrement les performances.

Modifier les colonnes d'une table

Étudions la partie de la commande ALTER TABLE qui permet d'agir sur la structure d'une table existante. La syntaxe simplifiée d'une partie de cette commande est la suivante :

```
ALTER TABLE [nom_base. [nom_schema]. | nom_schema.] nom_table
  {ALTER COLUMN nom_colonne
   {[nom_schema_type.] nom_type [({precision [,decimales] | MAX})]
                        [COLLATE nom_collation] [NULL | NOT NULL]
    | {ADD | DROP} {ROWGUIDCOL | PERSISTED | NOT FOR REPLICATION}
  }
  | ADD definition_colonne [,…]
  | DROP COLUMN nom_colonne
  [,…];
```

- ALTER COLUMN permet de modifier le type d'une colonne existante, son classement de jeu de caractères ou le fait qu'elle puisse accepter ou non des valeurs NULL.
- ADD ou DROP permettent respectivement d'ajouter ou de supprimer une propriété à la colonne (ROWGUIDCOL pour un identificateur unique global de ligne, PERSISTED pour les colonnes calculées qui sont stockées physiquement et NOT FOR REPLICATION pour incrémenter ou non la colonne identité lors de la réplication).
- ADD *definition_colonne* permet d'ajouter une nouvelle colonne à la table. La définition d'une colonne est la même que dans l'instruction CREATE TABLE (voir chapitre 1).
- DROP COLUMN permet de supprimer une colonne (tout en préservant une éventuelle intégrité réferentielle).

Considérons la table suivante que nous allons faire évoluer en traitant un exemple avec chacune de ces options.

```
USE BD_Air_France;
CREATE TABLE T_Pilote_pil
      (pil_num SMALLINT NOT NULL, pil_prenom VARCHAR(30), pil_nom CHAR(60));
INSERT INTO T_Pilote_pil (pil_num,pil_prenom,pil_nom)
       VALUES (17,'Pierre','Filloux');
```

Ajout de colonnes

La directive ADD de l'instruction ALTER TABLE permet d'ajouter une colonne à une table. Cette nouvelle colonne, quel que soit son type (mis à part les colonnes identité), est intialisée à NULL pour tous les enregistrements présents dans la table.

Le script suivant ajoute trois colonnes à la table. Seule la colonne dotée de la propriété IDENTITY (qui, par défaut, débute à la valeur 1 et s'incrémente de 1) ne sera pas initialisée à NULL.

```
ALTER TABLE T_Pilote_pil
      ADD  pil_nbhvol   DECIMAL(7,2),
           pil_code     SMALLINT IDENTITY,
           pil_adresse VARCHAR(50);
```

Vous pouvez ajouter une colonne NOT NULL seulement si la table est vide ou si vous spécifiez une contrainte DEFAULT associée à une valeur non nulle (auquel cas, toutes les lignes de la table seront mis à jour avec la valeur non nulle indiquée dans DEFAULT).

```
ALTER TABLE T_Pilote_pil
      ADD  pil_comp     VARCHAR(4)        DEFAULT 'AF',
           pil_embauche DATE              DEFAULT (GETDATE()),
           pil_GUID     UNIQUEIDENTIFIER DEFAULT NEWSEQUENTIALID(),
           pil_tel_gsm  VARCHAR(15)       DEFAULT '**-**-**-**-**' NOT NULL;
INSERT INTO T_Pilote_pil (pil_num,pil_prenom,pil_nom)
       VALUES (21,'Christian','Sigaudes');
```

Après l'ajout d'un deuxième pilote, le contenu de la table est le suivant. La ligne qui existait avant les modifications structurelles (le pilote de numéro 17) ne bénéficie pas des valeurs par défaut des nouvelles colonnes « nullables ». Seule la valeur par défaut du numéro de téléphone, du fait de sa non-nullité, est propagée aux enregistrements existants. Il en va de même pour la colonne de type identité (pil_code). Le pilote inséré après les ajouts de colonnes bénéficie de toutes les valeurs par défaut (identité, compagnie, date d'embauche à la date du jour, GUID et téléphone).

Résultats | Messages

	pil_num	pil_prenom	pil_nom	pil_nbhvol	pil_code	pil_adresse	pil_comp	pil_embauche	pil_GUID	pil_tel_gsm
1	17	Pierre	Filloux	NULL	1	NULL	NULL	NULL	NULL	**-**-**-**-**
2	21	Christian	Sigaudes	NULL	2	NULL	AF	2012-03-31	3108A892-1C7B-E111-9FD4-0027132DDBEE	**-**-**-**-**

Figure 3–1 Table après modifications et insertions

Modifier le type des colonnes

La directive ALTER COLUMN de l'instruction ALTER permet de modifier le type d'une colonne existante.

Il est possible d'augmenter la taille d'une colonne numérique (largeur ou précision) ou d'une chaîne de caractères (CHAR et VARCHAR), ou encore de la diminuer si toutes les données présentes dans la colonne peuvent s'adapter à la nouvelle taille.

Les options NOT NULL et NULL peuvent être utilisées avec cette instruction (pour NOT NULL, les enregistrements existants doivent respecter la nouvelle contrainte pour que la modification de la table soit possible, voir la section « Modifier les contraintes » plus loin dans ce chapitre).

Le tableau 3-1 présente quelques modifications de colonnes. Notez que pour ajouter l'option NOT NULL ou NULL à une colonne, vous devrez répéter son type, même si vous ne le modifiez pas.

Tableau 3-1 Modifications de colonnes

Instructions SQL	Commentaires
ALTER TABLE T_Pilote_pil ALTER COLUMN pil_code INT NOT NULL;	Augmente la taille de la colonne et lui interdit la nullité.
ALTER TABLE T_Pilote_pil ALTER COLUMN pil_nom VARCHAR(30);	Diminue la taille de la colonne (possible car les données existantes de la colonne ne dépassent pas 30 caractères).
ALTER TABLE T_Pilote_pil ALTER COLUMN pil_tel_gsm VARCHAR(15) NULL;	Rend possible l'insertion de valeur nulle dans la colonne.
ALTER TABLE T_Pilote_pil ALTER COLUMN pil_GUID ADD ROWGUIDCOL;	Définit la colonne UNIQUEIDENTIFIER en tant qu'identifiant global de ligne.
ALTER TABLE T_Pilote_pil ALTER COLUMN pil_comp VARCHAR(4) NOT NULL; Msg 515, Niveau 16, État 2 : Impossible d'insérer la valeur NULL dans la colonne 'pil_comp', table 'BD_Air_France.dbo.T_Pilote_pil'. Cette colonne n'accepte pas les valeurs NULL. Échec de UPDATE.	Tente de rendre non nulle la colonne dont certaines valeurs ne sont pas définies.

Il n'est pas possible de définir la propriété IDENTITY sur une colonne existante. En revanche, vous pouvez ajouter une nouvelle colonne dotée de cette propriété (si la table n'en dispose pas déjà).
Il est impossible de modifier la valeur par défaut d'une colonne existante avec une seule instruction ALTER TABLE. Vous devrez au préalable supprimer la contrainte associée (voir plus loin).

Colonnes calculées

Une colonne est calculée si sa définition provient d'une expression bâtie à partir d'autres colonnes, d'opérateur et/ou de fonctions scalaires. Sa syntaxe est : nom_colonne AS expression. L'expression peut utiliser d'autres colonnes non calculées de la même table, des constantes ou des fonctions système ou utilisateur. L'expression de définition d'une colonne calculée ne peut pas être une sous-requête, sauf à être encapsulée dans une fonction (UDF) scalaire. Le type résultant de l'expression est automatiquement calculé par SQL Server. Mais comme ce type peut être parfois trop « large » pour vos besoins, vous pouvez forcer un transtypage à l'aide de la fonction CAST. Les valeurs d'une colonne calculée sont réévaluées à chaque fois qu'elles sont utilisées par une instruction SELECT (comme pour une vue), sauf si vous précisez l'option PERSISTED, auquel cas ces valeurs sont stockées avec les données de la table.

L'instruction suivante ajoute deux colonnes calculées à la table. La première extrait le mois d'embauche et la seconde compose l'adresse e-mail sous la forme prenom.nom@code_compagnie.fr, avec le prénom et le nom sur 8 caractères au plus.

```
ALTER TABLE T_Pilote_pil
ADD         pil_mois_embauche AS DATEPART(MONTH,pil_embauche) PERSISTED,
            pil_mail          AS LOWER(CAST(pil_prenom AS VARCHAR(8)))+'.'
                                 +LOWER(CAST(pil_nom    AS VARCHAR(8)))+'@'+
                                 +LOWER(CAST(pil_comp AS VARCHAR(4)))+'.fr';
```

Ces nouvelles colonnes sont visibles à partir de l'explorateur d'objets :

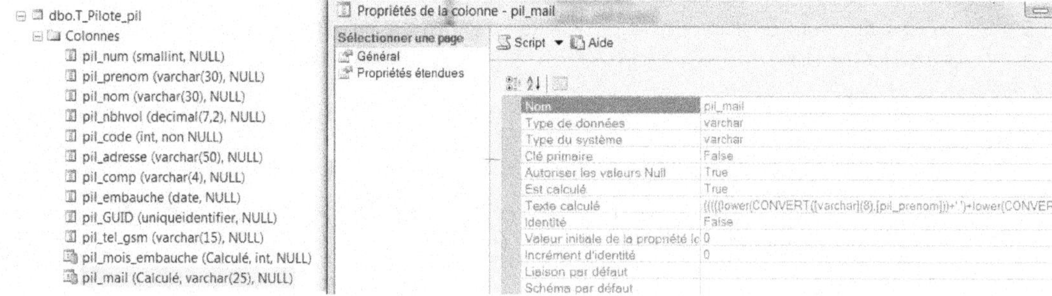

Figure 3–2 Table après modifications et insertions

Les colonnes calculées peuvent être utilisées dans les clauses SELECT, WHERE, GROUP BY et ORDER BY des requêtes ou à tout emplacement où il est possible d'utiliser une expression. En revanche, une colonne calculée ne peut pas être cible d'une instruction INSERT ou UPDATE.

Par défaut, une colonne calculée est virtuelle (elle n'est pas stockée physiquement), à moins qu'elle ne soit indiquée comme PERSISTED dans les instructions CREATE TABLE ou ALTER TABLE. L'instruction suivante rend persistante la colonne des adresses e-mail.

```
ALTER TABLE T_Pilote_pil
     ALTER COLUMN pil_mail ADD PERSISTED;
```

Pour optimiser les performances durant le stockage des colonnes calculées persistantes, SQL Server effectue un calcul différentiel lors des modifications (UPDATE) afin de réajuster la valeur et d'éviter un recalcul complet. Néanmoins, il est souvent important que l'expression soit « précise » (en vue d'éviter le cumul des erreurs d'écart d'arrondis), autrement dit que les calculs ne soient pas effectués avec des types de données comme FLOAT ou REAL. Dans ce cas, transtypez les colonnes de type REAL ou FLOAT avant d'effectuer le calcul.

L'un des principaux avantages des colonnes calculées est la simplification des expressions de requêtes et l'éventuelle définition des index si les fonctions utilisées dans l'expression calculées sont déterministes (voir chapitres 8 et 15) et si la colonne est persistante (PERSISTED).

Il est possible de créer des index basés précisément sur des colonnes calculées, comme vous pouvez le constater dans l'exemple suivant.

```
CREATE INDEX IX_pil_mois_embauche ON T_Pilote_pil (pil_mois_embauche);
```

Ainsi, les requêtes dont l'objectif serait d'extraire des informations conditionnées au mois d'embauche d'un pilote, par exemple pour le mois d'avril (WHERE DATEPART(MONTH,pil_embauche)=4), vont bénéficier de l'optimisation des accès par indexation.

Pour qu'une colonne soit persistante, il faut qu'elle soit déterministe : l'expression de calcul ne peut donc pas comporter des fonctions comme NEWID(), RAND() ou GETDATE().
Si vous désirez indexer une colonne calculée persistante, cette dernière doit être « précise » (sans erreur d'écart d'arrondis dans les calculs). Cela exclut les types FLOAT et REAL et toutes fonctions mathématiques utilisées dans l'expression.
Les colonnes calculées utilisées conjointement avec les contraintes CHECK, FOREIGN KEY et NOT NULL doivent être marquées comme PERSISTED.

Pour savoir si une colonne calculée est déterministe et/ou précise, vous pouvez utiliser la fonction COLUMNPROPERTYEX[1] avec les paramètres IsDeterministic ou IsPrecise.

Exemple :

```
SELECT COLUMNPROPERTYEX(OBJECT_ID('dbo.T_aeroport_aer'),
                        'aer_nom_soundex', 'isComputed') EST_CALCULEE,
       COLUMNPROPERTYEX(OBJECT_ID('dbo.T_aeroport_aer'),
                        'aer_nom_soundex', 'isPrecise') EST_PRECISE,
       COLUMNPROPERTYEX(OBJECT_ID('dbo.T_aeroport_aer'),
                        'aer_nom_soundex', 'isDeterministic') EST_DETERMINISTE
```

Supprimer des colonnes

La directive DROP COLUMN de l'instruction ALTER TABLE permet de supprimer une colonne. La suppression de la colonne relative au numéro de la table des pilotes se réalise à l'aide de l'instruction suivante. Bien que cette colonne soit déclarée NOT NULL, elle n'a pas été déclarée en tant que clé primaire de la table.

```
ALTER TABLE T_Pilote_pil
      DROP COLUMN pil_num;
```

Il n'est pas possible de supprimer toutes les colonnes d'une table (il doit en rester au moins une) :
il n'est pas possible de supprimer une colonne utilisée dans la clé primaire ou candidate (UNIQUE), ou dans un autre index existant ;
il n'est pas possible de supprimer une colonne associée à une valeur par défaut (DEFAULT) ou liée à un objet par défaut : contrainte référentielle (FOREIGN KEY) ou contrainte de vérification (CHECK).

Le message d'erreur que vous obtiendrez dans le premier cas est le suivant : Msg 4923, Niveau 16, État 1, Ligne … : L'instruction ALTER TABLE DROP COLUMN a échoué parce que *'nom_colonne_a_supprimer'* est la seule colonne de données de la table *'nom_de_votre_table'*. Une table doit comporter au moins une colonne de données.

Le message d'erreur que vous obtiendrez dans tous les autres cas est le suivant : Msg 5074, Niveau 16, État 1, Ligne … : L'objet *'nom_de_la_contrainte'* dépend de la colonne *'nom_colonne_a_supprimer'*.

Par défaut, SQL Server n'applique pas la politique de suppression en cascade.

La possibilité de supprimer une colonne permet de récupérer rapidement de l'espace disque et évite aux administrateurs de réaliser de fastidieuses opérations comme exporter les anciennes données, créer des nouvelles tables, puis importer une partie des données avant de recréer les index et les contraintes. Cependant, la libération physique de l'espace disque ne se fera la plupart du temps qu'après réindexation.

1. COLUMNPROPERTY (sans EX) pour les versions antérieures à 2012.

Les tables en mémoire

Vous ne pouvez pas modifiez la structure d'une table en mémoire de quelque sorte que ce soit (ajout, modificiation ou suppression de colonnes). Pour ce faire, il sera nécessaire de recréér la table.

Renommer des objets

L'instruction ALTER TABLE ne dispose pas d'option permettant de renommer une table ou une colonne. En revanche, la procédure stockée système sp_rename permet notamment de modifier le nom d'une table, d'un index, d'une colonne, d'une contrainte ou d'un type personnalisé dans la base de données active. Ce sous-programme ne peut renommer un objet que dans la base de données courante.

La syntaxe de cet appel est le suivant :

```
sp_rename [@objname =] 'nom_objet' , [@newname =] 'nouveau_nom'
          [, [@objtype =] 'type_objet']
```

Le troisième paramètre renseigne le type d'objet à renommer (il peut prendre l'une des valeurs suivantes : COLUMN, DATABASE, INDEX, OBJECT, STATISTICS et USERDATATYPE).

Après chaque action de renommage, le serveur affichera le message d'avertissement suivant. Il n'est pas bloquant, simplement informatif : `Attention : changer une partie du nom de l'objet peut inhiber les scripts et les procédures stockées.`

Il est fortement recommandé de ne pas renommer une procédure stockée, un déclencheur, une fonction utilisateur ou une vue. Il est préférable de supprimer un tel objet avant de le recréer avec un nouveau nom. En effet, sp_rename ne modifie pas le nom de l'objet au niveau du catalogue sys.sql_modules. Par ailleurs, les métadonnées de dépendance des objets (par exemple, une procédure stockée qui en appelle une autre, ou une colonne référencée dans un déclencheur, n'est pas maintenue par l'appel de sp_rename).

Renommer une table ou une vue

Si l'objet à renommer est une table ou une vue, le troisième paramètre doit être positionné à OBJECT. L'appel suivant renomme la table des pilotes dans la base active.

```
USE BD_Air_France;
EXEC sp_rename 'T_Pilote_pil', 'T_pilotes_pil', 'OBJECT';
```

Les contraintes d'intégrité, index et prérogatives associées à l'ancien nom de la table sont automatiquement transférées sur le nouveau identificateur. En revanche, les déclencheurs et les procédures cataloguées sont invalidées et doivent être recréés. Il en va de même pour les vues (message d'erreur : `Msg 4413, Niveau 16, État 1, Ligne ... : Impossible d'utiliser la vue ou la fonction 'nom_vue' à cause d'erreurs de liaison.`)

Renommer un index

Si l'objet à renommer est un index, le nom de l'objet (premier paramètre) doit se présenter sous la forme `nom_table.nom_index` ou `nom_schema.nom_table.nom_index`. Le troisième paramètre doit être positionné à `INDEX`.

L'appel suivant renomme l'index basé sur l'adresse e-mail des pilotes dans la base active.

```
USE BD_Air_France;
EXEC sp_rename 'T_pilotes_pil.IX_pil_mail', 'IX_pil_mails', 'INDEX';
```

Renommer une colonne

Si l'objet à renommer est une colonne, le premier paramètre doit se présenter sous la forme `nom_table.nom_colonne` ou `nom_schema.nom_table.nom_colonne`. Le troisième paramètre doit être positionné à `COLUMN`.

L'appel suivant renomme une colonne de la table des pilotes dans la base active.

```
USE BD_Air_France;
EXEC sp_rename 'T_pilotes_pil.pil_nbhvol', 'pil_nb_hvol', 'COLUMN';
```

Il n'est pas possible de renommer une colonne calculée d'une table, le message d'erreur est le suivant : `Msg 4928, Niveau 16, État 1, Procédure sp_rename, Ligne … : Impossible de modifier la colonne 'nom_colonne' parce qu'elle est 'COMPUTED'.`

Renommer une contrainte

Pour renommer une contrainte, il faut tout d'abord connaître son nom. Le troisième paramètre de l'appel à `sp_rename` doit être positionné à `OBJECT`. L'appel suivant renomme la clé primaire d'une table dans la base active.

```
USE BD_Air_France;
CREATE TABLE T_temp_tmp
(tmp_cle INT, tmp_col DATE, CONSTRAINT cle1123_456 PRIMARY KEY (tmp_cle));
EXEC sp_rename 'cle1123_456', 'PK_T_temp_tmp', 'OBJECT';
```

Renommer un type personnalisé

Pour renommer un type personnalisé, vous devez positionner le troisième paramètre de l'appel à `sp_rename` à la valeur `USERDATATYPE`. L'appel suivant renomme les deux types bien qu'ils participent à la définition de colonnes et d'une contrainte de la table dans la base active.

```
USE BD_Air_France;
CREATE TYPE OACI_t FROM VARCHAR(6) NOT NULL;
CREATE TYPE frequence_VHF_t FROM DECIMAL(6,3);
CREATE TABLE T_aeroport_aer
(aer_OACI   OACI_t, aer_nom    VARCHAR(50), aer_twr    frequence_VHF_t,
  CONSTRAINT PK_aer      PRIMARY KEY(aer_OACI),
```

```
  CONSTRAINT CK_aer_twr CHECK (aer_twr<=137.000 AND aer_twr>=117.975));
EXEC sp_rename 'OACI_t', 'OACI_typ', 'USERDATATYPE';
EXEC sp_rename 'frequence_VHF_t', 'frequence_VHF_typ', 'USERDATATYPE';
```

Les tables en mémoire

Vous ne pouvez pas renommez une table en mémoire (ou une colonne d'une table de ce type).

Modifier les contraintes d'une table

Étudions à présent les mécanismes d'ajout, de suppression, d'activation et de désactivation des contraintes. La commande ALTER TABLE permet d'agir sur le comportement d'une table existante. C'est à l'aide de cette commande que vous pouvez déclarer toutes vos contraintes hors ligne.

La syntaxe simplifiée de la partie de cette commande dédiée aux contraintes est la suivante :

```
ALTER TABLE [nom_base. [nom_schema]. | nom_schema.] nom_table
  {WITH {CHECK | NOCHECK}
  | ADD [CONSTRAINT nom_contrainte] contrainte_table
  | DROP CONSTRAINT] nom_contrainte
  | {CHECK | NOCHECK} CONSTRAINT {ALL | nom_contrainte}} [,…];
```

- WITH CHECK (par défaut pour les nouvelles contraintes) indique que les données de la table doivent être validées par rapport à une contrainte FOREIGN KEY ou CHECK nouvellement ajoutée.
- WITH NO CHECK (par défaut pour les contraintes réactivées) indique que les données de la table ne doivent pas être validées par rapport à une contrainte FOREIGN KEY ou CHECK réactivée.
- ADD permet d'ajouter une contrainte de toute nature, qu'elle soit nommée ou non (PRIMARY KEY, FOREIGN KEY, UNIQUE, DEFAULT ou CHECK).
- DROP CONSTRAINT permet de supprimer une contrainte (PRIMARY KEY, FOREIGN KEY, UNIQUE, DEFAULT ou CHECK).
- CHECK CONSTRAINT réactive une contrainte FOREIGN KEY ou CHECK. Le mot-clé ALL inclut toutes les contraintes de ce type de la table.
- NOCHECK CONSTRAINT désactive une contrainte FOREIGN KEY ou CHECK. Le mot-clé ALL inclut toutes les contraintes de ce type de la table.

Étudions ces options en faisant évoluer les tables suivantes qui n'incluent pour l'instant aucune contrainte de valeurs ou de clés.

```
CREATE TABLE T_compagnie_cmp
(cmp_comp VARCHAR(4), cmp_effectif INT,
cmp_ville VARCHAR(30), cmp_nom      VARCHAR(30));
CREATE TABLE T_avion_avi
(avi_immat VARCHAR(6),    avi_typ VARCHAR(30),
avi_hv    DECIMAL(10,2), cmp_comp VARCHAR(4));
CREATE TABLE T_affreter_aff
(cmp_comp VARCHAR(4), avi_immat VARCHAR(6),
aff_datea DATE,       aff_nbp   SMALLINT);
```

Supposons les données suivantes déjà présentes.

Figure 3–3
Schéma à faire évoluer

T_compagnie_cmp

cmp_comp	cmp_effectif	cmp_ville	cmp_nom
AF	6700	Paris	Air France
SING	3400	Singapour	Singapore AL

T_affreter_aff

cmp_comp	avi_immat	aff_datea	aff_nbp
AF	F-WTSS	2013-05-13	250
SING	F-HCGA	2013-02-05	182
AF	F-WTSS	2013-05-15	195

T_avion_avi

avi_immat	avi_typ	avi_hv	cmp_comp
F-WTSS	B777	6570	SING
F-HCGA	A320	3500	AF
F-GLFS	A380	2000	SING

Ajout de contraintes

Depuis le début de cet ouvrage, les contraintes ont été créées en même temps que les tables (en ligne). Pour que l'ajout d'une contrainte soit possible, par défaut, il faut que les données présentes dans la table (s'il y en a) respectent la nouvelle contrainte (nous étudierons plus loin les diffrentes stratégies possibles).

En adoptant cette démarche, il vous sera possible de créer des tables par ordre alphabétique et sans vous soucier de l'ordre induit par les contraintes référentielles. La majorité des outils de conception (les principaux étant PowerAMC, Rational, MEGA ou WinDesign) suivant ce principe pour générer automatiquement les scripts SQL.
Par ailleurs, nommez explicitement vos contraintes (voir chapitre 1). Pour rappel : `PK_...` pour une clé primaire, `UK_...` pour une contrainte d'unicité, `FK_...` pour une clé étrangère, `CK_...` pour une contrainte de vérification, `DK_...` pour une contrainte de valeur par défaut et `NK_...` pour une contrainte d'obligation de valeur.

Clé primaire

Ajoutons les clés primaires aux tables de cet exemple. Les avions peuvent être identifiés par leur immatriculation, les compagnies par le code et les affrètements par un numéro séquentiel (mécanisme d'auto-incrémentation qu'il faut mettre en place par l'ajout d'une colonne stockant des entiers avec la propriété `IDENTITY`).

Pour ajouter une clé primaire, la colonne existante doit être déclarée `NOT NULL` (même si toutes les lignes contiennent une valeur non nulle au niveau de cette clé ou que la table est vide).

Le script suivant ajoute une clé primaire à chaque table (par défaut, un index cluster est construit).

```
ALTER TABLE T_affreter_aff ADD aff_numero INT IDENTITY NOT NULL;
GO
ALTER TABLE T_affreter_aff ADD CONSTRAINT PK_aff PRIMARY KEY(aff_numero);
GO
ALTER TABLE T_compagnie_cmp ALTER COLUMN cmp_comp VARCHAR(4) NOT NULL;
GO
ALTER TABLE T_compagnie_cmp ADD CONSTRAINT PK_cmp PRIMARY KEY(cmp_comp);
GO
ALTER TABLE T_avion_avi ALTER COLUMN avi_immat VARCHAR(6) NOT NULL;
GO
ALTER TABLE T_avion_avi ADD CONSTRAINT PK_avi PRIMARY KEY(avi_immat);
GO
```

Vous trouverez dans l'explorateur d'objets, la clé primaire de chaque table. En ce qui concerne les affrètements, la modification apportée provoque le résultat suivant :

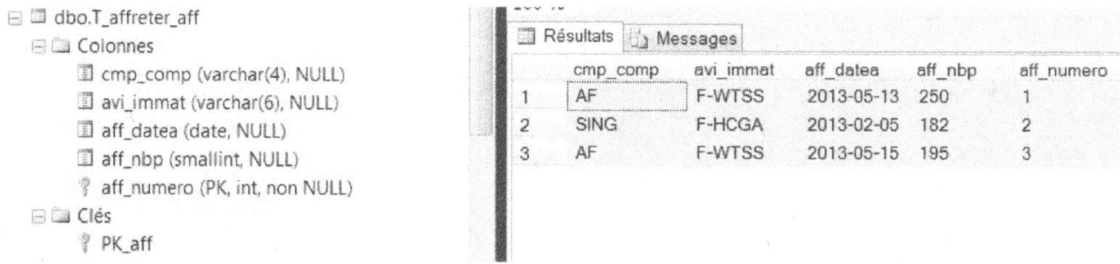

	cmp_comp	avi_immat	aff_datea	aff_nbp	aff_numero
1	AF	F-WTSS	2013-05-13	250	1
2	SING	F-HCGA	2013-02-05	182	2
3	AF	F-WTSS	2013-05-15	195	3

Figure 3–4 Table des affrètements

Clé étrangère

Mettons en place l'intégrité référentielle en ajoutant les clés étrangères qui lient ces trois tables : chaque avion dépend d'une compagnie et chaque affrètement doit concerner une compagnie existante et un avion référencé (qui n'est pas forcément propriété de la compagnie qui l'affrète).

Pour ajouter une clé étrangère vers une table *t*, vous devez déjà avoir déclaré une clé primaire ou un index unique (pas forcément *cluster*). Par ailleurs si vous utilisez une contrainte `UNIQUE` en tant que colonne(s) de référence(s) dans la table *t*, cette (ces) colonne(s) n'est (ne sont) pas forcément `NOT NULL`.

Pour chacune de ces trois contraintes, vous avez le choix de la politique à appliquer concernant les suppressions et les modifications d'enregistrements de référence (voir section « Stratégies de cohérence » du chapitre 2). Choisissons les stratégies suivantes :

- Un avion, s'il est neuf, peut ne pas être rattaché à une compagnie existante (présence d'une contrainte `NULL` sur la colonne `cmp_comp` de la table `T_avion_avi`).

```
ALTER TABLE T_avion_avi
      ALTER COLUMN cmp_comp VARCHAR(4) NULL;
```

- Tout affrètement doit associer une compagnie existante et un avion référencé (présence d'une contrainte `NOT NULL` sur les colonnes `cmp_comp` et `avi_immat` de la table `T_affreter_aff`).

```
ALTER TABLE T_affreter_aff
      ALTER COLUMN cmp_comp VARCHAR(4) NOT NULL;
ALTER TABLE T_affreter_aff
      ALTER COLUMN avi_immat VARCHAR(6) NOT NULL;
```

- La suppression d'une compagnie entraîne la suppression des affrètements tout en préservant les avions qui appartenaient à la compagnie disparue (présence de l'option `ON DELETE CASCADE` sur la colonne `cmp_comp` de la table `T_affreter_aff` et de l'option `ON DELETE SET NULL` sur la colonne `cmp_comp` de la table `T_avion_avi`).
- La modification du code d'une compagnie est interdite si la compagnie possède un avion ou si elle est associée à un affrètement (présence de l'option `ON UPDATE NO ACTION` sur la colonne `cmp_comp` des tables `T_affreter_aff` et `T_avion_avi`).

```
ALTER TABLE T_affreter_aff
      ADD CONSTRAINT FK_aff_cmp FOREIGN KEY(cmp_comp)
                                REFERENCES T_compagnie_cmp(cmp_comp)
                                ON DELETE CASCADE
                                ON UPDATE NO ACTION ;
ALTER TABLE T_avion_avi
      ADD CONSTRAINT FK_avi_cmp FOREIGN KEY(cmp_comp)
                                REFERENCES T_compagnie_cmp(cmp_comp)
                                ON DELETE SET NULL
                                ON UPDATE NO ACTION;
```

- La suppression d'un avion ou la modification de son immatriculation est interdite si l'avion est associé à un affrètement (présence des options `ON UPDATE NO ACTION` et `ON DELETE NO ACTION` sur la colonne `avi_immat` de la table `T_affreter_aff`).

```
ALTER TABLE T_affreter_aff
      ADD CONSTRAINT FK_aff_avi FOREIGN KEY(avi_immat)
                                REFERENCES T_avion_avi(avi_immat)
                                ON DELETE NO ACTION
                                ON UPDATE NO ACTION;
```

Les tables assurent désormais l'intégrité référentielle autour de ces trois relations de dépendance :

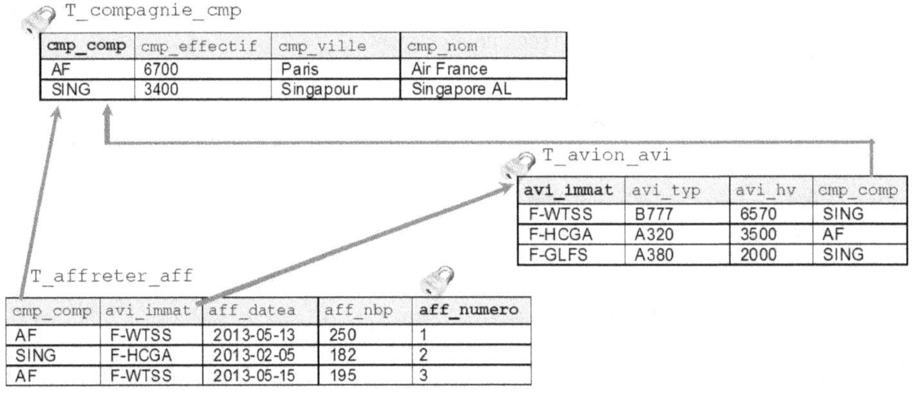

T_compagnie_cmp

cmp_comp	cmp_effectif	cmp_ville	cmp_nom
AF	6700	Paris	Air France
SING	3400	Singapour	Singapore AL

T_avion_avi

avi_immat	avi_typ	avi_hv	cmp_comp
F-WTSS	B777	6570	SING
F-HCGA	A320	3500	AF
F-GLFS	A380	2000	SING

T_affreter_aff

cmp_comp	avi_immat	aff_datea	aff_nbp	aff_numero
AF	F-WTSS	2013-05-13	250	1
SING	F-HCGA	2013-02-05	182	2
AF	F-WTSS	2013-05-15	195	3

Figure 3–5 Après ajouts de contraintes

Unicité

Ajoutons la contrainte qui assure l'unicité du nom des compagnies. La commande suivante définit un index unique en respectant la convention de nommage recommandée. Il sera par ailleurs possible d'ajouter une contrainte de non-nullité sur cette même colonne.

```
ALTER TABLE T_compagnie_cmp
      ADD CONSTRAINT UK_cmp_nom UNIQUE (cmp_nom);
```

Depuis son origine (Sybase), SQL Server n'est pas conforme à la norme SQL concernant la contrainte d'unicité, en considérant le marqueur NULL comme une valeur parmi d'autres. Ainsi, une colonne UNIQUE et sans contrainte NOT NULL permet à une seule ligne de contenir le marqueur NULL. Depuis la version 2008, il est possible de déclarer un index filtré avec WHERE (colonne IS NOT NULL). Avant cette version, il fallait programmer un déclencheur simulant une telle contrainte (voir chapitre 7).

Valeurs par défaut

Bien que la fonctionnalité ne soit pas décrite dans la documentation, l'instruction ALTER TABLE rend possible, avec l'option ADD... FOR, l'ajout d'une contrainte DEFAULT à une colonne existante.

L'instruction suivante déclare, au niveau de la colonne avi_hv, la valeur 0 en tant que valeur par défaut.

```
ALTER TABLE T_avion_avi
            ADD CONSTRAINT DK_avi_hv DEFAULT 0 FOR avi_hv;
```

Contraintes de vérification

Ajoutons les contraintes qui assurent d'une part que le nombre d'heures de vol est compris entre 0 et 20 000 et d'autre part, que toute compagnie dispose d'un nom. Notez l'utilisation d'une contrainte de vérification pour réaliser la fonctionnalité identique à l'option NOT NULL d'une colonne.

```
ALTER TABLE T_avion_avi
      ADD CONSTRAINT CK_avi_hv CHECK (avi_hv >= 0 AND avi_hv <= 20000);
ALTER TABLE T_compagnie_cmp
      ADD CONSTRAINT NK_cmp_nom CHECK (cmp_nom IS NOT NULL);
```

Contraintes temporelles et de format

Les contraintes de vérification permettent aussi d'établir des règles temporelles, de format de données et de valeurs inter-colonnes. Le format de données géré par une contrainte CHECK n'est pas à proprement parler une expression régulière qui existe avec SQL Server (mais nécessite d'utiliser le moteur des expressions régulières du framework .NET).

Considérons la table suivante :

```
CREATE TABLE T_vols_historique_vlh
(vlh_num_vol         VARCHAR(8),
 vlh_date_vol        DATE NOT NULL,
 vlh_h_dep           TIME(0),
 vlh_h_arr           TIME(0),
 vlh_immat_avion     VARCHAR(6),
 aer_dep             VARCHAR(3) NOT NULL,
 aer_arr             VARCHAR(3) NOT NULL,
 CONSTRAINT PK_vlh PRIMARY KEY(vlh_date_vol,vlh_num_vol));
```

Et programmons les contraintes qui assurent que tout vol effectué est saisi au moins une journée avant la date du jour et que la durée de chaque vol est supérieure à 30 minutes. Ces contraintes garantissent aussi que l'immatriculation de l'avion doit respecter un certain format et que les aéroports de départ et d'arrivée doivent être distincts.

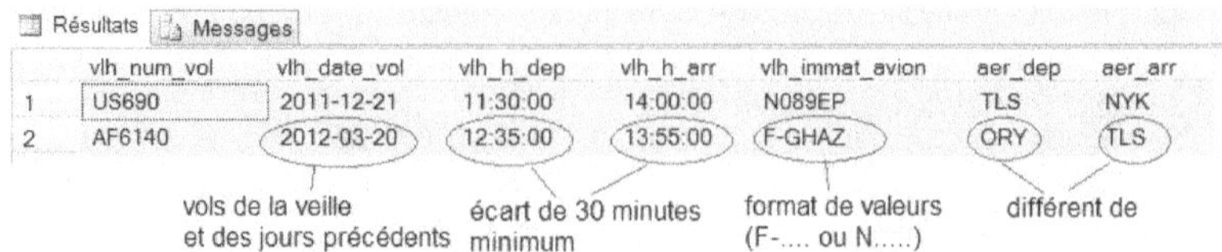

Figure 3–6
Contraintes temporelles et de format

La première contrainte s'assure que la valeur des colonnes des aéroports est différente pour chaque ligne de la table. La seconde contrainte gère le format d'immatriculation des avions français (F- suivi de 4 lettres) et américains (N suivi de 5 chiffres ou de 3 chiffres et 2 lettres). L'opérateur `LIKE` est décrit au chapitre 4.

```
ALTER TABLE T_vols_historique_vlh
      ADD CONSTRAINT CK_aer_dep_arr
      CHECK (NOT (aer_dep = aer_arr));
ALTER TABLE T_vols_historique_vlh
      ADD CONSTRAINT CK_immat_avi
      CHECK (vlh_immat_avion LIKE '[F]-[A-Z][A-Z][A-Z][A-Z]'
          OR vlh_immat_avion LIKE '[N][0-9][0-9][0-9][0-9][0-9]'
          OR vlh_immat_avion LIKE '[N][0-9][0-9][0-9][A-Z][A-Z]');
```

La première contrainte temporelle utilise `CURRENT_TIMESTAMP` qui renvoie le jour actuel, puis ajoute un jour à cette expression. La seconde contrainte utilise la fonction `DATEADD` qui permet d'ajouter ou de retrancher des durées à des dates ou heures (voir chapitre 5). Le paramètre `MI` désigne des minutes.

```
ALTER TABLE T_vols_historique_vlh
      ADD CONSTRAINT CK_vol_avant_jour
      CHECK (vlh_date_vol < CURRENT_TIMESTAMP+1);
ALTER TABLE T_vols_historique_vlh
      ADD CONSTRAINT CK_heure_vol_30_min
      CHECK (DATEADD(MI, 30, vlh_h_dep) <= vlh_h_arr);
```

Une autre façon de manipuler des intervalles consiste à modéliser chacun d'entre eux à l'aide d'une valeur de début, d'une longueur (au lieu de la valeur de fin) et d'une contrainte de vérification (*longueur>=0* au lieu de *debut<=fin*). Cette modélisation simplifie la contrainte et permet de modifier la valeur de début sans changer la durée de l'intervalle.

Contraintes différées

Toutes les contraintes que nous avons étudiées jusqu'à maintenant sont des contraintes dites immédiates *(immediate)* car elles sont vérifiées à chaque instruction qui les concernent. Dans la norme SQL, toute contrainte est immédiate par défaut.

Dans cette même norme SQL, une contrainte est dite différée *(deferred constraint)* si la vérification se déclenche non pas à chaque mise à jour de la base, mais au premier `commit` rencontré (fin explicite d'une transaction). À ce moment, si l'une des contrainte n'est pas vérifiée, la transaction est annulée et aucune de ses instructions n'est effectuée. C'est d'ailleurs le seul endroit où exécutant une validation, une invalidation peut avoir lieu (`ROLLBACK`).

Pour l'heure, SQL Server n'implémente pas le mécanisme de contrainte différée. Ainsi, il n'est pas possible d'utiliser dans l'option `CONSTRAINT...` des instructions `CREATE TABLE` ou `ALTER TABLE` les directives `[NOT] DEFERRABLE` et `INITIALLY {IMMEDIATE | DEFERRED}`.
Pour pallier ce manque, vous devrez programmer des procédures stockées implémentant ce mécanisme et interdire l'accès direct aux données par `INSERT`, `UPDATE`, `DELETE` ou `MERGE`.

Visualisation des contraintes

Vous trouverez dans l'explorateur d'objets, les contraintes de chaque table. Les nouvelles contraintes de la table des avions apparaissent :

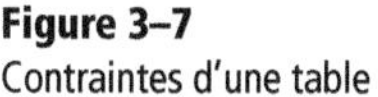

Figure 3–7
Contraintes d'une table

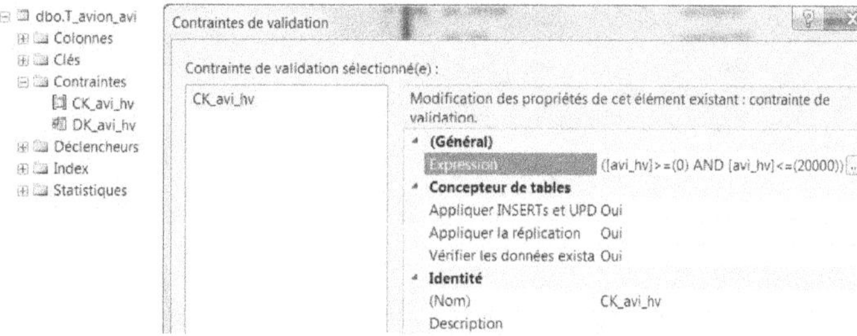

À noter que grâce à cette interface, vous pouvez générer automatiquement du code SQL sur chaque élément. Ici, le choix `DROP` et `CREATE TO` vous permet de visualiser ou d'exécuter les étapes de création et de suppression de la contrainte.

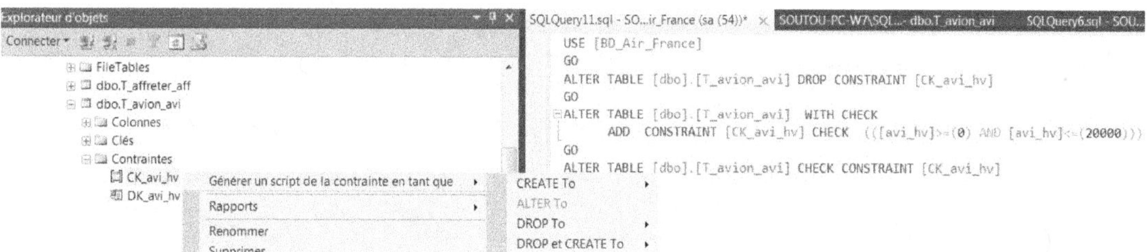

Figure 3–8 Génération du code d'une contrainte

Optimisations sémantiques par les contraintes

SQL Server dispose d'un optimiseur à la fois statistique et sémantique. Pour ce dernier, la pose de contraintes permet de simplifier certains plans de requêtes. Dans ce cas, et contrairement à une idée reçue, les contraintes peuvent vous permettre de gagner notablement en temps de réponse. Vous découvrirez au chapitre 14 des exemples probants.

Suppression de contraintes

L'instruction `ALTER TABLE... DROP CONSTRAINT nom_contrainte` permet de supprimer une contrainte de toute nature (`PRIMARY KEY`, `FOREIGN KEY`, `UNIQUE`, `DEFAULT` ou `CHECK`).

Pour modifier une contrainte DEFAULT, vous devez la supprimer, puis la recréer avec la valeur souhaitée grâce à ADD CONSTRAINT nom_contrainte DEFAULT valeur FOR nom_colonne.

La syntaxe de cette instruction montre l'intérêt de nommer vos contraintes (au lieu de conserver un identificateur généré automatiquement pour chaque nouvelle contrainte déclarée). La section suivante « Les contraintes en ligne » traite des contraintes qui ne sont pas nommées et des moyens permettant de retrouver leur nom dans le catalogue.

Contraintes de valeur

Supprimons les contraintes de domaine de valeur et de défaut de valeur sur la colonne avi_hv de la table T_avion_avi.

```
ALTER TABLE T_avion_avi
            DROP CONSTRAINT CK_avi_hv;
ALTER TABLE T_avion_avi
            DROP CONSTRAINT DK_avi_hv;
```

Clé étrangère

Supprimons la clé étrangère sur la colonne cmp_comp de la table des avions. L'intégrité référentielle n'est désormais plus assurée entre les avions et leur compagnie.

```
ALTER TABLE T_avion_avi
            DROP CONSTRAINT FK_avi_cmp
```

Clé primaire (ou candidate)

Du fait de l'absence de directive CASCADE à l'instruction ALTER TABLE… DROP CONSTRAINT, il n'est pas possible de supprimer une contrainte de clé primaire (PRIMARY KEY) ou de clé candidate (UNIQUE) s'il existe une clé étrangère qui référence l'une ou l'autre. Le message d'erreur est : Msg 3725, Niveau 16, État 0, Ligne … : La contrainte '…' est actuellement référencée par la table '…', contrainte de clé étrangère '…'. Il en va de même pour les index XML.

Supprimons la clé candidate de la table des compagnies. L'index est également supprimé.

```
ALTER TABLE T_compagnie_cmp
            DROP CONSTRAINT UK_cmp_nom;
```

Pour supprimer toutes les clés primaires de notre schéma relationnel, il faut d'abord supprimer les clés étrangères associées. La figure 3-9 illustre ces dépendances. La clé (2) a correctement été supprimée au paragraphe précédent, il reste la dépendance (1) qui empêche la suppression de la clé (4). Par la suite, il faudra supprimer la dépendance (3) avant de supprimer la clé (6). La clé (5) n'a pas de dépendance et peut donc être supprimée à tout moment.

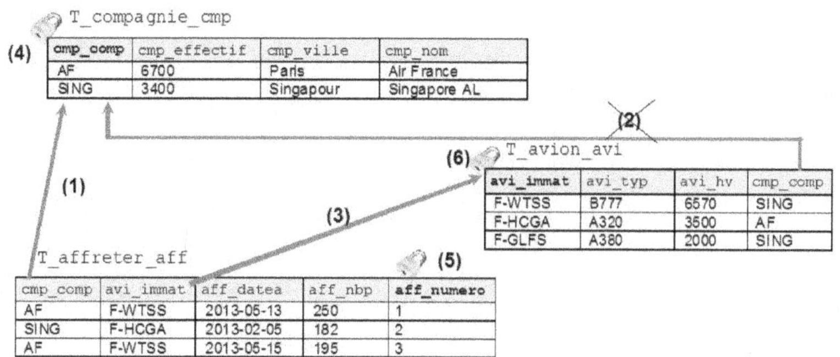

Figure 3–9
Interdépendances des clés

Le script suivant décrit la suppression des trois clés primaires de ce schéma relationnel.

```
-- suppression de (1)
ALTER TABLE T_affreter_aff DROP CONSTRAINT FK_aff_cmp;
-- suppression de (4)
ALTER TABLE T_compagnie_cmp DROP CONSTRAINT PK_cmp;
-- suppression de (3)
ALTER TABLE T_affreter_aff DROP CONSTRAINT FK_aff_avi;
-- suppression de (6)
ALTER TABLE T_avion_avi DROP CONSTRAINT PK_avi;
-- suppression de (5)
ALTER TABLE T_affreter_aff DROP CONSTRAINT PK_aff;
```

Après exécution de ce script, plus aucune intégrité référentielle n'est assurée mais les données restent toutes présentes en base.

Désactivation de contraintes

La désactivation de contraintes peut être intéressante pour accélerer des procédures de chargement par importation massive de données. Ce mécanisme améliore également les performances de programmes *batch* qui ne modifient pas des données concernées par l'intégrité référentielle ou pour lesquels la vérification de la cohérence de la base s'opère à la fin du processus.

La directive `WITH NO CHECK` de l'instruction `ALTER TABLE` indique que les données présentes dans la table ne doivent pas forcément respecter la nouvelle contrainte `FOREIGN KEY` ou `CHECK`. En revanche, toute mise à jour ultérieure devra respecter cette nouvelle contrainte.
La directive `NOCHECK nom_contrainte` de l'instruction `ALTER TABLE` désactive une contrainte existante (`FOREIGN KEY` ou `CHECK`). Toute mise à jour ultérieure n'a plus obligation de respecter la contrainte.

La désactivation de contraintes à grande échelle n'est pas recommandée, sauf dans quelques situations, en particulier lors de l'alimentation d'une table par chargement global régulier. Dans ce cas, il sera plus rapide de désactiver les index et les contraintes avant vidage des données et chargement avant de réactiver les contraintes une fois le chargement terminé.

En considérant les tables suivantes, agissons sur quelques contraintes en fonction de données présentes dans les tables.

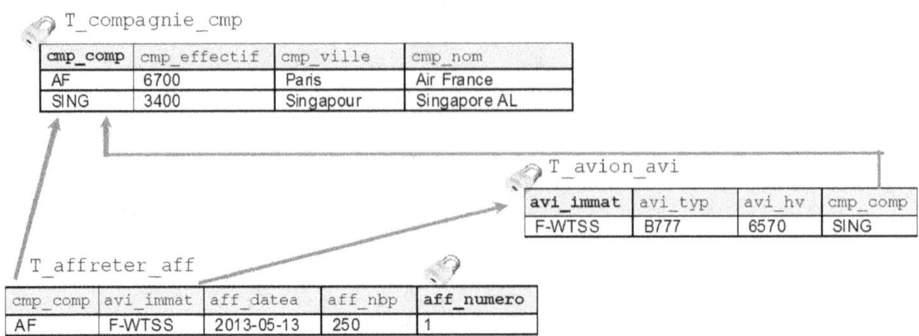

Figure 3–10 Contraintes et données existantes

Contraintes de vérification

Déclarons une contrainte de vérification qui statue que le nombre d'heures de vol d'un avion doit être inférieur à 500 (ce qui est en contradiction avec l'avion stocké en base). Dès lors, il n'est plus possible d'insérer un avion dont le nombre d'heures de vol dépasse ou égale cette valeur.

```
ALTER TABLE T_avion_avi WITH NOCHECK
          ADD CONSTRAINT CK_hv_avi CHECK (avi_hv < 500);
INSERT INTO T_avion_avi(avi_immat,avi_typ,avi_hv,cmp_comp)
       VALUES ('F-GHID','A330',700,'AF');
Msg 547, Niveau 16, État 0, Ligne … : L'instruction INSERT est en conflit avec la contrainte CHECK
"CK_hv_avi".
```

Clé étrangère

Désactivons la contrainte de clé étrangère entre la table des avions et des compagnies. Il est désormais possible d'ajouter un avion qui est rattaché à une compagnie inexistante (ici `'EJET'`, la compagnie low cost).

```
ALTER TABLE T_avion_avi NOCHECK CONSTRAINT FK_avi_cmp;
INSERT INTO T_avion_avi(avi_immat,avi_typ,avi_hv,cmp_comp)
       VALUES ('F-HDGL','A340',200,'EJET');
```

Clé primaire et index unique

La désactivation d'une clé primaire d'une table (qu'elle soit cluster ou non) ou d'un index unique (qu'il soit cluster ou non) n'est pas permise avec SQL Server, et ce, indépendamment du fait d'une quelconque intégrité référentielle. Le message obtenu est explicite : `Msg 11415, Niveau 16, État 1, Ligne … : L'objet '…' ne peut pas être activé ni désactivé. Cette action ne s'applique qu'aux contraintes de clé étrangère et de validation.` Concernant les structures physiques en cluster, cela peut s'expliquer du fait que la table forme l'index et inversement.

Après ces modifications, la table des avions contient deux lignes qui peuvent poser problème dans le temps. Le premier avion ne respecte pas la contrainte de valeur du nombre d'heures de vol. Le second ne respecte pas l'intégrité référentielle qui n'est d'ailleurs plus assurée.

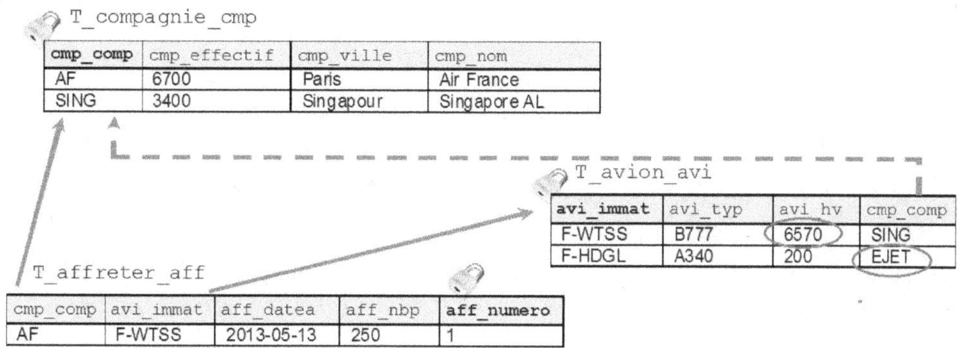

Figure 3–11 Interdépendances des clés

Dans l'interface Management Studio, il est difficile de voir qu'une contrainte est désactivée. Pour vous en rendre compte, vous devrez exécuter la procédure système `sp_helpconstraint` (voir plus loin).

Pour désactiver toutes les contraintes d'une table, utilisez `ALTER TABLE nom_table NOCHECK CONSTRAINT ALL`.

Bien que de prime abord il semble incohérent de vouloir réactiver les contraintes sans modifier au préalable les lignes des tables qui ne respectent plus les anciennes contraintes, SQL Server offre deux alternatives de réactivation.

Une contrainte désactivée empêche l'optimiseur d'utiliser une stratégie d'optimisation sémantique basé sur cette contrainte. Par conséquent, vous risquez d'obtenir un plan de requête moins efficace.

Réactivation de contraintes

Lors de la réactivation d'une contrainte de clé étrangère ou de validation, vous avez le choix de ne pas vérifier si les données déjà présentes respectent la contrainte (par défaut ou `WITH NOCHECK`). Si vous désirez que SQL Server s'assure de la cohérence des données en base, vous devrez utiliser l'option `WITH CHECK`.

La directive `CHECK nom_contrainte` de l'instruction `ALTER TABLE` réactive une contrainte existante (`FOREIGN KEY` ou `CHECK`). Toute mise à jour ultérieure devra respecter la contrainte.

Vérifications préalables

Tentons de réactiver la contrainte de clé étrangère qui relie chaque avion à sa compagnie. Il n'y a pas d'erreur dans l'instruction : deux `CHECK` se suivent. Le premier vient de `WITH CHECK` qui indique la nécessité de cohérence des données stockées. Le second `CHECK CONSTRAINT` indique la volonté de réactiver la contrainte. L'erreur suivante se produit alors, causée par la présence de la valeur `'EJET'` qui ne correspond à aucune compagnie référencée.

```
ALTER TABLE T_avion_avi WITH CHECK
      CHECK CONSTRAINT FK_avi_cmp;
Msg 547, Niveau 16, État 0, Ligne ... : L'instruction ALTER TABLE est en conflit avec la contrainte
FOREIGN KEY "FK_avi_cmp".
```

La tentative de réactiver la contrainte de vérification qui concerne le nombre d'heures de vol abouti au même constat. Ici, une ligne pose problème à cause de la valeur 6 570.

```
ALTER TABLE T_avion_avi WITH CHECK
      CHECK CONSTRAINT CK_hv_avi;
Msg 547, Niveau 16, État 0, Ligne ... : L'instruction ALTER TABLE est en conflit avec la contrainte
CHECK "CK_hv_avi".
```

Sans vérification préalable

La réactivation d'une contrainte sans vérification préalable n'engendre jamais d'erreur. En effet, seules les nouvelles manipulations autour de la table devront respecter la contrainte réactivée. Le code suivant réactive la clé étrangère entre chaque avion et sa compagnie. Il en va de même pour le nombre d'heures de vol de tout nouvel avion (ou la modification du nombre d'heures d'un avion existant) qui ne doit plus dépasser 500.

```
ALTER TABLE T_avion_avi WITH NOCHECK
      CHECK CONSTRAINT FK_avi_cmp;
ALTER TABLE T_avion_avi WITH NOCHECK
      CHECK CONSTRAINT CK_hv_avi;
```

Une contrainte réactivée sans vérification préalable empêche l'optimiseur d'utiliser une stratégie d'optimisation sémantique basé sur cette contrainte. Par conséquent, vous risquez d'obtenir un plan de requête moins efficace.

Récupération de données erronées

Que vous réactiviez vos contraintes sans vérification ou que vous ne pouviez pas les réactiver du fait d'anciennes valeurs erronées, le problème demeure : vous détenez des informations incohérentes et il convient de les traiter au plus vite pour que contraintes et données soient en phase.

Il n'existe pas d'option miracle pour retrouver les lignes qui posent problème lors de la réactivation d'une contrainte (comme l'option `EXCEPTIONS INTO` de `ALTER TABLE` d'Oracle). Vous devez extraire manuellement, pour chaque contrainte d'une table, les lignes qui ne vérifient pas la contrainte pour les modifier (ou les historiser) avant de pouvoir réactiver la contrainte avec l'option `WITH CHECK`.

Pour chaque table, il est possible de faciliter l'extraction des lignes qui posent problème en écrivant une requête qui traduit chaque contrainte en prédicat. Il conviendra ensuite de traiter chaque résultat au cas par cas. Pour ce faire, la clause `OUTPUT` pourra vous servir (voir fin du chapitre 2).

Dans notre exemple, les seules lignes qui ne respectent pas les contraintes se trouvent dans la table des avions. Le premier prédicat de la requête extrait les avions qui dépassent les 500 heures de vol. Le second filtre les avions qui n'appartiennent à aucune compagnie référencée.

Une fois que vous avez traité toutes les lignes problématiques, vous pouvez réactiver en une seule instruction toutes les contraintes d'une table à l'aide de `ALTER TABLE nom_table WITH CHECK CHECK CONSTRAINT ALL`.

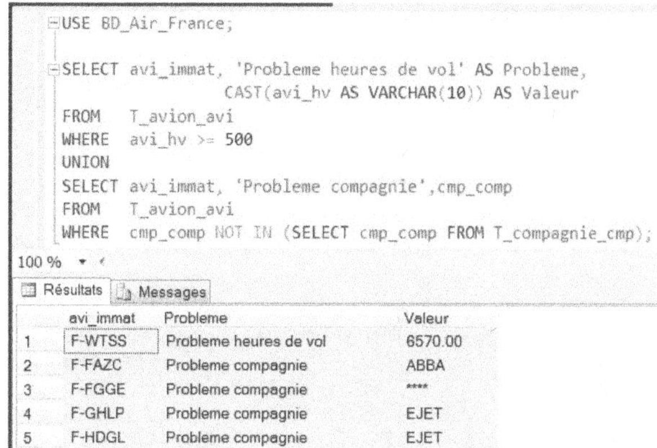

Figure 3–12
Extraction des enregistrements en conflit avec les contraintes

Les contraintes en ligne

Les contraintes dites en ligne sont définies lors de la création de la table (`CREATE TABLE`), au niveau de la colonne. Bien qu'il n'est pas recommandé d'utiliser ce mécanisme à tout va (voir chapitre 1), une contrainte en ligne peut être de toute nature et disposer d'un nom ou pas (dans ce cas, SQL Server se chargera de lui en trouver un).

Le tableau 3-2 présente deux déclarations de la même table dotée de plusieurs contraintes en ligne. La première ne nomme pas explicitement chaque contrainte, tandis que la seconde déclaration affecte un nom à chaque contrainte.

Tableau 3–2 Contraintes en ligne

Sans nommer les contraintes	En nommant les contraintes
CREATE TABLE T_Pilote_pil (pil_num INT NOT NULL UNIQUE, pil_prenom VARCHAR(30) NOT NULL, pil_nom VARCHAR(60) NOT NULL, pil_nbhvol DECIMAL(7,2) CHECK (pil_nbhvol >= 1500), pil_code SMALLINT IDENTITY PRIMARY KEY, cmp_comp VARCHAR(4) FOREIGN KEY REFERENCES T_compagnie_cmp, pil_embauche DATE DEFAULT (GETDATE()));	CREATE TABLE T_Pilote_pil (pil_num INT CONSTRAINT nn_num NOT NULL CONSTRAINT un_num UNIQUE, pil_prenom VARCHAR(30) CONSTRAINT nn_prenom NOT NULL, pil_nom VARCHAR(60) CONSTRAINT nn_nom NOT NULL, pil_nbhvol DECIMAL(7,2) CONSTRAINT ck_h_vol CHECK (pil_nbhvol >= 1500), pil_code SMALLINT IDENTITY CONSTRAINT pk_pil PRIMARY KEY, cmp_comp VARCHAR(4) CONSTRAINT fk_pil_comp FOREIGN KEY REFERENCES T_compagnie_cmp, pil_embauche DATE CONSTRAINT dk_embauche DEFAULT (GETDATE()));

En examinant l'explorateur d'objets, vous constaterez que dans le premier cas SQL Server a nommé chacune des contraintes. Dans le second cas, les noms affectés sont disponibles. Il existe une exception qui concerne les contraintes `NOT NULL` qui apparaissent au niveau de chaque colonne (mais dont le nom de la contrainte est masqué dans cette interface).

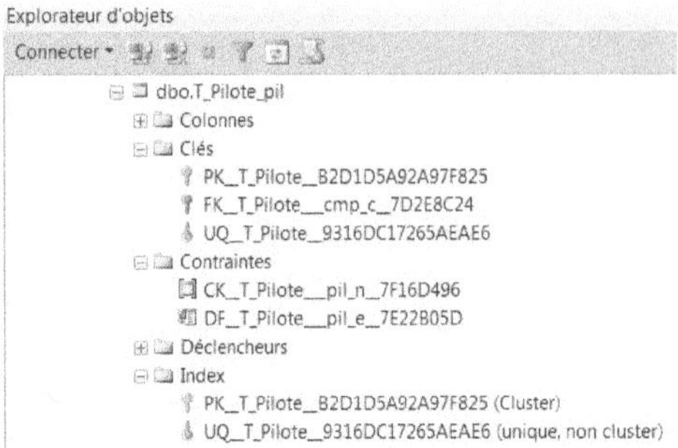

```
Explorateur d'objets
Connecter ▾
  dbo.T_Pilote_pil
    Colonnes
    Clés
      PK_T_Pilote_B2D1D5A92A97F825
      FK_T_Pilote__cmp_c_7D2E8C24
      UQ_T_Pilote_9316DC17265AEAE6
    Contraintes
      CK_T_Pilote__pil_n_7F16D496
      DF_T_Pilote__pil_e_7E22B05D
    Déclencheurs
    Index
      PK_T_Pilote_B2D1D5A92A97F825 (Cluster)
      UQ_T_Pilote_9316DC17265AEAE6 (unique, non cluster)
```

Figure 3–13 Noms générés

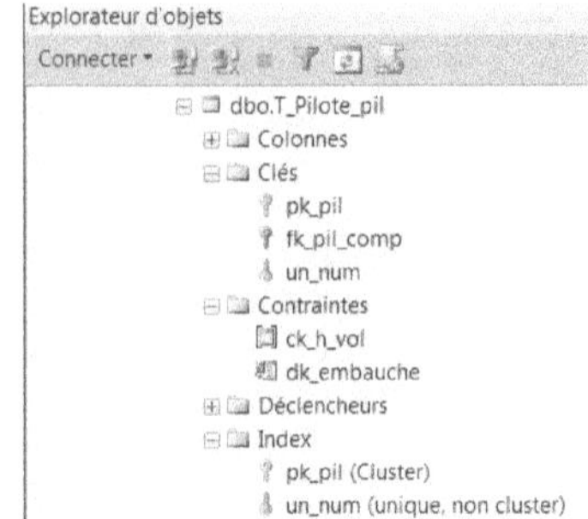

Figure 3–14 Noms préservés

Contraintes complexes

Les contraintes de validation (CHECK) ne peuvent porter qu'au niveau de chaque ligne de la table. Pour définir des contraintes plus complexes (concernant plusieurs lignes de la table ou des lignes de différentes tables), vous pourrez opter pour l'un des mécanismes suivants : le déclencheur ou une fonction utilisateur associée à une contrainte de vérification (voir chapitre 7).

Retrouver les caractéristiques

La procédure stockée système `sp_helpconstraint` renseigne à propos des contraintes d'une table. Ce sous-programme ne peut retrouver un objet que dans la base courante. Vous y trouverez également la valeur par défaut des contraintes DEFAULT et la valeur des expressions des contraintes CHECK. Pour obtenir un détail synthétique sur une table, ses colonnes, ses contraintes, etc., vous pouvez utiliser la procédure stockée système `sp_help`.

Le code suivant décrit les contraintes de la table des avions. Les colonnes `delete_action` et `update_action` concernent les options des clés étrangères. La colonne `status_enabled` renseigne à propos de l'activation ou de la désactivation de la contrainte (ici, la clé étrangère vers la table des compagnies est actuellement désactivée).

Figure 3–15
Détails des contraintes d'une table

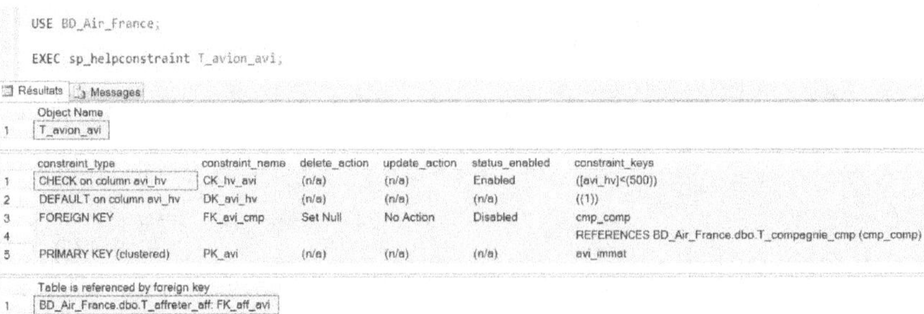

```
USE BD_Air_France;

EXEC sp_helpconstraint T_avion_avi;
```

Résultats | Messages

	Object Name
1	T_avion_avi

	constraint_type	constraint_name	delete_action	update_action	status_enabled	constraint_keys
1	CHECK on column avi_hv	CK_hv_avi	(n/a)	(n/a)	Enabled	([avi_hv]<(500))
2	DEFAULT on column avi_hv	DK_avi_hv	(n/a)	(n/a)	(n/a)	((1))
3	FOREIGN KEY	FK_avi_cmp	Set Null	No Action	Disabled	cmp_comp
4						REFERENCES BD_Air_France.dbo.T_compagnie_cmp (cmp_comp)
5	PRIMARY KEY (clustered)	PK_avi	(n/a)	(n/a)	(n/a)	avi_immat

	Table is referenced by foreign key
1	BD_Air_France.dbo.T_affreter_aff: FK_aff_avi

Vous pourrez retrouver le détail de chaque contrainte en interrogeant les métadonnées (voir chapitre 1).

Les tables en mémoire

Aucune contrainte ne peut être définie : clé étrangère, vérification (CHECK) ou valeur par défaut (DEFAULT).
Aucun index ne peut être ajouté à une table en mémoire à moins de recréer la table avec le nouvel index (de type *hash* obligatoirement).

4

Interrogation des données

Ce chapitre traite de l'aspect le plus connu du langage SQL qui concerne l'extraction des données par requêtes (nom donné à chaque instruction SELECT). Une requête permet de rechercher des données dans une ou plusieurs tables (ou d'une ou plusieurs vues) à partir de critères simples ou complexes.

Les instructions SELECT peuvent être exécutées dans l'interface de commande SQL Server Management Studio (voir les exemples de ce chapitre) ou au sein d'une procédure cataloguée Transact-SQL, ou un programme Microsoft (C#, Visual Basic .NET, etc.), mais aussi Java, C, etc.

Toutes les options de l'instruction SELECT présentées ici conviennent à l'extraction de données issues de tables conventionnelles *(disk based)*, mais aussi à celles des tables en mémoire *(in-memory)* ou partitionnées (voir le chapitre 13).

Les principales fonctions de SQL Server sont également étudiées : fonctions scalaires, d'agrégat, de rang et analytiques.

Généralités

L'instruction SELECT est une commande déclarative (elle permet de définir ce que l'on cherche sans décrire le moyen de le réaliser). À l'inverse, une instruction procédurale (comme un programme) développerait le moyen pour réaliser l'extraction de données (comme le chemin à emprunter entre tables ou une itération pour parcourir un ensemble de lignes).

Syntaxe (SELECT)

Pour pouvoir extraire des lignes d'une table, il faut que cette dernière se trouve dans votre base ou que vous ayez reçu le privilège adéquat sur la table ou le schéma (voir le chapitre 11). La syntaxe SQL simplifiée de l'instruction SELECT est la suivante :

```
[WITH expression_table_commune]
SELECT [ALL | DISTINCT] [TOP (expression) [PERCENT] [WITH TIES]]
       liste_select
FROM   nom_table [,…]…
[INTO nouvelle_table]
[WHERE condition]
[clause_regroupement]
[HAVING condition]
[clause_ordonnancement];
```

Nous détaillerons chaque partie de cette instruction complexe à l'aide d'exemples au cours de ce chapitre.

La figure 4-1 schématise les principales fonctionnalités de l'instruction SELECT. Celle-ci est composée d'une directive FROM qui précise la ou les tables interrogées et d'une directive WHERE qui contient les critères.

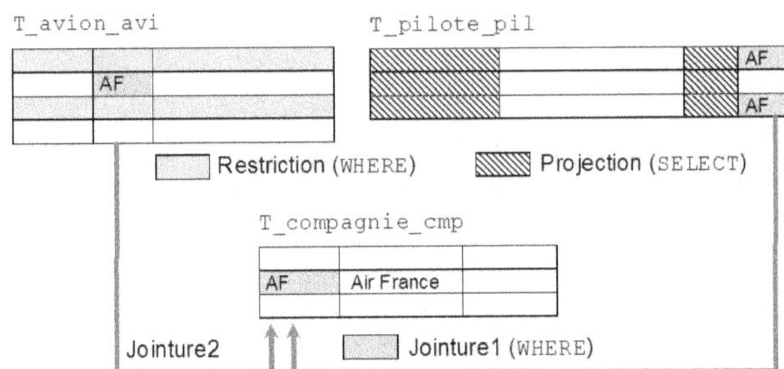

Figure 4–1
Instruction SELECT schématisée

- La restriction qui est programmée dans le WHERE de la requête permet de restreindre la recherche à une ou plusieurs lignes. Dans notre exemple, une restriction répond à la question « Quels sont les avions de type A320 ? ».
- La projection qui est programmée dans le SELECT de la requête permet d'extraire une ou plusieurs colonnes. Dans notre exemple, elle répond à la question « Quels sont les numéros de brevet et les nombres d'heures de vol de tous les pilotes ? ».
- La jointure qui est programmée dans le WHERE de la requête permet d'extraire des données de différentes tables en les reliant deux à deux (le plus souvent calqué sur les contraintes d'intégrité référentielles). Dans notre exemple, la première jointure répond à la question « Quels sont les numéros de brevet et les nombres d'heures de vol des pilotes de la compagnie dont le nom est Air France ? ». La seconde jointure répond à la question « Quels sont les avions de la compagnie dont le nom est Air France ? ».

En combinant ces trois fonctionnalités, toute question logique devrait trouver en théorie une réponse par une ou plusieurs requêtes. Les questions trop complexes peuvent être programmées à l'aide des vues (voir chapitre 9) ou par traitement (programmes mélangeant les requêtes et les instructions procédurales).

Pseudo-table

La pseudo-table est une table qui n'a pas de nom et qui est utile pour évaluer une expression de la manière suivante : `SELECT` *`expression`*`;`. Les résultats fournis seront uniques (si aucune jointure ou opérateur ensembliste n'est utilisé dans l'interrogation).

La figure 4-2 présente trois requêtes. La première illustre probablement le cas le plus superflu. La deuxième répond à un besoin tel que « j'ai oublié ma montre ! ». La troisième est réservée aux amoureux des mathématiques qui voudraient retrouver le résultat de 2^{14}, le carré du cosinus de $3\pi/2$ et la valeur de e^1.

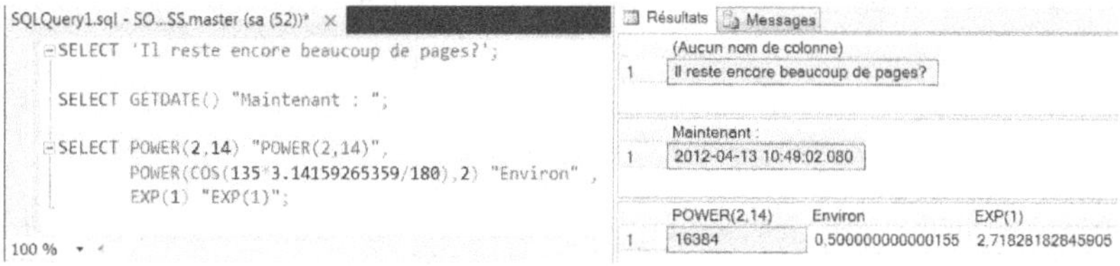

Figure 4–2
Requêtes pour des expressions

```
SQLQuery1.sql - SO...SS.master (sa (52))*
SELECT 'Il reste encore beaucoup de pages?';

SELECT GETDATE() "Maintenant : ";

SELECT POWER(2,14) "POWER(2,14)",
       POWER(COS(135*3.14159265359/180),2) "Environ" ,
       EXP(1) "EXP(1)";
100 %
```

Résultats | Messages

	(Aucun nom de colonne)
1	Il reste encore beaucoup de pages?

	Maintenant :
1	2012-04-13 10:49:02.080

	POWER(2,14)	Environ	EXP(1)
1	16384	0.500000000000155	2.71828182845905

Intéressons-nous maintenant, partie par partie, à cette expression si simple et puissante à la fois.

Projection (éléments du SELECT)

Étudions la partie de l'instruction `SELECT` qui permet de programmer l'opérateur de projection. Considérons l'extraction d'une seule table.

```
SELECT [ALL | DISTINCT] [TOP (entier) [PERCENT] [WITH TIES]]
       liste_select
FROM nom_table
[clause_ordonnancement];
```

- `ALL` prend en compte les doublons (par défaut).
- `DISTINCT` permet de ne pas inclure des doublons.
- `TOP` limite le nombre de lignes extraites (en nombre de lignes ou pourcentage de lignes). L'option `WITH TIES` est utilisée conjointement à `ORDER BY` pour inclure les doublons finaux. Attention, cet opérateur n'est pas relationnel et peut donc donner des résultats ambigus.
- *`liste_select`* sélectionne les éléments à extraire (expressions ou colonnes) : `{* | alias_table.* | expression1 [[AS] alias1] [, expression2 [[AS] alias2]...}`
  - `*` : toutes les colonnes des tables ;
  - *`alias_table`*.* : toutes les colonnes d'une table particulière ;
  - *`expression`* : nom de colonne, fonction SQL, constante ou calcul ;
  - *`alias`* : renomme l'expression (identificateur de colonne pour présentation, réutilisable uniquement dans la clause `ORDER BY`).
- `FROM` désigne la table à interroger (qui peut aussi disposer d'un alias de table).
- *`clause_ordonnancement`* effectue un tri sur une ou plusieurs colonnes ou expressions.

Interrogeons la table suivante en utilisant chacune de ces options.

Figure 4–3
Table exemple

T_pilote_pil

pil_brevet	pil_prenom	pil_nom	pil_hvol	cmp_compa
PL-1	Pierre	Filloux	450	AF
PL-2	Christian	Sigaudes	0	AF
PL-3	Pierre	Perez	1000	SING
PL-4	Romaric	Benech	2450	CAST
PL-5	Vincent	Gindre		AF
VARCHAR(6)	VARCHAR(15)	VARCHAR(15)	DECIMAL(7,2)	CHAR(4)

La présence d'une ou de plusieurs contraintes sur une colonne n'affecte pas l'écriture d'une requête. En revanche, l'optimiseur utilisera tel ou tel index existant ou filtrera en amont des lignes pour améliorer les performances d'extraction.

Extraction de toutes les colonnes

L'extraction de toutes les colonnes sans la connaissance au préalable de la structure de la table, nécessite l'utilisation du caractère `*`. La requête suivante extrait tout le contenu de la table des pilotes située dans la base de données `BD_Air_France` (l'écriture `SELECT * FROM BD_Air_France.dbo.T_pilote_pil` est équivalente et permet de s'affranchir de la sélection de la base, voir chapitre 11).

Figure 4–4
Utilisation du caractère *

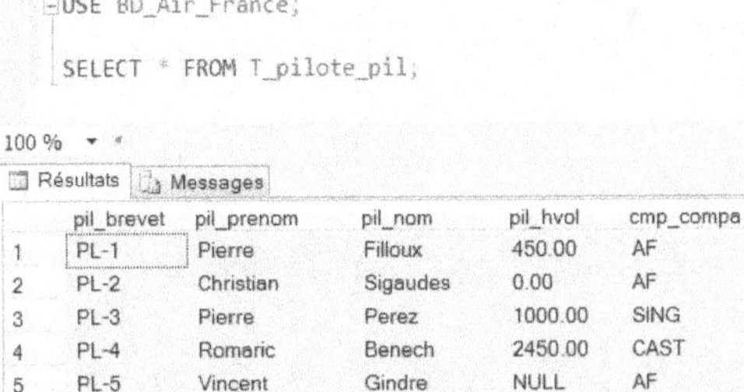

```
USE BD_Air_France;

SELECT * FROM T_pilote_pil;
```

100 %

Résultats | Messages

	pil_brevet	pil_prenom	pil_nom	pil_hvol	cmp_compa
1	PL-1	Pierre	Filloux	450.00	AF
2	PL-2	Christian	Sigaudes	0.00	AF
3	PL-3	Pierre	Perez	1000.00	SING
4	PL-4	Romaric	Benech	2450.00	CAST
5	PL-5	Vincent	Gindre	NULL	AF

Par défaut, l'ordre des colonnes extraites est celui donné initialement à la création de la table et suivant son évolution (ajouts ou suppressions de colonnes).

L'ordre des lignes est aléatoire. Il n'existe aucun ordre par défaut et une même requête lancée plusieurs fois successivement peut aboutir à un ordonnancement des lignes différent à chaque appel.

Ne codez jamais (à part pour vos tests ou démonstrations) une requête du type `SELECT * ...`, pour les raisons suivantes :

- Moins de données circulent sur le réseau, plus les temps de réponse sont courts. Il est donc préférable d'indiquer dans la liste des colonnes uniquement celles qui sont nécessaires.
- Allégez la charge du transformateur de requêtes en lui évitant de rechercher les informations dans les tables système pour déduire la liste de toutes les colonnes et les privilèges associés.
- Allez-vous interdire implicitement que vos tables évoluent en termes de structure ? Ajouter ou supprimer une colonne risque de rendre le code inopérant ou contre-performant à tout endroit où cette instruction se trouvera.

Format des résultats

Avant l'exécution de la requête, et à l'aide d'un clic droit dans la fenêtre de commande, vous avez accès à un menu ou à une icône qui permet de transformer le résultat de vos requêtes en grilles (par défaut), en texte ou dans un fichier (extension `.rpt`).

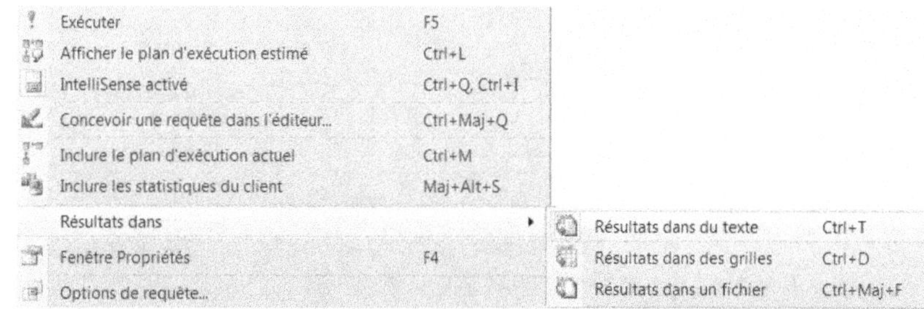

Figure 4–5
Format du résultat d'une requête

En l'absence de clause ORDER BY ... dans laquelle vous choissisez l'ordonnancement du résultat de votre extraction, les lignes se présentent dans un ordre aléatoire, qui peut être différent à chaque exécution, même avec un jeu de données.

Extraction de certaines colonnes

En utilisant une liste des colonnes dans la clause SELECT, vous imposez l'ordre des colonnes des informations à renvoyer. En supposant la base de données sélectionnée et en décidant d'extraire les informations suivantes sous la forme de texte, le résultat obtenu est le suivant :

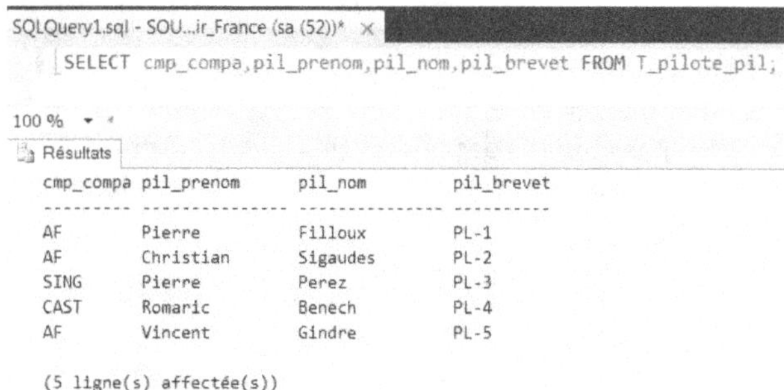

Figure 4–6
Liste de colonnes

Alias

Les alias permettent de renommer des colonnes à l'affichage ou des tables dans la requête. Les alias de colonnes servent au titrage des colonnes de la table réponse et ne peuvent être réutilisés que dans la clause ORDER BY.

L'utilisation de la directive AS est facultative (pour se rendre conforme à SQL2).
Lorsqu'un alias de table a été défini, vous ne pouvez plus préfixer les colonnes de cette table que par son alias.

La première requête utilise un alias pour chacune des colonnes extraites. La seconde utilise conjointement un alias de table et un alias de colonne.

```
SELECT cmp_compa AS c1, pil_nom AS Nom, pil_brevet c3
FROM   T_pilote_pil;
```

	c1	Nom	c3
1	AF	Filloux	PL-1
2	AF	Sigaudes	PL-2
3	SING	Perez	PL-3
4	CAST	Benech	PL-4
5	AF	Gindre	PL-5

```
SELECT alias_pilotes.cmp_compa AS c1, alias_pilotes.pil_nom
FROM   T_pilote_pil alias_pilotes;
```

	c1	pil_nom
1	AF	Filloux
2	AF	Sigaudes
3	SING	Perez
4	CAST	Benech
5	AF	Gindre

Figure 4–7 Alias de colonnes et alias de table

Il est préférable d'utiliser la directive AS afin qu'il n'y ait pas d'ambiguïté dans l'expression (oubli d'une virgule) SELECT *col1 col2* FROM *nomTable* où le serveur interprétera la seconde colonne comme un alias de la première.

Doublons

La directive DISTINCT élimine les éventuels doublons de lignes. Vous ne pouvez utiliser cette directive qu'à un seul endroit de la clause SELECT. DISTINCT opère sur la ligne entière, pour toutes les colonnes, et ne vise jamais quelques colonnes particulières. Il est cependant impossible d'appliquer cet opérateur lorsque figurent dans la sélection des colonnes LOB comme [N]VARCHAR(max), VARBINARY(max), GEOMETRY, GEOGRAPHY et XML.

Ajoutons un homonyme à la table des pilotes pour illustrer les possibilités de gestion des doublons : INSERT INTO T_pilote_pil VALUES ('PL-6', 'Pierre','Filloux', 5070, 'SING'). La première requête liste les compagnies existantes dans la table des pilotes sans répéter le nom d'aucune d'entre elles. La deuxième requête isole les prénoms et noms des pilotes (masque les éventuels homonymes). La directive DISTINCT de la dernière requête masque les éventuels duplicatas des triplets prénom, nom du pilote et code de la compagnie.

Tableau 4–1 Gestion des doublons

Requête	Résultat
SELECT DISTINCT cmp_compa FROM T_pilote_pil;	cmp_compa --------- AF CAST SING
SELECT DISTINCT pil_prenom,pil_nom FROM T_pilote_pil;	pil_prenom pil_nom --------------- --------------- Christian Sigaudes Pierre Filloux Pierre Perez Romaric Benech Vincent Gindre
SELECT DISTINCT pil_prenom,pil_nom,cmp_compa FROM T_pilote_pil;	pil_prenom pil_nom cmp_compa --------------- --------------- --------- Christian Sigaudes AF Pierre Filloux AF Pierre Filloux SING Pierre Perez SING Romaric Benech CAST Vincent Gindre AF

Expressions

Il est possible d'évaluer et d'afficher simultanément des expressions dans la clause SELECT (types numériques, caractères et dates).
Les opérateurs arithmétiques sont évalués par ordre de priorité (*, /, + et -). Vous pouvez utiliser les parenthèses pour modifier la précédence des opérations.
Le résultat d'une expression comportant un NULL est toujours évalué à NULL, sauf exception (utilisation d'une fonction de « denullification », par exemple.

La première requête évalue deux expressions : la première résulte d'une multiplication, la seconde est calculée en multipliant par 10 le nombre d'heures de vol, puis en ajoutant à ce résulat la valeur de 5 divisé par 2 (division réelle). La seconde requête ajoute 10 jours à la date actuelle.

Tableau 4–2 Expressions numériques

Requête	Résultat

SELECT
  pil_brevet,
  pil_hvol*pil_hvol AS au_carre,
  10*pil_hvol+5.0/2 AS "10*pil_hvol+5/2"
FROM T_pilote_pil;
	pil_brevet au_carre 10*pil_hvol+5/2
	---------- ---------------------- ------------------
	PL-1 202500.0000 4502.500000
	PL-2 0.0000 2.500000
	PL-3 1000000.0000 10002.500000
	PL-4 6002500.0000 24502.500000
	PL-5 NULL NULL
	PL-6 25704900.0000 50702.50000

SELECT GETDATE()+10 AS "Dans 10 jours";	Dans 10 jours ----------------------- 2012-04-24 14:59:11.760

Ordonnancement

Pour trier le résultat d'une requête, vous devrez spécifier la clause d'ordonnancement ORDER BY à la fin de votre requête. Cette clause peut être constituée de la manière suivante :

```
ORDER BY
{expression1 | position1 | alias1} [ASC | DESC]
[,{expression2 | position2 | alias2} [ASC | DESC]
```

- *expression* : nom de colonne, fonction SQL, constante ou calcul. Dans le cas d'une chaîne de caractères, vous pouvez spécifier une collation avec l'opérateur COLLATE.
- *position* : entier qui désigne l'expression (au lieu de la nommer) dans son ordre d'apparition dans la clause SELECT (à éviter).
- ASC ou DESC : tri ascendant ou descendant (par défaut ASC).

Dans le tableau 4-3, vous remarquerez que NULL est ici considéré comme inférieur à 0. La seconde requête impose que pour tout pilote, et en particulier pour les homonymes, le tri sur la compagnie s'opère d'une manière décroissante (le tri principal concerne l'ordre alphabétique des noms).

Tableau 4–3 Ordonnancement

Ordre décroissant	Plusieurs colonnes de tri

<pre>SELECT   pil_brevet, pil_nom, pil_hVol
FROM   T_pilote_pil
ORDER BY pil_hVol DESC;
 	
pil_brevet pil_nom   pil_hVol
---------- --------------- ------------
PL-6   Filloux   5070.00
PL-4   Benech   2450.00
PL-3   Perez   1000.00
PL-1   Filloux   450.00
PL-2   Sigaudes   0.00
PL-5   Gindre   NULL</pre>
	<pre>SELECT pil_brevet, pil_prenom, pil_nom,cmp_compa
	FROM T_pilote_pil
	ORDER BY pil_nom, cmp_compa DESC;
	
	pil_brevet pil_prenom pil_nom cmp_compa
	---------- --------------- --------------- ---------
	PL-4 Romaric Benech CAST
	PL-6 Pierre Filloux SING
	PL-1 Pierre Filloux AF
	PL-5 Vincent Gindre AF
	PL-3 Pierre Perez SING
	PL-2 Christian Sigaudes AF</pre>

La clause d'ordonnancement de la seconde requête peut également s'écrire : `ORDER BY 3,4 DESC`.

Pour chaque colonne littérale, vous pouvez ajouter une collation afin de permettre un tri sur une langue particulière, prenant en compte ou non les accents et caractères diacritiques.

Concaténation

La concaténation se programme à l'aide de l'opérateur `+` ou de la fonction `CONCAT` (depuis SQL Server 2012). Cette dernière admet au moins deux chaînes de caractères en paramètre et permet de concaténer différentes expressions (colonnes, calculs, résultats de fonctions SQL ou constantes), sous réserve d'éventuelless conversions *(casting)*. La colonne résultante est considérée comme une chaîne de caractères.

L'exemple suivant illustre une concaténation pour réunir cinq chaînes de caractères (le prénom, le nom, la constante « vole pour », le caractère « espace » pour séparer le prénom du nom, et le nom de la compagnie).

Figure 4–8
Concaténation de colonnes et expressions

```
SELECT pil_brevet,
       CONCAT(pil_prenom, ' ', pil_nom, ' vole pour : ', cmp_compa) AS Embauche
FROM   T_pilote_pil

Résultats
pil_brevet Embauche
---------- ------------------------------------------------------------
PL-1       Pierre Filloux vole pour : AF
PL-2       Christian Sigaudes vole pour : AF
PL-3       Pierre Perez vole pour : SING
PL-4       Romaric Benech vole pour : CAST
PL-5       Vincent Gindre vole pour : AF
```

Insertion multiligne

Nous pouvons maintenant décrire l'insertion multiligne évoquée au chapitre 2. Deux possibilités existent : la première consiste à remplir une table existante à partir d'une requête, la seconde utilise la requête pour créer la table dynamiquement.

Dans l'exemple suivant, il s'agit d'insérer tous les pilotes (en considérant le prénom, le nom, le nombre d'heures de vol et la compagnie) dans une table créée pour l'occasion. Seuls les noms des colonnes sont différents.

Tableau 4–4 Insertion multiligne

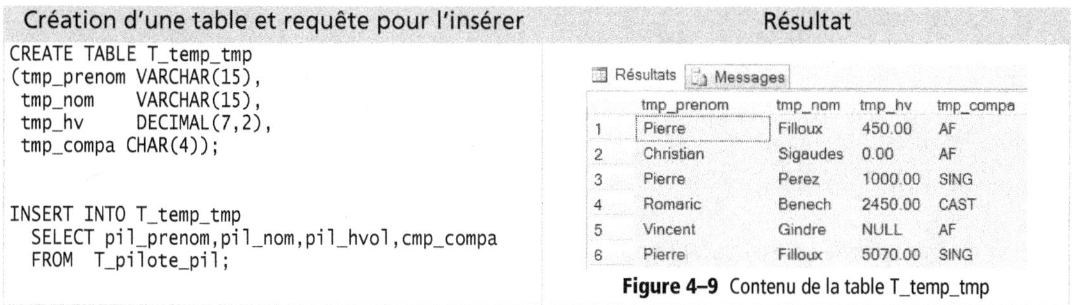

Création d'une table et requête pour l'insérer	Résultat
(code ci-dessous)	Figure 4–9

```
CREATE TABLE T_temp_tmp
(tmp_prenom VARCHAR(15),
 tmp_nom    VARCHAR(15),
 tmp_hv     DECIMAL(7,2),
 tmp_compa CHAR(4));


INSERT INTO T_temp_tmp
  SELECT pil_prenom,pil_nom,pil_hvol,cmp_compa
  FROM  T_pilote_pil;
```

Résultats | Messages

	tmp_prenom	tmp_nom	tmp_hv	tmp_compa
1	Pierre	Filloux	450.00	AF
2	Christian	Sigaudes	0.00	AF
3	Pierre	Perez	1000.00	SING
4	Romaric	Benech	2450.00	CAST
5	Vincent	Gindre	NULL	AF
6	Pierre	Filloux	5070.00	SING

Figure 4–9 Contenu de la table T_temp_tmp

Création de tables

La clause INTO de l'instruction SELECT permet de créer une table dynamiquement en y insérant les lignes provenant de la requête. Le positionnement de cette clause dans l'écriture d'une requête est le suivant :

```
[WITH expression_table_commune]
SELECT [ALL | DISTINCT] [TOP (expression) [PERCENT] [WITH TIES]]
       liste_select
INTO [nom_base.] [nom_schema.] nom_table_a_creer
FROM   nom_table [,…]…
...
```

> Les colonnes de la nouvelle table proviennent de celles de la requête. Ainsi l'ordre, le nom et le type de ces colonnes est conditionné par l'extraction de données initiales. Vous n'avez pas à typer ces colonnes comme dans le cas d'une création classique. Les propriétés de non nullité sont également héritées au niveau de chaque colonne.
> En utilisant la directive AS dans la liste du SELECT, vous pouvez construire votre table en maîtrisant le nom de chaque colonne générée.
> La future table ne peut pas contenir plusieurs colonnes ayant le même nom (comme cela arrive das le cas d'une jointure).
> Aucun index, contrainte ou déclencheur existant dans la table source, n'est hérité par la nouvelle table. Vous devrez les déclarer *a posteriori* si nécessaire.
> Vous pouvez ajouter une colonne IDENTITY à la nouvelle table en utilisant la fonction IDENTITY, par exemple comme suit : IDENTITY(int, 1000, 1) AS key_id
> Vous pouvez créer une table sur un serveur distant en utilisant dans la requête la forme *linked_server.nom_catalogue.nom_schema.nom_objet*. Vous pouvez aussi utiliser la fonction OPENQUERY ou OPENDATASOURCE pour spécifier la source de données distante.

Le tableau suivant décrit la création dynamique d'une table à l'aide d'une simple requête.

Tableau 4–5 Création d'une table par requête

Requête	Résultat
(code ci-dessous)	Figure 4–10

```
SELECT IDENTITY(INT, 1000, 1) AS id,
       pil_nom AS nom,
       pil_prenom AS prenom,
       pil_brevet AS brevet,
       cmp_compa AS compagnie
INTO T_temp_tmp
FROM T_pilote_pil;
```

	id	nom	prenom	bre...	compagnie
1	1000	Filloux	Pierre	PL-1	AF
2	1001	Sigaudes	Christian	PL-2	AF
3	1002	Perez	Pierre	PL-3	SING
4	1003	Benech	Romaric	PL-4	CAST
5	1004	Gindre	Vincent	PL-5	AF

Figure 4–10 Contenu de la table

Lorsque vous sélectionnez une colonne d'identité (IDENTITY), la nouvelle colonne hérite de la propriété IDENTITY, sauf dans les cas suivants :

- a requête contient une jointure, un regroupement (GROUP BY), une fonction d'agrégat (MAX, AVG...) ou une union (UNION) ;
- la colonne d'identité apparaît plus d'une fois dans le SELECT, fait partie d'une expression ou d'une source de données distante.

D'autres limitations existent.

L'ordre des lignes dans la table nouvellement créée n'est pas garanti si l'on fait usage de la clause ORDER BY.
Vous ne pouvez pas créer une variable de type table de cette manière.
Seule la valeur courant d'une colonne calculée incluse dans la requête est transférée à la colonne cible (cette dernière ne devient pas colonne calculée).
Vous ne pouvez pas créer de table partitionnée ou de tables en mémoire (mais la source d'une table à créer dynamiquement peut être partitionnée ou en mémoire).

Limitation du nombre de lignes

Pour limiter le nombre de lignes à extraire du résultat d'une requête, il existe différents moyens. Le premier est mis en œuvre par l'opérateur TOP, spécifique à SQL Server, qui s'exprime en nombre de lignes ou suivant un pourcentage de lignes. Vous pouvez également utiliser l'opérateur normatif OFFSET, qui s'exprime dans la clause ORDER BY, ou l'opérateur TABLESAMPLE, qui permet d'obtenir un échantillon de lignes. Enfin, une autre solution, que nous étudierons plus loin dans ce chapitre, consiste à utiliser des fonctions de fenêtrage.

Opérateur TOP

L'expression présente dans la clause TOP est une constante (plutôt à éviter en production), un calcul ou une sous-requête. Sans la clause ORDER BY, le résultat est aléatoire. La clause TOP peut aussi être utilisée dans des mises à jour (INSERT, UPDATE, DELETE et MERGE) pouvant inclure une clause ORDER BY.

Le tableau 4-6 présente quelques exemples.

Tableau 4–6 Limitation des résultats avec TOP

<table>
<tr><th>Requête</th><th>Résultat</th></tr>
<tr><td>Quatre premiers pilotes (ordre de la clé primaire)
<pre>SELECT TOP(4)
        pil_prenom,pil_nom,pil_hvol,cmp_compa
FROM   T_pilote_pil
ORDER   BY pil_brevet;</pre></td><td><pre>pil_prenom   pil_nom   pil_hvol   cmp_compa
------------ ----------- ------------ ---------
Pierre   Filloux   450.00   AF
Christian   Sigaudes   0.00   AF
Pierre   Perez   1000.00   SING
Romaric   Benech   2450.00   CAST</pre></td></tr>
<tr><td>Les 40 % des pilotes les plus expérimentés (par ordre du nombre d'heures de vol)
<pre>SELECT TOP(40) PERCENT
         pil_prenom,pil_nom,pil_hvol,cmp_compa
FROM   T_pilote_pil
ORDER BY pil_hvol DESC;</pre></td><td><pre>pil_prenom   pil_nom   pil_hvol   cmp_compa
------------ ----------- ------------ ---------
Pierre   Filloux   5070.00   SING
Romaric   Benech   2450.00   CAST
Pierre   Perez   1000.00   SING</pre></td></tr>
</table>

Tableau 4–6 Limitation des résultats avec TOP *(suite)*

Requête	Résultat

La moitié des effectifs (ordre aléatoire)
`SELECT TOP ((SELECT COUNT(*) FROM T_pilote_pil)/2) pil_prenom,pil_nom,pil_hvol,cmp_compa FROM T_pilote_pil;`
	`pil_prenom pil_nom pil_hvol cmp_compa`
	`----------- ---------- ----------- ---------`
	`********** ****** ******** ****`

Opérateur OFFSET du ORDER BY

Depuis la version 2012, l'option OFFSET de la clause ORDER BY permet de restreindre les lignes retournées par l'intermédaire de la clause d'ordonnancement. La syntaxe de cette option est la suivante :

```
OFFSET avant {ROW | ROWS}
    [FETCH {FIRST | NEXT} après {ROW | ROWS} ONLY]
```

- *avant* : expression (constante, calcul ou sous-requête) qui indique le nombre de lignes à ignorer avant de commencer à retourner des résultats ;
- *après* : expression qui indique le nombre de lignes à retourner après le traitement.

Le tableau suivant présente quelques exemples.

Tableau 4–7 Limitation des résultats avec ORDER BY et OFFSET

Requête	Résultat

Liste des pilotes (en évitant les trois premiers par ordre de la clé primaire)
`SELECT pil_brevet, pil_prenom, pil_nom FROM T_pilote_pil ORDER BY pil_brevet OFFSET 3 ROWS;`
	`pil_brevet pil_prenom pil_nom`
	`---------- --------------- ----------`
	`PL-4 Romaric Benech`
	`PL-5 Vincent Gindre`

Troisième pilote le plus expérimenté (fonction du nombre d'heures de vol)
`SELECT pil_prenom, pil_nom, pil_hvol FROM T_pilote_pil ORDER BY pil_hvol DESC OFFSET 2 ROWS FETCH NEXT 1 ROW ONLY;`
	`pil_prenom pil_nom pil_hvol`
	`--------------- ------------- -------------`
	`Pierre Filloux 450.00`

Opérateur TABLESAMPLE

Peu connu et pourtant normatif, l'opérateur TABLESAMPLE permet de demander un échantillon aléatoire et approximatif de lignes. Comme il se place derrière chaque appel de table, il limite ainsi le nombre des lignes table par table. Il est destiné à la mise au point rapide de requêtes lorsqu'on est confronté à de grandes tables qui prendraient un temps d'exécution notable si l'on devait brasser toutes les lignes.

Exemple :

```
SELECT *
FROM T_pilote_pil TABLESAMPLE (3 PERCENT)
```

Restriction (WHERE)

Les éléments de la clause WHERE d'une requête permettent de programmer l'opérateur de restriction. Cette clause limite la recherche aux enregistrements qui respectent une condition simple ou complexe :

```
SELECT liste_select
FROM   nom_table
WHERE condition;
```

La condition peut être composée de prédicats incluant des colonnes ou expressions entre des opérateurs de comparaison (>, =, <, >=, <=, <>), logiques (NOT, AND ou OR) ou intégrés (BETWEEN, IN, LIKE, IS NULL).

L'utilisation des parenthèses est indispensable pour composer correctement vos conditions dès lors que vous utilisez un « *ou* ». Ainsi, le prédicat WHERE ville=31320 AND sexe='M' OR societe='Airbus' n'est pas équivalent à WHERE ville=31320 AND (sexe='M' OR societe='Airbus'). Le premier est capable d'extraire des employés n'habitant pas la ville codée 31320 car le test sur société est au même niveau que les deux autres. Le second prédicat extrait les employés qui habitent la ville codée 31320 et qui sont des hommes ou qui travaillent chez Airbus.
L'opérateur != (différent de) est accepté mais il n'est pas prévu dans la norme SQL.

Interrogeons la table suivante en utilisant chaque type d'opérateur.

Figure 4–11
Table exemple

T_pilote_pil

pil_brevet	pil_prenom	pil_nom	pil_hvol	pil_prime	cmp_compa
PL-1	Pierre	Filloux	450	500	AF
PL-2	Christian	Sigaudes	0		AF
PL-3	Pierre	Perez	1000	90	SING
PL-4	Romaric	Benech	2450	500	CAST
PL-5	Vincent	Gindre	400	600	SING
PL-6	Bruno	Duffau		0	CAST
VARCHAR(6)	VARCHAR(15)	VARCHAR(15)	DECIMAL(7,2)	SMALLINT	VARCHAR(4)

Opérateurs de comparaison

Le tableau 4-8 décrit des requêtes pour lesquelles la clause WHERE contient un opérateur de comparaison. Notez l'utilisation des guillemets simples pour comparer des chaînes de caractères.

Tableau 4–8 Égalités, inégalité et comparaison

Égalités

```
SELECT pil_brevet, pil_nom AS "pil_prime 500"
FROM   T_pilote_pil
WHERE pil_prime = 500;

pil_brevet pil_prime 500
---------- ---------------
PL-1       Filloux
PL-4       Benech

SELECT pil_brevet, pil_nom "de Air-France"
FROM   T_pilote_pil
WHERE cmp_compa = 'AF';

pil_brevet de Air-France
---------- ---------------
PL-1       Filloux
PL-2       Sigaudes
```

Comparaison et inégalité

```
SELECT pil_brevet, pil_nom, pil_prime
FROM   T_pilote_pil
WHERE pil_prime <= 400;

pil_brevet pil_nom         pil_prime
---------- --------------- ---------
PL-3       Perez           90
PL-6       Duffau          0

SELECT pil_brevet, pil_nom, pil_prime
FROM   T_pilote_pil
WHERE pil_prime <> 500;

pil_brevet pil_nom         pil_prime
---------- --------------- ---------
PL-3       Perez           90
PL-5       Gindre          600
PL-6       Duffau          0
```

Les écritures `prime<>500`, `prime !=500` et `NOT (prime=500)` sont équivalentes.
Le marqueur `NULL` n'est pas considéré comme inférieur ou supérieur à quoi que ce soit (le pilote numéro PL-2, dont la prime vaut `NULL`, n'est extrait d'aucune des requêtes précédentes conditionnées par une valeur concernant les primes).

Opérateurs logiques

Dans une expression SQL Server, l'ordre de priorité des opérateurs est le suivant :

- `~` (opérateur *NOT* au niveau du bit), `*` (multiplication), `/` (division), `%` (modulo), `+` (positif), `-` (négatif), `+` (addition), `+` (concaténation), `-` (soustraction), `&` (opérateur *AND* au niveau du bit), `^` (opérateur *OR* exclusif au niveau du bit) et `|` (opérateur *OR* au niveau du bit) ;
- `=`, `>`, `<`, `>=`, `<=`, `<>`, `!=` (opérateurs de comparaison) ;
- `NOT`, `AND`, `ALL`, `ANY`, `BETWEEN`, `IN`, `LIKE`, `OR`, `SOME`, et `=` (affectation).

Les parenthèses permettent de modifier ces règles de priorité.

La première requête de l'exemple suivant contient une condition composée de trois prédicats qui sont évalués par ordre de priorité (d'abord `AND`, puis `OR`). Le résultat n'est autre que l'affichage des pilotes de la compagnie 'SING' avec les pilotes de 'AF' ayant moins de 500 heures de vol.

La seconde requête force la priorité avec les parenthèses (`AND` et `OR` sont de priorité égale). Le résultat obtenu est l'affichage des pilotes ayant moins de 500 heures de vol des compagnies 'SING' et 'AF'.

Tableau 4–9 Opérateurs logiques

Requête	Résultat

`SELECT pil_brevet, pil_nom, cmp_compa`
`FROM   T_pilote_pil`
`WHERE (cmp_compa = 'SING'`
`        OR cmp_compa = 'AF'`
`        AND pil_hvol < 500);`
	`pil_brevet pil_nom         cmp_compa`
	`---------- --------------- ---------`
	`PL-1       Filloux         AF`
	`PL-2       Sigaudes        AF`
	`PL-3       Perez           SING`
	`PL-5       Gindre          SING`

`SELECT pil_brevet, pil_nom, cmp_compa`
`FROM   T_pilote_pil`
`WHERE ((cmp_compa = 'SING'`
`        OR cmp_compa = 'AF')`
`        AND pil_hvol < 500);`
	`pil_brevet pil_nom         cmp_compa`
	`---------- --------------- ---------`
	`PL-1       Filloux         AF`
	`PL-2       Sigaudes        AF`
	`PL-5       Gindre          SING`

Opérateurs intégrés

Les opérateurs intégrés sont `BETWEEN` *`limite_inf`* `AND` *`limite_sup`*, `IN(`*`liste_valeurs`*`)`, `LIKE(`*`expression`*`)` et `IS NULL`. Le tableau 4-10 présente quelques cas d'utilisation.

Tableau 4–10 Opérateurs intégrés

Opérateur et exemple	Requête et résultat

`BETWEEN` *`limite_inf`* `AND` *`limite_sup`* compare l'expression à un intervalle de valeurs (extrémités incluses).
 	
Recherche des pilotes ayant entre 400 et 1 000 heures de vol.
	`SELECT pil_brevet, pil_nom, pil_hvol`
	`FROM   T_pilote_pil`
	`WHERE pil_hvol BETWEEN 400 AND 1000;`
	
	`pil_brevet pil_nom         pil_hvol`
	`---------- --------------- ----------`
	`PL-1       Filloux         450.00`
	`PL-3       Perez           1000.00`
	`PL-5       Gindre          400.00`

Tableau 4–10 Opérateurs intégrés *(suite)*

<table>
<tr><th>Opérateur et exemple</th><th>Requête et résultat</th></tr>
<tr><td>IN (liste_valeurs) compare une expression avec une liste de valeurs.

Recherche des pilotes travaillant pour le compte d'une des compagnies 'CAST' ou 'SING'.</td><td><pre>SELECT pil_brevet, pil_nom, cmp_compa
FROM   T_pilote_pil
WHERE cmp_compa IN ('CAST', 'SING');

pil_brevet pil_nom   cmp_compa
---------- --------------- ---------
PL-3   Perez   SING
PL-4   Benech   CAST
PL-5   Gindre   SING
PL-6   Duffau   CAST</pre></td></tr>
<tr><td>LIKE (expression) compare de manière générique des chaînes de caractères à une expression. Le signe % remplace un ou plusieurs caractères. Le signe _ remplace un seul caractère. Ces signes peuvent se combiner.

Recherche des pilotes travaillant pour le compte d'une compagnie dont le code contient la lettre 'A'.

Recherche des pilotes travaillant pour le compte d'une compagnie dont le code commence par la lettre 'A'.</td><td><pre>SELECT pil_brevet, pil_nom, cmp_compa
FROM   T_pilote_pil
WHERE cmp_compa LIKE ('%A%');

pil_brevet pil_nom   cmp_compa
---------- --------------- ---------
PL-1   Filloux   AF
PL-2   Sigaudes   AF
PL-4   Benech   CAST
PL-6   Duffau   CAST

SELECT pil_brevet, pil_nom, cmp_compa
FROM   T_pilote_pil
WHERE cmp_compa LIKE ('A_');

pil_brevet pil_nom   cmp_compa
---------- --------------- ---------
PL-1   Filloux   AF
PL-2   Sigaudes   AF</pre></td></tr>
<tr><td>IS NULL compare une expression à NULL.

Recherche des pilotes n'ayant pas de prime ou d'heures de vol répertoriées.</td><td><pre>SELECT pil_brevet,pil_nom, pil_prime, pil_hvol
FROM   T_pilote_pil
WHERE pil_prime IS NULL
OR   pil_hvol IS NULL;

pil_brevet pil_nom   pil_prime pil_hvol
---------- --------------- --------- --------
PL-2   Sigaudes   NULL   0.00
PL-6   Duffau   0   NULL</pre></td></tr>
</table>

Vous pouvez utiliser `NOT` conjointement à ces opérateurs. Ainsi :

- `NOT BETWEEN(...)` filtrera les lignes dont la valeur se situe en dehors de l'intervalle sélectionné.
- `NOT IN(...)` filtrera les lignes dont la valeur n'est pas présente dans la liste.
- `NOT LIKE(...)` filtrera les lignes dont la valeur n'est pas dans le format.
- `IS NOT NULL` ou `NOT(... IS NULL)` filtrera les lignes dont la valeur n'est pas nulle.

Alias

Il n'est pas permis d'utiliser un alias de colonne dans la clause `WHERE`. Cette recommandation de la norme SQL s'explique par le fait que certaines expressions pourraient ne pas être déterminées (l'optimiseur évalue `FROM` et `JOIN`, puis `WHERE`, puis `GROUP BY`, puis `HAVING`, puis `SELECT` et pour finir `ORDER BY`).

Ainsi, la requête suivante qui utilise des alias de colonnes retourne une erreur alors qu'elle ne contient pourtant pas d'expression litigieuse.

```
SELECT cmp_compa AS c1, pil_prenom AS c2, pil_nom AS c3
FROM   T_pilote_pil
WHERE  c1 = 'AF';
Msg 207, Niveau 16, État 1, Ligne … : Nom de colonne non valide : 'c1'.
```

En revanche, l'utilisation des alias de tables ne pose pas de problème dans la clause WHERE d'une requête. Au contraire, vous pouvez les utiliser même si le nom des colonnes que vous évaluez ne porte pas à confusion. La requête suivante illustre cet état de fait.

```
SELECT ap.cmp_compa, ap.pil_prenom, ap.pil_nom
FROM   T_pilote_pil ap
WHERE  ap.cmp_compa = 'AF';
cmp_compa pil_prenom      pil_nom
--------- --------------- ---------------
AF        Pierre          Filloux
AF        Christian       Sigaudes
```

L'opérateur LIKE possède quelques petites subtilités spécifiques à SQL Server :

- [] permet de valider une collection ou un intervalle de symboles pour un caractère ;
- [^] permet d'interdire une collection ou un intervalle de symboles pour un caractère.

Exemple :

```
SELECT *
FROM T_pilote_pil
WHERE cmp_compa LIKE '[A-Z][A-Z][A-Z]%'
  AND pil_brevet LIKE '[A-Z][A-Z][^A-Z^0-9][0-9]'
```

Cette requête recherche les pilotes dont le nom de compagnie commence par au moins 3 lettres et dont le brevet débute par deux lettres, suivies d'un caractère quelconque excepté une lettre ou un chiffre, et se terminant par un chiffre.

Comparaisons à l'aide d'une collation

Il est possible d'utiliser la clause COLLATE au sein d'une expression afin d'effectuer des recherches ou des comparaisons sensibles ou insensibles à la casse (CI/CS pour *Case Insensitive/Sensitive*, AI/AS pour les caractères diacritiques, à certaines formes de caractères de langages idéographiques kanatype KS et largeur de caractère WS). De plus, la collation permet d'ordonner les littéraux en respectant l'alphabet linguistique.

SQL Server 2014 dispose de 3 887 collations différentes (dont 3 812 spécifiques à Windows) permettant de gérer 72 langues. Les collations servent à distinguer la casse, les caractères diacritiques (accents, cédille, tilde, ligatures comme « œ » ou « æ », etc.). La sensibilité aux kanatypes concerne la confusion ou non des caractères japonais écrits en katakana (forme moderne aux traits cassants, équivalente à nos caractères d'imprimerie) ou en hiragana (forme ancienne aux traits arrondis, proche de l'écriture manuscrite). La sensibilité à la largeur des caractères permet par exemple de retrouver des caractères tel que les exposants (¹ ² ³...) ou encore le caractère ª (indicateur ordinal féminin), en faisant confusion ou non de la « largeur » de casse du caractère.

Une collation binaire (BIN), ou binaire à point de code (BIN2), ordonne et compare les codes hexadécimaux des chaînes de caractères et non en fonction de valeurs lexicographiques. C'est évidemment bien plus rapide. Un tel choix doit en principe être la règle lorsque l'on veut stocker des mots de passe, par exemple. Les fonctionnalités apportées par les collations sont indispensables pour pouvoir utiliser des informations multilingues, comme c'est le cas pour les sites web mondiaux ou les applications de gestion de documents écrits dans différentes langues (bibliothèques, GED...).

Le tableau 4-11 présente quelques conditions utilisant une clause `COLLATE` pour rendre une requête sensible ou insensible à la casse et aux caractères diacritiques.

Tableau 4-11 Opérateurs intégrés

Opérateur et exemple	Requête
Recherche des pilotes prénommés « Éric », sans tenir compte de la casse, mais avec respect des accents, et pour le nom de famille sans tenir compte de la casse, mais en tenant compte des accents.	`WHERE pil_prenom = 'Eric'   COLLATE French_CI_AS` `OR     pil_nom    = 'DUPONT' COLLATE French_CS_AI;`
Recherche des retraités sans tenir compte de la casse, mais en tenant compte des accents. Ceci évitera de trouver des retraites... ce qui n'est pas la même chose !	`WHERE description COLLATE French_CI_AS` `      LIKE '%retraité%'`

L'utilisation d'une collation à des répercussions directes sur l'unicité des données, notamment pour les contraintes `PRIMARY KEY` et `UNIQUE`, mais aussi dans les clauses `GROUP BY` et `ORDER BY`.

Fonctions scalaires

SQL Server propose un grand nombre de fonctions scalaires qui peuvent s'appliquer dans les clauses `SELECT` ou `WHERE` d'une requête. Une fonction scalaire effectue une opération sur une valeur unique et retourne une valeur unique.

La syntaxe générale d'une fonction scalaire est la suivante : *`nom_fonction(colonne | expression)`*. Une expression peut être le résultat d'une autre fonction scalaire (par exemple, `MAX(COS(ABS(hauteur))` désigne le maximum des cosinus de la valeur absolue de la colonne `hauteur`).

- Une fonction monoligne agit sur une ligne à la fois et ramène un résultat par ligne. Les principales familles de fonctions monolignes traitent des caractères, des numériques, des dates et des conversions de types de données.
- Une fonction multiligne (fonction d'agrégat, de rang ou analytique) agit sur un ensemble de lignes pour ramener un résultat (voir sections « Regroupements » et « Fonctions de rang et analytiques » de ce chapitre).

Caractères

La plupart des fonctions pour les caractères acceptent une chaîne de caractères en paramètre, quelle qu'en soit la nature, sauf exception. Utilisons la table `T_pilote_pil` suivante pour illustrer quelques-unes des principales fonctions pour les caractères.

Figure 4–12
Table exemple

pil_brevet	pil_prenom	pil_nom	pil_surnom	cmp_compa	pil_hvol	pil_mail	pil_tel
PL-1	Pierre	Filloux	dba	AF	12000.00	pf@free.fr	06-78-23-58-56
PL-2	Christian	Sigaudes	smith	AF	9300.00	sigaudes@orange.fr	06-83-22-67-13
PL-3	Pierre	Perez	Faucon	SING	8400.00	NULL	NULL
PL-4	Romaric	Benech	cool	CAST	4700.00	rbenech@yahoo.fr	NULL
PL-5	Vincent	Gindre	jone	SING	5200.00	NULL	NULL
PL-6	Bruno	Duffau	actmp	CAST	8200.00	NULL	06-24-61-35-60

Tableau 4–12 Fonctions pour les caractères

Fonctions	Objectif	Exemple
`ASCII(c)`	Retourne le caractère ASCII équivalent.	`ASCII('A') retourne 65`
`CHAR(n)`	Retourne le caractère équivalent dans le jeu de caractères en cours.	`CHAR(199) retourne Ç`

`CHARINDEX(c1,c2[,n])`	Recherche l'expression *c1* dans l'expression *c2* et retourne la position (zéro : le modèle est introuvable). La recherche peut se faire à partir de la énième position.	`SELECT CHARINDEX('air',`
		`'Aibus 320 aircrafts on the air'`
		`COLLATE Latin1_General_CS_AS, 1);`
		`-----------`
		`11`

`CONCAT(c1,c2 [,c3 ... [,cn ] ])`	Concatène au moins deux chaînes.	`SELECT CONCAT(`
		`CONCAT(pil_nom,' travaille pour '),`
		`cmp_compa) AS "Personnel"`
		`FROM T_pilote_pil`
		`WHERE pil_brevet = 'PL-6';`
		`Personnel`
		`-----------------------------------`
		`Duffau travaille pour CAST`

`DIFFERENCE(c1,c2)`	Retourne un entier de 0 (similarité faible) à 4 (forte similarité), basé sur le nombre de caractères identiques dans les valeurs SOUNDEX.	`SELECT DIFFERENCE('rrbous','airbus'),`
		`DIFFERENCE('bayrou','mélenchon');`
		`----------- -----------`
		`3           0`

`LEFT(c,n)`	Extrait les *n* premiers caractères de *c* en partant de la gauche.	`SELECT LEFT('A380 à BlagnacB747B747',14)`
		`AS "Adieu Jumbo";`
		`Adieu Jumbo`
		`--------------`
		`A380 à Blagnac`

`LEN(c)`	Retourne la longueur de la chaîne à l'exception des espaces de droite.	`SELECT LEN('AF6143 ') AS "Taille";`
		`Taille`
		`-----------`
		`6`

`LOWER(c)`	Retourne la chaîne en minuscules.	`SELECT LOWER('USA lE PaYS DEs CIRrus');`
		`----------------------`
		`usa le pays des cirrus`

`LTRIM(c)`	Enlève à la chaîne ses éventuels espaces au début.	`SELECT CONCAT(LTRIM(' AF6145 '),'15:45')`
		`AS "Horaire";`
		`Horaire`
		`--------------`
		`AF6145 15:45`

Tableau 4–12 Fonctions pour les caractères *(suite)*

Fonctions	Objectif	Exemple

NCHAR(*n*)	Retourne le caractère Unicode correspondant à l'entier (*n* situé entre 0 et 65 535 si le classement de la base ne contient pas d'indicateur de caractère supplémentaire : SC). Sinon, *n* se situe entre 0 et 1 114 111.	`SELECT NCHAR(31437) AS "Idéogramme";`
		
		`Idéogramme`
		`----------`
		`竍`

PATINDEX ('%*c1*%', *c2*)	Renvoie la position de début de la première occurrence de *c1* dans *c2* (0 zéro si le modèle est introuvable). Des caractères génériques peuvent être utilisés. Le caractère % doit précéder et suivre le modèle (sauf pour la recherche des premiers ou derniers caractères).	`SELECT PATINDEX('%air%','Infos-air : airbus')`
		`       AS "1er indice de 'air'";`
		
		`1er indice de 'air'`
		`-------------------`
		`7`

REPLACE(*c1*,*c2*,*c3*)	Recherche les occurrences de *c2* présentes dans la chaîne *c1* et les remplace par la chaîne *c3*.	`SELECT REPLACE('…@iut-blagnac.fr,`
		`           www.iut-blagnac.fr',`
		`      'iut-blagnac', 'univ-tlse2')`
		`       AS "L'IUT est maintenant dans la fac.";`
		
		`L'IUT est maintenant dans la fac.`
		`----------------------------------`
		`…@univ-tlse2.fr, www.univ-tlse2.fr`

REPLICATE(*c*,*n*)	Retourne la chaîne *c* répliquée en *n* exemplaires.	`SELECT REPLICATE ('sql-',5);`
		
		`--------------------`
		`sql-sql-sql-sql-sql-`

REVERSE(*c*)	Retourne la chaîne renversée.	`SELECT REVERSE('cangalB à 083A')`
		`       AS "Miroir de gros porteur";`
		
		`Miroir de gros porteur`
		`----------------------`
		`A380 à Blagnac`

RIGHT(*c*,*n*)	Extrait les *n* derniers caractères de *c* en partant de la droite.	`SELECT RIGHT('B747B747A380',4)`
		`       AS "Sans les boeings";`
		
		`Sans les boeings`
		`----------------`
		`A380`

RTRIM(*c*)	Enlève les espaces à la fin de la chaîne.	`SELECT CONCAT(RTRIM('AF6145         '),`
		`               ' 15:45') AS "Horaire";`
		`Horaire`
		`---------------------`
		`AF6145 15:45`

Tableau 4–12 Fonctions pour les caractères *(suite)*

Fonctions	Objectif	Exemple

SOUNDEX(*c*)	Retourne un code à quatre caractères pour évaluer la similitude entre deux chaînes basée sur la phonétique (en anglais).	`SELECT pil_prenom, pil_nom, pil_surnom`
		`FROM T_pilote_pil`
		`WHERE SOUNDEX(pil_surnom)`
		`IN (SOUNDEX('SMYTHE'),SOUNDEX('John'));`
		
		`pil_prenom pil_nom pil_surnom`
		`--------------- --------------- ----------`
		`Christian Sigaudes smith`
		`Vincent Gindre jone`

SPACE(*n*)	Retourne une chaîne composée de *n* espaces.	`SELECT`
		`CONCAT('AF6143',CONCAT(SPACE(1),'8:15'))`
		`AS "Horaire";`
		`Horaire`
		`-----------`
		`AF6143 8:15`

STR(*flottant* [,*taille*[,*decimale*]])	Retourne une chaîne convertie à partir d'un réel.	`SELECT STR(1523.445,7,2) AS "chaîne";`
		
		`chaîne`
		`-------`
		`1523.44`

STUFF(*c1*,*n1*,*n2*,*c2*)	Insère la chaîne *c2* dans la chaîne *c1* en effaçant les *n2* caractères dans *c1* à partir du énième caractère.	`SELECT STUFF('www.et2.com',6,2,'yrolles')`
		`AS "URL";`
		
		`URL`
		`----------------`
		`www.eyrolles.com`

SUBSTRING(*c*,*n*,*t*)	Extraction de la sous-chaîne *c* commençant à la position *n* sur *t* caractères.	`SELECT SUBSTRING`
		`('Air France à Blagnac banane!', 12, 9)`
		`AS "Lieu";`
		`Lieu`
		`---------`
		`à Blagnac`

UNICODE(*c*)	Fonction inverse de NCHAR, retourne la valeur entière du caractère Unicode.	`SELECT UNICODE(N'Å') AS "A du nord";`
		
		`A du nord`
		`-----------`
		`197`

UPPER(*c*)	Retourne la chaîne en majuscules.	`SELECT UPPER(pil_prenom),UPPER(pil_nom)`
		`FROM T_pilote_pil`
		`WHERE pil_brevet = 'PL-1';`
		
		`--------------- ---------------`
		`PIERRE FILLOUX`

Numériques

En plus des opérateurs arithmétiques classiques qui sont disponibles dans tout langage de programmation (+, -, * et /), SQL Server propose un grand nombre de fonctions numériques.

Tableau 4–13 Fonctions numériques

Fonctions	Objectif	Exemple
ABS(*n*)	Valeur absolue de *n*.	

Tableau 4–13 Fonctions numériques *(suite)*

Fonctions	Objectif	Exemple
`ACOS(n)`	Arc cosinus (*n* réel de -1 à 1), retour de l'angle en radians (de 0 à pi).	
`ASIN(n)`	Arc sinus (*n* réel de -1 à 1), retour de l'angle en radians (de 0 à pi).	
`ATAN(n)`	Arc tangente (∀*n*), retour exprimé en radians (de -pi/2 à pi/2).	
`ATAN2(x,y)`	Arc tangente en fonction de deux coordonnées.	
`CEILING(n)`	Plus petit entier ∝à *n*.	`CEILING(15.7)retourne 16.`
`COS(n)`	Cosinus de n réel exprimé en radians de 0 à 2 pi.	`COS(60*PI()/180)retourne0.5.`
`COT(n)`	Cotangente de n réel exprimé en radians.	`COT(30*PI()/180)retourne 1.7320508075689.`
`DEGREES(n)`	Conversion de radians en degrés.	`DEGREES(PI()/2)retourne 90.`
`EXP(n)`	e (2.7182…), qui sert de base aux logarithmes, à la puissance *n* (réel).	
`FLOOR(n)`	Plus grand entier à *n*.	`FLOOR(15.7)retourne15.`
`LOG(n[,b])`	Logarithme de *n* dans une base *b*, par défaut népérien.	
`POWER(m,n)`	*m* puissance *n*.	
`RADIANS(n)`	Conversion de degrés en radians.	`RADIANS(90)retourne1.5707963267949.`
`RAND()`	Réel aléatoire entre 0 et 1 (15 décimales).	Pour obtenir aléatoirement un entier *n* tel que i ≤*n* < j, utilisez l'expression :`FLOOR(i+RAND()*(j-i))`
`ROUND(m,n)`	Arrondi à une ou plusieurs décimales.	`ROUND(17.567,2)retourne17,57.`
`SIGN(n)`	Retourne le signe d'un nombre (-1, 0 ou 1).	
`SIN(n)`	Sinus de *n* exprimé en radians, de 0 à 2pi.	`SIN(30*PI()/180) retourne 0.5.`
`SQRT(n)`	Retourne la racine carrée de *n*.	
`SQUARE(n)`	Retourne le carré de *n*.	
`TAN(n)`	Tangente de *n* exprimée en radians, de 0 à 2pi.	

Fonction pour les bits

Les opérateurs suivants sont disponibles pour tous les types numériques. Le tableau 4-14 manipule les valeurs 4 (1100) et 12 (0100).

Tableau 4–14 Fonctions pour les bits

Fonctions	Objectif	Exemple
OR : |	OU bits à bits.	4 | 12 retourne 12.
AND : &	ET bits à bits.	4 & 12 retourne 4.
XOR : ^	OU exclusif bits à bits.	4 ^ 12 retourne 8.
Complément à 1 : ~	Inversion de chaque bit.	3+(~3+1) retourne 1 (ici, on programme le complément à 2).

Fonctions diverses

SQL Server propose d'autres fonctions qui sont aussi intéressantes :

Tableau 4–15 Fonctions diverses

Fonctions	Objectif
CHOOSE(*numerique, liste_expression*)	Retourne l'expression à l'indice indiqué au premier paramètre..
IIF(*expression_booleenne, valeur_vrai, valeur_faux*)	Retourne une des deux valeurs en fonction de la véracité de l'expression composant le premier paramètre.
CASE *expression_entree* WHEN *expression* THEN *instruction* [WHEN …] [ELSE *instruction*] END	Effectue une des instructions en fonction de l'expression d'entrée *(simple case)*. Si aucune condition n'est vérifiée, l'instruction du ELSE (s'il est présent) s'exécute.
CASE *expression_entrée* WHEN *condition* THEN *instruction* [WHEN …] [ELSE *instruction*] END	Effectue une des instructions en fonction de l'expression d'entrée *(searched case)*. Si aucune condition n'est vérifiée, l'instruction du ELSE (s'il est présent) s'exécute.
CHECKSUM(* | *expression* [,…])	Retourne sous la forme d'un entier (INT) la somme de contrôle des expressions sélectionnées (* pour toutes les colonnes à condition qu'elles soient compatibles : sont exclus les types TEXT, NTEXT, IMAGE, XML, CURSOR et SQL_VARIANT).
COALESCE(*expression* [,…])	Retourne l'expression du type de niveau le plus haut des différentes expressions. Particulièrement intéressante pour remplacer une ou plusieurs valeurs NULL par une expression particulière. Si tous les paramètres sont NULL, le marqueur NULL est retourné.
ISNULL(*expression, valeur*)	Retourne valeur si expression est NULL. Si les expressions ne sont pas du même type, valeur doit pouvoir être convertie dans le type de expression.
NULLIF(*expression1, expression2*)	Retourne NULL si les deux expressions sont identiques. Sinon, *expression1* est retournée. Cette fonction est équivalente à un searched case avec deux expressions.

Le tableau suivant présente quelques cas d'utilisation. Les deux structures *cases* permettent d'afficher un libellé en fonction de la valeur des colonnes testées. La fonction élimine les valeurs nulles pour extraire le type le plus fort. Les deux dernières fonctions sont très utiles pour tester des valeurs susceptibles d'être nulles (ici NULLIF substitue un libellé et NULLIF teste simultanément deux colonnes).

- La hiérarchie des types SQL Server est la suivante :
- Types personnalisés (les plus forts) > SQL_VARIANT > XML > DATETIMEOFFSET > DATETIME2 > SMALLDATETIME > DATE > TIME > FLOAT > REAL > DECIMAL > MONEY > SMALLMONEY > BIGINT > INT > SMALLINT > TINYINT > BIT > NTEXT > TEXT > IMAGE > UNIQUEIDENTIFIER > NVARCHAR > NCHAR > VARCHAR > CHAR > VARBINARY > BINARY (le plus faible).

Tableau 4–16 Exemples d'utilisation de fonctions diverses

Fonctions	Exemple d'utilisation	Résultat
CHOOSE	SELECT SYSDATETIME(), CHOOSE(MONTH(SYSDATETIME()), 'Hiver','Hiver','Printemps', 'Printemps','Printemps','Ete','Ete', 'Ete','Automne','Automne', 'Automne','Hiver') AS Saison_estimee	Maintenant Saison_estimee --------------------------- --------- 2013-09-28 11:13:53.4537391 Automne
IIF	SELECT pil_nom, IIF(pil_mail IS NULL, 'pas de mail',pil_mail) AS e_mail FROM T_pilote_pil;	pil_nom e_mail --------------- -------------------- Filloux pf@free.fr Sigaudes sigaudes@orange.fr Perez pas de mail …
CASE *(simple)*	SELECT pil_prenom,pil_nom, (CASE cmp_compa WHEN 'AF' THEN 'Air France' WHEN 'CAST' THEN 'Castanet Air' ELSE 'Autre' END) AS "compagnie" FROM T_pilote_pil;	pil_prenom pil_nom compagnie ----------- ------------ ------------ Pierre Filloux Air France Christian Sigaudes Air France Pierre Perez Autre Romaric Benech Castanet Air Vincent Gindre Autre Bruno Duffau Castanet Air
CASE *(searched)*	SELECT pil_brevet,pil_nom, (CASE WHEN pil_hvol < 500 THEN 'Novice' WHEN pil_hvol >= 5000 AND pil_hvol < 10000 THEN 'Confirmé' WHEN pil_hvol >= 10000 THEN 'Expert' ELSE 'Standard' END) AS "Niveau" FROM T_pilote_pil ORDER BY 3;	pil_brevet pil_nom Niveau ---------- ------------ -------- PL-2 Sigaudes Confirmé PL-3 Perez Confirmé PL-5 Gindre Confirmé PL-6 Duffau Confirmé PL-1 Filloux Expert PL-4 Benech Standard
COALESCE	SELECT COALESCE(NULL,0,NULL*NULL,'B') AS "0 plus fort";	0 plus fort ----------- 0
ISNULL	SELECT pil_brevet, ISNULL(pil_mail,'Inconnue') AS "naissance" FROM T_pilote_pil;	pil_brevet naissance ---------- -------------------- PL-1 pf@free.fr PL-2 sigaudes@orange.fr PL-3 Inconnue PL-4 rbenech@yahoo.fr PL-5 Inconnue PL-6 Inconnue
NULLIF	SELECT pil_brevet, pil_nom, NULLIF(pil_tel,pil_mail) AS "Ni tel ni E-mail" FROM T_pilote_pil WHERE NOT cmp_compa = 'AF';	pil_brevet pil_nom Ni tel ni E-mail ---------- ---------- ---------------- PL-3 Perez NULL PL-4 Benech NULL PL-5 Gindre NULL PL-6 Duffau 06-24-61-35-60

Conversions

Il est possible de devoir convertir une variable d'un type vers un autre, et ce à l'intérieur de procédures stockées. Les types convertis sont généralement des dates, des chaînes de caractères et des décimaux. SQL Server fournit à cet effet les fonctions CAST et CONVERT.

- CAST respecte la norme SQL ANSI. De fait, la portabilité du code est facilitée. Moins puissante que son homologue, CAST est toutefois nécessaire pour préserver la précision lors de la conversion de décimaux en numériques et inversement. CAST est aussi plus rapide que CONVERT.
- CONVERT est spécifique à SQL Server et est à utiliser pour traiter des cas qu'on ne peut résoudre facilement avec CAST (notamment formater des valeurs). CONVERT est bien adaptée à ce style de transformation concernant les dates, les heures et les décimaux monétaires.

Les paramètres de ces fonctions sont indiqués dans le tableau 4-17. Le type de retour ne peut être un type personnalisé, mais il peut inclure XML, BIGINT, et SQL_VARIANT. La taille du résultat par défaut est égale à 30.

Tableau 4–17 Fonctions de conversion

Fonction	Type de retour	Commentaires
CAST (*expression* AS *type* [(*taille*)])	type	Convertit l'expression dans le type indiqué.
CONVERT (*type* [(*taille*)], *expression* [,*style*])	type	Convertit l'expression dans le type spécifié et selon un style défini.

La fonction CAST

Le tableau 4-18 présente quelques exemples classiques d'utilisation de la fonction CAST :

- Les deux premiers illustrent le fait que toute variable se transforme en binaire (ici, on constate que le type SMALLDATETIME est bien codé sur 4 octets).
- Les deux suivants concernent des chaînes et des décimaux pour lesquels il est important de bien faire correspondre les tailles.
- Les derniers traitent des chaînes de caractères et des dates, qu'il est plutôt préférable de définir avec les constructeurs natifs.

Tableau 4–18 Exemples de conversion par CAST

Exemple d'utilisation	Résultat
SELECT CAST('ABC' AS BINARY(3)) AS " BINARY(3)", CAST('ABC' AS VARBINARY) AS "VARBINARY"; SELECT CAST(CAST(GETDATE() AS SMALLDATETIME) AS VARBINARY) AS "VARBINARY";	BINARY(3) VARBINARY ---------- -------- 0x414243 0x414243 VARBINARY ---------- 0xA03C0419
SELECT CAST(1546.4 AS CHAR(6)) AS "CHAR(6)"; SELECT CAST('193.57' AS DECIMAL(5,2)) AS " DECIMAL(5,2)";	CHAR(6) ------- 1546.4 DECIMAL(5,2) ------------ 193.57

Tableau 4–18 Exemples de conversion par CAST *(suite)*

Exemple d'utilisation	Résultat

`SELECT CAST('20120325' AS DATE) AS "DATE",`
`CAST('20120325' AS SMALLDATETIME)`
`AS "SMALLDATETIME";`
 	
`SELECT CAST('20120325' AS DATETIME2)`
`AS "DATETIME2";`
 	
`SELECT CAST('20120325' AS DATETIMEOFFSET)`
`AS "DATETIMEOFFSET";`
	`DATE       SMALLDATETIME`
	`---------- -----------------------`
	`2012-03-25 2012-03-25 00:00:00`
	
	`DATETIME2`
	`---------------------------`
	`2012-03-25 00:00:00.0000000`
	
	`DATETIMEOFFSET`
	`----------------------------------`
	`2012-03-25 00:00:00.0000000 +00:00`

`SELECT CAST(SYSDATETIMEOFFSET() AS CHAR(34))`
`AS "SYSDATETIMEOFFSET()";`
	`SYSDATETIMEOFFSET()`
	`----------------------------------`
	`2012-04-23 17:35:44.1374701 +02:00`

Il n'est pas conseillé de construire des valeurs binaires, puis de les convertir vers l'un des types numériques existant. En effet, SQL Server ne garantit pas que le résultat d'une transformation d'un décimal ou numérique vers un codage binaire soit identique entre différentes versions du serveur.

Par ailleurs, toute erreur de typage (tentative de conversion de caractères non numériques ou chaînes vides en entier, décimal ou flottant) provoquera l'une des erreurs suivantes :

- `Erreur de conversion du type de données … en …`
- `Échec de la conversion de la valeur '…' en type de données …`
- `Une erreur de dépassement arithmétique s'est produite lors de la conversion de … en type de données …`

La fonction CONVERT

La fonction `CONVERT` dispose d'un paramètre supplémentaire (appelé style) dédié au format du résultat. Cet entier n'a pas la même signification pour des types de données distincts.

- Pour les flottants (`FLOAT` et `REAL`), trois valeurs sont permises. La valeur 0 (par défaut) implique un affichage sur un maximum de 6 positions (notation scientifique à convenance). La valeur 1 affichera le réel sur une taille de 8 positions en notation scientifique, et le format de la valeur 2 est de 16 positions en notation scientifique.
- Pour les données monétaires (`MONEY` et `SMALLMONEY`), quatre valeurs sont permises. La valeur 0 (par défaut) indique que les montants seront affichés sans séparateur de milliers et avec deux décimales. La valeur 1 définit la virgule (`,`) comme séparateur de milliers des montants à deux décimales. La valeur 2 se passe de séparateur de milliers et affiche des montants à quatre décimales. Enfin, la valeur 126 est équivalente à la précédente en retournant une chaîne de caractères de taille variable.
- Pour les dates, une vingtaine de valeurs sont permises. Les formats les plus classiques sont prévus (US, Français, ANSI, ISO et ISO 8601, ODBC, etc.). Ces formats permettent, entre autres, d'extraire le nom du mois, de masquer les heures, d'afficher le siècle et d'ordonner l'année, le mois et le jour de différentes manières.

Le tableau 4-19 présente quelques exemples classiques d'utilisation de la fonction `CONVERT` :

- Les premiers illustrent les différents affichages d'un réel.
- Les suivants concernent les affichages d'une valeur de type `SMALLMONEY`.

- Les derniers concernent des dates. Ici, la date du jour est présentée avec différents formats. Le format ISO 8601 pourra intéresser ceux qui manipulent des données XML.

Tableau 4–19 Exemples de conversion par CONVERT

Exemple d'utilisation	Résultat

`DECLARE @f FLOAT;`
`SET     @f = 193445.574 / PI();`
 	
`SELECT CONVERT(VARCHAR,@f,0) AS "Réel style 0",`
`       CONVERT(VARCHAR,@f,1) AS "Réel style 1",`
`       CONVERT(VARCHAR,@f,2) AS "Réel style 2";`
	`Réel style 0 Réel style 1`
	`------------ -------------`
	`61575.6      6.1575639e+004`
	
	`Réel style 2`
	`----------------------`
	`6.157563864269805e+004`

`DECLARE @s SMALLMONEY;`
`SET     @s = 214748.3647;`
 	
`SELECT CONVERT(VARCHAR,@s,0)`
`              AS "SMALLMONEY style 0",`
`       CONVERT(VARCHAR,@s,1)`
`              AS "SMALLMONEY style 1",`
`       CONVERT(VARCHAR,@s,2)`
`              AS "SMALLMONEY style 2";`
	`SMALLMONEY style 0 SMALLMONEY style 1`
	`------------------ ------------------`
	`214748.36          214,748.36`
	
	`SMALLMONEY style 2`
	`------------------`
	`214748.3647`

`SELECT CONVERT(VARCHAR,GETDATE(),0)`
`              AS "Par défaut",`
`       CONVERT(VARCHAR,GETDATE(), 113) AS "Europe";`
 	
`SELECT CONVERT(VARCHAR,GETDATE(),3)`
`              AS "French sans siècle",`
`       CONVERT(VARCHAR,GETDATE(),103)`
`              AS "French avec siècle";`
 	
`SELECT CONVERT(VARCHAR,GETDATE(),112) AS "ISO",`
`       CONVERT(VARCHAR,GETDATE(),126) AS "ISO8601";`
	`Par défaut              Europe`
	`----------------------- -----------------------`
	`avr 24 2012 8:32AM      24 avr 2012 08:32:12:690`
	
	`French sans siècle      French avec siècle`
	`----------------------- -----------------------`
	`24/04/12                24/04/2012`
	
	`ISO                     ISO8601`
	`----------------------- -----------------------`
	`20120424                2012-04-24T08:32:12.690`

Il est possible de combiner CAST et CONVERT pour transformer des expressions complexes en une passe. L'exemple suivant utilise CAST pour modifier les types des variables en entrée (une chaîne et un entier) et CONVERT pour formater le résultat (une chaîne exprimant une date). L'opérateur + permet de concaténer des chaînes de caractères à l'affichage.

Tableau 4–20 Combiner CAST et CONVERT

Exemple d'utilisation	Résultat

`DECLARE @d1 CHAR(8), @t1 INT;`
`SET     @d1 = '20120425';`
`SET     @t1 = 114926;`
`SELECT CONVERT(VARCHAR,CAST(@d1 AS DATE), 113)`
`     + ' ' + SUBSTRING(CAST (@t1 AS CHAR(6)),1,2)`
`     + ':' + SUBSTRING(CAST (@t1 AS CHAR(6)),3,2)`
`     + ':' + SUBSTRING(CAST (@t1 AS CHAR(6)),5,2);`
	
	`--------------------------------------`
	`25 Apr 2012 11:49:26`

N'utilisez par CONVERT si CAST peut être utilisée (CAST se conforme la norme et CONVERT en plus d'être propriétaire à SQL Server est une fonction plus gourmande en traitement, de l'ordre de 30 %).

Les nouvelles fonctions

Depuis la version 2012 de SQL Server, de nouvelles fonctions de conversion sont apparues, il s'agit de PARSE, TRY_PARSE et TRY_CONVERT qui permettent de gérer un paramètre linguistique ou un style.

Tableau 4–21 Nouvelles fonctions de conversion

Fonction	Type de retour	Commentaires
PARSE(*expression* AS *type* _[USING *langue*])	*type* ou NULL si problème de conversion	Convertit l'expression NVARCHAR(4000) dans le type indiqué et suivant la langue choisie.
TRY_PARSE(*expression* AS *type* _[USING *langue*])		Convertit une expression date heure ou numérique dans le type indiqué et suivant la langue choisie.
TRY_CONVERT(*expression type* [(*taille*)], *expression* [,*style*])		Convertit une expression dans le type indiqué et suivant le style choisi (voir la fonction CONVERT).

Les exemples suivants présentent quelques cas d'utilisation.

Tableau 4–22 Exemples des nouvelles fonctions de conversion

Exemple	Résultat
PARSE('123,45' AS NUMERIC(8,2) USING 'fr-FR') PARSE('27/09/2013' as DATE USING 'fr-FR') PARSE('Samedi 28 Septembre 2013' AS DATETIME2 USING 'fr-FR')	123.45 ---------- 2013-09-27 --------------------------- 2013-09-28 00:00:00.0000000
TRY_PARSE('10.1200' AS DECIMAL(6,4)) TRY_PARSE('100.1200' AS DECIMAL(6,4)) SET LANGUAGE English; TRY_PARSE('13/10/2014' AS datetime2) TRY_PARSE('13/10/2014' AS datetime2 USING 'fr-FR')	10.1200 --------- NULL --------- NULL --------------------------- 2014-10-13 00:00:00.0000000
SET DATEFORMAT ymd; TRY_CONVERT(datetime2, '2014/12/30') AS Date_ymd;	2014-12-30 00:00:00.0000000

Les conversions implicites

Les conversions implicites se passent des fonctions CAST et CONVERT pour transformer un type de donnée en un autre. La figure 4-13, extraite de la documentation officielle, illustre les principales conversions implicites (en grisé) qu'il est possible de programmer. Les conversions explicites obligatoires sont noircies et celles interdites sont indiquées en blanc. Le signe * indique qu'un CAST est nécessaire sous peine de perdre de la précision.

Effectuons quelques conversions « classiques », en tout cas pas insensées, à savoir un entier dans une chaîne, un entier dans une date, des chaînes contenant respectivement un entier, un réel et un décimal dans un type cible adéquat. Cela n'est évidemment pas conseillé : vous devez respecter impérativement les types de vos colonnes lors de toute importation de données.

```
CREATE TABLE T_conversions_cnv
(cnv_varchar_8 VARCHAR(8) PRIMARY KEY, cnv_date SMALLDATETIME, cnv_int INT,
 cnv_float     FLOAT, cnv_decimal DECIMAL(6,2));
INSERT INTO T_conversions_cnv
(cnv_varchar_8, cnv_date, cnv_int, cnv_float,      cnv_decimal) VALUES
(12345678,      26889,    '12345', '12.34567E20', '12.34567');
```

Figure 4–13
Conversions de types
© Documentation Microsoft

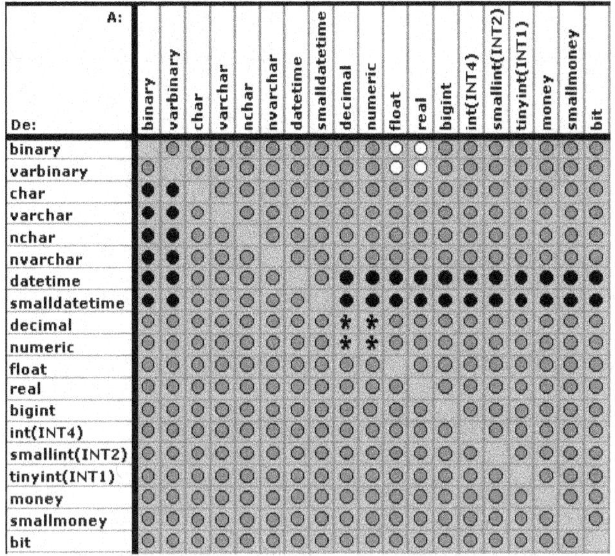

De: \ A:	binary	varbinary	char	varchar	nchar	nvarchar	datetime	smalldatetime	decimal	numeric	float	real	bigint	int(INT4)	smallint(INT2)	tinyint(INT1)	money	smallmoney	bit
binary		◉	◉	◉	◉	◉	◉	◉	◉	◉	○	○	◉	◉	◉	◉	◉	◉	◉
varbinary	◉		◉	◉	◉	◉	◉	◉	◉	◉	○	○	◉	◉	◉	◉	◉	◉	◉
char	●	●		◉	◉	◉	◉	◉	◉	◉	◉	◉	◉	◉	◉	◉	◉	◉	◉
varchar	●	●	◉		◉	◉	◉	◉	◉	◉	◉	◉	◉	◉	◉	◉	◉	◉	◉
nchar	●	●	◉	◉		◉	◉	◉	◉	◉	◉	◉	◉	◉	◉	◉	◉	◉	◉
nvarchar	●	●	◉	◉	◉		◉	◉	◉	◉	◉	◉	◉	◉	◉	◉	◉	◉	◉
datetime	●	●	◉	◉	◉	◉		◉	●	●	●	●	●	●	●	●	●	●	●
smalldatetime	●	●	◉	◉	◉	◉	◉		●	●	●	●	●	●	●	●	●	●	●
decimal	◉	◉	◉	◉	◉	◉	◉	◉	*	*	◉	◉	◉	◉	◉	◉	◉	◉	◉
numeric	◉	◉	◉	◉	◉	◉	◉	◉	*	*	◉	◉	◉	◉	◉	◉	◉	◉	◉
float	◉	◉	◉	◉	◉	◉	◉	◉	◉	◉		◉	◉	◉	◉	◉	◉	◉	◉
real	◉	◉	◉	◉	◉	◉	◉	◉	◉	◉	◉		◉	◉	◉	◉	◉	◉	◉
bigint	◉	◉	◉	◉	◉	◉	◉	◉	◉	◉	◉	◉		◉	◉	◉	◉	◉	◉
int(INT4)	◉	◉	◉	◉	◉	◉	◉	◉	◉	◉	◉	◉	◉		◉	◉	◉	◉	◉
smallint(INT2)	◉	◉	◉	◉	◉	◉	◉	◉	◉	◉	◉	◉	◉	◉		◉	◉	◉	◉
tinyint(INT1)	◉	◉	◉	◉	◉	◉	◉	◉	◉	◉	◉	◉	◉	◉	◉		◉	◉	◉
money	◉	◉	◉	◉	◉	◉	◉	◉	◉	◉	◉	◉	◉	◉	◉	◉		◉	◉
smallmoney	◉	◉	◉	◉	◉	◉	◉	◉	◉	◉	◉	◉	◉	◉	◉	◉	◉		◉
bit	◉	◉	◉	◉	◉	◉	◉	◉	◉	◉	◉	◉	◉	◉	◉	◉	◉	◉	

Le résultat prouve la validité de ces conversions implicites (toutefois sujettes à des contraintes de taille et de limitation de valeurs).

Figure 4–14
Données converties

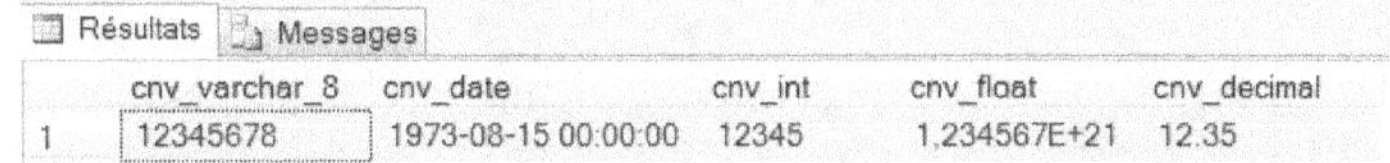

Résultats | Messages

	cnv_varchar_8	cnv_date	cnv_int	cnv_float	cnv_decimal
1	12345678	1973-08-15 00:00:00	12345	1,234567E+21	12.35

Soyez rigoureux dans le typage, il est courant de rencontrer des comparaisons de variable `NVARCHAR` à une colonne `VARCHAR`, ce qui entraîne au moins une conversion implicite et au plus un parcours de l'index plutôt qu'un accès direct.

Concernant les extractions à partir de tables contenant des données sur lesquelles des conversions implicites ont été opérées, vous devrez composer les prédicats de vos requêtes en respectant le type fourni initialement. Soyez particulièrement vigilant aux clés primaires de type caractères qui contiennent des valeurs numériques.

Dans notre exemple, il est préférable d'utiliser dans vos clauses `WHERE` le prédicat `cnv_varchar_8='12345678'` en lieu et place de `cnv_varchar_8=12345678`. Pour un résultat identique, l'optimiseur aura davantage de travail pour le prédicat qui nécessite une conversion implicite à chaque ligne traitée.

Pour en finir avec les fonctions de conversion, quelques mots à propos des collations qu'il est indispensable d'associer de manière homogène. L'erreur obtenue le cas échéant est `Msg 468, Niveau 16, État 9, Ligne … : Impossible de résoudre le conflit de classement entre "nom_collation_1" et "nom_collation_1" dans l'opération …`

À titre d'exemple, supposons l'existence de la table suivante qui contient une colonne de collation précise.

```
CREATE TABLE T_collations_col (col_French_BIN VARCHAR(8) COLLATE French_BIN);
INSERT INTO T_collations_col VALUES ('écœuré');
```

La concaténation de ce champ avec celui d'une autre table qui n'est pas de même collation (ici, la collation par défaut est French_CI_AS) nécessite de transformer l'une ou l'autre des colonnes. La fonction permet de transformer le type CAST (CONVERT aurait pu aussi convenir). Il reste à choisir la collation commune (ici, French_BIN).

```
SELECT CONCAT(CAST(cnv.cnv_decimal AS VARCHAR(8)) COLLATE FRENCH_BIN, col.col_French_BIN)
       AS "Concaténation"
FROM   T_collations_col col, T_conversions_cnv cnv;
Concaténation
----------------
12.35écœuré
```

Regroupements

Cette section traite des regroupements de lignes (agrégats) et des fonctions de groupe (multiligne). Les directives GROUP BY et HAVING de l'instruction SELECT sont concernées.

```
SELECT liste_select
FROM   nom_table [,…] [WHERE condition]
GROUP BY {expression | ROLLUP(expression[,…]) | CUBE(expression [,…])
         | GROUPING SETS( {CUBE(expression [,…]) | ROLLUP(expression[,…]) | ()} [,…])
         } [,…]
[HAVING condition]
[clause_ordonnancement];
```

- *liste_select* peut inclure des expressions (présentes dans la clause de regroupement) ou des fonctions de groupe.
- GROUP BY regroupe des lignes selon la valeur d'une ou de plusieurs expressions (le plus souvent des colonnes).
- HAVING *condition* : permet de filtrer le résultat d'un agrégat.
- *clause_ordonnancement* : trie les résultats (ORDER BY déjà étudié).

On distingue les regroupements simples (la clause GROUP BY porte uniquement sur une seule liste d'expressions) des regroupements généraux (qui incluent les options GROUPINGSETS, CUBE ou ROLLUP).

N'utilisez plus les écritures GROUP BY [ALL] … avec les options WITH CUBE ou WITH ROLLUP, qui ne respectent plus la syntaxe ISO mais qui sont toujours possibles pour des raisons de compatibilité. Remplacez-les par GROUP BY ROLLUP ou GROUP BY CUBE.

Effectuer un groupement sans que la requête présente un calcul d'agrégat (SUM, COUNT, MAX, MIN, AVG…) n'a aucun sens et pénalise le serveur.

Fonctions simples d'agrégation

Le tableau 4-23 présente les fonctions simples qui peuvent être utilisées dans la clause SELECT ou HAVING d'une requête (ou sous-requête).

- L'option DISTINCT évite les duplicatas (sinon pris en compte par défaut ou explicitement par ALL).
- À l'exception de COUNT(*), toutes les fonctions ignorent les valeurs NULL (vous devrez utiliser une fonction comme COALESCE pour contrer cet effet).
- Toutes ces fonctions peuvent être suivies de la clause OVER (les fonctionnalités de fenêtrage sont étudiées plus loin).

Tableau 4–23 Fonctions d'agrégation

Fonctions	Objectif et type de retour
AVG([ALL | DISTINCT] *expression*)	Moyenne des expressions sélectionnées dans le plus précis des types (BIGINT, DECIMAL(38,d)/DECIMAL(10,0), MONEY ou FLOAT).
CHECKSUM_AGG([ALL | DISTINCT] *expression*)	Somme des valeurs de contrôle (aussi appelées empreintes) des expressions sélectionnées sous la forme d'un entier (INT). Intéressant pour vérifier si l'état d'une colonne a changé.CHECKSUM fonctionne de manière analogue en étudiant toute la table.
COUNT({[[ALL | DISTINCT] *expression*] | *})	Nombre d'éléments sélectionnés (* pour une ligne entière) sous la forme d'un entier (INT). COUNT_BIG fonctionne de manière analogue en retournant un BIGINT.
MAX(*expression*)	Maximum des expressions sélectionnées.
MIN(*expression*)	Minimum des expressions sélectionnées.
STDEV([ALL | DISTINCT] *expression*)	Écart type des expressions sélectionnées (FLOAT). STDEVP fonctionne de manière analogue en étudiant une population globale.
SUM([ALL | DISTINCT] *expression*)	Somme des expressions numériques sélectionnées dans le plus précis des types (BIGINT, DECIMAL(38,*d*), MONEYou FLOAT)
VAR([ALL | DISTINCT] *expression*)	Variance des expressions sélectionnées (FLOAT). VARP fonctionne de manière analogue en étudiant une population globale.

À titre d'exemple, considérons les données de la table T_pilote_pil suivante.

Figure 4–15
Table exemple

pil_brevet	pil_prenom	pil_nom	pil_hvol	avi_typavi	pil_prime	pil_embauche	cmp_compa
PL-1	Pierre	Filloux	450.00	A320	500.00	1985-06-22	AF
PL-2	Christian	Sigaudes	8700.50	A320	NULL	1995-05-13	AF
PL-3	Pierre	Perez	5600.00	A320	NULL	2001-09-12	SING
PL-4	Romaric	Benech	2450.00	A330	500.00	2001-09-21	CAST
PL-5	Vincent	Gindre	5605.00	A340	600.00	1995-01-16	SING
PL-6	Bruno	Duffau	NULL	A340	0.00	2001-09-21	CAST

Utilisées sans GROUP BY, la majorité de ces fonctions ne peuvent s'appliquer qu'à tout ou partie d'une table. Le tableau 4-24 présente quelques exemples significatifs. Notez qu'à chaque fois qu'un marqueur NULL est examiné, il est ignoré et un message d'avertissement non bloquant est émis.

Tableau 4–24 Fonctions d'agrégation sans regroupement

Fonctions	Exemples

AVG	Moyenne des heures de vol et des primes des pilotes de la compagnie 'AF'.
	`SELECT AVG(pil_hvol) AS "Moyenne heures",`
	`       AVG(pil_prime) AS "Moyenne primes",`
	`       AVG(ISNULL(pil_prime,0)) AS "Moyenne primes nette"`
	`FROM   T_pilote_pil WHERE cmp_compa = 'AF';`
	
	`Moyenne heures Moyenne primes Moyenne primes nette`
	`-------------- -------------- --------------------`
	`4575.250000     500.000000      250.000000`
	`Avertissement : la valeur NULL est éliminée par un agrégat ou par une autre opération SET.`

COUNT	Nombre de pilotes et de compagnies (toutes et distinctes) recensés dans la table.
	`SELECT COUNT(*)                 AS "COUNT(*)",`
	`       COUNT(cmp_compa)         AS "COUNT(cmp_compa)",`
	`       COUNT(DISTINCT cmp_compa)  AS "COUNT(DISTINCT cmp_compa)"`
	`FROM    T_pilote_pil;`
	
	`COUNT(*)    COUNT(cmp_compa) COUNT(DISTINCT cmp_compa)`
	`----------- ---------------- -------------------------`
	`6           6                3`

MAX - MIN	Nombre d'heures de vol le plus élevé, date d'embauche la plus récente. Nombre d'heures de vol le moins élevé, date d'embauche la plus ancienne.
	`SELECT MAX(pil_hvol) AS "Max hvol", MAX(pil_embauche) "Embauche récente",`
	`       MIN(pil_prime) AS "Min prime", MIN(pil_embauche) "Embauche ancienne"`
	`FROM   T_pilote_pil;`
	
	`Max hvol  Embauche récente Min prime Embauche ancienne`
	`--------- ---------------- --------- -----------------`
	`8700.50   2001-09-21       0.00      1985-06-22`
	`Avertissement : la valeur NULL est éliminée par un agrégat ou par une autre opération SET.`

Étudions à présent ces fonctions dans le cadre de regroupements de lignes.

Regroupements simples

Le groupement de lignes se programme dans une requête à l'aide de l'option GROUP BY qui liste les expressions du groupement, et de la clause HAVING qui permet de poser des conditions sur chaque groupement. La clause ORDER BY permet de trier le résultat. La clause WHERE de la requête s'applique à la totalité de la table (elle permet d'exclure des lignes pour chaque groupement ou de rejeter des groupements entiers).

Dans notre exemple, différents regroupements sont possibles. La figure 4-16 en présente deux : le premier regroupe la population des pilotes selon leur compagnie (GROUP BY cmp_compa), le second classifie chaque pilote sur le type d'avion utilisé (GROUP BY avi_typavi).

Utilisées avec GROUP BY, les fonctions d'agrégat s'appliquent à chaque regroupement (dont le nombre n'est pas précisé dans la requête ni limité par le système qui parcourt toute la table).

Le tableau 4-25 présente quelques cas d'utilisation. Notez qu'il est possible de regrouper des lignes sur plusieurs expressions (ici, la compagnie et le type d'avion).

Figure 4–16
Deux regroupements possibles

pil_brevet	pil_prenom	pil_nom	pil_hvol	avi_typavi	pil_prime	pil_embauche	cmp_compa
PL-1	Pierre	Filloux	450.00	A320	500.00	1985-06-22	AF
PL-2	Christian	Sigaudes	8700.50	A320	NULL	1995-05-13	AF
PL-4	Romaric	Benech	2450.00	A330	500.00	2001-09-21	CAST
PL-6	Bruno	Duffau	NULL	A340	0.00	2001-09-21	CAST
PL-5	Vincent	Gindre	5605.00	A340	600.00	1995-01-16	SING
PL-3	Pierre	Perez	5600.00	A320	NULL	2001-09-12	SING

pil_brevet	pil_prenom	pil_nom	pil_hvol	avi_typavi	pil_prime	pil_embauche	cmp_compa
PL-1	Pierre	Filloux	450.00	A320	500.00	1985-06-22	AF
PL-2	Christian	Sigaudes	8700.50	A320	NULL	1995-05-13	AF
PL-3	Pierre	Perez	5600.00	A320	NULL	2001-09-12	SING
PL-4	Romaric	Benech	2450.00	A330	500.00	2001-09-21	CAST
PL-5	Vincent	Gindre	5605.00	A340	600.00	1995-01-16	SING
PL-6	Bruno	Duffau	NULL	A340	0.00	2001-09-21	CAST

Les colonnes présentes dans le `SELECT` doivent impérativement apparaître dans le `GROUP BY`. Seules des fonctions d'agrégat ou expressions sur la base de colonnes sélectionnées peuvent être présentes en plus dans la liste du `SELECT`. Le cas échéant, le message d'erreur est le suivant : `Msg 8120, Niveau 16, État 1, Ligne … : La colonne '…' n'est pas valide dans la liste de sélection parce qu'elle n'est pas contenue dans une fonction d'agrégation ou dans la clause GROUP BY.`

Aucun alias de colonne ne peut apparaître dans la clause `GROUP BY`. Le message d'erreur, le cas échéant, est le suivant : `Msg 207, Niveau 16, État 1, Ligne … : Nom de colonne non valide : '…'.`

Tableau 4–25 Exemples de fonction avec `GROUP BY`

Fonctions	Exemples

AVG
COUNT
SUM
	Nombre de pilotes, moyenne des heures de vol et somme des primes pour chaque compagnie.
	`SELECT cmp_compa AS "Comp", COUNT(pil_brevet) AS "Pilotes",`
	`AVG(pil_hvol) AS "Moyenne heures",`
	`SUM(ISNULL(pil_prime,0)) AS "Somme des primes"`
	`FROM T_pilote_pil`
	`GROUP BY cmp_compa;`
	
	`Comp Pilotes     Moyenne heures Somme des primes`
	`---- ----------- -------------- ----------------`
	`AF   2           4575.250000    500.00`
	`CAST 2           2450.000000    500.00`
	`SING 2           5602.500000    600.00`

Plusieurs expressions dans le `GROUP BY`	Nombre de pilotes qualifiés par type d'appareil et par compagnie.
	`SELECT cmp_compa AS "Compagnie", avi_typavi AS "Avion",`
	`COUNT(pil_brevet) AS "Nombre pilotes"`
	`FROM T_pilote_pil`
	`GROUP BY cmp_compa, avi_typavi;`
	
	`Compagnie Avion Nombre pilotes`
	`--------- ----- --------------`
	`AF        A320  2`
	`SING      A320  1`
	`CAST      A330  1`
	`CAST      A340  1`
	`SING      A340  1`

Tableau 4–25 Exemples de fonction avec `GROUP BY` *(suite)*

Fonctions	Exemples

`GROUP BY` et `HAVING`	Compagnies ayant plus d'un pilote qualifié sur un même type d'appareil.
	`SELECT cmp_compa AS "Compagnie", avi_typavi AS "Avion",`
	`COUNT(pil_brevet) AS "Nombre pilotes"`
	`FROM T_pilote_pil`
	`GROUP BY cmp_compa, avi_typavi`
	`HAVING COUNT(pil_brevet) > 1;`
	
	`Compagnie Avion Nombre pilotes`
	`--------- ----- --------------`
	`AF        A320  2`

Regroupements complexes

Plusieurs opérateurs sont disponibles pour composer des regroupements multiples dans la clause `GROUP BY` et permettre ainsi de calculer des fonctions d'agrégat sur différentes dimensions (au sens OLAP).

- L'option `ROLLUP`, qui génère un ensemble de regroupements par rotation des expressions du `GROUP BY`.
- L'option `CUBE`, qui génère toutes les combinaisons possibles à partir d'une décomposition des expressions du `GROUP BY`.
- L'option `GROUPING SETS`, qui permet de lister des regroupements en combinant ou non une des options précédentes.

Considérons la table suivante et choisissons de traiter le pilote comme le paramètre qui dépend des trois autres dimensions (*année*, *avion* et *compagnie*).

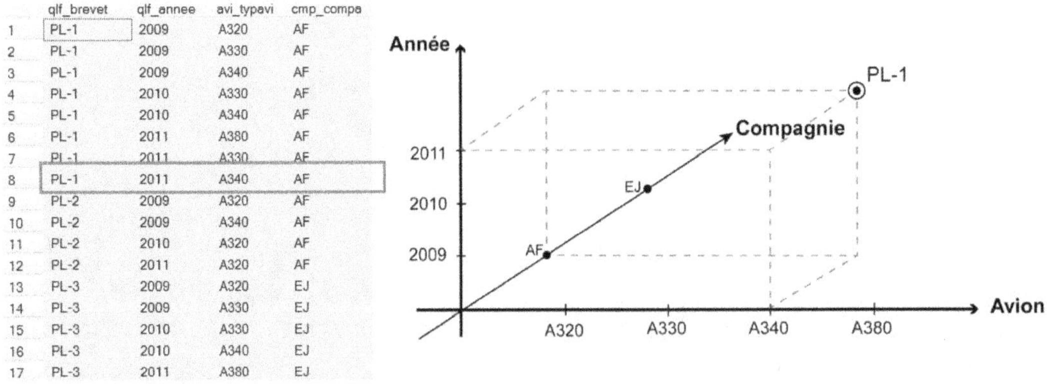

	qlf_brevet	qlf_annee	avi_typavi	cmp_compa
1	PL-1	2009	A320	AF
2	PL-1	2009	A330	AF
3	PL-1	2009	A340	AF
4	PL-1	2010	A330	AF
5	PL-1	2010	A340	AF
6	PL-1	2011	A380	AF
7	PL-1	2011	A330	AF
8	PL-1	2011	A340	AF
9	PL-2	2009	A320	AF
10	PL-2	2009	A340	AF
11	PL-2	2010	A320	AF
12	PL-2	2011	A320	AF
13	PL-3	2009	A320	EJ
14	PL-3	2009	A330	EJ
15	PL-3	2010	A330	EJ
16	PL-3	2010	A340	EJ
17	PL-3	2011	A380	EJ

Figure 4–17 Table exemple et dimensions

Dimensions OLAP

L'option `GROUP BY ROLLUP` génère un `GROUP BY`, en ajoutant des résultats intermédiaires basés sur des agrégats composites. Un résultat global *(grand total row)* est généré. Le nombre de regroupements traités est égal au nombre d'expressions dans la clause de regroupement plus un.

À titre d'exemple, considérons l'option `GROUP BY ROLLUP`(*compagnie*, *avion*, *année*) qui concerne trois dimensions. Une ligne de sous-total est générée pour chaque combinaison unique des valeurs du triplet (*compagnie*, *avion*, *année*), du couple (*compagnie*, *avion*) et pour chaque valeur distincte de (*compagnie*). Un total final est généré en fin de requête. L'ordre des colonnes dans la clause GROUP BY ROLLUP a donc toute son importance.

Le tableau 4-26 présente deux exemples basés sur la fonction SUM. Le premier cumule le nombre de pilotes par avion et année, puis par avion et génère ensuite le total (17 occurrences de pilotes, toutes compagnies, avions et années compris). Le second cumule le nombre de pilotes par compagnie, avion et année, puis par compagnie et avion et enfin par compagnie avant de génerer le total.

Tableau 4–26 Exemples de GROUP BY ROLLUP

<table>
<tr><th>Requête</th><th>Résultat</th></tr>
<tr><td><pre>SELECT   avi_typavi, qlf_annee,
         COUNT(qlf_brevet) AS "Pilotes"
FROM   T_qualifs_qlf
GROUP BY ROLLUP(avi_typavi, qlf_annee);</pre></td><td><pre>avi_typavi qlf_annee   Pilotes
---------- ----------- -----------
A320   2009   3
A320   2010   1
A320   2011   1
A320   NULL   5
A330   2009   2
...
NULL   NUL   17</pre></td></tr>
<tr><td><pre>SELECT   cmp_compa,avi_typavi,qlf_annee,
         COUNT(qlf_brevet) AS "Pilotes"
FROM   T_qualifs_qlf
GROUP BY ROLLUP(cmp_compa,avi_typavi,qlf_annee);</pre></td><td><pre>cmp_compa avi_typavi qlf_annee Pilotes
--------- ---------- ---------- -------
AF   A320   2009   2
AF   A320   2010   1
AF   A320   2011   1
AF   A320   NULL   4
AF   A330   2009   1
...
AF   NULL   NULL   12
EJ   A320   2009   1
...
EJ   NULL   NULL   5
NULL   NULL   NULL   17</pre></td></tr>
</table>

Les combinaisons des colonnes proviennent en fait d'une rotation (d'où le terme *rollup*) de la droite vers la gauche. Ainsi, la clause GROUP BY ROLLUP(*compagnie*, *avion*), ROLLUP(*année*) va générer les regroupements suivants : (*compagnie*, *avion*, *année*), puis (*compagnie*, *avion*) puis (*compagnie*, *année*) puis (*compagnie*) et enfin (*année*).

Les cubes

L'option GROUP BY CUBE ajoute à l'option précédente des combinaisons d'agrégats. Le nombre de regroupements traités est égal à 2^n +1 (*n* = nombre d'expressions dans la clause de regroupement). Toutes les combinaisons sont extraites.

À titre d'exemple, considérons l'option GROUP BY CUBE(*compagnie*, *avion*, *année*). Une ligne de sous-total est générée pour chaque combinaison unique des valeurs du triplet (*compagnie*, *avion*, *année*), des couples (*compagnie*, *avion*), (*compagnie*, *année*) et (*avion*, *année*) et pour chaque valeur distincte de (*compagnie*), (*avion*) et (*année*). Un résultat global est également généré.

Le tableau 4-27 présente un exemple basé sur la fonction SUM. La requête cumule le nombre de pilotes par compagnie et avion, puis par avion, ensuite par compagnie et génère le total (placé ici avant la fin).

Tableau 4–27 Exemple de `GROUP BY CUBE`

Requête	Résultat

<pre>SELECT   cmp_compa,avi_typavi,
         COUNT(qlf_brevet) AS "Pilotes"
FROM   T_qualifs_qlf
GROUP BY CUBE(cmp_compa,avi_typavi);</pre>
	<pre>cmp_compa avi_typavi Pilotes
	--------- ---------- -----------
	AF A320 4
	EJ A320 1
	NULL A320 5
	...
	NULL NULL 17
	AF NULL 12
	EJ NULL 5</pre>

Groupements multiples

L'option `GROUP BY GROUPING SETS` permet de composer à la demande les combinaisons d'agrégats. Les expressions peuvent être définies en combinaisons de *singleton*, couples, triplets, etc. L'utilisation des fonctions `ROLLUP` et `CUBE` est possible dans la clause `GROUPING SETS`. Il n'y a pas de résultat global généré. Pour obtenir le résultat global (grand total row), vous devez ajouter `()` dans la liste des expressions.

À titre d'exemple, l'option `GROUP BY GROUPING SETS`((*compagnie*, *avion*), *année*) va examiner les combinaisons des couples (*compagnie*, *avion*), puis (*année*).

Le tableau 4-28 présente un exemple basé sur la fonction `SUM`. La requête cumule le nombre de pilotes par année, puis par compagnie et avion. Le résultat global est aussi généré.

Tableau 4–28 Exemple de `GROUP BY GROUPING SETS`

Requête	Résultat

<pre>SELECT   cmp_compa,avi_typavi,qlf_annee,
          COUNT(qlf_brevet) AS "Pilotes"
FROM   T_qualifs_qlf
GROUP BY GROUPING SETS((cmp_compa,avi_typavi),
                       qlf_annee,());</pre>
	<pre>cmp_compa avi_typavi qlf_annee Pilotes
	--------- ---------- ---------- ---------
	NULL NULL 2009 7
	NULL NULL 2010 5
	NULL NULL 2011 5
	NULL NULL NULL 17
	AF A320 NULL 4
	...
	EJ A380 NULL 1</pre>

Le nombre maximal d'expressions qu'il est possible de disposer dans une clause `GROUP BY` qui contient une option `ROLLUP`, `CUBE` ou `GROUPING SETS` est limité à 32. Le nombre maximal d'expressions générées est limitée à 4 096 (2^{12}), soit par exemple 12 expressions dans un `GROUP BY(CUBE(…))`. Le message d'erreur le cas échéant est le suivant : `Msg 10703, Niveau 16, État 1, Ligne … : Trop de jeux de regroupements. Le nombre maximal est 4 096.`

La fonction GROUPING

Il n'est pas toujours possible de distinguer, lorsque certaines informations sont manquantes (`NULL`) dans les colonnes de regroupement, ce qui relève d'une ligne de détail et d'une ligne de sous-total, renvoyées par `CUBE`ou `ROLLUP`. Pour ce faire, la fonction `GROUPING` retrourne un résultat de type `BIT` indiquant 0 si la ligne est un détail ou 1 s'il s'agit d'un sous-total. Le tableau 4-29 illustre ce mécanisme.

Tableau 4–29 Utilisation de GROUPING avec CUBE

Requête	Résultat
SELECT cmp_compa,avi_typavi, COUNT(qlf_brevet) AS Pilotes, GROUPING(cmp_compa) AS G_CMP, GROUPING(avi_typavi) AS G_AVI FROM T_qualifs_qlf GROUP BY CUBE(cmp_compa, avi_typavi);	cmp_compa avi_typavi Pilotes G_CMP G_AVI --------- ---------- -------- ------ ------ AF A320 4 0 0 EJ A320 1 0 0 NULL A320 5 1 0 ... NULL NULL 17 1 0 AF NULL 12 0 1 EJ NULL 5 0 1

Pivots (PIVOT)

Analogue au concept de « tableau croisé » d'Excel, l'opérateur PIVOT permet de transformer des lignes en colonnes tout en opérant une fonction d'agrégat à la volée (somme, moyenne, etc.). La syntaxe de cet opérateur est la suivante :

```
SELECT alias_t1.colonne_non_pivotee,
       alias_t2[colonne_pivotee_1] AS alias_1 [...]
FROM
(SELECT ...) AS alias_t1
 PIVOT (fonction_agregat(expression)
       FOR [colonne] IN ([colonne_pivotée_1] ...)) alias_t2
[ORDER BY ...]
```

La clause FOR liste la colonne à grouper, puis celles à faire pivoter. La clause IN filtre les colonnes de la clause FOR. Le mécanisme du pivot est le suivant : calcul du ou des agrégats (sans GROUP BY, devenu implicite du fait de la directive IN), puis transposition de chaque valeur calculée à la colonne correspondante.

Considérons l'exemple suivant décrivant les vols d'une semaine.

Figure 4–18
Table à pivoter

T_vols_vls

vls_idvol	vls_idjour	vls_num_vol	vls_nb_passagers
1	1	AF6143	10
2	1	BA234	20
3	1	CF56	30
4	2	AF6143	40
5	2	CF56	50
6	3	AF6143	60
7	3	BA234	70
8	3	CF56	80
9	3	D009	90
10	4	AF6143	100

Le tableau 4-30 présente deux pivots. Le premier totalise le nombre de passagers transportés par vol, le second extrait la moyenne des passagers transportés le lundi et le mardi.

Tableau 4–30 Requêtes de pivots

Requête	Résultat
SELECT t2.[AF6143] AS "AF6143", t2.[BA234] AS "BA234", t2.[CF56] AS "CF56", t2.[D009] AS "D009" FROM (SELECT vls_num_vol, vls_nb_passagers FROM T_vols_vls) t1 PIVOT (SUM(t1.vls_nb_passagers) FOR t1.vls_num_vol IN ([AF6143], [BA234], [CF56] ,[D009])) t2;	AF6143 BA234 CF56 D009 --------- --------- --------- ------- 210 90 160 90
SELECT t2.[1] AS "Lundi", t2.[2] AS "Mardi" FROM (SELECT vls_idjour,vls_nb_passagers FROM T_vols_vls) t1 PIVOT (AVG(t1.vls_nb_passagers) FOR vls_idjour IN ([1], [2])) t2;	Lundi Mardi --------- --------- 20 45

Transpositions (UNPIVOT)

Comme son nom l'indique, l'opérateur UNPIVOT réalise à peu de chose près l'opération PIVOT en convertissant des données disposées en colonnes sous la forme de lignes. On peut parler de désagrégation (ou transposition). La syntaxe de UNPIVOT est identique de celle de PIVOT (à l'exception du nom de l'opérateur).

Le mécanisme inverse du pivot est le suivant : parcours des colonnes, puis transposition de chaque valeur calculée dans la colonne correspondante. Considérons l'exemple suivant qui décrit les vols d'une semaine (en termes de nombre de passagers transportés).

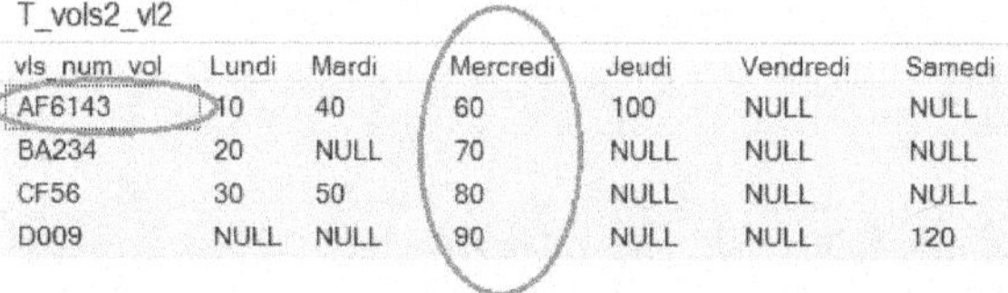

T_vols2_vl2

vls_num_vol	Lundi	Mardi	Mercredi	Jeudi	Vendredi	Samedi
AF6143	10	40	60	100	NULL	NULL
BA234	20	NULL	70	NULL	NULL	NULL
CF56	30	50	80	NULL	NULL	NULL
D009	NULL	NULL	90	NULL	NULL	120

Figure 4–19
Table à transposer

Le tableau 4-31 présente un cas d'utilisation de cet opérateur pour transformer les colonnes des jours en lignes de données.

Tableau 4–31 Requête de transposition

Requête	Résultat
SELECT t2.vls_num_vol, t2.jour, t2.passagers FROM (SELECT vls_num_vol, Lundi, Mardi, Mercredi, Jeudi, Vendredi, Samedi FROM T_vols2_vl2) t1 UNPIVOT (passagers FOR jour IN (Lundi,Mardi, Mercredi, Jeudi, Vendredi, Samedi)) t2;	vls_num_vol jour passagers ----------- ---------- ---------- AF6143 Lundi 10 AF6143 Mardi 40 AF6143 Mercredi 60 AF6143 Jeudi 100 BA234 Lundi 20 BA234 Mercredi 70 CF56 Lundi 30 CF56 Mardi 50 CF56 Mercredi 80 D009 Mercredi 90 D009 Samedi 120

Dans la msure du possible, évitez ces deux opérateurs et privilégiez une structure en CASE. Les opérateurs PIVOT et UNPIVOT présentent plus d'inconvénients que d'avantages :

- Aucune conformité aux normes SQL : le recours aux crochets pour nommer les colonnes provenant des valeurs n'obéit à aucune logique, ni aucun standard.
- Le plan d'exécution de la requête (voir chapitre 13) paraît plus simple, mais il n'est pas certain que l'effort (en termes *IO*) soit moindre car aucun index ne peut être utilisé en principe.
- La clause IN n'a pas été rendue générique et il faut exprimer en « dur » les colonnes croisées.
- L'opérateur UNPIVOT n'est pas la fonction réciproque de PIVOT car les valeurs NULL n'ont pas été correctement gérées (la clause INCLUDE NULLS d'Oracle, par exemple, n'existe pas).
- Une seule fonction d'agrégat peut être utilisée par requête.
- Il nécessite de connaître à l'avance certains résultats (pour la création des pseudo-colonnes)
- Il n'est pas dynamique.

Fonctions de fenêtrage

Cette section traite des fonctions de fenêtrage, parmi lesquelles on trouve les fonctions de rangement et d'analyse, qui permettent de calculer des indicateurs suivant des partitions plus fines que des regroupements classiques. Ces fonctions sont ainsi appelées car elle enrichissent le résultat d'une requête par de nouvelles colonnes contenant des informations complémentaires qui n'altèrent pas le résultat d'origine, mais l'encadrent. De ce fait, il n'est pas possible de filtrer une fonction de fenêtrage directement dans une clause WHERE ou HAVING (sinon, cela altérerait le résultat initial).

Considérons la table qualifs_qlf qui présente trois dimensions : *pilote*, *année* et *type d'avion*.

Figure 4–20
Table exemple

qlf_brevet	qlf_annee	avi_typavi	qlf_hvol
PL-1	2009	A320	200.50
PL-1	2009	A330	300.00
PL-1	2009	A340	158.50
PL-1	2010	A330	456.00
PL-1	2010	A340	251.00
PL-1	2011	A380	169.20
PL-1	2011	A330	450.30
PL-1	2011	A340	148.00
PL-2	2009	A320	500.30
PL-2	2009	A340	120.00
PL-2	2010	A320	780.00
PL-2	2011	A320	520.50
PL-3	2009	A320	600.20
PL-3	2009	A330	100.50
PL-3	2010	A330	150.00
PL-3	2010	A340	200.60
PL-3	2011	A380	290.00
PL-4	2007	A380	90.00
PL-4	2009	A380	800.00
PL-4	2009	B777	200.00
PL-4	2011	A380	900.00

La clause OVER

La clause `OVER` permet de définir une partition et un ordre dans un jeu de résultats pour éventuellement appliquer des fonctions d'agrégat, analytiques ou de rang *(ranking)*. Cette clause permet notamment de composer des fonctions de fenêtrage (clause `ROWS` et `RANGE`). Il est aussi possible d'utiliser une partie de cette clause conjointement à la fonction `NEXT VALUEFOR` sur une séquence. La syntaxe de cette clause est la suivante :

```
OVER([PARTITION BY expression[,…]]
       [ORDER BY expression [COLLATE nom_collation] [ASC | DESC] [,…]]
       [{ROWS | RANGE}
          {UNBOUNDED PRECEDING | entier PRECEDING | CURRENT ROW}
        | {BETWEEN limite_fenetre AND limite_fenetre}])
avec limite_fenetre :
{ {UNBOUNDED PRECEDING | entier PRECEDING | CURRENT ROW}
  | {UNBOUNDED FOLLOWING | entier FOLLOWING | CURRENT ROW}}
```

Alors que les fonctions d'agrégat qu'on associe classiquement à un `GROUP BY` classique sont restreintes au même regroupement de lignes, la clause `OVER` permet de composer différents groupements dans la même requête. Ainsi, l'exemple suivant permet de calculer différentes fonctions d'agrégat tout en considérant différents regroupements de lignes.

```
SELECT avi_typavi, qlf_annee, qlf_brevet,
       SUM(qlf_hvol)      OVER(PARTITION BY avi_typavi,qlf_annee) AS "Total h",
       AVG(qlf_hvol)      OVER(PARTITION BY qlf_annee) AS "Moyenne année",
       AVG(qlf_hvol)      OVER(PARTITION BY avi_typavi,qlf_annee) AS "Moyenne année/avion",
       COUNT(qlf_brevet) OVER(PARTITION BY avi_typavi,qlf_annee) AS "Pilotes",
       MIN(qlf_hvol)      OVER(PARTITION BY avi_typavi) AS "Min",
       MAX(qlf_hvol)      OVER(PARTITION BY avi_typavi) AS "Max"
FROM   T_qualifs_qlf;
```

Le résultat de cette requête est commenté dans la figure 4-21.

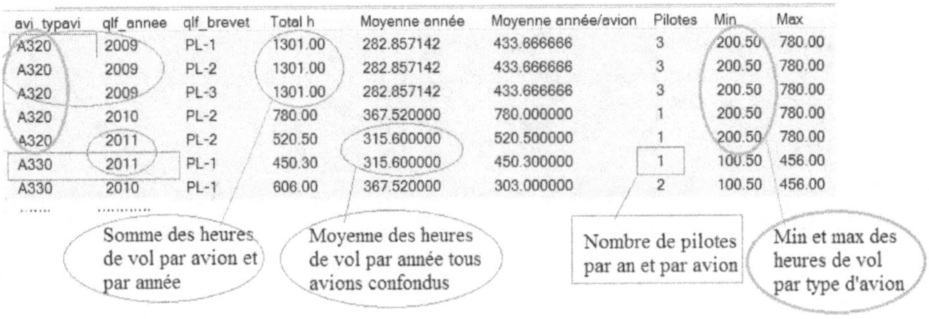

avi_typavi	qlf_annee	qlf_brevet	Total h	Moyenne année	Moyenne année/avion	Pilotes	Min	Max
A320	2009	PL-1	1301.00	282.857142	433.666666	3	200.50	780.00
A320	2009	PL-2	1301.00	282.857142	433.666666	3	200.50	780.00
A320	2009	PL-3	1301.00	282.857142	433.666666	3	200.50	780.00
A320	2010	PL-2	780.00	367.520000	780.000000	1	200.50	780.00
A320	2011	PL-2	520.50	315.600000	520.500000	1	200.50	780.00
A330	2011	PL-1	450.30	315.600000	450.300000	1	100.50	456.00
A330	2010	PL-1	606.00	367.520000	303.000000	2	100.50	456.00
......	....							

Somme des heures de vol par avion et par année

Moyenne des heures de vol par année tous avions confondus

Nombre de pilotes par an et par avion

Min et max des heures de vol par type d'avion

Figure 4–21 Différents groupements dans la même requête

Les fonctions de rang

Les fonctions de rang retournent une valeur correspondant à un rang pour chaque ligne d'une partition (définie par `OVER`). Toutes ces fonctions incluent la clause d'ordonnancement `ORDER BY` *`expression`*

[COLLATE *nom_collation*] [ASC | DESC] [,...]. Si la clause de partitionnement est absente, la fonction traite chaque ligne du résultat comme un unique groupement.

Tableau 4–32 Fonctions de rang

Fonctions	Objectif et type de retour
DENSE_RANK() OVER([PARTITION BY *expression*] ORDER BY...)	Retourne le rang (BIGINT) de la ligne au sein de sa partition sans interrompre la numérotation.
NTILE(*entier*) OVER([PARTITION BY *expression*] ORDER BY...)	Divise les partitions en groupes homogènes, le numéro du groupe est retourné (BIGINT).
RANK() OVER([PARTITION BY *expression*] ORDER BY...)	Retourne le rang (BIGINT) de la ligne au sein de sa partition en interrompant éventuellement la numérotation.
ROW_NUMBER() OVER([PARTITION BY *expression* [,...]] ORDER BY...)	Numérote la ligne dans chaque partition (BIGINT).
PERCENT_RANK() OVER([PARTITION BY *expression* [,...]] ORDER BY...)	Retourne un rang en « pourcentage » (entre 0 et 1 de type FLOAT).

Les exemples suivants illustrent des fonctions (voir tableau 4-33) :

- ROW_NUMBER numérote les lignes de chaque regroupement de types d'avions (partition) et l'ordonnancement trie les lignes de chaque regroupement par année décroissante.
- RANK numérote le rang de chaque ligne par rapport au regroupement. Le calcul du rang suivant prend en compte le nombre de lignes du rang précédent.
- DENSE_RANK numérote le rang de chaque ligne par rapport au regroupement en calculant le rang suivant sans prendre en compte le nombre de lignes du rang précédent.
- NTILE affecte à chaque ligne d'une partition un numéro de groupe d'une volumétrie similaire aux autres groupes comprennant les autres lignes du résultat. Cette fonction vise à diviser plusieurs partitions en groupes homogènes. Les groupes sont numérotés et la numérotation commence à 1. Dans l'exemple, 21 lignes doivent être divisées en 4 groupes en prenant en compte la partition. Seul le premier groupe comprend 6 lignes.

Tableau 4–33 Exemples de fonction de rang

<table>
<tr><th>Requête</th><th>Résultat</th></tr>
<tr><td><pre>SELECT ROW_NUMBER()
     OVER(PARTITION BY avi_typavi
       ORDER BY qlf_annee DESC)
       AS "ROW_NUMBER()",
     qlf_brevet, avi_typavi, qlf_annee
FROM T_qualifs_qlf;</pre></td><td><pre>ROW_NUMBER() qlf_brevet avi_typavi qlf_annee
------------ ---------- ---------- ---------
1   PL-2   A320   2011
2   PL-2   A320   2010
3   PL-3   A320   2009
4   PL-1   A320   2009
5   PL-2   A320   2009
1   PL-1   A330   2011
...</pre></td></tr>
<tr><td><pre>SELECT RANK()
      OVER(PARTITION BY avi_typavi
        ORDER BY qlf_annee DESC) AS "RANK()",
      qlf_brevet,avi_typavi,qlf_annee
FROM T_qualifs_qlf
WHERE avi_typavi = 'A380';</pre></td><td><pre>RANK() qlf_brevet avi_typavi qlf_annee
------ ---------- ---------- ---------
1   PL-1   A380   2011
1   PL-3   A380   2011
1   PL-4   A380   2011
4   PL-4   A380   2009
5   PL-4   A380   2007</pre></td></tr>
</table>

Tableau 4–33 Exemples de fonction de rang *(suite)*

Requête	Résultat

SELECT DENSE_RANK()
      OVER(PARTITION BY avi_typavi
        ORDER BY qlf_annee DESC)
        AS "DENSERANK()",
      qlf_brevet,avi_typavi,qlf_annee
FROM T_qualifs_qlf
WHERE avi_typavi = 'A380';
	DENSERANK() qlf_brevet avi_typavi qlf_annee
	----------- ---------- ---------- ---------
	1 PL-1 A380 2011
	1 PL-3 A380 2011
	1 PL-4 A380 2011
	2 PL-4 A380 2009
	3 PL-4 A380 2007

SELECT NTILE(4)
      OVER(ORDER BY avi_typavi,qlf_hvol DESC)
      AS "NTILE",
     qlf_brevet, avi_typavi,
     qlf_hvol, qlf_annee
FROM T_qualifs_qlf;
	(voir Figure 4–22)

	NTILE	qlf brevet	avi typavi	qlf hvol	qlf annee
1	1	PL-2	A320	780.00	2010
2	1	PL-3	A320	600.20	2009
3	1	PL-2	A320	520.50	2011
4	1	PL-2	A320	500.30	2009
5	1	PL-1	A320	200.50	2009
6	1	PL-1	A330	456.00	2010
7	2	PL-1	A330	450.30	2011
...					
17	4	PL-4	A380	800.00	2009
18	4	PL-3	A380	290.00	2011
19	4	PL-1	A380	169.20	2011
20	4	PL-4	A380	90.00	2007
21	4	PL-4	B777	200.00	2009

Figure 4–22 Résultat de NTILE

Si vous désirez limiter le nombre de lignes extraites par un `TOP` sans perdre d'informations, il est préférable d'utiliser la directive `WITH TIES`. Alors que `TOP` limite le nombre de lignes extraites (en nombre de lignes ou pourcentage de lignes), l'option `WITH TIES` s'utilise conjointement à `ORDER BY` pour inclure autant de lignes que nécessaire (et sans se limiter à la clause `TOP`). Ainsi, l'option `WITH TIES` de la requête suivante permettra d'afficher les 5 lignes de rang 1 (et pas simplement les trois premières comme indiqué par `TOP(3)`).

Tableau 4–34 Exemple avec `WITH TIES`

Requête	Résultat

SELECT TOP(3) WITH TIES
RANK() OVER(PARTITION BY avi_typavi
        ORDER BY qlf_annee DESC) AS rang,
      qlf_brevet,avi_typavi,qlf_annee
FROM T_qualifs_qlf
ORDER BY rang;
	rang qlf_brevet avi_typavi qlf_annee
	---- ---------- ---------- ---------
	1 PL-2 A320 2011
	1 PL-1 A330 2011
	1 PL-1 A340 2011
	1 PL-1 A380 2011
	1 PL-3 A380 2011

Les fonctions analytiques

Les fonctions analytiques sont relatives à une partition (ensemble de lignes définies par `OVER`), et sont plus précises que les fonctions classiques d'agrégat qui opèrent sur un unique ensemble de lignes défini par `GROUP BY`. Toutes les fonctions analytiques incluent la clause d'ordonnancement `ORDER BY` *`expression`* `[COLLATE` *`nom_collation`*`] [ASC | DESC] [,…]`. Si la clause de partitionnement est absente, la fonction analytique considère un unique groupement.

Il n'est pas possible d'utiliser un fonction analytique dans la clause `WHERE` d'une requête. Le message d'erreur obtenu est le suivant : `Msg 4108, Niveau 15, État 1, Ligne … : Les fonctions fenêtrées peuvent uniquement apparaître dans les clauses SELECT ou ORDER BY.`

Le tableau 4-35 présente les principales fonctions analytiques.

Tableau 4–35 Fonctions analytiques simples :

Fonctions	Objectif et type de retour
`CUME_DIST() OVER([PARTITION BY expr] ORDER BY ...)`	Retourne sous la forme d'un pourcentage (FLOAT entre 0 et 1) la position relative d'une valeur par rapport à un ensemble ordonné de valeurs (si la partition est croissante, la fonction retourne le nombre de lignes ayant des valeurs inférieures ou égales à la valeur, divisé par le nombre de lignes de la partition).
`FIRST_VALUE(expression) OVER([PARTITION BY expr] ORDER BY ... [clause_ROW_ou_RANGE])`	Retourne la première valeur d'un ensemble ordonné de valeurs. Le type de retour est celui de *expression*.
`LAG(expression [,offset], [default]) OVER([PARTITION BY expr] ORDER BY ...)`	Fournit l'accès à une ligne précédant la ligne courante (*offset*, par défaut 1). Le type de retour est soit celui de *expression*, soit NULL, ou le type de l'expression *default*si la fonction retourne NULL.
`LAST_VALUE(expression) OVER([PARTITION BY expr] ORDER BY ... clause_ROW_ou_RANGE)`	Retourne la dernière valeur d'un ensemble ordonné devaleurs. Le type de retour est celui de *expression*.
`LEAD(expression [,offset], [default]) OVER([PARTITION BY expr] ORDER BY...)`	Fournit l'accès à une ligne suivant la ligne courante (*offset*, par défaut 1). Le type de retour est soit celui de *expression*, soit NULL, ou le type de l'expression *default*si la fonction retourne NULL.

On appelle fenêtre des données l'ensemble des données du début à la fin d'une partition. La fenêtre est indiquée à la suite de ORDER BY dans la clause OVER. Par exemple, ROWS BETWEEN *x* PRECEDING AND *y* FOLLOWING permet de se limiter aux *x* lignes qui précèdent l'enregistrement courant et aux *y* lignes qui le suivent (UNBOUNDED sans limite).

Les exemples suivants illustrent ces fonctions :

- LEAD présente un historique en ligne sur l'année en cours et les deux suivantes.
- LAG présente un historique en ligne sur l'année en cours et les deux précédentes.
- FIRST_VALUE présente pour chaque pilote et type d'avion, l'année au cours de laquelle le moins d'heures de vol ont été réalisées.
- LAST_VALUE présente pour chaque pilote et type d'avion, l'année au cours de laquelle le plus d'heures de vol ont été réalisées.
- CUME_DIST présente pour chaque type d'avion, le pourcentage correspondant aux lignes de chaque partition. Le 0,8 correspond au quotient des deux valeurs suivantes : 4 (nombre de lignes de pilotes qualifiés sur A380 en excluant le plus qualifié coté 1) et 5 (nombre total de la partition des pilotes qualifiés sur A380 toutes années confondues).

Tableau 4–36 Exemples de fonctions analytiques

Requête

```
SELECT qlf_brevet, qlf_annee,
       avi_typavi, qlf_hvol,
  LEAD(qlf_hvol,1,0)
   OVER(PARTITION BY qlf_brevet,avi_typavi
        ORDER BY qlf_annee) AS "an+1",
  LEAD(qlf_hvol,2,0)
    OVER(PARTITION BY qlf_brevet,avi_typavi
         ORDER BY qlf_annee) AS "an+2"
FROM   T_qualifs_qlf;
```

Résultat

qlf_brevet	qlf_annee	avi_typavi	qlf_hvol	an+1	an+2
PL-1	2009	A320	200.50	0.00	0.00
PL-1	2009	A330	300.00	456.00	450.30
PL-1	2010	A330	456.00	450.30	0.00
PL-1	2011	A330	450.30	0.00	0.00
PL-1	2009	A340	158.50	251.00	148.00
...	...				

Tableau 4–36 Exemples de fonctions analytiques *(suite)*

Requête	Résultat

```
SELECT qlf_brevet, qlf_annee,
       avi_typavi, qlf_hvol,
  LAG(qlf_hvol,1,0)
    OVER(PARTITION BY qlf_brevet,avi_typavi
         ORDER BY qlf_annee ASC) AS "an-1",
  LAG(qlf_hvol,2,0)
    OVER(PARTITION BY qlf_brevet,avi_typavi
         ORDER BY qlf_annee ASC) AS "an-2"
FROM   T_qualifs_qlf;
```

qlf_brevet	qlf_annee	avi_typavi	qlf_hvol	an-1	an-2
PL-1	2009	A320	200.50	0.00	0.00
PL-1	2009	A330	300.00	0.00	0.00
PL-1	2010	A330	456.00	300.00	0.00
PL-1	2011	A330	450.30	456.00	300.00
PL-1	2009	A340	158.50	0.00	0.00
...	...				

```
SELECT DISTINCT qlf_brevet, avi_typavi,
  FIRST_VALUE(qlf_annee)
  OVER (PARTITION BY qlf_brevet,avi_typavi
    ORDER BY qlf_hvol) AS "Année +faible",
  FIRST_VALUE(qlf_hvol)
  OVER(PARTITION BY qlf_brevet,avi_typavi
    ORDER BY qlf_hvol) AS "Heure vol"
FROM   T_qualifs_qlf;
```

qlf_brevet	avi_typavi	Année +faible	Heure vol
PL-1	A320	2009	200.50
PL-1	A330	2009	300.00
PL-1	A340	2011	148.00
PL-1	A380	2011	169.20
PL-2	A320	2009	500.30
...	...		

```
SELECT DISTINCT qlf_brevet, avi_typavi,
  LAST_VALUE(qlf_annee)
    OVER(PARTITION BY qlf_brevet,avi_typavi
    ORDER BY qlf_hvol RANGE BETWEEN
    CURRENT ROW AND UNBOUNDED FOLLOWING)
    AS "Année +forte",
  LAST_VALUE(qlf_hvol)
     OVER(PARTITION BY qlf_brevet,avi_typavi
     ORDER BY qlf_hvol RANGE BETWEEN
     CURRENT ROW AND UNBOUNDED FOLLOWING)
     AS "Heure vol"
FROM T_qualifs_qlf;
```

qlf_brevet	avi_typavi	Année +forte	Heure vol
PL-1	A320	2009	200.50
PL-1	A330	2010	456.00
PL-1	A340	2010	251.00
PL-1	A380	2011	169.20
PL-2	A320	2010	780.00
...	...		

```
SELECT qlf_brevet, avi_typavi,
       qlf_annee, qlf_hvol,
       CUME_DIST()
        OVER(PARTITION BY avi_typavi
             ORDER BY qlf_hvol) AS "CUME_DIST"
FROM   T_qualifs_qlf
ORDER BY 5 DESC;
```

qlf_brevet	avi_typavi	qlf_annee	qlf_hvol	CUME_DIST
PL-2	A320	2010	780.00	1
PL-1	A330	2010	456.00	1
PL-1	A340	2010	251.00	1
PL-4	A380	2011	900.00	1
PL-4	B777	2009	200.00	1
PL-4	A380	2009	800.00	0,8
PL-3	A340	2010	200.60	0,8
...	...			

En plus de l'opérateur `TOP` qui a déjà été décrit, SQL Server dispose de deux autres mécanismes pour limiter les lignes d'une requête :
- L'utilisation de l'option `OFFSET`, qui n'agit qu'au niveau des regroupements, en complément de la clause `ORDER BY`.
- L'utilisation d'une fonction de rang comme `ROW_NUMBER` avec une requête de type CTE (voir chapitre 5).

Tableau 4–37 Fonctions analytiques de classification

Fonctions	Objectif et type de retour
`PERCENTILE_CONT (valeur_num) WITHIN GROUP ( ORDER BY ... ) OVER ( [ PARTITION BY expr ] )`	Retourne sous la forme d'un pourcentage (`FLOAT` entre 0 et 1) la position relative interpolée d'une valeur par rapport à un ensemble ordonné de valeurs.
`PERCENTILE_DISC (valeur_num) WITHIN GROUP ( ORDER BY ... ) OVER ( [ PARTITION BY expr ] )`	Même fonctionnement, mais avec des valeurs discrètes tirées de la fonction `CUME_DIST`.

Exemple :

Figure 4–23
Requête utilisant les percentiles

```
SELECT qlf_brevet, avi_typavi, qlf_annee, qlf_hvol,
       PERCENTILE_CONT (0.8) WITHIN GROUP (ORDER BY qlf_hvol)
                             OVER(PARTITION BY avi_typavi) AS PERCENT_CONT,
       PERCENTILE_DISC (0.8) WITHIN GROUP (ORDER BY qlf_hvol)
                             OVER(PARTITION BY avi_typavi) AS PERCENT_DISC
FROM   T_qualifs_qlf;
```

100 %

Résultats | Messages

	qlf_bre...	avi_typ...	qlf_ann...	qlf_h...	PERCENT_CONT	PERCENT_DISC
1	PL-1	A320	2009	200.50	636,16	600.20
2	PL-2	A320	2009	500.30	636,16	600.20
3	PL-2	A320	2011	520.50	636,16	600.20
4	PL-3	A320	2009	600.20	636,16	600.20
5	PL-2	A320	2010	780.00	636,16	600.20
6	PL-3	A330	2009	100.50	451,44	450.30
7	PL-3	A330	2010	150.00	451,44	450.30
8	PL-1	A330	2009	300.00	451,44	450.30
9	PL-1	A330	2011	450.30	451,44	450.30
10	PL-1	A330	2010	456.00	451,44	450.30
11	PL-2	A340	2009	120.00	210,68	200.60
12	PL-1	A340	2011	148.00	210,68	200.60
13	PL-1	A340	2009	158.50	210,68	200.60
14	PL-3	A340	2010	200.60	210,68	200.60
15	PL-1	A340	2010	251.00	210,68	200.60
16	PL-4	A380	2007	90.00	820	800.00
17	PL-1	A380	2011	169.20	820	800.00
18	PL-3	A380	2011	290.00	820	800.00
19	PL-4	A380	2009	800.00	820	800.00
20	PL-4	A380	2011	900.00	820	800.00
21	PL-4	B777	2009	200.00	200	200.00

La figure 4-23 montre une requête utilisant les « percentiles » afin de mettre en évidence le principe de Pareto, c'est-à-dire les 80 % d'heures de vol pour devenir un pilote senior, soit en valeur discrète, soit en valeur continue.

Opérateurs ensemblistes

Le modèle relationnel est fondé sur une base mathématique (théorie des ensembles). Ainsi, le langage SQL prévoit les opérations dyadiques suivantes :

- intersection (`INTERSECT`), qui extrait des données présentes simultanément dans les deux tables ;
- union, par les opérateurs `UNION` et `UNION ALL`, qui fusionnent des données des deux tables ;
- différence (`EXCEPT`), qui extrait des données présentes dans une table sans être présentes dans la seconde table ;
- produit cartésien par le fait de disposer de deux tables dans la clause `FROM`, ce qui permet de composer des combinaisons à partir des données des deux tables.

SQL Server appelle ces fonctionnalités des opérateurs de jeu de données, on les nomme aussi opérateurs ensemblistes. La syntaxe générale de ces opérateurs est la suivante :

```
SELECT liste_select FROM nom_table1 [WHERE condition]
opérateur_ensembliste
SELECT liste_select FROM nom_table2 [WHERE condition]
[opérateur_ensembliste SELECT …]
[clause_regroupement ];
```

Le nom des colonnes n'a pas d'importance mais l'ordre et le type des colonnes (CHAR, VARCHAR, DATE, numériques, etc.) doit néanmoins être compatible (conversion implicite aisée par famille de types). Si les types de données diffèrent, le type utilisé pour effectuer la comparaison et retourner les résultats se détermine en fonction des règles de précédence des types de données.
Le nom des colonnes du résultat est celui de la première requête.
Si plusieurs opérateurs sont utilisés conjointement au sein de plusieurs requêtes, disposez les expressions de vos requêtes entre parenthèses. En effet, *AUB∩C* est différent de *(AUB)∩C*. En l'absence de parenthèses, l'expression finale s'évalue d'après la règle de précédence suivante : intersection, différence puis union, de gauche à droite.

Étudions à présent chacun de ces opérateurs en considérant les deux tables suivantes :

Figure 4–24
Exemple de tables pour les opérateurs ensemblistes

T_avions_AF_taf

taf_immat	taf_typavi	taf_hvol
F-WTSS	Concorde	6570.50
F-GLFS	A320	3500.80
F-GTMP	A340	NULL
CHAR(6)	VARCHAR(10)	DECIMAL(10,2)

T_avions_SING_tsg

tsg_nav	tsg_typavi	tsg_prix_achat
S-ANSI	A320	104500.70
S-AVEZ	A320	156000.90
S-MILE	A330	198000.50
F-GTMP	A340	204500.00
CHAR(6)	CHAR(10	DECIMAL(14,2)

Il est vraisemblable que seules les deux premières colonnes de chaque table devraient être comparées. Bien que permises par SQL Server, l'union, l'intersection ou la différence entre les prix des avions d'une part et les heures de vol d'autre part (deux colonnes décimales) ne seraient pas valides d'un point de vue sémantique.

Intersection

L'opérateur INTERSECT implémente l'intersection entre deux ensembles homogènes. Cet opérateur est commutatif : SELECT *ensemble1* FROM *table1* INTERSECT SELECT *ensemble2* FROM *table2* est identique à SELECT *ensemble2* FROM *table2* INTERSECT SELECT *ensemble1* FROM *table1*.
Les éventuels duplicatas sont éliminés avant l'opération d'intersection.

Vous constaterez que l'affichage reprend le nom des colonnes de la première expression de requête. Le transtypage explicite évite de subir éventuellement la règle de précédence des types (ici, on compare les colonnes avec le type VARCHAR). Le second exemple présente une intersection basée sur deux colonnes. Ce raisonnement se généralise et pour *n* compagnies, il vous faudra *n-1* clauses d'intersections reliant *n* expressions de requêtes.

Tableau 4–38 Exemples d'intersections

Besoins et requêtes	Résultats

Quel sont les types d'avions que les deux compagnies exploitent en commun ?
`SELECT taf_typavi FROM T_avions_AF_taf`
`INTERSECT`
`SELECT CAST(tsg_typavi AS VARCHAR(10))`
`   FROM T_avions_SING_tsg;`
	`taf_typavi`
	`----------`
	`A320`
	`A340`

Tableau 4–38 Exemples d'intersections *(suite)*

Besoins et requêtes	Résultats

Quels sont les avions exploités par les deux compagnies en commun ?
`SELECT taf_immat, taf_typavi FROM T_avions_AF_taf`
`INTERSECT`
`SELECT tsg_nav,CAST(tsg_typavi AS VARCHAR(10))`
`FROM T_avions_SING_tsg;`
	`taf_immat taf_typavi`
	`--------- ----------`
	`F-GTMP    A340`

Lorsque l'intersection agit sur des ensembles issus d'une même table, vous programmez une condition qui s'apparente à un « *et* » ou « *à la fois* », mais qui ne peut pas se programmer avec une simple requête contenant une condition AND ou OR dans la clause WHERE.

Ainsi, concernant la table des qualifications (voir section « Fonctions de fenêtrage » précédente), l'extraction des pilotes qualifiés à la fois sur A320 et A340 ne peut pas se programmer avec une simple requête qui contiendrait :

- WHERE avi_typavi='A320' AND avi_typavi='A340', qui ne retourne aucune ligne car une colonne, pour chaque ligne, ne peut être associée à différentes valeurs simultanément.
- WHERE avi_typavi='A320' OR avi_typavi='A340', qui retourne les pilotes qui sont qualifiés sur une des deux machines (ou les deux).

Les intersections suivantes résolvent ce problème en comparant des ensembles homogènes. La première requête extrait les pilotes qualifiés à la fois sur A320 et A340 indépendamment des années. La seconde précise ce besoin sur l'année 2009.

Tableau 4–39 Exemples d'intersections issues de la même table

Requête	Résultat

`SELECT qlf_brevet FROM T_qualifs_qlf`
`WHERE avi_typavi='A320'`
`INTERSECT`
`SELECT qlf_brevet FROM T_qualifs_qlf`
`WHERE avi_typavi='A340';`
	`qlf_brevet`
	`----------`
	`PL-1`
	`PL-2`
	`PL-3`

`SELECT qlf_brevet FROM T_qualifs_qlf`
`WHERE avi_typavi='A320' AND qlf_annee = 2009`
`INTERSECT`
`SELECT qlf_brevet FROM T_qualifs_qlf`
`WHERE avi_typavi='A340' AND qlf_annee = 2009;`
	`qlf_brevet`
	`----------`
	`PL-1`
	`PL-2`

Opérateurs UNION et UNION ALL

L'union de plusieurs ensembles homogènes se programme à l'aide des opérateurs UNION et UNION ALL qui sont commutatifs. L'opérateur UNION élimine tout doublon en amont alors que l'opérateur UNION ALL n'en élimine aucun.

Le tableau 4-40 présente un exemple avec chacun de ces opérateurs.

Tableau 4–40 Exemples avec les opérateurs UNION

Besoins et requêtes	Résultats

Quels sont les types d'avions exploités par la compagnie 'AF' et ceux de la compagnie 'SING' ?
`SELECT taf_typavi FROM T_avions_AF_taf`
`UNION`
`SELECT CAST(tsg_typavi AS VARCHAR(10))`
`FROM T_avions_SING_tsg;`
	`taf_typavi`
	`----------`
	`A320`
	`A330`
	`A340`
	`Concorde`

Quels sont les avions exploités par la compagnie 'AF' et ceux de la compagnie 'SING' en considérant les éventuels duplicatas ?
`SELECT taf_immat,taf_typavi FROM T_avions_AF_taf`
`UNION ALL`
`SELECT tsg_nav,CAST(tsg_typavi AS VARCHAR(10))`
`FROM T_avions_SING_tsg;`
	`taf_immat taf_typavi`
	`--------- ----------`
	`F-WTSS    Concorde`
	`F-GLFS    A320`
	`F-GTMP    A340`
	`S-ANSI    A320`
	`S-AVEZ    A320`
	`S-MILE    A330`
	`F-GTMP    A340`

Ce mécanisme se généralise à l'union de *n* ensembles par *n* expressions de requêtes reliées par *n-1* opérateurs UNION ou UNION ALL.

Différence

La différence entre deux ensembles homogènes se programme à l'aide de l'opérateur EXCEPT. Cet opérateur ensembliste n'est pas commutatif (à moins d'une égalité, *ensemble1-ensemble2* est toujours différent de *ensemble2-ensemble1*).
Les éventuels duplicatas sont éliminés avant l'opération de différence.

Le tableau 4-41 présente deux exemples d'utilisation.

Tableau 4–41 Exemples de différences

Besoins et requêtes	Résultats

Quels sont les types d'avions exploités par la compagnie 'AF' mais pas par la compagnie 'SING' ?
`SELECT taf_typavi FROM T_avions_AF_taf`
`EXCEPT`
`SELECT CAST(tsg_typavi AS VARCHAR(10))`
`FROM T_avions_SING_tsg;`
	`taf_typavi`
	`----------`
	`Concorde`

Quels sont les types d'avions exploités par la compagnie 'SING' mais pas par la compagnie 'AF' ? (question inverse de la précédente)
`SELECT CAST(tsg_typavi AS VARCHAR(10))`
`AS "tsg_typavi" FROM T_avions_SING_tsg`
`EXCEPT`
`SELECT taf_typavi FROM T_avions_AF_taf;`
	`tsg_typavi`
	`----------`
	`A330`

Ce mécanisme se généralise à la différence entre *n* ensembles par succession de *n* requêtes (dans l'ordre correct…).

Opérations ensemblistes et « valeurs » NULL

> Exception qui confirme la règle, les marqueurs NULL sont considérées comme égaux pour les seules opérations ensemblistes EXCEPT et INTERSECT.

En supposant que les deux tables de notre exemple contiennent un marqueur NULL au niveau de la colonne des types d'avions, l'intersection provoque le résultat suivant :

Figure 4-25
Intersection de valeurs nulles

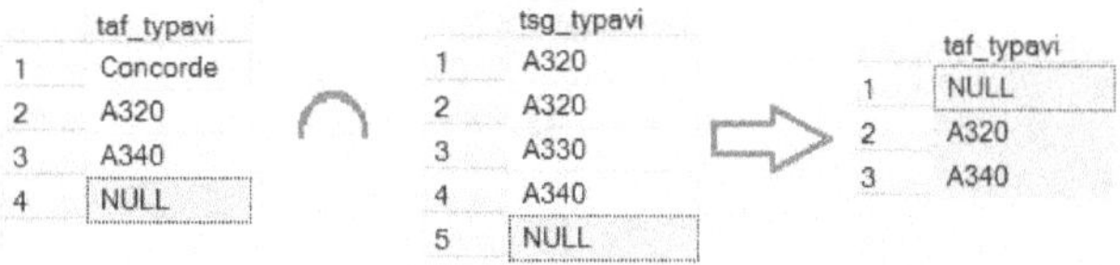

Ordonner les résultats

> Comme pour toute autre requête d'extraction, il n'existe aucun ordre implicite particulier pour les données résultantes de l'application d'opérations ensemblistes.
> La clause ORDER BY n'est utilisable qu'une seule fois (dans la dernière expression de requête reliée par un opérateur ensembliste). Cette clause d'ordonnancement est composée soit du nom des colonnes de la première expression de requête, soit de la position de ces colonnes, soit des alias de ces colonnes.

Le tableau suivant présente trois écritures de la même clause d'ordonnancement d'une requête ensembliste. Le besoin est de connaître l'immatriculation et le type de tous les avions que les deux compagnies exploitent (classement par ordre décroissant d'immatriculation).

Tableau 4-42 Opérateur ensembliste avec une clause ORDER BY

Techniques	Requêtes

Nom de la colonne	`SELECT taf_immat, taf_typavi FROM T_avions_AF_taf`
	`UNION ALL`
	`SELECT tsg_nav,CAST(tsg_typavi AS VARCHAR(10))`
	`FROM T_avions_SING_tsg`
	`ORDER BY taf_immat DESC;`

Position de la colonne	`...` `ORDER BY 1 DESC;`

Alias de la colonne	`SELECT taf_immat ti, taf_typavi FROM T_avions_AF_taf`
	`UNION ALL`
	`SELECT tsg_nav,CAST(tsg_typavi AS VARCHAR(10))`
	`FROM T_avions_SING_tsg`
	`ORDER BY ti DESC;`

```
taf_immat taf_typavi
--------- ----------
S-MILE    A330
S-AVEZ    A320
S-ANSI    A320
F-WTSS    Concorde
...
```

Ajouter des expressions

Vous pouvez ajouter des expressions (constantes ou provenant de calculs entre colonnes) au `SELECT` des requêtes ensemblistes dans le but de rendre homogène les ensembles que vous voulez manipuler par un opérateur ensembliste.

Afin d'illustrer cette restriction, supposons que nous désirions dresser la liste des avions avec leur prix d'achat augmenté de 20 %, liste triée en fonction de cette dernière hausse. Le problème est qu'une des tables ne contient pas de colonne relative au prix. Ajoutons donc une expression comparable (ici, la valeur `0`) à la requête qui concerne cette table.

Tableau 4–43 Expression pour comparaison

Requête

```
SELECT tsg_nav, 1.2*tsg_prix_achat AS "prix"
       FROM T_avions_SING_tsg
       WHERE tsg_typavi IS NOT NULL
UNION
SELECT taf_immat, 0 FROM T_avions_AF_taf
       WHERE taf_typavi IS NOT NULL
ORDER BY 2 DESC;
```

Résultat

```
tsg_nav prix
------- ----------
F-GTMP 245400.000
S-MILE 237600.600
S-AVEZ 187201.080
S-ANSI 125400.840
F-GLFS 0.000
F-GTMP 0.000
F-WTSS 0.000
```

Produit cartésien

Le produit cartésien mathématique de deux ensembles E et F est l'ensemble des couples (x, y) où $x \in E$ et $y \in F$. En transposant au modèle relationnel, le produit cartésien de deux tables $T1$ et $T2$ est l'ensemble des enregistrements (x, y) où $x \in T1$ et $y \in T2$.

De manière plus pragmatique, le produit cartésien est une sorte de « multiplication ».

Le produit cartésien entre deux tables *T1* et *T2* se programme dans la clause `FROM` en effectuant l'opération de jointure croisée `CROSS JOIN`. Il n'y a pas de condition de jointure (`ON`) à spécifier. Une ancienne façon de faire consistait à lister les tables dans la clause `FROM` sans condition de jointure dans la clause `WHERE`.
S'il existe une condition dans la clause `WHERE` reliant des colonnes des deux tables, on parlera de jointure. Si chaque condition ne concerne qu'une table à la fois, on parlera de produit cartésien restreint.

La figure 4-26 illustre un produit cartésien restreint. Sont exprimés les combinaisons d'équipage qu'il est possible de réaliser en restreignant les pilotes à la compagnie de code 'AF' et les avions de la table dont les immatriculations et types sont renseignés.

Figure 4–26
Produit cartésien restreint

T_pilote_pil

pil_brevet	pil_prenom	pil_nom	pil_hvol	compa
PL-1	Pascal	Brunini	4500.00	AF
PL-2	Richard	Grin	10020.00	SING
PL-3	Placide	Fresnais	12450.00	CAST
PL-4	Daniel	Vielle	5900.00	AF

T_avions_AF_taf

taf_immat	taf_typavi	taf_hvol
F-WTSS	Concorde	6570.50
F-GLFS	A320	3500.80
F-GTMP	A340	NULL
F-NUL1	NULL	3800.00

Le nombre de n-uplets (cardinalité) résultant d'un produit cartésien est égal au produit du nombre de lignes des deux tables mises en relation. Dans le cadre de notre exemple, la cardinalité du produit cartésien sera de 2 pilotes × 3 avions = 6 lignes.

Le tableau 4-44 présente les deux types de requêtes SQL qui permettent de construire ce produit cartésien. L'utilisation d'un alias pour chaque table permet de distinguer les éventuelles colonnes portant le même nom entre les deux tables. L'opérateur `CROSS JOIN` implémente explicitement une jointure croisée.

Tableau 4–44 Produit cartésien restreint

Requêtes et résultats	
SELECT p.pil_brevet,af.taf_immat,af.taf_typavi FROM T_pilote_pil p, T_avions_AF_taf af WHERE p.compa = 'AF' AND af.taf_typavi IS NOT NULL AND af.taf_immat IS NOT NULL;	SELECT p.pil_brevet,af.taf_immat,af.taf_typavi FROM T_pilote_pil p CROSS JOIN T_avions_AF_taf af WHERE p.compa = 'AF' AND af.taf_typavi IS NOT NULL AND af.taf_immat IS NOT NULL;

```
pil_brevet taf_immat taf_typavi
---------- --------- ----------
PL-1       F-WTSS    Concorde
PL-1       F-GLFS    A320
PL-1       F-GTMP    A340
PL-4       F-WTSS    Concorde
PL-4       F-GLFS    A320
PL-4       F-GTMP    A340
```

Jointures

Le processus de normalisation d'une base de données est principalement basé sur la non-redondance des informations stockées et l'élimination du vide, et a pour conséquence de définir bien souvent un grand nombre de tables, reliées par paires par des clés étrangères (car le modèle relationnel est fondamentalement basé sur les valeurs). La majorité des requêtes est donc constituée de jointures permettant d'extraire des informations provenant de plusieurs tables en association de clé (primaires ou candidates d'un côté, étrangères de l'autre).

Considérons les tables suivantes où la majorité des jointures devra s'opérer sur l'égalité des colonnes clés. Ces jointures permettront d'extraire des informations des deux tables en posant des conditions sur ces dernières. Par exemple, le nom des compagnies qui ont embauché un pilote ayant moins de 500 heures de vol.

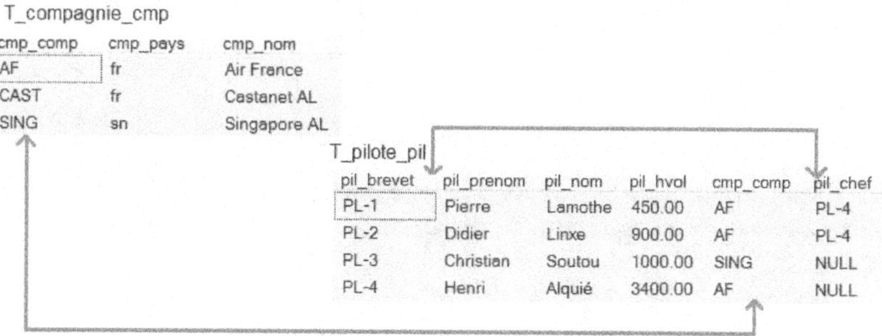

T_compagnie_cmp

cmp_comp	cmp_pays	cmp_nom
AF	fr	Air France
CAST	fr	Castanet AL
SING	sn	Singapore AL

T_pilote_pil

pil_brevet	pil_prenom	pil_nom	pil_hvol	cmp_comp	pil_chef
PL-1	Pierre	Lamothe	450.00	AF	PL-4
PL-2	Didier	Linxe	900.00	AF	PL-4
PL-3	Christian	Soutou	1000.00	SING	NULL
PL-4	Henri	Alquié	3400.00	AF	NULL

Figure 4–27
Deux tables en association

On appelle clause de jointure la comparaison entre des colonnes de tables en association. Le plus souvent, cette comparaison fait intervenir une colonne clé étrangère d'une table avec la clé primaire (ou candidate, c'est-à-dire contrainte par unicité) d'une autre table (de référence).

Types de jointures

Bien que dans le vocabulaire courant, on ne parle que de « jointures » quelle que soit la nature de l'opérateur utilisé dans la clause de jointure de la requête, on distingue :

- Les jointures internes *(inner joins)*, qui regroupent notamment les célèbres équijointures *(equi join)* incluant l'opérateur d'égalité dans la clause de jointure. La jointure naturelle fait partie de cette classification. L'autojointure *(self join)* est un cas particulier de l'équijointure qui met en œuvre la même table. Par ailleurs, la non-équijointure et l'inéquijointure utilisent, l'une l'opérateur de différence (<>), l'autre des opérateurs d'inégalité (>, >=, <, <= ou bien d'autres choses encore…) dans la clause de jointure.
- Les jointures externes *(outer join)*, qui favorisent une table (dite dominante) par rapport à une autre (dite subordonnée). Des lignes sont retournées même si elles ne satisfont pas aux conditions de jointure.

Les types d'écritures

Selon la norme ISO, une jointure interne peut s'écrire dans la clause `FROM` ou dans la clause `WHERE`. Ainsi, plusieurs écritures sont possibles pour répondre au même besoin. Afin d'éviter les ambiguïtés concernant le nom des colonnes, on utilise en général des alias de tables pour suffixer les tables et préfixer les colonnes.

- La mode SQL2 (aussi appelée SQL92 pour rappeler la version de la norme SQL), qui utilise des directives dans la clause `FROM` qui permettent de programmer d'une manière verbale les différentes jointures (`INNER JOIN`, `CROSS JOIN`, `NATURAL JOIN` et `OUTER JOIN`).
- La mode relationnelle (aussi appelée SQL86), caractérisée par une clause `FROM` contenant toutes les tables et alias, et par le fait que les clauses de jointures internes sont écrites dans la clause `WHERE`.
- La mode procédurale (aussi appelée sous-requête), qui distingue la requête principale des sous-requêtes dans lesquelles se programment les jointures.

Le tableau 4-45 présente la structure de ces types d'écritures pour une équijointure.

Tableau 4–45 Types d'écritures de jointures

Jointure SQL2	Jointure relationnelle	Sous-requête

`SELECT …`
`FROM t1 a1`
`INNER JOIN t2 a2 ON …=…`
`WHERE …`
	`SELECT …`
	`FROM t1 a1, t2 a2`
	`WHERE …;`
		`SELECT …`
		`FROM t1 a1`
		`WHERE … =`
		`(SELECT… FROM t2 WHERE …)`
		`AND …;`

La documentation de SQL Server précise que les jointures internes spécifiées dans la clause `WHERE` sont reconnues comme des jointures « dépassées ».

Bien que l'écriture relationnelle soit la plus concise, dans la mesure du possible, préférez un opérateur de jointure de type SQL2 pour les raisons suivantes :

- Les jointures programmées dans la clause `WHERE` ne permettent pas de faire la distinction, de prime abord, entre ce qui relève du filtrage et ce qui relève de la jointure. Ainsi, la lisibilité des requêtes est meilleure en isolant avec la syntaxe `JOIN` chaque condition de jointures entre tables par couples.
- L'optimisation lors de l'exécution d'une jointure de type `JOIN` est souvent accrue (l'optimiseur sait d'avance ce qui relève de la jointure et ce qui relève de la restriction, qui sont deux opérations fondamentalement différentes du point de vue de l'exécution).
- Avec la syntaxe SQL86, si on supprime la clause `WHERE` à des fins de tests, le moteur SQL réalisera systématiquement un produit cartésien des tables fort coûteux !
- Les sous-requêtes permettent l'extraction des colonnes de la table principale uniquement.
- Il n'est pas possible de réaliser des jointerne externes mathématiquement exacte dans la clause WHERE, même à l'aide des opérateurs *= ou =*.

Équijointures

Une équijointure utilise l'opérateur d'égalité dans la clause de jointure et compare généralement une clé étrangère avec une clé primaire (ou candidate) d'une table de référence.
La clause `JOIN … ON` *`condition`* programme une équijointure. L'utilisation de la directive `INNER` devant `JOIN` est optionnelle (appliquée par défaut).

En considérant notre exemple, le tableau 4-46 décrit les différentes écritures de deux extractions qui se programment par équijointures :

- identité des pilotes ayant plus de 500 heures de vol de la compagnie de nom 'Air France' (requête *R1*) ;
- coordonnées des compagnies qui embauchent des pilotes ayant plus de 950 heures de vol (requête *R2*).

Tableau 4–46 Équijointures

Requêtes	Écriture SQL2	Écriture relationnelle	Sous-requête

R1	`SELECT p.pil_brevet,`
	`       p.pil_prenom,p.pil_nom`
	`FROM   T_pilote_pil p`
	`INNER JOIN T_compagnie_cmp c`
	`ON     p.cmp_comp = c.cmp_comp`
	`WHERE c.cmp_nom = 'Air France'`
	`AND   p.pil_hvol > 500;`
		`SELECT p.pil_brevet,`
		`       p.pil_prenom,p.pil_nom`
		`FROM   T_pilote_pil p,`
		`       T_compagnie_cmp c`
		`WHERE p.cmp_comp = c.cmp_comp`
		`AND c.cmp_nom = 'Air France'`
		`AND p.pil_hvol > 500;`
			`SELECT pil_brevet,`
			`       pil_prenom, pil_nom`
			`FROM   T_pilote_pil`
			`WHERE cmp_comp =`
			`   (SELECT cmp_comp`
			`    FROM   T_compagnie_cmp`
			`    WHERE cmp_nom`
			`          = 'Air France')`
			`AND pil_hvol > 500;`

	`pil_brevet pil_prenom      pil_nom`
	`---------- --------------- ---------`
	`PL-2       Didier          Linxe`
	`PL-4       Henri           Alquié`		

Tableau 4–46 Équijointures *(suite)*

Requêtes	Écriture SQL2	Écriture relationnelle	Sous-requête
R2	SELECT c.cmp_nom, c.cmp_pays FROM T_compagnie_cmp c INNER JOIN T_pilote_pil p ON c.cmp_comp = p.cmp_comp WHERE p.pil_hvol > 950;	SELECT c.cmp_nom, c.cmp_pays FROM T_pilote_pil p, T_compagnie_cmp c WHERE p.cmp_comp = c.cmp_comp AND p.pil_hvol > 950;	SELECT cmp_nom, cmp_pays FROM T_compagnie_cmp WHERE cmp_comp IN (SELECT cmp_comp FROM T_pilote_pil WHERE pil_hvol > 950);
	cmp_nom cmp_pays --------------- -------- Air France fr Singapore AL sn		

La section « Sous-requêtes » traite plus en détail la gestion des sous-requêtes.

Autojointure

Une autojointure, cas particulier de l'équijointure, relie une table à elle-même. Dans les syntaxes SQL2 et relationnelle, il est impératif d'utiliser un alias de table.

En considérant notre exemple, le tableau 4-47 présente les différentes écritures de deux extractions qui se programment par autojointures :

- identité des pilotes placés sous la responsabilité du pilote de nom 'Alquié' (requête *R3*) ;
- somme des heures de vol des pilotes qui sont placés sous la responsabilité du chef pilote de la compagnie de nom 'Air France' (requête *R4*).

Tableau 4–47 Autojointures

Requêtes	Écriture SQL2	Écriture relationnelle	Sous-requête
R3	SELECT p1.pil_brevet,p1.pil_nom FROM T_pilote_pil p1 JOIN T_pilote_pil p2 ON p1.pil_chef=p2.pil_brevet WHERE p2.pil_nom='Alquié';	SELECT p1.pil_brevet, p1.pil_nom FROM T_pilote_pil p1, T_pilote_pil p2 WHERE p1.pil_chef=p2.pil_brevet AND p2.pil_nom ='Alquié';	SELECT pil_brevet, pil_nom FROM T_pilote_pil WHERE pil_chef = (SELECT pil_brevet FROM T_pilote_pil WHERE pil_nom ='Alquié');
	pil_brevet pil_nom ---------- --------------- PL-1 Lamothe PL-2 Linxe		
R4	SELECT SUM(p1.pil_hvol) AS "Total" FROM T_pilote_pil p1 JOIN T_pilote_pil p2 ON p1.pil_chef=p2.pil_brevet JOIN T_compagnie_cmp c ON c.cmp_comp=p2.cmp_comp WHERE c.cmp_nom='Air France';	SELECT SUM(p1.pil_hvol) AS "Total" FROM T_pilote_pil p1, T_pilote_pil p2, T_compagnie_cmp c WHERE p1.pil_chef=p2.pil_brevet AND c.cmp_comp=p2.cmp_comp AND c.cmp_nom='Air France';	SELECT SUM(pil_hvol) AS "Total" FROM T_pilote_pil WHERE pil_chef IN (SELECT pil_brevet FROM T_pilote_pil WHERE cmp_comp = (SELECT cmp_comp FROM T_compagnie_cmp WHERE cmp_nom='Air France'));
	Total -------- 1350.00		

Inéquijointure

> À l'inverse des équijointures, la clause d'une inéquijointure n'est pas forcément basée sur l'égalité (le plus souvent de clés), mais inclut tout autre type d'opérateur de comparaison (!=, <>, >, <, >=, <=, BETWEEN, LIKE et IN).

Considérons les tables suivantes. Il s'agit de qualifier les pilotes en comparant leur expérience avec une table de libellés. Il s'agit notamment de retrouver le fait que le premier pilote doit être considéré comme novice.

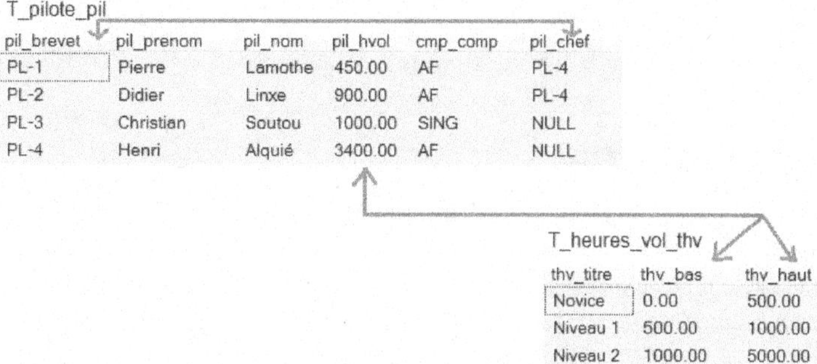

T_pilote_pil

pil_brevet	pil_prenom	pil_nom	pil_hvol	cmp_comp	pil_chef
PL-1	Pierre	Lamothe	450.00	AF	PL-4
PL-2	Didier	Linxe	900.00	AF	PL-4
PL-3	Christian	Soutou	1000.00	SING	NULL
PL-4	Henri	Alquié	3400.00	AF	NULL

T_heures_vol_thv

thv_titre	thv_bas	thv_haut
Novice	0.00	500.00
Niveau 1	500.00	1000.00
Niveau 2	1000.00	5000.00

Figure 4–28
Tables pour inéquijointures

Le tableau 4-48 décrit deux extractions qui se programment par inéquijointures :

- pilotes ayant plus d'expérience que le pilote de numéro 'PL-2', avec le nombre d'heures de vol des pilotes et du pilote référent (requête *R5*) ;
- libellés de la qualification de chaque pilote en fonction de son expérience (requête *R6*).

Tableau 4–48 Inéquijointures

<table>
<tr><th>Requêtes</th><th>Écriture SQL2</th><th>Écriture relationnelle</th><th>Sous-requête</th></tr>
<tr><td rowspan="2">R5</td><td>SELECT p1.pil_brevet
p1.pil_nom, p1.pil_hvol,
p2.pil_hvol "Référence"
FROM T_pilote_pil p1
JOIN T_pilote_pil p2
ON p1.pil_hvol > p2.pil_hvol
WHERE p2.pil_brevet = 'PL-2';</td><td>SELECT p1.pil_brevet,
p1.pil_nom, p1.pil_hvol,
p2.pil_hvol "Référence"
FROM T_pilote_pil p1,
T_pilote_pil p2
WHERE p1.pil_hvol > p2.pil_hvol
AND p2.pil_brevet = 'PL-2';</td><td>Impossible</td></tr>
<tr><td colspan="3">pil_brevet pil_nom pil_hvol Référence
---------- --------------- ---------- -----------
PL-3 Soutou 1000.00 900.00
PL-4 Alquié 3400.00 900.00</td></tr>
<tr><td rowspan="2">R6</td><td>SELECT p.pil_brevet, p.pil_nom,
p.pil_hvol, v.thv_titre
FROM T_pilote_pil p
JOIN T_heures_Vol_thv v
ON (p.pil_hvol > v.thv_bas
AND p.pil_hvol <= v.thv_haut);</td><td>SELECT p.pil_brevet, p.pil_nom,
p.pil_hvol, v.thv_titre
FROM T_pilote_pil p,
T_heures_Vol_thv v
WHERE p.pil_hvol > v.thv_bas
AND p.pil_hvol <= v.thv_haut;</td><td>Impossible</td></tr>
<tr><td colspan="3">pil_brevet pil_nom pil_hvol thv_titre
---------- ----------- ------------ -----------
PL-1 Lamothe 450.00 Novice
PL-2 Linxe 900.00 Niveau 1
PL-3 Soutou 1000.00 Niveau 1
PL-4 Alquié 3400.00 Niveau 2</td></tr>
</table>

Semi-jointure

La semi-jointure se conçoit lorsqu'on cherche à retourner les informations d'une seule table en éliminant les lignes que ne joignent pas une autre table. Cette semi-jointure ne peut être qu'interne, mais elle peut utiliser n'importe quel opérateur d'égalité, d'inégalité ou autre.

Exemple :

```
SELECT p1.*
FROM T_pilote_pil AS p1
       INNER JOIN T_pilote_pil AS p2
             ON p1.pil_chef = p2.pil_brevet;
```

Cette requête extrait la liste des pilotes « encadrants ».

Jointures externes

Par défaut, l'hypothèse du monde clos est celle couramment adoptée. En effet, nous considérons que l'absence d'information, n'est pas une information. Si la recherche des coordonnées des pilotes qui sont domiciliés à Toulouse, équivaut à la liste des pilotes qui sont associés au nom de localité « Toulouse », qui peut affirmer qu'aucun des pilotes pour lesquels l'adresse n'est pas renseignée ne sont pas domiciliés dans la ville rose ?

La jointure externe permet de contrer l'hypothèse du monde clos en considérant qu'en cas d'absence d'information, on n'occulte pas pour autant des lignes de données.

Les jointures externes permettent d'extraire des lignes qui ne répondent pas aux critères de jointure. Lorsque deux tables sont en jointure externe, une tables est dominante par rapport à l'autre (qui est dite subordonnée). Ce sont les lignes de la table dominante qui sont retournés (même s'ils ne satisfont pas aux conditions de jointure).
Le sens de la directive de jointure externe `LEFT` ou `RIGHT` de la clause `OUTER JOIN` désigne la table dominante, par rapport au sens de lecture ou d'écriture de la requête.

Comme les jointures internes, les jointures externes sont généralement basées sur les clés (sans forcément parler de l'existence d'une contrainte référentielle). On distingue les jointures unilatérales qui considèrent une table dominante et une table subordonnée, des jointures bilatérales pour lesquelles les tables jouent un rôle symétrique (pas de dominant).

Notez que la jointure externe gauche, très courante, est le strict équivalent de la jointure externe droite, rare en pratique, lorsqu'on inverse le nom des tables. Elle paraît plus naturelle et plus lisible puisqu'on commence par la table « maîtresse ».

Jointures unilatérales

En considérant les tables suivantes, il apparaît qu'il existe une table dominante (table principale ou table maître) et une table subordonnée pour chaque association de clés :

Le tableau 4-49 décrit les différentes écritures (l'ordre des lignes peut varier suivant la table présente dans le `FROM`) de deux extractions qui nécessitent une jointure externe unilatérale :

- Liste des compagnies avec leurs pilotes, même pour les compagnies qui n'ont pas de pilote (requête *R7*). Sans une jointure externe, la compagnie 'CAST' ne peut être extraite.
- Liste des pilotes et leurs qualifications, même pour les pilotes n'ayant pas de qualification (requête *R8*).

Figure 4–29
Jointures externes unilatérales

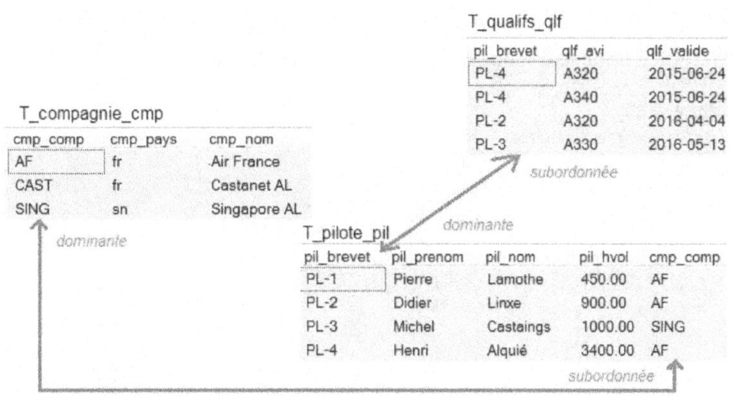

Tableau 4–49 Jointures externes unilatérales

Requêtes	Écriture SQL2 (gauche)	Écriture SQL2 (droite)	Écriture SQL86 ou sous-requête

R7	`SELECT c.cmp_nom, p.pil_brevet,`
	`p.pil_prenom, p.pil_nom`
	`FROM T_compagnie_cmp c`
	`LEFT OUTER JOIN T_pilote_pil p`
	`ON p.cmp_comp = c.cmp_comp;`
		`SELECT c.cmp_nom, p.pil_brevet,`
		`p.pil_prenom, p.pil_nom`
		`FROM T_pilote_pil p`
		`RIGHT OUTER JOIN T_compagnie_cmp c`
		`ON p.cmp_comp = c.cmp_comp;`
			Impossible

	`cmp_nom pil_brevet pil_prenom pil_nom`
	`--------------- ---------- -------------- ---------`
	`Air France PL-1 Pierre Lamothe`
	`Air France PL-2 Didier Linxe`
	`Air France PL-4 Henri Alquié`
	`Castanet AL NULL NULL NULL`
	`Singapore AL PL-3 Michel Castaings`		

R8	`SELECT p.pil_brevet, q.qlf_avi,`
	`q.qlf_valide`
	`FROM T_pilote_pil p`
	`LEFT OUTER JOIN T_qualifs_qlf q`
	`ON p.pil_brevet=q.pil_brevet;`
		`SELECT p.pil_brevet, q.qlf_avi,`
		`q.qlf_valide`
		`FROM T_qualifs_qlf q`
		`RIGHT OUTER JOIN T_pilote_pil p`
		`ON p.pil_brevet = q.pil_brevet;`
			Impossible

	`pil_brevet qlf_avi qlf_valide`
	`---------- ------- ----------`
	`PL-1 NULL NULL`
	`PL-2 A320 2016-04-04`
	`PL-3 A330 2016-05-13`
	`PL-4 A320 2015-06-24`
	`PL-4 A340 2015-06-24`		

Jointures bilatérales

On parle de jointure bilatérale quand les deux tables jouent un rôle symétrique (il n'y a pas de table dominante par rapport à l'autre). Ce type de jointure permet d'extraire des lignes qui ne répondent pas aux critères de jointure des deux côtés de la clause de jointure.

- La directive `FULL OUTER JOIN` permet d'ignorer l'ordre (et donc le sens de la jointure) des tables dans la requête.

En considérant les tables suivantes, il apparaît, au niveau des associations une clé nulle (dans la table des pilotes) et une clé (dans la table des qualifications) dont la valeur n'est pas référencée (ce dernier cas de figure suppose que la contrainte référentielle n'est pas active).

Figure 4–30
Jointures externes bilatérales

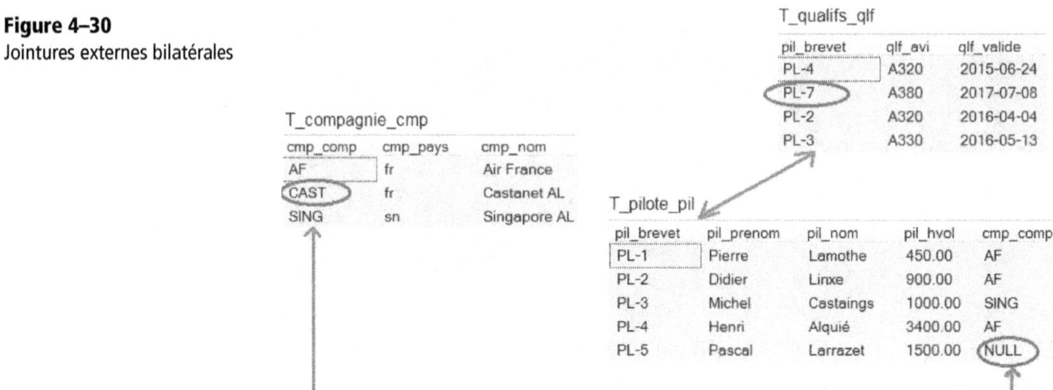

T_qualifs_qlf

pil_brevet	qlf_avi	qlf_valide
PL-4	A320	2015-06-24
PL-7	A380	2017-07-08
PL-2	A320	2016-04-04
PL-3	A330	2016-05-13

T_compagnie_cmp

cmp_comp	cmp_pays	cmp_nom
AF	fr	Air France
CAST	fr	Castanet AL
SING	sn	Singapore AL

T_pilote_pil

pil_brevet	pil_prenom	pil_nom	pil_hvol	cmp_comp
PL-1	Pierre	Lamothe	450.00	AF
PL-2	Didier	Linxe	900.00	AF
PL-3	Michel	Castaings	1000.00	SING
PL-4	Henri	Alquié	3400.00	AF
PL-5	Pascal	Larrazet	1500.00	NULL

Le tableau 4-50 décrit les différentes écritures de deux extractions qui nécessitent une jointure externe bilatérale (l'ordre des lignes peut varier suivant la table présente dans le `FROM`) :

- compagnies et ses pilotes, incluant les compagnies n'ayant pas de pilote et les pilotes rattachés à aucune compagnie (requête *R9*) ;
- pilotes et leurs qualifications, incluant les pilotes n'ayant pas encore d'expérience et les qualifications associées à des pilotes inconnus (requête *R10*).

Tableau 4–50 Jointures externes bilatérales

Requêtes	Écriture SQL2 (1)	Écriture SQL2 (2)	Écriture SQL86 ou sous-requête
R9	SELECT c.cmp_nom, p.pil_brevet, p.pil_prenom, p.pil_nom FROM T_compagnie_cmp c FULL OUTER JOIN T_pilote_pil p ON p.cmp_comp = c.cmp_comp;	SELECT c.cmp_nom, p.pil_brevet, p.pil_prenom, p.pil_nom FROM T_pilote_pil p FULL OUTER JOIN T_compagnie_cmp ON p.cmp_comp = c.cmp_comp;	Impossible
	-------------- ---------- -------------- -------------- Air France PL-1 Pierre Lamothe Air France PL-2 Didier Linxe Singapore AL PL-3 Michel Castaings Air France PL-4 Henri Alquié NULL PL-5 Pascal Larrazet Castanet AL NULL NULL NULL		
R10	SELECT p.pil_brevet, q.qlf_avi, q.qlf_valide FROM T_qualifs_qlf q FULL OUTER JOIN T_pilote_pil p ON p.pil_brevet=q.pil_brevet;	SELECT p.pil_brevet, q.qlf_avi, q.qlf_valide FROM T_pilote_pil p FULL OUTER JOIN T_qualifs_qlf q ON p.pil_brevet = q.pil_brevet;	Impossible
	pil_brevet qlf_avi qlf_valide ---------- ------- ---------- PL-1 NULL NULL PL-2 A320 2016-04-04 PL-3 A330 2016-05-13 PL-4 A320 2015-06-24 PL-5 NULL NULL NULL A380 2017-07-08		

Semi-antijointure

La semi-antijointure est utilisée lorsqu'on cherche à retourner les informations d'une seule table et que l'on souhaite éliminer des lignes qui joignent une autre table. Cette semi-antijointure ne peut être qu'externe mais elle peut utiliser n'importe quel opérateur d'égalité, d'inégalité ou autre.

Exemple :

```
SELECT p1.*
FROM T_pilote_pil AS p1
       LEFT OUTER JOIN T_pilote_pil AS p2
            ON p1.pil_chef = p2.pil_brevet;
```

Cette requête extrait la liste des compagnies sans pilotes !

Anciennes syntaxes de jointures externes

Bien que l'opérateur de jointure externe ne soit pas nécessaire (on peut s'en passer en utilisant les opérateurs ensemblistes et quelques sous-requêtes), et avant que n'existent officiellement les jointures externes dans la norme SQL de 1992 (`OUTER JOINS`), chaque éditeur avait fait à sa sauce. Pour Sybase, ce furent les opérateurs `*=`, `=*`, et pour Oracle, `(+)=`. Mais les résultats des opérateurs de jointures externes héritées de Sybase étaient à l'origine mathématiquement faux. Depuis la version 2005, ces types de jointures ne sont aujourd'hui plus supportées par le moteur relationnel, même si pour les versions 2005 et 2008 (R2 comprises), il est encore possible de forcer la base en mode de compatibilité rétrograde (2000) afin de conserver le fonctionnement originel desdites requêtes. Néanmoins, s'il vous arrive de tomber sur des programmes utilisant encore ce genre d'antiquité, il vous faudra les récrire avec les équivalences figurant au tableau suivant.

Tableau 4–51 Tables initiales et équivalences des jointures externes

```
-- les tables de notre test :
CREATE TABLE T1 (K1 INT PRIMARY KEY, K INT, C1 CHAR(8))
CREATE TABLE T2 (K2 INT PRIMARY KEY, K INT, C2 VARCHAR(12))

-- les données de notre test :
INSERT INTO T1 VALUES (1, 111, 'toto'), (2, 222, 'tata'), (3, NULL, 'titi');
INSERT INTO T2 VALUES (10, NULL, 'abracadabra'), (20, 222, 'Hocus Pocus'), (30, 333, 'Presto');
```

Syntaxe ancienne	Syntaxe moderne
SELECT * FROM T1, T2 WHERE T1.K *= T2.K	SELECT * FROM T1 LEFT OUTER JOIN T2 ON T1.K = T2.K
SELECT * FROM T1, T2 WHERE T1.K =* T2.K	SELECT * FROM T1 RIGHT OUTER JOIN T2 ON T1.K = T2.K
SELECT * FROM T1, T2 WHERE T1.K *= T2.K AND T1.C1 LIKE '%e%'	SELECT * FROM T1 LEFT OUTER JOIN T2 ON T1.K = T2.K WHERE T1.C1 LIKE '%e%'
SELECT * FROM T1, T2 WHERE T1.K *= T2.K AND T2.C2 LIKE '%o%'	SELECT * FROM T1 LEFT OUTER JOIN T2 ON T1.K = T2.K AND T2.C2 LIKE '%o%'

Intra-jointure

Vous découvrirez au cours des prochains chapitres qu'il est parfois nécessaire d'utiliser une intrajointure afin de joindre une table contenue dans une colonne avec la table qui héberge cette colonne. Ces cas se retrouvent avec des fonctions table et pour des documents XML. Cette intrajointure s'effectue au moyen de l'opérateur APPLY.

Sous-requêtes

Les sous-requêtes permettent de composer dynamiquement un jeu de résultats (ensemble de lignes) qui peut être utilisé dans le contexte d'une instruction SQL (extraction ou mise à jour).

On appelle requête interne la sous-requête, et requête externe la requête qui contient la sous-requête.

Une sous-requête peut être statique ou dynamique. Statique, elle produit un résultat une fois pour toutes qui est indépendant des données de la requête externe. Une sous-requête dynamique produit des résultats différents en fontion des lignes lues par la requête externe. Ceci est rendu possible par l'introduction d'un facteur de corrélation dans la requête interne, à l'aide de données venant de la requête externe. Dans ce dernier cas, le jeu de résultat de la sous-requête est donc synchronisé avec les données de la requête externe.

Commençons par étudier les extractions dans lesquelles une sous-requête peut être positionnée à différents endroits d'une requête comme l'illustre le tableau 4-52.

Tableau 4–52 Types de sous-requêtes

Dans le WHERE (ou le HAVING)	Dans le FROM	Dans le SELECT
SELECT … FROM *t1* WHERE *expression operateur* (SELECT … FROM *t2* WHERE …) …;	SELECT … FROM *t1 a1*, (SELECT … FROM *t2* WHERE …) *a2* WHERE …;	SELECT …, (SELECT … FROM *t2* WHERE …) FROM *t1* WHERE …;

Écrivez toujours vos sous-requêtes entre parenthèses.

- Les sous-requêtes dans une clause WHERE/HAVING permettent de programmer des jointures qu'on appelle procédurales (rapport à l'imbrication de code) où chaque clause FROM ne contient qu'une seule table.
- Les sous-requêtes dans une clause FROM permettent de composer des tables à la volée (tables dérivées).
- Les sous-requêtes dans une clause SELECT permettent de générer des expressions de colonnes.

Jointures procédurales

Cette forme d'écriture est plus complexe à écrire, car l'ordre d'apparition des tables dans les clauses FROM a son importance. La sous-interrogation ne doit pas comporter de clause ORDER BY mais peut inclure GROUP BY et HAVING. Le résultat d'une sous-interrogation est utilisé par la requête de niveau supérieur. Chaque sous-interrogation est évaluée avant la requête de niveau supérieur.

Une sous-requête retourne toujours un jeu de résultats qui s'apparente à une ou plusieurs lignes. Si l'opérateur de jointure utilisé est un opérateur de comparaison mathématique (=, >, <, >= et <=), une seule ligne doit être retournée par la sous-requête. Si les opérateurs IN, ANY et ALL sont utilisés, il est possible que la sous-requête puisse retourner plusieurs lignes.

La principale limitation concerne l'extraction des colonnes qui est limitée à la table qui se trouve au premier niveau.

Sous-interrogations monolignes

Le tableau suivant détaille quelques jointures basées sur des sous-interrogations monolignes. Nous nous basons sur certaines requêtes déjà étudiées (forme relationnelle et SQL2).

Tableau 4–53 Sous-interrogations monolignes

Opérateurs	Besoins	Requêtes
= pour les équi-jointures ou autojointures	*R1* (pilotes de la compagnie de nom 'Air France' ayant plus de 500 heures de vol)	`SELECT pil_brevet, pil_prenom, pil_nom FROM T_pilote_pil WHERE cmp_comp = (SELECT cmp_comp FROM T_compagnie_cmp WHERE cmp_nom = 'Air France') AND pil_hvol > 500;`
	R3 (pilotes sous la responsabilité du pilote de nom 'Alquié')	`SELECT pil_brevet, pil_nom FROM T_pilote_pil WHERE pil_chef = (SELECT pil_brevet FROM T_pilote_pil WHERE pil_nom ='Alquié');`
> pour les inéqui-jointures	*R5* (pilotes ayant plus d'expérience que le pilote de brevet 'PL-2')	`SELECT pil_brevet, pil_nom, pil_hvol FROM T_pilote_pil WHERE pil_hvol > (SELECT pil_hvol FROM T_pilote_pil WHERE pil_brevet = 'PL-2');`

Sous-interrogations multilignes (IN, ALL et ANY)

Les opérateurs multilignes sont les suivants :

- `IN` compare un élément à une donnée quelconque d'une liste ramenée par la sous-interrogation. Cet opérateur est utilisé pour les équijointures et les autojointures (et les intersections). L'opérateur `NOT IN` peut être employé pour programmer l'opérateur de différence au sens ensembliste.
- `ANY` (ou `SOME`) compare l'élément à chaque donnée ramenée par la sous-interrogation. L'opérateur `=ANY` équivaut à `IN`. L'opérateur `<ANY` signifie « inférieur à au moins une des valeurs », donc « inférieur au maximum ». L'opérateur `>ANY` signifie « supérieur à au moins une des valeurs », donc « supérieur au minimum ».
- `ALL` compare l'élément à tous ceux ramenés par la sous-interrogation. L'opérateur `<ALL` signifie « inférieur au minimum » et `>ALL` signifie « supérieur au maximum ».

Le tableau 4-54 présente quelques sous-interrogations multilignes.

La directive `NOT IN` doit être utilisée avec prudence car elle retourne *faux* si un membre ramené par la sous-interrogation est `NULL`. La dernière requête évite cet écueil en éliminant cette valeur dans la sous-interrogation.

Tableau 4–54 Sous-interrogations multilignes

Opérateurs	Besoins	Requêtes

`IN`	*R2.* Compagnies qui embauchent des pilotes comptabilisant plus de 950 heures de vol.	`SELECT cmp_nom, cmp_pays`
		`FROM   T_compagnie_cmp`
		`WHERE cmp_comp IN`
		`       (SELECT cmp_comp FROM T_pilote_pil`
		`        WHERE   pil_hvol > 950);`

`= et IN`	*R4.* Somme des heures de vol des pilotes placés sous la responsabilité du chef pilote de la compagnie de nom 'Air France'.	`SELECT SUM(pil_hvol) AS "Total"`
		`FROM   T_pilote_pil`
		`WHERE pil_chef IN`
		`   (SELECT pil_brevet FROM T_pilote_pil`
		`    WHERE cmp_comp =`
		`         (SELECT cmp_comp FROM T_compagnie_cmp`
		`          WHERE cmp_nom = 'Air France'));`

`NOT IN`	Compagnies sans pilote	`SELECT   cmp_nom, cmp_pays`
		`FROM     T_compagnie_cmp`
		`WHERE    cmp_comp NOT IN`
		`       (SELECT cmp_comp FROM T_pilote_pil`
		`        WHERE cmp_comp IS NOT NULL);`

Pour présenter les opérateurs `ANY` et `ALL`, considérons la table suivante. Les requêtes vont permettre d'extraire des lignes relativement aux valeurs minimales et maximales du nombre d'heures de vol des A320 et de ceux des avions d'une compagnie en particulier.

Figure 4–31
Table exemple pour ALL et ANY

avi_immat	avi_type	avi_hvol	cmp_comp
F-HVFR	A320	1000.00	AF
F-HRXM	A330	1500.00	AF
G-YGTR	A320	550.00	SING
N-345R	A340	1800.00	SING
F-GADE	A340	200.00	AF
F-HYZE	A330	100.00	AF

valeurs max et min pour les A320

valeurs max et min pour la compagnie AF

Le tableau 4-55 détaille quelques jointures procédurales utilisant les opérateurs `ALL` et `ANY`.

Tableau 4–55 Opérateurs `ALL` et `ANY`

Opérateurs	Besoins	Requêtes et résultats

`ANY`	*R11.* Avions dont le nombre d'heures de vol est inférieur à celui de n'importe quel A320.	`SELECT avi_immat,avi_type,avi_hvol`
		`FROM   T_avion_avi`
		`WHERE avi_hvol < ANY`
		`      (SELECT avi_hvol FROM T_avion_avi`
		`       WHERE avi_type='A320');`
		
		`avi_immat avi_type avi_hvol`
		`--------- -------- --------`
		`G-YGTR    A320     550.00`
		`F-GADE    A340     200.00`
		`F-HYZE    A330     100.00`

	R12. Compagnies et leurs avions pour lesquels le nombre d'heures de vol est supérieur à celui de n'importe quel avion de la compagnie de code 'SING'.	`SELECT avi_immat,avi_type,avi_hvol,cmp_comp`
		`FROM    T_avion_avi`
		`WHERE   avi_hvol > ANY`
		`       (SELECT avi_hvol FROM T_avion_avi`
		`        WHERE cmp_comp= 'SING');`
		
		`avi_immat avi_type avi_hvol  cmp_comp`
		`--------- -------- --------- --------`
		`F-HVFR    A320     1000.00   AF`
		`F-HRXM    A330     1500.00   AF`
		`N-345R    A340     1800.00   SING`

Tableau 4–55 Opérateurs `ALL` et `ANY` *(suite)*

Opérateurs	Besoins	Requêtes et résultats

ALL	*R13.* Avions pour lesquels le nombre d'heures de vol est inférieur à tous les A320.	`SELECT avi_immat, avi_type,avi_hvol`
		`FROM    T_avion_avi`
		`WHERE   avi_hvol < ALL`
		`        (SELECT avi_hvol FROM T_avion_avi`
		`         WHERE avi_type='A320');`
		
		`avi_immat avi_type avi_hvol`
		`--------- -------- --------`
		`F-GADE    A340     200.00`
		`F-HYZE    A330     100.00`

	R14. Compagnies et leurs avions pour lesquels le nombre d'heures de vol est supérieur à tous les avions de la compagnie de code 'AF'.	`SELECT avi_immat,avi_type,avi_hvol,cmp_comp`
		`FROM   T_avion_avi`
		`WHERE avi_hvol > ALL`
		`        (SELECT avi_hvol FROM T_avion_avi`
		`         WHERE cmp_comp= 'AF');`
		
		`avi_immat avi_type avi_hvol cmp_comp`
		`--------- -------- --------- --------`
		`N-345R    A340     1800.00   SING`

Sous-interrogation dans la clause FROM

SQL Server permet, comme la norme SQL2 le prévoit, de construire dynamiquement une table afin de l'examiner dans la clause `FROM` d'une requête. En considérant la table précédente, et pour extraire le pourcentage partiel d'avions par compagnie, la requête suivante construit dynamiquement deux tables aliasées, respectivement `ta` et `tb`.

Figure 4–32
Sous-interrogation dans le FROM

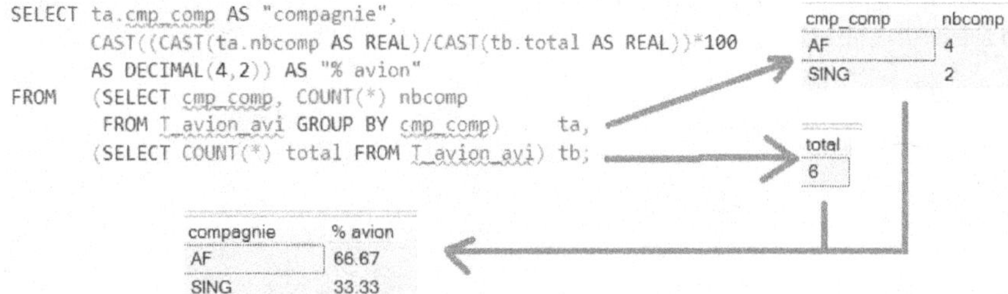

Sous-interrogations synchronisées (corrélation)

Une sous-requête est synchronisée (aussi appelée sous-requête correlée) si elle manipule des colonnes de la table du niveau supérieur. Exécutée une fois pour chaque ligne extraite par la requête de niveau supérieur, une sous-interrogation synchronisée peut être très coûteuse. Ce mécanisme peut également être utilisé dans les instructions de mises à jour (`UPDATE` et `DELETE`).

Dans une interrogation, la forme générale d'une sous-requête synchronisée est la suivante. L'utilisation des alias pour chaque table est souvent nécessaire. Une sous-interrogation synchronisée peut ramener une ou plusieurs lignes. Plusieurs opérateurs sont utilisés : `=`, `>`, `<`, `>=`, `<=` et `EXISTS`.

```
SELECT t1.col...
FROM   nom_table1 t1
WHERE expression operateur (SELECT t2.col
                            FROM nom_table2 t2
                            WHERE t2.col operateur t1.col);
```

Opérateur de comparaison

Le tableau 4-56 présente une sous-requête synchronisée utilisant un opérateur de comparaison.

Tableau 4–56 Sous-interrogation synchronisée

Besoin	Requête et résultat

R15. Avions pour lesquels le nombre d'heures de vol est supérieur au nombre d'heures de vol moyen des avions de leur compagnie (ici, 700 heures pour 'AF' et 1 115 heures pour 'SING').	`SELECT t1.avi_immat, t1.avi_type, t1.avi_hvol`
	`FROM T_avion_avi t1`
	`WHERE t1.avi_hvol >`
	`(SELECT AVG(t2.avi_hvol) FROM T_avion_avi t2`
	`WHERE t2.cmp_comp = t1.cmp_comp);`
	
	`avi_immat avi_type avi_hvol`
	`--------- -------- --------`
	`F-HVFR A320 1000.00`
	`F-HRXM A330 1500.00`
	`N-345R A340 1800.00`

Mises à jour

Supposons que la table des compagnies contient une colonne destinée à connaître le nombre d'avions possédés. La mise à jour suivante nécessite une synchronisation pour parcourir toutes les compagnies et compter dans la table des pilotes à chaque compagnie extraite. Notez l'utilisation de la clause `WITH` qui sera détaillée au chapitre suivant et qui permet l'utilisation d'un alias.

Tableau 4–57 Mises à jour par une sous-interrogation synchronisée

Besoin et résultat	Requête

Dénombrer pour chaque compagnie le nombre d'avions dont elle dispose.
 	
`cmp_comp cmp_pays cmp_nom cmp_nb_avi`
`-------- -------- ------------- ----------`
`AF fr Air France 4`
`CAST fr Castanet AL 0`
`SING sn Singapore AL 2`
	`WITH t1 (cmp_comp, cmp_nb_avi) AS`
	`(SELECT cmp_comp, cmp_nb_avi`
	`FROM T_compagnie_cmp)`
	`UPDATE t1`
	`SET t1.cmp_nb_avi =`
	`(SELECT COUNT(t2.avi_immat) FROM T_avion_avi t2`
	`WHERE t2.cmp_comp = t1.cmp_comp);`

Opérateurs EXISTS et NOT EXISTS

L'opérateur `EXISTS` permet d'interrompre la sous-interrogation dès la première ligne trouvée vérifiant la condition de la sous-requête. La valeur `FALSE` est retournée si aucune ligne n'est extraite par la sous-interrogation. L'opérateur `NOT EXISTS` retourne la valeur `TRUE` si aucun enregistrement n'est extrait par la sous-interrogation. Cet opérateur peut être utilisé pour écrire des jointures externes.

Utilisons les tables suivantes pour présenter les opérateurs `EXISTS` et `NOT EXISTS`.

Figure 4–33 Tables exemple

T_pilote_pil

pil_brevet	pil_prenom	pil_nom	pil_hvol	cmp_comp	pil_chef
PL-1	Pierre	Lamothe	450.00	AF	PL-4
PL-2	Didier	Linxe	900.00	AF	PL-4
PL-3	Michel	Castaings	1000.00	SING	NULL
PL-4	Henri	Alquié	3400.00	AF	NULL

T_compagnie_cmp

cmp_comp	cmp_pays	cmp_nom
AF	fr	Air France
CAST	fr	Castanet AL
SING	sn	Singapore AL

Le tableau 4-58 présente deux sous-requêtes synchronisées incluant ces opérateurs.

Tableau 4–58 Opérateurs `EXISTS` et `NOT EXISTS`

Besoins	Requêtes et résultats

R16. Pilotes qui ont la responsabilité d'au moins un pilote.	`SELECT t1.pil_brevet, t1.pil_nom, t1.cmp_comp`
	`FROM   T_pilote_pil t1`
	`WHERE EXISTS`
	`      (SELECT t2.pil_brevet FROM T_pilote_pil t2`
	`       WHERE t2.pil_chef = t1.pil_brevet);`
	
	`pil_brevet pil_nom         cmp_comp`
	`---------- --------------- --------`
	`PL-4       Alquié          AF`

R17. Compagnies qui n'ont embauché aucun pilote.	`SELECT t1.cmp_comp, t1.cmp_pays, t1.cmp_nom`
	`FROM    T_compagnie_cmp t1`
	`WHERE NOT EXISTS`
	`    (SELECT t2.cmp_comp FROM T_pilote_pil t2`
	`      WHERE t2.cmp_comp=t1.cmp_comp);`
	
	`cmp_comp cmp_pays cmp_nom`
	`-------- -------- ---------------`
	`CAST     fr       Castanet AL`

Division

La division est un opérateur binaire car il s'agit de diviser une table par une autre table (le mot « table » signifie jeu de données organisé en table).

L'opérateur de division n'est pas fourni par SQL Server (ni par aucun de ses concurrents d'ailleurs). Il n'existe donc malheureusement pas d'instruction magique de type `DIVIDE`.

Est-ce la complexité ou le manque d'intérêt qui freinent les éditeurs de logiciels à programmer ce concept ? La question n'est pas simple, car il existe en fait plusieurs formes de division relationnelle : exacte ou relative, quantifiée ou non.

- La division relationnelle est dite exacte si le nombre d'éléments de la division est identique pour tous les diviseurs, sinon elle est dite relative.
- La division relationnelle est dite quantifiée si l'on fait figurer le nombre d'éléments.

La division permet de comparer un ensemble avec un autre ensemble (dit de référence). Ainsi, la division implémente la condition « pour tous les… ».
La division peut se programmer de nombreuses façons avec SQL sur la base de regroupements et de sous-requêtes, mais la solution la plus élégante est celle basée sur une différence (`EXCEPT`) avec la fonction `NOT EXISTS`.

Voici un exemple basé sur des clients abonnés à des journaux. Le tableau 4-59 présente la « matrice » des abonnements :

Tableau 4–59 Matrice des abonnements

	Quotidien		
Clients :	Le Gorafi	Labération	Le Partisian
Alain	1	1	1
Béatrice	1	2	1
Claude		1	1
Danielle	2	2	2

Notez que certains clients (souvent des entreprises) ont plusieurs abonnements au même titre cela permet d'en donner un au service financier et un autre à la direction…

Le tableau suivant présente les diverses solutions des différentes possibilités de division relationnelle :

Tableau 4–60 Solutions correspondant aux différents divisions relationnelles

relative	Alain, Béatrice, Danielle
exacte	Alain, Danielle
relative quantifiée	Alain 1, Béatrice 1.333333333, Danielle 2
exacte quantifiée	Alain 1, Danielle 2

La figure 4-34 illustre l'opérateur de division dans sa plus simple structure (on divise deux colonnes par une colonne) et dans son expression la plus stricte (on interdit le reste non nul). Il s'agit de comparer un ensemble (la table *T1*) avec un ensemble de référence (la table *T2*, composée de trois valeurs). Le résultat est le jeu de données qui est associé exactement à ces trois lignes (ni plus ni moins).

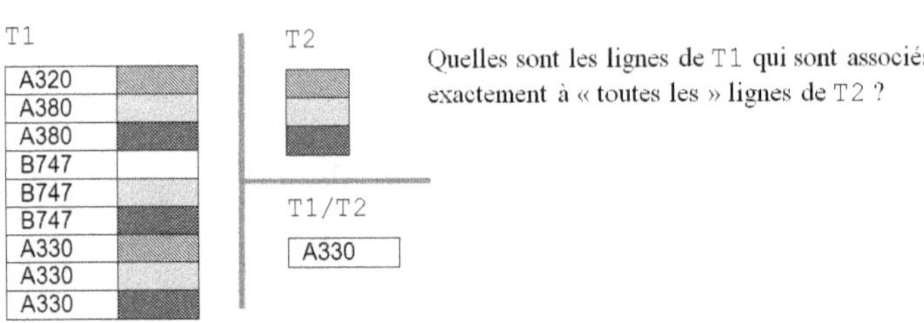

Figure 4–34
Exemple de division

La division de la table *T1[a1,…,an,b1,…,bn]* par la table *T2[b1,…,bn]* (la structure de *T2* est incluse dans la structure de *T1*) donne la table *T3[a1,…,an]* qui contient les enregistrements *ti* vérifiant *ti* ∈ T3 (de structure [*a1,…,an*]), *tj* ∈ *T2* (*tj* de structure [*b1,…,bn*]) et *ti,tj* ∈ *T1* (*ti,tj* de structure [*a1,…,an,b1,…,bn*]).

Classification

Considérons l'exemple suivant pour décrire la requête à construire pour programmer une division. Il s'agit de répondre à la question « Quels sont les avions affrétés par **toutes** les compagnies françaises ? ». L'ensemble de référence (*A*) est constitué des codes des compagnies françaises. L'ensemble à comparer (*B*) est constitué des codes des compagnies pour chaque avion.

Deux cas sont à envisager suivant la manière de comparer les deux ensembles :

- Division inexacte (le reste n'est pas nul) : un ensemble est seulement inclus dans un autre ($A \in B$). La question à programmer serait « Quels sont les avions affrétés par **toutes** les compagnies françaises ? », sans préciser si les avions ne doivent pas être aussi affrétés par des compagnies étrangères. L'avion ('A3', 'Mercure') répondrait à cette question, que la dernière ligne de la table `T_affretements` soit présente ou pas.

- Division exacte (le reste est nul) : les deux ensembles doivent être égaux (*B*=*A*). La question programmée est alors « Quels sont les avions affrétés **exactement** (ou **uniquement**) par toutes les compagnies françaises ? ». L'avion ('A3', 'Mercure') répondrait à cette question si la dernière ligne de la table `T_affretements` était absente. Les lignes concernées dans les deux tables sont grisées.

Figure 4–35
Divisions à programmer

Affretements

immat	typeAv	compa	dateAff
A1	A320	SING	1965-05-13
A2	A340	AF	1968-06-22
A3	Mercure	AF	1965-02-05
A4	A330	ALIB	1965-01-16
A3	Mercure	ALIB	1942-03-05
A3	Mercure	SING	1987-03-01

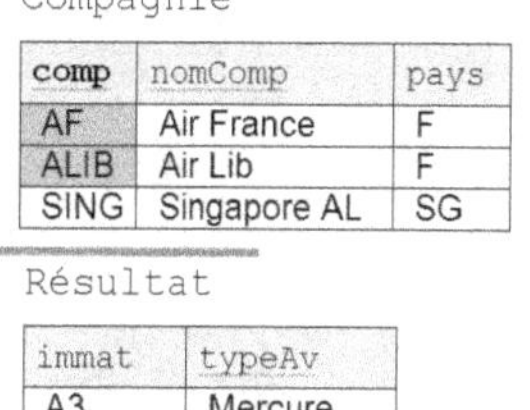
Compagnie

comp	nomComp	pays
AF	Air France	F
ALIB	Air Lib	F
SING	Singapore AL	SG

Résultat

immat	typeAv
A3	Mercure

L'opérateur de différence (EXCEPT) combiné à la fonction EXISTS permet d'implémenter ces deux comparaisons (l'inclusion d'un ensemble dans un autre et l'égalité de deux ensembles).

Division inexacte (ou relative)

Pour programmer le fait qu'un ensemble est seulement inclus dans un autre (ici, $A \subset B$), il faut qu'il n'existe pas d'élément dans l'ensemble $\{A\text{-}B\}$. La requête suivante implémente cette condition.

Figure 4–36

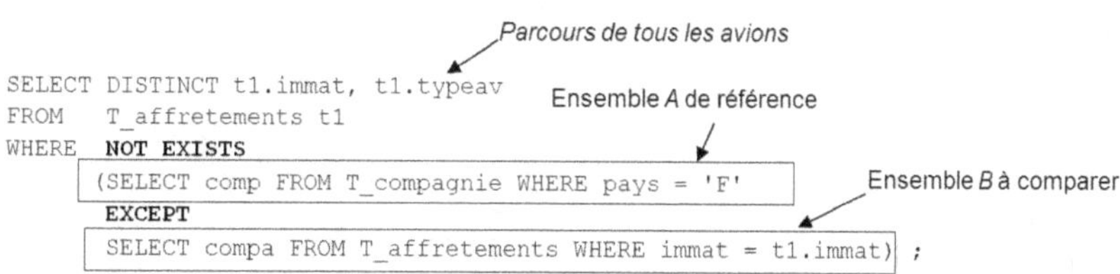


```
SELECT DISTINCT t1.immat, t1.typeav
FROM   T_affretements t1
WHERE  NOT EXISTS
  (SELECT comp FROM T_compagnie WHERE pays = 'F'
   EXCEPT
   SELECT compa FROM T_affretements WHERE immat = t1.immat) ;
```

Division exacte

Pour programmer le fait qu'un ensemble est strictement égal à un autre (ici, $A=B$), il faut qu'il n'existe aucun élément dans l'ensemble $\{A\text{-}B\}$ ni dans l'ensemble $\{B\text{-}A\}$. La traduction mathématique est la suivante : $A=B \Leftrightarrow (A\text{-}B=\varnothing$ et $B\text{-}A=\varnothing)$. Les opérateurs se programment de la même manière que pour la requête précédente. Le « et » se programme à l'aide d'un AND.

Figure 4–37

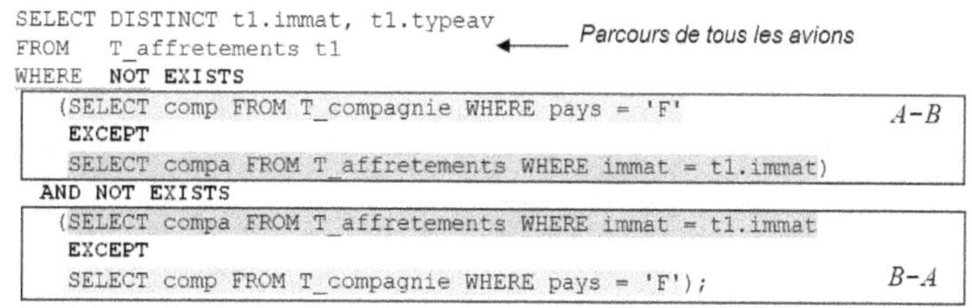


```
SELECT DISTINCT t1.immat, t1.typeav
FROM   T_affretements t1
WHERE  NOT EXISTS
  (SELECT comp FROM T_compagnie WHERE pays = 'F'
   EXCEPT
   SELECT compa FROM T_affretements WHERE immat = t1.immat)
 AND NOT EXISTS
  (SELECT compa FROM T_affretements WHERE immat = t1.immat
   EXCEPT
   SELECT comp FROM T_compagnie WHERE pays = 'F');
```

Pour notre exemple basé sur les journaux, voici des requêtes présentant les différents résultats :

Les données de notre jeu d'essais :

```
CREATE TABLE T_JOURNAL   (TITRE VARCHAR(25) PRIMARY KEY);
CREATE TABLE T_ABONNEMENT (NOM VARCHAR(16), TITRE VARCHAR(25), NOMBRE TINYINT,
                           PRIMARY KEY (NOM, TITRE));

INSERT INTO T_CLIENT VALUES ('Alain'), ('Béatrice'), ('Claude'), ('Danielle');
INSERT INTO T_JOURNAL VALUES ('Le Gorafi'), ('Labération'), ('Le Partisian');
INSERT INTO T_ABONNEMENT VALUES
('Alain', 'Labération',   1),
('Alain', 'Le Gorafi',    1),
('Alain', 'Le Partisian', 1),
('Béatrice', 'Labération',   2),
('Béatrice', 'Le Gorafi',    1),
('Béatrice', 'Le Partisian', 1),
('Claude', 'Labération',   1),
('Claude', 'Le Partisian', 1),
('Danielle', 'Labération',   2),
('Danielle', 'Le Gorafi',    2),
('Danielle', 'Le Partisian', 2);
```

Division relative :

```
SELECT *
FROM T_CLIENT AS C
WHERE NOT EXISTS(SELECT *
                 FROM T_JOURNAL AS J
                 WHERE NOT EXISTS(SELECT *
                                  FROM T_ABONNEMENT AS A
                                  WHERE A.NOM = C.NOM
                                    AND A.TITRE = J.TITRE));
```

Division exacte :

```
SELECT *
FROM T_CLIENT AS C
WHERE NOT EXISTS(SELECT *
                 FROM T_JOURNAL AS J
                 WHERE NOT EXISTS(SELECT *
                                  FROM T_ABONNEMENT AS A
                                  WHERE A.NOM = C.NOM
                                    AND A.TITRE = J.TITRE))
AND EXISTS(SELECT 0
             FROM T_ABONNEMENT AS ABO
             WHERE NOM = C.NOM
             HAVING COUNT(DISTINCT NOMBRE) = 1);
```

Division exacte quantifiée :

```
SELECT *, (SELECT MAX(NOMBRE)
           FROM T_ABONNEMENT AS ABO
           WHERE NOM = C.NOM) AS NOMBRE
FROM T_CLIENT AS C
WHERE NOT EXISTS(SELECT *
                  FROM T_JOURNAL AS J
                  WHERE NOT EXISTS(SELECT *
                                    FROM T_ABONNEMENT AS A
                                    WHERE A.NOM = C.NOM
                                      AND A.TITRE = J.TITRE))
AND EXISTS(SELECT 0
             FROM T_ABONNEMENT AS ABO
             WHERE NOM = C.NOM
             HAVING COUNT(DISTINCT NOMBRE) = 1);
```

Division relative quantifiée :

```
SELECT *, (SELECT AVG(CAST(NOMBRE AS FLOAT))
           FROM T_ABONNEMENT AS ABO
           WHERE NOM = C.NOM) AS NOMBRE
FROM T_CLIENT AS C
WHERE NOT EXISTS(SELECT *
                  FROM T_JOURNAL AS J
                  WHERE NOT EXISTS(SELECT *
                                    FROM T_ABONNEMENT AS A
                                    WHERE A.NOM = C.NOM
                                      AND A.TITRE = J.TITRE))
```

5

Gestion des données complexes

Ce chapitre traite des différents mécanismes qui sont mis à disposition par SQL Server pour gérer des données complexes ou non structurées : manipulation de dates, graphes (expressions CTE), parcours de hiérarchies (type `HierarchyID`), écriture d'expressions régulières (fonctions CLR), gestion des LOB, de la propriété `FILESTREAM`, de FileTable et des contenus XML. L'étude de l'indexation textuelle et des méthodes fournies pour les données spatiales (types `GEOMETRY` et `GEOGRAPHY`) seront aussi abordées dans ce chapitre.

Dates, heures et intervalles

Vos bases de données contiendront inévitablement des colonnes temporelles, que ce soit pour gérer de l'historique ou du prévisionnel. Dates, heures ou les deux simultanément, avec ou sans fuseau horaire, SQL dispose des types adéquats et met à disposition des fonctions efficaces.Cette section présente la représentation et la manipulation des informations temporelles.

Le moment présent

Les fonctions suivantes vous renseigneront à propos de la date et de l'heure du moment présent. Les trois premières sont les plus précises.

Tableau 5–1 Dates et heures actuelles

Fonctions	Type de retour	Commentaires
SYSDATETIME()	DATETIME2(7)	Date du jour, précise à 100 nanosecondes
SYSDATETIMEOFFSET()	DATETIME2(7)	Date du jour avec le décalage par rapport au méridien de Greenwich

Tableau 5–1 Dates et heures actuelles *(suite)*

Fonctions	Type de retour	Commentaires
SYSUTCDATETIME()	DATETIMEOFFSET(7)	Date du jour calée sur le méridien de Greenwich
CURRENT_TIMESTAMP	DATETIME	Date du jour précise à 3 millisecondes
GETDATE()	DATETIME	Date du jour
GETUTCDATE	DATETIME	Date du jour calée sur le méridien de Greenwich

Le format de retour par défaut de ces dates est illustré par les requêtes suivantes.

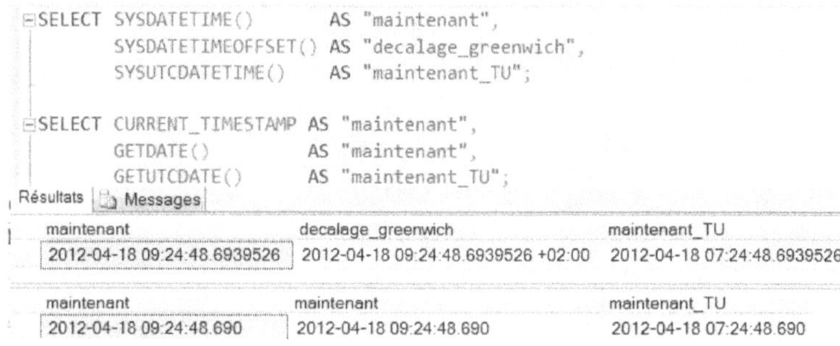

Figure 5–1
Fonctions pour la date du jour

La date standard (ISO)

Il existe un format particulier d'encodage qui s'affranchit de toute configuration des paramètres de format d'une date de votre serveur : il s'agit du format ISO sur 8 ou 10 positions *année mois jour*, sans séparateur : AAAAMMJJ (format court), ou avec séparateur : AAAA-MM-JJ (format long).Utilisez le format court pour l'ancien type DATETIME ou SMALLDATETIME (aujourd'hui obsolètes). Préférez le format long pour les types DATETIME2, DATE et DATEIMEOFFSET.

L'exemple suivant insère, dans la table définie au chapitre 2, une ligne composée d'une colonne de type DATE (valuée ici au 25 octobre 1965) et une colonne DATETIME2 (valuée ici au 20 décembre 1998).

Figure 5–2
Dates au format ISO

```
USE BD_Air_France;

INSERT INTO T_vols_historique_vlh
 (vlh_num_vol,vlh_creation,vlh_fin_exploitation,vlh_h_dep,vlh_h_arr,aer_dep,aer_arr)
VALUES
 ('AF6140','19651025','19981220 15:45:00','12:35:00','13:55:00','TLS','ORY');
              DATE       DATETIME2          TIME(0)    TIME(0)
```

Si vous persistez à vouloir traiter les années sur deux chiffres, l'année pivot par défaut est située au niveau des dizaines à 50. En dessous de 50, vous situez le moment au siècle courant, à 50 et plus vous considérez le siècle passé. Le script suivant vous démontrera cet état de fait quel que soit le type de donnée utilisé.

```
SELECT CAST('490420' AS DATETIME2)     AS "Siècle en cours",
       CAST('490212' AS SMALLDATETIME) AS "Siècle en cours",
       CAST('791124' AS DATE)          AS "Siècle passé",
       CAST('500420' AS DATETIME2)     AS "Siècle passé";
```

```
Siècle en cours              Siècle en cours      Siècle passé Siècle passé
---------------------------- -------------------- ------------ ---------------------------
2049-04-20 00:00:00.0000000 2049-02-12 00:00:00 1979-11-24   1950-04-20 00:00:00.0000000
```

Pour vérifier quelle est l'année de césure du siècle, vous devrez consulter dans la liste des paramètres de configuration serveur (`EXEC sp_configure`, ici la base `master` est sélectionnée), le paramètre `two digit year cutoff`.
Pour modifier ce paramètre avancé, remplacez dans le code suivant `xx` par le millénaire que vous souhaitez rendre courant.

Tableau 5–2 Modification – Visualisation de l'année de césure du siècle

Modification du paramètre	Visualisation des paramètres

`USE master;`
`EXEC sp_configure`
`    'show advanced option','1';`
`RECONFIGURE;`
`GO`
`EXEC sp_configure`
`   'two digit year cutoff','xx49';`
`RECONFIGURE;`
`GO`
	`USE master;`
	`EXEC sp_configure;`
	Résultats / Messages
	name / minimum / maximum / config_value / run_value
	62 transform noise words 0 1 0 0
	63 two digit year cutoff 1753 9999 2049 2049
	64 user connections 0 32767 0 0
	65 user instance timeout 5 65535 60 60
	Figure 5–3 Césure du siècle

Le format des dates

Avant de construire des dates, intéressez-vous à votre configuration par défaut. Le langage est défini dans les paramètres généraux (ici, le numéro 2). À un numéro de langue est affecté une configuration de date, qui est en principe correctement définie mais qu'il est toutefois possible de modifier si nécessaire grâce à la commande `SET paramètre valeur`.

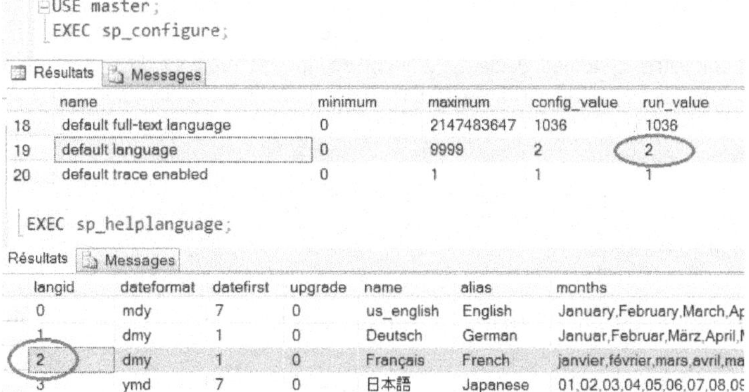

```
USE master;
EXEC sp_configure;
```

Résultats | Messages

	name	minimum	maximum	config_value	run_value
18	default full-text language	0	2147483647	1036	1036
19	default language	0	9999	2	2
20	default trace enabled	0	1	1	1

```
EXEC sp_helplanguage;
```

Résultats | Messages

langid	dateformat	datefirst	upgrade	name	alias	months
0	mdy	7	0	us_english	English	January,February,March,Ap
1	dmy	1	0	Deutsch	German	Januar,Februar,März,April,M
2	dmy	1	0	Français	French	janvier,février,mars,avril,ma
3	ymd	7	0	日本語	Japanese	01,02,03,04,05,06,07,08,09

Figure 5–4
Fonctions pour la date du jour

Format d'entrée par défaut

Pour toute connexion ne modifiant pas ces paramètres, le format des dates attendu par défaut est (`dmy`) *jour mois année*. Considérons les trois expressions suivantes et constatons leur validité.

```
SELECT CAST('15/02/2005 00:00:00 +01:00' AS DATETIMEOFFSET) AS "DATETIMEOFFSET",
       CAST('15/02/2005' AS DATETIME2) AS "DATETIME2",
       CAST('15-02-2005' AS SMALLDATETIME) AS "SMALLDATETIME",
       CAST('15.02.2005' AS DATE) AS "DATE";

DATETIMEOFFSET                     DATETIME2                   SMALLDATETIME           DATE
---------------------------------- --------------------------- ----------------------- ----------
2005-02-15 00:00:00.0000000 +01:00 2005-02-15 00:00:00.0000000 2005-02-15 00:00:00     2005-02-15
```

Vous remarquerez que trois séparateurs sont possibles : ., / et -.
Par ailleurs, les heures, minutes, secondes et décimales des différents types (excepté le type DATE qui n'en comporte pas) sont par défaut configurées à zéro si elles ne sont pas renseignées.

L'exemple suivant insère dans la table une ligne où les dates sont construites avec un séparateur différent (la colonne DATE indique le 15 février 1995 et la colonne DATETIME2 comprend la même date, 10 ans après, à 15h).

Figure 5–5
Séparateurs pour les dates

```
USE BD_Air_France;

INSERT INTO T_vols_historique_vlh
(vlh_num_vol,vlh_creation,vlh_fin_exploitation,vlh_h_dep,vlh_h_arr,aer_dep,aer_arr)
VALUES
('AF6145','15/02/1995','15-02-2005 15:00:00','12:30:00','13:45:00','TLS','CDG');
              DATE       DATETIME2           TIME(0)  TIME(0)
```

Si vous ne respectez pas l'ordre imposé (ici jour, mois, puis année), l'erreur obtenue est la suivante :

```
SELECT CAST('02/15/2005' AS DATETIME2);
Msg 241, Niveau 16, État 1, Ligne … : Échec de la conversion de la date et/ou de l'heure à partir
d'une chaîne de caractères.
```

Imposer son format d'entrée

Commencez systématiquement par imposer le format que vous désirez utiliser : SET DATEFORMAT format. Ce paramètre remplace, lors de la session, le format par défaut du langage qui peut aussi être changé (SET LANGUAGE langue). Comme tout paramètre de session, ce format est valable tant que vous ne modifiez pas son état et que la connexion existe.
En général, on utilise DMY, mais vous pouvez aussi choisir de positionner le mois en tête (MDY ou MYD) ou l'année (YMD ou YDM, qui ne s'applique pas aux types DATE, DATETIME2 et DATETIMEOFFSET). Il reste aux réfractaires la possibilité d'utiliser le format DYM.

L'exemple suivant insère une ligne dans la table en imposant le format *mois jour année*.

Figure 5–6
Séparateurs pour les dates

```
USE BD_Air_France;
SET DATEFORMAT MDY;

INSERT INTO T_vols_historique_vlh
(vlh_num_vol,vlh_creation,vlh_fin_exploitation,vlh_h_dep,vlh_h_arr,aer_dep,aer_arr)
VALUES
('AF6147','05/13/1995','07/27/2006 21:30:00','20:30:00','21:45:00','NIC','CDG');
```

Format d'affichage et interne

Quel que soit le format que vous aurez utilisé pour insérer des dates, SQL Server se réserve de 3 à 10 octets selon le type (DATE, DATETIME2, SMALLDATETIME et DATETIMEOFFSET) et présentera invariablement vos dates sous la forme *année mois jour* dans toute requête. Ce n'est pas le cas du type DATETIME (obsolète)

Figure 5–7
Présentation des dates

vlh_num_vol	vlh_creation	vlh_fin_exploitation	vlh_h_dep	vlh_h_arr	aer_dep	aer_arr
AF6140	1965-10-25	1998-12-20 15:45:00.0000000	12:35:00	13:55:00	TLS	ORY
AF6145	1995-02-15	2005-02-15 15:00:00.0000000	12:30:00	13:45:00	TLS	CDG
AF6147	1995-05-13	2006-07-27 21:30:00.0000000	20:30:00	21:45:00	NIC	CDG

Inutile que vous cherchiez à comprendre l'algorithme interne de SQL Server pour extraire une partie d'une date ou d'une heure sans passer par les fonctions disponibles et que nous allons étudier. À noter que le 1er janvier de l'année 0001 à 00 h est représenté par des zéros à tous les octets et que les bits forts sont utilisés pour les heures. Mis à part cela, n'utilisez pas une date dans un format numérique. À titre d'exemple, le jour où la France a connu le nom de son dernier nouveau président est codé de la manière suivante :

```
SELECT CONVERT(VARBINARY(MAX), CAST('2012/05/06' AS DATETIME2))
               AS "Début de la journée…",
       CONVERT(VARBINARY(MAX), CAST('2012/05/06 20:00:00' AS DATETIME2))
               AS "Le président est…";
Début de la journée…    Le président est…
-------------------- --------------------
0x070000000000A4350B    0x07002058A3A7A4350B
```

Conversions en réel

Oubliez toutes bidouilles de conversions qui étaient auparavant permises avec le type DATETIME (obsolète depuis 2008, mais toujours supporté pour des raisons de compatibilité). Vous allez découvrir des fonctions adéquates pour ajouter, soustraire, comparer et extraire des dates quel que soit leur format.

Le code suivant illustre un problème potentiel lié à la précision du type DATETIME et au laxisme de SQL Server qui permettait de convertir une date en flottant et inversement. La première conversion retourne 31,5, ce qui correspond au nombre de jours entre le 1er janvier 1900 (valué à 0 avec DATETIME) et le 1er février 1900. La seconde ajoute à ce nombre le décimal correspondant à une durée de 1 jour, 1 h et 15 minutes.

```
SELECT CAST(CAST('1900-01-02 12:00:00' AS DATETIME) AS FLOAT) AS "2 fév. 1900 à midi";
2 fév. 1900 à midi
----------------------
31,5
SELECT CAST((31.5+1.0+1/24.0+15/1440.0) AS DATETIME) AS "1 jour 1h et 15 min après";
1 jour 1h et 15 min après
-------------------------
1900-02-02 13:14:59.883
```

Le résultat est imprécis. Refusez d'utiliser un type DATETIME et de le convertir. La conversion d'un type DATETIME2 en flottant ou inversement n'est pas possible : `Msg 529, Niveau 16, État 2, Ligne … : La conversion explicite du type de donnée DATETIME2 en FLOAT n'est pas autorisée.`

Construire ses dates

Absentes de la version 2008, les nouvelles fonctions suivantes vous permettront de construire vos dates selon le format désiré.

Tableau 5–3 Constructeurs de dates

Fonctions	Type de retour	Commentaires
DATEFROMPARTS(a,m,j)	DATE	Date composée du jour *j*, du mois *m* et de l'année *a*
SMALLDATETIMEFROMPARTS (a,m,j,h,mi)	SMALLDATETIME	Date composée du jour *j*, du mois *m* et de l'année *a*, à l'heure *h* et *mi* minutes
DATETIME2FROMPARTS (a,m,j,h,m,s,f,p)	DATETIME2(p)	Date composée du jour *j*, du mois *m* et de l'année *a*, à l'heure *h* et *mi* minutes, *s* secondes et *f* fractions de secondes. La précision des fractions est *p*
DATETIMEOFFSETFROMPARTS (a,m,j,h,m,s,f,ho,mo,p)	DATETIMEOFFSET(p)	Même date décalée sur le méridien de Greenwich de *ho* heure et *mo* minutes

Appliquons ces fonctions en modélisant la date du 5 février 1965 et en précisant de plus en plus l'heure (6 h 30 du matin et des poussières) et le décalage horaire (1 h à l'est de Greenwich). La requête suivante construit ces dates et les insère dans une table créée pour l'occasion.

```
SELECT DATEFROMPARTS          (1965,02,05)                    AS dat_d1,
       SMALLDATETIMEFROMPARTS (1965,02,05,6,30)               AS dat_d2,
       DATETIME2FROMPARTS     (1965,02,05,6,30,0,1276,4)      AS dat_d3,
       DATETIMEOFFSETFROMPARTS(1965,02,05,6,30,0,1276,+1,0,4) AS dat_d4
INTO   T_date_naissance_dat;
```

La figure 5-8 illustre le fait que toutes les colonnes de la table créée sont considérées en tant que dates et que le contenu de chaque champ vérifie bien les données d'entrée.

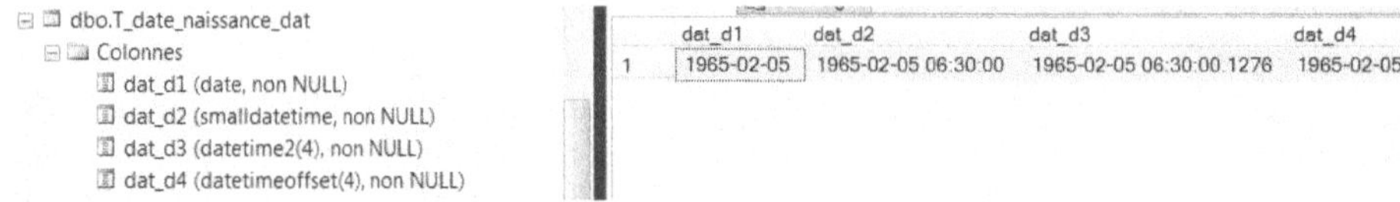

Figure 5–8 Constructions de dates

Traiter des dates

Présentons à présent les possibilités offertes par SQL Server en matière de manipulation des dates et des heures.

Décomposition d'une date

Les fonctions DAY(date), MONTH(date) et YEAR(date) retournent respectivement sous la forme d'un entier, à partir d'un type DATE, DATETIME2, SMALLDATETIME et DATETIMEOFFSET, le jour, le mois et l'année.

Le code suivant décrit deux premiers exemples d'utilisation. Le premier concerne le jour présent, le second concerne la colonne au format DATE d'une table.

```
SELECT DAY(GETDATE()) AS "Jour",MONTH(GETDATE()) AS "Mois",YEAR(GETDATE()) AS "Année"
Jour        Mois        Année
----------- ----------- -----------
19          4           2012
SELECT DAY(vlh_creation) AS "Jour vol", MONTH(vlh_creation) AS "Mois vol",
        YEAR(vlh_creation) AS "Année vol"
FROM    T_vols_historique_vlh
WHERE   vlh_num_vol = 'AF6145';
Jour vol    Mois vol    Année vol
----------- ----------- -----------
15          2           1995
```

Le troisième exemple suivant illustre le fait que ces fonctions peuvent s'utiliser dans les prédicats de recherche. Ici, on recherche les vols dont l'exploitation a cessé avant l'année 2006.

```
SELECT vlh_num_vol, YEAR(vlh_fin_exploitation) AS "Année fin exploitation"
FROM    T_vols_historique_vlh
WHERE   YEAR(vlh_fin_exploitation) < 2006;
vlh_num_vol Année fin exploitation
----------- ----------------------
AF6140      1998
AF6145      2005
```

Parties d'une date

Les abréviations suivantes vous seront nécessaires pour préciser quelle partie d'une date (ou d'une heure) vous intéresse lors de l'appel aux fonctions DATENAME et DATEPART.

Tableau 5–4 Parties d'une date/heure

Champ	Abréviations	Champ	Abréviations
Année	year, yy, yyyy	Heure	hour, hh
Trimestre	quarter, qq, q	Minute	minute mi,
Mois	month, mm, m	Seconde	second, ss, s
Jour de l'année	dayofyear,dy, y	Milliseconde	millisecond, ms
Jour	day, dd, d	Microseconde	microsecond, mcs
Semaine	ISO_WEEK, isowk, isoww	Nanoseconde	nanosecond, ns
Jour de la semaine	weekday, dw	Décalage Greenwich	Tzoffset, tz

La fonction DATENAME(partie,date) retourne la partie de date sous la forme d'une chaîne de caractères.
La fonction DATEPART(partie,date) retourne la partie de date sous la forme d'un entier.
La date manipulée par ces deux fonctions est de type DATE, DATETIME2, SMALLDATETIME ou DATETIMEOFFSET.
Ces fonctions peuvent être utilisées dans les clauses SELECT, WHERE, HAVING, GROUP BY et ORDER BY d'une requête.

Extractions sous la forme de caractères

Les seules véritables chaînes de caractères qu'il est possible d'extraire avec DATENAME sont le nom du jour et celui du mois. Les libellés dépendent du langage de la session.

La requête suivante extrait les jours et mois de début d'exploitation des vols, en extrayant ces information d'une colonne de type DATE.

```
SELECT vlh_num_vol, DATENAME(weekday,vlh_creation) AS "Jour début exploitation",
       DATENAME(month,vlh_creation)   AS "Mois début exploitation", vlh_creation
FROM   T_vols_historique_vlh;
vlh_num_vol Jour début exploitation        Mois début exploitation        vlh_creation
----------- ------------------------------ ------------------------------ ------------
AF6140      lundi                          octobre                        1965-10-25
AF6145      mercredi                       février                        1995-02-15
AF6147      samedi                         mai                            1995-05-13
```

Appliquons cette fonction au moment présent. La requête suivante extrait tous les champs relatifs à l'heure et les insère dans une table créée pour l'occasion.

```
SELECT DATENAME(hour,SYSDATETIME())         AS "Heure",
       DATENAME(minute,SYSDATETIME())       AS "Minute",
       DATENAME(second,SYSDATETIME())       AS "Seconde",
       DATENAME(millisecond,SYSDATETIME())  AS "Milliseconde",
       DATENAME(microsecond, SYSDATETIME()) AS "Microseconde",
       DATENAME(nanosecond, SYSDATETIME())  AS "Nanoseconde"
INTO T_le_changement_c_maintenant;
```

La figure 5-9 illustre le fait que toutes les colonnes de la table créée sont considérées en tant que caractères. Par ailleurs, le contenu de chaque champ est indépendant, mis à part les décimales d'une seconde. L'histoire nous rappelle que les slogans politiques n'ont rien à voir avec la précision du moment où ils ont été prononcés.

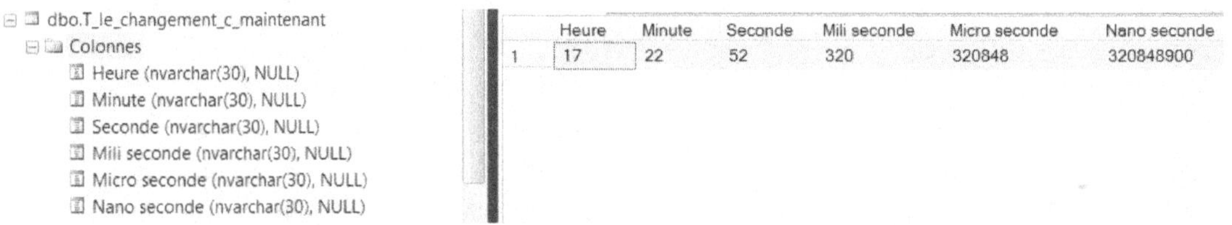

Figure 5–9 Extraction d'un instant en chaîne de caractères

Si le deuxième paramètre de la fonction DATENAME (date) est exprimé sous la forme d'une chaîne de caractères, il est converti en type DATETIME2. En conséquence, et si le format de la session est YDM, vous devrez transformer la chaîne décrivant la date sous la forme d'un SMALLDATETIME.

Le code suivant illustre ce précepte. L'écriture DATENAME(month,'2009/15/02') aurait renvoyé l'erreur suivante : Msg 241, Niveau 16, État 1, Ligne … : Échec de la conversion de la date et/ou de l'heure à partir d'une chaîne de caractères.

```
SET DATEFORMAT YDM;
SELECT DATENAME(month, CAST('2009/15/02' AS SMALLDATETIME));
------------------------------
février
```

Extractions sous la forme d'entiers

Il semble plus naturel d'extraire la majorité des champs d'une date sous la forme d'entier, ce qui est prévu avec la fonction DATEPART.

La requête suivante utilise cette fonction au moment présent et extrait tous les champs relatifs à la date sans prendre en compte l'heure. Vous remarquerez que le nom du mois et celui du jour sont convertis en entiers (ici, 4 pour avril et 5 pour vendredi).

```
SELECT DATEPART(year,SYSDATETIME())      AS "Année",
       DATEPART(quarter,SYSDATETIME())   AS "Trimestre",
       DATEPART(month,SYSDATETIME())     AS "Mois",
       DATEPART(dayofyear,SYSDATETIME()) AS "Jour année",
       DATEPART(day,SYSDATETIME())       AS "Jour",
       DATEPART(ISO_WEEK,SYSDATETIME())  AS "Semaine",
       DATEPART(weekday,SYSDATETIME())   AS "Jour semaine";
Année       Trimestre   Mois        Jour année  Jour        Semaine     Jour semaine
----------- ----------- ----------- ----------- ----------- ----------- ---------------
2012        2           4           111         20          16          5
```

Le premier jour de la semaine dépend de la langue associée à la session. L'indicateur datefirst (voir figure 5-4) conditionne cette numérotation. En français, datefirst est positionné sur 1 (qui correspond toujours au lundi, quelle que soit la langue). Avec une langue anglo-saxonne, datefirst est positionné sur 7 (dimanche). Il est aussi possible de positionner cet indicateur, pendant la durée de la session, avec la commande SET DATEFIRST.
N'utilisez pas les abréviations week, wk ou ww pour extraire des numéros de semaines, vous utiliseriez une convention qui n'assure pas forcément que la première semaine soit celle qui correspond à la norme ISO adoptée par la France.

La requête suivante extrait les vols qui ont cessé leur exploitation au cours des 3e et 4e trimestres, quelle que soit l'année.

```
SELECT vlh_num_vol, vlh_creation, vlh_fin_exploitation
FROM   T_vols_historique_vlh
WHERE  DATEPART(quarter,vlh_fin_exploitation) > 2;
vlh_num_vol vlh_creation vlh_fin_exploitation
----------- ------------ ---------------------------
AF6140      1965-10-25   1998-12-20 15:45:00.0000000
AF6147      1995-05-13   2006-07-27 21:30:00.0000000
```

Ajouter ou soustraire du temps

La fonction DATEADD(partie,entier,date) ajoute une durée à la date (de type TIME, DATE, DATETIME2, SMALLDATETIME ou DATETIMEOFFSET), puis retourne le résultat. L'entier est typé en tant que INT (de -2 147 483 648 à 2 147 483 647).
Cette fonction peut être utilisée dans les clauses SELECT, WHERE, HAVING, GROUP BY et ORDER BY d'une requête.

L'exemple suivant ajoute 1 jour, 1 h et 15 minutes aux dates de fin d'exploitation des vols.

```
SELECT vlh_num_vol, vlh_fin_exploitation,
       DATEADD(minute,15,(DATEADD(hour,1,DATEADD(day,1,vlh_fin_exploitation))))
               AS "+ 1j 1h 15min"
FROM   T_vols_historique_vlh;
```

```
vlh_num_vol vlh_fin_exploitation        + 1j 1h 15min
----------- --------------------------- ---------------------------
AF6140      1998-12-20 15:45:00.0000000 1998-12-21 17:00:00.0000000
AF6145      2005-02-15 15:00:00.0000000 2005-02-16 16:15:00.0000000
AF6147      2006-07-27 21:30:00.0000000 2006-07-28 22:45:00.0000000
```

Soustraire du temps à une date revient à affecter une valeur négative au deuxième paramètre (entier) de la fonction DATEADD.

La requête suivante extrait le moment qui a précédé l'instant présent de 20 ans, 200 mois et 2 000 jours.

```
SELECT DATEADD(day,-2000,DATEADD(month,-200,DATEADD(year,-20,SYSDATETIME())))
       AS "20 ans, 200 mois et 2 000 jours avant maintenant";
20 ans, 200 mois et 2 000 jours avant maintenant
-----------------------------------------------
1970-02-27 14:51:58.0650191
```

L'ajout ou la soustraction d'un décalage horaire est impossible (Tzoffset ou tz).
L'ajout ou la soustraction de microsecondes ou nanosecondes d'un type SMALLDATETIME ou DATE est impossible.
L'ajout ou la soustraction d'intervalles contenant une granularité de mois à une date donne des résultats hasardeux. Par exemple, SELECT DATEADD(m, -1, DATEADD(m, 1, CAST('2001-01-31' AS DATE))) renvoie la date du 28 janvier 2001, alors que l'ajout et le retrait d'un mois devraient restituer la date originelle.

Pour les fonctions de date, deux types d'erreurs sont possibles : l'entier dépasse la capacité d'un INT à l'appel ou le retour du calcul est hors des limites du type (du 1/1/0001 au 31/12/9999 pour les types DATE, DATETIME2 et DATETIMEOFFSET, du 1/1/1900 au 6/6/2079 pour le type SMALLDATETIME). Le tableau 5-5 présente un exemple de ces deux types d'erreurs classiques.

Tableau 5–5 Erreurs lors de l'ajout ou de la soustraction de temps

Appel de la fonction et erreur obtenue	Commentaires
SELECT DATEADD(second,2147483648, SYSDATETIME()); -------------------------- Msg 8115, Niveau 16, État 2, Ligne … : Une erreur de dépassement arithmétique s'est produite lors de la conversion de l'expression en type de donnée int.	L'entier dépasse d'une unité la valeur maximale.
SELECT DATEADD(month,-24500,CAST('2012-05-13' AS DATETIME2)); --------------------------- Msg 517, Niveau 16, État 3, Ligne … : L'ajout d'une valeur à une colonne 'datetime2' a provoqué un dépassement de capacité.	La date obtenue (DATETIME2) précède le 1er janvier 0001.

Intervalles

La fonction DATEDIFF(partie,date1,date2) retourne, sous la forme d'un entier d'une partie de temps, l'intervalle entre deux dates (de type TIME, DATE, DATETIME2, SMALLDATETIME ou DATETIMEOFFSET). L'entier est typé en tant que INT.
Si date1 ≤date2, le résultat obtenu sera positif ou nul, sinon la fonction retourne un résultat négatif.
Cette fonction peut être utilisée dans les clauses SELECT, WHERE, HAVING, GROUP BY et ORDER BY d'une requête.
Si l'un des paramètres date de la fonction DATEDIFF est exprimé sous la forme d'une chaîne de caractères, il est converti en type DATETIME2. En conséquence, et si le format de la session est YDM, vous devrez transformer la chaîne décrivant la date sous la forme d'un SMALLDATETIME.

L'exemple suivant calcule le nombre de jours qui ont séparés la création d'un vol et la fin de son exploitation. Le résultat est ordonné en fonction de ce nombre, ce qui permet de trier les lignes par ordre de longévité d'exploitation croissant.

```
SELECT   vlh_num_vol, vlh_creation, vlh_fin_exploitation,
         DATEDIFF(day,vlh_creation,vlh_fin_exploitation) AS "Nombre de jours"
FROM     T_vols_historique_vlh
ORDER BY 4;
vlh_num_vol vlh_creation vlh_fin_exploitation        Nombre de jours
----------- ------------ --------------------------- ---------------
AF6145      1995-02-15   2005-02-15 15:00:00.0000000 3653
AF6147      1995-05-13   2006-07-27 21:30:00.0000000 4093
AF6140      1965-10-25   1998-12-20 15:45:00.0000000 12109
```

La différence de temps entre deux dates semble donc un concept facile à appréhender. Le code suivant calcule le temps écoulé entre le 14 octobre 2012 (3 h 10 et 1 s du matin) et le 10 octobre 2012 (1 h 18 et 58 s du matin).

```
DECLARE @d1 DATETIME2;
DECLARE @d2 DATETIME2;
SET @d1 = '2012-10-10 01:18:58';
SET @d2 = '2012-10-14 03:10:01';
SELECT DATEDIFF(day   ,@d1,@d2) AS "j",   DATEDIFF(hour ,@d1,@d2) AS "h",
       DATEDIFF(minute,@d1,@d2) AS "min", DATEDIFF(second,@d1,@d2) AS "sec.";
j           h           min         s
----------- ----------- ----------- -----------
4           98          5872        352263
```

L'élément le plus précis est la seconde. En effet, 4 jours est la valeur la plus grossière puisqu'il manque *a priori* 2 h. Le nombre d'heures n'inclut pas les minutes qui ne comprennent pas les secondes.

Comment trouver le nombre exact de jours, d'heures, de minutes et de secondes entre deux dates ? SQL Server ne propose pas cette fonctionnalité, il faut la programmer en utilisant la division entière et le modulo et en se basant sur le nombre total de secondes entre deux dates pour recomposer les éléments de l'intervalle.

Les expressions de la requête suivante vous dépanneront sans doute un jour. La seule condition est que la date *d1* doit être antérieure à *d2*.

```
SELECT   DATEDIFF(second,@d1,@d2)/(24*60*60)                AS "jours",
        (DATEDIFF(second,@d1,@d2)%(24*60*60))/(60*60)       AS "heures",
        ((DATEDIFF(second,@d1,@d2)%(24*60*60))%(60*60))/60 AS "minutes",
        ((DATEDIFF(second,@d1,@d2)%(24*60*60))%(60*60))%60 AS "secondes";
jours       heures      minutes     secondes
----------- ----------- ----------- -----------
4           1           51          3
```

Vous retrouvez le résultat final, 352 263, en factorisant les termes obtenus : **4** × 24 × 60 × 60 (345 600) + **1** × 60 × 60 (3 600) + **51** × 60 (3 060) + **3** (3).

Gestion des heures

Absente de la version 2008, la nouvelle fonction TIMEFROMPARTS vous permettra de construire des heures.

Tableau 5–6 Constructeur d'heures

Fonction	Type de retour	Commentaires
TIMEFROMPARTS(*h*,*m*,*s*,*f*,*p*)	TIME(*p*)	Heure *h* à la minute *mi*, seconde *s* et fractions de secondes *f*. La précision des fractions est *p*.

Appliquons cette fonction en modélisant l'instant 15 h 54 min et 23 s en précisant les fractions de secondes. La requête suivante construit trois heures et les insère dans une table créée pour l'occasion.

```
SELECT TIMEFROMPARTS (15,54,23,0,0) AS heu_t1,
       TIMEFROMPARTS (15,54,23,1,2) AS heu_t2,
       TIMEFROMPARTS (15,54,23,78,4) AS heu_t3
INTO   T_heures_heu;
```

La figure 5-10 illustre le fait que toutes les colonnes de la table créée sont considérées en tant qu'heures. Par ailleurs, le contenu de chaque champ vérifie bien les données d'entrée.

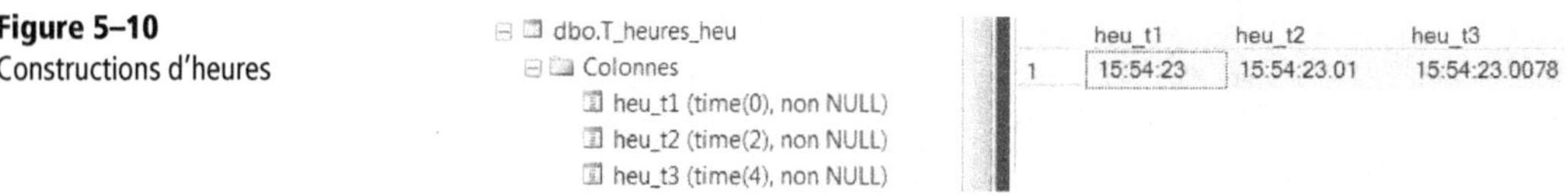

Figure 5–10
Constructions d'heures

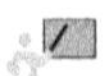

Pour ajouter ou soustraire du temps à une heure, utilisez la fonction DATEADD(partie,entier,heure).
Pour extraire l'intervalle entre deux heures, utilisez la fonction DATEDIFF(partie,heure1,heure2).
Pour ces deux fonctions, l'entier est typé en tant que INT et le paramètre partie est restreint aux valeurs hour, minute, second, millisecond, microsecond et nanosecond ainsi qu'à leurs abréviations.

L'exemple suivant ajoute différentes parties d'heure au même instant (15 h 24 min 23 sec). Le premier ajout (10 h) dépasse la limite d'un jour et le modulo de 24 h s'applique. Il en irait de même pour une soustraction dépassant le jour en cours.

```
SELECT heu_t1, DATEADD(hour,10,heu_t1) AS "+ 10 heures",
       DATEADD(minute,214,heu_t1)      AS "+ 214 minutes (3h 34 min)",
       DATEADD(second,18337,heu_t1)    AS "+ 18 337 secondes (5h 5 min 37 s)"
FROM   T_heures_heu;
heu_t1   + 10 heures + 214 minutes (3h 34 min) + 18 337 secondes (5h 5 min 37 s)
-------- ----------- --------------------------- -----------------------------------
15:54:23 01:54:23    19:28:23                    21:00:00
```

L'exemple suivant soustrait différentes parties d'une heure au même instant (15 h 24 min 23 s).

```
SELECT heu_t1, DATEADD(hour,-10,heu_t1) AS "-10 heures",
       DATEADD(minute,-214,heu_t1)      AS "-214 minutes (3h 34 min)",
       DATEADD(second,-18337,heu_t1)    AS "-18 337 secondes (5h 5 min 37 s)"
FROM   T_heures_heu;
heu_t1   -10 heures -214 minutes (3h 34 min)    -18 337 secondes (5h 5 min 37 s)
-------- ---------- --------------------------- -----------------------------------
15:54:23 05:54:23   12:20:23                    10:48:46
```

La requête suivante affiche la différence, en minutes, entre deux heures (au format TIME(0)).

```
SELECT   vlh_num_vol AS "Vol", aer_dep AS "Départ", aer_arr AS "Arrivée",
         DATEDIFF(minute,vlh_h_dep,vlh_h_arr) AS "Temps du vol (min)"
FROM     T_vols_historique_vlh;
Vol      Départ Arrivée Temps du vol (min)
-------- ------ ------- -------------------
AF6140   TLS    ORY     80
AF6145   TLS    CDG     75
AF6147   NIC    CDG     75
```

Mises à jour des dates/heures

Les constructeurs ont une grande utilité lors de l'insertion ou de la modification des colonnes dates ou heures. En effet, il n'est pas rare que vous deviez manipuler des parties de dates sous la forme d'entiers. Vous utiliserez ces mêmes variables en paramètres des différents constructeurs.

Les autres fonctions de manipulation des dates peuvent aussi être utilisées lorsqu'il s'agit de modifier une colonne de type date/heure d'une table.

L'instruction suivante ajoute un vol en utilisant les constructeurs adéquats. Les paramètres sont ici constants mais vous découvrirez au chapitre 7 comment les rendre variables.

```
INSERT INTO T_vols_historique_vlh
(vlh_num_vol,vlh_creation,vlh_fin_exploitation,vlh_h_dep,vlh_h_arr,aer_dep,aer_arr)
VALUES ('AF441',DATEFROMPARTS(1990,05,13),
                DATETIME2FROMPARTS(2010,12,28,10,45,0,0,0),
                TIMEFROMPARTS(23,30,0,0,0), TIMEFROMPARTS(6,0,0,0,0), 'CDG', 'GIG');
```

Une fois la ligne insérée, le contenu de la table est le suivant.

Figure 5–11
Contenu de la table après insertion

	vlh_num_vol	vlh_creation	vlh_fin_exploitation	vlh_h_dep	vlh_h_arr	aer_dep
1	AF441	1990-05-13	2010-12-28 10:45:00.0000000	23:30:00	06:00:00	CDG
2	AF6140	1965-10-25	1998-12-20 15:45:00.0000000	12:35:00	13:55:00	TLS
3	AF6145	1995-02-15	2005-02-15 15:00:00.0000000	12:30:00	13:45:00	TLS
4	AF6147	1995-05-13	2006-07-27 21:30:00.0000000	20:30:00	21:45:00	NIC

Programmons à présent les mises à jour suivantes :

Figure 5–12
Mises à jour à effectuer

	vlh_num_vol	vlh_creation	vlh_fin_exploitation	vlh_h_dep	vlh_h_arr	aer_dep
1	AF441	1990-05-13	2010-12-28 10:45:00.0000000	23:30:00	06:00:00	CDG
2	AF6140	1965-10-25	1998-12-20 15:45:00.0000000	12:35:00	13:55:00	TLS
3	AF6145	1995-02-15	2005-02-15 15:00:00.0000000	12:30:00	13:45:00	TLS
4	AF6147	1995-05-13	2006-07-27 21:30:00.0000000	20:30:00	21:45:00	NIC

10 avril 1990 — *3 mois de plus* — *15 minutes de moins*

Le constructeur peut être utile pour la première mise à jour mais vous devrez impérativement utiliser les fonctions de manipulation de dates pour les autres modifications.

```
UPDATE T_vols_historique_vlh
SET    vlh_creation = DATEFROMPARTS(1990,04,10)
WHERE  vlh_num_vol = 'AF441';
```

```
UPDATE T_vols_historique_vlh
SET    vlh_fin_exploitation = DATEADD(month,3,vlh_fin_exploitation)
WHERE  vlh_num_vol          = 'AF6145';
UPDATE T_vols_historique_vlh
SET    vlh_h_arr   = DATEADD(minute,-15,vlh_h_arr)
WHERE  vlh_num_vol = 'AF6140';
```

Autres fonctions

Les autres fonctions relatives aux dates ne sont pas nombreuses, mais elles vous permettront de traiter la majorité des cas que vous pourrez rencontrer.

Tableau 5–7 Fonctions diverses de dates et d'heures

Fonctions	Type de retour	Commentaires
EOMONTH(*date* [,*nbmois*])	DATE ou DATETIME2(7)	Retourne le dernier jour du mois d'une date en incluant un éventuel décalage en nombre de mois.
SWITCHOFFSET(*date*,*tz*)	DATETIMEOFFSET	Change le fuseau horaire d'une date DATETIMEOFFSET tout en préservant la valeur UTC.
TODATETIMEOFFSET(*date*,*tz*)	DATETIMEOFFSET	Transforme une date DATETIME2 en DATETIMEOFFSET tout en préservant la précision.
ISDATE(*date_ou_time*)	0 ou 1	Retourne 1 si la valeur DATE ou TIME est valide, 0 sinon.
FORMAT(*date*,*format* [,*lang*])	NVARCHAR ou NULL	Retourne une chaîne formatant une date et suivant une éventuelle présentation suivant la langue.

Le tableau 5-8 présente quelques exemples d'utilisation de ces fonctions. Concernant la fonction FORMAT, vous trouverez dans la section « Formatting Types, Date and Time Format Strings » de la documentation du Framework .NET, les paramètres d'extraction et d'affichage (« Standard DateTime Format Strings Output » et « Custom DateTime Format Strings ». Par exemple, dddd correspond au nom du jour tandis que dd correspond au numéro du jour, etc.). À noter l'utilisation du caractère \ qui inhibe l'éventuelle action du caractère suivant.

Tableau 5–8 Exemples d'utilisation de fonctions pour les dates et heures

Fonctions	Exemples d'utilisation	Résultats
EOMONTH	`SELECT EOMONTH(DATEFROMPARTS(2012,02,21)) AS 'Février 2012', EOMONTH('2012-02-21 01:18:58',12) AS 'Février 2013', EOMONTH('20120221', -12 ) AS 'Février 2011';`	Février 2012 Février 2013 Février 2011 ------------ ------------ ------------ 2012-02-29 2013-02-28 2011-02-28

SWITCHOFFSET	`DECLARE @d1 DATETIMEOFFSET;`
	`SET @d1 =DATETIMEOFFSETFROMPARTS (2014,02,05,7,33,45,0,+5,0,0);`
	`SELECT @d1 AS "Avant";`
	`SET @d1 = SWITCHOFFSET(@d1,'-01:00');`
	`SELECT @d1 AS "Après";`
		Avant
		---------------------------------- 	
		2014-02-05 07:33:45.0000000 +05:00
		
		Après
		---------------------------------- 	
		2014-02-05 01:33:45.0000000 -01:00

Tableau 5–8 Exemples d'utilisation de fonctions pour les dates et heures *(suite)*

Fonctions	Exemples d'utilisation	Résultats
TODATETIMEOFFSET	DECLARE @d1 DATETIME2(3); DECLARE @d2 DATETIMEOFFSET(3); SET @d1 = DATETIME2FROMPARTS (2012,12,05,6,30,0,276,3); SELECT @d1 AS "Avant"; SET @d2 = TODATETIMEOFFSET(@d1,'+10:00'); SELECT @d2 AS "Après";	Avant --------------------------- 2012-12-05 06:30:00.276 Après ---------------------------------- 2012-12-05 06:30:00.276 +10:00
ISDATE	SET DATEFORMAT DMY; SELECT ISDATE('13/05/1995') AS "13/05/ 1995", ISDATE('19950513') AS "19950513", ISDATE('2012/12/14') AS "2012/12/14", ISDATE('2012/14/14') AS "2012/14/14"; SET DATEFORMAT YMD; SELECT ISDATE('2012/12/14') AS "2012/12/ 14", ISDATE('2012/14/14') AS "2012/14/14"; SELECT ISDATE('20:30:59') AS "20:30:59", ISDATE('20:30:60') AS "20:30:60", ISDATE('0:0:0') AS "0:0:0", ISDATE('10:70:00') AS "10:70:00";	13/05/1995 19950513 2012/12/14 ----------- --------- ----------- 1 1 0 2012/14/14 ----------- 0 2012/12/14 2012/14/14 ----------- ----------- 1 0 20:30:59 20:30:60 0:0:0 10:70:00 -------- -------- ----- ----------- 1 0 1 0
FORMAT	DECLARE @d DATETIME2 = GETDATE(); SELECT FORMAT(@d,'d','en-US') AS "Date US", FORMAT(@d,'d','fr-FR') AS "Date FR"; SELECT FORMAT(@d,'dddd dd MMMM, yyyy hh \h. mm \min. ss \sec. fff \milli.') AS "Maintenant";	Date US Date FR ---------- ----------- 4/23/2012 23/04/2012 Maintenant ------------------------------- lundi 23 avril, 2012 12 h. 39 min. 23 sec. 830 milli.

La fonction FORMAT n'est pas réservée aux types date, les numériques et flottants peuvent aussi bénéficier d'un affichage personnalisé. D'une manière générale, les conversions peuvent se programmer à l'aide des fonctions CAST et CONVERT.

Expressions communes de tables (CTE avec WITH)

La clause WITH qui peut préfixer toute instruction du LMD (SELECT, INSERT, UPDATE, DELETE et MERGE) permet de construire une expression de table dite commune (CTE pour *Common Table Expression*). La CTE est analogue à une vue exprimée à usage unique pour une requête. Elle permet de faciliter l'écriture des requêtes complexes. La syntaxe générale de cette expression est la suivante :

```
WITH nom_CTE[(colonne [,…])]
AS (SELECT …)
   [{UNION [ALL] | EXCEPT | INTERSECT}
    (SELECT …) ]…
```

Un certain nombre de restrictions existent à propos de cette structure. Notamment, il n'est pas possible d'utiliser les directives ORDER BY (sauf avec TOP), INTO, FOR XML et FOR BROWSE. Bien qu'une CTE puisse faire référence à elle-même (voir la récursivité plus loin) dans la même clause WITH, le référencement « avant » *(forward)* n'est pas permis.

La table qui va nous servir d'exemple décrit une hiérarchie des aéroports (Bordeaux Mérignac dépend de Paris Orly, qui lui-même dépend de Paris Charles de Gaule).

Figure 5–13
Table hiérarchique

T_aeroport_aer

aer_OACI	aer_nom	aer_OACI_resp
LFPG	Paris Charles de Gaule	NULL
LFPO	Paris Orly	LFPG
LFBO	Toulouse Blagnac	LFBD
LFBD	Bordeaux Merignac	LFPO
LFCI	ALbi	LFBO
LFCK	Castres	LFBO
LFMW	Castelnaudary	LFBO
LFMT	Montpellier Fregorgues	LFMM
LFMM	Marseille Marignane	LFPO

Utilisations non récursives

Peu utilisée pour les mises à jour, une CTE peut éviter l'utilisation de sous-requêtes. Prenons l'exemple d'une requête qui doit retourner l'aéroport qui est supérieur hiérarchique du plus grand nombre d'aéroports dépendants. La programmation d'un MAX(COUNT), qui n'est pas autorisé dans SQL du fait des regroupements, fait appel à la CTE suivante.

Tableau 5–9 CTE non récursive

<table>
<tr><th>Requête</th><th>Résultat</th></tr>
<tr><td><pre>WITH Q_compte_aero (aeroport, nbr)
AS (SELECT aer_OACI_resp,COUNT(aer_OACI) AS nbr
    FROM   T_aeroport_aer
    GROUP BY aer_OACI_resp)
SELECT aeroport, nbr
FROM   Q_compte_aero
WHERE nbr = (SELECT MAX(nbr) FROM Q_compte_aero);</pre></td><td><pre>aeroport nbr
-------- ---------
LFBO   3</pre></td></tr>
</table>

Programmation de la récursivité

La récursivité se programme à l'aide de deux requêtes dans la CTE. La première est dite ancre *(anchor member)* et fixe les points de départ. La seconde requête, qui suit la première après l'opérateur UNION ALL, est appelée récursive *(recursive member)*, elle est corrélée avec la première (la CTE externe). La première requête ne peut pas référencer la CTE externe tandis que la seconde doit impérativement la référencer. La première requête peut être composée de plusieurs sous-requêtes reliées par des opérateurs ensemblistes. Il est habituel de trouver une jointure entre une table de la base et la CTE pour assurer l'itération.
Le nombre d'alias de colonnes de la requête principale doit être identique au nombre d'alias de colonnes des requêtes ancre et récursive. La requête récursive ne doit contenir ni DISTINCT, ni GROUP BY, ni fonctions d'agrégat, sous-requêtes ou jointures externes avec la requête principale (CTE).

Parcours d'un arbre

La requête suivante parcourt récursivement l'arbre des aéroports. Le point de départ est l'aéroport de Paris Orly à partir duquel chaque subordonné est recherché. L'affichage de l'indentation s'opère avec la fonction SPACE qui insère des espaces à chaque nouveau niveau.

Tableau 5–10 CTE récursive

Requête	Résultat

<pre>WITH Q_sous_Paris_Orly (aer_OACI, aer_OACI_resp, niveau)
AS (SELECT aer_OACI, aer_OACI_resp, 0 niveau
      FROM   T_aeroport_aer
      WHERE   aer_OACI = 'LFPO'
    UNION ALL
      SELECT a.aer_OACI, a.aer_OACI_resp, niveau+1
      FROM   Q_sous_Paris_Orly sp, T_aeroport_aer a
      WHERE   sp.aer_OACI = a.aer_OACI_resp)
SELECT   aer_OACI_resp,
         CONCAT(SPACE(2*niveau),aer_OACI)
               AS "hierarchie", niveau
FROM   Q_sous_Paris_Orly
WHERE   niveau > 0
ORDER BY niveau, aer_OACI;</pre>
	<pre>aer_OACI_resp hierarchie niveau
	------------- ------------ ---------
	LFPO LFBD 1
	LFPO LFMM 1
	LFBD LFBO 2
	LFMM LFMT 2
	LFBO LFCI 3
	LFBO LFCK 3
	LFBO LFMW 3</pre>

Constituer une liste des ascendants

La requête suivante parcourt l'arbre des aéroports récursivement en partant de l'aéroport de Paris Orly. À chaque subordonné trouvé, la liste des descendants est complétée.

Tableau 5–11 CTE récursive pour lister les ascendants

Requête	Résultat

<pre>WITH Q_sous_Paris_Orly
     (aer_OACI, aer_OACI_resp, niveau, liste)
AS (SELECT aer_OACI, aer_OACI_resp, 0 niveau,
            CAST(aer_OACI_resp AS VARCHAR(25))
     FROM   T_aeroport_aer
     WHERE aer_OACI = 'LFPO'
    UNION ALL
     SELECT a.aer_OACI, a.aer_OACI_resp, niveau+1,
            CAST(liste+','+a.aer_OACI_resp AS VARCHAR(25))
     FROM   Q_sous_Paris_Orly sp, T_aeroport_aer a
     WHERE   sp.aer_OACI = a.aer_OACI_resp)
SELECT aer_OACI, niveau, liste
FROM   Q_sous_Paris_Orly
ORDER BY niveau, aer_OACI;</pre>
	<pre>aer_OACI niveau liste
	-------- -------- -------------------
	LFPO 0 LFPG
	LFBD 1 LFPG,LFPO
	LFMM 1 LFPG,LFPO
	LFBO 2 LFPG,LFPO,LFBD
	LFMT 2 LFPG,LFPO,LFMM
	LFCI 3 LFPG,LFPO,LFBD,LFBO
	LFCK 3 LFPG,LFPO,LFBD,LFBO
	LFMW 3 LFPG,LFPO,LFBD,LFBO</pre>

Ordonner les descendants

Ordonner les descendants revient à parcourir récursivement en profondeur, puis en largeur (soit l'inverse) l'arbre en partant d'un point de départ. Dans notre exemple, les résultats à produire à partir de l'aéroport de Paris-Orly seraient les suivants.

Tableau 5–12 Ordonnancement des descendants

En profondeur, puis en largeur	En largeur, puis en profondeur

<pre>oaci_resp hierarchie   niveau
---------- --------------- ----------
LFPO   LFBD   1
LFBD   LFBO   2
LFBO   LFCI   3
LFBO   LFCK   3
LFBO   LFMW   3
LFPO   LFMM   1
LFMM   LFMT   2</pre>
	<pre>oaci_resp hierarchie niveau
	---------- -------------- --------
	LFPO LFMM 1
	LFPO LFBD 1
	LFBD LFBO 2
	LFMM LFMT 2
	LFBO LFMW 3
	LFBO LFCK 3
	LFBO LFCI 3</pre>

SQL Server n'a pas encore implémenté la clause `SEARCH` préconisée par la norme SQL pour ordonnancer les lignes extraites lors d'un parcours récursif. L'option `BREADTH FIRST BY` retourne les lignes d'un même niveau *(sibling rows)* avant de descendre dans l'arbre. L'option `DEPTH FIRST BY` réalise l'inverse.
De même, la clause `CYCLE` qui permet de détecter les cycles de colonnes est absente.
Il est néanmoims possible de limiter la récursion en utilisant le paramètre `MAXRECURSION n` dans la clause `OPTION` (*n* par défaut à 100, peut varier jusqu'à 32767).

Parcours d'un graphe orienté

La figure 5-14 présente un graphe orienté modélisé par la table `T_autoroute_aut`. Nous allons progressivement rechercher les trajets possibles entre Paris et Toulouse. Constatez dans la table que toutes les routes « descendent » sans jamais remonter.

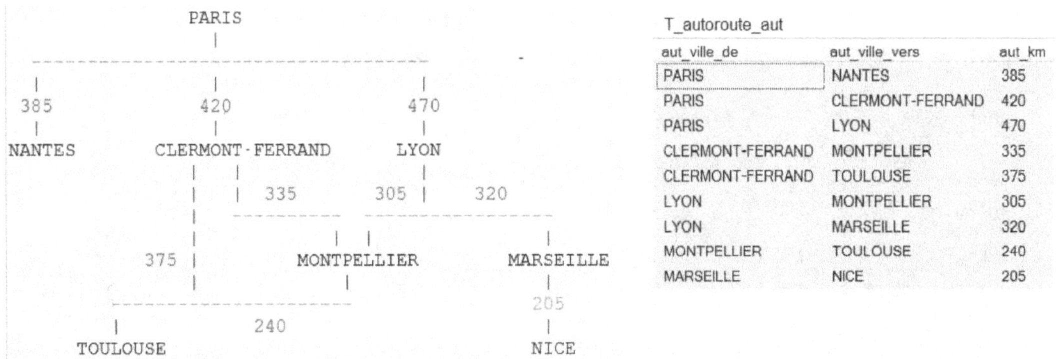

T_autoroute_aut

aut_ville_de	aut_ville_vers	aut_km
PARIS	NANTES	385
PARIS	CLERMONT-FERRAND	420
PARIS	LYON	470
CLERMONT-FERRAND	MONTPELLIER	335
CLERMONT-FERRAND	TOULOUSE	375
LYON	MONTPELLIER	305
LYON	MARSEILLE	320
MONTPELLIER	TOULOUSE	240
MARSEILLE	NICE	205

Figure 5–14 Graphe

La requête suivante parcourt le graphe récursivement pour extraire le nombre d'étapes des différents trajets entre les deux villes. Vous retrouverez la première CTE qui définit le point de départ (ici Paris), la corrélation entre la requête principale et celle construite récursivement.

Tableau 5–13 Nombre d'étapes dans un graphe

Requête	Résultat

<pre>WITH Q_trajets(ville_vers, etape)
AS
   (SELECT DISTINCT aut_ville_de, 0
      FROM   T_autoroute_aut
      WHERE aut_ville_de = 'PARIS'
    UNION ALL
    SELECT a.aut_ville_vers, t.etape + 1
      FROM T_autoroute_aut a
      INNER JOIN Q_trajets t
      ON   t.ville_vers = a.aut_ville_de)
SELECT ville_vers, etape
FROM   Q_trajets
WHERE ville_vers = 'TOULOUSE';</pre>
	<pre>ville_vers etape
	---------------- -----------
	TOULOUSE 3
	TOULOUSE 2
	TOULOUSE 3</pre>

La requête suivante ajoute à la précédente la somme des kilométrages pour chaque ligne extraite du graphe.

Tableau 5–14 Coûts d'un chemin dans un graphe

Requête	Résultat

<pre>WITH Q_trajets(ville_vers, etape, distance)
AS
   (SELECT DISTINCT aut_ville_de, 0, 0
      FROM   T_autoroute_aut
      WHERE aut_ville_de = 'PARIS'
    UNION ALL
    SELECT a.aut_ville_vers, t.etape+1,
           t.distance+a.aut_km
      FROM T_autoroute_aut a
      INNER JOIN Q_trajets t
      ON   t.ville_vers = a.aut_ville_de)
SELECT ville_vers, etape, distance
FROM   Q_trajets
WHERE ville_vers = 'TOULOUSE';</pre>
	<pre>ville_vers etape distance
	-------------- --------- ---------
	TOULOUSE 3 1015
	TOULOUSE 2 795
	TOULOUSE 3 995</pre>

La requête suivante ajoute à la précédente la construction progressive des chemins parcourus (dont la taille est estimée au plus large) et l'ordonnancement en fonction de la distance totale.

Tableau 5–15 Construction de chemins dans un graphe

Requête	Résultat

<pre>WITH Q_trajets
  (ville_vers, etape, distance, trajet) AS
   (SELECT DISTINCT aut_ville_de, 0,0,
           CAST('PARIS' AS VARCHAR(max))
      FROM   T_autoroute_aut
      WHERE aut_ville_de = 'PARIS'
    UNION ALL
    SELECT a.aut_ville_vers, t.etape+1,
          t.distance+a.aut_km,
          t.trajet+','+ a.aut_ville_vers
      FROM T_autoroute_aut a
      INNER JOIN Q_trajets t
      ON   t.ville_vers = a.aut_ville_de)
SELECT trajet, distance
FROM   Q_trajets
WHERE ville_vers = 'TOULOUSE'
ORDER BY distance;</pre>
	<pre>trajet distance
	-- ----------
	PARIS,CLERMONT-FERRAND,TOULOUSE 795
	PARIS,CLERMONT-FERRAND,MONTPELLIER,TOULOUSE 995
	PARIS,LYON,MONTPELLIER,TOULOUSE 1015</pre>

Si chaque étape inverse était stockée, le graphe deviendrait non orienté et toutes les précédentes requêtes détecteraient des cycles (infinis). L'erreur suivante serait retournée : « Msg 530, Niveau 16, État 1, Ligne ... : L'instruction a été terminée. La récursivité maximale 100 a été épuisée avant la fin de l'instruction. ».

Le paragraphe suivant décrit le moyen d'éviter cette limitation.

Parcours d'un graphe non orienté

L'insertion suivante double le nombre de lignes de la table en insérant toutes les étapes inverses : `INSERT INTO T_autoroute_aut SELECT aut_ville_vers, aut_ville_de, aut_km FROM T_autoroute_aut`. Le graphe est désormais non orienté car chaque chemin est bidirectionnel.

Il est possible de se débarrasser des cycles en comparant tout chemin courant avec la colonne évaluée en question, ce qui s'effectue avec l'opérateur `LIKE`. Vous pouvez en outre « aider » le moteur SQL à explorer moins de branches du graphe en limitant le nombre d'étapes à un maximum en principe inatteignable. Il suffit de rajouter une limite au nombre d'itérations récursives, dans notre exemple : etape < 10.

La requête suivante teste la ville d'arrivée avec tout chemin construit récursivement et élimine ainsi les cycles. Par ailleurs, la recherche dans le graphe se limite à 10 niveaux. Une nouvelle route apparaît, puisque Montpellier est située sur le chemin de Clermont-Ferrand et de Lyon.

Tableau 5–16 Construction de chemins dans un graphe

Requête	Résultat

`WITH Q_trajets(ville_vers, etape, distance, trajet)`
`AS`
`  (SELECT DISTINCT aut_ville_de, 0,0,`
`         CAST('PARIS' AS VARCHAR(max))`
`     FROM   T_autoroute_aut`
`     WHERE aut_ville_de = 'PARIS'`
`    UNION ALL`
`    SELECT a.aut_ville_vers, t.etape+1,`
`            t.distance+a.aut_km,`
`            t.trajet+','+ a.aut_ville_vers`
`     FROM T_autoroute_aut a`
`     INNER JOIN Q_trajets t`
`     ON     t.ville_vers = a.aut_ville_de`
`     AND t.trajet NOT LIKE '%'+a.aut_ville_vers+'%'`
`     AND    t.etape <10)`
`SELECT trajet, distance`
`FROM   Q_trajets`
`WHERE ville_vers = 'TOULOUSE'`
`ORDER BY distance;`
	`trajet                                 distance`
	`-------------------------------------- -------`
	`PARIS,CLERMONT-FERRAND,TOULOUSE            795`
	`PARIS,CLERMONT-FERRAND,MONTPELLIER,`
	`TOULOUSE                                   995`
	`PARIS,LYON,MONTPELLIER,TOULOUSE           1015`
	`PARIS,LYON,MONTPELLIER,CLERMONT-FERRAND,`
	`TOULOUSE                                  1485`

Structures arborescentes (type HierachyID)

Depuis SQL Server 2008, le type `HierarchyID` permet de manipuler des structures arborescentes. Ce type binaire ne stocke pas l'identifiant de l'élément parent mais les informations qui permettent la localisation dans la hiérarchie (chemin depuis la racine).

L'exemple suivant décrit un arbre à trois niveaux représentant le temps de vol entre chaque ville étape.

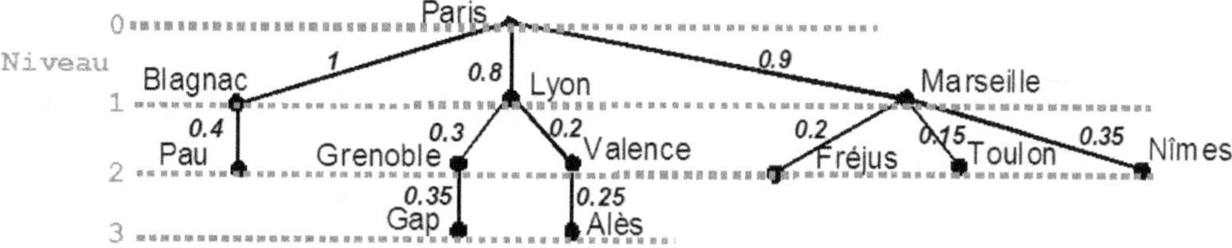

Figure 5–15 Arbre à implémenter

Création de la table

La table `T_Trajets_trj` va permettre d'impémenter cet arbre. La colonne `trj_id` localisera chaque aéroport (nœud dans l'arbre), la colonne `trj_aeroport` contiendra le nom de la ville étape et la troisième colonne concerne le temps de vol.

```
CREATE TABLE T_trajets_trj
(trj_id HierarchyID NOT NULL, trj_aeroport VARCHAR(20), trj_temps_vol DECIMAL(5,2));
```

Insertion de noeuds

La racine de l'arbre est initialisée à l'aide de la fonction suivante : `HierarchyID::GetRoot()`.

```
INSERT INTO T_trajets_trj (trj_id, trj_aeroport, trj_temps_vol)
      VALUES (HierarchyID::GetRoot(), 'Paris', 0);
```

Du fait que le type `HierarchyID` est plus complexe qu'une référence vers la ligne parent, il est plus compliqué de déterminer sa valeur lors de l'insertion de nœuds fils et frères. La fonction `GetDescendant` permet de positionner un nœud en tout point de l'arbre en retournant un nœud fils qui est un descendant du nœud appelant. Le tableau 5-17 présente les cas d'utilisation de cette fonction appliquée au nœud *parent* et utilisant deux paramètres `parent.GetDescendant(fils1, fils2)`.

Tableau 5–17 Cas d'utilisation de `GetDescendant`

parent	*fils1*	*fils2*	Résultat
NULL			NULL
non NULL	NULL	NULL	Nœud fils
	non NULL		Nœud fils positionné après *fils1*
	NULL	non NULL	Nœud fils positionné avant *fils2*
	non NULL		Nœud fils positionné entre *fils1* et *fils2*

Si les deux paramètres sont non nuls et qu'ils ne sont pas descendants du parent, l'erreur suivante est retournée : « `Msg 6522, Niveau 16, État 2... : Une erreur Framework .NET s'est produite... Microsoft.SqlServer.Types.HierarchyIDException: 24008...` ». Si le paramètre `fils1` est positionné dans l'arbre après le paramètre `fils2`, une autre erreur est retournée : « `Microsoft.SqlServer.Types.HierarchyIDException: 24007` ».

Le tableau 5-18 décrit l'insertion des lignes contenant les trois fils de premier niveau. Notez l'utilisation de la racine pour insérer successivement ces trois nœuds.

Tableau 5–18 Insertion des nœuds fils du premier niveau

Requête	Commentaire

`DECLARE @racine   HierarchyID;`
`SELECT @racine = HierarchyID::GetRoot() FROM T_trajets_trj;`
`INSERT INTO T_trajets_trj`
`       (trj_id, trj_aeroport, trj_temps_vol)`
`VALUES (@racine.GetDescendant(NULL,NULL), 'Blagnac', 1);`
	Premier fils sous la racine (Blagnac)

`SELECT @blagnac = trj_id FROM T_trajets_trj`
`                  WHERE trj_aeroport='Blagnac';`
`INSERT INTO T_trajets_trj`
`       (trj_id, trj_aeroport, trj_temps_vol)`
`VALUES (@racine.GetDescendant(@blagnac,NULL), 'Lyon', 0.8);`
	Deuxième fils sous la racine (Lyon)

`SELECT @lyon = trj_id FROM T_trajets_trj`
`               WHERE trj_aeroport='Lyon';`
`INSERT INTO T_trajets_trj`
`       (trj_id, trj_aeroport, trj_temps_vol)`
`VALUES (@racine.GetDescendant(@lyon,NULL), 'Marseille',`
`0.9);`
	Troisième fils sous la racine (Marseille)

Le tableau 5-19 décrit l'insertion des lignes contenant les nœuds du deuxième niveau. On suppose que les variables de type `HierarchyID` sont déclarées au préalable (par exemple, `DECLARE @blagnac HierarchyID`). Le mécanisme d'utilisation de `GetDescendant` est identique au précédent, sauf pour le dernier ajout qui positionne un nœud entre deux nœuds existants.

Tableau 5–19 Insertion des nœuds fils du deuxième niveau

Requête	Commentaire

`INSERT INTO T_trajets_trj`
`       (trj_id, trj_aeroport, trj_temps_vol)`
`VALUES (@blagnac.GetDescendant(NULL,NULL), 'Pau', 0.4);`
	Nœud fils sous Blagnac (Pau)

`INSERT INTO T_trajets_trj`
`       (trj_id, trj_aeroport, trj_temps_vol)`
`VALUES (@lyon.GetDescendant(NULL,NULL), 'Grenoble', 0.3);`
`SELECT @grenoble = trj_id FROM T_trajets_trj`
`        WHERE trj_aeroport='Grenoble';`
`INSERT INTO T_trajets_trj`
`       (trj_id, trj_aeroport, trj_temps_vol)`
`VALUES (@lyon.GetDescendant(@grenoble,NULL), 'Valence',`
`0.2);`
	Deux nœuds frères sous Lyon (Grenoble et Valence)

`SELECT @marseille = trj_id FROM T_trajets_trj`
`        WHERE trj_aeroport='Marseille';`
`INSERT INTO T_trajets_trj`
`       (trj_id, trj_aeroport, trj_temps_vol)`
`VALUES (@marseille.GetDescendant(NULL,NULL), 'Fréjus', 0.2);`
`SELECT @frejus = trj_id FROM T_trajets_trj`
`        WHERE trj_aeroport='Fréjus';`
`INSERT INTO T_trajets_trj`
`       (trj_id, trj_aeroport, trj_temps_vol)`
`VALUES`
`(@marseille.GetDescendant(@frejus,NULL),'Nîmes',0.35);`
	Deux nœuds frères sous Marseille (Fréjus et Nîmes)

`SELECT @nimes = trj_id FROM T_trajets_trj`
`        WHERE trj_aeroport='Nîmes';`
`INSERT INTO T_trajets_trj`
`       (trj_id, trj_aeroport, trj_temps_vol)`
`VALUES (@marseille.GetDescendant(@frejus,@nimes),`
`                                   'Toulon', 0.15);`
	Un nœud (Toulon) positionné entre deux nœuds frères qui sont sous Marseille (Fréjus et Nîmes).

Par le même mécanisme, à savoir extraction de l'identifiant de hiérarchie du parent avant d'insérer un nœud fils, le tableau 5-20 décrit l'insertion des lignes contenant les nœuds du troisième niveau.

Tableau 5–20 Insertion des nœuds fils du troisième niveau

Requête	Commentaire

`INSERT INTO T_trajets_trj`
`       (trj_id, trj_aeroport, trj_temps_vol)`
`VALUES (@grenoble.GetDescendant(NULL,NULL), 'Gap', 0.35);`
	Nœud fils sous Grenoble (Gap)

`SELECT @valence = trj_id FROM T_trajets_trj`
`        WHERE trj_aeroport='Valence';`
`INSERT INTO T_trajets_trj`
`       (trj_id, trj_aeroport, trj_temps_vol)`
`VALUES (@valence.GetDescendant(NULL,NULL), 'Alès', 0.25);`
	Nœuds fils sous Valence (Alès)

Visualisation de la hiérarchie

Le tableau 5-21 présente deux visions de l'arbre. La première utilise la méthode `noeud.GetAncestor(n)` qui retourne l'énième ancêtre du nœud appelant. On retrouve le fait que le type `HierachyId` est implémenté en binaire. La seconde vision présente sous le format d'une chaîne de caractères le codage interne d'une hiérarchie en utilisant la fonction `noeud.ToString()`. Attention, cet ordre est différent de l'ordre de l'arbre (Toulon est initialement situé entre Fréjus et Nîmes).

Tableau 5–21 Visualisations de la hiérarchie

Utilisation de `GetAncestor`

```
SELECT trj_id AS "noeud",
       trj_id.GetAncestor(1) AS "parent",
       trj_aeroport, trj_temps_vol
FROM   T_trajets_trj
ORDER BY 1;

noeud   parent trj_aeroport   trj_temps_vol
------- ------- ------------- -------------
0x      NULL    Paris          0.00
0x58    0x      Blagnac        1.00
0x5AC0  0x58    Pau            0.40
0x68    0x      Lyon           0.80
0x6AC0  0x68    Grenoble       0.30
0x6AD6  0x6AC0  Gap            0.35
0x6B40  0x68    Valence        0.20
0x6B56  0x6B40  Alès           0.25
0x78    0x      Marseille      0.90
0x7AC0  0x78    Fréjus         0.20
0x7B16  0x78    Toulon         0.15
0x7B40  0x78    Nîmes          0.35
```

Utilisation de `ToString`

```
SELECT trj_id.ToString() AS " HierarchyID",
       trj_aeroport,
       trj_temps_vol
FROM   T_trajets_trj
ORDER BY 1;

HierarchyID trj_aeroport trj_temps_vol
------------ ------------ -------------
/            Paris        0.00
/1/          Blagnac      1.00
/1/1/        Pau          0.40
/2/          Lyon         0.80
/2/1/        Grenoble     0.30
/2/1/1/      Gap          0.35
/2/2/        Valence      0.20
/2/2/1/      Alès         0.25
/3/          Marseille    0.90
/3/1.1/      Toulon       0.15
/3/1/        Fréjus       0.20
/3/2/        Nîmes        0.35
```

La fonction `HierarchyID::Parse(chaine)` agit à l'inverse de `ToString()`, c'est-à-dire qu'elle transforme un identifiant de nœud au format caractère en notation binaire.

La fonction `noeud.GetLevel()` retourne sous la forme d'un entier le niveau du nœud appelant. La requête suivante utilise cette fonction pour indenter chaque nœud dans l'arbre.

Tableau 5–22 Indentation de la hiérarchie

Requête

```
SELECT trj_id AS "noeud",
       trj_id.GetLevel() AS "GetLevel()",
       CONCAT(SPACE(4*trj_id.GetLevel()),
              trj_aeroport) AS "aéroport",
  trj_temps_vol
FROM T_trajets_trj
ORDER BY trj_id;
```

Résultat

noeud	GetLevel()	aéroport	trj_temps_vol
/	0	Paris	0.00
/1/	1	Blagnac	1.00
/1/1/	2	Pau	0.40
/2/	1	Lyon	0.80
/2/1/	2	Grenoble	0.30
/2/1/1/	3	Gap	0.35
/2/2/	2	Valence	0.20
/2/2/1/	3	Ales	0.25
/3/	1	Marseille	0.90
/3/1/	2	Frejus	0.20
/3/1.1/	2	Toulon	0.15
/3/2/	2	Nimes	0.35

Figure 5–16 Arbre indenté

Modification de l'arbre

La fonction `noeud.GetReparentedValue(avant, après)` déplace un nœud d'une position à une nouvelle position. Supposons qu'on désire déplacer la ville de Nîmes sous le nœud Valence, en tant que frère de Alès.

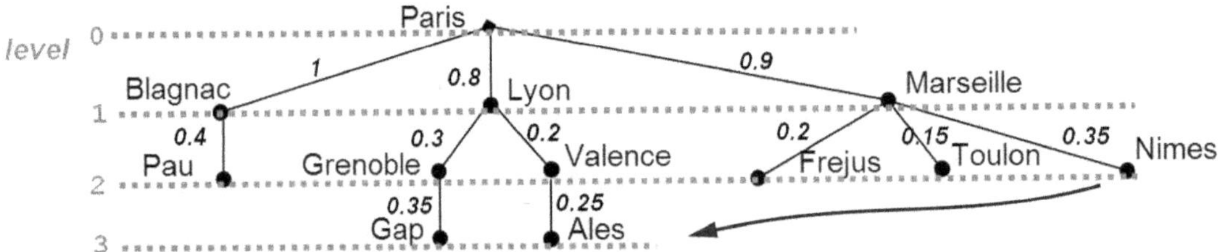

Figure 5–17 Nœud à déplacer

En supposant que les trois variables de type `HierarchyID` soient déclarées et initialisées au préalable, la modification de l'arbre se programme à l'aide de l'instruction suivante :

```
UPDATE T_trajets_trj
SET    trj_id      = @nimes.GetReparentedValue(@marseille, @valence)
WHERE trj_aeroport = 'Nîmes';
```

Parcours de l'arbre

La fonction booléenne `noeud.IsDescendantOf(parent)` permet de s'assurer qu'un nœud est bien le descendant d'un parent. Le tableau 5-23 présente une requête utilisant cette fonction pour extraire tous les nœuds présents sous Marseille.

Tableau 5–23 Test sur les descendants

Requête	Résultat

`SELECT CONCAT(SPACE(4*trj_id.GetLevel()),`
`       trj_aeroport) AS "aéroport", trj_temps_vol`
`FROM   T_trajets_trj`
`WHERE trj_id.IsDescendantOf(@marseille)=1`
`ORDER BY trj_id;`
	`aéroport         trj_temps_vol`
	`---------------- -------------`
	`    Marseille    0.90`
	`        Frejus   0.20`
	`        Toulon   0.15`

L'arbre peut se parcourir récursivement à l'aide d'une CTE. Ainsi, l'obtention de la durée totale du chemin entre Paris (la racine) et Nîmes se programme de la manière suivante. La dernière condition permet de ne sélectionner que la ligne incluant la racine.

Tableau 5–24 Parcours récursif

Requête :

```
WITH Q_arborescence(id, chemin, duree) AS
  (SELECT trj_id.GetAncestor(1),
          CAST(trj_aeroport AS VARCHAR(max)),
          trj_temps_vol
   FROM   T_trajets_trj
   WHERE  trj_aeroport = 'Nîmes'
UNION ALL
   SELECT tj.trj_id.GetAncestor(1),
         chemin+'/' +tj.trj_aeroport,
         CAST(a.duree+tj.trj_temps_vol
              AS DECIMAL(5,2))
   FROM   T_trajets_trj tj
   JOIN   Q_arborescence a ON a.id = tj.trj_id)
SELECT chemin, duree
FROM   Q_arborescence
WHERE id IS NULL;
```

Résultat :

```
chemin                         duree
------------------------------ -------
Nîmes/Valence/Lyon/Paris       1.35
```

Indexation et contraintes

Afin de vous assurer de la bonne structure de votre arborescence (une colonne `HierarchyID` peut également servir à modéliser des graphes plus complexes), il est préférable d'ajouter des contraintes à votre table.

Concernant l'accès aux données, le parcours par défaut d'une arborescence s'effectue d'abord en profondeur, puis en largeur *(depth-first)*. L'autre moyen de parcourir un arbre consiste à analyser chaque niveau : en largeur d'abord puis en profondeur *(breadth-first)*.

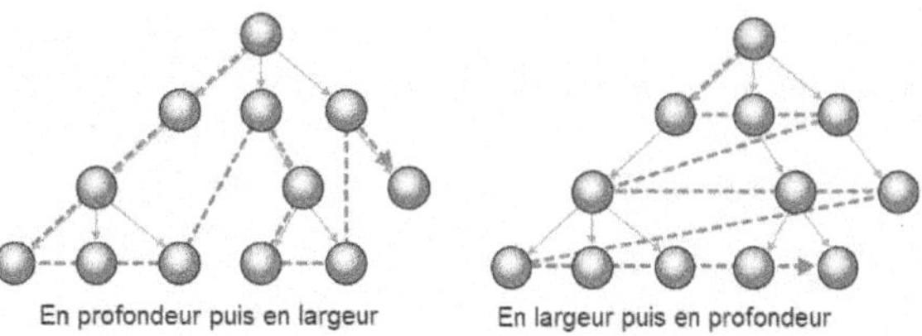

Figure 5–18
Parcours dans un arbre

La recherche s'opère sur la valeur colonne `HierarchyID` qui n'assure pas l'unicité (il est notamment possible de stocker deux racines dans une même table). Pour indexer les noeuds et pallier cette limitation, vous devez ajouter une clé primaire (ou un index unique) sur le champ `HierarchyID`.

```
ALTER TABLE T_trajets_trj
      ADD CONSTRAINT pk_trajets_trj PRIMARY KEY(trj_id);
```

Afin d'améliorer les parcours en largeur tout d'abord et en profondeur ensuite *(breadth-first)*, il est nécessaire de créer un index incluant le niveau de chaque ligne. Il suffit d'ajouter au préalable à la table une colonne calculée qui utilise la fonction `GetLevel()`.

```
ALTER TABLE T_trajets_trj ADD niveau As trj_id.GetLevel();
CREATE INDEX IX_largeur_d_abord ON T_trajets_trj(niveau, trj_id);
```

Contrairement à une modélisation classique où la clé étrangère référence le parent, rien ne dit que l'arbre n'est pas un graphe. Ainsi, afin de vous assurer qu'un nœud fils est toujours associé à un seul parent de niveau supérieur (et pas un identifiant d'une autre hiérarchie ou de la même hiérarchie mais à plusieurs niveaux supérieurs), vous devez déclarer une clé étrangère. La fonction `GetAncestor(1)` permet de programmer cette contrainte sur une colonne calculée à cet effet.

```
ALTER TABLE T_trajets_trj
      ADD trj_parent_id AS trj_id.GetAncestor(1) PERSISTED
      REFERENCES T_trajets_trj(trj_id);
```

Bilan

Le type `HierarchyID` offre de meilleures performances que la modélisation parent/enfant par une simple clé étrangère concernant les requêtes qui extraient des sous-arborescences. En revanche, il est plus pénalisant lors des déplacements de nœuds non terminaux. Cependant, il ne permet pas d'éviter toutes les requêtes récursives qui restent indispensables dans bien des cas.

Comme les CTE font abondemment appel à des tables temporaires pour gérer la récursivité, il est préférable de les utiliser uniquement en dernier recours et d'essayer de programmer des accès à l'aide de la fonction `IsDescendantOf()` et de l'indexation mise en place.

Le type `HierarhyID` est un type SQL CLR, (c'est-à-dire codé en .NET). Malheureusement, ce type de donnée ne peut pas être manipulé en parallèle, contrairement aux types atomiques du SQL. Dès lors, en cas de volumétrie importante, comme en cas de forte concurrence, l'usage du type `HierarchyID` peut devenir un point de contention. Dans ce cas, modélisez vos arborescences sous forme intervallaire.

Expressions régulières

Une expression régulière constitue une solution élégante pour analyser ou manipuler une chaîne de caractères avec la notion de format des données ou de grammaire associée. Si vous désirez composer un format pour stocker des numéros de téléphone par groupes de 2 chiffres entre tirets (par exemple, 05-62-74-75-71), ou si vous souhaitez contrôler que chaque immatriculation d'un véhicule respecte la nouvelle numérotation, vous pourrez définir une expression régulière pour chaque type de donnée au niveau d'une colonne d'une table.

Depuis SQL Server 2005, les expressions régulières sont accessibles grâce à la prise en charge du CLR (runtime de langage commun). Pour accéder via SQL aux fonctions des expressions régulières (disponibles dans tout programme .NET), vous devrez compiler du code .NET (VB.NET, C#, etc.) à l'intérieur du noyau de SQL Server en utilisant Visual Studio (on parle de déploiement d'une *assembly*).

Projet Visual Studio

Avant de créer un projet, Visual Studio vous proposera d'ajouter une référence à votre base de données.

Figure 5–19
Projet SQL Server pour .NET avec Visual Studio

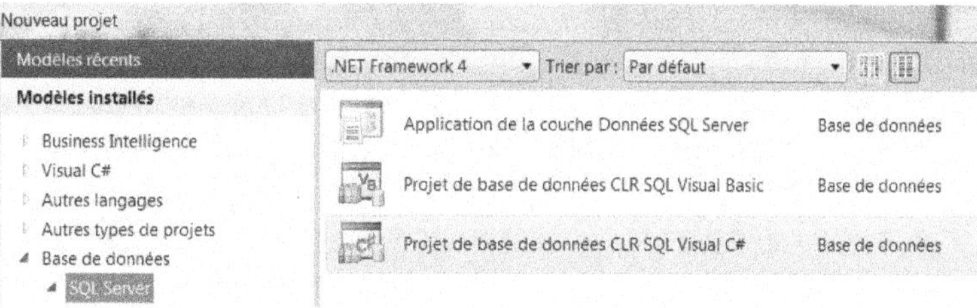

Une fois le projet SQL Server créé (nommé ici `ExpressionsRegul`), ouvrez la fenêtre Explorateur de solutions, puis cliquez droit sur le nom du projet et choisissez l'élément C# Fonction définie par l'utilisateur afin d'ajouter une fonction utilisateur.

Figure 5–20
Ajout d'une fonction utilisateur

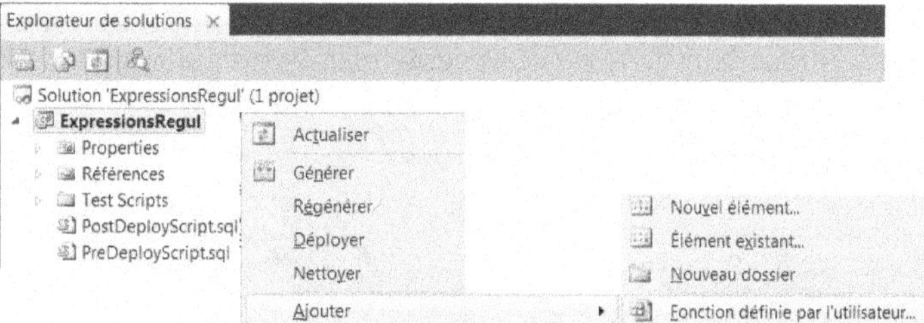

Une fois le squelette du code obtenu, copier à la place le contenu du souce C# `UserDefinedFunctions.cs` que vous trouverez à l'adresse suivante : http://justgeeks.blogspot.fr/2008/08/adding-regular-expressions-regex-to-sql.html. J'ai renommé ce code source ainsi que la classe `ExpressionRegul`.

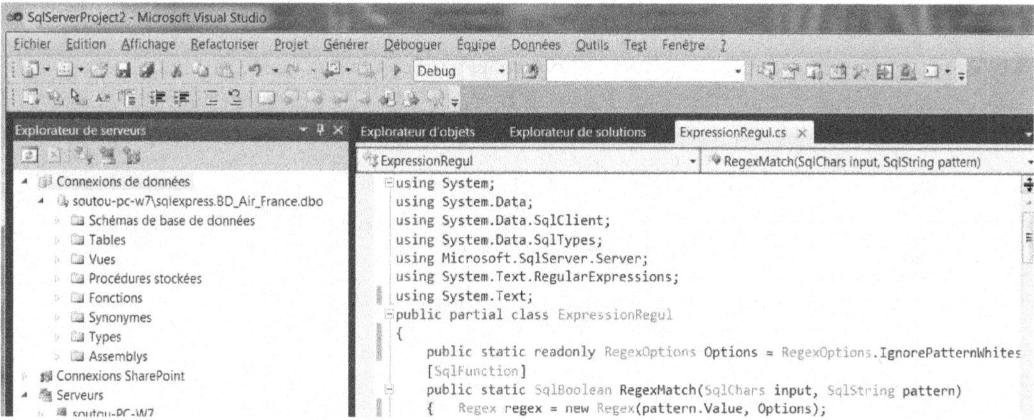

Figure 5–21 Code C# de l'assembly

Générez et déployez la solution. Si le déploiement échoue, configurez le projet et essayez avec un framework cible de degré inférieur (par exemple, 3.5). Après le déploiement, vous devez retrouver une entrée portant le nom de votre projet dans l'arborescence de votre base sous `Programmabilité/Assemblys`.

Fonctions disponibles

Ces fonctions sont désormais stockées dans votre base (pour plus de détails, voir chapitre 9), et vous pouvez retrouver la signature de chacune (nom et paramètres) dans l'arborescence de l'explorateur, sous l'intitulé *Programmabilité>Fonctions>Fonctions scalaires*. Dans notre exemple, les fonctions disponibles sont les suivantes :

- `RegexMatch(chaîne, grammaire)`, qui retourne 1 si la chaîne respecte l'expression régulière. Cette fonction est intéressante dans la clause `WHERE` d'une requête.
- `RegexReplace(chaîne, grammaire, remplace)`, qui modifie la chaîne en remplaçant toute occurrence désigné par l'expression régulière par une autre chaîne.
- `RegexSelectOne(chaîne, grammaire, index)`, qui retourne la première occurence (`index`=0), la deuxième (`index`=1), etc., qui vérifie l'expression régulière.
- `RegexSelectAll(chaîne, grammaire, séparateur)`, qui retourne toutes les occurrences qui vérifient l'expression régulière séparées par une chaîne.

Avant de pouvoir bénéficier de ces fonctions au sein de SQL, vous devez configurer votre serveur : `EXEC sp_configure 'clr enabled',1` puis `RECONFIGURE`.

Utilisons ces fonctions dans le but de vérifier le format des numéros d'immatriculation d'un véhicule et celui des adresses électroniques.

Figure 5–22
Table exemple

T_vehicules_veh

veh_immat	veh_km	veh_mail
AA-392-RJ	30	paul.soutou@cictfr
ET342TH	34723	elsuket-123@gmail.com
RT-125-YV	3850	brouard@gmail.com

Le tableau 5-25 présente quelques cas d'utilisation :

- Les deux premières requêtes filtrent les formats corrects (un numéro d'immatriculation ne peut inclure les lettres I, O et U car celles-ci peuvent être interprétées par les radars automatiques comme étant des 1, zéro et V). Une adresse électronique est composée de lettres, de chiffres et de quelques symboles autorisés.
- Les deux requêtes qui suivent remplacent des formats par la chaîne vide.
- Les dernières requêtes travaillent sur des extractions de sous-chaînes respectant des formats de numéros d'immatriculation.

Tableau 5–25 Utilisation d'expressions régulières

Requêtes	Résultats

`SELECT veh_immat`
`FROM   T_vehicules_veh`
`WHERE  dbo.RegexMatch(veh_immat,`
`         '^[^IOU]{2}-[1-9][0-9]{0,2}-[^IOU]{2}$')=1;`
	`veh_immat`
	`---------`
	`AA-392-RJ`
	`RT-125-YV`

`SELECT veh_mail`
`FROM   T_vehicules_veh`
`WHERE  dbo.RegexMatch(veh_mail,`
`         '^[a-z0-9._%+-]+@[a-z0-9.-]+\.[a-z]{2,4}$')=1;`
	`veh_mail`
	`------------------------`
	`elsuket-123@gmail.com`
	`brouard@gmail.com`

`SELECT dbo.RegExReplace(veh_immat,'[a-zA-Z]','')`
`         AS "sans lettres",`
`       veh_immat`
`FROM   T_vehicules_veh;`
	`sans lettres    veh_immat`
	`--------------- ---------`
	`-392-           AA-392-RJ`
	`342             ET342TH`
	`-125-           RT-125-YV`

Tableau 5–25 Utilisation d'expressions régulières *(suite)*

Requêtes	Résultats

`SELECT dbo.RegExReplace(veh_mail,'[0-9@.-]','')`
`AS "sans chiffres et symboles"`
`FROM T_vehicules_veh;`
	`sans chiffres et symboles`
	`-------------------------`
	`paulsoutoucictfr`
	`elsuketgmailcom`
	`brouardgmailcom`

`SELECT CAST(dbo.RegexSelectOne`
`('RT-125-YFAA-128-FZ',`
`'[A-Z]{2}-[1-9][0-9]{0,2}-[A-Z]{2}',`
`1) AS VARCHAR(15));`
	`---------------`
	`AA-128-FZ`

`SELECT CAST(dbo.RegexSelectAll`
`('RT-125-YFlkkkAA-128-FZ',`
`'[A-Z]{2}-[1-9][0-9]{0,2}-[A-Z]{2}',`
`'/') AS VARCHAR(25));`
	`-------------------------`
	`RT-125-YF/AA-128-FZ`

Contraintes

Il est tentant de vouloir bénéficier de ces fonctionnalités au niveau des colonnes d'une table. La table suivante intègre ces formats et interdira l'insertion et la modification des donneées qui ne vérifient pas le format de l'expression régulière.

```
CREATE TABLE T_vehicules_veh
(veh_immat VARCHAR(9) PRIMARY KEY, veh_km INT, veh_mail VARCHAR(30),
CONSTRAINT ck_expr_immat CHECK
   (dbo.RegexMatch(veh_immat,'^[^IOU]{2}-[1-9][0-9]{0,2}-[^IOU]{2}$')=1),
  CONSTRAINT c_expr_mail CHECK
   (dbo.RegexMatch(veh_mail,'^[a-z0-9._%+-]+@[a-z0-9.-]+\.[a-z]{2,4}$')=1));
```

L'avantage de ce mécanisme : une meilleure gestion de la qualité des données, qui facile l'écriture des requêtes de recherche et par conséquent les rend plus performantes.

L'inconvénient de ce mécanisme concerne le coût d'une fonction CLR de type expression régulière, celui-ci pouvant être exorbitant. Il faudra donc rechercher l'équivalent en fonction Transact-SQL et effectuer des tests de performance.

Les LOB

On parle de LOB *(Large Object Binary)* pour désigner les données dont le stockage est très volumineux. Deux types de LOB existent : ceux qui sont stockés en base (LOB internes) et ceux qui sont stockés hors base (LOB externes). Parmi les LOB internes, on peut distinguer :

- les CLOB *(Character Large OBject)*, dédiés aux chaînes de caractères ;
- les BLOB *(Binary Large OBject)*, destinés aux données binaires ;
- les NCLOB *(National Character Large Object)*, utilisés pour les données Unicode.

Les LOB externes (les données `FILESTREAM` en font partie) sont constitués par des fichiers gérés par le système d'exploitation hôte (Windows donc).

Types de données

Les types de données historiquement consacrés aux LOB sont TEXT (obsolète), NTEXT (obsolète), IMAGE (obsolète), VARCHAR(MAX), NVARCHAR(MAX), VARBINARY(MAX), XML, GEOMETRY et GEOGRAPHY. La taille maximale des types VARBINARY(MAX), VARCHAR(MAX)et XML est de 2 Go.

Pour des données dont la taille est inférieure à 8 000 octets, les types à privilégier sont VARCHAR, NVARCHAR ou VARBINARY(*n*). Avec ce type de donnée, chaque ligne de table est généralement stockée dans une seule page de données. Si les données LOB ne sont pas souvent utilisées, davantage de pages de données devront être lues et montées en mémoire. Des colonnes LOB rarement utilisées peuvent être stockées dans une table dédiée dans l'objectif d'augmenter le nombre de lignes par page.

Pour des données dont la taille est supérieure à 8 000 octets, vous devez vous tourner vers les types VARCHAR(MAX), NVARCHAR(MAX) ou VARBINARY(MAX). Le problème relatif à la densité des données est similaire. Il est à noter que la présence de LOB rend impossible certaines opérations de programmation ou d'administration telles que GROUP BY, ORDER BY ou la réindexation en ligne d'index cluster (ce n'est plus vrai avec SQL Server 2012, sauf pour les index spatiaux et XML).

Pour des données dont la taille est supérieure à 2 Go, utilisez la propriété FILESTREAM qui peut convenir à des données binaires ou textuelles et combine l'accès aux données via NTFS tout en supportant l'intégrité référentielle déclarée en base.

Plus généralement, Microsoft recommande pour le stockage des fichiers l'utilisation de la propriété FILESTREAM dès que les documents dépassent 1 Mo et préconise de les stocker en binaire directement dans la table en dessous de cette valeur pour des raisons de performance. La propriété FILESTREAM correspond au DATALINK de la norme SQL et fournit un pointeur vers le fichier stocké dans le système de fichiers, mais sous la responsabilité exclusive du serveur SQL ou sous la responsabilité partagée de SQL Server et Windows, ce qui permet à la fois le transactionnement et une sauvegarde intègre.

Enfin, depuis SQL Server 2012, il existe le mécanisme FileTable qui s'appuie sur la technologie FILESTREAM et qui permet de manipuler via des tables, des arborescences et fichiers Windows stockés dans le système de gestion de fichiers.

Fonction d'accès

La fonction OPENROWSET permet d'accéder à des données à partir d'une source de données de type OLE DB. Cette focntion peut être utilisée dans la clause FROM d'une requête, dans un INSERT, UPDATE ou DELETE. Le chargement en masse (BULK) permet de lire les données d'un fichier et de les retourner comme un ensemble de lignes.

```
OPENROWSET
(BULK 'fichier_données', {SINGLE_BLOB | SINGLE_CLOB | SINGLE_NCLOB})
```

- SINGLE_BLOB retourne le contenu du fichier sous la forme d'une seule ligne de type VARBINARY(MAX). Indispensable pour l'importation de contenu XML du fait de l'accepation de toutes les conversions d'encodage de Windows.
- SINGLE_CLOB retourne le contenu du fichier au format ASCII de type VARCHAR(MAX) en utilisant le classement de la base de données active.
- SINGLE_NCLOB retourne le contenu du fichier au format Unicode de type NVARCHAR(MAX) en utilisant le classement de la base de données active.

Exemple

La table suivante contient deux colonnes susceptibles d'accueillir des LOB. Supposons que l'on dispose de ressources dans le répertoire C:\Donnees\dev\ms.

```
CREATE TABLE T_Avions_avi
(avi_ID   INT IDENTITY(1,1), avi_immat VARCHAR(6),
avi_doc VARCHAR(MAX),      avi_image VARBINARY(MAX));
```

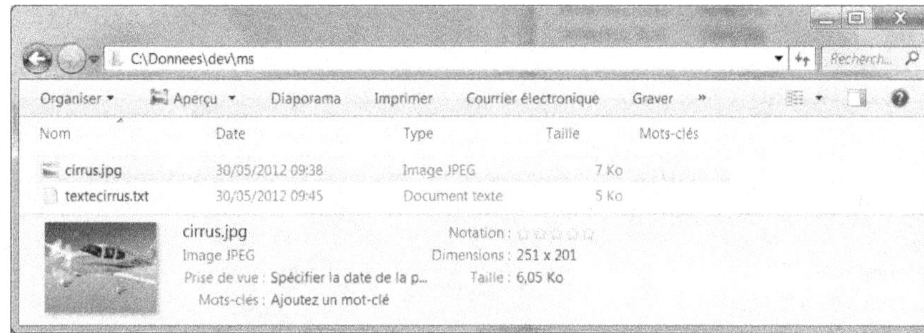

Figure 5–23
Ressources

L'instruction suivante ajoute une ligne à la table en insérant un fichier ASCII à la colonne avi_doc de la table.

```
INSERT INTO T_Avions_avi(avi_immat,avi_doc)
SELECT 'F-HCGA', BULKCOLUMN FROM OPENROWSET
        (BULK 'C:\Donnees\dev\ms\textecirrus.txt', SINGLE_CLOB) AS CLOB;
```

L'instruction suivante insère une image dans la colonne avi_image de la table.

```
UPDATE T_Avions_avi
SET    avi_image = BULKCOLUMN FROM OPENROWSET
        (BULK 'C:\Donnees\dev\ms\cirrus.jpg', SINGLE_BLOB) AS BLOB
WHERE avi_immat = 'F-HCGA';
```

L'interface Management Studio ne vous permettra pas de visualiser l'image bien que cette dernière soit correctement stockée. Vous devrez convertir les données au sein d'une application web, par exemple.

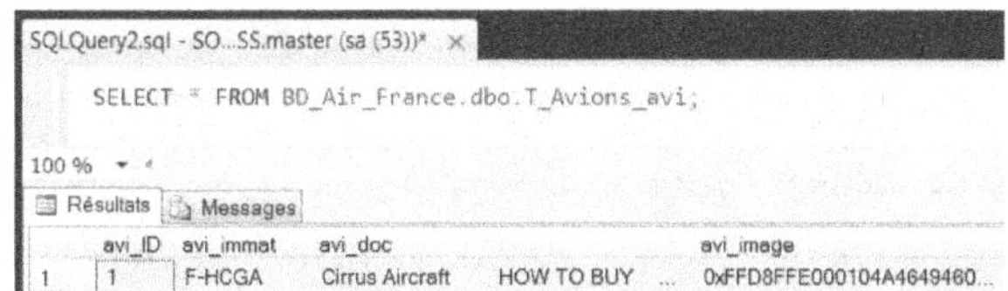

Figure 5–24
Affichage de la table

FILESTREAM

Pour dépasser la limire de 2 Go précédemment évoquée et pour éviter de stocker directement dans le système de fichiers sans mécanisme de vérification, il est possible d'utiliser, depuis SQL Server 2008, le stockage des données `FILESTREAM`.

Associée à une colonne `VARBINARY(MAX)`, `FILESTREAM` est une propriété et non un type de donnée. Les données ne sont plus stockées dans la base mais directement dans le système de fichiers. C'est un pointeur de 16 octets vers le fichier de données qui est stocké dans la base de données. Un autre avantage de cette technique est l'utilisation du cache système de Windows qui se substitue au cache des données du moteur SQL.

Paramétrage

Par défaut, la fonctionnalité FILESTREAM est désactivée lors de l'installation de SQL Server. Si vous n'avez pas choisi d'activer cette option, vous pouvez agir sur les propriétés du service SQL Server via l'outil Configuration Manager.

Figure 5–25
Sélection de la fonctionnalité FILESTREAM

Dans le cas d'une activation post-installation, vous devrez également configurer les niveaux d'accès au niveau de l'instance SQL Server (`EXEC sp_configure 'filestream_access_level', 2`).

Création de l'environnement

L'ajout d'un groupe de fichiers (ici, `FG_Stream`) est nécessaire pour le stockage des flux de données binaires.

```
ALTER DATABASE BD_Air_France
      ADD FILEGROUP FG_Stream CONTAINS FILESTREAM;
```

Ce groupe de fichiers est vide, mais il pointe vers un répertoire qui sera le point d'entrée de l'arborescence de stockage des fichiers à titre de filestream.

Ajoutez ensuite un répertoire (ici, `streams`) dans ce nouveau groupe. Le chemin vers ce répertoire doit exister, ici `C:\temp\sql-server`.

```
ALTER DATABASE BD_Air_France
ADD FILE (NAME     = F_STREAM,
          FILENAME = 'C:\temp\sql-server\streams') TO FILEGROUP FG_Stream;
```

La table permettant l'accès aux données binaires doit impérativement comporter une colonne de type `UNIQUEIDENTIFIER ROWGUIDCOL UNIQUE NOT NULL` et une colonne de type `VARBINARY(MAX)` de propriété `FILESTREAM` qui rendront possible la correspondance pour chaque ligne de la table avec le fichier de données extérieur à la base.

```
CREATE TABLE T_Films_flm
( flm_id          INT IDENTITY PRIMARY KEY,
  flm_stream_GUID UNIQUEIDENTIFIER ROWGUIDCOL UNIQUE NOT NULL,
  flm_titre       VARCHAR(256),
  flm_video       VARBINARY(MAX) FILESTREAM)
FILESTREAM_ON FG_Stream;
```

Insertion d'un fichier

Le code suivant insère dans la table un pointeur vers une vidéo se trouvant dans le répertoire `C:\temp`.

```
DECLARE @film VARBINARY(MAX);
SELECT @film = CAST(BULKCOLUMN AS VARBINARY(MAX))
             FROM OPENROWSET(BULK 'C:\temp\top_gun.wmv', SINGLE_BLOB) AS navet;
INSERT INTO T_Films_flm (flm_titre, flm_stream_GUID, flm_video)
          VALUES ('Top Gun', NEWID(), @film);
```

Une fois cette insertion réalisée, la vidéo se trouve encodée dans le répertoire de FILESTREAM. Vous pouvez supprimer l'original, la copie est désormais gérée par la base bien qu'elle ne s'y trouve pas.

Figure 5–26
Répertoires de FILESTREAM

C:\temp\sql-server\streams

Nom	Modifié le	Type
$FSLOG	07/06/2012 08:51	Dossier de fichiers
04da33af-7839-46fe-ae2c-f9ef1f504f1f	07/06/2012 08:33	Dossier de fichiers
be2dbcc1-1807-4135-84fa-33d56f57a93f	07/06/2012 08:38	Dossier de fichiers
f76e9a9a-4078-4e21-bddd-98fae4515e9f	07/06/2012 08:33	Dossier de fichiers
filestream.hdr	06/06/2012 16:29	Fichier HDR

Fonctions disponibles pour les applications clientes

SQL Server fournit également deux autres méthodes utilisables directement via l'API Win32 pour la manipulation des fichiers par une application cliente :

- `PathName()` fournit le chemin UNC *(Universal Naming Convention)* du LOB qui correspond à la colonne `FILESTREAM` dans la table. L'application cliente devra utiliser ce chemin pour obtenir le descripteur Win32 avant de manipuler le fichier.
- `GET_FILESTREAM_TRANSACTION_CONTEXT()` retourne le contexte de transaction actuelle à laquelle la session est associée. En obtenant ce jeton, l'application cliente peut associer des opérations de diffusion de flux avec une transaction commencée.

L'interface Management Studio permet d'afficher ce chemin ainsi que le LOB lui-même.

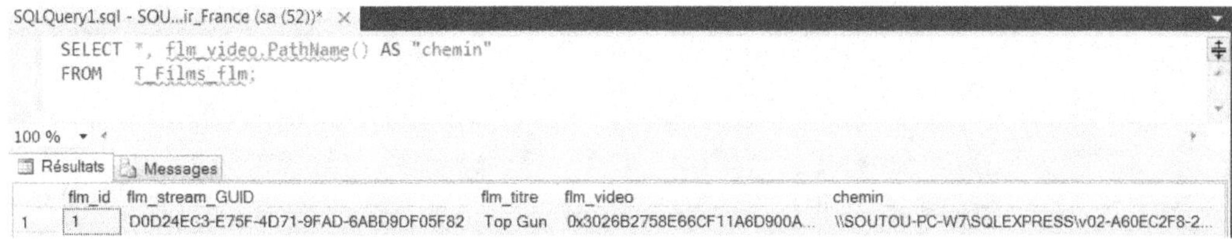

Figure 5–27 Chemin logique d'un LOB

FileTable

Le mécanisme FileTable permet de créer des tables capables de manipuler des documents stockés dans le système de fichiers de Windows. Cette fonctionnalité s'appuie sur la technologie FILESTREAM et permet notamment la recherche en texte intégral sur des données non structurées.

Création de l'environnement

D'une manière similaire à la technologie FILESTREAM, vous devez :

- configurer l'instance SQL Server (`EXEC sp_configure 'filestream_access_level', 2`) ;
- disposer d'un groupe de fichiers (comme `FG_Stream` de la section précédente) qui pointera vers un répertoire qui sera le point d'entrée de l'arborescence de stockage des fichiers ;
- disposer d'un répertoire (comme `streams` de la section précédente, ici `file-tables`) dans ce groupe, le chemin vers ce répertoire doit exister (ici, `C:\temp\sql-server`) :

```
ALTER DATABASE BD_Air_France
     ADD FILE (NAME = F_STREAM, FILENAME = 'C:\temp\sql-server\file-tables')
TO FILEGROUP FG_Stream;
```

Ensuite, vous devez activer l'accès (ici, non transactionnel) en nommant le répertoire principal qui contiendra autant de sous-répertoires que de tables FileTable (ici, `Avions_FS`).

```
ALTER DATABASE BD_Air_France
      SET FILESTREAM (NON_TRANSACTED_ACCESS = FULL, DIRECTORY_NAME = 'Avions_FS');
```

Manipulation de fichiers

Vous pouvez maintenant créer une table FileTable dans la base de données précédente à l'aide de l'option `AS` de la commande `CREATE TABLE`.

```
USE BD_Air_France;
CREATE TABLE Avion_Documents AS FileTable;
```

Dans l'interface Management Studio, sélectionnez l'entrée FileTables, puis cliquez sur le nom de la table (ici, `dbo.Avion_Documents`). Effectuez ensuite un clic droit et choisissez Explorer le répertoire FileTable. Vous obtiendrez alors le chemin physique de la table et son contenu (ici, le chemin est `\\Soutou-pc-w7\mssqlserver\Avions_FS\Avion_Documents` et son contenu est vide pour l'instant).

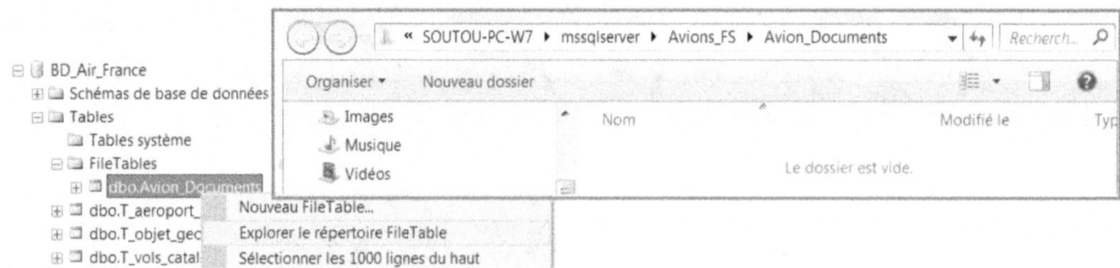

Figure 5–28 Répertoire généré pour la table Avion_Documents

Chaque table de type FileTable possède 17 colonnes permettant de renseigner chaque document qui sera associé à la table.

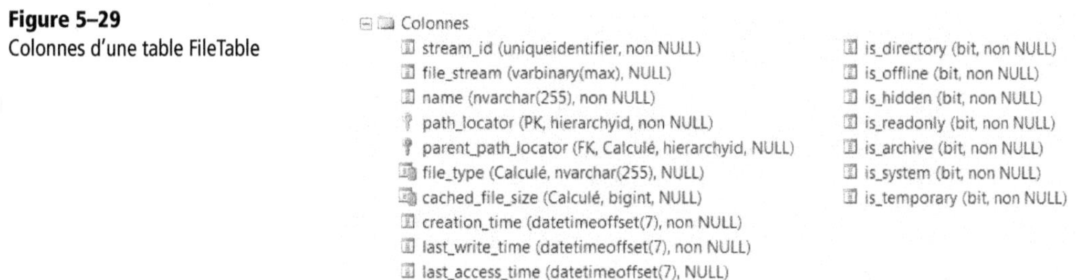

Figure 5–29
Colonnes d'une table FileTable

Citons `name` qui contient le nom du fichier, `creation_time` qui indique la date de création, `last_write_time` et `last_access_time` qui renseignent sur les moments d'activités sur le document. `is_directory` permet de savoir si le document est un répertoire ou un fichier et `is_readonly` permet d'activer un mécanisme de lecture seule.

Considérons les quatre fichiers suivants :

Figure 5–30
Documents à manipuler

Avant de pouvoir manipuler ces documents par l'intermédiaire de la table `dbo.Avion_Documents`, vous devez les disposer au préalable dans le répertoire généré à cet effet (ici, `\\Soutou-pc-w7\mssqlserver\Avions_FS\Avion_Documents`).

Le tableau 5-26 présente quelques cas d'utilisation, la requête nécessite d'avoir déclaré un index textuel (voir section suivante « Indexation textuelle »). Il s'agit ici de chercher les documents qui contiennent les valeurs « King » et « pratt-wittney ».

Tableau 5–26 Manipulation par une FileTable

Requêtes	Résultats

`UPDATE dbo.Avion_Documents`
`SET    is_readonly = 1`
`WHERE name = 'A340.txt';`
	Modification interdite du document `A340.txt`

`DELETE FROM dbo.Avion_Documents` `WHERE name = 'B737.txt';`	Suppression du document `A340.txt`

Tableau 5–26 Manipulation par une FileTable

Requêtes	Résultats

```
SELECT file_stream.GetFileNamespacePath(1,1) AS "Chemin"
FROM   dbo.Avion_Documents a
WHERE CONTAINS(a.file_stream, 'NEAR(King, pratt-wittney)');

Chemin
------------------------------------------------------------
\\soutou-PC-W7\MSSQLSERVER\Avions_FS\Avion_Documents\A340.txt
\\soutou-PC-W7\MSSQLSERVER\Avions_FS\Avion_Documents\A320.txt
```

XML

XML est géré depuis SQL Server 2000. Les versions de SQL Server qui ont suivies ont chacune apporté de nombreuses fonctionnalités, elles sont résumées dans cette section.

- Ajout du type de données `XML`, qui permet de définir une colonne permettant d'accueillir un document XML associé ou non à une grammaire XML Schema.
- Ajout des requêtes XQuery sur des données de type `XML`.
- Ajout des fonctions `OPENROWSET` pour charger des documents XML, `FOR XML` pour extraire des données au format XML et `OPENXML` pour extraire des données XML au format relationnel.

Le stockage natif de documents XML conserve le contenu des données mais pas forcément la forme. En effet, les espaces non significatifs ne sont pas conservés. Il en va de même pour l'ordre des attributs et les préfixes des espaces de noms.

Le type XML

Considérons la table suivante composée de trois colonnes dont la dernière permettra de stocker du contenu XML non contraint par une grammaire XML Schema.

```
CREATE TABLE T_Compagnie_cmp
(cmp_id          INT PRIMARY KEY IDENTITY,
cmp_pays        VARCHAR(3),
cmp_contenu_XML XML);
```

Les restrictions du type de donnée `XML` sont les suivantes :

- Le contenu de chaque colonne ne peut dépasser 2 Go.
- Le type `XML` ne peut pas être utilisé comme sous-type d'une instance de type `sql_variant`.
- Aucune comparaison, tri (`ORDER BY`) ou regroupement (`GROUP BY`) ne peuvent être effectués.
- Les seules fonctions scalaires disponibles sont `ISNULL`, `COALESCE` et `DATALENGTH`.
- Le type `XML` ne peut être utilisé en tant que colonne clé dans un index conventionnel. Par ailleurs, il ne peut composer la clé d'un index cluster ou être ajouté à un index classique non cluster (par `INCLUDE`).

Insertions de documents

L'instruction suivante insère une ligne dans la table avec un contenu XML exprimé dans l'instruction elle-même.

```
INSERT INTO T_Compagnie_cmp(cmp_pays,cmp_contenu_XML)
VALUES ('fr','<?xml version="1.0" encoding="ISO-8859-1"?>
  <compagnie>
  <comp>AC</comp>
   <pilotes>
     <pilote brevet="PL-3">
     <nom>B. Duffaut</nom>
     <salaire>5000</salaire>
   </pilote>
   <pilote brevet="PL-4">
     <nom>P. Minier</nom>
   </pilote>
  </pilotes>
  <nomComp>Castanet Lines</nomComp>
</compagnie>');
```

Pour ajouter une deuxième ligne dans la table, en insérant dans la colonne XML le contenu d'un document présent dans un fichier situé dans un répertoire du disque (ici, `compagnie.xml` dans `C:\Donnees\dev\ms\xml`), utilisez la directive `OPENROWSET` appliquée à un LOB.

Tableau 5–27 Insertion d'un contenu XML dans une colonne

Instruction	Fichier compagnie.xml
INSERT INTO T_Compagnie_cmp (cmp_pays,cmp_contenu_XML) SELECT 'fr', doc FROM (SELECT * FROM OPENROWSET (BULK'C:\Donnees\dev\ms\xml\compagnie.xml', SINGLE_BLOB) AS doc) AS Document(doc);	<?xml version="1.0" encoding="ISO-8859-1"?> <compagnie> <comp>AB</comp> <pilotes> <pilote brevet="PL-1"> <nom>C. Sigaudes</nom> <salaire>4000</salaire> </pilote> <pilote brevet="PL-2"> <nom>P. Filloux</nom> <salaire>5000</salaire> </pilote> </pilotes> <nomComp>Air Blagnac</nomComp> </compagnie>

Interrogeons cette table. Nous obtenons :

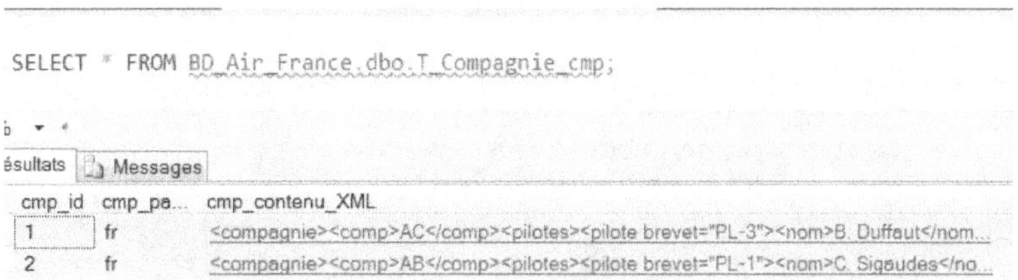

Figure 5–31
Table avec du contenu XML

SELECT * FROM BD_Air_France.dbo.T_Compagnie_cmp;

ésultats | Messages

cmp_id	cmp_pa...	cmp_contenu_XML
1	fr	<compagnie><comp>AC</comp><pilotes><pilote brevet="PL-3"><nom>B. Duffaut</nom...
2	fr	<compagnie><comp>AB</comp><pilotes><pilote brevet="PL-1"><nom>C. Sigaudes</no...

Le prologue de tout document XML n'est pas conservé dans une colonne de type XML. Les données XML sont stockées en interne au format ucs-2. Les autres éventuelles instructions de traitement sont conservées.
L'ordre des attributs dans un élémént n'est pas conservé.
Les préfixes des éventuels espaces de noms ne sont pas conservés mais les espaces de noms sont toutefois respectés.

Mises à jour de contenu

La méthode `modify(instruction_XML)` n'est exploitable que dans la clause `SET` d'une instruction `UPDATE` (dans le cas d'un document XML stocké en base) ou dans une instruction `SELECT` (dans le cas d'un document XML sous la forme d'une variable).

Le paramètre de cette méthode est l'un des suivants.

Tableau 5–28 Paramètre de la méthode `modify`

Nature de *instruction_XML*	Commentaires
`insert` *`expression1`* `({as first | as last} into | after | before` *`expression2`*`)`	Insère un ou plusieurs nœuds identifiés par l'expression XQuery `expression1` en tant que nœuds enfants ou frères du nœud identifié par l'expression XQuery `expression2`.
`replace value of` *`expression1`* `with` *`expression2`*	Remplace le fragment indiqué par l'expression XQuery `expression1` par un fragment définit par l'expression XQuery `expression2`.
`delete` *`expression`*	Supprime les nœuds sélectionnés par l'expression XQuery `expression2`.

Le tableau 5-29 présente quelques mises à jour.

Tableau 5–29 Mises à jour de fragments XML

Instructions	Commentaires
`UPDATE T_Compagnie_cmp SET cmp_contenu_XML.modify(' insert <pilote brevet="PL-4b"> <nom>D. Vacher</nom></pilote> as last into (/compagnie/pilotes) [1]') WHERE cmp_id=1;`	Ajout d'un pilote à la compagnie 'AC' (première compagnie saisie), à la suite des pilotes existants
`UPDATE T_Compagnie_cmp SET cmp_contenu_XML.modify(' replace value of (/compagnie/pilotes/pilote [@brevet="PL-2"]/salaire/text()) [1] with "600"') WHERE cmp_id=2;`	Mise à jour du salaire du pilote dont le numéro de brevet est 'PL2' de la compagnie 'AB' (deuxième compagnie saisie)
`UPDATE T_Compagnie_cmp SET cmp_contenu_XML.modify(' delete/compagnie/pilotes/pilote [nom/text()="D. Vacher"]) [1]') WHERE cmp_id=1;`	Suppression du premier pilote de nom 'D. Vacher' de la compagnie 'AC'

Les méthodes XQuery

Le langage XQuery est une spécification du W3C (http://www.w3.org/TR/xquery) qui utilise XPath pour extraire des informations provenant de documents XML, effectuer des calculs, modifier et construire des fragments XML. SQL Server a implémenté cinq méthodes fournies par XQuery :

- `modify(instruction_XML)`, précédemment étudiée pour insérer, modifier ou supprimer un fragment.
- `query('expressionXQuery')`, pour extraire un fragment XML non typé (non associé à une grammaire XML Schema).
- `value('expressionXQuery', 'type_SQL')`, pour extraire et convertir dans un type SQL un unique item du document XML.
- `exist('expressionXQuery')`, pour tester l'existence d'un fragment XML (1 s'il existe, 0 s'il n'existe pas ou `NULL`).
- `nodes('expressionXQuery') AS alias_table(alias_colonne)`, à utiliser dans la clause `FROM` (conjointement à `CROSS` ou `OUTER APPLY`) pour retourner un jeu de résultats composé des fragments XML extraits.

Extractions avec query

Vous devrez connaître les subtilités de XPath afin de composer vos requêtes de la meilleure manière qu'il soit. Le tableau 5-30 présente quelques extractions significatives :

- La première requête parcourt un simple chemin pour extraire plusieurs nœuds d'un document XML. Les contenus des éléments nom des pilotes de la compagnie numéro 1 sont extraits.
- La deuxième requête extrait la valeur atomique de chaque noeud retourné (atomisation) à l'aide de la fonction XQuery `data`. Les noms des pilotes de la compagnie numéro 2 sont extraits.
- La troisième requête inclut un prédicat qui teste la valeur de l'attribut `brevet`. Les contenus des éléments nom des pilotes de numéro de brevet 'PL-1' sont extraits, et ce pour toutes les compagnies.

Tableau 5–30 Extractions avec `query`

<table>
<tr><th>Requête</th><th>Résultat</th></tr>
<tr><td><pre>SELECT cmp_contenu_XML.query
       ('/compagnie/pilotes/pilote/nom')
       AS "/compagnie/pilotes/pilote/nom"
FROM   T_Compagnie_cmp
WHERE cmp_id=1;</pre></td><td><pre>/compagnie/pilotes/pilote/nom
----
<nom>B. Duffaut</nom><nom>P. Minier</nom></pre></td></tr>
<tr><td><pre>SELECT cmp_contenu_XML.query
     ('data(/compagnie/pilotes/pilote/nom)')
   AS "data(/compagnie/pilotes/pilote/nom)"
FROM   T_Compagnie_cmp
WHERE cmp_id=2;</pre></td><td><pre>data(/compagnie/pilotes/pilote/nom)

C. Sigaudes P. Filloux</pre></td></tr>
<tr><td><pre>SELECT cmp_id, cmp_pays,
       cmp_contenu_XML.query
           ('/compagnie/pilotes/pilote
              [@brevet="PL-1"]/nom')
       AS "PL-1"
FROM   T_Compagnie_cmp;</pre></td><td><pre>cmp_id   cmp_pays PL-1
----------- -------- ----------------------
1   fr
2   fr   <nom>C. Sigaudes</nom></pre></td></tr>
</table>

Pour retourner des valeurs, préférez la méthode `value` dans un `SELECT`.

Conversions avec value

Le tableau 5-31 présente quelques cas d'utilisation de la fonction `value` :

- La première requête calcule la somme (et convertit en entier) de valeurs de plusieurs éléments d'un document XML. Le total des salaires des pilotes de la compagnie numéro 1 est extrait.
- La seconde requête extrait et convertit en chaîne la valeur d'un attribut en testant la valeur du contenu d'un élément. Le numéro de brevet du pilote 'P. Minier' de la compagnie numéro 1 est extrait.

Tableau 5–31 Extractions avec `value`

Requête	Résultat

`SELECT cmp_contenu_XML.value('sum (/compagnie/pilotes/pilote/salaire) [1]', 'INT') AS "sum(/compagnie/pilotes/pilote/salaire)" FROM T_Compagnie_cmp WHERE cmp_id=1;`	`sum(/compagnie/pilotes/pilote/salaire)`
	`--------------------------------------`
	`5000`

`SELECT cmp_contenu_XML.value ('(/compagnie/pilotes/pilote/@brevet [../nom="P. Minier"]) [1]', 'VARCHAR(6)') AS "@brevet[../nom='P. Minier']" FROM T_Compagnie_cmp WHERE cmp_id=1;`	`@brevet[../nom='P. Minier']`
	`---------------------------`
	`PL-4`

Bien qu'un seul item soit retourné dans ces requêtes, SQL Server exige que l'expression de chemin d'accès retourne explicitement un singleton (d'où le `[1]` à la fin des expressions XQuery).

Pour conditionner vos extractions, utilisez la méthode `exist` dans une clause `WHERE`.

Tests avec exist

Le tableau 5-32 présente deux requêtes utilisant la fonction `exist` :

- La première requête extrait le numéro de la compagnie et les pilotes dont le salaire dépasse la valeur 3 500.
- La seconde extrait les compagnies (et compte leur effectif total) qui embauchent un pilote dont le salaire dépasse la valeur 3 500.

Tableau 5–32 Extractions avec `exist`

Requête	Résultat

`SELECT cmp_id, cmp_contenu_XML.query ('/compagnie/pilotes/pilote/salaire [number()>3500]/../nom') AS "pilote" FROM T_Compagnie_cmp WHERE cmp_contenu_XML.exist ('/compagnie/comp[text()="AB"]') = 1 OR cmp_contenu_XML.exist ('/compagnie/comp[text()="AC"]') = 1;`	`cmp_id      pilote`
	`----------- ----------------------`
	`1           <nom>B. Duffaut</nom>`
	`2           <nom>C. Sigaudes</nom>`

Tableau 5–32 Extractions avec exist *(suite)*

Requête	Résultat
SELECT cmp_id, cmp_contenu_XML.query ('/compagnie/nomComp/text()') AS "compagnie", cmp_contenu_XML.value ('count(/compagnie/pilotes/pilote) [1]', 'INT') AS "effectif" FROM T_Compagnie_cmp WHERE cmp_contenu_XML.exist ('/compagnie/pilotes/pilote/salaire [number()>3500]') = 1;	cmp_id compagnie effectif ----------- ---------------- -------- 1 Castanet Lines 2 2 Air Blagnac 2

Constructions avec nodes

La méthode nodes permet de convertir un fragment XML sous la forme de données tabulaires. Vous devrez utiliser la directive CROSS APPLY (ou OUTER APPLY si une donnée XML est vide) dans la clause FROM et utiliser la méthode value dans le SELECT. L'expression XQuery de la méthode nodes indique un chemin de référence.

Insérons une troisième compagnie associée à des pilotes ayant volé différents jours.

```
INSERT INTO T_Compagnie_cmp
(cmp_pays,cmp_contenu_XML) VALUES ('fr',
'<compagnie>
<comp>AF</comp>
   <pilotes>
     <pilote brevet="PL-5">
     <nom>A. Randria</nom>
     <salaire>7000</salaire>
     <vols>
     <vol>01/12/2010</vol>
     <vol>02/12/2010</vol>
     <vol>03/12/2010</vol>
     </vols>
   </pilote>
     <pilote brevet="PL-6">
       <nom>B. Evrard</nom>
       <salaire>6500</salaire>
       <vols>
        <vol>01/12/2010</vol>
        <vol>05/12/2010</vol>
       </vols>
     </pilote>
   </pilotes>
   <nomComp>Air France</nomComp>
</compagnie>');
```

Le tableau 5-33 présente deux requêtes retournant des résultats tabulaires à l'aide de la fonction nodes :

- La première requête initialise le chemin au niveau du nom du pilote et les méthodes value extraient sous forme de valeurs l'attribut brevet et l'élément nom.
- La seconde utilise plusieurs chemins de référence et de fait, elle est capable d'extraire des valeurs hétérogènes (nom de la compagnie, nom et salaire d'un pilote).

Tableau 5–33 Extractions avec nodes

Requête	Résultat
SELECT t.col.value('../@brevet', 'VARCHAR(6)') AS "brevet", t.col.value('.', 'VARCHAR(20)') AS "nom", t.col.query('../salaire') AS "salaires", cmp_id FROM T_Compagnie_cmp CROSS APPLY cmp_contenu_XML. nodes('/compagnie/pilotes/pilote/nom') AS t(col) ORDER BY 2;	brevet nom salaires cmp_id ------ ------------ ----------------------- ------ PL-5 A. Randria <salaire>7000</salaire> 3 PL-3 B. Duffaut <salaire>5000</salaire> 1 PL-6 B. Evrard <salaire>6500</salaire> 3 PL-1 C. Sigaudes <salaire>4000</salaire> 2 PL-2 P. Filloux <salaire>600</salaire> 2 PL-4 P. Minier 1

Tableau 5–33 Extractions avec nodes *(suite)*

<table>
<tr><th>Requête</th><th>Résultat</th></tr>
<tr><td><pre>SELECT t.col.value('.','VARCHAR(20)')
             AS ".", cmp_id
FROM   T_Compagnie_cmp
CROSS APPLY cmp_contenu_XML.nodes('
  /compagnie/nomComp,
  /compagnie/pilotes/pilote/nom,
  /compagnie/pilotes/pilote/salaire')
  AS t(col)
WHERE cmp_id=1 OR cmp_id=2;</pre></td><td><pre>.   cmp_id
-------------------- -----------
Castanet Lines   1
B. Duffaut   1
P. Minier   1
5000   1
Air Blagnac   2
C. Sigaudes   2
P. Filloux   2
4000   2
600   2</pre></td></tr>
</table>

En utilisant la directive CROSS APPLY sur un résultat tabulaire lui-même construit avec un CROSS APPLY précédent, vous pouvez manipuler des collections (liste d'éléments dans un élément, par exemple).

Le tableau 5-34 présente deux requêtes contenant plusieurs directives CROSS APPLY :

- La première requête extrait les vols de chaque pilote en considérant le premier résultat tabulaire constitué de chaque pilote et construisant pour chaque ligne une table des dates de chacun de ses vols.
- La seconde utilise le même mécanisme et illustre le fait qu'en cas d'absence de valeur, l'enregistrement principal n'est pas extrait (absence de salaire pour le pilote 'PL-4').

Tableau 5–34 Extractions multiniveaux avec nodes

<table>
<tr><th>Requête</th><th>Résultat</th></tr>
<tr><td><pre>SELECT t1.c1.value('../@brevet', 'VARCHAR(6)')
                                   AS "brevet",
        t1.c1.value('.','VARCHAR(20)') AS "nom",
        t2.c2.value('.','VARCHAR(10)') AS "vol"
FROM T_Compagnie_cmp
CROSS APPLY cmp_contenu_XML.nodes('
        /compagnie/pilotes/pilote/nom') AS t1(c1)
CROSS APPLY t1.c1.nodes('../vols/vol') AS t2(c2)
WHERE cmp_id=3;</pre></td><td><pre>brevet nom   vol
------ -------------------- ----------
PL-5   A. Randria   01/12/2010
PL-5   A. Randria   02/12/2010
PL-5   A. Randria   03/12/2010
PL-6   B. Evrard   01/12/2010
PL-6   B. Evrard   05/12/2010</pre></td></tr>
<tr><td><pre>SELECT t2.col2.value('.','VARCHAR(6)') AS "brevet",
       t.col.value('.','VARCHAR(20)') AS "nom",
       t3.col3.value('.','INT') AS "salaire"
FROM   T_Compagnie_cmp
CROSS APPLY cmp_contenu_XML.nodes('
      /compagnie/pilotes/pilote/nom') AS t(col)
CROSS APPLY t.col.nodes('../@brevet') AS t2(col2)
CROSS APPLY t.col.nodes('../salaire') AS t3(col3);</pre></td><td><pre>brevet nom   salaire
------ -------------------- -----------
PL-1   C. Sigaudes   4000
PL-2   P. Filloux   600
PL-3   B. Duffaut   5000
PL-5   A. Randria   7000
PL-6   B. Evrard   6500</pre></td></tr>
</table>

Indexation

Du fait que les données XML puissent être volumineuses (jusqu'à 2 Go), les extractions basées sur des prédicats relatifs au contenu XML peuvent s'avérer coûteuses. Il est possible d'indexer du contenu XML par l'intermédiraire d'un index principal et trois types d'index secondaires. Au préalable, votre table doit impérativement disposer d'un index cluster sur la clé primaire (qui n'est pas de type XML) indispensable à corréler les résultats.

L'index XML primaire permet d'accélérer la plupart des accès sur une colonne XML car il inclut tous les éléments et valeurs des contenus XML. L'index XML primaire de notre exemple se déclare de la manière suivante :

```
CREATE PRIMARY XML INDEX IX_Compagnie_contenu_XML
ON     T_Compagnie_cmp(cmp_contenu_XML);
```

Une fois l'index primaire créé, il est possible d'ajouter des index XML secondaires (de type `PATH`, `VALUE` ou `PROPERTY`) de sorte à optimiser de futures extractions.

```
CREATE XML INDEX nom_index_XML_secondaire
  ON nom_table (colonne_XML)
   USING XML INDEXnom_index_XML_primaire
   FOR {PATH | PROPERTY | VALUE}
```

- `FOR PATH` optimise la recherche de chemins et concerne les expressions XPath dans la méthode `exist` d'une requête, par exemple `('/pilote/nom[.="F. Brouard"]')`.
- `FOR PROPERTY` optimise les recherches des valeurs de propriétés et concerne la méthode `value`, par exemple `('/pilote[1]/nom[1]')='F. Brouard')`.
- `FOR VALUE` optimise les recherches d'une valeur sans préjuger de sa nature (élément ou attribut), par exemple `('//pilote[.="F. Brouard"]')`.

À titre d'exemple, l'index suivant est créé pour optimiser les requêtes recherchant des chemins à l'aide de la méthode `exist`.

```
CREATE XML INDEX IX_Compagnie_Path_XML
ON     T_Compagnie_cmp(cmp_contenu_XML)
USING XML INDEX IX_Compagnie_contenu_XML
FOR PATH;
```

Les espaces de noms

Le type `XML` supporte les espaces de noms *(namespaces)* qui sont des identificateurs de vocabulaire et qui permettent d'associer un élément ou un attribut à un vocabulaire. Insérons une quatrième compagnie associée à l'espace de noms identifié par la chaîne `www.british-air.com`.

```
INSERT INTO T_Compagnie_cmp
(cmp_pays,cmp_contenu_XML)VALUES ('uk,
'<?xml version="1.0" encoding="ISO-8859-1"?>
  <compagnie xmlns="www.british-air.com">
  <comp>BA</comp>
   <pilotes>
     <pilote brevet="PL-7">
     <nom>B. Meleton</nom>
     <salaire>4700</salaire>
   </pilote>
   <pilote brevet="PL-8">
     <nom>P. Filloux</nom>
     <salaire>6200</salaire>
   </pilote>
  </pilotes>
  <nomComp>British Air</nomComp>
</compagnie>');
```

Ici, l'écriture de l'espace de noms est réalisée par défaut (sans préfixe). Ainsi, l'élément concerné et les sous-éléments sont dans l'espace de noms mais pas les attributs. Pour plus de détails à propos des espaces de noms, consultez la spécification officielle à l'adresse suivante : http://www.w3.org/TR/REC-xml-names.

En présence d'un espace de noms, chaque expression XQuery d'une requête doit prendre en compte explicitement cet espace à l'aide d'un préfixe. Le préfixe est déclaré en amont de la requête à l'aide de la directive `WITH XMLNAMESPACES ('espace_nom' AS prefixe)`. Le mot-clé `WITH` étant déjà utilisé pour spécifier des options de requête, dans un lot de requêtes, assurez-vous que l'instruction qui précède `WITH XMLNAMESPACES` se termine par un le caractère `;` (point-virgule).

Le tableau 5-35 présente deux requêtes capables d'extraire du contenu XML désigné avec l'espace de noms identifié par la chaîne `www.british-air.com`.

- La première requête extrait le premier pilote de chaque compagnie présente dans l'espace de noms (ainsi que son contenu). Les compagnies qui ne répondent pas à ce critère remontent toutefois au niveau du résultat.
- La seconde extrait tous les pilotes et leur salaire de chaque compagnie présente dans l'espace de noms (et son contenu également). Les compagnies qui ne répondent pas à ce critère ne remontent pas au niveau du résultat (la pseudo jointure du `CROSS APPLY` les élimine).

Tableau 5–35 Extractions avec un espace de noms

Requête	Résultat

`WITH XMLNAMESPACES ('www.british-air.com' AS p)`
`SELECT cmp_id,`
`cmp_contenu_XML.value`
`('(/p:compagnie/p:pilotes/p:pilote/p:nom)[1]',`
`'VARCHAR(20)') AS "premier pilote"`
`FROM T_Compagnie_cmp;`
	`cmp_id premier pilote`
	`----------- ---------------`
	`1 NULL`
	`2 NULL`
	`3 NULL`
	`4 B. Meleton`

`WITH XMLNAMESPACES ('www.british-air.com' AS p)`
`SELECT cmp_id,`
`t.col.value('.','VARCHAR(20)') AS "nom",`
`t.col.value('(../p:salaire)[1]','INT') AS "salaire"`
`FROM T_Compagnie_cmp`
`CROSS APPLY cmp_contenu_XML.nodes`
`('/p:compagnie/p:pilotes/p:pilote/p:nom') AS t(col);`
	`cmp_id nom salaire`
	`----------- ---------------- --------`
	`4 B. Meleton 4700`
	`4 P. Filloux 6200`

En présence de plusieurs espaces de noms, vous devrez déclarer en amont tous les préfixes à l'aide de la directive `WITH XMLNAMESPACES ('espace1' AS prefixe1, 'espace2' AS prefixe2…[, DEFAULT 'espace_defaut'])`.

Ajoutons une cinquième compagnie associée à deux espaces de noms (ici, les informations relatives à la compagnie sont dans l'espace `www.klm.com`, tandis que celles concernant les pilotes se trouvent dans l'espace `www.sky-team.com`.

```
INSERT INTO T_Compagnie_cmp
(cmp_pays,cmp_contenu_XML) VALUES ('nl',
'<?xml version="1.0" encoding="ISO-8859-1"?>
  <compagnie xmlns="www.klm.com">
  <comp>KLM</comp>
   <pilotes xmlns="www.sky-team.com">
     <pilote brevet="PL-9">
     <nom>B. VanMeer</nom>
     <salaire>3700</salaire>
   </pilote>
     <pilote brevet="PL-10">
       <nom>S. Krot</nom>
       <salaire>2200</salaire>
     </pilote>
   </pilotes>
   <nomComp>British Air</nomComp>
</compagnie>');
```

Le tableau 5-36 présente la même requête écrite avec deux déclarations d'espaces différentes. Il s'agit d'extraire les pilotes et leur salaire en respectant les espaces de noms.

Tableau 5-36 Extractions avec plusieurs espaces de noms

Requêtes et résultats

```
WITH XMLNAMESPACES
     ('www.klm.com' AS p1,
      'www.sky-team.com' AS p2')
SELECTcmp_id,
     t.col.value('.', 'VARCHAR(20)')
           AS "nom",
     t.col.value('(../p2:salaire)[1]','INT')
           AS "salaire"
FROM T_Compagnie_cmp
CROSS APPLY cmp_contenu_XML.nodes
  ('/p1:compagnie/p2:pilotes/p2:pilote/p2:nom')
AS t(col);
```

```
WITH XMLNAMESPACES
     ('www.klm.com' AS p1,
      'www.sky-team.com' AS p2,
       DEFAULT 'www.sky-team.com')
SELECT cmp_id,
       t.col.value('.', 'VARCHAR(20)')
            AS "nom",
       t.col.value('(../salaire)[1]','INT')
            AS "salaire"
FROM   T_Compagnie_cmp
CROSS APPLY cmp_contenu_XML.nodes
      ('/p1:compagnie/pilotes/pilote/nom')
AS t(col);
```

```
cmp_id      nom                  salaire
----------- -------------------- -------
5           B. VanMeer           3700
5           S. Krot              2200
```

Grammaires XML Schema

Les documents XML manipulés jusqu'ici ne sont rattachés à aucune grammaire (DTD ou XML Schema). SQL Server les appelle non typés, en opposition au XML typé qui consiste à associer du contenu XML à sa grammaire pour une validation plus contraignante. Cette technique est d'ailleurs conseillée car elle renseigne davantage l'optimiseur de requêtes.

La première étape consiste à enregistrer la grammaire XML Schema par la commande `CREATE XML SCHEMA COLLECTION`. L'instruction suivante enregistre la grammaire de nom `XSC_compagnie`. Il est spécifié la structure d'une compagnie comme étant composée d'une suite de trois éléments de premier niveau (`comp`, `pilotes` et `nomComp`). L'élément `pilotes` regroupe entre 1 et 2 000 éléments `pilote`, lui-même composé des éléments `nom` et `salaire` (obligatoires). Par la suite, vous trouverez votre grammaire dans l'arborescence *Programmabilité>Types>Collections de schémas XML*.

```
CREATE XML SCHEMA COLLECTION XSC_compagnie AS
'<?xml version="1.0" encoding="UTF-8"?>
<xsd:schema attributeFormDefault="unqualified" elementFormDefault="qualified" version="1.0"
      xmlns:xsd="http://www.w3.org/2001/XMLSchema">
     <xsd:element name="compagnie" type="compagnieType"/>
     <xsd:complexType name="compagnieType">
          <xsd:sequence>
               <xsd:element name="comp" type="xsd:string"/>
               <xsd:element name="pilotes" type="pilotesType"/>
               <xsd:element name="nomComp" type="xsd:string"/>
          </xsd:sequence>
     </xsd:complexType>
     <xsd:complexType name="pilotesType">
          <xsd:sequence>
            <xsd:element minOccurs="1" maxOccurs="2000" name="pilote" type="piloteType"/>
          </xsd:sequence>
     </xsd:complexType>
```

```
        <xsd:complexType name="piloteType">
              <xsd:sequence>
                <xsd:element name="nom" minOccurs="1" type="xsd:string"/>
                <xsd:element name="salaire" minOccurs="1" type="xsd:decimal"/>
              </xsd:sequence>
              <xsd:attribute name="brevet" type="xsd:string"/>
        </xsd:complexType>
</xsd:schema>';
```

La deuxième étape consiste à associer une colonne XML à cette grammaire. Au niveau de la déclaration de la table, vous devez indiquer le nom de la grammaire après la colonne :

```
CREATE TABLE T_Compagnie_cmp
(cmp_id          INT PRIMARY KEY IDENTITY,
cmp_pays         VARCHAR(3),
cmp_contenu_XML XML (XSC_compagnie));
```

Désormais, le contenu XML stocké dans la table doit être validé au préalable par la grammaire. Le tableau 5-37 illustre la tentative d'insertion d'un document XML qui ne respecte pas sa grammaire (ici, un élément `salaire` est manquant).

Tableau 5–37 Tentative d'insertion d'un document non valide

Instruction	Erreur
INSERT INTO T_Compagnie_cmp (cmp_pays,cmp_contenu_XML) VALUES ('fr', '<?xml version="1.0" encoding="ISO-8859-1"?> <compagnie> <comp>AC</comp> <pilotes> <pilote brevet="PL-3"> <nom>B. Duffaut</nom> <salaire>5000</salaire> </pilote> <pilote brevet="PL-4"> <nom>P. Minier</nom> </pilote> </pilotes> <nomComp>Castanet Lines</nomComp> </compagnie>');	Msg 6908, Niveau 16, État 1, Ligne 2 Validation XML : contenu non valide. Élément(s) attendu(s) : 'salaire'. Emplacement : /*:compagnie[1]/*:pilotes[1]/*:pilote[2]

Génération de contenu XML

La clause `FOR XML` de l'instruction `SELECT` permet de transformer le résultat tabulaire d'une requête sous la forme XML. Il est aussi possible d'utiliser `FOR XML` dans une sous-requête d'une instruction `INSERT`, `UPDATE` ou `DELETE`. Les options de la clause `FOR XML` sont les suivantes :

```
FOR XML {{RAW [('nom_element')] | AUTO}
                [[,BINARY BASE64] [,TYPE] [,ROOT [('nom_racine')]]
                [, XMLSCHEMA [('espace_nom')]]
                [,ELEMENTS [XSINIL | ABSENT]]
          | EXPLICIT
             [[,BINARY BASE64] [,TYPE] [,ROOT [('nom_racine')]]
          | PATH [('nom_element')]
             [[,BINARY BASE64] [,TYPE] [,ROOT [('nom_racine')]
                [,ELEMENTS [XSINIL | ABSENT]]]
        }
```

- Le mode RAW génère un élément de nom row par ligne extraite de la requête composé d'autant d'attributs que de colonnes extraites. L'option AUTO utilise le nom de la table pour nommer les éléments générés.
- L'option ROOT ajoute une racine au fragment XML produit.
- L'option XMLSCHEMA génère une grammaire associée au fragment XML produit.
- L'option ELEMENTS génère un élément par colonne. La directive XSINIL indique une valeur nulle à l'aide d'un attribut de type xsi:nil="true". La directive ABSENT permet de ne pas créer d'élément si sa valeur associée est NULL.
- L'option BINARY BASE64 permet de retourner des données binaires dans un format encodé en base 64.
- L'option TYPE convertit les résultats en tant que type XML.
- Le mode EXPLICIT permet de mélanger éléments et attributs, et d'introduire des imbrications supplémentaires pour représenter des propriétés complexes.
- Le mode PATH permet de construire un document XML en contrôlant la structure d'une table décrivant l'arborescence souhaitée.

Les tables utilisées pour les exemples sont les suivantes.

Figure 5–32
Tables exemple

T_compagnies_cmp

cmp_comp	cmp_pays	cmp_nomcomp
AB	fr	Air Blagnac
AC	fr	Castanet Lines

T_pilotes_pil

pil_brevet	pil_nom	pil_salaire	cmp_comp
PL-1	C. Sigaudes	4000.00	AB
PL-2	P. Filoux	5000.00	AB
PL-3	B. Duffaut	5000.00	AC
PL-4	P. Minier	NULL	AC

Le mode RAW

Le mode RAW est le plus simple, il convertit chaque ligne extraite en élément et chaque valeur d'une colonne extraite en un sous-élément ou en un attribut de l'élément courant.

La première requête utilise les options par défaut et extrait quatre éléments provenant des quatre lignes de la table des pilotes. La deuxième requête ajoute une racine au fragment XML (clause ROOT) et utilise le nom de la table en tant que nom d'élément (clause AUTO). La troisième requête génère le contenu XML sous la forme d'élément et dénote les valeurs nulles à l'aide d'un attribut « normalisé ». La quatrième requête génère les mêmes éléments en omettant ceux dont la valeur est nulle. La dernière requête génère un document XML précédé de sa grammaire automatiquement générée (clause XMLSCHEMA).

Tableau 5–38 Génération avec FOR XML RAW et AUTO

Requête	Résultat
SELECT pil_brevet AS "brevet", pil_nom AS "nom", pil_salaire AS "salaire", cmp_comp AS "comp" FROM T_pilotes_pil FOR XML RAW;	<row brevet="PL-1" nom="C. Sigaudes" salaire="4000.00" comp="AB"/> <row brevet="PL-2" nom="P. Filoux" salaire="5000.00" comp="AB"/> <row brevet="PL-3" nom="B. Duffaut" salaire="5000.00" comp="AC"/> <row brevet="PL-4" nom="P. Minier" comp="AC"/>

Tableau 5–38 Génération avec FOR XML RAW et AUTO *(suite)*

Requête	Résultat
SELECT pil_brevet AS "brevet", pil_nom AS "nom", pil_salaire AS "salaire", cmp_comp AS "comp" FROM T_pilotes_pil FOR XML AUTO, ROOT ('pilotes');	<pilotes> <T_pilotes_pil brevet="PL-1" nom="C. Sigaudes" salaire="4000.00" comp="AB"/> <T_pilotes_pil brevet="PL-2" nom="P. Filoux" salaire="5000.00" comp="AB"/> <T_pilotes_pil brevet="PL-3" nom="B. Duffaut" salaire="5000.00" comp="AC"/> <T_pilotes_pil brevet="PL-4" nom="P. Minier" comp="AC"/> </pilotes>
SELECT pil_brevet AS "brevet", pil_nom AS "nom", pil_salaire AS "salaire", cmp_comp AS "comp" FROM T_pilotes_pil WHERE cmp_comp = 'AC' FOR XML RAW, ELEMENTS XSINIL;	<row xmlns:xsi="http://www.w3.org/2001/XMLSchema-instance"> <brevet>PL-3</brevet> <nom>B. Duffaut</nom> <salaire>5000.00</salaire> <comp>AC</comp> </row> <row xmlns:xsi="http://www.w3.org/2001/XMLSchema-instance"> <brevet>PL-4</brevet> <nom>P. Minier</nom> <salaire xsi:nil="true"/> <comp>AC</comp> </row>
SELECT pil_brevet AS "brevet", pil_nom AS "nom", pil_salaire AS "salaire", cmp_comp AS "comp" FROM T_pilotes_pil WHERE cmp_comp = 'AC' FOR XML RAW, ELEMENTS ABSENT;	<row> <brevet>PL-3</brevet> <nom>B. Duffaut</nom> <salaire>5000.00</salaire> <comp>AC</comp> </row><row> <brevet>PL-4</brevet> <nom>P. Minier</nom> <comp>AC</comp> </row>
SELECT cmp_comp, cmp_pays, cmp_nomcomp FROM T_compagnies_cmp WHERE cmp_comp = 'AC' FOR XML RAW, ROOT ('compagnie') XMLSCHEMA('www.air-blagnac.fr/xml'), ELEMENTS;	<compagnie> <xsd:schema targetNamespace="www.air-blagnac.fr/xml" elementFormDefault="qualified" xmlns:xsd="http://www.w3.org/2001/XMLSchema" xmlns:sqltypes="http://schemas.microsoft.com/ sqlserver/2004/sqltypes"> … </xsd:schema> <row xmlns="www.air-blagnac.fr/xml"> <cmp_comp>AC</cmp_comp> <cmp_pays>fr</cmp_pays> <cmp_nomcomp>Castanet Lines</cmp_nomcomp> </row> </compagnie>

Le mode EXPLICIT

Le mode EXPLICIT est le plus puissant mais le plus complexe. Il s'agit de construire une table qui sera finalement interprétée par le moteur pour générer le document XML final. Dans la table à construire par votre requête, vous devez inclure :

- La première colonne (Tag) qui contiendra le numéro d'élément respectant la hiérarchie.
- La deuxième colonne (Parent) qui renseigne à propos de l'élément père de l'élément courant.

- Puis autant de colonnes que vous désirez d'éléments ou d'attibuts. Chacune de ces colonnes doit respecter le format suivant : `nom_element!numero!nom_attribut!directive`.

Tableau 5–39 **Tableau 5-39.** Compositon des colonnes

Items de colonne	Commentaires
`nom_element`	Nom de l'élément à générer
`numero`	Numérotation dans l'arborescence (1 pour la racine)
`nom_attribut`	Nom éventuel de l'attribut à générer dans l'élément
`directive`	`ID`, `IDREF` ou `IDREFS` encodent un attribut sous cette forme. `HIDE` masque le nœud. `ELEMENT` génère un élément contenu au lieu d'un attribut. `ELEMENTXSINIL` génère un élément ayant un éventuel attribut `xsi:nil`. `XML` est identique à `ELEMENT`, à la différence qu'aucun encodage d'entité ne se produit. `CDATA` englobe les données à l'aide d'une section CDATA.

Supposons le document XML suivant à générer. La racine est numérotée 1. L'élement 2 suit et est un fils direct de 1. L'élémént 3 suit le 2 et son lien de parenté est le même. L'élément 4 a deux sous-éléments (5 et 6). Enfin, l'élément père de l'élément 7 est la racine (le 1).

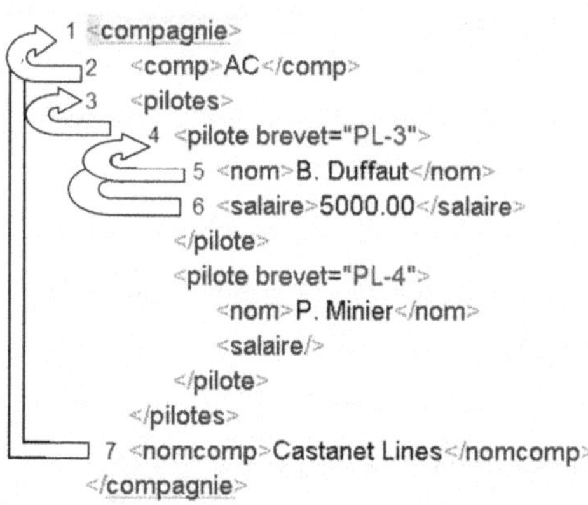

Figure 5–33
Document XML à générer

Neuf colonnes seront nécessaires à la construction de ce document : sept du fait des éléments et attributs précédemment cités et deux pour constituer la hiérarchie (`Tag` et `Parent`). La table que vous devez construire est la suivante. Chaque ligne a son utilité. La première pour la racine, la deuxième pour l'élément `comp`, la troisième pour l'élément `pilotes`, etc.

```
Tag Parent compagnie comp pilotes brevet nom        salaire nomcomp
1   NULL   NULL      NULL NULL    NULL   NULL       NULL    NULL
2   1      NULL      AC   NULL    NULL   NULL       NULL    NULL
3   1      NULL      AC   NULL    NULL   NULL       NULL    NULL
4   3      NULL      AC   NULL    PL-3   NULL       NULL    NULL
5   4      NULL      AC   NULL    PL-3   B. Duffaut NULL    NULL
6   4      NULL      AC   NULL    PL-3   B. Duffaut 5000.00 NULL
4   3      NULL      AC   NULL    PL-4   NULL       NULL    NULL
5   4      NULL      AC   NULL    PL-4   P. Minier  NULL    NULL
6   4      NULL      AC   NULL    PL-4   P. Minier  NULL    NULL
7   1      NULL      AC   NULL    ZZZZZZ NULL       NULL    Castanet Lines
```

La requête qui construit cette table, puis génère le document XML, est la suivante. La première extraction définit les éléments et attributs ainsi que leur emplacement dans la hiérarchie. Ensuite, les extractions successives fournissent des données en alimentant au fur et à mesure chaque niveau de la hiérarchie.

```
SELECT 1     AS Tag,                       NULL AS Parent,
       NULL AS [compagnie!1!!ELEMENT], NULL AS [comp!2!!ELEMENT],
       NULL AS [pilotes!3!ELEMENT],    NULL AS [pilote!4!brevet],
       NULL AS [nom!5!!ELEMENT],       NULL AS [salaire!6!!ELEMENT],
       NULL AS [nomcomp!7!!ELEMENT]
FROM   T_compagnies_cmp WHERE cmp_comp = 'AC'
UNION
SELECT 2, 1, NULL, cmp_comp, NULL, NULL, NULL, NULL, NULL
FROM   T_compagnies_cmp WHERE cmp_comp = 'AC'
UNION
SELECT 3, 1, NULL, cmp_comp, NULL, NULL, NULL, NULL, NULL
FROM   T_compagnies_cmp WHERE cmp_comp = 'AC'
UNION
SELECT 4, 3, NULL, c.cmp_comp, NULL, p.pil_brevet, NULL, NULL, NULL
FROM   T_compagnies_cmp c
JOIN   T_pilotes_pil    p
ON     c.cmp_comp = p.cmp_comp
WHERE c.cmp_comp = 'AC'
UNION
SELECT 5, 4, NULL, c.cmp_comp, NULL, p.pil_brevet, p.pil_nom, NULL, NULL
FROM   T_compagnies_cmp c
JOIN   T_pilotes_pil    p
ON     c.cmp_comp = p.cmp_comp
WHERE c.cmp_comp = 'AC'
UNION
SELECT 6, 4, NULL, c.cmp_comp, NULL, p.pil_brevet, p.pil_nom, p.pil_salaire, NULL
FROM   T_compagnies_cmp c
JOIN   T_pilotes_pil    p
ON     c.cmp_comp = p.cmp_comp
WHERE c.cmp_comp = 'AC'
UNION
SELECT 7, 1, NULL, cmp_comp, NULL, 'ZZZZZZ', NULL, NULL, cmp_nomcomp
FROM   T_compagnies_cmp WHERE cmp_comp = 'AC'
ORDER BY 4,6
FOR XML EXPLICIT;
```

La clause ORDER BY finale est prépondérante. Utilisez les valeurs des colonnes qui vous intéressent afin de présenter les lignes de la table dans un ordre correct, sinon vous risquez d'obtenir l'erreur : `Msg 6833, … : L'ID de balise parente 3 ne fait pas partie des balises ouvertes. FOR XML EXPLICIT nécessite que les balises parentes soient d'abord ouvertes. Vérifiez l'ordre de l'ensemble de résultats.`

Le mode PATH

Le mode PATH peut constituer un moyen plus simple de générer des éléments et attributs. Par défaut, le mode PATH fonctionne comme le mode RAW (un élément row par ligne extraite). Les noms ou alias de colonnes sont traités en tant qu'expressions XPath pour établir la structure du fragment XML retourné. Les caractères @ et / sont utilisés pour désigner tantôt une arborescence, tantôt un attribut.

Le tableau 5-40 présente deux requêtes utilisant ce mécanisme. La première déclare une racine et positionne les données relatives à chaque pilote sous la forme d'éléments et d'un attribut. La seconde illustre la capacité d'introduire du texte et des commentaires.

Tableau 5–40 Génération avec `FOR XML PATH`

Requête	Résultat
SELECT p.pil_brevet AS '@brevet', p.pil_nom AS 'nom', p.pil_salaire AS 'salaire', c.cmp_comp AS 'compagnie/comp', c.cmp_nomcomp AS 'compagnie/nomcomp' FROM T_compagnies_cmp c JOIN T_pilotes_pil p ON c.cmp_comp = p.cmp_comp WHERE c.cmp_comp = 'AC' FOR XML PATH('pilote'), ROOT ('pilotes');	<pilotes> <pilote brevet="PL-3"> <nom>B. Duffaut</nom> <salaire>5000.00</salaire> <compagnie> <comp>AC</comp> <nomcomp>Castanet Lines</nomcomp> </compagnie> </pilote> <pilote brevet="PL-4"> <nom>P. Minier</nom> <compagnie> <comp>AC</comp> <nomcomp>Castanet Lines</nomcomp> </compagnie> </pilote> </pilotes
SELECT p.pil_brevet AS '@brevet', 'du texte, contenu mixte !' AS 'text()', p.pil_nom AS 'nom', 'Compagnie du pilote' AS 'comment()', c.cmp_nomcomp AS 'compagnie' FROM T_compagnies_cmp c JOIN T_pilotes_pil p ON c.cmp_comp = p.cmp_comp WHERE c.cmp_comp = 'AC' AND p.pil_salaire IS NOT NULL FOR XML PATH;	<row brevet="PL-3"> du texte, contenu mixte ! <nom>B. Duffaut</nom> <!--Compagnie du pilote--> <compagnie>Castanet Lines</compagnie> </row>

Utilisez dans la clause `FOR XML` l'option `TYPE` qui convertit les résultats en tant que type `XML` dès lors que vous ne souhaitez pas que le serveur vous envoie les données comme un flux sans attendre la totalité du résultat. Dans le cas de documents XML volumineux, il est préférable d'éviter le streaming pour mimimiser la réception incomplète d'un document qui deviendrait fatalement mal formé.

Le mode AUTO

Pour décrire automatiquement un XML simple et élégant, utilisez le mode `AUTO`. En précisant `FOR XML AUTO`, vous obtenez un résultat XML hiérarchique avec des données représentées en ligne *(row)*. En précisant `FOR XML AUTO, ELEMENTS`, ce mode centre les données par éléments (balises).

Vous pouvez ajouter une racine avec `ROOT`, gérer les LOB avec `BINARY BASE64` et les `NULL` avec `XSINIL`. Ainsi, une telle clause peut s'écrire : `FOR XML AUTO, ELEMENTS XSINIL, ROOT('ma racine'), BINARY BASE64`.

En ajoutant des alias de table et de colonne, vous changez le nom des balises et des attributs.

Variables XML

Il est possible de déclarer des variables de type `XML` et de manipuler ainsi du contenu XML sans qu'il soit stocké en base. En considérant la table `T_Compagnie_cmp` définie (sans grammaire associée) en début de section, le tableau 5-41 présente quatre possibilités d'initialiser une variable XML. La première est chargée à l'aide d'un document XML stocké hors de la base. La deuxième récupère la valeur d'une colonne de type XML. La troisième créé du contenu XML doté d'un espace de noms. La dernière génère le contenu à partir de données tabulaires.

Tableau 5–41 Variables de type XML

<table>
<tr><th>Déclarations et initialisation</th><th>Résultats</th></tr>
<tr><td><pre>DECLARE @x1 AS XML;

SELECT @x1 =
  (SELECT * FROM OPENROWSET
   (BULK 'C:\Donnees\dev\ms\xml\compagnie.xml',
         SINGLE_BLOB)
  AS doc);

SELECT @x1;</pre></td><td><pre><compagnie>
  <comp>AB</comp>
  <pilotes>
    <pilote brevet="PL-1">
      <nom>C. Sigaudes</nom>
      <salaire>4000</salaire>
    </pilote>
    <pilote brevet="PL-2">
      <nom>P. Filloux</nom>
      <salaire>5000</salaire>
    </pilote>
  </pilotes>
  <nomComp>Air Blagnac</nomComp>
</compagnie></pre></td></tr>
<tr><td><pre>DECLARE @x2 AS XML;

SELECT @x2 = cmp_contenu_XML
        FROM T_Compagnie_cmp
        WHERE cmp_id = 1;

SELECT @x2;</pre></td><td><pre><compagnie>
  <comp>AC</comp>
  <pilotes>
    <pilote brevet="PL-3">
      <nom>B. Duffaut</nom>
      <salaire>5000</salaire>
    </pilote>
    <pilote brevet="PL-4">
      <nom>P. Minier</nom>
    </pilote>
  </pilotes>
  <nomComp>Castanet Lines</nomComp>
</compagnie></pre></td></tr>
<tr><td><pre>DECLARE @x3 AS XML;

SET @x3 = '<?xml version="1.0"
                 encoding="ISO-8859-1"?>
  <compagnie xmlns="www.british-air.com">
  <comp>AC</comp>
   <pilotes>
     <pilote brevet="PL-7">
     <nom>B. Meleton</nom>
     <salaire>4700</salaire>
   </pilote>
   <pilote brevet="PL-8">
     <nom>P. Filloux</nom>
     <salaire>6200</salaire>
   </pilote>
  </pilotes>
  <nomComp>British Air</nomComp>
</compagnie>';

;WITH XMLNAMESPACES
     ('www.british-air.com' AS p)
SELECT c.value
       ('(p:pilote/p:nom)[1]', 'VARCHAR(40)')
AS   "premier pilote de l'espace"
FROM   @x3.nodes('//p:pilotes') t(c);</pre></td><td><pre>premier pilote de l'espace
----
B. Meleton</pre></td></tr>
</table>

Tableau 5–41 Variables de type XML *(suite)*

<table>
<tr><th>Déclarations et initialisation</th><th>Résultats</th></tr>
<tr><td><pre>DECLARE @x4 AS XML;

SELECT @x4 =
(SELECT p.pil_brevet AS '@brevet',
        p.pil_salaire AS '@salaire',
        p.pil_nom   AS 'nom',
        c.cmp_comp AS 'compagnie/@comp'
FROM   T_compagnies_cmp c
JOIN   T_pilotes_pil   p
ON   c.cmp_comp = p.cmp_comp
WHERE p.pil_salaire IS NOT NULL
ORDER BY c.cmp_comp, p.pil_brevet
FOR XML PATH('pilote'), TYPE, ROOT('pilotes'));
SELECT @x4;</pre></td><td><pre><pilotes>
  <pilote brevet="PL-1" salaire="4000.00">
    <nom>C. Sigaudes</nom>
    <compagnie comp="AB"/>
  </pilote>
  <pilote brevet="PL-2" salaire="5000.00">
    <nom>P. Filoux</nom>
    <compagnie comp="AB"/>
  </pilote>
  <pilote brevet="PL-3" salaire="5000.00">
    <nom>B. Duffaut</nom>
    <compagnie comp="AC"/>
  </pilote>
</pilotes></pre></td></tr>
</table>

La fonction OPENXML

La fonctionnalité OPENXML permet de transformer du contenu XML (qu'il soit persistant ou non) dans un format tabulaire. Une fois extraites par SELECT ou SELECT INTO, ces données peuvent servir à mettre à jour une table.

Au préalable, il est nécessaire d'utiliser le sous-programme système sp_xml_preparedocument qui analyse (à l'aide du mécanisme DOM) le document XML et retourne un descripteur numérique *(handle)*. Une fois ce descripteur obtenu, il est possible d'opérer des extractions sur les éléments ou sur les attributs du document désormais en mémoire.

La syntaxe simplifiée de la fonction OPENXML est la suivante. L'expression XPath désigne le point de départ du document à analyser. La clause WITH décrit la table résultante. Sans cette clause, le résultat est la représentation interne de la partie du document sélectionné par l'expression XPath.

```
OPENXML(doc_handle INT, expression_XPATH NVARCHAR, [type_extraction BYTE])
[WITH (description_colonnes | nom_table)]
```

Le tableau 5-42 présente deux cas d'utilisation. Le premier extrait des valeurs d'attributs (troisième paramètre valué à 1), le second des valeurs d'éléments (troisième paramètre valué à 2).

Tableau 5–42 Utilisation de OPENXML

<table>
<tr><th>Code Transact-SQL</th><th>Résultats</th></tr>
<tr><td><pre>DECLARE @hdoc INT,
        @doc VARCHAR(500);</pre></td><td>Déclaration de deux variables (la première pour le handle vers le document XML en mémoire et la seconde pour le document lui-même)</td></tr>
</table>

Tableau 5–42 Utilisation de OPENXML *(suite)*

<table>
<tr><th>Code Transact-SQL</th><th>Résultats</th></tr>
<tr><td><pre>SET @doc ='
<?xml version="1.0" encoding="ISO-8859-1"?>
<compagnie>
  <comp>AB</comp>
  <pilotes>
    <pilote brevet="PL-1">
     <nom>C. Sigaudes</nom>
     <salaire>4000</salaire>
  </pilote>
    <pilote brevet="PL-3">
      <nom>P. Filloux</nom>
      <salaire>5000</salaire>
    </pilote>
  </pilotes>
  <nomComp>Air Blagnac</nomComp>
</compagnie>';</pre></td><td>Initialisation d'une variable de type XML</td></tr>
<tr><td><pre>EXEC sp_xml_preparedocument
     @hdoc OUTPUT, @doc;</pre></td><td>Mise en mémoire du document XML</td></tr>
<tr><td><pre>SELECT *
FROM   OPENXML(@hdoc,
            '/compagnie/pilotes/pilote', 1)
WITH   (brevet VARCHAR(6));</pre></td><td><pre>brevet

PL-1
PL-3</pre></td></tr>
<tr><td><pre>SELECT *
FROM   OPENXML(@hdoc,
            '/compagnie/pilotes/pilote', 2)
WITH (nom   VARCHAR(30),
      salaire DECIMAL(7,2));</pre></td><td><pre>nom   salaire
---------------- --------
C. Sigaudes   4000.00
P. Filloux   5000.00</pre></td></tr>
<tr><td><pre>EXEC sp_xml_removedocument @hdoc;</pre></td><td>Libère la mémoire du document XML.</td></tr>
</table>

Indexation textuelle

L'acronyme FTS *(Full Text Search)* désigne la recherche *plain text* qui permet de conditionner l'extraction de données (CHAR, VARCHAR, NCHAR, NVARCHAR, XML, VARBINARY ou documents électroniques sous forme de LOB ou stockés en FILESTREAM) par certains mots, expressions ou formes fléchies de mots. L'indexation de ces données est aussi appelée indexation de texte intégral.

Les fonctions classiques de comparaison de chaînes de caractères (LIKE, SIMILAR, SUBSTRING, etc.) sont soit inefficaces sur d'importants volumes de données, soit impossibles à utiliser sur des données binaires. De plus, SQL Server ne permet pas de définir d'index basé sur de telles fonctions.

La recherche plain text doit pouvoir gérer des mots « noirs » (*noise words* ou *stop words*). On y trouve les mots vides de sens comme les articles, pronoms, conjonctions de coordination, etc. De même, les signes de ponctuation sont ignorés. Enfin, les recherches peuvent être sensibles ou non au accents.

La recherche de synonymes ou d'expansions (par exemple, pour « guerre » : conflit armé ou engagement militaire, pour « SNCF » : Société nationale des chemins de fer) nécessite l'existence d'un thésaurus (dictionnaire contenant des synonymes opportuns). La notion de synonyme est propre à un contexte. Ainsi, un synonyme de « four » est « fourneau » d'un point de vue culinaire, alors que « bide » peut se substituer dans un contexte de spectacles. Alors que ventre est synonyme de bide en anatomie !

Le principe d'un index textuel consiste à découper le texte en mots et à référencer chacun d'eux par rapport à la table, la ligne dans la table, la colonne et la position du mot dans la colonne indexée. Un index textuel est composé des mots indexés et des références croisées entre les mots et leur position.

Le catalogue

Les index *full text* sont stockés dans des catalogues. Plusieurs catalogues peuvent être définis dans une base, mais un catalogue ne peut pas concerner plusieurs bases.

La création du catalogue précise l'emplacement du stockage, la prise en compte de la sensibilité aux accents et autres caractères diacritiques. Après avoir créé un groupe de fichiers dédiés (nommé `FG_FTS_Air_France`), l'instruction suivante crée le catalogue `FTC_catalogue` défini par défaut pour la base en cours d'utilisation.

```
CREATE FULLTEXT CATALOG FTC_catalogue
       ON FILEGROUP FG_FTS_Air_France
       WITH ACCENT_SENSITIVITY = OFF
       AS DEFAULT;
```

Par la suite, il est possible de créer autant d'index textuels que de tables à indexer. Considérons la table suivante :

```
CREATE TABLE T_livre_lvr
(lvr_id                 INT NOT NULL CONSTRAINT pk_lvr PRIMARY KEY,
lvr_titre              VARCHAR(256) NOT NULL,
lvr_annee_parution     SMALLINT,
lvr_resume             VARCHAR(MAX),
lvr_format_fichier     CHAR(4),
lvr_texte_integral     VARBINARY(MAX));
```

Assurez-vous que votre table dispose d'une clé primaire, d'une contrainte d'unicité ou d'un index `UNIQUE`.

Chaque livre est identifié par un numéro (`lvr_id`) et caractérisé par un titre et une année de parution. Les informations textuelles potentiellement volumineuses se trouveront dans le texte intégral (colonne `lvr_texte_integral` de type LOB pouvant stocker des fichiers de formats divers). L'indexation sera nécessaire pour rechercher des livres en fonction de mots-clés au niveau du titre, du résumé ou dans le texte.

Ajoutons deux premières lignes dans cette table sans renseigner pour l'instant la colonne LOB.

```
INSERT INTO T_livre_lvr (lvr_id, lvr_titre, lvr_annee_parution, lvr_resume)
VALUES (1, 'La photographie d''Internet', 1995, 'Le réseau mondial dévoilé');
INSERT INTO T_livre_lvr (lvr_id, lvr_titre, lvr_annee_parution, lvr_resume)
VALUES (2, 'HTML et XML', 2012,'Comment ces deux langages se complètent.');
```

L'indexation

L'index full text suivant est créé sur les colonnes textuelles. Il n'est possible de déclarer qu'un seul index full text index par table ou vue indexée et chaque index full text n'est associé qu'à une seule table ou vue indexée. Il est possible d'indexer n'importe quel type de document électronique à l'aide des *ifilters* (DLL standardisées d'extraction de texte par format de fichier). En standard, SQL Server propose près de 50 formats parmi les plus courants (.doc, .htm, .html, .ini, .log, .ppt, .rtf, .txt, .url, .xls, .xml, etc.).

Le script suivant ajoute une troisième ligne dans la table en renseignant la colonne LOB (fichier texte ayant pour extension .rtf). La mise à jour qui suit charge un fichier Word (extension .doc) dans la deuxième ligne de la table.

```
INSERT INTO T_livre_lvr
(lvr_format_fichier, lvr_id, lvr_titre, lvr_annee_parution, lvr_resume, lvr_texte_integral)
SELECT '.rtf', 3, 'SQL pour les pros', 2012, 'SQL syntaxe et exemples',
       BULKCOLUMN FROM OPENROWSET (BULK 'C:\sql-pro.rtf', SINGLE_BLOB) AS BLOB;
UPDATE T_livre_lvr
SET    lvr_format_fichier = '.doc',
       lvr_texte_integral = (SELECT BULKCOLUMN FROM OPENROWSET
                             (BULK 'C:\chap-xml.doc', SINGLE_BLOB) AS BLOB)
WHERE lvr_id = 2;
```

Lors de la création de l'index, et concernant la colonne LOB, l'indication du format de fichier est donnée par la directive TYPE COLUMN. La colonne de la table qui stocke les documents doit être de type VARBINARY(MAX). Le format du fichier est indiqué par le biais de l'extension (.rtf, .doc, .pdf, .xls, etc.). La colonne qui stocke les extensions est type CHAR, NCHAR, VARCHAR ou NVARCHAR.

```
CREATE FULLTEXT INDEX
     ON T_livre_lvr (lvr_titre LANGUAGE French,
                     lvr_resume LANGUAGE French,
                     lvr_texte_integral TYPE COLUMN lvr_format_fichier LANGUAGE French)
KEY INDEX pk_lvr ON FTC_catalogue
    WITH (CHANGE_TRACKING = MANUAL, STOPLIST = SYSTEM);
```

L'option CHANGE_TRACKING renseigne à propos de la méthode de population (elle est ici manuelle, les modifications des documents doivent se propager à l'aide de ALTER FULLTEXT INDEX … START UPDATE POPULATION). Un travail de l'Agent SQL Server peut être programmé pour exécuter cette instruction périodiquement (voir chapitre 11). L'option AUTO propage automatiquement les mises à jour au niveau des index . Enfin, l'option OFF [, NO POPULATION] ne propage pas au niveau des index les modifications réalisées sur les documents. Sans NO POPULATION, les index sont mis à jour à leur création (dans le cas inverse, aucun index n'est mis à jour et il faudra attendre d'exécuter une instruction ALTER FULLTEXT INDEX … START FULL POPULATION ou START INCREMENTAL POPULATION).

L'option STOPLIST associe la liste des mots noirs (celle par défaut est SYSTEM), une liste particulière spécialement créée ou encore aucune (OFF).

Il est possible d'effectuer des recherches multilingues pourvu que l'on puisse repérer la langue dans laquelle l'information a été saisie (par exemple, en ajoutant à la table une colonne indiquant la langue). Dans ce cas, il ne faut pas préciser la langue lors de la construction de l'index.
Il est possible de créer ses propres listes de mots noirs en fonction de chacune des langues.
SQL Server indexe tous les mots, même les mots noirs, quelle que soit leur longueur. Ce n'est qu'à la restitution que les mots noirs sont éventuellement ignorés en fonction de la langue choisie.

Extractions par prédicats

Le tableau 5-43 présente les prédicats CONTAINS et FREETEXT qu'il est possible d'utiliser sur des colonnes indexées dans la clause WHERE d'une requête. Les requêtes de texte intégral qui utilisent FREETEXT sont moins précises que celles qui utilisent CONTAINS (aucune signification particulière n'est donnée aux mots réservés ou aux caractères génériques qui ont généralement un sens lorsqu'ils sont précisés dans la condition de recherche de CONTAINS).

Tableau 5–43 Prédicats de recherche

Clauses SQL	Commentaires

`CONTAINS( {nom_colonne | (liste_colonnes) | *}`
`, 'condition_de_recherche'`
`[, LANGUAGE langue])`
	Recherche des concordances précises ou approximatives avec des mots (ou expressions) et des termes situés à une certaine distance les uns des autres ou des concordances pondérées.

`FREETEXT( {nom_colonne | (liste_colonnes) | *}`
`, 'liste_mots'`
`[, LANGUAGE langue]`
	Recherche des valeurs qui correspondent à la signification, et pas seulement au libellé exact, des mots dans la condition de recherche

Il est possible de baser sa recherche sur un ou plusieurs mots avec des combinaisons de prédicats. Le tableau 5-44 illustre quelques cas d'utilisation.

Tableau 5–44 Exemples de recherches sans thésaurus

Nature de la recherche	Exemples	Commentaires

expression de mots simples	`SELECT lvr_id,lvr_titre,lvr_annee_parution`
	`FROM   T_livre_lvr`
	`WHERE CONTAINS(lvr_texte_integral,`
	`       '"SQL Server"`
	`       OR ("filegroup" AND "filestream")');`
	
	`lvr_id lvr_titre           lvr_annee_parution`
	`------ ------------------- ------------------`
	`2      HTML et XML         2012`
	`3      SQL pour les pros   2012`
		Le texte intégral doit contenir le terme « SQL Server » ou bien simultanément les termes « filegroup » et « filestream ».

proximité	`SELECT lvr_id,lvr_titre`
	`FROM   T_livre_lvr`
	`WHERE CONTAINS(lvr_texte_integral,`
	`       'NEAR((CTE,member), 1, TRUE)');`
	
	`lvr_id      lvr_titre`
	`----------- -----------`
	`2           HTML et XML`
		Le texte intégral peut contenir, par exemple, le terme « CTE recursive member » ou « CTE anchor member ».

forme fléchie	`SELECT lvr_titre,lvr_resume`
	`FROM   T_livre_lvr`
	`WHERE CONTAINS((lvr_titre, lvr_resume),`
	`      ' FORMSOF(INFLECTIONAL,"compléter") ',`
	`      LANGUAGE 'French');`
	
	`lvr_titre   lvr_resume`
	`----------- ------------------------------`
	`HTML et XML Comment ces deux langages se`
	`            complètent.`
		Les formes fléchies correspondent aux formes conjuguées ou accordées d'un mot ni conjugué ni accordé.

SQL Server implémente un dictionnaire des synonymes (thésaurus) par langue qui se présente sous la forme d'un document XML (fichier `tsfra.xml` situé dans `C:\Program Files\Microsoft SQL Server\MSSQL11.MSSQLSERVER\MSSQL\FTData`). Ce fichier permettra la recherche des synonymes ou des expansions (correspondances arbitrairement décidées).

La mise en correspondance avec le dictionnaire des synonymes intervient uniquement pour les requêtes `CONTAINS` et `CONTAINSTABLE` qui spécifient la clause `FORMSOF THESAURUS` et pour les requêtes `FREETEXT` et `FREETEXTABLE`.

Vous devez enrichir ce thésaurus vous-même ou acheter un thésaurus auprès d'un éditeur. En effet, Microsoft ne propose aucun dictionnaire prédéfini par défaut, du fait que la synonymisation dépend du contexte sémantique. Ainsi, un synonyme de « bide » pourrait être « ventre » (anatomie) ou « four » (théâtre)...

Le tableau 5-45 présente un exemple de thésaurus.

Tableau 5–45 Thésaurus

Exemple	Commentaires

`<XML ID="Microsoft Search Thesaurus">`
`<thesaurus xmlns="x-schema:tsSchema.xml">`
`<diacritics_sensitive>1</diacritics_sensitive>`
	Les signes diacritiques sont respectés.

`<expansion>`
`<sub>Internet</sub>`
`<sub>réseau</sub>`
`<sub>toile</sub>`
`</expansion>`
	Les termes « Internet », « réseau » et « toile » sont équivalents.

`<replacement>`
`<pat>siècle</pat>`
`<pat>millénaire</pat>`
`</replacement>`
	Le terme « siècle » est synonyme de « millénaire ».

`<expansion>`
`<sub>XML</sub>`
`<sub>langage de balises</sub>`
`</expansion>`
`</thesaurus>`
`</XML>`
	Les termes « XML » et « langage de balises » sont équivalents.

Vous devrez ensuite charger ce thésaurus à l'aide du sous-programme système `sp_fulltext_load_thesaurus_file` en spécifiant la langue (ici, 1036 pour le français).

```
EXEC sys.sp_fulltext_load_thesaurus_file 1036;
GO
```

Le tableau 5-46 illustre quelques cas d'utilisation.

Tableau 5–46 Exemples de recherches avec thésaurus

Nature de la recherche	Exemples	Résultats

expansion	`SELECT lvr_id, lvr_titre`
	`FROM   T_livre_lvr`
	`WHERE CONTAINS((lvr_titre),`
	`'FORMSOF(THESAURUS, "toile")',`
	`LANGUAGE 'French');`
		`lvr_id lvr_titre`
		`------- --------------------------`
		`1       La photographie d'Internet`

synonyme	`SELECT lvr_id,lvr_titre`
	`FROM   T_livre_lvr`
	`WHERE CONTAINS((lvr_titre),`
	`'FORMSOF(THESAURUS,`
	`"langage de balises")',`
	`LANGUAGE 'French');`
		`lvr_id lvr_titre`
		`------- ------------------------`
		`2           HTML et XML`

La ponctuation est ignorée, par conséquent, `CONTAINS(col, "alternateur panne")` sélectionnera par exemple le texte « Mais où est mon alternateur ? Encore en panne ! ».
L'astérisque (*) placé à la la fin d'un mot peut être utilisé pour remplacer aucun ou plusieurs caractères. Pour ce faire, placez-le entre guillemets doubles : `CONTAINS(col, '"mot*"')`. Ne confondez pas avec l'écriture `CONTAINS(col, 'mot*')` qui recherchera les correspondances exactes avec « mot* » sans la trouver car les analyseurs lexicaux ignorent en général ce type de caractère.
Le prédicat `FREETEXT` ne prend en compte qu'une liste de mots et prend la liberté d'ajouter une pondération à chaque terme et de générer des formes fléchies des mots ainsi que des extensions fournies par le dictionnaire des synonymes.

Extractions par fonctions table

Le tableau 5-47 présente la syntaxe des fonctions table CONTAINSTABLE et FREETEXTTABLE qui renvoient toutes deux une table composée de deux colonnes. La première colonne (KEY) contient les valeurs uniques des lignes retournées utilisées par l'index textuel pour repérer la ligne. La colonne RANK désigne un indice de pertinence (entier entre 0 et 1 000). Ces fonctions sont utilisées dans la clause FROM d'une requête. La différence entre CONTAINSTABLE et FREETEXTTABLE est semblable à celle qui distingue le prédicat CONTAINS du prédicat FREETEXT, à savoir la prise en compte d'une liste de mots automatiquement pondérée avec recherche des synonymes, expansions et formes fléchies.

Tableau 5–47 Fonctions table de recherche

CONTAINSTABLE	FREETEXTTABLE
CONTAINSTABLE(*nom_table*, {*colonne* | (*liste_colonnes*) | *}, '*condition_CONTAINS*' [, LANGUAGE *langue*] [, *limite_rang*])	FREETEXTTABLE (*nom_table*, {*colonne* | (*liste_colonnes*) | *}, '*condition_CONTAINS*' [, LANGUAGE *langue*] [, *limite_rang*])

Le résultat des fonctions CONTAINSTABLE et FREETEXTTABLE doit être joint avec la table contenant les documents. La colonne de jointure est la clé définie pour l'indexation textuelle de la table contenant les documents.

Le tableau 5-48 présente deux exemples de classement. Dans le premier, la recherche porte sur un prédicat composé d'expressions. Dans le second, une pondération concerne le texte qui commence par la chaîne « plain » et comporte soit l'expression « texte », soit « index ». Les résultats accordent un rang plus élevé aux lignes qui contiennent la suite de termes la plus cotée.

Tableau 5–48 Exemples de recherches avec une fonction table

<table>
<tr><th>Exemples</th><th>Résultats</th></tr>
<tr><td><pre>SELECT Key_table.RANK,lvr_id,lvr_titre
FROM   T_livre_lvr AS Doc_table INNER JOIN
       CONTAINSTABLE(T_livre_lvr,
                     lvr_texte_integral,
        '("SQL" NEAR "Server")
        OR ("filegroup" AND "filestream")')
         AS Key_table
         ON Doc_table.lvr_id = Key_table.[KEY]
WHERE   Key_table.RANK > 10
ORDER BY Key_table.RANK DESC;</pre></td><td><pre>RANK   lvr_id   lvr_titre
----------- ----------- ------------------
48   2   HTML et XML
23   3   SQL pour les pros</pre></td></tr>
<tr><td><pre>SELECT Key_table.RANK,lvr_id,lvr_titre
FROM   T_livre_lvr AS Doc_table INNER JOIN
       CONTAINSTABLE(T_livre_lvr,
                     lvr_texte_integral,
             'ISABOUT ("plain", texte WEIGHT(0.9),
              index WEIGHT(0.1))') AS Key_table
       ON Doc_table.lvr_id = Key_table.[KEY]
ORDER BY Key_table.RANK DESC;</pre></td><td><pre>RANK   lvr_id   lvr_titre
----------- ----------- ------------------
100   3   SQL pour les pros
7   2   HTML et XML</pre></td></tr>
</table>

La valeur RANK indique un ordre relatif de pertinence, une valeur inférieure indique une pertinence plus faible (ces valeurs sont sans importance et peuvent différer d'une exécution à une autre).
ISABOUT définit des valeurs de pondération à l'aide de l'option WEIGHT (nombre compris entre 0 et 1). Le paramètre permet d'influencer le classement. Cette option n'est pas opérante sur les résultats des requêtes CONTAINS.

Création de listes de mots noirs

SQL Server indexe tous les mots sans exception. En revanche, c'est au moment des recherches que les mots vides de sens (mots noirs ou *stop words*) sont ignorés. Vous pouvez cependant exiger qu'il en soit tenu compte dans vos recherches en créant vous-même vos listes de mots noirs, et pourquoi pas une liste vide !

SQL Server dispose d'une liste standard de mots noirs par langue. Vous pouvez créer vous-même vos propres listes en utilisant les commandes :

- `CREATE FULLTEXT STOPLIST ...` : création d'une liste de mots noirs ;
- `ALTER FULLTEXT STOPLIST ... ADD ... LANGUAGE ...` : ajout d'un mot noir à la liste ;
- `ALTER FULLTEXT STOPLIST ... DROP ... LANGUAGE ...` : retrait d'un mot noir à la liste ;
- `ALTER FULLTEXT STOPLIST ... DROP ALL LANGUAGE ...` : vidage de la liste des mots noirs.

Problématique du multilinguisme

Lors de la création d'un index plain text, vous pouvez indiquer la langue par défaut. Cependant, il arrive que certaines tables contiennent des données dans différentes langues. Dans ce cas, il faut ajouter à la table une colonne indiquant la langue, soit sous forme d'un identifiant numérique (LCID), soit sous forme d'un identifiant littéral (nom de langue en anglais ou en langue locale). Vous trouverez la liste de ces codes dans la vue système de métadonnées `sys.syslanguages`, colonnes LCID, name ou alias.

Dans les prédicats et fonctions « full text », vous pouvez spécifier la langue dans laquelle effectuer la recherche, soit en paramètre « dur », soit en précisant une colonne de la table dans laquelle on effectue la recherche et qui contient l'identifiant de langue.

Indexation de documents électroniques et iFilters

Il est possible d'indexer des documents électroniques, quelle que soit la façon dont ils sont stockés (LOB sous forme de colonnes `VARBINARY(max)`, stockage `FILESTREAM` ou `FILETABLE`). Pour cela, il faut ajouter à vos critères de recherches le format du document (.txt, ..rtf, doc, .pdf...) et disposer d'un filtre d'extraction des données littérales appelé *ifilter*. Par défaut, SQL Server permet d'indexer plus de 50 formats de documents électroniques dans les standards ouverts et bien entendu pour la suite Microsoft Office ! Pour obtenir la liste des formats de documents supportés, vous pouvez utiliser la vue système `sys.fulltext_document_types`. Comme une même table peut avoir de multiples formats de documents, il faut ajouter à votre table une colonne spécifiant l'extenson liée au format du fichier électronique et indiquer dans la création de l'index textuel quel est le nom de cette colonne (attribut `TYPE COLUMN`).

Exemple :

```
CREATE FULLTEXT INDEX ON dbo.T_CRASH_MEDIA_CRM
     (CRM_FICHIER TYPE COLUMN CRM_EXT_FICHIER)
     KEY INDEX PK_CRM
     ON (FTC_CRASH , FILEGROUP FG_CRASH_FULLTEXT)
   WITH (CHANGE_TRACKING = AUTO,
          STOPLIST = SYSTEM);
```

La création de cet index sur la table `dbo.T_CRASH_MEDIA_CRM` porte sur la colonne `CRM_FICHIER` contenant des fichiers électroniques de toute nature. La colonne `CRM_EXT_FICHIER` contient l'extension du fichier conforme à celle attendue par le système d'indexation textuelle.

Vous pouvez ajouter des ifilters spécifiques à des outils particuliers, par exemple pour AutoCAD. La plupart sont des installations packagées. Passé cette étape, il faut informer votre instance SQL Server de la possibilité d'exploiter ces nouveaux filtres. Pour cela, vous devez exécuter le script SQL suivant :

```
EXEC sp_fulltext_service @action='load_os_resources', @value=1;
EXEC sp_fulltext_service 'verify_signature', 0
EXEC sp_fulltext_service 'update_languages';
EXEC sp_fulltext_service 'restart_all_fdhosts';
```

Si vous possédez la version 2005, vous devez redémarrer le service d'indexation avec les commandes `net stop`, puis `net start` (`servicemsftesql[$ instance_name]`) dans le shell Windows. Pour les versions 2008 et supérieures, il vous faudra redémarrer l'instance SQL Server, le moteur d'indexation étant intégré.

Certains packs de filtres n'ont pas besoin d'un redémarrage de SQL Server. Il en est ainsi des packs d'ifilter d'Office 2010 ou supérieur. Voir http://support.microsoft.com/kb/945934/fr.

Recherches sur les métadonnées

Depuis la version 2012, il est possible d'effectuer des recherches sur les propriétés internes des documents électroniques, comme le nom de l'auteur, son titre, etc. Cette recherche est appelée « Property Search ». Il faut commencer par définir une liste de propriétés de recherche (possible par l'IHM SSMS au niveau du stockage).

```
CREATE SEARCH PROPERTY LIST [SearchPropAUTOCAD] ;
GO

ALTER SEARCH PROPERTY LIST [SearchPropAUTOCAD]
ADD N'Title'
WITH (PROPERTY_SET_GUID = N'f29f85e0-4ff9-1068-ab91-08002b27b3d9',
     PROPERTY_INT_ID = 1,
      PROPERTY_DESCRIPTION = N'Titre du document');

ALTER SEARCH PROPERTY LIST [SearchPropAUTOCAD]
ADD N'Abstract'
WITH (PROPERTY_SET_GUID = N'6dbc4b69-6ff0-4a2c-82cb-37eab4f16696',
     PROPERTY_INT_ID = 4,
      PROPERTY_DESCRIPTION = N'Résumé');
```

Puis cette liste peut être complétée par les propriétés connues du format de votre document électronique, que vous allez récupérez des spécifications de l'éditeur. Pour vous aidez dans cette tâche, Microsoft a conçu une méthodologie et des outils disponibles à l'URL :

- http://msdn.microsoft.com/en-us/library/ee677618%28v=SQL.110%29.aspx

Une fois vos documents nouvellement indexés suivant ces propriétés, vous pouvez ajouter une nouvelle technique de recherche utilisant le mot-clé `PROPERTY` :

```
SELECT ... FROM ...
WHERE CONTAINS ( PROPERTY ( nom_colonne, 'nom_propriété' ),
                 '<condition de recherche prédicat CONTAINS>' ) ;
```

Recherches sémantiques

Arrivée aussi avec la version 2012, la recherche sémantique offre de nouvelles perspectives. En effet, les recherches textuelles traditionnelement basées sur des mots se heurtent souvent à des problématiques de sémantique contextuelle... Ainsi, en cherchant un avocat spécialisé en droit martime, nous pourrions par le biais des synonymes nous retrouver sur des documents traitant du transport de fruits par bateau en suivant un arc de grand cercle ! La recherche sémantique va nous aider à contextuelliser la recherche et à déterminer des documents comparativement proches d'un document de référence.

La recherche sémantique nécessite l'installation d'une base de données particulière qui est packagée (SemanticLanguageDatabase.msi) et localisée (pour une dizaine de langues actuellement). Prenez la version adaptée à votre système : 32 ou 64 bits. Une fois décompressés, les fichiers de cette base peuvent être déplacés où bon vous semble pour un attachement définitif au serveur, par la commande :

```
CREATE DATABASE MS_FT_SEMANTIC_SEARCH
    ON ( FILENAME = 'C:\SQL Server\FT\semanticsdb.mdf' )
LOG ON ( FILENAME = 'C:\SQL Server\FT\semanticsdb_log.ldf' )
FOR ATTACH;
```

Afin que le mécanisme de recherches sémantiques soit actif, vous devez ensuite informer le moteur de recherche textuel de la présence de cette base à l'aide de la commande suivante :

```
EXEC sys.sp_fulltext_semantic_register_language_statistics_db
         @dbname = N'MS_FT_SEMANTIC_SEARCH_FR';
```

Vous pouvez maintenant créer ou modifier un index textuel pour qu'il prenne en charge la recherche sémantique.

Exemple :

```
CREATE FULLTEXT INDEX ON S_MNT.T_DOCUMENT_MAINTENANCE_AVION_DMA
    (DMA_DATA
        Language 1036
        Statistical_Semantics)
    KEY INDEX PK_BIM
    WITH STOPLIST = SYSTEM;
```

Cet exemple crée un index textuel sémantique sur la colonne DMA_DATA de la table contenant les documents de maintenance sous forme électronique (PDF, par exemple).

Après population de l'index, vous pouvez effectuer une recherche sémantique à l'aide d'un nouvel opérateur qui est une fonction table : SEMANTICKEYPHRASETABLE. Celle-ci renvoie un score par rapport à un document de référence (dans notre cas, la tâche de maintenance d'un mécanicien) que vous pouvez filtrer via l'opérateur TOP ou d'un OFFSET/FETCH dans la clause ORDER BY (dans notre cas, afin de restituer les documents destinés au processus de maintenance).

Vous pouvez obtenir des détails sur les indices de similarité des documents à l'aide de la fonction table SEMANTICSIMILARITYDETAILSTABLE.

Pour en savoir plus :

- http://wiki.hsr.ch/Datenbanken/files/Semantic_Search_In_MS_SQL_2012_Rico_Suter.pdf
- http://blogs.msdn.com/b/sqlfts/archive/2011/10/31/looping-over-document-similarity-details-in-semantic-search.aspx

- http://dougbert.com/blog/post/More-sample-queries-for-Semantic-Search-in-SQL-Server-2012.aspx
- http://mysemanticsearch.codeplex.com/

Données spatiales

Les données spatiales permettent de représenter des objets (points et surfaces) dans des univers géométriques euclidiens (type de donnée `GEOMETRY`) ou dans des univers terrestres géodésiques (type de donnée `GEOGRAPHY`).

Contrairement aux outils dédiés aux SIG (ArcInfo, ArcView, SmallWorld, MapInfo, GeoConcept, JTS, GeoPAI, GeoTools, uDig, ESRI) qui ont développé leur propre format et qui connaissent des limites liées aux volumes des données, les éditeurs de SGBD, capables d'exploiter de grands volumes de données se sont regroupés autour des spécifications de l'OGC *(Open Geospatial Consortium)*. Ces éditeurs permettent en outre de fiabiliser ces informations (contraintes spatiales et spatio-temporelles) et d'optimiser les accès (indexation spatiale).

Le référentiel

Tout objet géographique doit être référencé par un identifiant spatial SRID *(Spatial Reference System Information)* qui correspond à la cartographie spécifique de l'ellipsoïde terrestre, ainsi que la mesure des distances (le plus souvent en mètres, vous trouverez plus de détails à l'adresse http://spatialreference.org/).

En France métropolitaine, le référentiel actuel est connu sous le nom de code RGF93 (Réseau géodésique français 1993). Il s'agit du système géodésique officiel depuis 2001. Pour le monde, on utilise le système de référence WGS 84 *(World Geodetic System 1984)*. Les SRID de ces deux référentiels sont des entiers : 4171 ou 4965 pour le RGF93 et 4326 pour le WGS 84. Par convention, le SRID doit être valué à 0 (valeur par défaut) pour les données strictement euclidiennes (type `GEOMETRY`).

Données géométriques

La figure 5-34 décrit la hiérarchie des types de la spécification OGC (les types abstraits apparaissent en gris foncé).

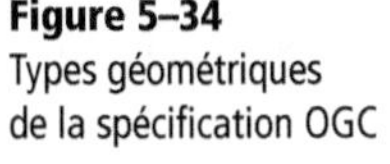

Figure 5–34
Types géométriques de la spécification OGC

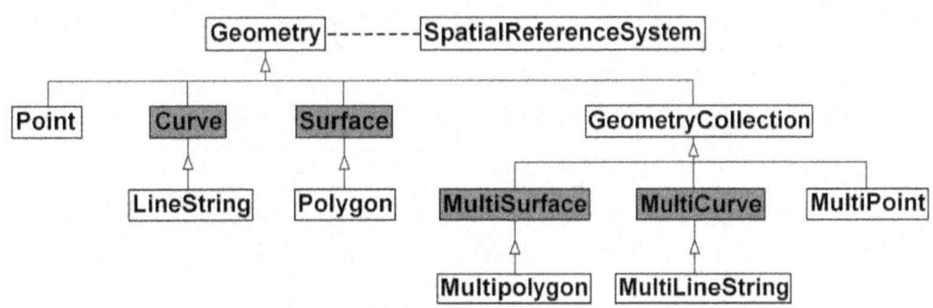

En plus de ces types, SQL Server propose `CircularString`, `CompoundCurve` et `CurvePolygon`.

Considérons la table suivante dotée d'une colonne permettant de stocker des valeurs géométriques.

```
CREATE TABLE T_objet_geometrique_gmt
(gmt_ID INT IDENTITY PRIMARY KEY, gmt_nom VARCHAR(16), gmt_objet GEOMETRY);
```

Initialiser une valeur spatiale peut se réaliser de deux façons : soit en littéral (WKT pour *Well Known Text*), soit en hexadécimal (WKB pour *Well Known Binary*). Bien que la première description soit la plus lisible et la plus utilisée, il existe des méthodes pour exprimer une donnée d'un système de représentation à l'autre.

Les points

Le tableau 5-49 décrit la création de trois points. La méthode `Parse` (du type `geometry`) joue le rôle de constructeur qui accepte trois signatures : deux coordonnées (une espace sépare les deux valeurs), avec éventuellement une troisième (la hauteur) et une quatrième (autre mesure).

Tableau 5–49 Création de points

Exemples	Résultats
`INSERT INTO T_objet_geometrique_gmt (gmt_nom, gmt_objet) VALUES ('pA', geometry::Parse('POINT(3.2 4.7)'));`	Point 2D de coordonnées (3.2, 4.7)
`INSERT INTO T_objet_geometrique_gmt (gmt_nom, gmt_objet) VALUES ('pB', geometry::Parse('POINT(4.2 5.7 7)'));`	Point 3D de coordonnées (4.2, 5.7, 7)
`INSERT INTO T_objet_geometrique_gmt (gmt_nom, gmt_objet) VALUES ('pC', geometry::Parse('POINT(5.2 6.7 8 2.5)'));`	Point 3D de coordonnées (5.2, 6.7, 8) avec une mesure associée valant 2.5

Comme pour les autres constructeurs géométriques (`LINESTRING`, `POLYGON`, etc.), le SRID de ces points est initialisé à 0 (valeur par défaut). La méthode équivalente pour créer un point dans un repère géodésique est la suivante : `geometry::STGeomFromText('POINT(…)', srid)`.

Les requêtes suivantes illustrent quelques possibilités d'extraction d'un type `POINT`. La méthode `STAsText` retourne la description WKT d'un objet spatial (sans les éventuelles troisième et quatrième coordonnées pour un point).

Tableau 5–50 Extraction de points

Exemples	Commentaires
`SELECT gmt_nom, gmt_objet.STX, gmt_objet.STY, gmt_objet.Z, gmt_objet.M FROM T_objet_geometrique_gmt;`	Extraction de chaque coordonnée
`SELECT *, gmt_objet.STAsText() AS "WKT" FROM T_objet_geometrique_gmt;`	Extraction des descriptions WKB et WKT

Le résultat des requêtes est présenté ici.

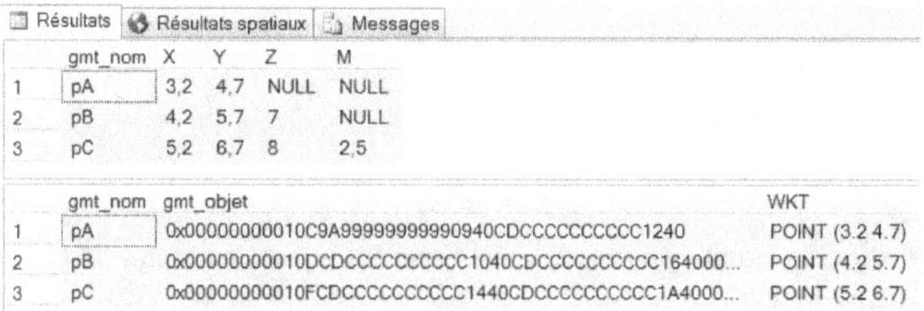

Figure 5–35
Extractions de données géométriques

Résultats | Résultats spatiaux | Messages

	gmt_nom	X	Y	Z	M
1	pA	3,2	4,7	NULL	NULL
2	pB	4,2	5,7	7	NULL
3	pC	5,2	6,7	8	2,5

	gmt_nom	gmt_objet	WKT
1	pA	0x00000000010C9A99999999990940CDCCCCCCCCCC1240	POINT (3.2 4.7)
2	pB	0x00000000010DCDCCCCCCCCCC1040CDCCCCCCCCCC164000...	POINT (4.2 5.7)
3	pC	0x00000000010FCDCCCCCCCCCC1440CDCCCCCCCCCC1A4000...	POINT (5.2 6.7)

Pour afficher des données spatiales dans l'interface SQL Server Management Studio, vous devez cliquer sur l'onglet *Résultats spatiaux*.

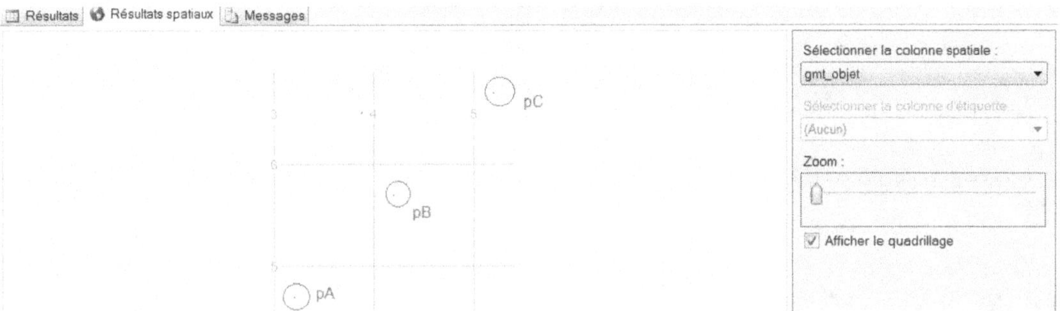

Figure 5–36 Affichage de données géométriques

Les lignes et formes

Les autres types d'objets géométriques relient des points par un trait ou une courbe. Ainsi LINESTRING permet de définir des segments de droite. Le constructeur CIRCULARSTRING permet de définir des courbes 2D définies par au moins trois points. Le constructeur COMPOUNDCURVE permet de définir une composition de segments et d'arcs. Le constructeur POLYGON permet de relier des segments entre eux (le premier point est répété en fin de liste pour la fermeture de la figure).

Le tableau 5-51 décrit la création et le stokage de plusieurs objets géométriques.

Tableau 5–51 Création d'objets géométriques

Exemples	Commentaires
`INSERT INTO T_objet_geometrique_gmt (gmt_nom, gmt_objet)` `VALUES ('L1', 'LINESTRING(20 55, 100 55, 20 100)');`	La virgule sépare les points qui définissent les droites.

`INSERT INTO T_objet_geometrique_gmt (gmt_nom, gmt_objet)`
`VALUES ('P1', 'POLYGON((30 60, 30 90, 70 90, 70 90, 78 78,`
`70 60, 30 60))');`
`INSERT INTO T_objet_geometrique_gmt (gmt_nom, gmt_objet)`
`VALUES ('P2', 'POLYGON((18 78, 54 78, 18 60, 18 78))');`
	La virgule sépare les points qui définissent les segments.

`INSERT INTO T_objet_geometrique_gmt (gmt_nom, gmt_objet)` `VALUES ('CS1', 'CIRCULARSTRING(18 60, 56 52, 78 68)');`	La virgule sépare les points qui définissent les arcs.

`INSERT INTO T_objet_geometrique_gmt (gmt_nom, gmt_objet)`
`VALUES ('CC1', 'COMPOUNDCURVE((70 96, 40 96),`
`CIRCULARSTRING(40 96, 38 99, 40 102), (40 102, 70 102),`
`CIRCULARSTRING(70 102, 72 99, 70 96))');`
	Les arcs doivent être préfixés du constructeur CIRCULARSTRING. Le constructeur de droites (LINESTRING) ne doit pas être utilisé.

Ces formes sont représentées sur la figure 5-37.

Par ailleurs, un objet de type CURVEPOLYGON diffère d'un polygone par le fait de pouvoir être défini à l'aide de plusieurs arcs circulaires.

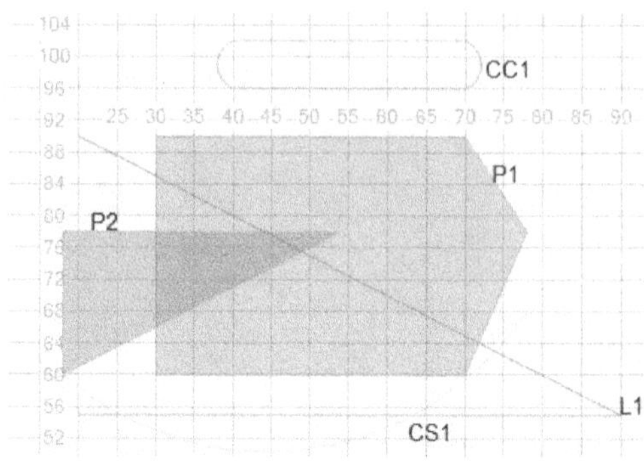

Figure 5–37
Affichage de formes géométriques

Données géographiques

Les données géographiques (type `GEOGRAPHY`) sont référencées par l'identifiant spatial SRID (le plus souvent 4326 pour le WGS 84 qui correspond au référentiel de nos GPS classiques, 4171 ou 4965 pour le référentiel français RGF93). Le type `POINT` d'un point de vue géographique est défini à l'aide d'une longitude en degrés (de -180 à 180) et d'une latitude (de -90 à 90). La précision est de l'ordre de 10^{-7} mètres.

Travaillons dans l'hexagone en examinant cinq points : Brest, Paris, Toulouse, Propriano et Cahors. Déclarons une droite Brest-Propriano et un polygone Toulouse-Brest-Propriano-Toulouse.

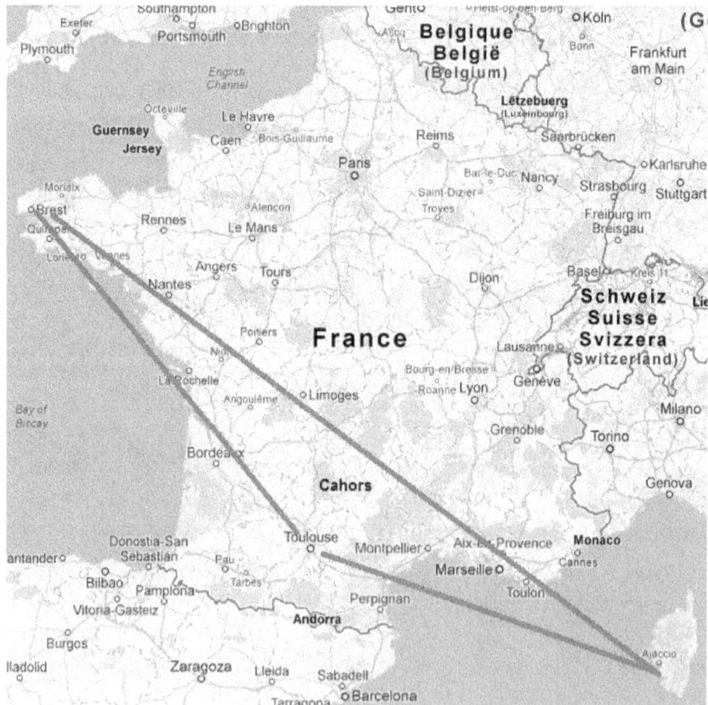

Figure 5–38
Extrait de Google Maps, polygone géographique à trois côtés

Considérons la table suivante dotée d'une colonne permettant de stocker des valeurs géographiques.

```
CREATE TABLE T_objet_geographique_gmg
(gmg_ID INT IDENTITY PRIMARY KEY, gmg_nom VARCHAR(40), gmg_objet GEOGRAPHY);
```

Constructeurs

La méthode `STGeomFromText('geography_tagged_text', SRID)` permet de créer des objets géographiques. Il existe d'autres constructeurs, chacun est propre à un type d'objet (`LINESTRING`, `POLYGON`, etc.). Le script suivant insère ces objets (sans Paris ni Cahors) dans la table.

```
INSERT INTO T_objet_geographique_gmg (gmt_nom, gmt_objet)
VALUES ('Maison', geography::STGeomFromText('POINT(1.508026 43.515619)', 4326));
INSERT INTO T_objet_geographique_gmg (gmt_nom, gmt_objet)
VALUES ('Propriano', geography::STGeomFromText('POINT(8.893622 41.660056)', 4326));
INSERT INTO T_objet_geographique_gmg (gmt_nom, gmt_objet)
VALUES ('Brest', geography::STGeomFromText('POINT(-4.504423 48.405161)', 4326));
INSERT INTO T_objet_geographique_gmg (gmt_nom, gmt_objet)
VALUES ('Propriano-Brest', geography::STGeomFromText('LINESTRING(8.893622 41.660056, -4.504423
48.405161)', 4326));
INSERT INTO T_objet_geographique_gmg (gmt_nom, gmt_objet)
VALUES ('Maison-Propriano-Brest-Maison', geography::STGeomFromText ('POLYGON((1.508026 43.515619,
8.893622 41.660056, -4.504423 48.405161, 1.508026 43.515619))', 4326));
```

Quelques méthodes

Le tableau 5-52 présente quelques méthodes usuelles : `STDimension` retourne la dimension de l'objet, `STDistance` permet de calculer la distance en principe en mètres (sauf spécification contraire due au SRID) séparant deux objets, `STIntersects` détermine si deux objets ont une intersection commune (ici, Paris est en dehors du polygone). Enfin, `STArea` calcule l'aire en mètres carrés.

Tableau 5–52 Calculs sur des objets géographiques

Requêtes	Résultats

`SELECT gmg_nom,`
`       gmg_objet.STDimension() AS "Dimension"`
`FROM   T_objet_geographique_gmg;`
	`gmg_nom                       Dimension`
	`----------------------------- --------`
	`Maison                        0`
	`Propriano                     0`
	`Brest                         0`
	`Propriano-Brest               1`
	`Maison-Propriano-Brest-Maison 2`

`SELECT gmg_objet` `FROM   T_objet_geographique_gmg;`	 **Figure 5–39** Points et surface géographiques

Tableau 5–52 Calculs sur des objets géographiques *(suite)*

<table>
<tr><th>Requêtes</th><th>Résultats</th></tr>
<tr><td><pre>SELECT g1.gmg_nom, g2.gmg_nom,
       g1.gmg_objet.STDistance(g2.gmg_objet)/1000
                    AS "distance en km"
FROM   T_objet_geographique_gmg g1,
       T_objet_geographique_gmg g2
WHERE g1.gmg_nom = 'Propriano'
AND   (g2.gmg_nom = 'Brest'
        OR g2.gmg_nom = 'Maison');</pre></td><td><pre>gmg_nom   gmg_nom   distance en km
------------ ------------ -----------------
Propriano   Maison   640,051015406939
Propriano   Brest   1291,85317667295</pre></td></tr>
<tr><td><pre>DECLARE @cahors GEOGRAPHY;
DECLARE @paris GEOGRAPHY;
SET @cahors = geography::STGeomFromText
   ('POINT(1.437564 44.445791)', 4326);
SET @paris = geography::STGeomFromText
   ('POINT(2.339687 48.857713)', 4326);
SELECT
   gmg_objet.STIntersects(@cahors) AS "Cahors",
   gmg_objet.STIntersects(@paris) AS "Paris",
   gmg_objet.STArea()/1000*1000 AS "aire en km²"
FROM   T_objet_geographique_gmg
WHERE gmg_nom = 'Maison-Propriano-Brest-Maison';</pre></td><td><pre>Cahors   Paris   aire en km²
------   -----   -----------------
1   0   132690340651,468</pre></td></tr>
</table>

Il existe bien d'autres méthodes, parmi les plus classiques, citons `.STBuffer` pour envelopper un objet, `.STDifference` pour soustraire une forme à une autre, `.STDisjoint` pour tester si deux objets sont disjoints, `.STEquals` pour tester l'égalité de deux objets, `.STIsClosed` pour la fermeture de la forme, `.STLength` pour la longeur d'une forme, `.STNumPoints` pour connaître le nombre de points d'une forme, `.STOverlaps` pour tester le recouvrement de deux objets, `.STUnion` qui regroupe deux objets et `.STWithin` qui teste si un objet est contenu dans un autre.

Contraintes spatiales

La mise en œuvre de contraintes spatiales s'opère principalement à l'aide du prédicat `CHECK`. Des déclencheurs (voir chapitre 7) peuvent aussi être programmés. La plupart des contraintes permettent de restreindre un objet géométrique à un type ou précisent la manière dont des objets se positionnent entre eux (sans croisement, sans superposition, distance minimale, etc.). Le tableau 5-53 présente quelques cas d'utilisation.

Tableau 5–53 Contraintes spatiales

<table>
<tr><th>Besoins</th><th>Contraintes</th></tr>
<tr><td>La géographie d'un objet est une surface.</td><td><pre>ALTER TABLE T_...
   ADD CONSTRAINT CK_...
   CHECK (colonne_geo.STDimension() = 2);</pre></td></tr>
<tr><td>Le type d'un objet est un point.</td><td><pre>ALTER TABLE T_...
   ADD CONSTRAINT CK_...
   CHECK (colonne_geo.STGeometryType() = 'Point');</pre></td></tr>
<tr><td>Le type d'un objet est une droite non nulle.</td><td><pre>ALTER TABLE T_...
   ADD CONSTRAINT CK_...
   CHECK (colonne_geo.STGeometryType() = 'LineString'
          AND colonne_geo.STNumPoints() = 2
          AND colonne_geo.STLength() > 0);</pre></td></tr>
</table>

Indexation

Les index spatiaux sont construits à l'aide d'arbres B et le processus de création d'index décompose l'espace (géométrique ou géographique) en une hiérarchie de grilles à quatre niveaux de plus en plus précis. Ce processus s'appelle pavage *(tesselation)*, il consiste à subdiviser la surface considérée en espaces réduits dans lesquels chaque objet est recensé, même s'il n'y est placé qu'en partie. La figure 5-40 illustre la décomposition de la cellule supérieure droite à chaque niveau de la hiérarchie (ici en une grille 4 × 4).

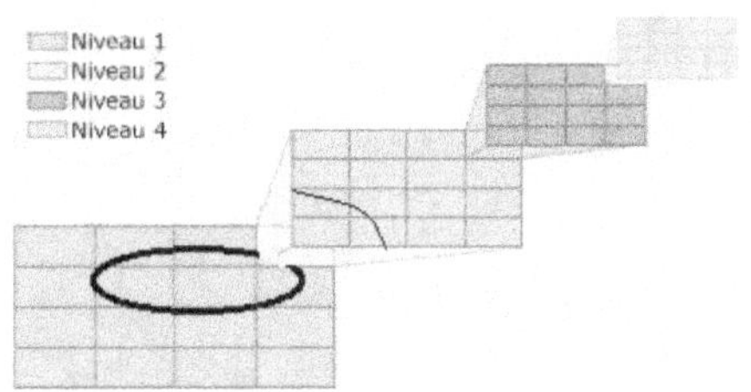

Figure 5–40
Indexation spatiale
(© doc. Microsoft)

Les grilles ne sont pas numérotées de 1 à *n* tel un simple quadrillage en partant du haut à gauche en bas à droite. Le système de numérotation est basé sur un modèle de courbes fractales continues d'occupation de plan (telles les courbes de Hilbert et de Lebesgue). Le cheminement dans un tel modèle à travers les polygones a la particularité de remplir un espace en deux dimensions d'un seul trait et de relever au passage les objets qui y figurent. Une telle technique permet de trouver rapidement les voisins d'un objet. À titre d'exemple, une courbe de Lebesgue (courbe en Z) possède une propriété qui intéresse un mécanisme d'indexation. En effet, il existe une relation entre le numéro d'une cellule et les valeurs binaires des coordonnées de ladite cellule.

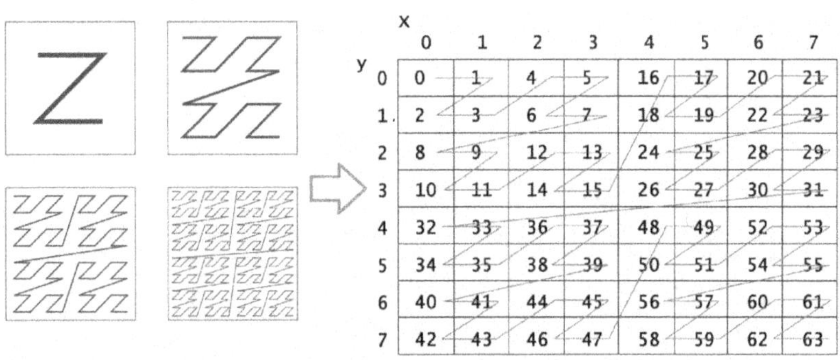

Figure 5–41
Courbe en ordre Z
et cheminement

L'accès à la cellule 37 (soit 00100101 en binaire) est calculé comme suit : les bits pairs (0011), soit du côté *x*, et les bits impairs (0100), soit 3 du côté *y*. Cette méthode d'indexation, dite code de Morton, s'avère d'une redoutable efficacité. SQL Server utilise une variation de la courbe de Hilbert.

Il est possible de définir trois densités au niveau des grilles (option `GRIDS` de l'instruction `CREATE SPATIAL INDEX`). Les valeurs de cette option sont basse (`LOW` : grilles de 4×4), moyenne (`MEDIUM` : grilles de 8 × 8) ou haute (`HIGH` : grilles de 16 × 16). Chaque niveau de grille peut être réglé à l'aide des directives `LEVEL_1` à `LEVEL_4`.

Les index spatiaux, utilisés sur des objets géométriques, peuvent optimiser certaines fonctions `STContains()`, `STDistance()`, `STEquals()`, `STIntersects()`, `STOverlaps()`, `STTouches()` et `STWithin()`. Si les objets sont géométriques, seules les méthodes `STIntersects()`, `STEquals()` et `STDistance()` sont concernées. Ces méthodes, généralement utilisées dans la clause `WHERE` d'une requête, doivent respecter une condition d'écriture du prédicat (du type : `objet1.methode(objet2) opérateur nombre`).

Les options `GEOMETRY_GRID` et `GEOGRAPHY_GRID` permettent de régler le schéma de pavage de la grille. Concernant les objets géométriques, l'option `WITH BOUNDING_BOX` définit le rectangle englobant des figures. L'option `CELLS_PER_OBJECT` règle le nombre de cellules qui peuvent être utilisées par objet (entre 1 et 8192, par défaut 16).

Les index spatiaux sont toujours définis pour un espace fini. Dans le cas d'un index géographique, l'espace maximal est le globe terrestre. Dans le cas d'un index géométrique, vous pouvez restreindre l'espace à un rectangle.

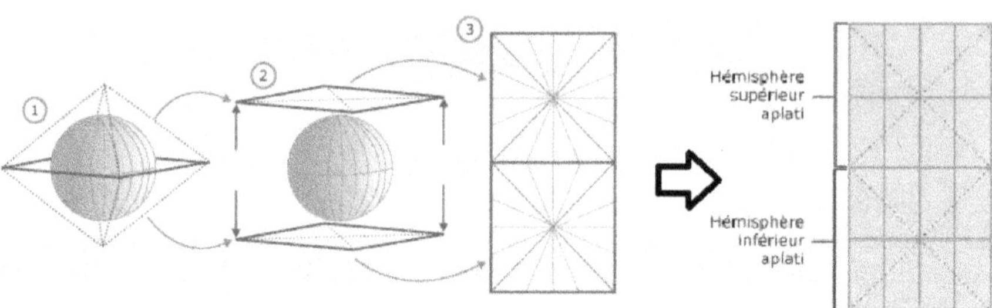

Figure 5–42 Indexation spatiale géographique. Source : documentation Microsoft

Le tableau 5-54 présente deux index spatiaux. Le premier vise à quadriller un rectangle dans lequel se trouvent les figures géométriques précédemment créées. Le second concerne les données géographiques.

Tableau 5–54 Index spatiaux

Index	Commentaires

`CREATE SPATIAL INDEX IX_gmt_geometry`
`ON T_objet_geometrique_gmt(gmt_objet)`
`USING GEOMETRY_GRID`
`WITH (BOUNDING_BOX = (xmin=15, ymin=48, xmax=102, ymax=104),`
`GRIDS = (LEVEL_1=LOW, LEVEL_2=LOW, LEVEL_3=MEDIUM, LEVEL_4=HIGH),`
`CELLS_PER_OBJECT = 20);`
	Index portant sur la colonne `gmt_objet` de type `GEOMETRY`.
	Rectangle englobant de (15,48) à (102,104), la précision des deux premiers niveaux de grilles 4 × 4, le troisième 8 × 8 et le dernier 16 × 16. 20 cellules peuvent être utilisées par objet.

`CREATE SPATIAL INDEX IX_gmg_geography`
`ON T_objet_geographique_gmg(gmg_objet)`
`USING GEOGRAPHY_GRID`
`WITH (GRIDS = (MEDIUM, LOW, MEDIUM, HIGH ),`
`CELLS_PER_OBJECT = 64);`
	Index portant sur la colonne `gmg_objet` de type `GEOGRAPHY`.
	La précision du premier niveau de grille est de 8 × 8, le deuxième 4 × 4, le troisième 8 × 8 et le dernier 16 × 16. 64 cellules peuvent être utilisées par objet.

Pour en savoir plus :

- http://www.bostongis.com/PrinterFriendly.aspx?content_name=sql2008_tut01
- http://jasonfollas.com/blog/archive/2008/03/14/sql-server-2008-spatial-data-part-1.aspx
- http://lennilobel.wordpress.com/2012/03/08/new-spatial-features-in-sql-server-2012/
- http://www.codeproject.com/Articles/446609/Using-Spatial-Data-with-SQL-Server-Entity-Fra
- http://sqlspatialtools.codeplex.com/

6

Chargement en bloc, export et import de données

Nous allons aborder un sujet classique dans les applications de bases de données, à savoir comment charger des données venant de sources extérieures et comment exporter les données des bases SQL Server. Pour ce faire, SQL Server met à votre disposition plusieurs techniques : la commande `BULK INSERT` (insertion depuis un fichier uniquement), les fonctions table `OPENQUERY`, `OPENROWSET` et `OPENDATASOURCE`, les serveurs liés, l'utilitaire en ligne de commande `bcp.exe` et enfin l'ETL SSIS *(SQL Server Integration Services)*.

Vous pouvez également exporter au format SQL une série d'ordres d'insertion, soit à l'aide d'une procédure (pour les versions 2005 et 2008 de SQL Server), soit à l'aide de Management Studio à partir de la version 2008 R2. À noter que vous pouvez exporter les données d'une table sous forme brute ou bien sous la forme d'un document XML (voir chapitre 5 pour ce dernier point).

Intégration de fichiers avec BULK INSERT

La commande `BULK INSERT` n'est autre qu'une pseudo commande SQL et prend en argument une destination (table, sinon vue ou fonction table en ligne « misajourable »), une source sous forme de fichier et une clause de paramétrage introduite par le mot-clé `WITH`. Cette commande utilise de manière sous-jacente l'utilitaire d'import/export en ligne de commande BCP *(Bulk Copy Program)*, décrit plus loin dans ce chapitre.

Par défaut, la commande BULK INSERT outrepasse les déclencheurs et les contraintes d'intégrité pour des raisons de performances. À l'issue de l'import, les contraintes sont marquées comme désactivées. Il est important de choisir l'une des deux stratégies suivantes :
- réactiver les contraintes et vérifier la qualité des données insérées (surtout s'il y a des déclencheurs) ;
- insérer les données dans une table intermédiaire (tampon), les nettoyer et faire une insertion via une sous-requête vers la table finale.
En termes de qualité, de praticité et de rapidité, la seconde solution est souvent préférable.

Syntaxe de la commande BULK INSERT

La syntaxe de la commande BULK INSERT est la suivante :

```
BULK INSERT <destination>
   FROM '<fichier_source>'
   [WITH (<liste_options_parametrage>)]
```

Avec :

```
<destination> ::= [{nom_base.nom_schema.|nom_base..] <objet>
   <objet> ::= {nom_table|nom_vue}
<liste_options_parametrage> :: = <option1> [, <option2> [,…]]
```

La destination est soit une table, soit une vue qui accepte la mise à jour via INSERT. Comme toute table ou vue, elle peut être qualifiée par le nom de la base, suivi du préfixe de schéma et du nom de l'objet, séparés par un point (.). Le schéma par défaut peut être omis, même si l'on spécifie le nom de la base.

Les options de paramétrage sont les suivantes :

- FIELDTERMINATOR = '<separateur de champ>', par exemple ';', '\t' (pour tabulation) ;
- ROWTERMINATOR = '<delimiteur de ligne>', par exemple '\n' (saut de ligne) ou '\r' (retour chariot) ;
- FIRSTROW = <premiere_ligne>, numéro de la première ligne à prendre en compte ;
- LASTROW = <derniere_ligne>, numéro de la dernière ligne à prendre en compte ;
- FORMATFILE = '<fichier de format>', chemin et nom d'un fichier de format ;
- CODEPAGE = {'ACP'|'OEM'|'RAW'|'<page_de_code>'}, encodage des caractères ;
- DATAFILETYPE = {'char'|'native'|'widechar'|'widenative'}, typage des données ;
- CHECK_CONSTRAINTS, oblige à vérifier les contraintes CHECK et FOREIGNKEY ;
- FIRE_TRIGGERS, oblige à activer les déclencheurs INSERT (désactivés par défaut) ;
- KEEPIDENTITY, force l'insertion de valeur dans la colonne IDENTITY (auto-incrément) ;
- KEEPNULLS, en cas de vide, force des NULL à la place des valeurs par défaut ;
- BATCHSIZE = <taille_du_lot>, spécifie le nombre de lignes de l'import pour aider l'optimiseur ;
- KILOBYTES_PER_BATCH = <nombre_ko>, fractionne l'import en lots par Ko ;
- ROWS_PER_BATCH = <nombre_lignes>, fractionne l'import en lots par nombre de lignes ;
- ORDER (…),permet d'indiquer l'ordre de tri des données dans le fichier ;
- TABLOCK, force un verrou de table le temps de l'import ;
- MAXERRORS = <nb_erreur_max>, spécifie le nombre d'erreurs avant abandon du traitement ;

- ERRORFILE = '<fichier_erreur>', indique dans quel fichier tracer les messages d'erreur, ce dernier ne devant pas exister préalablement.

Voici quelques informations supplémentaires sur ces options de paramétrage :

- CODEPAGE
  - ACP convient pour des fichiers encodés en ASCII ISO 1252 (OS Windows) ;
  - OEM convient pour des fichiers encodés en OEM (OS DOS) ;
  - RAW est un format brut, les données ne sont pas converties ;
  - <code_page> spécifie un identifiant de page de code, sauf 65001 (UTF-8) ;
- DATAFILETYPE
  - char correspond aux types CHAR et VARCHAR de SQL (ASCII) ;
  - native correspond au format d'export natif de SQL Server en ASCII ;
  - widechar correspond aux types NCHAR et NVARCHAR de SQL (Unicode) ;
  - widenative correspond au format d'export natif de SQL Server en Unicode.
- CHECK_CONSTRAINTS : si cette option n'est pas spécifiée, les contraintes de type CHECK et FOREIGN KEY sont ignorées et marquées comme invalides. Il peut s'avérer nécessaire de les réactiver à l'aide d'un ALTER TABLE <ma_table> CHECK CONSTRAINT <ma_contrainte>.
- FORMATFILE : permet de spécifier un fichier de correspondance entre le contenu du fichier d'import et la structure de la table de destination. Ce fichier est soit au format texte, soit défini à l'aide d'une grammaire XML. Ce moyen doit être utilisé pour spécifier si certaines données doivent être intégrées et d'autres ignorées au cours du traitement, ou bien lorsque la cartographie des données en entrée et en sortie n'est pas ordonnée de la même façon entre la source et la cible.

Pour obtenir de bonnes performances, évitez de spécifier CHECK_CONSTRAINTS et FIRE_TRIGGERS. Les contraintes CHECK et FOREIGN KEY ne seront pas vérifiées et seront marquées comme invalides. Mais vous pourrez les réappliquer par la suite. Faites de même pour le code des déclencheurs. Utilisez si possible le format brut (RAW). Si le lot n'est pas très important (quelques milliers de lignes tout au plus), spécifiez sa taille de façon approximative à l'aide de l'option BATCHSIZE. S'il est important, fractionnez-le par lots de lignes ou par lots en Ko, en essayant que chaque lot représente environ 64 Ko, soit une extension (bloc de 8 pages contiguës). Si le fichier contient des identifiants qui doivent remplacer la colonne IDENTITY et que vos données sont triées selon l'ordre de cette colonne, indiquez-le à l'aide de l'option ORDER.

N'oubliez pas de spécifier le préfixe de schéma SQL pour identifier votre objet, même si c'est "dbo".

Pour accélérer les insertions de grands fichiers volumineux, vous pouvez utiliser le parallélisme. Dans ce cas, il faut morceler votre fichier en plusieurs parties et lancer un import en parallèle, c'est-à-dire ouvrir autant de sessions qu'il y a de morceaux de fichier. Dans chacune de ces parties, lancez la commande d'insertion pour l'un des morceaux.

Une technique commune pour accélérer encore les processus d'insertion consiste à désactiver les index non sémantiques (ceux qui ne correspondent pas aux contraintes PRIMARY KEY ou UNIQUE) avant l'insertion, puis de les reconstruire après. Le temps global du processus avec désactivation et reconstruction des index est souvent beaucoup moins important. Pour ce faire, utilisez les commandes ALTER INDEX … DISABLE et ALTER INDEX … REBUILD.

Exemple 6-1. Importation d'un fichier texte à l'aide de `BULK INSERT`

Considérons le fichier `DepartementsIDF.txt` situé dans le répertoire `C:\Temp\` et contenant les données suivantes :

```
Code;Nom
75;Paris;
77;Seine et Marne
78;Yvelines
92;Hauts de Seine
93;Seine Saint Denis
94;Val de Marne
95;Val d'Oise
```

Ainsi que la table suivante située dans la base `DB_TEST`

```
CREATE TABLE dbo.T_DEPARTEMENT_DPT
(DPT_CODE   CHAR(3) CHECK (DPT_CODE LIKE '[0-9][0-9]' OR
                          DPT_CODE LIKE '[0-9][0-9][0-9]'),
DPT_NOM    VARCHAR(36));
```

Voici une première façon d'intégrer les données de ce fichier à l'aide de `BULK INSERT` :

```
BULK INSERT DB_SQLSERVER..T_DEPARTEMENT_DPT
FROM 'C:\Temp\DepartementsIDF.txt'
WITH (FIELDTERMINATOR = ';',
      ROWTERMINATOR = '\n',
      FIRSTROW = 2);
```

Notez que le schéma par défaut `"dbo"` n'a pas été spécifié, d'où la présence du double point (..).

Une seconde façon de faire consiste à fournir davantage d'informations à l'optimiseur pour qu'il réalise un plan de requête plus adapté, par exemple comme ceci :

```
BULK INSERT DB_SQLSERVER.dbo.T_DEPARTEMENT_DPT
FROM 'C:\Temp\DepartementsIDF.txt'
WITH (FIELDTERMINATOR = ';',
      ROWTERMINATOR = '\n',
      FIRSTROW = 2,
      CODEPAGE = 'ACP',
      BATCHSIZE = 7,
      ORDER (DPT_CODE),
      TABLOCK,
      ERRORFILE = 'C:\Temp\DepartementsIDF_error.log');
```

Lorsqu'on compare les plans de requêtes, la différence est flagrante... Si aucune information sur la cardinalité de l'insertion n'est présente, l'optimiseur de SQL Server croit avoir affaire à un fichier de 10 000 lignes...

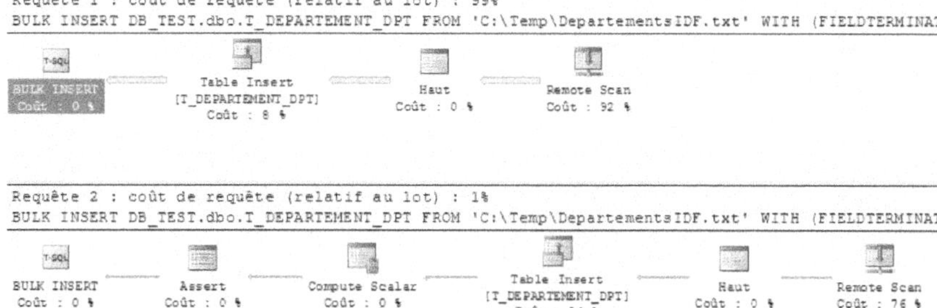

Figure 6–1
Comparaison des plans de requêtes pour les deux versions du BULK INSERT

Exemple 6-2. Importation d'un fichier contenant des identifiants à forcer

Considérons le fichier `DepartementsIDF_id.txt` situé dans le répertoire `C:\Temp\` et contenant les données suivantes :

```
Id;Code;Nom
75;75;Paris
77;77;Seine et Marne
78;78;Yvelines
92;92;Hauts de Seine
93;93;Seine Saint Denis
94;94;Val de Marne
95;95;Val d'Oise
```

Ainsi que la table suivante située dans la base `DB_TEST` :

```
CREATE TABLE dbo.T_DEPARTEMENT_ID_DPT
(DPT_ID     INT IDENTITY NOT NULL PRIMARY KEY,
DPT_CODE   CHAR(3) CHECK (DPT_CODE LIKE '[0-9][0-9]' OR
                          DPT_CODE LIKE '[0-9][0-9][0-9]'),
DPT_NOM    VARCHAR(36));
```

Voici la commande à passer pour importer un fichier contenant des identifiants à forcer :

```
BULK INSERT DB_SQLSERVER.dbo.T_DEPARTEMENT_ID_DPT
FROM 'C:\Temp\DepartementsIDF_id.txt'
WITH (FIELDTERMINATOR = ';',
      ROWTERMINATOR = '\n',
      FIRSTROW = 2,
      CODEPAGE = 'ACP',
      KEEPIDENTITY,
      BATCHSIZE = 7,
      ORDER (DPT_CODE),
      TABLOCK,
      ERRORFILE = 'C:\Temp\DepartementsIDF_error.log');
```

Notez la présence de l'option `KEEPIDENTITY`. Le résultat du contenu de la table `dbo.T_DEPARTEMENT_ID_DPT` est le suivant :

```
DPT_ID      DPT_CODE DPT_NOM
----------- -------- ------------------------------------
75          75       Paris
77          77       Seine et Marne
78          78       Yvelines
92          92       Hauts de Seine
93          93       Seine Saint Denis
94          94       Val de Marne
95          95       Val d'Oise
```

Exemple 6-3. Importation d'un fichier contenant des identifiants à ignorer

Il suffit de ne pas mentionner l'option `KEEPIDENTITY`, comme suit :

```
BULK INSERT DB_SQLSERVER.dbo.T_DEPARTEMENT_ID_DPT
FROM 'C:\Temp\DepartementsIDF_id.txt'
WITH (FIELDTERMINATOR = ';',
      ROWTERMINATOR = '\n',
      FIRSTROW = 2,
      CODEPAGE = 'ACP',
      BATCHSIZE = 7,
      ORDER (DPT_CODE),
      TABLOCK,
      ERRORFILE = 'C:\Temp\DepartementsIDF_error.log');
```

Le résultat du contenu de la table `dbo.T_DEPARTEMENT_ID_DPT` est le suivant :

```
DPT_ID      DPT_CODE DPT_NOM
----------- -------- -----------------------
1           75       Paris
2           77       Seine et Marne
3           78       Yvelines
4           92       Hauts de Seine
5           93       Seine Saint Denis
6           94       Val de Marne
7           95       Val d'Oise
```

Utilisation des fichiers de format pour l'import de données

Il est possible d'utiliser un fichier de format qui assure la cartographie entre fichier source et table cible. Ce fichier peut être de deux types : texte ou XML.

Voici un extrait de fichier de format de type texte :

```
10.0
3
1       SQLINT          0       4       ""  1     DPT_ID              ""
2       SQLCHAR         2       3       ""  2     DPT_CODE            French_BIN2
3       SQLCHAR         2       36      ""  3     DPT_NOM             French_BIN2
```

La première ligne indique la version du moteur SQL :

- `9.0` correspond à la version 2005 ;
- `10.0` correspond aux versions 2008 et 2008 R2 (bien que `bcp.exe` existe différemment dans ces deux versions) ;
- `11.0` correspond à la version 2012.
- `12.0` correspond à la version 2014

La deuxième ligne indique combien d'éléments vont être décrits (ici, `3`).

La ligne suivante indique le nombre de colonnes de la table cible. Enfin, les dernières lignes décrivent les caractéristiques de chacune de ces colonnes. La forme de ces lignes est constante, et composée de 8 éléments :

- la position ordinale de la donnée dans les lignes du fichier source ;
- la nature de la donnée dans le fichier source (tableau 6-1) ;
- la taille du préfixe de longueur de la donnée, soit 0, 1, 2, 4 ou 8, c'est-à-dire le nombre de caractères renseignant la taille de la donnée dans la ligne, lorsqu'il n'y a pas d'indicateur de fin de champ (tableau 6-1) ;
- la longueur des données du fichier source ;
- le délimiteur de champ, qui peut être un caractère particulier ou une série de caractères (10 au maximum), par exemple le dièse `#`, le guillemet `"`, ou un métacaractère de type langage C, comme `\t` (tabulation), `\n` (nouvelle ligne), `\r` (retour chariot avec saut de ligne), `\\` (barre oblique inverse) ou encore `\0` (fin NULL) ;
- le nom de la colonne dans la table cible ;
- la collation utilisée (Unicode).

Tableau 6–1 Taille des préfixes suivant le type de la colonne

Donnée fichier	Type de la colonne	Taille de préfixe
SQLCHAR	char	2
	varchar	
	text	4
	varchar(max)	8
SQLNCHAR	nchar	2
	nvarchar	
	ntext	4
	xml	8
	nvarchar(max)	8
SQLBINARY	binary	2
	varbinary	
	image	4
	varbinary(max)	8
SQLDATETIME	datetime	1
SQLDATETIM4	smalldatetime	1
SQLDECIMAL	decimal	1

Donnée fichier	Type de la colonne	Taille de préfixe
SQLNUMERIC	numeric	1
SQLFLT8	float	1
SQLFLT4	real	1
SQLINT	int	1
SQLBIGINT	bigint	1
SQLSMALLINT	smallint	1
SQLTINYINT	tinyint	1
SQLMONEY	money	1
SQLMONEY4	smallmoney	1
SQLBIT	bit	1
SQLUNIQUEID	uniqueidentifier	1
SQLVARIANT	sql_variant	1
SQLBINARY	timestamp	1
	rowversion	
SQLUDT	UDT (type utilisateur)	8

Pour des colonnes de type .NET (`hierarchyId`, `geometry` et `geography`), il est nécessaire de prendre en compte le format initial texte (`SQLNCHAR`) ou binaire (`SQLBINARY`).

> Sauf à utiliser le format natif de `bcp.exe`, spécialement conçu pour accélérer les performances et la volumétrie dans le cas d'import/export entre serveurs SQL, la spécification de la taille de préfixe doit toujours être 0. Ceci induit que vous devez utiliser un délimiteur de champs.

Un fichier de format peut aussi être créé au format XML. Dans ce cas le document XML doit être constitué des éléments présentés dans le tableau 6-2.

Tableau 6–2 Eléments constitutifs d'un fichier de format XML

Partie du XML	Nature	Nombre
<?xml version="1.0"?>	En-tête obligatoire	1 seul autofermé
<BCPFORMAT xmlns="http://schemas.microsoft.com/sqlserver/2004/bulkload/format" xmlns:xsi="http://www.w3.org/2001/XMLSchema-instance">	Définition obligatoire	1 seul autofermé
<RECORD>	Encadre la description des champs du fichier source.	1 seul
<FIELD ID…/>	Décrit chaque champ du fichier source.	n
</RECORD>		
<ROW>	Encadre la description des colonnes de la table cible.	1 seul
<COLUMN SOURCE…/>	Décrit chaque colonne de la table cible.	n
</ROW>		
</BCPFORMAT>		

Voici un exemple d'un tel fichier (identique à la précédente version texte) :

```
<?xml version="1.0"?>
<BCPFORMAT xmlns="http://schemas.microsoft.com/sqlserver/2004/bulkload/format" xmlns:xsi="http://
www.w3.org/2001/XMLSchema-instance">
<RECORD>
  <FIELD ID="1" xsi:type="NativeFixed" LENGTH="4"/>
  <FIELD ID="2" xsi:type="CharPrefix" PREFIX_LENGTH="2" MAX_LENGTH="3" COLLATION="French_BIN2"/>
  <FIELD ID="3" xsi:type="CharPrefix" PREFIX_LENGTH="2" MAX_LENGTH="36" COLLATION="French_BIN2"/>
</RECORD>
<ROW>
  <COLUMN SOURCE="1" NAME="DPT_ID" xsi:type="SQLINT"/>
  <COLUMN SOURCE="2" NAME="DPT_CODE" xsi:type="SQLCHAR"/>
  <COLUMN SOURCE="3" NAME="DPT_NOM" xsi:type="SQLVARYCHAR"/>
</ROW>
</BCPFORMAT>
</BCPFORMAT>
```

Chaque élément FIELD doit se conformer à la syntaxe suivante :

```
<FIELD ID = "fieldID" xsi:type = "fieldType"
   [LENGTH = "n"]
   [PREFIX_LENGTH = "p"]
   [MAX_LENGTH = "m"]
   [COLLATION = "collationName"]
   [TERMINATOR = "terminator"]
/>
```

Tableau 6–3 Liste les valeurs possibles pour "fieldType" de l'attribut xsi:type de l'élément FIELD.

Valeurs xsi:type <FIELD>	Attribut(s) XML requis pour le type de donnée	Attribut(s) XML facultatif(s) pour le type de donnée
NativeFixed	LENGTH	Aucun
NativePrefix	PREFIX_LENGTH	MAX_LENGTH
CharFixed	LENGTH	COLLATION
NCharFixed	LENGTH	COLLATION
CharPrefix	PREFIX_LENGTH	MAX_LENGTH, COLLATION
NCharPrefix	PREFIX_LENGTH	MAX_LENGTH, COLLATION
CharTerm	TERMINATOR	MAX_LENGTH, COLLATION
NCharTerm	TERMINATOR	MAX_LENGTH, COLLATION

Chaque élément COLUMN doit se conformer à la syntaxe suivante :

```
<COLUMN SOURCE = "fieldID" NAME = "columnName" xsi:type = "columnType"
   [LENGTH = "n"]
   [PRECISION = "n"]
   [SCALE = "value"]
   [NULLABLE = {"YES" "NO"}]
/>
```

Tableau 6–4 Liste les valeurs possibles pour "columnType" de l'attribut xsi:type de l'élément COLUMN.

Types de données <COLUMN>	Catégorie	Attribut(s) XML facultatif(s)
SQLBIT, SQLTINYINT, SQLSMALLINT, SQLINT, SQLBIGINT, SQLFLT4, SQLFLT8, SQLDATETIME, SQLDATETIM4, SQLDATETIM8, SQLMONEY, SQLMONEY4, SQLVARIANT et SQLUNIQUEID	Fixe	NULLABLE
SQLDECIMAL et SQLNUMERIC	Nombre variable	NULLABLE, PRECISION, SCALE
SQLIMAGE, CharLOB, SQLTEXT et SQLUDT	LOB	NULLABLE
SQLNTEXT	LOB caractère	NULLABLE
SQLBINARY et SQLVARYBIN	Chaîne binaire	NULLABLE, LENGTH
SQLCHAR, SQLVARYCHAR, SQLNCHAR et SQLNVARCHAR	Chaîne de caractères	NULLABLE, LENGTH

Il est possible de générer automatiquement des fichiers de format grâce à l'utilitaire bcp.exe. Pour de plus amples explications, reportez-vous à la section « Syntaxe de la commande BULK INSERT », page 248.

Exemple 6-4. Importation d'un fichier contenant des données et des colonnes à ignorer et à réorganiser

Nous voulons maintenant stocker la population de chaque département dans la table dbo.T_DEPARTEMENT_ID_DPT. Pour ce faire, nous recevons le fichier de données suivant :

```
Id;Nom;Code;Prefecture;Population
75;Paris;75;Paris;2249975
77;Seine et Marne;77;Melun;39497
78;Yvelines;78;Versailles;86307
92;Hauts de Seine;92;Nanterre;89476
93;Seine Saint Denis;93;Bobigny;47224
94;Val de Marne;94;Créteil;90528
95;Val d'Oise;95;Cergy;58341
```

Cependant, nous ne sommes pas intéressés par le nom de la ville qui correspond à la préfecture du département. Nous voulons donc ignorer cette colonne lors de l'import. Pour cela, nous modifions la table comme suit :

```
ALTER TABLE [dbo].[T_DEPARTEMENT_ID_DPT]
ADD DPT_POPULATION int
```

Nous devons à présent changer le fichier de format de type texte :

```
11.0
5
1       SQLCHAR     0  0  ";      "1   DPT_ID            ""
2       SQLCHAR     0  0  ";      "3   DPT_NOM           French_CI_AS
3       SQLCHAR     0  0  ";      "2   DPT_CODE          ""
4       SQLCHAR     0  0  ";      "0   NULL              French_CI_AS
5       SQLCHAR     0  0  "\r\n   "4   DPT_POPULATION    ""
"
```

L'utilitaire d'import/export en ligne de commande : bcp.exe

L'utilitaire bcp.exe tire son nom de BCP (*Bulk Copy Program*, soit programme de copie en bloc). Il permet l'import et l'export de fichiers.

Utilisation

Vous devez lancer bcp.exe en ligne de commande dans une fenêtre d'exécution de Windows (cmd).

Voici une syntaxe simplifiée de bcp.exe. Attention, les commutateurs sont sensibles à la casse et si vous devez passer des paramètres ayant des caractères particuliers, il faut les entourer de guillemets. Enfin, les paramètres peuvent être séparés par un espace du commutateur sauf s'ils commencent par une barre oblique inverse *(back slash)*.

```
bcp.exe {[[<nom_base>.][<nom_schema>].]{<nom_objet>}|"<requete_SELECT>"}
   {in|out|queryout|format} <fichier_donnees>
   [-t <separateur_de_champs>]
```

```
[-r <delimiteur_de_ligne>]
[-F <premiere_ligne>]
[-L <derniere ligne>]
[-f <fichier_de_format>] [-x]
[-C {ACP|OEM|RAW|<page_de_code>}]
[-c] [-n] [-w] [-N]
[-R]
[-k]
[-E]
[-b <taille_du_lot>]
[-m <nb_erreur_max>]
[-e <fichier_erreur>]
[-V (70|80|90)]
[-S [<nom_serveur>[\<nom_instance>]]]
[-U <compte_de_connexion>][-P <mot_de_passe>]
[-T]
[-q]
[-d <nom_base>]
[-a <taille_paquet_reseau_0>]
[-h "<liste_option_supplementaires>"]
```

Les commutateurs d'option sont sensibles à la casse, comme le prouve l'utilisation de -c (en minuscules) pour spécifier un fichier au format CHAR/VARCHAR et -C (en majuscules) pour préciser l'encodage ou la page de code. Cette remarque est également valable pour les couples de commutateurs (-v, -V), (-e, -E), (-f, -F), (-r, -R).

La plupart des options sont identiques à la commande BULK INSERT (voir section « Intégration de fichiers avec BULK INSERT » en début de chapitre). Par exemple, la série -c -n -w -N correspond au DATAFILETYPE et respectivement à char (-c), native (-n), widechar (-w), widenative (-N). -k correspond à KEEPIDENTITY et -E à KEEPNULLS.

- -V permet d'indiquer la version de SQL Server (70 = 7, 80 = 2000 et 90 = 2005), ceci pour les types de données spécifiques ou obsolètes.
- L'objet <nom_objet> est soit une table, soit une vue.
- Pour se connecter au serveur, il faut indiquer son nom à l'aide du commutateur -S, puis s'authentifier soit en mode Windows avec -T, soit avec un compte de connexion SQL et un mot de passe en utilisant respectivement les commutateurs -U et -P.
- -q active le paramètre de session QUOTED_IDENTIFIERS à ON. Cette option doit être utilisée si un nom d'objet (base, utilisateur, table, vue...) contient des caractères illicites comme des espaces ou des apostrophes. Dans ce cas, vous devez entourer le nom complet de l'objet entre guillemets.
- Le commutateur -d permet de spécifier le contexte de base de données de connexion, mais il ne doit pas être employé si vous avez spécifié un nom complet pour votre objet incluant le nom de la base.
- -R spécifie que les données sont formatées aux spécifications régionales de la session SQL Server. Ceci concerne les types date, datetime, money et smallmoney.
- Vous pouvez définir la taille des paquets réseau à l'aide du commutateur -a. Cette taille peut varier entre 4 096 (valeur par défaut) et 65 535. Cette taille supplante la valeur éventuellement définie dans la configuration du serveur (sp_configure, rubrique Network packet size).

Sens de migration :

- in (import) spécifie que les données du fichier <fichier_donnees> sont insérées dans la table indiquée par son nom, qualifié ou non. Dans ce cas, vous ne devez pas spécifier de requête.
- out (export) signifie que les données de la table sont insérées dans le fichier spécifié. Dans ce cas, vous ne devez pas préciser de requête.
- queryout (export) spécifie que les données de la requête sont insérées dans le fichier spécifié. Dans ce cas, vous ne devez pas préciser de table.

- `format` (paramétrage) indique qu'aucune action d'import ni d'export n'est effectuée, mais ceci crée un fichier de format. Ceci requiert également le commutateur `-f` spécifiant le fichier de format. Si vous spécifiez en plus le commutateur `-x`, alors le fichier de format est créé en XML (`.xml` par convention). Par défaut, c'est un fichier en mode texte qui est créé (`.fmt` par convention) et l'encodage du fichier texte correspond à l'un des paramètres `-n`, `-c`, `-w`, `-6` ou `-N` spécifié. Par ailleurs, vous devez valuer à `"nul"` le paramètre `<fichier_donnees>`.

Pour les options supplémentaires, la syntaxe est la suivante :

```
<liste_option_supplementaires> ::= <option1> [, <option2> [, …]]
<optionN> :
   {ORDER (…)|
      |ROWS_PER_BATCH = <nombre_lignes>
      |KILOBYTES_PER_BATCH = <nombre_ko>
      |TABLOCK
      |CHECK_CONSTRAINTS
      |FIRE_TRIGGERS}
```

Ces options étant similaires à celle du `BULK INSERT`, reportez-vous à la section « Intégration de fichiers avec `BULK INSERT` » en début de chapitre.

Enfin, il est possible d'utiliser deux commutateurs supplémentaires :

```
   [-i <fichier_entree>]
   [-o <fichier_sortie>]
```

Le premier commutateur spécifie un fichier de réponse concernant le paramétrage des champs lorsque l'on utilise le mode interactif du fait de l'absence d'information sur ces derniers (en particulier, absence de l'un des commutateurs `-n`, `-c`, `-w` ou `-N`).

Le second redirige la sortie standard de l'exécution vers le fichier spécifié.

> Les remarques concernant `BULK INSERT` (voir section « Intégration de fichiers avec `BULK INSERT` » en début de chapitre) sont toutes aussi valables pour BCP, vu que `BULK INSERT` utilise `bcp.exe`. Cependant, pour accélérer les performances de migration de données entre serveurs SQL Server, utilisez le format d'export natif (`-n`).
> Si vous possédez plusieurs instances de SQL Server installées sur une même machine, il est probable que l'utilitaire `bcp.exe` exécuté soit celui relatif à la toute première instance installée. Si celle-ci n'est pas de même version (2005, 2008, 2012), vous devez préciser le chemin complet de l'exécutable sous peine d'obtenir une erreur si vous utilisez des éléments spécifiques à la version de l'instance. L'utilitaire `bcp.exe` est généralement situé dans l'arborescence d'installation de version de SQL Server, dans le sous-répertoire `…\Tools\Binn\` (par exemple, `C:\Program Files\Microsoft SQL Server\100\Tools\Binn\` pour la version 2008 ou 2008 R2).

Exemple 6-5. Importation d'un fichier texte à l'aide de `bcp.exe` (le fichier est le même que celui de l'exemple 6-1.)

```
bcp.exe DB_TEST.dbo.T_DEPARTEMENT_DPT
in C:\Temp\DepartementsIDF.txt
-t ';' -r '\n' -F 2 C ACP -c -b 7
-e C:\Temp\DepartementsIDF_error.log'
-h "ORDER (DPT_CODE), CHECK_CONSTRAINTS, TABLOCK"
```

Générer des fichiers de format avec BCP

Comme indiqué précédemment, il est possible d'utiliser bcp.exe pour générer des fichiers de format. Pour cela, il suffit de préciser le mot-clé format à la place de IN ou OUT.

Exemple 6-6. Création d'un fichier de format texte pour une table existante

Le code suivant permet de créer un fichier de format d'import de données au format texte pour une table déjà présente dans une base du serveur :

```
bcp " DB_SQLSERVER.dbo.T_DEPARTEMENT_DPT" format nul -f "c:\temp\DepartementsIDF.xml" -S "
MSSQLSERVER " -T -n -x
```

Ceci lance la création d'un fichier de format texte intitulé DepartementIDF.fmt et situé dans le répertoire C:\Temp\, par rapport à la table dbo.T_DEPARTEMENT_DPT (reportez-vous à l'exemple 6-1 pour la structure de cette table) située dans la base DB_SQLSERVER de l'instance MSSQLSERVER, avec un encodage natif (-n) et en se connectant avec votre compte courant Windows.

Le contenu du fichier de format texte est le suivant :

```
10.0
2
1       SQLCHAR             2       3       ""  1     DPT_CODE              French_BIN2
2       SQLCHAR             2       36      ""  2     DPT_NOM               French_BIN2
```

Exemple 6-7. Création d'un fichier de format XML pour une table existante

Le code suivant permet de créer un fichier de format d'import de données au format XML pour une table déjà présente dans une base du serveur, en indiquant le chemin de l'exécutable bcp.exe.

```
bcp " DB_SQLSERVER.dbo.T_DEPARTEMENT_DPT" format nul -f"C:\temp\ DepartementsIDF.fmt" -S "
MSSQLSERVER " -T -n

"C:\Program Files\Microsoft SQL Server\100\Tools\Binn\bcp.exe" DB_SQLSERVER.dbo.T_DEPARTEMENT_DPT
format nul -f "C:\Temp\DepartementsIDF.xml" -n -x -Usa -PP@sswOrd -S"MSSQLSERVER"
```

Ceci lance l'utilitaire bcp.exe depuis le répertoire C:\Program Files\Microsoft SQL Server\100\Tools\Binn\ (pour une version 2008 ou 2008 R2 avec installation standard) afin de créer un fichier de format XML intitulé DepartementIDF.xml et situé dans C:\Temp\, par rapport à la table dbo.T_DEPARTEMENT_DPT située dans la base DB_SQLSERVER de l'instance MSSQLSERVER, avec un encodage natif (-n) et en se connectant avec le compte SQL "sa" ayant pour mot de passe "P@sswOrd".

Le contenu de ce fichier est le suivant :

```
<?xml version="1.0"?>
<BCPFORMAT xmlns="http://schemas.microsoft.com/sqlserver/2004/bulkload/format" xmlns:xsi="http://
www.w3.org/2001/XMLSchema-instance">
<RECORD>
  <FIELD ID="1" xsi:type="CharPrefix" PREFIX_LENGTH="2" MAX_LENGTH="3" COLLATION="French_BIN2"/>
  <FIELD ID="2" xsi:type="CharPrefix" PREFIX_LENGTH="2" MAX_LENGTH="36" COLLATION="French_BIN2"/>
</RECORD>
<ROW>
  <COLUMN SOURCE="1" NAME="DPT_CODE" xsi:type="SQLCHAR"/>
  <COLUMN SOURCE="2" NAME="DPT_NOM" xsi:type="SQLVARYCHAR"/>
</ROW>
</BCPFORMAT>
```

Les fonctions OPEN

Les fonctions OPENROWSET, OPENDATASOURCE, OPENQUERY sont utilisées pour accéder à une source externe de données de façon relativement transparente par abstraction d'une référence de table. Ainsi, elles permettent de manipuler des données qui peuvent tout aussi bien se trouver dans des fichiers ou des moteurs de base de données différents de SQL Server, pourvu qu'il existe un pilote qui permette de les adresser.

Plusieurs éléments sont à prendre en considération avant d'utiliser ces fonctions.

- Tout utilisateur peut appeler ces fonctions. Les permissions sur la source de données externe sont déterminées par les caractéristiques d'authentification de la chaîne de connexion spécifiée dans l'appel de la fonction ou du serveur lié.
- Il est nécessaire d'activer l'utilisation de ces fonctions à l'aide de l'option d'instance Ad Hoc Distributed Queries, ce qui se fait très simplement à l'aide du script suivant :

```
IF EXISTS
(
  SELECT *
  FROM   sys.configurations
  WHERE name = 'Ad Hoc Distributed Queries'
  AND    value_in_use = 0
)
BEGIN
  EXEC sp_configure 'show advanced options', 1
  RECONFIGURE
  EXEC sp_configure 'Ad Hoc Distributed Queries', 1
  RECONFIGURE
  EXEC sp_configure 'show advanced options', 0
  RECONFIGURE
END
```

- On peut néanmoins désactiver l'utilisation des requêtes distribuées à l'aide de l'option de la clé de registre DisallowAdhocAccess, en la positionnant à 1. Pour cela, il suffit de se rendre à la clé de registre suivante : HKLM\SOFTWARE\Microsoft\Microsoft SQL Server\<nomInstanceSQLServer>\Providers\ et de modifier ladite clé ou au besoin, de l'ajouter et de la positionner.
- Les fonctions OPENROWSET et OPENQUERY autorisent les attaques par injection SQL, puisqu'elles permettent de spécifier une requête.
- L'ensemble de ces fonctions repose sur l'API OLE DB, que Microsoft a récemment déclarée obsolète, en vue de son remplacement par ADO.NET. SQL Server 2012 est donc la dernière version du moteur à l'intégrer (le support de cette API court jusqu'en 2020).

Compte tenu de tous ces éléments, nous vous conseillons vivement de vous en remettre à SQL Server Integration Services, qui comprend de nombreux composants permettant un accès à des sources de données externes, et l'utilisation d'ADO.NET. On peut aussi considérer l'utilisation de modules CLR (voir chapitre 9), en ayant là aussi bien compris les aspects de sécurité.

```
OPENROWSET
```

Cette fonction table polymorphe permet d'accéder à des données distantes via une source de données ODBC déclarée à la volée dans les paramètres de la fonction. Elle s'emploie dans la clause FROM d'une requête SQL. La définition des colonnes et les valeurs retournées dépendent de l'objet distant. Sa syntaxe se décline en deux versions :

- l'accès à un objet tabulaire ou pseudo tabulaire ;
- l'accès à un unique flux de données constituant un LOB.

```
OPENROWSET ('provider_name',
             {'datasource' ; 'user_id' ; 'password'
              |'provider_string'
             }
              , {[catalog.] [schema.] object
                 |'query'
                }
          )

OPENROWSET ( BULK 'data_file', {FORMATFILE = 'format_file_path' [<bulk_options>]
       |SINGLE_BLOB|SINGLE_CLOB|SINGLE_NCLOB}
}
<bulk_options> ::=
   [, CODEPAGE = {'ACP'|'OEM'|'RAW'|'code_page'}]
   [, ERRORFILE = 'file_name']
   [, FIRSTROW = first_row]
   [, LASTROW = last_row]
   [, MAXERRORS = maximum_errors]
   [, ROWS_PER_BATCH = rows_per_batch]
   [, ORDER ({column [ASC|DESC]} [,…n]) [UNIQUE]
```

Interrogation d'un fichier Excel

Voyons tout d'abord comment interroger un fichier Excel, soit le fichier `F:\SQLServer2014\auteurs.xls`. Au préalable, il convient de nommer la région de données à mettre à jour dans le fichier Excel. Dans cet exemple, nous l'avons nommée « auteurs ». Pour cela, dans Excel 2013, il suffit de mettre en surbrillance l'ensemble des cellules que l'on souhaite affecter et de nommer cette sélection via la zone de saisie située au-dessus à gauche. Il n'est pas nécessaire de redimensionner le nombre de lignes si l'on doit en ajouter au fichier. En revanche, ceci sera à faire si vous souhaitez ajouter des colonnes. Au niveau de la requête, il faut spécifier le pilote, la chaîne de connexion et la requête, ce qui se fait aisément :

```
SELECT *
FROM OPENROWSET
      (
        'Microsoft.ACE.OLEDB.12.0',
        'Excel 12.0;Database=F:\SQLServer2014\auteurs.xlsx;',
        'SELECT * FROM auteurs'
      )
```

Nous obtenons le résultat illustré à la figure 6-2.

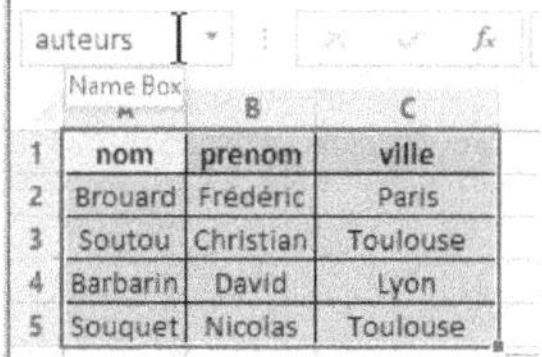

	A	B	C
1	nom	prenom	ville
2	Brouard	Frédéric	Paris
3	Soutou	Christian	Toulouse
4	Barbarin	David	Lyon
5	Souquet	Nicolas	Toulouse

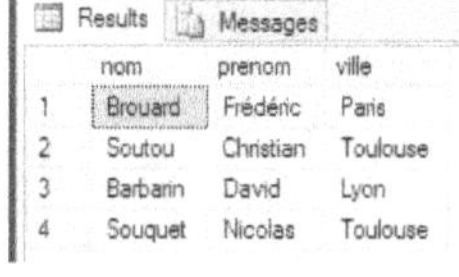

	nom	prenom	ville
1	Brouard	Frédéric	Paris
2	Soutou	Christian	Toulouse
3	Barbarin	David	Lyon
4	Souquet	Nicolas	Toulouse

Figure 6–2
À gauche, le fichier Excel avec la zone de données nommée « auteurs ». À droite, le résultat de la requête avec OPENROWSET dans SQL Server.

On a tout le loisir d'utiliser la puissance du langage SQL, soit directement sur la source de données externe :

```
SELECT *
FROM   OPENROWSET
       (
         'Microsoft.ACE.OLEDB.12.0'
         , 'Excel 12.0;Database=F:\SQLServer2014\auteurs.xlsx;'
         , 'SELECT * FROM auteurs WHERE nom LIKE ''S%'''
       )
```

Soit en isolant la source de données externe des filtres :

```
SELECT *
FROM   OPENROWSET
       (
         'Microsoft.ACE.OLEDB.12.0'
         , 'Excel 12.0;Database=F:\SQLServer2014\auteurs.xlsx;'
         , 'SELECT * FROM auteurs'
       )
WHERE nom LIKE 'S%'
```

Dans les deux cas, nous obtenons le même résultat, mais la façon dont le moteur exécute la requête est différente. En effet, dans le premier cas, le filtre est appliqué avant que les lignes soient retournées à SQL Server. Dans le second cas, toutes les lignes du fichier Excel sont d'abord retournées à SQL Server, qui les filtre ensuite et affiche le résultat :

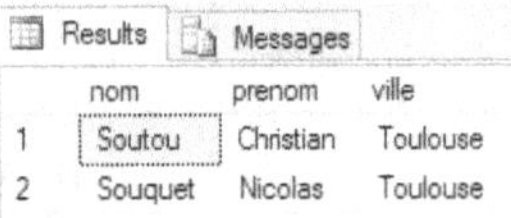

Figure 6–3
Récupération des données d'un fichier Excel avec OPENROWSET

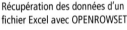

Mettons maintenant à jour le nom des villes pour quelques auteurs : pour toute opération d'écriture, il est nécessaire de spécifier la requête de modification en T-SQL :

```
UPDATE OPENROWSET
       (
         'Microsoft.ACE.OLEDB.12.0'
         , 'Excel 12.0;Database=F:\SQLServer2014\auteurs.xlsx;'
         , 'SELECT * FROM auteurs'
       )
SET    ville = 'Bangkok'
WHERE nom = 'Souquet'
```

```
INSERT INTO OPENROWSET
       (
         'Microsoft.ACE.OLEDB.12.0'
         , 'Excel 12.0;Database=F:\SQLServer2014\auteurs.xlsx;'
         , 'SELECT * FROM auteurs'
       )
VALUES ('David', 'Baffaleuf', 'Paris)
```

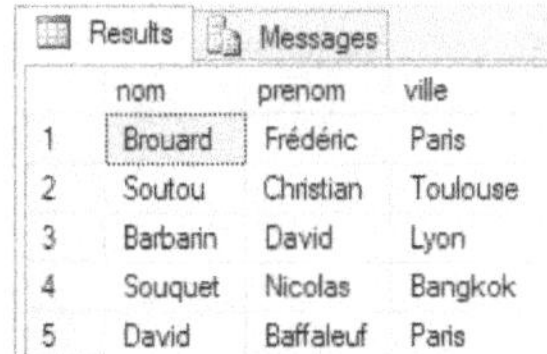

	nom	prenom	ville
1	Brouard	Frédéric	Paris
2	Soutou	Christian	Toulouse
3	Barbarin	David	Lyon
4	Souquet	Nicolas	Bangkok
5	David	Baffaleuf	Paris

Figure 6–4
Résultat de l'interrogation d'un fichier Excel après mises à jour

Il n'est malheureusement pas possible de supprimer des données à l'aide de l'instruction `DELETE` sur un fichier Excel. Néanmoins, cela ne signifie pas que vous ne pouvez pas supprimer des lignes avec `OPENROWSET()`. En effet, cela dépend du pilote que l'on utilise et de la source externe de données que l'on souhaite affecter.

Utilisation de OPENROWSET en mode BULK

On peut aussi utiliser la fonction `OPENROWSET` pour importer des fichiers, lesquels peuvent contenir des données binaires ou des caractères. Voyons tout d'abord comment accéder à un fichier texte qui contient une ligne par auteur de ce livre. Pour cela, on utilise l'option `SINGLE_CLOB` si on est certain que le fichier ne contient que des caractères latins, sinon l'option `SINGLE_NCLOB`.

```
SELECT BulkColumn
FROM   OPENROWSET(BULK 'F:\SQLServer2014\auteurs.txt', SINGLE_CLOB)
```

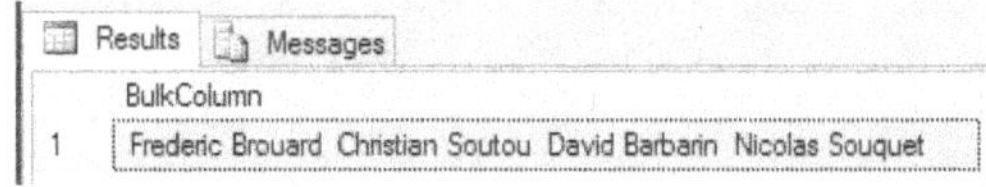

	BulkColumn
1	Frederic Brouard Christian Soutou David Barbarin Nicolas Souquet

Figure 6–5
Récupération des données brutes d'un fichier texte avec OPENROWSET en mode BULK

Il reste alors à écrire du code supplémentaire, soit avec une expression de table commune récursive[1], soit avec les fonctions XQuery. Lorsqu'on compare les performances avec `BULK INSERT` ou SQL Server Integration Services, on s'aperçoit vite que l'utilisation de `OPENROWSET` en mode `BULK` pour intégrer des fichiers texte n'est pas concluante.

Par ailleurs, il est possible d'utiliser `OPENROWSET` pour importer des valeurs binaires. Considérons donc la table suivante, dans laquelle on souhaite importer des images :

```
CREATE TABLE picture
(
  picture_id int IDENTITY NOT NULL
    CONSTRAINT PK_picture PRIMARY KEY
  , picture_file_name varchar(255) NOT NULL
    CONSTRAINT UQ_picture__picture_file_name UNIQUE
  , picture varbinary(max)
)
GO

INSERT INTO dbo.picture (picture_file_name) VALUES ('F:\SQLServer2014\image.png')
GO
```

1. http://blog.developpez.com/elsuket/p7218/snippets/snippets_manipuler_un_fichier_texte_d_un

Pour le moment, la colonne `picture` est à `NULL`. Comme la syntaxe de l'instruction `OPENROWSET` en mode `BULK` l'indique, il n'est pas possible de passer une colonne ou une variable comme substituant au nom de fichier. Nous devons donc spécifier une boucle `WHILE` et pour cela, nous utilisons du code dynamique Transact-SQL :

```
DECLARE @sql nvarchar(max) = ''
        , @picture_file_name varchar(255)
        , @picture_id int
        , @pic varbinary(max)
WHILE EXISTS
(
  SELECT *
  FROM   dbo.picture
  WHERE picture IS NULL
)
BEGIN
  SELECT TOP 1 @picture_id = picture_id
             , @picture_file_name = picture_file_name
  FROM   dbo.picture
  WHERE picture IS NULL

  SET @sql = 'SELECT @_pic = BulkColumn
  FROM OPENROWSET(BULK ''' + @picture_file_name + ''', SINGLE_BLOB) TMP'

  EXEC sp_executesql
    @sql
    , N'@_pic varbinary(max) OUTPUT'
    , @_pic = @pic OUTPUT

  UPDATE dbo.picture
  SET    picture = @pic
  WHERE picture_id = @picture_id
END
```

Avouons que le code est relativement lourd, mais surtout qu'il est peu performant lorsqu'on doit gérer de nombreuses images ou fichiers. La réalisation de la même tâche avec SQL Server Integration Services est ici encore bien plus simple à implémenter (tâche de flux de données, import de colonne), et surtout bien plus performante.

```
OPENDATASOURCE
```

Cette fonction de table se substitue à un serveur lié et supprime le besoin d'en enregistrer un au niveau de l'instance. Elle autorise tous types de cibles, comme une base de données SQL Server hébergée sur une instance SQL Server distincte de celle où l'on souhaite exécuter un tel ordre, une base de données Oracle, un fichier texte, XML, Excel ou Access… Lors de l'utilisation de cette fonction, il convient de spécifier la source de données en quatre parties, suivant le modèle `<Serveur>.<baseDeDonnees>.<schema>.<table>`.

Cette fonction s'utilise comme suit :

```
OPENDATASOURCE (<nom_du_fournisseur>, <chaine_de_connexion>)
```

Le paramètre qui définit la chaîne de connexion varie suivant la source que l'on souhaite adresser et peut renseigner la source de données, des propriétés étendues, un timeout de connexion ou un nom d'utilisateur et son mot de passe. Si l'on souhaite utiliser cette fonction pour se connecter à une autre instance SQL Server en utilisant l'authentification de type Windows, la délégation d'authentification via Kerberos est requise. Enfin, il est à noter que si la cible expose des données de types définis par la CLR (comme `hierarchyid` ou les types spatiaux), il est nécessaire de recourir à la fonction `OPENQUERY()`.

Comme nous allons le voir, `OPENDATASOURCE()` est une fonction relativement simple à utiliser, à condition de pouvoir spécifier la chaîne de connexion[2].

```
SELECT Name
       , ProductNumber
       , Color
       , ListPrice
       , Size
       , Weight
FROM   OPENDATASOURCE
        (
         'SQLNCLI' -- Fournisseur de données SQL Server natif
         , 'Data Source=ELSUKET8;Integrated Security=SSPI' -- Chaîne de connexion
       ).AdventureWorks2012.Production.Product
```

La figure 6-6 présente le résultat obtenu.

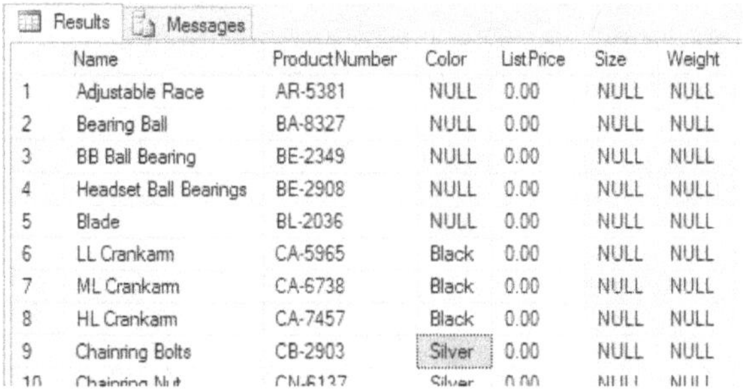

Figure 6–6
Résultat d'une requête

Results | Messages

	Name	ProductNumber	Color	ListPrice	Size	Weight
1	Adjustable Race	AR-5381	NULL	0.00	NULL	NULL
2	Bearing Ball	BA-8327	NULL	0.00	NULL	NULL
3	BB Ball Bearing	BE-2349	NULL	0.00	NULL	NULL
4	Headset Ball Bearings	BE-2908	NULL	0.00	NULL	NULL
5	Blade	BL-2036	NULL	0.00	NULL	NULL
6	LL Crankarm	CA-5965	Black	0.00	NULL	NULL
7	ML Crankarm	CA-6738	Black	0.00	NULL	NULL
8	HL Crankarm	CA-7457	Black	0.00	NULL	NULL
9	Chainring Bolts	CB-2903	Silver	0.00	NULL	NULL

Il est alors possible de spécifier des jointures et d'utiliser toute la puissance du langage Transact-SQL. Par ailleurs, on peut écrire dans des pseudo bases de données, comme un fichier Excel. Voici donc un fichier Excel, stocké dans le répertoire `F:\SQLServer2014\auteurs.xls` (figure 6-7).

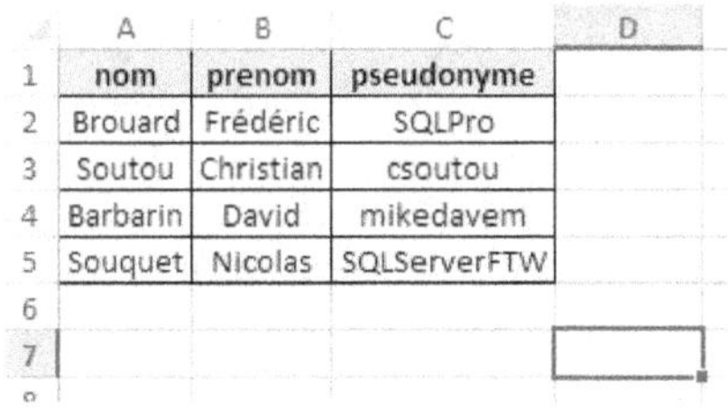

Figure 6–7
Le fichier Excel à mettre à jour

	A	B	C	D
1	nom	prenom	pseudonyme	
2	Brouard	Frédéric	SQLPro	
3	Soutou	Christian	csoutou	
4	Barbarin	David	mikedavem	
5	Souquet	Nicolas	SQLServerFTW	
6				
7				

2. Le site connectionstrings.com renseigne exhaustivement la spécification de toutes les chaînes de connexion.

Nous allons mettre à jour le pseudonyme de Nicolas Souquet avec la requête suivante :

```
UPDATE OPENDATASOURCE
       (
         'Microsoft.ACE.OLEDB.15.0'
         ,'Excel 12.0;Database=F:\SQLServer2014\auteurs.xls;HDR=YES'
       )...[auteurs]
SET    pseudonyme = 'elsuket'
WHERE nom = 'Souquet'
```

Notons que :

- Comme il s'agit ici d'un fichier Excel, la qualification de l'objet en quatre parties est elliptique et remplacée par trois points.
- Le fichier ne peut pas être accédé pendant l'écriture : si un utilisateur a ouvert ce fichier avec Excel, l'`UPDATE` échouera.
- Il est conseillé d'utiliser le pilote ACE (toujours installé avec SQL Server) plutôt que le pilote Jet pour Excel. Que vous utilisiez l'un ou l'autre, vous devrez nommer une région de données, comme indiqué précédemment pour la fonction `OPENROWSET`.
- L'option `HDR` dans la chaîne de connexion indique que la première ligne contient le nom des colonnes. Dans le cas contraire, il suffit de positionner cette option à `NO`.

Nous obtenons le résultat escompté, aussi bien en réouvrant le fichier avec Excel, qu'avec la requête suivante :

```
SELECT *
FROM   OPENDATASOURCE
       (
         'Microsoft.ACE.OLEDB.12.0'
         ,'Excel 12.0;Database=F:\SQLServer2014\auteurs.xls;HDR=YES'
       )...[auteurs];
```

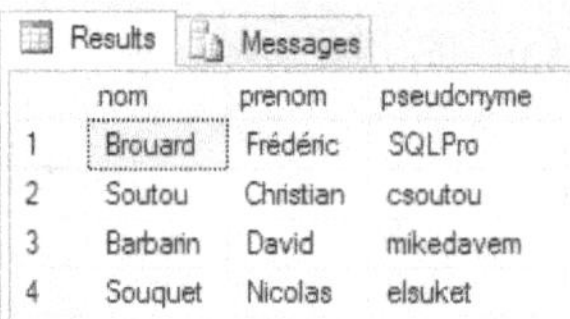

Results | Messages

	nom	prenom	pseudonyme
1	Brouard	Frédéric	SQLPro
2	Soutou	Christian	csoutou
3	Barbarin	David	mikedavem
4	Souquet	Nicolas	elsuket

	A	B	C
1	nom	prenom	pseudonyme
2	Brouard	Frédéric	SQLPro
3	Soutou	Christian	csoutou
4	Barbarin	David	mikedavem
5	Souquet	Nicolas	elsuket

Figure 6–8
Le fichier Excel après l'UPDATE.
À gauche avec OPENDATASOURCE,
à droite sous Excel

OPENQUERY

La fonction `OPENQUERY()` permet de soumettre la requête à exécuter au moteur de base de données supportant la source de données externe et/ou distante, et de ne ramener que le résultat de cette requête. Ceci évite donc d'avoir à transporter tout le jeu de données du serveur distant, en mobilisant largement les ressources réseau qui le relient au client : SQL Server.

À noter que :

- L'expression de la requête doit être exprimée dans le langage de la source externe de données. Ainsi, si l'on souhaite exécuter une requête sur une base de données Oracle, on devra écrire ladite requête dans le dialecte PL/SQL.
- Si la requête spécifiée modifie des données (de type `INSERT`, `UPDATE`, `DELETE` ou `MERGE`), c'est le pilote qui détermine sur quel serveur la requête est exécutée. Lorsque la source de données est :

- SQL Server, c'est l'instance SQL Server distante qui effectue la mise à jour ;
- Non SQL Server, il est possible que seules les lignes qui satisfont les filtres et jointures soient retournées à SQL Server. SQL Server les renverra une fois modifiées à la source de données externe.
- La fonction OPENQUERY() requiert la création d'un serveur lié (voir la section « SQL en ligne de commande avec SQLcmd.exe » de ce chapitre).

Nous ajoutons donc le serveur lié comme suit :

```
EXEC sp_addlinkedserver
      @server = 'XL_auteurs',
      @srvproduct = N'Excel 12.0',
      @provider = 'Microsoft.ACE.OLEDB.12.0',
      @datasrc = 'F:\SQLServer2014\auteurs.xlsx',
      @provstr = 'Excel 12.0';
```

On peut ensuite interroger le fichier Excel de la manière suivante :

```
SELECT *
FROM   OPENQUERY
       (
         XL_auteurs
         , 'SELECT * FROM auteurs'
       )
```

On peut également réaliser des INSERT et des UPDATE :

```
UPDATE OPENQUERY
       (
         XL_auteurs
         , 'SELECT * FROM auteurs'
       )
SET    pseudonyme = 'Nico'
WHERE nom = 'Souquet'

INSERT INTO OPENQUERY
       (
         XL_auteurs
         , 'SELECT * FROM auteurs'
       )
VALUES (
         'SQL'
         , 'Server'
         , NULL
       )
```

En revanche, l'utilisation de la commande DELETE lève l'erreur suivante :

```
DELETE FROM OPENQUERY
       (
         XL_auteurs
         , 'SELECT * FROM auteurs'
       )
WHEREnom = 'SQL'

OLE DB provider "Microsoft.ACE.OLEDB.12.0" for linked server "XL_auteurs" returned message "Deleting
data in a linked table is not supported by this ISAM.".
```

On pourrait penser que le fait de placer l'instruction `DELETE` dans le paramètre chaîne de requête de la fonction `OPENQUERY()` fonctionnerait, mais cela provoque également une erreur.

Exporter avec l'assistant

Management Studio est livré avec un assistant qui permet d'exporter des données, aussi bien vers des bases de données que vers des fichiers. Pour y accéder, il suffit d'effectuer un clic droit sur la base de données qui contient les données à exporter et de sélectionner Tâches>Exporter des données. Il est par ailleurs possible de conserver les caractéristiques de l'export que nous allons spécifier comme un paquetage SQL Server Integration Services (SSIS). Ceci permet de répéter la tâche facilement, mais aussi de la planifier par un travail de l'Agent SQL Server. Voyons comment exporter l'historique des sauvegardes des bases de données dans un fichier Excel.

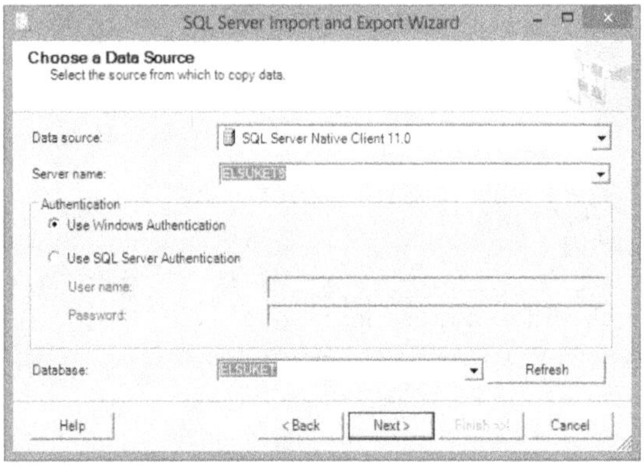

Figure 6–9
Sélection de la source de données dans l'assistant d'import/export de donnée

Si l'on souhaite conserver la tâche d'export comme paquetage SSIS, il est nécessaire de bien choisir le type d'authentification. Cliquez sur Suivant *(Next)* afin de choisir un type de cible de données : La cible de l'export peut tout aussi bien être une base de données Oracle, qu'un fichier Excel, un fichier plat, ou une autre base de données SQL Server :

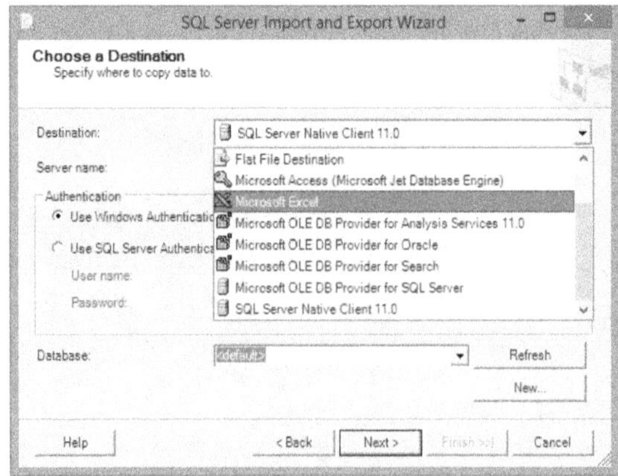

Figure 6–10
Choix d'un type de cible de données

Après avoir validé la cible de type Excel, l'interface se modifie légèrement pour proposer un nom de fichier, ainsi que quelques options.

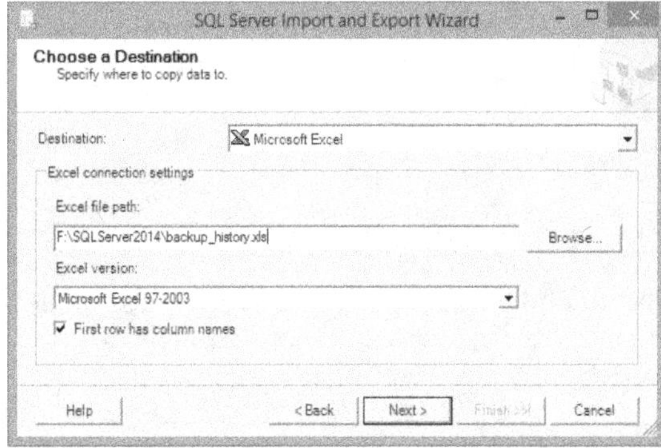

Figure 6–11
Spécifications de la cible fichier Excel

Cliquez à nouveau sur le bouton Suivant *(Next)* pour pouvoir indiquer si vous souhaitez exporter une table ou une vue dans son ensemble, ou alors exporter le résultat d'une requête (à spécifier). Nous avons créé la vue `dbo.backup_history` dans la base de données système `msdb`, qui nous permet d'obtenir une vue simplifiée de l'historique de toutes les sauvegardes qui ont été effectuées. Nous sélectionnons tout de même l'option Écrire une requête pour spécifier les données à transférer *(Write a query to specify the data to transfer)*, car nous voulons obtenir un certain ordre dans les données exportées.

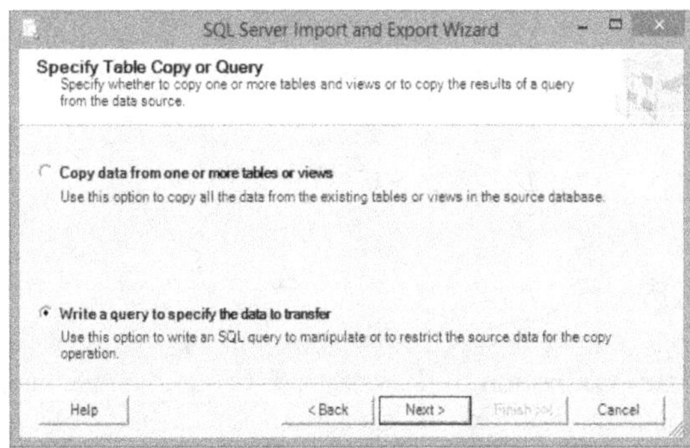

Figure 6–12
Sélection du type d'export : table, vue, ou requête

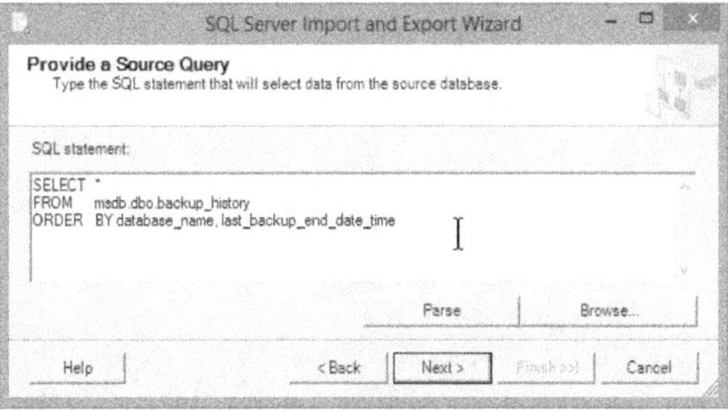

Figure 6–13
Spécification de la requête dont le résultat sera exporté

Cliquez sur le bouton Suivant *(Next)* pour afficher le résumé des caractéristiques de l'export.

Figure 6–14
Résumé des caractéristiques de l'export

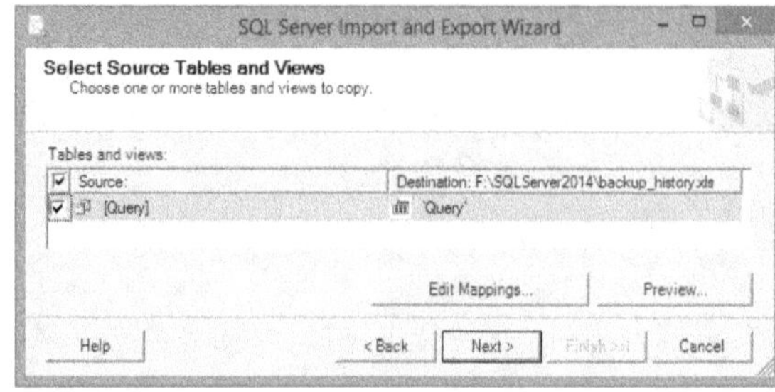

Si vous cliquez sur le bouton Éditer les mappages *(Edit Mappings)*, vous pouvez visualiser les types de données qui seront utilisés pour l'export, et spécifier l'écrasement du fichier en cochant l'option appropriée.

Figure 6–15
Mappage des colonnes de la requête avec celles du fichier Excel

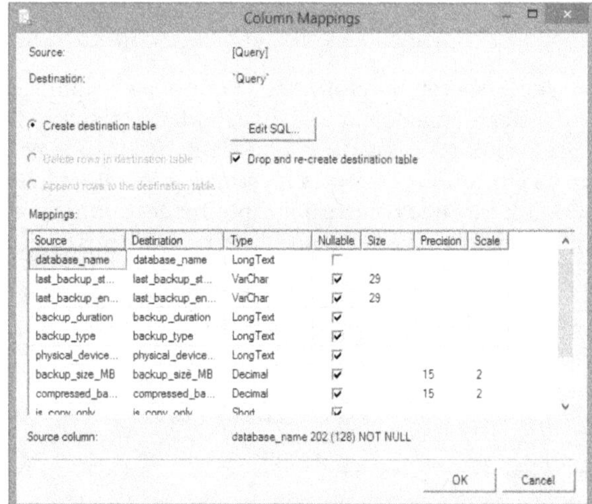

La fenêtre suivante vous permet de spécifier où vous souhaitez sauvegarder le paquetage SSIS : soit dans la base de données système `msdb` (option SQL Server), soit en tant que fichier. Vous pouvez également préciser si vous autorisez ou non la modification et l'exécution du paquetage, cela à plusieurs niveaux.

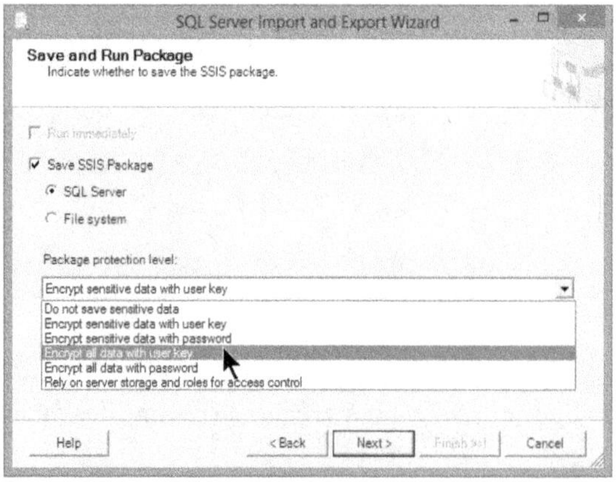

Figure 6–16
Sauvegarde du paquetage

Cliquez sur le bouton Suivant *(Next)* pour continuer. La fenêtre de la figure 6-17 s'ouvre alors.

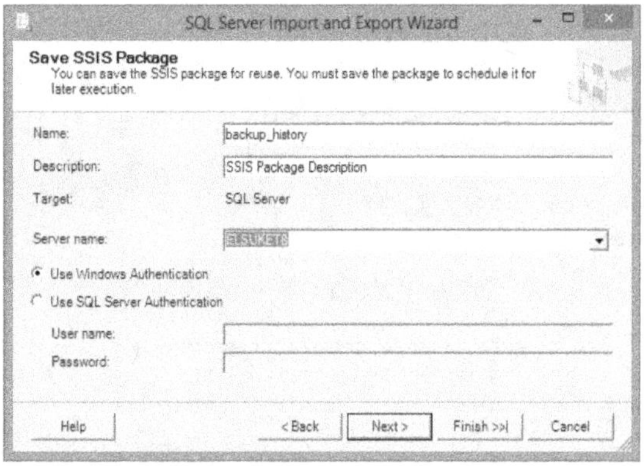

Figure 6–17
Sauvegarde du paquetage SSIS

SQL Server Import and Export Wizard

Save SSIS Package
You can save the SSIS package for reuse. You must save the package to schedule it for later execution.

Name: backup_history
Description: SSIS Package Description
Target: SQL Server
Server name: ELSUKET8
Use Windows Authentication
Use SQL Server Authentication
User name:
Password:

Help | < Back | Next > | Finish >>| | Cancel

Cliquez à nouveau sur le bouton Suivant *(Next)*. Une fenêtre récapitulative apparaît, cliquez sur Terminer *(Finish)*. Vous devez maintenant vous connecter à l'instance SSIS pour exécuter le paquetage, puis l'exécuter (figure 6-18).

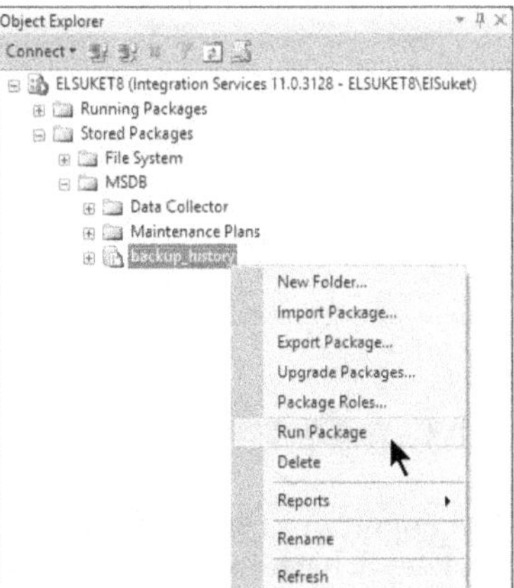

Figure 6–18
Exécution du paquetage à partir de l'instance SSIS

Si vous obtenez une erreur spécifiant un refus d'accès, vous devez redémarrer Management Studio en tant qu'administrateur. Après exécution du paquetage, nous obtenons le résultat suivant (figure 6-19). Il ne nous reste plus qu'à formater les colonnes de type `date`.

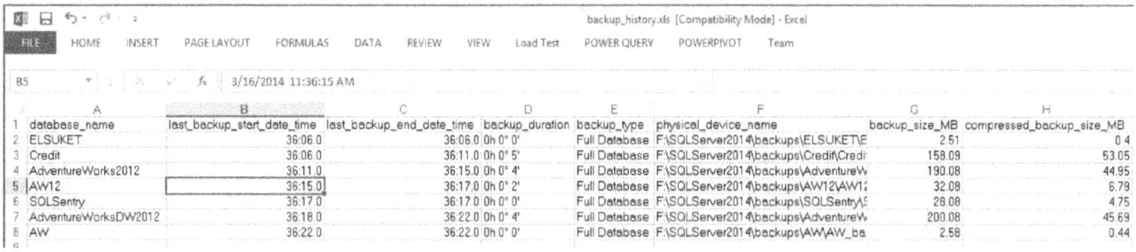

backup_history.xls [Compatibility Mode] - Excel

B5 | 3/16/2014 11:36:15 AM

	A	B	C	D	E	F	G	H
1	database_name	last_backup_start_date_time	last_backup_end_date_time	backup_duration	backup_type	physical_device_name	backup_size_MB	compressed_backup_size_MB
2	ELSUKET	36:06.0	36:06.0	0h 0" 0'	Full Database	F:\SQLServer2014\backups\ELSUKET\E	2.51	0.4
3	Credit	36:06.0	36:11.0	0h 0" 5'	Full Database	F:\SQLServer2014\backups\Credit\Credi	158.09	53.05
4	AdventureWorks2012	36:11.0	36:15.0	0h 0" 4'	Full Database	F:\SQLServer2014\backups\AdventureW	190.08	44.95
5	AW12	36:15.0	36:17.0	0h 0" 2'	Full Database	F:\SQLServer2014\backups\AW12\AW1	32.08	6.79
6	SQLSentry	36:17.0	36:17.0	0h 0" 0'	Full Database	F:\SQLServer2014\backups\SQLSentry\S	28.08	4.75
7	AdventureWorksDW2012	36:18.0	36:22.0	0h 0" 4'	Full Database	F:\SQLServer2014\backups\AdventureW	200.08	45.69
8	AW	36:22.0	36:22.0	0h 0" 0'	Full Database	F:\SQLServer2014\backups\AW\AW_ba	2.58	0.44

Figure 6–19 Le fichier Excel backup_history.xls, après exécution du paquetage SSIS

Enfin, si vous souhaitez planifier l'exécution du paquetage créé, procédez comme suit :

- Créez un nouveau travail de l'Agent SQL Server.
- Créez une étape de type SQL Server Integration Services Package.
- Dans l'onglet Package, sélectionnez SSIS package store dans la liste déroulante Package source (si vous venez de sauvegarder le paquetage en suivant l'exemple précédent).

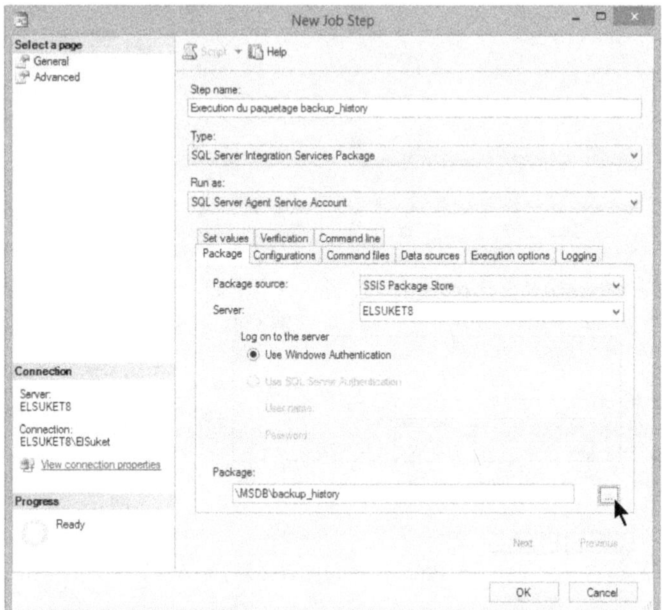

Figure 6–20
Spécification d'une étape de travail de l'Agent SQL Server référençant le paquetage précédemment créé

SQL en ligne de commande avec SQLcmd.exe

Bien que `SQLcmd.exe` ne soit pas dédié à l'import ni à l'export de données en bloc, il est possible de l'utiliser en import, notamment si vous avez des fichiers contenant un lot d'ordre SQL d'insertion de données sous la forme d'ordre `INSERT`, ou pour obtenir un fichier de sortie pour une table ou une requête SQL dans un format basique.

Étant donné que cet utilitaire comporte de nombreuses options de ligne de commande, nous vous renvoyons vers la documentation[3], qui en plus d'être exhaustive et bien détaillée, comprend de nombreux exemples[4].

Importer des données via un lot de commandes INSERT

Pour importer dans une table un lot de commandes `INSERT`, il suffit de passer le nom du fichier contenant la liste d'instructions `INSERT` en paramètre.

3. http://technet.microsoft.com/fr-fr/library/ms162773.aspx
4. http://technet.microsoft.com/fr-fr/library/ms180944.aspx

Nous créons une base de données `Geographie`, qui contient la table suivante :

```
CREATE DATABASE Geographie
GO

USE Geographie
GO

CREATE TABLE dbo.departement
(
  departement_id tinyint IDENTITY(0,1) NOT NULL
    CONSTRAINT PK_departement PRIMARY KEY
  , nom_departement varchar(32) NOT NULL
    CONSTRAINT UQ_departement__nom_departement UNIQUE
  , code_department char(3) NOT NULL
    CONSTRAINT UQ_departement__code_department UNIQUE
  , chef_lieu_departement varchar(32) NOT NULL
    CONSTRAINT UQ_departement__chef_lieu_departement UNIQUE
)
```

Et nous disposons d'un fichier nommé `INSERT_departement_SQLCMD.sql` dont voici un aperçu (figure 6-21).

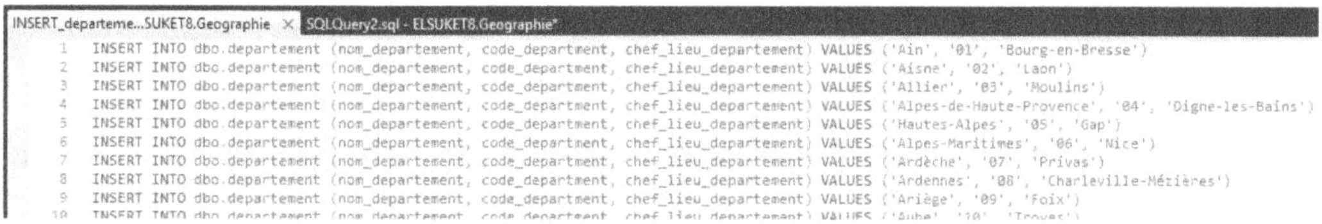

```
INSERT_departeme...SUKET8.Geographie  X  SQLQuery2.sql - ELSUKET8.Geographie*
INSERT INTO dbo.departement (nom_departement, code_department, chef_lieu_departement) VALUES ('Ain', '01', 'Bourg-en-Bresse')
INSERT INTO dbo.departement (nom_departement, code_department, chef_lieu_departement) VALUES ('Aisne', '02', 'Laon')
INSERT INTO dbo.departement (nom_departement, code_department, chef_lieu_departement) VALUES ('Allier', '03', 'Moulins')
INSERT INTO dbo.departement (nom_departement, code_department, chef_lieu_departement) VALUES ('Alpes-de-Haute-Provence', '04', 'Digne-les-Bains')
INSERT INTO dbo.departement (nom_departement, code_department, chef_lieu_departement) VALUES ('Hautes-Alpes', '05', 'Gap')
INSERT INTO dbo.departement (nom_departement, code_department, chef_lieu_departement) VALUES ('Alpes-Maritimes', '06', 'Nice')
INSERT INTO dbo.departement (nom_departement, code_department, chef_lieu_departement) VALUES ('Ardèche', '07', 'Privas')
INSERT INTO dbo.departement (nom_departement, code_department, chef_lieu_departement) VALUES ('Ardennes', '08', 'Charleville-Mézières')
INSERT INTO dbo.departement (nom_departement, code_department, chef_lieu_departement) VALUES ('Ariège', '09', 'Foix')
INSERT INTO dbo.departement (nom_departement, code_department, chef_lieu_departement) VALUES ('Aube', '10', 'Troyes')
```

Figure 6–21 Aperçu du fichier INSERT_departement_SQLCMD.sql

Nous allons donc insérer les 101 départements français et leurs chefs-lieux respectifs, et rediriger la sortie de la console vers le fichier `F:\SQLServer2014\SQLCMD_output.txt`. La commande doit donc comprendre :

- `-S`, qui doit être suivi du nom de l'instance SQL Server à laquelle on souhaite se connecter ;
- `-d`, qui doit être suivi du nom de la base de données sur laquelle on souhaite exécuter la requête (avec l'option `-q` ou `-Q`), ou le lot de requêtes (avec l'option `-i`) ;
- `-i`, qui doit être suivi du nom du fichier contenant une liste d'instructions Transact-SQL à exécuter ;
- `-o`, qui est optionnel et doit être suivi d'un fichier qui récupérera la sortie générée par l'exécution des commandes (que ce soit avec `-q`, `-Q`, ou `-i`) ;
- `-E` pour utiliser l'authentification Windows et les caractéristiques d'authentification de l'utilisateur courant. À défaut, on peut utiliser les options `-U` pour spécifier un nom d'utilisateur et `-P` pour son mot de passe.

Pour cet exemple, la commande est donc :

```
sqlcmd -S ELSUKET8 -d Geographie -E -i "F:\SQLServer2014\INSERT_departement_SQLCMD.sql" -o
"F:\SQLServer2014\SQLCMD_output.txt"
```

De retour dans Management Studio, si nous interrogeons la table `dbo.departement`, nous obtenons le résultat représenté à la figure 6-22.

	departement_id	nom_departement	code_departement	chef_lieu_departement
1	0	Ain	01	Bourg-en-Bresse
2	1	Aisne	02	Laon
3	2	Allier	03	Moulins
4	3	Alpes-de-Haute-Provence	04	Digne-les-Bains
5	4	Hautes-Alpes	05	Gap
6	5	Alpes-Maritimes	06	Nice
7	6	Ardèche	07	Privas
8	7	Ardennes	08	Charleville-Mézières
9	8	Ariège	09	Foix
10	9	Aube	10	Troyes
11	10	Aude	11	Carcassonne

Figure 6–22
Contenu de la table dbo.departement après exécution de la commande SQLCMD prenant en entrée un fichier de commandes INSERT

Exporter une vue, une table ou les données d'une requête en format « listing »

Nous souhaitons maintenant exporter les données de la table `dbo.departement` dans un format basique. Dans ce cas, le paramètre `-o` nous permet d'indiquer le fichier qui recevra les données en sortie. Nous devons également préciser la requête à exécuter, pour laquelle nous devons spécifier `-Q` puisqu'on ne souhaite pas soumettre d'autres instructions (sinon nous aurions utilisé `-q`). L'instruction `SQLCMD` est donc la suivante :

```
sqlcmd -S ELSUKET8 -d Geographie -E -Q "SELECT * FROM dbo.departement" -o
F:\SQLServer2014\liste_departement.txt
```

Lorsque nous ouvrons le fichier `liste_departement.txt`, nous obtenons le résultat présenté à la figure 6-23.

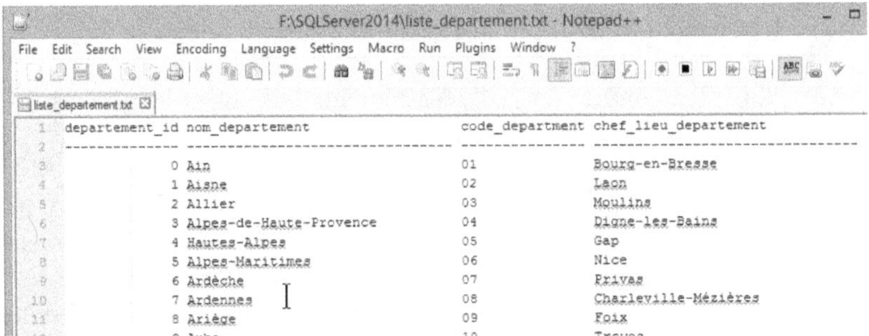

```
departement_id nom_departement                 code_departement chef_lieu_departement
-------------- ------------------------------- ---------------- ------------------------------
             0 Ain                             01               Bourg-en-Bresse
             1 Aisne                           02               Laon
             2 Allier                          03               Moulins
             3 Alpes-de-Haute-Provence         04               Digne-les-Bains
             4 Hautes-Alpes                    05               Gap
             5 Alpes-Maritimes                 06               Nice
             6 Ardèche                         07               Privas
             7 Ardennes                        08               Charleville-Mézières
             8 Ariège                          09               Foix
```

Figure 6–23
Résultat de l'export de la table dbo.departement avec SQLCMD

Exporter des données au format INSERT (SQL)

Avant SQL Server 2008, Microsoft ne fournissait pas de moyens particuliers pour créer des scripts SQL de rétro-insertion (lots d'ordres SQL `INSERT`) pour exporter les données d'une base. Cela est dû à plusieurs raisons :

- utiliser un tel script pour insérer des données est ce qu'il y a de plus lent en matière d'importation de données ;
- certaines données doivent généralement être formatées de manière particulière (notamment pour les types `HIERARCHYID`, `GEOMETRY` et `GEOGRAPHY`) ;
- le volume lié à certains types de données (LOB en particulier) peut se révéler incompatible avec la taille maximale d'un fichier d'export.

Néanmoins, il nous a paru nécessaire de fournir un moyen de créer de tels scripts afin de satisfaire nos lecteurs. L'exemple 6-8 propose donc une procédure permettant de créer des scripts SQL de rétro insertion.

Exemple 6-8. Procédure permettant d'exporter au format INSERT (SQL Server 2005)

```
CREATE PROCEDURE dbo.sp__ADMIN_CREATE_INSERTS
                     @TABLE_SCHEMA   sysname,
                     @TABLE_NAME     sysname,
                     @FORCE_IDENTITY BIT = 0
AS

-- Déclaration des variables locales
DECLARE @SQL          NVARCHAR(MAX),
        @ID_ON        NVARCHAR(MAX),
        @ID_OFF       NVARCHAR(MAX),
        @COLUMNS      NVARCHAR(MAX),
        @VALUES       NVARCHAR(MAX),
        @COL_IDENTITY sysname;
-- Assignations préalables
SELECT @COLUMNS = '', @VALUES = '';

-- Est-ce que la table existe ?
IF NOT EXISTS(SELECT *
              FROM   INFORMATION_SCHEMA.TABLES
              WHERE TABLE_NAME = @TABLE_NAME
                AND TABLE_SCHEMA = @TABLE_SCHEMA)
BEGIN
   RAISERROR('La table %s.%s n''a pas été trouvée.',
             16, 1, @TABLE_SCHEMA, @TABLE_NAME);
   RETURN;
END;

-- Récupère la colonne auto-incrémentée IDENTITY
-- si elle existe dans la table
SELECT @COL_IDENTITY = COLUMN_NAME
FROM   INFORMATION_SCHEMA.COLUMNS
WHERE COLUMNPROPERTY(OBJECT_ID(DB_NAME() + '.'
       + TABLE_SCHEMA +'.' + TABLE_NAME),
       COLUMN_NAME, 'IsIdentity') = 1
  AND TABLE_NAME = @TABLE_NAME
  AND TABLE_SCHEMA = @TABLE_SCHEMA;
SET @COL_IDENTITY = COALESCE(@COL_IDENTITY, '');

-- Si l'on a demandé le forçage des auto-incréments
-- et qu'il y a une telle colonne, alors préparer
-- la commande IDENTITY_INSERT ON/OFF
IF @FORCE_IDENTITY = 1 AND @COL_IDENTITY <> ''
BEGIN
   SET @ID_ON = 'SELECT 0 AS 0, ''SET IDENTITY_INSERT ['
               + DB_NAME() +'].[' + @TABLE_SCHEMA +'].['
               + @TABLE_NAME
               + '] ON; '' AS C UNION ALL '
   SET @ID_OFF = ' UNION ALL SELECT 2, ''SET IDENTITY_INSERT ['
               + DB_NAME() +'].[' + @TABLE_SCHEMA +'].['+ @TABLE_NAME
               + '] OFF; '''

   SET @COL_IDENTITY = '';
END
ELSE
   SELECT @ID_ON = '', @ID_OFF = '';
```

```
-- Création de la liste des colonnes et des valeurs
-- converties en hexadécimal
SELECT @COLUMNS = @COLUMNS + ',' + '[' + COLUMN_NAME + ']',
       @VALUES = @VALUES
       + '+'','''+COALESCE(master.dbo.fn_varbintohexstr(cast(['
       + COLUMN_NAME + '] as varbinary(max))),''NULL'')'
FROM   INFORMATION_SCHEMA.COLUMNS
WHERE TABLE_NAME = @TABLE_NAME
  AND TABLE_SCHEMA = @TABLE_SCHEMA
  and DATA_TYPE NOT IN ('timestamp', 'rowversion')
  AND COLUMN_NAME <> @COL_IDENTITY
  AND COLUMN_NAME NOT IN -- On évite les colonnes calculées
          (SELECT COLUMN_NAME
           FROM   INFORMATION_SCHEMA.COLUMNS
           WHERE TABLE_NAME = @TABLE_NAME
             AND TABLE_SCHEMA = @TABLE_SCHEMA
             AND COLUMNPROPERTY(OBJECT_ID(DB_NAME() + '.'
                  + TABLE_SCHEMA +'.' + TABLE_NAME),
                  COLUMN_NAME, 'isComputed') = 1);

-- Construction de la commande SQL INSERT INTO
SET @SQL = @ID_ON + 'SELECT 1 AS O, ''INSERT INTO [' + DB_NAME()
         +'].[' + @TABLE_SCHEMA +'].['+@TABLE_NAME + '] ('
         + SUBSTRING(@COLUMNS, 2, LEN(@COLUMNS)) + ') '
         + 'VALUES ('''+' + SUBSTRING(@VALUES, 6, LEN(@VALUES))
         + '+'')'' AS C FROM [' + @TABLE_SCHEMA +'].['+ @TABLE_NAME +']'
         + @ID_OFF;
SET @SQL = 'SELECT C FROM (' + @SQL +') AS T ORDER BY O;';

-- Lance la commande SQL
EXEC sp_executesql @SQL;
```

Cette procédure crée des ordres SQL `INSERT` avec l'éventuel débranchement de l'auto-incrément sous forme de données codées en hexadécimal. Il convient de lui passer le schéma SQL et le nom de l'objet (table ou vue) à exporter. Elle est limitée à 128 Mo de données.

Si vous voulez que cette procédure soit activable dans toutes les bases de votre serveur, il suffit de la créer dans la base `master` et de la marquer en tant que procédure système à l'aide de la procédure `sys.sp_MS_marksystemobject`, comme suit :

```
USE master;
EXEC sys.sp_MS_marksystemobject 'dbo.sp__ADMIN_CREATE_INSERTS';
```

Avec ce marquage, vous pouvez appeler la procédure dans n'importe quelle base de données.

Exemple 6-9. Exportation au format `INSERT`

```
USE DB_SQLSERVER;
EXEC dbo.sp__ADMIN_CREATE_INSERTS 'dbo', 'T_DEPARTEMENT_DPT', 1;
```

Ce code permet d'exporter la table `dbo.T_DEPARTEMENT_DPT` sous forme d'ordre `INSERT INTO` avec des données hexadécimales et forçage des auto-incréments. Le résultat obtenu est la suivant :

```
SET IDENTITY_INSERT [DB_SQLSERVER].[dbo].[T_DEPARTEMENT_DPT] ON;
INSERT INTO [DB_SQLSERVER].[dbo].[T_DEPARTEMENT_DPT] ([DPT_CODE],[DPT_NOM],[DPT_ID]) VALUES
(0x373520,0x5061726973,0x00000001)
INSERT INTO [DB_SQLSERVER].[dbo].[T_DEPARTEMENT_DPT] ([DPT_CODE],[DPT_NOM],[DPT_ID]) VALUES
(0x373720,0x5365696e65206574204d61726e65,0x00000002)
```

```
INSERT INTO [DB_SQLSERVER].[dbo].[T_DEPARTEMENT_DPT] ([DPT_CODE],[DPT_NOM],[DPT_ID]) VALUES
(0x373820,0x5976656c696e6573,0x00000003)
INSERT INTO [DB_SQLSERVER].[dbo].[T_DEPARTEMENT_DPT] ([DPT_CODE],[DPT_NOM],[DPT_ID]) VALUES
(0x393220,0x486175747320646520536569e65,0x00000004)
INSERT INTO [DB_SQLSERVER].[dbo].[T_DEPARTEMENT_DPT] ([DPT_CODE],[DPT_NOM],[DPT_ID]) VALUES
(0x393320,0x5365696e65205361696e742044656e6973,0x00000005)
INSERT INTO [DB_SQLSERVER].[dbo].[T_DEPARTEMENT_DPT] ([DPT_CODE],[DPT_NOM],[DPT_ID]) VALUES
(0x393420,0x56616c206465204d61726e65,0x00000006)
INSERT INTO [DB_SQLSERVER].[dbo].[T_DEPARTEMENT_DPT] ([DPT_CODE],[DPT_NOM],[DPT_ID]) VALUES
(0x393520,0x56616c2064274f697365,0x00000007)
SET IDENTITY_INSERT [DB_SQLSERVER].[dbo].[T_DEPARTEMENT_DPT] OFF;
```

D'autres utilitaires sont disponibles sur le Web, notamment :

- SSMS Tools Pack (plug-in pour les outils MS SQL Server)

  http://www.ssmstoolspack.com/Download

  Ensemble d'utilitaires pour Management Studio sous forme d'un fichier installable (`.msi`)
- InsertGenerator (procédure stockée)

  http://www.codeproject.com/Articles/5598/Generating-INSERT-statements-in-SQL-Server

  Une procédure qui génère des scripts SQL de rétro insertion
- sp_generate_inserts (procédure stockée)

  http://vyaskn.tripod.com/code.htm#inserts

Exemple 6-10. Assistant de génération de scripts

Depuis la version 2008 R2, il est possible d'utiliser le générateur de scripts SQL de Management Studio pour créer des listes d'insertion de données sous forme `INSERT INTO`. Voici comment procéder :

- Effectuez un clic droit sur la table ou la base sélectionnée et choisissez Tâches>Générer des scripts (Tasks>Generate scripts) dans le menu contextuel. L'assistant de génération de scripts s'ouvre alors (figure 6-24).

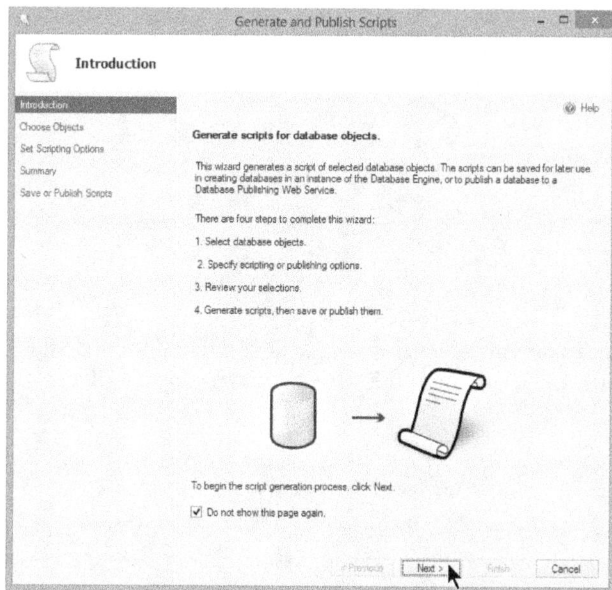

Figure 6–24
La page d'introduction de l'Assistant Génération et Publication de Scripts

- Cliquez sur le lien Sélectionner des objets (Choose Objects) à gauche ou sur le bouton Suivant (Next) afin d'ouvrir la fenêtre de la figure 6-25 qui permet de sélectionner les objets à scripter.

Figure 6–25
Choix des objets à scripter

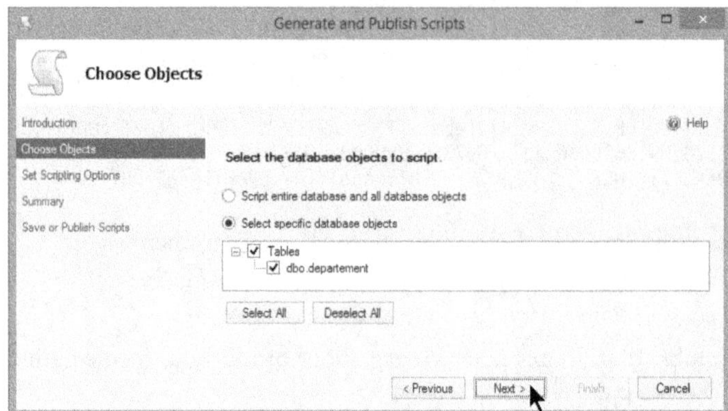

- Nous sélectionnons ici l'unique table dbo.departement de la base de données, puis nous cliquons sur le bouton Suivant (Next). La fenêtre de paramétrage du script apparaît (figure 6-26).

Figure 6–26
Fenêtre de paramétrage du script

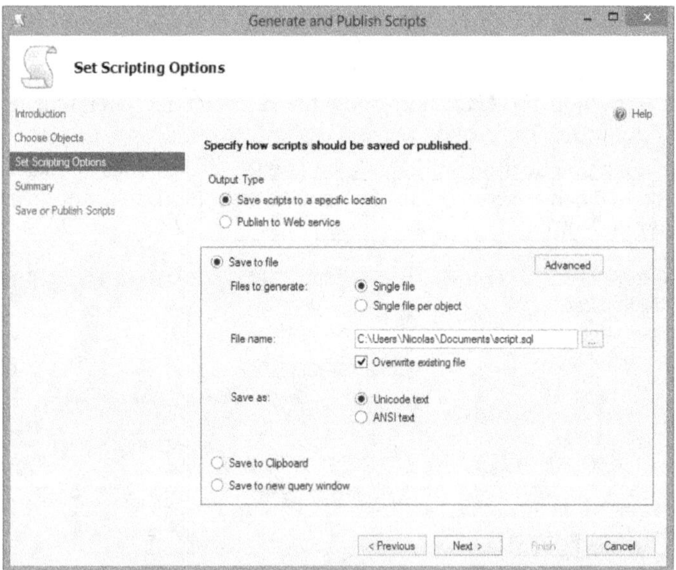

- Choisissez les options adéquates pour la génération du script SQL et appuyez sur le bouton Avancé (Advanced). La fenêtre de la figure 6-27 s'ouvre alors et affiche les paramètres avancés.

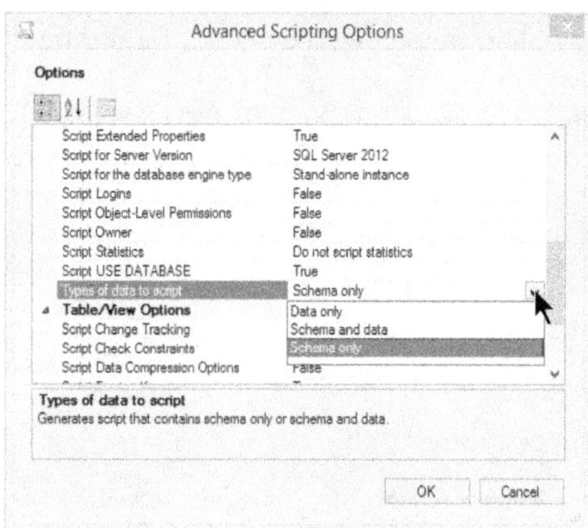

Figure 6–27
Options avancées du script

- Rendez-vous à la ligne Types de données à inclure dans le script *(Types of data to script)* et choisissez l'option Données seulement *(Data only)*, par exemple. Cliquez sur OK (ce qui ferme la fenêtre), puis sur le bouton Suivant *(Next)* lorsque vous êtes de retour dans la fenêtre principale.

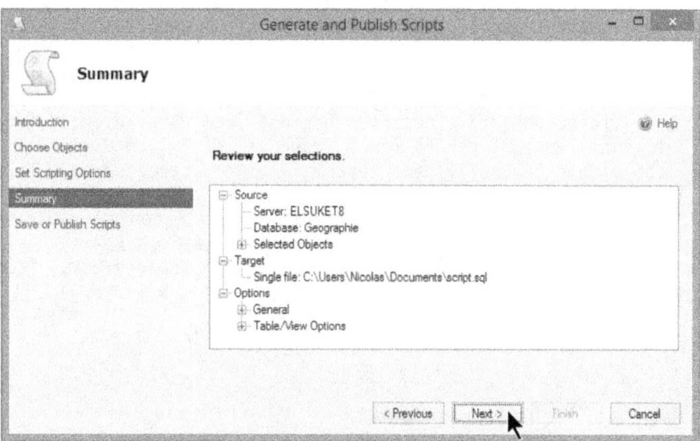

Figure 6–28
L'assistant résume les opérations qu'il va effectuer.

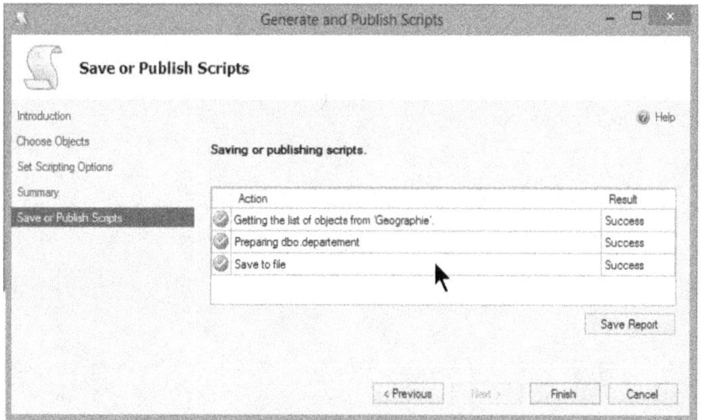

Figure 6–29
L'assistant a effectué les opérations demandées.

- L'assistant résume les actions qu'il va effectuer. Appuyez sur le bouton Suivant *(Next)* si vous êtes d'accord avec ce scénario de création de script SQL. La fenêtre d'exécution du scénario de script s'ouvre alors.
- En cas d'échec, consultez la colonne Résultat *(Result)* en cliquant sur le lien présentant le détail de l'erreur. Si de nombreuses erreurs sont trouvées, enregistrez le résultat du script dans un fichier HTML en cliquant sur le bouton Enregistrer le rapport *(Save Report)*.
- Récupérez le fichier d'ordre d'insertion SQL à l'emplacement spécifié au préalable (par défaut, dans votre espace utilisateur). Pour notre exemple, le contenu (tronqué) du fichier généré est le suivant :

```
USE [Geographie]
GO
SET IDENTITY_INSERT [dbo].[departement] ON

INSERT [dbo].[departement] ([departement_id], [nom_departement], [code_department],
[chef_lieu_departement]) VALUES (0, N'Ain', N'01 ', N'Bourg-en-Bresse')
INSERT [dbo].[departement] ([departement_id], [nom_departement], [code_department],
[chef_lieu_departement]) VALUES (1, N'Aisne', N'02 ', N'Laon')
INSERT [dbo].[departement] ([departement_id], [nom_departement], [code_department],
[chef_lieu_departement]) VALUES (2, N'Allier', N'03 ', N'Moulins')
INSERT [dbo].[departement] ([departement_id], [nom_departement], [code_department],
[chef_lieu_departement]) VALUES (3, N'Alpes-de-Haute-Provence', N'04 ', N'Digne-les-Bains')
INSERT [dbo].[departement] ([departement_id], [nom_departement], [code_department],
[chef_lieu_departement]) VALUES (4, N'Hautes-Alpes', N'05 ', N'Gap')
INSERT [dbo].[departement] ([departement_id], [nom_departement], [code_department],
[chef_lieu_departement]) VALUES (5, N'Alpes-Maritimes', N'06 ', N'Nice')
INSERT [dbo].[departement] ([departement_id], [nom_departement], [code_department],
[chef_lieu_departement]) VALUES (6, N'Ardèche', N'07 ', N'Privas')
INSERT [dbo].[departement] ([departement_id], [nom_departement], [code_department],
[chef_lieu_departement]) VALUES (7, N'Ardennes', N'08 ', N'Charleville-Mézières')
INSERT [dbo].[departement] ([departement_id], [nom_departement], [code_department],
[chef_lieu_departement]) VALUES (8, N'Ariège', N'09 ', N'Foix')
INSERT [dbo].[departement] ([departement_id], [nom_departement], [code_department],
[chef_lieu_departement]) VALUES (9, N'Aube', N'10 ', N'Troyes')
...
```

Partie II

Programmation avancée

7

Programmation Transact-SQL

Ce chapitre décrit les caractéristiques générales du langage Transact-SQL (éléments du code, variables, structures de contrôle et routines stockées) et les mécanismes d'interaction avec la base (transactions, curseurs, déclencheurs et exceptions). Les particularités relatives aux tables en mémoire sont aussi détaillées.

Généralités

Le langage Transact-SQL permet d'exécuter des instructions SQL en mode interactif, en batch ou de programmer des procédures cataloguées et déclencheurs. Il est dérivé de la norme SQL, partie « PSM » *(Persistent Stored Modules)*, dont il reprend beaucoup d'éléments syntaxiques.

Fichiers de commandes

Un fichier de commandes (ou batch) est composé d'un ensemble d'ordres SQL ou Transact-SQL passés en un seul lot. Il peut être exécuté en ligne de commande ou *via* SSMS. La plupart du temps, un batch est utilisé pour créer les objets d'une base et exécuter au coup par coup certaines procédures d'administration plus lourdes.

La directive GO

La directive `GO` force l'exécution de plusieurs instructions en un lot. Il n'est pas toujours possible pour le moteur SQL d'analyser syntaxiquement le code passé si celui-ci procède à la création d'objets qui vont ensuite être référencés par d'autres instructions. Vous devez donc utiliser cette directive pour chacune de vos instructions ou bien pour un ensemble cohérent. La directive `GO` n'est pas un élément du langage

Transact-SQL, elle donc est inutilisable au sein d'une procédure ou d'un déclencheur. Elle n'est interprétée que par l'outil qui lance les commandes, à savoir SSMS ou SQLcmd.exe.

Exemple :

```
CREATE TABLE T (C INT);
CREATE VIEW V AS
   SELECT C + 1 AS CC
   FROM T;

Msg 111, Niveau 15, État 1, Ligne 2
'CREATE VIEW' doit être la première instruction
d'un traitement de requêtes.
```

```
CREATE TABLE T (C INT);
GO
CREATE VIEW V AS
   SELECT C + 1 AS CC
   FROM T;
GO
```

À gauche, le lancement du batch provoque une erreur. Il n'est pas possible de créer une vue sur un objet qui n'existe pas encore dans la base. À droite, la bonne solution avec un GO.

L'opérateur USE

L'opérateur USE permet de sélectionner la base de données courante. Il est possible de naviguer de base en base, même à l'intérieur d'un batch ou d'une routine.Le script suivant réalise la création de deux tables : une dans la base de données tempdb et l'autre dans la base BD_Air_France.

```
USE tempdb;
GO
CREATE TABLE T_clients_tmp(tmp_num INT PRIMARY KEY, tmp_mail VARCHAR(50));
GO
USE BD_Air_France;
GO
CREATE TABLE T_clients_cli(cli_num INT PRIMARY KEY, cli_mail VARCHAR(50));
GO
USE master;
SELECT * from sys.master_files;
```

La directive PRINT

La directive PRINT est une instruction qui permet de tracer une exécution en permettant d'afficher une chaîne, une variable ou une expression d'une taille maximale de 8 000 caractères (4 000 pour l'affichage d'Unicode désigné du préfixe « N » signifiant *National Language Character Set* concernant les données NCHAR et NVARCHAR). Ce type d'affichage doit être réservé à la mise au point de vos procédures stockées, dans le cadre du débogage, plutôt qu'à une utilisation en exploitation. Le code suivant statue à propos de l'existence d'un objet de nom T_objet_geographique_gmg dans la base BD_Air_France.

```
USE BD_Air_France;
GO
IF OBJECT_ID('dbo.T_objet_geographique_gmg') IS NOT NULL
   PRINT 'La table T_objet_geographique_gmg existe';
ELSE
   PRINT 'La table T_objet_geographique_gmg n''existe pas';
```

Programmation modulaire

Le langage Transact-SQL *(Transactional-Structured Query Langage)* permet d'inclure des structures de contrôle (IF, WHILE…) avec des instructions SQL. Dans le cadre de transactions, il s'agira principalement des instructions SELECT, INSERT, UPDATE, DELETE et MERGE. Les structures de contrôle sont présentes dans la norme SQL (ISO/IEC 9075-5:1996. *Flow-control Statements*).

Dans un environnement client lourd, chaque instruction SQL donne lieu à l'envoi d'un message du client vers le serveur suivi de la réponse du serveur vers le client. Il est préférable de travailler avec un bloc Transact-SQL plutôt qu'avec une suite d'instructions SQL susceptibles d'encombrer le trafic réseau. En effet, un bloc Transact-SQL donne lieu à un seul échange sur le réseau entre le client et le serveur. Les résultats intermédiaires sont traités côté serveur et seul le résultat final est retourné au client.

Figure 7–1
Bloc d'instructions SQL

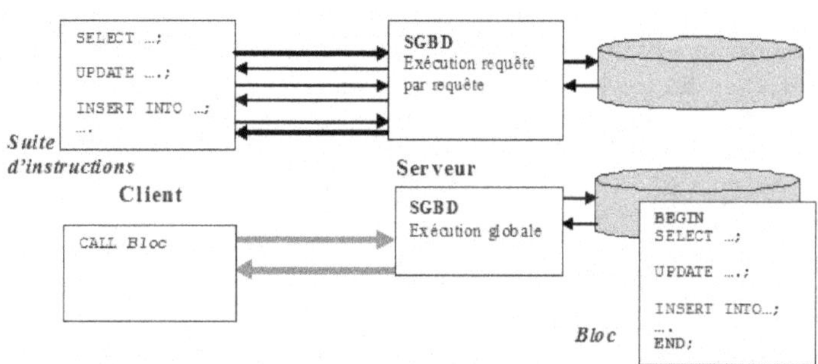

SQL Server renvoie au client un message signalant la bonne réussite de chaque instruction du SQL ou un message d'erreur. En cas de succès, ce message est invariablement le suivant ; « n ligne(s) affectée(s) ». Ceci conduit aussi à un trafic réseau qui peut nuire aux performances. Pour éviter ces messages intempestifs et inutiles, il est préférable de toujours commencer vos scripts SQL et vos routines par le paramètre de session (SET NOCOUNT ON). Vous pourrez toujours connaître le nombre de lignes impactées par le dernier ordre SQL avec la variable de session @@ROWCOUNT.

Les principaux avantages de Transact-SQL sont :

- la modularité (un bloc d'instructions peut être composé d'un autre, etc.). Un bloc peut être nommé pour devenir une procédure ou une fonction cataloguée exploitable par d'autres applications ;
- l'intégration avec les données des tables. On retrouvera avec Transact-SQL tous les types de données disponibles sous SQL, toutes les instructions SQL et des mécanismes pour parcourir des résultats de requêtes (curseurs), pour traiter des erreurs (exceptions), pour manipuler des données complexes et pour programmer des transactions (COMMIT…, ROLLBACK… et SAVE TRANSACTION…) ;
- l'absence du défaut d'impédance inhérent aux échanges clients-serveur entre un SGBDR et les langages hôtes (L4G, par exemple), comme le traitement des collations, du NULL, etc.

Structure d'un bloc

Un bloc Transact-SQL se compose d'une section principale (délimitée en général entre BEGIN et END) incluant à l'intérieur ou à l'extérieur une ou plusieurs instructions declare.

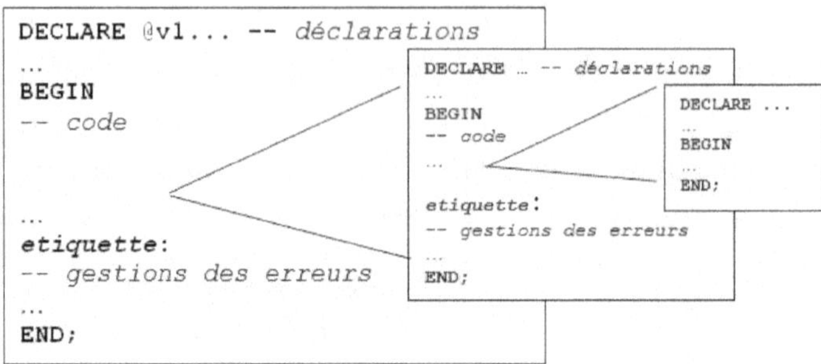

Figure 7–2
Structure d'un bloc Transact-SQL

Un bloc peut être imbriqué dans le code d'un autre bloc. Un sous-bloc peut aussi se trouver dans la partie des exceptions. La portée d'un objet (variable, curseur ou étiquette) est la zone du programme qui peut y accéder. Un bloc qui déclare un objet peut y accéder. Les sous-blocs peuvent aussi y accéder. Un objet est visible dans tout le code qui suit, quel que soit l'endroit où il a été déclaré.

Commentaires

Transact-SQL supporte deux types de commentaires :

- sur une ligne, ils commencent alors par les caractères -- ;
- sur plusieurs lignes, encadrées dans ce cas par les caractères /* et */.

Variables

Les variables sont déclarées (et éventuellement initialisées) à l'aide de l'instruction DECLARE. Les variables sont internes au bloc ou externes (définies dans la session). Tous les types de données décrits au chapitre 1 (types scalaires des colonnes d'une table, sous-types et type table) sont supportés par Transact-SQL. Les types personnalisés externes (UDT SQL CLR) sont aussi exploitables s'ils sont préalablement compilés dans le framework .NET.

Présentées au chapitre 1, les règles des identificateurs de SQL Server s'appliquent aux objets relatifs à Transact-SQL (variables, fonctions, déclencheurs, etc.).

Déclaration

La déclaration d'une variable scalaire s'écrit en faisant débuter le nom de la variable par le caractère arobase @. Il est possible d'initialiser cette variable en même temps.

```
DECLARE {@variable1 [AS] type_donnée} [= valeur1] [,…];
```

Tous les noms des variables Transact-SQL, sauf les curseurs, sont systématiquement préfixés du caractère @.

Alors que la plupart des autres langages (C/C++, Pascal, Java ou même C#) imposent des règles de nommage strictes, Transact-SQL est moins restrictif car il est possible de donner au nom d'une variable un nombre (ce que fait par défaut le moteur SQL pour paramétrer automatiquement certaines requêtes répétitives). Par ailleurs, la taille d'un identificateur peut atteindre 128 caractères, arrobe en sus. Le tableau 7-1 présente plusieurs identificateurs.

Tableau 7–1 Identificateurs de variables

Possibles	Déconseillés

`DECLARE @x INT,`
`@_t2 CHAR,`
`@telephone# CHAR(10),`
`@date_achat DATE,`
`@dateAchat DATE;`
	`DECLARE @264 SMALLINT,`
	`@#t#t#t# SMALLINT,`
	`@d11111111111111111111111111`
	`1111111111111111111111111`
	`111111111111111111111111111 DATE;`

Vous pouvez donner le même nom qu'une colonne d'une table à un identificateur puisque ce dernier débute invariablement par le caractère `@` (par exemple, nommez `@aer_OACI` la variable qui recevra des valeurs provenant de la colonne `aer_OACI` de la table `T_aeroport_aer`. Ce mécanisme évite les conflits d'identificateurs au sein d'instructions où le nom de colonne serait identique à celui d'une variable (et prioritairement interprété au détriment de la variable).

```
DECLARE aer_nom VARCHAR(50) = 'Marseille Provence';
DELETE FROM T_aeroport_aer WHERE aer_nom = aer_nom;
```

S'il était possible d'écrire le code précédent, il viserait à supprimer tous les aéroports (et pas seulement celui de Marseille) car les deux identificateurs seraient considérés en tant que colonne de la table et non deux variables différentes !

Par ailleurs, finissez systématiquement une instruction par le caractère `;` (point-virgule). Bien que cela ne soit pas obligatoire dans certains types de sous-programmes, adoptez quand même ce principe qui vous évitera peut-être des mauvaises surprises à l'exécution.

L'instruction `DECLARE` peut être placée à n'importe quel endroit de votre code. Si cela n'est pas toujours esthétique, il est intéressant pour les performances de déclarer des variables au plus près de leur utilisation (variables pouvant ne pas être créées si le bout de code n'est pas exécuté).

Initialisations et affectations

Le tableau 7-2 présente quelques initialisations.

Tableau 7–2 Initialisations de variables

Déclarations	Commentaire
`DECLARE @nom_client VARCHAR(40);`	Sans initialisation : équivaut à `DECLARE @nom_client VARCHAR(40) = NULL;`
`DECLARE @capacite SMALLINT = 999,` `@trouve BIT = 1;`	Initialise deux variables.

`DECLARE @date_achat DATE`
`= DATEFROMPARTS(2012,02,05),`
`@dans_2_jours DATE`
`= DATEADD(hour,1,CURRENT_TIMESTAMP);`
	Initialise deux dates.

`DECLARE @mini INT = 15;` `DECLARE @maxi INT = 2 * @mini;`	Initialise une variable à partir d'une autre.

SET et SELECT permettent d'affecter une valeur à une variable. SET ne concernera qu'une seule variable, tandis que SELECT permet d'en affecter plusieurs et surtout d'affecter une variable au contenu d'une colonne de table pour la ligne courante, la syntaxe étant { SET | SELECT } *@variable=expression*. L'instruction SELECT permet aussi d'initialiser plusieurs variables : SELECT *@variable=expression,...* Concernant les données extraites de la base, l'affectation d'une variable s'écrit d'une manière similaire (SELECT *@variable=expression* FROM...). Le tableau 7-3 décrit l'affectation de quelques variables.

Tableau 7–3 Affectations de variables

<table>
<tr><th>Valeurs provenant du bloc</th><th>Valeurs provenant de la base</th></tr>
<tr><td><pre>DECLARE @v_numero SMALLINT,
        @v_code_prod CHAR(10);
BEGIN
  SET @v_numero = 12;
  BEGIN
     DECLARE @v_nom VARCHAR(20);
     SET @v_numero = 14;
     SET @v_code_prod = 'iPhone5';
     SET @v_nom   = 'Mercier';
  END;
END;</pre></td><td><pre>DECLARE @aer_IATA VARCHAR(3),
        @aer_nom VARCHAR(50);
BEGIN
SELECT @aer_IATA = aer_IATA,
       @aer_nom = aer_nom
FROM T_aeroport_aer
WHERE aer_OACI = 'LFBO';
END;</pre></td></tr>
<tr><td><pre>DECLARE @v_i INT, @v_j INT;
SELECT @v_i = 1, @v_j = @v_i+1;
SELECT @v_i AS I, @v_j AS J;</pre></td><td><pre>DECLARE @v_bases
NVARCHAR(max);
SET @v_bases = '';
SELECT @v_bases = @v_bases + name + N', '
FROM   sys.databases;
SELECT @v_bases AS LISTE_BASES;</pre></td></tr>
</table>

Comme la plupart des langages récents, les déclarations multiples sont permises, à condition de spécifier systématiquement le type après chaque variable : DECLARE **@i INT, @j INT, @k** INT;.
La notion de constante n'existe pas.
Il est impossible d'utiliser un identificateur dans une expression s'il n'est pas déclaré au préalable. Dans l'exemple suivant, la déclaration de la variable @maxi est incorrecte :

```
DECLARE   @maxi INT = 2 * @mini;
DECLARE   @mini INT = 15;
```

Types des variables

Tous les types de base pour définir des colonnes d'une table (CHAR, VARCHAR, etc., voir chapitre 1) sont disponibles dans Transact-SQL. Les types personnalisés (sous-types et types table) sont également accessibles, de même que le type CURSOR (voir section suivante « Curseurs »).

Il n'existe pas de moyen de déclarer une variable du type d'une colonne d'une table (ou d'une vue) et de faire en sorte que ce type soit automatiquement modifié si le type de la colonne de la table vient à l'être (à titre de comparaison, Oracle fournit à cet effet les directives %TYPE et %ROWTYPE). En revanche, SQL Server acceptant les domaines sous la forme CREATE TYPE, il vous est permis d'utiliser ces derniers dans les tables aussi bien que dans les procédures.
Le type booléen n'est pas disponible, que ce soit pour une colonne de table ou une variable (il ne peut pas non plus être retourné par une fonction). Il faut utiliser le type BIT (0 ou 1) qui supporte néanmoins les valeurs true et false.

Sous-types

Le tableau 7-4 décrit l'utilisation de trois sous-types. Notez dans le code le signe + pour concaténer deux chaînes de caractères et la transformation en chaîne (avec CAST) nécessaire pour tracer (avec PRINT) la valeur de toute variable.

Tableau 7–4 Variables de types personnalisés

Code Transact-SQL	Commentaires

`CREATE TYPE salaire_t FROM DECIMAL(6,2);`
`CREATE TYPE OACI_t    FROM VARCHAR(6) NOT NULL;`
`CREATE TYPE DATE_t    FROM DATE NOT NULL;`
	Déclaration des sous-types

`DECLARE @v_salaire        salaire_t;`
`DECLARE @v_OACI           OACI_t;`
`DECLARE @v_date_naissance DATE_t`
`        = DATEFROMPARTS(1965,02,05);`
	Déclaration des variables

`BEGIN`
`SET   @v_OACI    = 'L-LFPO';`
`  SET   @v_salaire = 1950.00;`
`  PRINT 'Code OACI : ' + @v_OACI;`
`  PRINT 'Date de naissance : ' +`
`         CAST(@v_date_naissance AS VARCHAR(10));`
`  PRINT 'Salaire : ' + CAST(@v_salaire AS VARCHAR(10));`
`  SET    @v_salaire = @v_salaire * 1.12;`
`  PRINT 'Après augmentation de 12 % : ' +`
`        CAST(@v_salaire AS VARCHAR(10));`
`END;`
	Affectations et affichage des variables

`Code OACI : L-LFPO`
`Date de naissance : 1965-02-05`
`Salaire : 1950.00`
`Après augmentation de 12 % : 2184.00`
	Résultats

L'utilisation de sous-types (équivalent du concept de DOMAIN de la norme SQL) vous sera bénéfique d'un point de vue de la maintenance de vos programmes. En effet, si vous dotez toutes les colonnes de chaque table d'un sous-type SQL, vous pouvez utiliser ce même sous-type pour les variables de vos programmes.

Type polymorphe

Le type sql_variant est un type particulier permettant de représenter n'importe quel type atomique. Il peut être utilisé dans du code afin de le rendre générique, c'est-à-dire interopérable.

Types table

Bien que le type tableau *(array)* ne soit pas présent dans le langage Transact-SQL, il est possible d'utiliser une variable de type table (ou une table temporaire). L'exemple suivant décrit la déclaration d'un tableau et l'affectation de valeurs à deux indices (1 et 2). Une requête sera nécessaire pour accéder à tout champ suivant l'indice fournit.

Tableau 7–5 Variable de type table

Code Transact-SQL	Commentaires

`CREATE TYPE tab_t AS TABLE`
`  (indice INT IDENTITY PRIMARY KEY,`
`   libelle VARCHAR(50));`
	Type du tableau

`DECLARE @tableau tab_t;`
`BEGIN`
`INSERT INTO @tableau(libelle)`
`     VALUES ('Marseille Provence');`
`INSERT INTO @tableau(libelle)`
`    VALUES ('Paris Orly')`
`END;`
	Déclaration de la variable de type table
	Ajout dans le tableau

`SELECT * FROM @tableau;`
`Indice    libelle`
`-----     -------------------`
`1         Marseille Provence`
`2         Paris Orly`
	Affichage du tableau

Variables système

SQL Server spécifie plusieurs variables système qui sont définies par le moteur et mises à jour en temps réel. Elles contiennent des valeurs globales ou spécifiques à la session. Le tableau 7-6 en présente quelques-unes.

Tableau 7–6 Principales variables système

Code Transact-SQL	Commentaires	Niveau
@@CONNECTIONS	Nombre de connexions actives	Instance
@@CPU_BUSY	Cumul de temps d'activité des processeurs en unité de timeticks (depuis le démarrage de l'instance)	Serveur
@@CURSOR_ROWS	Nombre de lignes éligibles du dernier curseur ouvert	Session
@@DATEFIRST	Premier jour d'une semaine (de 1 pour lundi à 7 pour dimanche)	Session
@@DBTS	Valeur actuelle du row versioning pour la base active	Base
@@DEFAULT_LANGID	Identifiant du langage par défaut	Serveur
@@ERROR	Code de la dernière erreur rencontrée (0 si aucune erreur)	Session
@@FETCH_STATUS	État du curseur lors de la lecture (0 pour une lecture correcte)	Session
@@IDENTITY	Dernière valeur insérée dans une colonne auto-incrémentée pour la session	Session
@@IDLE	Cumul de temps d'inactivité des processeurs en unité de timeticks (depuis le démarrage de l'instance)	Serveur
@@IO_BUSY	Cumul de temps d'activité consacré aux opérations d'E/S (depuis le démarrage de l'instance)	Serveur
@@LANGID	ID de la langue avec lequel le compte s'est connecté	Session
@@LANGUAGE	Nom de la langue avec lequel le compte s'est connecté	Session
@@LOCK_TIMEOUT	Temps d'attente maximal pour déblocage d'un verrou	Session
@@MAX_CONNECTIONS	Nombre maximal d'utilisateurs concurrents	Serveur
@@MAX_PRECISION	Précision maximale des types float et real	Serveur
@@MICROSOFTVERSION	Numéro décimal de version de l'instance	Serveur

Tableau 7–6 Principales variables système *(suite)*

Code Transact-SQL	Commentaires	Niveau
@@NESTLEVEL	Niveau d'imbrication dans une routine récursive	Session
@@OPTIONS	Masque binaire des options de session définies	Session
@@PACK_RECEIVED	Cumul du nombre de paquets réseau entrant depuis le démarrage de l'instance	Serveur
@@PACK_SENT	Cumul du nombre de paquets réseau sortant depuis le démarrage de l'instance	Serveur
@@PACKET_ERRORS	Cumul du nombre de paquets réseau partis en erreur depuis le démarrage de l'instance	Serveur
@@PROCID	Identifiant de la procédure stockée en cours	Session
@@ROWCOUNT	Nombre de lignes affectées par la dernière instruction SQL	Session
@@SERVERNAME	Nom du serveur courant	Serveur
@@SERVICENAME	Nom de l'instance courante	Serveur
@@SPID	Identifiant du processus en cours	Session
@@TEXTSIZE	Valeur courante du paramètre TEXTSIZE	Session
@@TIMETICKS	Nombre de microsecondes par cycle opératoire	Serveur
@@TOTAL_ERRORS	Cumul du nombre d'erreurs d'écriture disque depuis le démarrage de l'instance	Serveur
@@TOTAL_READ	Cumul du nombre de lectures disque depuis le démarrage de l'instance	Serveur
@@TOTAL_WRITE	Cumul du nombre d'écritures disque depuis le démarrage de l'instance	Serveur
@@TRANCOUNT	Nombre de transactions en cours	Session
@@VERSION	Information de version sur l'instance	Serveur

Exemple :

```
SELECT @@MICROSOFTVERSION / POWER(2,24) AS MAJOR_VERSION,
       (@@MICROSOFTVERSION - (@@MICROSOFTVERSION
            / POWER(2,24)) * POWER(2,24)) / POWER(2,16) AS MINOR_VERSION,
       (@@MICROSOFTVERSION - (@@MICROSOFTVERSION
            / POWER(2,16)) * POWER(2,16)) AS RELEASE;
SELECT @@VERSION AS VERSION_MS,
        @@SERVERNAME NOM_SERVEUR,
        @@SERVICENAME AS NOM_INSTANCE;
```

Différentes requêtes pour avoir quelques informations sur votre serveur et sa version.

Paramétrage d'une session

Le paramétrage d'une session (mode SQL) permet de régir, dans une certaine mesure, le comportement du serveur face à telle ou telle instruction SQL. Ce comportement correspond aussi à la syntaxe et aux vérifications que doit assurer (ou pas) le serveur.

Tableau 7–7 Quelques paramétrages

Code Transact-SQL	Commentaires
SET ANSI_DEFAULTS {ON|OFF}	Pour se rapprocher de la norme SQL. L'activation de ce paramètre activera les paramètres suivants : ANSI_NULLS, CURSOR_CLOSE_ON_COMMIT, ANSI_NULL_DFLT_ON, IMPLICIT_TRANSACTIONS, ANSI_PADDING, QUOTED_IDENTIFIER et ANSI_WARNINGS.

Tableau 7–7 Quelques paramétrages *(suite)*

<table>
<tr><th>Code Transact-SQL</th><th>Commentaires</th></tr>
<tr><td>SET ARITHABORT { ON | OFF }</td><td>Détermine s'il y a lieu d'abandonner le traitement en cas d'erreur arithmétique</td></tr>
<tr><td>SET ARITHIGNORE { ON | OFF }</td><td>Détermine s'il y a lieu de continuer le traitement en cas d'erreur arithmétique</td></tr>
<tr><td>SET CONTEXT_INFO { hexa | @hexa_var }</td><td>Cookie de session de 128 octets</td></tr>
<tr><td>SET CURSOR_CLOSE_ON_COMMIT { ON | OFF }</td><td>Détermine la façon dont les curseurs peuvent se fermer</td></tr>
<tr><td>SET DATEFORMAT {format de date}</td><td>Détermination du format de la date (voir chapitre 5)</td></tr>
<tr><td>SET DEADLOCK_PRIORITY { LOW | NORMAL | HIGH | <num> | @alfa_var | @num_var }</td><td>Détermine le niveau de priorité d'abandon en cas de verrou mortel pour la session</td></tr>
<tr><td>SET FIPS_FLAGER { OFF, 'entry', 'intermediate', 'full' }</td><td>Vérifie le niveau de conformité à la norme SQL</td></tr>
<tr><td>SET FMTONLY { ON | OFF }</td><td>Renvoie les métadonnées d'une requête, pas les données</td></tr>
<tr><td>SET IDENTITY_INSERT nom_table {ON|OFF}</td><td>Active ou désactive l'insertion automatique de colonnes auto-incrémentées.</td></tr>
<tr><td>SET IMPLICIT_TRANSACTIONS { ON | OFF }</td><td>Alterne du mode implicite au mode explicite (autocommit) les transactions de la session</td></tr>
<tr><td>SET LANGUAGE nom_langage</td><td>Affecte une langue à la session en cours.</td></tr>
<tr><td>SET LOCK_TIMEOUT nb_ms</td><td>Limite du nombre de ms d'attente de libération d'un verrou (0 = infinie)</td></tr>
<tr><td>SET NOCOUNT {ON|OFF}</td><td>Affichage éventuel du nombre de lignes affectées par chaque instruction SQL.</td></tr>
<tr><td>SET NOEXEC {ON|OFF}</td><td>Compile ou non chaque instruction SQL sans l'exécuter</td></tr>
<tr><td>SET NUMERIC_ROUNDABORT { ON | OFF }</td><td>Spécifie le niveau de gravité de l'erreur générée en cas de perte de précision dans un calcul arrondi</td></tr>
<tr><td>SET PARSEONLY {ON|OFF}</td><td>Vérifie ou non la syntaxe de chaque instruction SQL sans compilation</td></tr>
<tr><td>SET QUERY_GOVERNOR_COST_LIMIT valeur</td><td>Fixe la limite de coût autorisé pour une requête dans la session</td></tr>
<tr><td>SET QUOTED_IDENTIFIER { ON | OFF }</td><td>Force à suivre la norme ISO pour les délimiteurs des identifiants SQL (guillemets) et les chaînes littérales</td></tr>
<tr><td>SET ROWCOUNT { nombre | @variable }</td><td>Fixe le nombre de lignes à traiter pour chaque instruction</td></tr>
<tr><td>SET TEXTSIZE nombre</td><td>Limite la volumétrie des colonnes LOB lors des SELECT ([n]varchar(max), varbinary(max))</td></tr>
<tr><td>SET TRANSACTION ISOLATION LEVEL
{ READ UNCOMMITTED
| READ COMMITTED
| REPEATABLE READ
| SNAPSHOT
| SERIALIZABLE }</td><td>Définit le mode de comportement transactionnel (verrouillage et contrôle de version des lignes)</td></tr>
<tr><td>SET XACT_ABORT { ON | OFF }</td><td>Indique si l'on doit annuler automatiquement la transaction en cas d'erreur</td></tr>
</table>

Activez le paramètre NOCOUNT (à ON) une fois que vos procédures cataloguées sont validées.
Évitez d'utiliser la fonctionnalité SET ROWCOUNT qui ne sera plus opérationnelle dans la prochaine version de SQL Server. Pour pallier cette limitation, utilisez la clause TOP et désactivez l'option : SET ROWCOUNT 0.
Évitez tout paramétrage non ANSI. Des comportements erratiques peuvent s'ensuivre et il est impossible d'effectuer des requêtes interbase sans l'activation du paramétrage normatif.

Structures de contrôle

En tant que langage procédural, Transact-SQL offre la possibilité de programmer les structures conditionnelles *si* et *cas* (IF… et CASE) et la structure répétitive *tant que*.

Structures conditionnelles

Transact-SQL propose deux structures pour programmer une action conditionnelle : la structure IF et la structure CASE.

La structure IF

Suivant les tests à programmer, on peut distinguer deux formes de structure IF : IF … (*si… alors…*) et IF… ELSE… (*si… alors… sinon…*). N'ajoutez pas de THEN ou de END IF et une seule instruction vous sera permise dans un IF ou un ELSE sauf à mettre en place un bloc (BEGIN … END;).

Le résultat d'une comparaison (=, >=, <, etc.) est de type booléen (type qui n'existe pas avec Transact-SQL). Le résultat est soit vrai, soit faux, soit inconnu (lorsque des valeurs NULL sont concernées dans la comparaison). Le résultat « inconnu » fait dérouter la séquence d'instructions dans le *sinon*.

Le tableau 7-8 décrit ces deux écritures. L'exemple affiche un message différent selon la nature du numéro de téléphone contenu dans la variable @telephone.

Tableau 7–8 Structures IF

Si… alors…	*Si… alors… sinon…*

IF *condition*
  BEGIN
   instructions
  END;
-- fin du ALORS et du SI
	IF *condition*
	  BEGIN
	   instructions
	  END;
	-- fin du ALORS
	ELSE
	  BEGIN
	   instructions
	  END;
	-- fin du SINON et du SI

```
BEGIN
DECLARE @telephone CHAR(14) = '06-76-85-14-89';
DECLARE @portable BIT = 0;
IF SUBSTRING(@telephone,1,2)='06'
    BEGIN
      PRINT 'C''est un portable';
      SET @portable = 1;
    END;
  ELSE
    PRINT 'C''est un fixe ou un fax !';
END;
```

```
C'est un portable
```

Si vous activez le paramètre ANSI_NULLS (à ON), une comparaison qui s'effectue sur une ou plusieurs valeurs NULL retourne la valeur « inconnue ». Si ANSI_NULLS est désactivé (à OFF), l'opérateur d'égalité retournera vrai si les deux expressions comparées sont NULL. Ce raisonnement est à éviter, la norme SQL considère que deux valeurs NULL doivent être considérées différentes. De plus, il n'est pas portable : vous ne pouvez pas effectuer des requêtes entre différentes bases.

La structure CASE

La structure CASE de SQL Server n'est pas, comme dans la majorité des langages, un branchement conditionnel analogue au *si*. La structure CASE ne permet pas d'effectuer des blocs d'instructions conditionnées mais évalue une liste de conditions et retourne un résultat parmi plusieurs possibilités.

Cette structure permet d'évaluer pour une même expression (ou plusieurs), différentes conditions (et non pas une seule se trouvant dans le *alors* d'un *si*). La structure CASE est particulièrement utile pour tester une variable à plusieurs valeurs *(simple case)*. L'écriture d'un CASE *généralisé* peut être utilisée pour évaluer différentes conditions qui ne concernent pas forcément les mêmes variables. Le tableau 7-9 présente les deux écritures.

Tableau 7–9 Structures CASE

CASE valué	CASE généralisé
CASE *expression* WHEN *condition1* THEN *resultat1* WHEN *condition2* THEN *resultat2* [...] [ELSE *resultat_sinon*] END	CASE WHEN *expression1* THEN *resultat1* WHEN *expression2* THEN *resultat2* [...] [ELSE *resultat_sinon*] END

Le tableau 7-10 décrit l'affichage de la mention du Bac avec un *si* et un *case* (de type généralisé), vous jugerez par vous-même laquelle des deux programmations il convient d'adopter…

Tableau 7–10 Quand le *case* casse le *si* !

<table>
<tr><th>IF</th><th>CASE</th></tr>
<tr><td colspan="2"><pre>DECLARE @mention CHAR(2);
DECLARE @note   DECIMAL(4,2) = 9.8;
BEGIN</pre></td></tr>
<tr><td><pre>IF @note >= 16
  SET @mention = 'TB';
ELSE
  IF @note >= 14
    SET @mention = 'B';
  ELSE
    IF @note >= 12
      SET @mention = 'AB';
    ELSE
      IF @note >= 10
        SET @mention = 'P';
      ELSE
        SET @mention = 'R';</pre></td><td><pre>SET @mention =
CASE
   WHEN @note >= 16 THEN 'TB'
   WHEN @note >= 14 THEN 'B'
   WHEN @note >= 12 THEN 'AB'
   WHEN @note >= 10 THEN 'P'
   ELSE   'R'
END</pre></td></tr>
<tr><td colspan="2"><pre>PRINT 'Mention : '+@mention;
END;</pre></td></tr>
<tr><td colspan="2"><pre>Mention : R</pre></td></tr>
</table>

La clause ELSE est optionnelle. En son absence et si aucune condition n'est vérifiée, NULL est retourné. Par ailleurs, n'utilisez aucun point-virgule dans cette structure.

La structure CASE peut être utilisée au sein de toute instruction SQL incluant des expressions (SELECT, UPDATE, DELETE et SET). De même, les clauses IN, WHERE, ORDER BY et HAVING peuvent également héberger une telle structure. Le code suivant présente une structure CASE au sein d'une extraction.

```
SELECT …, alias_ou_colonne =
      CASE […]
         WHEN … THEN …
         ...
         [ELSE …]
      END, …
FROM …
```

Structures répétitives

Des trois structures répétititives de la programmation traditionnelle (*tant que*, *répéter* et *pour*), SQL Server ne propose que l'instruction WHILE pour implémenter la structure *tant que*.

La structure WHILE

Avant chaque itération (et notamment avant la première), la condition est évaluée. Si elle est vraie, l'instruction (ou la séquence d'instructions entre BEGIN et END) est exécutée, puis la condition est de nouveau évaluée pour un éventuel nouveau passage dans la boucle. Ce processus continue jusqu'à ce que la condition soit fausse pour passer en séquence après la boucle. Quand la condition n'est jamais fausse, on dit que le programme boucle…

```
WHILE condition
  [BEGIN]
  instruction(s);
  [END];
```

Le tableau 7-11 décrit la programmation de deux *tant que*. Le premier calcule la somme des 100 premiers entiers. Le second recherche le premier numéro '4' rencontré dans une chaîne de caractères.

Tableau 7–11 Structures *tant que*

<table>
<tr><th>Condition simple</th><th>Condition composée</th></tr>
<tr><td><pre>DECLARE @somme   SMALLINT = 0;
DECLARE @entier SMALLINT = 1;
BEGIN
  WHILE (@entier <= 100)
    BEGIN
    SET @somme = @somme + @entier;
    SET @entier = @entier + 1;
    END;
PRINT 'Somme des 100 premiers
        entiers : '+
      CAST(@somme AS VARCHAR(10));
END;</pre></td><td><pre>DECLARE @telephone CHAR(14) = '06-76-85-14-89';
DECLARE @trouve   BIT   = 0;
DECLARE @indice   SMALLINT = 1;
BEGIN
WHILE (@indice <= 14 AND @trouve=0)
   BEGIN
    IF SUBSTRING(@telephone,@indice,1) = '4'
      SET @trouve = 1;
    ELSE
      SET @indice = @indice+1;
  END;
  IF (@trouve=1)
    PRINT CONCAT('Trouvé 4 à l''indice : ',@indice);
END;</pre></td></tr>
<tr><td>Somme des 100 premiers entiers : 5050</td><td>Trouvé 4 à l'indice : 11</td></tr>
</table>

La structure *tant que* vous permet toutefois de programmer un *répéter* et un *pour*. Elle doit être utilisée quand il est nécessaire de tester une condition avant d'exécuter les instructions contenues dans la boucle.

Les directives BREAK et CONTINUE

D'une manière analogue au langage C ou Java, dans lesquels les directives BREAK et CONTINUE permettent de quitter un bloc d'instructions (entre accolades), avec SQL Server, il s'agit de quitter un bloc BEGIN… END. Ainsi, au sein d'une structure répétitive, BREAK interrompt l'itération en cours et sort de la structure répétitive. À l'inverse, la directive CONTINUE interrompt l'itération mais se positionne pour une nouvelle éventuelle itération (revient au début de la structure répétitive).

Le tableau 7-12 décrit la programmation de deux *tant que* qui recherchent le numéro '4' dans une chaîne de caractères. Dans le premier, le BREAK interrompt la boucle dès le premier rencontré. Dans le second, CONTINUE poursuit l'itération à chaque numéro '4' rencontré.

Tableau 7–12 Sorties d'itération

<table>
<tr><th>Avec BREAK</th><th>Avec CONTINUE</th></tr>
<tr><td><pre>DECLARE @telephone CHAR(14)
        = '06-74-85-14-44';
DECLARE @trouve   BIT   = 0;
DECLARE @indice   SMALLINT = 1;
BEGIN
WHILE (@indice <= 14)
   BEGIN
    IF SUBSTRING(@telephone,
                 @indice,1) = '4'
     BEGIN
      PRINT CONCAT('Trouvé 4 à l''indice
                  : ',@indice);
      SET @trouve = 1;
     END;
    ELSE
      SET @indice = @indice+1;
    IF (@trouve=1) BREAK;
  END;
END;</pre></td><td><pre>DECLARE @telephone CHAR(14)
        = '06-74-85-14-44';
DECLARE @trouve   BIT   = 0;
DECLARE @indice   SMALLINT = 1;
BEGIN
WHILE (@indice <= 14 AND @trouve=0)
   BEGIN
    IF SUBSTRING(@telephone,
                 @indice,1) = '4'
     BEGIN
      PRINT CONCAT('Trouvé 4 à l''indice
                  : ',@indice);
      SET @indice = @indice+1;
      CONTINUE;
      SET @trouve = 1;
     END;
    ELSE
      SET @indice = @indice+1;
  END;
END;</pre></td></tr>
<tr><td><pre>Trouvé 4 à l'indice : 5</pre></td><td><pre>Trouvé 4 à l'indice : 5
Trouvé 4 à l'indice : 11
Trouvé 4 à l'indice : 13
Trouvé 4 à l'indice : 14</pre></td></tr>
</table>

Si vous utilisez la directive CONTINUE dans une boucle manipulant un ou plusieurs curseurs (voir la section « Curseur » plus loin dans ce chapitre), vous ne causez pas la fermeture des curseurs éventuellements ouverts (comme Oracle le fait).

Étiquettes et GOTO

La célèbre instruction GOTO provenant du non moins célèbre langage Basic est opérationnelle avec Transact-SQL. Cette directive a pour but de dérouter la séquence d'instructions vers une étiquette définie en amont ou en aval du débranchement.

Une étiquette est désignée par un identificateur suffixé du caractère : (deux points).

Le tableau 7-13 présente la programmation d'une structure *tant que* (il s'agit de calculer la somme des 10 premiers nombres, dont le résultat est 55) à l'aide d'étiquettes et d'un débranchement. Si aucun débranchement n'est prévu, une étiquette se comporte comme un commentaire qui laisse passer en séquence l'instruction précédente.

Tableau 7–13 Étiquettes

Code Transact-SQL	Commentaires
BEGIN DECLARE @compteur TINYINT = 0; DECLARE @somme SMALLINT = 0;	Déclaration des variables

avant:
IF @compteur >= 10 GOTO apres;
ELSE
  BEGIN
    SET @compteur = @compteur + 1;
    SET @somme   = @somme   + @compteur;
    GOTO avant;
  END;
	Première étiquette
	
	Débranchement vers la 1ère étiquette

apres: PRINT 'Somme : '+CAST(@somme AS CHAR(4)); END;	Deuxième étiquette

Proscrivez l'utilisation du GOTO au risque de composer des programmes « sphaghettis » difficiles à maintenir. Pour gérer vos erreurs, préférez la structure TRY/CATCH étudiée dans ce chapitre.
N'utilisez pas non plus l'instruction RETURN qui permet de sortir du code d'une routine. Réservez-la pour une fonction ou une procédure stockée (UDF).

Interactions avec la base

Cette section décrit le moyen de dialoguer avec une base de données à partir d'un programme Transact-SQL.

Extraire des données

La seule instruction capable d'extraire des données est SELECT (voir chapitre 4). La particularité de cette instruction dans Transact-SQL est la directive *@variable=expression* au niveau du *<select_list>*.

- La variable constitue la cible de l'extraction.
- L'expression peut être de nature constante, fonction ou toute combinaison de noms de colonne, constantes et fonctions reliées par un ou plusieurs opérateurs ou par une sous-requête.

Ainsi, les requêtes qui initialisent des variables respectent la syntaxe suivante :

```
SELECT @variable1=expression1, @variable2=expression2… FROM nom_table…;
```

Le tableau 7-14 décrit deux extractions qui utilisent des variables et se basent sur la table des aéroports présentée au début du chapitre 2.

Tableau 7–14 Extractions

Code Transact-SQL	Commentaires
`DECLARE @aer_OACI VARCHAR(6), @aer_nom   VARCHAR(50),` `@aer_OACI2 VARCHAR(6) = 'LFBO', @aer_nom2 VARCHAR(50);`	Déclarations de 4 variables

`BEGIN`
`SELECT @aer_nom=aer_nom, @aer_OACI=aer_OACI`
`   FROM T_aeroport_aer WHERE aer_IATA='MRS';`
	Extraction dans 2 variables

`SELECT @aer_nom2=aer_nom`
`   FROM T_aeroport_aer WHERE aer_OACI=@aer_OACI2;`
`END;`
	Extraction dans une variable en conditionnant l'extraction avec une variable

`PRINT 'Code OACI et nom aéroport : '`
`      +@aer_OACI+' '+@aer_nom;`
`PRINT 'Nom aéroport de '`
`      +@aer_OACI2+' : '+@aer_nom2;`
	Affichage des résultats

`Code OACI et nom aéroport : LFML Marseille Provence` `Nom aéroport de LFBO : Toulouse Blagnac`	

Une requête `SELECT @variable=expression ...` ne devrait renvoyer en théorie qu'un seul enregistrement (d'une manière analogue à la clause `INTO`, norme ANSI du code SQL intégré). Quand le jeu de résultats retourné par la requête est composé de plusieurs lignes, seule la dernière ligne sera exploitée pour d'éventuelles affectations dans des variables. Une requête qui ne renvoie aucune ligne ne génère aucune erreur.
La variable système `@@rowcount` vous renseignera sur le nombre de lignes du jeu de résultats retourné par un `SELECT` (également pour `INSERT`, `UPDATE`, `DELETE` ou `MERGE`).
Si vous désirez manipuler plusieurs lignes d'un jeu de résultats, vous devrez utiliser soit une fonction table, soit un curseur.

Il va de soi que les fonctions SQL (mono et multilignes) étudiées au chapitre 4 sont également disponibles dans du code Transact-SQL :

```
DECLARE @aer_OACI VARCHAR(6) = 'lfpo', @aer_nom VARCHAR(50);
BEGIN
SELECT @aer_nom=LOWER(aer_nom)
        FROM   T_aeroport_aer WHERE aer_OACI=UPPER(@aer_OACI)
END;
PRINT 'Nombre de lignes retournées : '+CAST(@@rowcount AS CHAR(3));
PRINT 'Nom aéroport : '+@aer_nom;
Nombre de lignes retournées : 1
Nom aéroport : paris orly
```

Mise à jour des données

Les principales instructions disponibles pour manipuler avec Transact-SQL une base de données sont `INSERT`, `UPDATE`, `DELETE` ou `MERGE` (voir chapitre 2).

SQL Server fonctionne nativement en mode *autocommit* (chaque mise à jour individuelle et isolée est systématiquement validée). De ce fait, l'exécution de plusieurs mises à jour nécessite la définition d'une transaction (voir section « Gestion des transactions »).
Un cas particulier de transaction concerne les contraintes différées (*deferred* et *deferrable constraints*) qui ne sont pas encore prises en compte par SQL Server.

L'instruction BEGIN TRANSACTION débute une transaction qui se termine soit par ROLLBACK TRANSACTION, soit par COMMIT TRANSACTION. Vous pouvez effectuer des points de sauvegarde, ce qui permet de défaire la transaction jusqu'au point de sauvegarde indiqué (voir la section « Gestion des transactions »).

Insertions

Le tableau 7-15 décrit l'insertion de deux nouveaux aéroports.

Tableau 7–15 Insertions des lignes

Code Transact-SQL	Commentaires

BEGIN TRANSACTION
-- avec des constantes
  INSERT INTO T_aeroport_aer
    (aer_IATA, aer_OACI, aer_nom)
  VALUES ('NCE', 'LFMN', 'Nice cote d''Azur');
	Insertion d'une ligne dans la table (toutes les colonnes sont renseignées et les valeurs sont passées en tant que constantes).

-- avec des variables
DECLARE @aer_OACI VARCHAR(6), @aer_nom VARCHAR(50),
@aer_IATA VARCHAR(3) = 'LYO';
  SET @aer_OACI = 'LFLL';
  SET @aer_nom = 'Lyon Satolas';
  INSERT INTO T_aeroport_aer
     (aer_IATA, aer_nom, aer_OACI)
  VALUES (@aer_IATA,@aer_nom,@aer_OACI);
COMMIT TRANSACTION;
	Insertion d'une ligne dans la table (toutes les colonnes sont renseignées et les valeurs sont passées à l'aide de variables).

Vous devrez respecter les noms, types et valeurs des colonnes. De même, toutes les valeurs mises à jour devront respecter les contraintes (CHECK, NOT NULL, PRIMARY KEY et FOREIGN KEY). Dans le cas contraire, une erreur qui précise la nature du problème est levée et peut être interceptée dans la section TRY (voir section « Gestion des erreurs »). Si rien n'est prévu dans le programme, la première erreur provoquera l'interruption du programme.

Modifications

La mise à jour de colonnes s'opère par la clause SET de l'instruction UPDATE (voir chapitre 2). D'une manière générale, les mises à jour paramétrées s'écrivent de la manière suivante :

```
UPDATE nom_table
       SET nom_colonne1 = @variable1
         [,nom_colonne2 = @variable2]
       [WHERE nom_colonne3 = @variable3 …;]
```

Si aucune ligne n'est modifiée, aucune erreur ne se produit (d'une manière analogue à SELECT) et la variable système @@rowcount permet de connaître le nombre de lignes modifiées.

La commande UPDATE permet aussi d'extraire la valeur des colonnes de la ligne mise à jour. Ce procédé est souvent plus concis, plus fiable et moins bloquant que l'extraction explicite des données.

```
UPDATE nom_table
       SET @variable1 = nom_colonne1 [,@variable2 = nom_colonne2]
       [WHERE …;]
```

Le tableau 7-16 décrit la modification d'un aéroport en affectant dans la même instruction une variable à partir d'une colonne et des colonnes à partir de variables.

Tableau 7–16 Modifications de lignes

Code Transact-SQL	Commentaires et résultats

`DECLARE @aer_no VARCHAR(50)`
`= 'Lyon Saint Exupéry'`
`,@aer_IATA VARCHAR(3) = 'LYS'`
`,@aer_oldnom VARCHAR(50);`
	Déclaration et initialisation des variables

`BEGIN`
`SET @aer_IATA = 'LYS';`
`UPDATE T_aeroport_aer`
`SET @aer_oldnom = aer_nom,`
`aer_nom = @aer_nom,`
`aer_IATA = @aer_IATA,`
`WHERE aer_IATA = 'LYO';`
`END;`
`PRINT 'Nombre de lignes modifiées : '+`
`CAST(@@rowcount AS CHAR(3));`
`PRINT 'Ancien nom : '+@aer_oldnom;`
	Modification d'une ligne
	
	Nombre de lignes modifiées : 1
	Ancien nom : Lyon Satolas

Suppressions

La suppression de lignes se programme à l'aide de l'instruction DELETE (voir chapitre 2). D'une manière générale, les suppressions paramétrées s'écrivent de la manière suivante :

```
DELETE FROM nom_table
      [WHERE nom_colonne1 = @variable1 …;]
```

Si aucune ligne n'est supprimée, aucune erreur ne se produit et la variable système @@rowcount retourne zéro (sinon le nombre de lignes supprimées sera retourné).

Le tableau 7-17 décrit la suppression de deux aéroports.

Tableau 7–17 Suppressions de lignes

Code Transact-SQL	Commentaires

`DECLARE @aer_IATA1 VARCHAR(3) @aer_IATA2 VARCHAR(3);`
`BEGIN`
`SET @aer_IATA1 = 'LYS';`
`SET @aer_IATA2 = 'NCE';`
	Déclaration et initialisation des variables

`DELETE FROM T_aeroport_aer`
`WHERE aer_IATA = @aer_IATA1`
`OR aer_IATA = @aer_IATA2;`
`END;`
`PRINT 'Nombre de lignes supprimées : '+`
`CAST(@@rowcount AS CHAR(3));`
 	
`Nombre de lignes supprimées : 2`
	Suppression des lignes

Routines

Les routines sont des blocs de code nommés (schéma et nom) qui sont précompilés et résident dans la base de données (*stored procedures* ou *stored routines*). Une routine est soit une fonction (UDF pour *User Defined Function*) qui retourne un résultat, soit une procédure ou encore un déclencheur. Ces routines sont stockées dans des tables système de la base (`sys.sysschobjs`) et leurs métadonnées sont accessibles à travers les vues systèmes (`sys.procedures`, `sys.objects`, `sys.triggers`, `sys.sql_modules`)

On utilise une routine pour étendre les possibilités de requêtage, pour faciliter la gestion de transactions et pour permettre une exécution plus rapide et plus optimisée de calculs complexes portant sur les données de la base. En effet, comme tout le code s'exécute au sein du serveur, il n'y a pas d'allers-retours qui pénalisent fortement les performances, comme on le voit trop souvent du fait de l'utilisation des outils de mapping.

Ces routines sont dites cataloguées ou stockées. Pour les procédures stockées, elles peuvent inclure des paramètres en entrée et en sortie et être appelées à partir d'un environnement extérieur (autre procédure ou dans un langage hôte comme C#, VB, Java, PHP, etc.). Pour les fonctions utilisateurs, elles peuvent être appelées dans d'autres procédures ou des requêtes. En ce qui concerne les déclencheurs, elles peuvent être exécutées sur différents événements sélectionnés (`INSERT`, `UPDATE`, `DELETE`, mais aussi `CREATE`, `ALTER`, `DROP`...). Il est possible de retrouver le code de toute routine au niveau du dictionnaire des données, dans la vue système `sys.sql_modules`.

Les avantages des fonctions et procédures stockées sont nombreux :

- sécurité : les droits d'accès ne portent plus sur des objets (table, vue, variable...) mais sur des programmes stockés (voir chapitre 11) ;
- intégrité : des traitements dépendants sont exécutés dans le même bloc (à condition de définir une transaction explicite) ;
- performance : réduction du nombre d'appels à la base ;
- productivité : réutilisation, modularité et extensibilité du code.

Une procédure peut être appelée avec l'interface de commande Management Studio (commande `EXEC`), dans un programme externe, par d'autres procédures ou fonctions, ou encore dans le corps d'un déclencheur (voir section « Les déclencheurs »). Seules les fonctions peuvent être appelées dans une instruction SQL du LMD (`SELECT`, `INSERT`, `UPDATE` et `DELETE`).

Procédures stockées

La syntaxe simplifiée de création d'une procédure stockée est la suivante :

```
CREATE PROCEDURE [nom_schema.] nom_procedure
  [(] [{@param1 [nom_schema.] type_donnees}
     [VARYING] [=valeur_defaut] [OUTPUT] [READONLY]] … [)]
   [WITH [ENCRYPTION] [,] [RECOMPILE]
         [,] [EXECUTE AS {CALLER | SELF | OWNER | 'nom_user'}]
AS [BEGIN]
    instructions_transact; …
   [END];
```

- `VARYING` concerne les paramètres de type `CURSOR`.
- `OUTPUT` indique un paramètre de sortie.

- READONLY indique un paramètre non modifiable (nécessaire pour un type table), à utiliser pour une constante
- ENCRYPTION assure la confidentialité du code et évite la publication de la procédure dans le cadre de la réplication.
- RECOMPILE force à ignorer le cache et recompile la procédure à chaque exécution. Cette option qui est coûteuse peut être adoptée en phase de tests mais rarement en production.
- EXECUTE AS détermine dans quel contexte utilisateur, et donc de privilèges, la procédure s'exécute. Les options sont CALLER qui désigne par défaut l'appelant (*invoker-rights*), SELF qui désigne le créateur de la routine *(definer-rights)* et OWNER qui désigne le propriétaire de la routine. On peut aussi y mettre le nom d'un utilisateur particulier.

Il n'est pas possible de définir plusieurs procédures de même nom ayant différentes signatures (la liste ou le type de paramètre sont différents). Toutefois, le polymorphisme peut se programmer avec le type SQL_VARIANT.

Une procédure peut retourner des valeurs scalaires, *via* les paramètres d'entrée en OUTPUT ou des jeux de résultats (*dataset* résultant de SELECT présents dans le code).

Activez le paramètre NOCOUNT (à ON) au début de chacune de vos procédures pour éviter que chaque ordre SQL ne renvoie au client un message indiquant le nombre de lignes impactées. Ces messages ne sont intéressants que lors de la mise au point des procédures.
N'utilisez jamais l'instruction RETURN pour renvoyer une valeur. RETURN retourne automatiquement le code d'erreur (0 si réussite) d'exécution de la fonction. Un comportement erratique peut être observé si vous renvoyez une valeur arbitraire par le biais de RETURN.

Considérons la table T_pilote_pil suivante et programmons la procédure P_Experimente(*compagnie,nom,heures*) qui retourne le nom et le nombre d'heures de vol du pilote le plus expérimenté d'une compagnie donnée. Si plusieurs pilotes ont la même expérience, un libellé est retourné. Si aucune compagnie n'est passée en paramètre (NULL), la procédure retourne le nom du pilote le plus expérimenté et le code de sa compagnie (concaténés) ainsi que le nombre d'heures de vol.

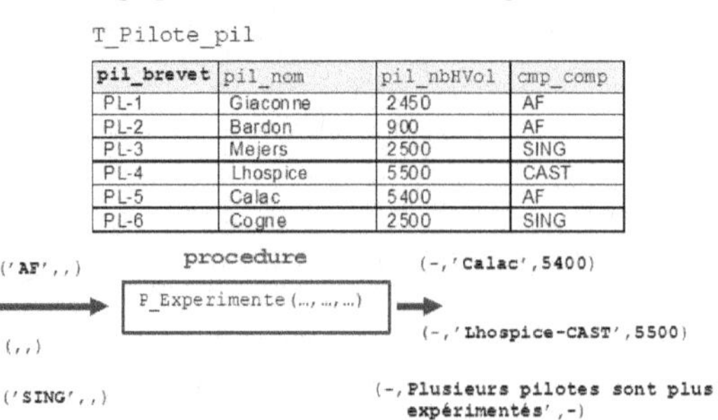
T_Pilote_pil

pil_brevet	pil_nom	pil_nbHVol	cmp_comp
PL-1	Giaconne	2450	AF
PL-2	Bardon	900	AF
PL-3	Mejers	2500	SING
PL-4	Lhospice	5500	CAST
PL-5	Calac	5400	AF
PL-6	Cogne	2500	SING

Figure 7–3
Table et exemples d'appels de la procédure

Le tableau 7-18 présente le code de la procédure.

Tableau 7–18 Procédure stockée

Code Transact-SQL	Commentaires

`CREATE PROCEDURE P_Experimente`
`(@p1 VARCHAR(4),`
`  @p2 VARCHAR(60) OUTPUT, @p3 DECIMAL(7,2) OUTPUT) AS`
	Trois paramètres dont deux en sortie

Tableau 7–18 Procédure stockée *(suite)*

<table>
<tr><th>Code Transact-SQL</th><th>Commentaires</th></tr>
<tr><td><pre>BEGIN
  SET NOCOUNT ON;
  DECLARE @v1 SMALLINT;
  IF (@p1 IS NULL)
     SELECT @v1=COUNT(*) FROM T_Pilote_pil
     WHERE pil_nbHVol = (SELECT MAX(pil_nbHVol) FROM T_Pilote_pil);
  ELSE
     SELECT @v1=COUNT(*) FROM T_Pilote_pil
     WHERE pil_nbHVol = (SELECT MAX(pil_nbHVol) FROM T_Pilote_pil
                         WHERE cmp_comp = @p1) AND cmp_comp = @p1;
IF (@V1 = 0)
   SET @p2 = 'Aucun pilote n''est le plus expérimenté';
ELSE
   IF @v1 > 1
     SET @p2 = 'Plusieurs pilotes sont plus expérimentés';
   ELSE
   BEGIN
     IF (@p1 IS NULL)
       SELECT @p2=CONCAT(pil_nom,CONCAT('-',cmp_comp)),@p3=pil_nbHVol
       FROM T_Pilote_pil WHERE pil_nbHVol =
               (SELECT MAX(pil_nbHVol) FROM T_Pilote_pil);
     ELSE
       SELECT @p2=pil_nom, @p3=pil_nbHVol
       FROM T_Pilote_pil WHERE pil_nbHVol =
                        (SELECT MAX(pil_nbHVol) FROM T_Pilote_pil
                         WHERE cmp_comp = @p1)
       AND cmp_comp = @p1;
     END;
END;</pre></td><td>Code de la procédure</td></tr>
</table>

Le tableau 7-19 présente quelques appels de cette procédure (en supposant que la base active soit celle contenant la procédure).

Tableau 7–19 Appels de la procédure stockée

<table>
<tr><th>Code Transact-SQL</th><th>Résultats</th></tr>
<tr><td><pre>DECLARE @retour_nom VARCHAR(60), @retour_h   DECIMAL(7,2);
EXEC P_Experimente 'AF', @retour_nom OUTPUT, @retour_h OUTPUT;
PRINT @retour_nom;
PRINT @retour_h;</pre></td><td><pre>Calac
5400.00</pre></td></tr>
<tr><td><pre>EXEC P_Experimente NULL, @retour_nom OUTPUT, @retour_h OUTPUT;
PRINT @retour_nom;
PRINT @retour_h;</pre></td><td><pre>Lhospice-CAST
5500.00</pre></td></tr>
<tr><td><pre>BEGIN
  DECLARE @retour_nom VARCHAR(60), @retour_heures DECIMAL(7,2);
  EXEC dbo.P_Experimente 'SING', @retour_nom OUTPUT,
                        @retour_heures OUTPUT;
  PRINT @retour_nom;
END;</pre></td><td><pre>Plusieurs pilotes sont
plus expérimentés</pre></td></tr>
</table>

Toute procédure stockée renvoie systématiquement (hormis les éventuels paramètres de retour), un entier pour signaler son état (0 si la procédure s'est déroulée sans anomalie, toute autre valeur indique un problème). Les valeurs de 0 à -99 sont réservées (celles de 0 à -14 sont prédéfinies, -5 signifiant, par exemple, une erreur de syntaxe). Cela n'est pas conseillé mais vous pouvez forcer la valeur de retour à l'aide de l'instruction RETURN.
Ne confondez pas l'option ENCRYPTION, qui encrypte le code d'un sous-programme (ou déclencheur), avec la notion de confidentialité assurée par le découpage en base de données, schéma et utilisateurs (qui devrait suffire à cacher vos traitements).
SQL Server permet de signer les procédures, mais il faudra alors aux utilisateurs disposer d'un certificat les autorisant à exécuter l'appel d'une telle procédure.

Appels de procédures

Une procédure se lance à l'aide de l'instruction EXEC (ou EXECUTE). Les paramètres peuvent être positionnels ou organisés nominativement. Dans ce dernier cas, il est possible de ne pas mentionner les éventuels paramètres optionnels (les paramètres OUTPUT restant toujours obligatoires).

Considérez la signature de la procédure suivante qui retourne la liste des index d'une table (2e paramètre) appartenant à un schéma (1er paramètre), en limitant le nombre de lignes à retourner (4e paramètre), et qui retournant le nombre de lignes (3e paramètre).

```
CREATE PROCEDURE dbo.P_INDEXES
   @S_NAME nvarchar(128)='dbo',@T_NAME nvarchar(128),
   @NOMBRE smallint OUTPUT,    @TOP smallint=10
```

Voici différents appels et leurs conséquences :

Commentaires	Appels
Paramètres positionnels. Échec : paramètre OUTPUT manquant.	`EXEC dbo.P_INDEXES 'dbo', 'sysjobs';`
Paramètres positionnels (3e sans valeur). Réussite.	`EXEC dbo.P_INDEXES 'dbo', 'sysjobs', NULL;`
Les deux premiers paramètres sont positionnels. Le 3e paramètre est nommé et valué. Réussite.	`EXEC dbo.P_INDEXES` `'dbo', 'sysjobs', @NOMBRE = 0;`
Les deux paramètres (obligatoires) sont nommés. Réussite.	`EXEC dbo.P_INDEXES` `@T_NAME = 'sysjobs', @NOMBRE=0;`

Même appel mais échec car la variable @NOMBRE n'est pas déclarée (n'existe que pour l'exécution de la procédure).	`EXEC dbo.P_INDEXES`
	`@T_NAME = 'sysjobs', @NOMBRE=0;`
	`SELECT @NOMBRE;`

Échec car ambiguïté de la variable @NOMBRE à la fois locale et variable de sortie.	`DECLARE @NOMBRE INT;`
	`EXEC dbo.P_INDEXES`
	`@T_NAME = 'sysjobs', @NOMBRE=0 OUTPUT;`
	`SELECT @NOMBRE;`

Commentaires	Appels

Les deux paramètres (obligatoires) sont nommés. Réussite.	`DECLARE @NBR INT;`
	`EXEC dbo.P_INDEXES`
	`@T_NAME = 'sysjobs', @NOMBRE=@NBR OUTPUT;`
	`SELECT @NBR;`

Déclaration des paramètres positionnels et utilisation de variables. Réussite.	`DECLARE @S NVARCHAR(250),`
	`@T NVARCHAR(250), @TOP INT, @NUM INT`
	`SELECT @S = 'dbo', @T = 'sysjobs', @TOP = 7;`
	`EXEC dbo.P_INDEXES @S,`
	`@T, @NUM OUTPUT, @TOP;`
	`SELECT @NUM AS NOMBRE;`

Il est préférable de ne pas mélanger les styles et de préférer le passage par valeur pour des appels simples sans OUTPUT et l'appel positionnel pour les paramètres de vos procédures.

Appel avec reformatage

Il est possible de « reformater » les données des jeux de lignes renvoyés par une procédure. Cela se fait à l'appel de la procédure (EXEC[UTE]), à l'aide de l'option WITH RESULT SETS.

Exemple :

```
EXEC sp_helpconstraint 'matable'
WITH RESULT SETS
(  (NOM_TABLE NVARCHAR(257)),

    (TYPE_CONTRAINTE NVARCHAR(128),
     NOM_CONTRAINTE NVARCHAR(128),
     FK_ACTION_DELETE VARCHAR (32),
     FK_ACTION_UPDATE VARCHAR (32),
     ETAT_CONRAINTE VARCHAR (16),
     ETAT_REPLICATION VARCHAR (20),
     CLEF_CONTRAINTE NVARCHAR(max)),

    (TABLE_FILLE_ET_FK NVARCHAR(386))
);
```

sp_helpconstraint est une procédure de documentation offrant de l'aide en listant les contraintes d'une table.

Fonctions utilisateur (UDF)

Une fonction utilisateur (UDF pour *User Defined Function*) peut être exploitée dans différents contextes :

- instruction SQL de type LMD (INSERT, UPDATE, DELETE, MERGE et SELECT) ;
- applications de tout langage ou dans le corps d'une autre routine ;
- paramétrage d'une vue ou en tant que fonctionnalité d'une vue indexée ;
- définition d'une colonne dans une table ou d'une contrainte CHECK sur une colonne.

Selon la nature du résultat retourné, on distingue les fonctions scalaires qui retournent une valeur et des fonctions table qui sont capables de retourner un jeu de données (tabulaire).
Les fonctions table sont de deux natures : les fonctions table « en ligne » optimisable et les fonction tables « multi instructions ».

Limitations

Une UDF ne peut pas contenir :

- d'instruction de mise à jour des tables ou des vues de la base (INSERT, UPDATE, DELETE ou MERGE) ;
- de transaction ;
- d'appel à des procédures stockées ;
- de SQL dynamique.

Son but étant d'être utilisée dans une requête ou une autre routine (procédure, fonction, déclencheur).

Fonctions scalaires

La syntaxe simplifiée de création d'une fonction scalaire stockée est la suivante. La signification des prérogatives et options est identique à celles des procédures.

```
CREATE FUNCTION [nom_schema.] nom_fonction
  ([{@param1 [nom_schema.] type_donnees} [=valeur_defaut] [READONLY]} ,…])
RETURNS type_donnees
[WITH [ENCRYPTION] [,] [SCHEMABINDING]
    [,][RETURNS NULL ON NULL INPUT | CALLED ON NULL INPUT]
    [,][EXECUTE AS {CALLER | SELF | OWNER | 'nom_user'}]
AS BEGIN
        instructions_transact; …
        RETURN expression_scalaire;
END;
```

- RETURNS (avec un S) indique le type de retour qui ne doit être ni TIMESTAMP (obsolète), ni CURSOR ni TABLE.
- ENCRYPTION assure la confidentialité du code et évite la publication de la fonction dans le cadre de la réplication.
- SCHEMABINDING indique que la fonction est liée aux objets de base de données auxquels elle fait référence et qu'aucun de ces objets ne peut être modifié d'une manière susceptible d'affecter la bonne exécution de la fonction (par exemple, suppression d'une colonne utilisée par la fonction).
- … ON NULL INPUT, par défaut positionné à CALLED, pour signifier que la fonction est exécutée même si NULL est transmis comme argument. L'option RETURN NULL … retourne le marqueur NULL sans même exécuter la fonction.
- RETURN (sans S) retourne le résultat à l'appelant. La dernière ligne de code doit toujours être un RETURN.

Le tableau 7-20 présente le code de la fonction F_EffectifsHeure(*comp*,*heures*) qui retourne le nombre de pilotes d'une compagnie donnée qui sont plus expérimentés en fonction d'un nombre d'heures de vol (2e paramètre). Si aucun pilote ne convient, la fonction retourne 0. Si aucune compagnie n'est passée en paramètre (NULL), le calcul inclut toutes les compagnies. Les éventuelles erreurs ne sont pas encore traitées (compagnie de code inexistant, par exemple). Notez la nécessité de préciser le schéma de la table manipulée (ici, dbo).

Tableau 7–20 Fonction stockée

Code Transact-SQL	Commentaires

`CREATE FUNCTION F_EffectifsHeure`
`(@p1 VARCHAR(4), @p2 DECIMAL(7,2)) RETURNS SMALLINT`
`WITH SCHEMABINDING,`
`CALLED ON NULL INPUT`
`AS`
	Deux paramètres en entrée. La fonction retourne un entier court, elle est liée à la table des pilotes et accepte des NULL en paramètres.

`BEGIN`
`DECLARE @res SMALLINT = 0;`
`IF (@p1 IS NULL)`
`  SELECT @res=COUNT(*) FROM dbo.T_Pilote_pil`
`         WHERE pil_nbHVol>@p2;`
`ELSE`
`  SELECT @res=COUNT(*) FROM dbo.T_Pilote_pil`
`         WHERE pil_nbHVol>@p2 AND cmp_comp=@p1;`
`RETURN @res;`
`END;`
	Code de la fonction.

Le tableau 7-21 présente deux appels de cette fonction. Notez la nécessité de préciser le schéma de la fonction utilisée (ici, dbo).

Tableau 7–21 Appels de la fonction stockée

Code Transact-SQL	Résultats

`SELECT DISTINCT cmp_comp, 2450 AS Heures,`
`       dbo.F_EffectifsHeure(cmp_comp,2450) AS Nombre`
`FROM   T_Pilote_pil`
`ORDER BY Nombre DESC, cmp_comp DESC;`
	`cmp_comp Heures      Nombre`
	`-------- ----------- ------`
	`SING     2450        2`
	`CAST     2450        1`
	`AF       2450        1`

`DECLARE @res    SMALLINT;`
`DECLARE @comp   VARCHAR(4) = 'AF';`
`DECLARE @heures DECIMAL(7,2) = 1300.00;`
`BEGIN`
`SET @res = dbo.F_EffectifsHeure(@comp,@heures);`
`END;`
`PRINT 'Nombre de pilotes de AF dépassant 1300 hdv : '`
`      +CAST(@res AS VARCHAR(4));`
	`Nombre de pilotes de AF dépassant 1300 hdv : 2`

Si la fonction est fortement liée (SCHEMABINDING) aux objets manipulés, elle devra être soit modifiée, soit supprimée, préalable nécessaire à la modification ou suppression des objets dépendants.

Fonctions génériques (type SQL_VARIANT)

Le type générique SQL_VARIANT permet de céer des fonctions génériques. La fonction suivante renvoie le plus grand des deux paramètres, quel que soit le type et dans la limite de compatibilité.

```
CREATE FUNCTION F_MAX2(@VAL1 sql_variant,@VAL2 sql_variant) RETURNS sql_variant AS
BEGIN
   RETURN CASE
             WHEN @VAL1 > @VAL2       THEN @VAL1
             WHEN @VAL2 IS NULL       THEN @VAL1
             ELSE @VAL2
          END;
END;
```

N'utilisez pas d'UDF dans une requête où le calcul pourrait être effectué par des opérateurs SQL ou fonctions Transact-SQL. De même, dans la mesure du possible, utilisez la directive RETURN NULL ON NULL INPUT afin d'éviter des calculs répétitifs inutiles.

Fonctions table

Les fonctions tables se comportent en fait comme des requêtes « paramétrées ».

On distingue les fonctions table en ligne qui utilisent simplement une requête SELECT, des fonctions qui utilisent une variable de type table appelées fonctions table multi-instructions.

La différence est importante, car vous verrez au chapitre suivant qu'il est possible de mettre à jour directement une fonction table en ligne, mais pas une fonction table multi-instructions. Pour ce dernier cas, il est néanmoins possible de recourir à des déclencheurs INSTEAD OF afin de simuler les mises à jour.

Tableau 7–22 Syntaxe d'une fonction stockée de type table

Basée sur une requête (table en ligne)	Basée sur une variable de type table (table multi-instruction)

CREATE FUNCTION [*nom_schema*.] *nom_fonction*
  ([{@*param1* [*nom_schema*.] *type_donnees*} [=*valeur_defaut*]
      [READONLY]} ,…])	

RETURNS TABLE
[WITH [SCHEMABINDING]
    [,][RETURNS NULL ON NULL INPUT |
              CALLED ON NULL INPUT]
    [,][EXECUTE AS {CALLER | SELF |
                   OWNER | '*nom_user*']]
AS RETURN (*requete_SELECT*);
	RETURNS @*variable* TABLE *definition_cols_table*
	[WITH [SCHEMABINDING]
	    [,][RETURNS NULL ON NULL INPUT |
	              CALLED ON NULL INPUT]
	    [,][EXECUTE AS {CALLER | SELF |
	                   OWNER | '*nom_user*']]
	AS BEGIN
	  instructions_transact; …
	  RETURN;
	END;

Dans la fonction table en ligne, la requête peut comporter des variables. Le tableau 7-23 présente le code de deux fonctions table qui retournent un jeu de résultats tabulaire composé du code compagnie et d'un nombre d'heures de vol (la moyenne pour la première fonction, le maximum pour la seconde).

Tableau 7–23 Fonction table

Fonction table en ligne	Fonction table multi-instruction

CREATE FUNCTION F_T_MoyHeure()
RETURNS TABLE
AS RETURN (SELECT cmp_comp,
           AVG(pil_nbhvol) AS moyenne
           FROM dbo.T_Pilote_pil
           GROUP BY cmp_comp);
	CREATE FUNCTION F_T_MaxHeure()
	RETURNS @table_res TABLE
	(compagnie VARCHAR(4) PRIMARY KEY,
	  max_heure DECIMAL(7,2))
	AS BEGIN
	  INSERT INTO @table_res
	  SELECT cmp_comp, MAX(pil_nbhvol) AS maxi
	         FROM dbo.T_Pilote_pil GROUP BY cmp_comp;
	  RETURN;
	END;

Le tableau 7-24 présente un appel de ces fonctions.

Tableau 7–24 Appels de la fonction table

<table>
<tr><th>Fonction table en ligne</th><th>Fonction table multi-instruction</th></tr>
<tr><td><pre>CREATE TYPE tab_res_t AS TABLE
   (compagnie VARCHAR(4),
    moyenne_heure DECIMAL(7,2),
    PRIMARY KEY(compagnie));
GO
DECLARE @table_res tab_res_t;
INSERT INTO @table_res
       SELECT * FROM dbo.F_T_MoyHeure();

SELECT * FROM @table_res;
compagnie moyenne_heure
--------- -----------------
AF   2916.67
CAST   5500.00
SING   2500.00</pre></td><td><pre>CREATE TYPE tab_t AS TABLE
   (c1 VARCHAR(4) PRIMARY KEY,
    c2 DECIMAL(7,2));
GO
DECLARE @tab tab_t;
INSERT INTO @tab
       SELECT * FROM dbo.F_T_MaxHeure();

SELECT * FROM @tab;
c1   c2
---- --------------
AF   5400.00
CAST 5500.00
SING 2500.00</pre></td></tr>
</table>

Appel de fonction table

Les appels de fonction table peuvent se faire de deux manières :

- lorsque la fonction n'est pas paramétriquement liée aux données des autres tables, comme une table ordinaire, dans la clause FROM ;
- lorsque la fonction est paramétriquement liée aux données des autres tables, à l'aide de l'opérateur d'intrajointure APPLY (CROSS ou OUTER).

Voici en pratique un cas pour illustrer ce propos : les meilleurs clients de la compagnie Air Flop ont droit à une réduction systématique de 3 % à condition qu'ils payent le mardi suivant la date d'émission de la facture. Pour ce faire, nous avons créé une fonction renvoyant sous forme de table les jours de lundi à dimanche d'une semaine dont une date est passée en argument.

```
CREATE FUNCTION dbo.F_SEMAINE (@DATE DATE)
RETURNS @T TABLE (JOUR DATE, NOM VARCHAR(8))
AS
BEGIN
-- on recale la date au lundi
   WHILE DATEPART(dw, @DATE) <> 1
      SET @DATE = DATEADD(day, -1, @DATE);
-- on insère les 7 jours
   INSERT INTO @T SELECT @DATE, 'Lundi';
   INSERT INTO @T SELECT DATEADD(day, 1, @DATE), 'Mardi';
   INSERT INTO @T SELECT DATEADD(day, 2, @DATE), 'Mercredi';
   INSERT INTO @T SELECT DATEADD(day, 3, @DATE), 'Jeudi';
   INSERT INTO @T SELECT DATEADD(day, 4, @DATE), 'Vendredi';
   INSERT INTO @T SELECT DATEADD(day, 5, @DATE), 'Samedi';
   INSERT INTO @T SELECT DATEADD(day, 6, @DATE), 'Dimanche';
   RETURN;
END;
```

Voici maintenant la table des factures et quelques données pour test :

```
CREATE TABLE T_FACTURE_FAC
(FAC_ID INT IDENTITY PRIMARY KEY,
  CLI_ID INT NOT NULL,
  FAC_DATE DATE);
```

```
INSERT INTO T_FACTURE_FAC VALUES
(1, '2014-02-15'), (1, '2014-02-16'),
(1, '2014-02-18'), (1, '2014-02-20'),
(1, '2014-02-20'), (1, '2014-02-21');
```

Il n'est pas possible de joindre les deux « tables », celle des factures et celle résultante de la fonction, puisque l'une dépend de l'autre :

```
SELECT *
FROM T_FACTURE_FAC AS F
       JOIN dbo.F_SEMAINE (F.FAC_DATE) AS S1
            ON ???
```

De la même façon, une jointure par produit cartésien (`CROSS JOIN`) génère une erreur car les deux tables ne sont pas indépendantes :

```
SELECT *
FROM T_FACTURE_FAC AS F
       CROSS JOIN dbo.F_SEMAINE (F.FAC_DATE) AS S1
```

Msg 4104, Niveau 16, État 1, Ligne 3
L'identificateur en plusieurs parties "F.FAC_DATE" ne peut pas être lié.

La solution est d'utiliser l'intrajointure avec `APPLY`, comme ceci :

```
SELECT *
FROM T_FACTURE_FAC AS F
       CROSS APPLY dbo.F_SEMAINE (F.FAC_DATE) AS S1
```

Finalement, la requête répondant à notre demande initiale, peut s'écrire :

```
SELECT F.*, CASE WHEN S1.JOUR <= F.FAC_DATE
                   THEN S2.JOUR
                 ELSE S1.JOUR
            END AS DATE_EXIGIBILITE
FROM T_FACTURE_FAC AS F
       CROSS APPLY dbo.F_SEMAINE (F.FAC_DATE) AS S1
       CROSS APPLY dbo.F_SEMAINE (DATEADD(day, 7, F.FAC_DATE)) AS S2
WHERE CLI_ID = 1 --> ID de Air Flop
  AND S1.NOM = 'Mardi'
  AND S2.NOM = 'Mardi';
```

Recompilation et suppression d'une routine

La recompilation manuelle d'une procédure stockée ou d'une fonction utilisateur est initiée par l'appel au sous-programme système suivant :`EXEC sp_recompile 'nom_schema.nom_sous_prog'`.

Comme pour tout objet de la base, la suppression d'une routine est réalisée par la commande `DROP` :

```
DROP PROCEDURE [nom_schema.]nom_procedure;
GO
DROP FUNCTION [nom_schema.]nom_fonction;
GO
```

Forcer la recompilation d'un module (procédures, fonctions et déclencheurs) n'est pas nécessaire lorsqu'on vient de le modifier. En revanche, après l'ajout ou la suppression d'une colonne d'une table qui est référencée par une vue, il est intéressant d'exécuter la procédure stockée système `sp_refreshview`. De même, la procédure stockée `sp_refreshsqlmodule` est à exécuter périodiquement, elle met les dépendances à jour pour tous les modules. Les problèmes apparaissent souvent après le renommage d'un objet.

Objets temporaires

Les variables de type table ont été présentées au chapitre 1, il s'agit de pouvoir manipuler des données à l'aide de SQL comme si vous disposiez de tables. SQL Server propose le concept de table temporaire qui peut être locale à la session (le nom de la table est préfixé du caractère `#`) ou globale à l'instance (le nom de la table est préfixé des caractères `##`). Moins utilisée, une procédure peut aussi être temporaire, soit locale à la session (*#nom_procédure*) ou globale à l'instance et donc disponible à toutes les connexions (*##nom_procédure*).

Le tableau 7-25 décrit deux tables temporaires qui, si elles sont déclarées dans la même session, doivent porter des noms de contraintes (index) différents. Ces tables seront stockées dans la base `tempdb`.

Tableau 7–25 Tables temporaires

Locale	Globale
CREATE TABLE #T_aeroport_aer (aer_IATA VARCHAR(3), aer_OACI VARCHAR(6) NOT NULL, aer_nom VARCHAR(50) NOT NULL, CONSTRAINT **PK_#aer** PRIMARY KEY(aer_IATA), CONSTRAINT **UK_#aer_OACI** UNIQUE(aer_OACI));	CREATE TABLE ##T_aeroport_aer (aer_IATA VARCHAR(3), aer_OACI VARCHAR(6) NOT NULL, aer_nom VARCHAR(50) NOT NULL, CONSTRAINT **PK_##aer** PRIMARY KEY(aer_IATA), CONSTRAINT **UK_##aer_OACI** UNIQUE(aer_OACI));

Il est préférable de supprimer explicitement par `DROP TABLE`, toute table temporaire à la fin de votre session (même si elle est en théorie automatiquement détruite à la fin de celle-ci).

Il existe de nombreux inconvénients à l'utilisation des tables temporaires :

- Les tables temporaires ne bénéficient pas pleinement de l'optimiseur. En particulier, il faudrait y ajouter des contraintes et des index pour bénéficier de l'optimisation statistique.
- Une table temporaire, ou une variable de type table, nécessite un double stockage en mémoire : le premier du fait de l'existence des variables, le second en raison de la présence des données persistantes (du temps de la session ou des sessions en cours) dans la base `tempdb`. Cela rend le cache de données moins performant à cause des problèmes de contention au niveau des pages d'allocation de la base de données `tempdb`.
- Dans un batch, comme dans une procédure, la présence d'une DDL (`CREATE`, `ALTER`, `DROP`…) nécessaire à la manipulation des tables temporaires, oblige à recompiler le code après chaque ordre de la DDL. En effet, il n'est pas possible de vérifier la syntaxe d'une routine lorsque les objets sont « mutants ».
- Le dernier inconvénient réside dans le fait que contrairement à une idée reçue, les tables temporaires, comme les variables table, ne sont pas des objets en mémoire uniquement et nécessitent donc des opérations de journalisation et de stockage, ce qui signifie l'écriture de données dans les fichiers de la base…

Tous ces éléments induisent un coût caché souvent très pénalisant par rapport à une formulation plus rationnelle utilisant de pures requêtes SQL.

N'utilisez donc les tables temporaires qu'en cas d'extrême nécessité, et notamment après avoir épuisé tout autre type de formulation du code.

Vous pouvez visualiser les tables temporaires, mais aussi les variables tables (qui sont aussi des tables temporaires), présentes à l'instant *t* sur votre serveur, en lançant la requête suivante :

```
SELECT * FROM tempdb.INFORMATION_SCHEMA.TABLES
```

Les variables table ont un nom « hexadécimal ». Ne vous étonnez pas si, même au repos, vous voyez apparaître des tables temporaires sur votre serveur. Ce n'est que SQL Server qui audite sa propre activité !

Curseurs

Un curseur est une zone mémoire qui permet de traiter individuellement chaque ligne renvoyée par un SELECT. Un programme Transact-SQL peut travailler avec plusieurs curseurs en même temps. Un curseur, au cours de son existence (de l'ouverture à la fermeture), contient en permanence l'adresse de la ligne courante.

La figure 7-4 illustre la manipulation de base d'un curseur. Le curseur est décrit dans la partie déclarative. Il est ouvert dans le code du programme, il s'évalue alors et va se charger en extrayant les données de la base. Le programme peut parcourir tout le curseur en récupérant les lignes une par une dans une variable locale. Le curseur est ensuite fermé.

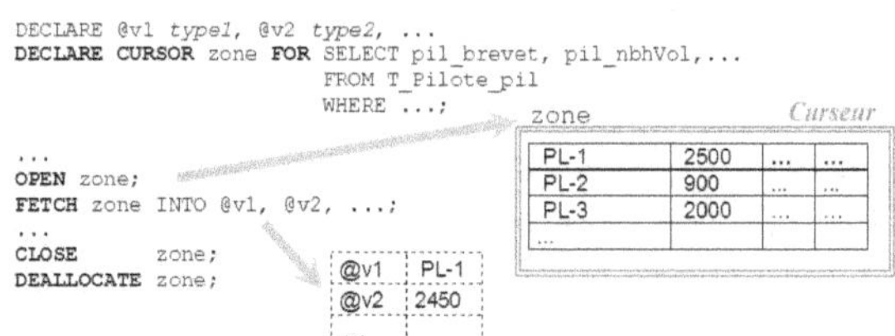

Figure 7–4
Principe d'un curseur

Déclaration

La déclaration simplifiée d'un curseur est la suivante. Attention, certaines de ces options sont antagonistes (comme SCROLL et FAST_FORWARD).

```
DECLARE nom_curseur CURSOR [LOCAL | GLOBAL]
     [FORWARD_ONLY | SCROLL]
     [STATIC | DYNAMIC | FAST_FORWARD]
     [READ_ONLY | SCROLL_LOCKS]
     FOR requete_SELECT [FOR UPDATE [OF col [,…]]];
```

- LOCAL indique que le curseur est disponible pour le traitement d'instructions, la procédure stockée ou le déclencheur dans lequel il a été créé. L'option GLOBAL (par défaut) précise que l'étendue du curseur est globale à la connexion. Le curseur est donc visible des autres procédures dans la même session.

- Les options FORWARD_ONLY (par défaut, seul le déplacement en avant est possible) et SCROLL (déplacement dans les deux sens avec les fonctions FIRST, LAST, PRIOR, NEXT, RELATIVE et ABSOLUTE) renseignent à propos de la navigabilité.
- L'option STATIC opère une copie temporaire des données dans tempdb (par conséquent, les modifications ne sont pas restituées dans le curseur, qui de fait n'est pas modifiable), DYNAMIC restitue les modifications apportées aux lignes du jeu de résultats lors du parcours, FAST_FORWARD restreint le curseur à être FORWARD_ONLY et READ_ONLY ce qui optimise les performances.
- Comme son nom l'indique, READ_ONLY interdit les mises à jour du curseur. L'option SCROLL_LOCKS verrouille les lignes lues dans le curseur pour garantir leur disponibilité lors des modifications ultérieures.
- FOR UPDATE OF désigne les colonnes qui peuvent être modifiées par le curseur (si aucune colonne n'est indiquée, tout le curseur peut être mis à jour).
- Par défaut, les curseurs sont ouvert avec les options les plus étendues ce qui mobilise le plus de ressources et verrouille les lignes manipulées dans les tables de la base. Dans la mesure du possible utilisez les options suivantes : LOCAL, FORWARD_ONLY, STATIC, READ_ONLY. À noter que par nature, les curseurs ne peuvent pas être optimisés. Le résultat sera, dans la très grande majorité des cas, moins rapide que de simples requêtes SQL aussi complexes qu'elles soient. Il faut donc tenter de les éviter aussi souvent que possible chaque fois qu'une formulation plus ensembliste existe.

Parcours d'un curseur (séquentiel)

L'instruction FETCH lit la ligne du curseur et progresse en avant (NEXT par défaut). La variable @@fetch_status retourne 0 pour toute lecture correcte (dans le cas contraire, la ligne suivante a été déplacée ou il n'y en a plus).

```
FETCH [[NEXT | PRIOR | FIRST | LAST
            | ABSOLUTE {n | @var} | RELATIVE {n| @var}]
      FROM] {{[GLOBAL] nom_curseur} | @nom_variable_curseur}
     [INTO @variable1 [,…]]
```

Le tableau 7-26 présente un parcours classique d'un curseur à l'aide d'une boucle *tant que*. Ici, il s'agit de retourner dans une variable la liste des tables de la base de données active.

Tableau 7–26 Parcours traditionnel d'un curseur

Code Transact-SQL	Commentaires

`CREATE PROCEDURE P_mes_tables`
`    (@liste_table VARCHAR(MAX) OUTPUT) AS`
`BEGIN`
	Déclaration de la procédure

`DECLARE @nom_table    VARCHAR(128);`
`DECLARE curs CURSOR FOR`
`       SELECT TABLE_NAME`
`       FROM   INFORMATION_SCHEMA.TABLES`
`       WHERE TABLE_TYPE = 'BASE TABLE';`
	Déclaration des variables locales à la procédure dont le curseur

`OPEN curs` `FETCH curs INTO @nom_table;`	Ouverture et première lecture du curseur

Tableau 7–26 Parcours traditionnel d'un curseur *(suite)*

Code Transact-SQL	Commentaires

`WHILE @@fetch_status = 0`
`BEGIN`
`SET @liste_table =`
`CONCAT(@liste_table,CONCAT(@nom_table,'-'));`
`FETCH curs INTO @nom_table;`
`END;`
	Parcours du curseur du début à la fin (marche avant)

`CLOSE curs;`
`DEALLOCATE curs;`
`END;`
	Fermeture du curseur et récupération de la zone mémoire

`DECLARE @retour VARCHAR(MAX);`
`EXEC P_mes_tables @retour OUTPUT;`
`PRINT @retour;`
 	
`T_aeroport_aer-T_vols_catalogue_vlc-T_objet_geographique_gmg-`
	Appel de la procédure et affichage du résultat

Accès direct

Si vous désirez naviguer autrement que de façon séquentielle, déclarez votre curseur avec l'option `SCROLL`. Dès lors, l'instruction `FETCH` peut s'enrichir des options `PRIOR` (précédent), `FIRST` (premier), `LAST` (dernier), `ABSOLUTE` et `RELATIVE` (respectivement positionnement absolu et relatif, voir figure 7-5).

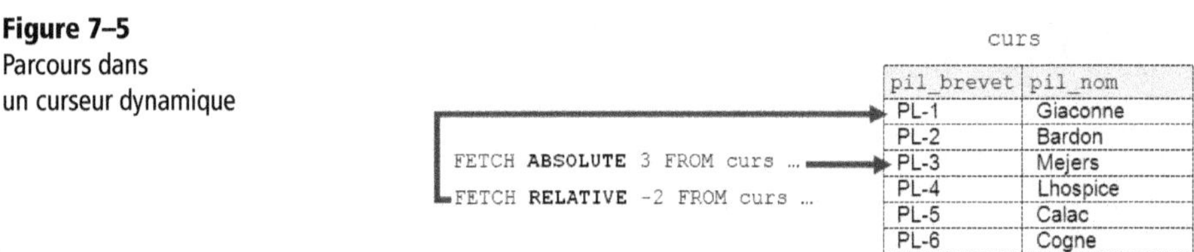

Figure 7–5
Parcours dans un curseur dynamique

Le tableau 7-27 présente un accès direct à une ligne du curseur précédemment illustré. Il s'agit de sélectionner aléatoirement un des pilotes, toutes compagnies confondues. À cet effet, la variable système `@@cursor_rows` permet de connaître le nombre total de lignes d'un curseur (après ouverture).

Tableau 7–27 Accès direct à un curseur

Code Transact-SQL	Commentaires

`CREATE PROCEDURE P_loto_pilotes`
`(@pil_nom VARCHAR(20) OUTPUT, @pil_brevet VARCHAR(6) OUTPUT)`
`AS`
	Déclaration de la procédure

`BEGIN`
`DECLARE @n INT;`
`DECLARE curs SCROLL CURSOR FOR`
`SELECT pil_brevet,pil_nom FROM T_Pilote_pil;`
	Déclaration des variables locales à la procédure dont le curseur

`OPEN curs`
`SET @n = 1 + CONVERT(INT,(@@cursor_rows)*RAND())`
`FETCH ABSOLUTE @n FROM curs`
`INTO @pil_brevet,@pil_nom;`
	Ouverture et lecture du curseur

`CLOSE curs;`
`DEALLOCATE curs;`
`END;`
	Fermeture du curseur et récupération de la zone mémoire

Tableau 7–27 Accès direct à un curseur *(suite)*

Code Transact-SQL	Commentaires

`DECLARE @retour1 VARCHAR(20),`
`        @retour2 VARCHAR(6);`
`EXEC P_loto_pilotes @retour1 OUTPUT,@retour2 OUTPUT;`
`PRINT   @retour1+'-'+@retour2+`
`        ' est l''heureux gagnant';`
`Mejers-PL-3 est l'heureux gagnant`
	Appel de la procédure et affichage du résultat (qui doit normalement varier à chaque appel).

Accès concurrents (FOR UPDATE) et mise à jour (CURRENT OF)

Si vous désirez utiliser un curseur dans le cadre d'une transaction, vous choisirez l'option `FOR UPDATE` qui verrouillera les lignes concernées tant que le curseur est ouvert et la transaction en cours. Toute mise à jour s'opère avec un `UPDATE` incluant la condition `WHERE CURRENT OF` *`nom_curseur`*. Une validation *(commit)* avant la fermeture d'un curseur `FOR UPDATE` déclenchera une erreur.

Le tableau 7-28 décrit un bloc qui utilise le curseur pour augmenter le nombre d'heures du dernier pilote (par ordre alphabétique) d'une compagnie donnée.

Tableau 7–28 Curseur modifiable

Code Transact-SQL	Commentaires

`CREATE PROCEDURE P_dernier_pilote`
`(@compa VARCHAR(4), @hVol DECIMAL(7,2)) AS`
`BEGIN`
`DECLARE @pil_nbHVol DECIMAL(7,2);`
`DECLARE curs SCROLL CURSOR FOR`
`        SELECT pil_nbHVol FROM T_Pilote_pil`
`        WHERE cmp_comp = @compa`
`        ORDER BY pil_nom`
`        FOR UPDATE OF pil_nbHVol;`
	Déclaration du curseur modifiable

`OPEN curs` `FETCH LAST FROM curs INTO @pil_nbHVol;`	Ouverture et lecture du curseur

`IF @@fetch_status = 0`
`  UPDATE T_Pilote_pil`
`         SET pil_nbHVol=pil_nbHVol+@hvol`
`         WHERE CURRENT OF curs;`
	Test de non-nullité du curseur
	Mise à jour de la table

`CLOSE      curs;`
`DEALLOCATE curs;`
`END;`
	Fermeture du curseur et récupération de la zone mémoire

`DECLARE @p1 VARCHAR(4)    = 'AF',`
`        @p2 DECIMAL(7,2) = 15.2;`
`EXEC    P_dernier_pilote @p1,@p2;`
 	
`SELECT * FROM T_Pilote_pil`
`         WHERE cmp_comp='AF';`
	`pil_brevet pil_nom     pil_nbHVol`
	`--------- ----------- ----------`
	`PL-1       Giaconne       2465.20`
	`PL-2       Bardon          900.00`
	`PL-5       Calac          5400.00`

Dans la procédure `P_dernier_pilote`, la mise à jour s'effectue par rapport à la ligne de la table sur laquelle est positionnée le curseur. Ceci se fait à l'aide du prédicat `CURRENT OF` (sous-entendu, la ligne courante).

Comment s'en passer ?

Bien que les curseurs permettent de réaliser des traitements itératifs sur des jeux de résultats, ils cumulent toutefois de nombreux inconvénients : ils sont gourmands en ressources, instables (une ligne mise à jour à travers ou hors du curseur peut se déplacer dans le jeu de ligne ouverte par le curseur) et complexes à manipuler. En réalité, la majorité des curseurs existants ne sont pas nécessaires et peuvent être remplacés par des instructions SQL (notamment par `UPDATE` et `SELECT`) ou par des routines.

Gestion des erreurs

Afin d'éviter qu'un programme soit interrompu dès la première erreur (mise à jour incorrecte, conflit de clé, etc.), vous devrez prévoir tous les cas potentiels d'erreur et associer à chacun un traitement particulier. Les erreurs peuvent être gérées dans un batch Transact-SQL, une routine ou un déclencheur. Analogue au mécanisme des exceptions dans les langages évolués, la gestion des erreurs *(handling errors)* est prépondérante dans la mise en œuvre des transactions.

Les principaux éléments d'une erreur applicative qui intéressent le développeur sont :

- le numéro : `ERROR_NUMBER()` ;
- le libellé : `ERROR_MESSAGE()` ;
- la gravité : `ERROR_SEVERITY()` ;
- le nom du sous-programme ou du déclencheur incriminé : `ERROR_PROCEDURE()`.

Les gravités numérotées de 11 à 16 concernent les erreurs de programmation. Les gravités des erreurs liées aux ressources sont numérotées de 17 à 25 (la gravitées numérotées de 20 à 25 terminent systématiquement la connexion).

Attention, la levée d'une exception (en cas d'erreur) n'entraîne pas l'annulation de la transaction qui rerte toujours ouverte, sauf si vous avez positionné le flag de session `SET XACT_ABORT` à `ON`.

Il existe deux méthodes pour traquer les erreurs. La première consiste à tester la variable `@@ERROR` à chaque instruction SQL puis, si elle est différente de 0, à dérouter le code vers une étiquette de traitement d'erreur à l'aide d'un `GOTO`. La seconde revient à utiliser la stucture de contrôle `BEGIN TRY... BEGIN CATCH...` qui vous permettra d'intercepter toute erreur de programmation lors de l'exécution (dont la gravité est supérieure à 10 et qui ne termine pas la connexion). Sont exclues de ce mécanisme les erreurs de compilation et celles qui se produisent pendant une recompilation (résolution de nom, par exemple).

La figure 7-6 illustre les événements déclenchant une exception :

- Une erreur d'exécution se produit, le bloc `BEGIN TRY` s'interrompt et le déroutement s'opère vers le bloc `BEGIN CATCH` (par exemple, une violation de contrainte lors d'un `INSERT`).
- Le programmeur déroute volontairement le traitement vers le bloc `BEGIN CATCH` par l'intermédiaire de l'instruction `THROW` (nouveauté de la version SQL Server 2012, anciennement `RAISERROR`).

Si aucune erreur ne se produit, le bloc `BEGIN CATCH` est ignoré et le traitement du bloc `BEGIN TRY` continue (jusqu'à la fin si aucune erreur n'est rencontrée), puis retourne à son appellant s'il s'agit d'un sous-programme. Contrairement à des langages évolués comme Java ou C#, SQL Server ne nécessite pas de bloc `FINALLY`, car le code continue en séquence après le bloc `ENDCATCH`, si l'on n'est pas toutefois sorti du code par un `RETURN`.

Figure 7–6
Mécanisme général des exceptions

```
BEGIN TRY
...
IF (...)
  THROW 50001,'Code compagnie inexistant.',1;
...
INSERT INTO ... VALUES ...;
...
END TRY

BEGIN CATCH
-- traitement avec :
-- ERROR_NUMBER(), ERROR_MESSAGE(),
-- ERROR_PROCEDURE()...
...
END CATCH;
```

Une requête qui ne renvoie aucune ligne ou uniquement des colonnes vides ne déclenche pas d'exception. Il en va de même pour une requête qui renvoie plusieurs lignes qu'on affecte à des variables (seule la première ligne sera traitée et affectée aux variables). Dans ces deux cas, utilisez la variable système `@@rowcount` pour pouvoir déterminer dans quelle situation vous vous trouvez.

Le raisonnement est similaire avec les instructions `UPDATE` et `DELETE`, qui ne retournent aucune erreur si aucune ligne n'est impactée.

Préférez l'instruction `THROW` à `RAISERROR` car elle vous permettra de propager plus facilement un erreur capturée à travers les éventuels blocs appelants (voir plus loin). Avec `THROW`, la gravité de l'erreur (`ERROR_SEVERITY`) est considérée constante, elle est numérotée 16.

Vous ne pouvez pas mettre de code entre les « balises » `END TRY` et `BEGIN CATCH`

Considérons la table dotée des 5 contraintes suivantes et écrivons une procédure qui ajoute une ligne et utilise différents modes de gestion des erreurs. Dans cet exemple, il sera nécessaire de vérifier la non-nullité du nom (et son unicité), l'unicité du code, la valeur du nombre d'heures de vol et de l'existence de la compagnie.

```
CREATE TABLE T_Pilote_pil
(pil_brevet VARCHAR(6),
pil_nom    VARCHAR(20) CONSTRAINT nn_nom NOT NULL,
pil_nbHVol DECIMAL(7,2) CONSTRAINT ck_h_vol CHECK (pil_nbhvol >= 1500),
pil_mail VARCHAR(50), cmp_comp VARCHAR(4), pil_embauche DATE,
CONSTRAINT un_pil_nom UNIQUE (pil_nom),
CONSTRAINT pk_Pilote PRIMARY KEY(pil_brevet),
CONSTRAINT fk_pil_cmp FOREIGN KEY (cmp_comp) REFERENCES T_compagnie_cmp);
```

Erreurs prédéfinies

Vous obtiendrez le détail des erreurs en interrogeant la vue système `sys.messages` (base `master`). La structure de cette vue est notamment composée du numéro d'erreur (`message_id`), du code langue (`language_id`), de la gravité de l'erreur (`severity`) et du libellé de l'erreur (`text`). Pour un code langue donné, plus de 10 400 erreurs sont recensées.

Les erreurs les plus fréquentes en termes de manipulation de données sont listées dans le tableau 7-29.

Tableau 7–29 Erreurs courantes

Numéro	Gravité	Texte	Commentaires
515	16	`Cannot insert the value NULL into column '%.*ls', table '%.*ls'; column does not allow nulls. %ls fails.`	Non-respect d'une contrainte de non-nullité

Tableau 7–29 Erreurs courantes *(suite)*

Numéro	Gravité	Texte	Commentaires
547	16	`The %ls statement conflicted with the %ls constraint "%.*ls". The conflict occurred in database "%.*ls", table "%.*ls"%ls%.*ls%ls.`	Non-respect d'une contrainte référentielle (clé étrangère) ou de vérification (CHECK)
2601	14	`Cannot insert duplicate key row in object '%.*ls' with unique index '%.*ls'. The duplicate key value is %ls.`	Non-respect de l'unicité au niveau d'un index
2627	14	`Violation of %ls constraint '%.*ls'. Cannot insert duplicate key in object '%.*ls'. The duplicate key value is %ls.`	Non-respect de l'unicité (clé primaire ou contrainte)

Le tableau 7-30 décrit une procédure qui gère les erreurs en insertion en retournant le code et le libellé de l'erreur à l'appelant.

Tableau 7–30 Gestion d'erreurs

Code Transact-SQL	Commentaires

`CREATE PROCEDURE P_ajoute_pil`
`(@pil_brevet VARCHAR(6), @cmp_comp VARCHAR(4),`
`@pil_nom VARCHAR(20), @pil_nbHVol DECIMAL(7,2),`
`@pil_mail VARCHAR(50),`
`@retour_err SMALLINT OUTPUT, @retour_lib VARCHAR(500) OUTPUT)`
`AS BEGIN`
	Déclaration de la procédure (deux paramètres en sortie)

`BEGIN TRY`
`    INSERT INTO T_Pilote_pil`
`     (pil_brevet,pil_nom,pil_mail,pil_nbHVol,cmp_comp)`
`    VALUES`
`     (@pil_brevet,@pil_nom,@pil_mail,@pil_nbHVol,@cmp_comp);`
`-- si on passe ici : pilote inséré`
`END TRY`
	Traitement principal

`BEGIN CATCH`
`  SET @retour_err = ERROR_NUMBER();`
`  SET @retour_lib = ERROR_MESSAGE();`
`END CATCH;`
`END;`
	Pour toute erreur, ce code s'exécute.

Un exemple d'appel à cette procédure est le suivant. Ici, le problème est lié à l'inexistence de la compagnie de code 'AB' (problème de clé étrangère).

Tableau 7–31 Retour d'une erreur à l'appelant

Code Transact-SQL	Résultats

`DECLARE @err SMALLINT;`
`DECLARE @lib VARCHAR(500);`
`EXEC P_ajoute_pil 'PL-10', 'AB', 'Bon', 1600,`
`                 'bon@free.fr', @err OUTPUT, @lib OUTPUT;`
`SET @lib =`
`CASE`
`   WHEN @err = 515 THEN 'Problème de valeur non NULL'`
`   WHEN @err = 2627 THEN 'Problème d''unicité (contrainte)'`
`   WHEN @err = 2601 THEN 'Problème d''unicité (index)'`
`   WHEN @err = 547 THEN 'Problème contrainte (FK/CHECK)'`
`   ELSE @lib`
`END`
`PRINT @lib;`
	Problème contrainte (FK/CHECK)

Concernant une mise à jour de données, le déclenchement des erreurs suit l'ordre de priorité suivant : NOT NULL, PRIMARY KEY, contrainte UNIQUE, index UNIQUE, contrainte CHECK et enfin FOREIGN KEY.

Dans cet exemple, l'inconvénient de ce mécanisme de programmation est qu'un problème de clé étrangère est confondu avec un problème de contrainte de vérification (par exemple, un pilote doté d'un nombre d'heures de vol inférieur à 1 500).

Erreur utilisateur

Il est possible de simuler ses propres exceptions pour bénéficier du bloc de traitement des erreurs et traiter une erreur applicative comme une erreur renvoyée par la base. Ce moyen de programmer facilitera la maintenance et l'évolution de vos sous-programmes. Le déroutement vers le bloc des exceptions est assuré par l'instruction THROW qui nécessite trois paramètres ou aucun. Il n'existe pas de paramètre relatif à la gravité *(severity)*, qui est arbitrairement fixée à la valeur 16. La syntaxe de cette instruction est la suivante :

```
THROW [{numero_erreur | @variable},
        {message | @variable}, {numero_etat | @variable}];
```

- Le numéro d'erreur est un entier (INT) et doit être supérieur à 50 000 (les numéros d'erreur qui précèdent sont réservés par SQL Server).
- Le libellé de l'erreur est une chaîne de caractères et l'état un entier (TYNINT) entre 0 et 255.

Le tableau 7-32 décrit la gestion de l'exception provenant de la clé étrangère avec ce mécanisme.

Tableau 7–32 Exception utilisateur

<table>
<tr><th>Code Transact-SQL</th><th>Commentaires</th></tr>
<tr><td><pre>CREATE PROCEDURE P_ajoute_pil
(@pil_brevet VARCHAR(6), @cmp_comp VARCHAR(4),
@pil_nom VARCHAR(20), @pil_nbHVol DECIMAL(7,2),
@pil_mail VARCHAR(50),
@retour_err INT OUTPUT, @retour_lib VARCHAR(500) OUTPUT) AS</pre></td><td>Déclaration de la procédure</td></tr>
<tr><td><pre>BEGIN
DECLARE @res BIT = 0;
BEGIN TRY
    SELECT @res=COUNT(cmp_comp) FROM T_compagnie_cmp
                            WHERE cmp_comp=@cmp_comp;
    IF @res=0 THROW 50001,'Code compagnie incorrect',1;
    INSERT INTO T_Pilote_pil
     (pil_brevet,pil_nom,pil_mail,pil_nbHVol,cmp_comp)
      VALUES
     (@pil_brevet,@pil_nom,@pil_mail,@pil_nbHVol,@cmp_comp);
END TRY</pre></td><td>Corps du traitement</td></tr>
<tr><td><pre>BEGIN CATCH
  SET @retour_err = error_number();
  SET @retour_lib = error_message();
  SET @retour_lib =
   CASE
     WHEN @retour_err = 515 THEN 'Problème de valeur non NULL'
     WHEN @retour_err = 2627 THEN 'Problème unicité (contrainte)'
     WHEN @retour_err = 2601 THEN 'Problème unicité (index)'
     WHEN @retour_err = 547 THEN 'Problème contrainte CHECK'
     ELSE @retour_lib
END
END CATCH;
END;</pre></td><td>Gestion des exceptions</td></tr>
</table>

La trace de l'exécution de cette procédure qui déclenche l'exception de la clé étrangère est la suivante.

Tableau 7–33 Retour d'une erreur à l'appelant

Code Transact-SQL	Résultats

`DECLARE @err INT;`
`DECLARE @lib VARCHAR(500);`
`EXEC P_ajoute_pil 'PL-1','AB',NULL,1000,`
`'gia@free.fr',@err OUTPUT,@lib OUTPUT;`
`PRINT @err;`
`PRINT @lib;`
	`50001`
	`Code compagnie incorrect`

Création d'erreurs

Un autre possibilité de personnaliser des erreurs consiste à les enregistrer comme des erreurs système (stockées dans la table `sys.messages`). Pour enregistrer des erreurs personnalisées dans cette table, vous devrez utiliser les procédures `sp_addmessage`, `sp_altermessage` et `sp_dropmessage`. Pour ajouter une erreur, utilisez la syntaxe suivante :

```
sp_addmessage [@msgnum =] numero_message, [@severity=] 'sévérité,
              [@msgtext =] 'message' [ , [@lang    =] 'langage']
    [,[@with_log=] {'TRUE' | 'FALSE'}] [,[@replace=] 'replace']
```

- Le numéro du message doit être supérieur à 50 000 (les valeurs précédentes sont réservées aux erreurs système).
- La sévérité des messages utilisateur doit en principe toujours être de 16. En dessous de 10, il s'agit de warnings non gérés comme des erreurs. Au-dessus, la connexion peut être perdue.
- Le texte du message d'erreur est limité à 255 caractères Unicode et peut comporter des tags remplacés à la volée lors du lancement de l'exception.
- La langue doit être choisie dans la table `sys.languages`, colonne `name` ou `alias`. À défaut, c'est la langue locale d'installation de l'instance qui est utilisée.
- `@with_log = 'TRUE'` signifie que le message sera inscrit dans le journal d'événements de SQL Server. Cette option est plutôt destinée aux DBA. Elle est à éviter pour un usage ordinaire.
- L'option `replace` permet d'écraser un éventuel message portant le même numéro. Attention, si la sévérité diffère, elle est modifiée pour tous les messages portant ce même numéro dans les différentes langues.

Commencez par enregistrer la version anglaise de votre message personnalisé avant la version en langue locale. En effet, le message peut contenir des tags qui seront remplacés au moment de l'appel par le contenu de variables contextuelles de la routine. La version anglaise donne le placement ordinal des tags. Les versions en langues locales doivent s'inspirer de la version anglaise pour le placement des tags. Ces tags sont les suivants :

- `%c` : un caractère ;
- `%d` : un nombre décimal ou entier `%f` : un nombre réel ou flottant ;
- `%i` : un nombre entier ;
- `%s` : une chaîne de caractères ;
- `%u` : un entier ;
- `%x` : un nombre binaire de longueur fixe ou un nombre binaire de longueur variable.

L'exemple suivant décrit la création d'un message dans deux langues :

```
EXEC sp_addmessage 52013, 16, 'Table %s not found in schema %s inside %s database', 'us_english';
EXEC sp_addmessage 52013, 16, 'Le schéma %2! ne contient pas de table %1! dans la base %3!',
'French';
```

Notez la différence de positionnement des tags dans les deux versions. Cela permet de rester grammaticalement correct quelle que soit la langue utilisée, avec le même ordonnancement des paramètres.

```
SET LANGUAGE N'English';
RAISERROR (52013, 16, 1, 'T_AVION_AVI', 'dbo', 'DB_AIR_SQL');
Msg 52013, Level 16, State 1, Line 2
Table T_AVION_AVI not found in schema dbo inside DB_AIR_SQL database

SET LANGUAGE N'French';
RAISERROR (52013, 16, 1, 'T_AVION_AVI', 'dbo', 'DB_AIR_SQL');
Msg 52013, Level 16, State 1, Line 4
Le schéma dbo ne contient pas de table T_AVION_AVI dans la base DB_AIR_SQL
```

Propagation d'une erreur

En imbriquant une construction TRY... CATCH dans un autre bloc TRY... ou CATCH..., vous pouvez propager vos erreurs d'un niveau à l'autre. Le mécanisme présenté ici est analogue aux retours de sous-programmes que vous désirez propager à l'appelant initial.

Nous avons vu jusqu'à présent que lorsqu'un bloc CATCH traite une exception (déclenchée manuellement ou automatiquement), l'exécution du traitement se poursuit en séquence après l'instruction END CATCH. Pour propager l'exception au niveau supérieur, vous devez utiliser l'instruction THROW sans paramètre. Si aucun des blocs d'erreurs ne peut traiter l'exception, le programme principal se termine anormalement en renvoyant une erreur. La figure 7-7 illustre ce processus.

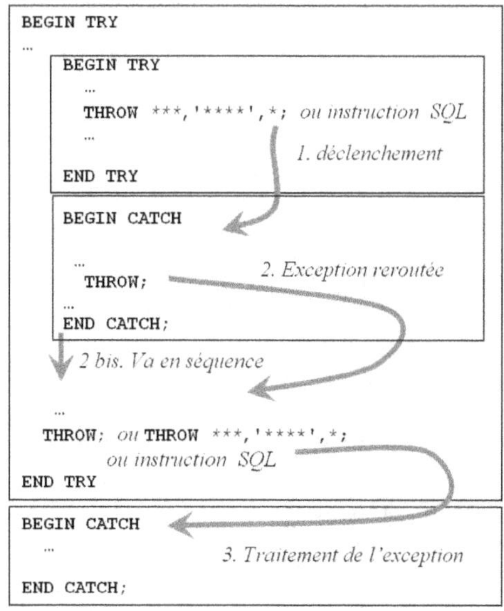

Figure 7–7
Propagation des exceptions

Notez que lorsque l'exception se propage à un bloc englobant, les instructions restantes de ce bloc sont ignorées. Un des avantages de ce mécanisme est de pouvoir gérer des exceptions spécifiques dans leur propre bloc, tout en laissant le bloc englobant gérer les exceptions plus générales.

L'état d'une erreur, ERROR_STATE(), retourne une valeur (de 0 à 255) qui n'est qu'indicative. Cette valeur ne pourra que vous servir à différencier une même erreur relevée à différents endroits du code (et donc associée à différents numéros d'état).

Gestion des transactions

Au sens SGBD du terme, une transaction est un bloc d'instructions LMD faisant passer la base de données d'un état initial (cohérent) à un état intermédiaire ou final cohérent. Si un problème logiciel ou matériel survient au cours d'une transaction, aucune des instructions de la transaction n'est réellement effectuée, quel que soit l'endroit de la transaction où intervient l'erreur. En invalidant toutes les opérations depuis le début de la transaction, la base retourne à son état initial cohérent (principe du tout ou rien).

Pour réaliser cela, le SGBDR dipose de deux mécanismes : le journal des transactions, qui assure le retour en arrière en cas d'annulation de la transaction, et le mécansime de verrouillage, qui assure l'isolation des données au cours de la transaction.

Le chapitre 16 présente les transactions de manière plus détaillée, sur le plan technique (verrouillage, notamment) et dans une optique de performances.

Un exemple typique de transaction est le transfert d'une somme d'un compte épargne vers un compte courant. Imaginez qu'après une panne (logicielle ou matérielle), votre compte épargne ait été débité sans que votre compte courant soit crédité du même montant ! Vous ne seriez pas très content des services de votre banque (à moins que l'erreur ne soit intervenue dans l'autre sens !). La réservation d'une place au théatre ne permet pas non plus que plusieurs personnes partagent le même siège.

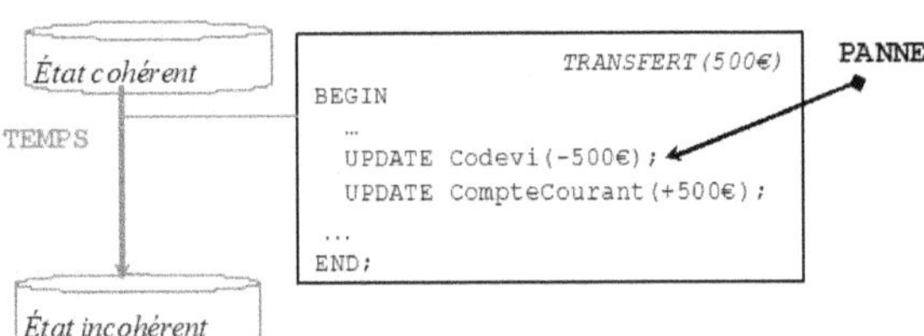

Figure 7–8
Procédure fâcheuse

Le mécanisme transactionnel empêche tout scénario fâcheux (ou catastrophe suivant le cas) par la technique de journalisation et celle des verrous.

Une extraction (SELECT) génère un verrou partagé (S) sur tout ou partie de la table. Si une écriture (UPDATE ou MERGE) concerne cette partie de table, un verrou exlusif (X) est posé et il sera impossible d'obtenir le verrou (S) tant que la modification n'est pas validée. S'il s'agissait d'une autre lecture, la requête initiale pourrait s'exécuter. L'idée de base est qu'une lecture ne doit pas bloquer une autre lecture, mais qu'une écriture peut bloquer une autre écriture (ou lecture) et qu'une lecture peut bloquer une écriture.
SQL Server considère que l'appel à une routine n'initie pas de transaction.

Transaction : implicite ou explicite ?

Il existe trois modes de gestion des transactions :

- Le mode implicite (*user implicit transaction*), dans lequel la connexion à la base démarre une transaction que l'on doit finaliser par une validation ou annulation (`COMMIT` ou `ROLLBACK`) et qui redémarre une nouvelle transaction après finalisation.
- Le mode explicite (*user explicit transaction*), qui implique de spécifier ou démarre la transaction par une commande (`START` ou `BEGIN TRANSACTION`) et qui intime de spécifier où elle s'arrête par un `COMMIT` ou un `ROLLBACK`.
- Le mode *autocommit* (mode par défaut de SQL Server) où chaque instruction SQL constitue une transaction individuelle qui est automatiquement validée.

Vous pouvez modifier le mode de fonctionnement par défaut de SQL Server par la commande `SET IMPLICIT_TRANSACTIONS {ON | OFF}`. Positionné à `OFF` par défaut la transaction est en validation automatique. Positionné à `ON`, la validation (ou l'invalidation devra être explicitement programmé). Il n'est toutefois pas conseillé de travailler avec ce paramètre pour des raisons de performances.

Tableau 7–34 Validation automatique des transactions

Aucune mise à jour n'aura lieu	La mise à jour aura lieu

`SET IMPLICIT_TRANSACTIONS ON`
`UPDATE T_pilote_pil`
`  SET pil_hvol = pil_hvol+300`
`  WHERE pil_brevet = 'PL-2';`
`ROLLBACK;`
	`SET IMPLICIT_TRANSACTIONS OFF`
	`UPDATE T_pilote_pil`
	`  SET pil_hvol = 0`
	`  WHERE pil_brevet = 'PL-2';`
	`RETURN;`

SQL Server fonctionnant naturellement et à défaut en autocommit, nous vous conseillons de conserver ce mode dans lequel il est optimal.

Début et fin d'une transaction

Si vous souhaitez maîtriser votre code et vous prémunir des incohérences dues à des accès concurrents, vous devez programmer vos transactions explicitement à l'aide des primitives décrites au tableau 7-35.

Tableau 7–35 Instructions de gestion des transactions

Code Transact-SQL	Commentaires

`BEGIN TRANSACTION`
`[{`*`nom_transaction`*` | @`*`nom_variable`*`}`
`  [WITH MARK ['`*`description`*`' ]]];`
	Début de la transaction (nommée ou pas). Possibilité de la marquer dans le journal des transactions.

`COMMIT [{TRANSACTION | WORK}]` `[{`*`nom_transaction`*` | @`*`nom_variable`*`}];`	Termine avec succès la transaction (validation). Libération des ressources détenues par la transaction.

`ROLLBACK [{TRANSACTION | WORK}]`
`[{`*`nom_transaction`*` | `*`nom_savepoint`*
`  | @`*`nom_variable`*`}];`
	Termine avec échec la transaction (invalidation).

`SAVE TRANSACTION` `{`*`nom_savepoint`*` | @`*`nom_variable`*`};`	Déclare un point de validation au cours de la transaction.

Les instructions `COMMIT` et `ROLLBACK` sans autre élément de code sont acceptées pour valider ou invalider une transaction qui n'est pas nommée. Le diminutif `TRAN` pour `TRANSACTION` est aussi une écriture valide.

Toute transaction se termine implicitement par un échec si une session prend fin de façon anormale. Les noms des transactions sont cosmétiques et n'ont pas de réelle utilité en pratique.

Compteurs des transactions

La variable système `@@trancount` contient en permanence le nombre de transactions actives pour une session donnée. Ainsi, tout début (par `BEGIN`) incrémente ce compteur de 1. Toute validation (par `COMMIT`) décrémente ce compteur de 1 et la transaction n'est réellement validée que si le compteur passe de 1 à 0. Concernant les invalidations, tout `ROLLBACK` (sauf celui qui concerne un point de validation : `ROLLBACK TRANSACTION` *`nom_savepoint`*) remet à 0 ce compteur et la transaction est de fait immédiatement terminée.

Si vous considérez ce compteur dans une application écrite dans un langage hôte (VB, C#, etc.) et que la procédure invoquée contient une transaction, SQL Server incrémentera le compteur à la fois pour la transaction et pour l'application.

État transactionnel et transactions imbriquées

En fait, la notion de transaction imbriquée est un leurre. En effet, une transaction étant par nature atomique, elle ne peut en aucun cas être « sous-transactionnée » par des transactions qui auraient lieu à l'intérieur d'autres transactions. Nous devons alors comprendre que la transaction est en fait un état de la session. Autrement dit, la question fondamentale est « suis-je ou ne suis-je pas en transaction ? ».

Il est possible de savoir dans quel état est la transaction en interrogeant la fonction `XACT_STATE()` qui renvoie 0 (pas de transaction en cours), 1 (une transaction existe et elle peut être validée) et -1 (une transaction existe mais elle ne peut pas être validée suite à une erreur).

Contrôle des transactions

Il est intéressant de pouvoir découper une transaction en insérant des points de validation *(savepoints)* qui rendent possible l'annulation de tout ou partie des opérations composant ladite transaction. La figure 7-9 illustre une transaction découpée en trois parties. Les différentes instructions `ROLLBACK` invalideront différentes parties tout en laissant la possibilité de valider des sous-parties par un `COMMIT` final.

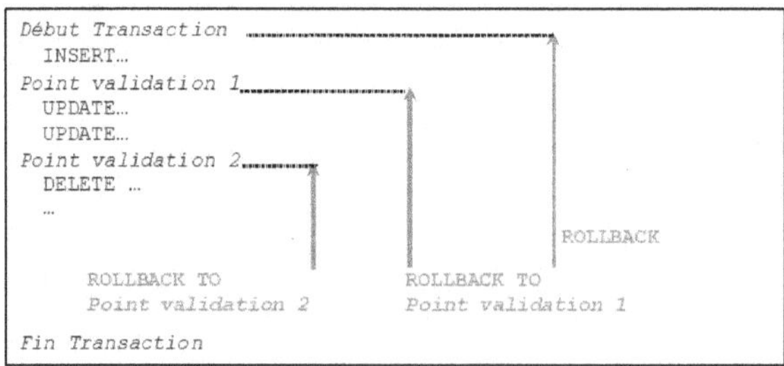

Figure 7–9
Points de validation

Considérons les tables suivantes et programmons le transfert d'une somme d'un compte épargne vers un compte courant. La troisième table servira à historiser les opérations.

```
CREATE TABLE T_codevi_cdv
(cli_num    VARCHAR(10),
cdv_id     INT PRIMARY KEY,
cdv_credit DECIMAL(10,2),
cdv_debit DECIMAL(10,2));
```

```
CREATE TABLE T_compte_cpt
(cli_num    VARCHAR(10),
cpt_id     INT PRIMARY KEY,
cpt_credit DECIMAL(10,2),
cpt_debit DECIMAL(10,2));
```

```
CREATE TABLE T_trace_trc(trc_texte VARCHAR(MAX));
```

Le tableau 7-36 présente un bloc d'instructions constituant deux transactions et décrit l'évolution du compteur de transactions. La transaction principale a pour objectif de tracer le virement, de créditer (le numéro 245) et débiter (le numéro 128) les comptes correspondants de la somme à transférer (ici, 300 €). La transaction intermédiaire vise à tracer le virement même s'il échoue (solde insuffisant).

Tableau 7–36 Exemple de transactions

Code Transact-SQL	@@trancount	Commentaires
BEGIN DECLARE @montant DECIMAL(8,2) = 300.00, @solde DECIMAL(10,2), @cpt_id_de INT = 128, @cpt_id_vers INT = 245;	0	Déclaration des variables
BEGIN TRANSACTION transfert	1	Début de la transaction principale
BEGIN TRANSACTION tentative INSERT INTO T_trace_trc VALUES ('Compte à débiter '+ CAST(@cpt_id_de AS VARCHAR(10))+ ' montant transféré : '+ CAST(@montant AS VARCHAR(10))+ ' date opération : '+ CAST(GETDATE() AS VARCHAR(20))); SELECT @solde = cdv_credit-cdv_debit FROM T_codevi_cdv WHERE cdv_id = @cpt_id_de;	2	Début de la transaction intermédiaire Trace de la tentative de virement
SAVE TRANSACTION avant;	2	Point de validation intermédiaire
UPDATE T_codevi_cdv SET cdv_debit = cdv_debit + @montant WHERE cdv_id = @cpt_id_de; UPDATE T_compte_cpt SET cpt_credit = cpt_credit + @montant WHERE cpt_id = @cpt_id_vers;		Transfert de la somme du compte épargne vers le compte courant

IF (@solde >= @montant)
COMMIT TRANSACTION transfert;
ELSE
	1	Validation de la transaction globale

BEGIN ROLLBACK TRANSACTION avant;	2	Invalidation du transfert
COMMIT TRANSACTION tentative; THROW 50009,'Solde insuffisant',1; END; END;	1	Validation de la transaction intermédiaire

Il est préférable de veiller à ce que le compteur de transactions soit égal à zéro (utilisez la fonction XACT_STATE) en fin de traitement afin de s'assurer de la libération des ressources utilisées (verrous sur les lignes et colonnes modifiées).

Gestion des anomalies transactionnelles

La concurrence d'accès aux données induit des problèmes inévitables. Prises isolément et exécutées les unes après les autres, un ensemble de transactions modifiant des données en commun ne générera aucune incohérence. Le problème est que cet ensemble de transactions est susceptible de s'exécuter en même temps. Sans parler de parallélisme pur, les traitements multitâches permettent l'entrelacement non contrôlé des opérations. La mise en place d'un niveau d'isolation pour chaque transaction permet de gérer au mieux cet état de fait.

Chaque niveau d'isolation permet de résoudre un type d'anomalie et il est implémenté par deux mécanismes : pose de différents verrous et exploitation de la journalisation des opérations réalisées par chaque transaction. Trois types d'anomalies classiques sont recensés :

- La lecture sale de données *(dirty reads)* qui se produit lorsqu'une transaction accède à des données qui sont modifiées par une autre transaction et qui n'ont pas encore été validées.
- La lecture non répétable de données *(non repeatable reads)* qui se produit quand deux lectures successives d'une même donnée au sein d'une transaction ne produit pas le même résultat parce qu'une autre transaction a modifié les données déjà lues entre temps.
- La lecture de données fantômes*(phantom reads)* qui se produit lorsque de nouvelles données apparaissent au cours de lectures successives (insertion de données effectuées par une autre transaction).

La mise en place du niveau de transaction est dynamique et s'opère au niveau du code (bloc, procédure ou déclencheur) par l'instruction suivante.

```
SET TRANSACTION ISOLATION LEVEL
{READ UNCOMMITTED | READ COMMITTED | REPEATABLE READ
                  | SNAPSHOT       | SERIALIZABLE};
```

Il est possible de changer de niveau d'isolation en cours de traitement (sauf `SNAPSHOT`), y compris pendant la transaction, mais cette pratique est généralement déconseillée. Selon le mode choisi, vous disposerez des caractéristiques suivantes.

Tableau 7–37 Type de transaction avec SQL Server

Niveau d'isolation	Lectures sales	Lectures non répétables	Lectures de données fantômes
READ UNCOMMITTED	Possible	Possible	Possible
READ COMMITTED	Impossible	Possible	Possible
REPEATABLE READ	Impossible	Impossible	Possible
SNAPSHOT	Impossible	Impossible	Impossible
SERIALIZABLE	Impossible	Impossible	Impossible

À titre de comparaison, Oracle, qui est considéré comme le plus performant en termes de gestion transactionnelle, ne fournit que les niveaux `READ COMMITTED` (équivalent au `SNAPSHOT` de SQL Server) et `SERIALIZABLE`.

L'exemple suivant correspond à la réservation de places pour un vol Toulouse-Paris. Supposons qu'il reste 50 places disponibles et que deux transactions tentent de réserver simultanément 7 places pour l'une et 15 places pour l'autre. L'état idéal serait que ces deux transactions laissent au final 28 places disponibles pour le vol…

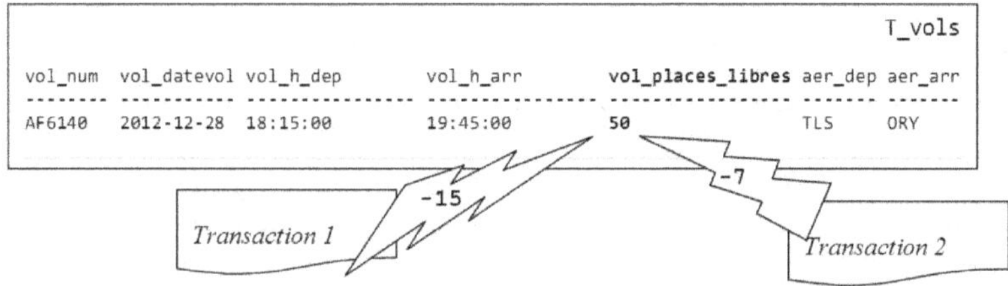

Figure 7–10
Accès concurrents par deux transactions en action

Dans les scripts qui suivent, l'instruction WAITFOR DELAY... permet de simuler une concurrence d'accès aux données en mettant en attente un traitement.

Le mode READ UNCOMMITTED

Les transactions qui utilisent ce mode ne mettent en œuvre aucun verrou partagé (ni exclusif) pour empêcher d'autres transactions de modifier des données exploitées entre elles.

Le tableau 7-38 présente une lecture sale en simulant une transaction qui réserve 7 places, sans qu'elle soit validée au final. La seconde transaction réserve 15 places, avec validation finale. Le problème rencontré vient du fait qu'il n'y a pas de verrous et c'est pourquoi la transaction 2 lit qu'il reste 43 places. On suppose ici que la transaction 1 démarre avant la transaction 2. Au final, 28 places sont disponibles alors que seules 15 places ont été réservées, un sacré manque à gagner...

Tableau 7–38 Exemple de transactions sans verrouillage

<table>
<tr><th>Transaction 1</th><th>Transaction 2</th></tr>
<tr><td><pre>SET TRANSACTION ISOLATION LEVEL
    READ UNCOMMITTED;
BEGIN TRANSACTION transaction1;
DECLARE @reste TINYINT,
        @resa TINYINT = 7;
SELECT @reste = vol_places_libres
   FROM T_vols
   WHERE vol_num = 'AF6140';</pre></td><td><pre>SET TRANSACTION ISOLATION LEVEL
    READ UNCOMMITTED;
BEGIN TRANSACTION transaction2;
DECLARE @reste TINYINT,
         @resa TINYINT = 15;
SELECT @reste = vol_places_libres
   FROM T_vols
   WHERE vol_num = 'AF6140';</pre></td></tr>
<tr><td><pre>UPDATE T_vols
   SET vol_places_libres=@reste-@resa
   WHERE vol_num = 'AF6140';</pre></td><td><pre>UPDATE T_vols
   SET vol_places_libres=@reste-@resa
   WHERE vol_num = 'AF6140';</pre></td></tr>
<tr><td><pre>WAITFOR DELAY '00:00:05';</pre></td><td></td></tr>
<tr><td><pre>ROLLBACK TRANSACTION transaction1;</pre></td><td><pre>COMMIT TRANSACTION transaction2;</pre></td></tr>
<tr><td colspan="2"><pre>vol_places_libres

28</pre></td></tr>
</table>

Pour éviter ce fâcheux résultat, il suffit de définir ces transactions au niveau READ COMMITTED (ou à des niveaux supérieurs). Des verrous seront posés, empêchant toute modification de lignes non validées.

Le mode READ COMMITTED

Ce mode est le comportement par défaut des traitements Transact-SQL. Bien que les transactions n'aient pas accès en lecture aux données modifiées mais non validées, les données partagées peuvent toutefois être modifiées par d'autres transactions pour aboutir à des lectures non renouvelables ou fantômes. Il existe toutefois deux options du mode READ COMMITTED concernant l'utilisation de verrous en lecture concurrente.

- Par défaut, l'option READ_COMMITTED_SNAPSHOT est positionnée sur OFF. La pose de verrous partagés empêche les transactions de modifier des données extraites par la transaction active. Les verrous de ligne sont levés avant que la ligne suivante ne soit traitée, les verrous de page sont levés lorsque la page suivante est lue et les verrous de table sont levés à la fin de l'instruction.
- L'autre option est nommée *row versioning*, elle s'active par l'exécution de la commande suivante dans la base master (ALTER DATABASE... SET READ_COMMITTED_SNAPSHOT ON). Aucun verrou partagé n'est posé sur les données extraites qui peuvent donc être modifiées par d'autres transactions. Chaque transac-

tion dispose d'une vision des lignes telles qu'elles étaient avant l'exécution de toute instruction. On parle de lectures optimistes et d'écritures pessimistes.

Le tableau 7-39 présente une lecture non renouvelable en simulant la transaction 1 qui réserve 7 places et la transaction 2 qui interroge successivement la même colonne en retournant deux résultats distincts (50, puis 43). On suppose que la seconde transaction démarre avant la première.

Dans ce cas précis, l'anomalie peut ne pas être considérée en tant que telle mais l'isolation n'est pas vraiment garantie (les modes SERIALIZABLE et SNAPSHOT évitent ce comportement). Quelle que soit l'option choisie concernant les verrous en lecture (row versioning ou non), le résultat est identique.

Tableau 7–39 Comportement par défaut des transactions

Transaction 1	Transaction 2

	`SET TRANSACTION ISOLATION LEVEL`
	`    READ COMMITTED;`
	`BEGIN TRANSACTION transaction2;`
	`DECLARE @reste TINYINT;`
	`SELECT @reste = vol_places_libres`
	`   FROM T_vols WHERE vol_num = 'AF6140';`

`BEGIN TRANSACTION transaction1;`
`  DECLARE @resa TINYINT = 7;`
`  UPDATE T_vols`
`   SET vol_places_libres=`
`       vol_places_libres-@resa`
`   WHERE vol_num     = 'AF6140';`
`COMMIT TRANSACTION transaction1;`
	`PRINT 'disponible : '+`
	`        CAST((@reste) AS VARCHAR(3));`
	`WAITFOR DELAY '00:00:10';`
	`SELECT @reste =vol_places_libres`
	`   FROM T_vols WHERE vol_num = 'AF6140';`
	`PRINT 'disponible : '+`
	`        CAST((@reste) AS VARCHAR(3));`
	`ROLLBACK TRANSACTION transaction2;`

	`disponible : 50` `disponible : 43`

Le mode REPETEABLE READ

Ce mode évite que deux lectures successives de la même donnée ne renvoie deux résultats différents. En revanche, il ne permet pas d'éviter que de nouvelles données apparaisent ou que d'anciennes données disparaissent.

Le tableau 7-40 présente une lecture renouvelable en simulant la transaction 1 qui réserve 7 places et la transaction 2 qui relit une donnée qui change sans la voir. La transaction 2 démarre avant la transaction 1 (qui se termine toutefois avant la fin de la transaction 1). Bien que la réservation ait été validée, les résultats sont identiques (50), l'isolation est davantage garantie.

Tableau 7–40 Gestion de la lecture renouvelable

Transaction 1	Transaction 2

	`SET TRANSACTION ISOLATION LEVEL`
	`    REPEATABLE READ;`
	`BEGIN TRANSACTION transaction2;`
	`DECLARE @reste TINYINT;`

`BEGIN TRANSACTION transaction1;`
`DECLARE @resa TINYINT = 7;`
`UPDATE T_vols`
`  SET vol_places_libres =`
`      vol_places_libres-@resa`
`  WHERE vol_num = 'AF6140';`
`COMMIT TRANSACTION transaction1;`
	`SELECT @reste = vol_places_libres`
	`   FROM T_vols WHERE vol_num = 'AF6140';`
	`PRINT 'disponible : '+`
	`        CAST((@reste) AS VARCHAR(3));`
	`WAITFOR DELAY '00:00:04';`
	`SELECT @reste =vol_places_libres`
	`   FROM T_vols WHERE vol_num = 'AF6140';`

Tableau 7–40 Gestion de la lecture renouvelable *(suite)*

Transaction 1	Transaction 2

	`PRINT 'disponible : '+`
	`        CAST((@reste) AS VARCHAR(3));`
	`ROLLBACK TRANSACTION transaction2;`
	`disponible : 50`
	`disponible : 50`

Considérons à présent l'exemple d'un passager qui modifie son vol pour un autre et qui pourrait être compté deux fois dans l'inventaire des vols si on s'en tient aux niveaux `READ COMMITTED` ou `REPEATABLE READ`.

La lecture fantôme

La figure 7-11 présente la transaction 1 qui compte le nombre de vols d'un passager. Dans l'intervalle, la transaction 2 ajoute un vol au passager en question. Quand la transaction 1 débute avant la transaction 2 et se prolonge dans le temps, le nouveau vol peut apparaître au cours du traitement, ce qui ne reflète pas l'état de la base au début de la transaction de lecture.

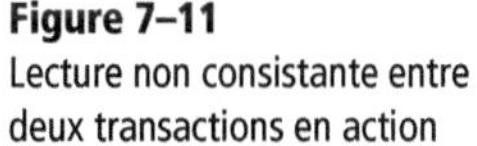

Figure 7–11
Lecture non consistante entre deux transactions en action

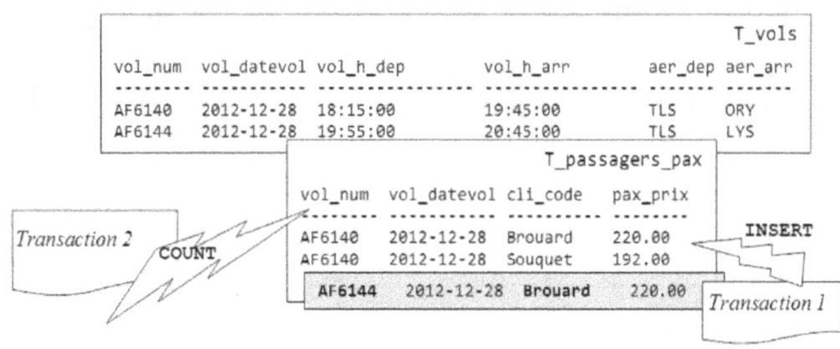

En se plaçant au dernier niveau d'isolation étudié jusqu'ici, cette lecture fantôme apparaît. Les modes `SERIALIZABLE` et `SNAPSHOT` évitent ce comportement.

Tableau 7–41 Problématique de la lecture fantôme

Transaction 1	Transaction 2

	`SET TRANSACTION ISOLATION LEVEL`
	`    REPEATABLE READ;`
	`BEGIN TRANSACTION transaction2;`
	`DECLARE @nb_vol TINYINT;`
	`SELECT @nb_vol = COUNT(vol_num)`
	`   FROM T_passagers_pax`
	`   WHERE cli_code='Brouard';`
	`PRINT 'nb : '+ CAST((@nb_vol) AS VARCHAR(3));`

`BEGIN TRANSACTION transaction1;`
`INSERT INTO T_passagers_pax`
`   VALUES('AF6144','20121228',`
`          'Brouard',220.00);`
`WAITFOR DELAY '00:00:10';`
`COMMIT TRANSACTION transaction1;`
	`WAITFOR DELAY '00:00:10';`
	`SELECT @nb_vol = COUNT(vol_num)`
	`  FROM T_passagers_pax`
	`  WHERE cli_code='Brouard';`
	`PRINT 'nb : '+ CAST((@nb_vol) AS VARCHAR(3));`
	`COMMIT TRANSACTION transaction2;`

	`nb : 1` `nb : 2`

Les modes supérieurs

Les modes SERIALIZABLE et SNAPSHOT assurent un mécanisme de lecture consistante *(read consistency)* masquant les mises à jour concurrentes et donc préservant l'état initial de la base avant chaque transaction. Avec ces niveaux, toute transaction ne peut avoir accès qu'à des données qui ont été validées. Les mises à jour concurrentes sont toutefois possibles mais transparentes aux autres transactions.

- Le mode SERIALIZABLE pose des verrous et ne les relâche qu'à la fin de la transaction. On dit que ce mode repose sur un contrôle pessimiste de la concurrence (deux transactions peuvent modifier les données au même moment au risque qu'une transaction doive attendre indéfiniment l'autre : *deadlock*). Un ensemble de transactions *serializables*, se comporte comme s'il était équivalent d'exécuter les transactions en mode entrelacé ou l'une après l'autre quel que soit l'ordre.
- Le mode SNAPSHOT ne pose pas de verrous et travaille avec une copie des données (cliché) qui peuvent être modifiées par ailleurs sans pouvoir accéder à ces changements. Ce mode repose sur un contrôle optimiste de la concurrence (deux transactions peuvent modifier les mêmes données au même moment au risque d'invalidation des deux). Le mécanisme d'utilisation de clichés rend impossible l'exécution d'un ensemble de transactions les unes après les autres quel que soit l'ordre. Alors que l'option READ COMMITTED SNAPSHOT réalise des lectures optimistes et des écritures pessimistes, le niveau SNAPSHOT réalise des lectures et écritures optimistes.

En s'inspirant de l'exemple de Jim Gray (chercheur chez Microsoft, récompensé du prix Turing en 1998), imaginons deux transactions : l'une change les pilotes en avions et l'autre change les avions en pilotes.

Figure 7–12
Figure 7-12. Lectures de clichés

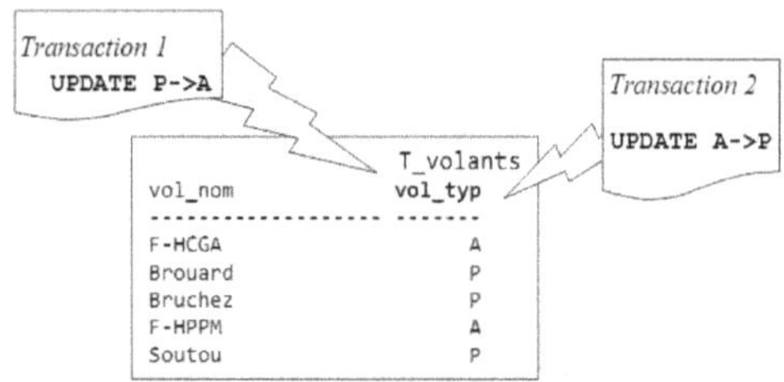

En mode SERIALIZABLE, l'exécution revient à exécuter une transaction, puis l'autre, indifférement. À la fin, le monde ne sera peuplé que de pilotes seuls ou d'avions seuls (tout le monde reste au sol donc). En mode SNAPSHOT, il existe une troisième possibilité du fait que les mises à jour sont effectuées simultanément. À la fin, les pilotes sont devenus des avions et inversemenent (les voyages peuvent en théorie reprendre, c'est ça l'optimisme).

Le tableau 7-42 illustre ces transactions en mode SNAPSHOT. On suppose ici que la transaction 1 démarre avant la transaction 2. L'option de base de données doit être activée (ALTER DATABASE ... SET ALLOW_SNAPSHOT_ISOLATION ON).

Tableau 7–42 Transactions lisant des clichés

Transaction 1	Transaction 2

SET TRANSACTION ISOLATION LEVEL SNAPSHOT
BEGIN TRANSACTION transaction1;
UPDATE T_volants
   SET vol_typ = 'A' WHERE vol_typ = 'P';
SELECT * FROM T_volants;
WAITFOR DELAY '00:00:20';
COMMIT TRANSACTION transaction1;
SELECT * FROM T_volants;
	SET TRANSACTION ISOLATION LEVEL SNAPSHOT
	BEGIN TRANSACTION transaction2;
	UPDATE T_volants
	   SET vol_typ = 'P' WHERE vol_typ = 'A';
	COMMIT TRANSACTION transaction2;
	
	(2 ligne(s) affectée(s))

Tableau 7–42 Transactions lisant des clichés *(suite)*

<table>
<tr><th>Transaction 1</th><th>Transaction 2</th></tr>
<tr><td><pre>(3 ligne(s) affectée(s))
vol_nom   vol_typ
----------------------------- -------
F-HCGA   A
Brouard   A
Bruchez   A
F-HPPM   A
Soutou   A

vol_nom   vol_typ
----------------------------- -------
F-HCGA   P
Brouard   A
Bruchez   A
F-HPPM   P
Soutou   A</pre></td><td></td></tr>
</table>

En mode `SERIALIZABLE`, le verrouillage empêche ce phénomène et peut devenir une étreinte fatale *(deadlock)*.

Le problème du verrou mortel (deadlock)

Le phénomène de deadlock, aussi appelé étreinte fatale, se produit lorsque deux (ou plus) transactions ont posé des verrous sur des objets distincts, et que chacune tente d'acquérir un nouveau verrou sur un objet que l'autre transaction a déjà verrouillé. De plus, du fait que les verrous mortels nécessitent d'être gérés comme des exceptions, ils sont gourmands en ressources CPU.

Le tableau 7-43 illustre deux transactions en interblocage (et ce, quel que soit le niveau d'isolation basé sur des verrous). En supposant que la transaction 1 (*t1*) démarre avant la transaction 2 (*t2*), le vol AF6140 est d'abord vérouillé par *t1* jusqu'à la validation, ce qui n'empêche pas le verrouillage du vol AF6144 par *t2*. Par la suite, *t1* pose un verrou sur le vol AF6144 qui sera relâché à la fin de *t2*, qui a posé un verrou sur le vol AF6140 qui sera quant à lui relâché à la fin de *t1*. Ainsi, chaque transaction attend l'autre.

Tableau 7–43 Transactions en interblocage

<table>
<tr><th>Transaction 1</th><th>Transaction 2</th></tr>
<tr><td><pre>BEGIN TRANSACTION transaction1;
UPDATE T_vols
  SET vol_places_libres = vol_places_libres-7
  WHERE vol_num = 'AF6140';
WAITFOR DELAY '00:00:05';
UPDATE T_vols
  SET vol_places_libres = vol_places_libres-4
  WHERE vol_num = 'AF6144';
COMMIT TRANSACTION transaction1;</pre></td><td><pre>BEGIN TRANSACTION transaction2;
UPDATE T_vols
  SET vol_places_libres = vol_places_libres-15
  WHERE vol_num = 'AF6144';
WAITFOR DELAY '00:00:05';
UPDATE T_vols
  SET vol_places_libres = vol_places_libres-5
  WHERE vol_num = 'AF6140';
COMMIT TRANSACTION transaction2;</pre></td></tr>
</table>

Quand SQL Server identifie un tel phénomène, il met fin à la transaction la moins coûteuse en ressources (équivaut à un *rollback*). Le message « `Msg 1205, Niveau 13… : La transaction (ID de processus …) a été bloquée sur les ressources verrou par un autre processus et a été choisie comme victime. Réexécutez la transaction.` » est retourné au client malheureux tandis que l'autre (ou les autres) transaction(s) continue(nt) leur exécution. Par ailleurs, des outils comme SQL Server Profiler permettent d'analyser les deadlocks.

Adoptez les règles suivantes pour limiter les risques de verrous mortels :

- Le modèle de données est correctement normalisé.
- L'indexation des tables a été effectuée.
- Accédez à vos objets dans vos sous-programmes dans le même ordre (par exemple, l'ordre alphabétique du nom des tables).
- Réduisez la durée du code située dans un bloc `BEGIN TRANSACTION` : pas de saisies, limitation des entrées-sorties, une seule extraction des données de tables (par exemple en utilisant les CTE).
- Verrouillez au plus tard et libérez les verrous le plus tôt possible.
- Si cela est approprié, limitez l'escalade de verrous en gérant manuellement des verrous (notamment avec `ROWLOCK` et `PAGLOCK` ou `NOLOCK`).
- Si cela est approprié, utilisez un niveau d'isolation aussi faible que possible.

Verrouillage manuel

La gestion manuelle des verrous est possible mais bien plus complexe à mettre en œuvre et à maintenir. Elle pose davantage de problèmes qu'elle n'en résoud :

- Le moniteur de verrouillage tente en permanence de poser le verrou le plus adéquat en fonction du contexte fonctionnel et du contexte concurrentiel (verrouillage dynamique).
- Le moniteur de verrouillage peut faire de l'escalade de verrous afin de minimiser les ressources (passer d'un verrou de ligne à un verrou de partition ou de table, par exemple, lorsque différentes lignes sont mises à jour dans une même transaction).
- Le fait de forcer un verrouillage manuel implique que le verrou devient statique, ce qui peut se révéler inadéquat en fonction de la charge (modification de la volumétrie des données ou de la concurrence) ou d'éventuelles modification de la structure logique ou physique des données (pose d'index, par exemple).
- SQL Server ne garantit pas l'application du verrou posé dans certaines circonstances et peut donc l'ignorer, ou pire, renvoyer une erreur.
- Le fait de verrouiller manuellement ne permet pas de profiter des évolutions des nouvelles versions de SQL server et le verrouillage manuel peut s'avérer non portable d'une version à l'autre.
- La pose de verrou manuel pollue le code des requêtes d'indicateur physiques qui n'ont rien à voir avec la logique d'écriture des requêtes SQL.

Pour toutes ces raisons, il est donc fortement déconseillé de mettre en œuvre un verrouillage manuel. Mieux vaut laisser faire SQL Server qui utilise le niveau d'isolation adéquat et surtout procéder à une modélisation des données en appliquant le plus possible les formes normales associées à une bonne indexation.

Remarque : vous verrez aux chapitres 15 et 16 que la pose des index induit un verrouillage plus fin qui améliore par conséquence naturellement la concurrence…

Pour effectuer un verrouilage manuel, il faut utiliser un indicateur de tables ou de requêtes *(hints)*.Un hint a pour objectif de renseigner l'optimiseur de façon à modifier le comportement par défaut du moteur au moment de l'exécution. En lecture, les indicateurs suivent la clause `FROM` de la requête : `SELECT… FROM… WITH (hint1, hint2…)…` En écriture, ils sont disposés après le nom de la table de l'instruction : `UPDATE… WITH (hint1, hint2…) SET…` Des indicateurs globaux peuvent être posés au niveau de la requête dans une clause finale `OPTION`.

Le tableau 7-44 précise le codage et la signification des indicateurs qui concernent le verrouillage manuel au niveau de chaque table :

Tableau 7–44 Indicateurs de table

hint	Signification	SELECT vs UPDATE
HOLDLOCK	Maintien du verrou jusqu'à la fin de la transaction	Pas nécessaire pour UPDATE
NOLOCK	Aucun verrou, équivalent de READUNCOMMITTED	Impossible pour UPDATE
PAGLOCK	Force la pose d'un verrou de page.	
READCOMMITTED, READUNCOMMITTED, REPEATABLEREAD, SERIALIZABLE	Force le comportement indiqué par le niveau d'isolation choisi.	
READCOMMITTEDLOCK	Pose de verrou partagé	
READPAST	Ne lit pas les lignes verrouillées.	
ROWLOCK	Force le verrouillage au niveau ligne.	
TABLOCK	Force un verrou sur la table.	Verrou partagé en lecture, exclusif en écriture.
TABLOCKX	Force un verrou exclusif sur la table pendant toute la durée de la transaction.	
UPDLOCK	Pose un verrou exclusif au lieu d'un verrou partagé.	Pas nécessaire pour UPDATE
XLOCK	Maintien des verrous exclusifs jusqu'à la fin de la transaction	

Certains indicateurs peuvent être combinés. À titre d'exemple, l'interblocage présenté précédemment serait résolu en plaçant la requête suivante au début de la transaction 1 :

```
SELECT vol_places_libres
   FROM T_vols WITH (ROWLOCK, HOLDLOCK)
   WHERE vol_num     = 'AF6144';
```

Cette requête verrouillerait le deuxième vol avant que l'autre transaction ne le fasse. D'une manière analogue, on aurait aussi pu verrouiller préventivement le vol AF6140 dans l'autre transaction.

Le paramètre `LOCK_TIMEOUT` définit le délai d'attente (en millisecondes) de verrouillage d'une ressource pour la session courante. Ce paramètre est initialisé par la commande `SET LOCK_TIMEOUT` *valeur* et connu par la variable système `@@LOCK_TIMEOUT`. Si la variable `@@LOCK_TIMEOUT` est égale à -1, le paramètre n'a pas été spécifié lors de la session (par défaut). Si l'attente dépasse la valeur du paramètre, l'instruction bloquée est annulée et un message d'erreur est retourné : `Msg 1222, Niveau 16, … : Délai de requête de verrou dépassé.`

À titre d'exemple, définissons avant la transaction 1 le paramétrage suivant : `SET LOCK_TIMEOUT 1000`. La transaction cesserait alors d'elle-même au bout d'une seconde d'attente (en enlevant l'attente artificielle de 5 s.) pour laisser la seconde se dérouler entièrement.

Quel mode adopter ?

Bien que l'intégrité des données soit primordiale, il n'est pas toujours utile de rechercher un niveau d'isolation supérieur à celui fourni par défaut (`READ COMMITTED`) qui convient à la majorité des traitements (avec le row versioning). Plus le niveau d'isolation choisi est fort, plus il risque d'entraîner des contentions relatives au verrouillage. À titre d'information, les produits relatifs au NoSQL adoptent tous un mode similaire au `READ UNCOMMITED` du fait d'une faible probabilité de mises à jour simultanées des données.

Si vous êtes convaincus que des accès concurrents sont possibles et que vos données sont classées « sensibles », optez pour :

- `SERIALIZABLE` pour des insertions et mises à jour de clé (primaire ou étrangère).
- `REPEATABLE READ` pour des mises à jour courantes et des suppressions.
- Dans la mesure du possible, commencez par mettre à jour avant de lire.

Où placer les transactions ?

L'idée de manipuler des transactions depuis un code client (VB, Delphi, Java, C++...) est séduisante mais peut entraîner un blocage du serveur du fait d'une non-libération des verrous (si le client perd la connexion sans validation ou invalidation). Un autre problème concerne les entrées-sorties qui peuvent devenir également blocantes.

La durée de verrouillage d'une transaction initiée côté client dans un mode d'isolation supérieur au `READ COMMITTED` sera bien plus longue et donc très bloquante, que si la transaction avait été encapsulée dans une procédure, en raison de la lenteur des allers-retours entre serveur SQL et client applicatif.

La logique transactionnelle doit donc se trouver au plus près du serveur et qui mieux que les procédures stockées peuvent implémenter les transactions ?

Il est aussi possible d'utiliser des objets métiers dédiés (EJB, par exemple, dans une architecture J2EE), mais ces derniers posent à nouveau des problématiques de *round-trips*, c'est-à-dire des temps d'attente liés à la communication entre les objets et le serveur SQL pendant lesquels les tables peuvent être bloquées.

De la même manière, l'une des pires choses qui tuent les performances transactionnelles est l'utilisation de plus en plus massive des ORM, comme le populaire Hibernate. Ce dernier cumulant bon nombre d'inconvénients (transactions initiées côté client, utilisation du row versioning à l'aide d'estampille de type *timestamp* au lieu d'utiliser le niveau d'isolation `SNAPSHOT`, lecture de messages de métadonnées obsolètes induisant de nombreux allers-retours entre le client et le serveur et nécessitant le placement du paramètre `SET NOCOUNT` à `OFF`, algorithmme de pagination bas de gamme nécessitant de parcourir toutes les données de la table à chaque demande de page pour n'en extraire qu'une partie, etc.).

L'étude du site ormeter.net montre par exemple qu'Hibernate met 24 fois plus de temps à effectuer un simple `UPDATE`. Si les ORM font gagner en temps de développement (ce qui n'est toujours pas avéré), il convient de prendre conscience qu'en termes de performance, ils sont particulièrement destructifs et pallier ces problèmes coûte souvent beaucoup plus cher que de les éviter dès le départ. Ceci explique pourquoi ils ont été qualifiés de « Vietnam de l'informatique » !

Les tables en mémoire (In-Memory tables)

Concernant les tables en mémoire, le moteur Hekaton permet l'exécution de procédures stockées natives (*native stored procedures*). Le code de la procédure est traduit en C pour construire une DLL prête à l'exécution (compilation opérée et ressources CPU réservées).

L'exécution de ce type de procédure est atomique du fait d'utiliser toujours un seul et unique processeur. Cette technique interdit les changements de contexte (*context-switching*) qui sont souvent coûteux.

Qu'elle soit implicite ou explicite, une transaction est dite *cross-container* lorsqu'elle inclus des appels à une procédure stockée native ou qu'elle accède à des tables en mémoire.

Seules les tables en mémoire peuvent être accédées par une procédure stockée native (Msg 10775, Level 16, … L'objet « … » n'est pas une table optimisée en mémoire et n'est pas accessible depuis une procédure stockée compilée en mode natif).

Niveaux d'isolation

Bien que les niveaux d'isolation des tables en mémoire fournissent les mêmes services que ceux des tables conventionnelles, les mécanismes utilisés par le moteur diffèrent. Concernant les tables conventionnelles, des verrous sont mis en oeuvre. Pour les tables en mémoire, un mécanisme de détection de conflits évite le verrouillage.

Les transactions accédant à des tables en mémoire peuvent être programmées à l'aide d'un des trois niveau suivant : SNAPSHOT, REPEATABLEREAD ou SERIALIZABLE. Ce niveau peut être précisé au niveau de la procédure native. Vous devrez utiliser aussi les options suivantes : NATIVE_COMPILATION, SCHEMABINDING, EXECUTE AS et LANGUAGE. Le corps d'une telle procédure ne peut être composé que d'un seul bloc.

```
CREATE PROCEDURE ...
  WITH NATIVE_COMPILATION, SCHEMABINDING, EXECUTE AS OWNER
    BEGIN ATOMIC
     WITH (TRANSACTION ISOLATION LEVEL =
          { SNAPSHOT | REPEATABLE READ | SERIALIZABLE },
          ,LANGUAGE = ...)
    ...
END ;
```

N'ajoutez ni ROLLBACK ou COMMIT car si toutes les instructions se déroulent avec succès, l'entière transaction est validée, sinon la transaction n'est pas validée.

Dans le cas de transactions implicites ou explicites, le niveau d'isolation peut aussi précisé par un indicateur au niveau de chaque table (*table-level hint*).

```
BEGIN TRANSACTION
  UPDATE ... WITH(SNAPSHOT) SET ... WHERE ...;
  INSERT INTO ... SELECT ... FROM ... WITH(SERIALIZABLE) JOIN ... WITH(SNAPSHOT) ...;
COMMIT;
GO
```

Vous devrez opter pour l'un de ces deux mécanismes car il n'y existe pas de niveau d'isolation par défaut à une procédure native ou à une opération de modification sur une table en mémoire.

Programmation de transactions

Les tables en mémoire imposent les limitations suivantes (il est question des procédures stockées natives) :

Au niveau d'une session, vous ne pouvez pas accéder à une table en mémoire avec un niveau SNAPSHOT (SET TRANSACTION ISOLATION LEVEL=SNAPSHOT).
Vous ne pouvez pas accéder par une transaction explicite ou implicite à une table en mémoire avec les niveaux d'isolation READ COMMITTED ou READ UNCOMMITTED. Le niveau SNAPSHOT (ou plus est requis).
Vous ne pouvez accéder à une table en mémoire avec le niveau READ_COMMITTED_SNAPSHOT si la transaction est en mode *autocommit* ou si vous manipulez une table conventionnelle dans la même instruction. Vous devrez utilisez le niveau REPEATABLEREAD (ou SERIALIZABLE).

L'utilisation de tables en mémoire par des procédures stockées conventionnelles Transact-SQL imposent les comportements suivantes :

Le nom des tables doit toujours être préfixées du nom du schéma (dans nos exemples : dbo).
Le niveau READ COMMITTED n'est possible que pour les transactions en mode *autocommit*.
Le niveau READ_COMMITTED_SNAPSHOT n'est possible que si la transaction est en mode *autocommit* et qu'il n'y ait pas d'accès à une table conventionnelle.
Les transactions de niveau REPEATABLE READ ou SERIALIZABLE devront accéder aux tables en mémoire avec le niveau SNAPSHOT à l'aide d'un *hint*.

L'exemple suivant présente une procédure native gérant les insertions d'une table en mémoire.

Tableau 7–45 Transaction avec une procédure native

Code Transact-SQL	Commentaires

`CREATE TABLE T_aeroport_aer`
`(aer_IATA   VARCHAR(3) NOT NULL,`
`  aer_OACI   VARCHAR(6) NOT NULL,`
`  aer_nom    VARCHAR(50),`
`  aer_creation DATE,`
`  CONSTRAINT PK_aer PRIMARY KEY`
`   NONCLUSTERED HASH (aer_IATA) WITH (BUCKET_COUNT=1000))`
`WITH (MEMORY_OPTIMIZED=ON, DURABILITY=SCHEMA_AND_DATA);`
	Table en mémoire

`CREATE PROCEDURE P_ajoute_aero`
`(@p1 VARCHAR(3), @p2 VARCHAR(6), @p3 VARCHAR(50))`
`WITH NATIVE_COMPILATION, SCHEMABINDING, EXECUTE AS OWNER`
`AS BEGIN ATOMIC WITH`
`   (TRANSACTION ISOLATION LEVEL = SNAPSHOT,LANGUAGE = N'French')`
`  DECLARE @date_jour DATE = GETDATE();`
`  INSERT INTO dbo.T_aeroport_aer`
`              (aer_IATA, aer_OACI, aer_nom,aer_creation)`
`       VALUES (@p1, @p2, @p3, @date_jour);`
`END;`
	Corps de la procédure stockée native

`DECLARE @iata VARCHAR(3);`
`DECLARE @oaci VARCHAR(6);`
`DECLARE @aero VARCHAR(50) ;`
`SET @iata = 'TLS';`
`SET @oaci = 'LFBO';`
`SET @aero = 'Toulouse Blagnac';`
`EXEC P_ajoute_aero @iata,@oaci,@aero;`
	Un appel de la procédure

Ce qu'on ne peut pas faire

Manipuler des tables (en mémoire ou pas) par une procédure stockée native impose encore bon nombre de limitations :

Tableau 7–46 Limitations des procédures stockées natives

Domaine	Interdit
Général	De définir EXECUTE AS CALLER De modifier la procédure avec ALTER D'appeler une autre procédure dans le corps par EXECUTE.
Programmation	De comparer et trier des collations qui ne sont pas de type BIN2. Les sous-interrogations dans une condition IF ou dans une condition WHILE. L'instruction MERGE, les curseurs, variables de type table et les options SET BEGIN, COMMIT et ROLLBACK, RAISERROR et GOTO Ne pas affecter @@ROWCOUNT (préservé dans la procédure) D'inserer plusieurs lignes avec un INSERT Les *hints* suivants : TABLOCK, XLOCK, PAGLOCK, NOLOCK, READCOMMITTED et READCOMMITTEDLOCK.
Expressions	LIKE, CASE, COALESCE, NULLIF...
Fonctions scalaires	Fonctions pour les bits, % (modulo) Toute fonction caractère ou numérique telles que CEIL, ABS, FLOOR, ROUND, NEWID... Toute fonction utilisateur (*user-defined*), de connexion OPENQUERY, OPENROWSET, OPENXML, OPENDATASOURCE...
Requêtes	Les sous-interrogations, le symbole *, les opérateurs ensemblistes UNION, INTERSECT, EXCEPT et les OUTER JOIN Les *Common Table Expressions* (avec WITH) Les fonctions d'agrégats autres que SUM, AVG, MIN, MAX, COUNT et COUNT_BIG et les fonctions APPLY, PIVOT, UNPIVOT, OR, IN, NOT, CONTAINS, FREETEXT, NEXT VALUE FOR, FOR XML... Utiliser la clause OUTPUT

Ce qu'on peut faire

Grosso modo, les procédures stockées compilées nativement en C peuvent utiliser des variables (DECLARE, SET, SELECT), brancher du code (IF, WHILE), gérer des exceptions (TRY/CATCH), lancer des exceptions (THROW) et effectuer de multiples requêtes de lecture comme de mise à jour (SELECT, INSERT, UPDATE, DELETE) et pour le SELECT, TOP compris.

Déclencheurs

D'un point de vue général, un déclencheur *(trigger)* peut être vu comme un sous-programme associé à un événement particulier (mise à jour de données, instruction SQL, connexion d'un utilisateur, etc.). Contrairement à une routine stockée, l'exécution d'un déclencheur n'est pas explicite (par EXECUTE, par exemple), c'est l'événement qui exécute automatiquement le code Transact-SQL présent dans le déclencheur. On dit que le déclencheur « se déclenche » (l'anglais le traduit mieux : *fired trigger*).

Les déclencheurs existent depuis l'origine de SQL Server, Sybase ayant inventé ce concept en 1986, soit six ans avant qu'il ne soit repris dans Oracle version 7 (1992). Depuis la version 7 de SQL Server (1998), un nouveau type de déclencheur (`instead of`) permet notamment la mise à jour de vues multitables. Les déclencheurs LDD et de connexion (`AFER LOGON`) ont été introduits avec la version 2005.

Un déclencheur est un objet de la base (créé avec `CREATE`, puis supprimé avec `DROP`). Les événements généralement régis par des déclencheurs sont les suivants :

- `INSERT`, `UPDATE`, ou `DELETE` sur une table (ou une vue). On parle de déclencheurs LMD. Un déclencheur est associé à une seule table (ou vue), qui peut en « héberger » plusieurs ou aucun. La commande `MERGE` est capable en revanche de déclencher des triggers LMD.
- `CREATE`, `ALTER`, `DROP` et bien d'autres commandes sur un objet (table, index, séquence, etc.) de niveau base ou de niveau serveur. On parle de déclencheurs LDD.
- La connexion d'un utilisateur (phase de *logon* qui précède l'établissement d'une session). On parle de déclencheurs de connexion (`AFER LOGON`).

De façon fonctionnelle, il existe en fait trois types de déclencheurs :

- Les déclencheurs de validation, qui renforcent les contraintes par des règles métiers complexes nécessitant généralement une lecture de données externe à la table visée. Ils se substituent aux contraintes complexes que l'on peut réaliser avec un UDF associé à la contrainte de validation `CHECK`. Ils doivent implémenter une logique qui annule la transaction en cas de non-respect de la règle. Voici un exemple de la condition : *une compagnie ne fait voler un pilote que s'il a totalisé plus de 60 heures de vol dans les deux derniers mois sur le type d'appareil du vol en question.*
- Les déclencheurs de correction, qui gèrent la qualité des données. Par exemple, ils corrigent d'éventuelles erreurs de saisie ou réalisent un formattage des données.
- Les déclencheurs administratifs qui permettent, par exemple, de pister les actions de mise à jour effectuées par les utilisateurs ou encore de gérer des aspects sécuritaires plus complexes d'accès aux données (tels que le cryptage).

Vous noterez que c'est exactement dans cet ordre que les différentes natures de déclencheurs doivent être jouées : vérification, correction et pistage.

Il n'existe pas de déclencheur sur l'événement `SELECT`, mais l'audit de base de données permet de tracer les `SELECT` de manière asynchrone.

Lors du déroulement du trigger, les tables sont en cours de mise à jour mais la transaction n'est pas pour autant terminée. Des verrous exclusifs posés de manière adéquate sur les ressources (lignes, pages, tables…) sont en cours. Il est donc possible d'annuler la transaction en cours ou de de la valider. Dans les deux cas, une erreur sera renvoyée par le système. Afin d'éviter les problèmes de concurrence, codez vos triggers en écrivant le code le plus concis et le plus ensembliste possible afin de minimiser la durée de la transaction pour éviter des blocages et l'apparition de verrous mortels.

- Il n'est pas conseillé de lancer un `SELECT` retournant des valeurs dans un trigger. Bien que cette fonctionnalité soit encore supportée, elle est considérée comme obsolète et sera suppprimée dans une version future de SQL Server.
- Comme dans les procédures stockées, il est conseillé d'interdire les messages d'information de mise à jour en activant le drapeau `SET NOCOUNT` à `ON`.

Attention, les déclencheurs LMD de SQL Server sont ensemblistes par nature. De ce fait, lorsqu'il y a insertion, suppression ou modification de plusieurs lignes, le déclencheur n'est exécuté qu'une seule fois (et non autant de fois qu'il y a de lignes - déclencheur « *per row* ») et vous pouvez accéder à l'ensemble des données en cours de mise à jour, par de biais de pseudo-tables (*inserted* et *deleted*).

Néanmoins, vous pouvez simuler le comportement d'un déclencheur « *per row* » à l'aide d'un curseur sur les pseudo-tables, mais ceci n'est pas recommandé pour des raisons évidentes de performances.

Mécanisme général

La figure 7-13 illustre les étapes à suivre pour mettre en œuvre un déclencheur. Il faut d'abord le coder (comme un sous-programme), puis le compiler (stockage en base). Par la suite, si le déclencheur est actif (il est toutefois possible de désactiver un déclencheur même s'il est compilé), chaque événement qui le caractérise aura pour conséquence son exécution.

Figure 7-13
Mécanisme des déclencheurs

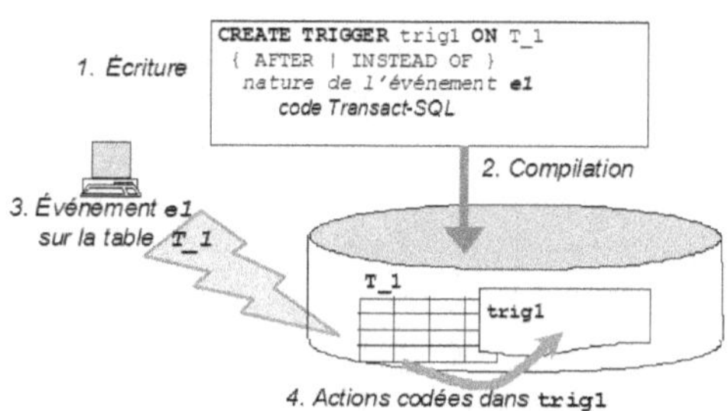

Déclencheurs LMD

Les déclencheurs LMD sont considérés au niveau *schéma* (le nom d'un déclencheur doit être unique pour chaque schéma et différents schémas peuvent héberger un déclencheur de même nom). Un déclencheur est composé de deux parties : la description de l'événement et les actions à réaliser lorsque l'événement se produit. La syntaxe de création d'un déclencheur est la suivante.

```
CREATE TRIGGER [nom_schema.]nom_declencheur
ON {nom_table | nom_vue}
    [WITH [ENCRYPTION] [,] [EXECUTE AS …]]
{FOR | AFTER | INSTEAD OF} {[INSERT] [,] [UPDATE] [,] [DELETE]}
[NOT FOR REPLICATION]
AS
instructions_transactSQL;
…;
```

- `ON` … spécifie la table ou la vue associée au déclencheur.
- `ENCRYPTION` assure la confidentialité du code et évite la publication du déclencheur dans le cadre de la réplication.
- `EXECUTE AS` détermine les privilèges avec lesquels le déclencheur s'exécute (similaire aux procédures stockées).
- `FOR`, `AFTER`, `INSTEAD OF` précisent la chronologie à respecter par le déclencheur et la nature de l'événement (par exemple, `AFTER INSERT` assurera l'exécution du déclencheur après avoir inséré une ou plusieurs lignes, `FOR` étant un synonyme). L'option `INSTEAD OF…` programmera l'exécution du déclencheur à la place de l'événement (`INSTEAD OF DELETE` assurera, par exemple, l'exécution du déclencheur au lieu de supprimer une ou plusieurs lignes). Il est possible de coder un trigger déclenché par plusieurs événements différents, comme un `INSERT` et un `UPDATE`.
- `NOT FOR REPLICATION` inhibe l'exécution du déclencheur si un agent de réplication modifie la table.

Vous pouvez coder autant de déclencheur AFTER (ou FOR) que vous le souhaitez pour une même table et un même événement. En revanche, vous ne pouvez coder qu'un seul déclencheur INSTEAD OF pour une même table sur un même événement.

Nous vous conseillons d'adopter la convention suivante :

E_###_{IUD | IU | ID | UD | I | U | D | IOI | IOU | IOD}_* : nom d'un déclencheur LMD, avec :

- ### qui représente un trigramme de la table ou de la vue ;
- l'événement déclencheur, codé sur trois letttres au plus (par exemple, IUD signifie INSERT+UPDATE+DELETE et IOI signifie INSTEAD OF INSERT).

Programmons à l'aide de déclencheurs la cohérence entre les tables des pilotes et celle des qualifications, et assurons la règle métier suivante : *tout pilote ne peut être qualifié sur plus de trois types d'appareils.*

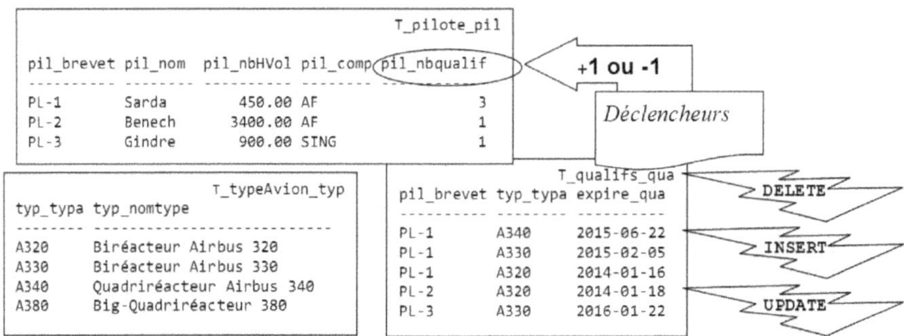

Figure 7–14 Déclencheurs à programmer

Quand utiliser la pseudo-table DELETED ?

Le déclencheur E_qua_D_qualifs répercute les suppressions des qualifications dans le compteur de la table des pilotes. Chaque ligne qui est supprimée est accessible au niveau du déclencheur par la pseudo-table DELETED. L'accès à toute colonne de cette pseudo-ligne s'opère par la notation pointée.

L'événement déclencheur est AFTER DELETE, ce qui permet aux contrôles relatifs aux contraintes référentielles de se réaliser en premier lieu.

Tableau 7–47 Déclencheur en suppression

Code Transact-SQL	Commentaires
`CREATE TRIGGER E_qua_D_qualifs` `  ON T_qualifs_qua AFTER DELETE AS`	Déclaration de l'événement déclencheur

`BEGIN`
`UPDATE T_pilote_pil`
`  SET   pil_nbqualif = pil_nbqualif - 1`
`  WHERE pil_brevet IN (SELECT pil_brevet FROM DELETED);`
`END;`
	Corps du déclencheur
	Mise à jour du ou des pilotes concernés par la suppression

Quand utiliser la pseudo-table INSERTED ?

Le déclencheur E_qua_I_qualifs répercute au compteur de la table des pilotes les nouvelles qualifications. De plus, l'insertion est refusée pour le pilote qui détient déjà trois qualifications. Chaque ligne insérée est accessible au niveau du déclencheur par la pseudo-table INSERTED (notation pointée).

Dans le code d'un déclencheur, il est possible d'annuler la transaction en cours (ROLLBACK TRANSACTION) ou d'annuler les mises à jour réalisées au cours du déclencheur (ROLLBACK TRIGGER).

L'événement déclencheur est AFTER INSERT, ce qui permet à tous les contrôles relatifs aux contraintes de se réaliser en premier lieu.

Tableau 7–48 Déclencheur en insertion

Code Transact-SQL	Commentaires
`CREATE TRIGGER E_qua_I_qualifs` `  ON T_qualifs_qua AFTER INSERT AS`	Déclaration du déclencheur

`BEGIN`
`DECLARE @nb_qualifs TINYINT;`
`SELECT @nb_qualifs = pil_nbqualif FROM T_pilote_pil`
`   WHERE pil_brevet=(SELECT pil_brevet FROM INSERTED);`
	Déclaration de la variable locale et extraction du nombre de qualifications

`IF @nb_qualifs < 3`
`   UPDATE T_pilote_pil`
`    SET   pil_nbqualif = pil_nbqualif + 1`
`    WHERE pil_brevet=(SELECT pil_brevet FROM INSERTED);`
`ELSE`
`  BEGIN`
`   ROLLBACK TRANSACTION;`
`   THROW 50002,'Le pilote a déjà 3 qualifications',1;`
`  END;`
`END;`
	Mise à jour du pilote concerné par la qualification
	
	Renvoi d'une erreur utilisateur

Quand utiliser conjointement INSERTED et DELETED ?

Seuls les déclencheurs de type UPDATE devraient être à même de manipuler conjointement les tables INSERTED et DELETED. En effet, la mise à jour d'une ligne fait intervenir une nouvelle donnée (désignée par INSERTED) qui en remplace une ancienne (désignée par DELETED).

La fonction UPDATE vous permettra de savoir si une colonne a été modifiée ou non lors de la mise à jour de toute ligne : IF [NOT] **UPDATE**(*nom_colonne*) BEGIN *traitement*... END;

Le déclencheur E_qua_U_qualifs répercute au compteur de la table des pilotes tout changement de qualification. De plus, la mise à jour est refusée pour tout pilote dépassant trois qualifications. Nous interdisons également, de façon arbitraire, la mise à jour du type d'avion.

Tableau 7–49 Déclencheur en modification

Code Transact-SQL	Commentaires
`CREATE TRIGGER E_qua_U_qualifs` `  ON T_qualifs_qua AFTER UPDATE AS`	Déclaration du déclencheur

`BEGIN`
`IF UPDATE(typ_typa)`
`  BEGIN`
`   ROLLBACK TRANSACTION;`
`   THROW 50003,'Mise à jour qualification interdite',1;`
`  END;`
	Mise à jour du type de l'avion

`IF UPDATE(pil_brevet)`
`BEGIN`
`  DECLARE @nb_qualifs TINYINT;`
`  SELECT @nb_qualifs = pil_nbqualif FROM T_pilote_pil`
`    WHERE pil_brevet=(SELECT pil_brevet FROM INSERTED);`
	Mise à jour du code pilote

Tableau 7–49 Déclencheur en modification *(suite)*

Code Transact-SQL	Commentaires

<pre> IF @nb_qualifs < 3
   BEGIN
    UPDATE T_pilote_pil
     SET   pil_nbqualif = pil_nbqualif + 1
     WHERE pil_brevet=(SELECT pil_brevet FROM INSERTED);
    UPDATE T_pilote_pil
     SET   pil_nbqualif = pil_nbqualif - 1
     WHERE pil_brevet IN (SELECT pil_brevet FROM DELETED);
   END;</pre>
	Test du nombre de qualifications du pilote à modifier
	Mises à jour des compteurs

<pre> ELSE
   BEGIN
    ROLLBACK TRANSACTION;
    THROW 50002,'Le pilote a déjà 3 qualifications',1;
   END;
  END;
END;</pre>
	Renvoi d'une erreur utilisateur.

Par défaut, les triggers sont ensemblistes. Ainsi, un déclencheur ne s'exécute qu'une seule fois, même si l'événement déclencheur concerne plusieurs lignes (`INSERT INTO... SELECT...` ou `UPDATE` et `DELETE` dont le `WHERE`, s'il est présent, retourne plus d'une ligne), ce qui déclenche systématiquement une erreur.

Plusieurs lignes mises à jour

Vous devez prendre en compte le fait que plusieurs lignes peuvent être affectées par un événement déclencheur (insertions de masse, par exemple). Si vous décidez de déclencher le code une seule fois, vous n'aurez pas à programmer un curseur. Dans le cas contraire, vous devrez programmer un curseur.

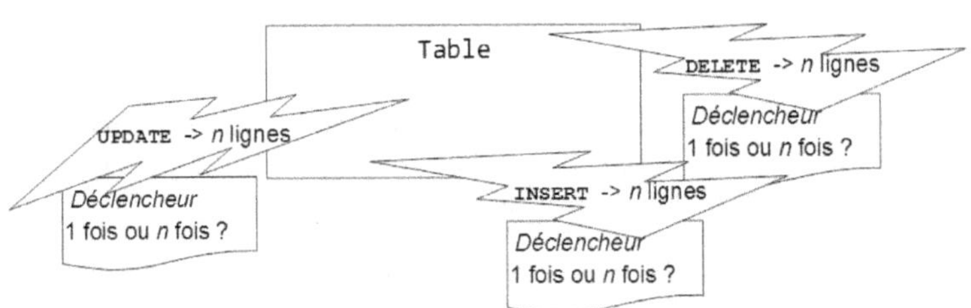

Figure 7–15
Déclencheurs multilignes à programmer ou non

Dans notre exemple, supposons qu'une insertion puisse ajouter plusieurs nouvelles qualifications en une seule instruction. Le déclencheur en insertion doit tester chaque nouvelle ligne pour accepter de mettre à jour les compteurs des pilotes concernés. Ainsi, les ajouts de qualifications par l'instruction `INSERT INTO T_qualifs_qua SELECT...` seront correctement gérés.

Tableau 7–50 Déclencheur multiligne en insertion

Code Transact-SQL	Commentaires

<pre>CREATE TRIGGER E_qua_I_qualifs
ON T_qualifs_qua AFTER INSERT AS
BEGIN
DECLARE @pil_brevet VARCHAR(6);
DECLARE curs CURSOR FOR
         SELECT pil_brevet FROM INSERTED;
DECLARE @nb_qualifs TINYINT;</pre>
	Déclaration du déclencheur, des variables locales et du curseur

Tableau 7–50 Déclencheur multiligne en insertion *(suite)*

<table>
<tr><th>Code Transact-SQL</th><th>Commentaires</th></tr>
<tr><td><pre>OPEN curs;
FETCH curs INTO @pil_brevet;
WHILE @@fetch_status = 0
  BEGIN
    SELECT @nb_qualifs = pil_nbqualif
       FROM T_pilote_pil
       WHERE   pil_brevet = @pil_brevet;</pre></td><td>Parcours de toutes les nouvelles qualifications à insérer</td></tr>
<tr><td><pre>   IF @nb_qualifs < 3
     UPDATE T_pilote_pil
     SET   pil_nbqualif = pil_nbqualif + 1
     WHERE pil_brevet   = @pil_brevet;
   ELSE
    BEGIN
     ROLLBACK TRANSACTION;
     THROW 50002,'Le pilote a déjà 3 qualifications',1;
    END;
   FETCH curs INTO @pil_brevet;
  END;
  CLOSE curs;
  DEALLOCATE curs;
END;</pre></td><td>Mise à jour du pilote concerné par la qualification ou annulation du lot d'insertions</td></tr>
</table>

Tester les colonnes mises à jour

Les fonctions `UPDATE(colonne)` et `COLUMNS_UPDATED()` permettent de connaître les colonnes qui sont mises à jour lors d'événements `INSERT` et `UPDATE`.

Une utilisation de la fonction `UPDATE(…)` a été présentée dans le déclencheur précédent et mise à jour. Le tableau 7-51 présente la syntaxe habituelle d'utilisation de ces fonctions.

Tableau 7–51 Fonctions de tests des colonnes mises à jour

<table>
<tr><th>Utilisation de la fonction</th><th>Commentaires</th></tr>
<tr><td><pre>IF [NOT] UPDATE(colonne) …</pre></td><td>Retourne un booléen qui indique si une tentative INSERT ou UPDATE a été réalisée sur la colonne.</td></tr>
<tr><td><pre>IF [NOT] (COLUMNS_UPDATED() & masque_ordinal)
      comparateur masque_attendu
[BEGIN]
  …;
[END;]</pre></td><td>Retourne un type VARBINARY qui indique les colonnes qui ont été mises à jour.</td></tr>
</table>

La fonction `COLUMNS_UPDATED()` est basée sur le rang ordinal des colonnes de la table (ordre donné à la création). Pour la table des qualifications, cet ordre est le suivant : `pil_brevet` : 1, `typ_typa` : 2 et `expire_qua` : 3. Le tableau 7-52 illustre les éléments d'aide aux calculs de masques.

Tableau 7–52 Élements de masques pour les colonnes mises à jour

colonne	pil_brevet	typ_typa	expire_qua
ordinal	1	2	3
$2^{(ordinal-1)}$	1	2	4

Dans ce cas, trois colonnes sont potentiellement concernées. Les masques possibles sont : 1 (numéro de brevet), 2 (le type d'avion), 3 (numéro de brevet et type d'avion), etc. Le tableau 7-53 présente trois tests à titre d'exemple.

Tableau 7–53 Utilisations de la fonction COLUMNS_UPDATED

Code Transact-SQL	Commentaires
`IF (COLUMNS_UPDATED() & 5) > 0`	Vérifie si les colonnes 1 ou 3 ont été mises à jour. Le masque est $2^{(1-1)} + 2^{(3-1)} = 5$.
`IF (COLUMNS_UPDATED() & 5) = 5`	Vérifie si les colonnes 1 et 3 ont été mises à jour.
`IF (COLUMNS_UPDATED() & 7) = 7`	Vérifie si toutes les colonnes ont été mises à jour (insertion ou *update* de la totalité d'une ligne). Le masque est $2^{(1-1)} + ^{(2-1)} + 2^{(3-1)} = 7$.

Nous vous déconseillons l'utilisation de la fonction COLUMNS_UPDATED. En effet, la position ordinale d'une colonne peut varier en fonction des modifications de structure de la table (ALTER TABLE). Rien ne garantit que la position structurelle d'une colonne sera toujours la même au sein de la table et vous ne pouvez pas contraindre une colonne à être placée à une position précise.

Déclencheurs multiples

Il est possible de créer des déclencheurs répondant à plusieurs événements simultanément. Dans ce cas, pour savoir quel est l'événement déclencheur, il vous faut interroger les pseudo-tables inserted et deleted. Cela peut se faire comme indiqué dans le code ci-après :

```
DECLARE @EVT CHAR(1);
SET @EVT = CASE
              WHEN EXISTS (SELECT * FROM inserted) AND
                   EXISTS (SELECT * FROM deleted)
                 THEN 'U'
              WHEN EXISTS (SELECT * FROM inserted)
                 THEN 'I'
              ELSE 'D'
          END;
```

La variable @EVT contient 'I', 'U' ou 'D' en fonction de l'événement INSERT, UPDATE ou DELETE.

Il est aussi possible de créer plusieurs déclencheurs pour le même événement et pour la même table. Dans ce cas, SQL Server ne garantit pas l'ordre d'exécution des déclencheurs autrement que pour le premier et le dernier, à l'aide de la procédure stockée sp_settriggerorder. Vous pouvez donc programmer jusqu'à trois déclencheurs de même nature et de même cible en maîtrisant l'ordre d'exécution de chacun, en spécifiant le premier et le dernier, ce qui laisse au troisième la place du milieu !

Déclencheurs INSTEAD OF

L'expression *instead of* est explicite : le déclencheur programmera des actions *au lieu* d'insérer, de modifier ou de supprimer une ou plusieurs lignes d'une table ou d'une vue. Un déclencheur instead of permet notamment de mettre à jour une vue multitable qui ne peut être modifiable directement (voir chapitre suivant).

Considérons la table des instructeurs qui reprend naturellement des colonnes de la table des pilotes (héritage) et déclarons une vue qui joint ces deux tables. Le déclencheur INSTEAD OF aura pour but de répercuter l'ajout dans la vue par une insertion dans chacune des tables.

Tableau 7–54 Test du déclencheur

Déclaration de la vue	Événement déclencheur

`CREATE VIEW V_instructeur_ins`
`AS`
`SELECT p.pil_brevet,p.pil_nom,p.pil_nbHVol,`
`     p.pil_comp,p.pil_nbqualif,`
`     i.ins_matricule, i.ins_expire`
`FROM T_pilote_pil p`
`     INNER JOIN T_instructeur_ins i`
`           ON p.pil_brevet = i.pil_brevet;`
	`INSERT INTO V_instructeur_ins`
	`  VALUES ('PL-4', 'sigaudes',6850,'AF',`
	`          0,'FI87','20160607');`

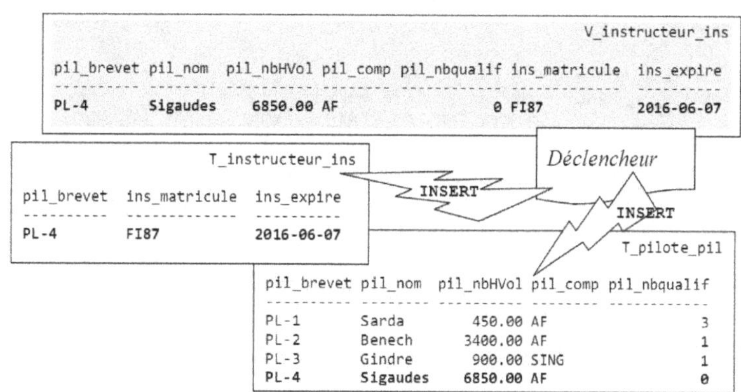

Figure 7–16
Déclencheur sur une vue multitable

Le code de ce déclencheur est décrit dans le tableau 7-55.

Tableau 7–55 Déclencheur `INSTEAD OF`

Code Transact-SQL	Commentaires
`CREATE TRIGGER E_ins_I_instructeur` `ON V_instructeur_ins INSTEAD OF INSERT AS`	Déclaration du déclencheur

`BEGIN`
`INSERT INTO T_pilote_pil`
`(pil_brevet,pil_nom,pil_nbHVol,pil_comp,pil_nbqualif)`
`SELECT pil_brevet,pil_nom,pil_nbHVol,pil_comp,pil_nbqualif`
`FROM   INSERTED;`
	Ajout dans la table des pilotes

`INSERT INTO T_instructeur_ins`
`       (pil_brevet,ins_matricule,ins_expire)`
`SELECT pil_brevet,ins_matricule,ins_expire`
`FROM   INSERTED;`
`END;`
	Ajout dans la table des instructeurs

Contrôler des déclencheurs

Bien qu'il soit permis de créer, par défaut, des déclencheurs récursifs (un déclencheur met à jour la table visée par l'événement) ou imbriqués (un déclencheur exécute une action qui lance un autre déclencheur), SQL Server limite à 32 le nombre maximal d'appels successifs (réentrance). Veillez à ne pas créer de déclencheurs involontairement récursifs ou imbriqués car lors des appels en cascade, ils occupent beaucoup de place en mémoire et allongent les temps de verrouillage de la table visée.

Déclencheur récursif

Contrairement à d'autres SGBD relationnels comme Oracle, rien n'interdit de modifier les données d'une table qui est en cours de modification dans le déclencheur (table mutante). Cela peut être très pratique pour de la correction de saisie.

Un déclencheur est récursif lorsqu'il met à jour la même table que la table cible, ce qui peut provoquer un appel réentrant infini. Voici un exemple classique qui propose de corriger la saisie des noms des pilotes :

```
CREATE TRIGGER E_IU_PIL
ON T_PILOTE_PIL FOR INSERT, UPDATE AS
BEGIN
   UPDATE T
   SET PIL_NOM = UPPER(PIL_NOM),
       PIL_PRENOM = UPPER(LEFT(PIL_PRENOM, 1))
                  + LOWER(SUBSTRING(PIL_PRENOM, 2, LEN(PIL_PRENOM) - 1))
   FROM T_PILOTE_PIL AS T
        INNER JOIN inserted AS I ON T.PIL_ID = i.PIL_ID;
END;
```

Ce déclencheur permet de corriger la saisie : le nom est mis en majuscules, la première lettre du prénom passe en en majuscules et les suivantes en minuscules.

Mais quand on y regarde bien, la particularité de ce déclencheur est qu'il redéclenche une mise à jour de la même table en cas d'`UPDATE` ! Que se passe t-il alors ? Le déclencheur va-t-il être redéclenché ?

Par défaut, SQL Server ne redéclenche jamais un trigger pour une mise à jour concernant la même table et le même événement que celui du déclencheur. Mais dans certains cas (déclencheurs `AFTER` et `INSTEAD OF` sur la même table et le même événement), nous aurions pu avoir une exception avec l'erreur 217 : « `Le niveau maximal d'imbrication des procédures stockées, des fonctions, des déclencheurs ou des vues est dépassé (limite 32).` »

Si vous voulez éviter tout désagrément, paramétrez votre base de manière à ne pas activer la récursivité entre déclencheurs, en positionnant le paramètre `RECURSIVE_TRIGGERS` à `OFF` (attention, par défaut, comme sur la base model, ce paramètre est positionné à `ON`).

Triggers imbriqués

Pour interdire qu'un trigger puisse en déclencher un autre qui ferait une mise à jour en retour, vous pouvez jouer sur le paramétrage de serveur *nested_triggers* grâce à la procédure `sp_configure` : `EXEC sp_configure 'nested triggers',0`. La valeur 1 (par défaut) autorise ce mécanisme.

La fonction `TRIGGER_NESTLEVEL([object_id],['type'],['categorie'])` retourne le nombre de déclencheurs exécutés pour l'instruction qui a activé le déclencheur. Utilisé dans un déclencheur DML (et DDL), il détermine le niveau d'imbrication actuel.

- *`object_id`* est le numéro d'objet correspondant au déclencheur (si aucun numéro n'est spécifié ou la valeur 0, le nombre d'exécutions de tous les déclencheurs sera renvoyé). La fonction `OBJECT_ID('nom_declencheur')` peut être utilisée à cet effet.
- *`type`* spécifie la nature des déclencheurs (`AFTER` ou `IOT` pour les déclencheurs *instead of*). Si le type est spécifié, la catégorie doit l'être également.
- *`categorie`* indique la catégorie (`DML` ou `DDL`).

Si aucun paramètre n'est spécifié, la fonction retourne le nombre total de déclencheurs sur la pile des appels. La fonction renvoie 0 si son exécution se produit à l'extérieur d'un déclencheur et si aucun paramètre n'est NULL.

Un exemple d'utilisation est illustré à la figure 7-17 qui décrit trois déclencheurs en cascade suite à une insertion sur une des trois tables. Par défaut, au bout de 32 itérations, aucune insertion n'est réalisée et le message d'erreur suivant apparaît : « Msg 217, Niveau 16, État 1, … : Le niveau maximal d'imbrication des procédures stockées, des fonctions, des déclencheurs ou des vues est dépassé (limite 32). ».

Si chacun des déclencheurs concerné par ce cycle teste le niveau global d'imbrication, il peut interrompre le cycle en amont. Par exemple, supposons que l'on désire réaliser 15 itérations en validant les insertions. Il faudra ajouter le code décrit dans chaque déclencheur.

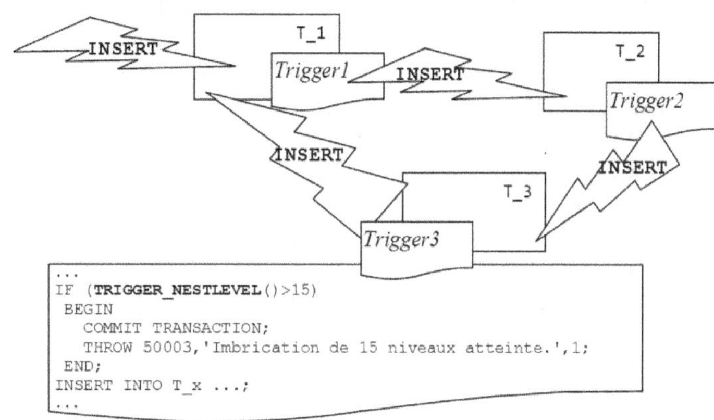
INSERT
T_1
Trigger1
INSERT
T_2
Trigger2
INSERT
INSERT
T_3
Trigger3
...
IF (TRIGGER_NESTLEVEL()>15)
BEGIN
COMMIT TRANSACTION;
THROW 50003,'Imbrication de 15 niveaux atteinte.',1;
END;
INSERT INTO T_x ...;
...

Figure 7–17
Déclencheurs en cascade

Déclencheurs LDD

Les déclencheurs qui ne sont pas associés à des événements liés aux données de la base mais à des actions structurelles (CREATE, ALTER, DROP, GRANT, DENY, REVOKE ou UPDATE STATISTICS) sont appelés *DDL triggers*. La syntaxe simplifiée de création d'un tel déclencheur est la suivante :

```
CREATE TRIGGER nom_declencheur
ON {ALL SERVER | DATABASE}
    [WITH [ENCRYPTION ] [,] [EXECUTE AS …]]
AFTER {evenement | groupe_evt} [, …]
AS     instructions;
```

- DATABASE ou ALL SERVER désigne l'étendue du déclencheur à la base de données active ou à un niveau plus global (serveur actif).
- AFTER … précise l'événement ou le groupe d'événements déclencheurs.

Tous les déclencheurs LDD ne peuvent pas annuler la transaction. De même, du fait de la transaction en attente, certaines opérations ne pourront pas non plus être effectuées. Par exemple, il n'est pas possible de réaliser une sauvegarde de la base avant la commande DROP DATABASE vu qu'un trigger est par nature AFTER et qu'en cas de ROLLBACK, ce dernier sera effectué après que le code du trigger se soit exécuté.

À titre d'exemple, voici un déclencheur sauvegardant toute base nouvellement créée :

```
CREATE TRIGGER E_DDL_CREATE_DATABASE
ON ALL SERVER
FOR CREATE_DATABASE
AS
BEGIN
   DECLARE @DB sysname;
   SET @DB = EVENTDATA().value('(/EVENT_INSTANCE/DatabaseName)[1]', 'sysname');
   COMMIT;
   BACKUP DATABASE @DB TO DISK = 'C:\DATABASE\SAVE\databases.bak'
END;
```

L'inconvénient est que ce trigger renvoie systématiquement une erreur du fait du forçage de la validation de la transaction dans le déclencheur.

Le déclencheur suivant surveille et répertorie (dans une table d'audit) les tentatives de suppression de tables et d'index, ainsi que la modification structurelle de tables dans la base de données en cours d'utilisation. Par ailleurs, il interdit ces trois actions pendant le week-end.

Tableau 7–56 Déclencheur LDD

Code Transact-SQL	Commentaires

CREATE TRIGGER E_DDL_surveille
   ON DATABASE
   AFTER DROP_TABLE, DROP_INDEX, ALTER_TABLE
	Déclaration des événements

AS BEGIN
DECLARE @eventdata XML = EVENTDATA();
INSERT INTO evenements
  (type,evenement,evenementXML,base,
   objet,programme,login)
SELECT
   @EventData.value('(/EVENT_INSTANCE/EventType)[1]',
                    'VARCHAR(100)'),
   @EventData.value('(/EVENT_INSTANCE/TSQLCommand)[1]',
                    'VARCHAR(MAX)'),
   @EventData, DB_NAME(),
   @EventData.value('(/EVENT_INSTANCE/ObjectName)[1]',
                    'VARCHAR(255)'),
  PROGRAM_NAME(), SUSER_SNAME();
	Récupération des détails de l'événement
	Insertion dans la table d'audits

IF (DATEPART(weekday,GETDATE())) IN (6,7)
  BEGIN
   COMMIT TRANSACTION;
   THROW 50004,'Pas de bidouille le week-end...',1;
END;
END;
	Test du jour

La fonction EVENTDATA retourne au format XML toute notification ou événement surveillé par un déclencheur LDD ou de connexion.

type	evenement	evenementXML	base	objet	programme	login
ALTER_TABLE	ALTER TABLE T_1 ADD c3 INT;	<EVENT_INSTANCE><Event...	tempdb	T_1	Microsoft SQL Server Man...	sa
DROP_INDEX	DROP INDEX idx_T1 ON T_1;	<EVENT_INSTANCE><Event...	tempdb	idx_T1	Microsoft SQL Server Man...	sa
ALTER_TABLE	ALTER TABLE T_1 ADD c4 INT;	<EVENT_INSTANCE><Event...	tempdb	T_1	Microsoft SQL Server Man...	sa

Figure 7–18 Aperçu de la table d'audit après trois événements passés en semaine

Déclencheurs de connexion (LOGON)

Le dernier type de déclencheur regroupe ceux qui s'exécutent en réponse à l'événement de connexion. La syntaxe de création de ce type de déclencheur est la suivante :

```
CREATE TRIGGER nom_declencheur
ON ALL SERVER
    [WITH [ENCRYPTION] [,] [EXECUTE AS …]]
AFTER LOGON
AS    instructions;
```

Le déclencheur suivant surveille l'heure de connexion de l'utilisateur `util_heure_ouv`.

Tableau 7–57 Déclencheur de connexion

Code Transact-SQL	Commentaires
CREATE TRIGGER connection_heures_ouv ON ALL SERVER AFTER LOGON AS	Événement déclencheur

BEGIN
IF ORIGINAL_LOGIN() = 'util_heure_ouv' AND
  (DATEPART(HOUR, GETDATE()) < 9 OR
   DATEPART (HOUR, GETDATE()) > 16)
THROW 50005,'Pas de connexion en dehors des
             heures de boulot...',1;
END;
	Corps du déclencheur exécuté à chaque connexion

Un déclencheur de connexion est activé après l'authentification et avant la session utilisateur. Par conséquent, tout message provenant du déclencheur (`PRINT`, par exemple) est dirigé vers le journal d'erreurs.

La tentative de connexion de cet utilisateur en dehors des heures prévues déclenche l'affichage d'une fenêtre d'erreur et l'écriture dans le journal.

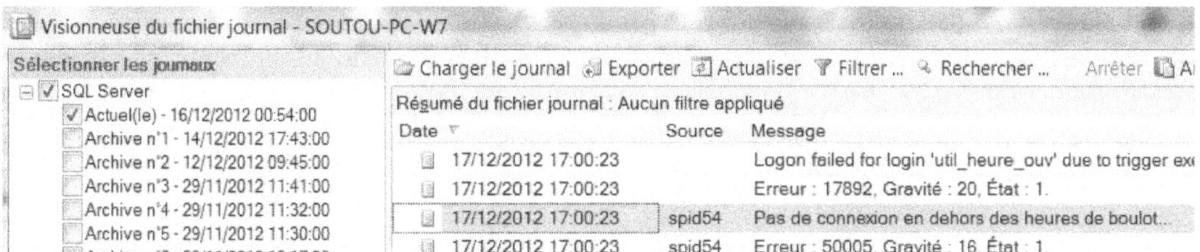

Figure 7–19 Trace d'un déclencheur de connexion

Ce type de déclencheur permet notamment de limiter le nombre des sessions pour une connexion donnée (`SELECT COUNT(*) FROM sys.dm_exec_sessions WHERE is_user_process = 1 AND original_login_name = '…'`).

Gestion des déclencheurs

Un déclencheur est actif, comme une contrainte, dès sa création. Il est possible de le modifier, de le désactiver, de le réactiver ou de le supprimer. Le tableau 7-58 synthétise les instructions capables d'agir sur un déclencheur en particulier. Pour supprimer un déclencheur LDD ou de connexion, vous devrez indiquer son type à la fin de l'instruction DROP TRIGGER. L'instruction ALTER TABLE ne concerne que les déclencheurs LMD.

Tableau 7–58 Gestion des déclencheurs

SQL	Commentaires

`ALTER TRIGGER [nom_schéma.]nom_déclencheur`
`ON { nom_table / nom_vue } |`
`{ ALL SERVER | DATABASE }`
`[ WITH [ ENCRYPTION ] [,] [ EXECUTE AS ... ] ]`
`AFTER ...`
`AS ...;..;`
	Modification d'un déclencheur (événement, option ou code du corps)

`DISABLE TRIGGER`
`{ [nom_schéma.]nom_déclencheur [,...] | ALL }`
`ON { object_name | DATABASE | ALL SERVER };`
	Désactivation d'un ou de plusieurs déclencheurs

`ENABLE TRIGGER`
`{ [nom_schéma.]nom_déclencheur [,...] | ALL }`
`ON { object_name | DATABASE | ALL SERVER };`
	Activation d'un ou de plusieurs déclencheurs

`DROP TRIGGER`
`[nom_schéma.]nom_déclencheur [,...]`
`ON { DATABASE | ALL SERVER } ;`
	Suppression d'un déclencheur

`ALTER TABLE nom_table`
`{ ENABLE | DISABLE } TRIGGER`
`{ ALL | nom_déclencheur [ ,... ] }`
	Réactivation ou désactivation d'un ou de plusieurs déclencheurs d'une table

SQL dynamique

Transact-SQL inclut un aspect dynamique en ce sens qu'il est possible de construire, au sein d'un bloc ou d'un sous-programme, des instructions SQL du LMD ou du LDD. Par exemple, il sera possible de constituer une requête SQL en fonction des choix d'un utilisateur ou de créér une table dont le nom passe en paramètre.

Une instruction SQL dynamique est stockée en tant que chaîne de caractères qui sera évaluée à l'exécution et non à la compilation (contrairement aux instructions SQL statiques qui peuplent la majorité des sous-programmes).

Utilisation de EXECUTE

L'instruction EXECUTE (dont le diminutif est EXEC) permet d'exécuter un ordre SQL dynamique en passant en paramètre l'instruction sous la forme d'une chaîne de caractères variable ou constante.

```
{EXECUTE | EXEC}
    ({@variable_chaine | [N]'chaine_constante'} [...])
    [AS {LOGIN | USER} = 'nom'];
```

Avant d'utiliser EXECUTE avec une chaîne de caractères variable, assurez-vous que cette dernière ne risque pas à l'avenir de vous poser des problèmes d'injection de code SQL...

Le tableau 7-59 décrit deux exemples d'utilisation. Le premier concerne la construction d'une requête dont le nom des colonnes est inscrit dans des variables. Le second traite d'une mise à jour de toute une table à l'aide d'une chaîne constante.

Tableau 7–59 Utilisation de EXECUTE

Code Transact-SQL	Commentaires

`BEGIN`
`DECLARE @col1 VARCHAR(128) = 'pil_nom',`
`        @col2 VARCHAR(128) = 'pil_nbHvol',`
`        @col3 VARCHAR(128), @req VARCHAR(MAX);`
	Déclaration des variables

`SET @req = 'SELECT ';`
`IF @col1 IS NOT NULL`
`    BEGIN`
`    SET @req = @req + @col1;`
`    IF @col2 IS NOT NULL`
`       BEGIN`
`       SET @req = @req + ','+ @col2;`
`       IF @col3 IS NOT NULL`
`          SET @req = @req + ','+ @col3;`
`       END;`
`   END;`
	Construction de la requête

`SET @req = @req + ' FROM T_Pilote_pil';` `EXECUTE(@req);`	Exécution de la requêteSELECT pil_nom,pil_nbHvol FROM T_Pilote_pil

`EXECUTE('UPDATE T_Pilote_pil`
`         SET pil_salaire = pil_salaire*0.89');`
`END;`
	Exécution de la mise à jour

Le contexte d'exécution d'une instruction SQL dynamique n'est pas le même que le contexte appellant. Ainsi, il n'est pas possible de retourner des variables, contrairement aux sous-programmes.

À titre de démonstration, le code suivant tente de rendre dynamique la création d'une table temporaire et d'y insérer une ligne. Au retour d'appel de la première instruction, la table temporaire n'existe plus car le contexte a changé. Notez que si l'insertion avait été directe, l'erreur aurait été la même car le contexte appelant est aussi différent de celui qui a créé la table.

Tableau 7–60 Limite de EXECUTE

Code Transact-SQL	Commentaires
`BEGIN`	Bloc (contexte 1)

`EXECUTE('CREATE TABLE #T_aeroport_aer`
`       (aer_IATA VARCHAR(3) PRIMARY KEY,`
`        aer_OACI VARCHAR(6), aer_nom VARCHAR(50))');`
	Création de la table temporaire (contexte 2)

`EXECUTE('INSERT INTO #T_aeroport_aer VALUES`
`         (''BLO'',''LGFH'',''Ales'')');`
`END;`
	Contexte 3, message d'erreur : `Msg 208, Niveau 16, État 0, Ligne 1 : Nom d'objet '#T_aeroport_aer' non valide.`

Pour pouvoir bénéficier de variables de retour, vous devrez utiliser le sous-programme système `sp_executesql`.

Utilisation de sp_executesql

La syntaxe d'appel est la suivante :

```
EXECUTE sp_executesql [@etat=] etat
[{,[@parametres=] N'@nom_param1 type1 [OUTPUT] [,…]'}
  {,[@parametre1 =] 'expression1' [,…]}];
```

- `etat` : chaîne Unicode décrivant un lot ou une instruction Transact-SQL. Chaque paramètre inclus doit posséder une entrée correspondante dans la liste des définitions de paramètres et dans la liste des valeurs de paramètres.
- `nom_param1 type1…` : définitions de tous les paramètres (constante ou variable Unicode de taille maximale `NVARCHAR(4000)`) incorporés dans l'état. Si l'état ne contient aucun paramètre, cette liste est absente (`NULL` par défaut).
- `@parametre1='expression1'…` : affectation de chaque paramètre (la valeur peut être une constante ou une variable Unicode). Si l'état ne contient aucun paramètre, cette liste est absente.

Le tableau 7-61 présente la mise à jour du pilote 'PL-3'. Il s'agit de diminuer son salaire de 15 % en affichant son précédent salaire (par l'intermédiaire d'un paramètre de sortie).

Tableau 7–61 SQL dynamique avec `sp_executesql`

Code Transact-SQL	Commentaires

`BEGIN`
`DECLARE @instruction NVARCHAR(MAX),`
`        @parametres NVARCHAR(200),`
`        @v1 DECIMAL(4,2) = 0.85,`
`        @v2 DECIMAL(7,2),`
`        @v3 NVARCHAR(6) = 'PL-3';`
`SET @instruction = N'UPDATE T_Pilote_pil`
`      SET pil_salaire=pil_salaire*@p1,@p2=pil_salaire`
`      WHERE pil_brevet=@p3';`
`SET @parametres = N'@p1 DECIMAL(4,2),`
`      @p2 DECIMAL(7,2) OUTPUT,@p3 NVARCHAR(6)';`
	Déclaration des variables nécessaires à l'appel et aux paramètres

`EXECUTE sp_executesql @instruction,@parametres,`
`      @p1=@v1,@p2=@v2 OUTPUT,@p3= @v3;`
`PRINT 'Avant diminution : '+CAST(@v2 AS VARCHAR(10));`
`END;`
	Exécution de l'instruction dynamique et affichage du retour

L'autre avantage majeur du sous-programme `sp_executesql` est que le plan d'exécution de l'instruction paramétrée est conservé et réutilisé pour différentes exécutions avec différents paramètres *(bind variables)*.
Par ailleurs, toute instruction SQL peut être programmée via la technique du SQL dynamique.

8

Les vues

En plus du contrôle de l'accès aux données par les techniques d'utilisateur, de schéma, de rôles et de privilèges (voir chapitre 11), la confidentialité est fondamentale dans les SGBD relationnels. Cette confidentialité est assurée par l'utilisation de vues *(views)*, lesquelles agissent comme des fenêtres sur la base de données. Ce chapitre décrit les différents types de vues que SQL Server met en œuvre.

Généralités

Les vues correspondent au *niveau externe* de la première classification des SGBD proposée en 1975 par le groupe de travail SPARC de l'ANSI. Ce niveau ne reflète, pour chaque utilisateur, qu'une partie visible de la base (voir figure 8-1).

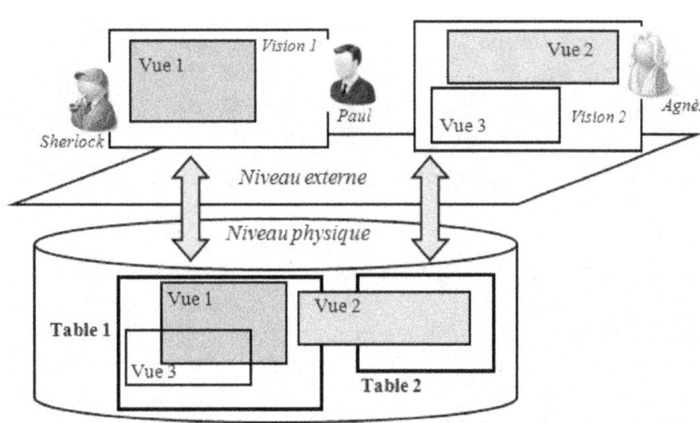

Figure 8–1
Les vues

Bien que seules les tables contiennent des données, une vue apparaît comme une table et permet un grand nombre de fonctionnalités en plus du contrôle de l'accès aux données :

- masquer la complexité d'un schéma relationnel, par exemple en dénormalisant ;
- présenter une interface à compatibilité descendante pour émuler une table qui a été modifiée ;
- implémenter des contraintes de valeur ;
- simplifier la formulation de requêtes complexes.

Ces avantages seront présentés à l'aide d'exemples concrets dans la section « Intérêts des vues » de ce chapitre.

Une vue est considérée comme une table virtuelle car elle ne nécessite aucune allocation en mémoire pour contenir les données. Une vue n'a pas d'existence propre car seule sa structure est stockée dans le dictionnaire de données. Une vue est créée à l'aide d'une instruction `SELECT`, appelée requête de définition. Cette requête interroge une ou plusieurs tables (de type conventionnel ou en mémoire) ou vues. Une vue non matérialisée se recharge chaque fois qu'elle est interrogée.
Une programmation rigoureuse ne devrait implémenter l'accès aux données qu'en questionnant des vues. En pratique, la plupart des applications se passent de ce conseil en manipulant directement les tables.

Création d'une vue (CREATE VIEW)

La syntaxe de création d'une vue est la suivante :

```
CREATE VIEW [nom_schema] nom_vue [(colonne1 [,…])]
 [WITH [ENCRYPTION] [,] [SCHEMABINDING] [,] [VIEW_METADATA]]
AS requete_SELECT
 [WITH CHECK OPTION];
GO
```

- Si aucun nom de colonne n'est spécifié, les colonnes de la vue prennent le nom des colonnes retourné par l'instruction `SELECT`.
- `ENCRYPTION` chiffre le code de la définition de la vue (la requête) et évite la publication dans le cadre d'une réplication.
- `SCHEMABINDING` relie fortement la vue aux objets de base de données auxquels elle fait référence (tables ou vue) et aucun de ces objets ne peut être modifié d'une manière susceptible d'affecter l'exécution de la requête (par exemple, la suppression d'une colonne utilisée par la requête).
- `VIEW_METADATA` retourne aux fournisseurs de données (API DB-Library, ODBC et OLE DB) des informations de métadonnées sur la vue plutôt que sur les tables concernées.
- La requête de définition interroge une ou plusieurs tables (ou vues existantes), et peut contenir jusqu'à 1 024 expressions dans la clause `SELECT`.
- `WITH CHECK OPTION` garantit que toute mise à jour de la vue s'effectuera conformément au prédicat de la requête de définition.

- La requête de définition ne doit pas inclure de fonction de séquences ainsi qu'une clause `ORDER BY` (`Msg 1033… : La clause ORDER BY n'est pas valide dans les vues…`). La clause `ORDER BY` n'est possible que si `TOP` est utilisé dans la requête, mais l'ordre de restitution n'est jamais garanti.
- Si la requête de définition sélectionne toutes les colonnes d'un objet source (`SELECT *...`), et si des colonnes sont ajoutées par la suite à l'objet source, il faudra recréer la vue pour qu'elle soit en phase avec sa source (ou plus simplement utiliser la procédure `sp_refreshview`).

Classification

On distingue les vues simples des vues complexes en fonction de la nature de la requête de définition. Le tableau 8-1 résume ce que nous allons détailler au cours de cette section.

Tableau 8–1 Classification des vues

Requête de définition	Vue simple	Vue complexe
Nombre de tables	1	1 ou plusieurs
Fonctions (DISTINCT, TOP, AVG, COUNT, SUM, MIN, MAX, GROUPING, STDEV, STDEVP, VAR et VARP)	Non	Oui
Calculs ou opérateurs ensemblistes (UNION, UNION ALL, CROSSJOIN, EXCEPT et INTERSECT)	Non	Oui
Regroupements (GROUP BY et HAVING)	Non	Oui
Mise à jour possible ?	Oui	Pas toujours

Lorsqu'il est possible d'exécuter des instructions insert, update ou delete sur une vue, cette dernière est dite modifiable *(updatable view)*. Ainsi, vous pouvez soit créer une vue qui est modifiable intrinsèquement, soit concevoir une vue non modifiable mais qu'il est toutefois possible de rendre modifiable par un déclencheur de type INSTEAD OF.

Vues simples

Considérons les deux vues illustrées par la figure 8-2 et dérivées de la table T_pilote_pil. La vue « horizontale » V_pilotes_AF décrit les pilotes d'Air France à l'aide d'une restriction (prédicat du WHERE), la vue « verticale » V_Embauches est constituée de certaines colonnes (éléments du SELECT). Quand des alias de colonnes sont utilisés, la vue masque aussi le nom des colonnes de la table.

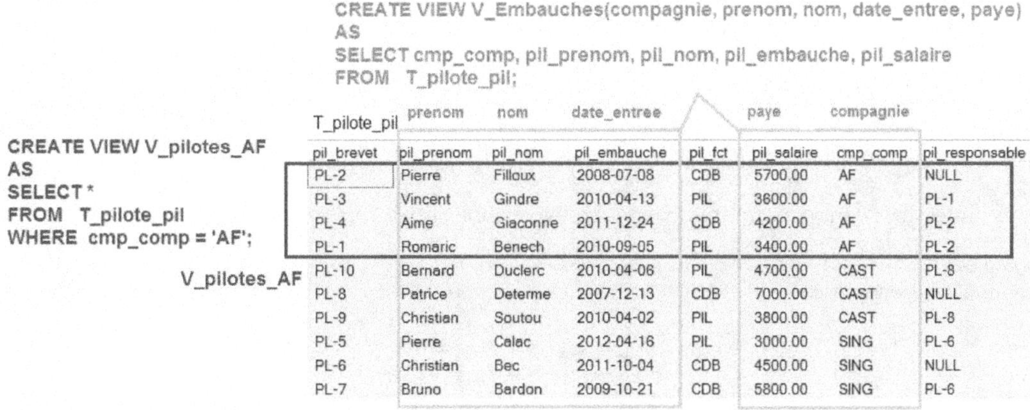
CREATE VIEW V_Embauches(compagnie, prenom, nom, date_entree, paye)
AS
SELECT cmp_comp, pil_prenom, pil_nom, pil_embauche, pil_salaire
FROM T_pilote_pil;
CREATE VIEW V_pilotes_AF
AS
SELECT *
FROM T_pilote_pil
WHERE cmp_comp = 'AF';
V_pilotes_AF
T_pilote_pil
prenom
nom
date_entree
paye
compagnie

pil_brevet	pil_prenom	pil_nom	pil_embauche	pil_fct	pil_salaire	cmp_comp	pil_responsable
PL-2	Pierre	Filloux	2008-07-08	CDB	5700.00	AF	NULL
PL-3	Vincent	Gindre	2010-04-13	PIL	3600.00	AF	PL-1
PL-4	Aime	Giaconne	2011-12-24	CDB	4200.00	AF	PL-2
PL-1	Romaric	Benech	2010-09-05	PIL	3400.00	AF	PL-2
PL-10	Bernard	Duclerc	2010-04-06	PIL	4700.00	CAST	PL-8
PL-8	Patrice	Determe	2007-12-13	CDB	7000.00	CAST	NULL
PL-9	Christian	Soutou	2010-04-02	PIL	3800.00	CAST	PL-8
PL-5	Pierre	Calac	2012-04-16	PIL	3000.00	SING	PL-6
PL-6	Christian	Bec	2011-10-04	CDB	4500.00	SING	NULL
PL-7	Bruno	Bardon	2009-10-21	CDB	5800.00	SING	PL-6

Figure 8–2 Deux vues d'une table

Une vue simple peut mixer des éléments du SELECT et du WHERE (prédicats simples, composés ou avec des sous-requêtes) pour produire un jeu de résultats filtrant à la fois colonnes et lignes. Dans l'exemple suivant, il s'agit d'extraire les pilotes qui sont déclarés en tant que responsables.

```
CREATE VIEW V_Pil_responsables(code_brevet, prenom, nom, grade, compagnie, paye) AS
SELECT pil_brevet, pil_prenom, pil_nom, pil_fct, cmp_comp, pil_salaire
FROM   T_pilote_pil
WHERE pil_brevet IN (SELECT pil_responsable FROM T_pilote_pil);
```

Une fois créée, une vue s'interroge comme une table par tout utilisateur sous réserve qu'il bénéficie du privilège en lecture. Le tableau 8-2 présente une interrogation de chacune de ces vues.

Tableau 8–2 Interrogations de vues

Besoins et requêtes	Résultats

Pilotes déclarés responsables
 	
`SELECT prenom, nom, paye, compagnie`
`FROM V_Pil_responsables`
`ORDER BY paye DESC;`
	`prenom     nom        paye    compagnie`
	`---------- ---------- ------- ---------`
	`Patrice    Determe    7000.00 CAST`
	`Pierre     Filloux    5700.00 AF`
	`Christian  Bec        4500.00 SING`
	`Romaric    Benech     3400.00 AF`

Détail des embauches
 	
`SELECT compagnie,nom,prenom,date_entree`
`FROM V_Embauches`
`ORDER BY compagnie,nom,prenom;`
	`compagnie nom          prenom       date_entree`
	`--------- ------------ ------------ -----------`
	`AF        Benech       Romaric      2010-09-05`
	`AF        Filloux      Pierre       2008-07-08`
	`AF        Giaconne     Aime         2011-12-24`
	`AF        Gindre       Vincent      2010-04-13`
	`CAST      Determe      Patrice      2007-12-13`
	`CAST      Duclerc      Bernard      2010-04-06`
	`CAST      Soutou       Christian    2010-04-02`
	`...`

Masse salariale d'Air France
 	
`SELECT SUM(pil_salaire) AS "masse salariale"`
`FROM V_pilotes_AF;`
	`masse salariale`
	`--------------`
	`16900.00`

L'objet source d'une vue est généralement une table mais il peut aussi être une vue. La vue suivante est définie à partir de la vue précédemment créée tout en renommant les colonnes.

```
CREATE VIEW V_CDB_AF (code, prenom, nom, entree, salaire) AS
SELECT pil_brevet, pil_prenom, pil_nom, pil_embauche, pil_salaire
FROM   V_pilotes_AF
WHERE pil_fct = 'CDB';
```

Dans l'interface Management Studio, vous trouverez une entrée correspondant à vos vues.

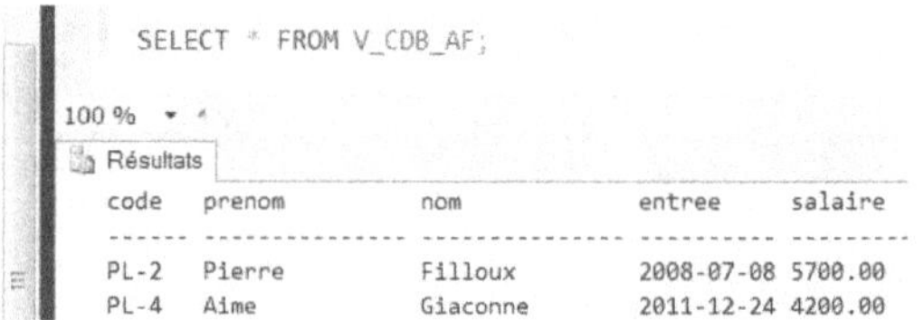

Figure 8–3
Vues dans Management Studio

Vues complexes

La figure 8-4 présente une vue complexe du fait d'une fonction d'agrégat qui regroupe les pilotes en fonction de leur compagnie et de leur grade.

> Une vue complexe est généralement caractérisée soit par le fait de manipuler plusieurs tables (jointures ou expression de tables CTE), soit par le fait de contenir une fonction d'agrégat ou de fenêtrage. La mise à jour directe (par `INSERT`, `UPDATE`, `DELETE` ou `MERGE`) de telles vues n'est pas possible sans programmer un déclencheur *instead of*, à moins qu'elle ne soit composée de jointures simples et que l'on impacte qu'une seule table à la fois.

Figure 8–4
Vue complexe par regroupement

```
CREATE VIEW V_Moyenne_salaires
(code, compagnie, grade, moyenne_salaire)
AS
SELECT     cmp_comp, pil_fct, AVG(pil_salaire)
FROM       T_pilote_pil
GROUP BY cmp_comp, pil_fct;
```

compagnie	grade	moyenne_salaire
AF	CDB	4950.000000
CAST	CDB	7000.000000
SING	CDB	5150.000000
AF	PIL	3500.000000
CAST	PIL	4250.000000
SING	PIL	3000.000000

INSERT !
UPDATE ?
DELETE ;-((

Vous comprendrez aisément qu'il est vain de vouloir mettre à jour cette vue car elle ne reflète aucune information au niveau d'un pilote, mais seulement au niveau d'un regroupement. Le tableau 8-3 illustre les messages d'erreur explicites.

Tableau 8–3 Mises à jour d'une vue complexe

Tentatives de mise à jour	Résultats
`INSERTINTO V_Moyenne_salaires VALUES ('TAT','PIL',50);`	`Msg 4406, Niveau 16, … : Impossible de mettre à jour ou d'insérer la vue ou la fonction 'V_Moyenne_salaires', car elle contient un champ dérivé ou constant.`
`UPDATEV_Moyenne_salaires SET moyenne_salaire = 5400 WHERE compagnie = 'AF' AND grade = 'PIL';`	`Même erreur (4406)`
`DELETEFROM V_Moyenne_salaires WHERE compagnie = 'AF' AND grade = 'PIL';`	`Msg 4403, Niveau 16, … : Impossible de mettre à jour la vue ou la fonction 'V_Moyenne_salaires', car elle contient des agrégats, une clause DISTINCT ou GROUP BY, ou encore un opérateur PIVOT ou UNPIVOT.`

La figure 8-5 présente une vue complexe issue d'une jointure entre la table des pilotes et celle des compagnies.

```
CREATE VIEW V_pilotes_comp AS
SELECT c.cmp_comp, c.cmp_nom, p.pil_brevet, pil_prenom, p.pil_nom,
       p.pil_embauche, p.pil_fct, p.pil_salaire
FROM       T_pilote_pil p
INNER JOIN T_compagnie_cmp c
      ON   p.cmp_comp = c.cmp_comp
WHERE      c.cmp_pays = 'fr';
```

cmp_comp	cmp_nom	pil_brevet	pil_prenom	pil_nom	pil_embauche	pil_fct	pil_salaire
AF	Air France	PL-1	Romaric	Benech	2010-09-05	PIL	3400.00
CAST	Castanet AL	PL-10	Bernard	Duclerc	2010-04-06	PIL	4700.00
AF	Air France	PL-2	Pierre	Filloux	2008-07-08	CDB	5700.00
AF	Air France	PL-3	Vincent	Gindre	2010-04-13	PIL	3600.00
AF	Air France	PL-4	Aime	Giaconne	2011-12-24	CDB	4200.00
CAST	Castanet AL	PL-8	Patrice	Determe	2007-12-13	CDB	7000.00
CAST	Castanet AL	PL-9	Christian	Soutou	2010-04-02	PIL	3800.00

Figure 8–5 Vue complexe par jointure

Bien que cette vue soit complexe, nous verrons qu'elle est toutefois modifiable dans une certaine mesure et sans la mise en place d'un déclencheur.

Intérêt des vues

L'intérêt d'utiliser des vues est multiple :

- sécurité des accès : une vue permet de filtrer horizontalement (ligne avec clause WHERE) ou verticalement (dans la clause SELECT) ;
- simplification de la présentation des informations : certaines vues permettent de présenter une vision plus claire des données ;
- synthétisation : les vues permettent de synthétiser les informations éparses provenant de différentes tables ;
- formation des données : une vue peut présenter des données finalisées alors qu'une table ne le peut pas ;
- réglage des calculs : en matière financière en particulier, un calcul effectué sur une masse de chiffres importante peut donner lieu à des différences selon l'ordre de priorité des opérations. Une vue peut poser une fois pour toutes la manière d'organiser le calcul.
- mise à jour : contrairement à une idée reçue, la mise à jour des données des tables est possible en passant par les vues ;
- performances : il n'y a rien à craindre des performances sur les vues. Elles sont ni moins bonnes, ni meilleures que celles des requêtes effectuées directement sur les tables. SQL Server disposant d'un optimiseur sémantique, les branches mortes de jointures inutiles sont abandonnées si vous utilisez une vue qui englobe les données à extraire.

En principe, une application cliente ne devrait jamais accéder directement aux tables, mais passer systématiquement par des vues. En effet, dans ce cas, la modification de la structure de la base a peu d'impact sur l'applicatif !

Sécurité des accès

Considérons la table suivante :

```
CREATE TABLE T_employe_emp
(emp_id INT IDENTITY PRIMARY KEY,
emp_matricule UNIQUEIDENTIFIER NOT NULL UNIQUE,
emp_nom CHAR(36) NOT NULL,
emp_prenom VARCHAR(25) NOT NULL,
emp_date_naiss DATE,
emp_mail VARCHAR(64),
emp_numsecu CHAR(13) NOT NULL,
emp_fonction VARCHAR(32),
emp_salaire DECIMAL(16,2) NOT NULL,
emp_medecin VARCHAR(50));
```

Nous avons besoin de distribuer ces données à trois groupes de personnes :

- le personnel des ressources humaines ;
- les syndicats ;
- le médecin du travail.

Il est alors assez facile de concevoir trois vues :

Pour le service RH :

```
SELECT emp_id, emp_matricule, emp_nom, emp_prenom, emp_date_naiss,
      emp_mail, emp_numsecu, emp_fonction, emp_salaire
FROM T_employe_emp;
```

Ce dernier n'a pas à savoir le nom du médecin référent du salarié. Il doit pouvoir mettre à jour les colonnes `nom`, `numsecu`, `fonction` et `salaire`.

Pour le syndicat :

```
SELECT emp_id, emp_matricule, emp_nom, emp_prenom,
       emp_date_naiss, emp_fonction
FROM T_employe_emp
WHERE emp_fonction NOT IN ('PDG', 'DG', 'Président')
```

Nous savons bien que les patrons adhèrent rarement aux syndicats de salariés ! La vue ne sera que consultable...

Pour le médecin du travail :

```
SELECT emp_id, emp_matricule, emp_nom, emp_prenom,
       emp_date_naiss, emp_fonction, emp_medecin
FROM T_employe_emp
```

Avec la possibilité de modifier la colonne `emp_medecin`.

Simplification de la vision des informations

L'n des exemples les plus explicites concerne la présentation de l'information par tranches (par exemple, temporelle ou quantitative). Examinons la structure des tables permettant l'historisation de la TVA :

```
CREATE TABLE T_TVA
(TVA_ID TINYINT PRIMARY KEY,
TVA_CODE CHAR(8) NOT NULL UNIQUE,
TVA_LIBELLE VARCHAR(32),
TVA_OBSOLETE DATE);
GO

CREATE TABLE T_TVA_TAUX_TVT
(TVT_ID INT PRIMARY KEY,
TVA_ID TINYINT NOT NULL REFERENCES T_TVA (TVA_ID),
TVT_DATE_APPLICATION DATE NOT NULL,
TVT_TAUX FLOAT NOT NULL);
GO
```

Une première table nous fournit la liste des différentes catégories de TVA et la date butoir d'application à laquelle cette TVA a été supprimée. Une seconde table nous donne tout l'historique des taux de chacune des catégories de TVA.

Il ne serait pas prudent d'ajouter à la table une date de fin d'application au niveau du taux. En effet, en cas d'erreur de saisie dans cette colonne, différents taux pourrraient convenir à un même jour, ou aucun. L'utilisation du marqueur `NULL` signifie la disparition du taux de TVA à compter de la date d'application (disparition toutefois limitée dans le temps, mais un temps assez lointain : jusqu'en 9999 !).

Voici maintenant les données relatives à ces tables :

```
INSERT INTO T_TVA VALUES
(1, 'NORMAL', 'Taux de TVA normal', NULL),
(2, 'INTER', 'Taux de TVA intermédiaire', NULL),
(3, 'REDUIT', 'Taux de TVA réduit', NULL),
(4, 'SUPER', 'Taux de TVA super réduit', NULL),
(5, 'MAJORÉ', 'Taux de TVA majoré', '1992-01-01');
GO
INSERT INTO T_TVA_TAUX_TVT VALUES
(100, 1, '2014-01-01', 20),
(101, 2, '2014-01-01', 5.5),
(102, 3, '2014-01-01', 10),
(103, 1, '1995-08-01', 20.6),
(104, 1, '2000-04-01', 19.6),
(105, 1, '1954-04-10', 17.6),
(106, 1, '1982-04-01', 18.6),
(107, 4, '1982-04-01', 5.5),
(108, 5, '1982-04-01', 33.33),
(109, 3, '1982-04-01', 7),
(110, 5, '1988-01-01', 28),
(111, 4, '1989-01-01', 2.1),
(112, 5, '1989-01-01', 25),
(113, 5, '1990-01-01', 22);
GO
```

La requête suivante nous donne l'ensemble des données de TVA :

```
SELECT T1.TVA_ID, TVA_CODE, TVA_OBSOLETE, TVT_DATE_APPLICATION, TVT_TAUX
FROM T_TVA AS T1
       INNER JOIN T_TVA_TAUX_TVT AS T2
             ON T1.TVA_ID = T2.TVA_ID;
```

Gageons que cela n'est pas pratique pour l'utilisateur :

```
TVA_ID TVA_CODE TVA_OBSOLETE TVT_DATE_APPLIC. TVT_TAUX
------ -------- ------------ ---------------- --------
1      NORMAL    NULL         2014-01-01       20
2      INTER     NULL         2014-01-01       5,5
3      REDUIT    NULL         2014-01-01       10
1      NORMAL    NULL         1995-08-01       20,6
1      NORMAL    NULL         2000-04-01       19,6
1      NORMAL    NULL         1954-04-10       17,6
1      NORMAL    NULL         1982-04-01       18,6
4      SUPER     NULL         1982-04-01       5,5
5      MAJORÉ    1992-01-01   1982-04-01       33,33
3      REDUIT    NULL         1982-04-01       7
5      MAJORÉ    1992-01-01   1988-01-01       28
4      SUPER     NULL         1989-01-01       2,1
5      MAJORÉ    1992-01-01   1989-01-01       25
5      MAJORÉ    1992-01-01   1990-01-01       22
```

Il serait beaucoup plus intéressant de présenter les dates de début et de fin d'application de chaque catégorie de taux. C'est à cela que sert une vue :

```
CREATE VIEW V_TVA
AS
```

```
SELECT T.TVA_ID, TVA_CODE, TVT_DATE_APPLICATION AS DATE_DEBUT,
       COALESCE(DATEADD(day, -1, LEAD(TVT_DATE_APPLICATION)
                                      OVER(PARTITION BY TVA_CODE
                                           ORDER BY TVT_DATE_APPLICATION)),
                TVA_OBSOLETE, '9999-12-31') AS DATE_FIN,
       TVT_TAUX
FROM T_TVA AS T
       INNER JOIN T_TVA_TAUX_TVT AS TD
             ON T.TVA_ID = TD.TVA_ID;
```

Dans cette vue, on prend la date de début de la période suivante moins un jour, comme étant la date de fin de cette période, sinon la date d'obsolescence, sinon une date dans le futur (ici 31/12/9999…).

```
TVA_ID TVA_CODE DATE_DEBUT   DATE_FIN   TVT_TAUX
------ -------- ------------ ---------- ---------
2      INTER    2014-01-01   9999-12-31      5,5
5      MAJORÉ   1982-04-01   1987-12-31    33,33
5      MAJORÉ   1988-01-01   1988-12-31    28
5      MAJORÉ   1989-01-01   1989-12-31    25
5      MAJORÉ   1990-01-01   1992-01-01    22
1      NORMAL   1954-04-10   1982-03-31    17,6
1      NORMAL   1982-04-01   1995-07-31    18,6
1      NORMAL   1995-08-01   2000-03-31    20,6
1      NORMAL   2000-04-01   2013-12-31    19,6
1      NORMAL   2014-01-01   9999-12-31    20
3      REDUIT   1982-04-01   2013-12-31     7
3      REDUIT   2014-01-01   9999-12-31    10
4      SUPER    1982-04-01   1988-12-31      5,5
4      SUPER    1989-01-01   9999-12-31      2,1
```

Bien entendu, nous n'allons pas en rester là, et proposer une seconde vue, greffée sur la première, destinée à connaître le taux actuel :

```
CREATE VIEW V_TVA_ACTUELLE
AS
SELECT TVA_ID, TVA_CODE, TVT_TAUX
FROM V_TVA
WHERE GETDATE() BETWEEN DATE_DEBUT AND DATE_FIN;
```

Qui donne :

```
TVA_ID TVA_CODE TVT_TAUX
------ -------- ----------------------
2      INTER    5,5
1      NORMAL   20
3      REDUIT   10
4      SUPER    2,1
```

Synthétisation des informations

La maîtrise de la modélisation des données relationnelles conduit souvent à de petites tables qui rebutent les développeurs, lesquels préfèrent les grandes tables fourre-tout par détestation des requêtes complexes portant de nombreuses jointures. Tiens, et pourquoi ne pas leur fournir des vues ?

Un exemple parmi d'autres est celui des informations de contact des personnes :

```
CREATE TABLE T_PERSONNE_PRS
(PRS_ID INT NOT NULL PRIMARY KEY,
PRS_NOM CHAR(36) NOT NULL,
PRS_PRENOM VARCHAR(25) NOT NULL);

CREATE TABLE T_TELEPHONE_TEL
(TEL_ID INT NOT NULL PRIMARY KEY,
PRS_ID INT NOT NULL REFERENCES T_PERSONNE_PRS(PRS_ID),
TEL_NUMERO CHAR(20) NOT NULL,
TEL_DEFAUT BIT NOT NULL DEFAULT 0);

CREATE TABLE T_EMAIL_EML
(EML_ID INT NOT NULL PRIMARY KEY,
PRS_ID INT NOT NULL REFERENCES T_PERSONNE_PRS(PRS_ID),
EML_EMAIL CHAR(20) NOT NULL,
EML_DEFAULT BIT NOT NULL DEFAULT 0);
```

La vue suivante est plus proche de ce que les développeurs attendent :

```
CREATE VIEW V_PERSONNE_CONTACTS
AS
SELECT P.*, TEL_NUMERO, EML_EMAIL
FROM T_PERSONNE_PRS AS P
       LEFT OUTER JOIN T_TELEPHONE_TEL AS T
            ON P.PRS_ID = T.PRS_ID AND TEL_DEFAUT = 1
       LEFT OUTER JOIN T_EMAIL_EML AS E
            ON P.PRS_ID = E.PRS_ID AND EML_DEFAUT = 1;
```

Transformation des données

Les vues servent aussi à protéger des données non encore validables. Un petit exemple nous est donné par cet ensemble de tables destinées à stocker des polygones qui délimitent des parcelles de terrains pour le cadastre :

```
CREATE TABLE T_PARCELLE_PCL
(PCL_ID INT IDENTITY PRIMARY KEY,
PCL_COMMUNE VARCHAR(38) NOT NULL,
PCL_ZONE CHAR(8) NOT NULL,
PCL_NUMERO CHAR(16) NOT NULL,
PCL_SAISIE_OK BIT DEFAULT 0,
CONSTRAINT UK_PCL_COMMUNE_ZONE_NUMERO
    UNIQUE (PCL_COMMUNE, PCL_ZONE, PCL_NUMERO));

CREATE TABLE T_POLYGONE_PLG
(PLG_ID INT IDENTITY PRIMARY KEY,
PCL_ID INT NOT NULL REFERENCES T_PARCELLE_PCL (PCL_ID),
PLG_ORDINAL INT NOT NULL CHECK (PLG_ORDINAL > 0),
PLG_X FLOAT NOT NULL,
PLG_Y FLOAT NOT NULL,
PLG_Z FLOAT,
CONSTRAINT UK_PLG_PCL_ORDINAL UNIQUE (PCL_ID, PLG_ORDINAL));
```

Au cours de la phase de saisie des points des polygones délimitant une parcelle, il n'est pas encore possible de « dessiner » le polygone. Une lecture de la table T_POLYGONE_PLG présenterait des données incomplètes susceptibles de se traduire par des erreurs dans les applications. Il faut attendre la saisie du dernier point, et donc le moment où le géomètre par action sur l'application fera passer à « true » la valeur de la colonne PCL_SAISIE_OK dans la table T_PARCELLE_PCL. Là encore, en interdisant tout accès à la table et en recourant à une vue, le problème est résolu :

```
CREATE VIEW V_POLYGONE
AS
SELECT PG.*
FROM T_POLYGONE_PLG AS PG
       INNER JOIN T_PARCELLE_PCL AS PC
             ON PG.PCL_ID = PC.PCL_ID
WHERE PCL_SAISIE_OK = 1;
```

Modification et suppression d'une vue

La syntaxe qui permet de modifier une vue existante sans avoir à la détruire est la suivante :

```
ALTER VIEW [nom_schema] nom_vue [(colonne1 [,…])]
[WITH [ENCRYPTION] [,] [SCHEMABINDING] [,] [VIEW_METADATA]]
AS requete_SELECT
[WITH CHECK OPTION];
GO
```

La modification suivante restreint l'accès (en lecture et écriture) à la table des compagnies en jours ouvrés et heures nocturnes (de 19 h à 8 h non compris).

```
ALTER VIEW V_Compagnies_jours_ouvres AS
SELECT * FROM   T_compagnie_cmp
         WHERE DATEPART(weekday,SYSDATETIME()) BETWEEN 1 AND 5
         AND    NOT (DATEPART(hour,SYSDATETIME()) BETWEEN 8 AND 18)
WITH CHECK OPTION;
```

Pour pouvoir supprimer une vue, seuls les noms de la vue et de l'éventuel schéma sont nécessaires.

```
DROP VIEW [nom_schema] nom_vue;
GO
```

Vues modifiables

Lorsqu'il est possible d'exécuter une instruction de type INSERT, UPDATE, MERGE ou DELETE sur une vue, cette dernière est dite modifiable *(updatable view)*.
Pour mettre à jour naturellement une vue simple, il doit exister une correspondance biunivoque entre les lignes de la vue et celles de l'objet source. Pour mettre à jour une vue complexe, il peut être nécessaire de programmer des déclencheurs de type *instead of* (un pour chaque type de mise à jour).
Notez que les fonction table en ligne peuvent être mise à jour directement, car elles agissent dans les faits comme des vues paramétrées.

Vues simples

Les deux vues simples présentées en exemple ne présentent pas les mêmes caractéristiques par rapport aux mises à jour. En effet, alors qu'il paraît censé de pouvoir manipuler la vue des pilotes d'Air France (`V_pilotes_AF`) du fait qu'elle contient toutes les colonnes de la table source, il n'est pas permis de modifier naturellement la vue des employés (`V_embauches`) en raison de l'absence de la clé primaire de la table source. Ce dernier aspect est contradictoire avec la condition de correspondance biunivoque. Bien que l'ajout d'un employé ne soit pas permis, il est toutefois possible de modifier ou de supprimer des pilotes par cette vue comme le prouve le tableau 8-4.

Tableau 8–4 Mises à jour d'une vue simple

Tentatives de mise à jour	Résultats
`INSERT INTO V_Embauches VALUES ('AF', 'Bruno','Dufaut', '20100406', 4700);`	`Msg 515, Niveau 16, … : Impossible d'insérer la valeur NULL dans la colonne 'pil_brevet', table ….T_pilote_pil. Cette colonne n'accepte pas les valeurs NULL.`
`UPDATEV_Embauches SET pil_salaire = pil_salaire * 1.2 WHERE prenom = 'Pierre' AND nom = 'Filloux';`	`Mise à jour possible (ici, 1 ligne)`
`DELETE FROM V_Embauches WHERE paye > 5000 AND compagnie = 'SING';`	`Suppression possible (ici, 1 ligne)`

Le fait qu'une vue ne dispose pas de clé primaire peut entraîner par effet de bord des mises à jour non désirées (par exemple, dans le cas d'homonymes, plusieurs pilotes seront augmentés ou supprimés simultanément).

Lorsqu'une vue simple dispose de toutes les colonnes de la table source, tout type de modification est permis sous réserve de respecter les contraintes des colonnes de la table source (voir tableau 8-5).

Tableau 8–5 Mises à jour d'une vue

Mises à jour	Résultats
`INSERT INTO V_pilotes_AF VALUES ('PL-14', 'Bruno', 'Dufaut', '20100406', 'PIL', 4700, 'AF', NULL); INSERT INTO V_pilotes_AF VALUES ('PL-15', 'Aurélien', 'Rami', '20091222', 'PIL', 8200, 'CAST', NULL);`	Ajout de deux lignes dans la table `T_pilotes_pil`
`UPDATE V_pilotes_AF SET paye = paye* 1.2 WHERE pil_brevet = 'PL-1';`	Modification d'un pilote
`DELETE FROM V_pilotes_AF WHERE pil_brevet IN ('PL-14','PL-15');`	Suppression d'un seul pilote

Deux résultats relèvent un peu d'un paradoxe. Le premier concerne l'ajout du pilote 'PL-15' qui n'appartient pas à la compagnie 'AF' (par la suite, ce pilote ne repassera plus par le filtre de la vue). Le second concerne la suppression devenue impossible de ce même pilote (conséquence de l'insertion malheureuse).

La directive `WITH CHECK OPTION` qui empêche un ajout ou une modification non conforme à la définition de la vue, permet d'éviter les effets de bord indésirables pour l'intégrité de la base.

En recréant la vue V_pilotes_AF avec la clause WITH CHECK OPTION, toute tentative d'insertion (ou de modification) d'un pilote qui ne respecte pas la définition de la vue est vouée à l'échec.

Tableau 8–6 Vérification de la mise à jour d'une vue

Tentatives de mise à jour	Résultats
`INSERT INTO V_pilotes_AF VALUES ('PL-15', 'Aurélien', 'Rami', '20091222', 'PIL', 8200, 'CAST', NULL);`	Msg 550, Niveau 16, … : Les instructions INSERT ou UPDATE ont échoué parce que la vue cible spécifiait WITH CHECK OPTION….
`UPDATE V_pilotes_AF SET cmp_comp = 'SING' WHERE pil_brevet = 'PL-1';`	Même erreur (550)

Vues complexes

Les vues qui incluent des fonctions de regroupement, de fenêtrage, de calculs ou d'opérateurs ensemblistes (intersection, union ou différence) ne sont pas modifiables directement. Les vues complexes provenant de jointures peuvent dans certains cas être modifiables directement.

Une table est dite protégée par sa clé *(key preserved)* si sa clé primaire est préservée dans la clause de jointure et se retrouve en tant que colonne de la vue multitable.

Dans la vue multitable V_pilotes_comp (figure 8-5), les deux tables source (T_pilotes_pil et T_compagnie_cmp) sont protégées par leur clé. Cela ne signifie pas que cette vue est modifiable à loisir. En effet, bien qu'aucune insertion ne soit permise, les modifications des colonnes qui ne sont pas des clés de cette vue se répercuteront dans la table associée. Le tableau 8-7 illustre cet état de fait.

Tableau 8–7 Mises à jour d'une vue multitable

Opérations	Résultats
`INSERT INTO V_pilotes_comp VALUES ('AF', 'Air France', 'PL-14', 'Bruno', 'Dufaut', '20100406', 'PIL', 4700);`	Msg 4405, Niveau 16, … : La vue ou la fonction 'V_pilotes_comp' ne peut pas être mise à jour car la modification porte sur plusieurs tables de base.
`UPDATE V_pilotes_comp SET pil_salaire = pil_salaire * 1.2 WHERE pil_brevet = 'PL-1';`	Augmentation de 20 % du pilote 'PL-1'
`UPDATE V_pilotes_comp SET cmp_nom = 'France Air' WHERE cmp_comp = 'AF';`	Modification du nom de la compagnie 'AF'

Vues paramétrées (fonction table)

De la même façon que les vues ordinaires, les UDF tables, qui sont en fait des vues paramétrées, peuvent être mises à jour. Pour les fonctions table en ligne et dans les mêmes conditions que les vues ordinaires, la mise à jour peut être directe. Pour les fonctions tables multi-instructions, il faudra recourir à des déclencheurs INSTEAD OF. Voici un exemple concernant une fonction table en ligne :

```
CREATE FUNCTION dbo.F_T_PILOTE (@NOM VARCHAR(15), @PRENOM VARCHAR(15))
RETURNS TABLE
AS
```

```
RETURN (SELECT *
        FROM T_pilote_pil
        WHERE pil_nom LIKE COALESCE(@NOM +'%', pil_nom)
          AND pil_prenom LIKE COALESCE(@PRENOM +'%', pil_prenom));
```

À partir de cette UDF table en ligne qui renvoie la liste des pilotes en fonction de critères de nom et prénom, nous pouvons directement rajouter un nouveau pilote par INSERT :

```
INSERT INTO dbo.F_T_PILOTE('', '')
VALUES ('PL-6', 'Alfred','Dubonnet', 300, 'AF')
```

Notez que nous avons quand même dû passer des arguments à la fonction, mais nous aurions pu mettre le marqueur NULL ou toute valeur quelconque.

Déclencheurs pour les vues complexes

Les déclencheurs de type INSTEAD OF permettent d'implémenter les actions d'ajout, de modification et de suppression d'une vue complexe en produisant du code à chaque occurrence de l'événement de mise à jour rencontré. Seules les vues qui incluent des fonctions de regroupement ou de fenêtrage à des fins de calcul n'ont pas à être modifiées. Les vues qui opèrent des jointures ou qui incluent des opérateurs ensemblistes (intersection, union ou différence) peuvent être de bonnes candidates à la mise en place de tels déclencheurs.

Un exemple avec un héritage est présenté au chapitre 7, section « Déclencheurs INSTEAD OF ». Ici, seule l'action d'ajout est programmée, le codage remplace un ajout dans la vue par deux insertions (une dans chacune des deux tables source).

Vues indexées

Les vues précédemment étudiées (qui sont dématérialisées) offrent de nombreuses fonctionnalités mais ne garantissent rien en termes des performances. Dans le pire des cas, une vue dématérialisée peut être consommatrice de ressources si d'autres vues sont impliquées en cascade dans la requête.

Les vues matérialisées de SQL Server s'appellent des vues indexées car un index cluster (unique) est à mettre en place. Comme les autres types de vues, une vue indexée est formée à partir d'une requête interrogeant une ou plusieurs tables (mais pas de vues, qu'elles soient dématérialisées ou non) et dont le résultat est physiquement stocké (comme les lignes d'une table) dans un index unique cluster.

Une fois cet index créé, vous pourrez ajouter d'autres index non cluster (et pas forcément uniques). Le contenu de la vue indexée est mis à jour d'une manière synchrone en fonction de toute modification de données des tables source (SQL Server ne propose pas encore le concept de vues matérialisées mises à jour d'une manière asynchrone).

Figure 8–6
Vues indexées

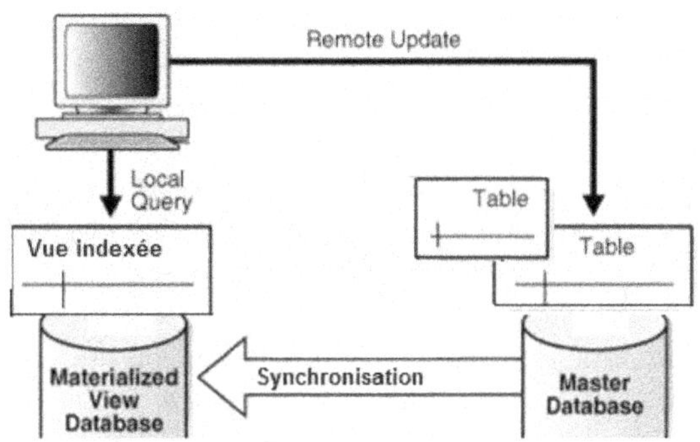

Une vue indexée est très efficace sur des requêtes réalisant de nombreuses jointures ou agrégats. Les vues indexées contribuent à l'amélioration des temps de réponse du fait du stockage de lignes précalculées.
Un autre avantage concerne la réécriture de requêtes (option *query rewrite*, disponible dans les éditions *Enterprise* et *Developer* de SQL Server) qui intervient dès que l'optimiseur de requêtes considère qu'une requête coûteuse est proche de celle de la définition de la vue. À ce moment, c'est la vue qui est interrogée (d'une manière transparente) et non les tables source.
Enfin, il est possible d'utiliser le partitionnement sur une vue indexée.

En contrepartie, les vues indexées peuvent induire des coûts importants au niveau des tables source si des mises à jour sont fréquentes. En effet, du fait du synchronisme des mises à jour de la vue, tant que tous les index des vues indexées qui référencent la table ne sont pas à jour, la modification de la table source n'est pas achevée.

Prérequis

Vérifiez que les options `SET` de session pour les tables source et pour la vue sont analogues et correspondent bien à celles par défaut du serveur : `ON` pour `ANSI_NULLS`, `ANSI_PADDING`, `ANSI_WARNINGS`, `ARITHABORT`, `CONCAT_NULL_YIELDS_NULL`, `QUOTED_IDENTIFIER` et `OFF` pour `NUMERIC_ROUNDABORT`.

Vérifiez ensuite que la définition de la vue est déterministe.

Un traitement déterministe donne un même résultat lors de différentes exécutions pour les mêmes conditions d'entrée. Certaines fonctions sont invariablement non déterministes : `NEXT VALUE FOR`, `RAND()`, `CURRENT_TIMESTAMP`, `GETDATE()`, etc. Il en va de même pour les fonctions stockées UDF que SQL Server estimera non déterministes.

Pour afficher le nom des vues de votre base qui sont potentiellement indexables, exécutez la requête suivante :

```
SELECT name
FROM   sys.views
WHERE OBJECTPROPERTY(object_id, 'IsIndexable') = 1;
```

Si votre vue doit contenir des calculs mathématiques, il est important pour rester précis d'utiliser des types `DECIMAL` (ou `NUMERIC`) ou entiers (`SMALLINT`, `INT` ou `BIGINT`). En revanche, les types à précision flottante (`REAL` ou `FLOAT`) induiraient des erreurs d'arrondis.

Définition

La vue doit être créée avec l'option WITH SCHEMABINDING. Dans la requête de définition, les tables doivent être préfixées du nom de leur schéma. Il en va de même pour les éventuelles fonctions utilisateur. Les éventuelles fonctions utilisateur référencées dans la vue doivent avoir été créées avec l'option WITH SCHEMABINDING.
L'utilisateur qui crée l'index cluster unique doit être le propriétaire de la vue. Par ailleurs, l'option IGNORE_DUP_KEY de l'index doit être positionnée à la valeur OFF (valeur par défaut).

Matérialisons une vue multitable analogue à celle de la section précédente (figure 8-5). Il s'agit de rassembler des informations sur les compagnies et leurs pilotes.

Tableau 8–8 Création d'une vue indexée

Code SQL	Commentaires

`CREATE VIEW VI_pilotes_comp`
`WITH SCHEMABINDING`
`AS SELECT c.cmp_comp, c.cmp_nom, c.cmp_pays, p.pil_brevet,`
`pil_prenom, p.pil_nom, p.pil_embauche,`
`p.pil_fct, p.pil_salaire`
`FROM dbo.T_pilote_pil p`
`INNER JOIN dbo.T_compagnie_cmp c`
`ON p.cmp_comp = c.cmp_comp;`
`GO`
	Création de la vue indexée : la construction est immédiate.

`CREATE UNIQUE CLUSTERED INDEX IX_VI_pilotes_comp`
`ON dbo.VI_pilotes_comp(cmp_comp, pil_brevet);`
`GO`
	Création de l'index cluster : la vue est éligible à la réécriture de requêtes.

Les vues indexées souffrent encore d'un grand nombre de restrictions.

- la vue indexée doit référencer uniquement des tables source présentes dans la base de données dans laquelle elle existe (il n'est pas possible de faire appel à d'autres vues, ou des tables d'autres bases ou d'autres propriétaires).
- Il n'est pas possible d'utiliser des indicateurs de tables, de jointure ou de requête (hint ou flag, clause OPTION)
- Il n'est pas possible d'utiliser une colonne FLOAT dans la clé de l'index cluster.

Tableau 8–9 Limitations d'une vue indexée

Ce qui est interdit		
Remplacer COUNT(*) par COUNT_BIG(*)	Fonctions *rowset* : OPENDATASOURCE, OPENQUERY, OPENROWSET et OPENXML	Jointures réflexives et de type OUTER (LEFT, RIGHT et FULL)
SELECT dans la clause FROM	SELECT * et SELECT *nom_table*.*	Sous-requêtes et variables table
Expression de tables (CTE)	Opérateurs TABLESAMPLE, CONTAIN, FREETEXT, CUBE, ROLLUP et GROUPING SETS	Clauses HAVING, ORDER BY, OVER, DISTINCT, TOP, MIN, MAX, STDEV, STDEVP, VAR, VARP, AVG et SUM susceptibles d'accepter des NULL
Fonctions OUTER APPLY, CROSS APPLY, PIVOT, UNPIVOT et OFFSE Fonctions d'agrégation de type SQL CLR	Opérateurs XQuery / XPath	Opérateurs UNION, EXCEPT et INTERSECT

Enfin, la clé de l'index cluster unique ne peut référencer que des colonnes du regroupement (si la clause GROUP BY est présente dans la requête). L'exemple suivant présente une vue indexée composée de fonctions d'agrégats.

Tableau 8–10 Création d'une vue indexée avec agrégats

Code SQL	Commentaires
`CREATE VIEW VI_comp_agregats (compagnie,nb_pil,somme_salaire) WITH SCHEMABINDING AS SELECT c.cmp_comp, COUNT_BIG(*), SUM(ISNULL(p.pil_salaire,0)) FROM dbo.T_pilote_pil p INNER JOIN dbo.T_compagnie_cmp c ON p.cmp_comp = c.cmp_comp GROUP BY c.cmp_comp GO`	Création de la vue indexée avec les fonctions d'agrégats autorisées
`CREATE UNIQUE CLUSTERED INDEX IX_VI_pilotes_comp ON dbo.VI_comp_agregats(compagnie); GO`	Création de l'index cluster sur la colonne du regroupement

Réécriture de requêtes

La réécriture de requêtes *(query rewrite)* est une technique d'optimisation qui transforme une requête complexe émise sur une table volumineuse en une requête sémantiquement équivalente interrogeant la vue matérialisée. Dès qu'il est plus intéressant d'utiliser la vue matérialisée parce qu'elle contient des résultats déjà calculés (agrégats et jointures), toute requête est réécrite d'une manière transparente pour l'utilisateur et utilise la vue à la place de la table (initialement interrogée). Aucun code n'est à ajouter dans l'instruction SQL qui ne référence que la ou les table(s) interrogée(s), la substitution se faisant à la volée à l'exécution de la requête.

Ainsi, selon la volumétrie retournée par la requête suivante (où toutes les colonnes et la jointure s'inscrivent dans la vue indexée VI_comp_agregats), l'optimiseur peut décider d'utiliser la vue plutôt que les tables, ce qui conduit à un plan d'exécution plus simple (voir figure 8-8).

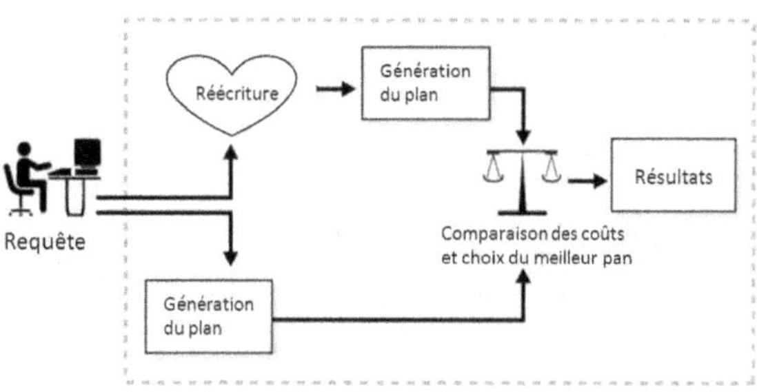

Figure 8–7
Réécriture de requêtes

```
SELECT     c.cmp_nom, p.pil_prenom, p.pil_nom, p.pil_embauche, p.pil_salaire
FROM       T_pilote_pil p
INNER JOIN T_compagnie_cmp c
ON         p.cmp_comp = c.cmp_comp
WHERE      c.cmp_pays = 'fr';
```

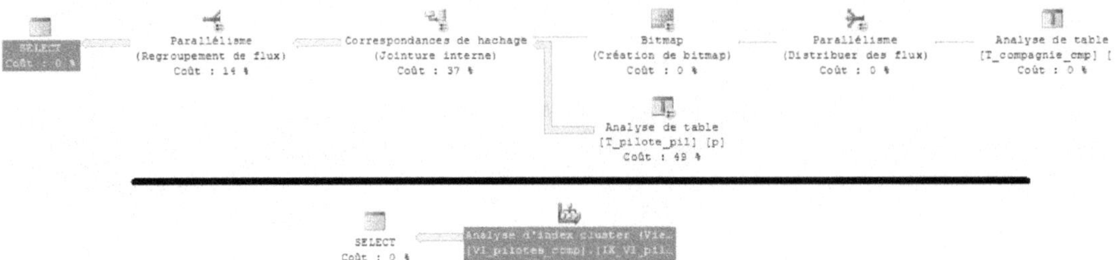

Figure 8–8 Réécriture d'une requête

Exemple d'utilisation

Voici un cas concret qui illustre la problématique précédente : considérons la table des employés d'un volume supérieur à un million de lignes.

```
CREATE TABLE T_EMPLOYE_EMP
(EMP_ID           INT IDENTITY PRIMARY KEY,
EMP_NOM          CHAR(32),
EMP_PRENOM       VARCHAR(32),
EMP_TITRE        VARCHAR(8),
...
EMP_MATRICULE UNIQUEIDENTIFIER,
EMP_SERVICE VARCHAR(16) NULL,
EMP_SEXE CHAR(5) NULL);
```

Pour connaître l'efficacité des requêtes à venir, mesurons le nombre d'opération de lecture de pages (entrées/sorties) et la durée d'exécution dans la session :

```
SET STATISTICS IO ON;
SET STATISTICS TIME ON;
```

La requête à optimiser consiste à compter le nombre d'employés du service « RH ».

```
SELECT EMP_SEXE, COUNT(*) AS NOMBRE
FROM   T_EMPLOYEE_EMP
WHERE EMP_SERVICE = 'RH'
GROUP BY EMP_SEXE;
```

La lecture des statistiques d'exécution retourne les métriques suivantes (à lire dans l'onglet Message du panneau des résultats) :

```
Table 'Worktable'.       Nombre d'analyses 0, lectures logiques 0...
Table 'T_EMPLOYEE_EMP'. Nombre d'analyses 7, lectures logiques 32672...
SQL Server / Temps d'exécution : Temps UC = 359 ms, temps écoulé = 68 ms.
```

Il y a eu 7 analyses (entrées dans une table ou un index) et 32 672 lectures de pages. Le temps consommé par les CPU est de 359 ms et le temps total d'exécution n'est que de 68 ms, ce qui signifie que la requête a été fortement parallélisée (plusieurs CPU ont été utilisées de manière simultanée).

Demandons maintenant le plan d'exécution de la requête (par le raccourci Ctrl + L ou via le menu Requête>Afficher le plan d'exécution estimé), ce qui donne :

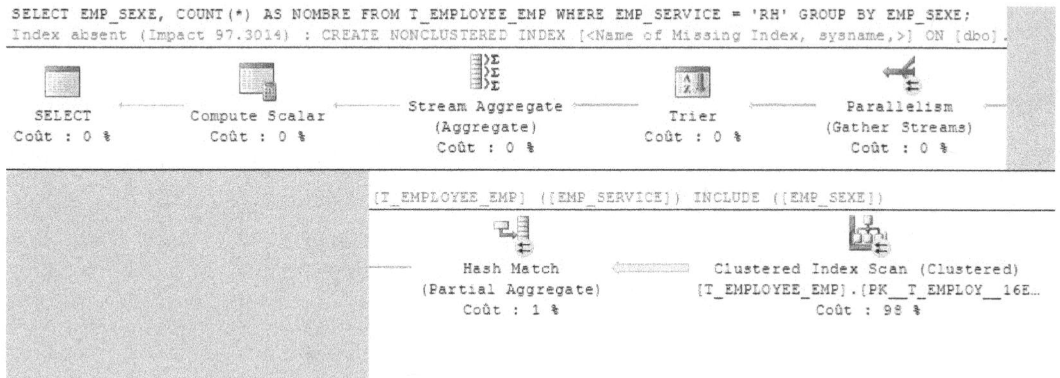

Figure 8–9 Plan d'exécution de la requête

Dans le plan affiché, il est indiqué qu'il faudrait créer un index pour accélérer l'accès aux données pour cette requête. Par un clic droit, vous pouvez obtenir le code de création de cet index. En le créant manuellement, il vient :

```
CREATE NONCLUSTERED INDEX X_EMP_SRV_I_SEX
   ON T_EMPLOYEE_EMP (EMP_SERVICE) INCLUDE (EMP_SEXE);
```

Les métriques indiquent des résultats plus performants :

```
Table 'Worktable'. Nombre d'analyses 0, lectures logiques 0...
Table 'T_EMPLOYEE_EMP'. Nombre d'analyses 1, lectures logiques 77...
SQL Server, Temps d'exécution : Temps UC = 16 ms, temps écoulé = 15 ms.
```

Bien que le nombre de pages lues ait été optimisé par un facteur 400, il est encore possible de faire mieux en utilisant une vue indexée.

```
CREATE VIEW V_EMP_SERVICE_SEXE
WITH SCHEMABINDING
AS
SELECT EMP_SERVICE, EMP_SEXE, COUNT_BIG(*) AS NOMBRE
FROM   dbo.T_EMPLOYEE_EMP
GROUP BY EMP_SERVICE, EMP_SEXE;

CREATE UNIQUE CLUSTERED INDEX XV ON V_EMP_SERVICE_SEXE (EMP_SERVICE, EMP_SEXE);
```

Cette vue ne prétend pas répondre exactement à la requête de l'exemple, mais elle offrira des métriques encore plus intéressantes.

```
Table 'V_EMP_SERVICE_SEXE'. Nombre d'analyses 1, lectures logiques 2...
SQL Server, Temps d'exécution : Temps UC = 0 ms, temps écoulé = 0 ms.
```

L'optimisation provient ici de la substitution de la table au profit de l'index de la vue indexée.

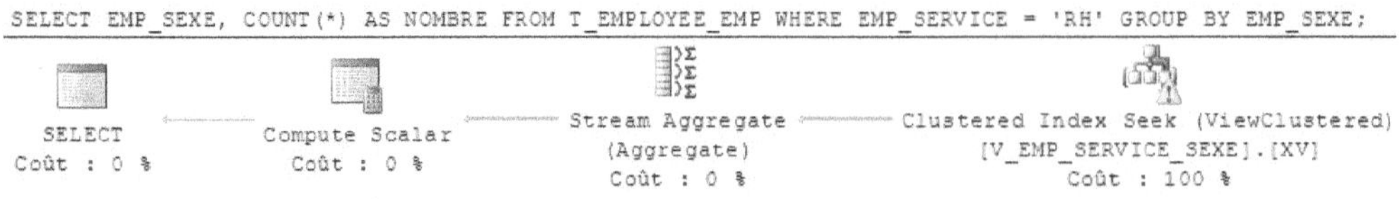

SELECT EMP_SEXE, COUNT(*) AS NOMBRE FROM T_EMPLOYEE_EMP WHERE EMP_SERVICE = 'RH' GROUP BY EMP_SEXE;

SELECT Coût : 0 % — Compute Scalar Coût : 0 % — Stream Aggregate (Aggregate) Coût : 0 % — Clustered Index Seek (ViewClustered) [V_EMP_SERVICE_SEXE].[XV] Coût : 100 %

Figure 8–10 Plan d'exécution de la requête utilisant la vue indexée

Notez que le plan d'exécution présente encore un avertissement. En passant la souris sur cette icône, vous obtiendrez une information supplémentaire :

Figure 8–11
Détail du plan d'exécution
(avertissement de manque de statistiques)

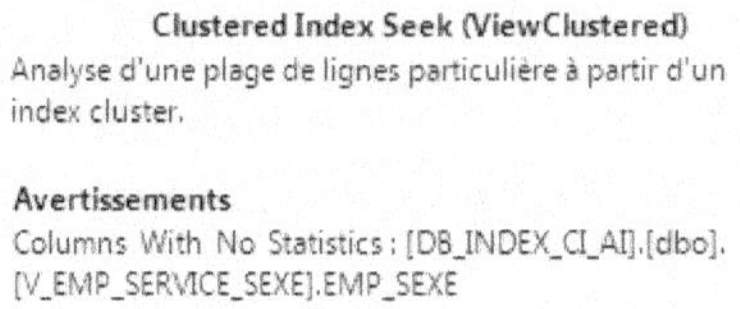

Clustered Index Seek (ViewClustered)
Analyse d'une plage de lignes particulière à partir d'un index cluster.

Avertissements
Columns With No Statistics : [DB_INDEX_CI_AI].[dbo].[V_EMP_SERVICE_SEXE].EMP_SEXE

Pour répondre à cet avertissement, collectez les statistiques par la commande suivante :

```
CREATE STATISTICS STS_V_EMP_SEXE ON dbo.V_EMP_SERVICE_SEXE(EMP_SEXE)
```

Ne cherchez pas à créer des vues indexées qui répondent intégralement à la requête proposée, mais des vues qui la soulagent en diminuant considérablement sa partie la plus coûteuse. Vous aurez ainsi toutes les chances de mutualiser les performances de plusieurs requêtes.
Vous pouvez créer des vues indexées dans toutes les éditons de SQL Server, mais la substitution automatique par l'optimiseur d'une requête « ad hoc » à la vue indexée n'est disponible que dans l'édition Enterprise, en raison de l'effort important que l'optimiseur doit fournir. Pour contourner ce problème, vous pouvez utiliser l'indicateur de table NOEXPAND dans la vue, mais sachez qu'il n'est jamais conseillé de rajouter ce type de « hint » car Microsoft ne garantit pas qu'il soit encore opérationnel dans les versions ultérieures du serveur.

Mise en œuvre de vues matérialisées

Le concept de vue matérialisée n'existe pas dans SQL Server, qui ne propose que le mécanisme de vue indexée rendant toujours synchrone les données des tables sous-jacentes et celles des vues. Toute la difficulté consiste à ne pas avoir besoin de recalculer toutes les données de la vue, mais juste un différentiel (données qui ont été modifiées entre le dernier rafraîchissement et la lecture).

Pour rendre asynchrone les données, il est toujours possible de programmer une tâche planifiée tandis que la journalisation du suivi des modifications peut être assurée par les fonctionnalités de CHANGE TRACKING, CHANGE DATA CAPTURE, ou via un audit (voir chapitre 19). Une autre possibilité décrite ici consiste à programmer un suivi avec une table de journalisation et des déclencheurs.

Les tables de notre exemple sont les suivantes. Une personne peut être dotée de plusieurs numéros de téléphone (table T_TELEPHONE_TEL). Chaque téléphone est typé (fixe, fax ou mobile dans la table T_R_TYPE_TELEPHONE_TTL) et chaque personne peut disposer de plusieurs téléphones mais d'un seul type.

```
CREATE TABLE S_PSP.T_PERSONNE_PHYSIQUE_PSP
   (PSP_ID       INT IDENTITY PRIMARY KEY,
```

```
    PSP_NOM     CHAR(32),
    PSP_PRENOM VARCHAR(25));
CREATE TABLE S_PSP.T_R_TYPE_TELEPHONE_TTL
   (TTL_ID       INT IDENTITY PRIMARY KEY,
    TTL_CODE     CHAR(16) NOT NULL UNIQUE);
CREATE TABLE S_PSP.T_TELEPHONE_TEL
   (TEL_ID       INT IDENTITY PRIMARY KEY,
    PSP_ID       INT NOT NULL
                 REFERENCES S_PSP.T_PERSONNE_PHYSIQUE_PSP (PSP_ID),
    TTL_ID       INT NOT NULL
                 REFERENCES S_PSP.T_R_TYPE_TELEPHONE_TTL (TTL_ID),
    TEL_NUMERO CHAR(20) NOT NULL,
    TEL_DEFAUT BIT NOT NULL DEFAULT 0);
```

La requête à optimiser est celle qui vise à extraire les numéros de téléphone (tous types confondus) en conservant toutes les personnes :

```
WITH T AS (SELECT PSP_ID, TEL_NUMERO
      FROM   S_PSP.T_TELEPHONE_TEL AS T
             INNER JOIN S_PSP.T_R_TYPE_TELEPHONE_TTL AS TT
                   ON T.TTL_ID = TT.TTL_ID
      WHERE TT.TTL_CODE = 'FIXE' AND T.TEL_DEFAUT = 1),
G AS (SELECT PSP_ID, TEL_NUMERO
      FROM   S_PSP.T_TELEPHONE_TEL AS T
             INNER JOIN S_PSP.T_R_TYPE_TELEPHONE_TTL AS TT
                   ON T.TTL_ID = TT.TTL_ID
      WHERE TT.TTL_CODE = 'MOBILE' AND T.TEL_DEFAUT = 1),
F AS (SELECT PSP_ID, TEL_NUMERO
      FROM   S_PSP.T_TELEPHONE_TEL AS T
             INNER JOIN S_PSP.T_R_TYPE_TELEPHONE_TTL AS TT
                   ON T.TTL_ID = TT.TTL_ID
      WHERE TT.TTL_CODE = 'FAX' AND T.TEL_DEFAUT = 1)
SELECT P.PSP_ID, PSP_NOM, PSP_PRENOM, T.TEL_NUMERO AS NUMERO_FIXE,
       G.TEL_NUMERO AS NUMERO_MOBILE, F.TEL_NUMERO AS NUMERO_FAX
FROM   S_PSP.T_PERSONNE_PHYSIQUE_PSP AS P
       LEFT OUTER JOIN T ON P.PSP_ID = T.PSP_ID
       LEFT OUTER JOIN G ON P.PSP_ID = G.PSP_ID
       LEFT OUTER JOIN F ON P.PSP_ID = F.PSP_ID
```

Pour créer l'équivalent d'une vue matérialisée avec alimentation asynchrone, deux éléments sont nécessaires : une table devant recevoir les résultats de la requête (voir ci-après) et un mécanisme de suivi des modifications.

```
CREATE TABLE S_PSP.T_VM_PERSONNE_TELEPHONE_PTP
(PSP_ID            INT PRIMARY KEY,
PSP_NOM           CHAR(32),
PSP_PRENOM        VARCHAR(25),
NUMERO_FIXE       CHAR(20),
NUMERO_MOBILE     CHAR(20),
NUMERO_FAX        CHAR(20));
```

La table journalisant les mises à jour effectuées dans les tables de personnes et de téléphones est la suivante :

```
CREATE TABLE S_ADM.T_A_JOURNALISATION_VM_PSP_TEL_JPT
(JPT_ID           BIGINT IDENTITY NOT NULL PRIMARY KEY,
```

```
PSP_ID            INT NOT NULL,
JPT_DH            DATETIME2 NOT NULL DEFAULT GETDATE(),
JPT_MODIF_TABLE CHAR(3) NOT NULL CHECK (JPT_MODIF_TABLE IN ('PSP', 'TEL')),
JPT_MODIF_NATURE CHAR(1) NOT NULL CHECK (JPT_MODIF_NATURE IN ('I', 'U', 'D')));
```

À chaque fois qu'une mise à jour concernant une personne ou un téléphone est lancée, cette table doit être alimentée en INSERT (numéro de la personne, trigramme de la table mise à jour et type de mise à jour). Cette table a été placée dans le schéma S_ADM qui vise à contenir des objets « administratifs ».

Alimentons la table de journalisation par des déclencheurs INSERT, UPDATE et DELETE.

```
-- déclencheur INSERT sur personne
CREATE TRIGGER E_I_PSP ON S_PSP.T_PERSONNE_PHYSIQUE_PSP FOR INSERT AS
SET NOCOUNT ON;
INSERT INTO S_ADM.T_A_JOURNALISATION_VM_PSP_TEL_JPT
            (PSP_ID, JPT_MODIF_TABLE, JPT_MODIF_NATURE)
SELECT PSP_ID, 'PSP', 'I' FROM   inserted;
GO

-- déclencheur UPDATE sur personne
CREATE TRIGGER E_U_PSP ON S_PSP.T_PERSONNE_PHYSIQUE_PSP FOR UPDATE AS
SET NOCOUNT ON;
IF UPDATE(PSP_NOM) OR UPDATE(PSP_PRENOM)
   INSERT INTO S_ADM.T_A_JOURNALISATION_VM_PSP_TEL_JPT
          (PSP_ID, JPT_MODIF_TABLE, JPT_MODIF_NATURE)
   SELECT PSP_ID, 'PSP', 'U' FROM   inserted AS i
GO

-- déclencheur DELETE sur personne
CREATE TRIGGER E_D_PSP ON S_PSP.T_PERSONNE_PHYSIQUE_PSP FOR DELETE AS
SET NOCOUNT ON;
INSERT INTO S_ADM.T_A_JOURNALISATION_VM_PSP_TEL_JPT
       (PSP_ID, JPT_MODIF_TABLE, JPT_MODIF_NATURE)
SELECT PSP_ID, 'PSP', 'D'   FROM   deleted;
GO
```

Il faudra opérer de la même manière pour la table des téléphones. Enfin, la procédure de mise à jour de la vue matérialisée permet de « publier » les données. Cette procédure lit séquentiellement les mises à jour à opérer et les effectue dans l'ordre chronologique de leur journalisation.

```
CREATE PROCEDURE S_PSP.GET_PERSONNE_TELEPHONE
     @MAJ_ONLY BIT = 0
AS
SET NOCOUNT ON;
-- positionnement du niveau d'isolation en versionnement des lignes
SET TRANSACTION ISOLATION LEVEL SNAPSHOT;
-- traitement en cas d'erreur
BEGIN TRY;
-- variables locales
   DECLARE @JPT_ID BIGINT, @PSP_ID INT, @JPT_DH DATETIME2,
           @JPT_MODIF_TABLE CHAR(3), @JPT_MODIF_NATURE CHAR(1);
-- démarrage de la transaction
   BEGIN TRANSACTION;
-- table de travail
   CREATE TABLE #T (JPT_ID           BIGINT PRIMARY KEY,
                    PSP_ID           INT NOT NULL,
                    JPT_DH           DATETIME2 NOT NULL,
                    JPT_MODIF_TABLE CHAR(3) NOT NULL,
                    JPT_MODIF_NATURE CHAR(1) NOT NULL);
```

```
-- déversement des lignes à traiter dans la table de travail
   INSERT INTO #T SELECT *
          FROM   S_ADM.T_A_JOURNALISATION_VM_PSP_TEL_JPT;
-- curseur de lecture des lignes de journalisation
   DECLARE C CURSOR LOCAL FORWARD_ONLY STATIC READ_ONLY
   FOR
      SELECT JPT_ID, PSP_ID, JPT_DH, JPT_MODIF_TABLE, JPT_MODIF_NATURE
      FROM   #T
      ORDER BY JPT_DH;
   OPEN C;
   FETCH C INTO @JPT_ID, @PSP_ID, @JPT_DH, @JPT_MODIF_TABLE, @JPT_MODIF_NATURE;
-- lecture séquentielle dans l'ordre chronologique de ce qu'il faut faire
   WHILE @@FETCH_STATUS = 0
   BEGIN
-- téléphone ajouté, modifié ou supprimé : on remet à jour tous les numéros
      IF @JPT_MODIF_TABLE = 'TEL'
      BEGIN
         WITH
            T AS (SELECT PSP_ID, TEL_NUMERO
                  FROM   S_PSP.T_TELEPHONE_TEL AS T
                         INNER JOIN S_PSP.T_R_TYPE_TELEPHONE_TTL AS TT
                               ON T.TTL_ID = TT.TTL_ID
                  WHERE TT.TTL_CODE = 'FIXE'
                    AND T.TEL_DEFAUT = 1),
            G AS (SELECT PSP_ID, TEL_NUMERO
                  FROM   S_PSP.T_TELEPHONE_TEL AS T
                         INNER JOIN S_PSP.T_R_TYPE_TELEPHONE_TTL AS TT
                               ON T.TTL_ID = TT.TTL_ID
                  WHERE TT.TTL_CODE = 'MOBILE'
                    AND T.TEL_DEFAUT = 1),
            F AS (SELECT PSP_ID, TEL_NUMERO
                  FROM   S_PSP.T_TELEPHONE_TEL AS T
                         INNER JOIN S_PSP.T_R_TYPE_TELEPHONE_TTL AS TT
                               ON T.TTL_ID = TT.TTL_ID
                  WHERE TT.TTL_CODE = 'FAX'
                    AND T.TEL_DEFAUT = 1)
         UPDATE V
         SET    NUMERO_FIXE =   T.TEL_NUMERO,
                NUMERO_MOBILE = G.TEL_NUMERO,
                NUMERO_FAX =    F.TEL_NUMERO
         FROM   S_PSP.T_VM_PERSONNE_TELEPHONE_PTP AS V
                INNER JOIN S_PSP.T_PERSONNE_PHYSIQUE_PSP AS P
                     ON V.PSP_ID = P.PSP_ID
                LEFT OUTER JOIN T
                     ON P.PSP_ID = T.PSP_ID
                LEFT OUTER JOIN G
                     ON P.PSP_ID = G.PSP_ID
                LEFT OUTER JOIN F
                     ON P.PSP_ID = F.PSP_ID
         WHERE V.PSP_ID = @PSP_ID;
      END;
-- personne ajoutée, on ajoute une ligne dans la "vue"
      IF @JPT_MODIF_NATURE = 'I' AND @JPT_MODIF_TABLE = 'PSP'
      BEGIN
         INSERT INTO S_PSP.T_VM_PERSONNE_TELEPHONE_PTP
                   (PSP_ID, PSP_NOM, PSP_PRENOM)
         SELECT PSP_ID, PSP_NOM, PSP_PRENOM
         FROM   S_PSP.T_PERSONNE_PHYSIQUE_PSP
         WHERE PSP_ID = @PSP_ID;
      END;
-- personne supprimée, on supprime la ligne dans la "vue"
      IF @JPT_MODIF_NATURE = 'D' AND @JPT_MODIF_TABLE = 'PSP'
```

```
      BEGIN
         DELETE FROM S_PSP.T_VM_PERSONNE_TELEPHONE_PTP
         WHERE PSP_ID = @PSP_ID;
      END;
-- personne modifiée, on modifie la ligne dans la "vue"
      IF @JPT_MODIF_NATURE = 'U' AND @JPT_MODIF_TABLE = 'PSP'
      BEGIN
         UPDATE S_PSP.T_VM_PERSONNE_TELEPHONE_PTP
         SET    PSP_NOM = T.PSP_NOM,
                PSP_PRENOM = T.PSP_PRENOM
         FROM   S_PSP.T_PERSONNE_PHYSIQUE_PSP AS T
         WHERE T.PSP_ID = @PSP_ID;
      END;
      FETCH C INTO @JPT_ID, @PSP_ID, @JPT_DH, @JPT_MODIF_TABLE, @JPT_MODIF_NATURE;
   END; -- WHILE
   CLOSE C;
   DEALLOCATE C;
-- nettoyage de la table de journalisation
   DELETE FROM   S_ADM.T_A_JOURNALISATION_VM_PSP_TEL_JPT
   WHERE JPT_ID IN (SELECT JPT_ID FROM #T)
   COMMIT;
END TRY
BEGIN CATCH
      IF XACT_STATE() <> 0
         ROLLBACK;
      DECLARE @MSG NVARCHAR(1024);
      SET @MSG = ERROR_MESSAGE();
      THROW 55555, @MSG, 16;
END CATCH
-- renvoi des données au plus synchrone
IF @MAJ_ONLY = 0
   SELECT *
   FROM   S_PSP.T_VM_PERSONNE_TELEPHONE_PTP;
-- remise au niveau d'isolation standard
SET TRANSACTION ISOLATION LEVEL READ COMMITTED;
GO
```

Cette procédure réajustera le stockage des données de la table matérialisant la vue et sera déclenchée soit au fil de l'eau (par le biais d'une tâche planifiée régulièrement, par exemple au pas de 5 minutes ; dans ce cas, le paramètre `@MAJ_ONLY` vaut `1`), soit sur demande à chaque fois que l'on souhaite voir les données (dans ce cas, le paramètre `@MAJ_ONLY` vaut `0`).

Comme pour toute chose, l'excès peut conduire à des effets indésirables, voire contradictoires. Dans le cas des vues indexées, les données constituent de la redondance, augmentent le volume global de la base et encombrent le cache des données.

Vues partitionnées distribuées

Lorsque la volumétrie des données est considérable, une chose assez naturelle est de penser à distribuer les données sur plusieurs serveurs afin d'étendre la surface d'attaque du système.

Étudions par exemple ce qui se passe sur un grand site web marchand comme fnoc.cam. Afin de distribuer les données des clients (notamment les commandes) sur plusieurs serveurs, on a décidé de ventiler leur situation en fonction d'un calcul de hachage par rapport à leur login, qui est un e-mail. Avec une fonction de modulo, on est capable de placer les informations sur *n* serveurs. Mais il faut que l'on puisse de temps en temps « voir » l'ensemble des clients, ne serait-ce que pour le chiffre d'affaire des commandes dans un laps de temps défini. La réponse à cette question consiste à utiliser le principe des vues partitionnées distribuées !

Une vue est dite partitionnée lorsqu'elle assemble des données de tables identiques situées dans différentes bases, mais le plus souvent dans différents serveurs. Grace à l'opération `UNION ALL`, il est possible de voir l'ensemble des données comme une seule table, grâce à une vue concaténant toutes les données des différentes partitions venant des différents serveurs.

Ce concept a d'autant plus d'intérêt que SQL Server est capable d'optimiser un grand nombre de requêtes liées au concept de vues partitionnées distribuées, à condition de savoir les mettre en place proprement.

Pour ce faire, les tables doivent être strictement identiques sur le plan de leur structure (mêmes colonnes, mêmes contraintes…) à une exception près. La deuxième chose importante est de savoir sur quelle(s) donnée(s) il faut créer les intervalles de partitionnement, et il vaut mieux que cela soit sur une seule et unique colonne de la plus petite taille possible (un `INT` ou un `BIGINT` convient tout à fait). La troisième chose est d'implanter dans chaque table une contrainte de validation simple `CHECK` indiquant le critère de partitionnement. Ce peut être un intervalle du genre `BETWEEN`. La dernière chose est de créer sur tous les serveurs les vues de concaténation et les triggers `INSTEAD OF` pour l'insertion, la mise à jour et la suppression.

Pour simplifier notre exemple, nous avons partitionné sur deux bases dans le même serveur. Entre serveurs différents, il faudrait simplement rajouter en préfixe le nom du serveur à chaque objet, après avoir créé sur chacun des serveurs un « serveur lié ».

Soit les tables suivantes :

```
-- tables avec clé de hachage calculée sur le login
CREATE TABLE T_CLIENT_CLI
(CLI_ID BIGINT IDENTITY NOT NULL,
CLI_LOGIN VARCHAR(256) NOT NULL,
CLI_H AS CHECKSUM(CLI_LOGIN) PERSISTED,
CONSTRAINT PK_CLI PRIMARY KEY (CLI_H, CLI_ID));

CREATE TABLE T_COMMANDE_CMD
(CMD_ID INT IDENTITY NOT NULL,
CLI_ID BIGINT NOT NULL ,
CLI_H INT NOT NULL,
CLI_DATE DATE NOT NULL DEFAULT GETDATE(),
CONSTRAINT PK_CMD PRIMARY KEY (CLI_H, CMD_ID),
FOREIGN KEY (CLI_H, CLI_ID) REFERENCES T_CLIENT_CLI (CLI_H, CLI_ID));
```

Notez notre colonne de ventilation qui est calculée par la fonction `CHECKSUM` sur le login. Que nous allons créer dans deux bases de nom `DB_FNOC_CAM_00` et `DB_FNOC_CAM_01`.

Nous allons maintenant implanter des contraintes `CHECK` pour délimiter les valeurs de hachage de chaque table de chaque base :

```
USE DB_FNOC_CAM_00
GO
ALTER TABLE T_CLIENT_CLI
   ADD CONSTRAINT CK_CLI_H_INTERVAL
   CHECK (CLI_H BETWEEN -2147483648 AND -1);
ALTER TABLE T_COMMANDE_CMD
   ADD CONSTRAINT CK_CMD_H_INTERVAL
   CHECK (CLI_H BETWEEN -2147483648 AND -1);
GO
```

```
USE DB_FNOC_CAM_01
GO
ALTER TABLE T_CLIENT_CLI
   ADD CONSTRAINT CK_CLI_H_INTERVAL
   CHECK (CLI_H BETWEEN 0 AND 2147483647);
ALTER TABLE T_COMMANDE_CMD
   ADD CONSTRAINT CK_CMD_H_INTERVAL
   CHECK (CLI_H BETWEEN -0 AND 2147483647);
GO
```

Il suffit à présent d'ajouter une vue de concaténation, ainsi que les déclencheurs `INSTEAD OF` qui vont avec :

```
-- ajout des vues de concaténation sur chaque base :
CREATE VIEW V_CLIENT
AS
SELECT *
FROM DB_FNOC_CAM_00.dbo.T_CLIENT_CLI
UNION ALL
SELECT *
FROM DB_FNOC_CAM_01.dbo.T_CLIENT_CLI
GO

-- ajout d'un déclencheur INSTEAD OF INSERT sur la table des clients
CREATE TRIGGER E_I_CLI
ON V_CLIENT
INSTEAD OF INSERT
AS
   INSERT INTO DB_FNOC_CAM_00.dbo.T_CLIENT_CLI (CLI_LOGIN)
   SELECT CLI_LOGIN
   FROM inserted
   WHERE CHECKSUM(CLI_LOGIN) BETWEEN -2147483648 AND -1;
   INSERT INTO DB_FNOC_CAM_01.dbo.T_CLIENT_CLI(CLI_LOGIN)
   SELECT CLI_LOGIN
   FROM inserted
   WHERE CHECKSUM(CLI_LOGIN) BETWEEN -0 AND 2147483647;
GO
```

Un petit test d'insertion nous montre la ventilation des insertions :

```
INSERT INTO V_CLIENT (CLI_LOGIN) VALUES
('Charles De gaulle'), ('Napoléon Bonaparte')
```

Vous trouverez De Gaulle d'un côté et Napoléon de l'autre : surpris ?

Mais le plus intéressant réside dans les requêtes d'extraction. Examinons le comportement du moteur si nous demandons l'un de ces deux grands hommes :

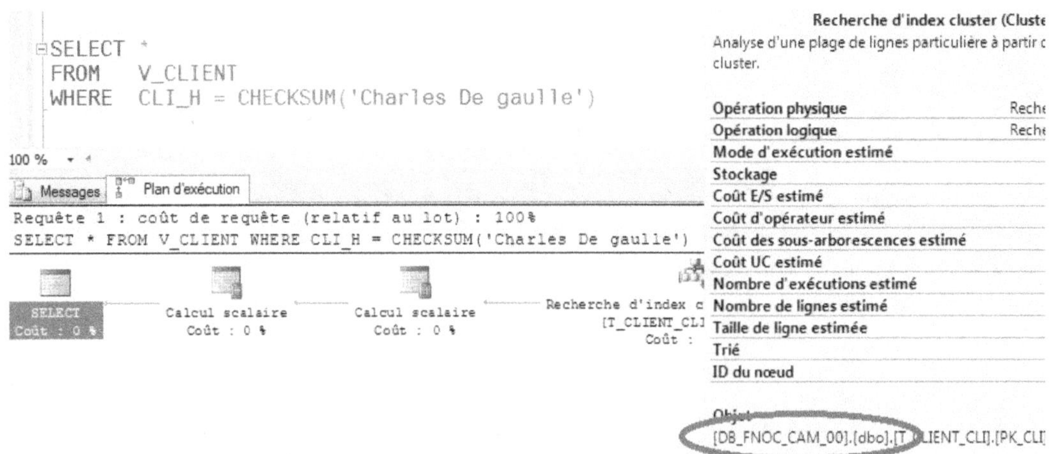

Figure 8–12 Requête d'extraction sur vue partitionnée distribuée

Nous constatons qu'une seule des bases a été sollicitée pour rerouver notre quidam. Cela reste vrai à condition de passer la valeur de hachage sous une forme ou une autre dans la clause `WHERE` de la requête.

9

Intégration avec .NET et au-delà

Certaines applications requièrent des calculs complexes pour lesquels SQL et Transact-SQL (T-SQL) ne sont pas conçus. Il peut s'agir de manipulations de chaînes de caractères avec des expressions régulières, de calculs mathématiques complexes – comme le calcul matriciel ou financier.... L'intégration du framework .NET par le *Common Language Runtime* (CLR) au moteur de bases de données de SQL Server étend les possibilités sémantiques offertes par T-SQL pour couvrir de tels scénarios applicatifs particuliers.

Nous allons donc découvrir dans ce chapitre dans quels cas utiliser une assembly .NET, comment créer, déployer, utiliser et sécuriser des procédures stockées, des fonctions, des triggers, des types, mais aussi des agrégats .NET et comment les utiliser directement dans du code T-SQL. Nous verrons ensuite, à travers quelques exemples, comment accéder à une base de données SQL Server en C#, en Java et en PHP. Les bases de ces langages ne sont pas décrites dans ce chapitre.

Introduction à SQL CLR et aux assemblies .NET

Une assembly est un module de code .NET, généralement écrit en C#, en VB.NET, ou dans tout autre langage compatible avec la plate-forme .NET. Il est donc écrit avec l'environnement de développement Microsoft Visual Studio et donne lieu à la compilation d'une librairie DLL.

Cette DLL peut ensuite être sauvegardée dans une base de données SQL Server et être exécutée par le moteur de base de données : la DLL n'est plus nécessaire et l'exécution de l'assembly n'a plus aucune dépendance externe à la base de données dans laquelle elle est enregistrée. Comme ces assemblies ont un prototype T-SQL, une application appelante est en totale abstraction de l'implémentation du module d'assembly.

Outre une sémantique de programmation élargie, l'avantage principal procuré par l'intégration de la CLR .NET à SQL Server, appelée SQL CLR, est que le moteur de base de données peut exécuter du code « managé » : l'accès et l'allocation des ressources nécessaires à l'exécution d'assemblies est entièrement géré par SQL CLR. En conséquence, SQL Server contrôle totalement l'exécution d'une assembly .NET et peut y mettre fin sans provoquer de problème de stabilité pour le système.

Tous les exemples proposés dans ce chapitre, codés en C#, sont réalisés avec Visual Studio 2010 et le framework .NET 4.

Généralités

Voici quelques recommandations qui vous aideront à utiliser et comprendre comment fonctionne l'interaction entre SQL Server et SQL CLR, quand utiliser une assembly, ainsi que quelques règles de codage.

Pourquoi utiliser une assembly .NET ?

Si l'intégration de la CLR confère à SQL une richesse fonctionnelle supplémentaire, ce n'est pas pour autant que l'on peut l'utiliser à l'extrême, par exemple pour remplacer le tiers applicatif ou pour implémenter la couche d'abstraction d'accès aux données entièrement en .NET : elle permet d'éviter d'effectuer des traitements itératifs pour lesquels le langage SQL n'est pas conçu.

> Son intégration à SQL Server ne permet pas de remplacer T-SQL : il s'agit uniquement d'un complément à celui-ci. T-SQL reste le langage de prédilection le plus efficace lorsqu'on souhaite accéder à des données et les traiter de façon ensembliste. On veillera donc à ne pas écrire une assembly qui exécute du code T-SQL. De la même façon, on s'efforcera de réaliser les accès aux données nécessaires à l'exécution d'une assembly par l'intermédiaire de l'exécution de procédures stockées en T-SQL.

Le modèle d'exécution

SQL Server utilise un mode d'exécution coopératif des threads lorsqu'il doit exécuter du code T-SQL : le mode SQLOS. Il s'agit en quelque sorte du mini système d'exploitation de SQL Server, qui décide d'attribuer l'accès aux ressources d'une base de données en mettant tour à tour les threads en attente afin que d'autres puissent accéder à ces ressources. Chaque requête en cours d'exécution dispose de son propre thread. Par ailleurs, alors que son exécution entraîne, par exemple, l'attente de l'obtention d'un verrou ou de l'importation de pages de données depuis le disque vers la RAM, il peut être mis en attente. On dit alors que le thread cède son exécution pour permettre à d'autres threads de s'exécuter. Ici, c'est le thread qui signale qu'il cède son exécution.

Par opposition, les objets d'assembly sont exécutés en mode préemptif : c'est SQL OS qui dicte quel thread doit s'exécuter. Pour permettre à ces deux modes d'exécution de coexister, SQL CLR utilise des objets de synchronisation qui permettent à SQL Server de contrôler l'exécution du code managé. Par exemple, durant l'exécution du ramasse-miettes pour les objets d'un thread, celui-ci peut céder son exécution à d'autres threads de la CLR. Lorsque le ramasse-miettes a terminé, les objets de synchronisation en sont notifiés et le traitement des autres threads continue.

Gestion de la mémoire

Comme la CLR demande l'allocation de mémoire à SQL OS, l'exécution d'une assembly ne peut pas consommer plus que la quantité de mémoire maximale configurée pour SQL Server (option d'instance `max server memory (MB)`). Une fois la quantité de mémoire obtenue, SQL CLR contrôle l'allocation dans cet espace mémoire puisqu'il gère également la création des objets requis par l'assembly et l'exécution du ramasse-miettes. Ainsi, comme pour une application .NET, il n'est pas nécessaire de gérer l'allocation de mémoire, ce qui n'exempte pas de suivre les bonnes pratiques de programmation.

Sécurité d'exécution du code

Il existe plusieurs niveaux de sécurité qui permettent au programmeur et à SQL CLR de contrôler que l'exécution d'une assembly ne provoque pas une faille de sécurité ou une brèche dans la stabilité du moteur de bases de données SQL Server : c'est la sécurité d'accès au code (CAS pour *Code Access Security*).

Par défaut, il existe trois niveaux de permissions :

- `SAFE` indique l'exécution de tout algorithme qui ne requiert que l'accès aux ressources locales et autorisées ;
- `EXTERNAL_ACCESS` spécifie que l'accès aux ressources externes à SQL Server telles que des fichiers, les réseaux, le registre de Windows ou encore les variables d'environnement, est possible ;
- `UNSAFE` étend les possibilités du niveau `EXTERNAL_ACCESS` à la possibilité d'exécution de code non managé.

En plus de ce jeu de permissions, on peut ajouter des restrictions d'exécution du code avec des rôles de bases de données (voir chapitre 11) ou bien par les autorisations accordées lors de l'authentification sous Windows. En effet, un module d'assembly s'exécute par défaut avec le compte de service de SQL Server, ce qui fait que tous les utilisateurs ont les permissions de ce compte. Cela peut ne pas correspondre à la politique de sécurité en vigueur, qui doit être limitée au strict minimum.

Pile et tas, types valeurs et types références, structures et classes : quelques rappels avant de démarrer

Dans le framework .NET, comme dans plusieurs autres langages de programmation par objet, il existe deux catégories de types : les types références et les types valeurs. Les différences entre ces deux types sont résumées dans le tableau 9-1 :

Tableau 9–1 Différences entre pile et tas, entre type et valeur

	Pile/stack	Tas/heap
type	valeur	référence
implémentation	structure	classe
variable	valeur	pointeur

Les avantages de cette approche sont les suivants :

- un type valeur contient toujours une valeur : c'est pour cela qu'il doit toujours être initialisé ;
- un type référence peut contenir une référence nulle, c'est-à-dire qu'il ne référence rien pour le moment.

La copie d'une variable :

- De type valeur dans une autre variable copie le contenu entier dans la nouvelle variable, rendant ces deux variables distinctes du point de vue mémoire. En d'autres termes, après la copie, une modification effectuée sur une variable n'affecte pas l'autre.
- De type référence dans une autre variable copie la référence : on a alors deux références à la même zone mémoire qui stocke véritablement les données. En d'autres termes, après la copie, la modification des données d'une telle variable affecte également l'autre.

Lorsqu'on déclare des variables, voici comment les types diffèrent :

- Toute variable est stockée dans la pile, mais seule une variable de type référence est enregistrée comme un pointeur vers le tas.
- Tout variable de classe ou de structure vit dans la classe, mais seules les variables de type référence sont enregistrées comme un pointeur vers le tas.

Enfin, en ce qui concerne les classes et les structures :

- Les classes supportent l'héritage, mais pas les structures.
- Les classes et les structures :
  - sont des types composés qui regroupent logiquement des variables ;
  - peuvent implémenter des méthodes et supporter des interfaces.

Remplacer la procédure stockée étendue système xp_fixeddrives

La procédure stockée étendue système `master.dbo.xp_fixeddrives` est très pratique puisqu'il suffit de l'exécuter pour obtenir la liste complète de tous les volumes disque visibles par l'instance SQL Server, ainsi que l'espace libre restant (en Mo) sur chacun d'entre eux. Cependant, il est dommage que la capacité totale du volume ne soit pas exposée : cela permettrait de réaliser de la planification de capacité par journalisation régulière de l'occupation de ces volumes, ou d'alerter lorsque l'occupation des volumes est proche de leur capacité totale. Par ailleurs, Microsoft a annoncé que les procédures stockées étendues ne seraient plus supportées avec la sortie de SQL Server 2005, qui était la première version de SQL Server à embarquer la CLR. Voyons donc comment remplacer cette procédure stockée étendue par une procédure stockée d'assembly, qui nous donnera en plus la taille totale des volumes.

Vérifier la version de la CLR embarquée par SQL Server

Comme on compile le code pour une certaine version de la CLR, il convient de vérifier quelle version est embarquée par SQL Server. En effet, il est possible que l'on utilise des fonctionnalités qui n'ont été distribuées qu'à partir d'une certaine version du framework .NET. La DMV `sys.dm_clr_properties` nous renseigne très simplement à ce sujet :

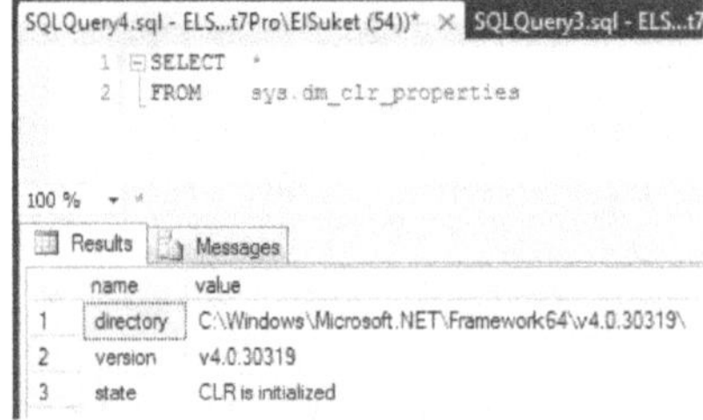

Figure 9–1
Les propriétés de la CLR hébergée par SQL Server

Les propriétés exposées sont les suivantes :

- `directory` précise l'emplacement physique d'installation du framework .NET.
- `version` indique la version du framework .NET et de la CLR hébergée sur le serveur.
- `state` indique l'état d'exécution de la CLR au sein de SQL Server. La valeur `CLR is initialized` indique que la CLR embarquée par SQL Server a été correctement chargée par ce dernier. Cela n'indique pas si l'exécution du code CLR utilisateur a été activée (pour cela, il faut utiliser l'option de configuration `CLR enabled` que l'on affecte avec la procédure stockée `sp_configure`, comme nous le verrons par la suite).

Création d'un projet de base de données SQL CLR avec Visual Studio 2010

Une fois Visual Studio 2010 démarré, sélectionnez *Nouveau projet* dans le menu. La boîte de dialogue de la figure 9-2 apparaît alors :

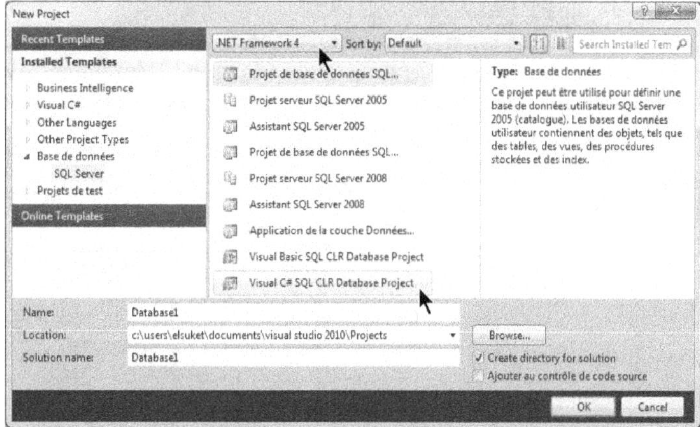

Figure 9–2
Création d'un projet d'assembly C# avec Visual Studio 2010

Ne vous laissez pas dérouter par cette boîte de dialogue : les projets SQL CLR sont supportés jusqu'à SQL Server 2008, mais ne le sont plus à partir de SQL Server 2012. Dans ce dernier cas, il faut alors créer un projet *SQL Server Data Tools* (SSDT), composant auquel vous accédez via le menu *Other Languages>SQL Server* comme indiqué sur la figure 9-3.

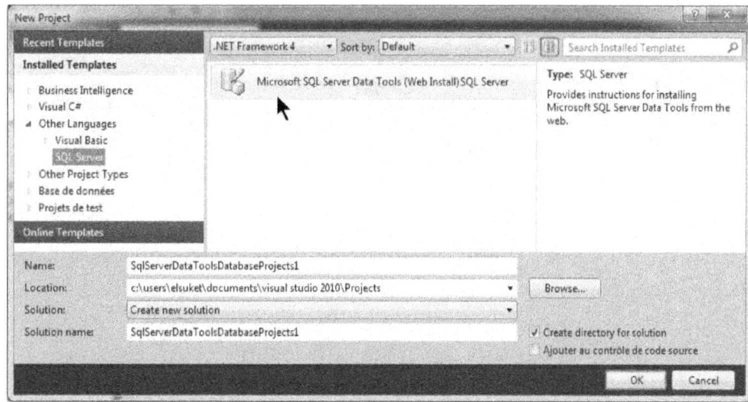

Figure 9–3
Ajout d'une procédure stockée CLR C#

Il est nécessaire de procéder à l'installation des composants de ce projet puisqu'ils ne sont pas implantés dans Visual Studio par défaut (aussi bien dans la version 2010 que dans la version 2012). Après avoir cliqué sur le bouton OK, la boîte de dialogue de la figure 9-4 apparaît.

Figure 9–4
Installation des composants

Cliquez sur le bouton Install, la page http://msdn.microsoft.com/fr-fr/data/hh297027 s'ouvre alors dans votre navigateur. Téléchargez la version qui correspond à votre version de Visual Studio. Veillez à choisir le package d'installation qui correspond à votre langue : le premier lien sur la page permet d'installer SSDT en anglais, qui ne fonctionnera pas si Visual Studio est en français. L'installation de SSDT est très simple et rapide.

Figure 9–5
Installation de SSDT

Une fois SSDT installé, nous pouvons créer un projet de base de données que nous nommons `SQLServer_DiskUtilities`. Le choix du chemin sous lequel seront stockés les fichiers du projet est libre, comme d'habitude.

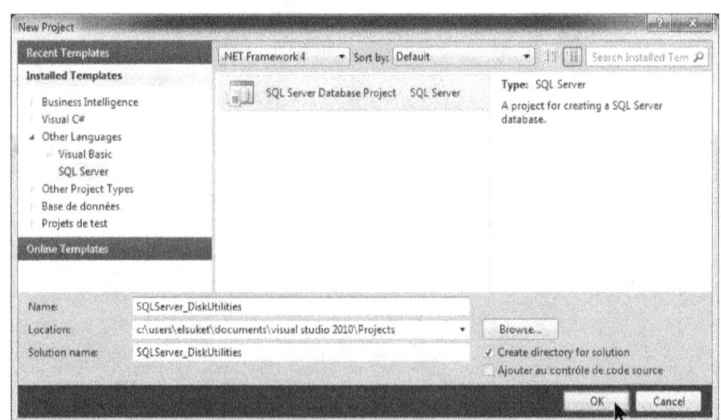

Figure 9–6
Paramétrage d'un projet de base de données SQL Server

Cliquez droit sur le projet pour afficher le menu contextuel et sélectionnez *Add>Stored Procedure* pour ajouter une procédure stockée à la solution. On voit alors qu'il est possible d'ajouter de nombreux types d'objets, notamment de purs objets SGBDR, comme une table. Choisissez *SQL CLR C#* dans le panneau de gauche, puis *SQL CLR C# Stored Procedure* dans le panneau central. Avant de cliquer sur OK, nommez la classe `asb_volume_space_get.cs`. Vous obtenez alors l'environnement de développement détaillé ci-après.

Le panneau de gauche contient plusieurs références d'espaces de noms. Comme pour tout projet .NET, il est possible d'en ajouter afin de compléter la liste de classes avec lesquelles on peut programmer.

Le panneau de droite est entièrement dédié au code, dont une partie a été préparée :

- Une série de d'espaces de noms, introduites par le mot-clé `using` :
  - `System`, qui contient tous les types utilisés par .NET ;
  - `System.Data.SqlClient`, qui contient le fournisseur de données ADO.NET, et qui permet d'accéder aux bases de données ;
  - `System.Data.SqlTypes` qui fournit des classes pour les types de données natifs de SQL Server ;
  - `Microsoft.SqlServer.Server` qui contient les classes `SqlContext` et `SqlPipe` qui permettent de communiquer avec SQL Server à l'intérieur de celui-ci.
- L'en-tête de la procédure stockée d'assembly, décoré par l'attribut `SqlProcedure`, qui indique que cette méthode implémente une procédure stockée d'assembly.

Figure 9–7
Ajout d'une procédure stockée CLR C#

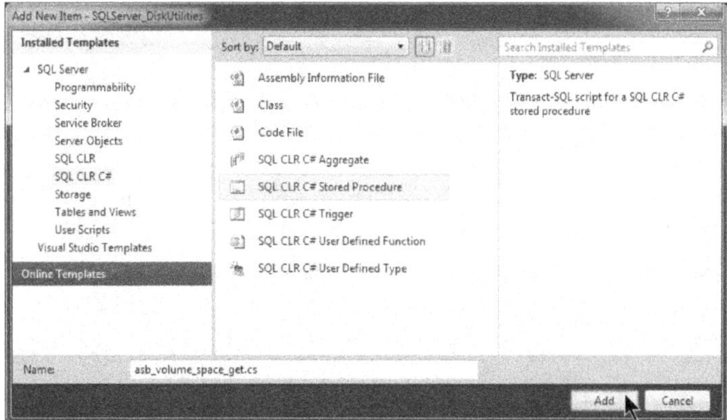

Figure 9–8
L'environnement de développement d'une procédure stockée CLR C#

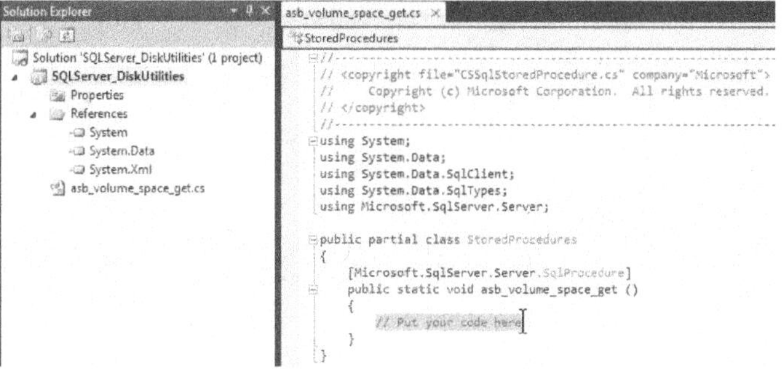

Communiquer avec le moteur de base de données de SQL Server : la classe SqlPipe

Avant de commencer à coder, il est nécessaire d'introduire les classes qui permettent de communiquer avec SQL Server, c'est-à-dire soit de retourner un résultat à l'appelant, soit de lui signifier que le travail soumis est terminé (ou qu'il a échoué). Cela se fait à l'aide de l'objet `SqlPipe`, qui permet notamment de retourner des résultats à l'application cliente (aussi bien la console de SSMS qu'une application développée par vos soins).

Les attributs de la classe SqlPipe

Cette classe ne dispose que d'un seul attribut : `SendingResults`, qui indique si l'objet `SqlPipe` est actuellement en train de communiquer des résultats à SQL Server.

Les méthodes de la classe SqlPipe

Elles sont au nombre de cinq :

- `SendResultsStart()`prend en paramètre un objet de type `SqlDataRecord`. Cette méthode indique à SQL Server que l'on va lui envoyer un certain nombre de lignes et elle transmet les métadonnées de structure de ces lignes. Ces métadonnées sont spécifiées à l'invocation de la classe `SqlDataRecord`, comme nous le verrons plus loin.
- De la même façon, `SendResultsRow()` retourne une ligne particulière d'un jeu de données à l'appelant, et prend en paramètre un objet de type `SqlDataRecord`.
- `ExecuteAndSend()` est plus connue des développeurs, puisqu'elle permet d'exécuter une instruction SQL et de retourner le résultat immédiatement à l'appelant. Elle prend en paramètre un objet de type `SqlCommand`.
- `Send()` permet d'envoyer un message texte (de type string) ou un objet de type `SqlDataReader` ou `SqlDataRecord` à l'appelant. Si l'on souhaite transmettre un ensemble de lignes, il sera préférable d'utiliser `SendResultsRow()`.
- `SendResultsEnd()` signale à SQL Server que l'envoi de lignes est terminé. Cette méthode ne prend pas de paramètre en entrée.

Voyons maintenant comment utiliser ces classes dans un exemple simple.

La procédure stockée d'assembly sp__volume_space_get

Nous cherchons à remplacer la procédure stockée étendue système `xp_fixeddrives`, qui retourne la quantité d'espace libre restant sur chaque volume visible, par l'instance SQL Server sur laquelle elle est exécutée. Les caractéristiques des volumes d'une machine sont exposées par la classe `DriveInfo`, qui fait partie de l'espace de noms `System.IO`. Nous devons donc ajouter cette classe à l'en-tête, ce qui nous permet ensuite d'écrire :

```
using System;
using System.Data;
using System.Data.SqlClient;
using System.Data.SqlTypes;
using Microsoft.SqlServer.Server;
using System.IO; // Contient la classe DriveInfo

public partial class StoredProcedures
{
    [Microsoft.SqlServer.Server.SqlProcedure]
```

```
    public static void asb_volume_space_get()
    {   // Collecte de la liste des volumes de la machine, ainsi que de leurs caractéristiques
        DriveInfo[] drive_list = DriveInfo.GetDrives();
        // Spécification de la structure des lignes à envoyer au moteur de bases de données
        SqlDataRecord row = new SqlDataRecord
        (     new SqlMetaData("volume_letter", SqlDbType.VarChar, 1)
            , new SqlMetaData("total_space_MB", SqlDbType.BigInt)
            , new SqlMetaData("free_space_MB", SqlDbType.BigInt)
        );
        // Signalement du début de l'envoi des lignes
        SqlContext.Pipe.SendResultsStart(row);
        // Pour chacun des volumes obtenus ...
        foreach (DriveInfo di in drive_list)
        {   // ... si le volume est accessible
            if (di.IsReady)
            {   // Collecte de sa lettre (index zéro du SqlDataRecord)
                row.SetString(0, di.Name.Substring(0, 1));
                // Collecte de sa taille totale, en Mo (index1 du SqlDataRecord)
                row.SetInt64(1, di.TotalSize / 1024 / 1024);
                // Collecte de l'espace libre restant sur ce volume, en Mo (index2 du SqlDataRecord)
                row.SetInt64(2, di.TotalFreeSpace / 1024 / 1024);
                // Envoi de la ligne ainsi construite
                SqlContext.Pipe.SendResultsRow(row);
            }
        }
        // Signalement de la fin de l'envoi de lignes
        SqlContext.Pipe.SendResultsEnd();
    }
}
```

Pour chaque volume que l'on a collecté avec `DriveInfo.GetDrives()`, on crée une ligne de données avec `SqlDataRecord`, qui contient la lettre de ce volume, la taille totale et l'espace libre disponible sur celui-ci, suivant l'index que l'on a choisi à sa création, avec `SqlMetaData`. On envoie ladite ligne à SQL Server avec la méthode `SendResultsRow()` et quand on traite tous les volumes collectés, on signale la fin de l'échange de données à l'aide de la méthode `SendResultsEnd()`.

Autorisation de l'exécution de code par SQL CLR et base de données digne de confiance

Avant de procéder au déploiement, vous devez tout d'abord :

- autoriser l'exécution de code par la CLR : en effet celle-ci est désactivée par défaut, pour des raisons évidentes de sécurité. C'est une option d'instance, qui n'est pas visible dans les propriétés de celle-ci lorsqu'on utilise Management Studio. Il convient donc d'exécuter le script suivant :

```
EXEC sp_configure 'clr enabled', 1
GO
RECONFIGURE
GO
```

  Le message suivant sera alors affiché dans la console :

```
Configuration option 'clr enabled' changed from 0 to 1.
Run the RECONFIGURE statement to install.
```

- marquer la base de données comme étant « digne de confiance » : cette option permet d'indiquer si l'instance de SQL Server approuve la base de données et son contenu. Cette option de base de données n'est pas disponible avec Management Studio et elle est désactivée par défaut, pour des raisons de sécurité (pour éviter, par exemple, l'exécution de code malveillant et/ou en tant qu'utilisateur à privilèges élevés). Il est donc nécessaire d'exécuter la requête suivante :

```
ALTER DATABASE ELSUKET SET TRUSTWORTHY ON
```

On notera que lors de la restauration d'une base de données désignée comme digne de confiance, cette option est replacée à `OFF` automatiquement, aussi bien pour une restauration sur l'instance source que sur une autre instance. Il suffit donc d'exécuter à nouveau l'instruction ci-dessus.

Déploiement de la procédure stockée

Procédons maintenant au déploiement de ce code. Commençons d'abord par explorer les propriétés du projet en appuyant sur les touches Alt + Entrée :

- Dans l'onglet SQL CLR Build, nous pouvons passer la configuration à Release au lieu de Active (Debug), ce qui permettra de consommer un peu moins de ressources à l'exécution.
- Dans l'onglet SQL CLR :
  - nous devons régler l'option Permission Level sur `UNSAFE`, puisque nous accédons à des ressources système externes à SQL Server ;
  - il est possible de renseigner des informations comme le titre, le nom de l'entreprise, le copyright, et surtout la version de l'assembly grâce à la boîte de dialogue qui s'affiche en appuyant sur le bouton Assembly Information ;
  - pour renforcer la sécurité d'exécution du code, il est possible d'appliquer à l'assembly une signature de nom fort, qui lui confère une identité unique que SQL Server peut identifier et référencer explicitement. Cette signature est constituée, entre autres, du simple nom textuel, du numéro de version et d'une paire de clés publique/privée. Ces informations sont stockées dans un fichier de clés de type PFX ou SNK[1].

Une fois tous ces changements effectués, n'oubliez pas de sauvegarder à l'aide du raccourci clavier Ctrl + S. Un clic droit sur le projet permet de choisir l'option Publish, qui ouvre la boîte de dialogue suivante :

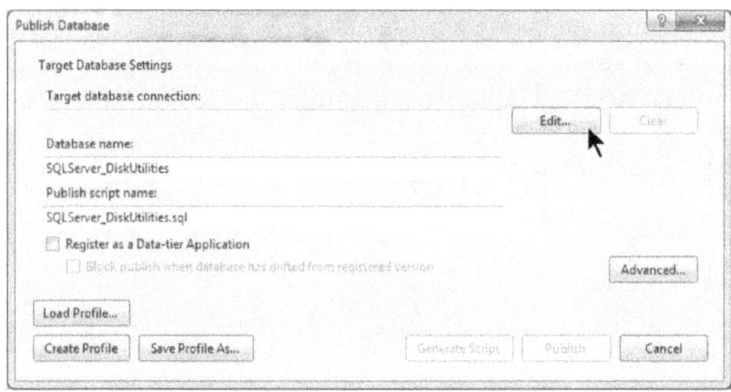

Figure 9–9
Préparation de la publication de l'assembly

1. http://msdn.microsoft.com/fr-fr/library/vstudio/ms247123.aspx. Pour plus de détails : http://msdn.microsoft.com/en-us/magazine/cc163583.aspx#S8

Le bouton Edit permet de spécifier le serveur et la base de données sur laquelle le déploiement doit s'effectuer : il s'agit d'un dialogue classique de construction d'une chaîne de connexion. Une fois cela effectué, vous pouvez :

- générer un script SQLCMD de déploiement, ce qui est pratique si l'assembly doit être déployée sur de nombreux serveurs : cliquez pour cela sur le bouton Generate Script ;
- procéder directement au déploiement à l'aide du bouton Publish.

Pour simplifier, nous choisissons ici la seconde option, qui génère automatiquement un script de déploiement et qui l'exécute. Cliquez sur les liens situés à droite de la fenêtre pour consulter les détails de déploiement.

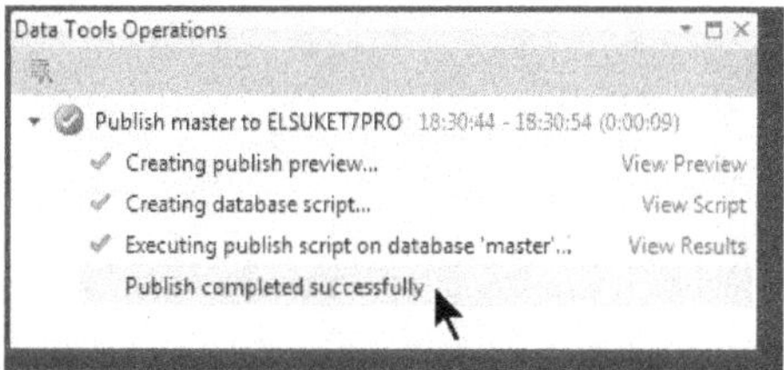

Figure 9–10
Déploiement de l'assembly terminé

De retour dans SSMS, nous retrouvons bien l'assembly et la procédure stockée :

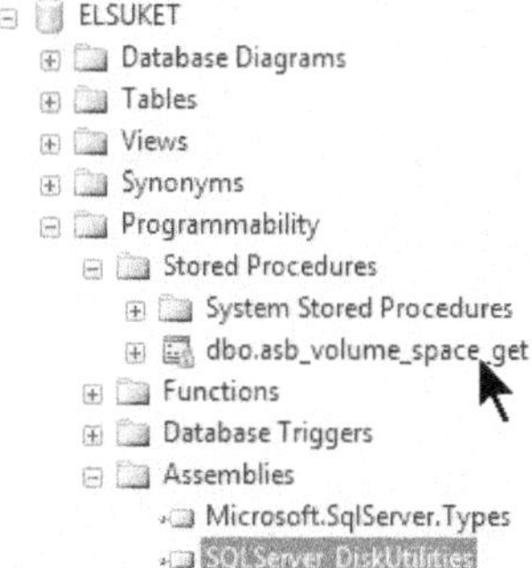

Figure 9–11
L'assembly et la procédure stockée dans SSMS

Exécutons maintenant la procédure stockée et comparons le résultat avec celui exposé par l'explorateur :

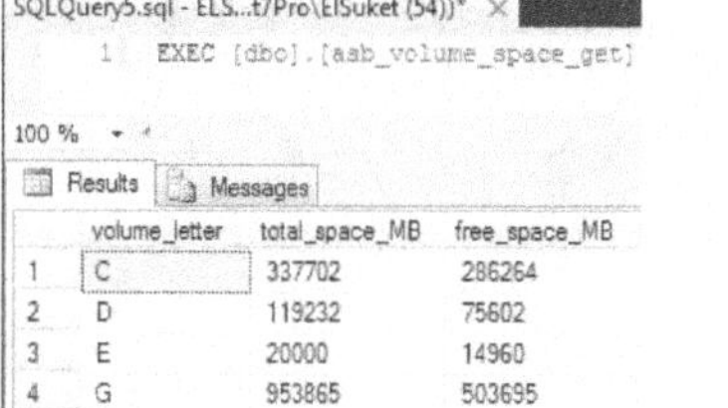

Name	Total Size	Free Space
Hard Disk Drives (4)		
Local Disk (C:)	329 GB	279 GB
Local Disk (D:)	116 GB	73,8 GB
Local Disk (E:)	19,5 GB	14,6 GB
Local Disk (G:)	931 GB	491 GB

Figure 9–12
À gauche, le résultat de l'exécution de l'assembly ; à droite, l'espace disque affiché par l'explorateur de fichiers de Windows

Création d'une fonction de table incluse d'assembly

La procédure stockée que nous avons maintenant est un peu plus avancée que ce que nous retourne `xp.fixeddrives`, mais il serait encore plus intéressant de pouvoir réaliser une jointure sur le résultat sans avoir à le stocker dans une variable de type `TABLE` par `INSERT INTO … EXEC`. C'est ce que nous allons réaliser en écrivant une fonction de table incluse.

Implémentations requises

Toute fonction de table incluse requiert que :

- la méthode .NET qui spécifie cette fonction retourne une implémentation de l'interface `IEnumerable` ;
- l'attribut `SqlFunction` de cette interface dispose obligatoirement des propriétés suivantes :
  - `FillRowMethodName`, qui indique le nom de la méthode utilisée pour valuer chacune des lignes de la table à peupler ;
  - `TableDefinition`, qui spécifie les noms et types des colonnes de la table à retourner.
- la méthode dont le nom a été donné pour que `FillRowMethodName` soit implémentée.

Il existe quelques restrictions sur ce type de fonction que l'on peut aisément contourner en utilisant la puissance d'un langage .NET. En effet, lors de la spécification d'une telle fonction en T-SQL, il est complexe, par exemple, de vérifier l'unicité des tuples ou d'implémenter l'équivalent d'une contrainte de domaine (CHECK).
En revanche en .NET, l'unicité des valeurs peut être contrôlée par l'implémentation d'un ArrayList, dans lequel on ajoute les valeurs à chaque ajout de ligne, puis l'appel de la méthode Contains pour vérifier que cette nouvelle valeur n'est pas déjà dans l'ArrayList. De même, il est possible de vérifier que les valeurs ajoutées à une colonne de la table sont bien dans l'intervalle ou la liste de valeurs définis.

Développement

Pour commencer à coder une telle fonction, nous suivons le menu contextuel de la solution, et choisissons l'option *Add>Inline Function*. Nous sommes orientés vers la création d'un script T-SQL pour une fonction de table incluse. Nous choisissons donc dans le volet de gauche SQL CLR C#, puis dans le volet central, SQL CLR C# User Defined Function, et nous nommons le fichier de classe `asbf_volume_space_get.cs`.

Nous sommes alors prêts à démarrer l'implémentation et comme avec la procédure, il est nécessaire d'ajouter l'espace de noms `System.IO`, qui contient la classe `DriveInfo`. Il convient également d'ajouter aussi l'espace de noms `System.Collections`, qui contient l'interface `IEnumerable`. Le code de cette fonction est donc le suivant :

```
using System;
using System.Data;
using System.Data.SqlClient;
using System.Data.SqlTypes;
using Microsoft.SqlServer.Server;
using System.IO;
using System.Collections;

public partial class UserDefinedFunctions
{   // Définition de la fonction
    [Microsoft.SqlServer.Server.SqlFunction
```

```
        (FillRowMethodName = "BuildRow",
         TableDefinition = "volume_letter char(1), total_space_MB bigint, free_space_MB bigint")]
    // Pour chaque objet retourné par cette méthode,
    // la méthode référencée par l'attribut FillRowMethodName sera appelée
    public static IEnumerable drive_info()
    { return System.IO.DriveInfo.GetDrives(); }
    // Méthode de collecte des informations pour chaque volume
    public static void BuildRow
     (Object obj, out char volume_letter, out SqlInt64 total_space_MB, out SqlInt64 free_space_MB)
    {     DriveInfo drive = (DriveInfo)obj;
        volume_letter = drive.Name[0];
        if (drive.IsReady)
        { total_space_MB = drive.TotalSize / 1024 / 1024;
           free_space_MB = drive.TotalFreeSpace / 1024 / 1024;
        }
        else
        { total_space_MB = new SqlInt64();
           free_space_MB = new SqlInt64();
        }
    }
}
```

Comme il s'agit d'une fonction, les paramètres de sortie doivent obligatoirement avoir une valeur. Comme on ne peut pas sauter de volume (par exemple les lecteurs DVD-Rom, qui n'ont ni capacité totale ni espace libre), on peut les initialiser à la méthode d'invocation de leur type : cela a pour effet côté SQL Server de marquer les valeurs impactées avec `NULL`. Le déploiement s'effectue comme pour la procédure stockée, c'est-à-dire en effectuant un clic droit sur la solution, et en choisissant l'option *Publish*. Un appel simple à la fonction renvoie :

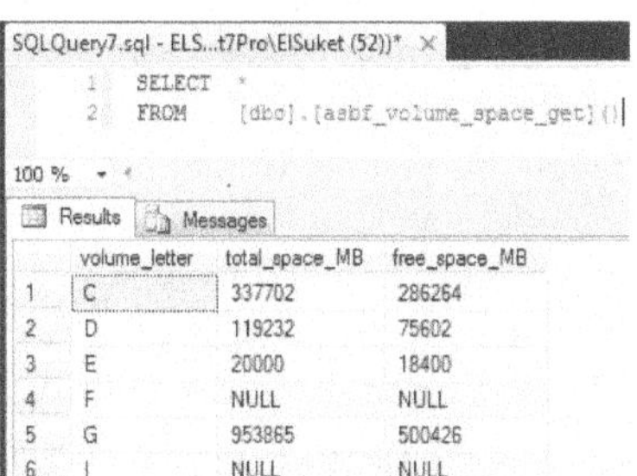

	volume_letter	total_space_MB	free_space_MB
1	C	337702	286264
2	D	119232	75602
3	E	20000	18400
4	F	NULL	NULL
5	G	953865	500426
6	I	NULL	NULL

Figure 9–13
Un appel simple à la fonction dbo.asbf_volume_space_get()

On peut donc se permettre d'intégrer cette fonction directement dans une requête :

```
SELECT    VSG.volume_letter, VSG.total_space_MB, VSG.free_space_MB
        , VFS.io_stall_read_ms / VFS.num_of_reads AS avg_read_latency_ms
, VFS.io_stall_write_ms / CASE VFS.num_of_writes
WHEN 0 THEN NULL
ELSE VFS.num_of_writes
END AS avg_write_latency_ms
        , VFS.num_of_bytes_read / VFS.num_of_reads AS avg_bytes_per_read
        , VFS.num_of_bytes_written / CASE VFS.num_of_writes
WHEN 0 THEN NULL
ELSE VFS.num_of_writes
END AS avg_bytes_per_write
        , VFS.io_stall_read_ms
        , VFS.num_of_reads
```

```
        , VFS.num_of_writes
FROM       dbo.asbf_volume_space_get() AS VSG
INNER JOIN sys.master_files AS F ON VSG.volume_letter = LEFT(F.physical_name, 1)
INNER JOIN sys.dm_io_virtual_file_stats(NULL, NULL) AS VFS
        ON F.database_id = VFS.database_id
AND F.file_id = VFS.file_id
```

Results | Messages | Execution plan

	volume_letter	total_space_MB	free_space_MB	avg_read_latency_ms	avg_write_latency_ms	avg_bytes_per_read	avg_bytes_per_write	io_stall_read_ms	num_of_reads	num_of_writes
1	C	337702	286263	22	1	62957	8192	1216	54	2
2	C	337702	286263	17	2	39936	1190	106	6	46
3	C	337702	286263	26	6	59801	8192	794	30	5
4	C	337702	286263	8	19	84650	29805	53	6	28
5	C	337702	286263	9	1	62848	8192	600	64	2
6	C	337702	286263	2	1	36949	2332	12	6	9
7	C	337702	286263	16	4	63488	8192	1976	120	1
8	C	337702	286263	18	0	12528	2413	1214	66	7
9	C	337702	286263	24	2	62835	8402	2219	91	39
10	C	337702	286263	22	10	42402	4924	242	11	139
11	D	119232	75602	11	5	63457	8192	742	67	1
12	D	119232	75602	24	22	7591	1203	3739	150	37

Figure 9–14 L'intégration de la fonction d'assembly dans le code T-SQL est totale.

Création d'une fonction scalaire d'assembly : les nombres premiers

Voici un cas pour lequel le langage T-SQL n'est pas conçu, puisqu'il requiert :

- soit de créer une table de nombres et d'avoir une colonne qui indique que ledit nombre est premier ; ceci demandera au moins quelques lectures de pages et la détermination de ces nombres, dont l'exécution en T-SQL est soit complexe si elle est basée le traitement d'ensembles de données, soit lente puisqu'elle nécessite quelques itérations ;
- soit de créer une fonction scalaire, qui est peu performante puisqu'elle n'est pas exécutée de façon ensembliste (par exemple, une seule fois pour tout le jeu de données), mais une fois par ligne.

En revanche, comme les langages .NET sont conçus pour les traitements itératifs, l'implémentation d'une telle fonction d'assembly peut tout à fait être intéressante. D'autant plus que, comme nous allons le voir, l'implémentation d'une fonction scalaire en .NET est très simple.

Comme dans les exemples précédents, on obtient l'environnement de développement après avoir effectué un clic droit sur la solution, puis suivi les options *Add>New Item* dans le volet de gauche. On sélectionne alors *SQL CLR C#* dans le panneau central, puis *SQL CLR C# User Defined Function*, avant de cliquer sur *Add*. Nous nommons le fichier de la classe `abfs_is_prime.cs`. Le code de la classe est donc le suivant :

```
using System;
using System.Data;
using System.Data.SqlClient;
using System.Data.SqlTypes;
using Microsoft.SqlServer.Server;
public partial class UserDefinedFunctions
{[Microsoft.SqlServer.Server.SqlFunction]
  public static bool asbfs_is_prime(int _number)
  {bool is_prime_number = true;
   int divisor = 2;
```

```
    while (is_prime_number && divisor <= _number / 2)
    {if (_number % divisor == 0)
      {is_prime_number = false;}
      else
      {divisor++;}
    }
    return is_prime_number;
  }
}
```

La fonction équivalente en T-SQL s'écrit :

```
CREATE FUNCTION is_prime(@_number int)
RETURNS BIT
AS
BEGIN
    DECLARE @is_prime_number bit = 1, @divisor int = 2
    WHILE(@is_prime_number = 1 AND @divisor <= @_number / 2 )
    BEGIN
        IF @_number % @divisor = 0
        BEGIN
            SET @is_prime_number = 0
        END
        ELSE
        BEGIN
            SET @divisor += 1
        END
    END
    RETURN @is_prime_number
END
```

Exécutons maintenant le lot de requêtes suivant avec SQL Server Management Studio :

```
SET NOCOUNT ON
SET STATISTICS TIME ON
GO
PRINT '--------- CLR -------------'
SELECT dbo.asbfs_is_prime(16769023) AS [CLR_16769023]
       , dbo.asbfs_is_prime(15) AS [CLR_15]
PRINT '--------- TSQL ------------'
SELECT dbo.is_prime(16769023) AS [TSQL_16769023]
       , dbo.is_prime(15) AS [TSQL_15]
```

La console affiche :

```
--------- CLR -------------
SQL Server Execution Times:
   CPU time = 78 ms, elapsed time = 69 ms.
--------- TSQL ------------
SQL Server Execution Times:
   CPU time = 8861 ms, elapsed time = 11005 ms.
```

La fonction CLR est donc presque 160 fois plus rapide que la fonction scalaire T-SQL. Nous vous laissons imaginer ce que cela peut donner avec de nombreuses lignes[2].

2. Exemple performant en T-SQL donné par Frédéric Brouard à la section 2.4 de la page http://sqlpro.developpez.com/cours/sqlserver/transactsql/.

Création d'un type d'assembly défini par l'utilisateur : les adresses e-mail

Les types de données existent sous SQL Server depuis que celui-ci existe, norme SQL oblige. Les types T-SQL définis par l'utilisateur ont ensuite été introduits, lesquels sont en fait des dérivés des types de données que SQL Server propose. Ces types présentent certaines limites : il est impossible de les modifier dès lors qu'ils sont utilisés par au moins une colonne d'une table.

Depuis SQL Server 2005, il est possible de créer des types de données .NET personnalisés (UDT), comme c'est le cas lorsqu'on utilise les types de données spatiaux et leurs méthodes (par exemple pour le calcul de la distance entre deux points).

Nous allons voir dans cette section comment réaliser un type de donnée CLR.

Implémentations requises

Les attributs

Il existe six attributs dont l'implémentation est obligatoire pour tout type CLR :

- `Serializable` : tout type CLR est sérialisable, c'est-à-dire qu'il est possible de convertir l'état d'un objet pour qu'il soit persisté (ou échangé). Le processus de sérialisation peut être réalisé nativement ou défini par le développeur. La valuation de cet attribut est obligatoire.
- `SqlUserDefinedType` permet de définir plusieurs propriétés qui indiquent comment le type est sérialisé, sa taille maximale ou encore la manière dont il doit être trié (c'est-à-dire lorsqu'on l'utilise dans une clause `ORDER BY`). La valuation de cet attribut est obligatoire.
- `Format` indique le type de sérialisation utilisé :
  - `Native` est utilisable quand tous les types de données utilisés par le type CLR sont automatiquement sérialisables par SQL Server : c'est le cas si l'on utilise uniquement les types valeurs natifs .NET (i.e.) pas de références. Il n'est donc pas nécessaire d'écrire le code servant à la sérialisation, mais cela limite les possibilités d'implémentation.
  - `UserDefined` : dans ce cas, le type doit implémenter l'interface `IBinarySerialize`, qui implique la spécification de deux méthodes supplémentaires : `Read` pour la lecture (entrée) et `Write` pour l'écriture d'un flux. Il est requis que l'ordre de lecture des valeurs du flux soit identique à celui du flux de sortie : par exemple, si le type utilise un bit et un entier, ceux-ci doivent être sérialisés (écrits) dans cet ordre, et désérialisés (lus) de la même manière.
- `IsByteOrdered` : si le type est destiné à être indexé, il est nécessaire d'indiquer à SQL Server qu'il peut trier les valeurs suivant l'ordre binaire de celles-ci. Si le tri n'est pas possible, laissez la valeur de cet attribut à false.
- `IsFixedLength` signifie, lorsqu'il est à `true`, que toutes les instances sérialisées de ce type ont la même longueur.
- `MaxByteSize` : de la même façon que l'on spécifie la taille d'une colonne avec les types natifs du moteur de base de données, cette option spécifie la taille maximale d'une instance sérialisée de ce type. Si la sérialisation est `Native`, il n'est pas nécessaire de préciser la valeur de cet attribut. Dans tous les cas, la limite maximale d'un type est de 2 Go depuis SQL Server 2008. On positionnera cet attribut à `-1` si la taille du type peut dépasser les 8 000 octets (qui était la taille maximale sous SQL Server 2005) : cela implique que l'on positionne cet attribut à `UserDefined`.

L'interface INullable

Le moteur de base de données doit être capable de déterminer si une instance d'un type peut être à `NULL` ou non, ce qui explique le caractère obligatoire de l'implémentation de cette interface. Dans le code, il faut tout simplement stocker une variable locale qui indique si la valeur courante de l'instance du type est `null` ou pas. Lorsqu'un prédicat `IS NULL` est appelé par SQL Server sur ce type, la méthode `IsNull` de ce type est invoquée.

Les méthodes

Tout type CLR défini par l'utilisateur doit au moins mettre en œuvre trois méthodes.

- `ToString()` est une méthode que tous les objets .NET implémentent. Il est possible de surcharger cette méthode qui contient le code nécessaire à la conversion du type en une chaîne de caractères.
- `Parse()` est une méthode statique qui est invoquée lorsque des valeurs sont affectées à une instance du type. C'est cette méthode qui appelle le constructeur du type (ce n'est jamais le moteur de base de données) et retourne une instance à SQL Server après sérialisation. À chaque fois que SQL Server a besoin d'accéder à cet objet, celui-ci est désérialisé.
- `Null()` retourne tout simplement une instance `NULL` du type invoqué. L'implémentation par défaut de cette méthode est généralement suffisante.

Les attributs de méthode

Il est possible d'ajouter des attributs à une méthode pour en contrôler le comportement.

- `IsDeterministic` : booléen qui indique que tout appel à cette méthode avec une valeur particulière pour chaque paramètre retournera toujours la même valeur ;
- `OnNullCall` : booléen qui indique si la méthode doit être invoquée même si les valeurs passées en entrée sont `Null` (`true`), ou si elle doit simplement retourner `NULL` (`false`) ;
- `DataAccess` : la méthode utilise des requêtes de type `SELECT` (en effet, un type ne modifie pas les données).

Développement

Il suffit de suivre pour cela le menu contextuel de la solution, puis de choisir Add>New Item dans le volet de gauche, de sélectionner ensuite SQL CLR C# et SQL CLR C# User Defined Type dans le panneau central. Nous nommons ensuite le fichier de classe `Email.cs` et nous confirmons en cliquant sur le bouton Add. Nous retrouvons alors les trois méthodes obligatoires implémentées de façon minimale, ainsi que quelques méthodes et attributs fictifs (accompagnés d'un commentaire contenant le terme `place-holder`), dont on peut se débarrasser immédiatement. Une fois ces méthodes obligatoires implémentées, nous obtenons le code suivant :

```
using System;
using System.IO;
using System.Data.SqlTypes;
using System.Text.RegularExpressions;
using Microsoft.SqlServer.Server;
// Représente une adresse e-mail
[Serializable]
[SqlUserDefinedType(Format.Native)]
public class Email : INullabl
{   // Initialise une nouvelle instance du type (elle est initialisée à NULL)
    public Email() { }
```

```
    // Initialise une instance du type
    public Email(string address)
    {Address = address;}
    // Retourne l'adresse e-mail
    public string Address {get; private set;}
    // Indique si l'instance du type est null
    public bool IsNull
    {get {return Address == null;}}
    // Retourne une instance du type, null
    public static Email Null
    {get {return new Email();}}
    // Sérialisation : dépouille une chaîne et retourne une nouvelle instance du type
    public static Email Parse(SqlString s)
    {return new Email(s.ToString());}
    // Retourne une représentation chaîne de caractères d'une adresse e-mail
    public override string ToString()
    {return Address ?? "NULL";
}
```

Contrôle de l'intégrité de l'adresse e-mail

Il est maintenant nécessaire d'implémenter une méthode qui valide qu'une valeur d'e-mail est correctement formée. Cela impacte notamment la méthode `Parse()`, car il est nécessaire qu'une valeur d'adresse e-mail soit correcte lors de l'instanciation du type. Pour ce faire, le plus simple est d'utiliser une expression régulière, ce qui nécessite l'ajout de l'espace de noms `System.Text.RegularExpressions`. Il faut aussi vérifier que la chaîne de caractères qui représente le destinataire compte au plus 64 caractères, tandis que celle qui correspond au domaine n'excède pas les 250 caractères. Nous devons donc ajouter les trois propriétés de classe suivantes :

```
    private static readonly Regex EmailRegex =
        new Regex(@"^[\w-]+(?:\.[\w-]+)*@(?:[\w-]+\.)+[a-zA-Z]{2,7}$");
    private const int MaxLengthOfEmailRecipient = 64;
    private const int MaxLengthOfEmailDomain = 250;
```

Nous ajoutons l'implémentation des propriétés étendues, qui nous permettent de manipuler le domaine et le destinataire, et de les réutiliser :

```
    // Retourne le domaine d'une adresse e-mail
    private static string GetDomain(string emailAddress)
    {if (string.IsNullOrEmpty(emailAddress))
            return null;
     return emailAddress.Substring(emailAddress.IndexOf('@') + 1);
    }
    // Retourne le destinataire de l'adresse e-mail
    private static string GetRecipient(string emailAddress)
    {if (string.IsNullOrEmpty(emailAddress))
          return null;
      return emailAddress.Substring(0, emailAddress.IndexOf('@'));
    }
```

De fait, nous écrivons les méthodes `Validate()` suivantes, qui nous permettront un appel très simple dans l'implémentation de la méthode `Parse()` :

```
    // Valide une adresse e-mail
    public void Validate()
    {Validate(Address);}
    // Valide une adresse e-mail
    public static void Validate(string emailAddress)
    {if (emailAddress != null)
        {if (emailAddress == string.Empty)
             throw new FormatException("Email is empty");
         if (!EmailRegex.IsMatch(emailAddress))
             throw new FormatException("Email format is invalid");
         string recipient = GetRecipient(emailAddress);
         if (recipient.Length > MaxLengthOfEmailRecipient)
             throw new FormatException
(string.Format("Email recipient contains more than {0} characters"
, MaxLengthOfEmailRecipient));
         string domain = GetDomain(emailAddress);
         if (domain.Length > MaxLengthOfEmailDomain)
             throw new FormatException
(string.Format("Email domain contains more than {0} characters"
, MaxLengthOfEmailDomain));
        }
}
```

En conséquence, l'implémentation de la méthode Parse() devient :

```
    // Sérialisation : dépouille une chaîne et retourne une nouvelle instance du type
    public static Email Parse(SqlString s)
    {if (s.IsNull)
        {return Null;}
        try {Validate(s.ToString());}
        catch (Exception ex)
        {throw new SqlTypeException(ex.Message, ex);}
           return new Email(s.ToString());
    }
```

La sérialisation

Comme nous l'avons vu, si nous conservons le type de sérialisation natif, nous ne pouvons stocker que des types valeur (comme bool, string, ...) et non des types référence comme String, que nous utilisons. Il est donc indispensable ici d'implémenter la sérialisation nous-même.

- Nous marquons donc le Format à UserDefined, ce qui impose d'implémenter l'interface IBinarySerialize, qui comporte deux méthodes : Read() et Write().
- Nous précisons que l'on peut ordonner sémantiquement les valeurs de ce type en plaçant IsByteOrdered à true, ce qui nous permettra d'indexer une colonne de ce type et de l'utiliser pour les tris (ORDER BY) et les groupements (GROUP BY).
- Nous indiquons que la taille maximale que peut prendre une valeur de ce type est de 315 caractères (64 pour le destinataire et 250 pour le domaine et l'arobase)

Notre en-tête devient donc :

```
[SqlUserDefinedType(Format.UserDefined, IsByteOrdered = true, MaxByteSize = 315)]
public class Email : INullable, IBinarySerialize
```

L'implémentation des méthodes `Read()` et `Write()` est enfantine étant donné que nous ne manipulons que des chaînes de caractères :

```
 // Désérialise un e-mail à partir du flux binaire envoyé par SQL Server
public void Read(BinaryReader br)
{Address = br.ReadString();}
// Sérialise une adresse e-mail
public void Write(BinaryWriter bw)
{bw.Write(ToString());}
```

Déploiement et utilisation

Comme avec la procédure stockée et les fonctions exposées précédemment, il suffit de se laisser guider par la boîte de dialogue Publish, qui s'affiche en effectuant un clic droit sur le projet. Dans Management Studio, nous retrouvons le type `dbo.Email` dans l'explorateur d'objets, sous le nœud Programmabilité>Types>Types définis par l'utilisateur. On peut alors créer la table suivante :

```
CREATE TABLE email
(email_id int IDENTITY(-2147483648, 1) NOT NULL CONSTRAINT PK_email PRIMARY KEY
, email_address dbo.asbt_email NOT NULL CONSTRAINT UQ_email__email_address UNIQUE)
```

L'intégration au code se fait comme d'habitude et l'indexation fonctionne correctement, puisque l'ajout d'une contrainte d'unicité entraîne la création d'un index non cluster par défaut. De même, l'ajout des quelques lignes suivantes à la table se fait sans encombre :

```
INSERT INTO dbo.email (email_address)
VALUES ('sebastien.durand@supermail.com'), ('nicolas.souquet@turbocourrier.fr')
    , ('frederic.brouard@fastmessage.fr'), ('christian.soutou@supermail.com')
```

En revanche, une interrogation directe de la table retourne :

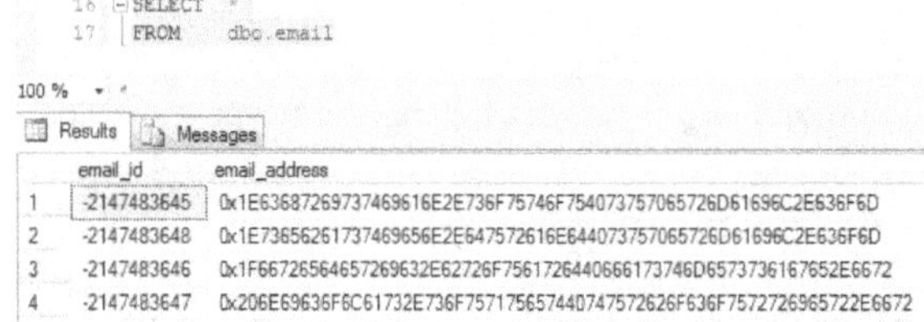

Figure 9–15
Stockage des valeurs d'adresse e-mail

Cela est dû au fait que nous ne pouvons pas utiliser la sérialisation native. Ne faites pas l'erreur de réaliser un `CAST(email_address AS varchar(315))` : il suffit de se rappeler que nous avons une propriété `Address` qui nous retourne la valeur de l'attribut `email` sous la forme d'une chaîne :

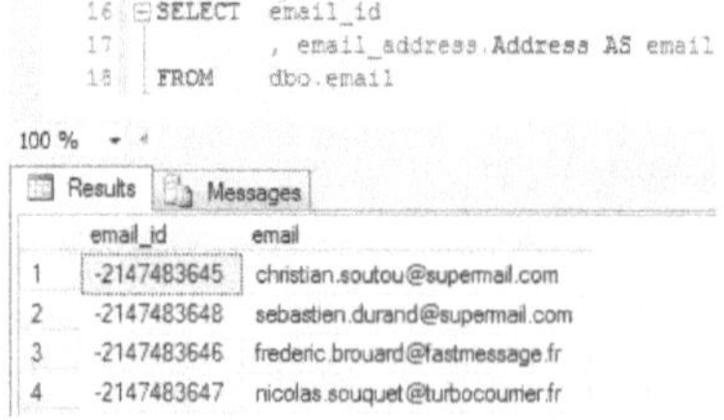

Figure 9–16
Utilisation de la propriété e-mail du type dbo.asbt_email

Tentons d'ajouter la ligne suivante :

```
INSERT INTO dbo.email (email_address)
VALUES ('ringo.star@com')
```

```
Msg 6522, Level 16, State 1, Line 1
A .NET Framework error occurred during execution of user-defined routine or aggregate "asbt_email":
System.Data.SqlTypes.SqlTypeException: L'adresse e-mail ringo.star@com est mal formée
System.Data.SqlTypes.SqlTypeException:
   at asbt_email.Parse(SqlString s)

The statement has been terminated.
```

Figure 9–17
Tentative d'insertion d'une adresse e-mail incorrecte

Quid des tris et prédicats de chaîne et du tri ?

```
SELECT email_address.Address AS email
FROM   dbo.email
WHERE  email_address.Address LIKE '%.com'
ORDER  BY email_address.Address DESC
```

	email
1	sebastien.durand@supermail.com
2	christian.soutou@supermail.com

Figure 9–18
Exemple d'utilisation du tri et du prédicat LIKE sur l'UDT d'assembly

Comme on peut le voir, l'intégration des types d'assemblies est totalement transparente au code T-SQL, même si *IntelliSense* n'est pas au fait de l'ensemble des méthodes que ceux-ci peuvent implémenter. En ce qui concerne le code, on sera davantage rebuté par le fait de devoir se rappeler de la liste des méthodes à implémenter que par l'implémentation réelle de celles-ci. Pour le reste de l'implémentation de la logique métier, la liberté est donnée au développeur de coder comme il/elle l'entend. Le code de ce type CLR UDT a été aimablement revu et corrigé par Lee Yates[3].

Pour aller un peu plus loin : les propriétés étendues

Comme il peut être intéressant d'obtenir le destinataire séparément du domaine et inversement, nous allons faire de l'extraction de chacune de ces deux valeurs une propriété étendue, dont la mise en œuvre se fait par réutilisation directe des méthodes `GetRecipient()` et `GetDomain()` :

```
// Fournit le domaine d'une adresse e-mail
public string Domain
{get {return GetDomain(Address);}}
// Fournit le destinataire de l'adresse e-mail
public string Recipient
{get {return GetRecipient(Address);}}
```

L'implémentation est relativement simple, mais l'effet sur le traitement naturel des données en T-SQL est remarquable :

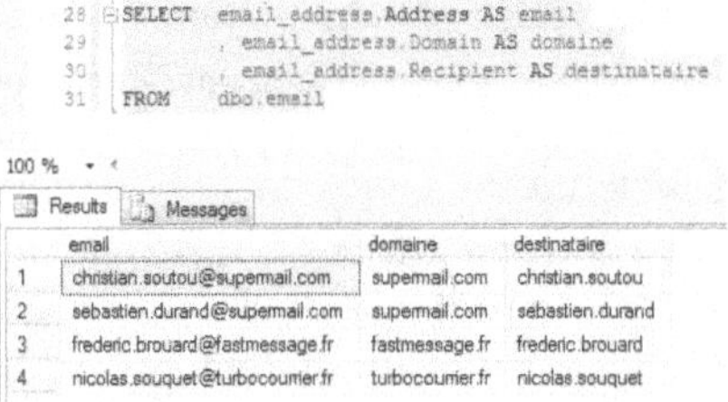

```
SELECT email_address.Address AS email
     , email_address.Domain AS domaine
     , email_address.Recipient AS destinataire
FROM   dbo.email
```

	email	domaine	destinataire
1	christian.soutou@supermail.com	supermail.com	christian.soutou
2	sebastien.durand@supermail.com	supermail.com	sebastien.durand
3	frederic.brouard@fastmessage.fr	fastmessage.fr	frederic.brouard
4	nicolas.souquet@turbocourrier.fr	turbocourrier.fr	nicolas.souquet

Figure 9–19
Utilisation des deux propriétés supplémentaires Recipient et Domain

3. Lee Yates occupe le poste de Software Development Manager chez Agoda. Profil LinkedIn : th.linkedin.com/in/leeyates5000/

Avant de déployer, il est nécessaire de supprimer toutes les colonnes utilisant un tel type, ce qui est très rigide, mais compréhensible : si l'implémentation de la sérialisation des valeurs du type change, alors il est nécessaire de recalculer instantanément toutes les valeurs de toutes les colonnes (et des index qu'elles peuvent porter) utilisant ce type. Dans un tel cas, il sera nécessaire de migrer les valeurs vers une nouvelle colonne d'un nouveau type, puis de supprimer l'ancienne colonne : c'est une charge de travail à ne pas négliger dans les contraintes du choix d'implémentation de types d'assemblies.

Création d'un agrégat d'assemblies

La puissance des fonctions d'agrégat du langage SQL n'est pas à démontrer, et les dernières versions de la norme SQL ont ajouté des fonctionnalités analytiques. Néanmoins, il n'est pas toujours possible de réaliser l'agrégation souhaitée : la plupart des fonctions d'agrégation natives ne permettent de calculer des agrégats que sur des valeurs numériques. Or un cas d'utilisation très courant est l'agrégation de chaînes de caractères par concaténation, ce que l'on fait de façon performante avec une utilisation détournée de la clause `FOR XML`. Si l'agrégat s'avère plus complexe, il sera probablement avantageux de l'implémenter en .NET.

Implémentations requises

Comme avec les UDT, il existe quelques attributs et surtout des méthodes qu'il est impératif d'implémenter, et sans lesquels l'UDA (*User Defined Aggregate*) ne peut pas fonctionner.

Les méthodes

Tout UDA doit obligatoirement implémenter les quatre méthodes suivantes :

- `Init()` est appelée pour toute nouvelle instanciation de l'agrégat : le moteur de base de données est alors prêt à recevoir les valeurs en entrée.
- `Accumulate()` est appelée pour toute nouvelle valeur à traiter, elle est ajoutée à l'agrégation en cours et évaluée jusque-là.
- `Merge()` permet au moteur de base de données de paralléliser le calcul de l'agrégat : plusieurs instances de l'agrégat sont alors utilisées, ce qui donne lieu à des calculs d'agrégat intermédiaires, chaque thread produisant le sien. Cette méthode récupère les valeurs intermédiaires et les combine en un seul résultat.
- `Terminate()` est appelée une fois qu'il n'y a plus de valeurs à traiter et que les agrégats parallélisés sont combinés : elle retourne le résultat final au moteur de base de données.

Les attributs

- `Format` indique la façon dont va être réalisée la sérialisation, comme avec les UDT.
- `MaxByteSize` est en tout point identique à ce que nous avons vu avec les UDT : lorsqu'il est positionné à `-1`, il indique que l'agrégat peut occuper jusqu'à 2 Go ; toute autre valeur pour cet attribut doit être comprise entre 1 et 8 000.
- `IsInvariantToOrder`, lorsqu'il est à `true`, cet attribut indique que l'agrégat n'est pas sensible à l'ordre dans lequel les valeurs sont passées en entrée à l'agrégat (et inversement lorsqu'il vaut `false`).
- `IsInvariantToNulls` indique à l'optimiseur qu'il peut retourner `NULL` directement au lieu d'appeler la méthode `Accumulate()`.

- `IsInvariantToDuplicates` indique, lorsqu'il est à `true`, que l'agrégat retourne le même résultat, que l'on lui passe des valeurs en double ou non. Par conséquent, si l'agrégat ne dépend pas de l'unicité des valeurs, le positionner à `true` est plus permissif.
- `IsNullIfEmpty` permet de retourner `NULL` s'il n'y a aucune valeur à agréger, ce qui évite l'appel aux méthodes `Accumulte()` et `Terminate()`.

Seul `Format` est obligatoire, et `MaxByteSize` l'est si `Format` est à `UserDefined`.

Intérêt des agrégats d'assemblies

Voici les divers avantages que l'on peut tirer de l'implémentation des agrégats définis par l'utilisateur (UDA) :

- Si nous devons calculer l'agrégat de façon itérative en T-SQL, par l'intermédiaire de boucles WHILE, de variables de type `TABLE` ou de tables temporaires ou de transit, nous considérerons l'implémentation d'un UDA.
- Un agrégat est réutilisable de façon performante à l'infini et de ce fait, il est peut être davantage maintenu puisque tout changement de code ne se fait qu'en un seul point ; ce pourrait être le cas avec une fonction de table incluse, mais il serait probablement moins performant.
- La flexibilité procurée par l'accès aux classes du framework .NET étend considérablement les possibilités d'agrégation (par exemple aux fonctions financières, qui requièrent des fonctions mathématiques que la norme SQL n'implémente pas).

Limites des agrégats d'assemblies : levée de mythes et préservation des performances

Tous ces avantages ne peuvent pas être sans limites. Mais il est possible que vos collègues s'en soient tenus aux limitations de SQL Server 2005, aussi sachez que :

- Comme avec les UDT, la sérialisation native autorise une taille maximale de 8 000 octets. Si elle est définie par l'utilisateur, elle peut atteindre 2 Go. La limite des 8 000 octets a été levée avec SQL Server 2008 et les types de données spatiaux (qui sont des types CLR). Il suffit pour ce faire de déclarer la classe d'agrégat comme suit :

```
[SqlUserDefinedAggregate(Format.UserDefined, MaxByteSize=-1,IsNullIfEmpty=true)]
```

- L'insensibilité à l'ordre dans lequel les valeurs sont passées en entrée à l'agrégat, qui était présente sous SQL Server 2005, a aussi été levée avec SQL Server 2008. Ceci s'avère très intéressant, par exemple, lorsqu'on souhaite concaténer des chaînes de caractères. Il suffit en effet de l'indiquer à l'optimiseur de requêtes à l'aide de l'attribut `IsInvariantToOrder`.
- Pour toute valeur passée en entrée à l'agrégat, celui-ci est sérialisé, puis désérialisé. Ceci peut entraîner un coût de stockage interne et de traitement important lorsque le nombre de valeurs à combiner est élevé, et que l'UDA est utilisé par plusieurs sessions et/ou parallélisé.

Implémentation

Nous souhaitons connaître le nombre de domaines différents dans les adresses e-mail dont nous disposons, c'est-à-dire combiner des groupes dans le jeu de données dont nous disposons, et utiliser la puissance du framework .NET pour ce faire.

Comme d'habitude, il suffit de suivre le menu contextuel de la solution, de choisir Add>New Item dans le volet de gauche, puis de sélectionner SQL CLR C# et enfin SQL CLR C# User Defined Aggregate dans le panneau central. Nous nommons le fichier de classe `EMailDomainAggregator.cs` et nous confirmons en cliquant sur le bouton Add. Les quatre méthodes obligatoires sont préinscrites et il ne reste plus qu'à les implémenter, ce qui nous amène au code suivant :

```
using System;
using System.Collections.Generic;
using System.Data.SqlTypes;
using System.IO;
using System.Linq; // Ajouter la référence System.Core
using System.Text;
using Microsoft.SqlServer.Server;
// Compte le nombre de domaines distincts dans un jeu d'e-mails
[Serializable]
[SqlUserDefinedAggregate
( ormat.UserDefined, MaxByteSize = -1,
IsInvariantToDuplicates = true, IsInvariantToNulls = true,
IsInvariantToOrder = true, IsNullIfEmpty = true)]
public class EmailDomainAggregator : IBinarySerialize
{// Initialise une nouvelle instance du type
public EmailDomainAggregator() { }
// Retourne ou met à jour la liste des domaines distincts
private List<string> Domains {get; set;}
// Initialise l'agrégation
public void Init()
{Domains = new List<string>();}
// Calcule l'agrégation par ajout d'un domaine
// Tout domaine null ou de longueur nulle n'est pas pris en compte
public void Accumulate(Email email)
{if (!email.IsNull && !Domains.Contains(email.Domain, StringComparer.OrdinalIgnoreCase))
    {Domains.Add(email.Domain);}
}
// Cas d'une exécution parallélisée
// Combine les résultats retournés par chaque thread par la méthode Accumulate()
public void Merge(EmailDomainAggregator aggregate)
{foreach (string domain in aggregate.Domains)
  {if (!Domains.Contains(domain, StringComparer.OrdinalIgnoreCase))
     {Domains.Add(domain);}
  }
}
// Retourne le nombre de domaines distincts trouvés dans le jeu de données
public int Terminate()
{return Domains.Count;}
```

Le code de ce type CLR UDT a été aimablement revu et corrigé par Lee Yates.

Comme pour les déploiements précédents, il suffit de se laisser guider par la boîte de dialogue Publish, qui s'affiche en effectuant un clic droit sur le projet. Sous SQL Server Management Studio, nous retrouvons l'agrégat `dbo.EmailDomainAggregator` dans l'explorateur d'objets, sous le nœud Programmabilité>Fonctions>Fonctions d'agrégat. Nous créons aussi la table `dbo.device`, qui contiendra l'ensemble des supports par lesquels un client peut accéder au site web de l'entreprise :

```
CREATE TABLE dbo.device
(device_id tinyint NOT NULL IDENTITY(0, 1) CONSTRAINT PK_device PRIMARY KEY,
device_name varchar(16) NOT NULL CONSTRAINT UQ_device__device_name UNIQUE)
GO
INSERT INTO dbo.device (device_name)
VALUES ('ordinateur'), ('smartphone'), ('tablette')
GO
ALTER TABLE dbo.email
ADD device_id tinyint NOT NULL
    CONSTRAINT FK_email__device_id FOREIGN KEY (device_id) REFERENCES dbo.device
    CONSTRAINT DF__email_device_id DEFAULT 0
GO
UPDATE dbo.email SET device_id = ABS(CHECKSUM(email_address.EMail)) % 3
GO
SELECT     E.email_address.Address AS email, D.device_name
FROM       dbo.email AS E
INNER JOIN dbo.device AS D ON E.device_id = D.device_id
```

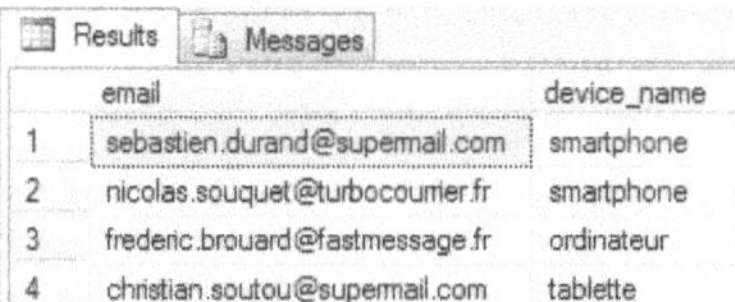

	email	device_name
1	sebastien.durand@supermail.com	smartphone
2	nicolas.souquet@turbocourrier.fr	smartphone
3	frederic.brouard@fastmessage.fr	ordinateur
4	christian.soutou@supermail.com	tablette

Figure 9–20
Résultat de l'équijointure entre dbo.email et dbo.device

Comme en T-SQL pur, l'expression d'une requête contenant un agrégat et au moins un groupe requiert la spécification de la clause `GROUP BY`. On peut donc écrire la requête suivante, presque comme d'habitude :

```
SELECT     D.device_name, dbo.EmailDomainAggregator(email_address) AS domain_count
FROM       dbo.email AS E
INNER JOIN dbo.device AS D ON E.device_id = D.device_id
GROUP BY   D.device_name
```

Ce qui nous retourne :

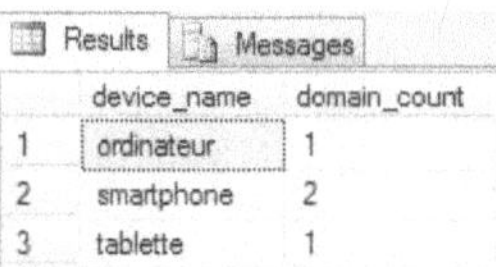

	device_name	domain_count
1	ordinateur	1
2	smartphone	2
3	tablette	1

Figure 9–21
Résultat de l'exécution de l'agrégat dbo.EmailDomainAggregator()

Une fois de plus, nous voyons que l'intégration des agrégats d'assemblies au code T-SQL est complète, bien que l'implémentation de ceux-ci puisse être a priori repoussante, mais comme dit l'adage : *c'est en forgeant que l'on devient forgeron* !

Les déclencheurs d'assembly

Il est possible de spécifier des déclencheurs d'assemblies, aussi bien DDL et DML. Leur implémentation se justifiait sous SQL Server 2005, lorsqu'on souhaitait réaliser l'audit des changements de données et de structure d'une base de données. En effet, cette version de SQL Server ne disposait pas de fonctionnalités telles que l'Audit de sécurité, le Suivi des modifications et le Suivi des changements de données (voir chapitre 20), introduites avec SQL Server 2008. De ce fait, la variété des cas d'utilisation des déclencheurs d'assemblies à partir de SQL Server 2012 se trouve réduite à l'expression d'une règle métier complexe, qui doit s'exécuter instantanément et de façon synchrone à l'événement de changement de structure ou de données.

Les pièges à éviter

La plupart des exemples que l'on trouve sur Internet sont relatifs à une implémentation qui couvre l'un de ces besoins. D'autres exemples oublient que l'exécution d'un déclencheur :

- rallonge la durée d'une transaction et entraîne donc une concurrence d'accès moins élevée sur la table à laquelle un tel déclencheur est attaché, si ce n'est des situations de blocage ;
- est synchrone à la transaction qui l'a déclenché : on trouve des exemples de communication avec des API, des services Windows, des services web, des écritures dans le journal d'événements de Windows, des exports, des écritures dans Microsoft Team Foundation Server, etc.

Ne tombez pas dans ces pièges et utilisez la fonctionnalité qui couvre votre besoin : SQL Server 2014 est livré avec des fonctionnalités de gestion de bases de données qui ont été enrichies au fil des versions.

La classe SqlTriggerContext

Cette classe permet d'accéder au contexte d'exécution et de données du déclencheur.

Les propriétés

- `EventData` permet d'obtenir le document XML qui décrit l'instruction à l'origine du déclenchement (c'est l'équivalent de la fonction `EVENTDATA()` de SQL Server). On ne peut utiliser cette propriété que dans le cas d'un déclencheur DDL.
- `ColumnCount` retourne le nombre de colonnes qui structurent la table à laquelle est attaché le déclencheur. Cette propriété ne peut être utilisée qu'avec un déclencheur DML.
- `TriggerAction` indique l'événement qui a provoqué l'exécution du déclencheur ; ses membres portent le nom de chacune d'entre elles, par exemple : `Insert`, `Update`, `Delete`, `AlterTable`, `DropIndex`, `CreateProcedure`, `GrantStatement`, `AlterPartitionScheme`, etc. Cette propriété est valide aussi bien pour les déclencheurs DDL que DML.

Les méthodes

Outre les méthodes génériques qui existent pour tout objet, `IsUpdatedColumn()` retourne `true` si ladite colonne a été affectée par une instruction T-SQL `INSERT` ou `UPDATE`.

Exemple d'implémentation

Cet exemple de code est présenté à titre purement pédagogique, afin de vous donner une idée plus concrète de ce qu'il est nécessaire et possible d'implémenter dans un déclencheur d'assembly.

Nous allons ici auditer toutes les lignes ajoutées à une table et les écrire sous la forme d'un document XML dans un fichier texte. Pour cela, il est requis d'ajouter l'espace de noms `System.IO`, qui nous permet de manipuler la classe `File` :

```
using System;
using System.Data;
using System.Data.SqlClient;
using System.IO;
using Microsoft.SqlServer.Server;
public partial class Triggers
{
    [Microsoft.SqlServer.Server.SqlTrigger
      (Name = @"TRG_A_I_table_a_auditer", Target = "[dbo].[table_a_auditer]"
      , Event = "FOR INSERT")]
    public static void TriggerAfterInsertOnTableAAuditer()
    {string fileName = @"D:\SQL CLR Audit\audit.txt";
      // Récupération du contexte d'exécution du déclencheur
      SqlTriggerContext trgCtx = SqlContext.TriggerContext;
      // Création des objets qui vont servir à communiquer avec SQL Server
      SqlCommand cmd;
      // Réutilisation du contexte de connexion dans lequel le trigger s'exécute
      using (SqlConnection cnx = new SqlConnection(@"context connection=true"))
      {cnx.Open();
       // Génération du document XML
       cmd = new SqlCommand
       (@"SELECT CAST(L.lignes AS nvarchar(max)) AS lignes_xml
           FROM (SELECT * FROM INSERTED
                   FOR XML AUTO, TYPE) AS L(lignes);", cnx);
       // Stockage du document XML généré dans une variable
       string lignes = (string)cmd.ExecuteScalar();
       // Écriture dans le fichier d'audit
       File.AppendAllText(fileName, lignes);
      }
    }
}
```

De retour dans Management Studio, nous créons la table de test suivante :

```
CREATE TABLE table_a_auditer(i tinyint)
GO
```

Après le déploiement que l'on effectue en suivant les indications de la boîte de dialogue Publish du menu contextuel du projet, nous retrouvons le déclencheur dans l'explorateur d'objets, sous le nœud de même nom qui appartient à la table `dbo.table_a_auditer`. Nous exécutons ensuite le test suivant :

```
SET NOCOUNT ON
GO
DECLARE @i tinyint = 0;
WHILE @i <= 10
BEGIN
    INSERT INTO dbo.table_a_auditer (i) VALUES (@i);
    SET @i += 1
END
```

Ouvrons maintenant le fichier `D:\SQL CLR Audit\audit.txt` :

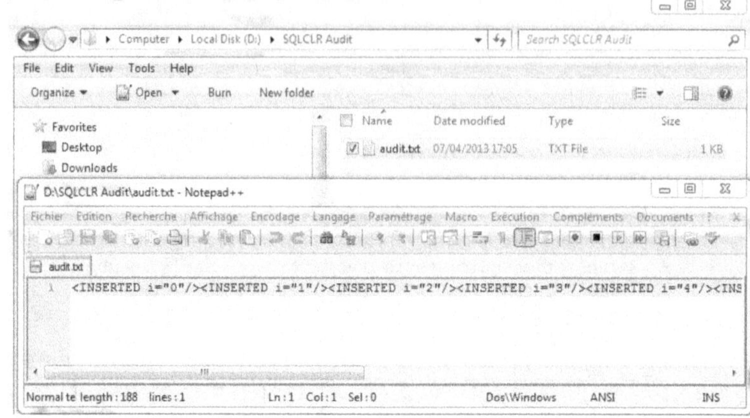

Figure 9–22
Contenu du fichier audit.txt après insertion de quelques lignes

Les vues de gestion des assemblies

Comme avec toute fonctionnalité de SQL Server, il existe un ensemble de vues système et dynamiques qui permettent de gérer les assemblies.

Les vues système

- `sys.assemblies` retourne une ligne par assembly enregistrée dans la base de données.
- `sys.assembly_files` affiche une ligne pour chaque fichier participant à l'assembly, ainsi que le binaire de la DLL à l'origine de celle-ci.
- `sys.assembly_modules` montre une ligne par procédure, fonction, trigger ou agrégat créés à partir de l'assembly, avec quelques détails ; on peut aussi utiliser `sys.module_assembly_usages`, qui n'expose que la relation assembly/module.
- `sys.assembly_types` expose une ligne par type créé à partir d'une assembly ; on y voit d'ailleurs les types `hierarchy`, `geometry` et `geography`.
- `sys.assembly_references` permet au développeur de l'assembly de déterminer les dépendances entre assemblies.

Voici une requête qui donne un bon aperçu des assemblies enregistrées dans une base de données particulière :

```
SELECT A.name AS assembly_name, A.clr_name, A.permission_set_desc
       , A.is_visible, A.create_date, A.modify_date
       , F.name AS file_name, M.assembly_class, M.assembly_method
       , O.name AS assembly_module_name, T.name AS assembly_type_name
       , R.name AS referenced_assembly_name
FROM      sys.assemblies A
INNER JOIN sys.assembly_files F ON F.assembly_id = A.assembly_id
LEFT JOIN sys.assembly_modules M ON M.assembly_id = A.assembly_id
LEFT JOIN sys.assembly_types AS T ON T.assembly_id = A.assembly_id
LEFT JOIN sys.objects AS O ON M.object_id = O.object_id
LEFT JOIN sys.assembly_references AS S ON S.assembly_id = A.assembly_id
LEFT JOIN sys.assemblies AS R ON S.referenced_assembly_id = R.assembly_id
```

Au niveau serveur, si l'on souhaite examiner les détails des assemblies de déclencheur DDL ou de connexion (LOGON), on peut exécuter la requête suivante :

```
SELECT A.name AS assembly_name, A.clr_name, A.permission_set_desc
       , A.is_visible, A.create_date, A.modify_date
       , F.name AS file_name, M.assembly_class, M.assembly_method
       , O.name AS assembly_module_name
FROM       master.sys.assemblies A
INNER JOIN master.sys.assembly_files F ON F.assembly_id = A.assembly_id
LEFT JOIN sys.server_assembly_modules M ON M.assembly_id = A.assembly_id
LEFT JOIN sys.server_triggers AS O ON M.object_id = O.object_id
```

Les vues de gestion dynamique

Elles sont au nombre de quatre.

- sys.dm_clr_properties (voir début de chapitre) retourne la version de la CLR embarquée par SQL Server, l'emplacement physique où elle est installée sur la machine, et l'état de cette dernière.
- sys.dm_clr_loaded_assemblies retourne une ligne par assembly chargée dans l'espace mémoire de SQL Server. C'est une optimisation qui permet de ne pas charger l'assembly à chaque exécution. Par ailleurs, il faut noter que l'assembly est expulsée de la mémoire lorsque SQL Server est sous pression mémoire (lorsqu'il a besoin de plus de pages allouées en mémoire pour importer des données depuis les disques, ce qui est un problème de performance).
- sys.dm_clr_appdomains montre une ligne par domaine d'application chargé dans l'espace mémoire de SQL Server.
- sys.dm_clr_tasks affiche une ligne par tâche ayant invoqué la CLR et qui est actuellement en train de s'exécuter.

La requête suivante montre la liste de toutes les assemblies et ressources consommées par les domaines d'application actuellement chargés :

```
SELECT SA.name AS assembly_name AD.appdomain_name, LA.load_time, AD.state
       , AD.strong_refcount - 1 AS batches_reference_count
       , AD.weak_refcount AS cached_object_count
       , AD.cost, AD.value, AD.total_processor_time_ms
       , AD.total_allocated_memory_kb, AD.survived_memory_kb
FROM       sys.dm_clr_loaded_assemblies AS LA
INNER JOIN sys.assemblies AS SA ON LA.assembly_id = SA.assembly_id
INNER JOIN sys.dm_clr_appdomains AS AD ON LA.appdomain_address = AD.appdomain_address
```

La requête suivante permet de collecter les tâches CLR qui sont actuellement en cours d'exécution et les relie au lot de requêtes qui les invoque :

```
SELECT R.session_id, W.state AS worker_state, W.last_wait_type
       , R.wait_time, T.state AS CLR_task_state, T.forced_yield_count
       , SUBSTRING
       (Q.text
            , R.statement_start_offset / 2 + 1
            , (CASE
                WHEN R.statement_end_offset = - 1
THEN LEN(CAST(Q.text AS nvarchar(max))) * 2
                    ELSE R.statement_end_offset
                END - R.statement_start_offset) / 2 + 1
        ) AS stmt_in_batch
        , Q.text AS batch
```

```
FROM       sys.dm_os_workers AS W
INNER JOIN sys.dm_clr_tasks AS T ON W.task_address = T.sos_task_address
INNER JOIN sys.dm_exec_requests AS R ON R.task_address = W.task_address
CROSS APPLY sys.dm_exec_sql_text(R.plan_handle) AS Q
WHERE      T.type = 'E_TYPE_USER';
```

On cherchera les lignes pour lesquelles `last_wait_type` est à `SQL CLR_QUANTUM_PUNISHMENT` : cela indique que la tâche a dépassé son quantum, et que SQL Server l'a donc replanifiée et placée en fin de queue de traitement. `forced_yield_count` indique combien de fois ce phénomène s'est produit pour ladite tâche[4].

Suivi des performances

Du fait que SQL Server permet l'exécution de code CLR, cette fonctionnalité requiert une attention un peu plus particulière que les autres en termes de consommation de ressources. En plus des requêtes exposées précédemment avec les vues de gestion dynamique, voyons quelles options Microsoft a mis à notre disposition pour réaliser un suivi des performances de SQL CLR.

Le moniteur de performances

C'est de loin l'outil qui offre le suivi le plus vaste car il expose un grand nombre de compteurs, que l'on ne retrouve malheureusement pas exposés par la DMV `sys.dm_os_performance_counters`.

Lorsqu'on utilise les compteurs du groupe .NET CLR, il est nécessaire pour certains d'entre eux de sélectionner l'instance `sqlservr` :

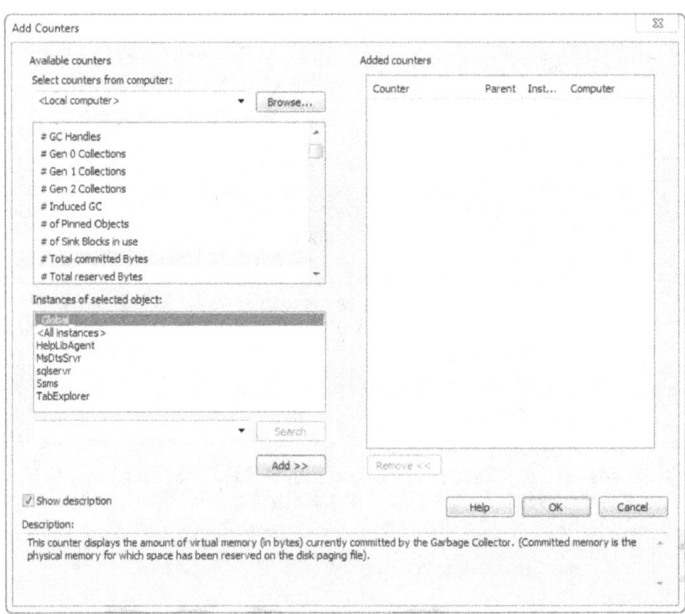

Figure 9–23
Quelques compteurs de performance .NET CLR

4. Source : Glen Berry (http://sqlserverperformance.wordpress.com/2010/04/17/a-dmv-a-day-%E2%80%93-day-18/)

Voici quelques groupes de compteurs de performance qui permettent de comprendre et de diagnostiquer le comportement de l'exécution de code managé CLR au sein de SQL Server. Il est vivement conseillé d'activer l'option Show description, qui affiche une boîte de dialogue détaillant la fonction du compteur.

- .NET CLR Exceptions détaille le nombre d'erreurs levées par seconde, que celles-ci soient générées par le développeur ou bien par la CLR. Notons que plus ce nombre est élevé, plus la consommation de ressources relatives à la gestion d'exceptions est importante.
- .NET CLR Loading montre les domaines d'application pour l'exécution de code .NET CLR ; comme un `AppDomain` correspond à une base de données, ce groupe permet de détailler le fonctionnement de tous les `AppDomain` et de connaître le nombre de chargements d'assemblies et de classes effectués par seconde.
- .NET CLR Memory fournit des informations détaillées sur l'allocation de mémoire à la CLR, ainsi que sur le fonctionnement du ramasse-miettes. Si la quantité de mémoire est élevée par rapport à celle disponible sur le serveur et à celle allouée à SQL Server (option de configuration d'instance `max server memory (MB)`), cela indique généralement que le code gère une grande quantité de données en mémoire ; on considèrera alors une revue du code de l'assembly et une implémentation différente qui minimise la copie de données et/ou qui les traite différemment.

SQL Profiler

Il n'existe qu'un seul événement que l'on peut auditer avec SQL Profiler (voir chapitre 19) : le chargement d'assemblies.

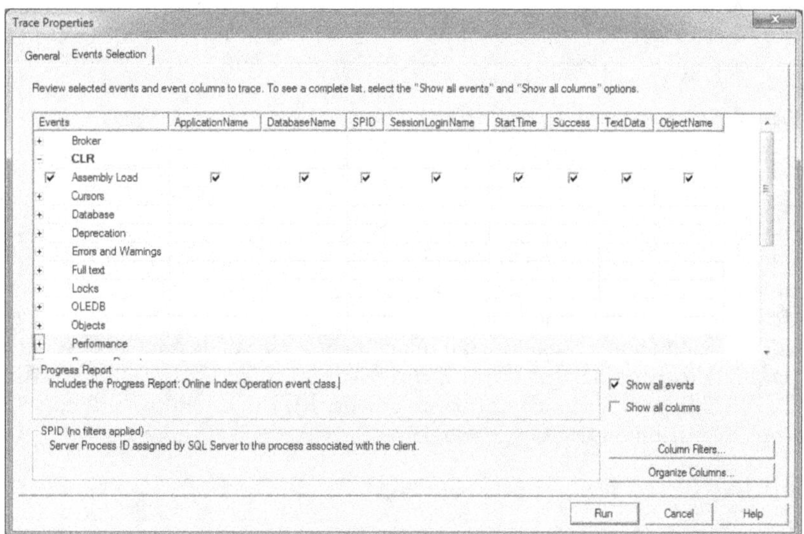

Figure 9–24
Sélection de l'événement Assembly Load dans SQL Profiler

Un enregistrement sera ajouté à la trace pour tout chargement d'assemblies. Lorsqu'un tel événement échoue, le nom de l'assembly et le message d'erreur relatif à l'échec sont consignés dans la trace.

Connectivité des données

Au cours des précédents chapitres, nous avons découvert comment concevoir, implémenter, modifier, manipuler et maintenir des bases et leurs données. Tout ce que nous avons vu n'est valable que si ces bases de données sont utilisées par des applications. C'est pourquoi nous allons nous concentrer dans cette section sur la façon dont on peut manipuler des bases de données dans divers langages de programmation : cela vous permettra d'acquérir les bases nécessaires pour écrire de telles applications.

Les fournisseurs d'accès aux données

Il existe de nombreuses interfaces logicielles qui facilitent l'échange de données entre les applications et les moteurs de bases de données SQL. Elles sont le résultat de recherches effectuées par divers consortiums d'éditeurs de logiciels au cours des trente dernières années.

Microsoft

OLEDB

Object Linking and Embedding, Database (OLEDB) est une API conçue par Microsoft permettant l'accès à des sources de données de types variés de façon uniforme. Elle est implémentée à partir de l'API *Component Object Model* (COM) et son but premier était de remplacer ODBC tout en étendant ses fonctionnalités, comme l'accès aux bases de données orientées objet ou à un tableur. Ce fournisseur, encapsulé dans SQL Server sous le nom SQLNCli, est aujourd'hui obsolète à partir de SQL Server 2012[5], mais son support est assuré pour les sept prochaines années. Il est donc recommandé d'utiliser ou de migrer les applications vers ODBC ou ADO.NET.

ODBC

En 1992, peu après la publication de la norme ANSI SQL-92, un consortium d'éditeurs de logiciels de base de données lance le projet d'une interface de programmation unique pour exploiter les différents SGBD du marché en utilisant le langage SQL. Quelques mois plus tard, Microsoft, un des membres du consortium, lance sur le marché *Open Database Connectivity* (ODBC), un logiciel qui concrétise ce projet. À la même période, un autre consortium d'éditeurs de logiciels de base de données, le *SQL Access Group*, édite un standard industriel relatif à la *Call Level Interface* (CLI), qui normalise l'interface de programmation de logiciels qui manipulent les bases de données. Le consortium *X/Open*, nouveau propriétaire, travaille activement à enrichir le standard CLI. En 1999, Microsoft met sur le marché ODBC 3.0, un logiciel conforme au standard CLI. Les autres éditeurs fournissent également une implémentation d'ODBC (Oracle, IBM, Teradata, MySQL, etc.).

ADO.NET

Le but principal d'ADO.NET, qui est la bibliothèque d'accès aux données la plus utilisée dans la programmation d'applications utilisant le framework .NET, a tout d'abord été de fournir les mêmes capacités que son prédécesseur, ADO (*ActiveX Data Object*). Il est conceptuellement basé sur le modèle consommateur/fournisseur : les consommateurs sont les applications qui doivent accéder aux données,

5. Voir http://blogs.msdn.com/b/sqlnativeclient/archive/2011/08/29/microsoft-is-aligning-with-odbc-for-native-relational-data-access.aspx

et les fournisseurs sont les composants logiciels qui implémentent l'interface d'accès à ces données. C'est cette interface qui a permis de donner naissance à *LINQ to SQL* et à *Entity Framework*, c'est-à-dire la simplification de la représentation des tables dans les classes du code .NET.

Sun/Oracle JDBC

JDBC (*Java Database Connectivity*) est un logiciel édité par Sun Microsystems (depuis racheté par Oracle), qui permet à des applications Java de manipuler des bases de données. C'est un concurrent d'ODBC. Il permet également de manipuler des bases de données par l'intermédiaire d'ODBC.

PHP : SQLSRV et PDO

La dernière version des pilotes Microsoft pour PHP prennent en charge la version 5 de celui-ci et lui permettent d'accéder à toute base de données SQL Server à partir de la version 2005. Ces pilotes Microsoft comprennent deux extensions PHP : l'une est procédurale (SQLSRV), l'autre est orientée objet (PDO). Elles supportent de nombreuses fonctions PHP, y compris l'authentification Windows[6].

Accès aux bases de données

Nous donnons ici quelques exemples de code permettant d'accéder à une base de données SQL Server avec les fournisseurs middleware présentés précédemment. Ces exemples sont volontairement simplifiés (ils ne gèrent pas les cas d'erreur, par exemple) dans un but purement didactique.

La base de données

Dans SQL Server Management Studio, nous créons une base de données `DemoConnectivite` que nous utiliserons dans tous les exemples qui suivent. Cette base de données comprend la table suivante :

```
USE DemoConnectivite
GO
CREATE TABLE utilisateur
(utilisateur_id int IDENTITY(-2147483648, 1) NOT NULL CONSTRAINT PK_utilisateur PRIMARY KEY
, pseudonyme varchar(32) NOT NULL CONSTRAINT UQ_utilisateur__pseudonyme UNIQUE
, email varchar(315) NOT NULL CONSTRAINT CHK_utilisateur__email
CHECK (CHARINDEX('@', email) > 0
        AND LEN(LEFT(email, CHARINDEX('@', email) - 1)) <= 64
        AND LEN(RIGHT(email, LEN(email) - CHARINDEX('@', email))) <= 256
        AND RIGHT(email, LEN(email) - CHARINDEX('@', email)) LIKE '%.%')
, date_inscription date CONSTRAINT DF_utilisateur__date_inscription DEFAULT (GETDATE()))
GO
INSERT INTO dbo.utilisateur(pseudonyme, email)
VALUES ('elsuket', 'elsuket@supermail.com'), ('sqlpro', 'sqlpro@turbocourrier.net')
        , ('csoutou', 'csoutou@fastmessage.org');
GO
```

6. Pour en savoir plus sur l'utilisation des interfaces SQLSVR et PDO, consultez la page suivante : http://social.technet.microsoft.com/wiki/contents/articles/1258.accessing-sql-server-databases-from-php.aspx

Avec Microsoft : le modèle .NET

Nous décrivons ici les objets de code nécessaires à la connexion, la récupération et la manipulation de données avec le framework .NET de Microsoft et le fournisseur ADO.NET.

Présentation des classes

On peut schématiser les flux entre les classes qui accèdent aux bases de données à l'aide du schéma suivant :

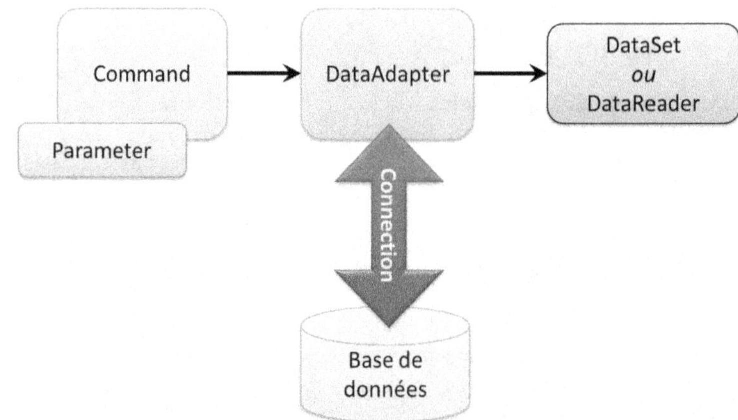

Figure 9–25
Flux de manipulation de bases de données en .NET

Tableau 9–2 Classes nécessaires à l'accès aux bases de données

Nom	Description
`Connection`	Crée la connexion entre le moteur de base de données (qui n'est pas nécessairement SQL Server) et les objets de manipulation de données implémentés par l'application. Un tel objet inclut la logique d'optimisation de l'utilisation des connexions par pooling.
`Command`	Définit une action qui sera réalisée par le moteur de bases de données, c'est-à-dire une instruction DML ou DDL, l'exécution d'un module de base de données ou tout simplement de la récupération de données.
`Parameter`	Représente un paramètre de la commande.
`DataAdapter`	Produit une représentation des données retournées par le fournisseur de données à travers un objet DataSet ou DataReader. Un objet de ce type soumet les requêtes à un moteur de bases de données, gère le mappage du résultat avec les objets de l'application et contrôle la connextion (en particulier la fermeture une fois les données obtenues).
`DataReader`	Comme son nom l'indique, un tel objet permet d'accéder à une base de données en lecture seule. C'est l'objet de prédilection lorsqu'on souhaite retrouver des données le plus rapidement possible. Cet objet ne contrôlant pas la connexion, il est nécessaire de la clôturer explicitement.
`DataSet`	Contient une copie locale des données récupérées par un DataAdapter, ce qui permet de ne pas avoir à maintenir la connexion, qui est clôturée dès que les données à retrouver le sont effectivement.
`DataTable`	Un DataSet peut contenir une à plusieurs DataTable.

Se connecter à une base de données SQL Server en C# avec ADO.NET

Pour cet exemple, nous devons tout d'abord créer une connexion et un utilisateur de base de données, puis autoriser ce dernier à lire la table `dbo.Utilisateur` que nous avons créée :

```
CREATE LOGIN adodotnet WITH PASSWORD = '!2rOW$$@P'
GO
CREATE USER adodotnet FOR LOGIN adodotnet
GO
GRANT SELECT ON dbo.utilisateur TO adodotnet
```

Nous ouvrons maintenant Visual Studio 2010 (ou 2012) et nous créons un nouveau projet d'application C# WindowsForms. Nous devons tout d'abord ajouter une nouvelle source de données au projet, ce qui se fait via le menu Data>Add New Data Source. Dans la boîte de dialogue qui apparaît alors, nous choisissons Database, puis DataSet et nous cliquons sur le bouton New Connection, qui ouvre la boîte de dialogue classique de connexion à une base de données. Nous spécifions alors le serveur `ELSUKET7PRO`, la base de données `DemoConnectivite` et l'utilisateur `adodotnet` ainsi que son mot de passe (figure 9-26). Nous nous laissons guider par l'assistant et nous choisissons de sauvegarder la chaîne de connexion sous le nom `DemoConnectiviteConnectionString`. Nous ne spécifions pas de `DataSet` dans la fenêtre Choose Your Database Objects, et nous cliquons directement sur le bouton Finish.

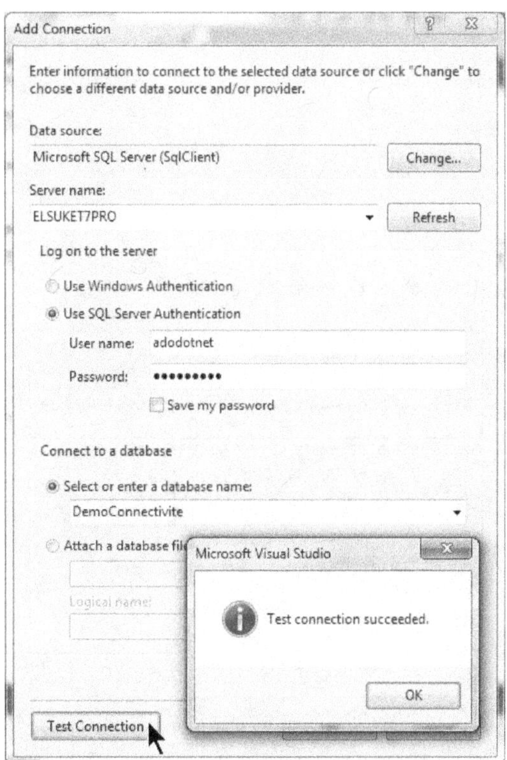

Figure 9–26
Test de la connexion à la base de données DemoConnectivite

Nous avons maintenant un fichier de configuration de l'application, nommé app.config. Il contient la chaîne de connexion qui, comme nous allons le voir, est ensuite très simple à référencer dans le code de l'application :

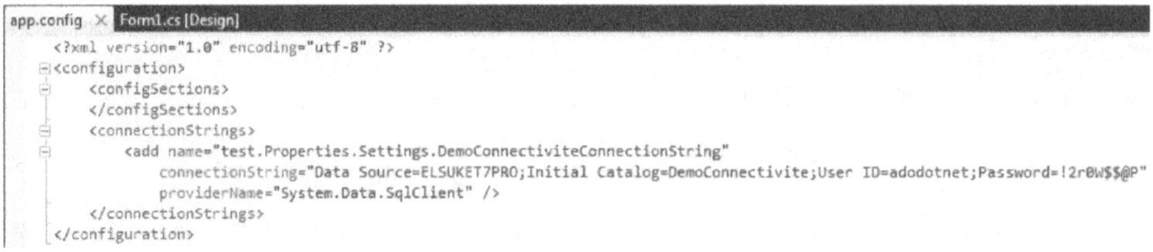

```
app.config  ×  Form1.cs [Design]
<?xml version="1.0" encoding="utf-8" ?>
<configuration>
    <configSections>
    </configSections>
    <connectionStrings>
        <add name="test.Properties.Settings.DemoConnectiviteConnectionString"
            connectionString="Data Source=ELSUKET7PRO;Initial Catalog=DemoConnectivite;User ID=adodotnet;Password=!2r0W$$@P"
            providerName="System.Data.SqlClient" />
    </connectionStrings>
</configuration>
```

Figure 9–27 La chaîne de connexion ADO.NET dans le fichier app.config

Nous souhaitons afficher les données de la table `dbo.utilisateur` dans un composant `DataGridView`. Pour ce faire, nous utilisons la boîte à outils (Ctrl + W, X) et nous déposons ce contrôle dans la fenêtre, avec un bouton, dont nous changeons le texte à `Show` (clic droit sur le bouton puis sélectionnez Properties, ou appuyez sur le bouton, puis F4). Par un double-clic sur le bouton dans cette même fenêtre de conception, nous accédons à la méthode qui implémentera le code qui se chargera de peupler la `DataGridView`, dont voici le code :

```
using System;
using System.Data;
using System.Data.SqlClient;
using System.Text;
using System.Windows.Forms;
namespace Demo_SQLServer_ADODotNet
{public partial class Form1 : Form
{public Form1()
  {InitializeComponent();
   Text = "Demo SQL Server ADO.Net";
  }
  private void button1_Click(object sender, EventArgs e)
  {// Voici la requête
    string query = "SELECT * FROM dbo.utilisateur;";
    // Création et ouverture de la connexion
    SqlConnection cnx =
new SqlConnection(Properties.Settings.Default.DemoConnectiviteConnectionString);
    cnx.Open();
    // Exécution de la requête et capture du résultat
    SqlDataAdapter da = new SqlDataAdapter(query, cnx);
    // Adaptation du résultat dans une DataTable pour manipulation
    DataTable dt = new DataTable();
    da.Fill(dt);
    // Peuplement de la DataGridView
    dataGridView1.DataSource = dt;
  }
}
}
```

En appuyant sur la touche F5, qui nous permet de procéder au débogage de l'application, et après avoir cliqué sur le bouton Show, nous obtenons le résultat représenté à la figure 9-28.

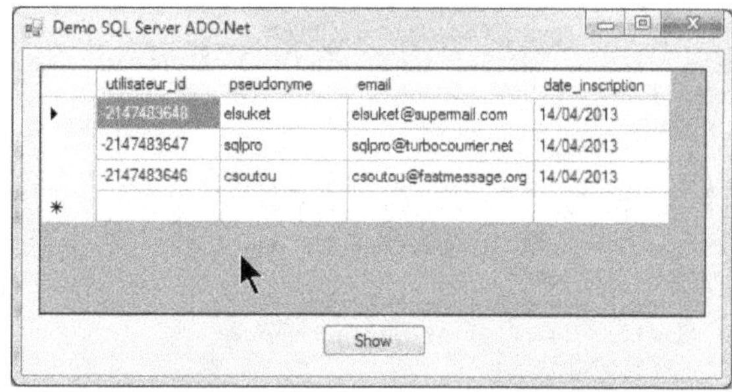

Figure 9–28 Peuplement de la DataGridView avec ADO.NET

Se connecter à une base de données SQL Server en C# avec ODBC

Nous pouvons créer un nouveau projet d'application C# WindowsForms, comme nous l'avons fait ADO.NET, mais nous devons cette fois commencer par créer une nouvelle connexion et un nouvel utilisateur de bases de données. Pour cela, nous utilisons le lot de requêtes suivantes dans SQL Server Management Studio :

```
USE DemoConnectivite
GO
CREATE LOGIN odbc WITH PASSWORD = 'P@$$WOr2!'
GO
CREATE USER odbc FOR LOGIN odbc
GO
GRANT SELECT ON dbo.utilisateur TO odbc
```

On peut ensuite changer la chaîne de connexion comme suit :

```
app.config  X  Form1.cs
<?xml version="1.0" encoding="utf-8" ?>
<configuration>
    <configSections>
    </configSections>
    <connectionStrings>
        <add name="Demo_SQLServer_ODBC_DataGridView.Properties.Settings.DemoConnectiviteConnectionString"
            connectionString="Driver={SQL Server Native Client 11.0};Server=ELSUKET7PRO;Database=DemoConnectivite;uid=odbc;pwd=P@$$W0r2!;"
            providerName="System.Data.SqlClient" />
    </connectionStrings>
</configuration>
```

Figure 9–29 La chaîne de connexion ODBC dans le fichier app.config

Nous devons ajouter l'espace de noms `System.Data.Odbc` et nous réalisons ensuite l'implémentation suivante :

```
using System;
using System.Data;
using System.Text;
using System.Windows.Forms;
using System.Data.Odbc;
namespace Demo_SQLServer_ODBC_DataGridView
{public partial class Form1 : Form
{public Form1()
  {InitializeComponent();
   Text = "Demo SQL Server ODBC";
  }
```

```
    private void button1_Click(object sender, EventArgs e)
    {// Récupère la chaîne de connexion dans le fichier de configuration
     string odbcCnxStr = Properties.Settings.Default.DemoConnectiviteConnectionString;
     // Stocke la requête
     string requete = "SELECT * FROM dbo.utilisateur";
     // Création de la connexion
     OdbcConnection cnx = new OdbcConnection(odbcCnxStr);
     // Création de l'adaptateur qui va exécuter la requête
     OdbcDataAdapter da = new OdbcDataAdapter(requete, cnx);
     // Construction de la commande
     OdbcCommandBuilder cb = new OdbcCommandBuilder(da);
     // La DataTable stockera le résultat de la requête
     DataTable dt = new DataTable();
     da.Fill(dt);
     dataGridView1.DataSource = dt;
    }
  }
}
```

Le comportement visuel de l'application est totalement identique à ce que nous avons observé avec ADO.NET : après avoir cliqué sur le bouton Show, nous obtenons le résultat représenté à la figure 9-30 :

Figure 9–30
Peuplement de la DataGridView avec ODBC

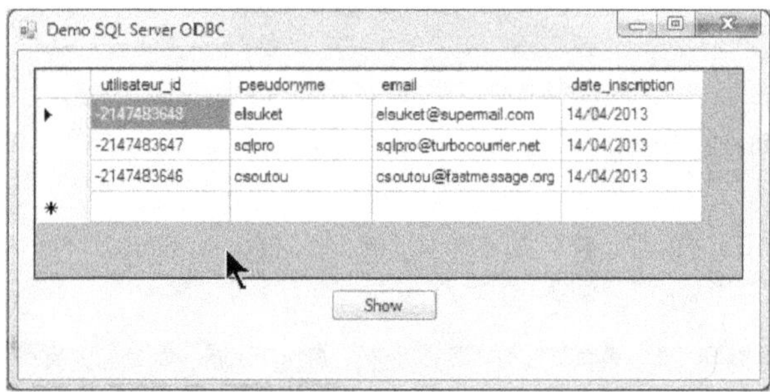

Les similitudes ne s'arrêtent pas là, puisque la démarche de collecte du résultat et de peuplement de la `DataGridView`, ainsi que le nom des classes, sont quasiment identiques.

Se connecter à une base de données en PHP avec SQLSRV

Depuis que Microsoft distribue Web Platform Installer, il est très simple d'installer une suite logicielle web, qui comprend en outre IIS et quelques extensions, SQL Server, ASP.NET et PHP. L'intégration de PHP à ce package peut sembler surprenante pour certains, mais on doit constater que Microsoft a fait un effort pour améliorer la performance de PHP sous IIS, notamment avec Windows Cache Extension for PHP. On compte aussi dans ce package WordPress, SugarCRM,...

On peut aussi se demander l'intérêt d'un tel package, puisque tout est librement accessible sur Internet : l'intérêt est justement de ne pas avoir à naviguer sur plusieurs sites, télécharger les packages, les installer les uns après les autres et les configurer : le Web Platform Installer fait tout cela pour vous, comme vous allez le découvrir dans cette section.

Notez que je suis un débutant absolu en PHP, mes dernières manipulations datant de l'IUT, il y a 7 ans : deux heures m'ont été nécessaires pour installer et configurer IIS et PHP, et écrire un peu de code.

Installer IIS

Pour compléter l'installation simple de PHP, installez IIS7 en vous rendant dans le menu Panneau de configuration>Programmes et fonctionnalités>Activer ou désactiver des fonctionnalités Windows. Dans la liste qui apparaît, cliquez sur le nœud Internet Information Services et activez les options suivantes :

- Web Management Tools : IIS Management Console et IIS Management Script and Tools ;
- World Wide Web Services.

Validez vos modifications et après quelques secondes d'attente, la fenêtre d'installation disparaît, IIS7 est installé. Saisissez « IIS » dans la zone de recherche du menu Démarrer pour accéder à la console Internet Information Services Manager (figure 9-31).

Essayez d'accéder à http://localhost/ : si vous n'y parvenez pas, développez le nœud qui correspond au nom de votre ordinateur dans le panneau de gauche (Sites>Default Web Site). Si l'icône Stop apparaît, cela signifie que le service n'est pas démarré. Dans ce cas, effectuez un clic droit sur le service et choisissez Manage Web Site>Start. Si votre nouvel essai n'est toujours pas concluant, vérifiez qu'aucune application n'occupe le port 80 (par exemple, Skype).

Nous devons maintenant configurer la page par défaut, c'est-à-dire celle qui sera affichée automatiquement si aucune autre page spécifique n'a été demandée. Elle est stockée par défaut dans le répertoire `C:\inetpub\wwwroot`. Pour procéder à sa configuration, double-cliquez sur l'option Default Document du panneau central et placez la page `index.php` comme premier élément de la liste.

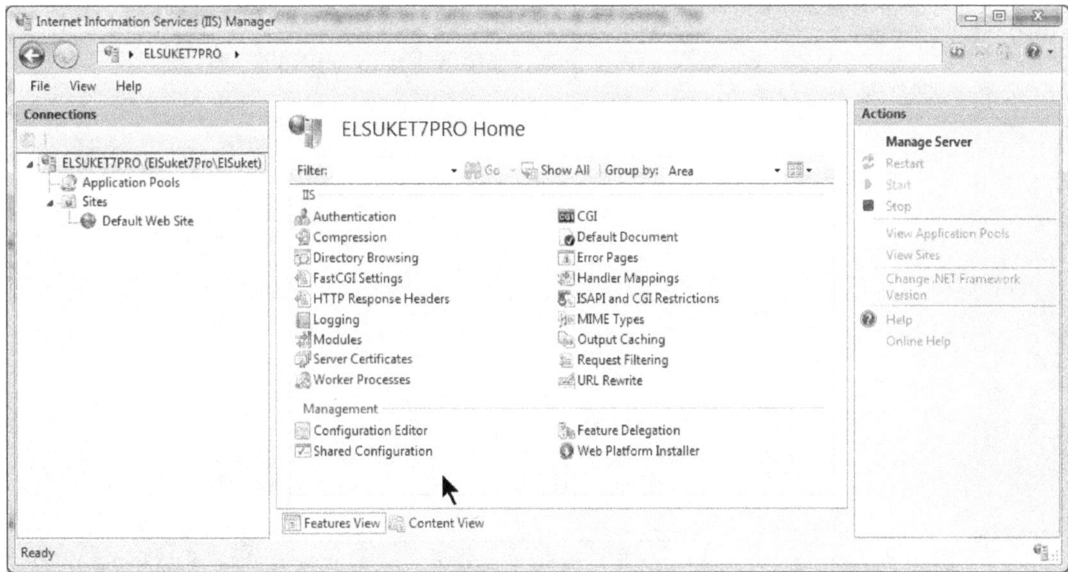

Figure 9–31 La console IIS

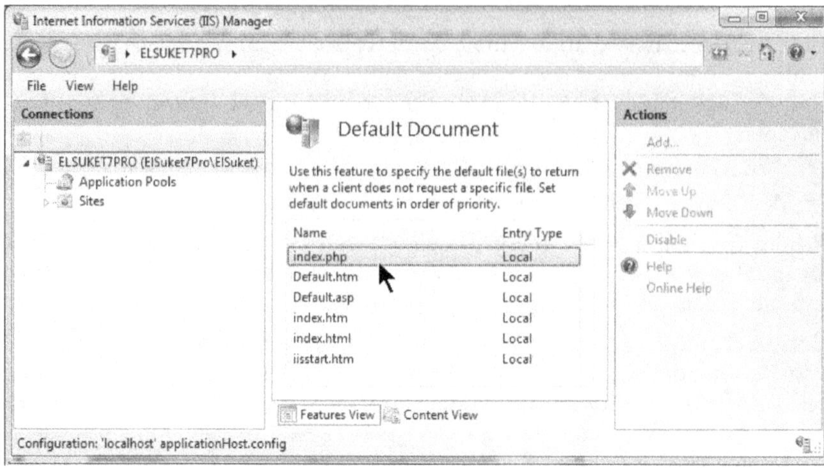

Figure 9–32
Configuration de la page pardéfaut

Installer le serveur PHP

L'installation d'un serveur PHP avec Web Platform Installer est très simple et accessible même aux novices : il suffit de se rendre sur la page http://www.microsoft.com/web/downloads/platform.aspx, et de télécharger l'installeur (2 Mo). Une fois celui-ci démarré, vous pouvez sélectionner les fonctionnalités à installer, notamment la dernière version de PHP :

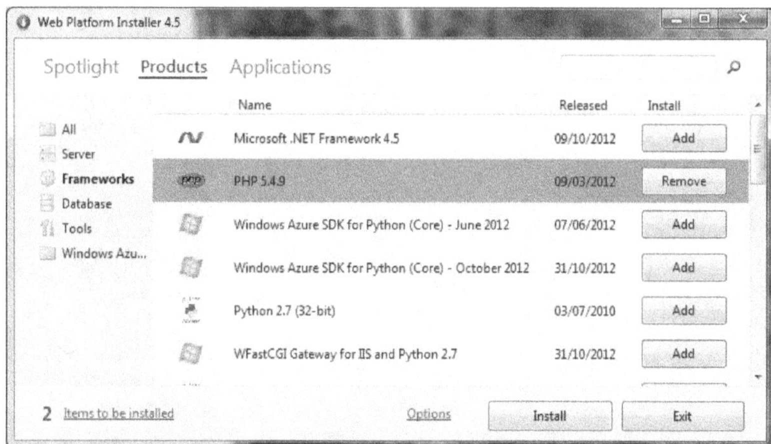

Figure 9–33
Installation de PHP avec Web Platform nstaller

Après quelques secondes, un écran vous confirmera le succès de l'installation des fonctionnalités. À ce stade, il est intéressant de voir comment le serveur est configuré. Pour cela, il suffit d'installer PHP Manager for IIS, disponible sur le site Codeplex[7]. Une fois installé, ce composant sera visible dans la console IIS et vous permettra de configurer le serveur PHP. Double-cliquez sur son icône, l'écran de la figure 9-34 apparaît :

7. http://phpmanager.codeplex.com/releases/view/69115

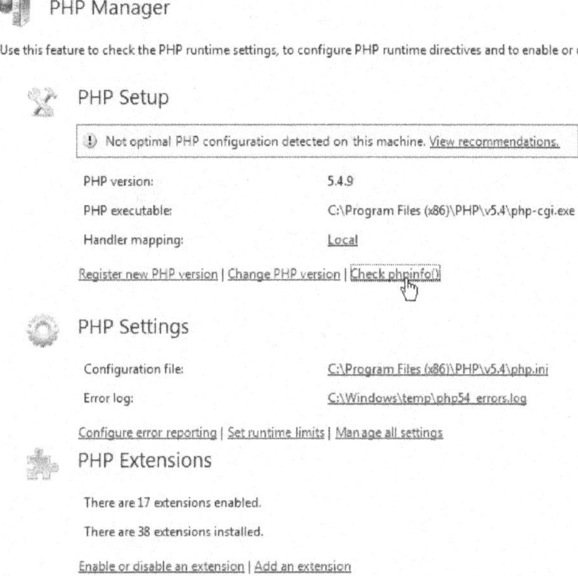

Figure 9–34
Configuration du serveur PHP à partir de la console IIS

Cliquez sur le lien Check phpinfo() afin de consulter toutes les options de configuration du serveur PHP, et dans notre cas, le paramétrage du pilote SQLSRV :

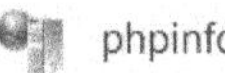

phpinfo() output

Get the output of phpinfo() function that provides the information about current state of PHP. This information can be used to examine all aspects of PHP runtime and for debugging purposes.

sqlsrv

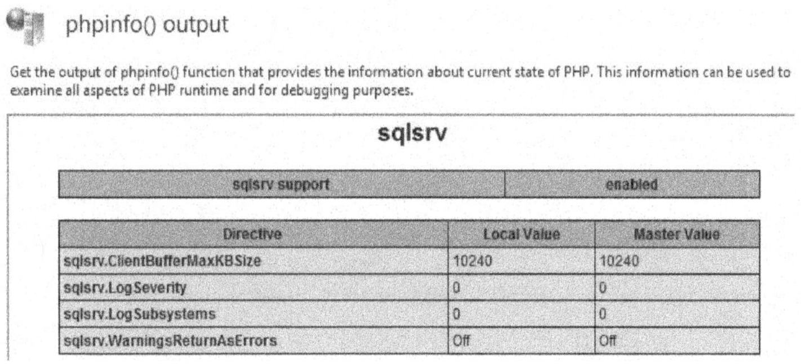

sqlsrv support	enabled

Directive	Local Value	Master Value
sqlsrv.ClientBufferMaxKBSize	10240	10240
sqlsrv.LogSeverity	0	0
sqlsrv.LogSubsystems	0	0
sqlsrv.WarningsReturnAsErrors	Off	Off

Figure 9–35
Les options de configuration du pilote SQLSRV de PHP

Un exemple simple

De retour dans Management Studio, nous créons une connexion intitulée `php` et nous la mappons à l'utilisateur de même nom dans la base de données `DemoConnectivite` à l'aide du lot de requêtes suivant :

```
USE DemoConnectivite
GO
CREATE LOGIN php WITH PASSWORD = 'phpMotDeP@sse!'
GO
CREATE USER php FOR LOGIN php
GO
GRANT SELECT ON dbo.utilisateur TO php
GO
```

Nous ouvrons ensuite l'éditeur de texte afin d'écrire quelques lignes de code PHP[8] :

```
<?php
// Construction de la chaîne de connexion
$server = "ELSUKET7PRO";
$options = array("UID" => "php","PWD" => "phpMotDeP@sse!", "Database" => DemoConnectivite");
$conn = sqlsrv_connect($server, $options);
if ($conn === false) die("<pre>".print_r(sqlsrv_errors(), true));
// Soumission de la requête à SQL Server
$sql = "SELECT pseudonyme, email, date_inscription FROM dbo.utilisateur";
$query = sqlsrv_query($conn, $sql);
if ($query === false)
{exit("<pre>".print_r(sqlsrv_errors(), true));}
// Création du tableau HTML
$table = "<table border=1><tr><th>Pseudo</th><th>email</th><th>date d'inscription<th></tr>";
// Pour chaque ligne retournée par au moteur de base de données,
// nous ajoutons une ligne au tableau HTML
while ($row = sqlsrv_fetch_array($query))
{$display = "<tr><td>".$row[pseudonyme];
$display .= "</td><td>".$row[email];
$display .= "</td><td>".date_format($row[date_inscription], 'Y-m-d')."</td></tr>";
$table .= $display;
}
// Libération des ressources et fermeture de la connexion
sqlsrv_free_stmt($query);
sqlsrv_close($conn);
// Affichage du tableau HTML
echo $table."</table>";
?>
```

Une connexion à http://www.localhost affiche le résultat de la figure 9-36.

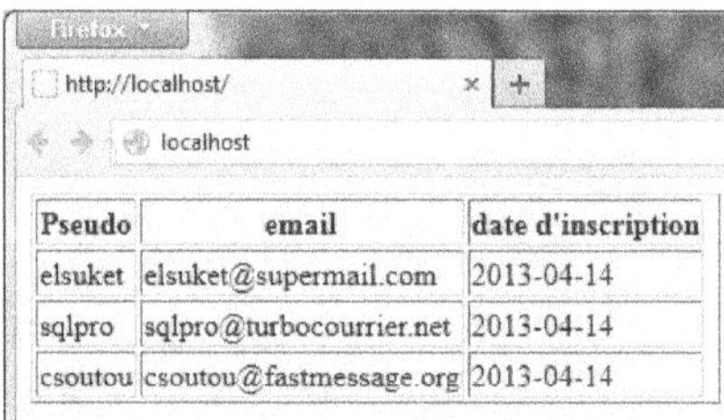

Pseudo	email	date d'inscription
elsuket	elsuket@supermail.com	2013-04-14
sqlpro	sqlpro@turbocourrier.net	2013-04-14
csoutou	csoutou@fastmessage.org	2013-04-14

Figure 9–36
Résultat de la génération d'un tableau HTML en PHP avec une base de donnés dans SQL Server

Se connecter à une base de données en Java avec JDBC

Le pilote JDBC 4.0 Microsoft pour SQL Server

Avant toute chose, il convient de télécharger le pilote à l'adresse suivante : http://www.microsoft.com/fr-fr/download/details.aspx?id=11774. Le fichier à télécharger s'intitule `sqljdbc_4.0.2206.100_fra.exe` (pour les plates-formes Windows). Il s'agit d'une archive auto-extractible, c'est-à-dire qu'il suffit de l'extraire dans le dossier de votre choix (par exemple, `C:\Program Files\Java\SQLServerJDBC\`).

8. La documentation de PHP est disponible en français à l'adresse suivante : http://www.php.net/manual/fr/book.sqlsrv.php

L'environnement de développement : Eclipse

Pour cet exemple, nous utilisons l'IDE Eclipse[9], en édition Classic (180 Mo). Une fois l'archive téléchargée, il suffit de l'extraire dans le répertoire de votre choix, puis de l'exécuter. Nous demandons au lecteur averti en Java d'être tolérant sur la qualité du code que nous donnons pour cet exemple, puisqu'il a été réalisé à partir de réminiscences universitaires. Nous accueillerons avec enthousiasme toute revue.

Création du projet et implémentation

Une fois l'IDE Eclipse démarré, nous sélectionnons le menu File>New>Java project et nous nommons le projet `demo.sqlserver.jdbc`. Dans la section Project Layout, nous activons l'option Create separate folders for sources and class files. Après avoir cliqué sur le bouton Finish, le projet est immédiatement créé.

Figure 9–37
Figure 9-37. Création d'un nouveau projet Java avec l'IDE Eclipse

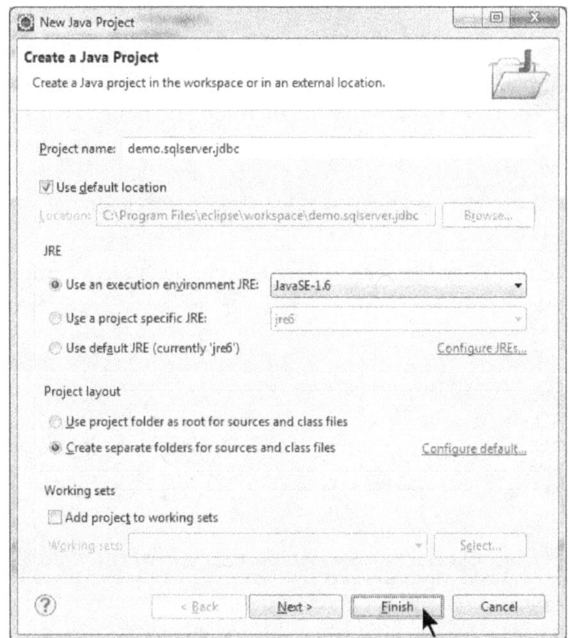

Nous devons maintenant créer un package : il suffit pour cela d'effectuer un clic droit sur le nœud `src` dans la vue Package Explorer. Nous nommons le package de la même manière que le projet : `demo.sqlserver.jdbc`. Nous pouvons maintenant créer une classe en effectuant un clic droit sur le package New>Class. Nous nommons cette classe `DemoSqlServerJdbc` : un fichier `.java` du même nom est automatiquement créé et la classe, vide, apparaît au centre de l'IDE.

Avant de nous en remettre à nos claviers, nous devons référencer le pilote JDBC. Cliquez droit sur le projet Properties afin d'ouvrir la boîte de dialogue de la figure 9-38.

9. http://www.eclipse.org/downloads/

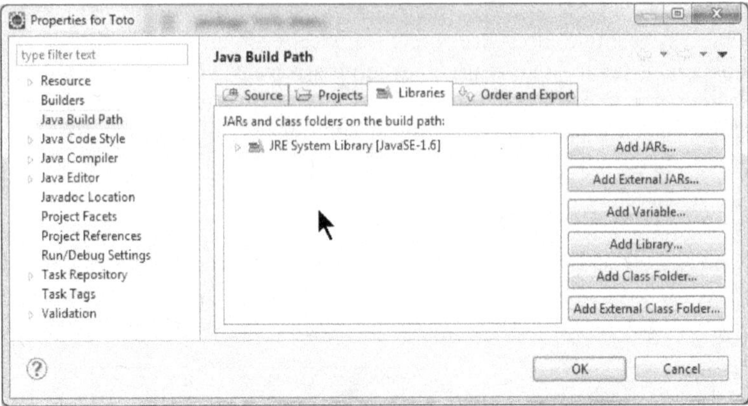

Figure 9–38
Propriétés d'un projet Java sous l'IDE Eclipse

Il nous suffit maintenant de cliquer sur le bouton Add External JARs et de sélectionner le fichier `sqljdbc4.jar` qui se trouve dans le répertoire où nous avons extrait le pilote : `C:\Program Files\Java\SQLServerJDBC\`, dans le dossier `sqljdbc_4.0\enu`. Pour terminer l'opération, nous cliquons sur le bouton OK et un nouveau nœud Referenced Libraries apparaît sous celui du projet : en développant tous ses nœuds, on retrouve toutes les classes que propose le pilote, et notamment `SQLServerDriver.class`.

Il est maintenant temps de passer à l'implémentation de la classe, dont voici le code :

```
package demo.sqlserver.jdbc;
import java.sql.Connection;
import java.sql.DriverManager;
import java.sql.ResultSet;
import java.sql.Statement;
public class DemoSqlServerJdbc
{
    public void sqlServerConnect(String cnxStr, String uid, String pwd)
    {try
        {// Ouverture de la connexion à SQL Server
        Connection cnx = DriverManager.getConnection(cnxStr, uid, pwd);
        System.out.println("Connecté !");
        // Soumission de la requête à SQL Server
        String requete = "SELECT * FROM dbo.utilisateur";
        Statement query = cnx.createStatement();
        // et récupération du résultat
        ResultSet rs = query.executeQuery(requete);
        // Pour chaque ligne du résultat
        while (rs.next())
        {StringBuffer strBuf = new StringBuffer();
            // Le résultat comporte 4 colonnes
            for (int i = 1; i <= 4; i++)
            {strBuf.append(rs.getString(i));
            strBuf.append("\t\t"); }
            // Affichage dans la console
            System.out.println(strBuf);
        }
    } catch (Exception e) {e.printStackTrace();}
    }
    public static void main(String[] args)
    {DemoSqlServerJdbc demo = new DemoSqlServerJdbc();
```

```
        demo.sqlServerConnect
        ("jdbc:sqlserver://ELSUKET7PRO;databaseName=DemoConnectivite", "jdbc", "8rephAdR");
        }
}
```

Il suffit ensuite d'exécuter le projet comme une application à l'aide de la barre d'outils.

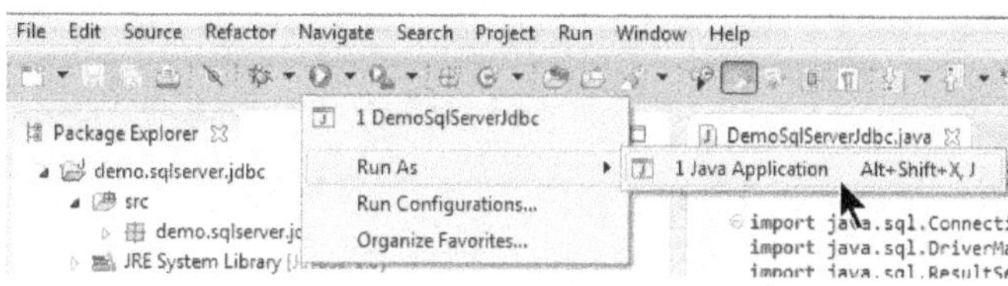

Figure 9–39
Exécution du projet en tant qu'application sous l'IDE Eclipse

La console affiche alors :

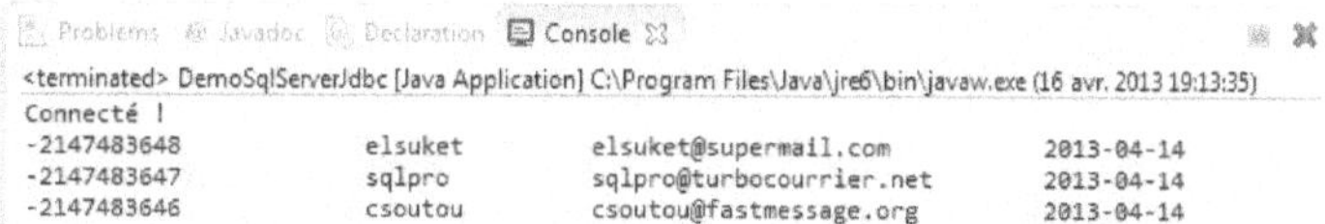

Figure 9–40
Affichage des données de la table dbo.utilisateur dans la console de l'IDE Eclipse

Se connecter à une base de données SQL Server avec Excel 2010 (ou 2013)

Il est normal pour Microsoft d'avoir facilité l'accès à des bases de données à partir d'Excel, qui plus est SQL Server. Après avoir ouvert Excel, il suffit de cliquer sur l'onglet *Données/Data*, puis de choisir, dans la section *Données externes/ Get External Data* > *À partir d'autres sources / From other sources* et enfin *Depuis SQL Server / From SQL Server*

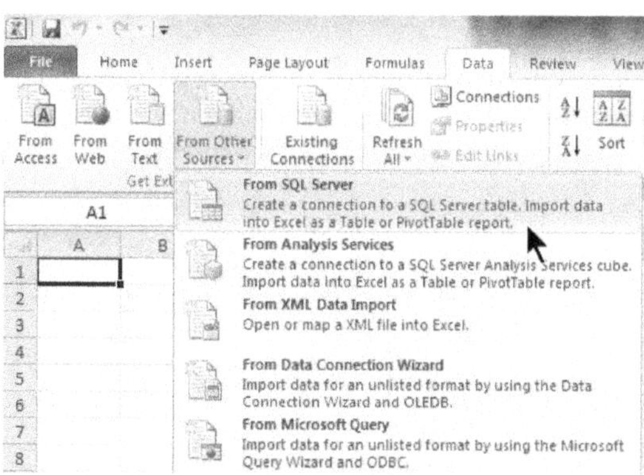

Figure 9–41
Démarrage d'un import de données d'une table stockée dans SQL Server

Dans la boîte de dialogue de l'assistant de connexion de données, il suffit de spécifier le nom du serveur dans le champ approprié, ici ELSUKET7PRO. Dans cet exemple, nous choisissons l'authentification Windows, mais on peut aussi choisir une authentification SQL Server. On préfèrera la première méthode, surtout si le but est d'avoir Excel comme accès frontal à un ensemble de tableaux.

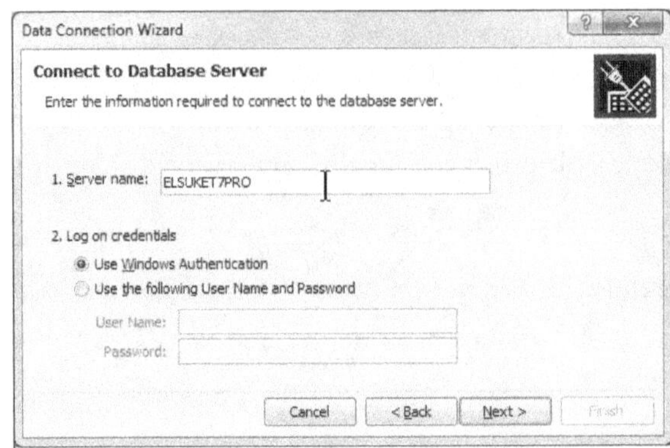

Figure 9–42
Figure 9-42. Spécification du nom de l'instance SQL Server et du type d'authentification

Nous cliquons sur le bouton Suivant, l'ensemble des bases de données que cette instance SQL Server contient est regroupé dans la liste déroulante. Après avoir choisi une base de données utilisateur, les tables de cette dernière (ou plus exactement celles auxquelles l'utilisateur a accès) sont listées :

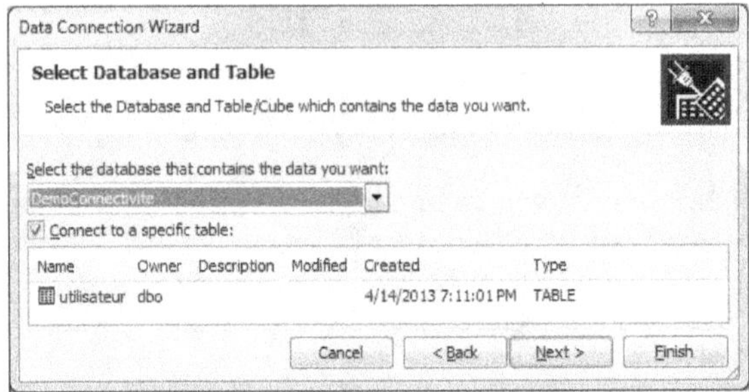

Figure 9–43
Figure 9-43. Choix de la base de données et de la table à importer

Un nouveau clic sur le bouton Suivant permet de sauvegarder la source de données en vue d'une utilisation ultérieure. On est ainsi libre de donner le nom de notre choix à celle-ci, d'y attacher une description et des mots-clés de façon à la retrouver plus facilement :

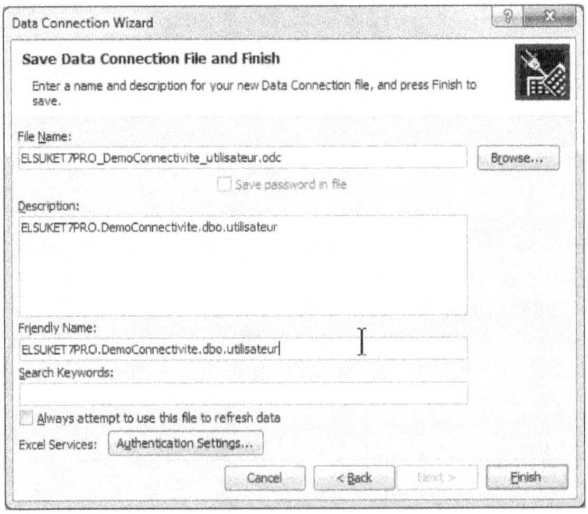

Figure 9–44
Figure 9-44. Sauvegarde de la source de données

Ces sources de données sont sauvegardées sous la forme de fichiers `.odc`, lesquels sont par défaut stockés dans le répertoire `C:\Users\<nom_utilisateur>\Documents\My Data Sources`. Après avoir cliqué sur le bouton Terminer, nous pouvons choisir à quel endroit dans le fichier Excel nous souhaitons réaliser l'import et si nous souhaitons réaliser un tableau de pivot à partir des données importées :

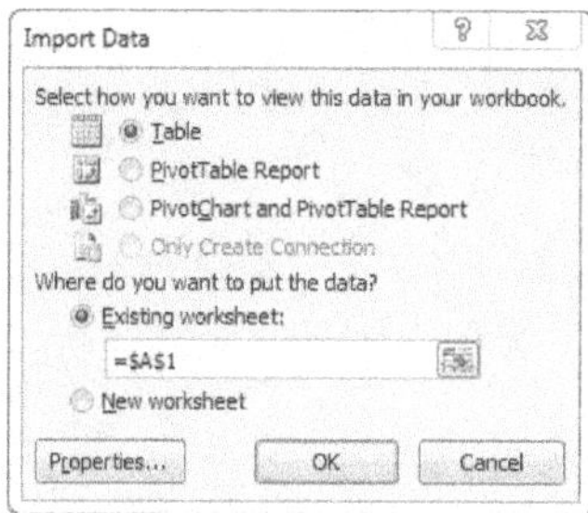

Figure 9–45
Simple tableau, pivot ou rapport de pivot ?

Si nous conservons l'option Tableau, nous obtenons le résultat suivant :

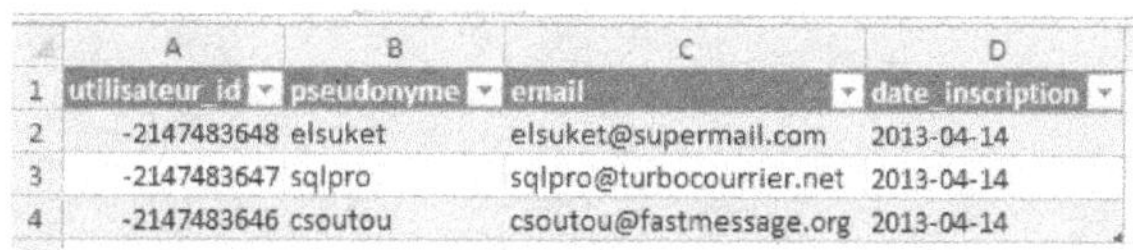

	A	B	C	D
1	utilisateur_id	pseudonyme	email	date_inscription
2	-2147483648	elsuket	elsuket@supermail.com	2013-04-14
3	-2147483647	sqlpro	sqlpro@turbocourrier.net	2013-04-14
4	-2147483646	csoutou	csoutou@fastmessage.org	2013-04-14

Figure 9–46
Import Tableau des données de la table dbo.utilisateur

Il est également possible de spécifier une requête avec Microsoft Query. Nous vous renvoyons aux tutoriels du site de support de Microsoft Office (http://office.microsoft.com/fr-fr/excel-help/utiliser-microsoft-query-pour-extraire-des-donnees-externes-HA010099664.aspx), où un tel processus (et bien d'autres) est décrit en détails. Notez que les nouvelles fonctionnalités d'Excel 2013 en termes d'analyse de données et de support décisionnel (*Businesss Intelligence*) sont décuplées par la puissance de PowerPivot et de PowerView.

Partie III

Gestion des bases de données

10

Création des bases et stockage des données

La création d'une base de données est une opération relativement simple qui comprend le réglage de quelques paramètres qui ne pourront pas être modifiés par la suite (contrairement à d'autres qui peuvent évoluer au cours de la vie de la base) comme la structure du fichier primaire ou la collation de la base.

Par ailleurs, le stockage des données est un aspect à ne pas négliger pour des bases à la volumétrie importante ou fortement transactionnelles. Comme Oracle, et contrairement à des SGBDR moins évolués tels que PostgreSQL ou MySQL, SQL Server dispose d'un moteur de stockage permettant d'organiser, dimensionner, vérifier, purger, réorganiser et nettoyer les espaces de stockage, mais aussi de réaliser les écritures et lectures physiques directement et de la façon la plus optimisée qui soit. Ceci permet d'atteindre de très hautes performances en jouant sur la cartographie physique du stockage et sur le parallélisme d'accès aux disques, quelle que soit la configuration des disques (directement liés au serveur ou via un SAN).

Cependant, la gestion des espaces de stockage réserve quelques pièges qu'il est bon de connaître avant de se lancer dans la conception physique de la base. Ce n'est pas pour rien que certains auteurs baptisent de *silent killer*[1] les problèmes d'IO[2]…

Dans ce chapitre, nous allons donc vous présenter les espaces de stockage*(file group)* ainsi que leurs liens avec les fichiers logiques et leur enveloppe physique. Vous verrez également comment gérer le partitionnement et la migration des données d'un espace à l'autre, l'augmentation et la diminution des fichiers de la base ou encore comment compresser les données. Les notions de page et d'extension

1. Par exemple dans Professionnal Microsoft SQL Server 2012 Administration, Wrox éditeur, 2012
2. IO : Input/Output, c'est à dire Entrées/Sorties (ES), autrement dit les lectures et écritures

seront abordées et vous découvrirez comment les données des tables et des index sont structurées physiquement dans les pages.

Dans un premier temps, nous vous proposons d'étudier le paramétrage des bases pour pouvoir ensuite comprendre l'intérêt des clichés de bases de données*(database snapshot)*. Mais tout d'abord, arrêtons-nous un instant sur les bases de données système, afin de savoir à quoi elles servent et comment les administrer...

Les bases de données système

Si vous observez l'arborescence des bases de données dans la fenêtre Explorateur d'objets de Management Studio, vous constaterez la présence d'un dossier intitulé Bases de données système, sous l'item Bases de données (figure 10-1).

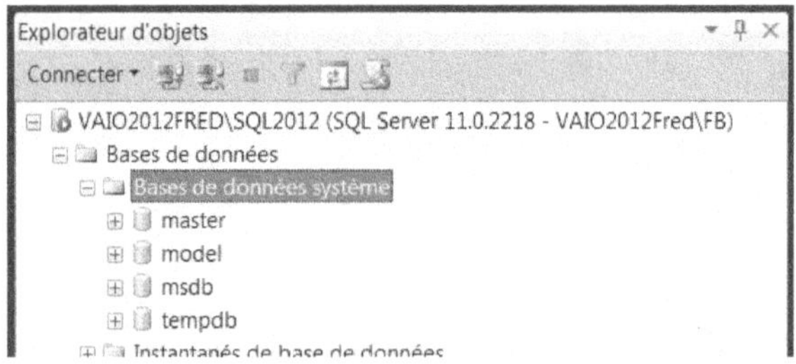

Figure 10–1
Dossier Bases de données système dans l'arborescence de l'explorateur d'objets

Ce dossier contient normalement quatre bases de données : `master`, `model`, `msdb` et `tempdb`. Il comprend également une cinquième base système, invisible et inatteignable, nommée `mssqlsystemresource`. Pour le vérifier par vous-même, demandez par exemple le plan (Ctrl + L) associé à la requête de la figure 10-2 :

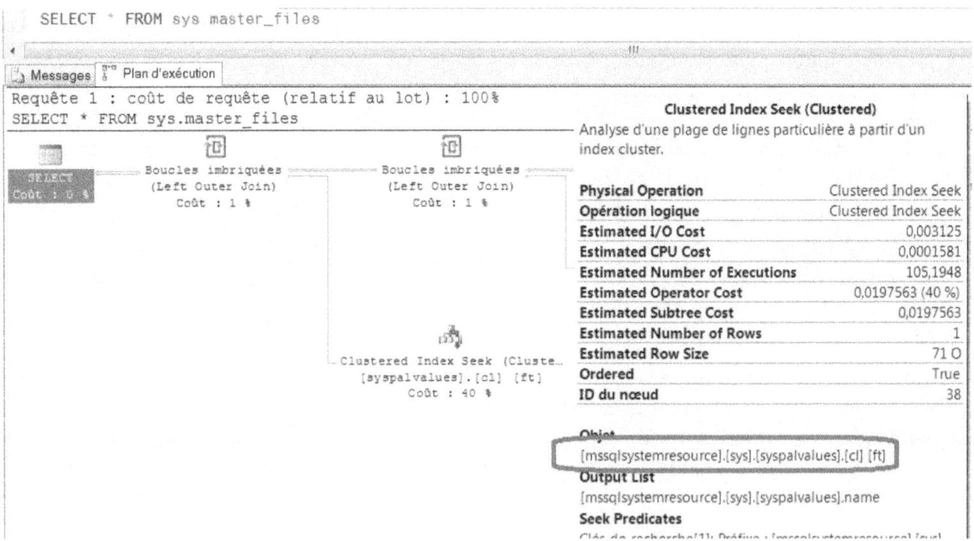

Figure 10–2 Plan de requête présentant un objet table figure dans la base mssqlsystemresource

Dans cette requête, certains objets sont issus de la mystérieuse base `mssqlsystemresource`.

Étudions maintenant le rôle de chacune de ces bases.

La base master

Cette base de données système est la plus importante de toutes. La perdre équivaut à perdre le contrôle du serveur… car elle contient, entre autres :

- les comptes de connexion, nécessaires pour accéder au serveur (sauf connexion directe à une base de type autonome[3]), les rôles de serveur et les privilèges associés ;
- la liste des bases de données et leur paramétrage ;
- les messages d'erreur.

La base `master` doit être sauvegardée régulièrement : soit après chaque modification, soit de manière planifiée (par exemple, tous les jours).

Vous pouvez ajouter n'importe quel objet de votre choix à la base `master`, en prenant soin d'observer les bonnes pratiques suivantes.

- Concevez les objets enrichissant la base `master` dans un ou plusieurs schémas SQL, autre(s) que le schéma `dbo`.
- Ne placez pas des objets fonctionnels liés aux applications dans la base `master`, mais plutôt des objets d'administration du serveur ou de gestion des bases.
- Vous pouvez conférer aux procédures stockées le droit d'être exécutées dans le contexte local d'une base à condition de les marquer en tant que « procédures système ».

Pour rendre une procédure système, il faut respecter trois conditions :

- elle doit être placée dans le schéma `dbo` ;
- son nom doit être préfixé de `sp_`;
- elle doit être marquée système par l'exécution de la procédure `sp_MS_marksystemobject`.

Exemple 10-1. Création d'une procédure marquée système

```
USE master;
GO

CREATE PROCEDURE dbo.sp_dbcc_checkconstraints
AS
   DBCC CHECKCONSTRAINTS WITH ALL_CONSTRAINTS, ALL_ERRORMSGS;
GO

EXEC sp_MS_marksystemobject 'dbo.sp_dbcc_checkconstraints';
```

Cette procédure sera ainsi disponible dans n'importe quelle base de données et s'exécutera dans le contexte de la base de données visée.

Exemple 10-2. Exécution d'une procédure marquée système dans le contexte d'une base spécifique

```
USE maBase;
GO

EXEC sp_dbcc_checkconstraints;
```

3. Appelées par Microsoft « bases à contenant contenu », contained databases en anglais.

Si vous intitulez une procédure stockée en commençant son nom par `sp_` (quelle que soit la base dans laquelle elle figure), celle-ci risque un jour ou l'autre de ne plus pouvoir être atteinte par les utilisateurs. En effet, un tel nom est cherché en premier dans la base `master` et en second dans la base courante. Du fait des évolutions de SQL Server, il se peut qu'un jour une procédure système portant le même nom que votre procédure soit ajoutée à la base `master` par Microsoft. Dans ce cas, c'est cette dernière qui sera utilisée en lieu et place de votre propre code !

La base invisible mssqlsystemresource

Cette base contient toutes les tables système et toutes les routines (UDF et procédures) système nécessaires au bon fonctionnement du serveur. Elle est couramment appelée dans la littérature SQL Server « base ressource » *(resource database)*.

Les tables et les routines système se trouvaient auparavant dans la base `master`. Mais cela posait problème pour la mise à jour des objets système lors de l'installation des services packs. Il fallait alors arrêter la base `master`, ce qui provoquait l'arrêt du serveur. Désormais, la plupart des mises à jour par service pack ne portant que sur des modifications de la base `mssqlsystemresource`, cela peut se faire sans couper les accès à la base `master`.

Pour autant, l'accès aux routines système s'effectue via la base `master`, mais par indirection vers la base ressource. Cette dernière doit être considérée comme une « sous-base » de la base `master`, pour laquelle le seul utilisateur autorisé est un utilisateur interne de la base `master`.

On peut néanmoins voir cette base dans le système de fichiers de Windows. Pour les versions 2005, elle se trouve dans le répertoire `DATA` et pour les versions postérieures, elle est dans le répertoire `Binn`. Elle se présente sous la forme de deux fichiers : `mssqlsystemresource.mdf` et `mssqlsystemresource.ldf`.

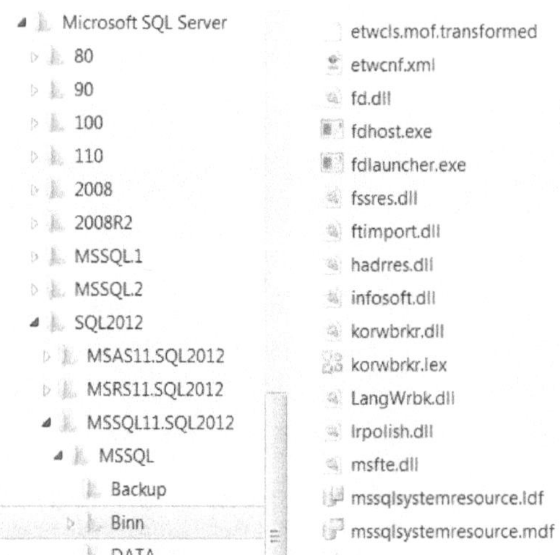

Figure 10–3
Figure 10-3. Fichiers de la base mssqlsystemresource

Il est possible d'obtenir des informations de métadonnées sur cette base via les commandes suivantes :

```
SELECT SERVERPROPERTY('ResourceVersion') AS VERSION_BASE_RESOURCE,
       SERVERPROPERTY('ResourceLastUpdateDateTime') AS DATEHEURE_BASE_RESOURCE;
```

Pour obtenir le code source d'une routine ou d'une vue de cette base, il suffit d'utiliser la fonction OBJECT_DEFINITION, par exemple comme ceci :

```
SELECT 'sys.sp_help' AS OBJET,
       OBJECT_DEFINITION(OBJECT_ID('sys.sp_help')) AS SQL_DEFINITION;
```

La base mssqlsystemresource ne peut pas être sauvegardée individuellement, sa sauvegarde s'effectue conjointement à la base master. Une raison de plus de penser à sauvegarder régulièrement la base master !

La base model

La base model sert de *template* à la création de toute base. Son contenu et son paramétrage sont copiés dans toute nouvelle base. Tout ajout dans la base model ne sera pas répercuté dans les bases existantes mais uniquement dans les bases futures. Pour permettre la copie, le serveur pose un verrou exclusif sur cette base le temps d'exécuter la commande CREATE DATABASE. Mais si une session est ouverte sur cette base, et donc qu'un utilisateur y est connecté, l'acquisition du verrou exclusif sera impossible et une exception sera levée suite au timeout de création.

Vous pouvez enrichir la base model des objets que vous souhaitez voir figurer dans toutes vos nouvelles bases. Ces objets peuvent être des tables de références, des fonctions génériques ou encore des procédures de maintenance… La base model n'est à sauvegarder qu'après chaque enrichissement afin que ce dernier soit pris en compte lors de la création d'une nouvelle base.

La base msdb

Cette base contient la définition des travaux de l'Agent SQL, constitués d'étapes, de planifications, d'alertes, d'opérateurs, d'historiques divers et de bien d'autres choses encore. Il est nécessaire de la sauvegarder régulièrement, par exemple une fois par jour à l'instar de la base master.

Vous pouvez ajouter des objets à la base msdb, en observant les bonnes pratiques suivantes.

- Les objets doivent concerner essentiellement des travaux relatifs à l'usage de l'Agent SQL (maintenance, sauvegarde, réplication, haute disponibilité…).
- Vous devez créer vos propres schémas SQL et y placer les objets souhaités afin de bien les distinguer des objets déjà présents dans dbo.

La base tempdb

La base tempdb recueille tous les objets temporaires locaux ou globaux, explicites ou implicites, créés par les différentes sessions.

Les principaux objets dirigés vers la base tempdb sont les suivants.

- Les tables et les index temporaires locaux créés avec un nom commençant par le caractère #.
- Les tables et index temporaires globaux créés avec un nom commençant par le caractère ##.
- Les variables tables créées par un DECLARE dans une routine.
- Les tables temporaires implicites locales créées par :
  - les fonctions tables multi-instructions ;
  - l'usage des triggers pour les pseudo-tables inserted et deleted ;

- la gestion des versions de ligne du fait de l'utilisation du niveau d'isolation snapshot ;
- l'utilisation des curseurs dans certains modes ;
- les étapes de tri pour la construction des gros index ou de certains index (option `SORT_IN_TEMPDB = ON`) ;
- le moteur relationnel pour résoudre certaines requêtes.

Ainsi que d'autres objets qu'il est possible de créer temporairement, par exemple une clé de cryptage.

Cette base peut donc vite devenir très volumineuse en fonction du style de développement entrepris. Prenons l'exemple d'un développement brouillon dans lequel on aura opté par facilité pour l'usage des tables temporaires, des curseurs et pourquoi pas de multiples déclencheurs. Il peut alors arriver que la base `tempdb` dépasse largement en volume la base de production...

Rappelons que tout objet temporaire est détruit, soit pas un `DROP`, soit lors de la déconnexion de la session qui a créé l'objet. Néanmoins, SQL Server, visant l'optimisation par tous les moyens, effectue un ménage habile qui peut être problématique pour les développeurs ayant mal fait leur travail : lorsqu'une table temporaire est suffisamment petite, SQL Server n'en libère pas les pages après destruction de l'objet, même en cas de suppression explicite par un `DROP`. En effet, SQL Server suppose que si un tel objet a été créé par une session, il y a de grandes chances qu'une autre session crée le même type d'objet. Si de telles pages – ayant précédemment contenues un même type d'objet – sont encore disponibles, il n'y a plus qu'à se servir des coquilles vides pour y placer des données, plutôt que d'avoir à restructurer de nouvelles pages. C'est autant de temps gagné, mais c'est aussi autant de place de perdu !

Par conséquent, outre la surveillance de la base `tempdb`, il faut aussi savoir la dimensionner proprement, sous peine de la voir se transformer en point de contention du serveur...

Enfin, précisons qu'il est inutile de sauvegarder la base `tempdb` car elle est détruite et reconstruite après chaque démarrage du service SQL Server.

Les autres bases système

D'autres bases système peuvent apparaître lors de l'utilisation de certaines fonctionnalités de SQL Server. Elles n'apparaîtront pas sous l'item base système car il s'agit avant tout de bases fonctionnelles dédiées à des modules particuliers de SQL Server.

Par exemple, si vous installez Reporting Services (SSRS), deux nouvelles bases seront créées : `ReportServer[$nom_instance]` et `ReportServer[$nom_instance]TempDB` (`nom_instance` correspond au nom de votre instance, vide s'il s'agit de l'instance par défaut).

La première sert à stocker l'infrastructure complète des états de Reporting Services (reports, data source, logs...), la seconde sert de cache des données. La base `ReportServer[$nom_instance]TempDB` peut donc devenir très volumineuse. Vous veillerez donc à bien paramétrer la purge du cache (date d'expiration des données cachées). En cas de problème, un arrêt du service SSRS détruira la base et la recréera à sa taille d'origine.

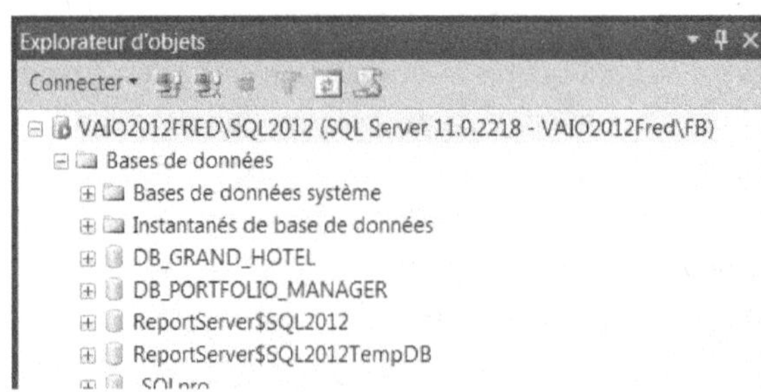

Figure 10–4
Les bases ReportServer de SSRS

Si vous mettez en place une réplication de données, vous devrez implanter une base servant d'entrepôt pour les données en transit de réplication. Par défaut, cette base est appelée « distribution ». Mais comme plusieurs flux de réplication peuvent utiliser différentes bases d'entrepôt en fonction de la topologie de réplication mise en place, le nom de la base peut être déterminé librement.

Création d'une base de données

Pour créer une base de données, vous pouvez utiliser la commande CREATE DATABASE ou l'interface graphique. Si vous optez pour l'interface graphique, effectuez un clic droit sur Base de données dans l'arborescence de l'explorateur d'objets et choisissez Nouvelle base de données.

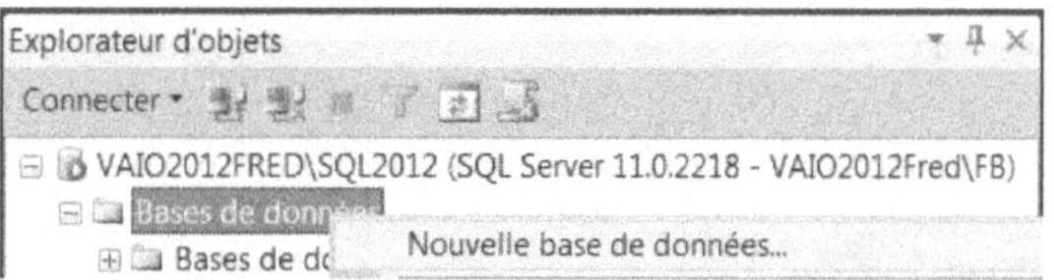

Figure 10–5 Entrée de menu pour créer une nouvelle base

Pour modifier une base de données, vous pouvez vous ouvrir la fenêtre des propriétés de la base ou alors utiliser la commande ALTER DATABASE.

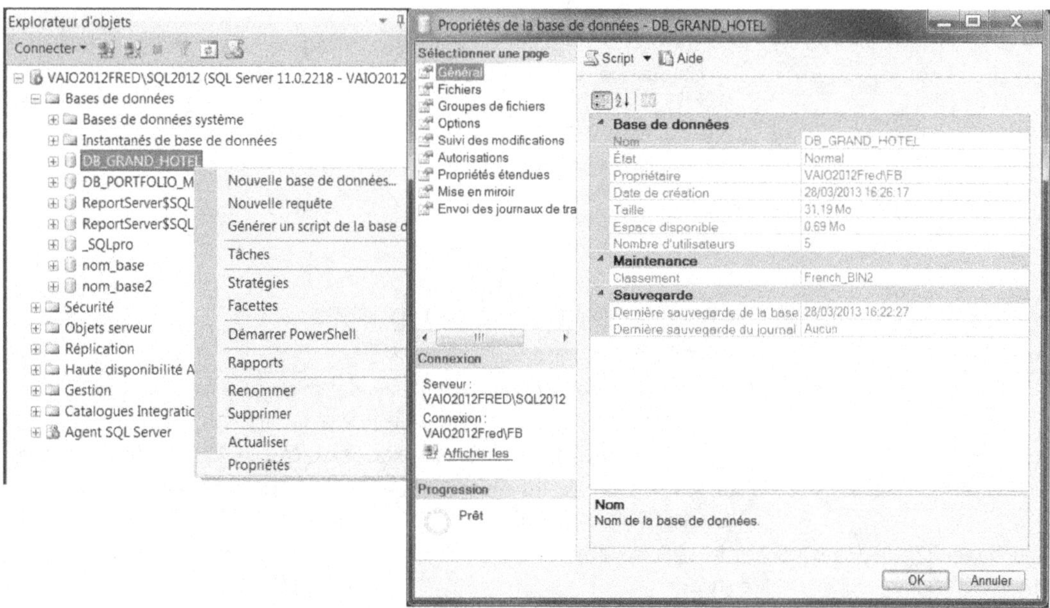

Figure 10–6 Fenêtre des propriétés d'une base

Enfin, pour supprimer une base de données, il suffit de lancer la commande DROP DATABASE. Dans Management Studio, vous pouvez également utiliser la fenêtre de suppression de la base de données, accessible en effectuant un clic droit sur la nom de la base concernée.

Commande CREATE DATABASE

Le nom de toute base doit normalement être conforme à la norme SQL, mais SQL Server autorise néanmoins des noms déformés. À noter toutefois que ces derniers risquent de vous jouer des tours si vous vous aventurez sur des serveurs extérieurs au monde Windows (différence d'encodage des pages de cacractères système)... Par ailleurs, le nom de la base ne doit pas être un mot réservé de SQL. Pour éviter toutes erreurs, nous avons pris pour habitude de concevoir les noms de nos bases comme suit : les trois premiers caractères sont `DB_`, lesquels sont suivis d'autant des lettres (non diacritiques), de chiffres et d'espaces (à l'aide du caractère _) que l'on souhaite.

Lors de la création de la base, vous pouvez spécifier les paramètres du stockage. Toute base de données est constituée au minimum de deux fichiers : le premier est utilisé pour stocker les données, le second contient les transactions. Nous étudierons les problématiques de stockage et de gestion des fichiers un peu plus loin dans ce chapitre.

En dehors des spécifications du stockage, la syntaxe est la suivante :

```
CREATE DATABASE nom_base
   [CONTAINMENT = {NONE|PARTIAL}]
   [COLLATE nom_collation]
   [WITH {FILESTREAM ({NON_TRANSACTED_ACCESS = {OFF|READ_ONLY|FULL}
                        | DIRECTORY_NAME = 'nom_répertoire'} [,...n])
          | DEFAULT_FULLTEXT_LANGUAGE = {lcid
                                  | nom_langue
                                     | alias_langue}
          | DEFAULT_LANGUAGE = {lcid
                             | nom_langue
                             | alias_langue}
          | NESTED_TRIGGERS = {OFF|ON}
          | TRANSFORM_NOISE_WORDS = {OFF|ON}
          | TWO_DIGIT_YEAR_CUTOFF = <limite_siècle>
          | DB_CHAINING {OFF|ON}
          | TRUSTWORTHY {OFF|ON}
          }
   ]
```

Tableau 10–1 Paramètres de création d'une base

Paramètres	Description
`COLLATE`	Permet de préciser la collation par défaut des objets de la base. Si rien n'est précisé, cette collation est héritée de celle du serveur.
`DB_CHAINING`	Active ou non le chaînage des propriétaires (voir le chapitre 11 consacré à la sécurité).
`TRUSTWORTHY`	Détermine si la base est « digne de confiance » afin d'autoriser des accès moins sécurisés dans le cadre de routines développées en .NET (SQL CLR).
Depuis la version 2012 de SQL Server, les options suivantes sont en principe de niveau serveur, mais elles peuvent s'avérer nécessaires pour une base `contained` :	
`CONTAINEMENT`	Permet de définir une base de données dite « à contenant-contenu » selon l'obscure traduction officielle de Microsoft. Il s'agit en fait d'une base autonome sur le plan de la connexion des utilisateurs SQL.
`FILESTREAM`	Mode de journalisation des fichiers stockés en FILESTREAM et emplacement du journal des transactions spécifique au FILESTREAM.
`DEFAULT_FULLTEXT_LANGUAGE`	Langue par défaut pour l'indexation textuelle.

Tableau 10–1 Paramètres de création d'une base *(suite)*

Paramètres	Description
DEFAULT_LANGUAGE	Langue par défaut pour les connexions d'utilisateur SQL.
NESTED_TRIGGERS	Détermine si les déclencheurs imbriqués sont autorisés ou non à déclencher d'autres triggers en réponse.
TRANSFORM_NOISE_WORDS	Gère la manière dont les requêtes de recherche plain-texte renvoient les informations en cas de mots « noirs ».
TWO_DIGIT_YEAR_CUTOFF	Détermine l'année à partir de laquelle les dates partielles (sans le siècle) sont complétées.

Une collation binaire (BIN ou BIN2) améliore sensiblement les performances globales d'une base de données. Mieux encore si elle est paramétrée à l'installation du serveur. Et cela pour plusieurs raisons :

- la comparaison des valeurs littérales prend moins de temps puisqu'elle se base sur le code binaire des caractères ;
- la mise en cache des requêtes et leur plan associé est plus pointue du fait de l'impossibilité d'écrire dans des casses différentes les noms des identifiants SQL.
- C'est la seule collation acceptée pour des tables « In Memory » contenant des littéraux.

Exemple 10-3. Création d'une base de données, sans spécification particulière pour le stockage

```
CREATE DATABASE DB_LUFTHANSA_FLIGHT
      CONTAINMENT = PARTIAL
      COLLATE Latin1_General_100_BIN2
   WITH DEFAULT_LANGUAGE = German,
        NESTED_TRIGGERS = OFF,
        TWO_DIGIT_YEAR_CUTOFF = 2033;
```

Cet exemple crée une base de données autonome avec une collation pour langue latine (notamment pour l'anglais) et par défaut les connexions d'utilisateur en allemand. Le redéclenchement des triggers imbriqués n'est pas autorisé et l'année charnière pour la saisie des dates partielles est positionnée à 2033.

La session qui lance l'ordre de création de la base induit le propriétaire de cette base, qui est le compte de connexion par lequel la base est engendrée. Nous vous conseillons de créer les bases avec un compte SQL (par exemple, sa) et non un compte Windows. En effet, en cas de migration de la base sur un serveur en dehors du domaine Windows, certaines opérations sur la base seront impossibles si vous n'avez pas au préalable changer le propriétaire. À noter qu'il est également possible d'utiliser l'impersonnalisation (par exemple, EXECUTE AS LOGIN = 'sa').

Modification d'une base

La commande ALTER DATABASE permet de modifier les paramètres d'une base de données. Elle comporte de très nombreuses options et sa syntaxe générale est la suivante :

```
ALTER DATABASE {nom_base|CURRENT}
   SET <option1> [, <option2> [, …]]
[WITH <finalisation>]
```

Le mot-clé CURRENT a été introduit avec la version 2012 de SQL Server dans le cadre des bases de données autonomes *(contained)*.

La tableau 10-2 présente un résumé des principales options de la commande ALTER DATABASE (certaines ne sont disponibles que depuis la version 2012) :

Tableau 10–2 Principales options de la commande ALTER DATABASE

Options	Paramètres	Description
AUTO_CLOSE	{ON|OFF}	Ferme automatiquement la base.
AUTO_CREATE_STATISTICS	{ON|OFF}	Crée automatiquement des statistiques de colonnes.
AUTO_SHRINK	{ON|OFF}	Réduit automatiquement la taille des fichiers.
AUTO_UPDATE_STATISTICS	{ON|OFF}	Met à jour automatiquement les statistiques de l'optimiseur.
AUTO_UPDATE_STATISTICS_ASYNC	{ON|OFF}	Met à jour automatiquement les statistiques de l'optimiseur en mode asynchrone.
CONTAINMENT	{NONE|PARTIAL}	Gère le mode d'autonomie de la base.
CURSOR_CLOSE_ON_COMMIT	{ON|OFF}	Ferme les curseurs à la validation de la transaction.
CURSOR_DEFAULT	{LOCAL|GLOBAL}	Mode de visibilité par défaut des curseurs.
DATE_CORRELATION_OPTIMIZATION	{ON|OFF}	Optimise les données des types DATETIME liés par une intégrité référentielle.
ENCRYPTION	{ON|OFF}	Active le chiffrement transparent du stockage (TDE).
ONLINE		Met la base de données en ligne pour la rendre accessible aux utilisateurs.
OFFLINE		Met la base de données hors ligne pour la rendre inaccessible aux utilisateurs.
EMERGENCY		Place la base de données en mode d'urgence afin que seuls les administrateurs (membre du rôle sysadmin) puissent la manipuler, les autres ne pouvant que la lire.
READ_ONLY		Place la base de données en lecture seule.
READ_WRITE		Place la base de données en lecture et écriture.
SINGLE_USER		Restreint l'accès à la base à un seul utilisateur.
RESTRICTED_USER		Restreint l'accès à la base au membre des rôles sysadmin dbcreator et db_owner.
MULTI_USER		Donne accès à la base à tout utilisateur autorisé.
DB_CHAINING	{ON|OFF}	Active ou non le chaînage des propriétaires.
TRUSTWORTHY	{ON|OFF}	Définit si la base est « digne de confiance » pour SQL CLR.
DEFAULT_FULLTEXT_LANGUAGE	langue	Indique la langue par défaut pour l'indexation textuelle.
DEFAULT_LANGUAGE	langue	Indique la langue par défaut des connexions.
NESTED_TRIGGERS	{OFF|ON}	Active ou non les déclencheurs imbriqués.
TRANSFORM_NOISE_WORDS	{OFF|ON}	Détermine le mode de réponse de l'indexation textuelle en cas de mots noirs.

Tableau 10–2 Principales options de la commande ALTER DATABASE *(suite)*

Options	Paramètres	Description
TWO_DIGIT_YEAR_CUTOFF	année	Détermine l'année charnière pour complétion des dates partielles.
NON_TRANSACTED_ACCESS	{OFF|READ_ONLY|FULL}	Mode de journalisation pour l'accès aux fichiers du stockage FILESTREAM.
DIRECTORY_NAME	répertoire	Répertoire du journal des transactions des FILESTREAM.
PARAMETERIZATION	{SIMPLE|FORCED}	Règle le mode de paramétrage des requêtes.
RECOVERY	{FULL|BULK_LOGGED|SIMPLE}	Gère la façon dont sont journalisées les transactions.
PAGE_VERIFY	{CHECKSUM|TORN_PAGE_DETECTION|NONE}	Gère le mode de vérification de l'écriture des pages de données dans les fichiers
TARGET_RECOVERY_TIME	*durée* {SECONDS|MINUTES}	Indique la fréquence à laquelle sont effectués les CHECKPOINT.
ALLOW_SNAPSHOT_ISOLATION	{ON|OFF}	Autorise ou non le niveau d'isolation SNAPSHOT.
READ_COMMITTED_SNAPSHOT	{ON|OFF}	Autorise ou non le niveau d'isolation SNAPSHOT en mode READ COMMITTED.
ANSI_NULL_DEFAULT	{ON|OFF}	Conformation de la contrainte de colonne NULL à la norme SQL.
ANSI_NULLS	{ON|OFF}	Conformation de comparaison aux NULL normatifs.
ANSI_PADDING	{ON|OFF}	Conformation du remplissage normative.
ANSI_WARNINGS	{ON|OFF}	Conformation des messages normatifs.
ARITHABORT	{ON|OFF}	Arrête ou non une requête en cas d'erreur arithmétique (dépassement de capacité ou division par zéro).
COMPATIBILITY_LEVEL	{90|100|110}	Niveau de compatibilité de la base par rapport aux versions précédentes.
CONCAT_NULL_YIELDS_NULL	{ON|OFF}	Propage le NULL dans les concaténations.
NUMERIC_ROUNDABORT	{ON|OFF}	Lance une exception en cas de perte de précision dans un calcul.
QUOTED_IDENTIFIER	{ON|OFF}	Les guillemets *(double quote)* peuvent être utilisés pour délimiter un identifiant SQL.
RECURSIVE_TRIGGERS	{ON|OFF}	Interdit ou autorise la récursivité des déclencheurs.

Ne figurent pas dans cette liste les options de traçabilité *(Change Tracking)*, de messagerie de bases de données réparties *(Service Broker)* ou encore de mise en miroir *(Mirroring)*, qui seront détaillées dans les chapitres 19 à 21.

Exemple 10-4. Modification des paramètres d'une base existante

```
ALTER DATABASE DB_LUFTHANSA_FLIGHT
SET AUTO_CLOSE OFF,
    AUTO_CREATE_STATISTICS ON,
    AUTO_SHRINK OFF,
    AUTO_UPDATE_STATISTICS ON,
    PARAMETERIZATION FORCED,
    PAGE_VERIFY CHECKSUM;
```

Ce paramétrage empêche la fermeture automatique de la base et la réduction automatique des fichiers. Il met en place la création et la mise à jour automatique des statistiques, un paramétrage forcé des requêtes et une vérification des pages par somme de contrôles.

À noter que :

- la plupart des modifications peuvent s'effectuer à chaud, y compris avec des utilisateurs connectés ;
- les paramètres affectés par défaut à une nouvelle base créée sont ceux de la base `model` ;
- il n'est pas possible de passer conjointement tous les paramètres de modification d'une base, certains devront donc être passés individuellement ;
- certains paramètres s'excluent mutuellement (par exemple, `READ_ONLY` et `READ_WRITE`).

Certaines commandes nécessitent une finalisation particulière. Dans ce cas, il faut rajouter la clause de finalisation dont la syntaxe est la suivante :

```
<finalisation> ::= {ROLLBACK AFTER durée [SECONDS]
                   |ROLLBACK IMMEDIATE
                   |NO_WAIT}
```

- `ROLLBACK AFTER ...` indique que l'on annulera les transactions des dernières sessions encore connectées après la durée spécifiée avant d'appliquer la commande ;
- `ROLLBACK IMMEDIATE` intime d'appliquer immédiatement une annulation de toutes les transactions actives avant d'appliquer la commande ;
- `NO WAIT` indique d'appliquer la commande immédiatement, au risque d'essuyer un échec.

En l'absence de cette clause, une commande qui, par exemple, nécessite un accès unique à la base pour s'activer, attendra indéfiniment le moment où plus aucune transaction ne sera active pour pouvoir s'exécuter.

Exemple 10-5. Passage d'une base de données en mode lecture seule d'urgence

```
ALTER DATABASE DB_LUFTHANSA_FLIGHT
   SET READ_ONLY
   WITH ROLLBACK IMMEDIATE;
```

Cet exemple permet de placer la base `DB_LUFTHANSA_FLIGHT` en lecture seule de la manière la plus urgente, alors que des utilisateurs sont connectés et certains en cours de transaction (leur transaction sera annulée s'il y a lieu).

La mise hors ligne d'une base de données fait perdre la mise en cache de toutes les données et de toutes les procédures (routines SQL, plans de requêtes préétablis...). À la remise en ligne, des lectures physiques devront être entreprises, ce qui est très préjudiciable pour les performances.

Modification du nom d'une base

Il est possible de changer le nom d'une base de données à l'aide de la commande `ALTER DATABASE`. Sa syntaxe est la suivante :

```
ALTER DATABASE nom_base MODIFY NAME = nouveau_nom;
```

Changer le nom d'une base ne remplace pas par cascade l'ancien de la base par le nouveau pour tous les objets internes ou externes qui la spécifie. Par exemple, une vue comportant dans une clause `FROM` un nom de table préfixé par ladite base générera une erreur après changement du nom de la base.

Modification du propriétaire d'une base

Pour modifier l'appartenance de la base à un compte de connexion, il suffit d'utiliser la commande `SQL ALTER AUTHORIZATION`. Sa syntaxe est la suivante :

```
ALTER AUTHORIZATION ON DATABASE::nom_base TO nom_compte_connexion;
```

Pour les serveurs en version 2005, cette commande n'est pas disponible. Il faut alors utiliser la procédure stockée système `dbo.sp_changedbowner`.

Détachement et rattachement d'une base

Dès qu'une base est créée et active (`ONLINE`), ses fichiers sont verrouillés de manière exclusive à l'attention du moteur de stockage par souci de sécurité. Ces fichiers ne peuvent être lus ni déplacés.

Il est cependant possible de déplacer une base de données, c'est-à-dire ses fichiers, par le biais d'un détachement suivi d'un rattachement. Voici la syntaxe des commandes à utiliser pour ce faire :

Détachement :

```
EXEC sp_detach_db [@dbname =] N'nom_base'
                [, [@skipchecks =] {'false'|'true'];
```

Détache les fichiers de la base et exécute, si spécifié (paramètre `@skipchecks`), une mise à jour des statistiques de l'optimiseur (`@skipchecks = 'true'` ignore cette mise à jour). Par défaut, ces statistiques sont effectivement mises à jour.

Rattachement :

```
CREATE DATABASE nom_base
ON
   (FILENAME = N'emplacement fichier 1')
[, (FILENAME = N'emplacement fichier 2')
[, (FILENAME = N'emplacement fichier N') [, …]]
FOR {ATTACH|ATTACH_REBUILD_LOG};
```

Une base de données SQL Server étant composée d'au moins deux fichiers (un pour les données et un autre pour les transactions), il faut au moins deux fichiers pour l'attacher. Une base ne peut être rattachée que si elle contient tous ses fichiers. Cependant, il est possible de spécifier lors du rattachement un `ATTACH_REBUILD_LOG` qui permet de se passer des fichiers constituant le journal des transactions et dans ce cas, il en est recréé un nouveau de 1 Mo. Notez que vous pouvez changer le nom de cette base à l'occasion d'un rattachement.

À noter que le fait de copier les fichiers d'une base de données après détachement, puis de rattacher la base n'est pas une pratique conseillée pour effectuer une sauvegarde.

Pour un exemple, rendez-vous plus loin dans ce chapitre à la section « Déplacement de fichiers de données ».

Rétroscript de création d'une base de données

Pour obtenir un rétroscript de création d'une base de données dans Management Studio, sélectionnez la base à rétroscripter dans l'explorateur d'objets et effectuez un clic droit dessus. Dans le menu contextuel, choisissez Générer un script de la base de données en tant que>CREATE To>Nouvelle fenêtre d'éditeur de requête (figure 10-7).

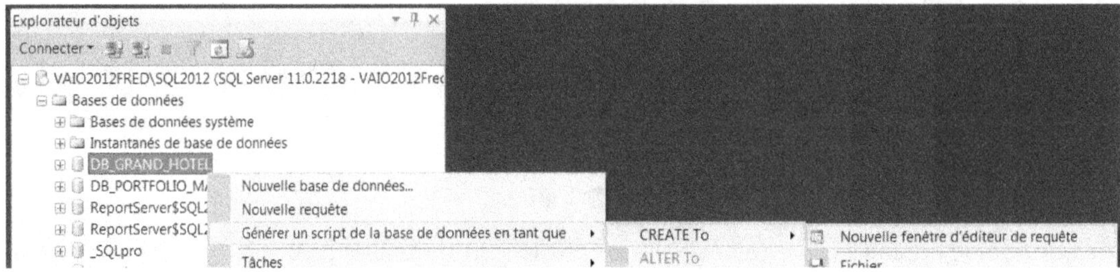

Figure 10–7 Entrée de menu pour obtenir un rétroscript de création d'une base de données

Mise à jour et migration des bases de données

Il existe plusieurs techniques de migration ou de mise à jour des bases de données en vue d'une évolution de SGBDR (par exemple, passer d'Oracle à SQL Server), de version (2012 vers 2014), d'édition (Standard vers Enterprise) ou de serveur physique. SQL Server a la particularité de pouvoir effectuer ces mises à jour (entre instances SQL Server) généralement avec une interruption de service très minime (quelques millisecondes), voire sans aucune interruption.

En effet, contrairement à certains SGBDR où la mise à jour d'une base vers une version plus actuelle est un travail lourd et complexe (comme Oracle ou PostgreSQL), obligeant à migrer les données (reconstruction des objets de la base par script SQL, puis export/import des données d'une base dans l'autre) et aboutissant à une longue interruption du service des données, SQL Server permet cette évolution par simple déplacement des fichiers de la base d'une instance vers l'autre. C'est pourquoi les temps de migration sont extrêmement réduits et même nuls, si l'on combine la migration à une technique de haute disponibilité comme le mirroring.

Si Microsoft prend en charge la mise à jour depuis n'importe quelle édition/version de niveau inférieure ou égal, il se limite à un saut de deux versions majeures. Par exemple, vous pourrez migrer directement une base version 2008 en 2014, mais pour une base version 2000, il faudra procéder en deux temps : migrer la base 2000 en version 2008 sur un serveur SQL 2008 ou 2008 R2, puis migrer la version 2008 ou 2008 R2 vers la 2014.

Microsoft dispose de deux assistants pour effectuer ces tâches de migration. UAFS *(Upgrade Assistant for SQL Server)* concerne la mise à jour de version de SQL Server, tandis que SSMA *(SQL Server Migration Assistant)* permet de migrer les bases d'autres SGBDR (Oracle, Sybase, MySQL, Access) vers SQL Server ou Azure. Tous deux doivent être téléchargés.

Lors de la mise à jour, la base « reste » dans sa version d'origine. Par exemple, si vous migrez une base d'une version 2008 vers un serveur 2014 par détachement puis attachement de fichiers, la base reste configurée à la version 2008. Si vous souhaitez qu'elle puisse disposer de toutes les fonctionnalités de la nouvelle version, il vous faudra modifier sa compatibilité à l'aide de l'IHM SSMS ou bien de la commande `ALTER DATABASE ... SET COMPATIBILITY_LEVEL = ...`.

Mise à jour « in situ »

Il s'agit d'installer sur le même serveur physique une nouvelle instance de SQL Server qui remplace l'installation actuelle. On l'appelle souvent mise à jour sur place. Cette mise à jour présente l'inconvénient d'une interruption de temps non négligeable en sus d'obliger la migration de toutes les bases du serveur. En effet, cette technique de migration « écrase » l'ancien serveur pour installer le nouveau. Les bases, la configuration du serveur, les comptes de connexion et les travaux de l'Agent SQL sont conservés. Elle est néanmoins la plus rapide, peu risquée, et permet de conserver le nom de l'instance. Pour ce faire, vous devez simplement procéder à une installation traditionnelle en précisant quelle instance vous voulez « upgrader ».

Mise à jour « à côté »

Il s'agit d'installer sur le même serveur physique une nouvelle instance de SQL Server qui s'ajoute à celle déjà existante et donc se place à côté. L'inconvénient de cette mise à jour « à côté » est de devoir attribuer un nouveau nom d'instance à la nouvelle installation. Il faut ensuite alimenter cette nouvelle instance avec les éléments de l'actuelle en procédant dans l'ordre suivant à :

- la migration de la sécurité serveur (comptes de connexion, rôles de serveur, certificats...) ;
- la migration des messages d'erreur (table `sys.messages` de master pour `message_id >= 50000`) ;
- la migration des objets serveurs (serveurs liés, unités de sauvegarde, déclencheur DDL de niveau serveur...) ;
- la réinstallation de la messagerie de base de données s'il y a lieu ;
- la migration des objets d'administration (plans de maintenance, stratégies de gestion, paramétrage du gouverneur de ressource, package SSIS...) ;
- la migration des bases par détachement puis attachement (ce qui ne prend que quelques millisecondes) ;
- la migration des travaux de l'Agent SQL.

Cette technique ne nécessite aucune interruption du service des données, car tous ces objets peuvent être scriptés pendant que l'instance actuelle est en service. Bien entendu, elle peut être réalisée base par base.

Le nom de la nouvelle instance n'étant pas le même que celui de l'instance originale, il faudra soit modifier les applications afin qu'elle pointe vers la nouvelle instance, soit désinstaller l'ancienne et procéder à un renommage de la nouvelle.

Mise à jour avec migration physique

La migration d'un serveur physique est similaire à une mise à jour « à côté ». Pour en minimiser la durée d'interruption, il est possible d'utiliser le mirroring. En effet, ce dernier supporte que la source soit dans une version, et la cible dans l'autre (par exemple de 2008 vers 2014), à condition que la base reste en rétrocompatibilité, ce qui d'ailleurs est naturel lorsqu'on met en place le miroir. Une fois les bases synchronisées par le mirroring, il ne reste plus qu'à forcer le basculement vers la nouvelle instance et arrêter l'ancienne.

Bien entendu, vous pouvez renommer le serveur Windows. Si vous avez donné le même nom d'instance que celle d'origine, alors il n'y a rien de plus à faire. Dans le cas contraire, il faudra renommer l'instance.

Mise à jour avec retour arrière

Il est possible d'assurer le « retour arrière », c'est-à-dire de faire en sorte que l'ancienne base, encore présente sur l'ancienne instance, reçoive les mises à jours effectuées sur la nouvelle instance en retour, dans le cas où un dysfonctionnement ait lieu avec la nouvelle instance et rendrait nécessaire un retour à l'origine.

Pour ce faire, vous devez mettre en place une réplication de données :

- pour les tables dotées de clés primaires, en mode transactionnel ;
- pour les tables sans clé primaire, par cliché (snapshot).

Si l'on décide de revenir en arrière, il faut placer la base migrée en `READ ONLY` et lancer les derniers clichés de réplication. La base d'origine devrait posséder toutes les données que la base migrée a produites entre-temps.

Éléments obsolètes

Lors de la migration, il est possible que certains éléments de votre solution soient considérés comme obsolètes. En effet, Microsoft relègue régulièrement certains objets et routines, avec cependant, deux niveaux :

- *deprecation annoucement* : obsolescence prévue dans une version future ;
- *deprecation final support* : obsolescence décidée pour la prochaine version.

Vous pouvez utiliser un audit via le profiler SQL pour savoir si votre base supportera sans problème la migration. Cet audit devra être réalisé sur la base avant migration, mais aussi après !

Naturellement, il est probable que vous ayez à corriger un certain nombre de problèmes potentiels. Cependant, Microsoft a toujours fait en sorte de minimiser l'impact du versionnement. Aussi les problèmes bloquants sont rares et il s'agit plus de dysfonctionnements.

Par exemple, lors du passage à la version 2005, les jointures externes ancien de style « Sybase » (*= ou =*) ont été supprimées. Il y avait donc deux possibilités : soit corriger toutes les requêtes en cause, soit mettre la base en mode de rétrocompatibilité et assurer cette correction petit à petit. Plus délicate, l'interrogation des tables systèmes (`sysobjects`, `syscolumens`, `sysindexes`...) était toujours possible[4], mais susceptible de donner des résultats incomplets, en raison des nouvelles fonctionnalités et de l'évolution de ces tables vers des vues plus complètes.

Renommer un serveur ou une instance

Si l'on écarte le renommage du serveur au niveau système, celui d'une instance SQL est assez simple. Il faut faire reconnaître le nouveau nom à SQL Server, ce qui nécessite la modification d'une entrée dans une table système et le redémarrage du serveur. Voici la syntaxe correspondante :

```
EXEC sys.sp_dropserver '<ancien_nom_serveur[\ancien_nom_instance]' ;
GO
EXEC sys.sp_addserver '<nouveau_nom_serveur[\nouveau_nom_instance]', local;
GO
```

4. À ce sujet, il ne faut jamais utiliser les tables ou les vues systèmes, si les vues normalisées d'information de schéma (INFORMATION_SCHEMA...) possèdent des données disponibles pour ce faire.

Vous devez ensuite redémarrer l'instance et contrôler que le nouveau nom a bien été pris en compte en lançant la requête `SELECT @@SERVERNAME`.

Certains éléments nécessitent d'être corrigés après, tels que les serveurs liés, les alias client ou les éléments de réplication des données incorporant le nom du serveur.

L'assistant de mise à jour de version SQL Server

En définitive, vous pouvez utiliser UAFS, l'assistant de mise à jour de version de SQL Server, qu'il faut télécharger.

Guide de l'assistant de mise à jour de version :

http://www.scalabilityexperts.com/SQL-tools/Upgrade-Assistant-for-SQL-Server-2012-User-Guide.pdf

Assistant de mise à jour de version :

http://social.technet.microsoft.com/wiki/contents/articles/2558.upgrade-assistant-tool-for-sql-server-2012.aspx

Notes de Kevin Kline au sujet de UAFS :

http://sqlmag.com/sql-server-2012/upgrade-assistant-sql-server-2012-uafs-and-sql-server-upgrade-advisor

Notez qu'il existe un assistant de portage des bases SQL Server vers Azure :

http://sqlazuremw.codeplex.com/

Migrer une base Oracle, Sybase, MySQL ou Access via l'assistant de migration

Pour migrer des bases non SQL Server vers un serveur SQL, SQL Server fournit donc l'assistant de migration SSMA, décliné en plusieurs versions :

- d'Oracle vers SQL Server ou Azure ;
- de Sybase vers SQL Server ou Azure ;
- de MySQL vers SQL Server ou Azure ;
- d'Access vers SQL Server ou Azure.

Migrer une base Access vers SQL Server :

http://argyronet.developpez.com/office/access/mdb2adp/

Comment utiliser SSMA :

http://msdn.microsoft.com/en-us/library/jj156166.aspx

Principe de SSMA :

http://blogs.technet.com/b/dataplatforminsider/archive/2012/01/30/microsoft-sql-server-migration-assistant-5-2-is-now-available.aspx

Blog SSMA :

http://blogs.msdn.com/b/ssma/

« White Papers » sur la migration d'Oracle ou Informix, ou Sybase ou MySQL vers SQL Server :

http://www.microsoft.com/en-us/download/details.aspx?displaylang=en&id=24662

Après la migration

Le seul travail indispensable à effectuer en cas de mise à jour de version est de procéder au recalcul de toutes les statistiques. En effet, chaque version améliore le moteur SQL et de nouveaux opérateurs internes apparaissent. Pour coller le plus à ces nouveaux algorithmes, le processus du calcul des statistiques de distribution des données est modifié. Il faut donc procéder à un recalcul massif de toutes les statistiques, sinon quelques requêtes risquent de partir en dérive et donner des temps de réponse anormaux. Vous pouvez procéder à cette mise à jour massivement ou bien opter pour une combinaison de reconstruction d'index et de mise à jour des statistiques de colonnes (voir chapitres 14 et 15).

Structure physique des tables

Pour structurer le stockage des données dans une table, vous disposez de deux méthodes possibles :

- la structure en tas *(heap)* ;
- la structure en cluster *(clustered)*.

La structure en tas propose d'ajouter les lignes comme elles arrivent et en fonction des espaces libres du stockage physique, c'est-à-dire sans tenir compte d'aucun tri logique ou physique.

ID	Nom	Prénom
123	Jules	Maigret
789	Sherlock	Holmes
456	Hercule	Poirot

Cette structure est celle par défaut d'une table sans clé primaire.

La structure en cluster propose d'organiser la table en arrangeant les lignes dans l'ordre de la clé de l'index clustered.

ID	Nom	Prénom
123	Jules	Maigret
456	Hercule	Poirot
789	Sherlock	Holmes

C'est la structure par défaut d'une table pourvue d'une clé primaire. Comme elle dépend de l'indexation, nous vous invitons à lire le chapitre consacré à ce sujet.

Structure du stockage physique des données

L'organisation interne des données repose sur la notion de page, d'extension et de ligne.

Dans SQL Server, tout est considéré comme étant des données. Une procédure stockée n'est finalement qu'une chaîne de caractères stockée dans une table système (d'où son nom), lue, compilée et exécutée à la volée. De même, les assemblies (code .NET exécutant des routines SQL, aussi appelé SQL CLR) sont des dll dont le binaire est inséré dans une table système. Il est donc inutile de déplacer la dll en plus des données pour que le système continue à bien fonctionner lorsque l'on migre la base. Tout se trouve donc dans la base de données qui devient, du point de vue des routines, totalement autonome !

> C'est le moteur de stockage, distinct du moteur relationnel, qui s'occupe de toutes les opérations de stockage des données et des index (écriture et lecture physiques et logiques). Il prend également en charge le chargement des fichiers *(bulk load)*, la création des fichiers d'export et de sauvegarde, des transactions et des verrous, le tri des données…

L'utilitaire DBCC *(DataBase Console Commands)* dispose de commandes particulières pour manipuler les données du moteur de stockage.

Structure d'une page

Les données des tables, tout comme les données des index, sont structurées dans des pages de 8 Ko organisées comme suit :

- Une zone de 96 octets contient les métadonnées de la page (sa référence, son chaînage aux autres pages, la référence de l'objet contenu, le nombre de lignes présentes, l'espace libre, etc.).
- Une zone centrale de taille variable, constituée des lignes de données de la table ou de l'index, les nouvelles lignes étant rajoutées à la fin, sauf s'il y a une place libre entre deux lignes.
- Une zone finale de taille variable, constituée d'un tableau commençant à la fin de la page et indicé en sens inverse, indiquant l'emplacement du début de chacune des lignes de la partie centrale, les nouvelles entrées du tableau étant ajoutées au début.

Ces deux dernières zones augmentent au fur et à mesure de l'implantation des lignes de la page, pour se rejoindre une fois la page pleine. Ceci permet d'optimiser l'espace occupé.

Figure 10–8
Structure d'une page de données ou d'index

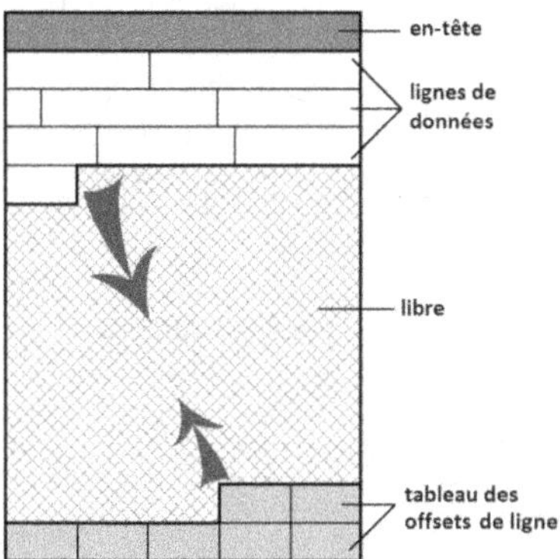

L'en-tête de page contient, entre autres, les données suivantes :

- le numéro de la page et du fichier (`m_pageId`) ;
- le type de page (`m_type`) ;
- l'identifiant de l'objet `object_id` (`m_objId`) ;
- l'identifiant de l'index `index_id` (`m_indexId`) ;
- la page précédente et la page suivante auxquelles l'objet est lié (`m_prevPage` et `m_nextPage`) ;
- le nombre d'emplacements (lignes) contenant des données (`m_slotCnt`) ;
- le nombre d'octets libres (`m_freeCnt`) ;

- l'adresse du premier octet libre après la fin du dernier emplacement de ligne (`m_freeData`) ;
- le *log segment number* de la dernière transaction ayant modifié la page (`m_lsn`) ;
- le nombre de lignes fantômes, c'est-à-dire supprimées mais non libérées (`m_ghostRecCnt`) ;
- une somme de contrôles pour vérification de la page (`m_tornbits`).

Certaines pages sont des pages techniques destinées à renseigner le moteur sur le contenu et l'état des pages de données (index et table). On les appelle « pages techniques ».

Comme nous allons le voir, les pages d'un même objet sont chaînées les unes aux autres (liste doublement chaînée).

Ligne dans une page

Une ligne de table devrait en principe figurer intégralement dans une page. De ce fait, une ligne ne devrait pas dépasser 8 060 octets et SQL Server limite la taille de toute colonne relationnelle à 8 000 octets (sauf les LOB). Il est toutefois possible de créer des tables avec des lignes dépassant cette limite, ceci dans deux cas de figure :

- en créant plusieurs longues colonnes relationnelles dont les données concaténées de la ligne peuvent dépasser la limite de 8 060 octets ;
- en ajoutant des colonnes de type LOB *(Large OBjects)*[5] dont les données sont stockées grâce à plusieurs pages chaînées.

Dans tous les cas, le stockage de longues lignes représente un problème en ce qui concerne les performances. Lorsque les lignes sont relativement longues, en particulier lorsqu'elles avoisinent les 4 030 octets et étant donné que toute ligne doit impérativement figurer dans une page, il se peut que l'espace résiduel dans la page soit considérable. Cela se traduit par une fragmentation de page irréfragable et un volume anormalement élevé.
Il en est de même avec les lignes qui dépassent la limite des 8 060 octets (lignes en débordement, *row overflow data*).
Évitez absolument les longues lignes dans la structure de votre table en limitant la taille de vos colonnes ou en découpant la table en plusieurs tables.

Exemple 10-6. Problématique de ligne longue sans débordement

```
CREATE TABLE T_LONGUE_LIGNE
(ID    INT IDENTITY CONSTRAINT PK_T_LNG_LGN PRIMARY KEY,
DATA1 CHAR(4040));
GO

CREATE TABLE T_LIGNE
(ID    INT IDENTITY CONSTRAINT PK_T_LGN PRIMARY KEY,
```

5. Les LOB sont de trois types. On trouve ainsi les données de type VARCHAR(max), aussi appelées génériquement CLOB (Character Large OBjects), qui permettent de stocker des textes ASCII. Viennent ensuite les données de type NVARCHAR(max), aussi appelées génériquement NCLOB (National Character Large OBjects), dont le rôle est de stocker des textes UNICODE. Enfin, les données de type VARBINARY(max), aussi appelées BLOB (Binary Large OBjects) servent à stocker de l'hexadécimal (image, son, vidéo…) et finalement des BLOB spécialisés pour le XML ou le spatial. Rappelons que les types TEXT, NTEXT et IMAGE sont obsolètes et ne seront plus supportés dans une version future de SQL Server. Par ailleurs, les LOB étant par nature non relationnels, il est impossible d'effectuer certaines opérations dessus (groupage, tri…).

```
DATA1 CHAR(4000));
GO

INSERT INTO T_LONGUE_LIGNE VALUES ('');
GO 100

INSERT INTO T_LIGNE VALUES ('')
GO 100

EXEC sp_spaceused 'T_LONGUE_LIGNE';

EXEC sp_spaceused 'T_LIGNE';
```

Ces deux tables sont presque similaires. L'une possède une colonne de 4 040 caractères ASCII, soit 4 040 octets. L'autre contient une colonne de 4 000 caractères ASCII, soit 4 000 octets et donc seulement 1 % de données en moins.

La procédure stockée sp_spaceused permet de connaître l'espace utilisé par un objet (ou à défaut, par la base). Les résultats présentés à la figure 10-9 sont éloquents.

Figure 10–9
Volumétrie des objets obtenue à l'aide de la procédure système sp_spaceused

Résultats | Messages

	name	rows	reserved	data	index_size	unused
1	T_LONGUE_LIGNE	100	840 KB	800 KB	16 KB	24 KB

	name	rows	reserved	data	index_size	unused
1	T_LIGNE	100	456 KB	400 KB	16 KB	40 KB

La première table utilise 840 Ko d'espace, dont 800 Ko de données et 16 Ko d'index. La seconde table utilise 465 Ko, dont 400 Ko de données et 16 Ko d'index… Ainsi, pour une différence de 1 % seulement en ce qui concerne la taille de la colonne DATA1, l'une des tables occupe 81 % d'espace supplémentaire par rapport à l'autre. Ceci s'explique par le fait que la première table ne peut mettre qu'une seule ligne dans une page, tandis que la seconde en compte deux par page…

Observons maintenant la fragmentation de ces deux tables à l'aide de la fonction table de gestion sys.dm_db_index_physical_stats.

Exemple 10-7. Statistiques physiques de fragmentation et de taille des lignes

```
SELECT OBJECT_NAME(object_id) AS TABLE_NAME,
       avg_fragmentation_in_percent AS frag_pc,
       avg_fragment_size_in_pages AS frag_sz_pg,
       page_count,
       avg_page_space_used_in_percent AS avg_space_used,
       record_count, avg_record_size_in_bytes AS avg_rec_size
FROM   sys.dm_db_index_physical_stats(DB_ID(), NULL, NULL, NULL, 'DETAILED')
WHERE index_level = 0
  AND (     object_id = OBJECT_ID('T_LONGUE_LIGNE')
         OR object_id = OBJECT_ID('T_LIGNE'));
```

Figure 10–10
Fragmentation comparée d'une table aux lignes longues avec une table plus compacte

Résultats | Messages

	TABLE_NAME	frag_pc	frag_sz_pg	page_count	avg_space_used	record_count	avg_rec_size
1	T_LONGUE_LIGNE	3	16,6666...	100	50,172967630...	100	4061
2	T_LIGNE	4	12,5	50	99,135161848...	100	4011

Bien que la fragmentation ne soit pas très conséquente, elle sera toujours plus importante pour une table aux longues lignes que pour une table plus compacte. Aucune méthode de défragmentation ne peut modifier cet état de fait. Pour le vérifier, utilisez la méthode de reconstruction d'index `ALTER INDEX ALL… REBUILD` pour défragmenter toutes les structures stockant les données de la table.

Exemple 10-8. Défragmentation de tables par reconstruction de tous les index

```
ALTER INDEX ALL ON T_LIGNE REBUILD;
ALTER INDEX ALL ON T_LONGUE_LIGNE REBUILD;
```

En appliquant à nouveau la requête de l'exemple 10-7, on obtient le même résultat. Aucun espace mort n'a été libéré des structures de stockage de la table aux longues lignes !

Pour déceler si une table possède des lignes en débordement, vous devez interroger la table système `sys.allocation_units` et scruter la colonne `type/type_desc` qui indique :

- `IN_ROW_DATA` : données de lignes ou d'index qui contiennent toutes les données, à l'exception des données de type LOB ;
- `LOB_DATA` : données de LOB (`TEXT`, `NTEXT`, `IMAGE`, `XML`, `VARCHAR(max)`, `NVARCHAR(max)`, `VARBINARY(max)`, CLR UDT) ;
- `ROW_OVERFLOW_DATA` : données à longueur variable stockées dans les colonnes `VARCHAR`, `NVARCHAR`, `VARBINARY` ou `sql_variant` et qui dépassent la taille limite de 8 060 octets par ligne.

Il est possible de faire en sorte que les LOB soient stockés en dehors des pages de données afin d'accéder plus vite aux données relationnelles. Pour cela, vous devez positionner l'attribut « *large value types out of row* » à 1 au niveau de la table, à l'aide de la procédure `sp_tableoption`. Dans ce cas, seul un pointeur de 16 octets est stocké dans la ligne de la table et référence la page qui constitue le point d'entrée du LOB.

Exemple 10-9. Création de trois tables contenant des LOB

La première table est créée avec un CLOB (voir note de bas de page, page 448) stocké dans la ligne, la deuxième avec un CLOB en dehors de la ligne et la troisième en débordement de ligne :

```
CREATE TABLE T_LOB_IN
(ID    INT IDENTITY CONSTRAINT PK_T_LOB_IN PRIMARY KEY,
DATA1 VARCHAR(max));
GO

CREATE TABLE T_LOB_OUT
(ID    INT IDENTITY CONSTRAINT PK_T_LOB_OUT PRIMARY KEY,
DATA1 VARCHAR(max));
GO

EXEC sp_tableoption 'T_LOB_OUT', 'large value types out of row', 1;
GO

CREATE TABLE T_DATA_OUT
(ID    INT IDENTITY CONSTRAINT PK_T_DATA_OUT PRIMARY KEY,
DATA1 VARCHAR(5000),
DATA2 VARCHAR(5000));
GO
```

Exemple 10-10. Insertion de données dans les tables contenant des longs textes ASCII

```
INSERT INTO T_LOB_IN SELECT REPLICATE('azertyuiop', 1000);
GO 10

INSERT INTO T_LOB_OUT SELECT REPLICATE('azertyuiop', 1000);
GO 10

INSERT INTO T_DATA_OUT SELECT REPLICATE('azertyuiop', 500),
                              REPLICATE('azertyuiop', 500);
GO 10
```

Exemple 10-11. Métadonnées spécifiques au stockage des LOB

```
SELECT s.name AS TABLE_SCHEMA, o.name AS TABLE_NAME,
       i.name AS INDEX_NAME, au.used_pages AS NB_PAGES,
       p.partition_number AS NO_PARTITION, au.type_desc AS STOCKAGE
FROM   sys.objects AS o
       INNER JOIN sys.schemas AS s
             ON o.schema_id = s.schema_id
       INNER JOIN sys.indexes i
             ON o.object_id = i.object_id
             INNER JOIN sys.partitions p
                   ON i.object_id = p.object_id
                      AND i.index_id = p.index_id
                   INNER JOIN sys.allocation_units AS au
                         ON p.partition_id = au.container_id
WHERE o.type_desc = 'USER_TABLE'
  AND o.name LIKE 'T?_LOB?_%' ESCAPE '?';

TABLE_SCHEMA  TABLE_NAME   INDEX_NAME     NB_PAGES  NO_PARTITION STOCKAGE
------------- ------------ -------------- --------- ------------ -------------
dbo           T_LOB_OUT    PK_T_LOB_IN    12        1            IN_ROW_DATA
dbo           T_LOB_OUT    PK_T_LOB_IN    0         1            LOB_DATA
dbo           T_LOB_IN     PK_T_LOB_OUT   2         1            IN_ROW_DATA
dbo           T_LOB_IN     PK_T_LOB_OUT   12        1            LOB_DATA
dbo           T_DATA_OUT   PK_T_DATA_OUT  12        1            IN_ROW_DATA
dbo           T_DATA_OUT   PK_T_DATA_OUT  11        1            ROW_OVERFLOW_DATA
```

La première table stocke toutes les données dans un seul et même espace de stockage de douze pages, comprenant données relationnelles et LOB. La deuxième table stocke les données relationnelles dans deux pages et les données des LOB dans un espace particulier (`LOB_DATA`) comprenant douze pages. La troisième table utilise des pages en débordement (`ROW_OVERFLOW_DATA`).

Pour des raisons de performances, et si l'on fait des requêtes concernant davantage les données relationnelles de cette table plutôt que les LOB, il est intéressant de dissocier le stockage de ces deux types de données.

On peut obtenir le point d'entrée d'une ligne de table à l'aide de la pseudo-colonne `%%physloc%%`, qui n'est disponible que pour une requête effectuée sur une table. L'adresse hexadécimale ainsi obtenue est une composition de numéro de fichier, numéro de page et numéro de slot de ligne. Pour la décoder, vous pouvez utiliser la fonction `sys.fn_PhysLocFormatter`.

Exemple 10-12. Obtention des adresses physiques des lignes d'une table

```
SELECT %%physloc%% AS RECORD_OFFSET, *,
       sys.fn_PhysLocFormatter(%%physloc%%) AS RECORD_START
FROM  msdb.dbo.syscategories AS sc
       CROSS APPLY sys.fn_PhysLocCracker(%%physloc%%)
```

La pseudo-colonne `%%physloc%%` et les fonctions `sys.fn_PhysLocFormatter` et `sys.fn_PhysLocCracker` sont des objets non documentés destinés à l'usage interne de SQL Server. Ils peuvent être modifiés sans préavis. Ne basez pas votre logique applicative sur ces objets car ils pourraient ne plus fonctionner comme souhaité dans une future version de SQL Server.

Pour une table, les lignes sont stockées dans un ordre arbitraire dépendant du nombre de fichiers affectés à l'espace de stockage et de la place dans les pages et les extensions déjà constituées.

Pour un index, les lignes sont rangées dans l'ordre de la clé d'index.

Extensions

Les extensions *(extents)* sont des blocs de 8 pages contigus, ce qui représente 64 Ko de stockage. C'est l'unité minimale d'allocation d'espace et de lecture dans les fichiers de données de SQL Server. Ainsi, chaque fois que SQL Server doit étendre un espace de stockage, il le fait d'une ou plusieurs extensions, soit 64 Ko ou un multiple de cet espace. De même, lorsque SQL Server doit lire physiquement les données sur les disques, il lit 64 Ko, soit 8 pages, même si une seule page suffit. Mais ce faisant, il profite de l'inertie de la tête de lecture pour devancer la remontée des données (lectures anticipées).

Les extensions peuvent être mixtes ou uniformes. Une extension uniforme voit ses 8 pages allouées à un seul et même objet, par exemple une table ou un index. Une extension mixte peut avoir des pages de différentes tables et de différents index.

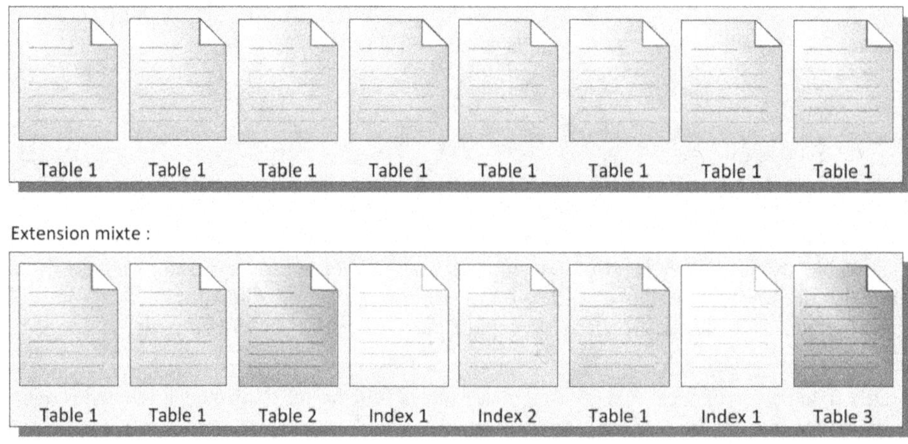

Figure 10–11 Extensions mixte et uniforme

Lors de l'insertion de la toute première ligne dans la table ou dans un index, une page est affectée à cette table ou cet index dans une extension mixte. Tant que l'objet utilise moins de 8 pages, ces pages sont prises dans la première extension disposant d'une page libre. Lorsque 8 pages sont utilisées pour un même objet, les pages suivantes sont organisées dans une extension uniforme.

Par défaut, il est impossible d'imposer à une base un réglage indiquant de ne prendre, dès le départ, que des extensions uniformes. Cette organisation peut être critiquée quand les bases sont très volumineuses (VLDB) et contiennent des tables conséquentes[6] (cas de certaines bases décisionnelles).

Dans le cas d'une VLDB contenant exclusivement des grandes tables, on peut forcer le moteur de stockage à adopter des allocations d'extensions uniformes à l'aide du drapeau de trace 1118 (`DBCC TRACEON (1118)`), mais ceci concernera immanquablement toutes les bases, y compris `tempdb` !

Pages techniques

Les pages techniques des fichiers de données de SQL Server servent à stocker des informations binaires renseignant sur le contenu des pages (tableau 10-3).

Tableau 10–3 Pages techniques des fichiers de données de SQL Server

Rang de la page dans le fichier	Type de page	m_type
0	En-tête de fichier *(file header)*	15
1	PFS : première page *Page Free Space*	11
2	GAM : première page *Global Allocation Map*	8
3	SGAM : première page *Shared Global Allocation Map*	9
4	Inutilisée	
5	Inutilisée	
6	BCM : première page *Bulk Changed Map*	17
7	DCM : première page *Differential Changed Map*	16
8	IAM : première page *Index Allocation Map*	10
9	Boot : page de démarrage	13

À noter que :

- toutes les pages techniques renvoient à un objet système dont l'identifiant 99 n'existe pas ;
- m_type est l'identifiant de type de page. Les identifiants 1 à 4 stockent des données, l'identifiant 7 stocke des données transitoires lors des tris, les autres identifiants ne sont plus utilisés.

Les pages GAM et SGAM permettent de trouver rapidement de la place libre pour une nouvelle page de données. Notez qu'il y a donc un bloc de pages GAM-SGAM-DCM-BCM toutes les 64 000 extensions.
Il est possible de lire le contenu des pages PFS, GAM, SGAM, BCM, DCM et IAM à l'aide de la commande `DBCC PAGE`.

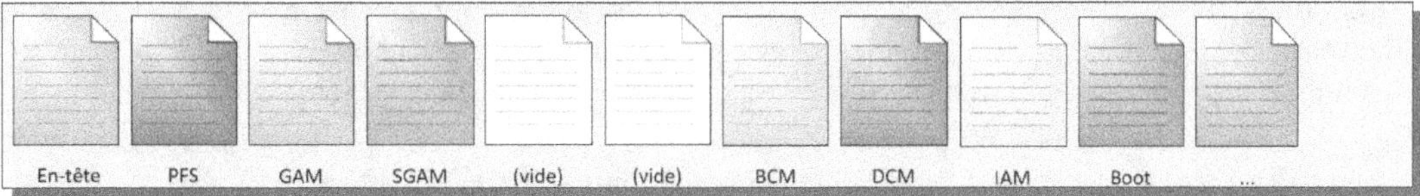

Figure 10–12 Enchaînement des pages techniques au début du fichier de données

6. Une VLDB (Very Large DataBase) est une base faisant au moins 1 To. Une grande table signifie au moins 50 Mo de données dans une table, soit plus de 6 000 pages.

Détaillons ces différents pages techniques :

- En-tête de fichier (page 0, unique) : cette page contient des informations de métadonnées sur le fichier. Pour afficher son contenu détaillé, utilisez la commande `DBCC FILEHEADER` ou la commande `DBCC PAGE`.

Exemple 10-13. Lecture des données d'en-tête du fichier 1 d'une base de données particulière

```
DBCC FILEHEADER ('msdb')
```

Cette commande renvoie des informations assez semblables à celles de la vue `sys.database_files`.

Exemple 10-14. Visualisation du contenu de la page 0 de la base `msdb`

```
DBCC TRACEON (3604);
DBCC PAGE ('msdb', 1, 0, 3);
DBCC TRACEOFF (3604);
```

- Page PFS (page 1, toutes les 8 000 pages) : elle renseigne sur les 8 000 pages de données qui suivent afin de savoir quand la page individuelle a été allouée, quel est son statut d'allocation et quelle est la quantité approximative d'espace libre qu'elle contient (vide, pleine de 1 à 50 %, de 51 à 80 %, de 81 à 95 % et de 96 à 100 %).
- Page GAM (page 2, toutes les 64 000 extensions) : cette page renseigne sur les 64 000 extensions suivantes à raison d'un bit par extension. Si la valeur du bit est 1, l'extension est libre. En revanche, si sa valeur est 0, l'extension est allouée.
- Page SGAM (page 3, toutes les 64 000 extensions) : comme la page GAM, elle renseigne sur les 64 000 extensions suivantes à raison d'un bit par extension. Si la valeur du bit est 1, l'extension est utilisée comme extension mixte et possède au moins une page libre. Si la valeur du bit est 0, l'extension n'est pas utilisée comme extension mixte ou correspond à une extension mixte dont toutes les pages sont utilisées.

Les pages GAM et SGAM permettent de trouver rapidement de la place libre pour une nouvelle page de données.

- Page BCM (page 6, toutes les 64 000 extensions) : cette page renseigne sur les extensions qui ont été modifiées par des opérations journalisées en bloc (`BULK INSERT`, `bcp.exe`) depuis la dernière instruction `BACKUP LOG`. Si le bit d'une extension est à 1, cela signifie qu'elle a été modifiée par une opération `BULK` (sinon, le bit est à 0). Cette page permet de savoir si la restauration via le journal des transactions est possible dans le cas d'une base en mode de récupération bulk logged.
- Page DCM (page 7, toutes les 64 000 extensions) : elle renseigne sur les extensions qui ont été modifiées depuis la dernière instruction `BACKUP FULL`. Si le bit d'une extension est à 1, cela signifie qu'elle a été modifiée depuis la dernière sauvegarde complète (sinon, le bit est à 0). Cette page sert à indiquer quelles pages doivent faire l'objet d'une sauvegarde différentielle.

Notez qu'il y a donc un bloc de pages GAM-SGAM-DCM-BCM toutes les 64 000 extensions.

- Page IAM (page 8, au minimum toutes les 64 000 extensions, mais nombreuses…) : elle renseigne sur les pages constituant l'allocation (`IN_ROW_DATA`, `LOB_DATA`, `ROW_OVERFLOW_DATA`) d'un objet de données (table en heap ou en cluster, index, LOB…) dans le fichier. En cas de pluralité de fichiers de données pour la base, les pages IAM sont chaînées entre elles, de même si l'objet stocké dépasse les 4 Go de données. Chaque table ou index possède donc au moins une page IAM. L'adresse de la première page IAM pour chaque objet figure dans une table système interne (à usage du moteur SQL uniquement) nommée `sys.system_internals_allocation_units` (pour une utilisation de cette table, voir l'article *Point d'entrée du stockage physique des objets dans SQL Server*, disponible à l'adresse suivante : http://blog.developpez.com/sqlpro/p12173/).

Il est possible de lire le contenu des pages PFS, GAM, SGAM, BCM, DCM et IAM à l'aide de la commande `DBCC PAGE`.

- Page Boot (page 9, unique dans le fichier primaire) : cette page renseigne sur le contenu technique de la base et la structure du stockage. Pour lire son contenu, utilisez la commande `DBCC DBINFO`.

Pour plus d'informations sur la structure des fichiers de données et les pages techniques, consultez les pages suivantes :

- http://www.pythian.com/blog/analyzing-sql-server-data-file-anatomy/
- http://stanleyjohns.wordpress.com/2011/07/19/sql-allocation-pages/
- http://blogs.msdn.com/b/sqlserverstorageengine/archive/2006/06/24/645803.aspx
- http://www.sqlservercentral.com/blogs/livingforsqlserver/2011/02/13/examining-pfs-gam-and-sgam-pages/

Structuration des données dans les lignes

Comme nous l'avons vu, une page peut contenir plusieurs lignes, lesquelles ont un emplacement (slot) réservé pour chacune. Dans une page vierge, les lignes sont insérées les unes à la suite des autres, et par conséquent, les slots sont contigus.

Une ligne peut être de longueur variable du fait des types `VARCHAR`, `NVARCHAR` et `VARBINARY`, il est donc nécessaire de recenser l'emplacement du début de chaque ligne (offset de ligne) dans un tableau fixe. La structure de ce tableau est inversée et le point d'entrée figure au dernier octet de la page (figure 10-8).

En cas de suppression d'une ligne, le slot est marqué comme effacé *(ghost record)*, mais les données ne sont pas « blanchies » pour autant. Par ailleurs, si la ligne d'une table est modifiée et que sa largeur augmente, les données qu'elle contient ne peuvent pas rester au même endroit. Un ghost record est donc également généré. Enfin, en cas d'insertion dans une table contenant des ghost records, les emplacements candidats (même taille ou plus) peuvent recevoir les nouvelles lignes.

Pour les lignes d'index, la situation diffère légèrement. À l'insertion, les lignes doivent toujours être triées physiquement sur la clé d'index. Si la page cible est pleine, une nouvelle page est ajoutée, laquelle est donc en partie vide (on parle de « split » de page).

Quoi que l'on fasse, que les mises à jour aient lieu dans une table ou un index, de la fragmentation logique (lecture en zigzag du fait des lignes déplacées) et physique (vide inemployé dans les pages) apparaît. La fragmentation résulte d'un défaut de compactage lié à la structure des données (page de taille fixe, slot coincé entre deux autres lignes…) et à l'organisation des données pour les index (tri physique des lignes sur la clé d'index). Plusieurs techniques existent pour contenir et remédier à la fragmentation, nous les étudierons dans le chapitre 17, consacré à la maintenance courante des bases de données.

La structure d'une ligne comporte des zones de métadonnées et des données. Les données des colonnes fixes sont groupées en une seule zone et figurent devant la zone contenant toutes les colonnes de taille variable. Cette organisation permet d'atteindre directement n'importe quelle colonne de taille fixe, car son emplacement est toujours le même par rapport au début de la ligne. Pour les colonnes de taille variable, on stocke d'abord un tableau indiquant où commence chaque donnée de taille variable, puis les données elles-mêmes.

À noter que les recherches sont plus rapides à effectuer dans des colonnes de taille fixe.

Le tableau 10-4 présente les différentes zones d'un slot de ligne.

Tableau 10–4 Différentes zones d'un slot de ligne

Nature	Longueur	Description
En-tête de ligne	4	Métadonnées de type de ligne
Données fixes	n	Données des colonnes de taille fixe dans l'ordre de création
Nombre de colonnes	2	Nombre total de colonnes de la ligne
Matrice NULL	p	Contient 1 bit par colonne pour indiquer si la colonne est vide (bit à 1) ou renseignée (bit à 0).
Nombre de colonnes de taille variable	2	Nombre de colonnes de taille variable de la ligne
Tableau offset variable	q	Tableau des offsets des colonnes de taille variable
Données variables	r	Données de taille variable
Tag de version	14	Numéro de version de la ligne et pointeur vers la ligne originale (version de ligne pour le niveau d'isolation SNAPSHOT)

EN-TÊTE 4 octets | DONNÉES FIXES | NB. TOTAL DE COL. 2 octets | MATRICE DES NULLS | NB DE COL. VARIABLES 2 octets | TABLEAU OFFSET DONNÉES VARIABLES | DONNÉES DE TAILLE VARIABLE | TAG DE VERSION 14 octets

0 | 4 | n | 4 + n | 6 + n | p | 6 + n + p | 8 + n + p | q | 8 + n + p + q | r | 8 + n + p + q + r | 22 + n + p + q + r

Figure 10–13 Structure d'une ligne dans une page

Le décompte du nombre de colonnes étant effectué sur 2 octets, vous pouvez en déduire que le nombre de colonnes d'une table ne peut pas dépasser 65 536.
Le fait que la colonne soit spécifiée `NOT NULL` n'affecte pas le nombre de bits de la matrice de nullabilité. Cependant, chaque bit étant pris dans un octet, le nombre d'octets de cette matrice progresse par palier. La formule de calcul est la suivante : `1 + c/8`, `c` étant le nombre de colonnes. Les calculs s'effectuent en nombres entiers. Il y a donc toujours au moins un octet affecté à cette matrice.

Dans certains cas particuliers, cette structure peut être complétée par une zone accueillant un GUID qui sert aux versions de ligne. Cette zone se trouve juste avant la zone des données de taille variable.

La zone d'en-tête indique la nature du slot. Les différentes possibilités sont indiquées dans le tableau 10-5.

Tableau 10–5 Contenu de la zone d'en-tête

Octet	Bits	Valeur	Nature
0	0		Information de version (0 à partir de la version 2008)
	1 à 3	0	Primary record (données d'une ligne de table HEAP ou CLUSTERED)
		1	Forwarded record (slot de ligne déplacé)

Tableau 10–5 Contenu de la zone d'en-tête *(suite)*

Octet	Bits	Valeur	Nature
		2	Forwarded record (slot de ligne déplacé)
		3	Index record (données d'une ligne d'un index non CLUSTERED)
		4	Blob fragment (morceau d'un LOB)
		5	Ghost index record (données d'une ligne d'un index supprimé)
		6	Ghost data record (données d'une ligne de table supprimée)
		7	Ghost record version (ligne supprimée accompagnée de métadonnées de version)
	4		Si 1, le slot de ligne contient des NULL.
	5		Si 1, le slot de ligne contient des colonnes de taille variable.
	6		Si 1, le slot de ligne possède un tag de version.
	7		Si 1, l'octet 1 est renseigné (non utilisé à partir de la version 2008).
1	1	0	Valeur par défaut
		1	Ghost forwarded record (ligne supprimée déplacée)

Dans la version 2005, la matrice de nullabilité n'apparaît que si au moins une colonne est « NULLable » (bit 4 à 1 dans l'octet 0 de la ligne).

En ce qui concerne les données de taille variable, chaque information d'une colonne possède une entrée dans le tableau d'offset des valeurs, indiquant son emplacement dans le slot de ligne, à l'aide de deux octets.

On peut avoir une idée de la taille maximale théorique d'une ligne en additionnant les tailles des différents types à l'aide du tableau 10-6.

Tableau 10–6 Longueur en octets en fonction des types de données

Type SQL	Volume en octets
TINYINT	1
SMALLINT	2
INT, SMALLMONEY	4
BIGINT, MONEY	8
DECIMAL(n), NUMERIC(n)	n : [1, 9]=5, [10, 19]=9, [20, 28]=13, [29, 38]=17
BIT	1 + (n-1) / 8 (n étant le nombre de colonnes de type bit dans la table)
FLOAT(n)	n : [1, 24] = 4, [25, 53] = 8
REAL	4
DATE	3
DATETIME2(n)	n : [0, 2] = 6, [3, 4] = 7, [5, 7] = 8
DATETIME (obsolète)	8
TIME(n)	5
DATETIMEOFFSET	10
SMALLDATETIME (déconseillé)	4
CHAR(n), BINARY(n)	n

Tableau 10–6 Longueur en octets en fonction des types de données *(suite)*

Type SQL	Volume en octets
`VARCHAR(n), VARBINARY(n)`	2 + n
`NVARCHAR(n)`	2 + 2*n
`NCHAR(n)`	2*n
`UNIQUEIDENTIFIER`	16
`ROWVERSION`	8 (10 si nullable)
`LOB`	Dépend de la façon de les stocker…

> Comme on peut le constater, un bit n'occupe réellement qu'un bit pris dans un octet. Ainsi, la présence de colonnes de type bit jusqu'à concurrence de 8 n'augmente pas la taille de la ligne.

On trouvera de plus amples explications dans les articles disponibles aux adresses suivantes :

- http://www.sqlskills.com/blogs/paul/inside-the-storage-engine-anatomy-of-a-record/
- http://sqluninterrupted.com/2012/10/16/sql-server-record-structurespart-1/
- http://jongurgul.com/blog/sql-server-row-internals/
- http://beyondrelational.com/modules/2/blogs/59/posts/13695/sql-server-storage-internals-part-4-how-to-read-a-heap-page.aspx

Le journal des transactions

Le journal des transactions est l'un des éléments les plus importants des bases de données relationnelles, c'est pourquoi on parle de bases OLTP *(On Line Transaction Processing)*, autrement dit de base transactionnelles. Dans SQL Server, on trouve un journal par base de données, y compris pour les bases de données système dont la base `tempdb` fait partie.

La journalisation des transactions

Le rôle du journal des transactions est de conserver l'intégrité de la base lors des mises à jour, qu'il s'agisse de simples opérations ne portant que sur une ligne, de changements portant sur plusieurs lignes ou encore la modification combinée de données enregistrées dans plusieurs tables.

Les données des bases relationnelles sont par nature ensembliste. Par ailleurs, les mises à jour peuvent porter comme nous l'avons vu sur plusieurs lignes d'une même table ou sur plusieurs tables conjointement. En cas d'interruption de la mise à jour, il est donc indispensable de pouvoir garantir qu'il sera possible de revenir à l'état d'origine. Le risque étant ici de se retrouver dans le cas contraire avec des données partiellement ou pas modifiées, sans moyen de savoir lesquelles ont été affectées.

Le journal des transactions enregistre donc un certain nombre d'informations et tant que la transaction reste ouverte, il est possible de revenir à l'état antérieur des données.

Le mécanisme de transaction est le suivant :

- La base de données est dans un état d'intégrité et de cohérence précis à instant *t0*.
- La transaction s'effectue et modifie des données des tables pendant une durée *d*. La base peut être momentanément incohérente, mais les données transitoires sont inatteignables.
- La base de données est dans un état d'intégrité et de cohérence précis au temps *t1*, résultant de *t0* + *d*.

Autrement dit, la transaction fait passer la base d'un état de cohérence à un autre en masquant momentanément les incohérences.

Algorithme

Le mécanisme de journalisation des transactions résulte des travaux[7] de Bjork, poursuivis par Gray et Bernstein dans les années 1970. L'algorithme utilisé par la plupart des SGBD relationnel pour journaliser les transactions est appelé ARIES[8] *(Algorithms for Recovery and Isolation Exploiting Semantics)*. Ce mécanisme est basé sur un journal qui enregistre, par ajout en fin de fichier (WAL pour *Write Ahead Log*), les données des transactions. Ce journal permet deux fonctionnalités indispensables en cas d'annulation de la transaction ou en cas de panne :

- défaire les nouvelles données pour les remplacer par les anciennes (UNDO) ;
- exécuter à nouveau la transaction (REDO).

Il est bien entendu impossible de se passer du journal des transactions, SQL Server garantissant toujours le transactionnement.

Bien qu'un simple SELECT soit aussi une transaction, seules les commandes de mise à jour (INSERT, UPDATE, DELETE, MERGE, TRUNCATE...), de structuration des objets (CREATE, ALTER, DROP...) et de gestion des privilèges dans la base (CREATE USER, GRANT, REVOKE...) sont journalisées.

De manière simplifiée, l'algorithme est le suivant :

- Les commandes SQL de mise à jour sont inscrites dans le journal des transactions.
- Les données actuelles, avant modification, sont enregistrées dans le journal des transactions.
- Les nouvelles données sont écrites dans les pages en mémoire.
- Si la transaction est annulée, les pages modifiées en mémoire sont réécrites d'après les données originales figurant dans le journal.
- Une contremarque est inscrite dans le journal pour indiquer que la transaction est finalisée (COMMIT ou ROLLBACK).

Les données en mémoire sont correctes (elles sont curieusement appelées « pages sales » *(dirty pages)*), tandis que dans les fichiers de données du disque, figurent des données déjà obsolètes.

Écriture des données

Lors de l'envoi de la commande CHECKPOINT (effectuée automatiquement à intervalle régulier, environ toutes les minutes), le système parcourt la mémoire à la recherche des pages sales, qui contiennent donc les nouvelles données à écrire. Il les regroupe par contiguïtés des emplacements physiques sur les plateaux du disque et les écrit dans les fichiers de données, ceci afin d'optimiser la durée du processus.

- Si une page mémoire a été modifiée plusieurs fois entre deux commandes CHECKPOINT, une seule écriture physique sera effectuée.
- Le regroupement par contiguïtés des emplacements physiques sur les plateaux du disque permet de minimiser le trajet de la tête de lecture.

7. Transaction Processing: Concepts and Techniques, de J. N. Gray et A. Reuter, éditions Morgan Kaufman, 1993.
8. Pour consulter l'article original, rendez à la page suivante : http://202.202.43.2/users/1008/docs/6176-1.pdf.

Une fois que les pages sales ont été définitivement répercutées dans les fichiers de données, les transactions inscrites au journal et concernant ces pages sont marquées comme terminées et la place qu'elles occupent dans le journal peut être libérée.

Figure 10–14
Transaction et écriture des données via la commande CHECKPOINT

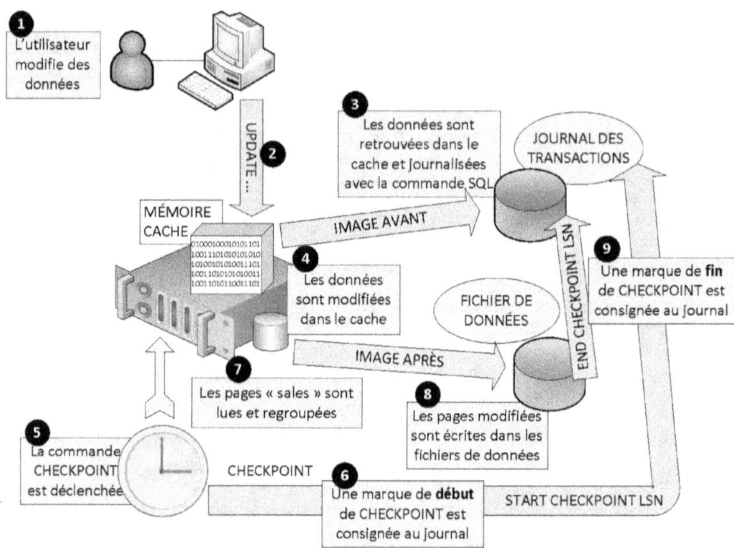

Le réglage du délai entre deux commandes `CHECKPOINT` peut s'effectuer base par base (`ALTER DATABASE ... SET TARGET_RECOVERY_TIME`, en secondes) ou globalement au niveau du serveur (`EXEC sp_configure 'recovery interval'`, en minutes). Le réglage par défaut est optimal pour la majorité des configurations.

On peut « visionner » le travail du checkpoint en combinant les indicateurs de trace 3502 et 3605, voire 3504. Ceci ajoute des informations au journal des événements de SQL Server pour les `CHECKPOINT`.

Phase de récupération

En cas de plantage de la machine, et à n'importe quel moment que ce soit, le système doit pouvoir récupérer les bases dans un état de cohérence absolu afin de garantir l'intégrité des données. Pour cela, une phase de récupération *(recovery)* va se lancer préalablement à la mise à disposition de la base.

Cette phase de récupération consiste à rejouer toutes les transactions validées dont les données n'avaient pas encore été écrites dans les fichiers de données de la base. Pour aller au plus vite, le système bloque l'accès à la base pour s'assurer une exclusivité du traitement. Les utilisateurs ne peuvent donc pas accéder à la base pendant cette phase de récupération. Une fois cette phase terminée, la base est mise à disposition des utilisateurs pour reprendre le service des données.

Si le système plante alors qu'une transaction n'est pas finalisée, l'utilisateur reçoit un avertissement lui indiquant que ses mises à jour n'ont pas été prises en compte.

La base reste donc toujours cohérente.

Cependant, le journal est conçu de manière à « aller de l'avant ». Il s'avère moins performant s'il doit revenir en arrière pour scruter des enregistrements figurant loin en arrière. L'annulation d'une transaction est donc souvent une opération plus lourde que sa validation : du fait de la concurrence, de nombreuses opérations continuent à alimenter le journal, alors qu'un processus entreprend de le lire « à l'envers »...

Certains développeurs sont souvent tentés d'arrêter la base ou le serveur lorsque l'annulation d'une transaction commence à prendre beaucoup de temps. C'est une « fausse bonne idée », car cette annulation devra impérativement être réalisée et en cas d'arrêt du serveur ou de la base, la phase de récupération reprendra la transaction au début, et non là ou l'arrêt aurait pu la laisser. Cependant, dans ce cas de figure, l'accès exclusif lors de la phase de récupération peut diminuer la durée de reprise.

Synchronisation des fichiers

Le journal des transactions est écrit de manière synchrone et les fichiers de données de manière asynchrone. Pour s'y retrouver, des marques appelées LSN *(Log Segment Number)* figurent dans le journal des transactions et sont répercutées dans les fichiers de données :

- dans la page racine de SQL Server à chaque `CHECKPOINT` (sous forme décomposée) ;
- dans chaque page de données lors des écritures physiques.

Le journal des transactions étant un point de contention du fait de son fonctionnement synchrone, il convient de le placer de préférence sur un disque physique dédié. Pour en accélérer les opérations, n'hésitez pas à placer plusieurs disques en parallèle dans un agrégat RAID de type 0.

Sans le journal des transactions qui permet de vérifier l'état de cohérence transactionnel de la base, les fichiers de données seuls ne peuvent constituer une base saine. Par conséquent, SQL Server considère toute tentative de rattachement d'une base sans journal des transactions comme étant corrompue ! Et dans la réalité, c'est très généralement le cas...

Dans SQL Server, les commandes `UNDO` sont enregistrées dans le journal des transactions et utilisées lors des `ROLLBACK`, tandis que les `REDO` sont générées lors des sauvegardes du journal des transactions. Ces sauvegardes transactionnelles permettent de reconstruire la base en rejouant les transactions et de s'arrêter à un point dans le temps ou une marque transactionnelle (voir le chapitre 12 consacré aux sauvegardes).

Le journal des transactions est un point focal du fonctionnement des bases OLTP, il ne peut y avoir qu'un seul fichier actif à la fois. Le fait de créer plusieurs fichiers pour assurer les transactions ne permet pas de les utiliser simultanément. Ils seront utilisés séquentiellement, par rotation automatique lorsque le premier sera plein.
En cas d'urgence (arrêt de la base avec erreur 9002: « Le journal des transactions de la base de données est plein... »), on peut ajouter un fichier de secours à l'aide de la procédure `sp_add_log_file_recover_suspect_db` afin de récupérer la base de données.

Structure du journal des transactions

Dans le journal des transactions, les écritures s'ajoutent en fin de fichier. Chaque ligne écrite est identifiée par une information appelée *Log Segment Number* (LSN) dont la valeur est monotone (croissance systématique au même pas). Une transaction est généralement composée de multiples lignes ayant comme point commun un identifiant de transaction *(Transaction ID)*.

Pour des raisons pratiques, le journal est divisé en de multiples morceaux de longueurs égales, les VLF *(Virtual Log File)*, qui contiennent chacune une partie du journal. Les portions actives de ces VLF sont stockées en mémoire afin d'accélérer leur manipulation, notamment lors des opérations de relecture, mais aussi pour globaliser certaines écritures. Tant que des transactions sont ouvertes dans les VLF, ces derniers sont maintenus en mémoire. Une fois toutes les transactions d'un VLF finalisées (`COMMIT` ou `ROLLBACK`) et achevées (`CHECKPOINT`), le VLF est supprimé de la mémoire et le fichier du journal des transactions peut écrire à nouveau sur cette portion.

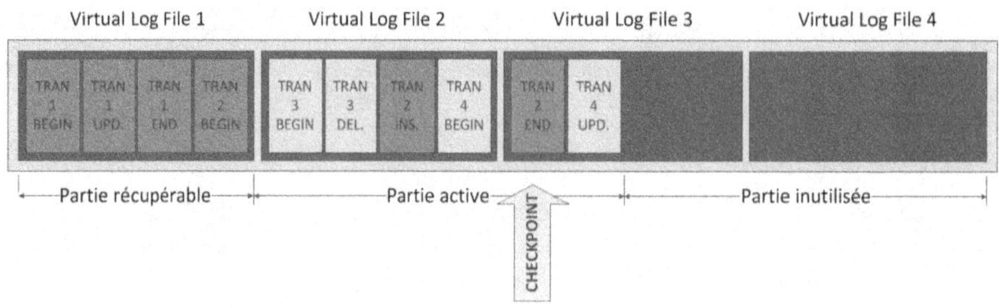

Figure 10–15 Journal des transactions et VLF

Sur la figure 10-15, le journal des transactions contient quatre VLF. Le premier ne comporte que des éléments de transactions achevées (1 et 2). Le deuxième VLF comporte des transactions encore actives (3 et 4) et des éléments de transactions achevées (2). Le troisième VLF comporte aussi une partie de transaction encore active et une partie de transaction achevée. Le dernier VLF est vide. Un `CHECKPOINT` a eu lieu au début du troisième VLF.

Le premier VLF est réutilisable et en mode de récupération simple, le journal va donc boucler sans augmenter en taille. En mode de récupération `BULK LOGGED` ou `FULL`, les transactions vont s'étendre jusqu'au quatrième VLF. Si aucune sauvegarde transactionnelle n'est entreprise, le journal va s'agrandir au cours d'une opération de croissance.

Toutes les opérations de croissance de fichiers, qu'elles aient lieu dans le journal des transactions ou dans les données, pénalisent fortement les performances. Ceci se vérifie plus particulièrement dans le journal des transactions dans lequel les écritures sont synchrones.

En particulier, lorsqu'une récupération suite à un arrêt brutal du serveur, ou lors d'une restauration, va se produire, le temps de traitement de ces VLF risque de pénaliser fortement le temps de reprise.

Au final, un message du type « *Database … has more than 1000 virtual log files which is excessive. Too many virtual log files can cause long startup and backup times. Consider shrinking the log and using a different growth increment to reduce the number of virtual log files.* » a toutes les chances d'apparaître dans votre journal d'événement.

La taille initiale et le nombre des VLF du journal des transactions dépendent de la taille de départ du fichier de transactions.

Tableau 10–7 Nombre de VLF en fonction de la taille initiale du fichier du JT

Taille du fichier du journal en Mo		Nombre de VLF
min (>)	max (<=)	
0	64	4
64	1 024	8
1 024	∞	16

La taille des VLF suivants dépend du pas d'incrément défini pour le fichier du journal des transactions. Pour obtenir des informations sur les VLF, vous pouvez utiliser la commande `DBCC LOGINFO`. Elle renvoie une table contenant une ligne par VLF, avec les données suivantes :

- `RecoveryUnitId` : identifiant de l'unité de récupération (à partir de la version 2012) ;
- `FileID` : identifiant de fichier (`file_id` dans la vue `sys.database_files`) ;
- `FileSize` : taille du VLF en octets ;
- `StartOffset` : position du premier octet du VLF par rapport au début du fichier ;
- `FSeqNo` : séquencement d'utilisation des VLF, l'indice le plus haut étant celui actuellement utilisé ;
- `Status` : statut du VLF ; une valeur de 2 indique un VLF actif dont les transactions n'ont pas encore été répercutées dans les fichiers de données ;
- `Parity` : valeur de parité qui permet la récupération du journal en cas d'arrêt brutal ;
- `CreateLSN` : valeur du LSN au moment de la création du VLF (0 à la création de la base) ; si plusieurs VLF portent le même LSN, cela indique qu'ils ont été créés au même moment dans une opération de croissance du fichier.

Exemple 10-15. Obtention des informations des VLF de toutes les bases de production

```
IF OBJECT_ID('tempdb..##LOGINFO_DB') IS NOT NULL
   EXEC ('DROP TABLE ##LOGINFO_DB;')

IF OBJECT_ID('tempdb..##LOGINFO') IS NOT NULL
   EXEC ('DROP TABLE ##LOGINFO;')

DECLARE @SQL NVARCHAR(max);

SET @SQL =
N'CREATE TABLE ##LOGINFO
(' + CASE
     -- test le n° de version de SQL Server, si 11 (version 2012) ou plus,
     -- DBCC LOGINFO contient la colonne RecoveryUnitId
        WHEN CAST(PARSENAME(CAST(SERVERPROPERTY('ProductVersion')
                                 AS VARCHAR(32)), 4) AS INT) >= 11
          THEN N'RecoveryUnitId INT,'
        ELSE ''
     END +'
  FileId      INT,
  FileSize    BIGINT,
  StartOffset BIGINT,
  FSeqNo      BIGINT,
  Status      TINYINT,
  Parity      TINYINT,
  CreateLSN nvarchar(255));';
EXEC (@SQL);

SET @SQL = '
SELECT CAST(N'''' AS sysname) AS DB_NAME, *
INTO   ##LOGINFO_DB
FROM   ##LOGINFO;'
EXEC (@SQL);

SET @SQL = N'';
SELECT @SQL = @SQL
            + 'INSERT INTO ##LOGINFO EXEC ' + QUOTENAME(name)
            + '.sys.sp_executesql N''DBCC LOGINFO WITH NO_INFOMSGS'';'
            + 'INSERT INTO ##LOGINFO_DB SELECT ''' + name + ''', * FROM ##LOGINFO;'
            + 'TRUNCATE TABLE ##LOGINFO;'
```

```
FROM   sys.databases
WHERE database_id > 4
  AND state_desc = 'ONLINE'
  AND source_database_id IS NULL;

EXEC (@SQL);
EXEC ('DROP TABLE ##LOGINFO;')

SELECT * FROM ##LOGINFO_DB;
```

Si la taille du journal est trop petite, de même que la taille du pas d'incrément, un très grand nombre de VLF seront à gérer. Ceci occupe plus de ressources, augmente les temps de réponse dans certaines opérations et fragmente le fichier du journal des transactions. Prévoyez un journal d'une taille suffisante et un pas d'incrément adapté pour des bases dont la volumétrie risque de dépasser la dizaine de Go.

Mode de récupération et recyclage du journal

La journalisation des informations peut être plus ou moins importante suivant le paramétrage de la base (`ALTER DATABASE ... SET RECOVERY...`). En mode de récupération simple, le journal est écrit a minima. En mode journalisé en bloc (bulk logged), les opérations reproductibles comme les créations d'index ou les imports de données par fichiers (`BULK INSERT` ou `bcp`), ne sont pas journalisées pour les données qu'elles manipulent. En mode complet (full), tout est systématiquement journalisé.

Par ailleurs, en mode de récupération simple, le journal est recyclé en permanence et sa croissance est généralement très faible. Dans les autres modes de récupération, le journal ne réécrit pas sur les VLF, même récupérables, tant qu'une sauvegarde du journal des transactions n'a pas été effectuée. La croissance peut alors être très importante et la taille du journal peut largement dépasser celle des données, tant qu'aucune sauvegarde transactionnelle n'a été entreprise. Vous devez donc impérativement prévoir des sauvegardes régulières du journal des transactions lorsque vous êtes en mode complet ou journalisé en bloc.

- Le mode de récupération simple est préférable pour les bases de données non transactionnelles (OLAP) de type entrepôt de données (data warehouse) afin de minimiser la taille du journal et de charger plus vite les données.
- Le mode de récupération complet est recommandé pour les bases de données transactionnelles (OLTP) afin de garantir la reprise sur incident au plus près du moment où la panne s'est produite (voir chapitre 12 pour un exemple).
- Le mode de récupération journalisé en bloc est généralement utilisé de manière transitoire, lorsqu'on procède à la reconstruction des index ou à l'import de fichiers de données pendant les heures creuses. Cela minimise la volumétrie du journal en accélérant les traitements décrits précédemment au moment opportun.

Il est possible de changer dynamiquement le mode de journalisation, mais cette modification ne prendra réellement effet qu'une fois les transactions en cours achevées. Par sécurité, il est conseillé d'effectuer une sauvegarde transactionnelle juste avant et juste après ce changement de mode, et même de forcer un `CHECKPOINT`.

Exemple 10-16. Changement de mode de récupération pour traitement particulier avec sauvegardes préventives

```
CHECKPOINT;
BACKUP LOG DB_PROD TO DISK = 'S:\SAUVE\DB_PROD_AVANT_TRAITEMENT.trn';
```

```
ALTER DATABASE DB_PROD SET RECOVERY BULK_LOGGED;
-- traitement des index, des imports…
ALTER DATABASE DB_PROD SET RECOVERY FULL;
CHECKPOINT;
BACKUP LOG DB_PROD TO DISK = 'S:\SAUVE\DB_PROD_APRES_TRAITEMENT.trn';
```

Pour les commandes de sauvegarde (`BACKUP LOG`), reportez-vous au chapitre 12.

Certaines fonctionnalités, comme la mise en miroir de bases de données, imposent que le mode de récupération soit toujours complet.

Lire le contenu d'un journal des transactions

Le journal des transactions n'est pas destiné à être utilisé de manière « applicative ». Il est extrêmement complexe de retrouver une transaction particulière par sa commande SQL et il est impossible de savoir quel utilisateur l'a lancée. On peut cependant avoir une idée du travail effectué par le journal en utilisant la commande `DBCC DBLOGINFO`, ou mieux, par le biais de la fonction table `sys.fn_dblog`.

Exemple 10-17. Lecture du journal des transactions de la base `msdb`

```
USE msdb;
GO
SELECT *
FROM   sys.fn_dblog(NULL, NULL);
```

Les deux paramètres de cette fonction sont le LSN minimal à partir duquel on veut lire le journal, et le LSN maximal auquel on veut s'arrêter.

On peut aussi utiliser la commande `DBCC SQLPERF(LOGSPACE)` qui permet de voir la volumétrie des journaux des transactions de toutes les bases et leur taux d'occupation.

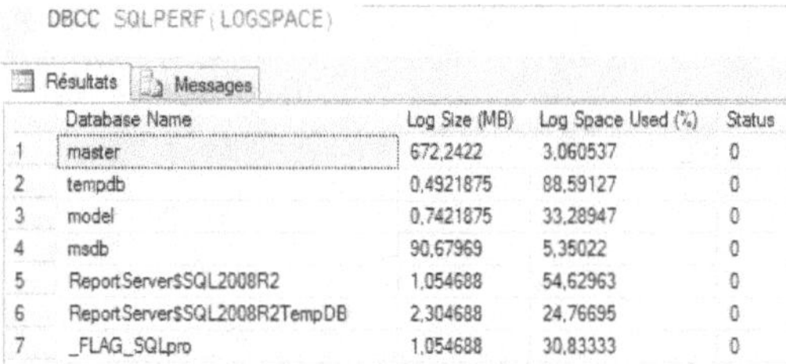

DBCC SQLPERF(LOGSPACE)

Résultats | Messages

	Database Name	Log Size (MB)	Log Space Used (%)	Status
1	master	672.2422	3.060537	0
2	tempdb	0.4921875	88.59127	0
3	model	0.7421875	33.28947	0
4	msdb	90.67969	5.35022	0
5	ReportServer$SQL2008R2	1.054688	54.62963	0
6	ReportServer$SQL2008R2TempDB	2.304688	24.76695	0
7	_FLAG_SQLpro	1.054688	30.83333	0

Figure 10–16
Taille et occupation des journaux de toutes les bases de l'instance

La fonction table `sys.fn_dump_dblog` permet de lire une sauvegarde du journal des transactions. Elle prend en compte 63 paramètres, qui doivent tous être renseignés.

- les deux premiers paramètres sont les LSN de début et de fin à prendre en compte ;
- le troisième paramètre correspond au type de destination de la sauvegarde (`DISK` (par défaut) ou `TAPE`) ;
- le quatrième paramètre est la position de la sauvegarde dans le super fichier de sauvegarde *(device)*, habituellement 1 si le fichier ne contient qu'une seule sauvegarde ;
- le cinquième paramètre indique le fichier concerné avec son chemin absolu (chemin UNC s'il s'agit d'un fichier distant) ;
- le sixième paramètre est le nom du fichier dans le répertoire par défaut des sauvegardes de l'instance ;

- les paramètres suivants sont utilisés dans le cadre de sauvegardes multifamilles pour indiquer les autres fichiers.

Vous pouvez spécifier le mot-clé `DEFAULT` pour tous les paramètres, hormis pour ceux utilisés pour la spécification des fichiers (paramètres 5 et 6).

Exemple 10-18. Utilisation de la fonction table `sys.fn_dump_dblog`

```
SELECT *
FROM   sys.fn_dump_dblog(
       DEFAULT, DEFAULT, DEFAULT, DEFAULT,
       'S:\sauvegardes\MaSauvegardeJT.trn',
       DEFAULT, DEFAULT,
       DEFAULT, DEFAULT, DEFAULT, DEFAULT, DEFAULT, DEFAULT, DEFAULT,
       DEFAULT, DEFAULT, DEFAULT, DEFAULT, DEFAULT, DEFAULT, DEFAULT,
       DEFAULT, DEFAULT, DEFAULT, DEFAULT, DEFAULT, DEFAULT, DEFAULT,
       DEFAULT, DEFAULT, DEFAULT, DEFAULT, DEFAULT, DEFAULT, DEFAULT,
       DEFAULT, DEFAULT, DEFAULT, DEFAULT, DEFAULT, DEFAULT, DEFAULT,
       DEFAULT, DEFAULT, DEFAULT, DEFAULT, DEFAULT, DEFAULT, DEFAULT,
       DEFAULT, DEFAULT, DEFAULT, DEFAULT, DEFAULT, DEFAULT, DEFAULT,
       DEFAULT, DEFAULT, DEFAULT, DEFAULT, DEFAULT, DEFAULT, DEFAULT,
       DEFAULT, DEFAULT, DEFAULT, DEFAULT, DEFAULT );
```

Certains éditeurs proposent des utilitaires conviviaux pour explorer et même retrouver/réintroduire des données perdues ou modifiées. Ces outils sont basés sur la lecture du journal des transactions.
ApexSQL Log ;
Log Explorer de Lumigent ;
SQL Log Rescue de Red Gate Software.

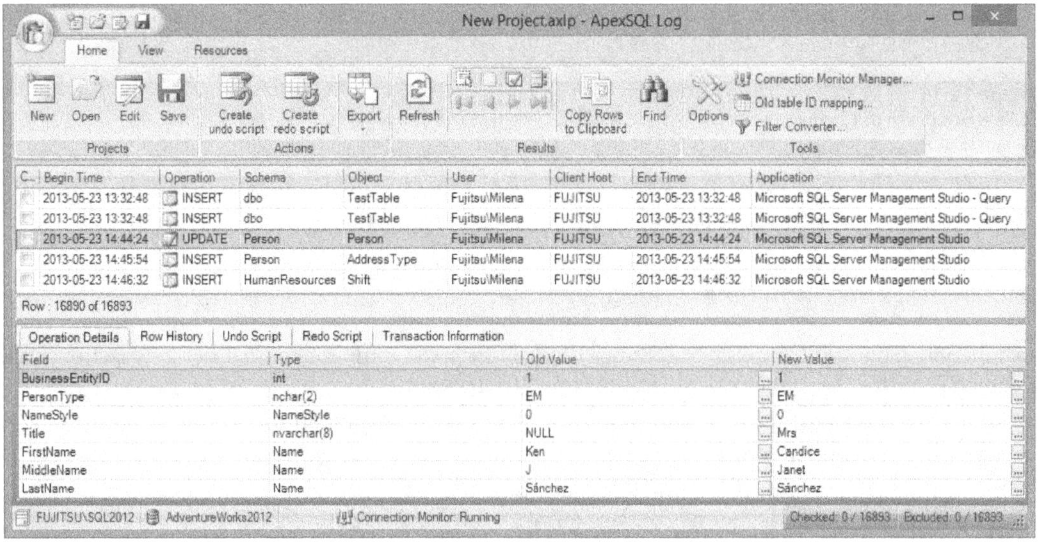

Figure 10–17 L'utilitaire ApexSQL Log

Documentation

Les URL suivantes proposent des articles explicatifs sur le fonctionnement du journal des transactions :

- http://www.sqlservercentral.com/articles/Design+and+Theory/63350/
- http://www.sqlservercentral.com/articles/Stairway+Series/73775/
- http://technet.microsoft.com/en-us/library/ms345419%28v=sql.105%29.aspx
- http://www.pluralsight.com/training/Courses/TableOfContents/sqlserver-logging (payant)

Transaction in-memory (SQL Server 2014)

À partir de la version 2014, SQL Server est doté d'un moteur transactionnel in-memory basé sur la technologie Hekaton, développée à l'origine par Microsoft Research. Ce moteur permet à la fois une moindre latence et un débit notablement plus élevé pour les données transactionnelles. Pour ce faire, ce n'est pas l'intégralité de la base qui est montée en mémoire, mais une sélection des tables les plus consultées. Les tests menés dans les laboratoires de Microsoft montrent que certaines transactions ont réduit leurs temps d'exécution de 50 fois. Par ailleurs, pour des bases aux fonctionnalités similaires, on constate une amélioration globale des performances d'environ 16 fois. Cette amélioration peut aussi permettre des économies d'échelle, notamment en diminuant le nombre de serveurs en parallèle pour les très grandes organisations de bases de données.

Pour activer le mode in-memory, l'administrateur de la base de données peut s'aider d'une application de diagnostic appelée AMR *(Analyse Migrate and Report)*, qui surveille l'utilisation des données des tables et identifie celles qui sont candidates à une installation en mémoire vive. La seule limitation concerne la RAM : si elle est insuffisante, les mises à jour sont arrêtées.

Pour les tables in-memory, le système maintient l'intégrité transactionnelle par des transactions inscrites dans un fichier de journalisation séparé. SQL Server 2014 scrute aussi les procédures stockées pour repérer celles qui gagneraient à être optimisées et propose de les compiler en langage machine. Ceci présente deux avantages : une plus grande rapidité d'exécution et une occupation moindre de la mémoire pour le code. Par ailleurs, SQL Server 2014 améliore aussi les performances en affinant le processus de verrouillage des tables de base lors des écritures. Les lignes sont ainsi verrouillées individuellement et non à la page. En cas de conflit d'accès par deux processus à la même ligne, le moteur de stockage écrit la ligne mise à jour dans un nouvel emplacement et ajoute dans la table un pointeur qui renvoie au nouveau slot. Ainsi, la ligne peut répondre à toute requête intervenue pendant la mise à jour. Cette technique est appelée « concomitance optimiste ».

En mai 2013, lors d'une conférence de presse, Microsoft a présenté une application à laquelle étaient simultanément connectés 80 utilisateurs, exécutant 2 400 transactions par seconde. Après avoir placé les principales tables in-memory, le nombre de transactions par seconde a augmenté jusqu'à 17 000. En y ajoutant la compilation des procédures en code natif, le système est passé à 65 000 transactions par seconde, soit une augmentation de 27 fois.

Le mécanisme permettant d'assurer les aspects transactionnels est le suivant :

- Partant d'une base intégralement en mémoire, la modification d'une ligne entraîne une nouvelle version de cette ligne en mémoire.
- L'ancienne version, si elle n'est plus utilisée par aucune transaction, se transforme alors en espace mémoire récupérable.

- Si la transaction est annulée, aucune écriture disque n'est entreprise. Si la transaction est validée, elle est écrite au journal et un processus d'arrière-plan la recopie dans des fichiers de persistance des données. Ces fichiers sont lus au démarrage de la base pour placer les données en mémoire.

Commandes DBCC

Dans les exemples et paragraphes précédents, nous avons évoqué quelques commandes du DBCC *(Database Console Commands)*. Il en existent un grand nombre, héritées du passé « Sybase » de SQL Server. Le tableau 10-8 présente quelques-unes des commandes du DBCC dont vous pourriez avoir besoin dans votre travail.

Tableau 10–8 Commandes DBCC

Commandes	Description	Équivalence
HELP	Retourne des informations sur une commande DBCC spécifiée[a]	
TRACEON	Met en place un drapeau de trace	
TRACEOFF	Retire un drapeau de trace établi	
TRACESTATUS	Donne la liste des drapeaux de trace établis	
CHECKDB	Vérifie physiquement l'ensemble des objets d'une base	
CHECKFILEGROUP	Vérifie physiquement l'ensemble des objets d'un espace de stockage	
CHECKALLOC	Vérifie physiquement les allocations	
CHECKCATALOG	Vérifie physiquement les tables systèmes	
CHECKTABLE	Vérifie physiquement une table	
CHECKCONSTRAINTS	Vérifie la cohérence du respect des contraintes	
DBREINDEX	Reconstruction d'un index	ALTER INDEX ... REBUILD
INDEXDEFRAG	Défragmente d'un index	ALTER INDEX... REORGANIZE
SHRINKDATABASE	Réduit la taille physique de tous les fichiers de la base	
SHRINKFILE	Réduit la taille physique d'un fichier de la base	
UPDATEUSAGE	Réajuste le calcul de volumétrie des données dans les tables système	
CLEANTABLE	Libère l'espace des colonnes de longueur variable supprimées	ALTER INDEX... REBUILD
PROCCACHE	Affiche des informations de contenu du cache des procédures	diverses DMV[b]
FREEPROCCACHE	Vide le cache des procédures	
DROPCLEANBUFFERS	Vide le cache des données	
FREESESSIONCACHE	Vide le cache de connexion des requêtes distribuées	
FREESYSTEMCACHE	Libère les entrées non utilisées de tous les caches	
INPUTBUFFER	Affiche la dernière commande rentrée dans une session	
OUTPUTBUFFER	Renvoie les données associées à la dernière commande d'une session	
OPENTRAN	Retrouve la plus ancienne transaction active dans la base spécifiée	
SHOWCONTIG	Affiche les informations de fragmentation des tables et index spécifiés	sys.dm_db_index_physical_stats

Tableau 10–8 Commandes DBCC *(suite)*

Commandes	Description	Équivalence
SHOW_STATISTICS	Affiche les statistiques de distribution des données relatives à un index ou une colonne	
SQLPERF	Affiche des statistiques de volumétrie et d'utilisation des journaux de transactions	
USEROPTIONS	Renvoie les options SET actives (définies) pour la connexion courante	
CHECKIDENT	Vérifie ou réajuste l'auto-incrément pour la table spécifiée	
nom_dll FREE	Libère de la mémoire le code de la DLL associée à une procédure stockée étendue (xp_...)	
DBINFO	Affiche des informations de métadonnées techniques sur la base de données	non documentée
LOG	Affiche le contenu du journal des transactions	non documentée sys.fn_dblog(...)
IND	Affiche des informations de métadonnées techniques sur les index	non documentée sys.dm_db_database_page_allocations
EXTENTINFO	Affiche des informations de métadonnées techniques sur les extensions	non documentée
PAGE	Affiche le contenu d'une page	non documentée
FILEHEADER	Affiche des informations de métadonnées techniques sur les fichiers	non documentée
SHOWFILESTATS	Affiche des informations de métadonnées techniques sur l'occupation des fichiers de données	non documentée

a. Avec '?' en paramètre, vous obtiendrez la liste des commande DBCC actuelles. En activant la trace 2588, vous obtiendrez la liste complète y compris pour les commandes DBCC plus documentées. En spécifiant une commande particulière avec la trace activée, vous aurez sa syntaxe.

b. On peut obtenir un équivalent avec les vues système suivantes : sys.dm_exec_cached_plans, sys.dm_exec_plan_attributes, sys.dm_exec_sql_text, sys.dm_exec_cached_plan_dependent_objects

À chaque fois qu'une équivalence simple existe, privilégiez son utilisation, Microsoft ayant tendance à supprimer peu à peu les anciennes commandes du DBCC.

Il existe de nombreuses autres commandes du DBCC, mais comme elles ne sont plus documentées, leur résultat, si elles fonctionnent encore, est sujet à caution. Consultez les pages suivantes pour en savoir plus :

- http://dbakapil.blogspot.fr/2010/06/dbcc-commands.html
- http://www.mesquiteit.com/MesquiteITKB/_1rl0v2p72.htm
- http://www.novicksoftware.com/tipsandtricks/tip-sql-dbcc-help.htm
- http://ss64.com/sql/dbcc_undocumented.html

Les drapeaux de trace sont des indicateurs destinés au paramétrage du moteur de stockage dont ils permettent de modifier le comportement. Le tableau 10-9 présente quelques-uns de ces drapeaux.

Tableau 10–9 Drapeaux de trace

Numéro	Description	Étendue
1119	Désactive la mixité des étendues lors de l'allocation des espaces de fichiers.	Globale
1204	Donne des informations sur les verrous mortels.	Globale
1205	Écrit les informations de verrous mortels dans le journal des événements de SQL Server.	Globale
1211	Désactive l'escalade de verrous.	Globale ou session
1222	Fournit des informations de blocage des verrous mortels sous forme XML.	Globale
1224	Désactive l'escalade de verrous en fonction du nombre de verrous.	Globale ou session
1807	Autorise la création des fichiers des bases sur un lecteur mappé ou un répertoire distant.	Globale
2528	Désactive le parallélisme lors de la vérification physique des objets (DBCC CHECK...)	Globale ou session
3502	Inscrit les commandes CHECKPOINT dans le journal des événements.	Globale ou session
3504	Fournit des informations détaillées de statistiques sur les CHECKPOINT.	Globale ou session
3604	Renvoie la sortie de certaines commandes DBCC en affichage plutôt qu'en mémoire.	Session
3605	Dirige les sorties de drapeaux de trace vers le journal des événements de SQL Server.	Globale ou session

Les drapeaux de trace ne sont pas sans conséquence sur les performances. Ne placez pas de drapeau de trace de manière permanente et mesurez bien l'incidence de chacun des drapeaux posés. En principe, ils doivent être réservés à des analyses transitoires (débogage, diagnostic...) ou décidés sur intervention de la hotline Microsoft.

La syntaxe de la pose des drapeaux de trace est la suivante :

```
DBCC TRACEON (trace1 [, trace2 [,…]] [, -1]) [WITH NO_INFOMSGS]
```

où `traceN` correspond au numéro du drapeau de trace et `-1` à l'activation globale.

Les drapeaux de trace étant réinitialisés à chaque démarrage de l'instance SQL, vous pouvez utiliser l'option de démarrage `-T` de Sqlservr.exe dans la ligne de commande du service pour rendre permanent vos indicateurs de trace.

Consultez les pages suivantes pour une liste plus complète des drapeaux de trace :

- http://social.technet.microsoft.com/wiki/contents/articles/13105.trace-flags-in-sql-server.aspx
- http://www.sqlservercentral.com/articles/trace+flags/70131/
- http://antapex.org/traceflags_sqlserver.txt
- http://simonsql.com/2011/04/12/sql-server-trace-flags/

Le tableau 10-10 présente la syntaxe d'exécution des commandes affichant les métadonnées relatives au stockage.

Tableau 10–10 Métadonnées relatives au stockage

Commandes DBCC	Syntaxe
`DBINFO *`	`('nom_base') [WITH TABLERESULTS]`
`LOG`	`({'nom_base'|database_id|0}) [option_sortie]`
`IND`	`({'nom_base'|database_id|0}, {'nom_table'|object_id}, {index_id|-1})`

Tableau 10–10 Métadonnées relatives au stockage *(suite)*

Commandes DBCC	Syntaxe
EXTENTINFO	[({'nom_base'|database_id|0}] [, {'nom_table'|object_id} [, {'nom_index'|index_id|-1}]]])]
PAGE *	({'nom_base'|database_id|0}, file_id, page_id [, option_sortie]) [WITH TABLERESULTS]
FILEHEADER	[({'nom_base'|database_id|0} [, fileid])
SHOWFILESTATS	[(file_num)]

où

- `option_sortie` : format de sortie des données, varie de 0 à 4 pour `LOG` et de 0 à 3 pour `PAGE` ;
- `0` : correspond à la base courante ;
- `-1` : signifie tous les objets ;
- `*` : nécessite l'activation du drapeau de trace 3604 en mode normal, c'est-à-dire sans l'option `TABLERESULTS`.

Exemple 10-19. Lecture binaire de la page 25 du fichier d'identifiant 1 de la base courante, en mode de présentation 3 (maximum de détails)

```
DBCC TRACEON (3604);
DBCC PAGE (0, 1, 25, 3);
DBCC TRACEOFF (3604);
```

Organisation du stockage

L'organisation du stockage des données repose sur deux concepts simples :

- l'espace de stockage, appelé « filegroup » dans SQL Server et « tablespace » dans d'autres SGBDR ;
- le fichier logique ou physique, un fichier logique ayant toujours un emplacement physique.

Dans les sections suivantes, nous allons détailler ces deux concepts afin de préciser en quoi ils consistent et comment les organiser au mieux. Nous aborderons également les concepts de stockage FILESTREAM (qui permet de stocker des fichiers dans le système de fichiers de l'OS, sous le contrôle du SGBDR) et stockage FILETABLE (complément du FILESTREAM).

Le concept clé de l'architecture du stockage est de permettre la ventilation des entrées-sorties et le parallélisme d'accès aux différents emplacements où figurent physiquement les données, cela afin d'en accélérer notablement les performances.

Le groupe de fichiers (filegroup)

Un groupe de fichiers constitue un espace de stockage pour les objets (table ou index) qui stockent des données. Il est attaché à une seule base et peut comporter autant de fichiers que souhaité (jusqu'à 32 767 fichiers). Vous pouvez créer plusieurs groupes de fichiers pour une même base, à concurrence de 32 767 groupes de fichiers.

La liste des groupes de fichiers peut être obtenue pas la vue système `sys.filegroups`, à utiliser dans le contexte de la base visée.

Le groupe de fichiers PRIMARY

Le groupe de fichiers `PRIMARY` comporte au moins un fichier, appelé « fichier primaire ». Vous ne pouvez ni supprimer ni renommer ce groupe de fichiers, ni encore lui retirer le fichier primaire car il est indispensable dans la mesure où il permet d'identifier la base de données. Le fichier primaire contient les toutes premières informations de la base et notamment les premières pages techniques (figure 10-12).

C'est aussi dans ce groupe de fichiers que seront stockées les principales tables système, en particulier celles décrivant l'organisation du stockage de la base.

Vous pouvez ajouter au groupe de fichiers `PRIMARY` autant de fichiers que vous le souhaitez.

Les groupes de fichiers secondaires

À tout moment, vous pouvez ajouter à votre base un nouveau groupe de fichiers sans pour autant lui affecter immédiatement des fichiers. Il faudra cependant que le groupe de fichiers possède au moins un fichier pour que vous puissiez en faire la destination d'un objet de stockage (table ou index).

Un groupe de fichiers secondaire peut être considéré comme la destination par défaut de tout objet de stockage (`DEFAULT filegroup`) et il peut aussi être placé en lecture seule (`READ ONLY`). Par défaut, un groupe de fichiers est toujours positionné en lecture écriture (`READ_WRITE`).

Par ailleurs, vous pouvez sauvegarder les groupes de fichiers secondaires indépendamment les uns des autres. Par exemple, vous pouvez considérer un groupe de fichiers où résideront des tables d'archivage des données, un autre contenant les tables « vivantes » et un troisième groupe en lecture seule qui contiendra les données « mortes » (codes postaux, découpage territorial géographique...). Dans ce cas, vous pourrez établir un plan de sauvegarde avec une fréquence différente pour chacun des groupes de fichiers (par exemple, une fois par an pour les données mortes, une fois par mois pour les données d'archives et une fois par jour pour les données de production).

Pour ajouter un groupe de fichiers à une base, la commande est la suivante :

```
ALTER DATABASE nom_base ADD FILEGROUP nom_filegroup;
```

Pour modifier un groupe de fichiers existant, vous pouvez utiliser la commande suivante :

```
ALTER DATABASE nom_base MODIFY FILEGROUP nom_filegroup;
   [DEFAULT] [{READ_ONLY|READ_WRITE}];
```

À noter qu'il n'est pas possible de changer l'état d'un groupe de fichiers s'il ne contient pas de fichier.

Il est possible de supprimer un groupe de fichiers, à condition qu'il soit vide, c'est-à-dire exempt de tout fichier. Pou ce faire, la commande est la suivante :

```
ALTER DATABASE nom_base REMOVE FILEGROUP nom_filegroup;
```

Exemple 10-20. Création d'une base et d'un groupe de fichiers destinataire par défaut

```
CREATE DATABASE DB_SQL
GO

ALTER DATABASE DB_SQL
   ADD FILEGROUP FG_TABLES;

ALTER DATABASE DB_SQL
   MODIFY FILEGROUP FG_TABLES
      DEFAULT;
```

Ce code crée une base de données nommée DB_SQL et ajoute le groupe de fichiers FG_TABLES à cette base. Il tente ensuite de la faire devenir destinataire de tout objet de stockage par défaut. Mais la dernière commande va échouer car le groupe de fichiers ne contient aucun fichier pour le moment.

Spécification de la destination du stockage

Pour spécifier qu'un objet de stockage (table ou index) doit se placer dans tel ou tel groupe de fichiers, il suffit d'utiliser la clause finale ON dans la syntaxe de création de l'objet :

```
CREATE TABLE (…) ON nom_filegroup;
CREATE INDEX … ON nom_filegroup;
```

Nous verrons qu'il est possible de migrer les objets d'un groupe de fichiers à un autre, mais ceci oblige de placer un verrou exclusif sur l'objet le temps d'opérer le transfert des données.

Si vous ne spécifiez pas la clause finale ON, les objets de stockage créés (table ou index) seront envoyés sur le groupe de fichiers par défaut. Si vous ne l'avez pas spécifié, ou si vous n'avez créé aucun groupe de fichiers, c'est le groupe de fichiers PRIMARY qui sera utilisé pour stocker tous vos objets.

Les fichiers de stockage de données

Les fichiers de stockage de données sont les espaces dans lesquels le moteur de stockage de SQL Server va placer les données et les index. Chaque fichier doit appartenir à un seul groupe de fichiers.

Les fichiers sont caractérisés a minima par un nom (NAME) et un emplacement (FILENAME), et par défaut par :

- une taille initiale (SIZE) ;
- un pas de croissance (FILEGROWTH), exprimé en octets ou pourcentage ;
- une limite maximale de taille (MAXSIZE) qui peut être illimitée (UNLIMITED).

Les tailles peuvent être définies en Mo, Go, To ou Po.

Les détails sur les fichiers de données d'une base sont fournis par la vue système sys.database_files, à utiliser dans le contexte de la base visée. La vue globale sys.master_files permet de retrouver les fichiers utilisés par toutes les bases d'une même instance. Le lien avec le groupe de fichiers est assuré par la colonne data_space_id.

> Dans les vues de métadonnées des fichiers, la valeur 0 attribuée à la colonne data_space_id ne pointe vers aucun groupe de fichiers car ces fichiers sont affectés au journal des transactions.

On peut obtenir la volumétrie résiduelle de l'ensemble des disques du serveur à l'aide de la procédure stockée `sys.xp_fixeddrives`. À partir de la version SQL Server 2008 R2 SP1, vous pouvez utiliser l'UDF `table de gestion sys.dm_os_volume_stats(database_id, file_id)` qui enseigne sur le volume globale et résiduel du disque sur lequel se trouve le fichier.

Ajout d'un fichier de données

La syntaxe de la commande permettant de définir les caractéristiques d'un fichier est la suivante :

```
(NAME     = 'nom_logique_fichier',
  FILENAME = 'emplacement_fichier'
  [, SIZE = taille {KB|MB|GB|TB}]
  [, MAXSIZE = {taille_max {KB|MB|GB|TB}|UNLIMITED}]
  [, FILEGROWTH = pas_increment {KB|MB|GB|TB|%}]
)
```

Par défaut, un fichier nouvellement créé a taille de 1 Mo, un pas de croissance de 1 Mo et une taille maximale illimitée.

Pour ajouter un fichier à une base et le placer dans un groupe de fichiers, la syntaxe à utiliser est la suivante :

```
ALTER DATABASE nom_base
   ADD FILE (<spécification_fichier>)
   [TO FILEGROUP nom_groupe_fichier];
```

Si vous ne spécifiez pas le groupe de fichiers qui doit recevoir le nouveau fichier, celui-ci est affecté au groupe `PRIMARY`. Cette opération est effectuée à chaud, inutile d'arrêter la base ou le serveur ni de couper les accès des utilisateurs.

Exemple 10-21. Ajout de fichiers aux groupes de fichiers

```
ALTER DATABASE DB_SQL
   ADD FILE (NAME     = 'F_TABLES1',
             FILENAME = 'C:\SQL_DB\FT1.ndf',
             SIZE     = 250 MB,
             MAXSIZE = 100 GB,
             FILEGROWTH = 50 MB
            )
       TO FILEGROUP FG_TABLES;

ALTER DATABASE DB_SQL
   ADD FILE (NAME     = 'F_TABLES0',
             FILENAME = 'C:\SQL_DB\FT0.ndf',
             SIZE     = 5 MB
            );

SELECT * FROM DB_SQL.sys.database_files;
```

Dans cet exemple, la base `DB_SQL` reçoit deux nouveaux fichiers :

- un fichier de nom logique `F_TABLES1` est affecté au groupe de fichiers `FG_TABLES` créé à l'exemple 10-20. Il est taillé pour 250 Mo et peut croître jusqu'à 100 Go par pas de 50 Mo. Il se trouve à l'emplacement `C:\SQL_DB\FT1.ndf`.

- Le second fichier a pour nom logique `F_TABLES0` et il est affecté au groupe de fichiers `PRIMARY` étant donné que rien d'autre n'a été spécifié. Il est créé sur `C:\SQL_DB\FT0.ndf`, avec une taille de 5 Mo. À défaut de spécification particulière, il lui a été attribué un pas d'incrément de 1 Mo et aucune limite de taille.

Ces éléments sont confirmés par les données résultantes de la vue `sys.database_files` (figure 10-18).

Résultats | Messages

file_id	file_guid	type	type_desc	data_space_id	name	physical_name		state	state_desc	size	max_size	growth
1	B9165...	0	ROWS	1	DB_SQL	S:\DATA BASES\SQLSer	.L.mdf	0	ONLINE	288	-1	128
2	210F39...	1	LOG	0	DB_SQL_log	S:\DATA BASES\SQLSe	ιL_log.LDF	0	ONLINE	72	268435456	10
3	EA3D2...	0	ROWS	2	F_TABLES1	C:\SQL_DB\FT1.ndf		0	ONLINE	32000	13107200	6400
4	DBAD...	0	ROWS	1	F_TABLES0	C:\SQL_DB\FT0.ndf		0	ONLINE	640	-1	128

Figure 10–18 Données d'emplacement et de volumétrie des fichiers d'une base

À noter que les métriques de volumétrie sont exprimées en page de 8 Ko et non en octets.

Par ailleurs, on constate que des fichiers ont été créés par le SGBDR lors de la création de la base : le fichier de données primaire situé dans le groupe de fichiers `PRIMARY` et un fichier pour les transactions, affecté au journal.

> Si vous ne précisez pas comment est organisé le stockage lors de la création d'une base, SQL Server va créer deux fichiers : un fichier pour les données situées dans le groupe de fichiers `PRIMARY` et un autre fichier qui sera affecté au journal. Les tailles de ces fichiers sont minimales et dépendent des versions de SQL Server.

Tableau 10–11 Tailles des fichiers par défaut lors de la création d'une base, sans spécification de la structure du stockage, vue dans l'IHM SSMS

	Nom logique	Extension	Versions 2005, 2008 et 2008 R2	Version 2012	Version 2014
données	`<nom_base>`	`.mdf`	3 Mo, pas de 1 Mo	5 Mo, pas de 1 Mo	5 Mo, pas de 1 Mo
journal	`<nom_base>_log`	`.ldf`	1 Mo, pas de 10 %	1 Mo, pas de 10 %	2 Mo, pas de 10 %

> Par convention, les extensions des fichiers de SQL Server sont :
> `.mdf` *(master data file)* pour le premier fichier créé dans le groupe de fichiers `PRIMAY` (fichier primaire) ;
> `.ndf`*(secondary data file)* pour tous les autres fichiers.
> Mais à vrai dire, ces extensions n'ont aucune importance car Windows ne les reconnaî pas. On peut donc spécifier n'importe quelle extension, ne serait-ce que pour des raisons de sécurité.

> Lorsqu'un groupe de fichiers contient plusieurs fichiers, le moteur de stockage de SQL Server les remplit de manière égale, en parallèle et en alternant les extensions dans chacun des fichiers. Il est donc important que ces fichiers soient :
> - de longueurs égales ;
> - situés sur différents axes physiques ;
> - de même vitesse d'accès.

Modification ou suppression d'un fichier de données

Il est possible d'utiliser la commande `ALTER DATABASE` pour modifier les caractéristiques d'un fichier :

```
ALTER DATABASE nom_base
   MODIFY FILE
      ( NAME     = 'nom_logique_fichier',
      [, SIZE = taille {KB|MB|GB|TB}]
      [, MAXSIZE = {taille_max {KB|MB|GB|TB}|UNLIMITED}]
      [, FILEGROWTH = pas_increment {KB|MB|GB|TB|%}]
      [, OFFLINE]
      );
```

Il faut impérativement spécifier un nom logique de fichier existant dans la base.

Il est impossible de réduire la taille d'un fichier en dessous de la contenance. Par exemple, si vous avez créé un fichier de 10 Go et que celui-ci est rempli à 8 Go, vous ne pouvez pas réduire à 5 Go par ce biais. Vos devrez préalablement migrer les données dans un autre espace de stockage (voir section « Compression » de ce chapitre).

Les opérations de modification des fichiers s'effectuent à chaud, il est inutile d'arrêter la base ou le serveur, ou encore de couper les accès des utilisateurs.

Exemple 10-22. Modification des caractéristiques des fichiers

```
ALTER DATABASE DB_SQL
   MODIFY FILE (NAME = N'F_TABLESO',
                SIZE = 10MB)
GO

ALTER DATABASE [DB_SQL]
   MODIFY FILE (NAME = N'DB_SQL',
                SIZE = 100MB,
                FILEGROWTH = 12MB)
GO
ALTER DATABASE [DB_SQL]
   MODIFY FILE (NAME = N'DB_SQL_log',
                SIZE = 300MB,
                MAXSIZE = 1GB,
                FILEGROWTH = 25MB)
GO
```

Dans cet exemple, on a augmenté la taille du fichier `F_TABLESO` à 10 Mo, ainsi que celle du fichier `DB_SQL` à 100 Mo pour lequel nous avons également défini un pas de croissance de 12 Mo. La taille du fichier `DB_SQL_log` a été modifiée à 300 Mo et limitée à 1 Go, et nous avons spécifié un pas de croissance de 25 Mo.

Pour supprimer un fichier de la base, la syntaxe est la suivante :

```
ALTER DATABASE nom_base REMOVE FILE nom_logique_fichier
```

Le nom logique doit porter sur un fichier existant et le fichier doit être vide pour pouvoir être supprimé. Cette opération s'effectue également à chaud.

Déplacement des fichiers de données

Il est rare de devoir déplacer un fichier d'une base, mais cela peut toutefois s'avérer nécessaire si un disque en vient à être saturé. Dans ce cas, vous pouvez procéder de deux manières :

- à chaud, par migration (voir section « Migration des données » plus loin dans ce chapitre) ;

- à froid, par détachement de la base, déplacement des fichiers et rattachement de la base.

Dans l'exemple 10-23 qui suit, l'unique fichier du journal des transactions d'une base est déplacé vers un disque de plus grande capacité.

Exemple 10-23. Déplacement d'un fichier à froid

```
-- On se place dans le contexte de la base visée
USE DB_SQL;
GO
-- Passe la connexion actuelle comme utilisateur unique de la base
-- en déconnectant avec ROLLBACK tout autre utilisateur
ALTER DATABASE DB_SQL
   SET SINGLE_USER WITH ROLLBACK IMMEDIATE;
GO
-- On se place dans le contexte de la base master
USE master;
GO
-- On détache la base visée
EXEC sp_detach_db 'DB_SQL';
GO
-- On déplace le fichier concerné
EXEC xp_cmdshell 'MOVE "C:\DATA BASES\DB_SQL_log.LDF"
                       "S:\DATA BASES\DB_SQL_log.LDF"';
GO
-- On rattache la base par un CREATE DATABASE … FOR ATTACH
CREATE DATABASE DB_SQL
ON (FILENAME = N'C:\DATA BASES\\DB_SQL.mdf'),
   (FILENAME = N'S:\DATA BASES\DB_SQL_log.LDF'), --> fichier déplacé
   (FILENAME = N'C:\SQL_DB\FT1.ndf'),
   (FILENAME = N'C:\SQL_DB\FT0.ndf')
FOR ATTACH;
GO
```

> Dans ce scénario, on a utilisé la procédure stockée `xp_cmdshell`. Il peut arriver que cette procédure ne soit activée. Dans ce cas, utilisez la procédure stockée `sp_configure` pour vous autoriser l'exécution de cette procédure.

La procédure `dbo.P_MOVE_DATABASE_FILES` permet de déplacer tout ou partie des fichiers d'une base. Son code est disponible dans l'article « Procédure de déplacement de fichier de bases de données MS SQL Server », à l'adresse suivante : http://blog.developpez.com/sqlpro/p12180/langage-sql-norme/procedure-de-deplacement-de-fichier-de-bases-de-donnees-ms-sql-server.

Exemple 10-24. Utilisation d'une procédure générique de déplacement des fichier de bases de données

```
-- Déplacement de tous les fichiers composant la base :
EXEC msdb.dbo.P_MOVE_DATABASE_FILES 'DB_TEST', 'C:\db_sql\', '[ALL]'

-- Déplacement des fichiers du journal des transactions :
EXEC msdb.dbo.P_MOVE_DATABASE_FILES 'DB_TEST', 'C:\db_sql\', '[TRAN]'

-- Déplacement des fichiers de données :
EXEC msdb.dbo.P_MOVE_DATABASE_FILES 'DB_TEST', 'C:\db_sql\', '[DATA]'

-- Déplacement d'un fichier identifié par son nom logique :
EXEC msdb.dbo.P_MOVE_DATABASE_FILES 'DB_TEST', 'C:\db_sql\', 'DB_TEST'
```

Ces exemples utilisent tous la procédure dbo.P_MOVE_DATABASE_FILES afin de déplacer les fichiers de la base DB_TEST vers le répertoire C:\db_sql.

Si la base contient des données stockées sous forme de FILESTREAM ou des objets de type FILETABLE, ce scénario de déplacement doit être modifié.

Stockage des données

Vous vous demandez peut-être dans quels fichiers, et donc à travers quels groupes de fichiers, sont stockées les données d'une table ou d'une autre... La requête de l'exemple 10-25 fournit toutes ces informations, ainsi que la volumétrie de chaque table ou index.

Exemple 10-25. Synthèse des informations de métadonnées sur la volumétrie et le placement des tables et index d'une base

```
WITH
T_VOL AS
(
SELECT o.object_id,
       SUM(p.rows) AS ROW_COUNT,
       CAST((SUM(au.total_pages) * 8)
             / 1024.0 AS DECIMAL(18,3)) AS TOTAL_SPACE_MB,
       CAST(SUM(au.used_pages) * 8
             / 1024.0 AS DECIMAL(18,3)) AS USED_SPACE_MB,
       CAST((SUM(au.total_pages) - SUM(au.used_pages)) * 8
             / 1024.0 AS DECIMAL(18,3)) AS UNUSED_SPACE_MB
FROM sys.objects AS o
       INNER JOIN sys.indexes i
             ON o.object_id = i.object_id
             LEFT OUTER JOIN sys.partitions AS p
                  ON i.object_id = p.OBJECT_ID AND i.index_id = p.index_id
                  LEFT OUTER JOIN sys.allocation_units AS au
                       ON p.partition_id = au.container_id
GROUP BY o.object_id
)
SELECT s.name AS TABLE_SCHEMA,
       o.name AS TABLE_NAME,
       o.type_desc AS TABLE_TYPE,
       i.name AS INDEX_NAME,
       ROW_COUNT,
       TOTAL_SPACE_MB,
       USED_SPACE_MB,
       UNUSED_SPACE_MB,
       fg.name AS FILE_GROUP,
       df.name AS LOGICAL_FILE,
       df.physical_name AS PHYSICAL_FILE,
       o.object_id,
       i.index_id,
       p.partition_id
 FROM  sys.objects AS o
       INNER JOIN sys.schemas AS s
             ON o.schema_id = s.schema_id
       INNER JOIN sys.indexes i
             ON o.object_id = i.object_id
             LEFT OUTER JOIN sys.filegroups AS fg
                  ON i.data_space_id = fg.data_space_id
                  LEFT OUTER JOIN sys.database_files AS df
```

```
                ON fg.data_space_id = df.data_space_id
           LEFT OUTER JOIN sys.partitions AS p
                ON i.object_id = p.OBJECT_ID AND i.index_id = p.index_id
       LEFT OUTER JOIN T_VOL AS V
            ON o.object_id = V.object_id
WHERE o.is_ms_shipped = 0
AND   i.OBJECT_ID > 255;
```

On peut être étonné de voir que la table « centrale » de cette requête est la table `sys.indexes`. C'est dans cette table que sont recensés tous les objets stockant des données, que ce soient des index (la majorité des cas), des tables sans index (`HEAP`), des tables organisées en cluster (`CLUSTERED`), etc. SQL considère ainsi qu'une table non clustered est un index « désordonné » !

Les fichiers de transactions

Vous pouvez manipuler les fichiers du journal des transactions de SQL Server comme les fichiers de données, à une exception près : il n'y a pas de notion de `FILEGROUP`, car un seul fichier du journal des transactions est actif à la fois. Si vous créez plusieurs fichiers, ils seront utilisés à tour de rôle, et quand le premier sera plein, c'est le deuxième qui prendra le relais et ainsi de suite.

Le premier fichier du journal ne peut pas être retiré de la base. De même, le fichier actif ne peut pas être supprimé tant qu'il est utilisé.

L'exemple 10-23 précédent montre comment modifier un fichier du journal des transactions.

> Pour distinguer les fichiers de données de ceux du journal des transactions, les vues `sys.dabase_files` et `sys.master_files` (plus générique) présentent deux colonnes : `type` et `type_desc`.
> la valeur 0 dans la colonne `type` (`ROWS` dans `type_desc`) signifie que le fichier contient des données ;
> la valeur 1 dans la colonne `type` (`LOG` dans `type_desc`) signifie que le fichier contient des transactions.

Pour connaître la volumétrie du journal des transactions (tous fichiers confondus) de toutes les bases, ainsi que le taux d'occupation, utilisez la commande `DBCC SQLPERF(LOGSPACE)`.

Figure 10–19
Résultat d'exécution de la commande DBCC SQLPERF (LOGSPACE)

DBCC SQLPERF(LOGSPACE);

Résultats | Messages

Database Name	Log Size (MB)	Log Space Used (%)	Status
master	1.742188	31.02579	0
tempdb	0.4921875	85.61508	0
model	0.9921875	58.41536	0
msdb	19.61719	12.03704	0
ReportServer$SQL2012FBFR	6.867188	15.64989	0
ReportServer$SQL2012FBFRTempDB	1.007813	50.3876	0
DB_HOTEL	1.007813	37.8876	0
DB_PORTFOLIO_MANAGER	1273.992	7.483512	0
DB_HOTEL_SIG	4.554688	21.55875	0
DB_GEO	9.179688	15.38298	0

> Par défaut, les fichiers de journalisation des transactions portent une extension `.ldf`. Mais celle-ci n'est pas reconnue par le système d'exploitation, tant est si bien que vous pouvez mettre n'importe quelle extension, notamment pour des raisons de sécurité.

Architecture du stockage, fichiers et performances

Pour des performances optimales en matière de stockage, les concepts clés sont la ventilation et le dimensionnement.

- La ventilation consiste à faire en sorte que les entrées-sorties de lecture et d'écriture sur les différents fichiers soient réparties au plus large et physiquement dissociées.
- Le dimensionnement consiste à donner aux fichiers une taille suffisante pour qu'aucune opération de croissance ne se produise durant la vie entière de la base de données.

À cela, on peut ajouter deux principes simples :

- SQL Server doit avoir accès à des disques physiques, dont l'organisation est directement cartographiable, et à rien d'autre. Autrement dit, banissez les disques virtuels, les LUN taillés dans la masse d'un SAN et les agrégats par entrelacement avec calcul d'une somme de contrôle…
- En cas d'utilisation d'un SAN, celui-ci doit être dédié (aucun autre serveur ou service en dehors du serveur SQL ne doit y acéder).

En effet, le moteur de stockage de SQL Server utilise des routines de bas niveau accédant directement à la structure physique des plateaux du disque afin de réaliser une cartographie des disques (plateaux, cylindres, secteurs, pistes…) pour en tirer les meilleurs performances d'accès et ce, qu'il s'agisse d'un disque simple, d'un ensemble de disques agrégés ou encore d'un SAN.

Le moteur de stockage est alors capable :

- de trouver le meilleur endroit physique du disque pour créer ses fichiers ;
- de regrouper par contiguïté géographique les écritures à effectuer dans les fichiers de données afin de minimiser le parcours de la tête de lecture de chaque disque ;
- de paralléliser les accès aux différents disques.

Disques SSD

On pourrait penser, en termes économiques, qu'un disque de type SSD *(Solid State Device)* permet de meilleures performances qu'un ensemble de disques magnétiques. C'est vrai dans un sens, mais à budget égal et volumétrie comparable, cela s'avère inexact :

- les SSD sont encore très onéreux par rapport aux disques magnétiques ;
- leurs performances sont instables (très élevées en début de vie, se stabilisant à un niveau plus bas à l'utilisation) ;
- la rétention des informations n'est possible que sur quelques mois (il faut constamment les maintenir en exploitation) ;
- leurs algorithmes de stockage rendent difficile voire impossible la récupération de données en cas de panne du disque ;
- l'écriture dans un SSD est bien moins rapide que la lecture, particulièrement dans le cas d'une modification. Or les SGBDR cachent les données en RAM et effectuent donc peu de lectures mais beaucoup d'écritures.

Ainsi, à budget égal, une bonne organisation de disque dur magnétique en RAID 0 est nettement plus performante que les meilleurs SSD disponibles à ce jour. Mais le jour est proche où le SSD remplacera avantageusement leurs ancêtre magnétiques… Cependant, outre la vitesse de lecture accrue, le disque SSD présente certains avantages, dont un bon nombre sont d'ordre écologique :

- faible consommation d'énergie ;

- énergie dissipée sous forme de chaleur moindre ;
- pas de bruits ni de vibrations.

Notez que le MTBF (*Mean Time Between Failures*, temps moyen de bon fonctionnement), autrefois bien plus court, a été améliorée en redondant le stockage de manière interne.

Dans le cas d'une organisation mixte (SSD + disques magnétiques), placez de préférence en premier tempdb en SSD pour les bases OLTP, et les tables et les index les plus lus pour les bases OLAP.

Certains fabricants proposent un stockage contournant le biais du contrôleur de disque en passant par le bus PCI, ce qui accélère encore les accès au stockage (Fusion-IO, par exemple).

Quel est le meilleur emplacement sur un disque ?

Existe-t-il un endroit plus performant qu'un autre pour stocker des données sur un disque dur magnétique ?

Le réponse est oui et oblige à décortiquer la mécanique d'un disque.

Figure 10–20
Mécanique d'un disque dur.
Source : Wikipédia / Eric Gaba

Un disque dur est constitué de plateaux (généralement trois) dont la surface magnétique constitue le support des données. Un bras oscillant doté de plusieurs têtes de lectures solidaires (une par surface, donc en principe 6) parcourt la largeur du disque à la manière d'un essuie-glace.

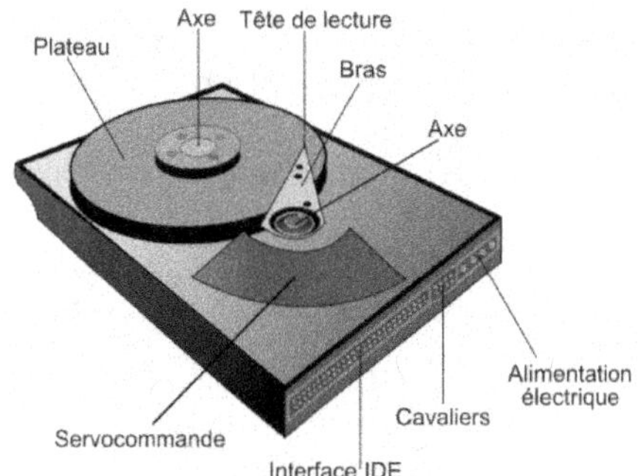

Figure 10–21
Éléments d'un disque dur.
Source : Wikipédia / I. Surachit

La surface de chaque plateau est structurée en pistes, qui sont des bandes circulaires de faible largeur. Chaque piste existe sur les deux faces de chacun des plateaux, et une même piste prise sur l'ensemble des plateaux est appelée « cylindre ».

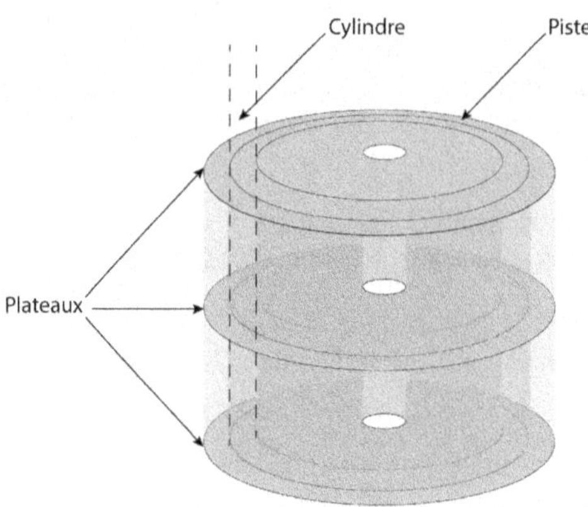

Figure 10–22
Structure des informations sur le disque (illustration Claude Leroy)

La vitesse de rotation d'un disque est constante, contrairement à celle du bras de lecture. En effet, le va-et-vient de la tête de lecture nécessite de passer d'un sens à l'autre, donc d'alterner des phases de décélération, de retour en arrière, puis d'accélération de manière continuelle. Le déplacement de la tête de lecture est donc comparativement lent par rapport à celui de la rotation du disque. On peut s'en convaincre en comparant dans un même laps de temps le nombre d'informations lues par la tête si le disque est à l'arrêt, et celui obtenu par la seule rotation des plateaux si la tête est immobile.

Mais à quel endroit du disque l'information est accédée le plus rapidement ? La densité de l'information étant constante sur la surface du disque *(Zone Bit Recording)*, on balaye donc plus d'informations par tour sur les pistes extérieures, que sur celles du milieu et plus encore par rapport à celles proches de l'axe...

Si l'on veut obtenir les meilleures performances pour un disque quelconque, on a donc tout intérêt à stocker nos données sur les pistes situées le plus au bord des plateaux.

En utilisant les pistes externes de tous les plateaux, donc en organisant les données d'un même fichier sur les cylindres externes, on obtient des performances d'accès bien supérieures à celles annoncées par le constructeur :

- la densité de l'information y est plus grande, et par conséquent, le débit sera plus important ;
- on peut lire les données en parallèle en fonction du nombre de têtes.

Lorsque vous créez un fichier de base de données, que ce soit pour les données ou les transactions, SQL Server cherche à le structurer en utilisant les cylindres externes du disque. Pour un disque dur vierge, ne soyez donc pas étonné si le défragmenteur de disque de Windows indique un fichier fragmenté en trois ou six parties... C'est que la numérotation des clusters au moment du formatage répond à une autre logique !

Pour obtenir cet effet, il convient que le disque soit vierge de toute information (par exemple, récemment formaté) et que vous dimensionnez le fichier de manière suffisante pour éviter toute opération de croissance.

Stratégie d'écriture sur un disque

Les fichiers du journal des transactions sont écrits de manière synchrone, tandis que les données des tables et index sont écrits par rafale et de manière asynchrone (par défaut, environ toutes les minutes).

Pour ce qui est des données, une stratégie payante en termes d'écriture (comme de lecture) est de ne pas enregistrer les données comme elles viennent, mais dans un ordre optimisant le trajet de la tête de lecture (figure 10-23).

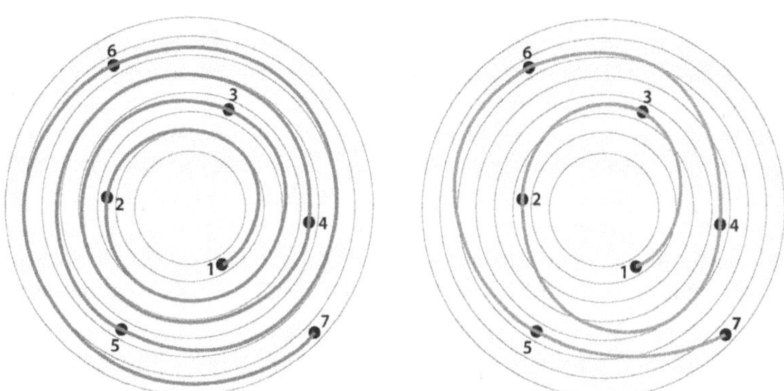

Figure 10–23
Stratégie d'écriture optimisée (illustration Claude Leroy)

Or, c'est justement ce qui se passe nativement dans SQL Server lorsque le moteur de stockage veut écrire les informations des fichiers de données. Le retard pris pour effectuer une session d'écriture permet de regrouper les pages par contiguïté géographique par rapport à l'organisation des fichiers sur le disque, et donc d'optimiser le trajet de la tête afin d'enregistrer les données.

Pour bénéficier des deux stratégies précédentes, définissez vos fichiers sur des disques vierges et placez un seul fichier par disque. Veillez à suffisamment les dimensionner pour éviter toute opération de croissance pendant la vie de votre base de données sur le serveur considéré.

Plusieurs choses peuvent contrarier l'obtention de cette stratégie d'écriture :

- l'utilisation de disque virtuel, et plus généralement la virtualisation ;
- la création des disques agrégés avec un niveau de RAID incompatible (5, 6 et toutes combinaisons dont RAID DP...).

Ventilation des entrées-sorties

La ventilation des opérations d'écriture (entrées, *input* en anglais) et de lecture (sorties, *output* en anglais) permet de paralléliser les accès aux données et donc d'accélérer encore notablement le débit. Pour cela, il faut réunir trois conditions :

- placer chaque fichier sur un agrégat RAID physiquement indépendant d'un point de vue mécanique ;
- le contrôleur disque doit accepter le parallélisme d'accès aux différents disques ;
- le nombre de CPU affectés aux entrées-sorties de SQL Server doit être suffisant.

Une partition d'un même disque physique ne constitue pas un moyen efficace pour paralléliser les IO et va même jusqu'à contrarier les opérations d'accès aux disques de SQL Server. Nous vous déconseillons tout partitionnement de disque à quelque niveau que ce soit (y compris disque système).

Pour Microsoft, il est important de placer les fichiers de données sur un disque et les journaux des transactions sur un autre. Malheureusement, beaucoup interprètent cette recommandation trop naïvement en plaçant tous les fichiers de données sur un seul et même disque et tous les journaux des transactions de toutes les bases de données sur un autre ! Mais comme nous l'avons vu, la règle d'or est de ventiler les entrées-sorties… Et les journaux étant écrits de manière synchrone et les données de manière asynchrone et par rafale, cela crée une contention permanente continue pour le disque supportant toutes les transactions, et des pics réguliers de contention sur le disque contenant les données des tables et index… Il est beaucoup plus astucieux d'entrecroiser les fichiers de données et les journaux des transactions de chaque base afin de ventiler les entrées-sorties synchrones et asynchrones. Le mieux est de disposer d'autant de disques physiques qu'il y a de bases afin que chaque journal ait son propre disque indépendant, y compris pour la base système `tempdb`. Il suffit d'ailleurs d'observer les organisations de disques proposées par Microsoft pour les benchmarks de type TPC-C ou TPC-H, pour comprendre l'intérêt de multiplexer les disques aussi bien pour les données, mais plus encore pour les transactions !

En effet, la plus grande problématique en termes de performances est que la plupart des opérations d'écritures du journal doivent être effectuées de manière synchrone, et ce dans un seul espace de travail, à savoir l'unique fichier constituant le journal. Dès lors, le journal des transactions constitue souvent un point de contention dans les bases de données.

Pour améliorer les performances d'accès physique aux fichiers des journaux des transactions, il est possible de travailler sur trois plans :

- jouer sur le nombre de disques de l'agrégat RAID afin de multiplexer les entrées-sorties et donc accélérer les écritures ;
- répartir les données sur différentes bases afin de ventiler les entrées-sorties de journalisation dans chaque fichier du journal associé à chaque base, à condition que les données de chaque base soient indépendantes ou que l'on règle les éventuels liens d'intégrité à coup de déclencheurs ;
- si le serveur héberge plusieurs bases de données de production, croiser les journaux des transactions entre les différents agrégats physiques.

Utilisez le plus de disques possible et placez un fichier par axe physique indépendant. N'enregistrez pas tous les journaux des transactions sur le même disque, mais répartissez-les sur l'ensemble des agrégats. Faites de même pour les données. Préférez de nombreux petits disques à quelques gros disques seulement.

Les agrégats RAID

Le système RAID *(Redundant Array of Independent Disks*[9]*)* permet d'organiser un ensemble de disques de façon à répartir les données. Ceci garantit la tolérance aux pannes, de meilleures performances, et souvent la combinaison des deux. Un contrôleur disque acceptant différents niveaux de RAID est utilisé.

Un agrégat RAID est un ensemble de disques organisés avec un même niveau de RAID et se présentant comme un seul et même volume. Pour que le RAID soit efficace, un même agrégat doit com-

9. Le terme « RAID » est apparu en 1987 dans un article de l'université de Berkeley intitulé « A Case for Redundant Arrays of Inexpensive Disks ».

porter des disques de même capacité et de même vélocité. Le mieux est qu'ils soient identiques. Dans le cas contraire, les opérations en parallèle risquent d'attendre et la capacité globale en sera moindre.

Le RAID 0

Le RAID 0 consiste à répartir les données sur deux disques au minimum, le volume stocké étant de 100 %. Du fait du parallélisme d'accès, la vitesse d'écriture maximale théorique est deux fois supérieure à celle d'un disque unique. Cette vitesse doublée peut être atteinte sur certains contrôleurs haut de gamme : on peut commencer à lire simultanément certains blocs du fichier dans un disque et dans un autre, et reconstituer le tout dans le cache du contrôleur. Le RAID 0 n'est pas redondant. En cas de perte d'un disque, les données sont perdues.

Le RAID 1

Le RAID 1 consiste à redonder les données sur deux disques au minimum, le volume stocké étant de 50 %. L'écriture n'est donc pas plus rapide que sur un disque unique, contrairement à la lecture qu'il l'est deux fois plus puisque l'on peut lire en parallèle dans les deux disques simultanément. Le RAID 1 est redondant. La perte d'un disque n'affecte pas les données.

Le RAID 5

Le RAID 5 consiste à entrelacer sur chaque disque des données et des informations de contrôle permettant à la fois de vérifier la bonne écriture et de reconstituer l'information en cas de panne de l'un des disques. Il nécessite au moins trois disques, le volume stocké allant de 67 à 94 %. C'est de loin le système le plus lent en écriture, car l'entrelacement suppose généralement une écriture en série sur les disques et il faut calculer l'information supplémentaire de contrôle de parité. La lecture est un peu moins rapide qu'un RAID 1, car l'emplacement des données réparties change à chaque bloc. Il faut donc lire plus de métadonnées dans le disque pour savoir où piocher l'information… Le RAID 5 est redondant. La perte d'un disque n'affecte pas les données.

Pour que le parallélisme d'accès aux disques physiques soit efficace, il est impératif que chaque agrégat porte sur un ensemble de disques utilisés complétement et d'éviter tout partitionnement des volumes ainsi constitués.

Le RAID 5 présentent un certain nombre d'avantages et inconvénients. Tout d'abord, le RAID 5 est séduisant car il est le plus économique : un seul disque redondant (parité) pour 2 à 15 disques contenant les données. Cependant, il est aussi le moins rapide en écriture. Or, c'est justement ce besoin qui est le plus impérieux dans un SGBD relationnel : avoir la vitesse d'écriture la plus grande… Par ailleurs, en cas de panne d'un disque, la reconstruction de ce dernier après remplacement est l'une des plus lentes de tous les systèmes RAID (comptez quelques heures pour un disque de grande capacité), alors qu'il est dangereux de rester longtemps sans redondance !

Mais il y a pire : pour des raisons de performances, la cohérence de la parité n'est que très rarement vérifiée. Et comme dans la pratique, il est très rare que toutes les données d'un volume soient lues régulièrement, il est possible que des défauts tels que des secteurs de parité devenus illisibles ne soient pas détectés pendant une très longue période. Ainsi, en cas de défaillance rencontrée par la vérification effectuée lors d'une lecture, on peut alors découvrir d'autres défauts sur plusieurs disques qui étaient restés invisibles jusque-là. La grande majorité des contrôleurs RAID considérant généralement qu'un disque contenant un secteur illisible est totalement défaillant, deux disques considérés simultanément comme défaillants peuvent entraîner la perte de l'agrégat. Il devient alors impossible de récupérer les données… De surcroît, la probabilité de survenance d'une double panne augmente avec l'accroissement du nombre de disques !

Pour pallier ce dernier inconvénient, il faut donc prévoir un contrôleur RAID 5 haut de gamme, l'obliger à vérifier systématiquement les données lues et écrites (et donc pénaliser encore un peu plus les opérations d'entrées-sorties) et planifier le plus régulièrement possible des vérifications globales de l'état des volumes… On peut alors se demander quelle est réellement l'économie réalisée avec le RAID 5 !

Les autres RAID

Il existe de nombreux dérivés du RAID 5, à savoir les RAID 3, 4 et 6, mais ils sont aujourd'hui peu employés.

Par ailleurs, il existe des combinaisons de RAID :

- RAID 0+1 et RAID 10 : ils consistent à combiner un RAID 0 et un RAID 1. Dans le RAID 0+1, le niveau 0 est avant le niveau, contrairement au RAID 10.
- RAID 50 et RAID 60 : il s'agit d'une combinaison des RAID 5 et 10 pour le RAID 50, et d'une combinaison des RAID 6 et 10 pour le RAID 60.

Utilisez du RAID 0+1 ou du RAID 10 pour les journaux des transactions les plus sollicités (base de production, base `tempdb`…), et du RAID 1 pour les données. Bannissez le RAID 5, ses dérivés (RAID 3, 4 et 6) et ses combinaisons (RAID 50 et 60), même pour effectuer des sauvegardes.

Les cartes contrôleur

Certains fabricants d'ordinateurs proposent des cartes contrôleur à prix modique. Avant de vous laisser séduire par ces derniers, vérifiez leurs caractéristiques. Vous vous apercevrez que les vitesses peuvent varier du simple au double.

Prenons l'exemple de Dell, qui commercialise les cartes RAID nommées PERC *(PowerEdge Raid Controller)*. À la lecture de la documentation technique, nous voyons que les modèles H700 et 6/I sont incapables de paralléliser les accès aux différents disques… d'où leur prix modique !

Figure 10–24
Comparaison des caractéristiques techniques des contrôleurs RAID PERC H700, PERC 6/I, PERC H800 et PERC 6/E (http://www.dell.com/downloads/global/products/pvaul/en/perc-technical-guidebook.pdf)

Table 1. Comparison of PERC H700 and PERC H800 to previous PERC 6/I and PERC 6/E

Feature/Spec	NEW PERC H700	PERC 6/I	NEW PERC H800	PERC 6/E
Interface	6Gb (SAS 2.0)	3Gb (SAS 1.1)	6Gb (SAS 2.0)	3Gb (SAS 1.1)
Bus support	x8 PCIe 2.0	x8 PCIe 1.0	x8 PCIe 2.0	x8 PCIe 1.0
[illegible]	[illegible]	8 (2 x4)	8 (2 x4)	8 (2 x4)
Controller Firmware (latest rev)	7.1		[illegible]	2 external
Redundant Path	No	No	Yes	[illegible]
I/O Load Balancing	No	No	Yes	Yes
Cluster Support	No	No	No	No
Storage Management	OpenManage™ 6.2 (minimum rev)	OpenManage™ 5.4 (minimum rev)	OpenManage™ 6.2 (minimum rev)	OpenManage™ 5.4 (minimum rev)

DELL PERC H700 and H800 Technical Guide 5

Évitez les contrôleurs RAID bas de gamme. Vérifiez bien que les lectures et les écritures peuvent s'effectuer en parallèle sur tous les disques de l'agrégat. Généralement, ces contrôleurs possèdent un cache important et un petit microprocesseur pour en orchestrer les accès.

Utilisation d'un SAN

SQL Server peut sans problème écrire et lire des données sur des disques directement rattachés au serveur, mais également sur un SAN *(Storage Area Network)*[10]. En effet, il est doté de routines internes d'écriture et de lecture de bas niveau opérant aussi bien en interne que sur les disques distants d'un SAN… C'est l'avantage du mono plate-forme Windows !

L'organisation d'un SAN au niveau des agrégats est donc à gérer avec la plus grande attention, comme s'il s'agissait de disques internes : les LUN *(Logical UNit)*[11] sont alignés sur des disques physiques et il n'y a pas d'agrégats taillés dans la masse…

Il est aussi important que le SAN soit dédié à la machine exécutant SQL Server. Sans cela, l'utilisation d'un SAN, même haut de gamme, peut s'avérer bien pire que l'utilisation de disques internes.

En effet, répétons-le, les écritures du journal des transactions se font de manière synchrone et ne doivent en aucun cas attendre (car pendant ce temps-là des tables sont bloquées). Par exemple, un SAN mélangeant les fichiers des instances SQL, le fichier d'un serveur de messagerie et pourquoi pas des fichiers utilisateurs, risque fort de connaître un jour ou l'autre, la fameuse erreur 833 : *SQL Server has encountered n occurrence(s) of I/O requests taking longer than 15 seconds to complete on file […] in database […] (*db_id*)*. Or, Microsoft recommande que les temps de latence des disques soient dans les limites suivantes (compteur du moniteur de performances : disque logique / moyenne disque s/transfert, en prenant le disque considéré) :

- moins de 10 ms : excellent ;
- entre 10 et 20 ms : correct ;
- entre 20 et 50 ms : lent, investiguer ;
- plus de 50 ms : sérieux problèmes de contention des entrées-sorties.

Attendre 15 secondes pour écrire dans un fichier relève de la panique totale et laisse le serveur dans un état catastrophique pour les performances. Cela est généralement dû au fait que le SAN gère d'autres entrées-sorties que celles de SQL Server (par exemple, l'envoi par e-mail de la photo du petit dernier à tous les collaborateurs de l'entreprise !)

Dédiez votre SAN à l'usage exclusif de SQL Server. Alignez vos LUN sur des disques physiques. Bannissez le RAID 5, ses dérivés et ses combinaisons. Utilisez le plus d'axes possibles avec des disques de faible capacité.
Enfin, vous obtiendrez les meilleures performances avec un SAN en respectant ces quelques règles :

- utilisez un alignement des disques à 1 024 Ko ;
- utilisez un partitionnement GPT *(GUID Partition Table)* au lieu de MBR *(Master Boot Record)* si vos partitions doivent dépasser 2 To ;
- formatez vos agrégats avec des unités d'allocation de 64 Ko ;
- ne faites qu'une seule partition par LUN.

La mutualisation du stockage de différentes applications sur un même SAN rend les performances instables. Par exemple en cas d'hébergement mutualisé de SQL Server et d'Exchange, l'accès aux données du serveur SQL est fortement ralenti lors de la prise de service par les ouvertures des messageries de tous les collaborateurs de l'entreprise…

10. Il s'agit d'un dispositif de stockage déporté, accessible par un lien direct depuis le serveur. Il peut néanmoins être partagé par de multiples serveurs.
11. LUN est une unité logique de stockage constituée d'une partie de disque physique, d'un disque ou d'un agrégat de disques, ou encore d'une partie d'un agrégat.

Les caches en écriture

La plupart des contrôleurs RAID, comme les SAN, utilisent une mémoire cache pour accélérer le débit des entrées-sorties les plus fréquemment demandées. Les caches en écriture, s'ils présentent une augmentation des performances, possèdent néanmoins un point faible (SPOF, *Single Point of Failure*) qui peut s'avérer catastrophique. En effet, en cas d'arrêt brutal du système, le contrôleur fait croire que l'information a bien été écrite sur le disque, mais il se peut qu'elle ait été mise en cache et qu'elle ne soit pas encore persistée sur le disque au moment de la panne. La donnée est alors perdue et du fait des opérations asynchrones combinées entre le journal des transactions et les fichiers de données (contremarque des LSN), la base deviendra irrémédiablement corrompue. Pour pallier ce problème, la plupart des contrôleurs utilisent une batterie destinée à finaliser les toutes dernières écritures du cache en cas de coupure de courant. Néanmoins, les batteries ont des durées de vie assez limitées et il est impératif de mettre en place une surveillance quasi constante de l'état de cette dernière… à moins que vous n'ayez un contrôleur haut de gamme, désactivant automatiquement le cache en écriture en cas de panne de la batterie…

Si vous utilisez un contrôleur RAID ou un SAN doté d'un cache en écriture, mettez en place une surveillance constante de la batterie destinée à assurer la finalisation des écritures du cache en cas de panne. En cas de problème, si vous ne savez pas comment faire ou que vous ne voulez prendre de risque, désactivez le cache en écriture. Son gain de performance au regard de SQL Server est assez modeste puisque c'est SQL Server qui assure son propre cache !

Dimensionnement des fichiers

Le dimensionnement des fichiers est un point très important qui consiste à définir, lors de la création de la base, des fichiers dont la volumétrie est celle qui sera utilisée à terme pour l'application, dans un laps de temps équivalent à la durée du serveur ou à celle du système de stockage.

Créer une base avec des fichiers de petite taille oblige à de fréquentes opérations de croissance des fichiers. Ces opérations cassent la continuité du stockage et par conséquent, les fichiers apparaissent fragmentés et les accès sont alors plus lents. Or, cette fragmentation est difficilement réversible[a]. De plus, les opérations de croissance des fichier du journal des transactions ont une durée non négligeable, qui a des incidences sur le temps de blocage des verrous alors en place pour assurer les transactions. Et la durée de ces opérations est d'autant plus importante que ces raboutages de fichiers sont des opérations mécaniquement lentes à l'échelle du processeur !

a. Seule une opération physique au niveau du système d'exploitation peut (mal) réparer la fragmentation physique des fichiers, mais cela oblige à couper les accès à la base et donc de perdre la mise en cache.

Déterminer la bonne volumétrie d'une base de données n'est pas chose facile. Il faut s'intéresser à la quantité de données à terme (au minimum pour trois ans, pour cinq est encore mieux… c'est-à-dire la durée de vie du serveur ou du système de stockage), soit par calcul (des outils de modélisation de bases de données comme Power AMC le permettent), soit par estimation ou sondage (échantillonnage et règle de trois).

Une fois la volumétrie de la base estimée, il est intéressant de répartir les données au moins par trois. Une méthode élégante est de consacrer deux groupes de fichiers en plus du groupe `PRIMARY` : l'un des groupes de fichiers (groupe par défaut) contiendra les données et sera constitué de deux fichiers ; l'autre groupe sera constitué d'un seul fichier et contiendra les index. Tous les fichiers seront d'égale longueur à l'exception de celui de `PRIMARY` qui peut rester minime. En général, dans une base bien modélisée, le volume des index représente environ un tiers du volume global de la base. Dans ce cas, quatre axes différents de stockage seront nécessaires, trois pour les données et un pour les transactions.

Selon Microsoft, la taille du journal des transactions devrait être comprise entre 20 (grosses bases) et 33 % (petites bases) du volume des données. Par ailleurs, plus la base est grande, moins le journal aura besoin de place, en considérant que vous procédez en mode de récupération full ou bulk logged à des opérations de sauvegarde régulières du journal des transactions.

Dimensionnez tous vos fichiers de manière à ce qu'ils absorbent l'ensemble des données pour toute la durée d'exploitation de la base pendant la durée de vie du serveur ou du système de stockage. Vous éviterez ainsi les opérations de croissance et la fragmentation physique des fichiers.

Durée de création des fichiers

SQL Server va mettre un certain temps pour créer de grands fichiers car il les « formate », c'est-à-dire qu'il crée toutes les extensions et toutes les pages à vide pour les fichiers de données, et il structure le fichier du journal des transactions.

Ceci n'a généralement pas d'importance car au moment de créer une base, on est souvent peu pressé. Cependant, si vous ne souhaitez pas attendre, vous pouvez demander à ces fichiers qu'ils soient créés « instantanément », c'est-à-dire sans formatage. Dans ce cas, et si un problème grave survient, le risque est de ne pas pouvoir lire les pages des fichiers à l'aide de la commande `DBCC PAGE`...

Pour créer les fichiers sans formatage, vous devez donner le droit « Effectuer des tâches de maintenance de volume » au compte de service de votre instance de SQL Server. Commencez tout d'abord par trouver le nom du compte qui exécute le service SQL Server de votre instance. Vous le verrez apparaître dans l'outil Gestionnaire de configuration SQL Server, accessible via l'item Outils de configuration de l'explorateur d'objets de Management Studio (figure 10-25).

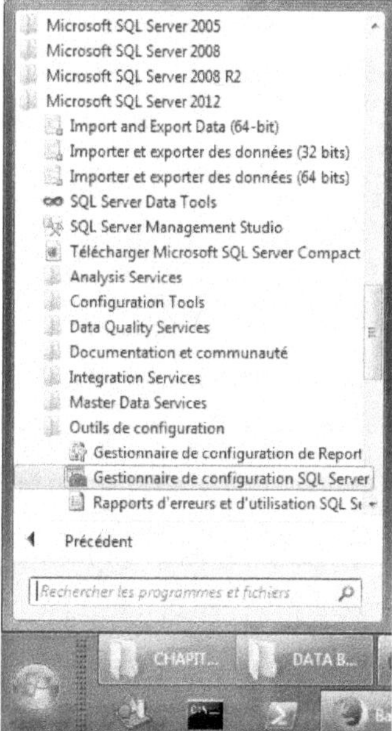

Figure 10–25
Gestionnaire de configuration SQL Server d'une instance

La fenêtre du gestionnaire de configuration SQL Server s'ouvre alors. Si vous cliquez sur Services SQL Server dans l'arborescence de gauche, vous verrez apparaître à droite tous vos moteurs, ainsi que les comptes de services dans lesquels ils tournent. Il vous suffit alors d'identifier l'instance du moteur relationnel qui vous intéresse et de noter le nom du compte de service associé (figure 10-26).

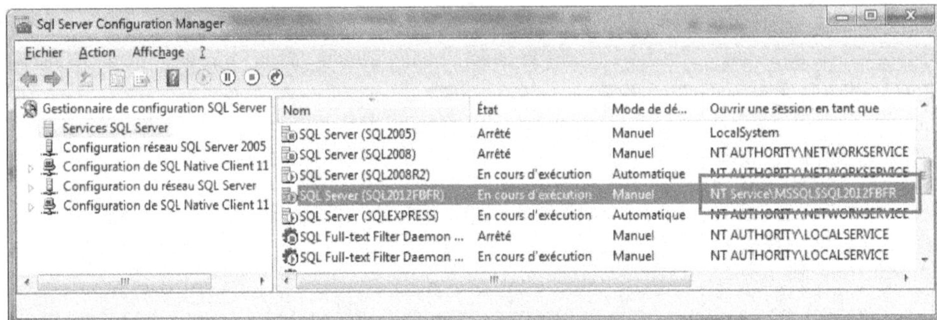

Figure 10–26 Identification du compte de connexion du service dans l'outil « gestionnaire de configuration SQL Server »

Lancez ensuite la console de gestion des politiques de sécurité (`secpol.msc`), ce qui ouvre la fenêtre Stratégie de sécurité locale. Dans l'arborescence située à gauche, cliquez sur Stratégies locales>Attribution des droits des utilisateur. Dans la liste qui apparaît dans le cadre de droite, double-cliquez sur Effectuer les tâches de maintenance de volume (figure 10-27).

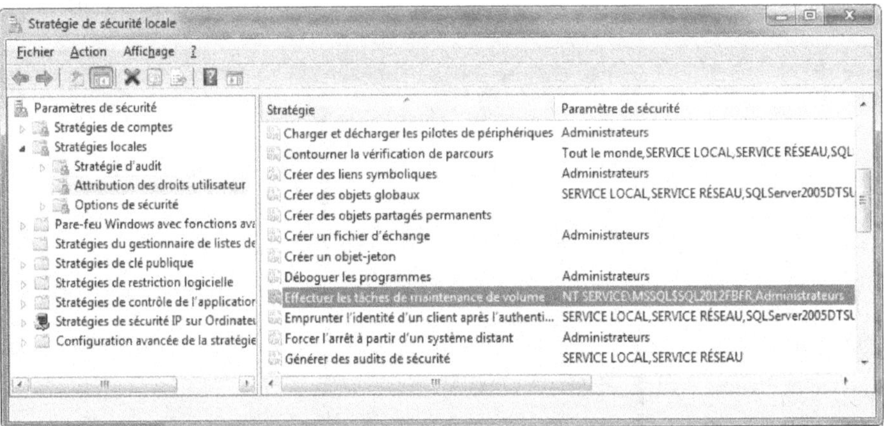

Figure 10–27 Stratégies de sécurité locale

La liste des comptes autorisés à effectuer les tâches de maintenance de volume s'affiche, ajoutez alors le compte de service de votre instance de moteur OLTP SQL Server. Redémarrerez enfin votre instance SQL Server pour que vos modifications soient prises en compte.

> Cette initialisation instantanée des fichiers ne s'exécute pas pour l'allocation des fichiers du journal des transactions.
> En cas d'augmentation du nombre de fichiers de données, le temps de traitement est singulièrement réduit grâce à cette technique.

Organisation du stockage pour la base tempdb

Il est inutile de procéder à un réglage particulier du stockage pour les bases système, à l'exception de la base tempdb. Microsoft recommande de placer les fichiers de cette base en créant un fichier de données d'égale longueur par CPU et en enregistrant le journal des transactions sur un autre disque que celui des données. À l'heure où les CPU ont de plus en plus de cœurs, cette recommandation doit être étudiée en fonction du niveau de parallélisme spécifié pour votre instance de SQL Server (voir le chapitre 13 consacré au réglage du serveur). Par exemple, si votre instance est limitée à un degré de parallélisme de 4, quatre fichiers suffiront pour la base tempdb, qu'ils soient situées sur un même disque ou non (il est toutefois conseillé que chaque fichier soit sur un axe physique différent).

Il est assez difficile de savoir quelle devrait être la taille parfaite des fichiers de données et celle du journal des transactions de la base tempdb. En effet, les tailles de ces fichiers dépendent de l'activité de la base, laquelle étant liée à la qualité du développement entrepris : s'il est fait usage massivement de procédures stockées comportant des requêtes codées exclusivement de manière ensembliste, alors son usage sera minimal. Dans le cas contraire (UDF, table temporaires, variable table, déclencheurs, curseurs...), les performances de la base tempdb seront réduites et il faudra la dimensionner de manière beaucoup plus large. Mais soyez rassuré, les fichiers de la base tempdb peuvent être réajuster à n'importe quel moment. En effet, cette base ne contenant que des données volatiles est physiquement supprimée à chaque redémarrage de l'instance SQL Server. Il est donc possible de redéfinir les caractéristiques des fichiers ainsi que leur emplacement. Pour que vos changements soient pris en compte, vous devrez ensuite redémarrer l'instance SQL Server et supprimer les anciens fichiers.

> Pour la base tempdb, créez autant de fichiers de données (de longueurs égales) que le degré de parallélisme de l'instance. Placez le journal des transactions sur un disque séparé.

La procédure dbo.P_MOVE_TEMPDB_FILES peut vous aider à déplacer et reconfigurer le stockage de la base tempdb. Le code de cette pocédure est disponible à l'adresse suivante : http://blog.developpez.com/sqlpro/p12182.

Exemple 10-26. Utilisation de la procédure de réorganisation du stockage de la base tempdb d'une instance Microsoft SQL Server

```
EXEC msdb.dbo.P_MOVE_TEMPDB_FILES
-- Nombre de fichiers de données à créer
    @NBR_FICHIER = 4 ,
-- Répertoire de destination des données
    @DEST_DATA    = 'D:\DATABASES\SQL2008R2',
-- Taille des fichiers de données en Go
    @SIZE_DATA_GB = 12,
-- Répertoire de destination des transactions
    @DEST_TRAN    = 'F:\DATABASES\SQL2008R2',
-- Taille du journal des transactions en Go
    @SIZE_TRAN_GB = 8,
-- Pas d'incrément des fichiers en Mo
    @GROWTH_MB    = 100
```

Dans cet exemple, quatre fichiers de données de 12 Go pour les données sont créés sur un disque D, ainsi qu'un fichier de 8 Go pour les transactions sur un disque F. Ces fichiers présentent tous un pas d'incrément de 100 Mo. La procédure dbo.P_MOVE_TEMPDB_FILES précise quels fichiers doivent être supprimés après le redémarrage de l'instance, la réorganisation ne pouvant àavoir lieu qu'au moment du lancement du service SQL Server.

Exemples

Cas concret n° 1 : un serveur avec quatre disques et une seule base

Dans ce cas, deux agrégats, composés chacun de deux disques RAID 1, sont nécessaires. Placez le journal des transactions de la base de production sur l'un des deux disques et les données sur l'autre. Pour la base `tempdb`, créez deux fichiers de données de longueurs égales, placez-les sur le second disque et enregistrez le journal des transactions sur l'autre disque. Limitez le parallélisme des IO à deux CPU.

Cas concret n° 2 : un serveur avec huit disques et deux bases

Créez les agrégats suivants :

Volume	Nombre de disques	Niveau de RAID
1	4	10 (ou 0+1)
2	2	1
3	2	1

Placez vos fichiers comme suit :

Volume	Base 1	Base 2	Base tempdb
1	transactions	index	données
2	tables	transactions	données
3	index	tables	transactions

La base 1 est la plus sollicitée et le parallélisme est limité des entrées-sorties à deux CPU.

Cas concret n °3 : un serveur avec un SAN de seize disques et trois bases

Créez les agrégats suivants :

Volume	Nombre de disques	Niveau de RAID
1	4	10 (ou 0+1)
2	4	10 (ou 0+1)
3	2	1
4	2	1
5	2	1
6	2	1

Placez vos fichiers comme suit :

Volume	Base 1	Base 2	Base 3	Base tempdb
1	transactions	index	tables	
2	tables	transactions	index	(données)
3	index	tables	transaction	(données)
4	(index)		(table)	transactions
5	(table)	(index)		données
6		(table)	(index)	données

Si le parallélisme des entrées-sorties est limité à deux CPU, ne tenez pas compte des indications entre parenthèses. En revanche, considérez ces indications si le parallélisme est limité à quatre CPU. La base 1 est la plus sollicitée.

> N'oubliez pas de dimensionner correctement les fichiers de données et le fichier du journal des transactions, aussi bien pour les bases de production que la base `tempdb`.

Stockage hors ligne des LOB (FILESTREAM, FILETABLE et RBS)

Avec SQL Server, vous pouvez stocker des LOB et par conséquent tous types de documents électroniques. Vous disposez pour cela de quatre méthodes différentes : en table via les types `[N]VAR...(max)`, en fichier `FILESTREAM`, en table de fichier (`FileTable`) et finalement en ressource distante via RBS *(Remote BLOB Storage)*.

Les différents aspects pratiques sont résumés dans le tableau suivant.

Tableau 10–12 Les différentes manières de stocker les LOB

Type	À partir de la version	Transactionné	Sauvegarde	En ligne de table
`VAR...(max)`	2005	Oui	Interne	Oui
`FILESTREAM`	2008	Oui	Interne, sélectionnable, externe	Non
RBS	2008 R2	Non	Externe	Non
Fichier `FileTable`	2012	Oui/Non	Interne, externe	Non

Nous avons vu comment les types `[n]VAR... (max)` (`VARBINARY(max)`, mais aussi `VARCHAR(max)` ou `NVARCHAR(max)`) proposaient de stoker les données dans les pages de SQL Server, soit dans la ligne *(Text in Row)*, soit hors ligne *(Row Overflow)*. Intéressons-nous maintenant aux trois autres techniques qui proposent de stocker les données en dehors des pages de la table.

> Toutes ces méthodes de stockage de documents électroniques permettent d'utiliser l'indexation textuelle afin d'effectuer des recherches textuelles dans tous types de documents (Word, Excel, PowerPoint, Acrobat, PostScript, XML, RAR, Zip, StarOffice, OpenOffice...).

> Les anciens types LOB : `TEXT (CLOB)`, `NTEXT (NCLOB)` et `IMAGE (BLOB)` sont dépréciés depuis la version 2005 de SQL Server. Ils seront supprimés dans une version future. En outre, leur manipulation est délicate, car non SQL, et se repose sur des fonctions particulières et des pointeurs (`TEXTPTR`, `WRITETEXT`, `UPDATETEXT` et `READTEXT`). Remplacez-les par les types `VARCHAR(max)`, `NVARCHAR(max)` et `VARBINARY(max)`.

FILESTREAM

Le concept de stockage FILESTREAM repose sur ce que la norme SQL appelle le « DATALINK ». Une colonne de type DATALINK permet de stocker des pointeurs vers les fichiers du système d'exploitation, mais en faisant en sorte que ces fichiers soient entièrement gérés et contrôlés par le SGBDR et non plus par le *file system*. Ceci permet des performances optimales : rapidité et souplesse du fichier pour des documents déjà structurés (images, son, documents vierges ou électroniques...), sécurité du SGBDR (gestion des privilèges) et intégrité (transactionnement, sauvegarde consistante...).

Avant l'apparition de ce type de stockage, les dilemmes étaient les suivants :

- Comment externaliser les fichiers pour soulager la base alors qu'il est impossible de synchroniser leurs sauvegardes respectives?
- Comment internaliser les fichiers dans une colonne de type LOB sans devoir réaliser de complexes opérations d'entrées-sorties et sans surcharger la base ?

Le stockage FILESTREAM de SQL Server, introduit avec la version 2008, répond à ces problématiques en offrant un moyen souple et performant de stocker des fichiers et d'y accéder soit par un flux de données au sein d'un *dataset* (flux de données résultant d'une requête `SELECT`), soit directement en tant que fichier par un chemin relatif sous le contrôle du SGBDR.

Utilisez le stockage FILESTREAM si la majorité de vos documents font plus de 1 Mo. Dans ce cas, accédez à ces documents au moyen du système de fichiers. Dans le cas contraire, stocker directement vos documents dans les LOB.

L'article « Varbinary vs. Filestream and Other BLOB Issues », de Jasmin Azemovi, propose une référence en matière de tests de performances. Il est disponible à l'adresse suivante : http://sqltales.wordpress.com/2012/05/15/varbinary-vs-filestream-and-other-blob-issues-3/.

Principe du FILESTREAM

Tout d'abord, il est important de préciser que le FILESTREAM n'est pas un type de données mais une méthode de stockage des fichiers associée à une colonne d'une table.

Le stockage des données de fichiers FILESTREAM s'effectue au moyen du type de données `VARBINARY(max)`. Les fichiers ne sont plus stockés dans la base mais directement sur le système de fichiers. Un pointeur de 16 octets vers le fichier est stocké dans une table de la base de données.

Les avantages sont les suivants :

- la taille des fichiers n'est plus limitée par le type de données `VARBINARY(max)`, soit 2 Go au maximum, mais directement par le système de fichiers lui-même.
- le cache système de Windows est utilisé à la place du cache des données du moteur SQL, limitant ainsi l'impact direct sur les performances du serveur SQL.

Les performances du stockage FILESTREAM sont dont directement liées au sous-système disque sur lequel il réside (organisation des disques physiques).

Le cache système Windows contribue à l'amélioration des performances du disque en gardant en mémoire les derniers fichiers consultés. Il est également lié au gestionnaire de mémoire et sur un serveur, ce cache va s'agrandir jusqu'à occuper toute la mémoire du système. Il est bien entendu possible de limiter l'accroissement de ce cache à une taille définie.

Activation du FILESTREAM

Par défaut, le FILESTREAM est désactivé lors de l'installation de SQL Server, sauf si vous avez défini les paramètres d'activation lors de cette installation.

Pour vérifier, vous pouvez lancer la requête suivante :

```
SELECT * FROM sys.configurations
WHERE name = 'filestream access level';
```

Dans le résultat de cette requête, si vous voyez un 0 dans la colonne « value in use », cela signifie que que le FILESTREAM n'est pas activé.

Dans ce cas, vous devez procéder en deux étapes :

1. Ouvrez le gestionnaire de configuration de SQL Server et les propriétés du service SQL. Cliquez ensuite sur l'onglet FILESTREAM qui propose les options suivantes : :
   - Activer FILESTREAM pour l'accès Transact-SQL : ce niveau d'accès permet la gestion des données FILESTREAM directement par le langage TSQL.
   - Activer FILESTREAM pour l'accès d'E/S de fichier : ce niveau d'accès permet la gestion des données FILESTREAM par TSQL et par l'API Win32, mais en local sur le serveur. Un nom de partage Windows doit être indiqué.
   - Autoriser les clients distants à avoir un accès aux données FILESTREAM : ce dernier niveau d'accès permet l'accès aux fichiers par TSQL et par l'API Win32 pour les clients distants.

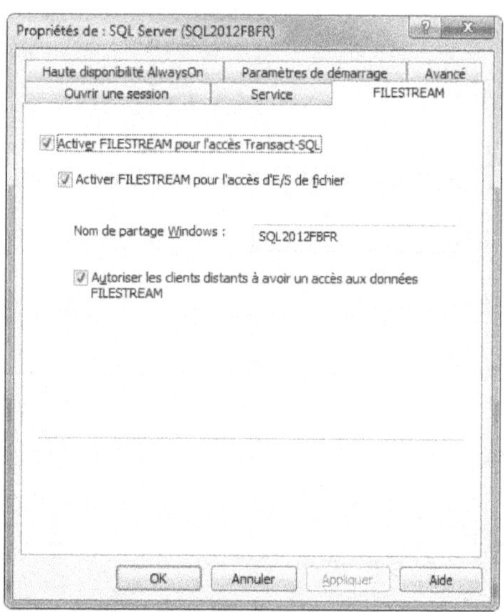

Figure 10–28
Activation de FILESTREAM par le gestionnaire de configuration

2. Configurez le niveau d'accès dans l'instance SQL Server, soit en ouvrant les propriétés du serveur dans Management Studio, soit directement par la procédure stockée `sp_configure` :

```
EXEC sp_configure 'filestream_access_level', 2;
GO
RECONFIGURE;
GO
```

Le paramètre `filestream_access_level` peut prendre les valeurs suivantes :

- `0` : FILESTREAM désactivé ;
- `1` : FILESTREAM activé pour TSQL ;
- `2` : FILESTREAM activé pour TSQL et Win32.

Mise en œuvre du stockage FILESTREAM

Pour utiliser le stockage FILESTREAM dans une base de données spécifique, vous devez créer un groupe de fichiers particulier (propriété CONTAINS FILESTREAM) pointant sur le répertoire d'entrée du stockage des fichiers. Celui-ci peut être prévu à la création de la base de données (CREATE DATABASE) ou ajouté à une base existante (ALTER DATABASE). Dans ce second cas, utilisez la syntaxe suivante :

```
ALTER DATABASE nom_base
   ADD FILEGROUP nom_file_group_FS CONTAINS FILESTREAM;
GO
ALTER DATABASE nom_base
   ADD FILE (NAME     = N'nom_logique_FS',
             FILENAME = N'chemin_physique_FS')
   TO FILEGROUP nom_file_group_FS;
GO
```

Le chemin physique vers le répertoire de stockage du FILESTREAM doit exister, sauf pour le répertoire final qui sera créé par l'instance SQL Server.

Dans la mesure où vous pouvez avoir plusieurs espaces de stockage FILSTREAM pour une même base, spécifiez en un qui sera celui de destination par défaut. Pour ce faire, la commande est la suivante :

```
ALTER DATABASE nom_base
   MODIFY FILEGROUP nom_filegroup_FS DEFAULT;
```

Exemple 10-27. Ajout d'un groupe de fichiers FILESTREAM à la base DB_SQL

```
ALTER DATABASE DB_SQL
   ADD FILEGROUP FG_FS CONTAINS FILESTREAM;
GO
ALTER DATABASE DB_SQL
   ADD FILE (NAME     = N'F_FS',
             FILENAME = N'S:\SQL_DB\DATA_FILESTREAM\')
   TO FILEGROUP FG_FS;
GO
```

La requête suivante permet de vérifier la création du groupe de fichiers de stockage FILESTREAM_GRP pour la base de données courante.

Exemple 10-28. Vérification de la mise en place du FILESTREAM dans le contexte d'une base de données

```
SELECT file_id,
       df.type_desc,
       fg.name AS "filegroup_name",
       df.name AS "file_name",
       physical_name
FROM   sys.database_files AS df
       INNER JOIN sys.filegroups AS fg
             ON df.data_space_id = fg.data_space_id
WHERE df.type_desc = 'FILESTREAM';
```

Au point d'entrée du stockage FILESTREAM, différents fichiers et répertoires sont créés (figure 10-29).

Figure 10–29
Objets créés lors de la mise en place d'un groupe de fichiers FILESTREAM

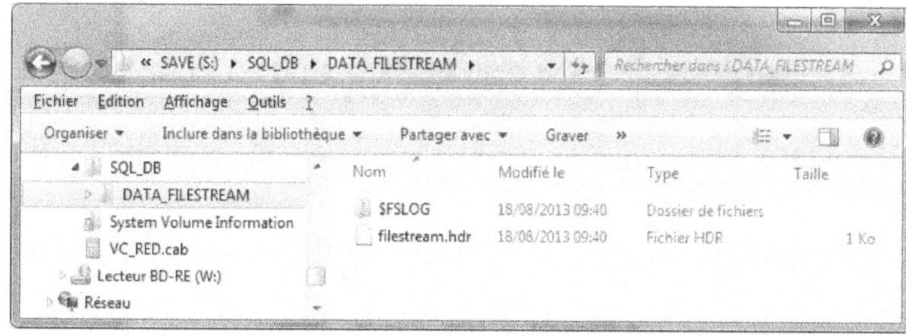

Le fichier `filestream.hdr` est un fichier système important qui contient les informations d'en-tête du stockage FILESTREAM. Il ne doit pas être supprimé sous peine de perdre l'organisation du stockage FILESTREAM. Le répertoire `$FSLOG` contient quant à lui un mécanisme de journalisation des transactions pour les fichiers qui seront stockés à titre de FILESTREAM. En effet, les données FILESTREAM sont transactionnées de la même manière que les données relationnelles.

À partir de la version 2012, et dans le cadre d'une base de données autonome *(contained database)*, on peut spécifier comment la journalisation des données FILESTREAM doit être effectuée :

```
CREATE DATABASE nom_base
...
   WITH FILESTREAM ({NON_TRANSACTED_ACCESS = {OFF
                                             |READ_ONLY
                                             |FULL}
                   |DIRECTORY_NAME = 'directory_name'}
                  )
```

Le paramètre `NON_TRANSACTED_ACCESS` peut prendre les valeurs suivantes :

- `OFF` : tout est transactionné ;
- `READONLY` : les écritures sont transactionnées, mais pas les lectures ;
- `FULL` : rien n'est transactionné.

`DIRECTORY_NAME` précise le point d'entrée des FILETABLE. C'est un chemin relatif à celui de l'espace de stockage FILESTREAM.

La vue `sys.database_filestream_options` permet de voir les principales métadonnées du FILESTREAM (versions 2012 et suivantes).

Table utilisant le stockage FILESTREAM

Pour qu'une table puisse utiliser le stockage FILESTREAM, les trois éléments suivants doivent être réunis :

- ajouter une colonne de type `VARBINARY(max)` avec la propriété `FILESTREAM` ;
- ajouter une colonne de type `UNIQUEIDENTIFIER` avec les propriétés `ROWGUIDCOL`, `NOT NULL` et `UNIQUE` ;
- spécifier quel espace de stockage FILESTREAM sera utilisé par la table (par défaut, il s'agit de l'espace de stockage `FILESTREAM` défini comme `DEFAULT`, en général le premier…).

La colonne de type `VARBINARY(max)` sera toujours vide. Elle sert à faire croire que les données des fichiers seront dans cette colonne. En effet, en lançant une requête `SELECT`, le contenu des fichiers est transféré dans cette colonne au moment de l'envoi du *dataset*. Du côté client, il semble donc que cette colonne contienne le fichier, le tour de passe-passe étant effectué par le moteur de stockage.

La colonne `UNIQUEIDENTIFIER/ROWGUIDCOL` sert de repère « universellement » unique pour l'association entre la ligne de la table et le fichier stocké en FILESTREAM. Il est en outre conseillé d'y placer une valeur générée par la fonction `NEWID()` ou `NEWSEQUENTIALID()` par y affecter automatiquement une valeur.

Exemple 10-29. Création d'une table de gestion électronique de documents et ajout des éléments pour le stockage FILESTREAM

```
CREATE TABLE T_GED
(GED_ID              INT IDENTITY PRIMARY KEY,
GED_NOM_FICHIER     NVARCHAR(128),
GED_TITRE           NVARCHAR(256),
GED_DESCRIPTION     NVARCHAR(1024),
GED_TYPE_DOC        CHAR(16) NOT NULL);
GO

ALTER TABLE T_GED
   ADD GED_ROW_GUID UNIQUEIDENTIFIER ROWGUIDCOL NOT NULL NEWID() UNIQUE,
       GED_DATA     VARBINARY(max) FILESTREAM;
GO
```

Dans cet exemple, l'espace de stockage utilisé par le FILESTREAM sera celui par défaut.

Manipulation de documents FILESTREAM

Les données des colonnes FILESTREAM se manipulent comme des colonnes ordinaires de type LOB.

Exemple 10-30. Manipulation directe de données :

```
INSERT INTO T_GED
       (GED_NOM_FICHIER, GED_TITRE, GED_DESCRIPTION, GED_TYPE_DOC, GED_DATA)
VALUES ('fichier.txt',   'Poème',   NULL,            'txt',        CAST('Les sanglots longs des
violons de l''automne blessent mon coeur d''une langueur monotone.' AS VARBINARY(max)));

UPDATE T_GED
SET GED_DATA = CAST(
'Demain, dès l''aube, à l''heure où blanchit la campagne,
Je partirai. Vois-tu, je sais que tu m''attends.
'
AS VARBINARY(max))
WHERE GED_TITRE = 'Poème'

SELECT *, CAST(GED_DATA AS VARCHAR(max)) AS TEXTE FROM T_GED;
```

Dans cet exemple, on ajoute, modifie et restitue l'information d'un texte stocké sous FILESTREAM.

Pour charger un fichier directement en SQL, on peut utiliser la fonction `OPENROWSET` en mode BULK.

Exemple 10-31. Chargement d'un fichier en FILESTREAM via la fonction table `OPENROWSET`

```
INSERT INTO T_GED
       (GED_NOM_FICHIER, GED_TITRE, GED_TYPE_DOC, GED_DATA)
SELECT 'portrait.jpg',   'Codd',    'image',      BLK.*
FROM OPENROWSET( BULK 'C:\pics\portait de Frank Edgar Codd.jpg',
                 SINGLE_BLOB) AS BLK;
```

En plus des commandes standards du SQL, toute colonne FILESTREAM publie la méthode particulière `.PathName (@option)` qui retourne le chemin d'accès d'un objet `blob` FILESTREAM.

Les fichiers stockés à l'aide de FILESTREAM peuvent être indexés textuellement.

Bien entendu, il faut des outils pour manipuler ce genre de données côté client. Les principales méthodes, techniques et pratiques sont disponibles aux adresses suivantes :

- http://technet.microsoft.com/fr-fr/library/gg471497.aspx
- http://msdn.microsoft.com/en-us/library/system.io.filestream_methods.aspx
- http://technet.microsoft.com/fr-fr/library/bb933972.aspx
- http://download.red-gate.com/ebooks/SQL/Art_of_SS_Filestream_Sebastian_and_Aelterman.pdf

Limitations, conseils et bonnes pratiques avec FILESTREAM

Les principales limitations à l'usage de FILESTREAM sont les suivantes :

- FILESTREAM ne peut pas être utilisé en mirroring, ce qui peut être regrettable pour des environnements de haute disponibilité.
- Des topologies de réplication ou de log shipping avec FILESTREAM nécessitent l'utilisation d'une version SQL Server 2008 pour tous les serveurs et/ou ordinateurs concernés.
- Dans un environnement cluster, le groupe de fichiers de stockage pour FILESTREAM doit se trouver sur un disque partagé.
- FILESTREAM ne fonctionne pas avec les snapshots de bases de données. Dans ce cas, l'accès aux données provoquera une erreur.
- L'instance SQL Server doit être configurée avec la sécurité intégrée Windows pour FILESTREAM si le niveau d'accès configuré autorise la manipulation des données via l'API Win32.

Microsoft préconise certaines bonnes pratiques à adopter concernant la configuration et la maintenance des volumes NTFS pour FILESTREAM. Voici les plus importantes :

- désactiver les noms courts (ou noms 8.3) ;
- défragmenter régulièrement les volumes contenant les données FILESTREAM ;
- utiliser de préférence des clusters NTFS de 64 Ko ;
- désactiver l'indexation des fichiers Windows ;
- désactiver l'analyse antivirale ou adopter des règles d'exclusion sur les fichiers FILESTREAM ;
- choisir un sous-système disque performant (technologie RAID 5 ou RAID 1+0, par exemple).

Les tables FILETABLE

Le FILETABLE constitue avant tout une extension du stockage FILESTREAM. Une fois en place, un répertoire accessible sur le serveur ou de manière distante permet de recevoir les fichiers et les sous-répertoires souhaités et qui seront vus depuis SQL par manipulation de la table FILETABLE.

FILETABLE est en fait un type de table, qui sert de modèle à la création d'une table devant représenter les données du système de fichiers de Windows. Le tableau 10-13 d'une table ainsi créée comprend les colonnes suivantes.

Tableau 10–13 Colonnes d'une table de type « FileTable »

Nom	Type	Description
stream_id	uniqueidentifier	Identifiant universel de ligne (rowguidcol) pour l'élément à stocker
file_stream	varbinary(max)	Contenu du fichier en binaire
name	nvarchar(255)	Nom du fichier/répertoire
path_locator	hierarchyid	Position de l'élément dans la hiérarchie
parent_path_locator	hierarchyid	Position du parent de l'élément dans la hiérarchie
file_type	nvarchar(255)	Extension du fichier
cached_file_size	bigint	Taille des données en octets
creation_time	datetime2(4)	Date et heure de création de l'élément
last_write_time	datetime2(4)	Date et heure de modification de l'élément
last_access_time	datetime2(4)	Date et heure du dernier accès à l'élément
is_directory	bit	1 si répertoire
is_offline	bit	1 si hors ligne
is_hidden	bit	1 si caché
is_readonly	bit	1 si lecture seule
is_archive	bit	1 si archive
is_system	bit	1 si système
is_temporary	bit	1 si temporaire

L'espace de stockage FILESTREAM doit impérativement avoir renseigné la propriété DIRECTORY_NAME pour que l'on puisse créer des FILETABLE. En effet, le répertoire à mentionner sera le point d'entrée des éléments qui y seront stockés.

La manipulation des fichiers peut se faire de manière transactionnelle ou non, en fonction du point d'accès. C'est le paramètre NON_TRANSACTED_ACCESS de la propriété FILESTREAM de la base de données qui règle cet accès :

- FULL : les fichiers peuvent être créés, lus et détruits aussi bien dans Transact-SQL que dans le système d'exploitation ;
- READ_ONLY : la création et la suppression des fichiers est impossible dans le système d'exploitation. La lecture est permise ;
- OFF : toute manipulation hors Transact-SQL est interdite.

La manipulation dans le système de fichiers est toujours non transactionnelle.

Exemple 10-32. Création du stockage pour recevoir des FILETABLE, avec accès bilatéral (SQL et OS)

```
ALTER DATABASE DB_SQL
   ADD FILEGROUP FG_FT CONTAINS FILESTREAM;
GO
ALTER DATABASE DB_SQL
   ADD FILE (NAME     = N'F_FS',
             FILENAME = N'S:\SQL_DB\DATA_FS\')
   TO FILEGROUP FG_FT;
GO
ALTER DATABASE DB_SQL
SET FILESTREAM (NON_TRANSACTED_ACCESS = FULL ,
                DIRECTORY_NAME = N'FT_DATA');
GO
```

La table doit donc être créée de type FILETABLE. Il faut cependant lui précider un sous-répertoire et la collation servant de recherche pour les noms des fichiers.

Exemple 10-33. Création d'une table de type FILETABLE

```
CREATE TABLE T_FICHIER_GED
   AS FILETABLE
   WITH (FILETABLE_DIRECTORY = 'GED',
         FILETABLE_COLLATE_FILENAME = French_CI_AS);
```

Il est important de connaître le point d'entrée dans l'arborescence du serveur afin de pouvoir ajouter, modifier ou supprimer des fichiers à cet emplacement. Pour cela, nous devons utiliser la fonction `FILETABLEROOTPATH`.

Exemple 10-34. Récupération du point d'entrée du stockage de la table `dbo.T_FICHIER_GED` de type FILETABLE

```
SELECT FILETABLEROOTPATH('dbo.T_FICHIER_GED')    -- format par défaut, 0 (NetBios)
SELECT FILETABLEROOTPATH('dbo.T_FICHIER_GED', 0) -- format NetBios
SELECT FILETABLEROOTPATH('dbo.T_FICHIER_GED', 1) -- format brut
SELECT FILETABLEROOTPATH('dbo.T_FICHIER_GED', 2) -- format complet
```

Une fois ce chemin récupéré, nous pouvons ajouter les fichiers souhaités, par exemple en les faisant glisser d'une fenêtre de l'explorateur Windows à une autre (figure 10-30).

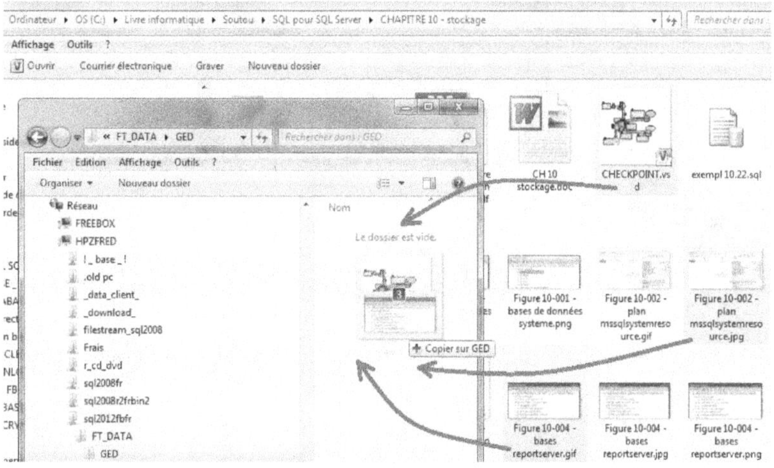

Figure 10–30
Dépôt de fichiers par glisser-déposer d'une fenêtre de l'explorateur Windows à une autre, dans le point d'entrée de la table FILETABLE

En effectuant une requête de lecture sur la table, on retrouve les fichiers que nous venons de déposer :

Figure 10–31
Lecture d'une table FILETABLE

```
SELECT * FROM dbo.T_FICHIER_GED;
```

stream_id	file_stream	name	path_locator	parent_...	file_type	cac
5EED2A5...	0x47494638...	Figure 10-004 - bases reportserver.gif	0xFCAA942E...	NULL	gif	211
60ED2A5...	0xD0CF11E...	CHECKPOINT.vsd	0xFFCBD1F6...	NULL	vsd	321
62ED2A5...	0xFFD8FFE...	Figure 10-002 - plan mssqlsystemresource.jpg	0xFD1841CE...	NULL	jpg	22:

Si ce point d'entrée contient de multiples sous-répertoires, il faudra utiliser les méthodes associées au type HierarchyId, voire des requêtes récursives.

Exemple 10-35. Visualisation des noms, des niveaux dans l'arborescence et distinction fichier/répertoire dans la table des fichiers

```
SELECT name AS nom_fichier,
       is_directory AS repertoire,
       path_locator.GetLevel() AS niveau
FROM   dbo.T_FICHIER_GED
ORDER BY niveau;
```

Exemple 10-36. Visualisation des données des fichiers avec chemin d'accès obtenu par requête récursive

```
WITH
T_REP_TREE AS
(SELECT CAST('\' + name AS VARCHAR(max)) AS CHEMIN,
        name AS nom_fichier,
        is_directory AS repertoire,
        path_locator.GetLevel() AS niveau,
        path_locator
FROM   dbo.T_FICHIER_GED
WHERE parent_path_locator IS NULL
UNION ALL
SELECT CAST(T0.CHEMIN + '\' + T1.name AS VARCHAR(max)),
        T1.name,
        T1.is_directory,
        T1.path_locator.GetLevel(),
        T1.path_locator
FROM   T_REP_TREE AS T0
        INNER JOIN dbo.T_FICHIER_GED AS T1
              ON T0.path_locator = T1.parent_path_locator)
SELECT nom_fichier,
       FILETABLEROOTPATH('dbo.T_FICHIER_GED') + CHEMIN AS chemin,
       repertoire,
       niveau
FROM   T_REP_TREE;
```

On peut aussi créer un répertoire et insérer des fichiers dedans. Pour supprimer un répertoire, celui-ci doit être vide.

Exemple 10-37. Création d'un répertoire et insertion d'un fichier dedans

```
-- création d'un répertoire
INSERT INTO DB_SQL.dbo.T_FICHIER_GED (file_stream, name, is_directory, is_archive)
VALUES (NULL, 'MON JOURNAL', 1, 0);

-- insertion d'un fichier dans le répertoire nouvellement créé
WITH
-- obtention d'un GUID
T_GUID AS
(SELECT NEWID() AS GID),
-- construction du nouveau chemin basé sur le GUID et le chemin du répertoire cible
T_NEWP AS
(SELECT path_locator.ToString()
        + CAST(CAST(SUBSTRING(CAST(GID AS BINARY(16)), 1, 6)
                    AS BIGINT) AS VARCHAR(18)) + '.'
```

```
        + CAST(CAST(SUBSTRING(CAST(GID AS BINARY(16)), 7, 6)
                    AS BIGINT) AS VARCHAR(18)) + '.' +
        + CAST(CAST(SUBSTRING(CAST(GID AS BINARY(16)), 13, 4)
                    AS BIGINT) AS VARCHAR(12)) + '/' AS new_path
FROM   dbo.T_FICHIER_GED
       CROSS JOIN T_GUID
WHERE name = 'MON JOURNAL'
  AND is_directory = 1)
-- insertion du fichier
INSERT INTO DB_SQL.dbo.T_FICHIER_GED (file_stream, name, path_locator)
SELECT CAST('Ce matin je fais du SQL' AS VARBINARY(max)),
            'journal intime 2013-08-24.txt',
            new_path
FROM   T_NEWP;
```

Dans l'exemple 10-37, notez la façon dont il a fallu construire le chemin pour y stocker le fichier. Il est nécessaire de générer un GUID pour identifier ce sous-répertoire et le transformer en un chemin de type `hierarchyId`.

Il est intéressant de remarquer quelle est la structure d'une telle table de type FILETABLE :

- la clé primaire est le `path_locator` ;
- la clé étrangère d'autoréférence correspond à la colonne `parent_path_locator` ;
- il existe deux colonnes calculées :
  - `file_type` qui utilise la formule `getfileextension(name)` ;
  - `cached_file_size` dont l'expression est `datalength(file_stream)` ;
- il existe deux contraintes d'unicité :
  - la première sur la colonne stream_id ;
  - la seconde sur les colonnes parent_path_locator + name ;
- il y a quatre contraintes de validation, utilisant des fonctions comme `isfilenamevalid`, `filetable_check_valid_attributes`, `filetable_parents_are_directories`, `filetable_lock_all_descendants` ;
- il y a une douzaine de contraintes par défaut (la plupart pour les types bit et temporels).

Seule la fonction `datalength` est utilisable par le commun des mortels. Toutes les autres fonctions ne sont ni documentée, ni accessible pour un autre usage…

Figure 10–32
Structure d'une table de type Filetable

DB_SQL
- Schémas de base de données
- Tables
  - Tables système
  - FileTables
    - dbo.T_FICHIER_GED
      - Colonnes
        - stream_id (uniqueidentifier, non NULL)
        - file_stream (varbinary(max), NULL)
        - name (nvarchar(255), non NULL)
        - path_locator (PK, hierarchyid, non NULL)
        - parent_path_locator (FK, Calculé, hierarchyid, NULL)
        - file_type (Calculé, nvarchar(255), NULL)
        - cached_file_size (Calculé, bigint, NULL)
        - creation_time (datetimeoffset(7), non NULL)
        - last_write_time (datetimeoffset(7), non NULL)
        - last_access_time (datetimeoffset(7), NULL)
        - is_directory (bit, non NULL)
        - is_offline (bit, non NULL)
        - is_hidden (bit, non NULL)
        - is_readonly (bit, non NULL)
        - is_archive (bit, non NULL)
        - is_system (bit, non NULL)
        - is_temporary (bit, non NULL)

Stockage de LOB distant avec Remote BLOB Storage (RBS)

Microsoft propose une solution de stockage distant des LOB et par conséquent de tous types de fichiers électroniques, c'est-à-dire sur une ressource externe au serveur. Cette méthode, nommée RBS *(Remote BLOB Store)*, se base fonctionnellement sur le `FILESTREAM` par le biais d'API « contournant » le stockage tabulaire des données.

La ressource distante peut être :

- un système de fichiers NTFS ;
- un partage réseau au protocole SMB *(Server Message Block)* ;
- un système de stockage de contenu adressable (*Content Addressable Storage* ou CAS, par exemple Centura de EMC ou encore les solutions de IBM, NetAPP et Hitachi) ;
- le cloud, c'est-à-dire un stockage en ligne dans une ressource située dans « l'éther » d'Internet !

Les services de RBS se basent sur quatre opérations : la création, la suppression, la lecture et le ramasse-miettes *(garbage collector)*. Les API RBS ne font que fournir un pointeur qui sera stocké dans la table. Seule l'intégrité du lien peut être garantie, sauf cas d'usage du CAS.

La description de la mise en œuvre de RBS nécessiterait un chapitre entier qui ne serait utile que pour les quelques lecteurs ayant l'intention de stocker plusieurs To de fichiers électroniques. À ceux-ci nous conseillons la lecture du *white paper* intitulé « Remote BLOB Storage » sur le site de Microsoft. Vous le trouverez accompangé de divers autres éléments à l'adresse suivante :

http://msdn.microsoft.com/en-US/library/gg638709%28v=sql.105%29.ASPX

Voici quelques autres ressources intéressantes :

http://technet.microsoft.com/en-us/library/gg316773%28v=sql.105%29.aspx

http://blogs.msdn.com/b/sqlrbs/archive/2010/08/05/rbs-security-model.aspx

http://reality-tech.com/2011/12/06/rbs-remote-blob-storage-part-1/

RBS est disponible à partir de la version Enterprise de SQL Server et figure sur les DVD d'installation (`rbs.msi`). Il est notamment utilisé par Microsoft SharePoint, l'outil de gestion de la connaissance d'entreprise.

Bonnes pratiques pour un stockage performant

L'architecture du stockage de vos bases et plus généralement du serveur SQL a une influence considérable et directe sur les performances. Voici la liste des bonnes pratiques à mettre en place.

- Si vous utilisez un SAN, assurez-vous qu'il soit dédié à SQL Server (aucune autre application ne doit y lire ou écrire des données).
- Préférez dans l'ordre les niveaux de RAID 10 (ou 0+1), 1, 0, 60, 50, 4, 3, 6, 5 (en premier pour les journaux de transactions, en second pour les données).
- Créez des agrégats RAID et des LUN alignés sur des disques physiques (et non pas « taillés dans la masse »).
- Le nombre de fichiers utilisés pour une même base doit être équivalent au niveau de parallélisme définit pour les cœurs CPU *(max degree of paralellism)*.
- Dimensionnez les fichiers de la base à la volumétrie des données pendant la durée de vie du serveur.

- Ne créez qu'un seul fichier pour le journal des transactions de chaque base et donnez-lui la bonne taille lors de la création de la base .
- Isolez les fichiers de la base `tempdb` des autres bases de production.
- Faites en sorte qu'il n'y ait jamais d'opération de croissance sur quel que fichier que ce soit (interdisez-vous la croissance automatique : `AUTOGROWTH`). Le cas échéant, mettez le même pas de croissance pour tous les fichiers d'un même groupe de fichiers, et toujours en volume, jamais en pourcentage.
- Dans un même groupe de fichiers, utilisez des fichiers de taille et de croissance équivalente situés dans des disques, des agrégats ou des LUN de caractéristiques strictement identiques.
- Ne planifiez jamais une opération `DBCC SHRINK`... ou le mode `AUTO_SHRINK` pour une base.
- Si votre serveur héberge plusieurs bases de production et que vous avez un nombre minimal d'agrégats, croisez les entrées-sortie des journaux de transactions et des fichiers de données entre les bases. Sinon, isolez les fichiers de chaque base sur un agrégat différent.
- Si vous n'utilisez pas de SAN, assurez-vous que le contrôleur RAID puisse paralléliser les accès *(redondant path)*.
- Ne remplissez pas trop vos disques. Au-delà de 85 %, des ralentissements peuvent se faire sentir.
- Placez les LOB sur un système dédié (SAN, par exemple).

Témoignage

Geoffroy Gabel, Société Auris Gestion Privée (Paris) : « en 2010, nous avions effectué un important travail d'administration du stockage pour notre solution de gestion de patrimoine afin d'optimiser les différents calculs financiers consécutifs aux cotations que nous recevons la nuit par différents canaux. En sus du stockage, nous avions optimisé les procédures et requêtes et étions passés de 15 minutes pour calculer une semaine à 4 minutes pour un mois, soit un gain de plus de 15. Récemment, suite à une intervention malheureuse d'un spécialiste de la virtualisation, nous avons presque doublé les temps de ce processus. En effet, ce dernier, croyant optimiser le stockage sur le SAN, a malencontreusement placé les LUN en expansion dynamique... »

Microsoft fournit gratuitement deux outils pour mesurer l'efficacité du stockage pour SQL Server d'une organisation. Il s'agit des outils SQLIO disk et SQLIOsim. Retrouvez toute la documentation relative à ces outils aux adresses suivantes :

- http://support.microsoft.com/kb/231619
- http://www.microsoft.com/en-us/download/details.aspx?id=20163
- http://technet.microsoft.com/en-us/library/cc966412.aspx#EDAA

Plus généralement, en ce qui concerne le stockage, et pour compléter ce chapitre, nous vous invitons à lire les articles suivants :

- « Une synthèse par Ross Mistry » : http://www.informit.com/articles/article.aspx?p=1946159&seqNum=8
- « Détail du stockage par Brent Ozar » : http://www.brentozar.com/sql/sql-server-san-best-practices/
- « Les fondamentaux du stockage SQL » : http://www.sqlservercentral.com/blogs/sqlmanofmystery/2011/02/23/fundamentals-of-storage-systems_2C00_-io-latency-and-sql-server/

Migration des données

Il est possible de transférer les données des tables, ou des index, d'un espace de stockage à un autre grâce à la commande `CREATE INDEX` avec l'option `DROP_EXISTING = ON`.

Pour ce faire, vous devez connaître la syntaxe originale de la création de cet index, que vous pouvez obtenir dans Management Studio (figure 10-33).

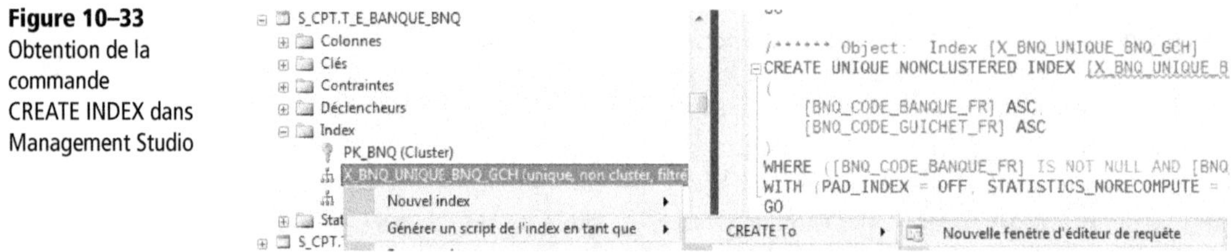

Figure 10–33 Obtention de la commande CREATE INDEX dans Management Studio

Exemple 10-38. Migration d'un index

```
CREATE UNIQUE NONCLUSTERED INDEX X_BNQ_UNIQUE_BNQ_GCH
   ON S_CPT.T_E_BANQUE_BNQ (BNQ_CODE_BANQUE_FR ASC,
                            BNQ_CODE_GUICHET_FR ASC)
   WHERE (BNQ_CODE_BANQUE_FR IS NOT NULL AND BNQ_CODE_GUICHET_FR IS NOT NULL)
   WITH (DROP_EXISTING = ON)
ON FG_INDX;
```

Pour transférer une table organisée en `CLUSTER`, ou en `COLUMNSTORE`, il suffit de migrer son index `CLUSTERED` ou `COLUMNSTORE`.

Pour migrer en table en HEAP, il faut créer un index `CLUSTERED` sur une colonne au choix (la plus petite ira plus vite), puis supprimer l'index.

Exemple 10-39. Migration d'une table en `HEAP`

```
CREATE CLUSTERED INDEX CX_DUAL
    ON dbo.DUAL (DUMMY)
ON FG_DATA;

DROP INDEX CX_DUAL ON dbo.DUAL;
```

Vous constaterez que la table est toujours présente, mais elle n'a plus d'index. Ses données se trouvent désormais dans le groupe de fichiers dans lequel elle a été déplacée.

Partitionnement

Le partitionnement des données consiste à saucissonner le stockage des données d'une même table ou d'un même index sur différents espaces de stockage en choisissant un critère de partitionnement. Il n'est disponible que dans la version Enterprise de SQL Server.

> Le partitionnement n'est réellement efficace que si certaines conditions sont réunies :
> la table doit avoir une forte volumétrie (plusieurs dizaines de Go au moins) ;
> le critère de partitionnement doit figurer dans la clause `WHERE` ou à défaut `JOIN` de la majorité des requêtes (`SELECT` mais aussi `UPDATE` et `DELETE`).

L'efficacité du partitionnement est liée au fait que les opérations sur la table vont porter sur une plus petite quantité de données ou bien, si la totalité de la table est scrutée, par une action en parallèle sur chacune des partitions.

Principe

La technique de partitionnement adoptée dans SQL Server est simple et fonctionne parfaitement. Elle se décompose en trois phases :

- création d'une fonction de partitionnement (CREATE PARTITION FUNCTION) ;
- création d'un plan de partitionnement (CREATE PARTITION SCHEME) portant sur la fonction de partitionnement ;
- création de l'objet (table ou index) sur le schéma de partitionnement.

En plus de ces trois phases, il faudra également prendre en compte les espaces de stockage.

Comme le partitionnement est une méthode de stockage de la table, il ne permet pas le stockage de la table en mode CLUSTERED ou COLUMNSTORE index.

Pour obtenir le meilleur compromis entre souplesse et performance, pensez à intégrer, lors de la création du modèle, le critère de partitionnement comme élément de clé primaire pour votre table.

L'un des avantages du partitionnement est que l'on peut jouer sur les partitions :

- en passant certains espaces de stockage en READ ONLY (archivages, données anciennes…) ;
- en transférant des données d'une partition à une autre (ALTER TABLE … SWITCH PARTITION …) ;
- en fusionnant des partitions (ALTER PARTITION … MERGE …) ;
- en subdivisant des partitions (ALTER PARTITION … SPLIT …).

Exemple de partitionnement sur hachage

Voici un scénario complet de partitionnement pour scinder en quatre les données d'une table des utilisateurs définie comme suit :

Exemple 10-40. Définition DDL de la table des utilisateurs d'un site web

```
CREATE TABLE dbo.T_USER_USR
(USR_EMAIL            NVARCHAR(256) NOT NULL,
USR_PASSWORD         NVARCHAR(32) NOT NULL,
USR_PSEUDO           NVARCHAR(128),
CONSTRAINT PK_USR PRIMARY KEY (USR_EMAIL,
                              USR_PASSWORD));
```

Nous allons ventiler les lignes sur quatre espaces de stockage en utilisant comme clé de ventilation une clé de hachage calculée d'après le couple de données MAIL/PASSWORD.

Commençons par créer la colonne calculée persistante pour stocker le résultat du calcul de hachage.

Exemple 10-41. Ajout d'une colonne calculée persistante pour ventiler les lignes suivant une clé de hachage

```
ALTER TABLE dbo.T_USER_USR
   ADD USR_HASH
       AS ISNULL(CHECKSUM(USR_EMAIL, USR_PASSWORD), 0) PERSISTED;
GO
```

Notez que nous avons rendu NOT NULL cette colonne calculée en utilisant la fonction propre à SQL Server, ISNULL.

Création de la fonction de partitionnement

Nous créons maintenant la fonction de partitionnement comportant trois « piquets » (valeurs pivots), donc quatre intervalles.

Exemple 10-42. Création de la fonction de hachage pour partitionnement en quatre (trois piquets = quatre intervalles)

```
CREATE PARTITION FUNCTION PF_HASH (INT)
AS RANGE LEFT
FOR VALUES (-1073741824, 0, 1073741823);
GO
```

`RANGE LEFT` signifie que nous incluons les valeurs pivots dans les partitions de gauche. On aurait pu choisir `RIGHT` ou rien du tout (`LEFT` par défaut). Notez que la paramètre à spécifier dans cette fonction est un type de données.

Ajout des espaces de stockage

Il faut maintenant créer les espaces de stockage pour recevoir les partitions. Comme il y a trois piquets, il nous faut quatre espaces de stockage.

Exemple 10-43. Création des quatre espaces de stockage nécessaires au partitionnement

```
ALTER DATABASE DB_SQL ADD FILEGROUP FG_PART1;
ALTER DATABASE DB_SQL ADD FILE
(NAME='FG_PART1', FILENAME='E:\SQL\PART1.ndf', SIZE=50 GB, FILEGROWTH=25 MB)
TO FILEGROUP FG_PART1;

ALTER DATABASE DB_SQL ADD FILEGROUP FG_PART2;
ALTER DATABASE DB_SQL ADD FILE
(NAME='FG_PART2', FILENAME='F:\SQL\PART2.ndf', SIZE=50 GB, FILEGROWTH=25 MB)
TO FILEGROUP FG_PART2;

ALTER DATABASE DB_SQL ADD FILEGROUP FG_PART3;
ALTER DATABASE DB_SQL ADD FILE
(NAME='FG_PART3', FILENAME='G:\SQL\PART3.ndf', SIZE=50 GB, FILEGROWTH=25 MB)
TO FILEGROUP FG_PART3;

ALTER DATABASE DB_SQL ADD FILEGROUP FG_PART4;
ALTER DATABASE DB_SQL ADD FILE
(NAME='FG_PART4', FILENAME='H:\SQL\PART4.ndf', SIZE=50 GB, FILEGROWTH=25 MB)
TO FILEGROUP FG_PART4;
```

Chacun de ces *filegroups* comporte 50 Go d'espace de stockage, porte sur un disque différent et possède un pas d'incrément de 25 Mo.

Création du plan de répartition des données

Le plan de répartition des données doit associer la fonction de partitionnement aux espaces de stockage. Nous pouvons maintenant le créer.

Exemple 10-44. Création du plan de partition

```
CREATE PARTITION SCHEME PS_HASH
AS PARTITION PF_HASH
TO (FG_PART1, FG_PART2, FG_PART3, FG_PART4);
```

Ventilation des lignes de la table par partitionnement

Pour partitionner la table, il faut créer un index CLUSTERED et l'assigner au schéma de partitionnement. Cependant, la table présente déjà un index CLUSTERED, index par défaut de toute clé primaire. Il convient donc de le supprimer. Pour cela, on supprime la contrainte de clé primaire, puis on la recrée sous forme d'index CLUSTERED.

Exemple 10-45. Remaniement de la clé primaire

```
ALTER TABLE dbo.T_USER_USR DROP CONSTRAINT PK_USR;
GO
ALTER TABLE dbo.T_USER_USR
   ADD CONSTRAINT PK_USR
       PRIMARY KEY NONCLUSTERED (USR_EMAIL,
                                 USR_PASSWORD);
```

Au final, voici comment mettre la table dans notre partitionnement.

Exemple 10-46. Création du partitionnement

```
CREATE UNIQUE CLUSTERED INDEX X_USR_CLUSTER
   ON dbo.T_USER_USR (USR_HASH,
                      USR_EMAIL,
                      USR_PASSWORD)
ON PS_HASH(USR_HASH);
GO
```

Nous avons choisi que trois colonnes figurent dans la clé d'index alors que ce dernier est partitionné uniquement sur la clé de hachage. Ce choix est judicieux, car il va nous permettre de retrouver très rapidement un couple e-mail/mot de passe en recherchant systématiquement les trois valeurs, celle de la clé de hachage étant recalculée à la volée. De plus, nous avons opté pour un index unique, ce qui est naturellement vrai puisque la clé qui constitue un sous-ensemble est déjà unique.

L'ensemble de ce script gagnerait à être effectué dans une transaction et à être lancé aux heures creuses.

Vérification de la ventilation des lignes de la table partitionnée

Pour savoir dans quelle partition se situe chaque ligne de la table, il est possible d'utiliser une pseudo fonction composée du pseudo schéma $PARTITION et du nom de la fonction de partitionnement appliquée à la colonne partitionnée.

Exemple 10-47. Ajout de lignes à la table et vérification du positionnement des lignes dans les partitions :

```
INSERT INTO dbo.T_USER_USR VALUES
   ('fe.codd@ibm.com',       'system R',   'relation land'),
   ('chris.date@ibm.com',    'Tutorial D', '3rd manifesto'),
   ('d.chamberlin@ibm.com', 'S.Q.L.',     'SQL man');
GO
SELECT *,
       $PARTITION.PF_HASH(USR_HASH) AS PARTITION_NUMBER
FROM   dbo.T_USER_USR;
```

Figure 10–34
Résultat de la requête de l'exemple 10-46 donnant la ventilation des lignes dans les partitions

	USR_EMAIL	USR_PASSWORD	USR_PSEUDO	USR_HASH	PARTITION_NUMBER
1	fe.codd@ibm.com	system R	relation land	-1119882107	1
2	chris.date@ibm.com	Tutorial D	3rd manifesto	1026893124	3
3	d.chamberlin@ibm.com	S.Q.L.	SQL man	1168198015	4

Modification d'un partitionnement de table

Nous avons dit qu'il était possible de modifier le système de partitionnement à la volée. Voyons ce qu'il convient de faire pour passer d'une ventilation à quatre partitions à une ventilation à cinq partitions en conservant le système d'équi-partitionnement.

Les entiers allant de -2 147 483 648 à 2 147 483 647, il nous faut maintenant redécouper l'espace en plaçant nos piquets comme indiqué dans le tableau 10-14.

Tableau 10–14 Intervalles de partitionnement

Partition	de	à
1	-2 147 483 648	-1 288 490 188
2	- 1 288 490 189	-429 496 728
3	-429 496 729	429 496 728
4	429 496 729	1 288 490 188
5	1 288 490 189	2 147 483 647

Les nouveaux piquets sont indiqués en gras dans le tableau.

Voyons maintenant comment procéder. Tout d'abord, nous devons ajouter un nouvel espace de stockage.

Exemple 10-48. Ajout d'un nouvel espace de stockage afin d'ajouter une partition

```
ALTER DATABASE DB_SQL ADD FILEGROUP FG_PART0;
ALTER DATABASE DB_SQL ADD FILE
(NAME='FG_PART0', FILENAME='I:\SQL\PART0.ndf', SIZE=50 GB, FILEGROWTH=25 MB)
TO FILEGROUP FG_PART0;
```

Ensuite, nous indiquons ce nouvel espace de stockage à notre plan de partitionnement.

Exemple 10-49. Ajout d'un espace de stockage au plan de partitionnement

```
ALTER PARTITION SCHEME PS_HASH
NEXT USED FG_PART5;
```

Pour retrouver les valeurs actuelles du partitionnement, nous pouvons utiliser la requête suivante présentée à l'exemple 10-50.

Exemple 10-50. Métadonnées logiques du partitionnement

```
SELECT f.name AS PART_FUNCTION,
       f.boundary_value_on_right AS IS_RANGE_RIGHT,
       rv.boundary_id AS BOUNDARY_ID,
       rv.value AS BOUNDARY_VALUE,
       s.name AS PART_SCHEME,
       t.name AS PARAMETER_TYPE
FROM   sys.partition_functions AS f
       INNER JOIN sys.partition_range_values AS rv
             ON f.function_id = rv.function_id
```

```
        INNER JOIN sys.partition_schemes AS s
              ON f.function_id = s.function_id
        INNER JOIN sys.partition_parameters AS pm
              ON f.function_id = pm.function_id
              INNER JOIN sys.types AS t
                   ON pm.user_type_id = t.user_type_id;
```

On obtient alors le résultat présenté à la figure 10-35.

Figure 10–35
Métadonnées logiques du partitionnement

PART_FUNCTION	IS_RANGE_RIGHT	BOUNDARY_ID	BOUNDARY_VALUE	PART_SCHEME	PARAMETER_TYPE
PF_HASH	0	1	-1073741824	PS_HASH	int
PF_HASH	0	2	0	PS_HASH	int
PF_HASH	0	3	1073741823	PS_HASH	int

Enfin, la requête suivante peut être utilisée pour récupérer les données du partitionnement logique.

Exemple 10-51. Métadonnées physiques du partitionnement

```
SELECT pf.name AS PART_FUNCTION,
       ps.name AS PART_SCHEME,
       fg.name AS FILEGROUP_NAME,
       dds.destination_id AS PARTITION_NUMBER
FROM   sys.partition_functions AS pf
       INNER JOIN sys.partition_schemes AS ps
             ON pf.function_id = ps.function_id
       INNER JOIN sys.destination_data_spaces AS dds
             ON ps.data_space_id = dds.partition_scheme_id
                AND dds.destination_id <= pf.fanout
       INNER JOIN sys.filegroups AS fg
             ON dds.data_space_id = fg.data_space_id;
```

Le résultat est illsutré à la figure 10-36.

Figure 10–36
Métadonnées physiques du partitionnement

	PART_FUNCTION	PART_SCHEME	FILEGROUP_NAME	PARTITION_NUMBER
1	PF_HASH	PS_HASH	FG_PART1	1
2	PF_HASH	PS_HASH	FG_PART2	2
3	PF_HASH	PS_HASH	FG_PART3	3
4	PF_HASH	PS_HASH	FG_PART4	4

Nous allons donc devoir intercaler nos nouveaux piquets par rapport à ceux déjà en place.

Tableau 10–15 Modification des intervalles du partitionnement

Actuel		Nouveau	
Piquet	Partition	Piquet	Partition
			0
	1	-1 288 490 188	
-1 073 741 824			1
	2	-429 496 728	
0			2
	3	429 496 728	
1 073 741 823			3
	4	1 288 490 188	
			4

Pour cela nous devons, dans l'ordre numérique, effectuer un *split* (scission) pour implanter les nouveaux piquets et un *merge* (fusion) pour retirer les anciens. Afin de conserver l'ordonnancement des partitions et comme SQL Server réajuste le plan de partitionnement dynamiquement à chaque lancement des commandes `merge` et `split`, il faut trouver le bon ordre d'exécution de ces commandes, combiné à l'ajout des partitions. Pour notre exemple, cet ordre est représenté à la figure 10-37.

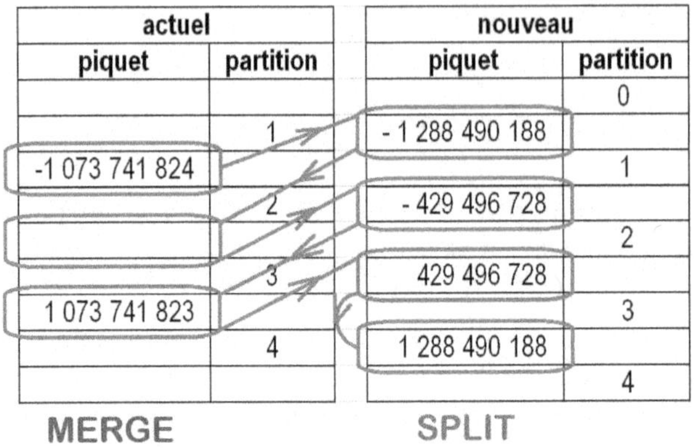

Figure 10–37
Synoptique d'enchaînement de remaniement des partitions

actuel		nouveau	
piquet	partition	piquet	partition
			0
	1	- 1 288 490 188	
-1 073 741 824			1
	2	- 429 496 728	
			2
	3	429 496 728	
1 073 741 823			3
	4	1 288 490 188	
			4
MERGE		SPLIT	

En intercalant savamment les nouvelles partitions à rabouter, nous obtenons le script de l'exemple 10-52.

Exemple 10-52. Enchaînement des commandes pour recombinaison du partitionnement

```
ALTER PARTITION FUNCTION PF_HASH() MERGE RANGE (-1073741824);
ALTER PARTITION SCHEME PS_HASH NEXT USED FG_PART0;
ALTER PARTITION FUNCTION PF_HASH() SPLIT RANGE (-1288490188);
ALTER PARTITION FUNCTION PF_HASH() MERGE RANGE (0);
ALTER PARTITION SCHEME PS_HASH NEXT USED FG_PART1;
ALTER PARTITION FUNCTION PF_HASH() SPLIT RANGE (-429496728);
ALTER PARTITION FUNCTION PF_HASH() MERGE RANGE (1073741823);
ALTER PARTITION SCHEME PS_HASH NEXT USED FG_PART2;
ALTER PARTITION FUNCTION PF_HASH() SPLIT RANGE (429496728);
ALTER PARTITION SCHEME PS_HASH NEXT USED FG_PART3;
ALTER PARTITION FUNCTION PF_HASH() SPLIT RANGE (1288490188);
```

Les commandes de remaniement du partitionnement rendent la main immédiatement et agissent à bas niveau. Les utilisateurs peuvent bien entendu continuer à travailler.

SQL Server ne propose pas de sous partitionner, ni de partitionner sur plusieurs colonnes. Mais cette difficulté est rapidement contournée par la facilité de remaniement du partitionnement, par exemple en utilisant des colonnes calculées qui peuvent prendre en compte une concaténation de plusieurs colonnes.

Exemple 10-53. Requête permettant de « voir » quels sont les objets partitionnés

```
SELECT s.name AS TABLE_SCHEMA,
       o.name AS TABLE_NAME,
       i.name AS INDEX_NAME,
       p.partition_number AS PART_NUMBER,
       rows AS NB_ROWS
FROM   sys.partitions AS p
       INNER JOIN sys.indexes AS i
            ON p.object_id = i.object_id
```

```
             AND p.index_id = i.index_id
       INNER JOIN sys.partition_schemes ps
             ON i.data_space_id=ps.data_space_id
       INNER JOIN sys.objects AS o
             ON o.object_id = i.object_id
       INNER JOIN sys.schemas AS s
             ON o.schema_id = s.schema_id
ORDER BY TABLE_SCHEMA, TABLE_NAME, INDEX_NAME;
```

Vous pouvez partitionner par périodes temporelles. Il faudra alors planifier un travail de l'agent pour créer les nouvelles partitions au fil du temps. Comme chaque partition est un espace de stockage à part (filegroup), vous pouvez placer les plus anciens en READ ONLY, ce qui améliore encore les performances vu qu'il n'y a plus aucun verrou à poser.

Réduction de la taille des fichiers et vidage

Il peut arriver qu'un fichier dépasse ostensiblement les limites fixées et qu'il devienne dangereux car susceptible de saturer un disque. Dans ce cas, il faut réduire la taille de ce fichier et surtout essayer de gagner de la place.

Commencez par analyser le contenu des disques et supprimez les fichiers inutiles ou obsolètes. Faites de même pour les tables ou les lignes des bases de données devenues inutiles ou obsolètes. Si cela ne suffit pas, vous pouvez supprimer quelques index inutilisés ou défragmenter des index pour gagner de la place (voir chapitre 15). Vous pouvez aussi tenter de purger le journal des transactions en effectuant une sauvegarde de ce dernier (voir chapitre 12).

Tout ceci n'a pas réduit la taille des fichiers des bases, mais cela a sans doute permis de libérer de la place au sein de ces fichiers. L'opération de réduction physique des fichiers d'une base se fait à l'aide des commandes `DBCC SCHRINKFILE` (réduction d'un fichier spécifique) et `DBCC SHRINKDATABASE` (réduction de tous les fichiers de la base). La syntaxe de la commande `DBCC SHRINKDATABASE` est la suivante :

```
DBCC SHRINKDATABASE (nom_base|database_id|0
                     [, pourcentage_cible]
                     [, {NOTRUNCATE|TRUNCATEONLY}])
   [WITH NO_INFOMSGS];
```

- La base peut être spécifiée par son nom, son id et si la valeur vaut 0, alors il s'agira de la base contextuelle.
- Le paramètre `pourcentage_cible` correspond à l'espace résiduel que vous souhaitez conserver. En spécifiant 0, le compactage sera maximal.
- Le paramètre `NOTRUNCATE` compacte uniquement les données des fichiers de données en déplaçant les pages allouées de la fin du fichier vers les pages libres du début du fichier. Aucun espace libre n'est restitué au système d'exploitation et la taille physique du fichier ne change pas.
  Le paramètre `TRUNCATEONLY` libère pour le système d'exploitation tout l'espace libre à la fin des fichiers de données, mais n'effectue aucun déplacement de page au sein du fichier.
  Si aucun de ces paramètres n'est spécifié, vous faites le ménage et réduisez la taille du fichier.

Exemple 10-54. Réduction maximale de la taille de la base `DB_SQL`

```
DBCC SHRINKDATABASE ( DB_SQL, 0 );
```

DBCC SHRINKDATABASE ne réduit pas les fichiers en deçà de la taille affectée par la dernière opération ALTER DATABASE ayant affectée le paramètre SIZE du fichier. Pour aller en dessous, vous devez utiliser DBCC SHRINKFILE.

Pour ce qui est de la commande DBCC SHRINKFILE, sa syntaxe est la suivante :

```
DBCC SHRINKFILE ({file_name|file_id}
                 {[, EMPTYFILE]
                 |[[, target_size][, {NOTRUNCATE
                                     |TRUNCATEONLY}]]
                 })[WITH NO_INFOMSGS];
```

Vous devez être dans le contexte de la base à traiter pour appliquer la commande. Elle agit comme DBCC SHRINKDATABASE à ceci près que les fichiers doivent être spécifiés par leur id ou par leur nom logique au lieu d'une base. Par ailleurs, l'option EMPTYFILE permet de vider un fichier en transférant ses données dans les autres fichiers du même groupe de fichiers, ce qui permet ensuite de supprimer le fichier.

L'option de base de données AUTO_SHRINK permet de réduire en permanence les fichiers de la base.

Le compactage des fichiers est une opération nuisible lorsqu'elle ne s'avère pas absolument nécessaire. Elle augmente la fragmentation et oblige à de nouvelles opérations de croissance des fichiers, ce qui a un impact non négligeable sur les performances.

Ne mettez jamais en place l'option AUTO_SHRINK sur une base de données. Elle provoque de nombreuses réductions de taille des fichiers extrêmement préjudiciables aux performances. Utilisez la commande DBCC SHRINKDATABASE uniquement en cas de nécessité absolue et si vous ne disposez d'aucune autre solution. Une base étant par nature en croissance, la déflation des fichiers se traduira immanquablement par de nouvelles opérations de croissance qui, outre de peser lourdement sur les performances, fragmentent physiquement les fichiers de manière irrémédiable.

Si vous n'arrivez pas à réduire la taille du journal des transactions, voyez à l'aide de la commande DBCC OPENTRAN s'il n'existe pas une transaction très ancienne encore ouverte qui pourrait bloquer la purge lors des opérations de sauvegarde du journal. Dans ce cas, essayez de l'annuler à l'aide de la commande KILL. Cette problématique peut aussi se produire dans le cadre du mirroring si la liaison entre la base source et la base cible est rompue.

Compression

La compression permet de diminuer le volume des données des tables ou des index de manière à augmenter les performances de lecture ou gagner de la place. Malgré ces avantages, il est à noter qu'elle peut nuire aux mises à jour. Le gain le plus important est généralement observé lors de la lecture des données par balayage des lignes de la table.

La compression est surtout intéressante pour les bases de type *datawarehouse*.

Les techniques de compression ne sont intéressantes que pour des tables d'une certaine taille, aussi ne sont-elles disponibles que dans la version Enterprise de SQL Server.

La compression porte essentiellement sur les données relationnelles. Elle ne concerne pas les LOB et ne peut agir sur les index spéciaux (XML, spatial...) ou les colonnes dotées de type SQL CLR (geometry, geography, hierarchyid...).

Il existe trois techniques de compression différentes :

- la compression de colonnes ;
- la compression de lignes ;
- la compression de page.

Pour connaître le gain obtenu par la compression, vous pouvez utiliser la procédure stockée `sp_estimate_data_compression_savings`. L'exemple 10-55 présente un script testant pour toutes les tables et tous les index le bénéfice théorique et pratique (par échantillonage) de la compression de page ou de ligne.

Exemple 10-55. Script d'estimation de gain de la compression de page ou de ligne

```
DECLARE @T TABLE (
object_name                                       sysname,
schema_name                                       sysname,
index_id                                          INT,
partition_number                                  INT,
size_with_current_compression_setting_Ko          BIGINT,
size_with_requested_compression_setting_Ko        BIGINT,
sample_size_with_current_compression_setting_Ko   BIGINT,
sample_size_with_requested_compression_setting_Ko BIGINT);

DECLARE @F TABLE (
object_name                                       sysname,
schema_name                                       sysname,
index_id                                          INT,
partition_number                                  INT,
size_with_current_compression_setting_Ko          BIGINT,
size_with_requested_compression_setting_Ko        BIGINT,
sample_size_with_current_compression_setting_Ko   BIGINT,
sample_size_with_requested_compression_setting_Ko BIGINT,
compression_method                                CHAR(4));

DECLARE @s_name sysname, @o_name sysname, @idxid INT,
        @SQL NVARCHAR(max)

DECLARE C CURSOR
LOCAL FORWARD_ONLY STATIC READ_ONLY
FOR
SELECT s.name AS s_name,
       o.name AS o_name,
       index_id
FROM   sys.indexes AS i
       INNER JOIN sys.objects AS o
             ON i.object_id = o.object_id
       INNER JOIN sys.schemas AS s
             On o.schema_id = s.schema_id
WHERE o."type" IN ('U', 'V')
  AND is_ms_shipped = 0
  AND index_id < 256
  AND NOT EXISTS(SELECT *
                 FROM   INFORMATION_SCHEMA.COLUMNS
                 WHERE TABLE_NAME = o.name
                   AND TABLE_SCHEMA = s.name
                   AND DATA_TYPE IN ('geography',
                                     'geometry',
                                     'hierarchyid'));

OPEN C;
```

```
FETCH C INTO @s_name, @o_name, @idxid;

WHILE @@FETCH_STATUS = 0
BEGIN
   SET @SQL =N'EXEC sp_estimate_data_compression_savings '''
            + @s_name + N''', ''' + @o_name + N''', '
            + CAST(@idxid AS NVARCHAR(16)) +', NULL , ''PAGE'';';
PRINT @SQL
   INSERT INTO @T
   EXEC (@SQL);
   INSERT INTO @F
   SELECT *, 'PAGE' FROM @T;
   DELETE FROM @T;
   SET @SQL =N'EXEC sp_estimate_data_compression_savings '''
            + @s_name + N''', ''' + @o_name + N''', '
            + CAST(@idxid AS NVARCHAR(16)) +', NULL , ''ROW'';';
PRINT @SQL
   INSERT INTO @T
   EXEC (@SQL);
   INSERT INTO @F
   SELECT *, 'ROW' FROM @T;
   DELETE FROM @T;
   FETCH C INTO @s_name, @o_name, @idxid;
END

CLOSE C;

DEALLOCATE C;

WITH
T1 AS
(
SELECT schema_name +'.' + object_name AS table_name, index_id,
       SUM(size_with_current_compression_setting_Ko) AS actual_size_Ko,
       SUM(size_with_requested_compression_setting_Ko) AS comp_size_Ko,
       SUM(sample_size_with_current_compression_setting_Ko)
          AS actual_sample_size_Ko,
       SUM(sample_size_with_requested_compression_setting_Ko)
          AS sample_comp_size_Ko,
       GROUPING(index_id) + GROUPING(schema_name +'.' + object_name)
          AS subtotal_level
FROM   @F
WHERE compression_method = 'PAGE'
GROUP BY ROLLUP (schema_name +'.' + object_name, index_id)),
T2 AS
(
SELECT schema_name +'.' + object_name AS table_name, index_id,
       SUM(size_with_current_compression_setting_Ko) AS actual_size_Ko,
       SUM(size_with_requested_compression_setting_Ko) AS comp_size_Ko,
       SUM(sample_size_with_current_compression_setting_Ko)
           AS actual_sample_size_Ko,
       SUM(sample_size_with_requested_compression_setting_Ko)
           AS sample_comp_size_Ko,
       GROUPING(index_id) + GROUPING(schema_name +'.' + object_name)
           AS subtotal_level
FROM   @F
WHERE compression_method = 'PAGE'
GROUP BY ROLLUP (schema_name +'.' + object_name, index_id))
SELECT T1.table_name, T1.index_id, T1.actual_size_Ko,
       T1.actual_sample_size_Ko,
       T1.comp_size_Ko AS estim_comp_PAGE_size_Ko,
       T2.comp_size_Ko AS estim_comp_ROW_size_Ko,
```

```
       T1.sample_comp_size_Ko AS estim_sample_comp_PAGE_size_Ko,
       T2.sample_comp_size_Ko AS estim_sample_comp_ROW_size_Ko,
       CAST(((T1.actual_size_Ko - T1.comp_size_Ko )/(T1.actual_size_Ko * 1.0))
           * 100 AS DECIMAL(5,2)) AS percent_gain_PAGE_comp,
       CAST(((T1.actual_size_Ko - T2.comp_size_Ko )/(T1.actual_size_Ko * 1.0))
           * 100 AS DECIMAL(5,2)) AS percent_gain_ROW_comp
FROM   T1 INNER JOIN T2
              ON COALESCE(T1.table_name, '') = COALESCE(T2.table_name, '')
              AND COALESCE(T1.index_id, -1) = COALESCE(T2.index_id, -1);
```

Compression décimale

Il est possible de compresser les colonnes de type `DECIMAL` ou `NUMERIC` en activant le format de stockage `vardecimal`. En effet, les types numériques exacts `DECIMAL` et `NUMERIC` sont de longueur fixe et dépendent de la taille maximale donnée. Avec l'option `vardecimal`, on peut espérer un gain de stockage, mesurable grâce à la procédure stockée `sys.sp_estimated_rowsize_reduction_for_vardecimal`.

Les gains potentiels étant faibles et les risque d'un gain négatif n'étant pas nul, Microsoft a estimé que cette fonctionnalité était devenue obsolète par rapport aux autres techniques de compression. Ne l'utilisez pas dans un développement futur.

Pour mettre en place l'option `vardecimal`, il faut :

- activer le format de stockage `vardecimal` au niveau de la base ;
- indiquer les tables concernées.

Exemple 10-56. Activation du format de stockage `vardecimal` et mise en œuvre dans deux tables

```
EXEC sp_db_vardecimal_storage_format 'DB_SQL', 'ON';
GO
EXEC sp_tableoption 'dbo.T_FACTURE_FCT', 'vardecimal storage format', 1;
EXEC sp_tableoption 'dbo.T_FACTURE_ITEM_FIT', 'vardecimal storage format', 1;
```

Pour savoir quelles bases sont concernées par le format de stockage `vardecimal`, vous pouvez utiliser la procédure stockée `sp_db_vardecimal_storage_format`.

Utilisez la requête de l'exemple 10-57 pour identifier les tables concernées par le format de stockage `vardecimal`.

Exemple 10-57. Tables concernées par le format de stockage `vardecimal`

```
SELECT s.name AS TABLE_SCHEMA, o.name AS TABLE_NAME, object_id, type_desc
FROM   sys.objects AS o
       INNER JOIN sys.schemas AS s
             ON o.schema_id = s.schema_id
WHERE objectproperty(object_id, N'TableHasVarDecimalStorageFormat') = 1;
```

Compression de colonnes éparses

Toute colonne NULL suppose quand même de réserver de l'espace pour le stockage de la donnée parce qu'il est possible à tout moment que cette donnée soit valuée par un `UPDATE`. Le principe de la compression de colonnes éparses *(sparse columns)* est le suivant : si une colonne est NULL, l'espace réservé pour la donnée n'existera pas.

La compression de colonnes éparses donne donc de bons résultats en cas de fort taux de NULL. Les métriques données par Microsoft montrent qu'un gain de 40 % de volume est obtenu en fonction d'un taux de NULL allant de 42 à 98 % relatif au type de donnée. Pour plus d'informations à ce sujet, consultez la page suivante : http://technet.microsoft.com/fr-fr/library/cc280604.aspx.

> La compression de colonnes éparses ne concerne pas les LOB d'ancienne génération (`text`, `ntext`, `image`... aujourd'hui obsolètes), ni les colonnes `geography` et `geometry`. Elle peut cependant être activée sur les colonnes `XML`, `hierarchyid` et sur tous les LOB actuels (`[N]VARCHAR(max)`, `VARBINARY(max)`).

Pour mettre en œuvre la compression de colonnes éparses, il faut doter la colonne de la propriété `SPARSE`. Ceci peut se faire :

- au moment de la création de la table (`CREATE TABLE`) ;
- par une modification de la colonne dans la table (`ALTER TABLE … ALTER COLUMN … ADD SPARSE`).

Exemple 10-58. Activation de la compression d'une colonne éparse déjà présente dans une table

```
ALTER TABLE dbo.T_FACTURE_ITEM_FIT
   ALTER COLUMN FIT_REMISE_MONTANT ADD SPARSE;
```

Les restrictions à cette mise en œuvre sont les suivantes : la colonne doit pouvoir être NULL (donc pas de colonnes SPARSE pour les clés primaires), elle ne doit pas avoir de valeur par défaut et ne pas être une colonne calculée.

La compression de données (`PAGE`, `ROW`) est incompatible avec les colonnes éparses.

> Étudiez soigneusement l'utilité des colonnes éparses. Le taux de NULL doit être important, et les mises à jour des colonnes concernées peu importantes. Un gain significatif peut être attendu pour le stockage massif de données pour lequel une valeur très courante de zéro peut être remplacée par un NULL.

Compression par ligne ou par page

La compression des données peut s'effectuer soit par ligne, soit par page (il n'est pas possible d'activer les deux simultanément). Elle concerne aussi bien les tables que les index et descend même au niveau des partitions. Vous pouvez donc, par exemple, compresser les partitions des tables contenant les données les plus anciennes et laisser sans compression la partition la plus active contenant les données récentes.

Pour activer ou désactiver la compression par page ou par ligne sur une table, la syntaxe est la suivante :

```
ALTER TABLE nom_table
   REBUILD [PARTITION = {ALL|n}]
   WITH (DATA_COMPRESSION = {PAGE|ROW|NONE});
```

Pour activer ou désactiver la compression par page ou par ligne sur un index, la syntaxe est alors :

```
ALTER INDEX nom_index
   ON nom_table
   REBUILD [PARTITION = {ALL|n}]
   WITH (DATA_COMPRESSION = {PAGE|ROW|NONE} [, <autres_options>]);
```

Exemple 10-59. Activation de la compression sur une table et son index

```
ALTER TABLE dbo.T_FACTURE_ITEM_FIT
   REBUILD
   WITH (DATA_COMPRESSION = PAGE);
ALTER INDEX X_FIT_MONTANT
   ON dbo.T_FACTURE_ITEM_FIT
   REBUILD
   WITH (FILLFACTOR = 85, DATA_COMPRESSION = ROW);
```

Étudiez soigneusement la compression et limitez-la aux tables de grande volumétrie. Microsoft fournit un document d'aide très complet sur le sujet, disponible à l'adresse suivante : http://msdn.microsoft.com/en-us/library/dd894051%28SQL.100%29.aspx.

Compaction des LOB

Par défaut, les LOB sont compactés chaque fois qu'ils figurent dans une table via la maintenance de l'index clustered, ou qu'ils figurent dans la clause `INCLUDE` d'un index non clustered. Il est possible de ne pas compacter ces LOB, par exemple dans le but de gagner du temps en maintenance. La syntaxe est la suivante :

```
ALTER INDEX ... WITH (LOB_COMPACTION = { ON | OFF } )
```

Compression des sauvegardes

Il est possible de compresser les sauvegardes des bases de données, quelle que soit leur nature, mais cela dépend de la version et de l'édition (voir chapitre 12).

Créer des clichés de base de données

Un cliché de base de données *(database snapshot)* n'est autre qu'une copie intégrale de la base effectuée à un instant *t*, comme si l'on prenait une photographie de la base ou si l'on réalisait une photocopie des données. Cette fonctionnalité n'est disponible qu'à partir de la version Enterprise, car elle nécessite un surcroît de travail au niveau du moteur de stockage.

Principe

Le cliché est en fait une nouvelle base dont les données sont extraites d'une base source au moment du cliché. Bien entendu, on ne peut pas modifier les données d'une base clichée. Par conséquent, cette nouvelle base est en lecture seule.

Quelle que soit la taille de la base de données, la création du cliché est instantanée. Ceci est dû au fait que la base clichée est vide lors de sa création et sera alimentée de manière différentielle chaque fois qu'une modification de page sera effectuée dans la base source.

Lorsqu'un UPDATE intervient sur une table comportant des index (figure 10-38 ❶), les pages concernées par les modifications de données sont préalablement glissées dans la base clichée (figure 10-38 ❷) et contiennent donc les valeurs avant mise à jour. La base source contient les pages actuelles (figure 10-38 ❸), c'est-à-dire celles contenant les données modifiées après la mise à jour.

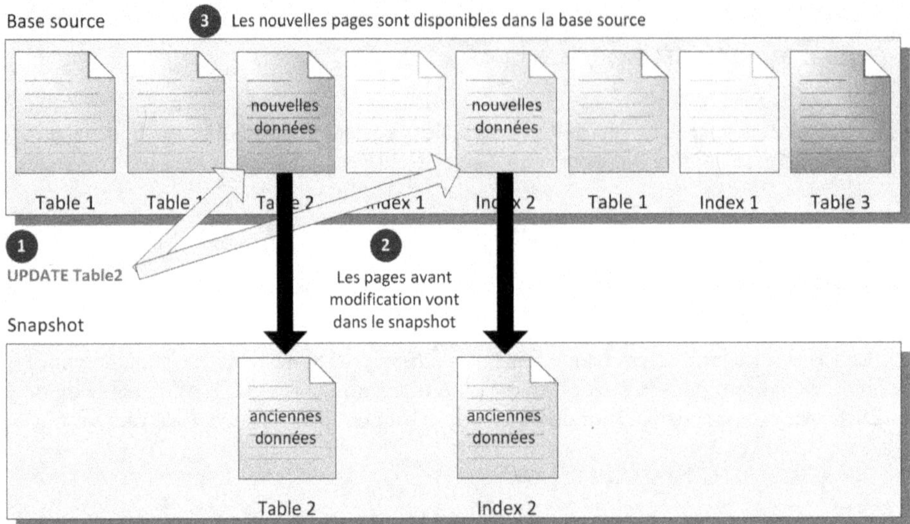

Figure 10–38 Principe de fonctionnement du cliché de base de données

Lors de la lecture de la base clichée, on regarde dans les tables système si les pages sont disponibles dans le cliché et à défaut, on lit les pages dans la base source.

Mise en œuvre

La mise en œuvre du cliché passe par la création d'une nouvelle base grâce à l'option `AS SNAPSHOT OF` suivie du nom de la base source. Une base clichée ne pouvant pas être mise à jour, elle ne doit pas comporter de fichiers pour le journal des transactions. Il faut cependant créer tous les autres espaces de stockage, à l'identique de la base source. Une particularité est que ces fichiers sont créés avec une taille virtuelle.

À noter que le nombre de clichés qu'il est possible de créer pour une même base n'est pas limité.

Exemple 10-60. Création d'un cliché à partir d'une base simple ne contenant qu'un seul fichier pour les données

```
CREATE DATABASE DB_SQL_snap_20120816_1200
ON (NAME     = 'DB_SQL',
    FILENAME = 'C:\DATABASES\SNAPSHOT\DB_SQL_snap.mdf')
AS SNAPSHOT OF DB_SQL;
```

Dans l'explorateur de fichiers, effectuez un clic droit sur le nom de la base clichée et sélectionnez Propriétés. Dans la fenêtre qui s'ouvre, la taille du fichier de données est indiquée. Bien qu'elle soit identique à celle du fichier original de la base source, l'espace réellement utilisé est très modique.

Voici quelques remarques concernant le cliché de base de données :

- Le nom de la base doit être différent de toutes les autres bases de la même instance. Une bonne pratique consiste à conserver le nom de la base d'origine et d'y ajouter un marquage de date et d'heure.
- Les fichiers doivent être différents de tous ceux des autres bases.
- Si l'espace résiduel dans le répertoire est insuffisant, les fichiers seront quand même créés.

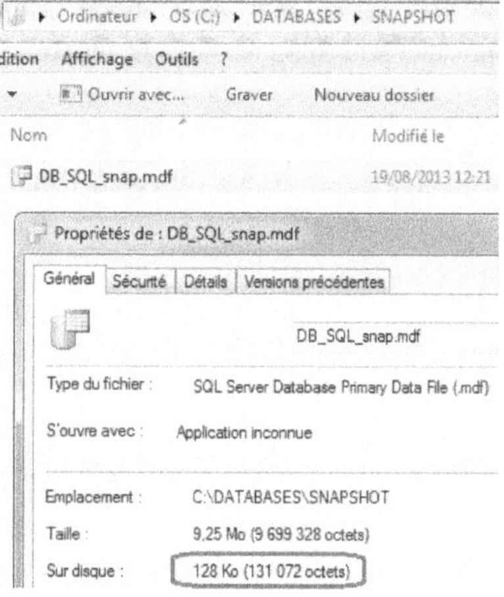

Figure 10–39
Taille effective sur le disque d'un fichier de données pour une base clichée.

La taille de ce fichier de données augmentera à chaque mise à jour.

Vous pouvez réaliser un cliché sur le miroir d'une base de données. Depuis la version 2012, la sauvegarde d'une base clichée est possible.

Les clichés de bases de données apparaissent dans l'arborescence de l'explorateur d'objets sous le sous-répertoire Instantanés de base de données du dossier Base de données.

Pour supprimer une base de données clichée, il suffit de faire un DROP DATABASE.

Une procédure de création automatique de clichés de base de données est disponible à l'URL : blog.developpez.com/sqlpro/p5864/ms-sql-server/sql-server-2005/.

Utilisation

On peut utiliser la base clichée comme source de restauration pour la base originale afin de revenir à l'état antérieur au moment du cliché.

Un cliché permet de présenter des données à date certaine. Par exemple, un cliché réalisé à zéro heure permettra au reporting d'obtenir des données à j-1 avec certitude, sans qu'il soit nécessaire d'ajouter un filtre WHERE dans toutes les requêtes portant sur les dates.

Il peut aussi être utilisé comme « filet de sécurité » pour certaines opérations. Par exemple, dans le cadre du développement d'un gros traitement de mise à jour par batch, faire un cliché préventif permet de comparer les données avant et après le traitement et en cas d'anomalies de calcul, de revenir à l'état antérieur pour un nouvel essai.

Pour restaurer la base de données d'origine d'après son cliché, la syntaxe est la suivante :

```
RESTORE DATABASE nom_base
FROM DATABASE_SNAPSHOT = nom_base_cliche;
```

Bien entendu, aucune connexion ne doit être faite sur cette base au moment de la restauration.

Chaque cliché d'une même base nécessite de distribuer les pages mises à jour dans l'ensemble des bases clichées. De ce fait le moteur de stockage et la mémoire sont sollicités. Aussi ne faites pas trop de clichés et prévoyez les ressources hardware nécessaires à cette mise en œuvre.
Vous pouvez effectuer un cliché sur le miroir d'une base et ainsi déporter les accès en lecture seule (par exemple pour du reporting à j-1) sur le serveur de secours. Ceci équilibrera mieux la charge en dégageant de la production les grosses requêtes inhérentes à la création des tableaux comptables.

La base clichée étant en lecture seule, il n'est pas possible de donner des privilèges particuliers sur cette base après création du cliché. Un moyen de contourner cela consiste à lancer un script qui donne des privilèges particuliers sur la base source juste avant d'effectuer le cliché et les retire juste après.

Pour continuer sur ce sujet, nous vous invitons à lire les articles suivants :

- http://www.sqlcoffee.com/Tips0004.htm
- http://blog.developpez.com/mikedavem/p8359/sql-server-2005/architecture/comprendre_le_fonctionnement_des_snapsho
- http://sudeeptaganguly.wordpress.com/2012/04/09/database-snapshot-101/
- https://www.simple-talk.com/sql/database-administration/sql-server-2005-snapshots/

11

Gestion de la sécurité

En 2005, Microsoft lance SQL Server, la version moderne de son SGBDR. Les fonctionnalités proposées visent à concurrencer Oracle, alors leader sur le marché. Le pari est gagné et alors que l'on ne l'attendait pas sur ce plan, la sécurité de SQL Server dépasse celle d'Oracle, comme l'attestent plusieurs études comparatives. Aujourd'hui encore, SQL Server offre une meilleure sécurité qu'Oracle. Ceci s'explique, entre autres, par le fait qu'une mono plate-forme est moins complexe à gérer, ce qui facilite et rend plus aisée la correction des failles de sécurité.

Mais encore faut-il comprendre le modèle de sécurité de SQL Server et en connaître toute la richesse et les subtilités. Pour ce faire, nous allons aborder les notions de base de données, de schéma SQL, de comptes de connexion, d'utilisateurs, de privilèges, de rôles et de comptes système pour les services SQL Server. Nous nous intéresserons également au cryptage, à l'authentification et, bien entendu, à la gestion des certificats. Tout au long de ce chapitre, nous donnerons les principales vues système et fonctions de métadonnées.

Mais commençons par le commencement et voyons quels sont les correctifs proposés par Microsoft pour résoudre les problèmes mineurs (bogue d'interface, problèmes de performance, etc.) et majeurs (failles de sécurité, par exemple).

Microsoft propose un excellent document qui recense toutes les menaces de sécurité (du système d'exploitation au réseau, du serveur aux bases de données, de la connexion aux applications) et les solutions associées. Dans ce chapitre, nous traiterons essentiellement de la sécurité du point de vu de SQL Server.

Correctif SQL Server et Service Pack

Malgré tout le soin apporté à sa création et à son amélioration au fil des versions, SQL Server présente quelques failles, qui ne concernent que très rarement des points cruciaux ou sensibles de SQL Server.

En effet, il n'existe pas de bogue connu concernant le moteur de stockage ni le résultat des requêtes, même si parfois le résultat obtenu n'est pas celui que vous espériez ! Les principaux problèmes sont généralement liés à l'interface (notamment des applications clientes comme SQL Server Management Studio) et n'ont pas d'incidence majeure.

Cependant, quelques rares problèmes concernant des failles critiques ont été recensés, lesquels mettent alors en jeu la sécurité. Ces bogues sont principalement décelés par Microsoft et les adhérents du programme de bêta tests. Une fois les correctifs créés et disponibles, ils sont ajoutés à la liste des correctifs publiée par Microsoft. À noter que les bêta testeurs sont liés par un accord de non divulgation. Pour adhérer à ce programme et recevoir les versions CTP (*Community Technology Preview*), il faut faire partie d'une communauté « microsoftienne » comme celle des MVP (*Most Valuable Professionnal*).

Il existe trois types de correctifs :

- les correctifs ponctuels (appelés Hotfix), que Microsoft sort au fur et à mesure de la découverte des problèmes et de la mise en place de leur solution ;
- les correctifs cumulatifs (appelés CU, *Cumulative Update*), qui comprennent une collection de correctifs ponctuels ayant subi des tests d'interaction plus intensifs ;
- les « Service Pack » (SP), qui comprennent parfois des nouveautés fonctionnelles ainsi que tous les correctifs ponctuels déjà sortis, à nouveau corrigés et retestés afin de résoudre d'éventuels petits conflits pouvant survenir lors de l'intégration de tous les correctifs ponctuels.

N'installez jamais un correctif ponctuel si vous n'y êtes pas invité par les services d'assistance de Microsoft dans le cadre d'une intervention spécifique. Ne passez les correctifs cumulatifs que si un article de la KB de Microsoft vous y invite explicitement après avoir identifié un problème spécifique. En revanche, il est important de mettre en place le plus vite possible les Service Pack...

Certains pensent naïvement que les correctifs peuvent provoquer d'autres problèmes, parfois pires que ceux qu'ils sont censés corriger, et qu'il vaut mieux attendre avant de les appliquer. Cette crainte est infondée car :

- les correctifs cumulatifs ont déjà été appliqués avec succès depuis des jours, des semaines, voire des mois, par tous ceux qui ont eu besoin d'un correctif spécifique ;
- une fois la liste des vulnérabilités publiées, les hackers s'en donnent à cœur joie pour tenter d'introduire par ces biais des lignes de code malignes...

Il n'y a donc aucune raison valable pour ne pas passer les Services Pack dès leur parution.

Compte de sécurité des services SQL Server

Chaque instance de SQL Server est constituée d'une multitude de services dont les principaux sont :

- SQL Server : le système de base de données relationnel pour le transactionnel (OLTP) ;
- Analysis Services (SSAS) : le système de base de données décisionnel pour la BI (OLAP) ;
- Integration Services (SSIS) : l'ETL de la suite Microsoft SQL Server ;
- Reporting Services (SSRS) : l'outil d'édition et de gestion des rapports ;
- Agent SQL Server : l'outil de planification de tâches et des alertes ;
- Full-text Filter Daemon Launcher : l'outil d'activation des filtres d'indexation textuel.

Ajoutons à cette liste un outil commun à toutes les instances et services depuis la version 2005 :

- SQL Server Browser : l'outil de broadcasting des services SQL Server. Cet outil permet de diffuser la liste des services SQL disponibles sur la machine afin de faciliter leur recherche. Cependant, pour les serveurs SQL sensibles que vous ne souhaitez pas rendre publics et visibles par tout un chacun, il est conseillé d'arrêter ce service. Ceci peut également s'effectuer instance par instance à l'aide d'une clé de registre spécifique pour l'instance, nommée `HideInstance`.

Chaque service doit être installé séparément et nécessite un compte système Windows sous lequel il tourne, ce qui permet d'en limiter les effets. Il est important de bien cerner le périmètre de sécurité de chacun de ces comptes.

Le compte de service de SQL Server doit pouvoir enregistrer les fichiers de la sauvegarde à l'endroit désiré. On peut donc ouvrir ce compte aux répertoires visés et faire de même avec le compte de l'Agent SQL afin qu'il puisse importer ou exporter des données. Pour cela, il convient d'accorder des droits en lecture d'un côté et en écriture de l'autre pour gérer ces flux de données.

Une mauvaise pratique, hélas assez répandue, consiste à donner un seul et même compte à tous ces services… Et pourvu que ce compte soit un compte de domaine, alors l'ensemble des services SQL devient une véritable passoire de sécurité ! Il est donc sage de créer un compte spécifique pour chaque service SQL Server, ce que fait désormais par défaut l'installeur de la version 2012.

Compte de service de SQL Server

Un compte local suffit en général à SQL Server pour réaliser toutes ses opérations. La sauvegarde pouvant nécessiter une ressource distante, on pourra contourner ce problème en agissant en deux temps : sauvegarde locale, puis copie vers l'emplacement distant par le biais de l'Agent SQL.

Compte de service de l'Agent SQL

Dans la mesure où les fichiers de sauvegarde doivent pouvoir être enregistrés sur un répertoire distant et que les imports-exports de données doivent être possibles, le compte de l'Agent SQL doit souvent être un compte de domaine, afin de pouvoir notamment atteindre des répertoires distants.

Mais il existe une alternative : l'utilisation d'un proxy (voir chapitre 18).

Autres comptes de services

Microsoft fournit un guide de sécurité (voir *Configure Windows Service Accounts and Permissions* à l'URL : http://msdn.microsoft.com/en-us/library/ms143504.aspx) concernant l'ensemble des comptes de services pour l'installation d'une instance SQL Server. Je vous invite à le consulter, sauf si vous envisagez une installation « tout à défaut ».

Bases de données d'une instance

Une instance peut comporter jusqu'à 32 768 bases, chiffre qui comprend les bases système (au nombre de cinq à l'installation). Ainsi, il n'est possible de créer dans les faits 32 763 bases de production au maximum. Cependant, il est déconseillé de créer un grand nombre de bases de données, notamment pour des raisons de performances. On peut situer la limite pratique à une centaine de bases de données avant que des problèmes de performance ne soient perceptibles. Mais mieux vaut encore se situer en deçà de la douzaine…

Pour une même application, il est absurde de créer plusieurs bases à moins qu'elles soient strictement indépendantes. Prenons l'exemple d'une application de type ERP divisée en plusieurs bases (`Ressources humaines`, `Comptabilité`, `Commerciale`, etc.). Lors de la sauvegarde, les informations des différentes bases ne seront pas synchronisées, à moins de réduire au minimum l'accès en écriture le temps de la sauvegarde de chacune des bases. Sans cette précaution, vous pourriez obtenir à la restauration des défauts d'intégrité, tels qu'un commercial fraîchement embauché présent dans la base des ressources humaines, mais absent de la base commerciale. Pour remplacer un système multibase concourant à une seule et même application, il est possible de recourir à la notion de schéma SQL qui rend d'immenses services. Dans ce cas, une bonne pratique consiste à utiliser une seule base de données avec un schéma SQL pour chacun des grands pans fonctionnels de l'application.

En revanche, il est parfaitement concevable d'utiliser différentes bases de données dans le cas d'un ASP (*Application Service Provider*), c'est-à-dire d'une entreprise qui loue ses applications. En effet, il est souvent souhaitable pour l'ASP d'octroyer une base à chaque client afin de faciliter les imports/exports de données, la création d'un nouveau client ou encore sa suppression.

Bases de données système

SQL Server dispose de quatre bases de données système (`master`, `model`, `msdb` et `tempdb`), bien visibles dès l'installation d'une instance.

Figure 11–1
Liste des bases de données système

Mais en réalité il y en a une cinquième, qui est invisible et inatteignable. Par ailleurs, si vous êtes amené à utiliser la réplication, il vous faudra installer au moins une base système supplémentaire, dont le nom générique est `distribution`. Mais étant donné que vous pouvez implanter autant de flux de réplication que vous le souhaitez, il arrive parfois pour des raisons pratiques et de performances que ce type de base soit dédoublé en plusieurs exemplaires.

Base master

Dans les versions antérieures à SQL Server 2005, cette base de données contenait toutes les routines système. Ce n'est maintenant plus le cas, elle contient désormais la liste des bases de données de l'instance et leur paramétrage, les comptes de connexion et les messages d'erreur personnalisés. Sans la base `master`, l'instance ne peut plus fonctionner, c'est dire si elle est vitale pour SQL Server. Il convient donc de la sauvegarder régulièrement et à chaque fois qu'une opération concerne son contenu.

Base model

Cette base de données système sert d'empreinte (on parle aussi de *template*) à la création de toute base. En effet, lorsque vous créez une base, un verrou exclusif de base de données est posé sur la base `model` afin de copier l'intégralité de sa structure. Ainsi, si vous avez enrichi la base `model` par des fonctions génériques, des procédures de maintenance ou des tables de données standard, vous les retrouverez dans chacune des bases de données nouvellement créées. Il n'y a généralement pas lieu de sauvegarder la base `model`, sauf si vous l'avez enrichie.

Base msdb

Cette base contient les données de l'Agent SQL, autrement dit les travaux, leurs étapes et leurs planifications, les opérateurs, les notifications, les alertes et tout l'historique d'exécution des travaux et des sauvegardes ainsi que les paramétrages de certains outils comme l'envoi d'e-mail et l'Agent SQL lui-même. C'est dire si cette base est importante et doit être sauvegardée très régulièrement.

Base tempdb

Comme son nom l'indique, la base `tempdb` contient tous les objets temporaires que vous pouvez créer ou que le moteur relationnel sera amené à créer à l'usage. Vous pouvez créer tout type d'objet temporaire local ou global comme des tables (mais pas des vues), des procédures (mais pas des fonctions ni des déclencheurs), des certificats, des clés de cryptage…

SQL Server se sert des tables temporaires dans de nombreux cas :

- pour le tri ou le groupage manipulant un volume de données conséquent ;
- pour les sous-requêtes manipulant un volume de données important ;
- pour les pseudo-tables des déclencheurs et des clauses `OUTPUT` des ordres SQL ;
- pour la gestion de la version des lignes d'une transaction lors de l'utilisation du niveau d'isolation snapshot ;
- pour le stockage des lignes de variables table et des curseurs ;
- pour l'indexation en ligne (`CREATE INDEX … WITH (ONLINE = ON)`) ;
- pour l'utilisation de MARS (*Multiple Active Result Sets*).

Le volume de données de cette base peut donc être très important en fonction du style de développement entrepris (utilisation massive des curseurs, variables table, objets temporaires, déclencheurs…) ou si les volumes brassés par les requêtes sont conséquents.

Les transactions enregistrées dans cette base le sont a minima afin de booster les performances. Le choix d'une base autre que celle de production pour les objets temporaires repose sur la même logique. Comme la base `tempdb` dispose de son propre journal des transactions et que le volume de données stockées dans le journal est minimisé, cela augmente les performances globales du système et permet une meilleure parallélisation. Par ailleurs, dans la mesure où aucune donnée figurant dans cette base n'est réellement sensible (ce sont des copies de données figurant dans d'autres bases à un instant *t*), cette dernière est supprimée, puis recréée comme à l'origine à chaque redémarrage de l'instance. Il est donc inutile de la sauvegarder, ce qui est d'ailleurs impossible ! En revanche, il est intéressant de gérer au mieux ses fichiers…

Base mssqlsystemresource

En séparant le nom de cette base en plusieurs mots, à savoir *SQL System Resource*, on comprend mieux son utilité. Cette base contient en fait toutes les ressources système de SQL Server, à savoir les vues, les fonctions, les procédures Transact-SQL et étendues, destinées à être utilisées par tout un chacun en fonction de ses besoins. Nous avons mentionné précédemment que cette base est invisible et ne peut être atteinte… C'est en partie faux ! En fait, nous pouvons utiliser chacun de ses objets et lire le code de presque toutes les routines Transact-SQL à travers la base `master`. Ceci est tout à fait logique car la base `mssqlsystemresource` est à la disposition exclusive de la base `master` dont elle constitue à l'évidence une « sous-base ».

Dans les versions antérieures de SQL Sevrer, toutes les routines système étaient contenues dans la base `master`, ce qui représentait un handicap sévère : lors des mises à jour critiques de cette base, et du fait des procédures stockées étendues (celles utilisant le code de DLL et codées en C++), il fallait arrêter le service de la base pour procéder à la correction. Il en résultait une période d'indisponibilité de la base `master`... et par conséquent de ses connexions, ce qui avait pour effet de paralléliser le service des données !

D'où le choix de l'architecture actuelle qui sépare l'accès aux données des bases et les routines système.

Mais au fait, où se trouve cette base ? Peut-on la voir ? Oui, il suffit de se rendre dans l'arborescence des fichiers de l'une de vos instances de SQL Server. Pour la version 2005, vous la trouverez dans le répertoire `DATA`, parmi les autres bases système et de production si vous n'avez pas modifié le répertoire de stockage de vos bases. À partir de la version 2008, la base `master` se trouve au niveau du répertoire `BINN`. Vous la retrouverez en effectuant une recherche à partir du nom des deux fichiers qui lui sont associés : `mssqlsystemresource.mdf` et `mssqlsystemresource.ldf`.

À noter que lorsque vous sauvegardez la base `master`, vous sauvegardez également la base `mssqlsystemresource`.

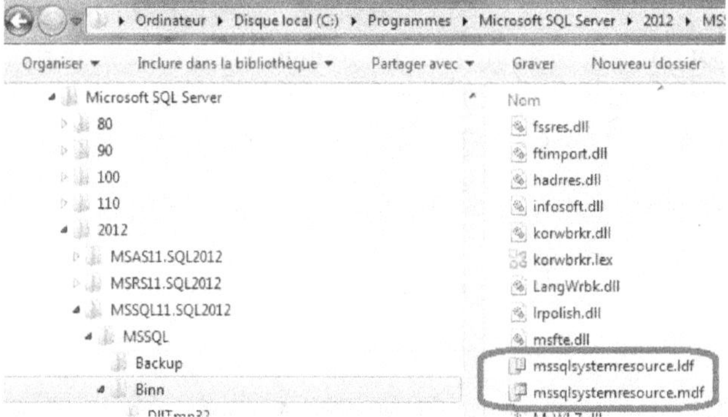

Figure 11–2
Les fichiers de la base système mssqlsystemresource

Bases de production

Au niveau sécurité une base est un tout et se trouve cloisonnée par les autres bases, à condition de n'avoir pas pour seul accès un compte de connexion ayant tous les privilèges sur le serveur (rôle `sysadmin` ou privilège `CONTROL SERVER`) ou bien se trouvant être le créateur (et donc le propriétaire) de toutes les bases.

En effet, il n'est pas possible de limiter la sécurité des comptes de connexion dédiés aux administrateurs, tant et si bien que ces comptes ont accès à toutes les bases, y compris les bases système, et peuvent effectuer toutes les opérations possibles sur toutes les bases et le serveur. De ce fait, développer des applications sous ces comptes de connexion relève de l'irresponsabilité des responsables de projets !

Par conséquent, avant de se lancer dans l'aventure du développement d'une application de base de données, il convient de commencer par régler la sécurité au niveau de deux perspectives fondamentales que sont :

- les informaticiens chargés de la conception de la base (utilisation du DDL : création des tables, des routines...), autrement dit les architectes ;
- les informaticiens utilisateurs de la base pour le développement des applications (utilisation du DML : requêtes de lecture ou de mise à jour, lancement de procédures...), autrement dit les développeurs.

Pour ces deux groupes de personnes, il est important de créer deux utilisateurs génériques n'ayant aucun lien avec les comptes de connexion et les utilisateurs ayant tous les droits au niveau serveur ou au niveau base. Ainsi l'utilisation systématique du compte sa ou d'un compte d'administrateur général du serveur est une fort mauvaise pratique, hélas trop répandue…

Pour ces deux profils, on peut opter pour des utilisateurs SQL ayant reçu les privilèges listés dans le tableau 11-1.

Tableau 11–1 Privilèges à donner aux architectes et développeurs

Privilège	Architecte	Développeur
ALTER ANY ASSEMBLY	oui	oui
ALTER ANY DATABASE DDL TRIGGER	oui	oui
ALTER ANY DATABASE EVENT NOTIFICATION	oui	oui
ALTER ANY SCHEMA	oui	non
BACKUP DATABASE	oui	oui
BACKUP LOG	oui	oui
CONNECT	oui	oui
CREATE AGGREGATE	oui	oui
CREATE ASSEMBLY	oui	oui
CREATE DATABASE DDL EVENT NOTIFICATION	oui	oui
CREATE DEFAULT	oui	non
CREATE FULLTEXT CATALOG	oui	oui
CREATE FUNCTION	oui	oui
CREATE PROCEDURE	oui	oui
CREATE RULE	oui	non
CREATE SCHEMA	oui	non
CREATE SYNONYM	oui	non
CREATE TABLE	oui	non
CREATE TYPE	oui	non
CREATE VIEW	oui	oui
CREATE XML SCHEMA COLLECTION	oui	oui
DELETE	oui	oui
EXECUTE	oui	oui
INSERT	oui	oui
REFERENCES	oui	oui
SELECT	oui	oui
SHOWPLAN	oui	oui
UPDATE	oui	oui
VIEW DATABASE STATE	oui	oui
VIEW DEFINITION	oui	oui

En fonction de l'emploi de certains outils, on pourra élargir cette palette, notamment dans le cas de l'utilisation de Service Broker.

Toute base de données nouvellement créée est affectée au compte de connexion qui en est à l'origine et en est donc le propriétaire. Par principe, tout propriétaire possède le droit « de vie ou de mort » sur sa base de données, c'est-à-dire qu'il peut en exploiter pleinement toutes les fonctionnalités, y compris de la détruire.

> C'est pour cette raison qu'il est déconseillé qu'un compte de connexion de type Windows soit le créateur d'une base de données. En effet, en cas de portage de cette base dans un autre environnement que celui d'origine (cas fréquent chez les éditeurs de logiciels), la base pourrait connaître certains dysfonctionnements. À moins qu'il existe une particularité propre à votre organisation, il convient donc de créer toute nouvelle base de données sous un compte de connexion purement SQL, le plus générique possible, comme c'est le cas avec le compte `sa`.

Schémas SQL

Le but des schémas SQL est d'assurer un cloisonnement logique des objets au sein d'une base. Prenons l'exemple d'une base dans laquelle on trouverait pêle-mêle plusieurs centaines de tables, de vues de procédures, sans aucune classification… Or, il n'est pas possible de créer un quelconque objet de base de données, sans qu'il figure dans un schéma SQL. En l'absence de précision, le schéma utilisé par défaut sera `dbo` (qui correspond aussi au nom d'un utilisateur particulier associé au schéma `dbo` dans SQL Server), qu'il n'est pas possible de supprimer.

> Il existe toutefois des objets non relationnels qui, par principe, ne peuvent figurer dans aucun schéma. Il s'agit des objets de Service Broker (contrat, type de message, liaison de service distant, routage, service), des objets de cryptage (clés, certificats), des objets relatifs à la sécurité (utilisateur, rôles), des assembly, des catalogues d'indexation textuelle et bien entendu des schémas eux-mêmes !

Le cloisonnement par schéma SQL présente un très grand intérêt tant pour l'organisation que pour la sécurité. En effet, il est plus facile de retrouver une table particulière dans un ensemble restreint et déterminé. Mais il est encore plus intéressant de savoir que la sécurité peut être gérée au niveau des schémas SQL plutôt que directement au niveau des objets, ce qui facilite grandement la gestion de la sécurité pour les évolutions de la base de données.

De la même façon qu'une base de données possède un schéma par défaut (`dbo`), chaque utilisateur de cette base en possède un également. Le schéma de la base de données est immuable, contrairement au schéma par défaut d'un utilisateur qui peut être quelconque et modifié à votre guise.

En principe, tout objet d'une base (vue, table, procédure, fonction, type…) doit être identifié par le couple d'information formé par son schéma et son nom, séparés par un point, soit `nom_schema.nom_objet`. Il peut être omis de préciser le préfixe de schéma lorsque l'objet que l'on vise est contenu dans le schéma par défaut de la base ou dans celui de l'utilisateur.

> L'omission du préfixe de schéma quand celui-ci correspond au schéma par défaut nécessite plus de travail pour le moteur SQL. En effet, il doit constamment chercher où se trouve l'objet considéré en essayant successivement de le trouver dans le schéma par défaut de l'utilisateur, puis dans celui de la base de données. Soyez donc clair et précis, préfixez toujours vos objets par le nom du schéma, même s'il s'agit du schéma `dbo`, sauf cas très particulier…

Création des schémas SQL

Vous pouvez créer autant de schéma SQL que vous le souhaitez. Il est recommandé d'en créer un pour chaque grand pan fonctionnel (découpage vertical) ou technique (découpage horizontal) de votre application.

Prenons l'exemple d'une application de type ERP (*Enterprise Resource Planning*). Nous pouvons ainsi créer des schémas fonctionnels pour la vente, la production, le stock, les ressources humaines, le commercial, le marketing, la comptabilité... et au niveau technique pour les données de référence (tables d'aide à la saisie telles que les civilités, les types d'adresses, calendrier...), les données système (telles que les tables d'utilisateurs, de gestion de versions...) ou encore les données externes (tables de codes postaux, nomenclatures administratives...). Voici la syntaxe minimale pour la création d'un schéma SQL au niveau d'une base de données :

```
CREATE SCHEMA nom_schema
   [AUTHORIZATION nom_proprietaire] [;]
```

Si vous ne précisez pas le nom du propriétaire (un utilisateur SQL), l'utilisateur qui lance la commande sera considéré comme étant le propriétaire du schéma. Il possède alors tous les droits sur tous les objets contenus dans le schéma, y compris le schéma lui-même.

Modification des schémas

Une fois créé, un schéma ne peut être modifié dans sa structure qu'au niveau du propriétaire. La commande à utiliser est la suivante :

```
ALTER AUTHORIZATION
   ON SCHEMA::nom_schema TO utilisateur_SQL[;]
```

Par ailleurs, il est possible de modifier le contenu d'un schéma. Vous pouvez ainsi créer un ou plusieurs objets relationnels comme une table, une vue ou une procédure, les modifier ou les supprimer.

La commande suivante permet quant à elle de transférer un objet d'un schéma à un autre :

```
ALTER SCHEMA nom_schema
   TRANSFER [type_d'entite :: ] objet [;]
```

Supposons que la base de données contienne les utilisateurs SQL USR_COMPTA et USR_RH, ainsi qu'une table T_EMPLOYE et une vue V_EMPLOYE_SALAIRE, toutes deux créées dans le schéma de la base par défaut (dbo). Au terme des opérations suivantes, la base contient deux nouveaux schémas (S_RH et S_COMPTA) et deux objets ont changé de schéma, à savoir la table S_RH.T_EMPLOYE et la vue S_COMPTA.V_EMPLOYE_SALAIRE.

```
-- On crée le schéma S_COMPTA
CREATE SCHEMA S_COMPTA;
GO
-- On crée le schéma S_RH, propriété de l'utilisateur USR_RH
CREATE SCHEMA S_RH AUTHORIZATION USR_RH;
GO
-- On transfère la propriété du schéma S_COMPTA à l'utilisateur USR_COMPTA
ALTER AUTHORIZATION ON SCHEMA::S_COMPTA TO USR_COMPTA;
GO
```

```
-- On transfère la vue dbo.V_EMPLOYE_SALAIRE dans le schéma S_COMPTA
ALTER SCHEMA S_COMPTA TRANSFER dbo.V_EMPLOYE_SALAIRE;
GO
-- On transfère la table dbo.T_EMPLOYE dans le schéma S_RH
ALTER SCHEMA S_RH TRANSFER dbo.T_EMPLOYE;
GO
```

Pour supprimer un schéma, vous devez utiliser l'instruction `DROP SCHEMA...`, à condition qu'il ne contienne plus aucun objet.

Sécurité au niveau des schémas

Gérer la sécurité d'une base au niveau des schémas est l'une des choses les plus structurantes, les plus sures et les plus évolutives possibles. En effet, le schéma étant un « conteneur », une fois la sécurité mise en place par le biais des privilèges et des utilisateurs, il ne reste qu'à glisser l'objet dans le bon schéma pour que la sécurité s'applique immédiatement. Il n'y a donc rien à faire de plus que de créer l'objet au bon endroit !

Schémas particuliers

Lors de la création d'une nouvelle base de données, SQL Server y ajoute automatiquement plusieurs objets particuliers (utilisateurs et schémas SQL) :

- `INFORMATION_SCHEMA` et `sys` : utilisateurs propriétaires des schémas de métadonnées `INFORMATION_SCHEMA` (vues normative SQL) et `sys` (vues systèmes Microsoft SQL Server).
- `db_...` (`db_accessadmin`, `db_backupoperator`, `db_datareader`, `db_datawriter`, `db_ddladmin`, `db_denydatareader`, `db_denydatawriter`, `db_owner` et `db_securityadmin`) : ces neuf schémas sont créés pour éviter que vous les créiez vous-même. Ils sont censés empêcher certaines manipulations et c'est pourquoi ils correspondent à des rôles prédéfinis. Vous pouvez néanmoins les supprimer.
- `guest` : schéma affecté à l'utilisateur `guest` (voir plus loin).

Tour d'horizon de la sécurité des données

Voici un petit point sur les termes abordés jusque-là concernant la sécurité et quelques précisions supplémentaires.

- Un compte de connexion est le moyen par lequel un processus (application, service...) accède au serveur.
- L'authentification est l'étape au cours de laquelle un compte de connexion tente d'accéder au serveur. En cas de succès, il entame une session ;
- La session est la période pendant laquelle un processus est connecté au serveur après avoir passé l'étape d'authentification.
- Un utilisateur SQL est un objet par lequel un compte de connexion qui a franchi l'étape d'authentification peut naviguer au sein d'une base de données.
- Un privilège est une autorisation donnée à une connexion ou à un utilisateur SQL pour exécuter une commande associée éventuellement à un objet. Il existe des privilèges de niveau serveur, attribués au compte de connexion, et d'autres de niveau base de données, affectés à un utilisateur SQL.
- Un rôle est une collection de privilèges et peut être affecté à un utilisateur ou un compte de connexion. Du fait que les privilèges existent tant au niveau serveur qu'au niveau base de données, il existe également des rôles de niveau serveur et des rôles de niveau base de données.

La distinction entre privilèges de niveau serveur et privilèges de niveau base de données est assez simple. Toute opération qui doit s'effectuer en dehors de la base est de niveau serveur (par exemple, la possibilité de créer des bases de données), et toute opération qui peut s'effectuer au sein de la base est de niveau base de données (par exemple, la lecture d'une table).

Ainsi, la sauvegarde d'une base peut s'effectuer en étant au sein même de celle-ci. Le privilège d'effectuer des sauvegardes sera donc de niveau base de données, ce qui permet à un utilisateur SQL de sauvegarder sa base et non celle des autres (cloisonnement de sécurité). En revanche, la restauration d'une base de données est un privilège de niveau serveur car il n'est pas possible d'être dans la base de données que l'on souhaite restaurer vu qu'elle est susceptible de ne pas encore exister !

Sécurité à deux niveaux

SQL Server permet donc d'une sécurité à deux niveaux : celle affectée aux comptes de connexion (première étape de la sécurité) et celle affectée aux utilisateurs figurant dans chaque base (seconde étape de la sécurité). Un compte de connexion peut donc être lié à un ou plusieurs utilisateurs SQL, à condition que chaque utilisateur figure dans une base différente. Inversement, un utilisateur SQL d'une base de données particulière peut être lié, au plus, à un compte de connexion.

Si le serveur héberge de nombreuses bases, on doit donc considérer comment s'effectue le mappage (la cartographie) entre les comptes de connexion et les utilisateurs dans chaque base.

Niveau 1 : le compte de connexion

Il est possible de créer des comptes de connexion n'ayant aucune relation avec aucun des utilisateurs d'une quelconque base. Ils ne pourront donc effectuer que des opérations de niveau serveur, sauf si les privilèges acquis au niveau serveur se prolongent par des privilèges de niveau base de données.

L'exemple suivant crée un compte de connexion dont le seul privilège sera de pouvoir créer des bases de données

```
-- On crée un compte de connexion SQL
CREATE LOGIN CNX_CREATEUR_BD WITH PASSWORD = 'abracadabra';
GO
-- On attribue le privilège de créer toute base de données à ce nouveau compte
GRANT CREATE ANY DATABASE TO CNX_CREATEUR_BD;
GO
```

Dans cet exemple (exécuté sous un compte administrateur du serveur), le compte de connexion `CNX_CREATEUR_BD` n'est doté que d'un seul privilège, celui de créer des bases de données. En se connectant avec un tel compte (`CNX_CREATEUR_BD`), vérifions qu'il est possible de créer une base de données :

```
CREATE DATABASE DB_MAGIC;
GO
```

La base de données est bien créée et son propriétaire est `CNX_CREATEUR_BD` ! Il lui est donc possible de tout faire, vu qu'il dispose du droit de « vie et de mort » sur cette base...

```
-- On se place dans la base DB_MAGIC
USE DB_MAGIC
GO
```

```
-- On crée une table
CREATE TABLE T_ELEVE(NOM_ELEVE VARCHAR(16), PRENOM_ELEVE VARCHAR(16));
GO
-- On insère une ligne dans cette table
INSERT INTO T_ELEVE VALUES ('Harry', 'POTTER');
GO
-- On lit les données de cette table
SELECT * FROM T_ELEVE;
GO
-- On regarde qui on est au niveau connexion et utilisateur
SELECT SYSTEM_USER AS CONNEXION, USER UTILISATEUR
-- On se place dans la base système master
USE master;
GO
-- On supprime la base créée au début
DROP DATABASE DB_MAGIC;
GO
```

Dans cet exemple, notre utilisateur a pu créer une base, une table dans cette base, insérer des données, lire une table et revenir dans la base `master`, puis supprimer la base qu'il a créée ! À noter que la détention d'un privilège s'accompagne souvent d'autres privilèges.

Niveau 2 : l'utilisateur SQL

Ce compte a été automatiquement associé[1] à un utilisateur SQL au sein de la base qu'il a lui-même créée. La requête suivante permet d'identifier le compte de connexion et l'utilisateur SQL associé :

```
SELECT SYSTEM_USER AS CONNEXION, USER AS UTILISATEUR
```

Nous obtenons le résultat suivant :

```
CONNEXION       UTILISATEUR
--------------- ----------------
CREATEUR_BD     dbo
```

Toute nouvelle base créée est toujours dotée de l'utilisateur SQL `dbo` qui possède tous les droits sur la base. Par ailleurs, le compte de connexion du créateur de la base est mappé sur cet utilisateur `dbo`. Il est possible de changer le propriétaire d'une base, mais il est impossible de supprimer l'utilisateur `dbo`.

Nous pouvons alors en conclure que :

- un compte de connexion peut n'être cartographié à aucun utilisateur dans aucune base ;
- un compte de connexion ne peut être associé qu'à un seul utilisateur dans chacune des bases ;
- compte de connexion et utilisateur ne sont pas les mêmes entités et n'ont pas besoin du même nom (l'interface de Management Studio de SQL Server n'est pas satisfaisante sur ce point car elle propose par défaut d'attribuer à tout utilisateur créé par un compte de connexion le même nom que ce dernier, ce qui entraîne une grande confusion !) ;
- chacun des utilisateurs créés dans chaque base pour un même compte n'a pas besoin d'avoir le même nom ;
- il est possible de créer des utilisateurs SQL sans compte de connexion.

1. On dit souvent « cartographié », car en anglais on parle de mapping.

SQL Server 2012 et les bases de données « autonomes »

Nous venons de voir la relation qui existent entre un compte de connexion (niveau serveur) et un utilisateur SQL (niveau base de données). Pour autant, cette dichotomie pose un problème : où sont stockées ces informations ? En ce qui concerne le compte de connexion, les données sont enregistrées dans la base `master`, alors que celles relatives à l'utilisateur SQL se trouvent dans la base dans laquelle l'utilisateur est recensé.

Mais que se passe-t-il si l'on restaure une base de données sur un autre serveur ? À moins d'un miracle, les comptes de connexion propres à cette base n'apparaissent pas lors de la restauration sur le nouveau serveur. Il faut donc les importer depuis le serveur d'origine. La plupart du temps, un simple script SQL suffit (voir chapitre 12).

Ce problème a longtemps été considéré comme un point noir... Mais depuis SQL Server 2012, il est possible de réaliser des bases de données autonomes, appellées *contained*, qui contiennent des utilisateurs dotés d'un droit de connexion autonome, c'est-à-dire qu'ils ne doivent pas passer par un compte de connexion recensé dans la base `master`.

Abus du terme utilisateur

Le terme « utilisateur » pour désigner l'objet de navigation dans une base dotée d'un profil de sécurité est un abus de langage, car ce ne sont pas des utilisateurs (sous-entendu des personnes physiques devant leur écran) qui se connectent au serveur de base de données, mais bien des applications. Par exemple, pour un serveur web auquel de nombreux utilisateurs font appel pour naviguer de page en page, il n'est pas possible de savoir quel individu consulte telle ou telle table tant que les internautes parcourent anonymement le site. Et même lorsqu'ils s'identifient, le fait que la connexion à la base s'effectue par l'intermédiaire d'un serveur web empêche généralement de savoir au niveau du serveur SQL qui utilise tel ou tel objet de la base (sauf pour les versions récentes de IIS qui permettent de transmettre les informations de sécurité). Il existe cependant des techniques pour cela, mais elles n'offrent finalement que peu d'intérêt sauf dans des cas particuliers très limités pour lesquels on connaît à l'avance les coordonnées de ceux qui fréquentent le système (intranet, par exemple).

Autorisés et sécurisables

Des concepts un peu plus vagues ont ainsi été élaborés pour pallier cet abus terminologique. Les termes « autorisé » (selon la norme SQL, il s'agit de celui qui est susceptible de recevoir une `AUTHORIZATION`) et « sécurisable » (*securable* en anglais, terme propre à SQL Server), c'est-à-dire objet pouvant être sécurisé, sont donc apparus. La figure 11-3 représente graphiquement la hiérarchie des « sécurisables » et des entités de sécurité (autorisés) propres à SQL Server.

Les entités de sécurité sont les objets sur lesquels on peut faire porter la sécurité, les sécurisables correspondent quant à eux aux objets que l'on peut sécuriser. Notez quelques traductions très approximatives dans cette figure : « affichage » pour vue et « itinéraire » pour route (pour Service Broker).

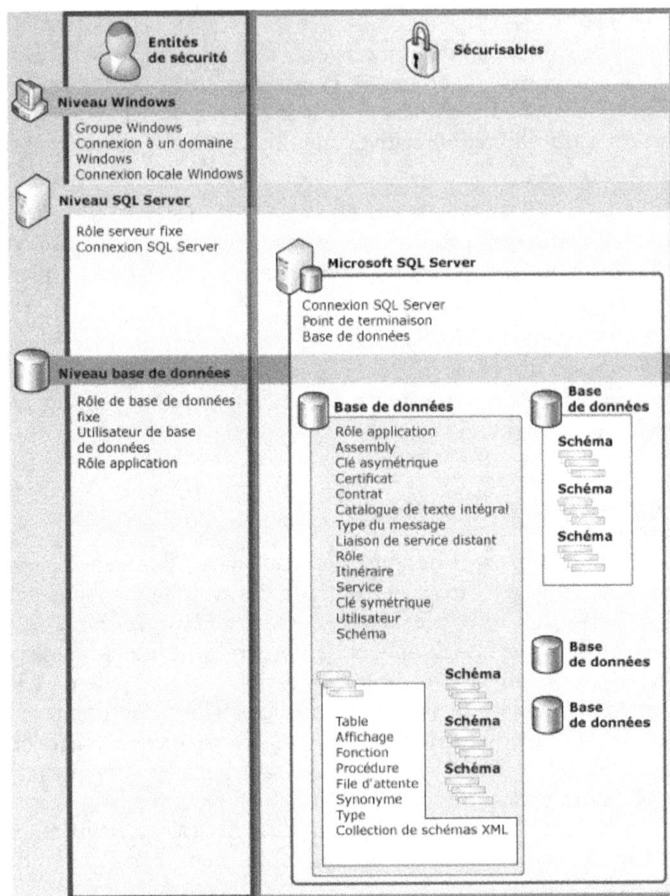

Figure 11–3
Les objets de la sécurité : entités et sécurisables

L'octroi de privilèges et la révocation

La syntaxe de la commande permettant d'accorder un privilège est la suivante :

```
GRANT liste_de_privileges
   ON objet_a_securiser
   TO liste_des_autorises
   [WITH GRANT OPTION]
```

Les éléments de cette commande répondent aux principes suivants :

- pour la sécurité au niveau du serveur, les objets à sécuriser sont des objets de serveur et les autorisés sont des comptes de connexion ;
- pour la sécurité au niveau d'une base de données, les objets à sécuriser sont des objets de base de données et les autorisés sont les utilisateurs SQL figurant dans la base contextuelle dans laquelle la commande est lancée ;

- la liste des privilèges dépend de la nature de l'objet ;
- la clause GRANT OPTION permet de rétrocéder les privilèges acquis.

La syntaxe de la commande permettant de supprimer un privilège est la suivante :

```
REVOKE liste_de_privileges
       ON objet_a_securiser FROM liste_des_autorises
```

Une révocation de privilège ne peut être réalisée que le privilège a été octroyé au préalable. SQL Server a rajouté la commande DENY pour interdire l'octroi d'un privilège.

Chaînage des privilèges

Qui peut délivrer des privilèges ? Pour accorder un privilège il faut remplir deux conditions :

- avoir acquis ce privilège ;
- avoir le droit de le transmettre.

Les propriétaires sont des transmetteurs de privilèges tout désignés dans le sens où ils ont nativement tous les privilèges et bien entendu le droit de les transmettre.

Mais rien n'empêche un propriétaire de rétrocéder son droit de transmission de façon à ce que le nouveau privilégié puisse transmettre à son tour le privilège, y compris en autorisant une rétrocession ! La possibilité de rétrocession est d'ailleurs le but de la clause GRANT OPTION.

Les privilèges vont ainsi être chaînes entre autorisés et il ne sera plus possible de supprimer un des autorisés de la chaîne sans supprimer toute sa descendance de sécurité ! Ceci présente un inconvénient évident : en intriquant ainsi les privilèges et les autorisés, nous créons une arborescence qui devient vite complexe et difficile à gérer. Il sera néanmoins possible de désactiver un autorisé, au lieu de le supprimer complètement.

On appelle *grantee* (gratifié) l'autorisé recevant le privilège et *grantor* (gratifieur) celui qui le donne. En principe, le grantor correspond à l'autorisé courant, c'est-à-dire à celui qui lance la commande, tandis que le grantee est indiqué dans la commande d'octroi. Il peut d'ailleurs y avoir plusieurs autorisés gratifiés simultanément. Cette notion de grantee et de grantor se retrouve dans les vues normalisées d'information de schéma comme INFORMATION_SCHEMA.TABLE_PRIVILEGES et INFORMATION_SCHEMA.COLUMN_PRIVILEGES.

Sécurité des bases système

La base de données master contenant par indirection les routines système, tout le monde peut disposer de certaines de ses routines, en fonction des privilèges de serveur octroyés. Mais même sans aucun privilège, un compte de connexion peut accéder à la plupart des vues et des routines de documentation. De même, il peut créer des tables temporaires, car la base tempdb, dans laquelle les objets temporaires sont créés, est disponible pour tous sans qu'aucun privilège ne soit nécessaire.

En revanche, des autorisations particulières sont requises pour la base de données msdb.

Créons un compte de connexion n'ayant reçu aucun privilège :

```
CREATE LOGIN CNX_TEST_SCHEMA WITH PASSWORD = 'test TEST...'
```

En se connectant sous ce compte, vous pouvez effectuer les requêtes suivantes et obtenir des résultats :

```
EXEC sp_help;
CREATE TABLE #T (C INT);
SELECT * FROM sys.databases;
```

On peut être choqué par le fait que cet utilisateur peut lister toutes les bases de données du serveur. Mais pour pouvoir utiliser le serveur, il faut bien un minimum de lecture dans les vues système de métadonnées (voir le guide *Configuration de la visibilité des métadonnées* élaboré par Microsoft, disponible à l'URL http://technet.microsoft.com/fr-fr/library/ms187113.aspx).

Comptes de connexion

Le compte de connexion est un objet qui permet de définir la sécurité d'accès au serveur et donc de s'y authentifier.

L'accès au serveur repose sur un mécanisme divisé en trois étapes :

- la tentative de connexion, qui présente l'objet avec un certain nombre de paramètres permettant d'authentifier le processus ;
- l'authentification, qui consiste à vérifier certains paramètres afin de savoir si cette connexion est recensée au sein du serveur ;
- la session, qui correspond à l'utilisation du serveur par le processus, une fois celui-ci connecté, dans la limite des privilèges dont il dispose.

Il existe deux principaux types de connexions possibles au sein d'une instance SQL Server :

- la connexion via un compte système recensé dans Windows (compte local ou de domaine, utilisateur ou groupe) ;
- la connexion via un compte purement SQL, c'est-à-dire un nom de compte et un mot de passe.

La syntaxe de la commande permettant de créer un compte de connexion est la suivante :

```
CREATE LOGIN nom_connexion
{FROM WINDOWS [WITH liste_options_windows]
  | WITH PASSWORD = mot_de_passe [MUST_CHANGE] [liste_options_sql]}
```

Nous allons la détailler par la suite. Notez que lors de son installation, SQL Server a créé un compte de connexion pour les administrateurs (compte que vous avez dû spécifier), lequel est un compte système. Par ailleurs, le compte de connexion SQL sa est également créé lors de l'installation et vous pouvez décider, en paramétrant le serveur en sécurité mixte, de lui attribuer un mot de passe et de l'activer. Pour identifier spécifiquement un compte de connexion d'un autre utilisateur (venant d'un autre serveur) pouvant porter le même nom de connexion, un SID (*Security IDentifier*) est calculé et sert de clé interne au serveur. Si le compte de connexion est un compte système, ce SID est repris de Windows. Il est possible d'associer un certificat ou une clé asymétrique à un compte de connexion lors de sa création (voir section suivante « Concepts du chiffrement »).

L'authentification

L'authentification suppose que le nom de connexion et le mot de passe soient recensés par le serveur SQL et que la connexion soit active. En effet, bien que recensée au sein du serveur SQL, une connexion peut être désactivée, ce qui interdit d'office l'authentification de cette connexion.

Une instance SQL peut être paramétrée de deux façons pour traiter les connexions.

- Accepter uniquement les connexions système, c'est-à-dire celles provenant d'un compte Windows.
- Accepter les connexions système et les connexions purement SQL : il s'agit du mode mixte.

Le paramétrage de SQL Server à ce niveau s'effectue dans l'interface Management Studio de SQL Server, mais on peut le modifier par une commande SQL qui change une clé du registre (la commande ne porte que sur l'instance en cours). Pour ce faire, effectuez un clic droit sur le nom du serveur dans l'arborescence me Management Studio, et sélectionnez Propriétés dans le menu contextuel.

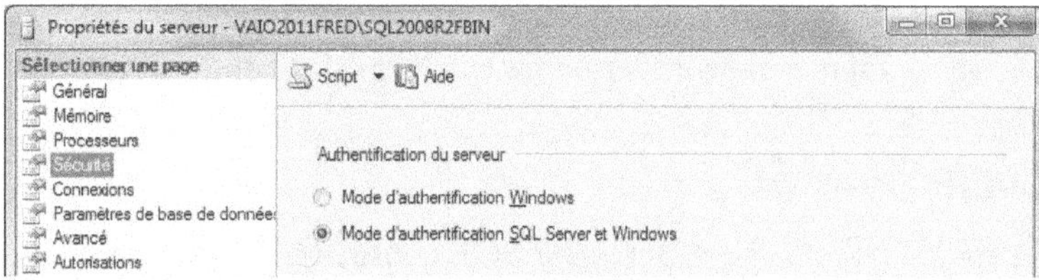

Figure 11–4
Modification du paramétrage de l'authentification dans le Management Studio de SQL Server

La modification du mode d'authentification ne sera prise en compte qu'au redémarrage du service SQL Server. Passons au mode mixte de l'authentification de l'instance utilisée. Le code suivant est lancé lorsque vous modifiez le mode d'authentification de votre instance pour le faire passer en mixte :

```
USE master
GO
EXEC xp_instance_regwrite N'HKEY_LOCAL_MACHINE',
       N'Software\Microsoft\MSSQLServer\MSSQLServer',N'LoginMode',REG_DWORD,2;
```

Connexion à l'aide de comptes système

Pour créer un compte de connexion Windows, il faut le recenser dans SQL Server soit directement, soit indirectement par le biais d'un groupe Windows. La syntaxe est la suivante :

```
CREATE LOGIN nom_connexion
   FROM WINDOWS [WITH {DEFAULT_DATABASE = nom_base| DEFAULT_LANGUAGE = langue …]
```

La base de données doit exister et la langue doit figurer parmi celles recensées dans la colonne `name` ou `alias` de la vue `sys.syslanguages`. À défaut, la base est `master` et la langue celle du serveur, que l'on peut retrouver par la requête suivante :

```
SELECT name, alias
FROM   sys.syslanguages
WHERE lcid = SERVERPROPERTY('LCID');
```

La base de données par défaut sert à indiquer dans quel contexte de base de données l'utilisateur se connectera. Elle correspond à un `USE MaBase` effectué juste après l'authentification.

Les noms des comptes Windows devant être exprimés dans la syntaxe étendue (`domaine\nom_utilisateur` ou `machine\nom_utilisateur`), la présence de la barre oblique impose l'utilisation des crochets comme délimiteurs de l'identifiant de compte.

L'avantage du type de compte suivant est que le mot de passe reste dans le serveur de domaine ou dans la machine locale et n'est pas transmis à SQL Server car la sécurité est déléguée aux mécanismes de Windows.

```
CREATE LOGIN [SQLpro.com\Fred.Brouard]
   FROM WINDOWS
   WITH DEFAULT_DATABASE = master,
        DEFAULT_LANGUAGE = Français;
```

Mais il existe un inconvénient, à savoir que vous êtes contraint à la sécurité Windows et qu'en cas de problème concernant le serveur de domaine ou le mécanisme d'authentification Windows, vous ne pourrez pas établir la connexion au serveur SQL ! Il est ainsi recommandé de réserver ce type de compte aux applications et personnes en charge de l'administration des serveurs.

Connexions SQL

La création d'un compte purement SQL consiste à recenser un nom d'utilisateur et son mot de passe associé, lequel est stocké sous forme cryptée dans une table système. Si vous perdez un mot de passe, vous ne pourrez pas le récupérer compte tenu des algorithmes de cryptage utilisés pour stocker les mots de passe SQL.

La syntaxe permettant de créer un compte purement SQL est la suivante :

```
CREATE LOGIN nom_connexion
       WITH PASSWORD = mot_de_passe [MUST_CHANGE] [liste_options_sql]
mot_de_passe ::= {'mot de passe' | code_de_passe HASHED}
liste_options_sql ::= option1 [, option2 [, …]]
option ::=
   {DEFAULT_DATABASE = nom_base
    | DEFAULT_LANGUAGE = langue
    | SID = sid
    | CHECK_EXPIRATION = {ON | OFF}
    | CHECK_POLICY = {ON | OFF}
    | CREDENTIAL = credential_name}
```

- Le mot de passe peut être exprimé en clair ou bien sous une forme hachée.
- Le SID est un GUID qui identifie de manière certaine le compte de connexion.
- Les commandes `CHECK_EXPIRATION` et `CHECK_POLICY` permettent de caler la sécurité des mots de passe SQL sur la politique de sécurité définie dans Windows en ce qui concerne les comptes système.
- La commande `CREDENTIAL` permet de spécifier une accréditation (information d'identification) liée au compte. Cette accréditation doit préalablement exister (voir section suivante sur le chiffrement).

Créons un compte de connexion SQL :

```
CREATE LOGIN CNX_SQLpro
   WITH PASSWORD = 'Sésame ouvre toi !',
        DEFAULT_DATABASE = msdb,
        DEFAULT_LANGUAGE = French,
        CHECK_EXPIRATION = OFF,
        CHECK_POLICY = ON;
```

Cet extrait de code définit un compte de connexion SQL dont le mot de passe est « Sésame ouvre toi ! », la base de données `msdb`, la langue française, avec vérification de la politique de mot de passe pour un mot de passe n'expirant jamais.

L'utilisation de la valeur hachée du mot de passe n'a d'intérêt que si vous souhaitez transférer des comptes de connexion SQL d'un serveur à un autre. Dans ce cas, cette valeur hachée est fournie dans l'interface Management Studio de SQL Server grâce à un rétro script SQL.

Propriétaire d'une base de données

Le compte de connexion qui crée une base de données en devient automatiquement le propriétaire. Il possède alors tous les privilèges sur cette base, y compris celui de la détruire. Lorsqu'un compte de connexion est propriétaire d'une base, il n'est plus possible de le supprimer.

Changer le propriétaire d'une base de données

Mais qu'advient-il si le propriétaire est un compte de connexion Windows, que vous sauvegardez la base de données et que vous la restaurez sur un serveur externe à votre organisation ? La restauration va se dérouler correctement et la base va pouvoir être utilisée presque normalement, à l'exception de quelques anomalies qui se produiront notamment lorsque vous voudrez modifier le paramétrage de la base ou en gérer la sécurité. Il est alors indispensable de transférer la propriété à cette base à une autre connexion. Ceci peut se faire à l'aide de la commande suivante :

```
ALTER AUTHORIZATION ON DATABASE nom_base TO nom_connexion;
```

Dans les versions antérieures de SQL Server il était possible d'utiliser une procédure stockée pour effectuer ce transfert de propriété (`sp_changedbowner`), mais cette routine est désormais obsolète.

Chaînage des propriétaires

La notion de propriétaire permet aussi de chaîner la sécurité de base en base. En effet, si une connexion est propriétaire de plusieurs bases de données, il sera possible de naviguer d'une base à une autre sans devoir changer d'utilisateur, à condition que le chaînage soit activé bien entendu.

Le chaînage des propriétaires peut être activé soit globalement au niveau du serveur (`sp_configure`, paramètre `cross db ownership chaining`), soit base par base (`ALTER DATABASE ... SET DB_CHAINING ON`).

Limitez le recours au chaînage des propriétaires car cela constitue une menace potentielle pour la sécurité. Préférez le chaînage base par base plutôt que le chaînage global. Une autre technique consiste à signer un module de code SQL et à utiliser l'authentification pour y accéder (voir section suivante consacrée à la signature des objets).

Privilèges de niveau serveur

Un privilège de niveau serveur est une permission concernant une commande Transact-SQL (ou un ensemble de commandes) appliquée à un objet du serveur (ou bien concernant tout le serveur), et accordée à un compte de connexion. Comme le montre la figure 11-3 précédente, il n'existe, en dehors de la base, que deux types d'objets propres au serveur et sécurisables : les comptes de connexion (LOGIN) et les points de terminaison (http EndPoint), points d'accès pour les services web de SQL Server. À noter que l'utilisation de ces services est déconseillée depuis la version 2008, mais SQL Server en utilise en interne, notamment pour le mirroring ou pour Service Broker).

Octroi de privilège sur les connexions et les points de terminaison

Pour accorder des privilèges sur un objet de serveur de type LOGIN ou ENDPOINT, la syntaxe de la commande GRANT est la suivante :

```
GRANT liste_privileges
   ON {LOGIN | ENDPOINT}::nom_objet
   TO liste_autorises_serveur [, … n]
[WITH GRANT OPTION]
[AS grantor]
```

La liste des privilèges possibles diffère suivant la nature de l'objet. Le tableau 11-2 présente les privilèges possibles pour les types d'objets LOGIN et ENDPOINT.

Tableau 11–2 Privilèges des types d'objets LOGIN et ENDPOINT

Privilèges	Points de terminaison	Comptes de connexion	Commentaires
ALTER	Oui	Oui	Modification de la définition de l'objet
CONNECT	Oui	Non	Connexion
CONTROL	Oui	Oui	Prise de contrôle (toutes les autorisations)
IMPERSONATE	Non	Oui	Dépersonnalisation
TAKE OWERNSHIP	Oui	Non	Prise de propriété
VIEW DEFINITION	Oui	Oui	Lecture de la définition

La liste des autorisés (*grantee*) correspond aux comptes de connexion. Par défaut, le gratifieur (*grantor*) est le compte de connexion qui lance la commande ; pour en spécifier un autre, vous devez utiliser la clause AS.

La commande GRANT OPTION permet aux gratifiés de rétrocéder les privilèges accordés.

Octroyons des privilèges de niveau serveur sur un compte de connexion :

```
-- On se place dans la base master
USE master;
-- On crée un compte de connexion SQL
CREATE LOGIN CNX_007 WITH PASSWORD = 'James Bond 007';
-- On crée un second compte de connexion SQL
CREATE LOGIN CNX_AP WITH PASSWORD = 'Austin Powers 000';
-- On octroie des privilèges au premier compte pour voir et modifier le second
GRANT VIEW DEFINITION, ALTER ON LOGIN::CNX_AP TO CNX_007;
```

Dans ce script lancé par la connexion sa, on crée deux comptes de connexion SQL et on octroie à la connexion CNX_007 la possibilité de voir la définition de la connexion CNX_AP et de la modifier.

Octroi de privilèges de serveur

La syntaxe permettant d'octroyer des privilèges propres au serveur est la suivante :

```
GRANT liste_privileges
    TO liste_autorises_serveur
    [WITH GRANT OPTION]
    [AS grantor]
```

Constatez que la clause ON a disparu, ce qui logique puisque ces privilèges ne s'appliquent qu'à un seul et même objet, à savoir le serveur dans lequel vous lancez la commande. Le tableau 11-3 liste quelques privilèges possibles au niveau de l'objet serveur.

Tableau 11–3 Liste de quelques privilèges possibles au niveau de l'objet serveur

Privilèges	Commentaires
ADMINISTER BULK OPERATIONS	Effectuer des opérations d'import de fichier
ALTER ANY DATABASE	Modifier les bases de données
ALTER ANY LINKED SERVER	Modifier les serveurs liés
ALTER ANY LOGIN	Modifier les comptes de connexion
CONTROL SERVER	Contrôler le serveur
CREATE ANY DATABASE	Créer des bases de données
SHUTDOWN	Arrêter le serveur
VIEW ANY DATABASE	Voir toutes les bases de données
VIEW ANY DEFINITION	Voir la définition de tout objet
VIEW SERVER STATE	Lire les vues système de métadonnées du serveur

Octroyons des privilèges de niveau serveur sur le serveur lui-même :

```
-- On se place dans la base master
USE master;
-- On crée un compte de connexion SQL
CREATE LOGIN CNX_M WITH PASSWORD = 'Intelligence Service…';
-- On lui octroie des privilèges concernant le serveur
GRANT ADMINISTER BULK OPERATIONS, ALTER ANY LOGIN,
      CREATE ANY DATABASE,        VIEW SERVER STATE
   TO CNX_M;
```

Dans ce script SQL lancé sous le compte sa, on crée le compte de connexion CNX_M et on lui octroie quatre privilèges de niveau serveur.

Arborescence des privilèges

Il est possible d'obtenir une liste plus complète des privilèges disponibles pour un type d'objet.

Listons les privilèges associés à un type d'objet à l'aide de la requête suivante :

```
SELECT * FROM sys.fn_builtin_permissions('SERVER')
```

Nous obtenons le résultat suivant :

```
class_desc  permission_name                  type covering_permission_name
----------- -------------------------------- ---- ------------------------------
SERVER      CONNECT SQL                      COSQ CONTROL SERVER
SERVER      SHUTDOWN                         SHDN CONTROL SERVER
SERVER      CREATE ENDPOINT                  CRHE ALTER ANY ENDPOINT
SERVER      CREATE ANY DATABASE              CRDB ALTER ANY DATABASE
SERVER      CREATE AVAILABILITY GROUP        CRAC ALTER ANY AVAILABILITY GROUP
SERVER      ALTER ANY LOGIN                  ALLG CONTROL SERVER
SERVER      ALTER ANY CREDENTIAL             ALCD CONTROL SERVER
...
SERVER      ADMINISTER BULK OPERATIONS       ADBO CONTROL SERVER
SERVER      AUTHENTICATE SERVER              AUTH CONTROL SERVER
SERVER      EXTERNAL ACCESS ASSEMBLY         XA   UNSAFE ASSEMBLY
SERVER      VIEW ANY DATABASE                VWDB VIEW ANY DEFINITION
SERVER      VIEW ANY DEFINITION              VWAD CONTROL SERVER
SERVER      VIEW SERVER STATE                VWSS ALTER SERVER STATE
SERVER      CREATE DDL EVENT NOTIFICATION    CRDE ALTER ANY EVENT NOTIFICATION
SERVER      CREATE TRACE EVENT NOTIFICATION  CRTE ALTER ANY EVENT NOTIFICATION
SERVER      ALTER ANY EVENT NOTIFICATION     ALES CONTROL SERVER
SERVER      ALTER SERVER STATE               ALSS CONTROL SERVER
SERVER      UNSAFE ASSEMBLY                  XU   CONTROL SERVER
SERVER      ALTER ANY SERVER AUDIT           ALAA CONTROL SERVER
SERVER      CREATE SERVER ROLE               CRSR ALTER ANY SERVER ROLE
SERVER      ALTER ANY SERVER ROLE            ALSR CONTROL SERVER
SERVER      ALTER ANY EVENT SESSION          AAES CONTROL SERVER
SERVER      CONNECT ANY DATABASE             CADB CONTROL SERVER
SERVER      IMPERSONATE ANY LOGIN            IAL  CONTROL SERVER
SERVER      SELECT ALL USER SECURABLES       SUS  CONTROL SERVER
SERVER      CONTROL SERVER                   CL
```

Ici nous avons ici visé l'objet `SERVER`, mais vous pouvez indiquer un autre type d'objet tel que `LOGIN`, `DATABASE` ou plus généralement `OBJECT`, soit n'importe quel type d'objet relationnel au sein d'une base de données (table, vue, routine…).

Dans le résultat obtenu, on constate que dans la colonne `covering_permission_name`, chaque privilège est déduit d'un privilège de plus haut niveau dont la racine est le privilège `CONTROL SERVER`.

Par exemple, le privilège `VIEW ANY DATABASE` est induit par le privilège `VIEW ANY DEFINITION`, qui lui-même est couvert par le privilège `CONTROL SERVER`.

Ainsi, si vous octroyez le privilège `VIEW ANY DEFINITION`, vous accordez aussi automatiquement le privilège `VIEW ANY DATABASE`.

Les privilèges forment une arborescence, tout comme le chaînage des grantors et des grantees.

Rôle de serveur

Un rôle de serveur est une collection de privilèges, il peut être affecté à une ou plusieurs connexions. Il existe des rôles prédéfinis par Microsoft et depuis la version 2012 de SQL Server, vous pouvez créer vos propres rôles de serveur.

Rôles de serveur prédéfinis

Il existe huit rôles de serveur prédéfinis, auxquels correspondent certains privilèges (tableau 11-4).

Tableau 11–4 Rôles de serveur prédéfinis et privilèges associés

Rôles de serveur prédéfinis	Commentaires	Privilèges associés
bulkadmin	Permet d'effectuer des imports de fichiers.	ADMINISTER BULK OPERATIONS
dbcreator	Permet de créer des bases de données.	ALTER ANY DATABASE
diskadmin	Permet de gérer les fichiers disque.	ALTER RESOURCES
processadmin	Permet de gérer les sessions et les processus.	ALTER ANY CONNECTION, ALTER SERVER STATE
securityadmin	Permet de gérer les comptes de connexion.	ALTER ANY LOGIN
serveradmin	Permet d'administrer le serveur.	ALTER ANY ENDPOINT, ALTER RESOURCES, ALTER SERVER STATE, ALTER SETTINGS, SHUTDOWN, VIEW SERVER STATE
setupadmin	Permet de gérer les serveurs liés.	ALTER ANY LINKED SERVER
sysadmin	Permet de tout faire.	CONTROL SERVER

Pour accorder un rôle de serveur à une connexion, utilisez la commande ALTER SERVER ROLE (depuis SQL Server 2012) ou à défaut la procédure sp_addsrvrolemember.

```
ALTER SERVER ROLE nom_role_serveur
{[ADD MEMBER autorise] | [DROP MEMBER autorise]
  | [WITH NAME = nouveau_nom_role]} [;]
```

La syntaxe de la procédure sp_addsrvrolemember est la suivante.

```
EXEC[UTE] [{master.sys. | master.. | sys.}]
          sp_addsrvrolemember 'nom_connexion', 'role_de_serveur'[;]
```

Il est possible de supprimer un rôle déjà attribué à l'aide de la procédure sp_dropsrvrolemember.

Rôles de serveur utilisateur

Depuis la version 2012, il est donc possible de créer des rôles de serveur particuliers, en plus des rôles prédéfinis. Pour cela, la syntaxe de la commande à utiliser est la suivante :

```
CREATE SERVER ROLE nom_role_serveur [AUTHORIZATION compte_de_connexion]
```

Pour attribuer des privilèges à un rôle, il faut utiliser la commande GRANT, comme vous le faites pour les comptes de connexion. Créons un rôle de serveur auquel nous accordons des privilèges et affectons-le à un compte de connexion :

```
-- On se place dans le contexte de la base master
USE master;
GO
-- On crée un compte de connexion
CREATE LOGIN CNX_VOYEUR WITH PASSWORD = 'Peeping Tom !';
GO
-- On crée un rôle de serveur
CREATE SERVER ROLE RLS_CURIOUS
GO
```

```
-- On accorde un privilège à ce rôle
GRANT VIEW SERVER STATE TO RLS_CURIOUS
GO
-- un deuxième
GRANT VIEW ANY DEFINITION TO RLS_CURIOUS
GO
-- et un troisième
GRANT IMPERSONATE ON LOGIN::sa TO RLS_CURIOUS
GO
-- On affecte ce rôle au compte nouvellement créé
ALTER SERVER ROLE RLS_CURIOUS ADD MEMBER CNX_VOYEUR;
GO
```

Cet extrait de code montre la création d'un rôle de serveur nommé RLS_CURIOUS, auquel on a accordé le privilège permettant de visualiser la définition de tout objet de niveau serveur, de lire toutes les vues d'état du serveur et de dépersonnaliser ses membres, lesquels peuvent se faire passer pour la connexion sa. Le rôle de serveur est ensuite associé au compte de connexion nouvellement créé, CNX_VOYEUR. La suppression d'un rôle de serveur créé par l'utilisateur s'effectue via la commande DROP SERVER ROLE.

Utilisateurs SQL

De la même façon qu'un compte de connexion constitue un « profil de navigation » au sein du serveur, l'utilisateur SQL constitue un profil de navigation au sein de la base. Il doit donc être créé dans le contexte de la base cible et peut être doté de différents privilèges.

Création des utilisateurs SQL

Un utilisateur SQL est créé à l'aide de la commande CREATE USER dont la syntaxe minimale est la suivante :

```
CREATE USER nom_utilisateur
{FROM LOGIN nom_connexion | WITHOUT LOGIN}
[WITH DEFAULT_SCHEMA = nom_schema]
```

Il est possible de créer des utilisateurs dénués de compte de connexion, mais il s'agit de cas particuliers liés notamment à l'emprunt d'identité (par exemple, pour tester l'attribution de privilèges à un utilisateur sans pour autant permettre aux applications externes de s'y connecter). Si aucun schéma SQL n'est précisé, le schéma par défaut de la base (dbo) est affecté à l'utilisateur créé.

Depuis SQL Server 2012, il est possible de créer des utilisateurs autonomes, capables de se connecter sans pour autant posséder un compte de connexion. L'idée est de permettre le transfert de la base dans un autre contexte (serveur différent), sans être tributaire du compte de connexion dont les informations sont enregistrées dans la base master.

Une telle base doit être créée avec l'option CONTAINMENT = PARTIAL. Dans le cas contraire, vous pouvez toujours rectifier la chose avec ALTER DATABASE … SET CONTAINMENT = PARTIAL.

Voici une syntaxe minimale pour créer un utilisateur autonome et un utilisateur SQL.

```
CREATE USER
{nom_utilisateur_system [ WITH liste_options [,…]]
| nom_utilisateur_SQL WITH PASSWORD = 'mot_de_passe' [, liste_options]}[;]
```

```
option ::=
    {DEFAULT_SCHEMA = nom_schema
    | DEFAULT_LANGUAGE = {NONE | lcid | nom_langue | alias_langue}
    | SID = sid}
-- Exemple
CREATE USER USR_AUTONOME
   WITH PASSWORD = 'Âne ô Nîmes !',
        DEFAULT_LANGUAGE = Français;
```

Si cet utilisateur est un compte système ou un groupe système, vous devrez lui attribuer un nom encadré par des crochets et composé du nom de domaine (ou de machine si vous n'avez pas de domaine) et du nom d'utilisateur ou de groupe système, séparés par une barre oblique inversée : `[nom_domaine\nom_utilisateur_systeme]`.

Notion de propriétaire d'objet

Comme nous l'avons vu, le propriétaire d'une base de données est un compte de connexion. Mais qui est propriétaire des objets situés dans la base ? Dès qu'une base est créée, il faut lui associer un schéma SQL, car tout objet relationnel doit figurer au sein d'un schéma. Cependant, le schéma doit lui aussi être associé à un propriétaire, et comme nous sommes à l'intérieur de la base, ce propriétaire ne peut être qu'un utilisateur SQL.

Lors de la création de la base, un schéma et un utilisateur propriétaire de ce schéma sont donc créés, tous deux nommés dbo. Il n'est pas possible de supprimer l'utilisateur dbo ni le schéma dbo, celui-ci constituant le schéma par défaut de la base. La question du propriétaire des objets d'une base, passe par celle de propriétaire du schéma en l'absence de toute autre indication et notamment par héritage lors de la création de l'objet. La clause AUTHORIZATION de la commande CREATE SCHEMA permet d'indiquer quel utilisateur est propriétaire du schéma ainsi créé.

Le fait que le schéma par défaut d'une base et son propriétaire aient le même nom dbo est très regrettable. D'autant plus qu'auparavant, SQL Server présentait de manière ambiguë dbo comme étant un propriétaire (*owner*) !

Il est cependant possible d'attribuer à un objet particulier (une table, une vue, une routine…) un propriétaire spécifique. Pour cela, il faut utiliser la commande ALTER AUTHORIZATION dont la syntaxe est la suivante :

```
ALTER AUTHORIZATION
   ON [type_objet::] nom_objet
   TO {SCHEMA OWNER | utilisateur_SQL}

type_objet ::=
{OBJECT | ASSEMBLY | ASYMMETRIC KEY | CERTIFICATE
| CONTRACT | TYPE | DATABASE | ENDPOINT | FULLTEXT CATALOG
| FULLTEXT STOPLIST | MESSAGE TYPE | REMOTE SERVICE BINDING
| ROLE | ROUTE | SCHEMA | SERVICE | SYMMETRIC KEY
| XML SCHEMA COLLECTION}
```

Dans l'exemple suivant, le schéma S_COMPTA devient la propriété de l'utilisateur SQL USR_DAF, de même que la table dbo.T_EMPLOYE.

```
ALTER AUTHORIZATION ON SCHEMA::S_COMPTA      TO USR_DAF;
ALTER AUTHORIZATION ON OBJECT::dbo.T_EMPLOYE TO USR_DAF;
```

SQL Server étant un SGBDR multibase, se pose le problème de la navigation d'une base à l'autre. En effet, il se peut que vous soyez un utilisateur connu dans une base, mais non recensé dans une autre. L'utilisateur `guest` vous permet d'exploiter des éléments de la base de données, sans pour autant y avoir été recensé à titre d'utilisateur SQL. Par sécurité, il convient de minimiser les privilèges attribués à l'utilisateur `guest`.

Privilèges de niveau base de données

SQL Server propose différents types de privilèges que l'on peut attribuer aux objets d'une base de données. Les objets de type conteneur, comme la base elle-même ou le schéma, permettent de créer une sécurité évolutive, alors que l'affectation de privilèges sur les objets directs nécessite de revisiter la sécurité à chaque création d'un nouvel objet relationnel. La liste des privilèges possibles au niveau de la base étant très longue, nous ne les détaillerons pas tous car cela serait fastidieux et difficilement compréhensible Vous pouvez cependant les lister dynamiquement en utilisant une requête basée sur la fonction table `sys.fn_builtin_permissions`. Nous vous proposons cependant d'étudier les principaux privilèges.

Pour octroyer, révoquer ou interdire un privilège affecté à un objet pour un utilisateur (ou une liste d'utilisateurs), il faut utiliser les commandes `GRANT`, `REVOKE` et `DENY`. La syntaxe diffère légèrement en fonction de la nature de l'objet. On peut attribuer des privilèges aux types d'objets suivants : rôle d'application, assembly, clé asymétrique et clé symétrique, certificat, contrat, base de données, point de terminaison, catalogue de texte intégral, liste de mots vides de texte intégral, fonction, connexion, type de message, objet, objet systèmefile d'attente, liaison de service distant, rôle de base de données, itinéraire, schéma et collection de schémas XML, serveur, service, procédure stockée, synonyme, table, type, utilisateur et vue. Le type d'objet objet (`OBJECT`) représente n'importe quel type d'objet relationnel de la base (table, vue, procédure...).

Privilèges de niveau table ou vue

Les vues et les tables pouvant être mises à jour, les principaux privilèges qu'il est possible de leur attribuer sont les suivants : `SELECT`, `INSERT`, `UPDATE`, `DELETE` et `REFERENCES`. Notez l'absence du privilège `MERGE` dans cette liste, celui-ci utilisant alternativement `INSERT`, `UPDATE` ou `DELETE`, ce qui permet d'être plus précis et cohérent. Les privilèges `SELECT`, `INSERT`, `UPDATE` et `REFERENCES` peuvent descendre à une granularité de colonne, dans la syntaxe suivante :

```
GRANT liste_privileges
   ON [OBJECT::] [nom_schema.] nom_objet [(liste_colonnes)]
   TO liste_utilisateur_SQL
   [WITH GRANT OPTION]
   [AS grantor]
privilege ::= {ALL | SELECT | INSERT | UPDATE | DELETE | REFERENCES}
```

- Le privilège `ALL` représente tous les autres (`SELECT`, `INSERT`, `UPDATE`, `DELETE` et `REFERENCES`).
- Le privilège `REFERENCES` permet de référencer une table dans le cas d'un `CREATE TABLE` contenant une contrainte `FOREIGN KEY` ou dans le cas d'un `CREATE FUNCTION` ou `CREATE VIEW WITH SCHEMABINDING` qui référence cette table.

- La liste des colonnes peut être spécifiée pour les privilèges INSERT et UPDATE, mais pas pour DELETE.

Il est possible d'accorder un privilège de base de données directement à travers un compte de connexion, à condition que dans la base contextuelle dans laquelle cette commande est lancée, un utilisateur SQL soit mappé à ce compte. Il n'y a de ce fait pas d'ambiguïté.

Le tableau 11-5 liste les autres privilèges disponibles.

Tableau 11–5 Autres privilèges de niveau table ou vue

Privilèges	Commentaires
RECEIVE	Permet d'utiliser la commande RECEIVE (lecture destructive).
VIEW CHANGE TRACKING	Permet de mettre en place l'audit du changement d'état d'une table ou d'une vue.
VIEW DEFINITION	Permet de lire la définition SQL de l'objet.
ALTER	Permet de modifier l'objet.
TAKE OWNERSHIP	Permet de se considérer comme le propriétaire.
CONTROL	Permet de tout faire.

La commande RECEIVE combine un SELECT et un DELETE pour l'utilisation des tables système de type file d'attente de Service Broker dans le but de « consommer » un message. Les trois dernières commandes de l'exemple suivant sont identiques si le schéma contextuel par défaut est bien dbo.

```
-- On se place dans le contexte de la base master
USE master;
GO
-- On crée un compte de connexion SQL
CREATE LOGIN CNX_MACHINE WITH PASSWORD = 'Metropolis';
GO
-- On se place dans le contexte de la base DB_MAGIC
USE DB_MAGIC
GO
-- On crée l'utilisateur relatif au compte nouvellement créé
CREATE USER USR_MACHINE FROM LOGIN CNX_MACHINE;
GO
-- On crée une table
CREATE TABLE dbo.T_TRACE_MACHINE
(ID             INT IDENTITY PRIMARY KEY,
DH             DATETIME,
TRACE          NVARCHAR(256),
USER_MACHINE   sysname DEFAULT USER);
GO
-- On octroie le privilège INSERT sur la table préfixée par son schéma
GRANT INSERT ON dbo.T_TRACE_MACHINE TO USR_MACHINE;
GO
-- Autre manière d'octroyer le privilège INSERT sur l'objet
GRANT INSERT ON OBJECT::dbo.T_TRACE_MACHINE TO USR_MACHINE;
GO
-- Autre manière encore d'attribuer le privilège sur la table sans son schéma
GRANT INSERT ON T_TRACE_MACHINE TO USR_MACHINE;
GO
```

Privilèges de niveau routine (procédure et fonction UDF)

Les privilèges attribuables diffèrent en fonction des routines (tableau 11-6). Les privilèges INSERT, UPDATE et DELETE sur une fonction table s'expliquent par la possibilité de mises à jour (comme pour les vues).

Tableau 11–6 Privilèges de niveau routine

Privilèges	Fonction scalaire	Fonction table	Procédure
EXECUTE	Oui	Non	Oui
SELECT	Non	Oui	Non
INSERT	Non	Oui	Non
UPDATE	Non	Oui	Non
DELETE	Non	Oui	Non
REFERENCES	Oui	Oui	Non

Bien entendu, des privilèges plus génériques comme ALTER, CONTROL, TAKE OWNERSHIP ou VIEW DEFINITION sont aussi disponibles sur ces objets.

Dans l'exemple suivant, nous créons une fonction table, basée sur la table de l'exemple précédent. Le privilège SELECT est attribué à l'utilisateur USR_MACHINE.

```
-- On se place dans le contexte de la base de données DB_MAGIC
USE DB_MAGIC;
GO
-- On crée une fonction table
CREATE FUNCTION dbo.F_T_TRACE_MACHINE()
RETURNS TABLE AS RETURN(SELECT *
          FROM   dbo.T_TRACE_MACHINE
          WHERE USER_MACHINE = USER)
GO
-- On octroie le privilège SELECT à l'utilisateur USR_MACHINE
GRANT SELECT ON dbo.F_T_TRACE_MACHINE TO USR_MACHINE;
GO
```

Privilégier les conteneurs

Il est beaucoup plus intéressant de privilégier les conteneurs, c'est-à-dire les bases de données et les schémas, plutôt que chaque objet. En effet, si la base contient plusieurs centaines d'objets, alors il faudra lancer au moins une commande par objet et par couple de valeur privilège/autorisé. Comme les bases de données évoluent dans leur structure, tout nouvel objet nécessitera de nouvelles définitions de privilèges. Vous vous retrouverez alors avec un nombre de commandes faramineux et une sécurité fastidieuse, qui risque d'être bâclée.

Il est alors plus simple et beaucoup plus évolutif d'utiliser systématiquement une sécurité basée sur les conteneurs, à savoir la base de données et les schémas SQL.

Liste des privilèges de niveau base de données

Le tableau 11-7 présente les privilèges possibles au niveau de la base de données. Comme vous pouvez le constater, tous les privilèges sont disponibles, puisqu'une base est suceptible de contenir tous types d'objets. Voici un tableau les résumant :

Tableau 11–7 Privilèges de niveau base de données

Privilèges	Couverts par base de données	Couverts par serveur
ALTER	CONTROL	ALTER ANY DATABASE
ALTER ANY APPLICATION ROLE	ALTER	CONTROL SERVER
ALTER ANY ASSEMBLY	ALTER	CONTROL SERVER
ALTER ANY ASYMMETRIC KEY	ALTER	CONTROL SERVER
ALTER ANY CERTIFICATE	ALTER	CONTROL SERVER
ALTER ANY CONTRACT	ALTER	CONTROL SERVER
ALTER ANY DATABASE AUDIT	ALTER	ALTER ANY SERVER AUDIT
ALTER ANY DATABASE DDL TRIGGER	ALTER	CONTROL SERVER
ALTER ANY DATABASE EVENT NOTIFICATION	ALTER	ALTER ANY EVENT NOTIFICATION
ALTER ANY DATASPACE	ALTER	CONTROL SERVER
ALTER ANY FULLTEXT CATALOG	ALTER	CONTROL SERVER
ALTER ANY MESSAGE TYPE	ALTER	CONTROL SERVER
ALTER ANY REMOTE SERVICE BINDING	ALTER	CONTROL SERVER
ALTER ANY ROLE	ALTER	CONTROL SERVER
ALTER ANY ROUTE	ALTER	CONTROL SERVER
ALTER ANY SCHEMA	ALTER	CONTROL SERVER
ALTER ANY SERVICE	ALTER	CONTROL SERVER
ALTER ANY SYMMETRIC KEY	ALTER	CONTROL SERVER
ALTER ANY USER	ALTER	CONTROL SERVER
AUTHENTICATE	CONTROL	AUTHENTICATE SERVER
BACKUP DATABASE	CONTROL	CONTROL SERVER
BACKUP LOG	CONTROL	CONTROL SERVER
CHECKPOINT	CONTROL	CONTROL SERVER
CONNECT	CONNECT REPLICATION	CONTROL SERVER
CONNECT REPLICATION	CONTROL	CONTROL SERVER
CONTROL	CONTROL	CONTROL SERVER
CREATE AGGREGATE	ALTER	CONTROL SERVER
CREATE ASSEMBLY	ALTER ANY ASSEMBLY	CONTROL SERVER
CREATE ASYMMETRIC KEY	ALTER ANY ASYMMETRIC KEY	CONTROL SERVER
CREATE CERTIFICATE	ALTER ANY CERTIFICATE	CONTROL SERVER
CREATE CONTRACT	ALTER ANY CONTRACT	CONTROL SERVER
CREATE DATABASE	CONTROL	CREATE ANY DATABASE
CREATE DATABASE DDL EVENT NOTIFICATION	ALTER ANY DATABASE EVENT NOTIFICATION	CREATE DDL EVENT NOTIFICATION
CREATE DEFAULT	ALTER	CONTROL SERVER
CREATE FULLTEXT CATALOG	ALTER ANY FULLTEXT CATALOG	CONTROL SERVER
CREATE FUNCTION	ALTER	CONTROL SERVER
CREATE MESSAGE TYPE	ALTER ANY MESSAGE TYPE	CONTROL SERVER
CREATE PROCEDURE	ALTER	CONTROL SERVER
CREATE QUEUE	ALTER	CONTROL SERVER
CREATE REMOTE SERVICE BINDING	ALTER ANY REMOTE SERVICE BINDING	CONTROL SERVER
CREATE ROLE	ALTER ANY ROLE	CONTROL SERVER
CREATE ROUTE	ALTER ANY ROUTE	CONTROL SERVER

Tableau 11–7 Privilèges de niveau base de données *(suite)*

Privilèges	Couverts par base de données	Couverts par serveur
CREATE RULE	ALTER	CONTROL SERVER
CREATE SCHEMA	ALTER ANY SCHEMA	CONTROL SERVER
CREATE SERVICE	ALTER ANY SERVICE	CONTROL SERVER
CREATE SYMMETRIC KEY	ALTER ANY SYMMETRIC KEY	CONTROL SERVER
CREATE SYNONYM	ALTER	CONTROL SERVER
CREATE TABLE	ALTER	CONTROL SERVER
CREATE TYPE	ALTER	CONTROL SERVER
CREATE VIEW	ALTER	CONTROL SERVER
CREATE XML SCHEMA COLLECTION	ALTER	CONTROL SERVER
DELETE	CONTROL	CONTROL SERVER
EXECUTE	CONTROL	CONTROL SERVER
INSERT	CONTROL	CONTROL SERVER
REFERENCES	CONTROL	CONTROL SERVER
SELECT	CONTROL	CONTROL SERVER
SHOWPLAN	CONTROL	ALTER TRACE
SUBSCRIBE QUERY NOTIFICATIONS	CONTROL	CONTROL SERVER
TAKE OWNERSHIP	CONTROL	CONTROL SERVER
UPDATE	CONTROL	CONTROL SERVER
VIEW DATABASE STATE	CONTROL	VIEW SERVER STATE
VIEW DEFINITION	CONTROL	VIEW ANY DEFINITION

La deuxième colonne indique quel est le privilège parent au sein de la base de données. La troisième colonne spécifie quant à elle le privilège parent au sein du serveur.

La syntaxe de la commande permettant d'octroyer des privilèges de niveau base de données est la suivante :

```
GRANT liste_privileges
     ON DATABASE::nom_objet
     TO liste_utilisateur_SQL [WITH GRANT OPTION]
    [AS grantor]
```

Dans l'exemple suivant, l'utilisateur `USR_ADMIN` reçoit les privilèges de sauvegarde de type base de données et journal des transactions.

```
-- On se place dans le contexte de la base master
USE master;
GO
-- On crée le compte de connexion CNX_ADMIN
CREATE LOGIN CNX_ADMIN
   WITH PASSWORD = 'MS SQL Server 2012', DEFAULT_DATABASE = DB_MAGIC;
GO
-- On se place dans le contexte de la base DB_MAGIC
USE DB_MAGIC
GO
-- On crée l'utilisateur USR_ADMIN lié au compte de connexion CNX_ADMIN
CREATE USER USR_ADMIN FROM LOGIN CNX_ADMIN;
GO
```

```
-- On octroie des privilèges de sauvegardes à l'utilisateur USR_ADMIN
GRANT BACKUP DATABASE, BACKUP LOG
   ON DATABASE::DB_MAGIC
   TO USR_ADMIN;
GO
```

Liste des privilèges de niveau schéma

Au niveau schéma, seuls les privilèges qui est possible d'affecter aux objets relationnels sont disponibles (tableau 11-8).

Tableau 11–8 Privilèges de niveau schéma

Privilèges	Couverts par base de données	Couverts par serveur
CONTROL	CONTROL	CONTROL
TAKE OWNERSHIP	CONTROL	CONTROL
ALTER	CONTROL	ALTER ANY SCHEMA
EXECUTE	CONTROL	EXECUTE
INSERT	CONTROL	INSERT
DELETE	CONTROL	DELETE
UPDATE	CONTROL	UPDATE
SELECT	CONTROL	SELECT
REFERENCES	CONTROL	REFERENCES
VIEW CHANGE TRACKING	CONTROL	CONTROL
VIEW DEFINITION	CONTROL	VIEW DEFINITION

La syntaxe de la commande permettant d'attribuer des privilèges de niveau schéma est la suivante :

```
GRANT liste_privileges
   ON SCHEMA::nom_objet TO liste_utilisateur_SQL [WITH GRANT OPTION]
  [AS grantor]
```

Dans l'exemple suivant, l'utilisateur USR_DEV reçoit les privilèges sur SELECT et EXECUTE sur le schéma S_PROD. C'est un excellent moyen pour contraindre les développeurs à n'utiliser que des procédures stockées pour effectuer toute mise à jour !

```
-- On se place dans le contexte de la base master
USE master;
GO
-- On crée un compte de connexion nommé CNX_DEV
CREATE LOGIN CNX_DEV
   WITH PASSWORD = 'MS SQL Server 2012',
        DEFAULT_DATABASE = DB_MAGIC;
GO
-- On se place dans le contexte de la base DB_MAGIC
USE DB_MAGIC
GO
-- On crée un utilisateur USR_DEV lié au compte de connexion CNX_DEV
CREATE USER USR_DEV FROM LOGIN CNX_DEV;
GO
-- On octroie des privilèges sur le schéma S_PROD à l'utilisateur USR_DEV
GRANT SELECT, EXECUTE ON SCHEMA::S_PROD TO USR_DEV;
GO
```

Rôles de base de données

À l'instar des rôles de serveur, il existe des rôles de bases de données qui recueillent une liste de privilèges appliqués à des objets de la base et que l'on peut attribuer à un utilisateur SQL. Il existe des rôles de base de données prédéfinis, mais il est également possible d'en créer des nouveaux.

Rôles de base de données prédéfinis

Il existe neuf rôles prédéfinis de base de données : sept d'entre eux sont des rôles positifs (permissions, tableau 11-9), les deux autres rôles sont négatifs (interdiction, tableau 11-10).

Tableau 11–9 Rôles prédéfinis « positifs » de base de données

Rôles prédéfinis « positifs » de base de données	Commentaires
`db_owner`	Permet d'effectuer toutes les opérations de configuration et de maintenance sur la base de données et de supprimer la base.
`db_securityadmin`	Permet de modifier l'appartenance au rôle et de gérer les privilèges. À noter que l'ajout d'entités à ce rôle peut entraîner une augmentation de privilèges involontaire.
`db_accessadmin`	Permet d'autoriser ou d'interdire l'accès à la base de données pour certaines connexions Windows, certains groupes Windows ou des connexions SQL Server.
`db_backupoperator`	Permet de sauvegarder la base de données.
`db_ddladmin`	Permet d'exécuter n'importe quelle commande du DDL (CREATE, ALTER, DROP...) dans une base de données.
`db_datawriter`	Permet d'ajouter, de supprimer et de modifier des données dans toutes les tables utilisateur.
`db_datareader`	Permet de lire toutes les données de toutes les tables utilisateur.

Tableau 11–10 Rôles prédéfinis « négatifs » de base de données

Rôles prédéfinis « négatifs » de base de données	Commentaires
`db_denydatawriter`	Interdit d'ajouter, de modifier ou de supprimer des données des tables et des vues utilisateur d'une base de données.
`db_denydatareader`	Interdit de lire les données des tables et des vues utilisateur d'une base de données.

Certaines bases de données système possèdent des rôles supplémentaires spécialisés. C'est le cas notamment dans la base `msdb` des rôles `db_ssisadmin`, `db_ssisltduser`, `db_ssisoperator` qui sont destinés à régler des autorisations d'utilisation de l'ETL SSIS, ou des rôles `SQLAgentOperatorRole`, `SQLAgentReaderRole`, `SQLAgentUserRole` pour l'Agent SQL. Nous aborderons certains de ces rôles particuliers dans la suite de cet ouvrage.

Rôles utilisateur de base de données

La syntaxe de la commande permettant de créer un rôle utilisateur de base de données est la suivante :

```
CREATE ROLE nom_role [AUTHORIZATION utilisateur_SQL]
```

Rôle public

À l'origine, public est un utilisateur SQL imposé par la norme SQL. Cet utilisateur se comporte comme un rôle, aussi il apparaît dans les rôles et non dans les utilisateurs. Ceci vient du fait qu'au moment de l'élaboration de la norme SQL, la notion de rôle n'existait pas. Le rôle public est affecté à tous les utilisateurs SQL et il est impossible de le désactiver. Ainsi, tout privilège accordé au rôle public est attribué par héritage aux utilisateurs de la base. Il convient donc de minimiser les privilèges octroyés au rôle public.

Attribution des rôles de base de données aux utilisateurs SQL

Pour attribuer un rôle de base de données à un utilisateur, il faut utiliser la commande ALTER ROLE (à partir de SQL Server 2012) ou la procédure sp_addrolemember à défaut. La syntaxe de la commande ALTER ROLE est la suivante :

```
ALTER ROLE nom_role_serveur
{[ADD MEMBER autorise] | [DROP MEMBER autorise]
  | [WITH NAME = nouveau_nom_role]} [;]
```

La syntaxe de la procédure sp_addrolemember est la suivante :

```
EXEC[UTE] [{master.sys. | master.. | sys.}]
          sp_addrolemember 'role_de_BD', 'utilisateur_SQL'[;]
```

Vous remarquerez que la liste des paramètres des procédures d'attribution de rôle de base de données à un utilisateur SQL (sp_addrolemember) et de rôle de serveur (sp_addsrvrolemember) à un compte de connexion est identique, mais que l'ordre des paramètres est inversé. Dans la première, il faut indiquer le rôle en premier, tandis que dans la seconde il faut l'indiquer en dernier. Ce n'est pas un hasard, cela permet de ne pas se tromper !
Depuis la version 2012 de SQL Server, il est préférable d'utiliser la commande ALTER ROLE avec la clause ADD MEMBER.

Il est possible d'utiliser un compte de connexion comme destinataire du rôle, ce qui affectera le rôle à l'utilisateur SQL lié à ce compte dans la base contextuelle, si celui-ci existe. L'exemple suivant décrit l'attribution de rôles prédéfinis de base de données.

```
USE DB_MAGIC;
GO
EXEC sp_addrolemember 'db_securityadmin',   'USR_ADMIN';
EXEC sp_addrolemember 'db_accessadmin',     'USR_ADMIN';
EXEC sp_addrolemember 'db_ddladmin',        'USR_ADMIN';
EXEC sp_addrolemember 'db_denydatawriter ', 'USR_ADMIN';
EXEC sp_addrolemember 'db_denydatareader', 'USR_ADMIN';
GO
```

Disposant du privilège lui permettant d'effectuer des sauvegardes, l'utilisateur peut maintenant créer de nouveaux utilisateurs et gérer les privilèges, ainsi que créer de nouveaux objets dans la base. Néanmoins, il ne peut pas lire ou écrire dans cette base, sans doute parce qu'elle contient des données trop sensibles que même un administrateur n'a pas le droit de consulter ou modifier.

Dans l'exemple suivant, nous créons un rôle nommé ROL_SQLDEV. Ce rôle est destiné aux développeurs et leur permet de créer des routines (procédures, fonctions…), y compris avec des assemblies .NET, de lire la définition SQL de tous les objets, d'utiliser la commande SELECT et de voir les plans de requêtes. Ce rôle est ensuite attribué aux utilisateurs USR_SQLDEV et USR_ADMIN.

```
-- On se place dans le contexte de la base master
USE master;
GO
-- On crée un compte de connexion nommé CNX_SQLDEV
CREATE LOGIN CNX_SQLDEV WITH PASSWORD = 'Ada LOVELACE';
GO
-- On se place dans le contexte de la base DB_MAGIC
USE DB_MAGIC;
GO
-- On crée un utilisateur nommé USR_SQLDEV lié à la connexion CNX_SQLDEV
CREATE USER USR_SQLDEV FROM LOGIN CNX_SQLDEV;
GO
-- On crée un rôle nommé ROL_SQLDEV
CREATE ROLE ROL_SQLDEV;
GO
-- On octroie à ce rôle différents privilèges
GRANT CREATE ASSEMBLY, CREATE AGGREGATE, CREATE FUNCTION,
      CREATE PROCEDURE, SELECT, SHOWPLAN, VIEW DEFINITION
   ON DATABASE::DB_MAGIC TO ROL_SQLDEV;
GO
-- On affecte ce rôle aux utilisateurs USR_SQLDEV et USR_ADMIN
ALTER ROLE ROL_SQLDEV ADD MEMBER USR_SQLDEV;
ALTER ROLE ROL_SQLDEV ADD MEMBER USR_ADMIN;
GO
-- Pour les versions 2005 et 2008 [R2], on aurait écrit:
EXEC master..sp_addrolemember 'ROL_SQLDEV', 'USR_SQLDEV';
EXEC master..sp_addrolemember 'ROL_SQLDEV', 'USR_ADMIN';
```

Dépersonnalisation

La dépersonnalisation est un concept qui permet de se faire passer pour quelqu'un d'autre afin :

- de tester les privilèges d'un compte ou d'un utilisateur particulier au cours d'une session ;
- de modifier le comportement de certains objets en les manipulant dans le contexte de sécurité d'un autre utilisateur.

Selon le cas, vous devrez utiliser EXECUTE AS en tant que commande ou en tant qu'option de la clause WITH.

Dépersonnalisation d'une session

Pour dépersonnaliser une session, il convient de recourir à la commande EXECUTE AS dont la syntaxe est la suivante :

```
[EXEC | EXECUTE] AS
{{LOGIN | USER}= autorise' [WITH{NO REVERT | COOKIE INTO @cookie_var}] | CALLER}[;]
```

- autorise doit être un nom de connexion si vous optez pour LOGIN, et un utilisateur SQL si vous choisissez USER.

- NO REVERT signifie qu'il sera impossible de revenir dans l'état d'origine.
- COOKIE INTO signifie que vous pouvez utiliser une variable de type VARBINARY(100) dans laquelle seront enregistrées des informations d'identification afin de prévenir d'un retour à l'origine malintentionné (sans passage en retour du cookie).
- CALLER est un générique qui sera remplacé à l'exécution par l'autorisé appelant.

L'utilisateur ou le compte de connexion qui désire utiliser la dépersonnalisation doit posséder le privilège IMPERSONATE. Le basculement vers un autre utilisateur ou un autre compte de connexion est global et entraîne le basculement de la partie associée. Par exemple, si vous êtes connecté avec le compte sa, un EXECUTE AS USER = 'USR_AUTRE' associé à un compte de connexion CNX_AUTRE, signifie que vous utiliserez ensuite et à la fois, le compte de connexion CNX_AUTRE et l'utilisateur USR_AUTRE. Pour revenir dans l'état initial, vous devrez utiliser la commande REVERT, dont la syntaxe est la suivante :

```
REVERT [WITH COOKIE = @cookie_var]
```

> Vous pouvez empiler plusieurs dépersonnalisations en utilisant des appels successifs de la commande EXECUTE AS, mais il est impossible de savoir à quel niveau vous en êtes. Cependant, la commande REVERT n'émet jamais d'erreur, même si vous avez déjà tout dépilé et êtes revenu à l'état initial.

Pour savoir qui vous êtes à un moment donné, vous pouvez utiliser la requête suivante.

```
SELECT ORIGINAL_LOGIN() AS CONNEXION_ORIGINALE,
       SYSTEM_USER AS CONNEXION_ACTUELLE,
       USER AS UTILISATEUR_ACTUEL;
```

La fonction ORIGINAL_LOGIN fournit le nom de votre connexion originelle, SYSTEM_USER celle que vous empruntez actuellement, et USER le nom d'utilisateur SQL sous lequel vous naviguez en ce moment.

Dans l'exemple suivant, nous testons les privilèges d'un utilisateur qui n'a aucun pouvoir en empruntant son identité. La commande EXECUTE dbo.P, lancée en se faisant passer pour l'utilisateur USR_TEST_DEV, ne peut aboutir et le message d'erreur suivant est affiché : Msg 229, Niveau 14, État 5, Procédure P, Ligne 1 : L'autorisation EXECUTE a été refusée sur l'objet 'P', base de données 'DB_MAGIC', schéma 'dbo'.

```
USE master;
GO
-- On crée un compte de connexion nommé CNX_TEST_DEV
CREATE LOGIN CNX_TEST_DEV WITH PASSWORD = 'Alan M. TURING',
        DEFAULT_DATABASE = DB_MAGIC,
        DEFAULT_LANGUAGE = Français;
GO
-- On se place dans le contexte de la base DB_MAGIC
USE DB_MAGIC;
GO
-- On se place dans le contexte de la base master
-- On crée un utilisateur nommé USR_TEST_DEV lié au compte précédent
CREATE USER USR_TEST_DEV FROM LOGIN CNX_TEST_DEV;
GO
-- On crée une table
CREATE TABLE dbo.T (C INT);
GO
```

```
-- On crée une procédure utilisant cette table
CREATE PROCEDURE dbo.P @I INT
AS
   INSERT INTO dbo.T VALUES (@I);
GO
-- On exécute la procédure
EXECUTE dbo.P 45;
-- On se fait passer pour l'utilisateur USR_TEST_DEV
EXECUTE AS USER = 'USR_TEST_DEV';
-- On exécute la procédure sous l'utilisateur USR_TEST_DEV
EXECUTE dbo.P 45;
GO
--> erreur !
-- mais qui sommes-nous ?
SELECT USER AS UTILISATEUR, SYSTEM_USER AS CONNEXION;
```

La dernière requête montre bien l'utilisateur et le compte de connexion emprunté :

```
UTILISATEUR       CONNEXION
----------------- ----------------
USR_TEST_DEV      CNX_TEST_DEV
```

Dépersonnalisation d'une routine

La dépersonnalisation d'une routine est intéressante dans deux cas :

- l'accès à une routine située dans une autre base que celle dans laquelle l'utilisateur navigue ;
- l'utilisation de requêtes élaborées à partir de SQL dynamique.

Pour dépersonnaliser une routine (fonction, procédure, déclencheur…), il faut ajouter l'option `EXECUTE AS` dans la clause `WITH` en en-tête du code. Les différentes possibilités sont résumées dans le tableau 11-11 .

Tableau 11–11 Possibilités de dépersonnalisation des routines

			Déclencheur		
			DML	DDL	
	Fonction	Procédure		de base de données	de serveur
CALLER	Oui	Oui	Oui	Oui	Oui
SELF	Oui	Oui	Oui	Oui	Oui
OWNER	Oui	Oui	Oui	Non	Non
Nom d'utilisateur	Oui	Oui	Oui	Oui	Non
Nom de connexion	Non	Non	Non	Non	Oui

`CALLER`, `SELF` et `OWNER` sont des génériques qui seront remplacés à l'exécution par l'autorisé :

- `CALLER` : correspond à l'appelant, valeur par défaut si la clause `EXECUTE AS` est absente ;
- `SELF` : correspond à l'utilisateur ayant modifié en dernier la routine ou, à défaut, à celui qui l'a créée ;
- `OWNER` : correspond au propriétaire de la routine ou, à défaut, au propriétaire du schéma contenant la routine.

Il n'est pas possible de dépersonnaliser les fonctions table en ligne dont la logique est similaire à celle des vues. Elles sont donc considérées à ce stade comme des tables.

La requête suivante vous permettra de connaître l'autorisé qui a modifié en dernier la routine. Remplacez ??? par le nom de l'objet, préfixé par son schéma.

```
SELECT *
FROM sys.sql_modules AS sm
     INNER JOIN sys.objects AS o
         ON sm.object_id = o.object_id
     INNER JOIN sys.schemas AS s
         ON o.schema_id = s.schema_id
WHERE o.object_id = OBJECT_ID('???') -- Nom de l'objet préfixé du nom du schéma
```

Dans l'exemple suivant, lancé sous le compte sa, nous créons un compte de connexion CNX_TEST_EXECAS et son utilisateur associé USR_TEST_EXECAS dans la base de données DB_MAGIC. Nous créons aussi une table nommée TTT et une procédure P_SQL_DYNAMIQUE, toutes deux dans le schéma dbo.

```
-- On se place dans le contexte de la base master
USE master;
GO
-- On crée un compte de connexion SQL nommé CNX_TEST_EXECAS
CREATE LOGIN CNX_TEST_EXECAS WITH PASSWORD = 'Protagoras.',
        DEFAULT_DATABASE = DB_MAGIC;
GO
-- On se place dans le contexte de la base DB_MAGIC
USE DB_MAGIC;
GO
-- On crée l'utilisateur USR_TEST_EXECAS
CREATE USER USR_TEST_EXECAS FROM LOGIN CNX_TEST_EXECAS;
GO
-- On crée une table
CREATE TABLE TTT (ENT INT)
GO
-- On crée une procédure utilisant la table
CREATE PROCEDURE dbo.P_SQL_DYNAMIQUE @SCHEMA sysname = 'dbo', @TABLE sysname
AS
DECLARE @SQL NVARCHAR(max);
SET @SQL = 'SELECT * FROM [' + @SCHEMA +'].[' + @TABLE +'];'
EXEC (@SQL);
GO
```

En se connectant sous le compte CNX_TEST_EXECAS, et donc en naviguant sous le compte de l'utilisateur USR_TEST_EXECAS, nous tentons de lancer la procédure P_SQL_DYNAMIQUE :

```
EXEC dbo.P_SQL_DYNAMIQUE 'dbo', 'TTT';
```

Nous obtenons le message d'erreur suivant : Msg 229, Niveau 14, État 5, Procédure P_SQL_DYNAMIQUE, Ligne 1 : L'autorisation EXECUTE a été refusée sur l'objet 'P_SQL_DYNAMIQUE', base de données 'DB_MAGIC', schéma 'dbo'.

Ceci est tout à fait logique car aucun privilège n'a été accordé à cet utilisateur sur cette procédure.

Pour autant, accorder le privilège EXECUTE sur cette procédure :

```
GRANT EXECUTE ON dbo.P_SQL_DYNAMIQUE TO USR_TEST_EXECAS;
```

ne résout pas le problème d'exécution de la procédure par l'utilisateur USR_TEST_EXECAS :

```
EXEC dbo.P_SQL_DYNAMIQUE 'dbo', 'TTT';
```

À nouveau, l'exécution se solde par un échec : `Msg 229, Niveau 14, État 5, Ligne 1 : L'autorisation SELECT a été refusée sur l'objet 'TTT', base de données 'DB_MAGIC', schéma 'dbo'.`

Ce message d'erreur est suffisamment explicite pour nous faire comprendre que ce n'est pas la procédure qui est en cause, celle-ci ayant été exécutée. En effet, c'est la table qui est en cause... Ceci s'explique par le fait que nous avons affaire à du SQL dynamique, qui, par principe, s'exécute hors contexte. Pour rétablir un fonctionnement normal et permettre à la procédure SQL de s'exécuter, quelle que soit la table, il suffit de préciser que le contexte d'exécution de cette routine ne doit pas être celui de l'appelant, mais celui du propriétaire.

```
ALTER PROCEDURE dbo.P_SQL_DYNAMIQUE @SCHEMA sysname = 'dbo', @TABLE sysname
WITH EXECUTE AS OWNER
AS
DECLARE @SQL NVARCHAR(max);
SET @SQL = 'SELECT * FROM [' + @SCHEMA +'].[' + @TABLE +'];'
EXEC (@SQL);
GO
```

Désormais, l'utilisateur `USR_TEST_EXECAS` pourra exécuter la procédure et lire les données en résultant, quelle que soit la table passée en argument.

Métadonnées de la sécurité

SQL Server dispose d'un très grand nombre de fonctions et de vues traitant de la sécurité. Nous en donnons ici un aperçu. Notez que certaines fonctions ont des synonymes... Miscrosoft propose différents schémas disponibles en ligne afin d'obtenir une vision graphique de la sécurité (voir *Configuration de la visibilité des métadonnées* en référence web).

Fonctions scalaires

Tableau 11–12 Fonctions scalaires

Fonctions	Description
DB_NAME(), DB_ID()	Nom ou identifiant d'une base de données. Si non précisé, il s'agit de la base courante.
SYSTEM_USER, SUSER_NAME(), SUSER_ID()	Nom ou identifiant du compte de connexion
ORIGINAL_LOGIN()	Nom de la connexion originelle
SCHEMA_NAME(), SCHEMA_ID()	Nom ou identifiant d'un schéma. Si non précisé, il s'agit du schéma par défaut.
USER, CURRENT_USER, USER_NAME(), USER_ID(), SESSION_USER	Nom ou identifiant de l'utilisateur
SUSER_SID(), SUSER_SNAME()	SID ou nom du compte de connexion
HAS_PERMS_BY_NAME()	Évalue si l'utilisateur actuel possède un privilège donné.
IS_MEMBER()	Vérifie l'appartenance de l'utilisateur à un groupe Windows ou à un rôle de base de données.
IS_SRVROLEMEMBER(), IS_ROLEMEMBER()	Vérifie l'appartenance à un rôle pour le compte de connexion ou l'utilisateur.

L'exemple suivant présente les noms du compte de connexion, de l'utilisateur SQL, de la base contextuelle et du schéma par défaut de l'utilisateur. Il précisé également si le nom d'utilisateur sous lequel nous sommes connecté fait partie du rôle `sysadmin`.

```
SELECT SYSTEM_USER, USER, DB_NAME(), SCHEMA_NAME(), IS_SRVROLEMEMBER('sysadmin')
```

Fonctions table

Tableau 11–13 Fonctions table

Fonctions	Description
sys.fn_builtin_permissions	Renvoie une table contenant la hiérarchie des autorisations disponibles à un niveau déterminé.
sys.fn_my_permissions	Renvoie une table donnant la liste des privilèges relatifs aux objets, actuellement accordés à l'utilisateur courant.

L'exemple suivant restitue la liste des privilèges accordés au niveau base de données sur tous les objets de la base courante. Néanmoins, ne figurent dans la table en retour que les privilèges ayant fait directement l'objet d'un GRANT. Les privilèges obtenus par descendance dans les hiérarchies et ceux induits par les rôles ne sont pas indiqués.

```
SELECT * FROM sys.fn_my_permissions(NULL, 'OBJECT')
```

Vues de métadonnées

Les sections suivantes présentent les principales vues de métadonnées concernant la sécurité de SQL Server.

Niveau serveur

Ces vues donnent les mêmes résultats quelle que soit la base de données contextuelle.

Tableau 11–14 Vues de métadonnées de sécurité de niveau serveur

Vue	Description
sys.server_permissions	Privilèges accordés au niveau serveur
sys.sql_logins	Connexions de type SQL
sys.server_principals	Ensemble des entités de sécurité : connexions, rôles de base de données...
sys.server_role_members	Liens entre les éléments de sécurité et les rôles

La requête suivante restitue les connexions Windows de groupe ou particulières, ainsi que les rôles qui leur sont affectés (métadonnées de sécurité de niveau serveur).

```
SELECT CNX.name AS WIN_LOGIN_NAME, ROL.name AS ROLE_NAME
FROM   sys.server_principals AS CNX
       INNER JOIN sys.server_role_members AS SRM
             ON CNX.principal_id = SRM.member_principal_id
             INNER JOIN sys.server_principals AS ROL
                   ON SRM.role_principal_id = ROL.principal_id
WHERE CNX.type_desc IN ('WINDOWS_LOGIN', 'WINDOWS_GROUP');
```

Niveau base de données

Les vues de métadonnées de sécurité de niveau base de données sont spécifiques à chaque base. En l'absence de précision de la base, elles opèrent sur la base contextuelle :

Tableau 11–15 Vues de métadonnées de sécurité de niveau base de données

Vue	Description
`sys.database_permissions`	Privilèges accordés au niveau base de données
`sys.database_role_members`	Liens entre les entités de sécurité et les rôles
`sys.database_principals`	Liste des utilisateurs et autres entités de sécurité au niveau base de données

La requête suivante restitue les utilisateurs SQL et les rôles qui leur sont affectés (métadonnées de sécurité de niveau base de données).

```
SELECT USR.name AS UTILISATEUR_SQL, ROL.name AS ROLE_NAME
FROM   sys.database_principals AS USR
       INNER JOIN sys.database_role_members AS DRM
             ON USR.principal_id = DRM.member_principal_id
             INNER JOIN sys.database_principals AS ROL
                   ON DRM.role_principal_id = ROL.principal_id
WHERE USR.type_desc = 'SQL_USER';
```

Bonnes pratiques en matière de sécurité

Plus la sécurité est simple, plus elle sera efficace car compréhensible. À quelques exceptions près, elle doit rester globale. Pour ce faire, préférez donc l'utilisation des schémas SQL et des rôles.

Voici donc quelques règles importantes.

- Utilisez de préférence un compte de connexion SQL pour créer vos bases de données (un compte de connexion système pose des problèmes de portabilité dans d'autres environnements).
- Créez autant de schémas SQL que nécessaire.
- Placez vos objets dans vos schémas et évitez l'utilisation du schéma `dbo`, sauf pour les objets génériques (table de codes postaux, procédure de maintenance des index...).
- Créez autant de rôles qu'il y a de profils fonctionnels d'utilisateurs de votre application.
- Assignez les bons privilèges aux différents rôles.
- Créez autant de comptes de connexion et d'utilisateurs SQL en fonction du nombre de groupes d'utilisateurs fonctionnels dotés de différents profils. Veillez à ne pas en créer trop (moins d'une dizaine).
- Assignez les rôles aux comptes de connexion et aux utilisateurs SQL.
- Bannissez le chaînage des propriétaires.
- Bannissez la rétrocession de privilèges (`GRANT OPTION`).
- Ne donnez pas le même nom à un compte de connexion et à l'utilisateur qu'il est dans une base afin d'éviter toute confusion.
- Favorisez les utilisateurs autonomes plutôt que des comptes de connexion liés à des utilisateurs SQL, si vous utilisez une version 2012 ou ultérieure.
- Évitez autant que possible la dépersonnalisation.

Pour ne pas donner le même nom aux comptes de connexion et aux utilisateurs, nous avons convenu de la règle suivante :

- un compte de connexion SQL est préfixé par `CNX_` ;
- un utilisateur SQL est préfixé par `USR_`.

Concepts du chiffrement

Le chiffrement est une notion regroupant plusieurs techniques de cryptage (au même titre que la stéganographie ou la cryptographie quantique, familles composées également de différentes techniques) qui utilisent des procédés numériques pour transformer une donnée claire en une donnée opaque. Pour ce faire, un algorithme connu est employé, dont l'un des paramètres (la clé) permet d'inverser le procédé afin de décoder l'information. La complexité de l'algorithme rendra d'autant plus difficile le décryptage pour ceux qui n'en possède pas la clé.

Il existe deux types d'algorithmes de chiffrement :

- les algorithmes utilisant une clé unique pour crypter et décrypter (il convient de la garder secrète), on parle alors de chiffrement symétrique ;
- les algorithmes possédant une clé de cryptage et une clé de décryptage (paire de clés), on parle alors de chiffrement asymétrique. Ce type de chiffrement est aussi appelé cryptographie à clé révélée : l'une des clés est publique, l'autre est privée.

Un chiffrement seul n'est généralement pas suffisant. En effet, il faut pouvoir identifier la source du chiffrement, faute de quoi il est impossible de garantir que le message chiffré est le bon. Par ailleurs, il convient de vérifier d'où provient la clé… Pour ce faire, on utilise des certificats qui permettent d'associer une entité à une clé grâce, au moins, à une signature de l'autorité ayant délivré le certificat (tiers de confiance).

Algorithmes

Depuis l'Antiquité, de nombreux algorithmes de chiffrement ont été élaborés. L'informatique et sa puissance de calcul ont obligé à repenser les méthodes de cryptage pour les rendre bien plus complexes qu'auparavant. Il est à noter que pendant la Seconde Guerre mondiale, Alan Turing et sa « bombe » à Bletchley Park ont réussi à partir de 1942 à casser le code allemand de la machine Enigma réputée inviolable. Ainsi, dès 1943, les alliés étaient au courant de la presque totalité des messages chiffrés de l'Axe (l'un des premiers ordinateurs à carte perforée), grâce à Collossus le premier supercalculateur électronique au monde ! Au plus fort de la guerre, plus de 18 000 messages étaient décryptés par jour.

Plus récemment, l'invention du PC a conduit à mettre au point un cryptage afin d'assurer la confidentialité des données sensibles. Cependant, les méthodes modernes de chiffrement étaient considérées à cette époque comme une arme de guerre et passible de peines exemplaires… C'est alors qu'un acteur solitaire, Phil Zimmermann, armé de bon arguments pour combattre une loi, le *Digital Telephony bill* de 1994, propose de se tourner vers l'information écrite échangée par e-mail et sécurisée par le cryptage. Pour cela, il offre un outil de chiffrement, illégal mais efficace : PGP. Zimmermann risquait de gros ennuis judiciaires (voir webographie) mais l'histoire en a décidé autrement car, par le truchement d'Internet, il répandit son œuvre qui fit naturellement des petits et se trouva de fait impossible à combattre !

Aujourd'hui, la loi a évolué dans le sens contraire. Il est désormais obligatoire de crypter certaines données, notamment dans le domaine de la santé (données personnelles ou d'identification des patients...). Néanmoins, si une affaire judiciaire est ouverte, les utilisateurs de procédés cryptographiques sont dans l'obligation de fournir la clé de chiffrement, sur demande du juge.

Les algorithmes modernes de chiffrement ont été mis au point dans les années 1970 et ont été améliorés au fur et à mesure dans les années 1980 à 1990.

- DES (*Data Encryption Standard*) : publié en 1977 par le NBS (*National Bureau of Standards*), cet algorithme tire son origine des travaux menés par le groupe cryptographique d'IBM dans le cadre d'un projet nommé LUCIFER. Il utilise une clé de 56 bits.
- RSA : acronyme constitué des initiales de Ron Rivest, Adi Shamir et Len Adleman, mathématiciens ayant inventé en 1977 le plus célèbre algorithme à clé publique, suite à la publication de l'idée d'une cryptographie à clé publique par Diffie et Hellman. La taille minimale de la clé est de 512 bits, elle comporte le plus souvent 1 024 ou 2 048 bits.
- RC4 : algorithme de chiffrement en continu à clé de longueur variable, développé en 1987 par Ron Rivest pour RSA. Il est longtemps resté secret avant d'être publié. Il est notamment utilisé pour crypter les données du protocole SSL (*Secure Socket Layer*) qui assure la confidentialité des échanges sur Internet. Sa clé est de 64 ou 128 bits.
- AES (*Advanced Encryption Standard*) : proposé à la suite d'un appel d'offres international lancé en janvier 1997 par la NIST (*National Institute of Standards and Technology*) afin de remplacer le vieillissant DES. AES en sort finaliste. Il utilise au choix des clés de 128, 196 et 256 bits.

La description technique de ces algorithmes sort du cadre de cet ouvrage. Pour plus de renseignements à ce sujet, consultez les nombreux ouvrages sur ce sujet (voir la bibliographie en annexe).

- Plus la clé est longue, plus la tentative de « casser le code » par une attaque de type « force brute » est longue.
- Les algorithmes à clé révélée sont plus complexes et donc plus difficiles à casser.
- Plus un algorithme est complexe, plus les temps de cryptage et de décryptage sont longs.
- Une donnée cryptée est très peu compressible.

En matière de sécurité, les algorithmes à clé révélée (paire de clés symétriques) possèdent un avantage certain. En effet, dans les systèmes à clé unique, il faut que la clé soit présente aussi bien sur la source qu'au niveau de la cible pour pouvoir crypter ou décrypter. Cette technique est donc deux fois plus fragile puisque l'unique clé figure à deux endroits. En revanche, dans le système de chiffrement asymétrique, la clé exposée au public ne sert qu'à crypter. La clé secrète ne sert qu'au déchiffrement, il y a donc moins de risques qu'elle soit volée. Mais le coût d'un chiffrement asymétrique est extrêmement important et pèse donc plus encore sur les performances.

Une technique intermédiaire qui constitue un bon compromis entre sécurité et rapidité est d'utiliser un cryptage par clé unique et de crypter la clé elle-même à l'aide d'une clé asymétrique.

Conséquences du chiffrement

Quel que soit l'algorithme utilisé, le chiffrement est coûteux en termes de process et il convient donc minimiser son emploi. Par ailleurs, il augmente très sensiblement le volume des petites données et certaines recherches sont impossibles une fois l'information chiffrée.

Dans l'exemple suivant, nous proposons de crypter la colonne `PTT_NOM` qui fait 32 caractères ASCII, donc 32 octets (dont beaucoup sont vides...). Malgré cela, la longueur de la donnée une fois cryptée est de 60 octets ! Ce sera pire encore pour le prénom. Le chiffrement ne donnera sûrement pas les mêmes informations si vous reproduisez cette requête sur votre PC, ni même si vous relancez le processus de chiffrement plusieurs fois, à cause du *salage*.

```
-- On se place dans le contexte de la base DB_MAGIC
USE DB_MAGIC;
GO
-- On crée une table de patients
CREATE TABLE T_PATIENT_PTT
(PTT_ID       INT IDENTITY, PTT_PRENOM   VARCHAR(25),
PTT_NOM      CHAR(32), PTT_NUMSECU CHAR(13));
GO
-- On y insère quelques lignes
INSERT INTO T_PATIENT_PTT VALUES
('marc', 'Dupont', '1234567890000'),('Marc', 'DUPONT', '7894561230000'),
('Jean', 'Duval', '4561237890000'),('Luc', 'Dubois', '3216549870000'),
('Zoé', 'Aldic', '9876543210000'),('Alain', 'Zorn', '3216549870000');
-- On extrait des données en clair et on crypte ces mêmes données
SELECT PTT_ID, PTT_NOM,
       ENCRYPTBYPASSPHRASE('Mon Passe !', PTT_NOM) AS NOM_CRYPTE,
       DATALENGTH(PTT_NOM) AS LONG_NOM,
       DATALENGTH(ENCRYPTBYPASSPHRASE('Mon Passe !', PTT_NOM)) AS LONG_CRYPT
FROM   T_PATIENT_PTT
ORDER BY NOM_CRYPTE;
```

Le résultat obtenu est le suivant :

```
PTT_ID   PTT_NOM   NOM_CRYPTE                  LONG_NOM    LONG_CRYPT
-------- --------- --------------------------- ----------- -----------
1        Dupont    0x010000002EA9D13814D6...   32          60
6        Zorn      0x0100000033B27783E2B0...   32          60
5        Aldic     0x0100000035C6ADCBF5AB...   32          60
3        Duval     0x010000004A56906B3589...   32          60
2        DUPONT    0x01000000726975B321C2...   32          60
4        Dubois    0x01000000B7BDA376B2E1...   32          60
```

Par ailleurs, nous avons ordonné les lignes suivant le contenu de la colonne cryptée et nous constatons que le nom correspondant est en désordre. Désormais, des recherches par inégalité comme `LIKE`, `>`, `<=` ou `BETWEEN` sont logiquement impossibles sur les données cryptées. Seule la recherche directe, par égalité, est supportée…

L'exemple suivant montre comment transformer la colonne contenant le nom en clair en informations opaques grâce à la fonction de cryptage. Ainsi, pour trouver un patient dont le nom est « Dupont », il faut utiliser dans la clause `WHERE` une fonction de décryptage et comparer.

```
ALTER TABLE T_PATIENT_PTT ADD NOM_CRYPTE VARBINARY(256);

UPDATE T_PATIENT_PTT
   SET NOM_CRYPTE = ENCRYPTBYPASSPHRASE('Mon Passe !', PTT_NOM);

ALTER TABLE T_PATIENT_PTT DROP COLUMN PTT_NOM;
```

Comme la fonction de chiffrement est appliquée à la colonne, la seule possibilité de recherche réside dans un balayage total de la table avec décryptage du nom de chaque patient. Tout index sera par essence ignoré. Les performances sont donc sévèrement dégradées par rapport à une colonne figurant en clair et qui peut être indexée.

```
SELECT *
FROM   T_PATIENT_PTT
WHERE DECRYPTBYPASSPHRASE('Mon Passe !', NOM_CRYPTE) = 'Dupont';
```

Que faut-il chiffrer ?

L'augmentation du volume et la lenteur des requêtes de recherche vont poser des problèmes insidieux. Il faut donc trouver le bon compromis entre trop de chiffrage et pas assez. Ceci n'est pas si simple car a priori, toute information personnelle est susceptible de conduire vers l'identification d'une personne.

Prenons l'exemple d'une table de patients qui contient les informations suivantes : nom, prénom, date de naissance, lieu de naissance, numéro de sécurité sociale et nationalité. Il semble que les seules informations vraiment identifiantes soient le nom, le prénom et le numéro de sécurité sociale. Mais imaginez maintenant que parmi vos patients ne figure qu'un seul argentin… Sera-t-il difficile de l'identifier si la nationalité figure en clair dans votre table ?

Parfois, il est possible de chiffrer partiellement les données. C'est ce que fait par exemple Amazon au niveau des cartes de paiement des internautes : les quatre derniers chiffres sont indiqués en clair, ce qui permet de repérer facilement la bonne carte à utiliser et minimise le surcoût induit par le chiffrement.

Architecture de chiffrement de SQL Server

Figure 11–5
Architecture de dépendance du chiffrement.
Source : Microsoft B.O.L. SQL Server

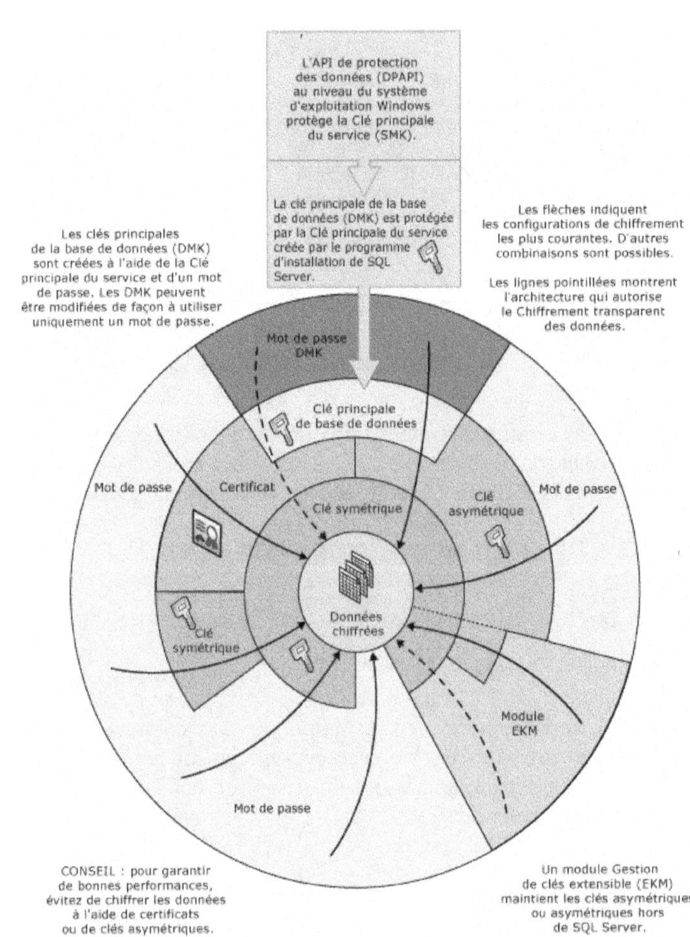

SQL Server étant sa propre autorité de certification, tous les mécanismes de chiffrement et de gestion des certificats sont intégrés au moteur, même si l'on peut effectivement utiliser des clés externes. Il existe une hiérarchie de dépendance des objets de chiffrement dont la racine est l'instance SQL Server. Lors de l'installation, une clé d'instance est générée par l'API de chiffrement de Windows. Mis à part cet objet, tous ceux qui en découlent (clés, certificats...) dépendront d'un objet de niveau supérieur.

Attention au coût exorbitant du cryptage, le chiffrement asymétrique étant extrêmement onéreux. Rien n'empêche cependant de crypter la clé symétrique à l'aide d'une clé asymétrique. Du fait de cette dépendance, il faut comprendre que les données cryptées d'une base ne peuvent être décryptées, une fois la base migrée sur une autre instance, sans une régénération de la clé et des données cryptées. Il faudra donc, en cas de migration d'une base d'une instance à une autre, ouvrir la clé, décrypter les données et les recrypter avec la nouvelle clé qui sera générée. Il est bien sûr indispensable de sauvegarder ses clés afin de ne pas perdre ses données !

Chiffrement en pratique

Nous allons maintenant étudier les différentes méthodes de cryptage et voir comment elles s'articulent.

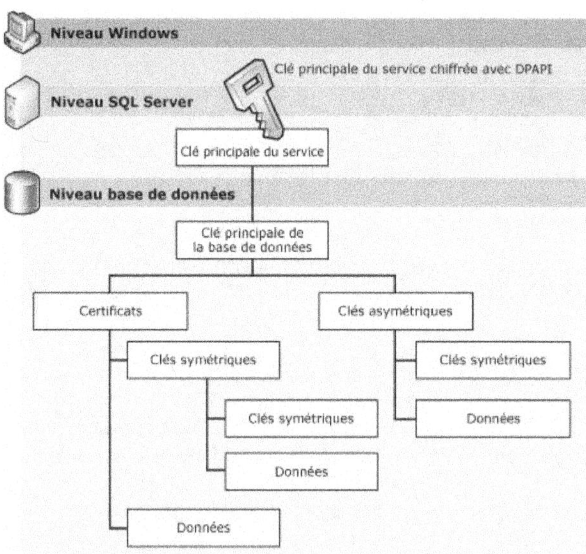

Figure 11–6
Hiérarchie de chiffrement.
Source : Microsoft B.O.L. SQL Server

La figure 11-6 montre par quelles étapes il est nécessaire de passer pour utiliser telle ou telle méthode de chiffrement. Les algorithmes utilisés par SQL Server sont les suivants :

- AES avec une clé de 128, 192 ou 256 bits ;
- DES (56 bits), Triple DES (128 à 192 bits) ;
- RC2 (64 bits), RC4 (40 à 256 bits) ;
- RSA avec une clé de 512, 1 024 ou 2 048 bits.

Clé d'instance (SERVICE MASTER KEY)

Le sommet de la hiérarchie de chiffrement est constitué de la clé d'instance, appelée SERVICE MASTER KEY, qui est générée au cours de l'installation par l'API Data Protection (DPAPI) de Windows. La valeur de cette clé dépend de deux comptes système : celui du service SQL Server et celui sous lequel tourne le système d'exploitation. Ainsi, en cas de changement du compte de service de SQL Server, le système continue de fonctionner.

Outre le fait que cette clé d'instance va servir à chiffrer les clés maîtresses dans chaque base, elle sert à crypter les mots de passe des comptes de connexion SQL, les accréditations (*credentials*) et les mots de passe de connexion des serveurs liés. Elle peut être sauvegardée, modifiée et restaurée. Il est indispensable de la sauvegarder, car en cas d'avarie nécessitant la reconstruction du serveur, l'absence de cette clé vous fera perdre toutes les données cryptées.

Le tableau 11-16 présente quelques-unes des commandes Transact-SQL relatives à la gestion de la clé d'instance :

Tableau 11–16 Commandes Transact-SQL permettant de gérer la clé d'instance

Commandes	Description

`BACKUP SERVICE MASTER KEY`
`TO FILE = 'chemin_fichier'`
`ENCRYPTION BY PASSWORD = 'mot_de_passe' [;]`
	Sauvegarde la clé d'instance.

`RESTORE SERVICE MASTER KEY`
`FROM FILE = 'chemin_fichier'`
`DECRYPTION BY PASSWORD = 'mot_de_passe' [FORCE] [;]`
	Restaure la clé d'instance.

`ALTER SERVICE MASTER KEY`
`[{option_regeneration | methode_recuperation}] [;]`
`option_regeneration ::=`
`[FORCE] REGENERATE`
`methode_recuperation ::=`
`{WITH OLD_ACCOUNT = 'nom_compte', OLD_PASSWORD = 'mot_de_passe'}`
`| {WITH NEW_ACCOUNT = 'nom_compte' , NEW_PASSWORD = 'mot_de_passe'}`
	Régénère ou récupère la clé d'instance.

Clé maîtresse de la base de données

La création d'une clé maîtresse de base de données est nécessaire pour utiliser certaines des techniques de cryptage et d'authentification. Elle s'effectue à l'aide de la commande suivante :

```
CREATE MASTER KEY ENCRYPTION BY PASSWORD = 'mot_de_passe'[;]
```

L'exemple suivant décrit la création d'une clé maîtresse de base de données :

```
USE DB_MAGIC;
CREATE MASTER KEY ENCRYPTION BY PASSWORD = 'Un secret ?';
```

Il est bien entendu nécessaire de la sauvegarder, ce qui peut se faire via la commande BACKUP MASTER KEY.

```
BACKUP MASTER KEY TO FILE = 'C:\SQL\BACKUPS\clé Maitre base DB_MAGIC.bmk'
   ENCRYPTION BY PASSWORD = 'Un secret ?';
```

Pour sauvegarder la clé, il convient d'indiquer le mot de passe d'origine. Pour la restaurer, il faut changer le mot de passe. Celui-ci sera nécessaire pour toutes les opérations de cryptage.

```
RESTORE MASTER KEY FROM FILE = 'C:\SQL\BACKUPS\clé Maitre base DB_MAGIC.bmk'
   DECRYPTION BY PASSWORD = 'Un secret ?'
   ENCRYPTION BY PASSWORD = 'Un nouveau secret !';
```

Pour utiliser la clé, vous n'avez pas besoin de l'ouvrir ni de la refermer, à condition qu'elle ait bien été générée directement dans la base dans laquelle elle figure, car dans ce cas l'ouverture est automatiquement assurée par le système. Si ce n'est pas le cas, par exemple si vous avez restauré une clé maîtresse sur une autre base que celle d'origine, alors il vous faudra l'ouvrir et la fermer pour toute manipulation.

```
-- On crée une nouvelle base
CREATE DATABASE DB_MAGIC_BIS;
GO
-- On se place dans le contexte de cette base
USE DB_MAGIC_BIS;
GO
-- On restaure la clé maîtresse d'une base dans l'autre
RESTORE MASTER KEY FROM FILE = 'C:\SQL\BACKUPS\clé Maitre base DB_MAGIC.bmk'
   DECRYPTION BY PASSWORD = 'Un secret ?'
   ENCRYPTION BY PASSWORD = 'Un nouveau secret !';
GO
-- On tente de sauvegarder cette clé
BACKUP MASTER KEY TO FILE = 'C:\SQL\BACKUPS\Cle Maitresse base DB_MAGIC_BIS.bmk'
   ENCRYPTION BY PASSWORD = 'Un nouveau secret !';
```

Cette dernière commande conduit à un échec et au message d'erreur suivant : `Msg 15581, Niveau 16, État 3, Ligne 1 : Créez une clé principale dans la base de données ou ouvrez la clé principale dans la session avant d'effectuer cette opération.`

En effet, la clé n'a pas été générée dans la base et n'a pas non plus été ouverte pour effectuer cette opération de sauvegarde. En procédant comme suit, la sauvegarde, comme toute autre opération, devient possible :

```
-- On ouvre la clé
OPEN MASTER KEY DECRYPTION BY PASSWORD = 'Un nouveau secret !';
-- On sauvegarde la clé
BACKUP MASTER KEY TO FILE = 'C:\SQL\BACKUPS\Cle Maitresse base DB_MAGIC_BIS.bmk'
   ENCRYPTION BY PASSWORD = 'Un nouveau secret !';
-- On ferme la clé
CLOSE MASTER KEY;
```

Il est possible de modifier une clé maîtresse grâce à la commande `ALTER MASTER KEY`, ou de la supprimer à l'aide de `DROP MASTER KEY`, à condition qu'aucun objet dépendant n'existe dans la base.

Crypter à l'aide d'une phrase de passe

La méthode la plus simple de cryptage consiste à utiliser une phrase comme générateur de clé de cryptage. Cette phrase est appelée *pass phrase* ou phrase de passe. L'algorithme utilisé est le TRIPLE DES utilisant une clé de 128 bits. Les fonctions associées sont listées dans le tableau 11-17 (la syntaxe a été simplifiée).

Tableau 11–17 Fonctions associées au chiffrement par phrase de passe

Commandes	Description
EncryptByPassPhrase (phrase_de_passe, texte) [;]	Chiffrement
DecryptByPassPhrase (phrase_de_passe, texte) [;]	Déchiffrement

phrase_de_passe et texte peuvent être des valeurs ou des variables.

La clé maîtresse de base de données n'est pas requise pour crypter à l'aide d'une phrase de passe. Cette méthode présente l'inconvénient de devoir montrer le paramètre de génération de la clé (phrase de passe). Il est néanmoins possible de ne jamais l'afficher en utilisant un autre objet, vue, fonction, procédure, déclencheur… et en cryptant cet objet.

Dans l'exemple suivant, on crée une vue de décryptage dans un schéma différent de la table cryptée. Le cryptage des données est assuré par le déclencheur INSTEAD OF INSERT qui modifie à la volée les données claires en données cryptées. Il faudrait faire de même pour la modification (UPDATE) et la suppression (DELETE).

```
-- On se place dans le contexte de la base DB_MAGIC
USE DB_MAGIC;
GO
-- On crée le schéma dans la base pour les données claires et cryptées
CREATE SCHEMA S_CRYPTE;
GO
CREATE SCHEMA S_CLAIR;
GO
-- On crée une table de patients
CREATE TABLE S_CRYPTE.T_PATIENT_PTT
(PTT_ID                 INT IDENTITY PRIMARY KEY,
PTT_NOM_CRYPTE         VARBINARY(128),
PTT_NUMSECU_CRYPTE     VARBINARY(64));
GO
-- On crée une vue de décryptage des données de la table de patients
CREATE VIEW S_CLAIR.V_PATIENT_PTT WITH ENCRYPTION
AS
SELECT PTT_ID,
       CAST(DECRYPTBYPASSPHRASE('18 juin 44',
                                PTT_NOM_CRYPTE) AS VARCHAR(32)) AS PTT_NOM,
       CAST(DECRYPTBYPASSPHRASE('18 juin 44',
                                PTT_NUMSECU_CRYPTE) AS CHAR(13)) AS PTT_NUMSECU
FROM   S_CRYPTE.T_PATIENT_PTT;
GO
-- On crée un déclencheur pour automatiser l'insertion des données cryptées
CREATE TRIGGER E_I_V_PTT ON S_CLAIR.V_PATIENT_PTT WITH ENCRYPTION
INSTEAD OF INSERT
AS
BEGIN
   INSERT INTO S_CRYPTE.T_PATIENT_PTT
   SELECT ENCRYPTBYPASSPHRASE('18 juin 44', PTT_NOM),
          ENCRYPTBYPASSPHRASE('18 juin 44', PTT_NUMSECU)
   FROM   inserted;
END;
GO
-- On insère des données claires dans la vue, elles seront cryptées par le trigger
INSERT INTO S_CLAIR.V_PATIENT_PTT VALUES (NULL, 'De Gaulle', '1234567890123');
GO
-- On visualise les données cryptées
SELECT * FROM S_CRYPTE.T_PATIENT_PTT;
-- On visualise les données claires
SELECT * FROM S_CLAIR.V_PATIENT_PTT;
```

Les deux jeux de résultats finaux de cet exemple sont les suivants :

```
PTT_ID      PTT_NOM_CRYPTE                    PTT_NUMSECU_CRYPTE
----------- --------------------------------- --------------------------
1           0x010000002FF088B569D3B2...       0x01000000CB124DC3D3E294...

PTT_ID      PTT_NOM                           PTT_NUMSECU
----------- --------------------------------- -------------
1           De Gaulle                         1234567890123
```

Un objet `WITH ENCRYPTION` est crypté. Le code de la routine est masqué et ne peut être récupéré ni exposé sauf par certains utilisateurs dans un contexte particulier (voir fin de chapitre)

Créer un certificat

La référence à un certificat est un paramètre possible pour authentifier la plupart des systèmes de chiffrement. Dans cette section, nous allons donc voir comment établir un certificat. Les certificats SQL Server (aussi appelés certificats de clé publique) répondent à la norme X509 et peuvent donc être récupérés d'un couple de fichiers (au format CER et PVK) ou d'une assembly. Ils sont propres à une base de données. Ils lient la valeur d'une clé publique à l'identité de la personne, de la machine ou du service qui contient la clé privée correspondante. Les certificats sont émis et signés par une autorité de certification qui peut être SQL Server. Dans ce cas, ils utilisent l'algorithme RSA avec une clé privée de 1 024 bits. L'entité qui reçoit un certificat d'une autorité de certification est le sujet de ce certificat.

Les certificats contiennent les informations suivantes :

- une clé publique appartenant au sujet ;
- au moins une information identifiant le sujet (utilisateur SQL dans le cas de SQL Server, adresse de messagerie la plupart du temps pour des certificats externes) ;
- la période de validité ;
- au moins une information identifiant l'émetteur ;
- la signature numérique de l'émetteur.

La signature numérique permet d'attester la validité du lien entre la clé publique et les informations d'identification du sujet. En effet, le processus de signature numérique des informations implique la transformation de celles-ci, ainsi qu'un certain nombre d'informations secrètes connues de l'expéditeur.

La syntaxe de la commande permettant de créer un certificat provenant d'un fichier ou directement de SQL Server est la suivante :

```
CREATE CERTIFICATE nom_certificat [ AUTHORIZATION nom_utilisateur]
    {FROM cle_existante | generation_cle}

cle_existante::=
    ASSEMBLY nom_assembly
    | {[EXECUTABLE] FILE = 'chemin_fichier'
        [WITH PRIVATE KEY (option_cle)]}

generation_cle ::=
    [ENCRYPTION BY PASSWORD = 'mot_de_passe']
    WITH SUBJECT = 'sujet_certificat'
    [, options_de_date [,…n]]
```

```
option_cle ::=
    FILE = 'chemin_fichier_cle'
    [, DECRYPTION BY PASSWORD = 'mot_de_passe']
    [, ENCRYPTION BY PASSWORD = 'mot_de_passe']

options_de_date ::= START_DATE = 'AAAAMMJJ' | EXPIRY_DATE = 'AAAAMMJJ'
```

Créons un certificat auto-signé :

```
CREATE CERTIFICATE CRT_DONNEES_SANTE
   ENCRYPTION BY PASSWORD = 'La Sécu a été créée par De Gaulle en 1945 !'
   WITH SUBJECT = 'cryptage des données de santé',
        EXPIRY_DATE = '20201231';
```

Créons un certificat à l'aide d'un couple de fichiers contenant le certificat et une clé de cryptage :

```
CREATE CERTIFICATE CRT_DONNEES_PERSO
   FROM FILE = 'C:\external\data_perso.cer'
   WITH PRIVATE KEY
       (FILE = 'C:\backups\keys\data_perso.pvk',
        BY PASSWORD = 'Passe de la clé des données perso');
```

Les commandes relatives aux certificats sont présentées dans le tableau 11-18 :

Tableau 11–18 Commandes relatives aux certificats

Commandes	Description
CREATE CERTIFICATE	Création d'un certificat
ALTER CERTIFICATE	Modification d'un certificat existant
DROP CERTIFICATE	Suppression d'un certificat
BACKUP CERTIFICATE	Sauvegarde d'un certificat
CERTENCODED	Renvoie la partie publique d'un certificat en hexadécimal.
CERTPRIVATEKEY	Renvoie la clé privée d'un certificat sous forme hexadécimale.

Crypter à l'aide d'une clé

Crypter des données à l'aide d'une clé est un grand classique. SQL Server permet d'utiliser des clés uniques (symétriques) ou des paires de clés (asymétriques), l'une étant publique et l'autre privée.

Clés symétriques

Pour crypter à l'aide d'une clé symétrique, il faut en créer une. Une fois la clé créée, il faut préalablement l'ouvrir pour pouvoir l'utiliser, puis la refermer après usage.

La syntaxe simplifiée de la commande permettant de créer une clé symétrique est la suivante :

```
CREATE SYMMETRIC KEY nom_cle
   [AUTHORIZATION nom_proprietaire]
    WITH liste_options
    ENCRYPTION BY objet_pere [;]
```

```
option ::=
    KEY_SOURCE = 'pass_phrase'
    | ALGORITHM = algorithme
    | IDENTITY_VALUE = 'phrase_identifiante'
    | CREATION_DISPOSITION = {CREATE_NEW | OPEN_EXISTING}

algorithme ::= DES | TRIPLE_DES | TRIPLE_DES_3KEY | RC2 | RC4 | RC4_128
                   | DESX | AES_128 | AES_192 | AES_256

objet_pere ::=
   CERTIFICATE nom_certificat
   | PASSWORD = 'mot de passe'
   | SYMMETRIC KEY nom_cle_symetrique
   | ASYMMETRIC KEY nom_cle_asymetrique
```

Certains algorithmes ou codes d'algorithme sont obsolètes ou en passe de l'être.

- RC4 (ou RC4_128) est considéré comme définitivement obsolète. Il ne peut donc plus servir à crypter dans les bases de données de niveau 2012 ou supérieur. Il est cependant conservé pour des raisons de rétrocompatibilité, à condition de placer le niveau de la base entre 2005 et 2008 R2.
- DESX (mal nommé) utilise un TRIPLE DES avec une clé de 192 bits, il équivaut à TRIPLE_DES_3KEY. Il est en passe de devenir obsolète, aussi il convient de le remplacer par TRIPLE_DES_3KEY.

Les commandes relatives aux clés symétriques sont listées dans le tableau 11-19.

Tableau 11–19 Commandes relatives aux clés symétriques

Commandes	Description
CREATE SYMMETRIC KEY	Création d'une clé symétrique
ALTER SYMMETRIC KEY	Modification d'une clé symétrique
DROP SYMMETRIC KEY	Suppression d'une clé symétrique
ENCRYPTBYKEY	Fonction de cryptage par clé symétrique
DECRYPTBYKEY	Fonction de décryptage par clé symétrique
SYMKEYPROPERTY	Renvoie l'algorithme utilisé par la clé symétrique.
OPEN SYMMETRIC KEY	Ouvre une clé symétrique pour crypter ou décrypter.
CLOSE SYMMETRIC KEY	Ferme une clé symétrique précédemment ouverte.
KEY_GUID	Renvoie le GUID associé au nom de la clé dans la base contextuelle.

Dans l'exemple suivant, le cryptage a été effectué via la fonction ENCRYPTBYKEY, qui nécessite un GUID comme argument d'identification de la clé. Si vous connaissez le nom de la clé, vous pouvez utiliser la fonction KEY_GUID pour retrouver le GUID associé à ce nom de clé, à condition d'exécuter cette fonction dans le contexte de la base hébergeant la clé.

```
-- On crée une base de données
CREATE DATABASE DB_CRYPT
GO
-- On se place dans le contexte de cette nouvelle base
USE DB_CRYPT
GO
-- On crée une table des patients
CREATE TABLE dbo.T_PATIENT_PTT
(PTT_ID                 INT IDENTITY PRIMARY KEY,
```

```
PTT_NOM_CRYPTE       VARBINARY(256), PTT_NUMSECU_CRYPTE   VARBINARY(128));
GO
-- On crée la clé symétrique
CREATE SYMMETRIC KEY KS_FRED WITH ALGORITHM = AES_256
        ENCRYPTION BY PASSWORD = 'Jacques Bonde 007 !';
GO
-- On ouvre la clé symétrique pour l'utiliser
OPEN SYMMETRIC KEY KS_FRED DECRYPTION BY PASSWORD = 'Jacques Bonde 007 !';
-- On insère une ligne avec des données cryptées dans la table
INSERT INTO dbo.T_PATIENT_PTT
VALUES (ENCRYPTBYKEY(KEY_GUID('KS_FRED'), 'Dupont'),
        ENCRYPTBYKEY(KEY_GUID('KS_FRED'), '1800675112337'));
-- On ferme la clé
CLOSE SYMMETRIC KEY KS_FRED;
```

Au lieu de créer une clé autonome, vous pouvez la créer à partir d'un certificat, d'une autre clé symétrique ou d'une clé asymétrique. Dans ce cas, les options de la liste diffèrent. Pour décrypter, il faut utiliser la fonction DECRYPTBYKEY après avoir ouvert la clé. Veillez également à refermer la clé après traitement.

```
-- On ouvre pour le décryptage
OPEN SYMMETRIC KEY KS_FRED DECRYPTION BY PASSWORD = 'Jacques Bonde 007 !';
-- On décrypte les données dans une requête d'extraction de données
SELECT *, CAST(DECRYPTBYKEY(PTT_NOM_CRYPTE) AS VARCHAR(32)),
          CAST(DECRYPTBYKEY(PTT_NUMSECU_CRYPTE) AS CHAR(13))
FROM   dbo.T_PATIENT_PTT
-- On ferme la clé
CLOSE SYMMETRIC KEY KS_FRED;
```

Clés asymétriques

Comme pour une clé symétrique, le cryptage à l'aide d'une paire de clés asymétriques nécessite préalablement sa création (ou son importation).

La syntaxe simplifiée de la commande permettant de créer une paire de clés asymétriques est la suivante :

```
CREATE ASYMMETRIC KEY nom_cle
   [AUTHORIZATION nom_proprietaire]
   {FROM source_cle_asymetrique
     | WITH liste_options}
    ENCRYPTION BY PASSWORD = 'mot de passe' [;]

option ::= ALGORITHM = <algorithme>
    | CREATION_DISPOSITION = {CREATE_NEW | OPEN_EXISTING}

source_cle_asymetrique::=
   FILE = 'fichier_binaire_cle'
   | EXECUTABLE FILE = 'fichier_assembly_cle'
   | ASSEMBLY nom_assembly

algorithme ::={RSA_512 | RSA_1024 | RSA_2048}
```

Les commandes relatives aux clés asymétriques sont listées dans le tableau 11-20.

Dans l'exemple suivant, le cryptage a été effectué via la fonction ENCRYPTBYASYMKEY, qui nécessite un identifiant comme argument d'identification de la clé. Si vous connaissez le nom de la clé, vous pouvez

Tableau 11–20 Commandes relatives aux clés asymétriques

Commandes	Description
CREATE ASYMMETRIC KEY	Création d'une clé asymétrique
ALTER ASYMMETRIC KEY	Modification d'une clé asymétrique
DROP ASYMMETRIC KEY	Suppression d'une clé asymétrique
ENCRYPTBYASYMKEY	Fonction de cryptage par clé asymétrique
DECRYPTBYASYMKEY	Fonction de décryptage par clé asymétrique
SIGNBYASYMKEY	Signe un texte par clé asymétrique.
VERIFYSIGNEDBYASYMKEY	Vérifie une signature de texte effectuée par clé asymétrique.
ASYMKEYPROPERTY	Renvoie une propriété d'une clé asymétrique.
DECRYPTBYKEYAUTOASYMKEY	Décrypte par clé symétrique automatiquement ouverte par une clé asymétrique.
ASYMKEY_ID	Renvoie l'identifiant associé au nom de la clé asymétrique dans la base contextuelle.

utiliser la fonction ASYMKEY_ID pour retrouver l'identifiant associé au nom, à condition d'exécuter cette fonction dans le contexte de la base hébergeant la clé.

```
-- On crée une base de données
CREATE DATABASE DB_CRYPT
GO
-- On se place dans le contexte de cette nouvelle base
USE DB_CRYPT
GO
-- On crée une table des patients
CREATE TABLE dbo.T_PATIENT_PTT
(PTT_ID                INT IDENTITY PRIMARY KEY,
PTT_NOM_CRYPTE        VARBINARY(512), PTT_NUMSECU_CRYPTE   VARBINARY(256));
GO
-- On crée la clé asymétrique
CREATE ASYMMETRIC KEY KS_FRED WITH ALGORITHM = RSA_2048
        ENCRYPTION BY PASSWORD = 'Jacques Bonde 007 !';
GO
-- On insère une ligne avec des données cryptées dans la table
INSERT INTO dbo.T_PATIENT_PTT
VALUES (ENCRYPTBYASYMKEY(ASYMKEY_ID('KS_FRED'), 'Dupont'),
        ENCRYPTBYASYMKEY(ASYMKEY_ID('KS_FRED'), '1800675112337'));
```

Au lieu de créer une clé autonome, vous pouvez la créer à partir d'une autre clé symétrique ou asymétrique importée depuis un fichier ou une assembly. Dans ce cas, les options de la liste diffèrent. Pour décrypter, vous devrez utiliser la fonction DECRYPTBYASYMKEY en passant l'identifiant de clé et le mot de passe.

```
-- On décrypte des données dans une requête d'extraction de données
SELECT *,
       CAST(DECRYPTBYASYMKEY(ASYMKEY_ID('KS_FRED'),
               PTT_NOM_CRYPTE, N'Jacques Bonde 007 !') AS VARCHAR(32)),
       CAST(DECRYPTBYASYMKEY(ASYMKEY_ID('KS_FRED'),
               PTT_NUMSECU_CRYPTE, N'Jacques Bonde 007 !') AS CHAR(13))
FROM   dbo.T_PATIENT_PTT
```

Crypter à l'aide d'un certificat

Nous avons vu précédemment comment créer un certificat, qui contient une paire de clés asymétriques. Il est donc possible de crypter à l'aide d'un certificat. Le tableau 11-21 liste les commandes relatives au cryptage par certificat.

Tableau 11–21 Commandes relatives au cryptage par certificat

Commandes	Description
ENCRYPTBYCERT	Fonction de cryptage par certificat
DECRYPTBYCERT	Fonction de décryptage par certificat
CERT_ID	Renvoie l'identifiant associé au nom du certificat dans la base contextuelle.

Les fonctions ENCRYPTBYCERT et DECRYPTBYCERT servent au chiffrement et au déchiffrement. La fonction CERT_ID permet quant à elle de retrouver l'identifiant du certificat d'après son nom. Comme le procédé utilise une paire de clés asymétriques, les performances sont encore moins bonnes qu'avec le procédé à clés symétriques.

```
-- On crée une base de données
CREATE DATABASE DB_CRYPT
GO
-- On se place dans le contexte de cette nouvelle base
USE DB_CRYPT
GO
-- On crée une table des patients
CREATE TABLE dbo.T_PATIENT_PTT
(PTT_ID                  INT IDENTITY PRIMARY KEY,
PTT_NOM_CRYPTE          VARBINARY(256), PTT_NUMSECU_CRYPTE    VARBINARY(128));
GO
-- On crée un certificat afin de crypter des données
CREATE CERTIFICATE CRT_SECRET
   ENCRYPTION BY PASSWORD = '1 ceux CRAIE'
   WITH SUBJECT = 'cryptage des données de santé',
        EXPIRY_DATE = '20201231';
-- On insère les données cryptées par certificat
INSERT INTO dbo.T_PATIENT_PTT
VALUES (ENCRYPTBYCERT(CERT_ID('CRT_SECRET'), 'Dupont'),
        ENCRYPTBYCERT(CERT_ID('CRT_SECRET'), '1800675112337'));
-- On décrypte les données dans une requête d'extraction de données
SELECT *,
       CAST(DECRYPTBYCERT(CERT_ID('CRT_SECRET'),
               PTT_NOM_CRYPTE, N'1 ceux CRAIE') AS VARCHAR(32)),
       CAST(DECRYPTBYCERT(CERT_ID('CRT_SECRET'),
               PTT_NUMSECU_CRYPTE, N'1 ceux CRAIE') AS CHAR(13))
FROM   dbo.T_PATIENT_PTT;
```

Signer et authentifier un objet

Il est possible de signer des données comme des modules de code. Pour cela, vous pouvez utiliser soit une paire de clés asymétriques, soit un certificat qui encapsule une paire de clés asymétriques. L'avantage d'utiliser un certificat est double : en plus de la signature, on s'assure de l'authentification du signataire du message. Le tableau 11-22 reprend les fonctions permettant de signer et d'authentifier un objet.

Tableau 11–22 Fonctions permettant de signer et d'authentifier un objet

Fonctions	Description
SIGNBYCERT	Signature par certificat
SIGNBYASYMKEY	Signature par paire de clés asymétriques
VERIFYSIGNEDBYCERT	Vérification d'une signature par certificat
VERIFYSIGNEDBYASYMKEY	Vérification d'une signature par clé asymétrique
ADD ... SIGNATURE TO	Ajoute une signature à un module SQL.
DROP SIGNATURE	Retire la signature d'un module SQL.

La signature est une donnée numérique ajoutée à l'information ordinaire afin de garantir l'origine de la donnée. Il faut donc prévoir une colonne supplémentaire dans votre table afin de stocker la signature. La taille de la signature diffère en fonction de l'algorithme de chiffrement utilisé. Avec une clé de 2 048 bits, la taille de la signature sera de 256 octets. Pour une clé de 1 024 bits, la taille sera de 128 octets. Utilisez exclusivement du VARBINARY.

Signer des données

Pour comprendre comment signer des données, nous allons insérer des messages électroniques en appliquant une signature aux données, afin de pouvoir authentifier l'utilisateur ayant ajouté les données dans la table.

Dans l'exemple suivant, une nouvelle colonne PST_SIGNATURE est ajoutée à la table des messages (T_POST_PST) afin d'enregistrer le binaire de la signature. Nous avons créé un utilisateur USR_FRED (et compte de connexion) et lui avons créé un certificat qu'il est le seul à pouvoir utiliser puisqu'il en est le propriétaire.

```
-- On crée une nouvelle base de données
CREATE DATABASE DB_CRYPT
GO
-- On se place dans le contexte de cette nouvelle base
USE DB_CRYPT
GO
-- On crée une table pour stocker des messages électroniques
CREATE TABLE dbo.T_POST_PST
(PST_ID              BIGINT IDENTITY PRIMARY KEY,
PST_DATEHEURE       DATETIME2(0) NOT NULL DEFAULT GETUTCDATE(),
PST_MAIL            NVARCHAR(256) NOT NULL,
PST_TITRE           NVARCHAR(124),
PST_CORPS           NVARCHAR(max),
PST_SIGNATURE       VARBINARY(256));
GO
-- On crée un compte de connexion pour les messages de Fred
CREATE LOGIN CNX_FRED WITH PASSWORD = 'PassFred',
     DEFAULT_DATABASE = DB_CRYPT;
GO
-- On crée un utilisateur relié au compte de connexion de Fred
CREATE USER USR_FRED FROM LOGIN CNX_FRED;
GO
-- On crée un certificat, propriété de Fred, afin de signer les données
CREATE CERTIFICATE CRT_SIGN_FRED
AUTHORIZATION USR_FRED
   ENCRYPTION BY PASSWORD = N'O.S.S. CENT dix-sept '
   WITH SUBJECT = N'Signature des messages de Fred',
        EXPIRY_DATE = '20201231';
GO
```

```
-- On interdit l'utilisation du certificat par tous, excepté Fred qui en est le propriétaire
REVOKE CONTROL ON CERTIFICATE::CRT_SIGN_FRED TO PUBLIC;
GO
-- On autorise Fred à lire, insérer et modifier des données de la table
GRANT SELECT, INSERT, UPDATE ON dbo.T_POST_PST TO USR_FRED;
GO
-- On crée une procédure pour insérer des données signées
CREATE PROCEDURE dbo.P_I_PST    @PST_MAIL   NVARCHAR(256),
   @PST_TITRE NVARCHAR(124),   @PST_CORPS NVARCHAR(max),
   @PASSWORD   NVARCHAR(256)
AS
SET NOCOUNT ON;
BEGIN
   DECLARE @CRT_NAME sysname, @PST_SIGNATURE VARBINARY(256);
   IF USER LIKE 'USR?_%' ESCAPE '?'
   BEGIN
      SET @CRT_NAME = 'CRT_SIGN_' + SUBSTRING(USER, 5, LEN(USER) - 4)
      SET @PST_SIGNATURE = SIGNBYCERT(CERT_ID(@CRT_NAME),
                           LEFT(@PST_MAIL + @PST_TITRE + @PST_CORPS, 500),
                            @PASSWORD);
   END
   INSERT INTO dbo.T_POST_PST (PST_MAIL, PST_TITRE, PST_CORPS, PST_SIGNATURE)
   VALUES (@PST_MAIL, @PST_TITRE, @PST_CORPS, @PST_SIGNATURE);
END
GO
-- On autorise Fred à exécuter la procédure
GRANT EXECUTE ON dbo.P_I_PST TO PUBLIC;
GO
-- On lance la procédure sous l'utilisateur générique (dbo)
EXEC dbo.P_I_PST @PST_MAIL = N'fred@sqlpro.com',
                 @PST_TITRE = N'SQL Server finger in the nose !',
                 @PST_CORPS = N'Bien plus simple qu''il n''y paraît…',
                 @PASSWORD = N'O.S.S. CENT dix-sept ';
GO
-- On se fait passer pour Fred
EXECUTE AS USER = 'USR_FRED';
GO
-- On lance la procédure sous l'utilisateur Fred
EXEC dbo.P_I_PST @PST_MAIL = N'fred@sqlpro.com',
                 @PST_TITRE = N'SQL Server finger in the nose !',
                 @PST_CORPS = N'Bien plus simple qu''il n''y paraît…',
                 @PASSWORD = N'O.S.S. CENT dix-sept ';
GO
-- On retourne à l'utilisateur générique dbo
REVERT;
-- On vérifie les données signées avec le certificat de Fred
SELECT PST_ID, PST_DATEHEURE, PST_MAIL, PST_SIGNATURE,
       VERIFYSIGNEDBYCERT(CERT_ID('CRT_SIGN_FRED'),
                          LEFT(PST_MAIL + PST_TITRE + PST_CORPS, 500),
                          PST_SIGNATURE) AS SIGNATURE_OK
FROM dbo.T_POST_PST;
```

Le résultat obtenu est le suivant :

```
PST_ID    PST_DATEHEURE         PST_MAIL          PST_SIGNATURE     SIGNATURE_OK
--------- --------------------- ----------------- ----------------- ------------
1         2013-03-06 07:52:56   fred@sqlpro.com   NULL              0
2         2013-03-06 07:53:01   fred@sqlpro.com   0xD76955BBB24... 1
```

Lors de l'exécution de la procédure, on recherche le certificat affecté à l'utilisateur et on ajoute la signature dans la table. Pour que cela fonctionne, nous avons formalisé les noms de nos objets comme suit :

- un utilisateur est préfixé par USR_, suivi de son nom ;
- le certificat de signature affecté à un utilisateur est préfixé par CRT_SIGN_, suivi de son nom.

Nous pouvons ainsi recoller les morceaux et appliquer une signature à tous les utilisateurs disposant d'un nom et d'un certificat (nom et propriétaire) conformes.

Nous aurions pu utiliser les tables système pour savoir quel était le certificat attribué à un utilisateur, par exemple avec la requête suivante. Néanmoins, il n'est pas possible de garantir qu'un utilisateur ne possède qu'un seul certificat.

```
SELECT P.name AS USR_NAME, C.name AS CERT_NAME
FROM   sys.certificates AS C
       INNER JOIN sys.database_principals AS P
             ON C.principal_id = P.principal_id:
```

Signer une procédure

Voici un second exemple de signature qui concerne un module de code SQL. Ceci permet d'authentifier l'objet en s'assurant qu'il provient bien de l'origine indiquée et qu'il n'a subi aucune modification depuis cette signature. L'intérêt de cette technique de signature réside dans le fait qu'elle peut être utilisée pour exécuter un code sans que vous ayez reçu des privilèges pour pouvoir l'utiliser. Les modules de code signables dans SQL Server sont les fonctions, les procédures, les déclencheurs DML et les assemblies. Les triggers DDL ne peuvent pas être signés.

Pour illustrer la signature de code, nous allons créer deux bases de données dont l'une propose de décrypter les données contenues dans l'autre, sans pour autant donner le moindre privilège aux utilisateurs.

Dans l'exemple suivant, on met en place un cryptage des données dans la base DB_CRYPT et on utilise une procédure de décryptage créée dans la base DB_CLEAR. Bien que Fred possède le privilège permettant d'exécuter la procédure, il ne peut l'utiliser car son exécution échoue et le message d'erreur suivant apparaît : `Msg 916, Niveau 14, État 1, Procédure P_PATIENT_PTT, Ligne 6 : Le principal de serveur "CNX_FRED" ne peut pas accéder à la base de données "DB_CRYPT" dans le contexte de sécurité actuel.`

Nous devons donc régler l'accès aux données. Ce que nous allons faire par le biais de la signature de la procédure.

```
-- On crée une nouvelle base de données
CREATE DATABASE DB_CRYPT
GO
-- On se place dans le contexte de cette nouvelle base
USE DB_CRYPT
GO
-- On crée une table des patients
CREATE TABLE dbo.T_PATIENT_PTT
(PTT_ID                INT IDENTITY PRIMARY KEY,
PTT_NOM_CRYPTE        VARBINARY(256), PTT_NUMSECU_CRYPTE   VARBINARY(128));
GO

-- On insère une ligne avec les données cryptées dans la table
INSERT INTO dbo.T_PATIENT_PTT
VALUES (ENCRYPTBYPASSPHRASE('P@ss4u', 'Dupont'),
        ENCRYPTBYPASSPHRASE('P@ss4u', '1800675112337'));
```

```
-- On crée une autre base de données
CREATE DATABASE DB_CLEAR
GO
USE DB_CLEAR
GO
-- On crée une procédure renvoyant les données décryptées de la table
CREATE PROCEDURE dbo.P_PATIENT_PTT AS
SET NOCOUNT ON;
SELECT PTT_ID,
       CAST(DECRYPTBYPASSPHRASE('P@ss4u',
                                PTT_NOM_CRYPTE) AS VARCHAR(32))
                                   AS PTT_NOM_CLEAR,
       CAST(DECRYPTBYPASSPHRASE('P@ss4u',
                                PTT_NUMSECU_CRYPTE) AS CHAR(13))
                                   AS PTT_NUMSECU_CLEAR
FROM   DB_CRYPT.dbo.T_PATIENT_PTT
GO
-- On crée le compte de connexion pour Fred
CREATE LOGIN CNX_FRED WITH PASSWORD = 'PassFred',
     DEFAULT_DATABASE = DB_CRYPT;
GO
-- On crée un utilisateur relié au compte de connexion de Fred
CREATE USER USR_FRED FROM LOGIN CNX_FRED;
GO
-- On octroie le privilège d'exécuter cette procédure à l'utilisateur Fred
GRANT EXECUTE ON dbo.P_PATIENT_PTT TO USR_FRED;
GO
-- On se fait passer pour l'utilisateur Fred…
EXECUTE AS USER = 'USR_FRED';
-- afin de tester l'exécution de la procédure
EXECUTE dbo.P_PATIENT_PTT;
```

Dans l'exemple suivant, nous avons créé un certificat dans la base DB_CLEAR et signé la procédure qui décrypte les données avec ce certificat. Nous l'avons ensuite sauvegardé après lui avoir retiré sa clé afin que personne d'autre ne puisse l'utiliser pour signer ce même module de code contrefait !

De retour dans la base cryptée, nous avons créé un certificat depuis la sauvegarde du certificat de la base en clair et créé un utilisateur à l'aide de ce certificat. Nous avons ensuite octroyé à cet utilisateur le privilège de lire les données de la table des patients. Il ne reste plus qu'à indiquer aux bases qu'elles sont dignes de confiance, c'est-à-dire que nous avons fait reposer la sécurité sur tout autre chose que la gestion des privilèges habituels.

```
-- On retourne dans la base avec les données en clair via la procédure
USE DB_CLEAR
GO
-- On crée la clé principale de la base
CREATE MASTER KEY ENCRYPTION BY PASSWORD = 'Austin Powers !';
GO
-- On crée le certificat afin de signer les données
CREATE CERTIFICATE CRT_SIGN_CROSS
   WITH SUBJECT = N'Signature des modules interbase', EXPIRY_DATE = '20201231';
GO
-- On signe la procédure
ADD SIGNATURE TO dbo.P_PATIENT_PTT BY CERTIFICATE CRT_SIGN_CROSS;
GO
-- On supprime par sécurité la clé du certificat
ALTER CERTIFICATE CRT_SIGN_CROSS REMOVE PRIVATE KEY;
GO
```

```
-- On sauvegarde le certificat
BACKUP CERTIFICATE CRT_SIGN_CROSS
         TO FILE = 'C:\DATACRYPT\CERTIF\CRT_SIGN_CROSS.cert';
GO
-- On retourne dans la base contenant les données cryptées
USE DB_CRYPT
GO
-- On crée un certificat basé sur le certificat de l'autre base
CREATE CERTIFICATE CRT_SIGN_CROSS
   FROM FILE = 'C:\DATACRYPT\CERTIF\CRT_SIGN_CROSS.cert';
GO
-- On crée un utilisateur particulier engendré par le certificat
CREATE USER USR_SIGN_CERTIF FROM CERTIFICATE CRT_SIGN_CROSS;
GO
-- On octroie à cet utilisateur le privilège permettant de lire la table des patients
GRANT SELECT ON OBJECT::dbo.T_PATIENT_PTT TO USR_SIGN_CERTIF;
GO
-- On se place dans le contexte de la base master
USE master;
GO
-- On indique que les deux bases sont dignes de confiance
ALTER DATABASE DB_CLEAR SET TRUSTWORTHY ON;
ALTER DATABASE DB_CRYPT SET TRUSTWORTHY ON;
```

Il ne reste plus qu'à tester notre solution (décryptage avec signature de code).

```
-- Test
USE DB_CLEAR
GO
-- On se fait passer pour l'utilisateur Fred…
EXECUTE AS USER = 'USR_FRED';
-- afin de tester l'exécution de la procédure
EXECUTE dbo.P_PATIENT_PTT;
```

Le résultat est le suivant :

```
PTT_ID      PTT_NOM_CLEAR                    PTT_NUMSECU_CLEAR
----------- -------------------------------- -----------------
1           Dupont                           1800675112337
```

Nous avons résolu notre problème d'accès interbase sans passer par une lourde gestion des privilèges, ni même par le concept de chaînage des propriétaires…

Crypter avec un HSM

HSM signifie *Hardware Security Module* et concerne un dispositif physique (boîtier électronique) que l'on place dans le réseau et auquel on confie la gestion des clés de cryptage. Ce type de dispositif présente l'avantage de ne pas faire figurer les clés dans la base ou le serveur, mais dans le boîtier lui-même, réputé physiquement inviolable (d'où son prix exorbitant).

SQL Server peut utiliser un tel boîtier à condition de configurer votre instance en conséquence et de déclarer un EKM (*Extensible Key Management*), c'est-à-dire d'enregistrer la dll d'accès au boîtier dans les données système de votre base. La mise en place d'un boîtier de cryptage (HSM) dans le cas de l'EKM s'effectue comme suit :

```
EXEC sp_configure 'EKM provider enabled', 1;
GO
RECONFIGURE;
GO
USE master;
GO
CREATE CRYPTOGRAPHIC PROVIDER EKM_THALES_SECRET
   FROM FILE = '\\THALES_EKM\driverHSM.dll';
GO
```

L'ensemble des techniques de cryptage que nous avons vu peuvent externaliser leurs clés avec un tel dispositif en mentionnant la clause `FROM PROVIDER` et les options spécifiques à ce type de clé dans le code de l'instruction Transact-SQL. La création d'une clé symétrique hébergée par le HSM s'opère ainsi :

```
CREATE SYMMETRIC KEY KS_EKM_THALES_SANTE
   FROM PROVIDER EKM_THALES_SECRET
   WITH PROVIDER_KEY_NAME = 'La_clé_sante_thales';
```

Figure 11–7
Exemple de boîtier HSM : Thales nShield Connect

TDE ou le cryptage du stockage

Le TDE (*Transparent Data Encryption*) entend fournir un service de cryptage des fichiers de la base et non pas des données elles-mêmes. En effet, nous avons vu que le cryptage des données des tables rendait dramatiquement lentes la plupart des requêtes. De plus, crypter toutes les données d'une table, voire d'une base serait catastrophique en termes de performance, ce qui rendrait inexploitable toute base de données.

L'idée est donc de manipuler les données en clair en mémoire, tout en assurant un niveau de confidentialité maximal en cas de tentative de vol des fichiers de la base. Mieux encore, dès qu'une base est cryptée par TDE, toutes les sauvegardes, tant de la base elle-même que du journal des transactions, sont naturellement cryptées.

La clé symétrique de cryptage TDE de la base doit être créée à partir d'un certificat posé sur la base `master` et elle doit utiliser l'un des algorithmes suivants : AES_128, AES_192, AES_256 ou TRIPLE_DES_3KEY.

L'exemple suivant décrit la mise en place du chiffrement transparent des fichiers de la base (TDE).

```
-- On se place dans le contexte de la base master
USE master;
GO
-- On crée la clé maîtresse de la base master pour créer un certificat
CREATE MASTER KEY ENCRYPTION BY PASSWORD = 'Super Mot 2 Pass.';
GO
```

```
-- On crée le certificat qui servira pour créer la clé de cryptage TDE de la base
CREATE CERTIFICATE CERT_TDE_MABASE
   WITH SUBJECT = 'Certificat pour cryptage TDE de MABASE';
GO
-- On sauvegarde la base en mode FULL
BACKUP DATABASE DB_MABASE
   TO DISK = 'C:\MesSauvegardes\DB_MABASE_AVANT_TDE.BAK';
-- et on sauvegarde le journal de la base
BACKUP LOG DB_MABASE
   TO DISK = 'C:\MesSauvegardes\DB_MABASE_AVANT_TDE.TRN';
GO
-- On se place dans le contexte de la base à crypter
USE DB_MABASE;
GO
-- On crée la clé de cryptage TDE de la base
CREATE DATABASE ENCRYPTION KEY WITH ALGORITHM = AES_128
   ENCRYPTION BY SERVER CERTIFICATE CERT_TDE_MABASE;
GO
-- On active le cryptage TDE
ALTER DATABASE DB_MABASE SET ENCRYPTION ON;
GO
-- On sauvegarde à nouveau la base en mode FULL
BACKUP DATABASE DB_MABASE
   TO DISK = 'C:\MesSauvegardes\DB_MABASE_APRES_TDE.BAK';
-- et on sauvegarde le journal de la base
BACKUP LOG DB_MABASE
   TO DISK = 'C:\MesSauvegardes\DB_MABASE_APRES_TDE.TRN';
GO
```

Pendant la phase de cryptage, la base est inaccessible.

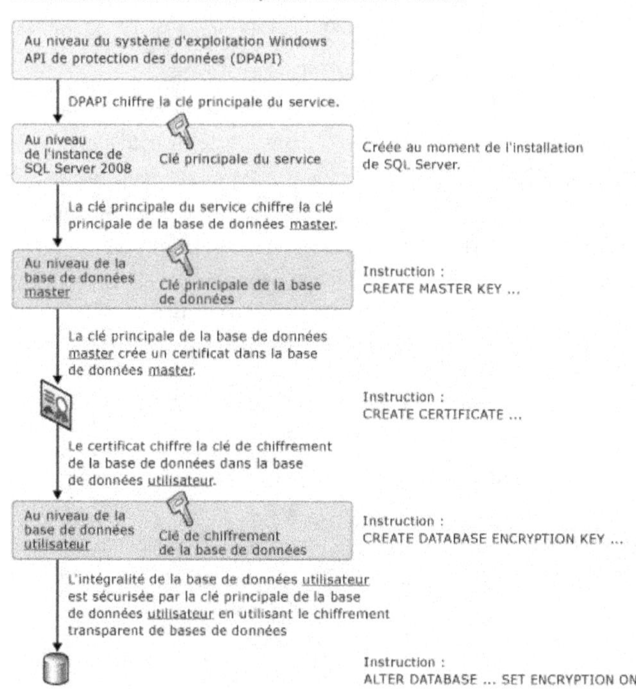

Figure 11–8
Figure 11-8. Principe d'application de TDE.
Source : B.O.L. Microsoft

Une fois TDE activé, les données des fichiers de données sont toutes cryptées. Cependant, seules les nouvelles entrées du journal des transactions le seront, la partie précédente persistera en clair. Au cas où vous voudriez vous servir du journal des transactions pour une restauration, cette dernière échouera du fait de cette mixité de données cryptées et non cryptées. Nous vous recommandons donc d'effectuer une sauvegarde préalable du journal des transactions juste avant la mise en place de TDE et de procéder à une sauvegarde complète juste après. Vous pouvez aussi utiliser une clé hébergée dans un système externe (HSM). Dans ce cas, il faut passer par une clé asymétrique résidant dans le boîtier.

Conclusion sur le chiffrement

Au fur et à mesure de votre utilisation du cryptage, vous remarquerez peut-être certaines choses étranges. Par exemple, utiliser un nom incorrect pour une clé, un mot de passe ou un certificat ne provoque aucune erreur. Pour la restitution des données, une erreur de clé ne fera apparaître que du `NULL`. Toujours pas de message d'erreur… En fait, la plupart des erreurs liées au cryptage sont silencieuses. Ceci est volontaire de manière à ne pas trop donner d'informations aux pirates ! Mais cela rend le développement des applications nécessitant du cryptage plus difficile à déboguer…

Comme nous venons de le voir, le chiffrement est un vaste sujet dans SQL Server et nous n'avons fait que le survoler dans ce chapitre. Pour approfondir le sujet, nous vous conseillons de consulter les ouvrages spécialisés tels que *Expert SQL Server 2008 Encryption* de Michael Coles et Rodney Landrum, 2009.

Métadonnées du cryptage

Le tableau 11-23 liste quelques vues très utiles pour explorer les objets de chiffrement mis en place dans une base de données ou sur un serveur.

Tableau 11–23 Vues de métadonnées du chiffrement

Vues	Description
`sys.certificates`	Liste des certificats
`sys.symmetric_keys`	Liste des clés symétriques
`sys.asymmetric_keys`	Liste des clés asymétriques
`sys.crypt_properties`	Liste des propriétés cryptographiques associées à un « sécurisable »
`sys.cryptographic_providers`	Liste des HSM installés
`sys.dm_database_encryption_keys`	Donne l'état de chiffrement d'une base par rapport aux différents outils de chiffrement créés
`sys.dm_cryptographic_provider_properties`	Liste des propriétés associées aux HSM installés

Tableau 11–24 Fonctions table de métadonnées du chiffrement

Fonctions	Description
`sys.dm_cryptographic_provider_algorithms()`	Donne la liste des algorithmes de cryptage associés à un HSM installé.
`sys.dm_cryptographic_provider_keys()`	Donne des informations sur les clés associées à un HSM installé.
`sys.dm_cryptographic_provider_sessions()`	Retourne les informations des sessions ouvertes pour l'utilisation d'un HSM.

Masquer le code d'un module SQL

L'option `WITH ENCRYPTION` d'un module (vue, fonction, procédure, déclencheur...) permet de crypter la définition de l'objet et utilise l'algorithme RC4. En principe, le code de la routine est masqué et ne peut pas être récupéré ou exposé, sauf par des utilisateurs particuliers, notamment les DAC, c'est-à-dire des utilisateurs ayant accès aux tables système ou aux fichiers des bases de données. Le débogueur peut lire le code puisqu'il figure en clair en mémoire. Par ailleurs, la clé de cryptage est connue et certains outils disponibles sur Internet (par exemple, http://msdynamicstips.com/2008/12/24/decrypt-sql-2005-stored-procedures-functions-views-and-triggers) permettant de casser le chiffrement. Ne vous fiez donc pas trop à cette méthode, qui sert essentiellement à masquer le code plus que pour des raisons de confidentialité. Si vous l'employez, nous vous conseillons donc de conserver une trace du code ayant servi à créer l'objet par ailleurs (fichier, par exemple).

Utiliser une clé de hachage

À proprement parler, la technique du hachage n'est pas une méthode de cryptage, dans le sens où il n'est pas possible de décrypter les informations une fois transformées par le biais d'un algorithme de hachage. On parle souvent de « *one way encryption* », mais cette expression est impropre. Le but du hachage est double : masquer l'information et en réduire la vérification.

Toutes les techniques de hachage ont le même but : fournir une valeur généralement numérique, voire hexadécimale, à partir d'une donnée quelconque (texte, nombre, date...). La donnée résultante est d'un volume modique et constant suivant l'algorithme utilisé.

Tous les algorithmes de hachage présentent le même inconvénient, à savoir le télescopage. En effet, deux données distinctes peuvent engendrer la même clé de hachage. Cependant, cet inconvénient est aussi un avantage, puisque le but du hachage est de faire en sorte de ne pas pouvoir retrouver l'original en partant de la clé.

Le hachage ne sert donc pas au cryptage mais à la vérification, sans obligation de manipuler la vraie « valeur » et sur un volume réduit, donc beaucoup plus rapide. Cependant, en matière de hachage, il n'y a jamais de certitude... Prenons l'exemple d'un site web sur lequel les internautes s'identifient à l'aide de leur e-mail associé à un mot de passe. L'e-mail lui-même peut être redondé sous forme de hachage tandis que le mot de passe sera quant à lui crypté. La vérification du compte sera donc beaucoup plus rapide que s'il s'était agi du compte e-mail lui-même.

SQL Server utilise différents algorithmes de hachage (tableau 11-25).

Tableau 11–25 Algorithmes de hachage

Fonctions	Description
CHECKSUM	Renvoie une clé de hachage sous forme d'entier à partir d'une valeur scalaire.
CHECKSUM_AGG	Renvoie une clé de hachage sous forme d'entier à partir de valeurs agrégées (colonne).
BINARY_CHECKSUM	Renvoie une clé de hachage sous forme d'entier à partir d'une liste de valeurs (ligne).
HASHBYTES	Renvoie une clé de hachage binaire (hexadécimale) à partir d'une valeur scalaire en fonction de l'algorithme choisi.

Les valeurs retournées par ces fonctions diffèrent selon la collation utilisée et notamment sa sensibilité à la casse ou aux accents.

- `CHECKSUM`, `CHECKSUM_AGG` et `BINARY_CHECKSUM` utilisent un algorithme simpliste donnant un nombre entier. Avantage donc à la concision, mais télescopages nombreux et facilité de casser le hachage. Réservez ces fonctions à de simples contrôles plutôt que pour garantir la confidentialité (par exemple, pour créer des index en hash).
- La fonction `HASBYTES` propose les algorithmes MD2, MD4, MD5, SHA, SHA1, SHA2_256 et SHA2_512. Les algorithmes MD sont considérés comme dépréciés du fait de la découverte de vulnérabilités potentielles importantes. De même, SHA1 a connu ces derniers temps quelques vulnérabilités. Dans le cas de données sensibles, il est préférable d'utiliser un SHA2.

12

Sauvegarde et restauration

Le mécanisme interne de sauvegarde à chaud de SQL Server est d'une grande simplicité et d'une exceptionnelle robustesse, en plus d'être rapide. En comparaison, on trouvera chez certains concurrents une extrême complexité, rarement liée à une grande sophistication, ou à l'inverse un grand dépouillement avec une sécurité de sauvegarde parfois plus qu'aléatoire…

La restauration des bases de données est assez sophistiquée car elle permet de répondre à de multiples problématiques comme vous allez le découvrir.

Cependant, la multiplicité des bases et le fait que certaines données figurent dans les bases système présentent des inconvénients :

- une mauvaise maîtrise des bases de données multiples peut entraîner des sauvegardes fonctionnellement non intègres ;
- certaines données partagées entre les bases de production et figurant dans des tables système ne sont pas prises en compte lors des sauvegardes.

Dans ce chapitre, nous allons voir comment résoudre ces deux problématiques. Les versions 2012 et suivantes de SQL Server apportent sur ce point quelques améliorations.

Qu'est-ce qu'une sauvegarde ?

La sauvegardepeut être définie ainsi : ensemble de fichiers numériques (un ou plusieurs) contenant la totalité des éléments permettant de reconstituer une base de données sur un serveur SQL Server de version identique ou supérieure (par exemple, une sauvegarde d'une base de données de 2008 vers 2014), dans les limites imparties à l'édition (ainsi, une base de données de 16 Go ne peut être restaurée dans une édition Express), et en conservant l'intégrité des données.

Une sauvegarde contient donc la structure de la base (objets logiques et physiques), les données et les transactions effectuées sur cette base pendant la durée de la sauvegarde.

Lors de la sauvegarde, le plus difficile consiste à conserver l'intégrité des données, alors même que les utilisateurs travaillent sur les bases en cours de sauvegarde...

Remarques préliminaires

Lors de la sauvegarde, les utilisateurs peuvent continuer à travailler, mettre à jour des données, effectuer des transactions, restructurer des tables, etc. Le contenu de la sauvegarde correspond à l'état de la base de données en fin de sauvegarde et non au début de celle-ci.

Il est impossible de prévoir l'heure à laquelle la sauvegarde va se terminer, car elle dépend en partie du nombre de transactions (toute mise à jour basique est une transaction) qui ont lieu au cours de la sauvegarde.

Un fichier de sauvegarde est un fichier binaire lisible par SQL Server et non un fichier texte contenant des commandes SQL de type `CREATE` et `INSERT`.

La sauvegarde ne demande pas beaucoup de ressources (sauf ressources disque) et ralentit peu le service des données.

Compte tenu des systèmes de redondance matériels (disque RAID, mémoire autocorrective, CPU enfichable à chaud...) ou fonctionnels (*log shipping*, *clustering*, *mirroring*...), il semble finalement peu important de prévoir des sauvegardes... Mais c'est oublier que la fonction première des sauvegardes est avant tout l'archivage, notamment pour des besoins légaux (données comptables, par exemple) ou encore pour récupérer des données victimes d'une fausse manipulation (par exemple, suppression d'une table par erreur).

Pour les données, la sauvegarde ne concerne que les pages non vides. Ainsi, une base de données de grande dimension mais peu remplie conduira à des sauvegardes de taille très modeste (pour vérifier la taille de la base, vous pouvez utiliser la procédure `sp_spaceused`).

Différents types de sauvegardes

SQL Server implémente trois types de sauvegardes :

- sauvegarde complète : la totalité de la base de données en l'état ;
- sauvegarde différentielle : ce qui a été modifié depuis la dernière sauvegarde complète ;
- sauvegarde transactionnelle : les transactions effectuées depuis la dernière sauvegarde.

À noter que la sauvegarde peut ne concerner que certains éléments de stockage : groupe de fichiers ou fichier).

Algorithme de la sauvegarde

Voici le processus général de sauvegarde utilisé par SQL Server.

1. Pose d'un marqueur dans le journal des transactions.
2. Lecture des pages de données en mémoire et écriture dans les fichiers de la sauvegarde.
3. Lecture des pages non prises en compte à l'étape précédente et écriture dans les fichiers de la sauvegarde.
4. Lecture des transactions depuis la marque placée au démarrage et enregistrement dans les fichiers de la sauvegarde.
5. Pose d'une marque pour indiquer la fin de la sauvegarde.

Par ailleurs, SQL Server utilise un algorithme en logique flou pour déterminer l'ordre de prise en compte des pages afin de minimiser le temps du traitement.

Pour une sauvegarde différentielle, seule les pages modifiées depuis la dernière sauvegarde complète sont prises en compte. Pour ce faire, SQL Server dispose d'une cartographie des pages mises à jour depuis la dernière sauvegarde complète. Elle est constituée de pages spéciales, appelées DCM (*Differential Changed Map*), qui notent à l'aide d'un bit à 1 quelles sont les pages, parmi les 65 000 pages suivantes (il y a donc une page DCM toutes 65 000 pages environ), qui ont été modifiées. Bien entendu, ces pages sont remises à zéro à chaque sauvegarde complète.

Pour une sauvegarde transactionnelle, seule les transactions sont enregistrées (les pages de données ne le sont donc pas) à partir de la marque dans le journal placée lors de la dernière sauvegarde. Par ailleurs, une purge logique du journal est effectuée.

Pour chaîner de manière cohérente les différentes sauvegardes, SQL Server conserve parmi les métadonnées de la sauvegarde les références des LSN (*Log Segment Number*, c'est-à-dire numéro de référence de chaque entrée du journal des transactions) pour le début et la fin de la sauvegarde, ainsi que la référence du dernier `CHECKPOINT`[1].

Bases de données multiples et sauvegarde

Comme nous l'avons vu, il est impossible de savoir à quel moment la sauvegarde va se terminer et étant donné que cette sauvegarde contient toutes les données de la base à l'heure de fin, il se pose alors le problème de la synchronisation des sauvegardes de plusieurs bases. Imaginons que vous ayez conçu une seule et même application en éclatant les données dans différentes bases. Même si vous lancez simultanément les sauvegardes de ces différentes bases, il est impossible que les données soient synchronisées, sauf si aucune mise à jour n'a lieu dans aucune base. Prenons l'exemple dans lequel les clients figurent dans une base et les commandes dans une autre. Il se peut alors que l'insertion d'une nouvelle commande se produise avant la fin de la sauvegarde de la base contenant la table des commandes, alors que l'insertion du nouveau client s'effectue dans une autre base dont la sauvegarde est terminée. À la restauration de ces deux bases, vous aurez une commande sans son client !

L'éclatement d'une même application en différentes bases de données n'offre que peu d'intérêt. Jouez sur les schémas SQL pour séparer de façon logique les objets d'une base (tables, vues, procédures...) et sur les espaces de stockage (fichiers, groupes de fichiers, partitionnement...) pour une séparation physique des données.

Si toutefois vous devez gérer une application dont les données sont réparties dans plusieurs bases, il est quand même possible de réaliser des sauvegardes synchrones, mais cela entraînera une dégradation du service des données. En effet, il faut au moins interdire toute mise à jour pendant les sauvegardes. Pour garantir qu'aucune mise à jour n'aura lieu pendant les sauvegardes, vous pouvez procéder de deux manières :

- avec une sauvegarde à froid en mettant les bases « offline » (aucun accès à aucune des bases) ;
- avec une sauvegarde à chaud en ayant préalablement passé les bases en `READ ONLY`.

1. L'instruction CHECKPOINT (commande Transact-SQL) force l'écriture physique des pages en mémoire ayant été modifiées par une transaction. Il n'est pas nécessaire ni conseillé (sauf dans de rares cas) de lancer cette commande manuellement, SQL Server le faisant au fil de l'eau de manière planifiée ou suivant divers événements (pause de CPU, pression mémoire, imports en blocs...).

La sauvegarde à froid fait perdre tout ce qui a été mis en cache, ainsi que certaines statistiques d'exploitation. La sauvegarde à chaud nécessite de modifier temporairement la base à l'aide de la commande `ALTER DATABASE … SET READ_ONLY`, en terminant la commande par un `ROLLBACK IMMEDIATE`, un `ROLLBACK AFTER …` ou un `NO WAIT`.

Journaux de transactions

Le concept du journal des transactions est né des travaux de Gray et Bernstein à la fin des années 1970. L'idée est d'assurer la bonne finalisation d'une transaction, par exemple la reprise du système en cas de panne. Pour ce faire, on enregistre dans un fichier, appelé journal, la transcription de la transaction ainsi que les images « avant » des données. Les mises à jour sont effectuées en mémoire et une fois ces opérations terminées, la transaction validée est considérée comme achevée et marquée comme telle dans le journal. Quant aux données modifiées figurant en mémoire (pages sales ou *dirty pages*), elles sont écrites de manière asynchrone, par sessions, déclenchées soit de manière régulière (par exemple, toutes les minutes), soit avant le déclenchement planifié si le système est inactif.

Une fois les données réellement écrites, une contremarque (`CHECKPOINT`) est placée dans le journal afin d'indiquer que jusque-là, toutes les transactions sont définitivement enregistrées.

Fichiers du journal des transactions

Les fichiers des journaux de transactions sont les fichiers les plus sollicités en écriture. Ils contiennent toutes les modifications de la base de données et pour chaque transaction, les images avant et/ou après des données mises à jour.

Dans SQL Server, le journal des transactions est constitué d'un fichier de type *write-ahead logs*, c'est-à-dire écrit par ajout en fin de fichier car c'est ce qu'il y a de plus rapide en écriture. Cependant, pour accélérer encore ce travail, une partie du journal des transactions est virtualisé en cache. L'algorithme de journalisation utilisé est basé sur le principe ARIES (*Algorithms for Recovery and Isolation Exploiting Semantics*). Pour plus de détails sur ce sujet, consultez les ouvrages figurant dans la bibliographie en fin d'ouvrage.

Il est possible de visualiser le contenu d'un journal des transactions d'une base à l'aide de la fonction table `sys.fn_dblog(first_lsn, last_lsn)` entre deux références de segment.

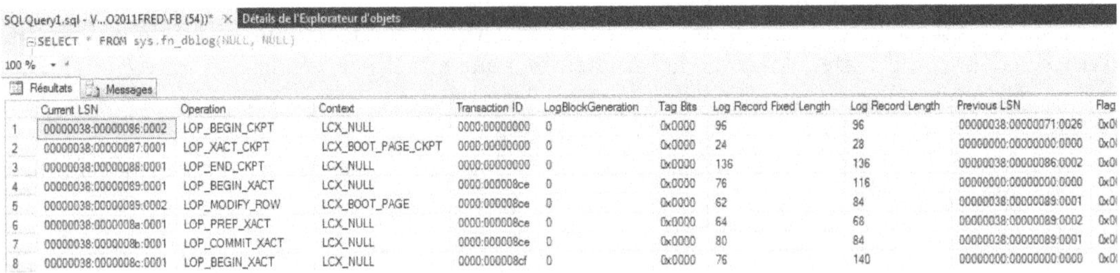

SQLQuery1.sql - V...O2011FRED\FB (54))* × Détails de l'Explorateur d'objets

```
SELECT * FROM sys.fn_dblog(NULL, NULL)
```

100 %

Résultats | Messages

	Current LSN	Operation	Context	Transaction ID	LogBlockGeneration	Tag Bits	Log Record Fixed Length	Log Record Length	Previous LSN	Flag
1	00000038:00000086:0002	LOP_BEGIN_CKPT	LCX_NULL	0000:00000000	0	0x0000	96	96	00000038:00000071:0026	0x0
2	00000038:00000087:0001	LOP_XACT_CKPT	LCX_BOOT_PAGE_CKPT	0000:00000000	0	0x0000	24	28	00000000:00000000:0000	0x0
3	00000038:00000088:0001	LOP_END_CKPT	LCX_NULL	0000:00000000	0	0x0000	136	136	00000038:00000086:0002	0x0
4	00000038:00000089:0001	LOP_BEGIN_XACT	LCX_NULL	0000:000008ce	0	0x0000	76	116	00000000:00000000:0000	0x0
5	00000038:00000089:0002	LOP_MODIFY_ROW	LCX_BOOT_PAGE	0000:000008ce	0	0x0000	62	84	00000038:00000089:0001	0x0
6	00000038:0000008a:0001	LOP_PREP_XACT	LCX_NULL	0000:000008ce	0	0x0000	64	68	00000038:00000089:0002	0x0
7	00000038:0000008b:0001	LOP_COMMIT_XACT	LCX_NULL	0000:000008ce	0	0x0000	80	84	00000038:00000089:0001	0x0
8	00000038:0000008c:0001	LOP_BEGIN_XACT	LCX_NULL	0000:000008cf	0	0x0000	76	140	00000000:00000000:0000	0x0

Figure 12–1 Vue partielle du contenu d'un journal des transactions dans l'interface Management Studio de SQL Server

Bien qu'il soit possible de créer plusieurs fichiers pour le journal des transactions, un seul fichier est actif à la fois et contient toutes les transactions en cours.

Journalisation des données

SQL Server propose trois modes de journalisation, communément appelés *recovery models* :

- journalisation complète (*full*) ;
- journalisation en bloc (*bulk logged*) ;
- journalisation simple (*simple*).

Suivant le mode choisi, le journal des transactions qui contient toutes les opérations de mise à jour de la base de données, peut atteindre une taille conséquente et encombrer le système. Il faut alors effectuer une opération de purge, réalisée soit par une sauvegarde dudit journal (*backup log*), soit par modification du niveau de journalisation (`ALTER DATABASE ... SET RECOVERY ...`) ou bien trouver de la place dans le système pour ajouter un nouveau fichier au journal (`ALTER DATABASE ... ADD LOG FILE ...`). Dans tous les cas, il convient de gérer et de contrôler le remplissage du journal des transactions.

Journalisation complète (recovery model : full)

Ce mode enregistre dans le journal toutes les commandes des transactions de mise à jour (pas les lectures) et suivant le cas, les images avant et/ou après des données, y compris pour des commandes non relationnelles (création d'index, insertion de LOB...).

Journalisation en bloc (recovery model : bulk logged)

Ce mode n'enregistre pas les données non relationnelles telles que les insertions de données provenant d'un fichier externe (`bcp.exe` ou `BULK INSERT`), les insertions avec des sous-requêtes (`INSERT INTO ... SELECT ...`, `SELECT ... INTO ...`), la création et la reconstruction des index (`CREATE INDEX ...`, `ALTER INDEX ... REBUILD`) et le minimum nécessaire pour certaines méthodes d'écriture dans les LOB (notamment la fonction `WRITE`).

Journalisation simple (recovery model : simple)

Ce mode n'enregistre pas non plus les données non relationnelles et il recycle les transactions passées du journal.

Pour passer d'un mode à l'autre, il faut utiliser la commande `ALTER DATABASE` et jouer sur le paramètre `RECOVERY` :

```
ALTER DATABASE nom_base
SET RECOVERY {FULL | BULK_LOGGED | SIMPLE} [;]
```

Purge du journal des transactions

Avec les modes de journalisation complet et en bloc, le journal des transactions ne cesse de croître et peut entraîner à terme une saturation des disques. Il est donc nécessaire de le contenir. La seule solution viable pour maintenir le journal des transactions dans des proportions raisonnables consiste tout simplement à le sauvegarder ! En effet, la sauvegarde du journal des transactions, libère la place occupée par les transactions passées dont les données ont été écrites (partie morte) et permet au journal de réécrire dans les espaces ainsi libérés.

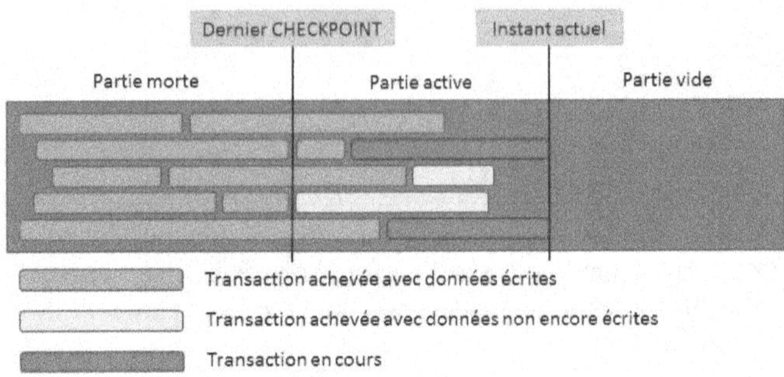

Figure 12–2
Transactions dans le journal

Il existe bien entendu d'autres techniques, mais elles ne doivent être utilisées qu'en cas d'urgence absolue, car elles nécessitent généralement de couper momentanément les accès à la base. Il est ainsi possible de passer la base du mode de journalisation complet au mode simple, puis de revenir au mode complet. Il est à noter toutefois que ceci ne réduit pas la taille du fichier de journalisation. Pour cela, il faut tronquer le journal des transactions, c'est-à-dire réaliser une opération de réduction physique du journal.

Le script suivant permet de procéder à une telle manœuvre sur une base de données. Remplacez `MaBase` par le nom de votre base (ligne 4).

```
DECLARE @BASE sysname,
        @RECOVERY sysname,
        @SQL NVARCHAR(max);
SET @BASE = 'MaBase';
-- On récupère le mode de journalisation actuel
SELECT recovery_model_desc
FROM   sys.databases
WHERE database_name = @BASE
-- On met la base en mono utilisateur
SET @SQL = 'ALTER DATABASE [' + @BASE +'] SET SINGLE_USER WITH ROLLBACK IMMEDIATE;'
EXEC (@SQL);
-- On place la base en mode de récupération simple
SET @SQL = 'ALTER DATABASE [' + @BASE +'] SET RECOVERY SIMPLE;'
EXEC (@SQL);
SET @SQL = '';
-- On crée les ordres de purge des fichiers du journal
SELECT @SQL = @SQL + 'SHRINKFILE (' + CAST(file_id AS NVARCHAR(8)) +', 1);'
FROM   sys.master_files
WHERE type_desc = 'LOG'
  AND database_id = DB_ID(@BASE);
-- On exécute la purge physique
EXEC (@SQL);
-- On replace la base dans son mode de journalisation initiale
SET @SQL = 'ALTER DATABASE [' + @BASE +'] SET RECOVERY ' + @RECOVERY + ';'
EXEC (@SQL);
-- On met la base en multi utilisateur
SET @SQL = 'ALTER DATABASE [' + @BASE +'] SET MULTI_USER;'
EXEC (@SQL);
```

Ce script permet ainsi de purger le journal des transactions et nécessite de journaliser les commandes `ALTER TABLE`. Il faut donc prévoir un tout petit peu d'espace disque pour la journalisation de ces commandes.

Mais quel est l'intérêt de rester en mode de journalisation complète si l'on n'a pas l'intention de se servir un jour ou l'autre du journal des transactions ?

Utilité du journal des transactions

Pour des raisons de sécurité, il est impossible de créer une base sans son journal des transactions. Pour assurer l'intégrité et la cohérence d'une base de données, le journal des transactions, permet aussi de remonter dans le temps. Comme nous l'avons vu, le journal des transactions consigne toutes les modifications et transactions survenues sur la base de données et ceci dans l'ordre chronologique. De fait, il est possible de le rejouer en demandant qu'il soit arrêté à un moment précis afin d'obtenir l'état de la base à ce moment-là.

Cette technique peut être extrêmement intéressante dans de nombreux cas :

- pour mettre en place une base en fonction de l'état des données à une heure précise, par exemple à minuit pour du reporting ;
- pour retrouver des données qui ont été effacées en reproduisant toutes les transactions survenues avant la fausse manipulation ;
- etc.

C'est la raison pour laquelle le mode de journalisation est communément appelé mode de récupération, car il joue un rôle fondamentale sur la façon dont SQL Server peut récupérer les données de la base en cas de problème.

Ainsi, avec les différents modes, il est possible de récupérer la base :

- à un point dans le temps ou une marque de transaction si le mode est complet ;
- au moment de la fin de la sauvegarde du journal des transactions si le mode est journalisé en bloc ;
- uniquement à la fin de la sauvegarde complète en mode simple, car dans ce mode il est impossible de faire une sauvegarde transactionnelle (recyclage permanent du journal).

Il est donc essentiel de mettre les bases de données de production en mode de journalisation complet, tandis que les bases de données décisionnelles (*datawharehouse*, par exemple) peuvent rester en mode simple. Par ailleurs, il convient de mettre en œuvre un plan de sauvegarde prévoyant régulièrement une sauvegarde transactionnelle des bases en mode de récupération complet ou journalisé en bloc, tout au long des heures de production.

Le mode de journalisation en bloc doit généralement être réservé à des opérations particulières (phase de ré-indexation, par exemple) et ce de manière temporaire.

Mode de sauvegarde

Il existe deux modes de sauvegardes :

- les sauvegardes à froid, qui s'opèrent par copie de fichier ou extraction des données et métadonnées ;
- les sauvegardes à chaud, qui s'effectuent à l'aide d'une commande interne à SQL Server.

Sauvegarde à froid par copie de fichiers

Le principe est de copier l'ensemble des fichiers de la base comme s'il s'agissait de n'importe quels autres fichiers.

Une telle sauvegarde ne peut avoir lieu si la base est en production et accessible en écriture. En effet, en fonction de la taille de la base, la copie va durer un certain temps pendant lequel les utilisateurs ne doivent pas ajouter des clients, des factures des commandes… Si l'on sauvegarde les données des clients avant les données de commandes ou de facturation, il est possible qu'un nouveau client et sa commande soient insérés après la copie des données de la table des clients, mais avant la copie de la table des commandes. À la restauration, la base sera incohérente. C'est pourquoi il convient pour le moins d'interdire toute mise à jour le temps de la sauvegarde, voire d'arrêter le service des données.

Rassurez-vous, avec SQL Server, il est impossible d'accéder aux fichiers composant la base tant que celle-ci est en ligne, ce qui garantit la cohérence de la copie. Cependant, certains mécanismes arrivent à s'affranchir de cela, ce qui peut rendre le système défaillant. C'est généralement le cas des sauvegardes effectuées par snapshot de fichiers pour les machines virtuelles.Cette technique est peu recommandée et parfois lente. Elle présente toutefois l'avantage d'être plus rapide pour la restauration que d'autres méthodes[2].

Pour effectuer une telle sauvegarde, il faut au préalable détacher les fichiers de la base, puis les copier et enfin rattacher la base.

Voici un exemple de code qui assure cette fonction. Vous devez préciser la base à sauvegarder (ici, `MaBase`) par copie des fichiers en première ligne (`USE`) et le répertoire cible dans la variable locale `@PATH` (ici, `C:\SAUVEGARDE\DATABASE\FILES\`). Pour que ce script fonctionne, il faut que la procédure `xp_cmdshell` soit autorisée en exécution. Ceci se fait par l'intermédiaire de la procédure `sp_configure`.

```
-- Base à copier
USE [maBase];
GO
-- Variables locales
DECLARE @DATABASE sysname,
        @SQL      NVARCHAR(max),
        @PATH     NVARCHAR(256);
-- Répertoire de copie des fichiers
SET @PATH = 'C:\SAUVEGARDE\DATABASE\FILES\'
-- Table temporaire des fichiers de la base
CREATE TABLE #T_FILES
(name          sysname,
  physical_name NVARCHAR(260),
  type_desc     NVARCHAR(60));
-- Récupération des métadonnées des fichiers de la base
INSERT INTO ##T_FILES (name, physical_name, type_desc)
SELECT name, physical_name, type_desc
FROM   sys.database_files;
SET @DATABASE = DB_NAME();
-- Préparation à la copie des fichiers avec déconnexion impérative des utilisateurs et détachement
des fichiers de la base
SET @SQL = 'ALTER DATABASE [' +@DATABASE +'] SET SINGLE_USER WITH ROLLBACK IMMEDIATE;USE master;EXEC
sp_detach_db ''' + @DATABASE +''';'
```

2. Ceci est assez paradoxal car la restauration est rapide mais la sauvegarde est lente, car on copie un ensemble de fichiers qui peut n'être que partiellement plein. Dans ce cas, la sauvegarde par copie de fichiers peut s'avérer bien plus lente que la sauvegarde à chaud qui ne prend jamais en compte les pages de données inutilisées. De plus, la sauvegarde à chaud peut être compressée et parallélisée (envoyée par parties sur plusieurs fichiers simultanément). Enfin, si le rattachement d'une base depuis ses fichiers est une opération quasi instantanée, il n'en va pas de même du temps nécessaire pour copier les fichiers de la base vers le serveur de destination…

```
-- Copie des fichiers de la base
SELECT @SQL =@SQL + 'EXEC xp_cmdshell ''COPY "' + physical_name + '", "' + @PATH +'"'';'
FROM   #T_FILES;
-- Recréation de la base par attachement
SET @SQL = @SQL + 'CREATE DATABASE [' + @DATABASE +'] ON ('
-- Précision des fichiers de données transactionnelles
SELECT @SQL =@SQL + 'NAME = ''' + name + ''', FILENAME = ''' + physical_name +''','
FROM   #T_FILES
WHERE type_desc = 'ROWS';
-- Ajout du journal
SET @SQL = SUBSTRING(@SQL, 1, LEN(@SQL) - 1) + ') LOG ON ('
-- Précision des fichiers de données du journal
SELECT @SQL =@SQL + 'NAME = ''' + name + ''', FILENAME = ''' + physical_name +''','
FROM   #T_FILES
WHERE type_desc = 'LOG';
SET @SQL = SUBSTRING(@SQL, 1, LEN(@SQL) - 1) + ') FOR ATTACH;'
-- Suppression de la table temporaire
DROP TABLE #T_FILES ;
-- Visualisation du résultat
PRINT @SQL
-- Exécution
EXEC (@SQL);
```

Ce script est toutefois limité aux fichiers de données et de journaux et ne prend pas en compte les objets de FILESTREAM ou FILETABLE.

Sauvegarde à froid par extraction des données et métadonnées (dump)

Ce mode de sauvegarde ancestral consiste à extraire d'une part le code SQL de création des objets (SQL DDL) constitué par les schémas SQL, les domaines, les tables, les contraintes, les index, les vues, les utilisateurs SQL et leurs privilèges ainsi que l'ensemble des routines SQL (fonctions utilisateur, procédures stockées et déclencheurs), et d'autre part les données, soit par script SQL de rétro insertion (INSERT INTO), soit par chargement de fichiers.

Plus encore que pour la précédente méthode, il est indispensable ici d'arrêter le service des données. Le scénario d'insertion évoqué précédemment est tout aussi problématique dans ce cas de figure, mais empêcherait la restauration du fait des contraintes d'intégrité référentielles liées à la gestion des clés étrangères.

Ce mode de sauvegarde est encore plus lent et moins recommandé que le mode précédent. En effet, il est complexe de reconstituer l'ensemble des commandes SQL à passer pour créer toute l'architecture d'une base et la réinjection des données dans les tables doit s'accompagner d'une vérification de la cohérence des données (clés primaires, clés alternatives (UNIQUE), intégrité référentielle, contraintes de validation (CHECK)) et de la reconstruction de tous les index ! Ceci est très coûteux en termes de temps de traitement.

Pour ce faire, SQL Server dispose d'un outil de génération de script DDL (menu contextuel Tâches>Générer des scripts ... au niveau de la base) et d'import-export des données en ligne de commande avec bcp.exe. Préférez cet outil à toute autre méthode pour des raisons de performances et de sécurité (voir chapitre 6).

Inconvénient des sauvegardes à froid

Comme nous l'avons vu, toutes les sauvegardes à froid présentent le même inconvénient, à savoir l'obligation de restreindre ou d'arrêter le service des données, ce qui peut se faire base par base. Or l'arrêt d'une base, ou pire encore d'un serveur, vide le cache des données et des procédures, ce qui a pour conséquence de rendre très lent le SGBDR au redémarrage. Une telle méthode n'est donc jamais recommandée si l'on veut conserver des performances uniformes. Par ailleurs, l'arrêt du serveur, et dans une moindre mesure d'une base, purge les statistiques de performance ce qui peut s'avérer pénalisant pour diagnostiquer un problème en cas de dysfonctionnement du serveur. Enfin, dans la plupart des cas, ces méthodes sont bien plus lentes.

Aucune de ces méthodes n'est donc à conseiller !

Sauvegarde complète de la base à chaud

Elle permet de sauvegarder une image fidèle de la base de données (et donc de ses fichiers) au moment où la sauvegarde se termine. Elle s'effectue à l'aide de la commande `BACKUP DATABASE` :

```
BACKUP DATABASE nom_base
TO DISK = destination [;]
Destination ::= 'chemin_de_sauvegarde\nom_fichier_sauvegarde'
```

- `nom_base` peut être une chaîne de caractères ou une variable ;
- le chemin de sauvegarde doit exister et le service qui lance la commande (SQL Server) doit pouvoir écrire dans le répertoire ;
- le chemin peut concerner une ressource externe au serveur mais dans ce cas, il faut utiliser la convention de dénomination UNC[3] pour les fichiers distants et non un mappage de lecteur ;
- le fichier de sauvegarde sera créé, sauf s'il existe et qu'il s'agit déjà d'un fichier de sauvegarde SQL Server ; dans ce cas, la sauvegarde sera ajoutée aux sauvegardes précédentes contenues dans le fichier ;
- le nom de fichier de sauvegarde ainsi que son extension sont libres et Windows ne les reconnaît pas. Il est d'usage d'utiliser .BAK, mais pour des raisons de sécurité, on peut s'en affranchir.

L'exemple suivant décrit la sauvegarde de la base `master` dans le répertoire `MesSauvegardes` du disque local C. Les données sont enregistrées dans le fichier `Master.bak`.

```
BACKUP DATABASE master
TO DISK = 'C:\MesSauvegardes\Master.bak';
```

Si la sauvegarde s'effectue correctement, un message apparaît et indique que tout s'est bien passé. Le nombre de pages traitées dans chaque fichier et le temps mis pour exécuter la sauvegarde sont précisés, comme suit : 1840 pages traitées pour la base de données 'master', fichier 'masterData' dans le fichier 1.

```
2 pages traitées pour la base de données ' master ', fichier ' master Log' dans le fichier 1.
BACKUP DATABASE a traité avec succès 1842 pages en 0.092 secondes (156.377 Mo/s).
```

3. Un chemin UNC est de la forme \\NomServeur\NomPartage[\Chemin\Fichier].

Sauvegarde différentielle

Comme nous l'avons vu, la sauvegarde différentielle concerne les pages qui ont été modifiées depuis la dernière sauvegarde complète ainsi que les transactions survenues depuis. Chaque sauvegarde différentielle contient donc l'ensemble des mises à jour ayant eu lieu depuis la dernière sauvegarde complète.

La sauvegarde différentielle s'effectue à l'aide de la commande `BACKUP DATABASE ... WITH DIFFERENTIAL`. Voici une première syntaxe de la commande :

```
BACKUP DATABASE nom_base
TO DISK = destination
WITH DIFFERENTIAL[;]

Destination ::= 'chemin_de_sauvegarde\nom_fichier_sauvegarde'
```

Il est indispensable qu'une sauvegarde complète ait été préalablement réalisée, sinon la sauvegarde différentielle échouera. Les bases de données système ne peuvent pas être sauvegardées en mode différentiel.

L'exemple suivant réalise la sauvegarde différentielle de la base `MaBase`.

```
BACKUP DATABASE MaBase
TO DISK = 'C:\MesSauvegardes\MaBaseDiff.bak'
WITH DIFFERENTIAL;
```

Sauvegarde transactionnelle de la base à chaud

Une telle sauvegarde consiste à copier dans l'espace de sauvegarde uniquement les transactions ayant eu lieu depuis la dernière sauvegarde, quel que soit le type de sauvegarde (complète, différentielle ou transactionnelle). Elle s'effectue à l'aide de la commande `BACKUP LOG ...`.Voici une première syntaxe de la commande :

```
BACKUP LOG nom_base
TO DISK = destination [;]

Destination ::= 'chemin_de_sauvegarde\nom_fichier_sauvegarde'
```

Il est indispensable :

- qu'une sauvegarde complète ait été réalisée au préalable ;
- que la base de données ne soit pas en mode de journalisation simple.

Les bases de données système ne peuvent pas être sauvegardées en mode transactionnel.

L'exemple suivant réalise la sauvegarde transactionnelle de la base `MaBase`.

```
BACKUP LOG MaBase
TO DISK = 'C:\MesSauvegardes\MaBaseTran.TRN';
```

Sauvegarde partielle

Le concept de sauvegarde partielle est un leurre. Il n'est pas possible de sauvegarder partiellement une base (par exemple, pour une table particulière) parce qu'il n'est pas possible de restaurer une base partiellement : elle pourrait ne pas être intègre (commande sans client associé, par exemple). Néanmoins, SQL Server permet de sauvegarder individuellement les fichiers ou les groupes de fichiers de la base de manière complète ou différentielle. Cela ne signifie pas pour autant que l'on pourra ne restaurer qu'un fichier ou qu'un groupe de fichier… En effet, lors de la restauration, il sera indispensable de restaurer toutes les sauvegardes, depuis la complète initiale, les diverses partielles et de rejouer toutes les transactions intermédiaires afin de retrouver l'intégrité de l'ensemble des données de la base.

Cette technique est généralement intéressante lorsque certains espaces de stockage sont en mode de lecture seule (READ ONLY). Prenons un exemple : on considère une table de code postaux servant simplement d'aide à la saisie du code postal. Si cette table figure dans un espace de stockage indépendant, on pourra effectuer des sauvegardes partielles de la base à des fréquences très diverses, par exemple une fois par jour pour les données dynamiques de production et une fois par an pour les données quasi statiques comme les codes postaux.

Il faut donc considérer qu'une restauration partielle n'est pas possible, mais que la sauvegarde partielle peut présenter d'autres intérêts que nous verrons plus loin dans ce chapitre, notamment pour des VLDB (*Very Large DataBases*, soit des bases de données de plus de 1 To).

Pour réaliser une sauvegarde partielle, il faut indiquer quels sont les fichiers logiques ou les groupes de fichiers visés par la sauvegarde, ou bien utiliser READ_WRITE_FILEGROUPS qui spécifie la liste de tous les groupes de fichiers en lecture écriture. La syntaxe est la suivante :

```
BACKUP DATABASE nom_base
liste_espaces
TO DISK = destination [;]

liste_espaces ::= espace1 [, espace2 [, …]]

espace ::= {FILE = 'nom_logique_fichier'
           | FILEGROUP = 'nom_filegroup'
           | READ_WRITE_FILEGROUPS}
```

Considérons à présent une base de données nommée DB_VL et composée des fichiers et groupes de fichiers suivants :

Fichiers	Groupe de fichiers	Nature
F_META	PRIMARY	READ WRITE
F_DATA1	FG_DATA	READ WRITE
F_DATA2	FG_DATA	READ WRITE
F_INDX1	FG_INDEX	READ WRITE
F_DATA_RO	FG_RO	READ ONLY

Voici un scénario complet présentant quelques commandes possibles de sauvegarde des fichiers et des groupes de fichiers :

```
-- On crée la base avec ses fichiers et groupes de fichiers
CREATE DATABASE DB_VL
ON PRIMARY
   (NAME = 'F_META',
    FILENAME = 'C:\DataBases\DATA\DB_VL.mdf'),
```

```
    FILEGROUP FG_DATA DEFAULT
    (NAME = 'F_DATA1',
     FILENAME = 'C:\DataBases\DATA\DB_VL_data1.ndf'),
    (NAME = 'F_DATA2',
     FILENAME = 'C:\DataBases\DATA\DB_VL_data2.ndf'),
    FILEGROUP FG_INDX
    (NAME = 'F_INDX1',
     FILENAME = 'C:\DataBases\DATA\DB_VL_indx1.ndf'),
    FILEGROUP FG_RO
    (NAME = 'F_RO',
     FILENAME = 'C:\DataBases\DATA\DB_VL_RO.ndf')
LOG ON
    (NAME = 'F_TRAN',
     FILENAME = 'C:\DataBases\TRAN\DB_VL_tran.ldf');
GO
-- La base est placée en mode de récupération FULL
ALTER DATABASE DB_VL SET RECOVERY FULL;
GO
-- On se place dans le contexte de la base
USE DB_VL;
GO
-- On crée une table des clients dans le groupe de fichiers PRIMARY
CREATE TABLE T_CLIENT
    (CLI_ID        INT PRIMARY KEY, CLI_NOM      VARCHAR(32))
ON [PRIMARY];
GO
-- On crée une table des commandes dans le groupe de fichiers FG_DATA
CREATE TABLE T_COMMANDE
    (CMD_ID        INT PRIMARY KEY,
     CLI_ID        INT FOREIGN KEY REFERENCES T_CLIENT (CLI_ID),
     CMD_DATE      DATE)
ON FG_DATA;
GO
-- On crée une table des code postaux dans le groupe de fichiers FG_RO
CREATE TABLE T_CODE_POSTAUX
(CPX_CODE   CHAR(5), CPX_VILLE VARCHAR(32))
ON FG_RO;
GO
-- On insère un client et sa commande
INSERT INTO T_CLIENT VALUES (1, 'DUPONT');
INSERT INTO T_COMMANDE VALUES (101, 1, '2013-01-01');
GO
-- On sauvegarde le fichier F_META présent dans le groupe de fichiers PRIMARY,
-- qui ne contient que la table des clients
BACKUP DATABASE DB_VL FILE = 'F_META'
TO DISK = 'C:\DataBases\SAVE\DB_VL_F_META.BAK';
GO
-- On insère un nouveau client et sa commande
INSERT INTO T_CLIENT VALUES (2, 'MARTIN');
INSERT INTO T_COMMANDE VALUES (102, 2, '2013-01-02');
GO
-- On sauvegarde le groupe de fichiers FG_META,
-- qui ne contient que la table des commandes
BACKUP DATABASE DB_VL FILEGROUP = 'FG_DATA'
TO DISK = 'C:\DataBases\SAVE\DB_VL_FG_DATA.BAK';
GO
-- À ce stade, la sauvegarde DB_VL_FG_DATA.BAK contient une commande sans client
-- On insère les codes postaux
INSERT INTO T_CODE_POSTAUX VALUES ('75001', 'PARIS');
GO
USE master;
```

```
-- On passe le groupe de fichiers FG_RO en lecture seule
ALTER DATABASE DB_VL MODIFY FILEGROUP FG_RO READ_ONLY;
GO
-- On sauvegarde le groupe de fichiers FG_RO en lecture seule,
-- qui ne contient que la table des codes postaux
BACKUP DATABASE DB_VL FILEGROUP = 'FG_RO'
TO DISK = 'C:\DataBases\SAVE\DB_VL_FG_RO.BAK';
GO
-- On sauvegarde tous les groupes de fichiers en lecture/écriture
BACKUP DATABASE DB_VL READ_WRITE_FILEGROUPS
TO DISK = 'C:\DataBases\SAVE\DB_VL_READ_WRITE_FG.BAK';
GO
```

Dans un tel exemple, il ne sera pas possible de remonter la base en ayant toutes les sauvegardes sauf la dernière, à moins d'avoir complété ce scénario par des sauvegardes régulières du journal des transactions.

Techniques avancées de sauvegarde

La syntaxe de la sauvegarde est riche de plus d'une vingtaine d'options, nous allons en considérer quelques-unes dans cette section.

Cryptage de la sauvegarde

Si votre base de données est cryptée via TDE *(Transparent Data Encryption)*, vos fichiers de sauvegarde sont alors naturellement cryptés. Sinon, et à partir de la version 2014, il est possible de crypter les sauvegardes, ce qui s'effectue en deux temps :

- création d'un certificat de cryptage ;
- génération de la sauvegarde cryptée à l'aide de l'option ENCRYPTION.

Exemple 12-1. Réalisation d'une sauvegarde chiffrée

```
-- création de la clé maître au niveau de la base master, nécessaire à toute
-- génération de dispositif de cryptage au sein de cette base et en particulier
-- pour la création de certificats
USE master;
GO
CREATE MASTER KEY
   ENCRYPTION BY PASSWORD = 'SQL Server 2014 - Brouard, Soutou, Souquet, Barbarin';
GO
-- création du certificat nécessaire aux sauvegardes
CREATE CERTIFICATE CERT_BACKUPS
   WITH SUBJECT = 'Certificat pour le cryptage des sauvegardes';
GO
-- sauvegarde cryptée d'une base :
BACKUP DATABASE DB_SPC_GRAND_DELTA_DU_RHONE
   TO DISK = 'S:\DATA BASES\SQLServer\TRASH_BAK\SPC_GD.bak'
WITH
   ENCRYPTION (ALGORITHM = AES_256,
               SERVER CERTIFICATE = CERT_BACKUPS);
```

Notez que l'on peut combiner compression et chiffrement pour gagner en place et en vitesse.

Sauvegarde vers un dispositif à bande

Il est possible de désigner un dispositif à bande plutôt qu'un disque pour la sauvegarde. Dans ce cas, la syntaxe est la suivante :

```
BACKUP {DATABASE | LOG} nom_base [liste_espaces]
TO TAPE = destination
[WITH liste_options_bande] [;]

Destination ::= '\\nom_serveur\nom_dispositif_a_bande'

liste_options_bande ::= option_bande1 [, option_bande2]

option_bande ::= {REWIND | NOREWIND} | {UNLOAD | NOUNLOAD}
```

- `REWIND` : la bande est rembobinée à la fin de la sauvegarde (option par défaut) et le lecteur de bande est alors à nouveau prêt à sauvegarder.
- `NOREWIND` : la bande reste à la position en cours à la fin de la sauvegarde et le lecteur de bande est alors à nouveau prêt à sauvegarder.
- `UNLOAD` : la bande est rembobinée et la cassette prête à sortir en fin de sauvegarde (option par défaut).
- `NOUNLOAD` : la bande reste en position et la cassette reste chargée pour de nouvelles sauvegardes.

L'exemple suivant décrit la sauvegarde des bases `master` et `msdb` vers un dispositif à bande nommé `tape0`.

```
BACKUP DATABASE master
TO TAPE = '\\MonServeur\Tape0\SauvegardeMasterFull.bak'
WITH NOUNLOAD;

BACKUP DATABASE msdb
TO TAPE = '\\MonServeur\Tape0\SauvegardeMsdbFull.bak'
WITH UNLOAD;
```

Les options `UNLOAD` et `NOUNLOAD` restent positionnées à la dernière modification tant que dure la session.
L'option `TAPE` est vouée à disparaître de la syntaxe de la commande de sauvegarde. Toutefois, elle est toujours opérationnelle, même pour SQL Server 2014.

Enfin, la commande suivante permet de rembobiner la bande si cela n'a pas été fait par la commande précédente.

```
RESTORE REWINDONLY
FROM source
[WITH {UNLOAD | NOUNLOAD}] [;]
```

Sauvegarde vers une URL Azure

Depuis la version 2014 (ou 2012 SP1 CU2), il est possible d'envoyer une sauvegarde vers « Windows Azure Blob Storage ». Rappelons qu'Azure est la plate-forme de cloud computing de Microsoft. Bien entendu, vous devez avoir créé un compte Azure au préalable.

Dans ce cas, la syntaxe est la suivante :

```
BACKUP {DATABASE | LOG} nom_base
   TO URL = 'https://sqlazurebk.blob.core.windows.net/<nom_compte>/<nom_fichier>'
   [WITH ...] [;]
```

Empilement de sauvegardes dans un même fichier

Cette option permet d'ajouter différentes sauvegardes dans un seul et même fichier. Un fichier de sauvegarde peut contenir autant de sauvegardes que l'on souhaite.

```
BACKUP {DATABASE | LOG} nom_base [liste_espaces]
TO {DISK | TAPE} = destination
[WITH liste_options_fichier]
    [, liste_options_supplementaires] [;]

liste_options_fichier ::=
   option_fichier1 [, option_fichier2 [, option_fichier3]]

option_fichier ::= {NOINIT | INIT} | {NOSKIP | SKIP} | {NOFORMAT | FORMAT}
```

- NOINIT : indique que la sauvegarde est ajoutée au fichier (comportement par défaut).
- INIT : indique que la sauvegarde vide le super fichier si toutes les sauvegardes sont expirées.
- NOSKIP : impose la vérification du délai de rétention.
- SKIP : saute la vérification du délai de rétention (ce qui impose un ajout systématique).
- NOFORMAT : indique que la sauvegarde doit conserver les informations de métadonnées du super fichier de sauvegarde et toutes les sauvegardes qu'il contient (comportement par défaut).
- FORMAT : écrase le super fichier et tout son contenu pour en créer un nouveau.

```
liste_options_supplementaires ::=
   option_supplementaire1
      [, option_supplementaire2
         [, option_supplementaire3]]

option_supplementaire ::= {NAME = nom_sauvegarde
                          | EXPIREDATE = date_expiration
                          | RETAINDAYS = nombre_jour
```

- NAME : nom donné à la sauvegarde (littéral, sous forme de chaîne de caractères ou de variable).
- EXPIREDATE : date d'expiration de la sauvegarde (date ou date + heure sous forme de chaîne de caractères formatée DATETIME ou de variable).
- RETAINDAYS : nombre de jours pendant lequel la sauvegarde est conservée (entier sous forme numérique ou de variable).

Dans l'exemple suivant, la première sauvegarde écrase le fichier C:\databases\SAVE\Bases_systemes.bak s'il existe. Les deux sauvegardes suivantes étant effectuées avec les options par défaut (NOFORMAT, NOINIT et NOSKIP), les fichiers précédents sont conservés. Au final, il y a donc bien trois sauvegardes dans ce super fichier.

```
BACKUP DATABASE master
TO DISK = 'C:\databases\SAVE\Bases_systemes.bak'
WITH FORMAT;
```

```
BACKUP DATABASE msdb
TO DISK = 'C:\databases\SAVE\Bases_systemes.bak';

BACKUP DATABASE msdb
TO DISK = 'C:\databases\SAVE\Bases_systemes.bak';
```

Dans cet exemple, la troisième sauvegarde va échouer et les messages d'erreur suivants s'afficheront :

```
Msg 4030, Niveau 16, État 1, Ligne 9 : Le support du périphérique 'C:\databases\SAVE\Bases_systemes.bak' expire le janv 30 2013 2:51:30:000PM et ne il peut pas être remplacé.

Msg 3013, Niveau 16, État 1, Ligne 9 : BACKUP DATABASE s'est terminé anormalement.
```

En effet, le super fichier ne peut être vidé du fait de la présence de la première sauvegarde qui possède un délai de rétention de 3 jours. Le super fichier contient donc deux sauvegardes, celle de la base `master` et la première de la base `msdb`.

```
BACKUP DATABASE master
TO DISK = 'C:\databases\SAVE\Bases_systemes.bak'
WITH NAME = 'BAK_MASTER', FORMAT, RETAINDAYS = 3;

BACKUP DATABASE msdb
TO DISK = 'C:\databases\SAVE\Bases_systemes.bak'
WITH NAME = 'BAK_MSDB1';

BACKUP DATABASE msdb
TO DISK = 'C:\databases\SAVE\Bases_systemes.bak'
WITH NAME = 'BAK_MSDB2', INIT;
```

Le fait de placer différentes sauvegardes dans un seul et même fichier présente l'avantage de ne véhiculer qu'un seul fichier lors des restaurations. Cependant, deux inconvénients existent : le temps de copie du fichier unique est allongé d'autant et une erreur d'écriture dans le fichier provoque la corruption de toutes les sauvegardes.

Répartition de la sauvegarde sur plusieurs fichiers

Il est possible de spécifier plusieurs fichiers de destination afin de répartir la sauvegarde sur plusieurs disques ou bandes. Ceci améliore de façon notable la durée de la sauvegarde du fait du parallélisme d'accès aux différentes destinations.

La syntaxe est la suivante :

```
BACKUP {DATABASE | LOG} nom_base [liste_espaces]
TO liste_destinations [;]

liste_destinations ::=
   support_destination1 [, support_destination2 [, …]]

support_destination ::= {DISK | TAPE} destination
```

L'exemple suivant décrit une sauvegarde répartie sur plusieurs fichiers.

```
BACKUP DATABASE msdb
TO DISK = 'C:\databases\SAVE\Bases_systemes1.bak',
   DISK = 'C:\databases\SAVE\Bases_systemes2.bak';
```

Chaque fichier contient une partie de la sauvegarde. À la restauration, il faudra indiquer tous les fichiers concourant à la même sauvegarde. Le nombre de fichiers est limité à 64.

Sauvegarde à destination multiple

L'idée est ici d'obtenir au final plusieurs sauvegardes ayant le même contenu, mais stockées à différents endroits en une seule commande. Le nombre de destinations est limité à 4.

```
BACKUP {DATABASE | LOG} nom_base [liste_espaces]
TO liste_destinations1
MIRROR TO liste_destinations2
[MIRROR TO liste_destinations3]
[MIRROR TO liste_destinations4]
[WITH liste_options ][;]
```

L'option `FORMAT` est obligatoire pour lancer la première commande si les fichiers ne sont pas déjà présents.

L'exemple suivant réalise une sauvegarde vers plusieurs destinations.

```
BACKUP DATABASE msdb
TO DISK = 'C:\databases\SAVE\msdb_local.bak'
MIRROR TO DISK = '\\FILER1\DATABASES\MSSQLServer\msdb_distant.bak'
MIRROR TO DISK = '\\FILER2\DATABASES\MSSQLServer\msdb_distant2.bak'
WITH FORMAT;

BACKUP DATABASE msdb
TO DISK = 'C:\databases\SAVE\msdb_local.bak'
MIRROR TO DISK = '\\FILER1\DATABASES\MSSQLServer\msdb_distant.bak'
MIRROR TO DISK = '\\FILER2\DATABASES\MSSQLServer\msdb_distant2.bak';
```

Cela peut être très pratique pour disposer à la fois d'une sauvegarde locale et distante. L'inconvénient est que la vitesse de la sauvegarde sera celle du média le plus lent. Pour pallier cet inconvénient, on peut justement utiliser une sauvegarde multidestination pour la ressource distante :

```
BACKUP DATABASE msdb
TO DISK = 'C:\databases\SAVE\msdb_local.bak'
MIRROR TO DISK = '\\FILER1\DATABASES\MSSQLServer\msdb_distant1.bak',
          DISK = '\\FILER2\DATABASES\MSSQLServer\msdb_distant2.bak'
WITH FORMAT;
```

Dans cet exemple, la sauvegarde locale est envoyée sur un seul fichier tandis que la sauvegarde distante est répartie sur deux fichiers de deux serveurs différents.

Options de performance

Ces options sont à manipuler avec précaution et il convient de toujours effectuer des essais sur le serveur de production.

- `BLOCKSIZE = {blocksize | @blocksize_variable}` : indication en octets de la taille maximale des bloc de données de la sauvegarde parmi les valeurs : 512, 1 024, 2 048, 4 096, 8 192, 16 384, 32 768 et 65 536 (64 Ko). La valeur par défaut est 65 536 octets pour les périphériques à bandes, 512 octets sinon. En règle générale, cette option est superflue car `BACKUP` sélectionne automatiquement une taille de bloc appropriée pour le périphérique. Ne la spécifiez pas, sauf pour les périphériques à bande ou pour un fichier destiné à être gravé sur un CD-Rom (dans ce cas, prenez une taille de bloc de 2 048).

- `BUFFERCOUNT = {buffercount | @buffercount_variable}` : spécification du nombre total de mémoire tampons d'entrées-sorties à utiliser pour l'opération de sauvegarde. Vous pouvez spécifier n'importe quel entier positif, mais un nombre élevé de tampons peut provoquer des erreurs liées à une insuffisance de mémoire. L'espace total utilisé est déterminé par `buffercount * maxtransfersize`.
- `MAXTRANSFERSIZE = {maxtransfersize | @maxtransfersize_variable}` : valeur (en octets) de la plus grande unité de transfert à utiliser entre SQL Server et le support de sauvegarde. Les valeurs possibles sont les multiples de 65 536 octets (64 Ko), dans la limite de 4 194 304 octets (4 Mo).
- `COMPRESSION | NO_COMPRESSION` : spécifie si la compression est activée ou désactivée pour l'écriture sur le support de sauvegarde. En général, la compression améliore les performances à différents niveaux : la sauvegarde est moins longue puisque le volume d'écriture physique est moindre. Le transfert des fichiers est aussi plus rapide et la restauration s'avère généralement plus rapide. Néanmoins, dans le cas de la compression, SQL Server rajoute automatiquement une vérification par somme de contrôle (`CHECKSUM`) pour s'assurer de la bonne écriture sur le support.

La compression a été introduite à partir de la version 2008 pour l'édition Enterprise. Depuis la version 2008 R2, elle est disponible à partir de la version Standard.
Par défaut, les sauvegardes ne sont pas compressées, sauf si vous avez modifié le paramétrage de la configuration du serveur (procédure `sp_configure`) à l'aide de l'option Backup compression default.

Options de métadonnées

Les options suivantes permettent de renseigner les super fichiers comme les sauvegardes.

- `MEDIANAME= {'media_name' | @media_name_variable}` : spécifie un nom pour le support de sauvegarde (super fichier). Taille maximale de 128 caractères.
- `MEDIADESCRIPTION = {'text' | @text_variable}` : décrit le support de sauvegarde (super fichier). Taille maximale de 255 caractères.
- `MEDIAPASSWORD= {mediapassword | @mediapassword_variable}` : attribue un mot de passe au support de sauvegarde (super fichier).
- `NAME = {backup_set_name | @backup_set_var}` : spécifie un nom pour la sauvegarde. Taille maximale de 128 caractères, vide si l'option n'est pas utilisée.
- `DESCRIPTION = {'text' | @text_variable}` : décrit la sauvegarde. Taille maximale de 255 caractères, vide si l'option n'est pas utilisée.
- `PASSWORD = {password | @password_variable}` : attribue un mot de passe à la sauvegarde.

L'exemple suivant réalise des sauvegardes avec l'enregistrement de métadonnées.

```
BACKUP DATABASE master
TO DISK = 'C:\Databases\Save\BasesSystèmes.bak'
WITH FORMAT,
     MEDIANAME = 'Sauve_SYS_DATABASES',
     MEDIADESCRIPTION = 'Sauvegarde des bases de données système du serveur SQLSRV2012F',
     NAME = 'Sauve_master';

BACKUP DATABASE msdb
TO DISK = 'C:\Databases\Save\BasesSystèmes.bak'
WITH NAME = 'Sauve_msdb';
```

Les options MEDIAPASSWORD et PASSWORD offrent une protection très faible et l'on trouve sur Internet de nombreux outils pour casser ces mots de passe en quelques minutes. Si vous désirez confidentialiser vos sauvegardes, le meilleur moyen est de crypter les fichiers de la base au moyen de TDE *(Transparent Data Encryption)*. Une fois les fichiers de la base de données cryptés, toutes les sauvegardes, quelle que soit leur nature, le seront également. Les options MEDIAPASSWORD et PASSWORD permettant d'ajouter un mot de passe sur les sauvegardes sont en passe de devenir obsolètes.

Options de gestion des erreurs

Les options suivantes permettent de gérer des problématiques pouvant survenir au cours de la sauvegarde :

- CHECKSUM | NO_CHECKSUM : effectue la somme de contrôle au niveau page, la vérifie à la lecture et l'écrit en plus de la page dans le fichier de sauvegarde.
- STOP_ON_ERROR | CONTINUE_AFTER_ERROR : indique à SQL Server s'il doit s'arrêter ou non si une somme de contrôle calculée par l'opération de CHECKSUM est incorrecte.

L'exemple suivant décrit une sauvegarde avec vérification et continuation en cas d'erreur. Par défaut, l'option NO_CHECKSUM est utilisée, sauf si la sauvegarde est compressée.

```
BACKUP DATABASE master
TO DISK = 'C:\Databases\Save\BasesMaster.bak'
WITH CHECKSUM, CONTINUE_AFTER_ERROR;
```

Option d'affichage de progression

L'option STATS [= pourcentage] demande à SQL Server de fournir une indication approximative de réalisation de la sauvegarde (en pourcentage). L'exemple suivant sauvegarde avec une indication de progression de 20 %.

```
BACKUP DATABASE master
TO DISK = 'C:\Databases\Save\BasesMaster.bak'
WITH STATS = 20;
```

Options spécifiques aux sauvegardes du journal des transactions

Dans le cadre de la sauvegarde du journal des transactions (BACKUP LOG), il est possible d'utiliser des options d'urgence destinées à tenter une sauvegarde de dernier recours après plantage de la base de données. Ces options ont leur intérêt, par exemple lorsqu'un des fichiers de données est endommagée ou saturé et que SQL Server ne peut plus écrire dedans.

Pour tenter au mieux de récupérer après une telle défaillance, effectuez une sauvegarde du journal, ce qui évite la troncation du journal et place la base de données en état RESTORING. Pour ce faire, utilisez conjointement les options NO_TRUNCATE et NORECOVERY.

L'option STANDBY est semblable à BACKUP LOG WITH NORECOVERY, suivie de RESTORE WITH STANDBY.

L'option NO_TRUNCATE de BACKUP LOG revient à spécifier COPY_ONLY et CONTINUE_AFTER_ERROR.

De telles sauvegardes sont possibles même si la base de données est hors ligne et donc invisible dans l'arborescence de l'interface de Management Studio de SQL Server. Il faudra donc les effectuer par des commandes SQL exclusivement.

- NO RECOVERY : réalise une sauvegarde du journal des transactions et laisse la base de données en état de restauration (RESTORING).
- STANDBY = 'undo_file_name' : réalise une sauvegarde du journal des transactions et laisse la base de données en lecture seule et en état STANDBY. La clause STANDBY écrit les données en attente (annulation avec option de restauration ultérieure).
- NO_TRUNCATE : indique que le journal n'est pas vidé et que le moteur de base de données tente la sauvegarde, quel que soit l'état de la base de données.

Sauvegarde hors plan (« fantôme »)

Lorsque vous entreprenez un plan de sauvegarde avec des sauvegardes différentielles et transactionnelles, chaque nouvelle sauvegarde repart des dernières transactions enregistrées par la précédente afin d'effectuer un chaînage logique basé sur les numéros de segment du journal des transactions.

Si vous effectuez une sauvegarde complète, ceci remet le « compteur » à zéro et toutes les nouvelles sauvegardes différentielles et transactionnelles repartiront de cette sauvegarde complète. Cette dernière sera donc le point de référence pour l'origine de la restauration.

Cependant, le besoin impérieux d'effectuer une sauvegarde complète à un moment donné peut s'avérer crucial, par exemple si une anomalie vient de se produire et que l'équipe d'exploitation ou de développement doit déterminer quel est la cause de ce trouble avec les données les plus récentes. Comment faire alors pour ne pas perturber le plan de sauvegarde originelle et faire comme si cette sauvegarde complète n'avait jamais eu lieu ?

Il est possible d'utiliser l'option COPY ONLY. Dans le cas d'une sauvegarde de la base ou du journal, l'option COPY_ONLY crée une sauvegarde complète ou transactionnelle qui ne peut pas servir de base pour une future sauvegarde différentielle ou transactionnelle. En effet, les pages DCM ne sont pas remises à zéro et le journal n'est pas tronqué. De fait, les sauvegardes différentielles et transactionnelles réalisées en copie seulement se comportent comme si elles n'existaient pas et c'est pourquoi elles sont appelées sauvegardes « fantômes ».

Dispositifs de sauvegarde

Il est possible d'indiquer à la place d'une destination (TAPE ou DISK), un dispositif (device) c'est-à-dire une indirection qui pointera vers une destination qui peut être redéfinie à tout moment. Pour cela, il convient au préalable de créer un tel dispositif à l'aide de la procédure système sp_addumpdevice.

L'exemple suivant décrit des sauvegardes avec un dispositif (device) :

```
-- On ajoute le dispositif pour la sauvegarde
EXEC sp_addumpdevice
        'DISK',                                 -- Type de destination
        'DSK_SAVE_SYSDB',                       -- Nom logique du dispositif
        'C:\Databases\SAVE\SauveBaseSysteme.bak' -- Emplacement physique
GO
-- On sauvegarde vers le dispositif DSK_SAVE_SYSDB des bases master
BACKUP DATABASE master
TO DSK_SAVE_SYSDB;
-- et msdb
BACKUP DATABASE msdb
TO DSK_SAVE_SYSDB;
```

Vérification d'une sauvegarde

Les commandes RESTORE … ONLY …, au nombre de quatre, permettent de vérifier les informations contenues dans les fichiers de sauvegarde. Trois de ces commandes permettent d'extraire des métadonnées (du super fichier, du contenu du super fichier, d'une sauvegarde) et la dernière permet de vérifier la cohérence même d'une sauvegarde. La syntaxe générale simplifiée de ces commandes est la suivante :

```
RESTORE {LABELONLY | HEADERONLY | FILELISTONLY | VERIFYONLY}
FROM source [;]
```

- RESTORE LABELONLY : restitue les informations de métadonnées d'un super fichier de sauvegarde (support).
- RESTORE HEADERONLY : renvoie le contenu d'un super fichier de sauvegarde afin de savoir si la liste des sauvegardes y figure.
- RESTORE FILELISTONLY : fournit la liste des fichiers composant une base de données sauvegardée.
- RESTORE VERIFYONLY : lit une sauvegarde dans le fichier afin de vérifier son état, recalcule la somme de contrôle.

Les trois premières commandes fournissent en sortie une pseudo-table qu'il est impossible de requêter directement. Les commandes RESTORE FILELISTONLY et RESTORE VERIFYONLY visant une sauvegarde et non pas le support (super fichier), il faut éventuellement indiquer la position de la sauvegarde à scruter à l'aide de l'option FILE = n, position fournie par la commande RESTORE HEADERONLY. Par défaut, c'est FILE = 1 qui est pris en compte.

Avec la clause WITH, vous pouvez utiliser les options PASSWORD, MEDIANAME, MEDIAPASSWORD, CHECKSUM, NO_CHECKSUM, STOP_ON_ERROR, CONTINUE_AFTER_ERROR, REWIND, NOREWIND, UNLOAD, NOUNLOAD ou STATS dans certaines restaurations.

Les sauvegardes suivantes nous permettront de réaliser différentes restaurations.

```
-- On effectue quelques sauvegardes
BACKUP DATABASE msdb
TO DISK = 'C:\Databases\SAVE\sys_databases.bak';
GO
WAITFOR DELAY '00:00:30';
GO
BACKUP DATABASE master
TO DISK = 'C:\Databases\SAVE\sys_databases.bak';
GO
WAITFOR DELAY '00:00:30';
GO
BACKUP DATABASE msdb
TO DISK = 'C:\Databases\SAVE\sys_databases.bak'
WITH DIFFERENTIAL;
GO
```

RESTORE LABELONLY

Cette commande permet de savoir quelles sont les métadonnées du super fichier (support de sauvegarde) contenant les sauvegardes. Ainsi, avec les sauvegardes effectuées dans le script précédent, vous pouvez lancer la commande suivante :

```
-- Quelles sont les métadonnées du super fichier ?
RESTORE LABELONLY
FROM DISK = 'C:\Databases\SAVE\sys_databases.bak';
```

À ce stade, la commande `RESTORE LABELONLY` renvoie une table d'une ligne fournissant les informations de métadonnées du super fichier. Les données les plus intéressantes sont indiquées ici.

- `FamilyCount` : nombre de supports constituant l'intégralité de la sauvegarde, pour une sauvegarde répartie sur plusieurs fichiers.
- `FamilySequenceNumber` : numéro du support pour une sauvegarde répartie sur plusieurs fichiers.
- `MediaSequenceNumber` : numéro de séquence du média (pour une sauvegarde sur bande ayant eu recours à plusieurs cassettes).
- `MediaDate` : heure de création du super fichier.
- `MirrorCount` : nombre de destinations de la sauvegarde pour les sauvegardes multiples.
- `IsCompressed` : si la sauvegarde est compressée (présent uniquement à partir de la version 2008).

Pour envoyer le résultat d'une commande `RESTORE LABELONLY` dans une table, vous pouvez procéder comme suit :

```
CREATE TABLE #T_RESTORE_LABELONLY_2012
(MediaName               nvarchar(128),
MediaSetId              uniqueidentifier,
FamilyCount             int,
FamilySequenceNumber    int,
MediaFamilyId           uniqueidentifier,
MediaSequenceNumber     int,
MediaLabelPresent       tinyint,
MediaDescription        nvarchar(255),
SoftwareName            nvarchar(128),
SoftwareVendorId        int,
MediaDate               datetime,
Mirror_Count            int,
IsCompressed            bit    -- Version 2008 et suivantes
);
GO

INSERT INTO #T_RESTORE_LABELONLY_2012
EXEC ('RESTORE LABELONLY FROM DISK =
      ''C:\Databases\SAVE\sys_databases.bak'';');
GO
SELECT MediaDate, SoftwareName, FamilyCount, Mirror_Count, IsCompressed
FROM   #T_RESTORE_LABELONLY_2012;
```

Le résultat de la requête de ce script est le suivant :

```
MediaDate            SoftwareName         FamilyCount Mirror_Count IsCompressed
-------------------- -------------------- ----------- ------------ ------------
2013-01-31 13:47:25 Microsoft SQL Server 1           1            0
```

RESTORE HEADERONLY

Cette commande permet de savoir quelles sont les sauvegardes enregistrées dans le super fichier. Ainsi, avec les sauvegardes effectuées à l'aide du script précédent, nous pouvons lancer la commande suivante :

```
RESTORE HEADERONLY
FROM DISK = 'C:\Databases\SAVE\sys_databases.bak';
```

Cette commande renvoie une table comportant autant de lignes que le super fichier contient de sauvegardes. Les données les plus intéressantes sont :

- `DatabaseName` : nom de la base de données ;
- `Position` : n° d'ordre de la position de la sauvegarde dans le super fichier ;
- `CompatibilityLevel` : version de la base de données (`80` = 2000, `90` = 2005, `100` = 2008 (y compris R2), `110` = 2012 et `120` = 2014) ;
- `BackupType` : code indiquant la nature de la sauvegarde (`1` = complète, `2` = transactionnelle et `3` = différentielle) ;
- `BackupTypeDescription` : libellé de la nature de la sauvegarde ;
- `BackupStartDate` : date et heure de début du processus de sauvegarde ;
- `BackupFinishDate` : date et heure de fin du processus de sauvegarde ;
- `Compressed` : compression ;
- `BackupSize` : taille du fichier de sauvegarde en octets ;
- `CompressedBackupSize` : taille du fichier de sauvegarde compressé en octets ;
- `FirstLSN` : numéro du premier segment transactionnel pris en compte dans la sauvegarde ;
- `LastLSN` : numéro du dernier segment transactionnel pris en compte dans la sauvegarde.

Comme précédemment, il est possible de réinjecter les données de la commande dans une table :

```
CREATE TABLE #T_RESTORE_HEADERONLY_2012
(BackupName              nvarchar(128),
BackupDescription        nvarchar(255),
BackupType               smallint,
ExpirationDate           datetime,
Compressé                bit,                -- À partir de la version 2008
Position                 smallint,
DeviceType               tinyint,
UserName                 nvarchar(128),
ServerName               nvarchar(128),
DatabaseName             nvarchar(128),
DatabaseVersion          int,
DatabaseCreationDate     datetime,
BackupSize               numeric(20,0),
FirstLSN                 numeric(25,0),
LastLSN                  numeric(25,0),
CheckpointLSN            numeric(25,0),
DatabaseBackupLSN        numeric(25,0),
BackupStartDate          datetime,
BackupFinishDate         datetime,
SortOrder                smallint,
CodePage                 smallint,
UnicodeLocaleId          int,
UnicodeComparisonStyle   int,
CompatibilityLevel       tinyint,
SoftwareVendorId         int,
SoftwareVersionMajor     int,
SoftwareVersionMinor     int,
SoftwareVersionBuild     int,
MachineName              nvarchar(128),
Flags                    int,
```

```
BindingID               uniqueidentifier,
RecoveryForkID          uniqueidentifier,
Collation               nvarchar(128),
FamilyGUID              uniqueidentifier,
HasBulkLoggedData       bit,
IsSnapshot              bit,
IsReadOnly              bit,
IsSingleUser            bit,
HasBackupChecksums      bit,
IsDamaged               bit,
BeginsLogChain          bit,
HasIncompleteMetaData   bit,
IsForceOffline          bit,
IsCopyOnly              bit,
FirstRecoveryForkID     uniqueidentifier,
ForkPointLSN            numeric(25,0),
RecoveryModel           nvarchar(60),
DifferentialBaseLSN     numeric(25,0),
DifferentialBaseGUID    uniqueidentifier,
BackupTypeDescription   nvarchar(60),
BackupSetGUID           uniqueidentifier,
CompressedBackupSize    bigint,                 -- À partir de la version 2008
Containement            bit                     -- À partir de la version 2012
);
GO
-- Réinjection
INSERT INTO #T_RESTORE_HEADERONLY_2012
EXEC ('RESTORE HEADERONLY
       FROM DISK = ''C:\Databases\SAVE\sys_databases.bak'';');
GO
-- Exemple de requête
SELECT DatabaseName, BackupFinishDate, BackupTypeDescription, Position
FROM   #T_RESTORE_HEADERONLY_2012;
```

Le résultat de la requête de ce script est le suivant :

```
DatabaseName     BackupFinishDate        BackupTypeDescription     Position
---------------- ----------------------- ------------------------- --------
msdb             2013-01-31 13:47:25.000 Database                  1
master           2013-01-31 13:47:55.000 Database                  2
msdb             2013-01-31 13:48:26.000 Database Differential     3
```

RESTORE FILELISTONLY

Cette commande permet de savoir quels sont les fichiers composant une base sauvegardée au sein du super fichier. Les sauvegardes effectuées dans l'exemple en début de section nous permettent de lancer la commande suivante :

```
RESTORE FILELISTONLY FROM DISK = 'C:\Databases\SAVE\sys_databases.bak';
GO
RESTORE FILELISTONLY FROM DISK = 'C:\Databases\SAVE\sys_databases.bak'
WITH FILE = 1;
GO
RESTORE FILELISTONLY FROM DISK = 'C:\Databases\SAVE\sys_databases.bak'
WITH FILE = 2;
GO
RESTORE FILELISTONLY FROM DISK = 'C:\Databases\SAVE\sys_databases.bak'
WITH FILE = 3;
GO
```

Gardez toujours à l'esprit qu'un super fichier peut contenir plusieurs sauvegardes. Il faut donc préciser la position de la sauvegarde dans le super fichier à l'aide de l'option `FILE = n` (par défaut, `FILE = 1`).

Cette commande renvoie une table comportant autant de lignes qu'il y a de fichier (données, journal des transactions…) pour la base de données de la sauvegarde précisée par sa position dans le super fichier. Voici les données les plus intéressantes.

- `LogicalName` : nom logique (SQL) du fichier.
- `PhysicalName` : emplacement physique du fichier lors de la sauvegarde.
- `Type` : type de contenu du fichier (`D` = Data, `L` = Log et `F` = FullText Catalog).

Le script suivant permet de réinjecter les données de cette commande dans une table.

```
CREATE TABLE #T_RESTORE_FILELISTONLY_2012
(LogicalName           nvarchar(128),
PhysicalName           nvarchar(260),
"Type"                 char(1),
FileGroupName          nvarchar(128),
Size                   numeric(20,0),
MaxSize                numeric(20,0),
FileID                 bigint,
CreateLSN              numeric(25,0),
DropLSN                numeric(25,0),
UniqueID               uniqueidentifier,
ReadOnlyLSN            numeric(25,0),
ReadWriteLSN           numeric(25,0),
BackupSizeInBytes      bigint,
SourceBlockSize        int,
FileGroupID            int,
LogGroupGUID           uniqueidentifier,
DifferentialBaseLSN    numeric(25,0),
DifferentialBaseGUID   uniqueidentifier,
IsReadOnly             bit,
IsPresent              bit,
TDEThumbprint          varbinary(32));
GO
-- Réinjection
INSERT INTO #T_RESTORE_FILELISTONLY_2012
EXEC ('RESTORE FILELISTONLY FROM DISK = ''C:\Databases\SAVE\sys_databases.bak''
       WITH FILE = 1;');
GO
-- Exemple de requête
SELECT LogicalName, PhysicalName, "Type", FileGroupName, Size
FROM   #T_RESTORE_FILELISTONLY_2012;
```

Le résultat de la dernière requête de ce script est le suivant :

```
LogicalName      PhysicalName                        Type FileGroupName Size
---------------- ----------------------------------- ---- ------------- ----------
MSDBData         C:\Program ... \DATA\MSDBData.mdf   D    PRIMARY        15466496
MSDBLog          C:\Program ... \DATA\MSDBLog.ldf    L    NULL           5832704
```

RESTORE VERIFYONLY

Cette commande permet de vérifier une des sauvegardes contenues dans le super fichier afin de savoir si elle est physiquement intègre et donc restaurable. À partir des sauvegardes effectuées dans l'exemple en début de section, nous pouvons lancer la commande suivante :

```
RESTORE VERIFYONLY FROM DISK = 'C:\Databases\SAVE\sys_databases.bak';
GO
RESTORE VERIFYONLY FROM DISK = 'C:\Databases\SAVE\sys_databases.bak'
WITH FILE = 1;
GO
RESTORE VERIFYONLY FROM DISK = 'C:\Databases\SAVE\sys_databases.bak'
WITH FILE = 2;
GO
RESTORE VERIFYONLY FROM DISK = 'C:\Databases\SAVE\sys_databases.bak'
WITH FILE = 3;
GO
```

`FILE = 3` indique le troisième fichier dans le superfichier. Cette commande renvoie le message d'information (`Le jeu de sauvegarde du fichier 1 est valide`) ou un message d'erreur.

Recoupement des segments des journaux de transactions

La commande `RESTORE HEADERONLY` permet de connaître tous les fichiers et notamment à quel numéro de segment du journal des transactions la sauvegarde a commencé et s'est terminée. Il est ainsi possible de savoir si le recouvrement transactionnel est complet, ce qui permet donc la restauration, ou bien s'il manque un ou plusieurs fichiers de sauvegarde. Le principe étant que le numéro de segment de la fin de la sauvegarde précédente doit être inférieur ou égal au numéro de segment du début de la sauvegarde suivante.

À titre d'exemple, effectuons une série de sauvegardes transactionnelles régulières dans une base nouvellement créée pour cette occasion :

```
USE master;
GO
-- On crée une nouvelle base
CREATE DATABASE DB_TEST_LSN
GO
-- On se place dans le contexte de cette nouvelle base
USE DB_TEST_LSN
GO
-- On crée une table
CREATE TABLE T_TEST (DT DATETIME DEFAULT CURRENT_TIMESTAMP);
GO
-- Première sauvegarde complète
BACKUP DATABASE DB_TEST_LSN TO DISK = 'C:\Databases\SAVE\TEST_LSN.bak';
GO
-- Boucle d'insertion et sauvegarde transactionnelle
DECLARE @I SMALLINT;
SET @I = 6
WHILE @I > 0
BEGIN
   INSERT INTO T_TEST DEFAULT VALUES;
   WAITFOR DELAY '00:00:10';
   BACKUP LOG DB_TEST_LSN TO DISK = 'C:\Databases\SAVE\TEST_LSN.trn';
   SET @I = @I - 1;
END;
```

À partir de ces sauvegardes, nous réinjectons les métadonnées de la commande RESTORE HEADERONLY dans une table pour vérifier la continuité des transactions :

```
CREATE TABLE #T_RESTORE_HEADERONLY_2012
(BackupName               nvarchar(128),
BackupDescription         nvarchar(255),
BackupType                smallint,
ExpirationDate            datetime,
Compressé                 bit,                    -- À partir de la version 2008
Position                  smallint,
DeviceType                tinyint,
UserName                  nvarchar(128),
ServerName                nvarchar(128),
DatabaseName              nvarchar(128),
DatabaseVersion           int,
DatabaseCreationDate      datetime,
BackupSize                numeric(20,0),
FirstLSN                  numeric(25,0),
LastLSN                   numeric(25,0),
CheckpointLSN             numeric(25,0),
DatabaseBackupLSN         numeric(25,0),
BackupStartDate           datetime,
BackupFinishDate          datetime,
SortOrder                 smallint,
CodePage                  smallint,
UnicodeLocaleId           int,
UnicodeComparisonStyle    int,
CompatibilityLevel        tinyint,
SoftwareVendorId          int,
SoftwareVersionMajor      int,
SoftwareVersionMinor      int,
SoftwareVersionBuild      int,
MachineName               nvarchar(128),
Indicateurs               int,
BindingID                 uniqueidentifier,
RecoveryForkID            uniqueidentifier,
Collation                 nvarchar(128),
FamilyGUID                uniqueidentifier,
HasBulkLoggedData         bit,
IsSnapshot                bit,
IsReadOnly                bit,
IsSingleUser              bit,
HasBackupChecksums        bit,
IsDamaged                 bit,
BeginsLogChain            bit,
HasIncompleteMetaData     bit,
IsForceOffline            bit,
IsCopyOnly                bit,
FirstRecoveryForkID       uniqueidentifier,
ForkPointLSN              numeric(25,0),
RecoveryModel             nvarchar(60),
DifferentialBaseLSN       numeric(25,0),
DifferentialBaseGUID      uniqueidentifier,
BackupTypeDescription     nvarchar(60),
BackupSetGUID             uniqueidentifier,
CompressedBackupSize      bigint,                 -- À partir de la version 2008
Containement              bit                     -- À partir de la version 2012
);
GO
INSERT INTO #T_RESTORE_HEADERONLY_2012
```

```
EXEC ('RESTORE HEADERONLY
       FROM DISK = ''C:\Databases\SAVE\TEST_LSN.bak'';');
GO
INSERT INTO #T_RESTORE_HEADERONLY_2012
EXEC ('RESTORE HEADERONLY
       FROM DISK = ''C:\Databases\SAVE\TEST_LSN.trn'';');
GO
```

Par la requête suivante, nous pouvons finalement vérifier la continuité transactionnelle, basée sur les numéros de segment du journal :

```
SELECT pre.BackupTypeDescription, pre.Position AS position_backup,
       CASE
                WHEN pre.BackupType = 1
                   THEN pre.Position
          ELSE sui.Position
       END AS position_precedent_backup,
       CASE
         WHEN sui.BackupSetGUID IS NULL
          THEN 'Manquant'
          ELSE 'Ok'
       END AS Séquence
FROM   #T_RESTORE_HEADERONLY_2012 AS pre
       LEFT OUTER JOIN #T_RESTORE_HEADERONLY_2012 AS sui
                  ON pre.BackupSetGUID <> sui.BackupSetGUID
                     AND pre.DatabaseName = sui.DatabaseName
               AND ((pre.FirstLSN BETWEEN sui.FirstLSN AND sui.LastLSN
                        AND sui.BackupType = 2)
                  OR (pre.FirstLSN <= sui.LastLSN
                       AND pre.LastLSN >= sui.LastLSN
                       AND sui.BackupType = 1))
ORDER BY pre.BackupType, pre.Position;
```

Métadonnées des sauvegardes

En plus des commandes que nous venons d'étudier, qui fournissent des informations sur les fichiers du mécanisme de sauvegarde, il faut savoir que votre instance enregistre des données similaires afin de faciliter l'administration des sauvegardes et de la restauration, dans le cas où vous auriez à restaurer sur le même serveur. Ainsi, à chaque sauvegarde, qu'elle soit planifiée ou non, comme à chaque restauration, SQL Server conserve l'historique des opérations entreprises en vue d'éventuelles nouvelles manipulations. Ces métadonnées sont stockées dans la base `msdb` (relative à l'Agent SQL qui sert notamment à planifier les travaux), dans les tables suivantes.

Tableau 12–1 Tables de la base msdb

Tables	Contenu
dbo.backupfile	Fichiers d'une base de données sauvegardée
dbo.backupfilegroup	Groupe de fichiers d'une base de données sauvegardée
dbo.backupmediafamily	Liste des familles de supports de sauvegarde
dbo.backupmediaset	Liste des supports de sauvegarde
dbo.backupset	Liste des jeux de sauvegarde
dbo.logmarkhistory	Liste des transactions marquées comme étant validées

Tableau 12–1 Tables de la base msdb *(suite)*

Tables	Contenu
`dbo.restorefile`	Liste des fichiers restaurés, y compris ceux restaurés via un groupe de fichiers
`dbo.restorefilegroup`	Liste des groupes de fichiers restaurés
`dbo.restorehistory`	Liste des opérations de restauration
`dbo.suspect_pages`	Liste des pages en erreur 824 (table limitée à 1 000 lignes)
`dbo.sysopentapes`	Liste des unités de bande actuellement en ligne

Les colonnes de ces différentes tables sont relativement proches de celles des commandes `RESTORE … ONLY`. En cas de récupération d'un super fichier contenant des sauvegardes et venant d'un autre serveur, vous pouvez, pour chaque sauvegarde, réinjecter les métadonnées des fichiers à l'aide de l'option `LOADHISTORY` de la commande `RESTORE VERIFYONLY`.

Stratégie de sauvegarde

Une stratégie de sauvegarde s'élabore du point de vue de la restauration. En effet, il ne sert à rien d'effectuer des sauvegardes si l'on n'envisage pas la restauration !

Par conséquent, il est impératif d'étudier, de tester et de vérifier la politique de sauvegarde sous le plan de la restauration avant de formaliser définitivement son plan de sauvegarde, même si des plans classiques peuvent être entrepris de manière systématique.

Questions sur la restauration

Les questions cruciales à se poser en matière de restauration concernent la notion de temps :

- Combien de temps de production puis-je perdre en cas de sinistre majeur ? Le RPO *(Recovery Point Objective)* détermine la quantité de données qu'il est possible de perdre sans que cela n'affecte de manière trop importante la bonne marche de l'entreprise.
- Combien de temps vais-je mettre pour restaurer la base de données ? Le RTO *(Recovery Time Objective)* détermine le temps pendant lequel le système est indisponible sans que cela n'affecte de manière trop importante le bon fonctionnement de l'entreprise.

Du temps de production moyen qu'il est permis de perdre dépendra la fréquence des sauvegardes. Par exemple, si l'on considère en moyenne que l'on peut perdre une heure de production, alors on peut étudier un plan avec une fréquence de sauvegarde de deux heures pendant les heures de production.

Le temps mis à restaurer une base de données va dépendre de la nature de la sauvegarde, de l'architecture de mise à disposition des sauvegardes et de la rapidité à effectuer la restauration. Par exemple, une sauvegarde complète est plus rapide à remonter que tout un scénario autour d'une sauvegarde complète suivie d'une différentielle et de multiples journaux de transactions. Une sauvegarde compressée mettra moins de temps à être lue et une sauvegarde parallélisée sera plus rapide à restaurer.

Il faudra donc vous assurer que vous disposez des moyens nécessaires en termes de matériel, de ressources diverses (notamment stockage), de disponibilité des équipes (pas de « trou » dans les plannings des opérateurs), de documentation des procédures, mais aussi de formation et d'entraînement du personnel. Veillez à ce que le personnel en charge de la restauration dispose d'une plate-forme de test aussi proche que possible des conditions de la production. Ceci permettra un entraînement systématique et régulier, et ainsi une parfaite maîtrise du processus. Lorsque viendra le moment d'effectuer une véritable restauration, seule restera la pression administrative de la hiérarchie et celle, plus sympathique, des utilisateurs finaux tous désireux de vous aider dans une phase où vous n'avez pas droit à l'erreur !

C'est d'ailleurs au pied du mur de la restauration que l'on peut évaluer les compétences d'un bon DBA…

Le plan de sauvegarde

Un plan de sauvegarde correspond à l'ensemble des techniques de sauvegarde et leur planification pour une même base de données.

L'exemple suivant décrit un plan de sauvegarde pour une base de production :

- Chaque lundi, à 1 h du matin, lancement d'une sauvegarde complète. Durée estimée : 4 h.
- Du mardi au dimanche, à 1 h du matin, lancement d'une sauvegarde différentielle. Durée estimée : 20 min.
- Tous les jours de la semaine, de 8 h à 20 h et toutes les 30 min, lancement d'une sauvegarde transactionnelle. Durée estimée : 40 s.

Dans un tel cas de figure, la restauration d'une base le jeudi 6 juin 2013 à 11 h 28 consiste à effectuer successivement :

- La restauration de la sauvegarde complète du lundi 3 juin 2013.
- La restauration de la sauvegarde différentielle du jeudi 6 juin 2013.
- La restauration dans l'ordre chronologique des sept sauvegardes transactionnelles de 8 h, 8 h 30, 9 h, 9 h 30, 10 h, 10 h 30 et 11 h du jeudi 6 juin 2013.

Avec un tel plan, la perte de données maximale est de 30 min et de 15 min en moyenne, mais il est possible de la réduire pour qu'aucune perte de données ne se produise en effectuant une sauvegarde située à la fin du journal des transactions *(tail log backup)* à l'aide des options spécifiques de sauvegarde du journal.

> Pour planifier vos travaux, utilisez l'Agent SQL (voir chapitre 16), sauf pour l'édition Express qui ne propose pas cet outil (dans ce cas, vous pouvez recourir par exemple au planificateur de tâches de Windows). Pour des raisons de performance, il est toujours souhaitable de lancer les sauvegardes via l'Agent SQL plutôt qu'à l'aide d'un outil de planification global comme Dollar Universe.

La restauration

Comme nous l'avons vu, tout l'intérêt des sauvegardes réside dans le fait qu'elles peuvent être restaurées. La sauvegarde est une opération relativement banale, tandis que la restauration est souvent une opération d'urgence, généralement accompagnée de quelques petits imprévus.

Prenons l'exemple d'un scénario classique dans lequel la base vient d'être victime d'une erreur logique. En effet, après la mise en production d'une version mal testée, la colonne « Prix » de la table des produits a été mise à zéro. Les utilisateurs profitent donc de cette erreur pour piller le site web. Il faut donc de toute urgence réparer cette erreur et revenir dans un état normal des données en recherchant dans une sauvegarde les prix originaux.

La liste suivante reprend quelques-uns des problèmes auxquels vous allez être confronté dans une telle situation.
- Où mes fichiers de sauvegarde sont-ils enregistrés ?
- Quelles versions de ces fichiers de sauvegarde dois-je prendre en considération ?
- Combien de temps va prendre le rapatriement des sauvegardes sur le serveur ?
- Ai-je assez de place sur le serveur pour y placer tous les fichiers de la restauration ?
- Les fichiers de sauvegarde sont-ils intègres (ont-ils été vérifiés) ?
- Le chaînage des sauvegardes est-il sans discontinuité ?
- Combien de temps va prendre la restauration ?
- Dois-je écraser la base actuelle ou faire une restauration en parallèle ?
- Où dois-je placer la nouvelle base restaurée si l'ancienne doit coexister sur le serveur ?

Pour couronner le tout, vous allez recevoir de nombreux e-mails demandant des explications sur ce qui se passe, d'inombrables appels téléphoniques et vous recevrez la visite de tous les acteurs importants de l'entreprise, désireux d'entendre votre compte-rendu sur la situation. Le directeur commercial et le PDG vont vous mettre sous pression et le stress sera à son maximum. Autant dire qu'il est vivement conseillé de s'être entraîné au préalable, et au calme, à restaurer une base de données !

Cas pratique de restauration

Voici par exemple, et pour ce cas de figure classique d'erreur logique (mise à jour intempestive, suppression de table...), le processus de restauration à effectuer lorsqu'un plan de sauvegarde a été établi avec une sauvegarde complète hebdomadaire, une sauvegarde différentielle quotidienne et des sauvegardes transactionnelles toutes les heures. Un incident se produit à 11 h 13 et vous en êtes informé à 11 h 20. Il faut alors :

- couper les accès à la base pour les utilisateurs ordinaires ;
- sauvegarder le journal des transactions de la base à l'origine de l'incident ;
- rapatrier la sauvegarde complète la plus récente ;
- rapatrier la sauvegarde différentielle la plus récente ;
- rapatrier toutes les sauvegardes transactionnelles entre l'heure de la dernière sauvegarde différentielle et maintenant ;
- restaurer la sauvegarde complète avec un nom de base différent et un emplacement de stockage autre que celui de la base d'origine, en mode d'attente (`NO RECOVERY`) ;
- restaurer la sauvegarde différentielle en mode d'attente (`NO RECOVERY`) ;
- restaurer toutes les sauvegardes des journaux de transactions, sauf celle correspondant au dernier journal, en mode d'attente (`NO RECOVERY`) ;
- restaurer le dernier journal des transactions (celui que vous avez sauvegardé au début de ce processus) en mode final (`RECOVERY`) avec arrêt à 11 h 12 (`STOPAT`) ;
- effectuer une requête `UPDATE` interbase pour replacer les données correctes depuis l'ancienne base vers la base de production.

Une fois ces opérations effectuées, il est alors possible de remettre en ligne la base ou le site web.

Commande RESTORE

La commande RESTORE permet de restaurer une base en appliquant successivement différents fichiers de sauvegarde. De la même manière qu'il existe une commande permettant de sauvegarder la base et une autre pour le journal des transaction, il existe une commande pour restaurer les sauvegardes complètes ou différentielles (RESTORE DATABASE) et une autre pour les journaux de transactions (RESTORE LOG).

Voici une première syntaxe de la commande de restauration :

```
RESTORE {DATABASE | LOG} {nom_base | @dvar_nom_base}
FROM device
[WITH liste_options] [;]
```

- nom_base : vous pouvez spécifier le nom de votre choix (pas nécessairement le nom original de la base) soit sous forme littérale, soit dans une variable de type sysname (NVARCHAR(128)).
- device (source de la sauvegarde) : identique aux commandes de sauvegarde et de métadonnées de sauvegarde.
- liste_options : liste des différentes options éventuelles, séparées par une virgule.

Quelques options importantes

- REPLACE : permet de spécifier le nom d'une base déjà existante en procédant par écrasement de cette dernière. Dans le cas où la base à écraser est en production, la commande de sauvegarde risque d'échouer tant qu'il y a au moins un utilisateur connecté à la base. Pour pallier ce problème, vous pouvez déconnecter automatiquement tous les utilisateurs. L'exemple suivant prépare une base en production à être remplacée par sa sauvegarde.

```
USE DB_MaBase;
GO
ALTER DATABASE DB_MaBase
   SET SINGLE_USER
   WITH ROLLBACK IMMEDIATE;
GO
USE master;
GO
RESTORE DATABASE DB_MaBase
```

Dans cet exemple, on a préféré supprimer la base puis la remplacer par sa sauvegarde, plutôt que d'utiliser l'option REPLACE.

- RESTART : sert à rejouer une restauration interrompue intempestivement (suite à une coupure de courant, par exemple).
- RESTRICTED_USER : autorise l'accès à la base de données uniquement aux utilisateurs dotés des rôles de serveur sysadmin et dbcreator, ainsi que du rôle de base de données db_owner.
- KEEP_REPLICATION : conserve la réplication activée si la base possède originellement une réplication de données.
- {ENABLE_BROKER | ERROR_BROKER_CONVERSATIONS | NEW_BROKER} : restaure la base de données dans différents modes spécifiques à l'utilisation de service broker.
- KEEP_CDC : conserve l'activation de l'option Change Data Capture (CDC) si un audit de mise à jour de données a été mis en place dans la base originelle.

Options commune aux commandes BACKUP et RESTORE

Voici quelques options communes aux commandes BACKUP et RESTORE : STATS, PASSWORD, MEDIANAME, MEDIAPASSWORD, BLOCKSIZE, BUFFERCOUNT, MAXTRANSFERSIZE, CHECKSUM, NO_CHECKSUM, STOP_ON_ERROR, CONTINUE_AFTER_ERROR, REWIND, NOREWIND, UNLOAD et NOUNLOAD. Pour de plus amples explications sur ces options, consultez la documentation relative à la commande BACKUP.

Restauration depuis un cliché de base de données (DATABASE SNAPSHOT)

Si une base a été prise en cliché (DATABASE SNAPSHOT), elle peut être restaurée au moment où ce cliché a été effectué. La syntaxe de la commande à utiliser est la suivante :

```
RESTORE DATABASE nom_base
FROM DATABASE_SNAPSHOT = nom_base_snapshot [;]
```

Restaurations successives et option RECOVERY/NORECOVERY

Des restaurations successives sont nécessaires lorsque le plan de sauvegarde mélange des sauvegardes complètes avec des différentielles ou des transactionnelles.

La restauration d'une base de données doit toujours commencer par la restauration d'une sauvegarde complète, puis de l'éventuelle dernière sauvegarde différentielle, et ensuite toutes les sauvegardes transactionnelles effectuées depuis la dernière sauvegarde différentielle ou à défaut la sauvegarde complète.

Chacune des sauvegardes conserve en mémoire le premier et le dernier numéro de segment de transaction (LSN) ainsi que celui du dernier CHECKPOINT effectué. Ces numéros sont visibles dans la commande RESTORE HEADERONLY. Les numéros de segment doivent impérativement se recouper dans les différentes sauvegardes afin d'assurer la continuité transactionnelle. Dans le cas contraire (si l'un des fichiers de sauvegarde a été perdu ou si une sauvegarde a été effectuée en dehors du plan, par exemple), il sera impossible d'utiliser un tel scénario de restauration, les commandes RESTORE DATABASE et RESTORE LOG effectuant une vérification préalable.

Dans le cas d'une restauration dans laquelle il faut enchaîner différentes sauvegardes, il convient d'indiquer à SQL Server à quel moment il doit mettre en service la base de données. À défaut, dès qu'une restauration est effectuée, SQL Server met la base en production interdisant ainsi de compléter la restauration avec d'autres fichiers et permettant aux utilisateurs de l'utiliser notamment pour la mise à jour des données. Pour empêcher de mettre immédiatement la base à disposition des utilisateurs, il faut spécifier l'option NORECOVERY pour toutes les sauvegardes à restaurer, sauf pour la dernière (l'option RECOVERY est activée par défaut).

Le point de départ d'un tel scénario doit toujours commencer par une restauration d'une sauvegarde de type complète. L'enchaînement des fichiers à restaurer et des commandes correspondantes doit être basé sur le principe suivant :

```
-- Restauration de la sauvegarde complète initiale
RESTORE DATABASE nom_base FROM device WITH NORECOVERY;

-- Restauration de la dernière sauvegarde différentielle s'il y a lieu
RESTORE DATABASE nom_base FROM device WITH NORECOVERY;
```

```
-- Ou bien si c'est la dernière sauvegarde à restaurer
RESTORE DATABASE nom_base FROM device WITH RECOVERY;

-- Restauration de la première sauvegarde transactionnelle après sauvegarde complète ou
différentielle s'il y a lieu
RESTORE LOG nom_base FROM device WITH NORECOVERY;

-- Restauration de la seconde sauvegarde transactionnelle si elle existe
RESTORE LOG nom_base FROM device WITH NORECOVERY;

-- Autres restaurations intermédiaires de journaux de transactions…

-- Restauration de la dernière sauvegarde transactionnelle
RESTORE LOG nom_base FROM device WITH RECOVERY;
```

Restauration avec arrêt spécifique

Comme nous venons de le voir, il est possible d'enchaîner les sauvegardes. Lorsque ces dernières sont des sauvegardes transactionnelles, il est alors possible de stopper leur progression à un moment donné, qui peut être indifféremment :

- un point dans le temps (avec une granularité d'environ une minute) ;
- avant ou après une marque de transaction ;
- avant ou après un LSN.

Pour ce faire, vous devrez utiliser les options et syntaxes suivantes :

- `STOPAT = {'date_heure' | @var_dateheure}` : s'arrête à un point dans le temps (précision maximale : minute).
- `STOPATMARK = {'marque' | 'LSN'} [AFTER 'date_heure']` : s'arrête à la première transaction nommée par la marque ou identifiée par le LSN (après la date/heure indiquée si l'option `AFTER` est spécifiée).
- `STOPBEFOREMARK = {'marque' | 'LSN'} [AFTER 'date_heure']` : s'arrête avant la première transaction nommée par la marque ou identifiée par le numéro de LSN (après la date/heure indiquée si l'option `AFTER` est spécifiée).

Pour les options `STOPAT` et `STOPATMARK`, toutes les transactions jusqu'à la marque de temps ou de transactions incluse sont restaurées.
Pour l'option `STOTBEFOREMARK`, toutes les transactions avant la marque de transactions sont restaurées.
Si votre base est en mode de récupération complet (`RECOVERY = FULL`), il est possible d'utiliser ce principe même pour une sauvegarde complète.
Le format de date/heure passé en chaîne de caractères dans la commande doit être de la forme : `AAAAMMJJ HH:MM`
Pour un numéro de LSN, préfixez par `LSN:`.

Différents scénarios de restauration

Avant d'étudier la restauration proprement dite, intéressons-nous au fait qu'il est peut être possible de sauvegarder les derniers instants de production de votre base. Pour ce faire, deux cas sont à envisager :

- la perte des données, il est dans ce cas assez probable de pouvoir tout récupérer ;
- la perte du journal des transactions, plus dangereuse…

Avant de restaurer

Lorsque la base originale que l'on veut restaurer est toujours présente sur la machine d'origine, que l'on a déjà procédé à une sauvegarde complète et que le mode de récupération n'est pas le mode simple, il est possible de tenter certaines opérations dans le but de récupérer les dernières informations (les dernières données enregistrées ou dernières transactions) pour les ajouter aux sauvegardes actuelles afin de compléter les données.

Certaines commandes que nous allons étudier dans cette section ne correspondent à aucun bouton ou option dans l'interface graphique Management Studio.

Fichiers de données endommagés

Si l'un des fichiers de données (.mdf, .ndf, etc.) de votre base est corrompu, vous pouvez sauvegarder le journal des transactions à condition que le mode de journalisation de la base soit full (complet) ou bulk logged (journalisation en bloc). Pour connaître le mode de journalisation de votre base, lancez la requête suivante :

```
SELECT name, recovery_model_desc FROM sys.databases WHERE name = 'ma_base';
```

Si le fichier du journal des transactions est intègre, vous pouvez faire une sauvegarde de ce dernier en mode NORECOVERY. Cette sauvegarde d'urgence (*tail log backup*, soit sauvegarde de la queue du journal des transactions) enregistre les toutes dernières transactions effectuées dans la base de données et place cette dernière en mode attente de restauration. La commande à utiliser est la suivante :

```
BACKUP LOG [ma_base]
TO DISK = 'C:\MonRepertoire\MonFichierSauveTransaction.trn'
WITH NORECOVERY;
```

Dans certains cas, vous devrez préciser l'option NO_TRUNCATE qui évite d'écrire des informations de cette sauvegarde dans le fichier du journal, par exemple si votre base a saturée les disques.

```
BACKUP LOG [ma_base]
TO DISK = 'C:\MonRepertoire\MonFichierSauveTransaction.trn'
WITH NO_TRUNCATE, NORECOVERY;
```

Il faudra donc incorporer cette dernière sauvegarde de journal à votre plan de restauration, afin de ne perdre aucune des données capturées par les transactions dans votre base. Dans ce cas, la restauration récupérera 100 % des données validées par les utilisateurs lors des derniers instants de production.

Journal des transactions endommagé

Ce cas de figure est plus grave car il est impossible de garantir l'intégrité des données de la base en appliquant les commandes présentées dans les sections suivantes.

En cas de perte du journal des transactions (journal inaccessible), la sauvegarde de la base échoue. Une restauration de sauvegarde est souvent la meilleure solution. En l'absence de sauvegarde, la base inaccessible peut être ouverte en passant en mode EMERGENCY :

```
ALTER DATABASE nom_base SET EMERGENCY [;]
```

Il est ensuite envisageable de réparer la base (et reconstruire son journal) avec un DBCC CHECKDB et l'option REPAIR_ALLOW_DATA_LOSS.

```
ALTER DATABASE nom_base SET SINGLER_USER;
DBCC CHECKDB(nom_base, REPAIR_ALLOW_DATA_LOSS);
```

Les modifications en cours, celles qui étaient dans le journal devenu inaccessible et qui n'ont donc pu être écrites par le dernier `CHECKPOINT`, sont perdues.

Emplacement des fichiers

Sauf si la base est à restaurer sur le serveur d'origine, il y a fort à parier que l'arborescence des répertoires ne sera identique à celle qui a été utilisée pour enregistrer les fichiers de données et les fichiers du journal de la base originale. Il faut donc soit créer les emplacements originaux, soit placer les fichiers dans d'autres répertoires.

Connaître les fichiers d'une base de données et leur emplacement

Pour savoir quels sont les fichiers composant une base et dans quels répertoires ils ont été placés à l'origine, il faut utiliser la commande `RESTORE FILELISTONLY`. Par défaut, cette commande scrute la première sauvegarde dans un fichier de sauvegarde. Pour savoir s'il y a plusieurs sauvegardes dans un fichier de sauvegarde, vous devez lancer au préalable la commande `RESTORE HEADERONLY`.

L'exemple de la figure 12-3 décrit la vérification des sauvegardes contenues dans un fichier de sauvegarde :

```
RESTORE HEADERONLY FROM DISK = 'C:\MesSauvegardes\SQLbackups.bak'
```

Résultats | Messages

	BackupType	ExpirationDate	Compressed	Position	DeviceType	UserName	ServerName	DatabaseName	DatabaseVersion	DatabaseCreationDate	BackupSize
1	1	NULL	0	1	2	VAIO2011FRED\FB	VAIO2011FRED\SQL2008R2FBIN	master	661	2013-01-23 10:13:36.000	3160064
2	1	NULL	0	2	2	VAIO2011FRED\FB	VAIO2011FRED\SQL2008R2FBIN	msdb	661	2010-04-02 17:35:08.000	15822848
3	1	NULL	0	3	2	VAIO2011FRED\FB	VAIO2011FRED\SQL2008R2FBIN	DB_HOTEL	661	2013-01-23 10:22:21.000	1519616
4	2	NULL	0	4	2	VAIO2011FRED\FB	VAIO2011FRED\SQL2008R2FBIN	DB_HOTEL	661	2013-01-23 10:22:21.000	75776

Figure 12–3 Résultat de la commande RESTORE HEADERONLY

La commande `RESTORE HEADERONLY` montre quatre sauvegardes dans le fichier `C:\MesSauvegardes\SQLbackups.bak` : les trois premières (`master`, `msdb` et `DB_HOTEL`) sont des sauvegardes complètes (`BackupType = 1`), et la dernière (`DB_HOTEL`) est une sauvegarde transactionnelle (`BackupType = 2`)

L'exemple de la figure 12-4 vérifie la composition des fichiers d'une base dont la sauvegarde est en troisième position :

```
RESTORE FILELISTONLY FROM DISK = 'C:\MesSauvegardes\SQLbackups.bak' WITH FILE = 3
```

Résultats | Messages

	LogicalName	PhysicalName	Type	FileGroupName	Size	MaxSize
1	DB_HOTEL	C:\Program Files\Microsoft SQL Server\MSSQL10_50.SQL2008R2FBIN\MSSQL\DATA\DB_HOTEL.mdf	D	PRIMARY	3145728	35184372
2	DB_HOTEL_log	C:\Program Files\Microsoft SQL Server\MSSQL10_50.SQL2008R2FBIN\MSSQL\DATA\DB_HOTEL_log.ldf	L	NULL	1048576	21990232

Figure 12–4 Résultat de la commande RESTORE FILELISTONLY

La commande `RESTORE FILELISTONLY` montre que deux fichiers composent la base sauvegardée en troisième position (`FILE = 3`) : le premier contient des données (`Type = D`) et le second les transactions (`Type = L`). La colonne LogicalName donne le nom logique de chacun des fichiers (c'est le nom connu dans la base par SQL). La colonne PhysicalName indique l'emplacement de stockage d'origine et le nom original des fichiers. La colonne Size précise la taille de chacun des fichiers en octets.

Spécifier un nouvel emplacement de stockage pour les fichiers au cours de la restauration

L'option `MOVE` des commandes `RESTORE DATABASE` et `RESTORE LOG` permet de spécifier un nouveau nom pour les fichiers, comme un nouvel emplacement de stockage.

La syntaxe de l'option `MOVE` est la suivante :

```
MOVE nom_logique_fichier TO nouvel_emplacement\nouveau_nom_fichier
```

Il convient de la spécifier autant de fois qu'il y a de fichiers à déplacer, en séparant les différentes options par une virgule.

Si vous devez restaurer successivement plusieurs sauvegardes, notamment des sauvegardes transactionnelles, il n'est pas nécessaire de spécifier plusieurs fois l'option `MOVE`. Elle doit être indiquée uniquement sur la première commande de restauration, sauf dans le cas particulier où un nouveau fichier a été créé pour la base de données.

Cas particulier d'ajout de fichier(s) au cours de l'exploitation de la base

Il est de pratique courante de rajouter des fichiers à une base, notamment pour améliorer les performances (par exemple, pour résoudre une problématique de volumétrie du stockage). L'ajout de fichier(s) correspondant à une commande journalisée, la nouvelle structure des fichiers de la base sera visible dans toutes les sauvegardes à partir du moment où elle aura lieu.

Par exemple, on peut donc avoir une sauvegarde complète avec une base composée de deux fichiers, puis se retrouver avec une sauvegarde transactionnelle et trois fichiers. Le troisième fichier a été crée au cours de la vie base de données.

Dans ce cas, il faudra spécifier à nouveau une commande `MOVE` dans l'un des fichiers de sauvegarde (différentielle ou transactionnelle) au moment où ce fichier fera son apparition.

Comment restaurer ?

Nous allons à présent vous présenter quelques scénarios classiques de restauration. Pour tous ces scénarios, les conditions sont les suivantes :

Tableau 12–2 Conditions de nos scénarios de restauration

Nom de la base sauvegardée	DB_ORIGINE
Fichier de données (nom logique)	DB_ORIGINE_DATA
Fichier de données (emplacement)	C:\DATA\DB_ORIGINE_DATA.mdf
Fichier de transactions (nom logique)	DB_ORIGINE_LOG
Fichier de transactions (emplacement)	C:\DATA\DB_ORIGINE_LOG.ldf
Sauvegarde complète	DB_ORIGINE_FULL_00H00.bak
Sauvegarde différentielle	DB_ORIGINE_DIFF_12H00.bak
Sauvegarde transactionnelle	DB_ORIGINE_TRAN_xxHyy.trn
Emplacement des sauvegardes	C:\DATABASES\SAUVE\

La sauvegarde transactionnelle ayant lieu toutes les 30 min, de 9 h 00 à 11 h 30 et de 14 h 00 à 19 h 00, elle produit des fichiers nommés comme suit :

- DB_ORIGINE_TRAN_09H00.trn ;
- DB_ORIGINE_TRAN_09H30.trn ;
- DB_ORIGINE_TRAN_10H00.trn ;
- ... ;
- DB_ORIGINE_TRAN_18H30.trn ;
- DB_ORIGINE_TRAN_19H00.trn.

Sauf indication contraire ou script particulier, il est préférable de se situer dans le contexte de la base de données master pour effectuer toute opération de restauration.

Restauration d'une sauvegarde complète sur le serveur d'origine

Pour ce faire, la base de données ne doit pas exister sur le serveur d'origine avant la restauration et les emplacements d'enregistrement pour les fichiers doivent exister et être disponibles. La commande suivante restaure complètement la base sur le serveur d'origine :

```
RESTORE DATABASE DB_ORIGINE
FROM DISK = 'C:\DATABASES\SAUVE\DB_ORIGINE_FULL_00H00.bak';
```

Il est possible que cette commande échoue si des fichiers portant le même nom sont déjà présents aux emplacements d'origine, par exemple si la base originale a été renommée.

Restauration d'une sauvegarde complète avec écrasement de la base

Dans ce cas de figure, la base originale doit exister sur le serveur sur lequel vous souhaitez restaurer et elle porte le même nom que la base à restaurer.

La première partie du script suivant consiste à se placer dans le contexte de la base visée, à déconnecter les utilisateurs en forçant l'annulation des transactions (ROLLBACK) afin de devenir le seul et unique utilisateur. On se place ensuite dans le contexte de la base master (à ce moment, plus aucun utilisateur n'est connecté à la base) pour effectuer la restauration avec l'option REPLACE.

```
USE DB_ORIGINE;
GO
ALTER DATABASE DB_ORIGINE SET SINGLE_USER
WITH ROLLBACK IMMEDIATE;
GO
USE master;
GO
RESTORE DATABASE DB_ORIGINE
FROM DISK = 'C:\DATABASES\SAUVE\DB_ORIGINE_FULL_00H00.bak'
WITH REPLACE;
GO
```

Restauration d'une sauvegarde complète avec déplacement des fichiers

Il s'agit d'un cas classique de restauration sur un autre serveur ne possédant pas la même arborescence de fichiers.

Pour que cette restauration soit possible, la base de données ne doit pas exister avant la restauration et les emplacements d'enregistrement des fichiers doivent exister et être libres.

Le script suivant renomme le fichier DB_ORIGINE_DATA.mdf (devenu DB_ORIGINE_NEW_DATA.mdf) et DB_ORIGINE_LOG.ldf (devenu DB_ORIGINE_NEW_LOG.ldf), bien que cela ne soit pas nécessaire.

```
RESTORE DATABASE DB_ORIGINE
FROM DISK = 'C:\DATABASES\SAUVE\DB_ORIGINE_FULL_00H00.bak'
WITH MOVE 'DB_ORIGINE_DATA' TO 'C:\NEW_DATA\SQL\DB_ORIGINE_NEW_DATA.mdf',
     MOVE 'DB_ORIGINE_LOG' TO 'C:\NEW_DATA\SQL\DB_ORIGINE_NEW_LOG.ldf'
```

Restauration successive avec des sauvegardes transactionnelles

Pour ce type de restauration également, la base de données ne doit pas exister avant la restauration et les emplacements d'enregistrement des fichiers doivent existent et être disponibles.

Dans l'exemple suivant, la restauration s'arrête après le passage de la sauvegarde transactionnelle de 10 h 00. Notez que toutes les restaurations ont l'option NORECOVERY, sauf la dernière qui doit impérativement avoir l'option RECOVERY (il est possible de ne rien spécifier car il s'agit du paramètre par défaut).

```
RESTORE DATABASE DB_ORIGINE
FROM DISK = 'C:\DATABASES\SAUVE\DB_ORIGINE_FULL_00H00.bak'
WITH NORECOVERY;

RESTORE LOG DB_ORIGINE
FROM DISK = 'C:\DATABASES\SAUVE\DB_ORIGINE_TRAN_09H00.trn'
WITH NORECOVERY;

RESTORE LOG DB_ORIGINE
FROM DISK = 'C:\DATABASES\SAUVE\DB_ORIGINE_TRAN_09H30.trn'
WITH NORECOVERY;

RESTORE LOG DB_ORIGINE
FROM DISK = 'C:\DATABASES\SAUVE\DB_ORIGINE_TRAN_10H00.trn'
WITH RECOVERY;
```

Restauration successive avec une sauvegarde différentielle

Les conditions nécessaires à ce type de restauration sont identiques à celles de la section précédente.

Dans l'exemple suivant, l'option NORECOVERY a été spécifiée pour la première restauration et l'option RECOVERY (omission possible, car paramètre par défaut) doit obligatoirement être indiquée pour la dernière restauration.

```
RESTORE DATABASE DB_ORIGINE
FROM DISK = 'C:\DATABASES\SAUVE\DB_ORIGINE_FULL_00H00.bak'
WITH NORECOVERY;

RESTORE DATABASE DB_ORIGINE
FROM DISK = 'C:\DATABASES\SAUVE\DB_ORIGINE_DIFF_12H00.bak'
WITH RECOVERY;
```

Restauration successive avec une sauvegarde différentielle et des sauvegardes transactionnelles

Pour ce type de restauration également, la base ne doit pas exister avant la restauration et les emplacements d'enregistrement des fichiers doivent exister et être libres.

Dans l'exemple suivant, la restauration s'arrête après le passage de la sauvegarde transactionnelle de 15 h 00. Notez que toutes les restaurations ont l'option NORECOVERY, sauf la dernière qui doit impérativement avoir l'option RECOVERY (omission possible, car paramètre par défaut).

```
RESTORE DATABASE DB_ORIGINE
FROM DISK = 'C:\DATABASES\SAUVE\DB_ORIGINE_FULL_00H00.bak'
WITH NORECOVERY;

RESTORE DATABASE DB_ORIGINE
FROM DISK = 'C:\DATABASES\SAUVE\DB_ORIGINE_DIFF_12H00.bak'
WITH NORECOVERY;

RESTORE LOG DB_ORIGINE
FROM DISK = 'C:\DATABASES\SAUVE\DB_ORIGINE_TRAN_14H00.trn'
WITH NORECOVERY;

RESTORE LOG DB_ORIGINE
FROM DISK = 'C:\DATABASES\SAUVE\DB_ORIGINE_TRAN_14H30.trn'
WITH NORECOVERY;

RESTORE LOG DB_ORIGINE
FROM DISK = 'C:\DATABASES\SAUVE\DB_ORIGINE_TRAN_15H00.trn'
WITH RECOVERY;
```

Copie d'une base de données sur le même serveur (clonage)

Comme la base de données existe et que les emplacements des fichiers sont occupés, il faut utiliser l'option MOVE et renommer la base.

```
RESTORE DATABASE DB_ORIGINE_BIS
FROM DISK = 'C:\DATABASES\SAUVE\DB_ORIGINE_FULL_00H00.bak'
WITH MOVE 'DB_ORIGINE_DATA' TO 'C:\NEW_DATA\SQL\DB_ORIGINE_NEW_DATA.mdf',
     MOVE 'DB_ORIGINE_LOG' TO 'C:\NEW_DATA\SQL\DB_ORIGINE_NEW_LOG.ldf'
```

Restauration sur un autre serveur d'une base de données dont le stockage a changé

À 9 h 45, un nouveau fichier a été créé pour stocker les données de la base. Le nom logique de ce fichier est DB_ORIGINE_DATA2.

Vous devez à nouveau spécifier l'option MOVE dans la restauration de la sauvegarde transactionnelle contenant le nouveau fichier.

```
RESTORE DATABASE DB_ORIGINE
FROM DISK = 'C:\DATABASES\SAUVE\DB_ORIGINE_FULL_00H00.bak'
WITH MOVE 'DB_ORIGINE_DATA' TO 'C:\NEW_DATA\SQL\DB_ORIGINE_NEW_DATA.mdf',
     MOVE 'DB_ORIGINE_LOG' TO 'C:\NEW_DATA\SQL\DB_ORIGINE_NEW_LOG.ldf',
     NORECOVERY;
```

```
RESTORE LOG DB_ORIGINE
FROM DISK = 'C:\DATABASES\SAUVE\DB_ORIGINE_TRAN_09H00.trn'
WITH NORECOVERY;

RESTORE LOG DB_ORIGINE
FROM DISK = 'C:\DATABASES\SAUVE\DB_ORIGINE_TRAN_09H30.trn'
WITH NORECOVERY;

RESTORE LOG DB_ORIGINE
FROM DISK = 'C:\DATABASES\SAUVE\DB_ORIGINE_TRAN_10H00.trn'
WITH MOVE 'DB_ORIGINE_DATA' TO 'C:\NEW_DATA\SQL\DB_ORIGINE_NEW_DATA.mdf',
     MOVE 'DB_ORIGINE_DATA2' TO 'C:\NEW_DATA\SQL\DB_ORIGINE_NEW_DATA2.mdf',
     MOVE 'DB_ORIGINE_LOG'   TO 'C:\NEW_DATA\SQL\DB_ORIGINE_NEW_LOG.ldf',
     RECOVERY;
```

Restauration avec arrêt dans le temps

On désire récupérer les données telles qu'elles étaient à 9 h 50.

```
RESTORE DATABASE DB_ORIGINE
FROM DISK = 'C:\DATABASES\SAUVE\DB_ORIGINE_FULL_00H00.bak'
WITH NORECOVERY;

RESTORE LOG DB_ORIGINE
FROM DISK = 'C:\DATABASES\SAUVE\DB_ORIGINE_TRAN_09H00.trn'
WITH NORECOVERY;

RESTORE LOG DB_ORIGINE
FROM DISK = 'C:\DATABASES\SAUVE\DB_ORIGINE_TRAN_09H30.trn'
WITH NORECOVERY;

RESTORE LOG DB_ORIGINE
FROM DISK = 'C:\DATABASES\SAUVE\DB_ORIGINE_TRAN_10H00.trn'
WITH STOPAT = '20120723 09:50',
     RECOVERY;
```

Restauration avec arrêt sur marque transactionnelle

Des transactions ont été effectuées avec comme marque `import_ETL`. On désire récupérer la base telle qu'elle était avant la transaction marquée. La marque de transaction pouvant se situer dans n'importe quelle sauvegarde, il est impératif de porter l'option `STOPBEFOREMARK` dans toutes les sauvegardes.

```
RESTORE DATABASE DB_ORIGINE
FROM DISK = 'C:\DATABASES\SAUVE\DB_ORIGINE_FULL_00H00.bak'
WITH STOPBEFOREMARK = 'import_ETL',
     NORECOVERY;

RESTORE LOG DB_ORIGINE
FROM DISK = 'C:\DATABASES\SAUVE\DB_ORIGINE_TRAN_09H00.trn'
WITH STOPBEFOREMARK = 'import_ETL',
     NORECOVERY;

RESTORE LOG DB_ORIGINE
FROM DISK = 'C:\DATABASES\SAUVE\DB_ORIGINE_TRAN_09H30.trn'
WITH STOPBEFOREMARK = 'import_ETL',
     NORECOVERY;
```

```
RESTORE LOG DB_ORIGINE
FROM DISK = 'C:\DATABASES\SAUVE\DB_ORIGINE_TRAN_10H00.trn'
WITH STOPBEFOREMARK = 'import_ETL',
     NORECOVERY;

RESTORE LOG DB_ORIGINE
FROM DISK = 'C:\DATABASES\SAUVE\DB_ORIGINE_TRAN_10H30.trn'
WITH STOPBEFOREMARK = 'import_ETL',
     RECOVERY;
```

Restauration avec arrêt sur marque transactionnelle après un temps donné

Des transactions sont effectuées de temps à autre avec comme marque `import_ETL`. On désire récupérer la base telle qu'elle était après l'import de 10 h 15. Ici, la marque d'arrêt n'est spécifiée que dans la sauvegarde du journal des transactions considéré.

```
RESTORE DATABASE DB_ORIGINE
FROM DISK = 'C:\DATABASES\SAUVE\DB_ORIGINE_FULL_00H00.bak'
WITH NORECOVERY;

RESTORE LOG DB_ORIGINE
FROM DISK = 'C:\DATABASES\SAUVE\DB_ORIGINE_TRAN_09H00.trn'
WITH NORECOVERY;

RESTORE LOG DB_ORIGINE
FROM DISK = 'C:\DATABASES\SAUVE\DB_ORIGINE_TRAN_09H30.trn'
WITH NORECOVERY;

RESTORE LOG DB_ORIGINE
FROM DISK = 'C:\DATABASES\SAUVE\DB_ORIGINE_TRAN_10H00.trn'
WITH NORECOVERY;

RESTORE LOG DB_ORIGINE
FROM DISK = 'C:\DATABASES\SAUVE\DB_ORIGINE_TRAN_10H30.trn'
WITH STOPATMARK = 'import_ETL' AFTER '20120723 10:15',
     RECOVERY;
```

Restauration avec arrêt sur LSN

On doit restaurer la base jusqu'au LSN `00000014:000000ab:0001`. Pour avoir une idée de la relation qui existe entre le temps et un numéro de segment du journal des transactions (LSN), vous pouvez utiliser la requête suivante, exécutée dans le contexte de la base visée :

```
SELECT COALESCE("Checkpoint Begin", "Checkpoint End", "Begin Time",
                "End Time") AS DATE_TIME, "Current LSN"
FROM   sys.fn_dblog(NULL, NULL)
WHERE COALESCE("Checkpoint Begin", "Checkpoint End", "Begin Time",
                "End Time") IS NOT NULL
ORDER BY DATE_TIME;
```

Certains éditeurs d'outils d'administration tiers fournissent des applications capables de lire les fichiers du journal des transactions des bases SQL Server avec une bien plus grande convivialité. C'est le cas notamment de Apex Log Explorer.

```
RESTORE DATABASE DB_ORIGINE
FROM DISK = 'C:\DATABASES\SAUVE\DB_ORIGINE_FULL_00H00.bak'
WITH NORECOVERY;

RESTORE LOG DB_ORIGINE
FROM DISK = 'C:\DATABASES\SAUVE\DB_ORIGINE_TRAN_09H00.trn'
WITH NORECOVERY;

RESTORE LOG DB_ORIGINE
FROM DISK = 'C:\DATABASES\SAUVE\DB_ORIGINE_TRAN_09H30.trn'
WITH NORECOVERY;

RESTORE LOG DB_ORIGINE
FROM DISK = 'C:\DATABASES\SAUVE\DB_ORIGINE_TRAN_10H00.trn'
WITH NORECOVERY;

RESTORE LOG DB_ORIGINE
FROM DISK = 'C:\DATABASES\SAUVE\DB_ORIGINE_TRAN_10H30.trn'
WITH STOPATMARK = 'LSN:00000014:000000ab:0001',
     RECOVERY;
```

Si vous ne savez si ce LSN figure dans le fichier spécifié ou si vous n'en êtes pas sûr, vous pouvez ajouter l'option `STOPTMARK` dans toutes les commandes de restauration.

Restauration de la base master

La base système `master` étant un point de passage obligé, elle ne se restaure pas comme n'importe quelle base de production. Trois cas sont à envisager :

- Le serveur est opérationnel : vous pouvez utiliser la commande `RESTORE`.
- La base `master` est endommagée : vous pouvez remplacer les fichiers.
- Le serveur est endommagé : vous pouvez tenter une réparation de la base `master`, puis vous devrez la restaurer.

En cas d'échec pour ces trois cas de figure (le serveur SQL est donc à l'arrêt), vous devez réinstaller le serveur SQL en ayant pris soin au préalable de copier les fichiers de toutes les bases. Suivant la manière dont vous avez restauré la base `master`, il se peut que vous ne voyiez plus aucune des bases du serveur, à l'exception des bases système. Dans ce cas, il suffit de rattacher chacune des bases de production en utilisant un script SQL comme suit :

```
CREATE DATABASE DB_MaBase
ON (NAME = 'DB_MaBase',
    FILENAME = 'C:\DataBases\DB_MaBase.mdf'),
   (NAME = 'DB_MaBase_log',
    FILENAME = 'C:\DataBases\DB_MaBase_log.ldf')
FOR ATTACH;
```

Vous pouvez aussi utiliser l'interface Management Studio. Dans l'arborescence du serveur, effectuez un clic droit sur Bases de données et sélectionnez Joindre dans le menu contextuel. Dans certains cas, vous devrez réinstaller tous les services pack de mise à jour. Pour savoir si vous êtes dans l'un de ces cas, vérifiez que vous êtes à jour en lançant la requête `SELECT @@VERSION` et comparez votre version avec celle du tableau disponible à l'adresse suivante : http://sqlserverbuilds.blogspot.fr/.

Restauration de la base master

Pour restaurer la base `master`, la marche à suivre est la suivante :

1. Coupez momentanément tout accès à la base.
2. Relancez le service SQL Server en mode mono utilisateur (ajout du paramètre `-m` dans la ligne de commande du service).
3. Utilisez l'utilitaire SQLcmd.exe (requêtes en ligne de commande) pour lancer la restauration.

Pour de plus amples informations, consultez la documentation en ligne à l'adresse suivante : http://technet.microsoft.com/en-us/library/ms190679.aspx.

Remplacement des fichiers de la base master

Pour remplacer des fichiers de la base `master`, procédez comme suit :

1. Arrêtez le service SQL Server et remplacez les fichiers actuels (`master.mdf` et `master_log.ldf`) par ceux que vous avez sauvegardés.
2. Si vous n'avez pas sauvegardé ces fichiers, copiez les fichiers d'un serveur similaire (même version et édition).
3. Redémarrez le service SQL Server.

Si cela ne suffit pas, il faudra aussi remplacer les fichiers de la base `ressource` (`mssqlsystemresource.mdf` et `mssqlsystemresource.ldf`). Ces fichiers sont généralement situés dans le répertoire `...\MSSQL\Binn\` (version 2008 et suivantes) ou `...\MSSQL\Data\` (version 2005) au niveau de l'arborescence de votre instance (par exemple, `C:\Program Files\Microsoft SQL Server\MSSQL10.SQL2008\`).

Reconstruction de la base master

Pour reconstruire la base `master`, vous devez disposer du DVD-Rom d'installation de SQL Server afin d'appeler l'utilitaire de reconstruction qui va recréer la base depuis les données du DVD.

La marche à suivre est la suivante :

1. Ouvrez une fenêtre de commande système (cmd.exe).
2. Placez-vous sur le média d'installation de SQL Server (en principe DVC). Au niveau du fichier `setup.exe`, lancez la commande suivante :

```
setup.exe /QUIET /ACTION=REBUILDDATABASE
        /INSTANCENAME=nom_instance /SQLSYSADMINACCOUNTS=compte_systeme_dba
```

- `nom_instance` est le nom de l'instance SQL Server à corriger ;
- `compte_systeme_dba` est le nom du compte NT (ou du groupe NT) qui possède le privilège `sysadmin`.

Vous pouvez également ajouter les options de commande suivantes :

- /SAPWD = mot_de_passe_fort
- /SQLCOLLATION = nom_de_collation

Pour plus d'informations, lisez l'article *Rebuilding System Databases* à cette adresse : http://msdn.microsoft.com/en-us/library/dd207003%28v=sql.100%29.aspx.

Techniques de restauration particulière pour les VLDB

Il existe deux techniques de restauration particulière, toutes deux dédiées aux très grandes bases de données (VLDB). La première permet de mettre en ligne les données avant même que la restauration ne soit terminée. La seconde consiste à restaurer certaines pages de données plutôt que de tout restaurer si quelques données seulement ont été endommagées. Ces deux techniques ne sont disponibles que dans l'édition Enterprise.

Restauration fragmentaire avec remontée partielle des données

La technique consiste à restaurer par passage successif de sauvegardes partielles. Il faut commencer par définir un plan de sauvegarde dans lequel chaque sauvegarde prend en compte espace de stockage parmi l'ensemble, en commençant par l'espace de stockage primaire (groupe de fichiers primaire) qui contient l'essentiel des tables système.

Il convient de commencer par restaurer la sauvegarde contenant le groupe de fichiers primaire, puis les autres. Dès que le groupe de fichiers primaire est restauré, tous les objets de la base semblent disponibles (car leur définition est stockée dans les bases système), et il est possible de commencer à exploiter la base. Cependant, les lectures comme les écritures des objets non encore restaurés sont retardées jusqu'à ce que la restauration du groupe de fichiers les concernant soit effective. Dans ce cas, les options de restauration à activer sont `PARTIAL` et `RECOVERY`.

Restauration par rapiéçage

Il est possible d'effectuer des opérations de restauration par rapiéçage, c'est-à-dire remplacer, par exemple, une page défaillante. Ceci peut être utile pour une base de données de plusieurs tera octets, car le temps de restauration de l'ensemble de la base serait très supérieur à celui du simple remplacement d'une page. La technique est alors la suivante :

- identification de la page défaillante (par vérification des espaces de stockage ou lecture de la table `msdb.dbo.suspect_pages`) ;
- mise hors ligne de la base[4] ;
- recherche de la dernière sauvegarde complète et application de la restauration de la page en mode d'attente ;
- recherche de la dernière sauvegarde différentielle et application de la restauration de la page en mode d'attente ;
- recherche de toutes les sauvegardes transactionnelles jusqu'à la dernière et application de la restauration de la page en mode d'attente ;
- restauration de la sauvegarde transactionnelle finale.

4. L'édition Enterprise permet de conserver la base en ligne pendant cette technique de restauration.

Pour ce faire, il faut rajouter la clause PAGE dans la commande de restauration. La syntaxe est la suivante :

```
RESTORE DATABASE nom_base
PAGE = 'ref_page1 [, ref_page2 … [, ref_pageN]]'
FROM source_sauvegarde
WITH NORECOVERY;

ref_page ::= numero_fichier:numero_page
```

La restauration de page ne peut concerner que des pages de données. Les pages système comme les journaux de transactions ne peuvent pas être restaurées par cette technique. Pour les pages d'index, il est plus simple, et généralement plus rapide, de supprimer et de recréer l'index endommagé.
Des pages endommagées sont la plupart du temps synonyme de disque en fin de vie voire, plus grave, d'un contrôleur disque dysfonctionnant. Dans les deux cas, il convient d'éliminer cette hypothèse en remplaçant les disques ou le contrôleur.

Prenons l'exemple d'une base nommée DB_PRODUCTION, sauvegardée par sauvegarde complète chaque jour et par des sauvegardes transactionnelles toutes les heures, de 8 h à 20 h. Il est 9 h 20 et quelques pages endommagées ont été détectées. Voici les commandes à passer pour rapiécer la base :

```
RESTORE DATABASE DB_PRODUCTION
   PAGE='1:880, 1:881, 1:882, 2:44111'
   FROM DISK = 'C:\DATABASES\SAVE\DB_PRODUCTION_FULL.BAK'
   WITH NORECOVERY;
RESTORE LOG DB_PRODUCTION
   FROM DISK = 'C:\DATABASES\SAVE\DB_PRODUCTION_LOH_08H00.TRN'
   WITH NORECOVERY;
RESTORE LOG DB_PRODUCTION
   FROM DISK = 'C:\DATABASES\SAVE\DB_PRODUCTION_LOH_09H00.TRN'
   WITH NORECOVERY;
BACKUP LOG DB_PRODUCTION
   TO DISK = 'C:\DATABASES\SAVE\DB_PRODUCTION_TRAN_LAST.TRN';
RESTORE LOG DB_PRODUCTION
   FROM DISK = 'C:\DATABASES\SAVE\DB_PRODUCTION_TRAN_LAST.TRN'
   WITH RECOVERY;
```

Problèmes complémentaires à la restauration

Une base de données peut ne pas fonctionner correctement si elle n'a pas accès à certaines ressources SQL Server externes à la base, mais utiles à l'application et au code des routines. Ces ressources sont les suivantes :

- les comptes de connexion liés à des utilisateurs de la base ;
- les messages d'erreur personnalisés stockés dans sys.messages via la procédure sp_addmessage ;
- certains travaux de l'Agent SQL et les ressources que ces travaux utilisent (par exemple, des packages SSIS).

Les sections suivantes présentent quelques éléments utiles pour migrer ces objets pendant que vous restaurez la base.

Comptes de connexion

Les comptes de connexion spécifiques à une base de données doivent être présents sur le serveur cible de la restauration. Pour toutes les versions antérieures à la version 2012, ils sont situés dans la base `master`. Depuis la version 2012, il est possible de les intégrer à la base via le concept de *contained database*. S'ils figurent dans la base `master` (cas le plus fréquent), il faut les extraire du serveur source pour les recréer dans le serveur cible. La base source que l'on veut restaurer doit être présente et fonctionnelle sur le serveur source. Il convient donc de créer ses scripts en amont, par exemple dans le cadre d'un plan de sauvegarde plus général.

Pour ce faire, l'outil de *reverse engineering* doit prendre en compte :

- les comptes de connexion purement SQL ;
- les comptes de connexion système Windows ;
- les rôles prédéfinis de serveur associés à ces comptes ;
- les privilèges de niveau serveur associés à ces comptes.

Un remapping de ces comptes aux utilisateurs de chaque base de données doit également être effectué.

Si le serveur cible est en mode sécurité Windows et que des comptes SQL doivent être créés, veillez à activer la sécurité mixte. Des scripts SQL de l'outil de reverse engineering sont disponibles à l'adresse suivante : http://blog.developpez.com/sqlpro/p11757/ms-sql-server/generer-un-script-de-creation-des-comptes-de-connexion. Dans les scripts générés par cet outil, les mots de passe doivent être exprimés en clair à la place des étoiles (*).

Messages d'erreur personnalisés

La requête suivante permet de récupérer tous les messages personnalisés et d'en faire un script SQL à rejouer sur le serveur cible.

```
SELECT 'EXEC sys.sp_addmessage '
       + CAST(message_id AS VARCHAR(16)) + ','
       + CAST(severity AS VARCHAR(8)) + ','''
       + REPLACE(text, '''', '''''') +''','''+ l.name + ''''
       + CASE WHEN is_event_logged = 1 THEN ', ''TRUE''' ELSE '' END +';'
FROM   sys.messages AS m
       INNER JOIN sys.syslanguages AS l ON m.language_id = l.lcid
WHERE message_id >= 50000
ORDER BY CASE lcid WHEN 1033 THEN 0 ELSE lcid END;
```

Le résultat de cette requête est un script SQL composé d'un ou plusieurs ordres `EXEC sys.sp_addmessage` qu'il faudra lancer sur le serveur cible.

Travaux de l'Agent SQL

Les travaux de l'Agent SQL sont situés dans la base `msdb`. Si vous restaurez la base sur le même serveur en conservant son nom original, vous n'avez rien à faire pour que tous les travaux qui lui sont propres et les travaux mutuels fonctionnent.

En revanche, si la base est restaurée sur un serveur autre, il faudra prévoir de migrer les travaux spécifiques à la base et peut être certains travaux mutualisés. Pour ce faire, deux techniques sont possibles :

- restaurer la base de données `msdb` ;
- récupérer les scripts des travaux sur le serveur source et les relancer sur le serveur cible.

Certains travaux ont besoin de ressources supplémentaires, par exemple de redéfinir certains paramétrages. Ainsi, un travail SSIS nécessite un package SSIS qui doit être conjointement migré, ou un chemin de sauvegarde peut changer en fonction de l'emplacement du serveur cible.

Restauration de la base msdb

La restauration de la base `msdb` n'est possible que si les versions des serveurs SQL sont identiques (voir paramètre `ProductVersion` de la commande `EXEC sys.xp_msver`). S'il existe dans la base `msdb` de nombreux travaux portant sur d'autres bases et que l'on a restauré qu'une seule base ou quelques-unes mais pas toutes, il faut soit désactiver, soit supprimer les travaux inutiles. Si l'Agent SQL utilise le système d'envoi d'e-mail (`database mail`), il convient de l'activer et de définir un profil d'envoi d'e-mail dont le nom est identique au serveur d'origine.

Récupération des scripts de l'Agent SQL

Sur le serveur source, effectuez un clic droit sur chaque travail, chaque opérateur et sélectionnez dans le menu contextuel l'option Générer un script du … en tant que / CREATE To. Une fois tous vos scripts obtenus, il vous suffit de les relancer sur le serveur cible en ayant pris soin de modifier les éléments de paramétrage (chemins, mots de passe…) et d'installer les ressources nécessaires.

Sauvegarde et restaurations via l'interface graphique

Vous vous êtes sans doute demandé pourquoi nous n'avons pas parlé jusqu'ici de l'interface Management Studio qui permet de réaliser des sauvegardes et des restaurations. Il existe deux raisons à cela :

- en matière de sauvegarde :, vous devrez planifier la commande, ce qui ne peut pas se faire directement en mode graphique ;
- en matière de restauration : le temps d'utilisation de l'interface et le risque que cela ne fonctionne finalement pas, font qu'il est toujours préférable d'utiliser des commandes Transact-SQL faciles à modifier et relancer.

Par ailleurs, Management Studio ne permet pas de réaliser tout ce que nous venons de voir au cours des sections précédentes. Mais que ceci ne vous empêche pas de l'utiliser, notamment pour générer les commandes `BACKUP` ou `RESTORE`…

> Les scripts générés par Management Studio contiennent des options esthétiques telles que `NOUNLOAD` ou `STATS` qui ne présentent pas un intérêt majeur.

Sauvegarde via Management Studio

On peut utiliser Management Studio pour réaliser des sauvegardes. Pour ce faire, sélectionnez la base à sauvegarder dans l'arborescence et dans le menu contextuel qui apparaît, choisissez Tâches>Sauvegarder…

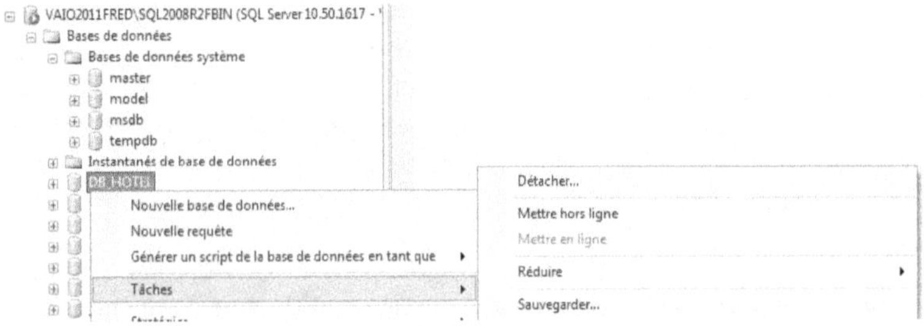

Figure 12–5 Option du menu contextuel pour effectuer une sauvegarde

La fenêtre de la figure 12-6 s'ouvre alors :

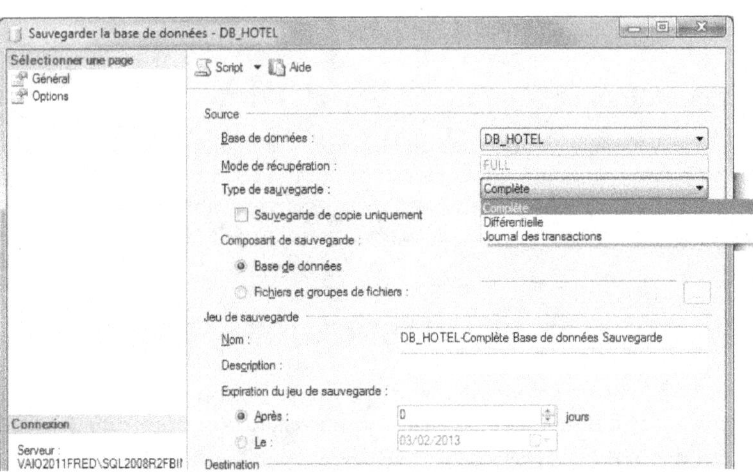

Figure 12–6
Fenêtre de la sauvegarde

Dans cette fenêtre, vous pouvez choisir le mode de sauvegarde et/ou s'il s'agit d'une sauvegarde fantôme. Dans ce dernier cas, les seuls choix possibles pour le paramètre Type de sauvegarde sont Complète ou Journal des transactions. Ceci correspond aux syntaxes `BACKUP DATABASE`, `BACKUP DATABASE ... WITH DIFFERENTIAL` ou `BACKUP LOG` et `COPY_ONLY`. Vous pouvez ensuite choisir ce que vous voulez sauvegarder : la base entière ou certains fichiers ou groupes de fichiers seulement. Si vous activez l'option Fichiers et groupes de fichiers, une boîte de dialogue permettant de cocher les objets choisis apparaît. Vous pouvez ensuite préciser quelques informations sur cette sauvegarde. Ceci correspond aux options `NAME` et `DESCRIPTION`.

Figure 12–7
Métadonnées de la sauvegarde

Il est aussi possible de préciser combien de temps cette sauvegarde doit être sauvegardée. Ceci correspond aux options `RETAINDAYS` et `EXPIREDATE`.

La dernière étape consiste à indiquer la destination de la sauvegarde. En cliquant sur le bouton Ajouter, une boîte de dialogue s'ouvre pour vous permettre de parcourir l'arborescence système.

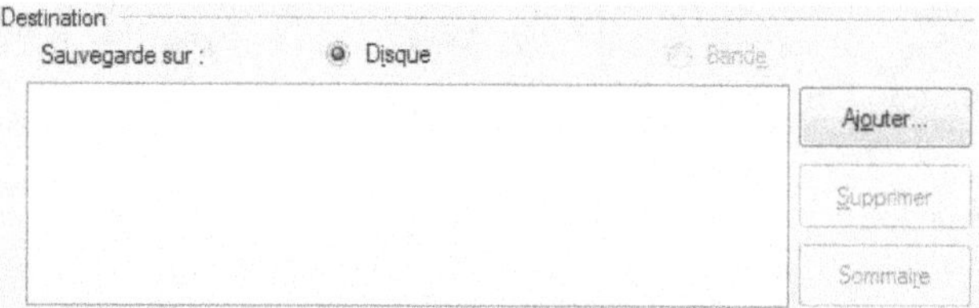

Figure 12–8
Destination de la sauvegarde

La fenêtre Options de l'interface de sauvegarde propose des compléments de sauvegarde :

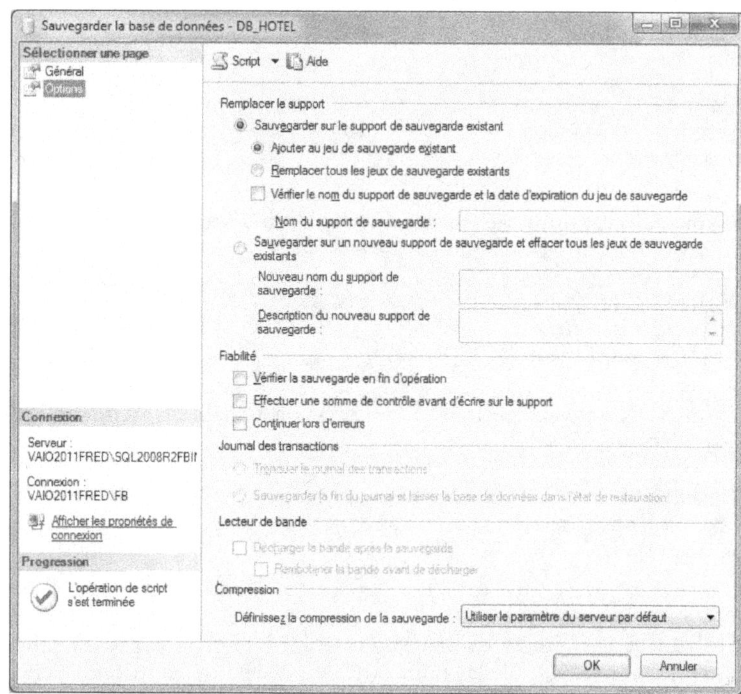

Figure 12–9
Fenêtre Options de l'interface de sauvegarde

Vous pouvez ainsi spécifier comment le support de sauvegarde (super fichier) doit être géré : écrasement ou non du support (ajout), ou encore création d'un nouveau support avec nom et description. Les options correspondantes à cette partie de l'interface sont `INIT`, `NO INIT`, `FORMAT`, `NOFORMAT`, `SKIP`, `NOSKIP`, `MEDIADESCRIPTION` et `MEDIANAME`.

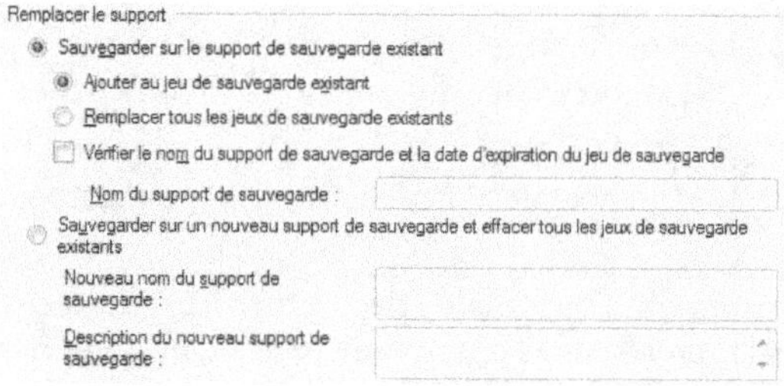

Figure 12–10
Gestion du support de sauvegarde

Vous pouvez également indiquer de vérifier la sauvegarde et comment gérer les erreurs qui peuvent survenir au cours de son exécution. Ceci correspond aux options `CHECKSUM` et `CONTINUE_AFTER_ERROR`, ainsi qu'à la commande `RESTORE VERIFYONLY`....

Figure 12–11
Gestion des erreurs lors de la sauvegarde

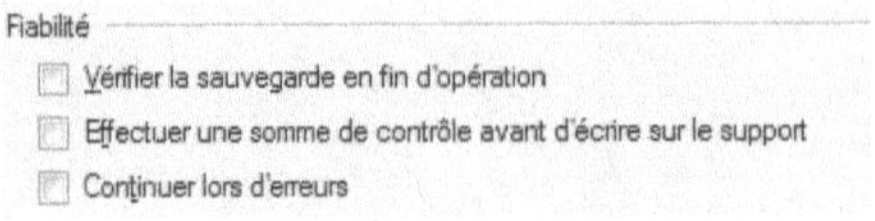

Fiabilité
Vérifier la sauvegarde en fin d'opération
Effectuer une somme de contrôle avant d'écrire sur le support
Continuer lors d'erreurs

Si vous effectuez une sauvegarde du journal des transactions, vous pouvez utiliser les options d'urgence suivantes en cas de défaillance de la base de données. La seconde case à cocher correspond aux options `NO_TRUNCATE` et `NORECOVERY`.

Figure 12–12
Options de la sauvegarde pour le journal des transactions

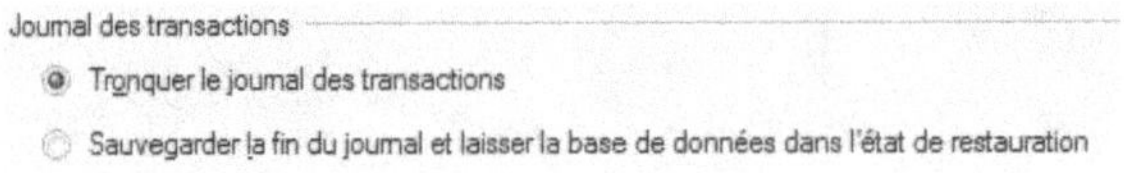

Journal des transactions
Tronquer le journal des transactions
Sauvegarder la fin du journal et laisser la base de données dans l'état de restauration

Si vous effectuez une sauvegarde à destination d'un lecteur de bande, vous pouvez utiliser les options suivantes qui correspondent à `UNLOAD` et `REWIND`.

Figure 12–13
Options de la sauvegarde pour les lecteurs de bande

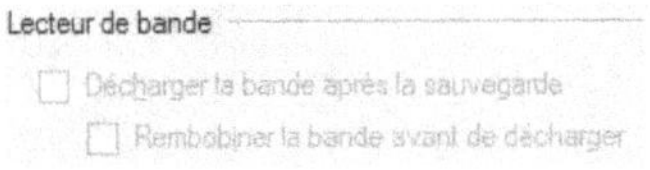

Lecteur de bande
Décharger la bande après la sauvegarde
Rembobiner la bande avant de décharger

Enfin, vous pouvez spécifier la compression (valable à partir de la version 2008) qui correspond à l'option `COMPRESSION`.

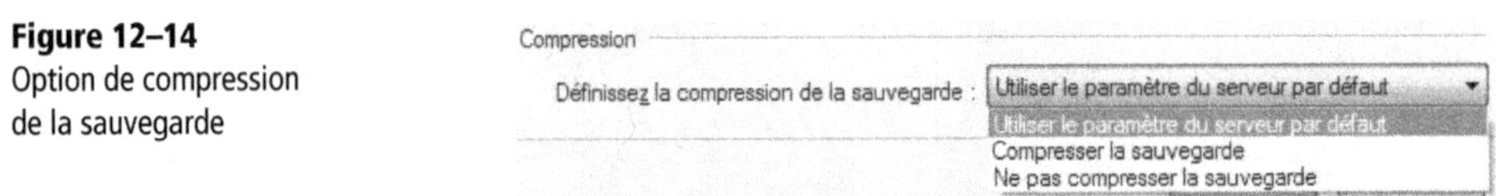

Figure 12–14
Option de compression de la sauvegarde

En haut de la boîte de dialogue, vous trouverez deux icônes. La première indique que vous pouvez obtenir le script SQL de la commande de sauvegarde, la seconde permet d'obtenir de l'aide. Il ne vous reste plus qu'à exécuter. Nous vous conseillons de récupérer le script, puis de le lancer au lieu d'appuyer sur le bouton OK. En effet, en cas d'erreur, il vous sera plus facile et plus rapide de rectifier les erreurs du script que de recommencer toute la procédure.

Restaurations via Management Studio

Il est possible d'effectuer les restaurations à partir de Management Studio. Pour ce faire, cliquez droit sur Bases de données dans l'arborescence du serveur afin d'afficher le menu contextuel et sélectionnez Restaurer la base de données…

La fenêtre de la figure 12-16 apparaît alors, elle permet de paramétrer les options essentielles d'une restauration.

Vous devez préciser le nom de la base ou le sélectionner dans la liste si cette base existe déjà sur le serveur. Si vous avez besoin de restaurer à un point précis dans le temps, utilisez le paramètre Vers une limite dans le temps. Une boîte de dialogue s'ouvre alors dans laquelle vous pouvez préciser une date/heure particulière (correspond à l'option `STOPAT`).

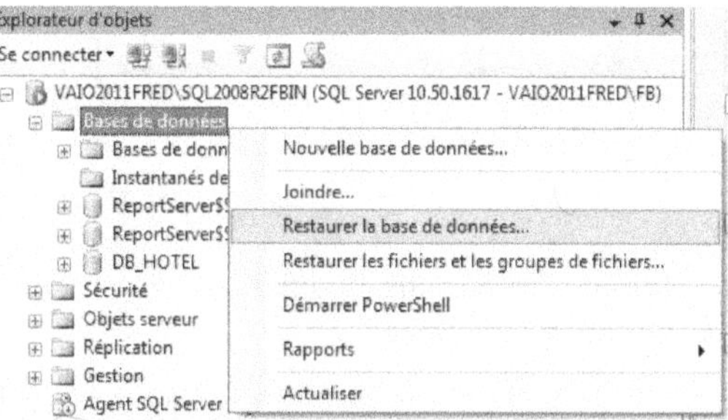

Figure 12–15
Point de départ de la restauration

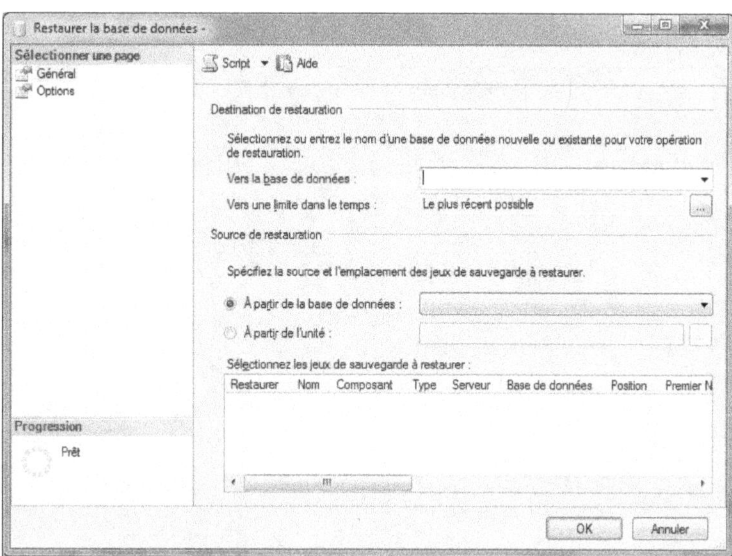

Figure 12–16
Fenêtre de paramétrage de la restauration

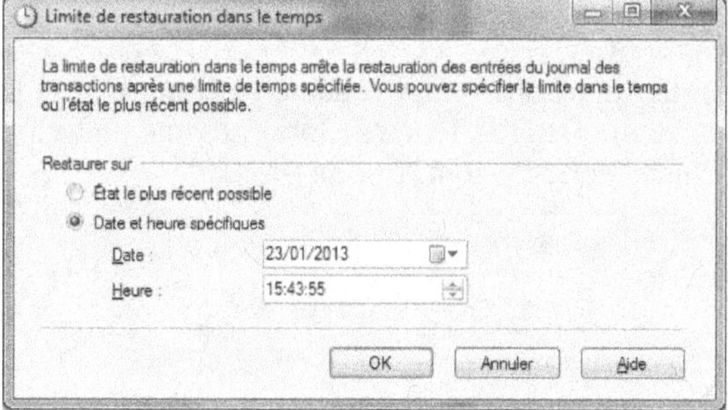

Figure 12–17
Boîte de dialogue de limitation dans le temps de la restauration

Pour indiquer les fichiers source de la restauration (ceux contenant les sauvegardes), vous pouvez utiliser l'historique des sauvegardes concernant cette base (à condition d'être sur le serveur d'origine de la base).

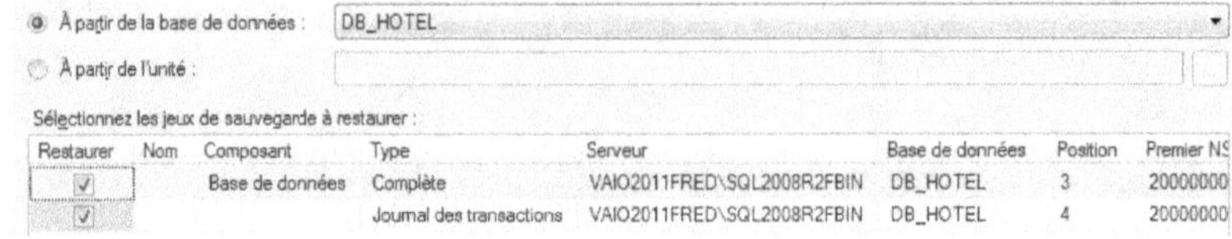

Figure 12–18 Récupération des métadonnées des sauvegardes historisées

Vous pouvez également indiquer un ou plusieurs fichiers en ouvrant la boîte de dialogue À partir de l'unité, qui permet de sélectionner les fichiers.

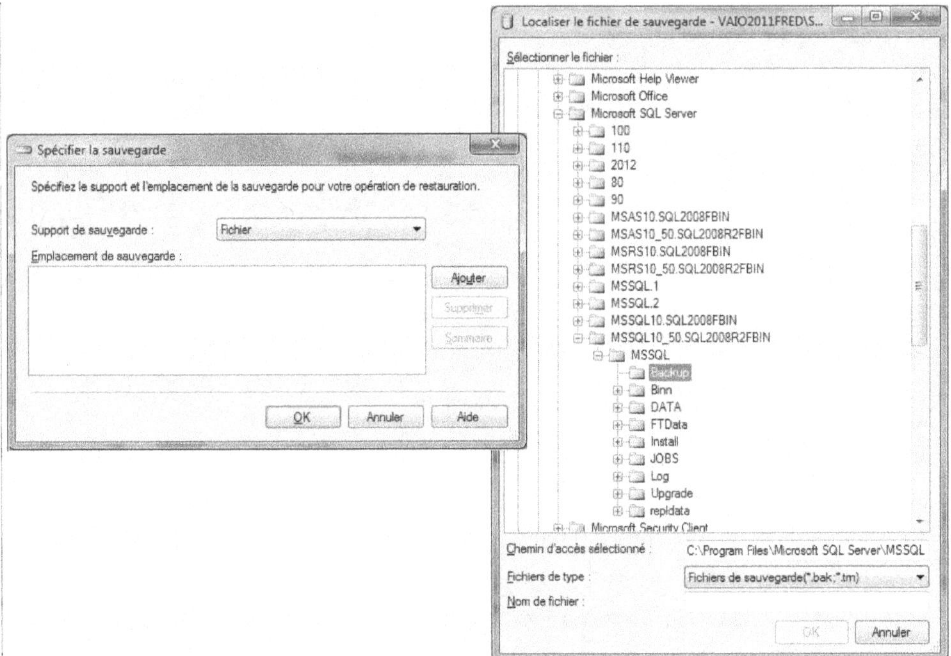

Figure 12–19 Sélection des fichiers à restaurer dans l'arborescence

Cochez ensuite les fichiers que vous voulez prendre en compte pour la restauration (ils sont présentés dans l'ordre chronologique). Dans le fenêtre Options, vous pouvez spécifier les nouveaux emplacements et noms des fichiers (correspond à l'option `MOVE`).

Restaurer les fichiers de la base de données en tant que :

Nom du fichier d'origine	Type de fichier	Restaurer sous
C:\Program Files\Microsoft SQL Server\MSSQL10_50.SQL...	Rows Data	C:\Program Files\Microsoft SQL Server\MSSQL10_...
C:\Program Files\Microsoft SQL Server\MSSQL10_50.SQL...	Journal	C:\Program Files\Microsoft SQL Server\MSSQL10_...

Figure 12–20 Correspondance des fichiers entre source et destination

Il est aussi possible d'écraser la base de données si elle existe (correspond à l'option `REPLACE`).

Options de restauration

Remplacer la base de données existante (WITH REPLACE)

Figure 12–21 Écrasement de la base à la restauration

D'autres options sont disponibles tant dans l'interface Management Studio que pour la commande `RESTORE` (plus complète).

PARTIE IV

Maintien des performances

13

Maintenir les performances

En dépit de ce que peuvent affirmer les propriétaires de bases de données déstructurées de type NoSQL, les bases de données relationnelles sont les outils les plus performants pour traiter le plus rapidement possible des données structurées tout en assurant le maximum de sécurité (droits d'accès, respect de l'intégrité et de la cohérence, transactionnement...). Mais encore faut-il que l'outil dispose d'un bon optimiseur...

SQL Server dispose certainement du meilleur système d'optimisation de tous les SGBDR et se situe souvent très loin devant la concurrence[1]...

Encore faut-il utiliser l'outil à bon escient, à savoir gérer des relations.

Par ailleurs, pour garantir de bonnes performances dans le SGBDR, trois éléments sont nécessaires :

- concevoir une base parfaitement normalisée ;
- poser les index adéquats ;
- s'assurer que les statistiques de distribution des données sont suffisamment à jour.

Si ces principes sont respectés et si le style de développement est adapté, vous obtiendrez les meilleures performances possibles, souvent supérieures à celles que vous espériez.

Mais avant toute chose, il convient de fournir au système les ressources appropriées afin qu'il assure un bon fonctionnement.

Le présent chapitre expose les principes généraux permettant d'assurer les meilleures performances possibles pour vos bases SQL Server tout au long de leur vie.

1. Par exemple, au-delà de 12 jointures (seuil paramétrable), PostGreSQL commence à sérieusement patiner pour offrir un plan de requête juste acceptable. En revanche, SQL Server reste à l'aise, même avec plusieurs dizaines de jointures à effectuer...

Fonctionnement de SQL Server

La théorie des systèmes[2] nous enseigne qu'il n'est pas possible qu'un SGBD relationnel comme SQL Server donne le meilleur de lui-même si on l'utilise à contre-courant. Il est donc nécessaire de bien comprendre son fonctionnement afin de le « brosser dans le sens du poil » pour obtenir d'excellentes performances.

SQL Server dispose de deux moteurs distincts, à savoir le moteur de stockage et le moteur relationnel (figure 13-1).

- Le moteur de stockage assure les entrées-sorties binaires entre le disque et la mémoire : écritures des données binaires modifiées en mémoire sur les disques et lectures du disque vers la mémoire. Il s'occupe des aspects physiques de la manipulation des données.
- Le moteur de requête assure les opérations de traitement des données relationnelles en mémoire (lectures et écritures) . Il s'occupe de la partie logique de la manipulation des données.

Lorsqu'une requête DML (`SELECT`, `INSERT`, `UPDATE`, `DELETE` ou `MERGE`) est envoyée à SQL Server, elle est traitée par le moteur de requête et ce dernier parcourt la mémoire pour y rechercher les données, les traiter et les renvoyer à l'utilisateur ou les mettre à jour. Si ces données ne figurent pas en mémoire, alors le moteur de requête fait appel au moteur de stockage pour qu'il charge les données manquantes en mémoire. Dès que les données à traiter seront en mémoire, le moteur relationnel reprendra son activité.

Dans le cas de la mise à jour, les données sont préalablement inscrites au journal avant modification en mémoire afin d'assurer un éventuel retour arrière *(rollback)*.

Dès que le volume de données à traiter est important, SQL Server utilise pour une même requête tous les processeurs disponibles afin de paralléliser les différentes étapes de la manipulation des données.

Figure 13–1
Architecture interne de SQL Server

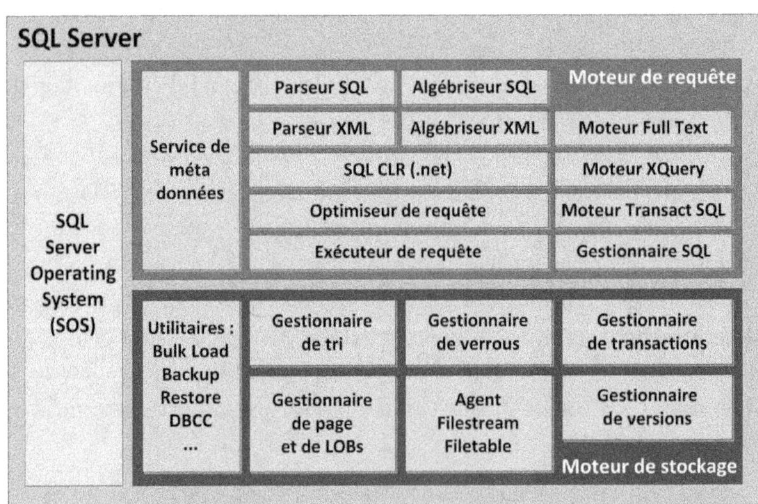

2. La théorie des systèmes, appelée encore « systémique », procède d'une approche globale de la vision fonctionnelle d'un ensemble par opposition au cartésianisme qui en décortique ses moindres éléments. Elle est apparue dans les années 1940 au moment où l'on commençait à concevoir les machines qui allaient donner naissance à l'ordinateur, et donnera notamment l'impulsion nécessaire à Norbert Wiener pour la cybernétique et Claude Shannon pour le traitement de l'information.

Notons le rôle très important de l'optimiseur : cet outil propose de trouver la meilleure façon de traiter la requête compte tenu des contraintes du modèle (optimisation sémantique), puis des algorithmes possibles et de la distribution des données, en évaluant *a priori* un coût de requête (optimisation statistique). Nous en reparlerons plus loin.

Le cache de SQL Server

Toutes les manipulations de données sont donc réalisées exclusivement en mémoire (lectures et écritures logiques), et les accès aux disques (lectures et écritures logiques) ne sont en définitive que des épiphénomènes[3]...

Afin d'optimiser les ressources mémoire, SQL Server utilise un algorithme de mise en cache des plus simples, basé sur la fréquence d'utilisation des objets. Dans le cache des données, figurent les pages les plus souvent accédées. Dans le cache des procédures, figurent les plans de requêtes les plus fréquemment lancés. Lorsque toute la mémoire est occupée, les objets les plus anciennement accédés cèdent la place aux plus récents. Par conséquent, la quantité de RAM d'une machine et la quantité de mémoire allouée à SQL Server représentent les premiers paramètres de bonnes performances d'une solution SQL. Mais il y a d'autres moyens d'y contribuer :

- en organisant la base avec des tables ayant le plus petit nombre de colonnes possible (normalisation, voir plus loin dans ce chapitre) ;
- en implantant des index aussi bien pour les lectures que pour les écritures.

En effet, plus petit sera le nombre de colonnes d'une table, moins elle encombrera la mémoire du serveur et plus elle sera facile à optimiser. Par ailleurs, l'utilisation des index économise drastiquement la mémoire car seules les pages nécessaires doivent figurer en mémoire, contrairement aux tables pour lesquelles tout doit être en RAM (lecture systématique par balayage).

Pour visualiser toutes les entrées du cache et afficher le contenu de la mémoire de SQL Server, utilisez les requêtes des exemples 13-1 à 13-3.

Exemple 13-1. Caches des plans de requêtes et requêtes associées

```
SELECT usecounts, cacheobjtype, objtype, text, query_plan
FROM   sys.dm_exec_cached_plans
       CROSS APPLY sys.dm_exec_sql_text(plan_handle)
       CROSS APPLY sys.dm_exec_query_plan(plan_handle)
ORDER BY usecounts DESC;
```

Exemple 13-2. Toutes les entrées du cache

```
SELECT *
FROM   sys.dm_os_memory_cache_entries AS ce
       LEFT OUTER JOIN sys.dm_exec_cached_plans AS cp
            ON ce.memory_object_address = cp.memory_object_address;
```

3. Je sais que cette affirmation peut choquer, mais elle est vraie dans le sens où la seule raison d'être des disques est que les mémoires RAM actuelles ne sont pas persistantes ce qui fait qu'en cas de coupure du courant, les données en mémoire sont perdues... Les disques ne sont donc là que pour assurer la couche de persistance des données et des transactions.

Exemple 13-3. Contenu de la mémoire[4]

```
IF LEFT(@@VERSION, 25) <= 'Microsoft SQL Server 2008'
   EXEC ('SELECT *,
                 SUM(pages_allocated_count * page_size_in_bytes
                    / 1024) OVER(PARTITION BY "type") AS size_per_type_Kb
          FROM   sys.dm_os_memory_objects
          ORDER BY size_per_type_Kb DESC;');
ELSE
   EXEC ('SELECT *,
                 SUM(pages_in_bytes / 1024) OVER(PARTITION BY "type")
                    AS size_per_type_Kb
          FROM   sys.dm_os_memory_objects
          ORDER BY size_per_type_Kb DESC;');
```

La première requête (exemple 13-1) montre les plans de requêtes mis en cache avec le texte SQL desdites requêtes ainsi que le nombre d'accès (`usecounts`), le type de l'objet mise en cache (`cacheobjtype` : plan compilé, arbre d'analyse…) et la nature de l'entrée (`objtype` : `Prepared`, `Adhoc`…).

La deuxième requête (exemple 13-2) montre toutes les entrées du cache, que ce soit pour les données, les plans de requêtes, mais aussi pour les métadonnées, les privilèges, l'indexation textuelle, les procédures stockées… et des métriques associées (nombre d'accès, coût initial et actuel, nombre de pages utilisées…).

Enfin, la troisième requête (exemple 13-3) affiche l'intégralité de la mémoire de SQL Server ainsi que des métriques de volumétrie. Nous avons également ajouté le volume global en Ko de chaque type d'entrée (colonne `size_per_type_Kb`).

SQL Server, comme tout bon SGBDR, a besoin de beaucoup de RAM parce qu'il travaille presque exclusivement en mémoire. Ne négligez ni la quantité ni la qualité des barrettes de mémoire.

Pour estimer la quantité de RAM nécessaire à votre instance SQL Server, vous pouvez utiliser les compteurs suivants de l'Analyseur[5] de performances :

Tableau 13–1 Compteur pour estimer la quantité de RAM

Compteurs	Description	Conseil
<instance_SQL>: Buffer Manager / Buffer cache hit ratio	Pourcentage de pages lues en mémoire par rapport aux pages remontées des disques	Se situer au-dessus de 98 %
<instance_SQL>: Buffer Manager / Page life expectansy	Durée de vie des pages en mémoire (en secondes)	Se situer au-dessus de 600 secondes
<instance_SQL>: Memory Manager / Target server memory	Quantité totale de mémoire que le serveur serait désireux d'acquérir.	À étudier

Ces compteurs doivent être relevés sur le serveur en production.

4. La vue système sys.dm_os_memory_objects ayant évoluée entre la version 2008 R2 et les versions suivantes, nous avons dû recourir à deux requêtes différentes encapsulées dans du SQL dynamique après test de version.
5. Ancien Moniteur de performances, qu'il est toujours possible de lancer via l'exécutable perfmon.exe.

Écritures et lectures physiques, système de stockage

Au chapitre 10, nous avons beaucoup parlé de la façon dont SQL Server écrit physiquement les données et les transactions de manière à assurer la persistance (disques, SSD, systèmes hybrides...). Pour résumer, nous pouvons dire que :

- les transactions sont écrites de manière synchrone ;
- les données sont écrites de manière asynchrone, périodiquement ou lors de certaines actions.

Ajoutons que les transactions persistent aussi en mémoire tant qu'elles sont « vivantes », c'est-à-dire non encore physiquement retranscrites.

Il faut donc s'assurer de disposer d'un système de stockage le plus efficace possible pour les journaux des transactions (plus que pour les données) et pour les tables en mémoire (plus encore que pour les tables classiques). Reportez-vous au chapitre 10 si vous avez besoin de conseils concernant le stockage en vue d'obtenir de meilleures performances. En pratique, il n'est pas rare, de booster les performances par un facteur 10 en remaniant le stockage, lorsque cette partie a été négligée...

L'utilisation de systèmes de stockage mutualisés (baie NetApp, EMC, 3PAR...) contrarie notamment les performances de SQL Server. En effet, certaines opérations synchrones d'écriture doivent être effectuées sans aucun délai (transaction) afin d'éviter de bloquer d'autres utilisateurs le temps de finaliser les écritures dans le journal. Or un cache de baie, aussi large soit-il, ne pourra jamais absorber la charge de SQL Server pour certaines mises à jour (qui peuvent porter sur des millions de lignes) alors que d'autres applications effectuent simultanément des demandes en entrées-sorties.

Le stockage des données et des transactions est un point délicat qui peut souvent conduire à de la contention sur les disques s'il a été mal organisé et si la mémoire cache est trop faible (le cache virtuel pagefile.sys prend alors le relais).

- Il convient de placer les journaux sur les agrégats RAID les plus rapides (RAID 10 ou 0+1) puisque les écritures y sont synchrones.
- Il est nécessaire de dimensionner les fichiers de la manière la plus large possible (afin d'assurer 3 à 5 années d'activité).
- Il faut ventiler les fichiers sur différents axes physiques (en évitant comme la peste des LUN qui partagent des disques physiques).
- Il est primordial de considérer la base tempdb comme s'il s'agissait d'une base de production et de lui accorder la même priorité et les mêmes réglages, voire davantage selon le style de développement.
- En cas de pluralité de bases, il convient d'alterner[a] le placement des journaux des transactions et des journaux des données.
- Si l'on utilise un SAN, celui-ci doit être dédié à l'usage exclusif de votre instance SQL Server. Autrement dit, pas de SAN partagé.

Sur une machine dédiée à SQL Server (c'est-à-dire n'ayant aucune autre application ou service en fonctionnement), on peut minimiser la mémoire virtuelle (`pagefile.sys`) afin d'obtenir de meilleures performances, mais à condition d'avoir suffisamment bien dimensionné la RAM.

a. Par exemple, base 1 : données sur C et journaux sur D ; base 2 : données sur D et journaux sur C...

SQL Operating System (SOS)

Nous venons de voir que SQL Server assure la mise en cache des données (données de production et métadonnées) et des procédures (en fait, les plans d'exécution en regard des commandes ou des routines SQL), bref de la mémoire. Nous savons aussi qu'une même requête peut être parallélisée et que SQL Server gère la concurrence des accès des divers utilisateurs aux différents objets. Il s'occupe donc également des threads d'exécution.

Au chapitre 10, nous avons vu que SQL Server s'occupe directement des lectures et des écritures sur disque. Que dire d'un système qui assure des trois fonctions : gestion de la RAM, gestion des threads et gestion des lectures/écritures sur les disques ? Cela ressemble fortement à un système d'exploitation…

En effet, comme tout bon SGBDR, SQL Server dispose d'un système d'exploitation interne afin d'assumer ces trois rôles (RAM, CPU et disques)[6]. Celui-ci utilise, bien entendu, certaines routines de l'OS Windows, que SQL Server gère en toute indépendance, contrairement à la plupart des autres programmes pour lesquels ces routines s'effectuent sous le contrôle de Windows.

La seule chose que SQL Server ne sait pas faire, c'est accéder et gérer les couches réseau. Ces tâches sont déléguées l'OS de Windows, de même que le lancement des services de SQL Server.

Certaines données techniques confirment bien l'aspect OS de SQL Server :

- sa granularité de formatage des fichiers, qui est de 64 Ko et qu'il subdivise en pages de 8 Ko (dans Windows, quelques Ko tout au plus) ;
- son cycle de processus (*timeticks*) est de 31,25 ms (bien plus long que le cycle processeur de Windows qui est de quelques micro secondes) ;
- la lecture de certaines vue de gestion (Data Management Views commençant par `sys.dm_os`…).

SQL Server étant doté de son propre OS, toute tentative de contournement, redéfinition ou supplantation de l'OS Windows qui l'héberge ne peut apporter de que moindre voire médiocres performances (machine virtuelle, par exemple).

Réglages au niveau du système d'exploitation

Pour assurer un fonctionnement optimal de SQL Server, il existe quelques réglages essentiels au niveau du système d'exploitation. Il en est de même des politiques de gestion qui peuvent influencer grandement les performances. Voici quelques conseils…

Serveur dédié

Notons tout d'abord que SQL Server est conçu pour être installé sur un serveur dédié. Aucune autre application ni service ne doit être lancé parallèlement au serveur SQL. Il s'agit, bien entendu, des antivirus (ils ne doivent pas être installés sur les serveurs SQL, prévoyez au pire une DMZ si vous êtes atteint de paranoïa[7]) et des outils d'interface graphique (parmi les mauvaises pratiques, on trouve souvent l'utilisation de Management Studio directement sur le serveur). De même, désactivez tous les services Windows inutiles. Si vous êtes linuxien, vous pouvez installer Windows Server 2012 en mode core et SQL Server à partir de la version 2012 également en mode core. Ceci élimine la couche gra-

6. Certains SGBDR comme PostGreSQL ou MySQL, ne disposent pas des routines internes pour les opérations physiques de disque et de ce fait les possibilités d'optimisation du stockage en sont très réduites.
7. Les serveurs SQL sont fiables, robustes et donc très peu sensibles au virus. Seul problème connu, le vers Slammer qui remonte à plus de 12 ans… Dans le pire des cas, évitez que l'antivirus scrute en permanence les fichiers des bases et des sauvegardes de SQL Server.

phique qui a fait le succès de Windows… et vous oblige à une gestion graphique décentralisée de Windows et SQL Server, ce qui n'est pas un mal, bien au contraire.

Pourquoi un serveur dédié ? Parce que, comme nous l'avons dit, SQL Server est déjà à lui-même un système d'exploitation… Or celui-ci ne voit pas ce que fait Windows, mais il est prioritaire pour l'allocation des ressources… Autrement dit, SQL Server prend toutes les ressources dont il a besoin au détriment de Windows. Ainsi, on peut arriver au dilemme suivant : Windows vient à cours de ressources par le fait de SQL Server qui a, par exemple, vampirisé toute la mémoire. L'OS se déclare donc en état de stress et informe SQL Server qu'il doit lui rétrocéder de la RAM. SQL Server, bon joueur, va lui restituer cette RAM… dès que possible ! Cela peut être après avoir finalisé une longue ou grosse transaction… donc après un certain temps. Une fois restituée, cette ressource sera immanquablement libérée et reprise par SQL Server dès qu'il en sentira le besoin… À ce petit jeu-là, le système peut devenir instable. Nous verrons comment le régler.

SQL Server doit être installé sur un serveur dédié et une seule instance doit figurer sur le serveur. Pas d'antivirus. Minimisez les services Windows actifs. Si vous utilisez des outils comme SSIS *(Integration Services)* ou SSRS *(Reporting Services)*, il faudra régler l'acquisition de RAM par SQL Server, voire les CPU attribués. Pour SSRS, le serveur web peut être installé de manière déportée dans l'édition Enterprise.

Machine virtuelle

Comme mentionné à la section « SQL Operating System (SOS) », les couches supplémentaires apportées par la virtualisation (VMware, Hyper-V…) ne font qu'apporter du bruit, donc une perte naturelle de performances (au mieux 2 % de pertes, mais souvent de l'ordre de 8 à 15 % !)… Mais ce n'est pas tout :

- l'utilisation d'une VM est souvent liée à la résolution d'une problématique de haute disponibilité (PCA, PRA…). Or SQL Server dispose de nombreux dispositifs pour assurer cette tâche, d'une façon plus fiable et moins dérangeante.
- Microsoft n'offre aucune garantie que SQL Server fonctionne correctement dans un système virtualisé (y compris sur Hyper-V) et recommande de reproduire les dysfonctionnements sur une machine physique en cas d'appel à la hotline.
- Un grand nombre de compteurs de performances ne fournissent plus de données fiables (toutes les métriques incorporant le temps prennent en compte le temps réel, ce qui inclut les temps de gestion de la machine virtuelle et les temps d'utilisation des autres machines, si plusieurs machines virtuelles figurent sur la même machine…).
- Le diagnostic des problèmes de performances devient très difficile à établir car il n'est pas facile de savoir sur quelle couche investiguer et comment les différentes couches interagissent.
- La sauvegarde des machines virutelles n'est pas fiable pour les bases SQL Server du fait des opérations d'écriture asynchrones et non sérialisées, à moins d'utiliser un outil supplémentaire (*Volume Shadow Services* (VSS), par exemple). Celui-ci « gèle » les bases lors de la copie des fichiers. Il faut donc attendre la fin du snapshot de la VM pour pouvoir à nouveau utiliser pleinement ces bases.
- Le coût de licence entre l'OS, la machine virtuelle et SQL Server devient supérieur à celui d'une machine physique sans machine virtuelle lorsque la solution porte sur des volumétries importantes (plus de 100 utilisateurs, plus de 300 Go de bases de données, plus de 8 CPU, plus de 64 Go de RAM…).

Il existe cependant quelques avantages à utiliser une machine virtuelle :

- elle permet de mutualiser sur une même machine physique performante de nombreuses petites instances (hébergement de bases de moins de 10 Go, avec peu d'utilisateurs) ;
- elle facilite la gestion de la haute disponibilité pour des ingénieurs système n'ayant aucune connaissance de l'administration de serveurs SQL.

Comme nous l'avons mentionné, il existe d'autres moyens plus fiables, plus efficaces et moins coûteux en ressources pour assurer la haute disponibilité et la reprise du services des données en cas d'incident majeur (log shipping, réplication des données, mise en miroir des bases, instances en cluster, AlwaysOn...). Ces solutions sont incorporées dans la plupart des éditions, les serveurs SQL redondants étant gratuits.

En dehors de ces cas de figure, si vous devez toutefois utiliser une machine virtuelle, fixez-vous les objectifs suivants :

- désactivez le *ballooning* ;
- utilisez le stockage *pass-through* sur un système dédié.

En VM, à machine équivalente, la perte de performance et de disponibilité de vos instances SQL Server est importante. Le diagnostic des pannes critiques devient très complexe et l'administration globale du système est plus coûteuse sur des bases de taille moyenne à grosse (plus de 250 Go). De plus, en cas de dysfonctionnement, la hotline de Microsoft peut vous imposer de revenir à une installation de machine physique pour diagnostiquer la panne...

Pour en savoir plus à ce sujet, consultez les adresses suivantes :

- http://thomaslarock.com/2013/04/doing-it-wrong-virtualizing-sql-server/
- http://www.brentozar.com/archive/2011/05/keys-deploying-sql-server-on-vmware/
- http://www.vmware.com/files/pdf/solutions/sql_server_virtual_bp.pdf

Version et édition de Windows

Nous vous conseillons d'éviter la version 2003 de Windows. En effet, celle-ci présente un défaut majeur dans l'alignement des partitions au moment du formatage des disques. Ce défaut peut être réglé à l'installation de l'OS pour le disque système, mais pas après. Si vous souhaitez en savoir plus à ce sujet, lisez l'article de David Barbarin à l'adresse suivante : http://mikedavem.developpez.com/sqlserver/tutoriels/architecture/. Par ailleurs, attention à la version 2008 ou 2008 R2 pour lesquelles le support n'est plus assuré depuis septembre 2013 (reste uniquement le support étendu jusqu'en 2018, mais il est payant...). Préférez donc Windows 2012...

SQL Server ayant besoin de beaucoup de RAM, installez systématiquement un OS 64 bits (cela tombe bien, les éditions les plus récentes de Windows Server ne supportent plus que le 64 bits). En effet, le 32 bits était limité en accès direct à 4 Go de RAM et en accès indirect (mémoire étendue paginée) à 60 Go en plus. Avec le 64 bits, vous pouvez adresser 17 179 869 184 Go[8]...

En fonction de l'édition de Windows retenue, vous rencontrerez certaines limitations concernant le nombre de CPU ou la quantité de RAM, mais aussi certaines facilités de maintenance hardware (tableau 13-2).

8. Ne souriez pas car il y a vingt-cinq ans, nous étions en 16 bits et lorsque fût présenté le 32 bits et sa mémoire possiblement phénoménale de 4 Go, déjà tous les informaticiens ricanaient !

Tableau 13–2 Les éditions des différentes versions de SQL Server

Version Windows	Édition	Limite CPU	Limite RAM
2008	Web	4	32 Go
2008	Standard	4	32 Go
2008	Enterprise	8	2 To
2008	Datacenter	64	2 To
2008 R2	Web	4	32 Go
2008 R2	Standard	4	32 Go
2008 R2	Enterprise[a]	8	2 To
2008 R2	Datacenter[b]	64	2 To
2012	Foundation	1	32 Go
2012	Essentials	2	64 Go
2012	Standard	64	4 To
2012	Enterprise[a,b]	64	4 To
2014	Web	4 x 4	64 Go
2014	Standard	4 x 4	64 Go
2014	BI	64	4 To
2014	Enterprise[a,b]	64	4 To

a. L'ajout à chaud de mémoire est possible, si toutefois la machine le permet.

b. L'ajout et le retrait à chaud de mémoire et de CPU sont possibles, si toutefois la machine le permet.

Les versions 2012 Foundation et Essentials sont limitées en nombre d'utilisateurs, respectivement à 15 et 25.

Choisissez la bonne édition pour ne pas être à court de ressources au bout de quelques années d'activité du serveur !

Service Pack

Microsoft publie régulièrement des correctifs pour Windows qui peuvent concerner :

- des failles de sécurité (très rares aujourd'hui) ;
- des bogues (peu finalement) ;
- des performances (le plus fréquent).

Les Service Pack sont constitués de plusieurs correctifs individuels publiés au fur et à mesure, rassemblés dans un même paquetage et testés à nouveau pour intégration. Il est parfaitement inutile de passer chacun des correctifs individuels si vous n'y avez pas été invité expressément par la hotline de Microsoft. En effet, ces derniers sont testés individuellement et peuvent avoir des effets de bord s'ils sont cumulés. Seul le Service Pack corrige au final ces petits dysfonctionnements. Il est donc vivement recommandé d'installer les Service Pack dès qu'il sont disponibles. Par le passé, des petits malins avaient utilisé la liste des vulnérabilités potentielles publiée par Microsoft pour polluer de nombreux serveurs[9] qui n'avaient pas été mis à jour. En installant les Service Pack, vous vous éviterez ainsi bien des désagréments.

9. Il s'agit de la fameuse affaire du vers Slammer dont SQL Server 2000 a été victime, alors que le correctif de sécurité avait été livré dans le Service Pack six mois plus tôt !

La plupart des Service Pack corrigent des problèmes de performances qui peuvent affecter le fonctionnement de l'OS comme de SQL Server. Ne prenez pas de risques inutiles et installez-les au plus vite !

Turbo Boost

Turbo Boost permet de faire tourner les processeurs du serveur à une fréquence d'horloge légèrement supérieure[10] à celle pour laquelle ils ont été prévus. Le gain obtenu n'est pas très important, au mieux de 10 %. À noter que l'activation de Turbo Boost n'est pas sans risque, même si ce dernier est minime.

Si vous activez Turbo Boost sur un serveur récent (il n'est disponible que sur certains serveurs et s'active dans le BIOS), vous améliorerez légèrement les performances mais diminuerez le MTBF des CPU. Ne lésinez pas sur la climatisation du serveur...

Hyper-threading

Dans le passé, et particulièrement sous SQL Server 2000, l'activation de l'hyper-threading pouvait conduire au fameux bogue de l'hyper-threading... qui gelait certains processus sur un processeur, fixant l'usage de ce cœur pour toujours. Aujourd'hui, ce phénomène a disparu. En pratique, les effets de l'hyper-threading conduisent à une amélioration de 25 à 30 % environ dans le meilleurs des cas. Ce n'est pas négligeable, mais encore faut-il régler proprement le parallélisme (voir section « CPU utilisés et parallélisme », page 660).

Sur les serveurs à processeurs récents, avec au moins la version Windows 2008, vous pouvez activer l'hyper-threading (dans le BIOS). Mais prévoyez des réglages drastiques pour la gestion du parallélisme.

Mode de gestion de l'alimentation

Votre serveur peut économiser l'énergie consommée en fonction du mode d'alimentation choisi. Mais cela a un impact élevé sur les performances. En passant du mode Économie d'énergie au mode Performances élevées, vous allez certes consommer environ 20 % d'électricité en plus, mais pour un gain global sur les performances de plus de 30 %...

Vous avez donc le choix entre acheter un serveur plus puissant (donc plus coûteux, dont moins vertueux !) et économiser l'énergie (de qui se moque-t-on ?) ou activer le mode Performances élevées.

Instant File Initialization

Lorsque SQL Server crée ou rallonge des fichiers de données, il les formate en construisant des pages de 8 Ko vierges. Cette opération prend du temps mais il est possible de modifier le paramétrage afin que les pages ne soient pas formatées. Pour cela, il suffit d'activer l'initialisation instantanée des fichiers, qui diminue drastiquement les temps de réponse lors de la création ou du rallongement des fichiers de données, mais n'a aucune influence sur les fichiers de la journalisation des transactions. En

10. Il s'agit de la technique appelée overclocking.

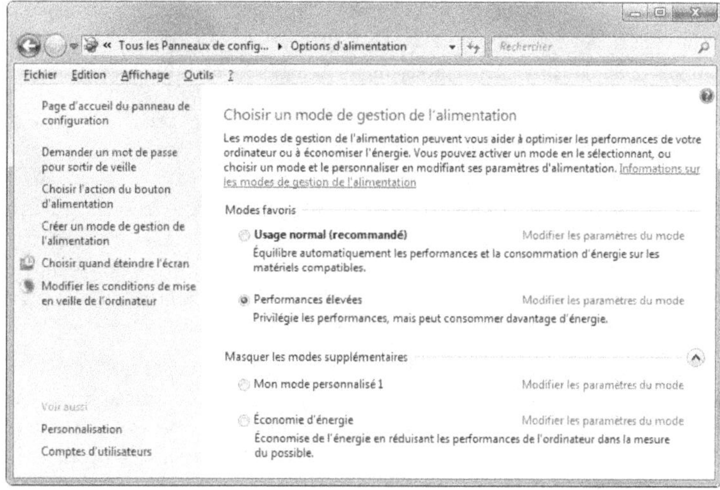

Figure 13–2
Options d'alimentation du serveur

Activez systématiquement l'option Performances élevées dans le mode de gestion de l'alimentation du serveur *(power saving)*.

revanche, les pages nouvellement créées contiennent les données qui figuraient sur le disque lors de la création du fichier et ceci peut poser des problèmes si l'on tente de récupérer les données tabulaires de fichiers endommagés.

Si votre serveur passe son temps à créer régulièrement de nouvelles bases de manière dynamique, alors cette option peut être intéressante. À noter qu'elle n'est pas utile pour des bases en production, dès lors que les fichiers ont été suffisamment dimensionnés afin d'absorber la volumétrie produite pour la durée de vie du serveur (voir le chapitre 10 consacré au stockage).

Pour activer l'initialisation instantanée des fichiers, lancez `GPEDIT.MSC` ce qui affiche la console d'édition Stratégie de groupe locale. Dans l'arborescence de gauche, allez à Stratégie Ordinateur Local>Configuration ordinateur>Paramètres Windows>Paramètres de sécurité>Stratégies locales>Attribution des droits utilisateur. Dans le cadre de droite, effectuez un clic droit sur Effectuer les tâches de maintenance de volume. Dans le menu contextuel qui apparaît, choisissez Propriétés et ajoutez le compte de service de SQL Server à la liste des objets autorisés.

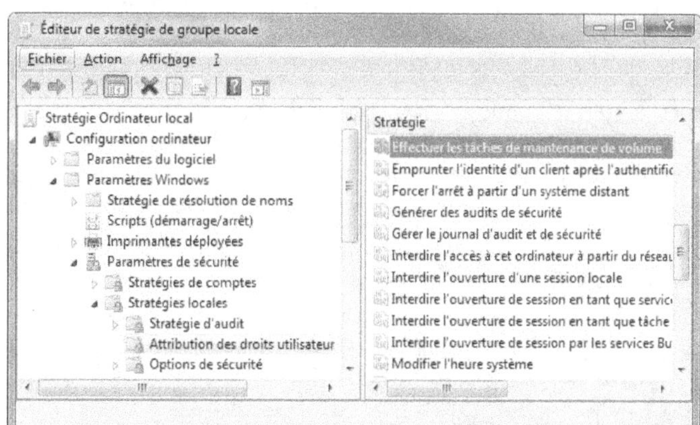

Figure 13–3
Droit pour l'initialisation instantanée des fichiers

L'initialisation instantanée des fichiers permet de gagner du temps, notamment pour les opérations de croissance de fichiers de données (ne concerne pas les fichiers des transactions). Une meilleure pratique serait de ne pas avoir de croissance en dimensionnant correctement les fichiers de vos bases.

Lock Page in Memory

Il semblerait qu'il ne soit plus nécessaire d'activer le verrouillage des pages en mémoire dans les versions modernes de Windows. Ceci était parfois nécessaire pour résoudre des problèmes de latence induits par les échanges de pages en mémoire entre applications. Si cela pouvait être le cas encore pour certaines configurations dans Windows 2008 R2, il semble que le problème soit définitivement résolu avec Windows 2012. À surveiller donc.

Pour activer le verrouillage des pages en mémoire, lancez `GPEDIT.MSC` ce qui affiche la console d'édition Stratégie de groupe locale. Dans l'arborescence située à gauche, sélectionnez le même répertoire que précédemment. Dans le cadre de droite, effectuez cette fois un clic droit sur Verrouiller les pages en mémoire. Dans le menu contextuel qui apparaît, choisissez Propriétés et ajoutez le compte de service de SQL Server à la liste des objets autorisés.

Figure 13–4
Verrouillage des pages en mémoire

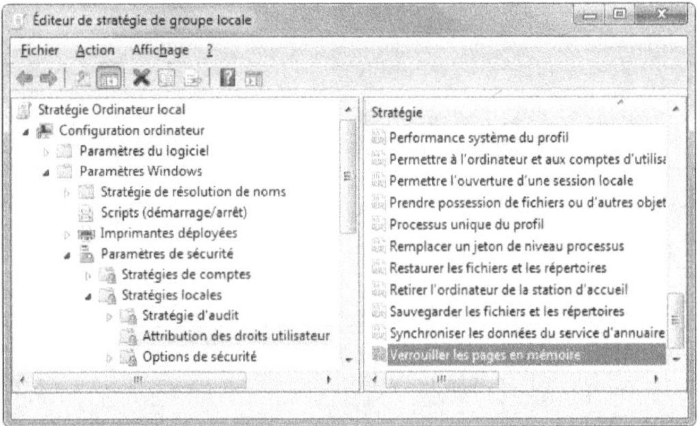

Pagination de la mémoire virtuelle

La mémoire virtuelle est un fichier (`pagefile.sys`) qui peut être réparti sur plusieurs disques afin d'augmenter virtuellement la taille de la RAM et ceci en paginant, c'est-à-dire en déversant les données les moins utiles de la RAM vers le disque et en les remontant du disque au besoin.

Cependant, cette technique est susceptible de tromper SQL Server dans son fonctionnement et peut conduire à un fonctionnement erratique. À l'installation de l'OS, le système crée un fichier très volumineux (entre 1 et 1,5 fois la taille de la RAM), ce qui est une aberration... Diminuez drastiquement la taille de ce fichier afin que SQL Server ne soit jamais en état de l'utiliser.

Sur un serveur dédié sur lequel tourne uniquement votre instance de SQL Server, vous pouvez dimensionner ce fichier entre 2 et 4 Go. Dans les autres cas, prévoyez entre 4 et 8 Go.

Faites en sorte que SQL Server n'utilise jamais la pagination en mémoire virtuelle en diminuant drastiquement la taille du fichier `pagefile.sys` (entre 2 et 8 Go).

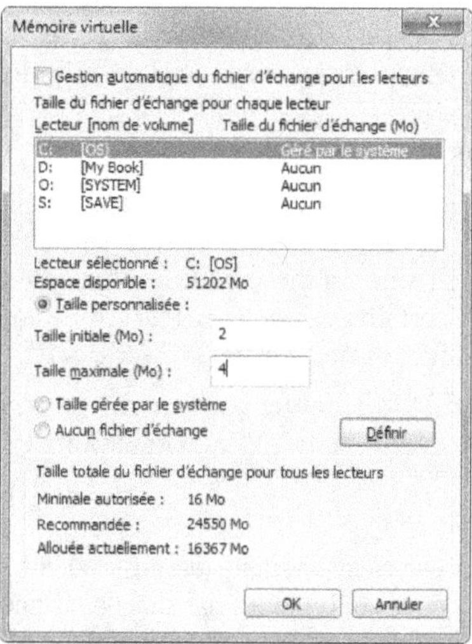

Figure 13–5
Dimensionnement du fichier de gestion de la mémoire virtuelle

Windows Updates

Windows Updates est un outil bien sympathique, mais n'a pas sa place sur un serveur de production, notamment si le mode de mise à jour automatique est activé. En effet, un grand nombre de services et pilotes n'ont sans doute pas besoin d'être mis à jour immédiatement et en continu. Mais surtout, comme certaines installations nécessitent un redémarrage du serveur, cela suppose un arrêt… Or celui-ci est toujours risqué en plus d'être catastrophique pour les performances. C'est généralement au démarrage que les disques, les alimentations ou les cartes réseaux plantent et cessent de fonctionner !

Comme tout service, Windows Updates pompe des ressources au détriment de SQL Server. Pire, en mode Mise à jour automatique, un arrêt du serveur est possible, ce qui est très préjudiciable aux performances.

Ne vous recommandons d'utiliser de préférence Windows Server Update Services qui permet de centraliser la gestion de la mise à jour par des stratégies de groupe et de contrôler leur application.

Arrêt du serveur

Il ne faut jamais arrêter un serveur SQL en production. En effet, ceci a pour conséquence de vider le cache, mais aussi de supprimer toutes les statistiques d'exécution accumulées depuis le démarrage du serveur. Il est donc vivement recommandé de recourir à une solution en ligne. Et c'est pourquoi la version Datacenter a été conçue, car elle permet l'ajout ou le retrait à chaud de CPU et de RAM.

Il en va de même pour l'arrêt du service SQL Server qui est déconseillé. Cherchez les causes de votre problème à l'aide de requêtes, ce qui vous permettra de les diagnostiquer et de les résoudre…

Tout arrêt de SQL Server ou de la machine pose des problèmes de performances. Dans SQL Server, toutes les opérations peuvent se faire à chaud. Avec la bonne version de Windows, même certaines opérations hardware peuvent s'effectuer alors que la machine fonctionne. N'arrêtez donc jamais ni la machine ni SQL Server.

De plus en plus de Service Pack (SP) ne nécessitent pas le redémarrage de la machine (SP pour Windows) ou de l'instance (SP pour SQL Server). Les SP pour SQL Server devant être passés le plus rapidement possible, profitez de ce moment pour passer les SP de Windows, dont l'urgence est généralement moindre.

Plusieurs instances sur un même serveur

La présence de plusieurs instances sur une même machine physique pose de multiples problèmes de ressources, mais permet de résoudre certains cas de configuration (collation du serveur, étanchéité de certains privilèges, multiplicité de la base `tempdb`, clustering actif/actif...).

Évitez de placer plusieurs instances de SQL Server sur une même machine pour tout ce qui concerne la production. Sinon, il convient de régler la RAM au maximum et de choisir les CPU attribués à chaque instance (voir ci-après).

Si plusieurs instances sont présentes sur une même machine (déconseillé), il convient de prévoir les réglages adéquats au niveau de la quantité de RAM et des CPU utilisés par chaque instance. Prévoyez un serveur légèrement surdimensionné en ressources pour pallier les défauts de ce paramétrage.

Réglages au niveau serveur

La vue `sys.configurations` permet de connaître la configuration du serveur. Nous allons nous intéresser à quelques-uns des principaux paramètres qui ont une incidence sur les performances au niveau de l'instance.

RAM allouée

SQL Server est programmé pour accaparer toute la mémoire disponible sur la machine[11]. En 64 bits, une instance peut donc utiliser toute la RAM si nécessaire, dans la limite de son édition. Ceci se fait au détriment même de Windows, car SQL Server est prioritaire sur l'acquisition de la mémoire.

Pour éviter que le serveur ne devienne instable, prévoyez de donner à SQL Server (moteur OLTP) toute la RAM disponible sur la machine, moins ce qu'il faut pour l'OS.

Tableau 13–3 Limites de RAM à prévoir pour SQL Server en fonction de la RAM du serveur

de	à	SQL Server
4	8	RAM - 2 Go
8	32	RAM - 3 Go
32	128	RAM - 4 Go
128	512	RAM - 6 Go
512	4 096	RAM - 8 Go

11. Avec un Windows 32 bits, SQL Server était contenu à 2 Go, voire 3 avec le réglage /3GB. Mais en sélectionnant l'option AWE (Address Windowing Extension), c'est-à-dire en étant en mode PAE (Physical Address Extension), il était possible d'activer jusqu'à 60 Go de mémoire étendue supplémentaire, mémoire dans laquelle SQL Server paginait ses données en lieu et place de pagefile.sys.

Si d'autres applications tournent en parallèle, prévoyez 2 à 4 Go pour chacune. Par exemple avec SSIS et SSRS, prévoyez un minimum de 6 Go. Avec SSAS (moteur décisionnel, bases OLAP), il en faudra sans doute bien plus !

Limitez toujours la RAM allouée à SQL Server à quelques Go en dessous de la RAM de la machine. Dans le cas contraire, le système peut devenir instable jusqu'au décrochement.

Le réglage de la mémoire allouée à SQL Server peut s'effectuer en mode graphique dans Management Studio. Pour cela, cliquez sur Propriétés du serveur et sélectionnez ensuite l'onglet Mémoire. La quantité de mémoire est exprimée en Mo.

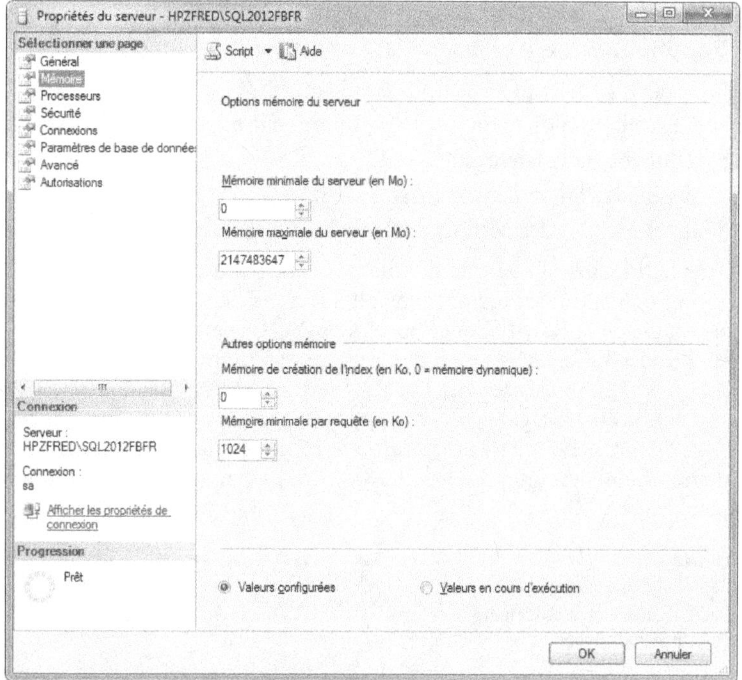

Figure 13–6
Réglage de la quantité de RAM allouée à l'instance SQL Server

Ce réglage peut également se faire à l'aide d'une requête et de la procédure `sp_configure`.

Exemple 13-4. Limitation à 29 Go de la RAM de l'instance courante

```
EXEC sys.sp_configure N'max server memory', N'29696';
GO
RECONFIGURE;
GO
```

Extension de la zone de mémoire tampon (Buffer Pool Extension)

Depuis la version 2014, que ce soit en version Standard ou Enterprise, SQL Server permet d'agrandir la zone de mémoire tampon vers un dispositif externe à la RAM, en général un disque SSD, ou mieux un agrégat de disque SSD (RAID 0, 1 ou toutes combinaisons : 0+1 ou 10).

Habituellement, lorsqu'on rencontre une contention de mémoire généralement due à une intense activité des pages sales qui doivent être écrites sur les fichiers de données, la solution consiste à ajouter de la RAM ou à augmenter la vitesse d'accès au disque par des agrégats RAID plus étendus en nombre de disques ou plus rapides en temps d'accès (SAS), ou encore combiner ces différents remèdes.

Depuis l'arrivée des disques SSD qui commencent à être matures, la nouvelle idée est d'étendre la zone de RAM servant de mémoire tampon à SQL Server à un fichier sur disque, et de préférence sous forme de « Solid State Device ». Avec un tel dispositif, vous étendez le cache de SQL Server avec un plus faible coût que le rajout de RAM.

Ce dispositif présente les avantages suivants :

- augmentation du débit des E/S notamment pour les accès aléatoires aux disques physiques ;
- réduction de la latence des E/S ;
- augmentation du débit transactionnel ;
- augmentation des performances de lecture pour des tables de grosses volumétries.

Dans le principe, il s'agit de modifier la configuration du serveur (`ALTER SERVER CONFIGURATION`) en ajoutant un fichier qui servira d'extension à la zone de mémoire tampon. Ce fichier doit être au minimum de la taille de la RAM allouée au serveur SQL (paramètre `max server memory` dans `sp_configure`) et peut être jusqu'à 32 fois plus grand que celle-ci. En pratique, il faut trouver le bon compromis entre la taille de la RAM et 16 fois cette taille. Par exemple, si votre serveur possède 64 Go de RAM et que vous en avez alloué 60 à SQL Server, vous pouvez alors ajouter un fichier d'extension de mémoire tampon de 60 à 960 Go… Le mieux est de tester le comportement du serveur sans cette extension, puis de monter progressivement à un ratio de 2, 4, 8 ou 16, sachant que les configurations optimales sont souvent voisines de 4 à 8.

Figure 13–7
Reconfiguration du serveur pour utilisation d'une extension de la mémoire tampon

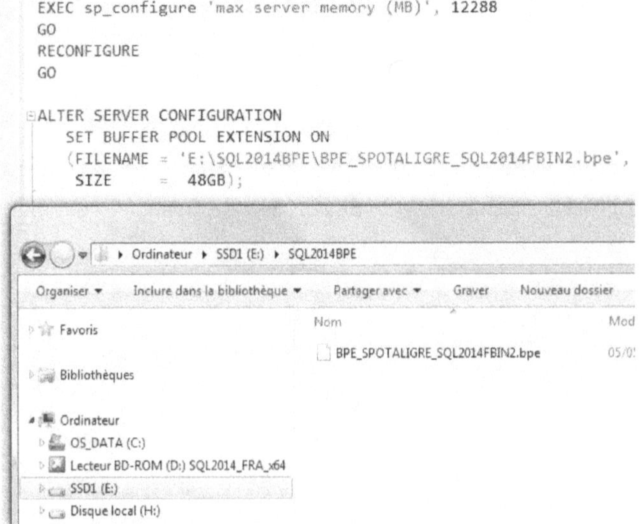

Sur la figure 13-7, la mémoire cache de SQL Server a été dimensionnée à 12 Go (pour 16 Go de RAM physique sur le serveur). Nous avons créé une extension de la mémoire cache de 48 Go sur un agrégat de disque SSD en RAID 1.

Pour mesurer l'efficacité d'une telle configuration, vous pouvez utiliser les objets suivants.

Tableau 13–4 Éléments à auditer pour la gestion d'extension du buffer pool

`sys.dm_os_buffer_pool_extension_configuration`	DMV	Configuration du « buffer pool extension »
`sys.dm_os_buffer_descriptors`	DMV	Situation des pages de données
`sqlserver.buffer_pool_extension_pages_written`	XE	Se déclenche sur éviction de pages du BP vers le BPE
`sqlserver.buffer_pool_extension_pages_read`	XE	Se déclenche lorsqu'une page est lue du BPE pour aller dans le BP
`sqlserver.buffer_pool_extension_pages_evicted`	XE	Se déclenche lorsqu'une page est évincée du BPE
`sqlserver.buffer_pool_eviction_thresholds_recalculated`	XE	Se déclenche lorsque le seuil d'éviction est calculé
`Extension allocated pages`	Compteur	Nombre total de pages allouées dans le BPE
`Extension free pages`	Compteur	Nombre total de pages libres dans le BPE
`Extension in use as percentage`	Compteur	Pourcentage de pagination dans le BPE
`Extension outstanding IO counter`	Compteur	Longueur de la file d'attente des E/S pour l'accès au BPE
`Extension page evictions/sec`	Compteur	Nombre de pages évincées du BPE par seconde
`Extension page reads/sec`	Compteur	Nombre de pages lues dans le BPE par seconde
`Extension page unreferenced time`	Compteur	Durée moyenne de persistances d'une page dans le BPE avant accès
`Extension pages writes/sec`	Compteur	Nombre de pages écrites dans le BPE par seconde

BP : Buffer Pool, BPE : Buffer Pool Extension, XE : eXtended Events, DMV : Data Management View. Les compteurs sont ceux de l'Analyseur de Performance, section « Buffer Manager ».

Il n'est pas possible de redimensionner la taille du fichier de la zone d'extension de mémoire tampon.
Vous ne pouvez indiquer qu'un seul fichier pour la zone d'extension de mémoire tampon. Aussi pour augmenter son débit, vous pouvez jouer sur le nombre de disque SSD en parallèle dans l'agrégat RAID.
En cas de désactivation de la zone d'extension de la mémoire tampon (par exemple, pour définir un fichier plus grand), il est probable que vous vous retrouviez dans une problématique de pression mémoire et E/S. Aussi effectuez cette manipulation aux heures de moindre activité.

Pour en savoir plus :

http://pages.cs.wisc.edu/~jignesh/publ/turboSSD.pdf

http://www.brentozar.com/archive/2014/04/sql-server-2014-buffer-pool-extensions/

http://blog.dbandbi.com/sql-server-2014-buffer-pool-extension/

http://technet.microsoft.com/en-us/library/dn133176%28v=sql.120%29.aspx

CPU utilisés et parallélisme

Le parallélisme est une bonne chose lorsqu'il est bien maîtrisé. En effet, pour une base de données relationnelle, toute la chaîne (du CPU au disque en passant par la mémoire) doit présenter la même uniformisation d'accès parallélisé. Dans le cas contraire, le parallélisme, pour une même requête, peut faire plus de mal que de bien…

On peut comparer le parallélisme d'une même requête à la circulation routière en files. Imaginez une autoroute à 32 voies. Nous faisons un déménagement et nous avons opté pour 32 camions circulants en parallèle. La sortie se trouve à 2 km… Hélas, elle n'a qu'une voie ! Que va-t-il se passer ?

Fatalement, toute parallélisation induit des temps d'attente des processus entre eux, car le premier arrivé doit attendre le dernier et pendant ce temps, tous les processus patientent !

On peut mesurer le temps perdu par la gestion des threads parallélisés en requêtant sur la vue `sys.dm_os_wait_stats`.

Exemple 13-5. Temps d'attente du fait du parallélisme

```
SELECT *
FROM   sys.dm_os_wait_stats
WHERE wait_type = 'CXPACKET'
```

Le paramètre `CXPACKET` indique des attentes de threads du fait du parallélisme. Plus le nombre est élevé, plus il faut réduire le nombre potentiel de cœurs utilisés pour une même requête.

De la même façon, SQL Server permet d'indiquer les cœurs utilisés pour la mémoire et ceux utilisés pour les accès disque (IO). Un point de départ consiste à attribuer environ 75 % des ressources à SQL Server et le reste à Windows. Mais préférez donner à SQL Server les processeurs de faible rang par nœud NUMA et ceux de haut rang à l'OS.

Pour que le parallélisme soit efficace et idéal, la chaîne entière du traitement de l'information doit être au même niveau de parallélisme : RAM, CPU et disque. Sans cela, des points de contention se produiront de manière systématique et induiront des temps d'attente pour les « rendez-vous » de tâche[a], qui peuvent devenir très pénalisants.

a. Un rendez-vous de tâche a lieu lorsqu'une tâche a été parallélisée en plusieurs processus. Chaque processus ayant terminé sa partie de la tâche doit attendre la fin du dernier processus pour regrouper les résultats en un seul global.

Nœud NUMA

Autrefois, lorsque les serveurs (machines physiques) avaient peu de CPU et que la notion de cœur n'existait pas encore, l'utilisation de la mémoire était uniforme. Chaque CPU accédait à la totalité de la RAM (figure 13-8).

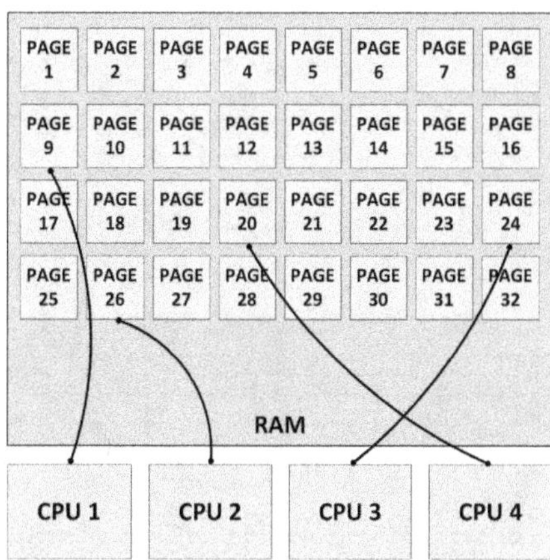

Figure 13–8
CPU et RAM uniforme

Avec l'augmentation du nombre de CPU et de cœurs sont apparus de plus en plus souvent des conflits d'accès aux pages en mémoire (deux cœurs distincts tentant d'accéder à la même page en mémoire). Sur la figure 13-9, le cœur 4 du CPU 1 et le cœur 2 du CPU 2 tentent de modifier la même page. Pour des raisons de cohérence, l'un doit attendre que l'autre thread finisse son travail… Il en résulte à nouveau des temps d'attente ! La figure 13-9 montre un tel cas : le cœur 4 du CPU 1 a accédé à la page 20 et la modifie. Le cœur 2 du CPU 2 tente de lire les données de la page 20, mais il doit attendre…

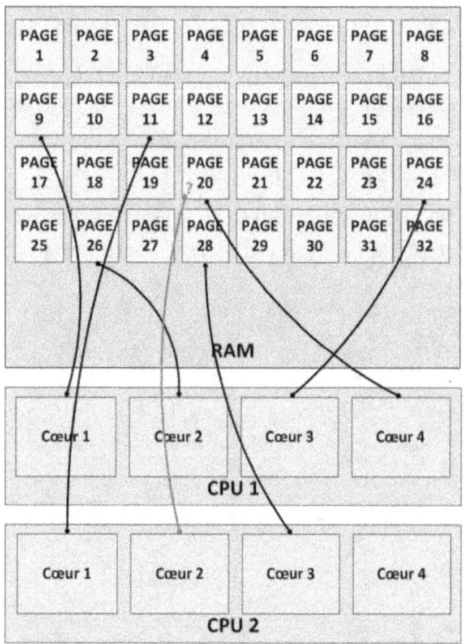

Figure 13–9
CPU avec cœurs et RAM uniforme, conflit d'accès mémoire

Les constructeurs d'ordinateurs ont alors réagi en proposant un accès non uniforme à la mémoire (*Non Uniform Memory Access* : NUMA), c'est-à-dire dédier des pans entiers de la mémoire à des processeurs par affinité. En général, l'alignement se fait au niveau de la notion de CPU. La figure 13-10 montre un tel découpage.

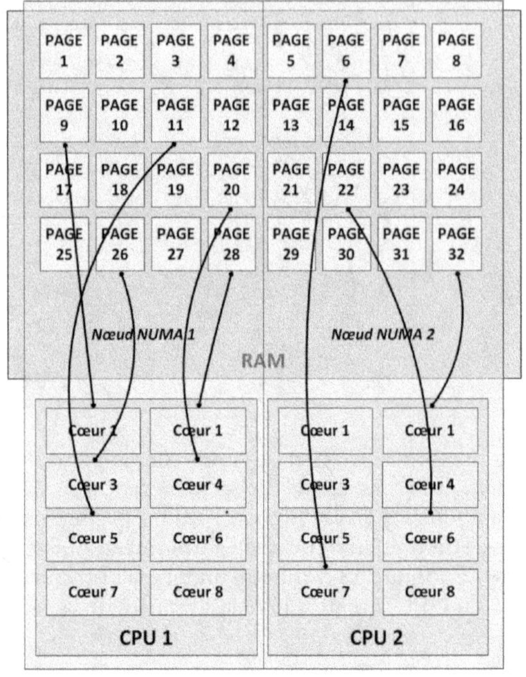

Figure 13–10
2 CPU avec 8 cœurs et 2 nœuds NUMA

Cela ne supprime pas tous les potentiels conflits de concurrence d'accès aux pages de données mais cela diminue leur éventualité. Le revers de la médaille est que si un processus doit lire des données situées sur l'autre nœud, il doit demander à un cœur de l'autre nœud de le faire pour lui. Pour cela, une communication interprocessus est créée (figure 13-11).

En conséquence, toute la gestion du parallélisme doit permettre d'équilibrer la charge des nœuds NUMA. À défaut, il pourrait en résulter de très sévères contre-performances…

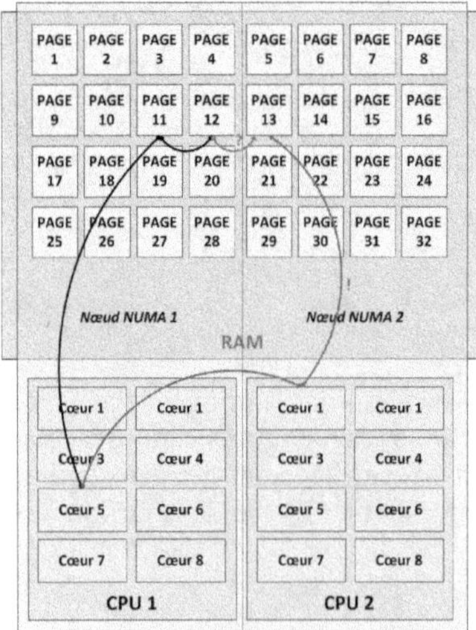

Figure 13–11
Problématique NUMA : comment lire des données entre deux nœuds ?

Sur la figure 13-11, le cœur 5 du CPU 1, affecté au nœud NUMA 1, veut lire les pages 11, 12 et 13 au cours de son processus transactionnel. Il ne peut accéder directement à la page 13 qui figure dans le nœud NUMA 2. Il va donc demander à un autre cœur (ici le cœur 1 du CPU 2 affecté au nœud NUMA) de lire pour lui les données...

Si vous avez hérité d'une machine un peu vieillotte qui ne dispose pas de la technologie NUMA, sachez que vous pouvez installer la version *soft* de NUMA et configurer SQL Server pour l'utiliser. Pour plus d'informations à ce sujet, consultez l'adresse suivante : http://msdn.microsoft.com/en-US/library/ms345357.aspx.

Cela peut améliorer les performances de certaines configurations de SQL Server qui utilisent grandement le parallélisme.

Affinité des UC

Il existe deux réglages d'affinité pour les UC[12]. Le premier concerne l'affectation des UC par rapport aux accès mémoire, le second par rapport aux accès disque (IO). Si vous avez suffisamment de processeurs, prévoyez un nombre d'UC pour l'accès disque équivalent au nombre d'axes agrégés sur lesquels reposent les données (et non les fichiers de journalisation des transactions).

Par exemple, si vous disposez de quatre agrégats RAID formés de disques physiques (et non pas « taillés dans la masse », voir chapitre 10) et que trois supportent des données, le 4e étant réservé au journal des transactions, alors le nombre d'UC affectées aux IO devra être d'au moins trois. Et comme 25 % des UC doivent rester affectées à l'OS Windows, le reste peu être utilisé pour les traitements. En reprenant notre exemple de 2 CPU avec 8 cœurs, les affinités peuvent être les suivantes :

- traitements : 9 ;
- disques : 3 ;
- OS : 4.

Mais il est souvent nécessaire de réajuster ceci par rapport aux nœuds NUMA. En effet, avec deux nœuds NUMA, mieux vaut avoir un nombre équilibré d'UC affectées pour chaque problématique et réparti en fonction du nombre de nœuds. Or trois UC pour les disques supposeraient une répartition trop déséquilibrée (deux UC d'un nœud et 1 de l'autre). Le tableau 13-5 propose une solution de réajustement.

Tableau 13–5 Exemple de distribution des CPU pour les sous-systèmes opérationnels

Nature	Nombre	UC utilisées
Traitements	8	0, 1, 2, 3, 8, 9, 10, 11
Disques	4	4, 5, 12, 13
OS	4	6, 7, 14, 15

Il est de tradition de réserver les UC de haut rang par nœud NUMA à l'OS. En effet, les cartes réseaux étant apparues en même temps que le multiprocesseur, les fabricants de pilotes de ces cartes ont utilisés les processeurs de haut rang de façon assez systématique.

12. Nous parlerons d'UC (unité centrale) pour désigner indifféremment un ensemble de CPU monocœur, un ensemble de cœurs d'un seul CPU ou encore l'ensemble des cœurs d'un lot de CPU.

Si vous n'êtes pas sûr de vous, laissez faire SQL Server. Il se débrouille assez bien tout seul, car dans ce cas, les réglages sont dynamiques. Vous pourrez toujours mesurer les performances de votre solution sans réglage d'affinité, puis avec, et en tirer des conclusions pour réajuster si besoin est.

N'affectez jamais une même UC aux traitements et aux accès disque[a]. Il pourrait en résulter une famine système (voir glossaire en fin d'ouvrage) !

a. Une version de l'aide en ligne de SQL Server indiquait cependant le contraire. Nombreux sont ceux qui se sont fait piégés !

Lorsque vous avez plusieurs instances de SQL Server sur la même machine ou bien que vous utilisez SSAS pour des bases décisionnelles en même temps que des bases relationnelles, vous avez tout intérêt à définir des masques d'affinités pour chacun des moteurs et faire en sorte qu'un même cœur ne soit pas affecté à deux instances différentes, voire deux moteurs...

Définir les UC pour les accès mémoire

Dans Management Studio, ouvrez la fenêtre Propriétés du serveur et cliquez sur Processeurs dans l'arborescence située à gauche.

Figure 13–12
Réglage des affinités des UC[a]

a. Dans la version 2005, Management Studio ne montre pas le dispatching des UC par nœuds NUMA.

Désactivez l'option Définir automatiquement le masque d'affinité du processeur pour tous les processeurs et sélectionnez les UC concernées dans la colonne Affinité du processeur.

Vous pouvez le faire par script SQL en utilisant `ALTER SERVER CONFIGURATION`[13] ou la procédure `sp_configure`.

Exemple 13-6. Reconfiguration de l'affinité des UC aux traitements

```
-- Syntaxe 1, valable à partir de SQL Server 2008 R2 :
ALTER SERVER CONFIGURATION SET PROCESS AFFINITY CPU = 0 TO 1,4 TO 5;
GO
RECONFIGURE;
GO

-- Syntaxe 2 :
EXEC sys.sp_configure N'affinity mask', N'51';
GO
RECONFIGURE;
GO
```

Dans cet exemple, la valeur 51 a été calculée comme suit :

$2^0 + 2^1 + 2^4 + 2^5 = 1 + 2 + 16 + 32 = 51$,

puisque nous avons utilisé les UC 0, 1, 4 et 5.

Définir les UC pour les accès disque (IO)

Comme précédemment, sélectionnez Processeurs dans l'arborescence de la fenêtre Propriétés du serveur. Désactivez l'option Définir automatiquement le masque d'affinité d'E/S pour tous les processeurs et sélectionnez les UC concernées dans la colonne Affinité d'E/S (figure 13-12).

Exemple 13-7. Reconfiguration de l'affinité des UC aux IO

```
EXEC sys.sp_configure N'affinity I/O mask', N'68'
GO
RECONFIGURE
GO
```

Dans cet exemple, la valeur 68 a été calculée comme suit :

$2^2 + 2^6 = 4 + 64 = 68$,

puisque nous avons utilisé les UC 2 et 6.

Le réglage du masque d'affinité est limité au 32 premiers processeurs avec les paramètres Affinity mask et Affinity I/O mask. Pour les suivants, vous devez utiliser les paramètres Affinity64 mask et Affinity64 I/O mask. Dans la plupart des cas, vous devrez redémarrer le service SQL Server.

Limitation du parallélisme

Il existe deux moyens de limiter le parallélisme :

- en dimensionnant le nombre maximal d'UC utilisées pour une même requête ;
- en décidant d'élever (voire de diminuer) le seuil de déclenchement du parallélisme.

13. La syntaxe ALTER SERVER CONFIGURATION n'est disponible que depuis la version 2008 R2.

Limitation du nombre d'UC pour une même requête

Cette limitation peut être faite à plusieurs niveaux :

- au niveau de l'instance, par l'intermédiaire de la procédure `sp_configure` et du paramètre Max degree of parallelism ;
- par l'intermédiaire du gouverneur de ressources (version Enterprise) en définissant un groupe de charge limitée en UC (pourcentage) ;
- au niveau de chaque requête à l'aide de la clause `OPTION` et du paramètre MAXDOP qui supplante le paramétrage de niveau serveur.

Nous reparlerons de ces deux dernières options pages 699 et 735.

Exemple 13-8. Limitation à 4 UC de toute requête exécutée sur le serveur

```
EXEC sp_configure 'max degree of parallelism', 4;
GO
RECONFIGURE;
GO
```

Paramétrage du seuil de coût de déclenchement du parallélisme

Lorsqu'une requête est évaluée par l'optimiseur, tant que le coût reste inférieur à un certain seuil, le traitement n'est pas parallélisé. Lorsque le coût de la requête dépasse ce seuil, la requête est réécrite pour utiliser des traitements parallèles. Ce seuil de coût est fixé à 5 et peut être modifié par la procédure `sp_configure` (paramètre Cost threshold for parallelism).

Aujourd'hui, les bases sont de plus en plus volumineuses et les ressources serveur de plus en plus rapides et efficaces. Ce seuil de 5 semble donc un peu juste et peut conduire à des requêtes presque systématiquement parallélisées. Si c'est le cas, rehaussez le seuil entre 12 et 25.

Exemple 13-9. Réglage du seuil de coût de déclenchement du parallélisme à 12

```
EXEC sp_configure 'cost threshold for parallelism', 12;
GO
RECONFIGURE;
GO
```

Autres réglages serveur

Tous les réglages complémentaires que nous allons étudier à présent doivent être mis en place à l'aide de la procédure `sp_configure`. Certains paramétrages nécessitent le redémarrage du serveur, d'autres le redémarrage de la machine.

Si vos bases n'utilisent pratiquement jamais de procédures stockées ni de déclencheurs, et ne font que lancer des requêtes SQL, le paramètre `Optimize for ad hoc workloads` peut vous être utile. Ceci évite de trop mettre en cache des plans pour des requêtes rarement rejouées.

Si votre serveur SQL est le seul élément à travailler sur votre machine, vous pouvez lui donner une priorité plus importante dans la planification des processus de Windows en utilisant le paramètre `Priority boost`. Si ce paramètre vaut 0, il indique une priorité de 5 (Normale). S'il vaut 1, la priorité passe à 13 (Haute). Ceci est intéressant, notamment si vous n'avez pas pensé à désactiver le maximum de services inutiles.

Collation du serveur

La collation à l'installation du serveur SQL revêt une importance particulière. Rappelons que la collation sert à indiquer comment les chaînes de caractères doivent se comporter au regard :

- de la casse (paramètre CS ou CI) ;
- des lettres diacritiques (accents, cédilles, ligatures… paramètre AS ou AI) ;
- des écritures japonaises Katakana et Hiragana (paramètre KS) ;
- de la dimension des caractères dans la casse (indices et exposants) ;
- du tri relatif à la langue.

Par défaut, lors de l'installation, la collation est définie à la langue de votre édition de SQL Server et les options CI et AS (Case sensitive et Accent sensitive) sont activées.

Ce n'est cependant pas le réglage le plus optimal pour les performances. Nous préférons une collation binaire… En effet, l'effort à consentir pour confondre majuscules et minuscules nécessite plus de traitement qu'une comparaison basée sur de simples octets et le tri est plus complexe. Tout ceci entraîne une surcharge de travail, notamment pour les bases système qui, elles, sont parfaitement prévues pour supporter une collation binaire.

Un autre avantage d'utiliser une collation binaire est que les noms des objets système deviennent sensibles à la casse dans les requêtes, ce qui permet paradoxalement de minimiser la mise en cache et de persister plus longtemps les plans des requêtes effectuées sur les objets de toute nature.

Le seul inconvénient est que la base de données `tempdb` est affectée par ce choix. Par ailleurs, si les développeurs ont créé des bases de production aux collations exotiques et n'ont pas prévu de créer leurs tables temporaires en reprenant la collation Database default, les jointures entre les tables de production et les tables temporaires risquent de lever une exception de type « conflit de classement ».

Mais depuis la version 2012, ce type de problème peut être automatiquement contourné par le biais des *contained databases*.

Ne négligez pas l'aspect collation dans l'installation du serveur comme dans la création des bases. Ceci influe directement sur les performances et mieux vaut par défaut une installation avec collation binaire et des bases créées avec une collation binaire. Ce qui n'empêchera pas de dériver de cette règle pour certaines colonnes de certaines tables ou vues.

Réglages au niveau base

SQL Server est un serveur multibase et multischéma. Vous pouvez créer autant de bases que vous voulez à concurrence de 32 767 dans la même instance et vous pouvez installer jusqu'à 50 instances sur la même machine. Pour autant, est-il sage d'en créer beaucoup ? Quels sont les paramètres améliorant les performances et propres à chaque base ? Voici quelques réponses…

Une seule base ou plusieurs ?

Dans l'absolu, mieux vaut une seule base et une seule instance par machine. En effet, la mise en cache des données pour une base peut affecter l'autre base par le simple fait que l'une est plus active que l'autre ou que la première fait des requêtes portant sur d'énormes quantités de données alors que la seconde non. Bien que ceci puisse être en partie réglé par le gouverneur de ressources, répartir ses données sur plusieurs bases n'a aucun sens si les données concourent à une seule et même application, à moins que le découpage ne découle d'une politique où le cloisonnement des données est la règle (éditeurs de type ASP, étanchéité des projets….).

Les problèmes soulevés par le multibase et le monobase sont résumés dans le tableau 13-6.

Tableau 13–6 Avantages et inconvénients du monobase et du multibase

Problématique	Monobase mêlant différents « clients »	Multibase à raison d'une base par « client »
Sauvegarde	Plus simple, mais impossible de restaurer un client	Plus complexe, permet la restauration d'un client
Exports client	Complexes	Simples
Administration	Simplifiée	Complexifiée
Tuning	Grossier	Fin
Données communes	Faible volume, intégrité aisée	Intégrité difficile ou redondance
Stockage	Simple, facile à administrer, on peut créer un espace de stockage par client.	Peu simple, difficile à optimiser

Dans le cas du monobase, vous pouvez jouer sur les schémas SQL pour cloisonner les données de chacun de vos clients. Mais cela ne résout pas totalement les complexités de restauration ou d'export « clients ».

Collation de la base

De la même façon que la collation du serveur influe sur les requêtes système et la mise en cache de ces dernières, le choix de la collation au niveau de la base pose les mêmes problèmes. Si vous avez le choix, préférez donc une collation binaire et ne dérogez à cette règle que pour certaines colonnes de votre base.

Sachez que l'indexation textuelle reste toujours insensible à la casse quelle que soit la collation choisie et peut être paramétrée pour être sensible ou non aux accents (et plus généralement aux caractères diacritiques) en fonction de votre problématique.

L'utilisation de collations « lâches » (insensibles aux accents ou à la casse) de type Windows empêche d'utiliser pleinement les index et donc dégrade les performances de certaines requêtes. Mieux vaut créer vos bases avec une collation binaire de type Windows, ou mieux SQL, ce qui n'empêchera pas de déroger à cette règle pour certaines colonnes de certaines tables ou vues.

La collation de la base se précise au moment de la création à l'aide de la clause `COLLATE`. Il n'est pas possible de la modifier pour un objet déjà créé, a moins d'exporter et de réimporter les données.

Gestion des statistiques

Les statistiques de distribution des données, que nous détaillerons un peu plus loin, permettent à l'optimiseur de choisir quelle la stratégie d'accès aux données adopter et par conséquent d'obtenir un plan de requête le plus efficace possible. Il faut donc que ces statistiques soient le plus à jour possible, ces dernières n'étant pas recalculées de manière synchrone, pour des raisons de coûts et donc de performances. De ce fait, il faut les réajuster régulièrement afin de ne pas avoir une vision trop décalée de la dispersion des données.

Recalcul des statistiques

Si les statistiques ne sont pas suffisamment à jour, il peut s'ensuivre la réalisation de plans de requêtes épouvantables donnant des performances catastrophiques. Il est donc indispensable que celles-ci soient réévaluées chaque fois que les données évoluent.

Pour ce faire, deux solutions sont possibles :

- manuellement, par exemple en planifiant régulièrement un travail de recalcul des statistiques (voir chapitre 17 consacré à la maintenance courante) ;
- automatiquement, en laissant faire SQL Server qui déterminera si le delta de mise à jour nécessite un tel recalcul.

Mais l'une des stratégies n'empêche pas l'autre. Il est possible de mettre en place les deux et SQL Server propose deux méthodes de réajustement automatique des statistiques :

- synchrone : lorsqu'une requête nécessite la lecture des statistiques pour créer un plan de requête, si elles sont jugées trop décalées, elles sont réévaluées juste avant de produire le plan ;
- asynchrone (version Enterprise seulement) : une tâche d'arrière-plan parcourt les statistiques et lorsqu'un certain taux de mise à jour est dépassé, elles sont réévaluées.

Pour mettre à jour automatiquement les statistiques, utilisez `ALTER DATABASE` dans la syntaxe suivante :

```
ALTER DATABASE nom_base
   SET {AUTO_UPDATE_STATISTICS
       |AUTO_UPDATE_STATISTICS_ASYNC} {ON|OFF} [;]
```

Vous pouvez également procéder au recalcul des statistiques via Management Studio.

La mise à jour asynchrone des statistiques n'est disponible que dans l'édition Enterprise de SQL Server. Elle nécessite que les deux paramètres soient à `ON`.
À moins que votre maintenance prévoie une stratégie drastique et efficace de recalcul des statistiques, mieux vaut que l'une des deux options de recalcul automatique soit au moins activée.

Création automatique de statistiques

SQL Server pose systématiquement des statistiques à chaque fois qu'un index est créé. Néanmoins, il est nécessaire de disposer aussi de statistiques sur les colonnes non indexées des différentes tables, ce qui n'est pas fait systématiquement. Pour que des statistiques soient créées sur ces colonnes, vous pouvez au choix :

- les créer vous-même à l'aide de la commande `CREATE STATISTICS` ;
- laisser faire SQL Server en l'autorisant à les créer automatiquement pour votre base. Dans ce cas, vous devez placer le paramètre `AUTO_CREATE_STATISTICS` de votre base à `ON`.

Exemple 13-10. Mise en place du recalcul asynchrone des statistiques et de la création de statistiques de colonnes

```
ALTER DATABASE DB_SQL
SET AUTO_UPDATE_STATISTICS       ON,
    AUTO_UPDATE_STATISTICS_ASYNC ON,
    AUTO_CREATE_STATISTICS       ON;
```

Exemple 13-11. Vérification de la stratégie de gestion des statistiques automatisée sur toutes vos bases de production

```
SELECT name, is_auto_update_stats_on,
       is_auto_update_stats_async_on,
       is_auto_create_stats_on
FROM   sys.databases
WHERE database_id > 4;
```

Fermeture et réduction automatique

Ces options sont essentiellement destinées à des bases de données fonctionnant sur SQL Server CE *(Compact Edition)*, voire Express (lorsque les bases sont nombreuses, volumineuses et peu utilisées). Dans tous les autres cas, mettre en place la fermeture automatique de la base ou réduire automatiquement les fichiers conduit à des performances pour le mieux erratiques, mais plus souvent catastrophiques...

Fermeture automatique

Lorsque la propriété AUTO_CLOSE de la base est à ON, celle-ci est « déchargée » si aucun utilisateur n'est connecté. Ceci induit un vidage du cache (données et procédures). De plus, certaines informations ne sont plus accessibles pour la base (sys.databases et DATABASEPROPERTYEX). Aussi, lorsqu'un utilisateur se connectera par la suite, il faudra replacer en mémoire les données du disque et recalculer les plans de requêtes...

À moins d'utiliser l'édition CE de SQL Server, ne placez jamais vos base en AUTO_CLOSE.

Réduction automatique des fichiers

La propriété AUTO_SHRINK permet de récupérer l'espace vide dans les fichiers de données et du journal des transactions, dès que celui-ci dépasse 25 %. Comme une base de données est toujours en croissance, réduire la taille des fichiers de manière systématique n'a aucun sens, puisque ces fichiers vont irrémédiablement croître à nouveau. Pire, cela conduit à de multiples petites opérations de croissance très pénalisantes pour les performances, en plus de fragmenter de manière irréfragable les fichiers sur le disque.

Vous devez définir des tailles suffisantes pour les fichiers de données et les fichiers du journal des transactions pour ne jamais avoir d'épisodes de croissance (voir le chapitre 10 consacré au stockage).

À moins d'utiliser l'édition CE de SQL Server, ne placez jamais vos base en AUTO_SHRINK.

La requête de l'exemple 13-12 permet de savoir quelles sont les bases en AUTO_CLOSE ou AUTO_SHRINK. Elle fournit également dans la colonne CMD_SQL du résultat, un lot de commandes SQL pour rectifier le positionnement de ces bases.

Exemple 13-12. Détermination des bases en AUTO_CLOSE ou AUTO_SHRINK

```
SELECT name, is_auto_close_on,
       is_auto_shrink_on,
       CASE WHEN is_auto_close_on = 1 AND is_auto_shrink_on = 1
               THEN 'ALTER DATABASE [' + name
                     +'] SET AUTOCLOSE OFF, SET AUTO_SHRINK OFF;'
            WHEN is_auto_close_on = 1
               THEN 'ALTER DATABASE [' + name
                     +'] SET AUTOCLOSE OFF;'
            WHEN is_auto_shrink_on = 1
               THEN 'ALTER DATABASE [' + name
                     +'] SET AUTO_SHRINK OFF;'
       ELSE ''
       END AS CMD_SQL
FROM   sys.databases
WHERE database_id > 4
  AND is_auto_close_on = 1
   OR is_auto_shrink_on = 1;
```

Lecture seule

Une base de données peut être paramétrée en lecture seule. Cela permet d'éviter toute modification et par conséquent aucun verrou (de lecture, de schéma ou de mise à jour) ne sera posé, ce qui accélère les lectures.

Placer une base en READ ONLY permet d'éviter toute pose de verrou. Cela peut être une stratégie payante, même pour une base de production (par exemple, une base de données de reporting clonée à partir d'une sauvegarde).À noter que vous pouvez faire de même avec les groupes de fichiers (espaces de stockage, voir chapitre 10).

Pour passer une base en mode READ ONLY ou READ/WRITE, la syntaxe est la suivante :

```
ALTER DATABASE nom_base
   SET {READ_ONLY|READ_WRITE} [;]
```

Le changement d'état suppose qu'aucune connexion ne soit effective dans la base visée. Si des utilisateurs travaillent dessus, vous pouvez les déconnecter d'office via une option de terminaison dans la commande ALTER TABLE.

Exemple 13-13. Passage d'une base en mode READ ONLY alors que des utilisateurs y sont potentiellement connectés

```
-- On se met dans le contexte de la base à passer en READ ONLY
USE DB_SQL;
GO
-- On déconnecte les utilisateurs en cours, sauf nous, en forçant un ROLLBACK
ALTER DATABASE DB_SQL
   SET SINGLE_USER WITH ROLLBACK IMMEDIATE;
GO
-- On se place dans la base master
USE master;
GO
-- On modifie l'état de la base pour la placer en READ ONLY
ALTER DATABASE DB_SQL
   SET READ_ONLY;
GO
```

```
-- On revient au mode multi-utilisateur
ALTER DATABASE DB_SQL
   SET MULTI_USER;
GO
```

Optimisation de corrélation des dates

L'option de corrélation des dates ne doit être utilisée que dans un cas particulier : si vous avez utilisé le type `DATETIME`, aujourd'hui considéré comme obsolète, et qu'une des colonnes de type `DATETIME` participe à une clé étrangère. Dans tous les autres cas, ce paramétrage est inutile. Cette corrélation particulière ajoute des statistiques de jointure pour le cas précis d'intégrité référentielle faisant appel à des colonnes de type `DATETIME`. En effet, ce type de données est entaché d'une tare congénitale[14] du fait de son imprécision de 3 millisecondes (pensez à le remplacer par un type `DATETIME2`).

Pour déterminer si votre base de données est une candidate potentielle à une telle optimisation, vous pouvez lancer la requête de l'exemple 13-14.

Exemple 13-14. Liste des colonnes de type `DATETIME` participant à une contrainte d'intégrité référentielle

```
SELECT KCU.TABLE_SCHEMA, KCU.TABLE_NAME, KCU.CONSTRAINT_NAME,
       C.COLUMN_NAME, C.DATA_TYPE
FROM   INFORMATION_SCHEMA.KEY_COLUMN_USAGE AS KCU
       INNER JOIN INFORMATION_SCHEMA.REFERENTIAL_CONSTRAINTS AS RC
             ON KCU.CONSTRAINT_SCHEMA = RC.CONSTRAINT_SCHEMA
             AND KCU.CONSTRAINT_NAME = RC.CONSTRAINT_NAME
       INNER JOIN INFORMATION_SCHEMA.COLUMNS AS C
             ON KCU.TABLE_SCHEMA = C.TABLE_SCHEMA
             AND KCU.TABLE_NAME = C.TABLE_NAME
             AND KCU.COLUMN_NAME = C.COLUMN_NAME
WHERE DATA_TYPE = 'datetime';
```

Persistance retardée

Comme nous l'avons déjà indiqué, SQL Server utilise un mécanisme de journalisation basé sur un fichier de type WAL *(Write Ahead Log)*. Tout changement dans la base est donc préalablement écrit physiquement dans le journal avant d'informer l'utilisateur du succès de sa transaction. Cela conduit néanmoins à un goulet d'étranglement au niveau des I/O du journal qui est le point focal de toute base de données, tempdb comprise.

Afin de diminuer la contention à ce niveau, une solution consiste à procéder à des écritures asynchrones du journal (connues dans la littérature anglo-saxonne sous le terme de *lazy commit*). Cela suppose néanmoins de potentielles pertes de données en cas de crash sévère, tout en préservant l'intégrité et la cohérence de la base, sans avoir cependant le moyen de savoir, par le biais du serveur SQL, quelles données n'ont pas été intégrées en finale… Cette possibilité a été introduite avec la version 2014 de SQL Server.

Le cas typique est celui de l'intégration en continu de données venant d'automates, automates qui eux-mêmes séquencent les données par un jeton de sérialisation et possèdent une certaine rémanence des données (par exemple, des sondes fournissant des données à intervalles réguliers et connus d'avance).

14. Ce problème vient de l'origine « Sybase » de SQL Server.

Un exemple pratique est celui de la gestion des crues que nous avons mis en œuvre pour surveiller les cours d'eau du grand delta du Rhône. Les sondes ayant une rémanence des données de plusieurs heures et fournissant un jeu de données constituées des 30 dernières minutes d'activité par défaut, à chaque interrogation et avec des mesures au pas de 5 minutes, il est alors possible de se permettre un crash de serveur avec un arrêt de quelques minutes à quelques heures du services des données, sans que cela ait la moindre conséquence sur la collecte, la cohérence et l'intégrité des données. On pourra donc, avec un seul serveur, intégrer de très nombreuses mesures et pourquoi pas l'ensemble des réseaux hydrographiques de France, voire d'Europe !

La mise en œuvre se fait par le biais d'une modification de l'état de la base (`ALTER DATABASE ... SET DELAYED_DURABILITY = `) qui permet de forcer toutes les transactions à être écrites de manière asynchrone (`FORCED`), ou bien de préciser celle qui devait l'être (`ALLOWED`). Par défaut, cela n'est pas permis (`DISABLED`).

Si vous optez pour le mode `ALLOWED`, il vous faudra alors préciser chaque transaction que vous voulez voir retardée, en ajoutant, pour les transactions « disque », à la commande de validation (`COMMIT`), l'option `WITH (DELAYED_DURABILITY = ON)`, et pour les procédures compilées en mode natif (In Memory), l'option `BEGIN ATOMIC WITH (DELAYED_DURABILITY = ON, ...)`.

Exemple 13-15 Template pour procédure compilée en mode natif avec persistance retardée

```
CREATE PROCEDURE <procedureName> ...
WITH NATIVE_COMPILATION, SCHEMABINDING, EXECUTE AS OWNER
AS
   BEGIN ATOMIC WITH ( DELAYED_DURABILITY = ON,
                       TRANSACTION ISOLATION LEVEL = SNAPSHOT,
                       LANGUAGE = N'English')
...
END
```

> La persistance retardée peut faire perdre potentiellement les données des dernières transactions en cas de crash. Vous ne devez donc pas opter pour un tel système, sauf si vous êtes capable de relancer les dernières minutes de vie transactionnelle du serveur, sans pour autant redonder des données déjà intégrées.

Il est toujours possible de forcer l'écriture des transactions asynchrones à tout moment en utilisant la procédure stockée `sys.sp_flush_log` qui force l'écriture, dans le journal, des transactions asynchrones non encore enregistrées physiquement.

En savoir plus sur ce sujet :

http://sqlperformance.com/2014/04/io-subsystem/delayed-durability-in-sql-server-2014

http://blogs.msdn.com/b/igorpag/archive/2014/01/07/wal-is-no-more-a-dogma-in-sql-server-2014.aspx

http://dataidol.com/tonyrogerson/2014/01/08/throughput-improvement-through-delayed-durability-on-commit-tran-from-sql-server-2014/

http://msdn.microsoft.com/en-us/library/dn449490%28v=sql.120%29.aspx

Les outils de gestion de la performance

SQL Server dispose de nombreux outils internes ou externes destinés à rendre compte de l'activité du serveur et à effectuer des diagnostics à tous les niveaux.

Les Data Management Views

Les *Data Management Views* (DMV) sont des vues SQL destinées à l'administration du serveur. Par extension, certaines de ces vues sont en fait des fonctions tables.

La plupart de ces vues et fonctions présentent des informations statistiques qui sont collectées lors de l'exécution de SQL Server et placées en mémoire. Pour ce faire, une trace du Profiler SQL est démarrée en même temps que votre instance afin d'alimenter ces données. Vous pouvez voir le démarrage de cette trace dans le journal d'événements de SQL Server, son ID étant toujours 1. Pour la désactiver, relancez le service SQL Server après avoir ajouté à la ligne de commande le paramètre `-X`, mais cela est à double tranchant. En effet, vous perdez dès lors de grandes possibilités de diagnostic en cas de problème.

> En cas d'arrêt du serveur, les données des DMV sont perdues. Elles ne présentent que les données collectées depuis le démarrage de l'instance. Il est fortement conseillé de ne jamais arrêter un serveur SQL en production, ni de baser des traitements sur des métriques de DMV si le serveur a été redémarré récemment.
> Pour connaître la date et l'heure du démarrage de votre instance, vous pouvez lancer la requête suivante : `SELECT sqlserver_start_time FROM sys.dm_os_sys_info`.

Les tableaux suivants présentent quelques DMV très utiles.

Tableau 13–7 Quelques-unes des DMV les plus utiles

Activité SQL en cours	
`sys.dm_exec_connections`	Connexions : données réseau, paramètres de protocoles et statistiques de trafic
`sys.dm_exec_sessions`	Sessions : paramétrage de session, sécurité, statistiques cumulatives (CPU, mémoire, lectures, écritures...)
`sys.dm_exec_requests`	Requêtes : statistiques des requêtes en cours (blocages, attentes, CPU, lectures, écritures, nombre de lignes...) et références au plan et requête SQL
`sys.dm_exec_sql_text()`	Accès aux données d'une requête en mémoire, dont la commande SQL
`sys.dm_exec_query_plan()`	Accès aux données de plan d'exécution d'une requête

Exemple 13-16. Métrique des requêtes en cours

```
SELECT r.session_id, connect_time, client_net_address,
       program_name, login_name, nt_user_name,
       start_time, database_id,
       wait_time, r.cpu_time, r.total_elapsed_time,
       r.reads, r.writes, r.logical_reads,
       q.text AS sql_texte, p.query_plan
FROM   sys.dm_exec_requests AS r
       INNER JOIN sys.dm_exec_sessions AS s
             ON r.session_id = s.session_id
       INNER JOIN sys.dm_exec_connections AS c
             ON r.session_id = c.session_id
       CROSS APPLY sys.dm_exec_sql_text(sql_handle) AS q
       CROSS APPLY sys.dm_exec_query_plan(plan_handle) AS p
```

Tableau 13–8 Principales DMV concernant les transactions

Transactions	
`sys.dm_tran_locks`	Verrous posés par transaction
`sys.dm_tran_session_transactions`	Transactions et sessions associées (vue de jointure)
`sys.dm_tran_active_transactions`	Transactions en cours
`sys.dm_tran_database_transactions`	Activité de journalisation des transactions

Exemple 13-17. Détection des requêtes bloquantes

```
SELECT tl.request_session_id AS session_id,
       DB_NAME(tl.resource_database_id) AS nom_base,
       tl.resource_type AS type_ressource,
       CASE
          WHEN tl.resource_type IN ('BASE', 'FICHIER', 'MÉTADONNÉES')
             THEN tl.resource_type
          WHEN tl.resource_type = 'OBJET'
             THEN OBJECT_NAME(tl.resource_associated_entity_id,
                              tl.resource_database_id)
          WHEN tl.resource_type IN ('CLEF', 'PAGE', 'LIGNE')
             THEN (SELECT OBJECT_NAME(object_id)
                   FROM    sys.partitions AS p
                   WHERE   p.hobt_id = tl.resource_associated_entity_id)
          ELSE 'Inconnu'
       END AS objet_parent,
       tl.request_mode AS type_verrou,
       tl.request_status AS statut_requete,
       er.blocking_session_id AS id_session_bloquante,
       es.login_name,
       CASE tl.request_lifetime
          WHEN 0
             THEN sql_a.text
          ELSE sql_r.text
       END AS commande_SQL
FROM   sys.dm_tran_locks AS tl
       LEFT OUTER JOIN sys.dm_exec_requests AS er
            ON tl.request_session_id = er.session_id
       INNER JOIN sys.dm_exec_sessions AS es
            ON tl.request_session_id = es.session_id
       INNER JOIN sys.dm_exec_connections AS ec
            ON tl.request_session_id = ec.most_recent_session_id
       OUTER APPLY sys.dm_exec_sql_text(ec.most_recent_sql_handle) AS sql_r
       OUTER APPLY sys.dm_exec_sql_text(er.sql_handle) AS sql_a
WHERE tl.resource_database_id = DB_ID()
  AND tl.resource_type NOT IN ('DATABASE', 'METADATA')
ORDER BY tl.request_session_id;
```

Tableau 13–9 Principales DMV concernant le verrouillage

Verrouillage optimiste *(snapshot isolation)*	
`sys.dm_tran_active_snapshot_database_transactions`	Transactions en cours utilisant des versions de lignes dans la base `tempdb`
`sys.dm_tran_current_snapshot`	Numéros de séquences des transactions actives en cours
`sys.dm_tran_transactions_snapshot`	Vue de jointure entre transactions et séquences

Exemple 13-18. Requêtes SQL faisant partie d'une transaction utilisant le versionnement des lignes

```
SELECT asdt.transaction_id,
       asdt.session_id,
       asdt.transaction_sequence_num,
       asdt.first_snapshot_sequence_num,
       asdt.commit_sequence_num,
       asdt.is_snapshot,
       asdt.elapsed_time_seconds,
       st.text AS commande_SQL
FROM   sys.dm_tran_active_snapshot_database_transactions AS asdt
       INNER JOIN sys.dm_exec_connections AS ec
             ON asdt.session_id = ec.most_recent_session_id
       INNER JOIN sys.dm_tran_database_transactions AS dt
             ON asdt.transaction_id = dt.transaction_id
       CROSS APPLY sys.dm_exec_sql_text(ec.most_recent_sql_handle) AS st
WHERE  dt.database_id = DB_ID();
```

Tableau 13–10 Principales DMV concertant l'indexation

Indexation	
sys.dm_db_index_usage_stats	Utilisation des index (métriques d'accès et de mise à jour)
sys.dm_db_index_physical_stats()	Mesure la fragmentation des index
sys.dm_db_index_operational_stats	Métrique de bas niveau (parcours, verrouillage...) des index
sys.dm_db_missing_index_details	Liste des index estimés manquants
sys.dm_db_missing_index_columns	Détails sur les colonnes des index estimés manquants
sys.dm_db_missing_index_group_stats	Statistiques corrélées sur les index manquants
sys.dm_db_missing_index_groups	Vue de jointure entre les index manquants et les statistiques

Exemple 13-19. Requêtes générant les commandes CREATE INDEX de 20 % des index les plus utiles demandés par le système avec un facteur de remplissage de 90 %

```
WITH
T_INDEX_A_CREER AS
(
SELECT 'CREATE INDEX X_' + CONVERT(CHAR(8), CURRENT_TIMESTAMP, 112)
       + '_' + REPLACE(CAST(NEWID() AS VARCHAR(38)), '-', '_')
       + ' ON ' + statement
       + '(' + COALESCE(equality_columns + ', ' + inequality_columns,
                        equality_columns, inequality_columns) + ')'
       + COALESCE(' INCLUDE (' + included_columns +')', '')
       + ' WITH (FILLFACTOR = 90);' AS COMMANDE_SQL,
       PERCENT_RANK() OVER(ORDER BY avg_user_impact * user_seeks DESC)
       * 100.0 AS RANG
FROM   sys.dm_db_missing_index_details AS mid
       INNER JOIN sys.dm_db_missing_index_groups AS mig
             ON mid.index_handle = mig.index_handle
       INNER JOIN sys.dm_db_missing_index_group_stats AS migs
             ON mig.index_group_handle = migs.group_handle
)
SELECT COMMANDE_SQL
FROM   T_INDEX_A_CREER
WHERE  RANG <= 20;
```

Tableau 13–11 Principales DMV concertant l'activité disque

Disque physique, espaces utilisés et E/S	
sys.dm_db_partition_stats	Métriques d'utilisation des espaces de stockage
sys.dm_io_virtual_file_stats	Statistiques d'utilisation des fichiers (E/S)
sys.dm_io_pending_io_requests	Demandes d'E/S en attente
sys.dm_db_file_space_usage	Espace utilisé par les fichiers de la base tempdb
sys.dm_db_task_space_usage	Activité d'allocation des pages par tâche dans la base tempdb
sys.dm_db_session_space_usage	Nombre de pages allouées par session dans la base tempdb

Exemple 13-20. Requête montrant les attentes sur les fichiers (le temps d'attente est purement indicatif)

```
SELECT mf.physical_name AS FICHIER,
       pir.io_pending AS NATURE_ATTENTE,
       pir.io_pending_ms_ticks * @@TIMETICKS / 1000.0 AS ATTENTE_MS
FROM   sys.dm_io_pending_io_requests AS pir
       INNER JOIN sys.dm_io_virtual_file_stats(NULL, NULL) AS vfs
             ON pir.io_handle = vfs.file_handle
       INNER JOIN sys.master_files AS mf
             ON vfs.database_id = mf.database_id
                AND vfs.file_id = mf.file_id
ORDER BY pir.io_pending, pir.io_pending_ms_ticks DESC;
```

Tableau 13–12 Principales DMV concernant l'OS interne (SQL OS)

SQL OS	
sys.dm_os_sys_info	Informations diverses dont les ressources disponibles pour l'instance
sys.dm_os_wait_stats	Cumule des attentes subies par les threads
sys.dm_os_performance_counters	Compteurs de performances de SQL Server
sys.dm_os_schedulers	Liste des ordonnanceurs liés aux CPU
sys.dm_os_sys_memory	Informations sur la mémoire utilisée par SQL Server
sys.dm_os_process_memory	Informations sur la mémoire utilisée par les processus de SQL Server
sys.dm_os_buffer_descriptors	Pages de données actuellement en mémoire dans le cache de SQL Server
sys.dm_os_memory_clerks	Gestion de l'allocation du cache
sys.dm_os_memory_cache_counters	Statistiques d'utilisation du cache
sys.dm_os_ring_buffers(1)	Historique d'utilisation des tampons mémoire
sys.dm_os_latch_stats	Statistiques sur les attentes de verrou interne

(1) Cette DMV n'est pas garantie par MS.

Vous pouvez remettre à zéro les compteurs de cumul des attentes des threads en utilisant la commande `DBCC SQLPERF ('sys.dm_os_wait_stats', CLEAR);`.

Exemple 13-21. Utilisation du cache par base de données et en pourcentage de la RAM disponible pour le serveur

```
WITH
T_MEM_BASE AS
(
SELECT d.name AS NOM_BASE,
       COUNT(*) * 8 / 1024.0 AS MEMOIRE_CACHE_MO
FROM   sys.dm_os_buffer_descriptors AS bd
       INNER JOIN sys.databases AS d
             ON bd.database_id = d.database_id

WHERE d.name NOT IN ('master', 'model', 'msdb')
  AND d.database_id <> 32767 -- Exclusion de la base "ressource"
GROUP BY d.name
),
T_MEM_LIMIT AS
(
SELECT CASE
          WHEN CAST(value AS INT) < available_physical_memory_kb / 1024
             THEN CAST(value AS INT)
          ELSE available_physical_memory_kb / 1024
       END AS MEMORY_MO
FROM   sys.dm_os_sys_memory
       CROSS JOIN sys.configurations
WHERE name = 'max server memory (MB)'
)
SELECT NOM_BASE, MEMOIRE_CACHE_MO,
       100.0 * (MEMOIRE_CACHE_MO / MEMORY_MO) AS USAGE_CACHE_POURCENT
FROM   T_MEM_BASE
       CROSS JOIN T_MEM_LIMIT
ORDER BY 2 DESC;
```

Tableau 13–13 Principales DMV concernant l'utilisation des requêtes et routines

Statistiques d'exécution	
sys.dm_exec_query_stats	Métriques d'exécution des requêtes
sys.dm_exec_procedure_stats	Métriques d'exécution des procédures
sys.dm_exec_trigger_stats	Métriques d'exécution des déclencheurs

Exemple 13-22. Obtention des dix processus les plus coûteux

```
WITH
EXEC_STATS AS
(
SELECT database_id, type_desc, object_id,
       NULL AS parent_object, sql_handle, plan_handle,
       execution_count, total_worker_time
FROM   sys.dm_exec_procedure_stats
UNION ALL
SELECT NULL, 'QUERY', NULL,
       NULL, sql_handle, plan_handle,
       execution_count, total_worker_time
FROM   sys.dm_exec_query_stats
UNION ALL
SELECT database_id, ts.type_desc, ts.object_id,
       s.name + '.' + op.name AS parent_object,
       sql_handle, plan_handle,
       execution_count, total_worker_time
```

```
FROM   sys.dm_exec_trigger_stats AS ts
       INNER JOIN sys.objects AS o
            ON ts.object_id = o.object_id
       INNER JOIN sys.objects AS op
            ON o.parent_object_id = op.object_id
       INNER JOIN sys.schemas AS s
            ON op.schema_id = s.schema_id)
SELECT TOP 10
       database_id, type_desc, object_id,
       parent_object,
       execution_count, total_worker_time,
       q.text AS SQL_command, p.query_plan
FROM   EXEC_STATS
       OUTER APPLY sys.dm_exec_sql_text(sql_handle) AS q
       OUTER APPLY sys.dm_exec_query_plan(plan_handle) AS p
ORDER BY total_worker_time DESC;
```

Il existe de nombreuses autres DMV, certaines seront décrites dans les chapitres suivants.

Les données des DMV sont notamment utilisées dans les rapports, le moniteur d'activité, le collecteur de données et dans bien d'autres outils encore.

Les rapports

En complément des DMV, SQL Server présente des rapports qui utilisent principalement les données des DMV pour fournir des synthèses informatives. Vous trouverez ces rapports dans le menu contextuel au niveau de l'instance, d'une base particulière, des dossiers Sécurité>Connexions et Gestion et enfin au niveau du collecteur de données, dont nous parlons plus loin dans ce chapitre.

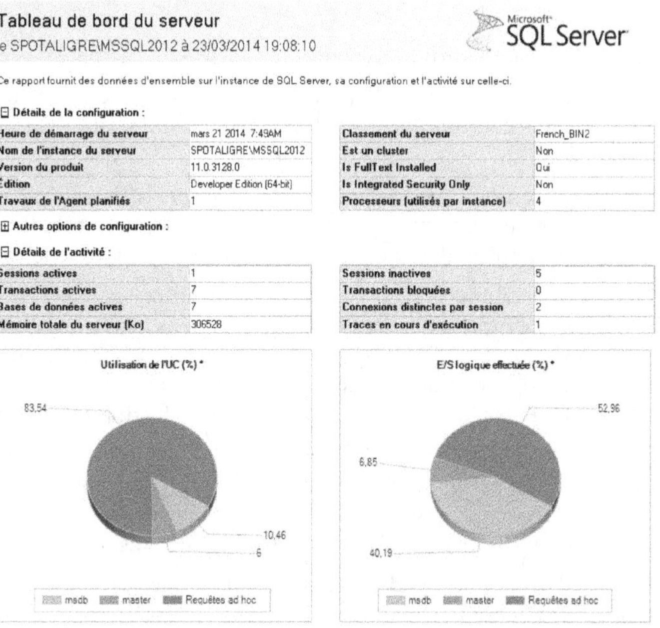

Figure 13–13
Tableau du bord du serveur

La figure 13-13 montre le tableau de bord de l'instance. La figure 13-14 présente l'utilisation du disque pour une base particulière.

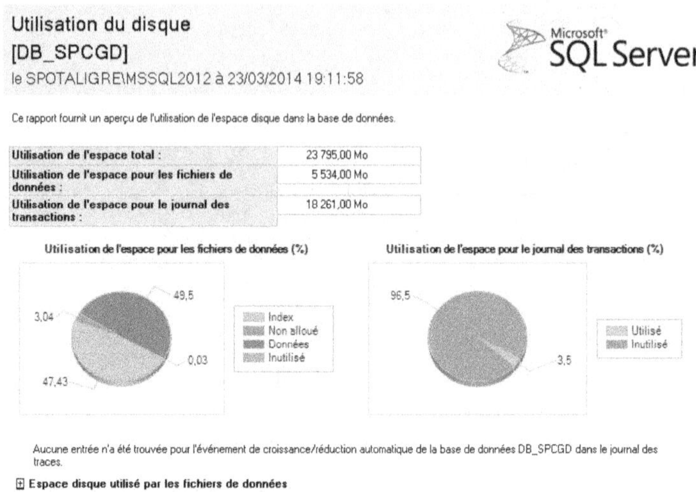

Figure 13–14
Utilisation du disque

En complément de ces rapports, vous pouvez aussi utiliser SQL Server Performance Dashboard (http://www.microsoft.com/en-us/download/details.aspx?id=29063) qui fournit un panel de rapports personnalisés orientés performances.

Le profiler SQL

Le profiler SQL est un outil général de « reniflage » de l'activité du serveur.

Il peut tracer des opérations provenant de l'extérieur (principalement) mais aussi quelques opérations internes et certains états ou alertes. Son but est de fournir des métriques (nombre d'exécutions, durée, consommation d'IO...) sur l'activité du serveur.

Les opérations externes correspondent toutes à des appels de requêtes SQL (requêtes ad hoc, procédures, batch, opérations de curseur...). Quant aux opérations internes, il s'agit des déclencheurs, des commandes SQL encapsulées dans des routines, de la pose et du relâchement des verrous, des exceptions...

Parmi les états traçables, on trouvera sans doute intéressant les entrées d'événements concernant le code obsolète... Les traces peuvent être stockées dans des fichiers ou dans des tables. Il est préférable que ces traces se trouvent dans des fichiers lorsque l'on souhaite les utiliser pour des problématiques de performances ou d'instabilité, ceci afin de ne pas ajouter de processus qui perturberait encore plus le serveur SQL. Une fois les traces enregistrées, il vous faudra les analyser...

Bien que l'outil soit graphique, il utilise des procédures stockées pour fonctionner. Il n'est pas conseillé de laisser tourner la partie graphique du profiler SQL lorsque l'on est sur un système en production. Dans ce cas, nous vous conseillons de définir les éléments de votre trace (ce qu'il y a à tracer, où le stocker et comment) à l'aide de Management Studio, puis d'obtenir le script SQL et lancer ce dernier.

Il est possible d'utiliser des modèles (templates) de trace et d'en créer des nouveaux. Parmi les modèles disponibles, on trouve :

- SP_counts : comportement des procédures stockées exécutées au cours du temps.
- Standard : il s'agit de la trace par défaut, qui capture les procédures stockées et les traitements Transact-SQL exécutés. Permet de surveiller l'activité relationnelle du serveur de base de données.
- TSQL : capture toutes les instructions Transact-SQL soumises à SQL Server par les clients, avec la date et l'heure de leur lancement. Modèle utilisé pour le débogage des applications clientes.
- TSQL_Duration : capture toutes les instructions Transact-SQL soumises par les clients avec leur délai d'exécution et les regroupe par durée. Permet d'identifier les requêtes lentes.
- TSQL_Grouped : capture toutes les instructions Transact-SQL avec la date et l'heure à laquelle elles ont été émises. Regroupe les informations en fonction du client ou de l'utilisateur qui a émis l'instruction. Permet d'analyser les requêtes d'un client ou d'un utilisateur.
- TSQL_Locks : capture toutes les instructions Transact-SQL soumises à SQL Server, ainsi que les événements de verrou exceptionnels. Permet de dépanner les blocages, l'expiration et l'escalade de verrous.
- TSQL_Replay : capture des informations détaillées sur les instructions Transact-SQL, nécessaires si la trace doit être réexécutée. Permet d'effectuer un comparatif, par exemple dans le cadre d'une hypothétique migration.
- TSQL_SPs : capture des informations détaillées sur toutes les procédures stockées en cours d'exécution. Permet d'analyser les différentes étapes composant les procédures stockées.
- TSQL_Tuning : capture des informations sur l'exécution des procédures stockées et des traitements Transact-SQL. Permet de produire des résultats de trace que l'Assistant paramétrage du moteur de base de données peut utiliser comme charge de travail pour régler les bases de données.

L'utilisation du profiler SQL est décrite en détail au chapitre 19.

Pour plus d'informations sur le sujet, nous vous conseillons la lecture des pages suivantes :

- http://sqlmag.com/blog/creating-simple-performance-baselines-sql-server-profiler
- http://www.techrepublic.com/article/step-by-step-an-introduction-to-sql-server-profiler/
- http://www.codeproject.com/Articles/21371/SQL-Server-Profiler-Step-by-Step

Les événements étendus

Les événements étendus (*eXented Events*, XE) sont à la fois un remplacement et une extension du profiler SQL. Ce dernier est limité à des événements relativement simples axés pour l'essentiel sur Transact-SQL, les transactions, le verrouillage et quelques éléments d'administration et de sécurité. Les événements étendus permettent d'aller très au-delà de ces limites, notamment en investiguant au niveau de l'OS interne de SQL Server, mais aussi de fouiller les DMV et la trace du profiler qui les alimente afin d'en extraire des informations.

L'utilisation des événements étendus est décrite en détail au chapitre 19.

Pour en savoir plus sur ce sujet, consultez les pages suivantes :

- http://www.mssqltips.com/sqlservertip/2731/managing-sql-server-extended-events-in-management-studio/
- http://www.selectetoile.net/index.php/sqlserver/sqlserver-perfs/311-xevents
- http://sqlserver-help.com/tag/sql-server-2014-extended-events/

Le moniteur d'activité

Le moniteur d'activité est un outil graphique intégré à Management Studio qui permet de surveiller en un clin d'œil les problèmes d'exécution concernant SQL Server.

La fenêtre Vue d'ensemble propose quatre graphiques (figure 13-14) qui listent les processus, les attentes de ressources, les entrées-sorties de fichiers et les requêtes coûteuses. Les données présentées proviennent des DMV.

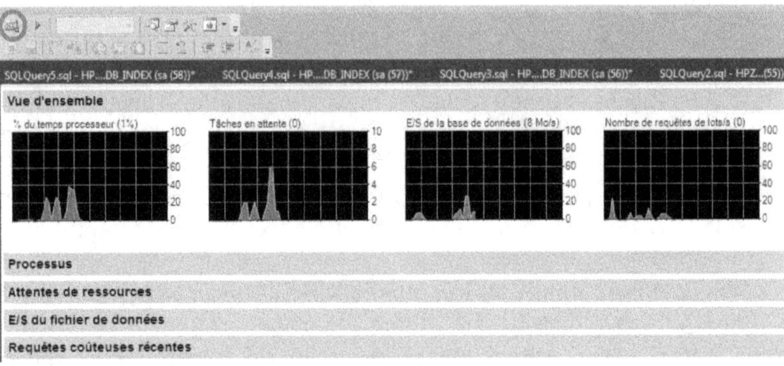

Figure 13–15
Le moniteur d'activité

Pour afficher ces graphiques, cliquez sur l'icône Moniteur d'activité (figurant en haut à gauche sur la figure 13-15) ou grâce au raccourci clavier Ctrl+Alt+A.

Si vous cliquez sur Processus, vous afficherez un tableau présentant la liste des processus utilisateurs en activité, leurs attentes, leurs blocages et vous pourrez débloquer la situation en annulant (KILL) un processus (figure 13-16).

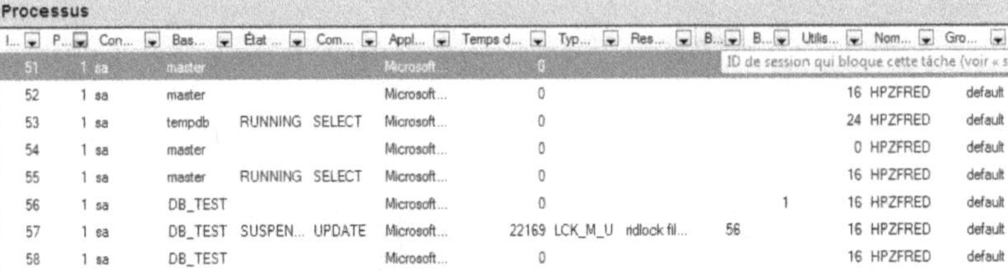

Figure 13–16
Liste des processus

La commande KILL permet de terminer un processus par forçage d'un ROLLBACK.

57 1 sa DB_TEST SUSPEN... UPDATE Microsoft... 119856 LCK_M_U ridlock fil... 56 16 HPZFRED default
58 1 sa DB_TEST Microsoft... 0
Détails
Terminer le processus
Processus de trace dans SQL Server Profiler

Figure 13–17
Fin d'un processus bloqué par la commande KILL

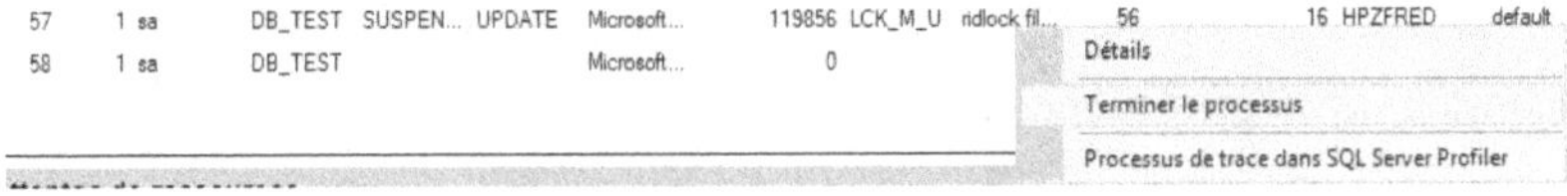

En cliquant sur Attente de ressources, vous afficherez le nombre de tâches en attente de ressources pour les processeurs, les entrées-sorties de disque ou la mémoire (figure 13-18).

La rubrique E/S du fichier de données, mal intitulée, présente les métriques de taux de transfert (en Mo par seconde) des données de la mémoire vers le disque, du disque vers la mémoire ou de disque à disque, pour tous les fichiers, données et journaux des transactions (figure 13-19).

Attentes de ressources

Catégorie d'attente	Temps d'attente (ms/s)	Temps d'attente récent (...	Nombre moyen d'objets w...	Temps d'attente cumulé (s)
Lock	1000	1000	1,0	1342
Buffer I/O	0	6	0,0	363
Buffer Latch	0	0	0,0	0
Compilation	0	0	0,0	0
Latch	0	0	0,0	51
Logging	0	0	0,0	20
Memory	0	0	0,0	5
Network I/O	0	0	0,0	775
Other	0	0	0,0	0
SQLCLR	0	0	0,0	0

Figure 13–18
Liste des attentes du moniteur d'activité

E/S du fichier de données

Base de données	Nom de fichier	Taux de lecture ...	Taux d'écriture e...	Temps de réponse (ms)
tempdb	S:\DATA BASES\SQLServer\HPZsql2012FR\MSSQL11.SQL2012FBF	0,0	0,0	18
DB_PORTFOLIO_MANAGER	S:\DATA BASES\SQLServer\HPZsql2012FR\MSSQL11.SQL2012FBF...	0,1	0,0	13
DB_PORTFOLIO_MANAGER	S:\DATA BASES\SQLServer\HPZsql2012FR\MSSQL11.SQL2012FBF...	0,0	0,0	10
DB_PORTFOLIO_MANAGER	S:\DATA BASES\SQLServer\HPZsql2012FR\MSSQL11.SQL2012FBF...	11,5	0,0	5
DB_PORTFOLIO_MANAGER	S:\DATA BASES\SQLServer\HPZsql2012FR\MSSQL11.SQL2012FBF...	18,3	0,0	5
DB_BPCE_SMONEY_TRACES	S:\DATA BASES\SQLServer\HPZsql2008R2\DB_BPCE_SMONEY_TR...	0,0	0,0	0
DB_BPCE_SMONEY_TRACES	S:\DATA BASES\SQLServer\HPZsql2008R2\DB_BPCE_SMONEY_TR...	0,0	0,0	0
DB_CINOCHE	S:\DATA BASES\SQLServer\HPZsql2012FR\MSSQL11.SQL2012FBF...	0,0	0,0	0
DB_CINOCHE	S:\DATA BASES\SQLServer\HPZsql2012FR\MSSQL11.SQL2012FBF...	0,0	0,0	0

Figure 13–19
Métriques des E/S sur les fichiers des bases

Le dernier tableau présente les requêtes coûteuses les plus récentes avec des métriques de coûts. En effectuant un clic droit sur une requête, vous pouvez afficher/modifier le le texte de la requête et le plan d'exécution associé (figure 13-20).

Requêtes coûteuses récentes

Requête	Exécutio...	UC (ms/s)	Lectures...	Écritures...	Lectures...	Durée m...	Nombre ...	Bas...
BACKUP DATABASE DB_INDEX3 TO DISK = ...	0	2	3354	1	22	0	1	master
WITH interval_fingerprint_stats AS(SELECT ...	3	2	0	0	43	53	1	tempdb
SELECT TOP 1 @previous_collection_time = c...	3	0	0	0	0	0	1	tempdb
SELECT(SELECT SUM(CAST(df.size as float)) ...	0	0	0	0	0	28	1	master
select table_id, item_guid, oplsn_fseqno, oplsn...	6	0	0	0	0	0	2	DB_IND...
SELECTSCHEMA_NAME(obj.schema_id) AS [...	0	0	0	0	0	50	2	DB_TEST
SELECTSCHEMA_NAME(udf.schema_id) AS [	Modifier le texte de la requête		0	0	0	214	2	DB_TEST
SELECT @current_total_io_mb = SUM(num_of	Afficher le plan d'exécution		0	0	0	0	1	tempdb
SELECT [Session ID] = s.session_id, [Us...	6	0	0	0	13	4	1	tempdb
SELECTISNULL((case dmi.mirroring_redo_que	0	0	0	0	0	7	1	master

Figure 13–20
Liste des requêtes coûteuses les plus récentes

La fréquence de rafraîchissement des informations peut être redéfinie et il est possible de « geler » l'affichage. Pour ce faire, effectuez un clic droit dans la zone des graphiques (figure 13-21).

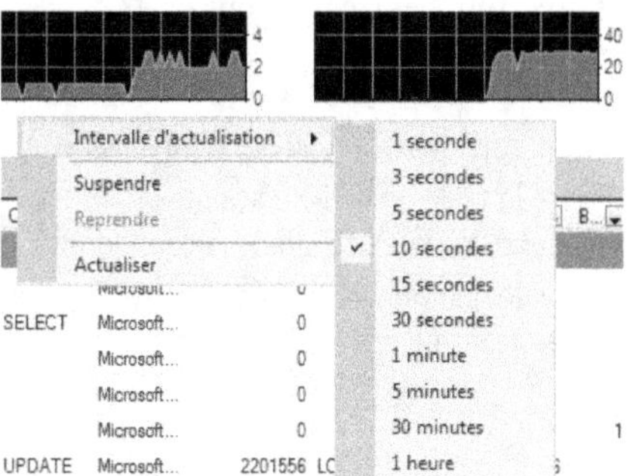

Figure 13–21
Paramétrage de la fréquence d'affichage du moniteur d'activité

L'analyseur de performances

L'analyseur de performances (ancien moniteur de performances) n'est pas un outil propre à SQL Server. Il s'agit d'un outil côté système, capable de présenter des métriques sur les opérations réalisées au niveau de Windows, mais aussi au niveau de SQL Server qui publie une liste de compteurs assez importante. Le principe est simple : l'outil permet de relever les métriques de compteurs de toute nature à un intervalle régulier.

Comme il s'agit d'un exécutable, vous pouvez le lancer dans une invite de commande Windows en saisissant `perfmon.exe`.

La figure 13-22 présente un extrait de l'analyseur de performances.

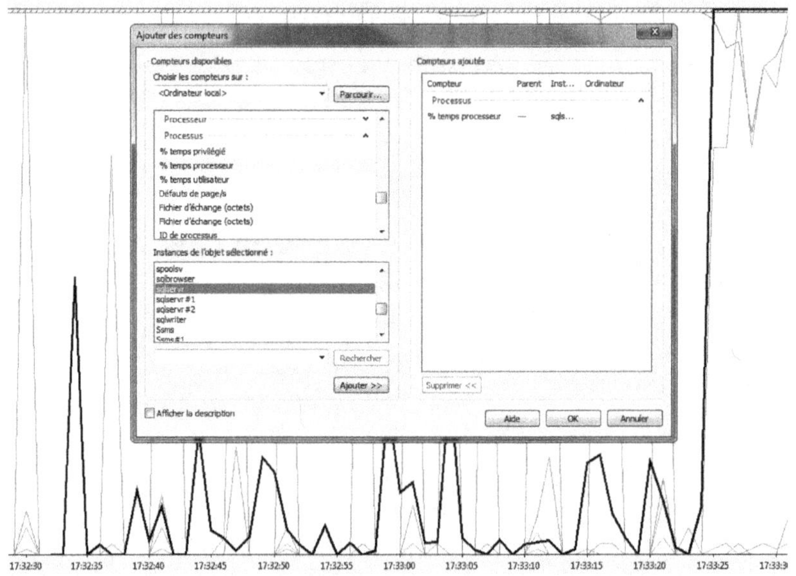

Figure 13–22
Mise en place de compteurs dans l'analyseur de performances de Windows

Comme pour profiler SQL, évitez d'utiliser graphiquement l'annalyseur de performances et prévoyez d'enregistrer les compteurs dans un fichier.

Les principaux compteurs intéressants pour SQL Server concernent les ressources (disque, mémoire, CPU), l'activé du cache, les accès aux données, les verrous...

Pour le disque	
Physical Disk / % Disk Time	Devrait être inférieur à 90 %. À surveiller conjointement au cache SQL Server.
Physical Disk / Avg Disk Queue Length	Mesure la taille de la file d'attente du disque dur. Doit être proche de 0 et toujours inférieur à 2 (mais dépend de la configuration RAID des disques).
Physical Disk / Disk Read/Writes /s	Indique le nombre d'E/S effectuées par le sous-système disque. Doit être inférieur aux capacités du système.

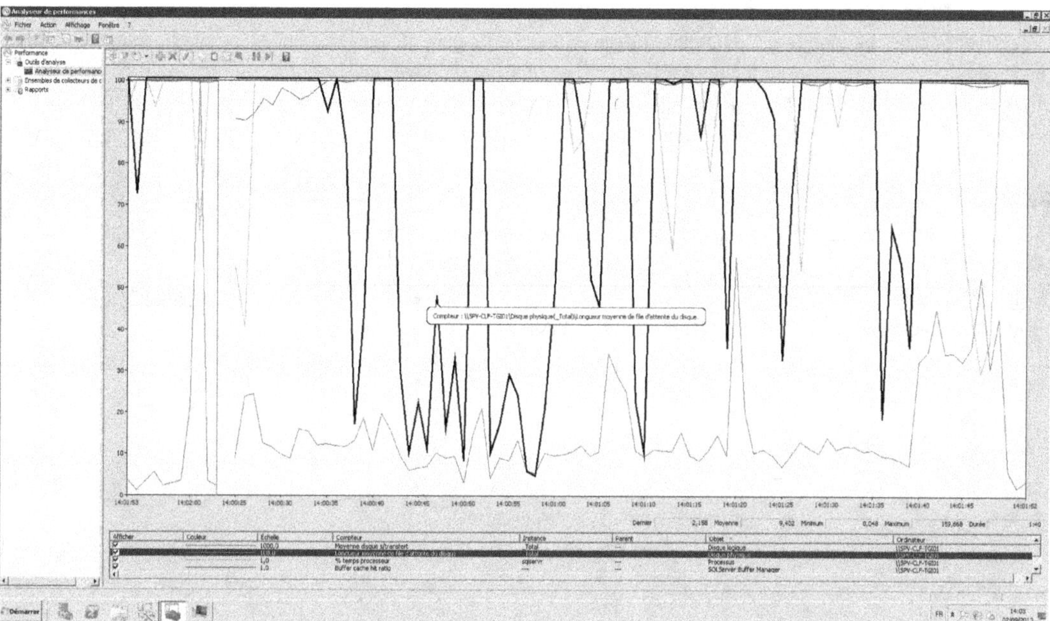

Figure 13–23 Un serveur « malade » : file d'attente du disque en moyenne à 9 objets avec des pointes à 160 !

Pour la mémoire	
Memory / Available Mbytes	Taille de la mémoire disponible sur le serveur
Memory / Pages/s	Nombre d'accès à la mémoire virtuelle (swap vers pagefile.sys). Doit rester autour de 0.
SQLServer : Memory Manager / Memory Grants Pending	Nombre de processus SQL en attente de mémoire. Doit rester autour de 0.
SQLServer : Memory Manager / Total Server Memory	Mémoire allouée à SQL Server. Doit rester en rapport avec la mémoire physique disponible.
SQLServer : Memory Manager / Optimizer Memory	Quantité de mémoire allouée à l'optimiseur. Attention aux importantes variations.

Pour les CPU	
Processor / % Processor Time	Indique le pourcentage d'utilisation du processeur. Une valeur basse est optimale (de l'ordre de 25 %), il faut éviter de dépasser 90 % en régime continu.
Processor / % Privileged Time	Pourcentage d'utilisation du processeur en mode privilégié (noyau). Doit se situer autour de 0 % sur un système équilibré car SQL Server utilise très peu Windows.
System / Processor Queue Length	Indique le nombre de threads actifs en attente du processeur. Doit être proche de 0 et inférieur à 10.
System / Context Switches/s	Mesure le nombre de changements de CPU des threads du fait du *time sharing* des processus. Une valeur élevée (> 8 000/s) s'avère critique pour le serveur. Dans ce cas, vous pouvez diminuer le parallélisme ou configurer SQL Server pour fonctionner en mode fibre.

Accès aux données	
SQLServer : Access Methods / Full Scans/s	Un nombre trop élevé de « balayage » de table ou d'index montre souvent un manque d'indexation ou pire, une base mal modélisée.
SQLServer : Access Methods / Index Searches/s	Plus ce compteur est élevé par rapport au précédent, plus vos accès aux données seront rapides puisqu'il mesure le nombre de recherches dans un index par seconde.

Cache	
SQLServer : Buffer Manager / Buffer Hit Ratio	Pourcentage d'accès aux données du cache par rapport aux accès au disque physique. Doit être supérieur à 95 % en fonctionnement normal.
SQLServer : Buffer Manager / Page Life Expectansy	Durée de vie d'une page en mémoire (en seconde). Doit être largement au-dessus de 300 secondes, soit 5 minutes.
SQLServer : Plan Cache / Cache Hit Ratio	Indique le pourcentage du plan d'exécution trouvé dans le cache. Plus la valeur est élevée, et mieux c'est.

Verrous	
SQLServer : Locks / Average Wait Time (ms)	Temps d'attente moyen pour les requêtes SQL bloquées. Doit être minimal afin d'obtenir de bons temps de réponse.
SQLServer : Locks / Number of Deadlocks/s	Nombre d'interblocages par seconde. Doit être minimal, voire inexistant.

Cette liste n'est bien entendu pas exhaustive mais elle constitue un point de départ pour analyser ce qui se passe dans votre instance.

Il est possible de faire fonctionner simultanément le profiler SQL et l'analyseur de performances. Vous pourrez alors afficher les données des deux outils dans le profiler SQL. Les données sont corrélées par le temps (figure 13-24).

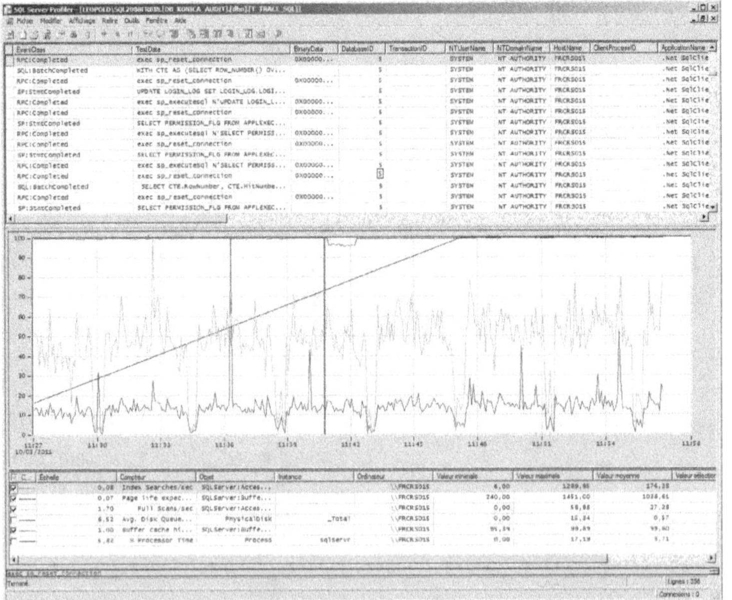

Figure 13–24
Affichage des données du profiler SQL et de l'analyseur de performances

L'Assistant paramétrage du moteur de base de données

Le *Database Tuning Advisor* (DTA), pompeusement traduit par Assistant paramétrage du moteur de base de données, est un outil capable de diagnostiquer la pose d'index, de vues indexées ou l'utilisation du partitionnement par rapport à un lot de requêtes qui lui est soumis, ceci en vue de l'amélioration des performances dans les traitement des requêtes.

C'est un outil qui est souvent jugé comme étant destiné aux DBA juniors parce qu'il n'ont pas assez d'expérience dans la création manuelle d'index. Pourtant, si l'on s'en sert correctement, il peut être très efficace, pour peu que l'on dispose d'un environnement sur lequel il est possible de reproduire une charge de travail similaire à celle de la production.

S'il est possible de soumettre une ou plusieurs requêtes à DTA, la seule façon de reproduire une charge de travail d'une base de données SQL Server est de capturer une trace dans le profiler SQL en production. Il convient ensuite de la rejouer sur une copie de cette base de données (typiquement, une sauvegarde restaurée), par exemple sur un serveur physique distinct de celui qui subit la charge de production.

Dans le profiler SQL, on peut se servir du modèle de trace nommé Tuning pour réaliser une optimisation de base de données à l'aide de DTA. Par extension, on peut se servir de toute trace, pour peu qu'elle contienne les événements qui sont dans ce modèle de trace (figure 13-25).

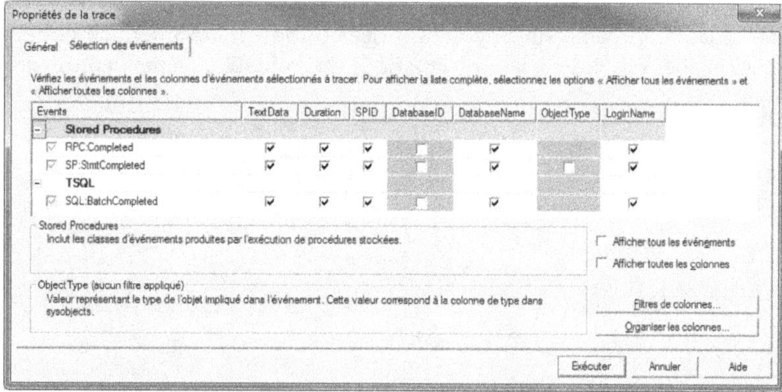

Figure 13–25
Événements du profiler SQL à capturer pour analyse de trace par DTA

Néanmoins, on peut se passer des colonnes :

- `ObjectType`, qui n'est d'aucune utilité à DTA ;
- `DatabaseID`, qui est redondante avec `DatabaseName`.

On peut donc créer un modèle de trace contenant seulement les colonnes nécessaires à une utilisation avec DTA. Dans tous les cas, si l'on importe une trace dans DTA et qu'il ne trouve pas les données dont il a besoin, un message d'erreur sera retourné.

L'outil DTA peut être lancé Management Studio via le menu Outils>Assistant paramétrage du moteur de base de données. Une fois connecté à l'instance de la base de données à soumettre à DTA (comme vu auparavant, ce sera typiquement une base de données restaurée à partir d'une sauvegarde d'une base de données de production, sur un serveur distinct), il suffit d'indiquer le fichier de trace à utiliser à l'aide du bouton situé à droite de la zone de texte (figure 13-26).

Dans le cas présent, la base de données à analyser et la base de données sur laquelle on souhaite exécuter la charge de travail sont les mêmes. On peut enfin limiter le nombre de tables à analyser.

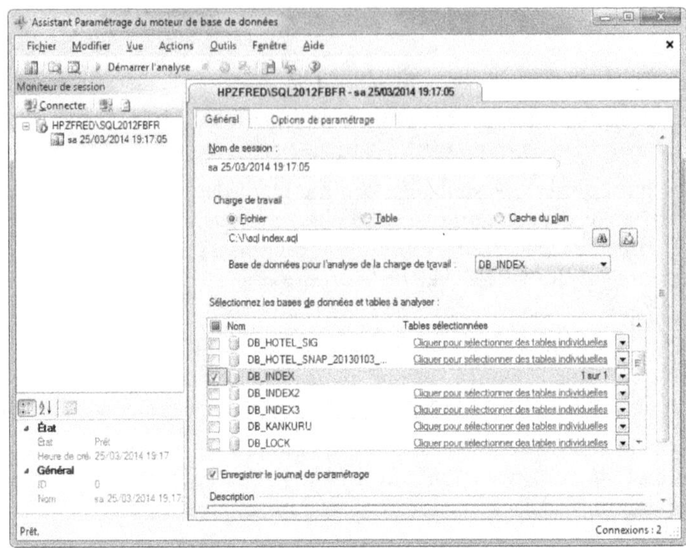

Figure 13–26
Paramétrage d'une analyse de requêtes par le DTA

Par ailleurs, il est possible de définir des options de paramétrage qui permettent de limiter les objets étudiés pour répondre à la problématique de recherche de meilleures performances (figure 13-27).

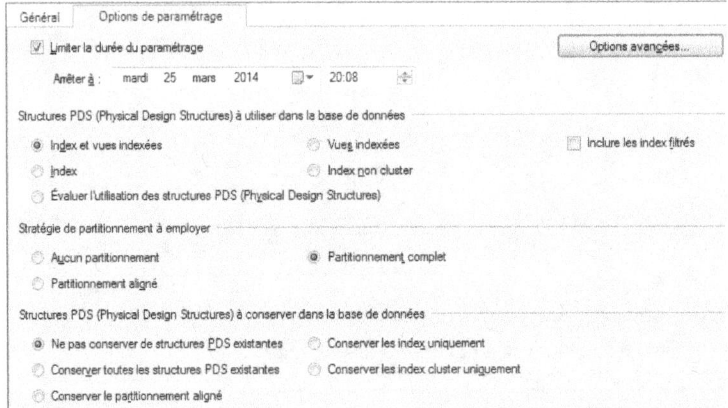

Figure 13–27
Onglet des options de paramétrage d'une analyse de requêtes par le DTA

Il suffit maintenant de lancer l'assistant. Après quelques minutes d'analyse, ce dernier affiche son diagnostic (figure 13-28).

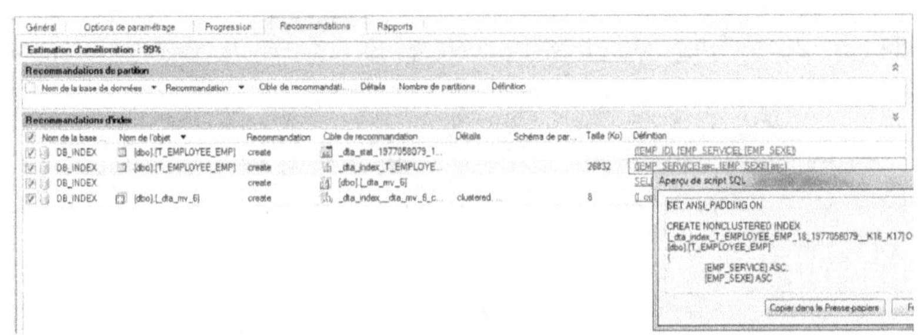

Figure 13–28
Résultat de l'analyse par le DTA

Soyez circonspect sur les diagnostics de l'Assistant paramétrage du moteur de base de données. Analysez tous les résultats et décidez d'implanter uniquement ceux qui sont les plus judicieux. DTA à tendance à en faire trop et souvent de manière redondante...

La collecte continue des données de performances

Le collecteur de données *(Data Collector)* permet de recueillir de nombreuses données, la plupart provenant des DMV et des compteurs de performances, dans le but d'établir un diagnostic après panne. La collecte de données s'exécute généralement à intervalle régulier et les données sont stockées dans une base dédiée au collecteur. Il est possible de collecter les données de plusieurs serveurs avec le même collecteur situé sur l'un des serveurs. Les données collectées font partie d'un ensemble minimal préétabli, mais il est possible d'ajouter des données personnalisées à la collecte « standard ». Les résultats sont publiés sous forme de rapports dynamiques.

Le volume des données enregistré par le collecteur de données est assez conséquent et dépend en partie du volume transactionnel et du nombre de bases en activité. Prévoyez un espace de stockage assez grand pour la base destinée à recevoir les données du collecteur.

L'infrastructure du collecteur s'appuie sur SSIS pour l'importation des données collectées, et cela par le biais de quatre « canaux » différents :

- Generic T-SQL Query Collector Type : piste les requêtes ;
- Generic SQL Trace Collector Type : piste les traces du profiler SQL ;
- Query Activity Collector Type : capture les statistiques d'exécution ;
- Performance Counters Collector Type : capture les métriques des compteurs de performances.

Il est possible de lister ces canaux grâce à la vue système `msdb.dbo.syscollector_collector_types`.

La collecte est planifiée via une tâche de l'Agent SQL. Trois types collectes de données sont proposés par défaut :

- Activité du serveur : statistiques d'utilisation des ressources et données de performances. S'appuie sur les collecteurs Performance Counters et Generic T-SQL Query. Les données sont d'abord mises en cache sur disque avant d'être importées dans la base.
- Statistiques des requêtes : statistiques sur les requêtes, les commandes SQL et les plans de requêtes. S'appuie sur le collecteur Query Activity et alimente directement la base de données.
- Utilisation du disque : données sur l'utilisation du disque (fichiers de données et journaux). S'appuie sur le collecteur Generic T-SQL Query. Insertion directe.

L'infrastructure étant extensible, vous pouvez créer ou ajouter vos propres collections de données.

La mise en œuvre passe par un assistant graphique. Pour le lancer, ouvrez la fenêtre Explorateur d'objets et dans l'arborescence, sélectionnez Gestion. Effectuez un clic droit sur Collecte de données et dans le menu contextuel, choisissez Configurer l'entrepôt de données de gestion. Validez l'écran d'accueil, puis sélectionner le type de tâche à accomplir : créer ou mettre à niveau un entrepôt existant (figure 13-30).

Si vous sélectionnez la première option, l'écran suivant (figure 13-31) vous propose de créer la base de données de collecte. Prévoyez large pour les fichiers...

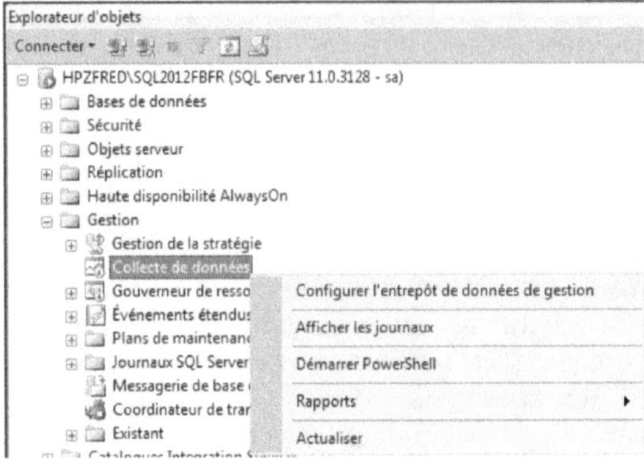

Figure 13–29
Le collecteur de données

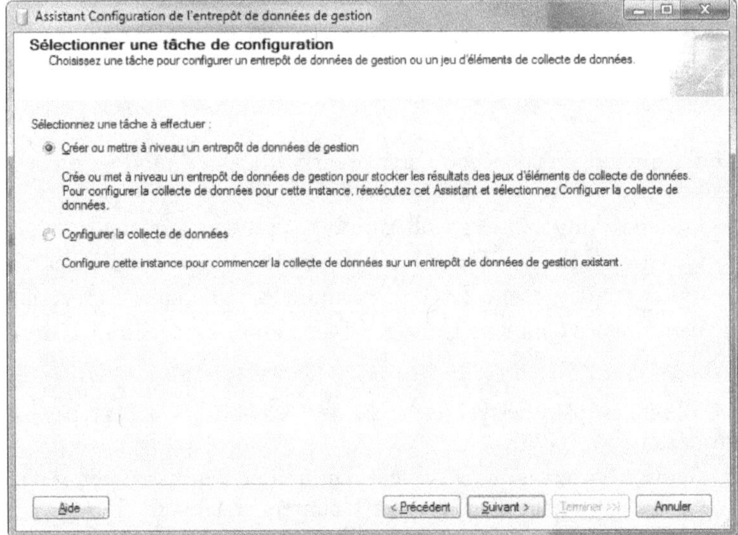

Figure 13–30
Choix de la tâche pour la mise en œuvre du collecteur de données

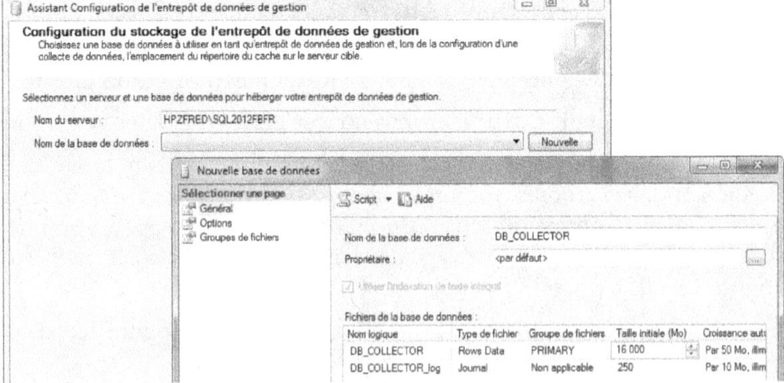

Figure 13–31
Création de la base de collecte des données

Vous devez maintenant spécifier quels comptes de connexion vont pouvoir utiliser la base de collecte en administration, lecture ou écriture. Vous pouvez même créer un ou plusieurs comptes spécifiques pour ce faire (figure 13-32).

Figure 13–32
Ajout d'un compte existant en tant qu'utilisateur de niveau « administrateur » à la base de collecte

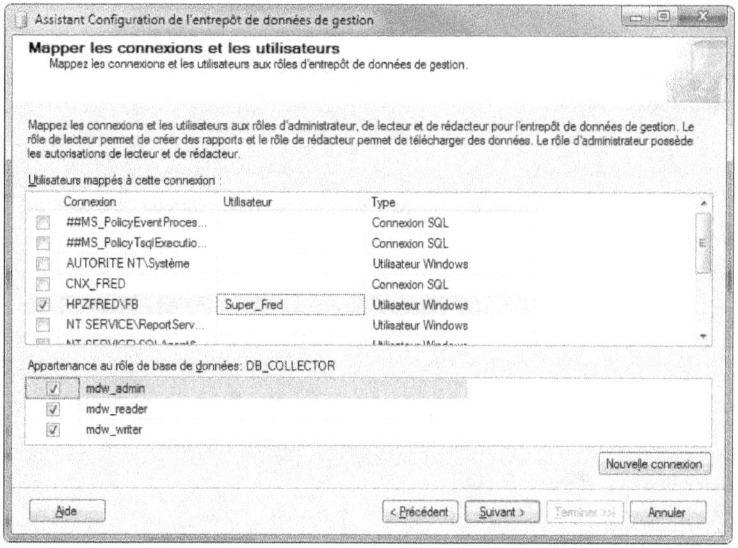

L'assistant récapitule les opérations qu'il va effectuer. Appuyez sur le bouton Terminer pour lancer la création des objets. La base nouvellement créée compte une quarantaine de tables, une vingtaines de vues, soixante-dix procédures et treize fonctions réparties dans six schémas SQL.

Une fois la base créée, il faut ensuite assurer la collecte. Revenez dans le menu contextuel précédent et sélectionnez à nouveau Configurer l'entrepôt de données de gestion. Choisissez cette fois l'option Configurer la collecte de données. La fenêtre qui s'ouvre alors vous propose de spécifier le serveur et la base de données de collecte pour y déverser les données collectées (figure 13-33).

Figure 13–33
Création de la collecte à destination de la base précédemment créée

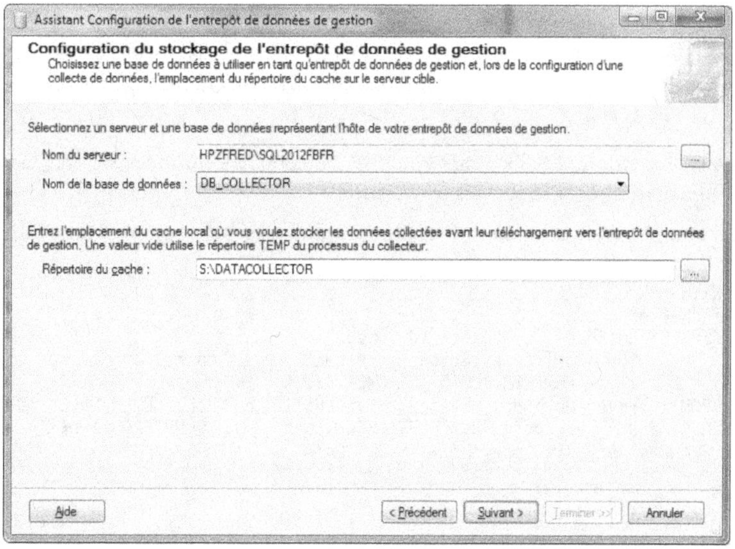

L'écran suivant résume la création de la collecte. Votre système enregistre dorénavant les données de l'activité des requêtes et du serveur.

Les collecteurs sont maintenant visibles dans le dossier Jeux d'éléments de collecte de données système (figure 13-34).

Figure 13–34
Figure 13-34. Les différents éléments de la collecte

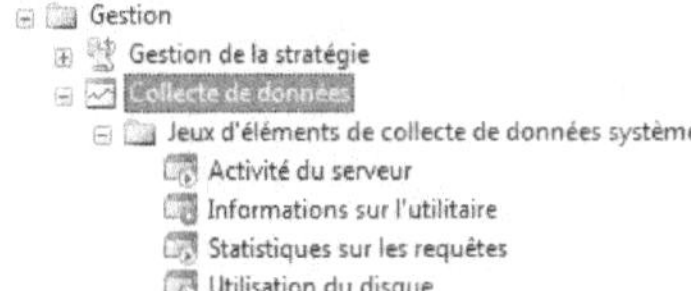

Notez que l'une des tâches n'est pas activée car nous n'avons pas utilisé l'utilitaire SQL Server (voir plus loin dans ce chapitre).

Veillez à ce que l'Agent SQL soit démarré car sinon la collecte ne pourra pas s'effectuer.

Différents travaux ont été générés dans l'Agent SQL pour réaliser la collecte (figure 13-35).

Figure 13–35
Figure 13-35. Les différents travaux de l'Agent SQL pour la collecte

C'est dans les travaux de l'Agent SQL que vous pouvez régler la fréquence des différentes collectes, par exemple pour décaler les horaires de collecte et ainsi éviter les travaux simultanés. Quant au délai de rétention, il est propre à chaque collecte : 14 jours pour l'activité du serveur et les statistiques de requêtes, 730 jours pour l'utilisation du disque.

Pour ajouter une collecte personnalisée, il convient de procéder en deux étapes :

- la création d'un jeu de collectes à l'aide de la procédure `sp_syscollector_create_collection_set` ;
- la création des items collectés (informations et source) via la procédure `sp_syscollector_create_collection_item`.

Dans l'exemple 13-23, nous voulons collecter les données de fragmentation des index ayant plus de 100 pages, et ceci toutes les 30 minutes.

Exemple 13-23. Données de fragmentation des index comportant plus de 100 pages

```
WITH
T_FRAG AS
(SELECT database_id, object_id, index_id,
        SUM(avg_fragmentation_in_percent * page_count) / Sum(page_count)
           as POURCENTAGE_DE_FRAGMENTATION
FROM   sys.dm_db_index_physical_stats(DB_ID(), NULL, NULL, NULL, 'DETAILED')
WHERE index_type_desc IN ('CLUSTERED INDEX', 'NONCLUSTERED INDEX')
   AND alloc_unit_type_desc='IN_ROW_DATA'
```

```
GROUP BY database_id, object_id, index_id
HAVING SUM(page_count) > 100
    AND SUM(avg_fragmentation_in_percent * page_count) > 0)
SELECT DB_NAME(database_id) + '.' + s.name + '.' + o.name + '.' + i.name
        as NOM_INDEX, F.POURCENTAGE_DE_FRAGMENTATION
FROM   T_FRAG AS F
       INNER JOIN sys.objects AS o
             ON F.object_id = o.object_id
       INNER JOIN sys.schemas AS s
             ON o.schema_id = s.schema_id
       INNER JOIN sys.indexes AS i
             On F.object_id = i.object_id
             And F.index_id = i.index_id
```

La mise en place d'une telle collecte suppose la connaissance préalable de deux informations :

- l'identifiant de fréquence de collecte pour une collecte ayant lieu toutes les 30 minutes ;
- l'identifiant de type de collecteur pour la collecte de données Transact SQL.

Ces éléments doivent être récupérés par requête dans les tables système `msdb.dbo.sysschedules` pour la planification, et dans la table `msdb.dbo.syscollector_collector_types` pour les types de collectes.

Munis de ces informations, nous pouvons lancer le script de création des deux objets, en ayant pris bien soin de transformer la requête de l'exemple 13-23 :

- en dédoublant les apostrophes ;
- en remplaçant le caractère `>` par `>`.

Ces changements sont nécessaires car la requête va figurer dans le XML de définition du paramétrage de l'item de collecte.

Exemple 13-24. Création d'un jeu de collectes personnalisé

```
-- Récupération de l'identifiant de fréquence de collecte
-- pour une collecte toutes les 30 minutes depuis la table
-- des planifications de l'Agent SQL
DECLARE @schedule uniqueidentifier;
SELECT @schedule = schedule_uid
FROM   msdb.dbo.sysschedules
WHERE  name = N'CollectorSchedule_Every_30min';

-- Affiche pour information l'UID récupéré
SELECT @schedule AS UID_schedule;

-- Création du jeu de collectes
DECLARE @collectionsetid int,
        @collectionsetuid uniqueidentifier;
EXEC msdb.dbo.sp_syscollector_create_collection_set
             @name                  = N'Rapport de fragmentation des index',
             @collection_mode       = 1, -- sans utilisation du cache
             @description           = N'Enregistre les données de fragmentation pour les index
composés de plus de 100 pages',
             @days_until_expiration = 400, -- Conserve les données 400 jours
             @schedule_uid          = @schedule,
             @collection_set_id     = @collectionsetid OUTPUT,
             @collection_set_uid    = @collectionsetuid OUTPUT;
```

```
-- Définit ce qui va être monitoré sous forme XML,
-- ce XML conforme au XSD "DataCollectorType" / "TSQLQueryCollector"
-- NOTA : les collections de schéma XML pour la gestion des collecteurs
-- ont été créées dans la base MSDB

DECLARE @parameters XML;
SET @parameters = CAST(
N'
<ns:TSQLQueryCollector xmlns:ns="DataCollectorType">
   <Query>
      <Value>
WITH
T_FRAG AS
(SELECT database_id, object_id, index_id,
        SUM(avg_fragmentation_in_percent * page_count) / Sum(page_count)
           as POURCENTAGE_DE_FRAGMENTATION
FROM   sys.dm_db_index_physical_stats(DB_ID(), NULL, NULL, NULL, ''DETAILED'')
WHERE index_type_desc IN (''CLUSTERED INDEX'', ''NONCLUSTERED INDEX'')
   AND alloc_unit_type_desc = ''IN_ROW_DATA''
GROUP BY database_id, object_id, index_id
HAVING SUM(page_count) &gt; 100
    AND SUM(avg_fragmentation_in_percent * page_count) &gt; 0)
SELECT DB_NAME(database_id) + ''.'' + s.name + ''.'' + o.name + ''.'' + i.name
          as NOM_INDEX, F.POURCENTAGE_DE_FRAGMENTATION
FROM   T_FRAG AS F
       INNER JOIN sys.objects AS o
             ON F.object_id = o.object_id
       INNER JOIN sys.schemas AS s
             ON o.schema_id = s.schema_id
       INNER JOIN sys.indexes AS i
             On F.object_id = i.object_id
             And F.index_id = i.index_id
      </Value>
      <OutputTable>IndexFragmentation</OutputTable>
   </Query><Databases><UserUserDatabases="true"/></Databases>
</ns:TSQLQueryCollector>'
AS XML);

-- Récupération de l'identifiant de type de collecteur
-- pour la collecte de données Transact-SQL
-- depuis la table des types de collectes
DECLARE @collector_type uniqueidentifier;

SELECT @collector_type = collector_type_uid
FROM    msdb.dbo.syscollector_collector_types
WHERE   name = N'Generic T-SQL Query Collector Type';

SELECT @collector_type AS UID_collector_type;

DECLARE @collectionitem INT;

-- Création des items collectés
EXEC msdb.dbo.sp_syscollector_create_collection_item
              @name               = N'Fragmentation des index',
              @parameters         = @parameters,
              @collection_item_id = @collectionitem OUTPUT,
              @collection_set_id = @collectionsetid,
              @collector_type_uid = @collector_type;

SELECT @collectionitem AS ID_@collectionitem;
```

Le collecteur de données possède désormais une entrée supplémentaire dans l'item Collecte de données (figure 13-36).

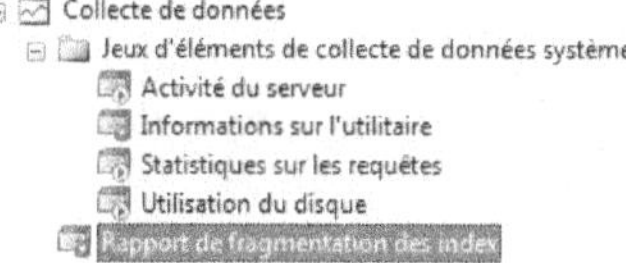

Figure 13–36
Nouvelle entrée de collecte personnalisée pour les données de fragmentation des index

Il ne reste plus qu'à l'activer.

Vous pouvez voir l'ensemble des paramètres de cette nouvelle collecte en sélectionnant Propriétés dans le menu contextuel de cet item. La fenêtre de la figure 13-37 apparaît alors.

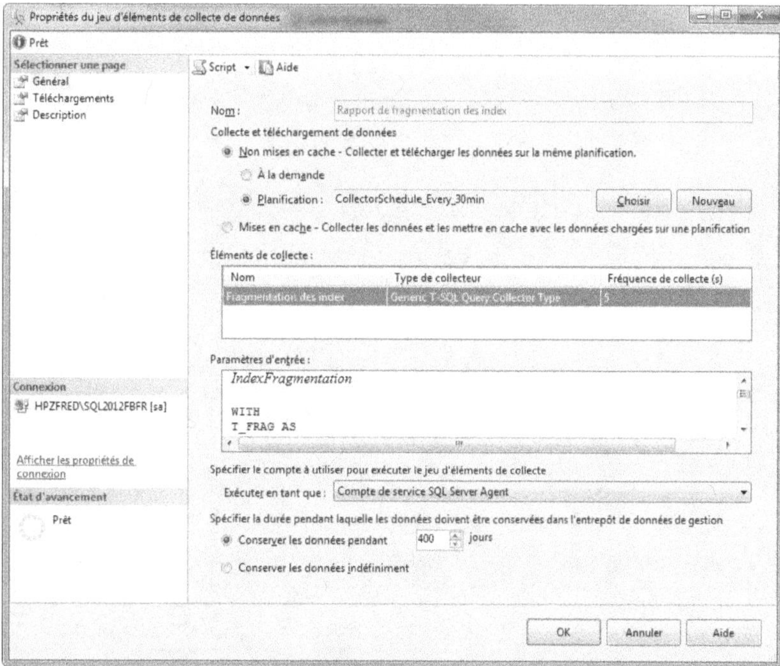

Figure 13–37
Paramétrage de la collecte personnalisée de fragmentation des index

Il nous reste maintenant à nous servir des données collectées ! Pour accéder aux rapports, effectuez un clic droit sur Collecte de données et sélectionner le rapport souhaité dans le menu Rapports>Entrepôt de données de gestion (figure 13-38).

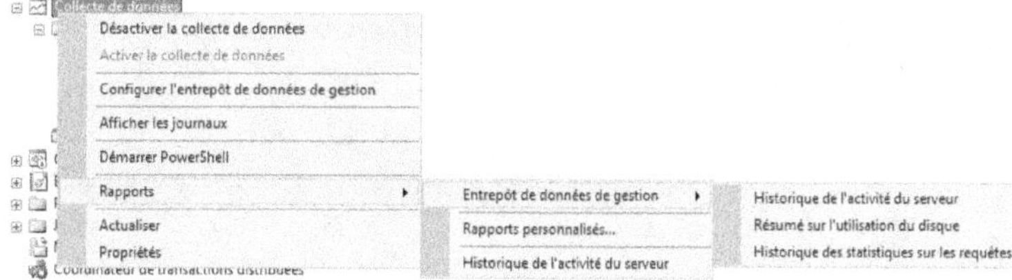

Figure 13–38
Afficher un rapport du collecteur de données

Aucun rapport n'est disponible pour notre collection personnalisée concernant les données de fragmentation des index. Il faudra créer un tel rapport avec SQL Server Reporting Services et l'intégrer à Management Studio.

En ouvrant le rapport d'historique d'activité du serveur, vous obtenez un rapport présentant les principales données de santé du serveur (figure 13-39). De nombreuses zones sont cliquables et permettent d'aller de rapport en rapport afin d'approfondir l'analyse.

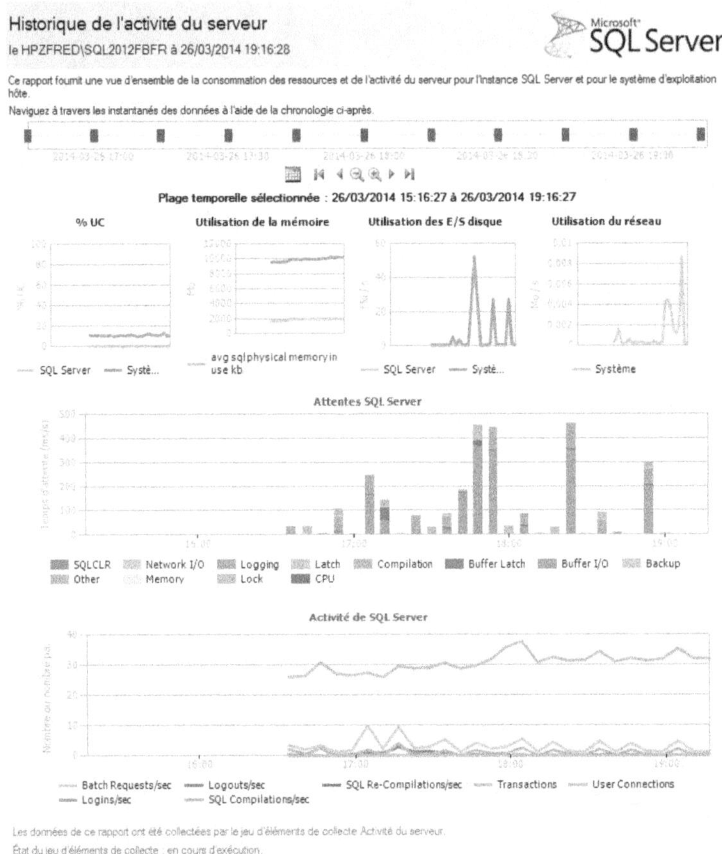

Figure 13–39
Historique de l'activité du serveur

Pour en savoir plus à ce sujet, nous vous conseillons de lire les pages suivantes :

- http://blog.datafly.pro/post/Data-Collector
- http://www.databasejournal.com/features/mssql/article.php/3779846/Reports-for-SQL-Server-2008-System-Data-Collections.htm
- http://lassesen.com/msdn/Using%20Management%20Data%20Warehouse%20for%20Performance%20Monitoring.pdf

Le diagnostic de placement "In Memory"

Depuis l'avènement de SQL Server 2014 et de la technologie Hekaton qui permet de placer des tables en mémoire et d'utiliser des procédures stockées compilées en code natif afin d'améliorer sensiblement les performances, Microsoft fournit un outil de diagnostic pour savoir quels sont les tables et procédures candidates à cette optimisation. Cet outil, qui porte le nom de Analyse, Migrate and Report (AMR), nécessite d'activer le collecteur de données, comme indiqué plus haut.

Dès lors, vous devez voir deux items dans l'entrée de la collecte de données, comme l'indique la figure 13-40.

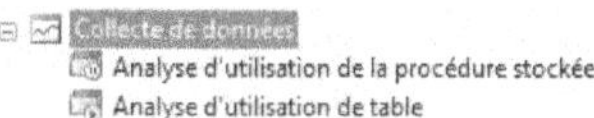

Figure 13–40
Collectes du Data Collector

Après avoir suffisamment fait fonctionner votre base pour alimenter les données de diagnostic (en général, quelques jours suffisent), vous pouvez alors ouvrir les rapports de l'AMR pour visualiser les conseils. L'AMR est disponible dans les rapports relatifs à la base de collecte. Dans notre exemple, cette base s'appelle DB_COLLECTOR. Pour y accéder, cliquez droit dans la base de collecte et sélectionnez Rapports>Entrepôt de données de gestion>Présentation de l'analyse de performances de transaction (figure 13-41).

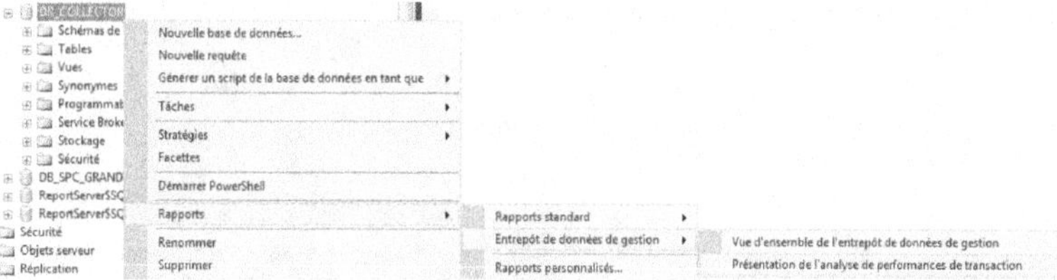

Figure 13–41
Rapports associés à la base du collecteur de données

Cet outil fournit trois domaines d'analyse : l'analyse de tables par nombre d'utilisation, l'analyse de tables par métrique de contention et l'analyse de procédures stockées par nombre d'utilisation (figure 13-42)

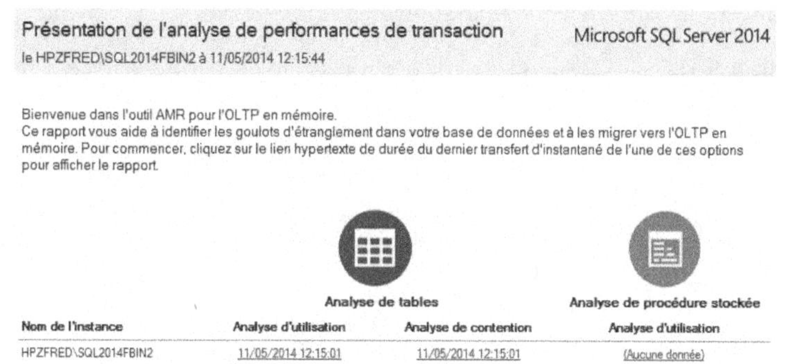

Figure 13–42
Entrée du rapport de l'AMR

Si nous choisissons par exemple de visualiser les procédures à recompiler en code natif, nous obtenons une liste des cinq procédures les plus consommatrices de ressources (figure 13-43).

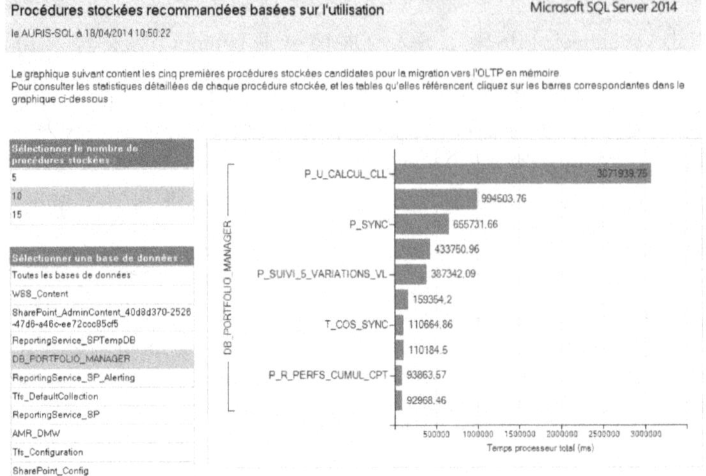

Figure 13–43
Le top 5 des procédures stockées candidates à la compilation en code natif

En cliquant sur l'une des barres bleues indiquant la consommation de CPU, on obtient plus de détails sur la procédure choisie (figure 13-44).

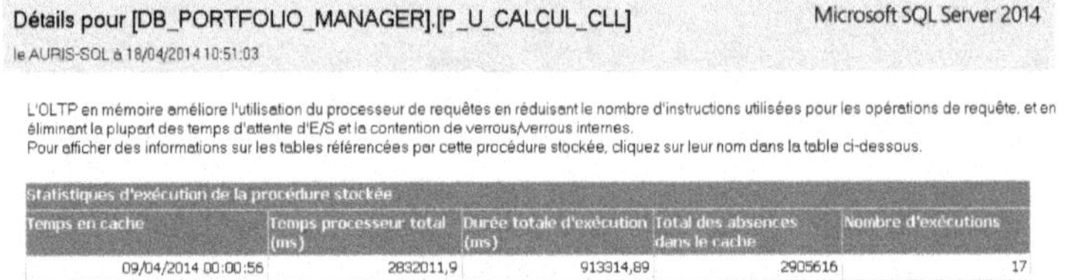

Temps en cache	Temps processeur total (ms)	Durée totale d'exécution (ms)	Total des absences dans le cache	Nombre d'exécutions
09/04/2014 00:00:56	2832011,9	913314,89	2905616	17
15/04/2014 10:37:16	239927,85	109386,24	157231	1

Figure 13–44
Détail d'une procédure candidate à la compilation en code natif

Pour les tables, l'analyse d'utilisation montre un diagramme indiquant le gain potentiel avec croisement sur la complexité de migration (figure 13-45).

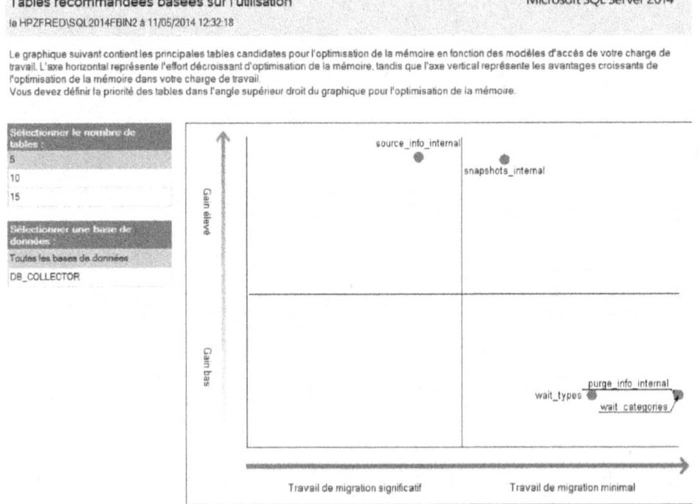

Figure 13–45
Tables candidates au « In Memory »

Bien entendu, vous pouvez obtenir plus de détails en cliquant sur le point symbolisant la table, ou à défaut (points superposés) sur le nom de la table (figure 13-46).

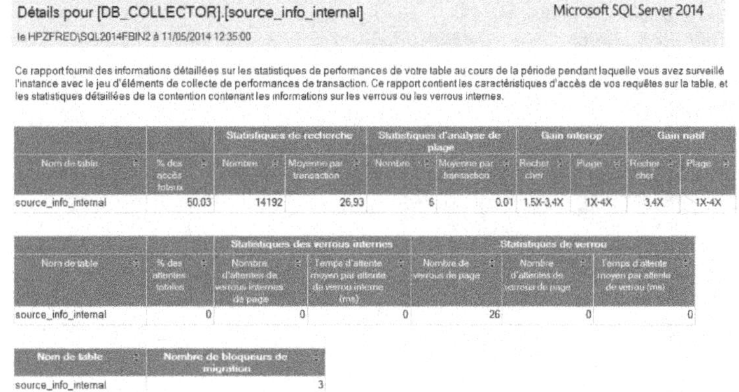

Détails pour [DB_COLLECTOR].[source_info_internal] — Microsoft SQL Server 2014

le HPZFRED\SQL2014FBIN2 à 11/05/2014 12:35:00

Ce rapport fournit des informations détaillées sur les statistiques de performances de votre table au cours de la période pendant laquelle vous avez surveillé l'instance avec le jeu d'éléments de collecte de performances de transaction. Ce rapport contient les caractéristiques d'accès de vos requêtes sur la table, et les statistiques détaillées de la contention contenant les informations sur les verrous ou les verrous internes.

		Statistiques de recherche		Statistiques d'analyse de plage		Gain interop		Gain natif	
Nom de table	% des accès totaux	Nombre	Moyenne par transaction	Nombre	Moyenne par transaction	Rechercher	Plage	Rechercher	Plage
source_info_internal	50,03	14192	26,93	6	0.01	1.5X-3,4X	1X-4X	3,4X	1X-4X

		Statistiques des verrous internes		Statistiques de verrou		
Nom de table	% des attentes totales	Nombre d'attentes de verrous internes de page	Temps d'attente moyen par attente de verrou interne (ms)	Nombre de verrous de page	Nombre d'attentes de verrous de page	Temps d'attente moyen par attente de verrou (ms)
source_info_internal	0	0	0	26	0	0

Nom de table	Nombre de bloqueurs de migration
source_info_internal	3

Figure 13–46
Détail des métriques d'une table candidate au « In Memory »

On obtiendra un diagramme similaire à la figure 13-45 pour l'analyse de contention des tables.

Le gouverneur de ressources

Le gouverneur de ressources *(Resource Governor)* est un utilitaire permettant de limiter les ressources CPU et mémoire de certaines connexions au serveur. Il permet d'éviter que certains utilisateurs vampirisent les ressources du serveur au détriment d'autres utilisateurs. Par exemple, les utilisateurs d'un outil de reporting qui aurait tendance à utiliser de grandes quantités de données pourraient être amenés à utiliser trop de ressources ce qui ralentirait les nombreux utilisateurs d'une production ordinaire.

Le principe du gouverneur de ressources est de créer un pool de ressources qui permet de définir les limites des ressources CPU, IO et RAM. Celui-ci doit être associé à un ou plusieurs groupes de charge qui précisent la façon d'utiliser ces ressources. Il faut enfin définir une fonction de classification qui attribue les différents groupes de charge aux comptes de connexion en fonction de paramètres.

L'exemple 13-25 montre la création d'un pool de ressources (`RP_REPORT`) constitué au plus de 20 % de CPU et de 20 % de RAM. Deux groupes de charge sont associés à ce pool de ressources :

- `WG_DAF` avec au plus un parallélisme de 2 threads et un maximum de 5 requêtes simultanées ;
- `WG_PDG` avec au plus un parallélisme de 4 threads et un maximum de 2 requêtes simultanées.

La fonction de classification (`dbo.RESOURCE_CLASSIFIER`) attribue le groupe de charge `WG_PDG` pour l'utilisateur `bill.gates\microsoft.com` si l'application qui se connecte est `report system`. S'il s'agit d'un autre utilisateur, toujours pour la même application, alors on lui affecte le groupe de charge `WG_DAF`. Aucun autre utilisateur n'est concerné par ces limitations du gouverneur de ressources.

Exemple 13-25. Mise en place de limitation de ressources pour certains utilisateurs à l'aide du gouverneur de ressources

```
USE master;
GO

CREATE RESOURCE POOL RP_REPORT
```

```
WITH (MAX_CPU_PERCENT    = 20,
      MAX_MEMORY_PERCENT = 20);
GO

CREATE WORKLOAD GROUP WG_DAF
WITH (IMPORTANCE         = MEDIUM,
      MAX_DOP            = 2,
      GROUP_MAX_REQUESTS = 5)
USING RP_1;
GO

CREATE WORKLOAD GROUP WG_PDG
WITH (IMPORTANCE         = HIGH,
      MAX_DOP            = 4,
      GROUP_MAX_REQUESTS = 2)
USING RP_1;
GO

CREATE FUNCTION dbo.RESOURCE_CLASSIFIER()
RETURNS SYSNAME
WITH SCHEMABINDING
AS
BEGIN
   DECLARE @WORKLOAD SYSNAME
   IF APP_NAME() = 'report system'
      IF SYSTEM_USER = 'bill.gates\microsoft.com'
         SET @WORKLOAD = 'WG_PDG';
      ELSE
         SET @WORKLOAD = 'WG_DAF';
   RETURN @WORKLOAD;
END
GO

ALTER RESOURCE GOVERNOR
   WITH (CLASSIFIER_FUNCTION = dbo.RESOURCE_CLASSIFIER);
GO
```

Pour finir, il convient d'informer le gouverneur de ressources qu'une nouvelle règle de classification a été mise en place.

Encore plus d'outils…

Il existe de très nombreux autres outils, majoritairement gratuits. Nous vous proposons ici une liste succincte : ne prétendons pas à l'exhaustivité…

Les gratuits officiels

Ces outils gratuits sont développés par Microsoft. La plupart sont téléchargeables sur CodePlex (http://www.codeplex.com/), le site de Microsoft recensant l'ensemble des projets open source consacrés aux outils de l'environnement de Management Studio.

- **Utilitaire SQL Server :** cet outil, intégré à Management Studio, permet de définir une vue de synthèse de l'ensemble des serveurs SQL de l'entreprise et de l'intégrité des ressources. Il est notamment destiné à l'organisation et à la stratégie de gestion des ressources affectées aux serveurs (par exemple, en vue d'une consolidation). Il est installé par défaut sur la version Enterprise. Pour afficher cet utilitaire, sélectionnez le menu Affichage>Explorateur de l'utilitaire.

- **SQL Server Best Practices Analyzer :** cet outil permet d'analyser un serveur et ses bases afin de vérifier l'application des règles de bonnes pratiques (59 pour le moteur relationnel).
  Lien de téléchargement : http://www.microsoft.com/en-us/download/details.aspx?id=15289
- **SQLIOSIMParser :** cet outil téléchargeable (présent dans le répertoire `Binn`) a été conçu pour tester la charge en IO du sous-système disque pour différentes configurations de fichiers de données et de transactions en simulant une charge paramétrable. Ceci permet de prendre des mesures préventives pour gagner en efficacité en termes d'organisation du stockage d'un serveur.
  Lien de téléchargement : https://sqliosimparser.codeplex.com/
  Une ancienne version, SQLioStress peut être utilisée en complément, de même que SQSLio, outil permettant d'effectuer un benchmark de vos disques (téléchargeable également).
- **RML** *(Replay Markup Language)* : cet outil permet de rejouer des scénarios de charge de commandes (batch SQL, procédures, requêtes) préalablement capturés par le profiler SQL. Le but est de comparer une production réelle ou simulée à une autre configuration de cette même exécution sur un autre serveur doté de ressources différentes (ou d'une version de SQL supérieure), et de comparer les métriques des requêtes sur le plan individuel ou global. RML peut aussi être utilisé pour tester la non-régression ou la non-obsolescence des commandes SQL. Le module Read Trace permet de lire des traces du profiler, de les formater et de les analyser succinctement pour en produire des rapports de synthèse.
  Lien de téléchargement : http://www.microsoft.com/en-us/download/details.aspx?id=4511
- **Distributed Replay :** intégré à la version Enterprise (à l'installation), cet outil permet d'utiliser plusieurs ordinateurs clients pour relire les données de trace de plusieurs ordinateurs et simuler les charges de travail critiques. Il utilise un programme central appelé Distributed Replay Controler, qui orchestre les actions des clients *(Replay Clients)* en leur envoyant des fichiers de commandes à rejouer, sous le contrôle d'un outil d'administration (`DReplay.exe`). On l'utilise notamment pour tester la compatibilité des applications d'une version de SQL à l'autre, tester les performances dans différentes configurations ou serveurs, ou encore planifier la capacité d'un serveur.
- **Pssdiag/Sqldiag** : il s'agit d'un outil de collecte des informations de configuration et de paramétrage de votre serveur au niveau physique, système et logique. Il est principalement utilisé par les équipes du support de Microsoft SQL Server au cas où vous feriez appel à la hotline pour diagnostiquer la cause de problèmes, notamment de performances.
- **PAL** *(Performance Analysis of Logs)* **Tool :** cet outil téléchargeable a été conçu pour relever des compteurs de performances, les analyser et fournir un diagnostic standard basé sur les seuils métriques définis par les équipes de support de Microsoft. C'est un moyen rapide de diagnostiquer globalement un serveur afin de faire de la prévention et des corrections proactives.
  Lien de téléchargement : https://pal.codeplex.com/
- **SQL Nexus :** il s'agit d'un outil d'aide à l'identification des causes profondes des problèmes de performances de SQL Server. Il charge les données collectées par les outils SQLDiag et PSSDiag, et analyse les données du point de vue des performances.
  Lien de téléchargement : https://sqlnexus.codeplex.com/

Les gratuits non officiels

Ces outils gratuits sont développés par des tiers (éditeurs principalement) et des passionnés.

- **Kankuru :** l'un des nombreux outils de surveillance globale des serveurs SQL. Bien que léger, il est assez complet pour de petites entreprises n'ayant pas d'expertise en matière d'administration des serveurs SQL. Il a l'avantage d'être gratuit et en français !
  http://www.kankuru.fr/

- **SQL Sentry Plan Explorer :** version gratuite et limitée en fonctionnalités d'un visualiseur graphique de plan d'exécution. Cet outil est actuellement plus performant que celui de Microsoft, en attendant la nouvelle mouture que la firme de Redmond doit nous fournir et qui sera animée.

  http://www.sqlsentry.com/products/plan-explorer/sql-server-query-view
- **SP_Blitz :** un ensemble de scripts SQL packagés permettant de vérifier l'application des bonnes pratiques et la santé du serveur. Pour chaque avertissement, un lien URL renvoie vers une page web du site de Brent Ozar...

  http://www.brentozar.com/blitz/

Les payants des grands éditeurs

De nombreux éditeurs proposent des outils souvent complets et particulièrement bien conçus. La plupart proposent des outils complémentaires à ceux que nous venons de présenter.

- **SQL Sentry Performance Advisor :** outil payant de l'éditeur Sentry. Il permet d'analyser les problèmes d'exploitation des serveurs SQL en temps réel. Il est doté de nombreuses fonctionnalités et son caractèrement particulièrement graphique permet à l'utilisateur de voir d'un seul coup d'œil où se situe le problème.

  http://www.sqlsentry.com/products/performance-advisor/sql-server-performance

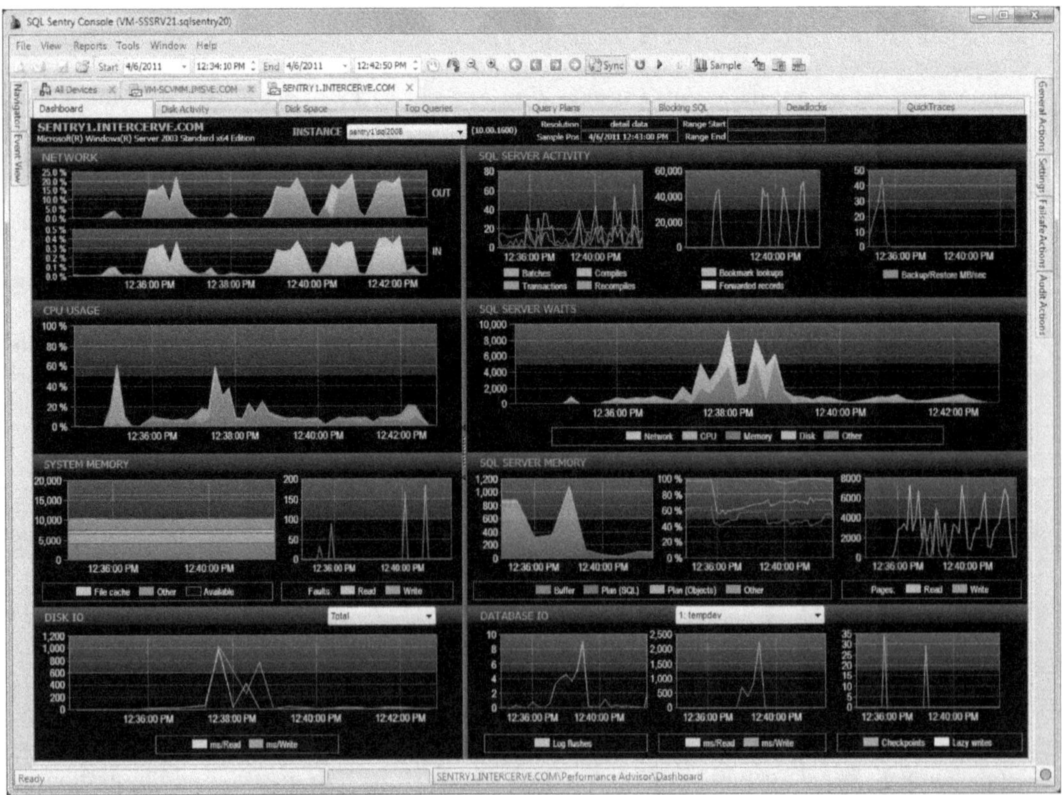

Figure 13–47 Tableau de bord de SQL Sentry Performance Advisor

- **Foglight :** outil payant de l'éditeur Quest (racheté par Dell). Relativement similaire à SQL Sentry Performance Advisor, il possède quelques utilitaires complémentaires intéressants pour d'énormes configurations de serveurs.
  http://www.quest.com/foglight/
- **SQL Monitor :** outil payant de l'éditeur Red Gate conçu pour monitorer les performances et générer des alertes. Basé sur une plate-forme web, il permet d'accéder aux données du moniteur où que vous soyez.
  http://www.red-gate.com/products/dba/sql-monitor/
- **SQL Diagnostic Manager :** outil payant de l'éditeur Idera. Outre la surveillance des performances, cet outil propose un historique d'utilisation des ressources, un analyseur de charge des requêtes et un outil de planification de volumétrie des bases.
  http://www.idera.com/productssolutions/sqlserver/sqldiagnosticmanager

Les « add-ins » et « plug-ins » pour SSMS

Si vous voulez agrémenter les interfaces de l'outil SQL Server Management Studio, il existe des plug-ins et add-ins qui permettent de configurer, formater, lancer, rechercher, historiser ou encore de rétroscripter.

- **SSMS Tools Pack** : http://www.ssmstoolspack.com/
- **Tab Magic** : http://download.red-gate.com/EAP/SQLTabMagic/SQLTabMagic.zip
- **SQL Pretty Printer** :
  http://www.dpriver.com/products/sqlpp/ssms_index.php?ref=ssmsaddins_codeplex
- **Data Scripter** : http://ssmsaddins.codeplex.com/releases/view/19122
- **SQL Prompt** : http://www.red-gate.com/products/sql-development/sql-prompt/
- **SQL Search** : http://www.red-gate.com/products/sql-development/sql-search/
- **SQL Complete** : http://www.devart.com/dbforge/sql/sqlcomplete/

Il existe bien entendu de nombreux autres outils, nous vous laissons le loisir de les tester.

14

Optimisation et statistiques

Comme nous l'avons indiqué en introduction du chapitre 13, SQL Server dispose certainement du meilleur système d'optimisation, mais encore faut-il s'assurer que les statistiques de distribution des données soient suffisamment à jour. Bien que les statistiques permettent de choisir les accès aux données et les algorithmes de traitement, il existe une autre voie, moins connue, pour optimiser encore plus radicalement : c'est l'optimisation sémantique...

Muni de ces deux techniques, l'optimiseur fait un choix parmi de nombreuses options et calcule un plan de requête qui constitue l'ensemble des étapes conduisant à produire, le plus rapidement possible, la réponse à la question posée par la requête.

Dans ce chapitre, nous allons étudier le fonctionnement de l'optimisation sous deux aspects :

- l'optimisation sémantique, qui tire parti des contraintes ;
- l'optimisation statistique, qui se base sur la volumétrie et la distribution des données.

Nous verrons aussi comment lire un plan de requête et comment le contraindre, bien que ce ne soit pas toujours une bonne idée…

Nous parlerons des index au chapitre suivant !

Comment fonctionne l'optimiseur ?

Lorsqu'une requête est envoyée au serveur, elle est prise en compte par le moteur de requête.

- Une fois passée l'analyse syntaxique, le moteur vérifie si l'utilisateur possède les privilèges suffisants à son exécution.
- Une fois achevée la vérification des privilèges, la requête est traduite en algèbre relationnelle et liée aux variables ou paramétrisée.

- À ce stade, un premier arbre de résolution algébrique est produit, il présente la solution logique de la requête.
- Le système regarde alors si un plan de requête pour un cas identique (avec les mêmes valeurs) ou similaire (les variables étant paramétrisées) figure déjà dans le cache. S'il en trouve un, il l'utilise.
- Si aucun plan en cache ne correspond, alors un premier plan dit « trivial » est produit. Si le coût de ce premier plan est négligeable, alors il est immédiatement utilisé.
- Sinon, un travail complémentaire d'algébrisation est effectué afin de simplifier le plan (transformations élémentaires, réduction, factorisation…). C'est au cours de cette phase que peut se produire l'optimisation sémantique.
- Si ce nouveau plan est de coût négligeable, alors il est immédiatement utilisé.
- Dans le cas contraire, commence alors un travail plus complexe d'optimisation, essentiellement basé sur les statistiques…

Optimisation sémantique

L'optimisation sémantique consiste à tirer parti des contraintes du modèle, notamment pour les contraintes d'intégrité référentielles (`FOREIGN KEY`) ou de validation (`CHECK`). Par exemple, si une contrainte de validation contrevient à un prédicat de recherche, alors le prédicat sera immédiatement invalidé. Et si une jointure est effectuée alors que la table fille ne ramène pas d'information, la jointure est ignorée. Dans tous les cas de figure, des index opportuns sont nécessaires.

Nous allons illustrer nos propos avec quatre exemples différents, tirés d'une même base de données, dont le modèle est présenté à la figure 14-1.

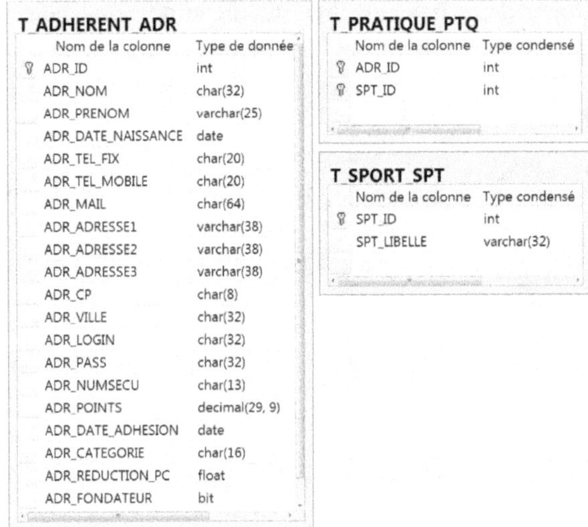

Figure 14–1
Modèle de la base de données

La sauvegarde de cette base est disponible sur le site compagnon dédié au livre (http://mssqlserver.fr).

Cette base contient des adhérents (9 999), des sports (99) et une table de jointure pour les sports pratiqués par les adhérents (4 577 lignes). En dehors des clés primaires, elle ne contient aucune autre contrainte et aucun index, sauf ceux relatifs à la clé primaire de chaque table.

Exemple 14-1. Requête avec filtre sans résultat

```
SELECT *
FROM   T_ADHERENT_ADR
WHERE ADR_POINTS < 0;
```

Le coût de la requête de l'exemple 14-1 est estimé[1] par l'optimiseur à 0,71354 (figure 14-2).

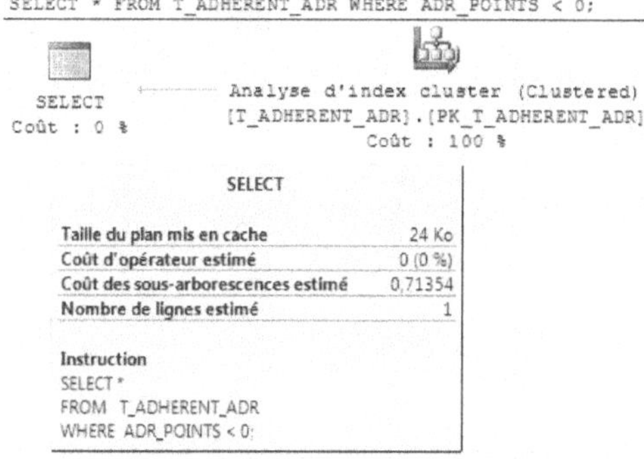

Figure 14–2
Estimation de coût et plan d'exécution de la requête de l'exemple 14-1

Exemple 14-2. Ajout d'un index sur la colonne ADR_POINTS

```
CREATE INDEX X_ADR_PTS ON T_ADHERENT_ADR (ADR_POINTS);
```

Le coût diminue et passe à 0,0065704 bien que le plan devienne plus complexe du fait de la double lecture index et table (figure 14-3).

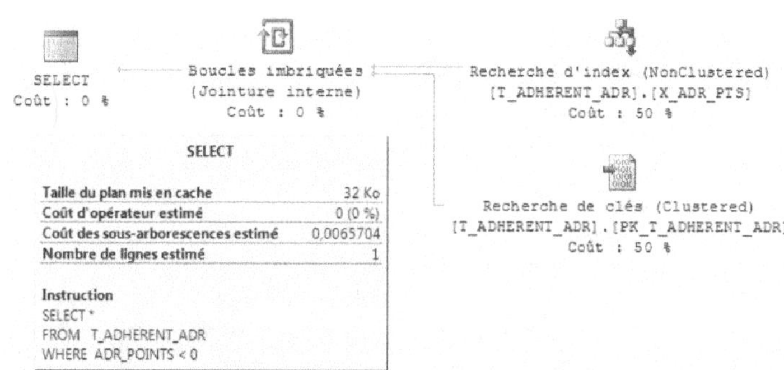

Figure 14–3
Estimation de coût et plan d'exécution de la requête de l'exemple 14-1 après indexation

Vous avez optimisé par un facteur 108,6, ce qui est déjà tout à fait correct. Peut-on faire mieux ? Assurément ! Il suffit tout simplement de considérer qu'en aucun cas les points des adhérents peuvent être négatifs...

1. Pour visionner les éléments du plan de requête et notamment l'estimation de coût, lancez dans l'IHM SSMS, l'item « affichez le plan d'exécution estimé » dans le menu « Requête » et une fois l'arbre du plan affichée, baladez votre souris sur les différents éléments ce qui affichera des panneau d'information présentant les détails pour chaque opération . Les coûts estimés peuvent varier en fonction des éditions, Service Pack et différentes autres éléments. Ils ne sont donnés qu'à titre indicatif. Nous avons travaillé avec SQL Server 2012 dans ce chapitre.

Exemple 14-3. Ajout de la contrainte de validation interdisant les points négatifs

```
ALTER TABLE T_ADHERENT_ADR
   ADD CONSTRAINT CK_ADR_PTS CHECK (ADR_POINTS >=0)
```

Un nouvel affichage du plan de requête change à nouveau radicalement la donne. Le plan de requête est devenu encore plus simple et le coût est estimé à 0,0000002 (figure 14-4).

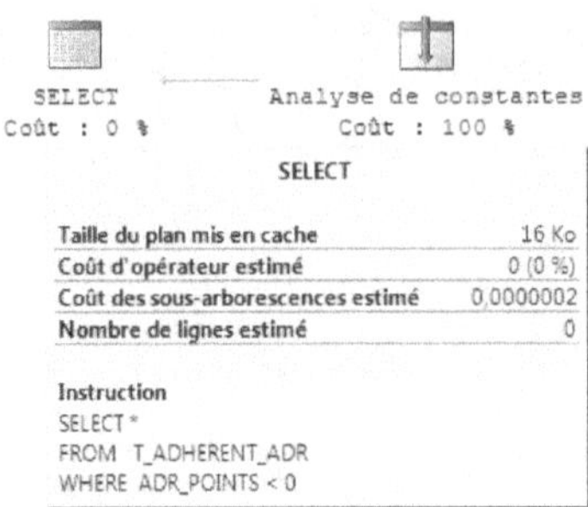

Figure 14–4
Estimation de coût et plan d'exécution de la requête de l'exemple 14-1 après indexation et ajout d'une contrainte de validation

Cette fois, vous avez optimisé par un facteur 3 567 700 ! C'est vraiment beaucoup… Que s'est-il passé ? En fait, l'optimiseur s'est aperçu que la valeur passée en argument (< 0) était tout simplement impossible du fait de la contrainte de validation. Il n'a donc pas besoin de lire les données et fournit une table réponse vide. Aucune scrutation des données n'a eu lieu…

Vous pourrez constater le même phénomène avec les règles suivantes : la réduction des cotisations des adhérents (colonne `ADR_REDUCTION_PC`), exprimée en pourcentage, varie de 10 à 30 %. Elle est calculée comme suit :

- en dessous de 5 ans d'ancienneté, aucune réduction ;
- à partir de la 5e année, réduction de 10 % + 1 % par période de 5 ans, avec au maximum 30.

Exemple 14-4. Étude d'une requête sans indexation, puis avec indexation, et ajout d'une contrainte `CHECK` bornant la réduction

```
SELECT *
FROM   T_ADHERENT_ADR
WHERE ADR_REDUCTION_PC < 10 OR ADR_REDUCTION_PC > 30;
```

Tableau 14–1 Coûts comparatifs

Condition du test	Coût du plan	Gain
table brute	0,758725	
avec index	0,0065704	115,5
avec index et contrainte	0,0000002	3 793 625

Les adhérents payent un service plus ou moins élaboré (colonne ADR_CATEGORIE) : PREMIUM, SILVER, GOLD ou PLATINIUM (services en supplément comme serviette, boissons, cours collectifs, coach…).

Exemple 14-5. Étude d'une requête sans indexation, puis avec indexation, et ajout d'une contrainte CHECK énumérant les quatre catégories de services offerts

```
SELECT *
FROM   T_ADHERENT_ADR
WHERE ADR_CATEGORIE = 'BRONZE';
```

Tous ces exemples semblent farfelus, car qui va tenter de trouver des points négatifs, une réduction impossible ou une catégorie inexistante ? Mais c'est oublier que le paramètre de votre recherche peut venir du résultat d'une autre requête (sous-requête) et dans ce cas, il paraît difficile de prévoir à l'avance quelle valeur il aura !

Venons-en à l'intégrité référentielle. Comment celle-ci peut-elle améliorer les performances des requêtes ? Prenons un exemple concret. Retirons tous les index posés lors de nos exemples afin de partir d'un terrain vierge. La requête de l'exemple 14-6 permet de les retirer aisément.

Exemple 14-6. Batch SQL supprimant tous les index de la base DB_SPORT hormis les tables

```
USE DB_SPORT;
GO
DECLARE @SQL NVARCHAR(max);
SET @SQL = N'';
SELECT @SQL = N'DROP INDEX [' + i.name + N'] ON ['
            + s.name + N'].[' + o.name + N'];'
FROM   sys.indexes AS i
       INNER JOIN sys.objects AS o
             ON i.object_id = o.object_id
       INNER JOIN sys.schemas AS s
             ON o.schema_id = s.schema_id
WHERE o.type = 'U' AND i.type > 1
  AND o.name <> 'sysdiagrams';
EXEC (@SQL);
```

Il suffit de lancer le résultat de cette requête et tous vos index disparaissent.

Exemple 14-7. Requête présentant la liste des sports actuellement pratiqués dans le club

```
SELECT DISTINCT SPT_LIBELLE
FROM   T_SPORT_SPT AS S
       INNER JOIN T_PRATIQUE_PTQ AS P
             ON S.SPT_ID = P.SPT_ID
       INNER JOIN T_ADHERENT_ADR AS A
             ON P.ADR_ID = A.ADR_ID;
```

Le plan de requête associé est illustré à la figure 14-5 et son coût est de 0,890921.

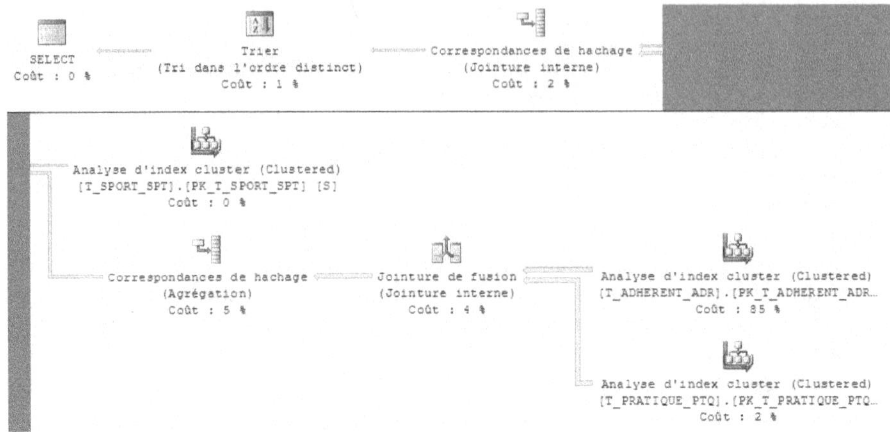

Figure 14–5 Plan d'exécution correspondant à la requête de l'exemple 14-7

> Ce plan a été coupé en deux pour plus de visibilité.

Exemple 14-8. Indexation des clés étrangères de la table de jointure (`T_PRATIQUE_PTQ`)

```
CREATE INDEX X_PTQ_ADR ON T_PRATIQUE_PTQ (ADR_ID);
CREATE INDEX X_PTQ_SPT ON T_PRATIQUE_PTQ (SPT_ID);
```

Le coût de la requête passe alors à 0,888698, ce qui représente un gain tout à fait négligeable.

Exemple 14-9. Ajout des contraintes d'intégrité référentielle

```
ALTER TABLE T_PRATIQUE_PTQ
  ADD CONSTRAINT FK_PTQ_ADR FOREIGN KEY (ADR_ID)
      REFERENCES        T_ADHERENT_ADR (ADR_ID);
ALTER TABLE T_PRATIQUE_PTQ
  ADD CONSTRAINT FK_PTQ_SPT FOREIGN KEY (SPT_ID)
      REFERENCES           T_SPORT_SPT (SPT_ID);
```

Grâce à cet ajout, le plan de requête se simplifie notablement (figure 14-6) et son coût passe à 0,0383752.

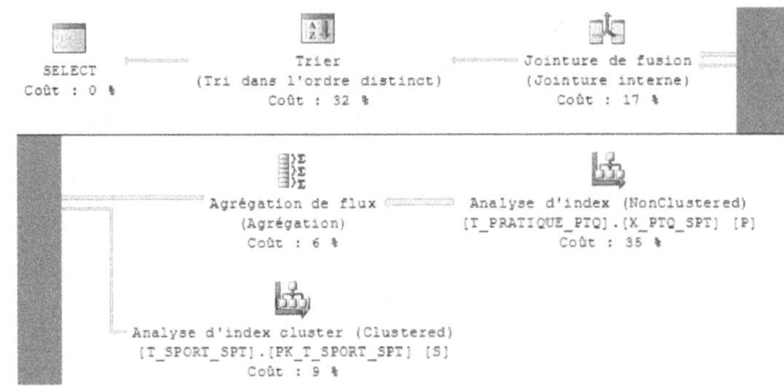

Figure 14–6
Plan d'exécution correspondant à la requête de l'exemple 14-7, après indexation et ajout des contraintes d'intégrité référentielle

Le gain obtenu fait que la requête est 23 fois plus rapide après la pose des contraintes de clés étrangères. Mais le plus surprenant est de constater que dans ce plan, il manque une table… Manque ? Pas vraiment ! En effet, il n'est nullement nécessaire de descendre jusqu'à la table des adhérents, car les contraintes d'intégrité référentielle garantissent que toute donnée de la colonne `ADR_ID` de la table de jointure se trouve effectivement dans la table des adhérents. Dès lors, la jointure `T_ADHERENT_ADR` vers la table `T_PRATIQUE_PTQ` devient parfaitement inutile et c'est bien cela qu'a « compris » l'optimiseur dans sa phase sémantique…

Certes, vous auriez pu vous-même vous rendre compte de la chose, supprimer la table des adhérents de la requête et donc économiser une jointure. Mais que dire de cela si cette requête est effectuée sur une vue qui a prévu, elle, les trois tables ?

Ne négligez jamais ni les contraintes d'intégrité référentielle ni les contraintes de validation. Leur absence dégrade les performances des requêtes et pollue les bases avec des données erronnées (lignes orphelines, données incohérentes…), ce qui conduit la plupart du temps à élaborer des requêtes moins performantes encore, afin de se débarrasser des scories !
L'optimisation sémantique concernant l'éradication des jointures inutiles est particulièrement efficace lorsque l'application fait appel massivement à des vues, ce qui est généralement une bonne chose !

Optimisation statistique

Une fois passée l'optimisation sémantique, commence alors l'optimisation statistique. Elle comporte trois phases :

- Search 0 : l'optimiseur explore les différentes possibilités à l'aide de règles simples et des jointures en hachage ou par boucles imbriquées. Si le coût est inférieur à 0,2, alors il est immédiatement utilisé.
- Search 1 : l'optimiseur explore des règles plus complexes et réordonne les jointures. Si le plan le moins couteux est inférieur à 1, alors il est immédiatement utilisé. Sinon, s'il est possible de paralléliser le plan, l'optimiseur étudie cette solution, la compare au meilleur plan non parallélisé et renvoie le moins coûteux à la dernière phase, Search 2.
- Search 2 : l'optimiseur tente d'explorer toutes les options possibles et prend le plan le moins coûteux. Cependant, le temps de production du plan est limité dans le temps.

Pour que ce processus aboutisse à un plan d'exécution le plus performant possible, il faut que l'optimiseur s'aide de statistiques. Dans cette section, nous allons découvrir en quoi consistent les statistiques mais avant, une petite fable… Imaginons que vous soyez le moteur relationnel de SQL Server et que comme tout bon développeur, vous soyez un fainéant patenté. Quel critère allez-vous choisir en premier pour traiter les requêtes suivantes relevant d'un contexte particulier :

- trouver les femmes ayant un salaire de plus de 3 000 €, le contexte étant la maternité d'un hôpital ;
- trouver les femmes ayant un salaire de moins de 3 000 €, le contexte étant une exploitation minière.

Dans le premier cas, choisir le critère de salaire permet de restreindre immédiatement le nombre de lignes et donc de réduire le travail, car dans une maternité les femmes sont souvent très majoritaires… Dans le second cas, le choix du critère sur le sexe est sans doute plus payant, car rare sont les « mineuses » et de manière générale, les salaires sont assez faibles !

Vous avez sans doute une idée plus précise désormais de la manière dont fonctionne un optimiseur statistique !

Les statistiques servent à évaluer les méthodes d'accès aux données les plus profitables, c'est-à-dire celles estimées comme étant les moins volumineuses en quantité de données à retourner, et cela à chaque étape du traitement de la requête.

À noter que la méthode de calcul des statistiques diffère selon l'édition de SQL Server utilisée. Chaque Service Pack apporte des correctifs essentiellement axés sur les performances. Il est possible que les exemples présentés par la suite (réalisés avec les versions 2014 et 2008 R2) ne fonctionnent pas exactement de la même manière sur votre instance.

Au fur et à mesure des versions, l'optimiseur devient de plus en plus précis. Il a été entièrement réécrit à l'occasion de la sortie des versions 2005 et 2014. Pour bénéficier des meilleures performances, n'hésitez pas à utiliser la dernière version de SQL Server.

Statistiques de distribution des données d'index

Alors qu'on lui présentait ce que sont les statistiques, vers 1880, le premier ministre anglais Benjamin Disraeli a eu prononcé ces restés célèbres : « il y a les mensonges, les gros mensonges et les statistiques ! ». En effet, les statistiques ne représentent pas la vérité, mais uniquement une tendance, et il est fortement recommandé de les mettre à jour le plus souvent possible. Imaginez un peu ce que donnerait un plan d'investissement futur pour la construction de maisons de retraites et d'écoles dans nos villages avec le recensement de 1950 !

SQL Server crée des statistiques derrière chaque index, qu'il soit posé automatiquement (pour les clés primaires et les contraintes d'unicité) ou qu'il soit ajouté par vos soins en utilisant la commande `CREATE INDEX`. Ces statistiques sont des histogrammes permettant d'évaluer pour une valeur particulière, une plage de valeurs ou un lot de valeurs discrètes, quel sera le nombre de lignes à traiter si l'on prend tel ou tel index comme source de données pour la résolution de la requête. Les histogrammes présentent différents indices de distribution des données qui sont évalués pour chaque plage de valeurs de l'entrée dans l'histogramme.

Prenons par exemple l'index que nous avons créé pour notre base des sports sur la colonne des catégories des adhérents (`CREATE INDEX X_ADR_CTG ON T_ADHERENT_ADR (ADR_CATEGORIE)`) pour résoudre la problématique de l'exemple 14-5.

Cet index présente des statistiques dont on peut connaître les entrées à l'aide de la commande `DBCC SHOW_STATISTICS` (figure 14-7).

```
DBCC SHOW_STATISTICS ('T_ADHERENT_ADR', 'X_ADR_CTG')
```

Résultats | Messages

Name	Updated	Rows	Rows Sampled	Steps	Density	Average key len...	String Index	Filter Expressi...	Unfiltered Rows
X_ADR_CTG	sept 26 2013 7:46PM	9999	9999	4	0	20	YES	NULL	9999

All density	Average Len...	Columns
0,25	16	ADR_CATEGORIE
0,00010001	20	ADR_CATEGORIE, ADR_ID

RANGE_HI_KEY	RANGE_ROWS	EQ_ROWS	DISTINCT_RANGE_ROWS	AVG_RANGE_ROWS
GOLD	0	2027	0	1
PLATINIUM	0	256	0	1
PREMIUM	0	4325	0	1
SILVER	0	3391	0	1

Figure 14–7 Statistiques relatives à l'index X_ADR_CTG posé sur la table des adhérents et concernant la colonne ADR_CATEGORIE

Sur la figure 14-7, le premier jeu de résultats indique quand et comment les statistiques ont été créées. Le deuxième jeu présente les données contenues dans cet index (la colonne `ADR_ID` permet de revenir à la ligne originale de la table). Le troisième jeu de résultats, le plus intéressant, est constitué des entrées de l'histogramme qui sont au nombre de 4. Pour chacune de ces entrées, on trouve en regard (colonne `EQ_ROWS`) le nombre de lignes qui conduit à cette valeur.

L'optimiseur peut alors estimer le nombre de lignes manipulées en fonction d'un filtre appliqué sur cette colonne dans une requête.

Par exemple, en restreignant les lignes sur la catégorie `PREMIUM`, l'optimiseur va retourner plus de 4 000 lignes, tandis qu'avec la catégorie `PLATINIUM` il n'en sortira que 250 environ.

Dès lors, la stratégie d'exécution peut changer en fonction des valeurs des critères de recherche (figure 14-8).

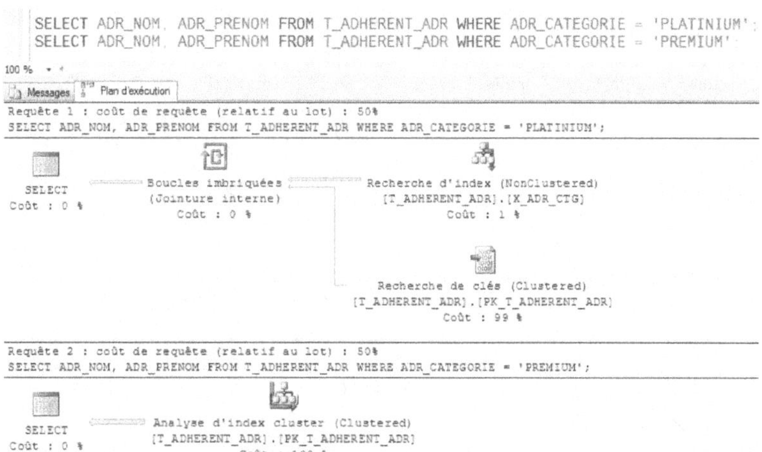

Figure 14–8
Deux requêtes presque identiques et deux plans d'exécution très différents, mais pourtant de coûts très proches (0,75 environ)

L'explication est somme toute assez simple. L'index est utilisé en recherche, ce qui accélère le traitement mais oblige à deux lectures de données, à savoir celle de l'index, puis celle de la table, l'index n'ayant pas les informations de nom et de prénom exigées par la requête… La lecture de la table, quant à elle, est plus pénalisante, sauf si la masse des données à scruter représente un nombre de lignes très important.

Or, dans nos requêtes, l'une concetre (critère `PREMIUM`) va retourner près de la moitié de la table…

En définitive, les statistiques permettent à l'optimiseur de rechercher le plus court traitement en évaluant à chaque étape du plan d'exécution, la cardinalité des opérations en jeu et en choisissant l'opérateur le plus adapté et l'index ou la table la plus adéquate.

Cependant, les statistiques ne sont estimées que de temps à autre. L'optimiseur peut donc se trouver pris en défaut, si ces dernières s'écartent trop de la réalité de distribution des données. Nous allons simuler un tel comportement pour étudier la réaction de l'optimiseur.

Exemple 14-10. Reconstruction de l'index avec interdiction de mise à jour des statistiques

```
ALTER INDEX X_ADR_CTG ON T_ADHERENT_ADR REBUILD WITH (STATISTICS_NORECOMPUTE = ON);
```

La commande `ALTER INDEX` de l'exemple 14-10 recalcule l'index et lui interdit toute mise à jour des statistiques. Nous allons maintenant modifier la distribution des données.

Exemple 14-11. Inversion des données de catégorie pour `PREMIUM` et `PLATINIUM`

```
UPDATE T_ADHERENT_ADR
   SET ADR_CATEGORIE = CASE WHEN ADR_CATEGORIE = 'PREMIUM' THEN 'PLATINIUM'
                            WHEN ADR_CATEGORIE = 'PLATINIUM' THEN 'PREMIUM'
                            ELSE ADR_CATEGORIE
                       END;
```

Vous pourrez constater que les plans de requêtes estimés restent parfaitement inchangés. Demandons néanmoins à « voir » les cardinalités réelles après exécution des requêtes à l'aide du paramètre de session `STATISTICS PROFILE` (exemple 14-12).

Exemple 14-12. Exécution des requêtes recherchant les catégories `PREMIUM` et `PLATINIUM` avec affichage des cardinalités réelles du résultat

```
SET STATISTICS PROFILE ON;
SELECT ADR_NOM, ADR_PRENOM FROM T_ADHERENT_ADR WHERE ADR_CATEGORIE = 'PLATINIUM';
SELECT ADR_NOM, ADR_PRENOM FROM T_ADHERENT_ADR WHERE ADR_CATEGORIE = 'PREMIUM';
```

Après chaque résultat de requête, les statistiques finales sont indiquées en regard des estimations de cardinalité.

Figure 14–9
Optimisation prise en défaut en raison de statistiques obsolètes

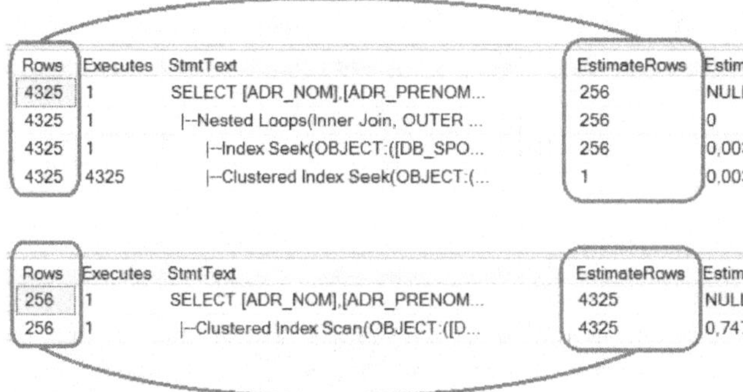

Rows	Executes	StmtText	EstimateRows	Estim
4325	1	SELECT [ADR_NOM],[ADR_PRENOM...	256	NULI
4325	1	|--Nested Loops(Inner Join, OUTER ...	256	0
4325	1	|--Index Seek(OBJECT:([DB_SPO...	256	0,00:
4325	4325	|--Clustered Index Seek(OBJECT:(...	1	0,00:

Rows	Executes	StmtText	EstimateRows	Estim
256	1	SELECT [ADR_NOM],[ADR_PRENOM...	4325	NULI
256	1	|--Clustered Index Scan(OBJECT:([D...	4325	0,74:

Comme on le voit sur la figure 14-9, l'optimiseur s'étant fié à des statistiques obsolètes, il a produit des plans de requêtes totalement inadaptés, malgré que les plans estimés aient présenté un coût relativement normal... C'est bien là tout le drame de l'optimiseur !

Veillez à ce que les statistiques soient actualisées le plus souvent possible. Paramétrez votre base pour que la mise à jour des statistiques s'effectue automatiquement et n'hésitez pas à recalculer les statistiques régulièrement dans le cadre d'un plan de maintenance.

Lors d'une migration de base avec évolution de version, nous vous conseillons fortement de mettre à jour toutes les statistiques de la base. En effet, chaque édition apporte des opérateurs physiques nouveaux et le calcul des statistiques doit en tenir compte. C'est pourquoi la méthode de calcul des statistiques diffère d'une version à l'autre et l'utilisation de statistiques d'une ancienne version sur l'optimiseur d'une nouvelle version peut produire des résultats aléatoires en termes de performances...

Si vous avez créé les index demandés pour résoudre l'exemple 14-4 page 708 (`CREATE INDEX X_ADR_RDC ON T_ADHERENT_ADR (ADR_REDUCTION_PC)`), la distribution des données de statistiques sera la suivante (figure 14-10).

Figure 14–10
Statistiques de distribution des données de réduction : 16 entrées dans l'histogramme

```
DBCC SHOW_STATISTICS ('T_ADHERENT_ADR' 'X_ADR_RDC')
```

Résultats | Messages

Name	Updated	Rows	Rows Sampled	Steps	Density	Average ...	Stri...	Unfiltere
X_ADR_RDC	sept 26 ...	9999	9999	16	0	11,42714	NO	9999

All density	Average Len...	Columns
0,0625	7,427143	ADR_REDUCTION_PC
0,00010001	11,42714	ADR_REDUCTION_PC, ADR_ID

RANGE_HI_KEY	RANGE_ROWS	EQ_ROWS	DISTINCT_RANGE_ROWS	AVG_RANGE_ROWS
NULL	0	716	0	1
10	0	53	0	1
11	0	43	0	1
12	0	195	0	1
13	0	512	0	1
14	0	643	0	1
15	0	664	0	1
16	0	612	0	1
17	0	648	0	1
18	0	1161	0	1
19	0	2089	0	1
20	0	1738	0	1
21	0	839	0	1
22	0	47	0	1
23	0	30	0	1
24	0	9	0	1

La distribution des données de points (index `X_ADR_PTS` créé à l'exemple 14-2 page 707) est illustrée à la figure 14-11.

Figure 14–11
Statistiques de distribution des données de points : 183 entrées dans l'histogramme

```
DBCC SHOW_STATISTICS ('T_ADHERENT_ADR' 'X_ADR_PTS')
```

Résultats | Messages

Name	Updated	Rows	Rows Sampled	Steps	Density	Av...	Str...	F...	Unfiltered
X_ADR_PTS	sept 2...	9999	9999	183	0,3127341	21	NO	N...	9999

All density	Average Len...	Columns
0,0004950495	17	ADR_POINTS
0,00010001	21	ADR_POINTS, ADR_ID

RANGE_HI_KEY	RANGE_ROWS	EQ_ROWS	DISTINCT_RANGE_ROWS	AVG_RANGE_ROWS
139.000000000	22	20	2	11
142.000000000	20	15	2	10
147.000000000	36	14	4	9
151.000000000	40	10	3	13,33333
153.000000000	18	17	1	18
157.000000000	31	14	3	10,33333
162.000000000	49	19	4	12,25
165.000000000	24	9	2	12
168.000000000	27	18	2	13,5
172.000000000	47	21	3	15,66667
174.000000000	11	13	1	11
178.000000000	31	16	3	10,33333
182.000000000	39	9	3	13
186.000000000	37	19	3	12,33333
189.000000000	33	17	2	16,5
191.000000000	10	17	1	10
194.000000000	23	16	2	11,5
197.000000000	23	17	2	11,5
201.000000000	37	9	3	12,33333
205.000000000	39	20	3	13
209.000000000	38	11	3	12,66667
212.000000000	29	16	2	14,5

En principe, SQL Server ne dépasse pas 200 entrées dans l'histogramme. En effet, au-delà de cette valeur, scruter de nombreuses entrées de statistiques commence à prendre du temps au détriment du calcul du plan de requête. Il faut donc trouver un compromis. Nous voyons cependant arriver des informations supplémentaiares dans cet histogramme. Les colonnes `RANGE_ROWS`, `DISTINCT_RANGE_ROWS` et `AVG_RANGE_ROWS` sont enfin renseignées.

Intéressons-nous plus particulièrement à une entrée pour en savoir plus, par exemple l'entrée 91 (figure 14-12).

Figure 14–12
Une entrée de statistiques des points

	RANGE_HI_KEY	RANGE_ROWS	EQ_ROWS	DISTINCT_RANGE_ROWS	AVG_RANGE_ROWS
89	178.000000000	31	16	3	10,33333
90	182.000000000	39	9	3	13
91	186.000000000	37	19	3	12,33333
92	189.000000000	35	17	2	16,5

Sur la figure 14-12, on peut remarquer que l'entrée d'histogramme 91 va de la valeur 182 non comprise (entrée précédente dans l'histogramme) à la valeur 186 comprise. 19 lignes (colonne `EQ_ROWS`) possèdent exactement cette valeur (186). Il y a trois autres valeurs entre les deux bornes (colonne `DISTINCT_RANGE_ROWS`). 37 lignes possèdent des valeurs entre les deux bornes (colonnes `RANGE_ROWS`). Le nombre moyen d'occurrences est de 12,33333 et résulte du calcul de 37 divisé par 3.

Avec toutes ces informations, l'optimiseur de SQL Server peut décider de la meilleure stratégie de réalisation d'un plan d'exécution de requête.

Statistiques de colonnes

En plus des statistiques sous index, SQL Server permet de créer des statistiques directement sur les colonnes des tables. Si vous avez activé l'option de base de données `AUTO_CREATE_STATISTICS`, les colonnes des tables seront automatiquement créées en fonction des besoins de l'optimiseur.

Ces statistiques sont de même nature que celles sous index... Comme il n'y a pas d'index sous-jacent, ces statistiques de colonnes ne servent pas à décider quel index il faut prendre, mais plus généralement à éviter la prise d'index...

Nous allons vous présenter ces statistiques à l'aide d'un exemple. Pour ce faire, nous devons revenir aux conditions initiales de la base, c'est-à-dire des tables dénuées d'index et de statistiques de colonnes. Afin de supprimer tous les index, relancez le batch de l'exemple 14-6 page 709, et lancez celui de l'exemple 14-13 qui supprime toutes les statistiques.

Exemple 14-13. Batch SQL supprimant toutes les statistiques de la base `DB_SPORT` hormis celles des clés primaires des tables

```
USE DB_SPORT;
GO
DECLARE @SQL NVARCHAR(max);
SET @SQL = N'';
SELECT @SQL = N'DROP STATISTICS [' + s.name + N'].['+ o.name + N'].[' + st.name + N'];'
FROM   sys.stats AS st
       INNER JOIN sys.objects AS o
             ON st.object_id = o.object_id
       INNER JOIN sys.schemas AS s
             ON o.schema_id = s.schema_id
       LEFT OUTER JOIN sys.indexes AS i
             ON st.object_id = i.object_id
             AND st.name = i.name
```

```
WHERE o.type = 'U'
  AND (i.type > 1 OR i.type IS NULL)
  AND o.name <> 'sysdiagrams';
EXEC (@SQL);
```

Pour nous assurer que SQL Server ne va pas créer de statistiques intempestives, nous lui interdisons l'ajout automatique (exemple 14-14).

Exemple 14-14. Désactivation de la création automatique des statistiques de colonnes

```
ALTER DATABASE DB_SPORT
   SET AUTO_CREATE_STATISTICS OFF;
```

Enfin, pour avoir l'absolue certitude que SQL Server ne réutilise pas un plan d'exécution déjà mis en mémoire, nous allons vider le cache des procédures à l'aide de la commande `DBCC FREEPROCCACHE`[2].

Nous allons maintenant chercher les adhérents qui vivent à Caen et qui ne sont pas membres fondateurs (il n'y a que 7 membres fondateurs). Nous nous aiderons bien entendu d'un index sur les colonnes `ADR_VILLE` et `ADR_FONDATEUR` (exemple 14-15).

Exemple 14-15. Recherche des adhérents domiciliés à Caen et qui ne sont pas membres fondateurs, avec vidage des plans en cache et affichage du nombre d'opérations de lecture

```
DBCC FREEPROCCACHE;
SET STATISTICS IO ON;

CREATE INDEX X_ADR_VIL_FDT
   ON T_ADHERENT_ADR (ADR_VILLE, ADR_FONDATEUR);

SELECT *
FROM   T_ADHERENT_ADR
WHERE ADR_VILLE = 'CAEN'
AND    ADR_FONDATEUR = 0;
```

Après exécution de ce code, l'onglet Message du panneau de réponse nous livre les métriques suivantes :

```
Table 'T_ADHERENT_ADR'. Nombre d'analyses 1, lectures logiques 5244...
```

Et le plan d'exécution, si vous avez demandé son affichage après exécution (menu Requête>Inclure le plan d'exécution actuel), vous montre un petit détail important… (figure 14-13).

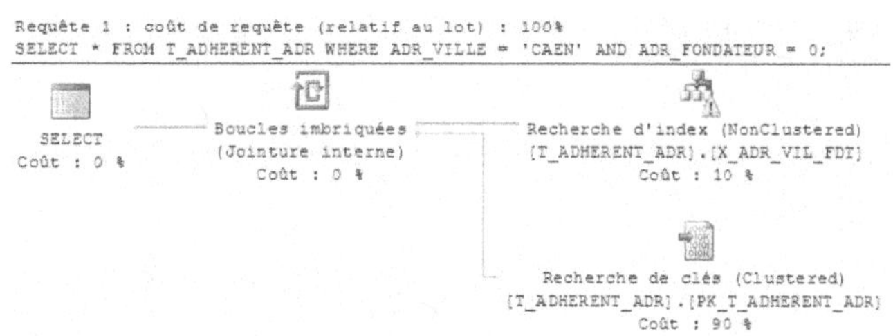

Figure 14–13
Plan d'exécution avec statistiques manquantes

2. Évitez d'utiliser cette commande sur un serveur en production !

Dans l'opération de recherche d'index, un panneau jaune de type Danger vous indique que quelque chose ne va pas. En observant plus en détail le plan pour cette opération (il suffit de le survoler avec la souris), un cadre jaune apparaît et vous donne un certain nombre de détails (figure 14-14).

Recherche d'index (NonClustered)

Analyse une plage de lignes particulière à partir d'un index non cluster.

Opération physique	Recherche d'index
Opération logique	Recherche d'index
Mode d'exécution estimé	Row
Stockage	RowStore
Coût d'opérateur estimé	0,0032935 (10 %)
Coût E/S estimé	0,003125
Coût des sous-arborescences estimé	0,0032935
Coût UC estimé	0,0001685
Nombre d'exécutions estimé	1
Nombre de lignes estimé	10,4374
Taille de ligne estimée	44 O
Trié	True
ID du nœud	1

Objet
[DB_SPORT].[dbo].[T_ADHERENT_ADR].[X_ADR_VIL_FDT]
Liste de résultat
[DB_SPORT].[dbo].[T_ADHERENT_ADR].ADR_ID; [DB_SPORT].[dbo].[T_ADHERENT_ADR].ADR_VILLE; [DB_SPORT].[dbo].[T_ADHERENT_ADR].ADR_FONDATEUR
Avertissements
Colonnes sans statistiques : [DB_SPORT].[dbo].[T_ADHERENT_ADR].ADR_FONDATEUR
Prédicats de recherche
Clés de recherche[1]: Préfixe : [DB_SPORT].[dbo].[T_ADHERENT_ADR].ADR_VILLE; [DB_SPORT].[dbo].[T_ADHERENT_ADR].ADR_FONDATEUR = Opérateur scalaire ('CAEN'); Opérateur scalaire((0))

Figure 14–14
Avertissement concernant des statistiques manquantes dans le plan d'exécution

La rubrique Avertissements indique que des statistiques sont manquantes sur la colonne ADR_FONDATEUR de la table T_ADHERENT_ADR. Notez aussi le nombre de lignes estimées : 10,4374...

Rectifions cet oubli et ajoutons cette statistique. Pour repartir du bon pied, vidons à nouveau le cache (exemple 14-16).

Exemple 14-16. Recherche des adhérents domiciliés à Caen et qui ne sont pas membres fondateurs, avec vidage des plans en cache et ajout de la statistique manquante

```
DBCC FREEPROCCACHE;

CREATE STATISTICS STS_ADR_FDT ON T_ADHERENT_ADR (ADR_FONDATEUR)

SELECT *
FROM   T_ADHERENT_ADR
WHERE ADR_VILLE = 'CAEN'
AND    ADR_FONDATEUR = 0;
```

Après exécution de ce code, l'onglet Message du panneau de réponse affiche les métriques d'IO suivantes :

```
Table 'T_ADHERENT_ADR'. Nombre d'analyses 1, lectures logiques 1011...
```

Surprise, nous avons scruté cinq fois moins de pages ! La visualisation du plan de requête apporte des éléments intéressants... (figure 14-15).

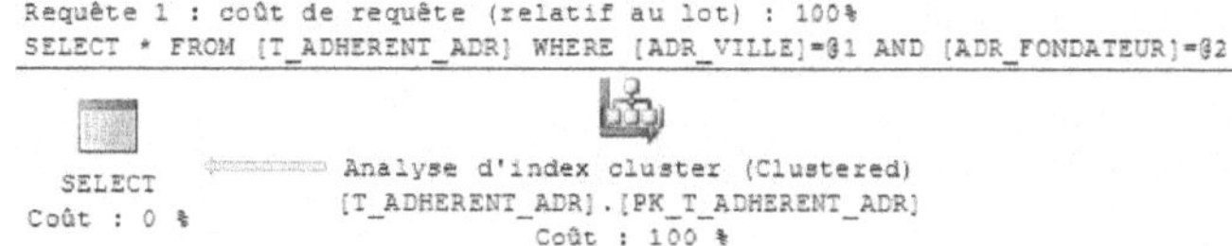

Figure 14–15
Plan de requête avec les statistiques de colonnes actualisées

L'analyse de ce plan nous montre que SQL Server a préféré utiliser une lecture directe de la table par balayage (Analyse d'index cluster[3]) au lieu de faire une recherche dans l'index, comme c'était le cas précédemment. En outre, vous constaterez en lisant le texte de la requête affiché en en-tête du plan, que cette dernière a été immédiatement paramétrée (@1, @2...), ce qui n'était pas le cas dans le plan précédent. Enfin, en passant votre souris afin de voir le détail de l'opération de lecture des données, vous observerez que l'évaluation du nombre de ligne est beaucoup plus réaliste ! L'optimiseur fournit une estimation de 1 744,78 alors que la réponse est de 1 744 lignes... (figure 14-16).

Figure 14–16
Détail du plan avec statistiques de colonnes mises à jour

Analyse d'index cluster (Clustered)
Analyse d'un index cluster, en entier ou sur une plage uniquement.

Opération physique	Analyse d'index cluster
Opération logique	Analyse d'index cluster
Mode d'exécution réel	Row
Mode d'exécution estimé	Row
Nombre réel de lignes	1744
Nombre réel de lots	0
Coût E/S estimé	0,747569
Coût d'opérateur estimé	0,758725 (100 %)
Coût UC estimé	0,0111559
Coût des sous-arborescences estimé	0,758725
Nombre d'exécutions	1
Nombre d'exécutions estimé	1
Nombre de lignes estimé	1744,78
Taille de ligne estimée	393 O
Reliaisons actuelles	0
Rembobinages actuels	0
Trié	False
ID du nœud	0

Prédicat
[DB_SPORT].[dbo].[T_ADHERENT_ADR].[ADR_FONDATEUR]=(0) AND [DB_SPORT].[dbo].[T_ADHERENT_ADR].[ADR_VILLE]='CAEN'
Objet
[DB_SPORT].[dbo].[T_ADHERENT_ADR].[PK_T_ADHERENT_ADR]

Statistiques... quelles conclusions ?

A travers ces exemples, vous avez pu constater qu'il est indispensable que les statistiques soient à jour. Mais pas seulement ! Il faut aussi disposer de statistiques de colonnes, ce qui mérite quelques explications...

En présence d'un index multicolonne (c'est-à-dire dont la clé est composée de plusieurs colonnes), SQL Server ne va créer des statistiques que sur la première colonne. Or, l'absence de statistiques sur les autres colonnes de l'index peut s'avérer catastrophique car de nature à induire l'optimiseur en erreur ! Il est donc indispensable de maintenir des statistiques de colonnes, au moins pour les colonnes qui font partie d'un index (sauf pour la colonne de tête de la clé d'index, qui est déjà « statistisée »), voire pour toutes les colonnes utilisées dans des opérations de recherche notamment.

3. Ne vous y trompez pas, une telle analyse est bien un scan (balayage) de table en dépit de l'appellation index clustered.

Les statistiques de colonnes sont essentielles à l'établissement de plans optimaux. Placez votre base en AUTO_CREATE_STATISTICS ou prévoyez de créer, par des campagnes régulières, les statistiques de colonnes adéquates....

Les outils

Nous avons découvert quelques outils pour manipuler les statistiques. Le tableau 14-2 dresse la liste de tous les outils disponibles et fournit une description pour chacun d'entre eux.

Tableau 14–2 Outils permettant de manipuler les statistiques

Commandes	Description
CREATE STATISTICS	Création d'une statistique
DROP STATISTICS	Suppression d'une statistique
UPDATE STATISTICS	Mise à jour d'une statistique
DBCC SHOW_STATISTICS	Voir la distribution statistique des données
sp_autostats	Modifie ou affiche le comportement d'une statistique face aux réglages de AUTO_UPSDATE_STATISTICS/_ASYNC.
sp_createstats	Crée un ensemble de statistiques de colonnes.
sys.stats	Vue système listant les statistiques
STATS_DATE(...)	Renvoie la date de dernier calcul d'une statistique.
sp_help_spatial_geography_histogram	Histogramme statistique pour la distribution des données géographiques
sp_help_spatial_geometry_histogram	Histogramme statistique pour la distribution des données géométriques

Exemple 14-17. Création d'une statistique de colonne pour la table des adhérents sur les réductions, avec calcul sur un échantillon de 1 000 lignes, sans prise en compte du NULL et sans remise à jour

```
CREATE STATISTICS STS_ADR_RDC
    ON dbo.T_ADHERENT_ADR (ADR_REDUCTION_PC)
    WHERE ADR_REDUCTION_PC IS NOT NULL
    WITH SAMPLE 1000 ROWS,
         NORECOMPUTE;
```

Exemple 14-18. Affichage de toutes les statistiques avec leur nature, l'index et l'objet de provenance ainsi que la date de dernier recalcul

```
SELECT s.name AS TABLE_SCHEMA, o.name AS TABLE_NAME,
       CASE o."type" WHEN 'V' THEN 'VIEW' ELSE 'TABLE' END AS TABLE_TYPE,
       st.name AS STAT_NAME,
       STATS_DATE(st.object_id, st.stats_id) AS STATS_DATE,
       CASE WHEN index_id IS NULL THEN 'colonne' ELSE 'index' END AS NATURE,
       CASE WHEN user_created = 1 THEN 'USER'
            WHEN auto_created = 1 THEN 'AUTO' ELSE 'INDEX' END AS CREATE_BY,
       no_recompute, COALESCE(st.filter_definition, '<NO>') AS filtered,
       is_temporary
FROM   sys.stats AS st
       INNER JOIN sys.objects AS o
             ON st.object_id = o.object_id
```

```
    INNER JOIN sys.schemas AS s
         ON o.schema_id = s.schema_id
    LEFT OUTER JOIN sys.indexes AS i
         ON st.object_id = i.object_id
         AND st.name = i.name;
```

Exemple 14-19. Création de toutes les statistiques de colonnes pour les colonnes d'index ne figurant pas en tête de la clé d'index, avec un balayage complet et sans mise à jour

```
EXEC sp_createstats 'indexonly', 'fullscan', 'norecompute';
```

N'hésitez pas à prévoir dans votre plan de maintenance un recalcul par `FULLSCAN` de l'ensemble des statistiques, par exemple une fois par semaine,. En effet, à défaut de précision, SQL Server utilise systématiquement un échantillon, lorsque le volume des données excède un certain seuil, ce qui peut parfois conduire l'optimiseur sur une fausse piste !

Lire un plan de requête

Nous avons déjà passé pas mal de temps à lire les plans de requêtes produits par SQL Server. Leur aspect graphique, envié par bien d'autres SGBDR, les rend agréables à regarder et facile à lire. Néanmoins, nous pouvons les faire apparaître sous différentes formes et avec plus ou moins d'informations, et cela avant exécution de la requête (évaluation) ou après (plan réel d'exécution).

Les plans de requêtes peuvent s'afficher sous trois formes : graphique, XML ou texte.

Un plan graphique est en fait la traduction sous forme visuelle d'un plan XML. Pour vous en convaincre, effectuez un clic droit sur n'importe quel plan graphique et sélectionnez Afficher le XML du plan d'exécution... Nous vous souhaitons un bon courage pour cette passionnante lecture !

Tableau 14–3 Commandes permettant d'afficher un plan de requête

Types	Avant	Après
XML	`SET SHOWPLAN_XML ON`	`SET STASTISTICS XML ON`
Texte	`SET SHOWPLAN_TEXT ON` `SET SHOWPLAN_ALL ON`	`SET STATISTICS PROFILE ON`
Graphique	Raccourci Alt+R, puis H ou menu Requête>Afficher le plan d'exécution estimé	Raccourci Alt+R, puis U ou menu Requête>Inclure le plan d'exécution actuel

À ces affichages de plan, nous pouvons ajouter des éléments de métrique des requêtes, encore plus simples et très pratiques, comme l'affichage de statistiques d'entrées-sorties (IO) et de temps :

- `SET STATISTICS IO ON` : pages lues par la requête ;
- `SET STATISTICS TIME ON` : durée d'exécution et durée d'utilisation des UC.

Une fois lancée, la commande `SET` est valable pendant toute la session. Pour la désactiver, relancez la commande avec `OFF`. Souvenez-vous que la mesure d'IO est précise tandis que celle concernant le temps est très approximative. En effet, sa précision est au mieux de 16 ms et fluctue en fonction des circonstances (charge du serveur, concurrence, paramètres du serveur...).

Plan de requête graphique

Le plan de requête graphique se compose de deux parties (figure 14-17). En haut figure, on trouve le numéro de la requête et son coût relatif à l'ensemble des requêtes étudiées, ainsi que le texte de la requête tel que l'optimiseur l'a traduite, ce qui peut être parfois différent du texte original du fait que l'optimiseur peut la paramétrer. Dans cette requête, une ligne verte est parfois présente, indiquant un index à poser conseillé par l'optimiseur (présente sur la figure 14-17). Vous pouvez obtenir le détail de la création de cet index en effectuant un clic droit sur la ligne verte. Ceci vous permettra de créer directement l'index manquant.

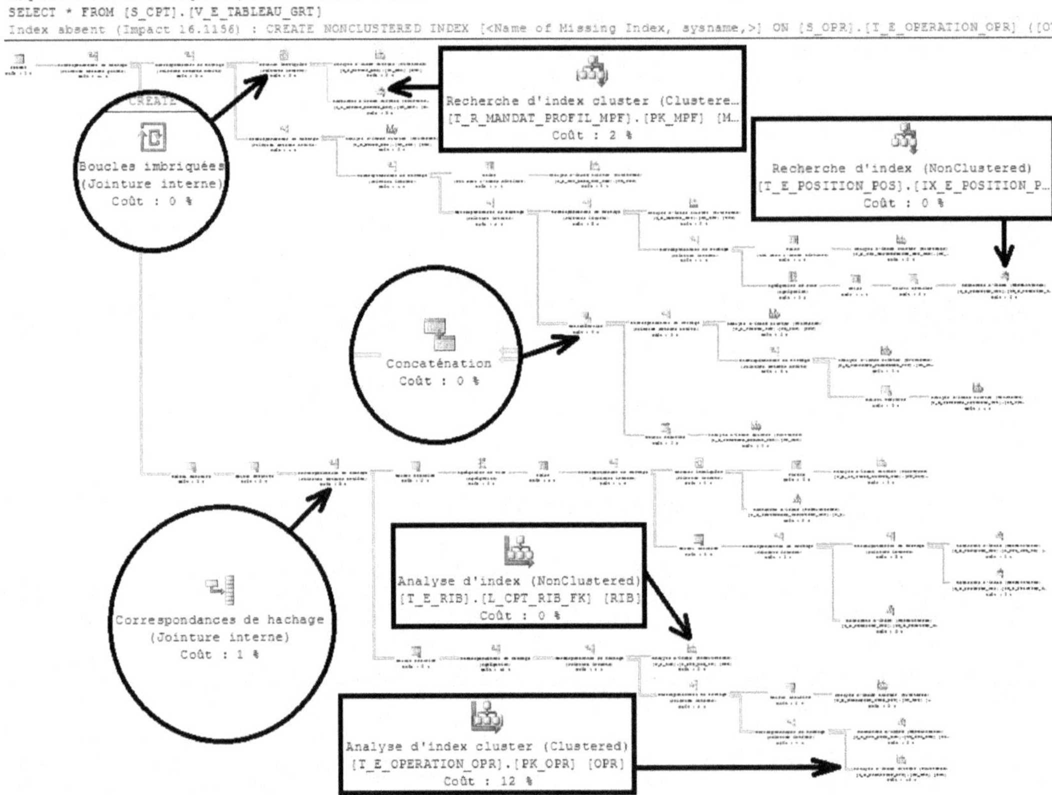

Figure 14–17 Plan de requête

Dans la partie basse, on trouve un arbre dont la racine (en haut à gauche) est le résultat de la requête. Les feuilles de l'arbre sont des accès aux données. Les opérations intermédiaires peuvent être des jointures (par boucle, hachage, concaténation ou tri fusion), des opérations relationnelles (filtrage, agrégation…) ou de calcul (scalaire, tri…), ou encore des opérations internes. Sur la figure, nous avons « zoomé » quelques-unes de ces opérations dans des cadres rectangulaires pour les accès aux données, et dans des ronds pour les jointures. Chaque icône est une opération unitaire du plan et le coût relatif de chacune y est indiqué en pourcentage du coût du plan. Pour afficher le détail des métriques, survolez l'icône correspondante avec la souris (figure 14-18).

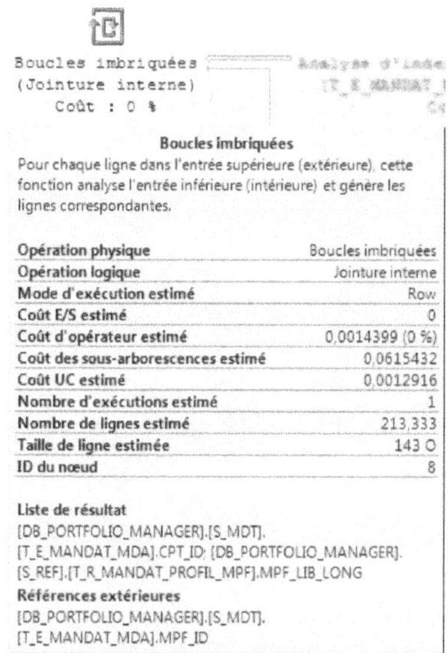

Figure 14–18
Détail d'une opération de plan de requête

Enfin, l'épaisseur des traits fournit une indication sur le volume des données qui passe d'un opérateur à l'autre. Pour plus de détail, passez la souris dessus (figure 14-19).

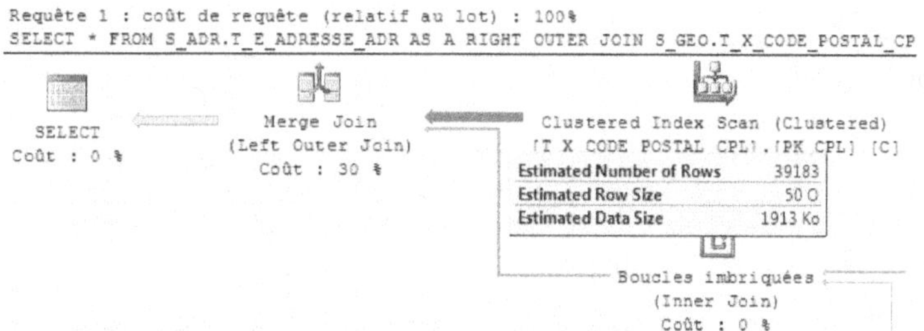

Figure 14–19
Détails d'un plan de requête

Vous pouvez afficher la fenêtre des propriétés qui se synchronise avec l'endroit du plan où vous cliquez pour obtenir encore plus de détails (figure 14-20). Pour ouvrir cette fenêtre, sélectionnez Fenêtre Propriétés dans le menu Affichage.

Figure 14–20
Fenêtre Propriétés associée à une opération du plan de requête

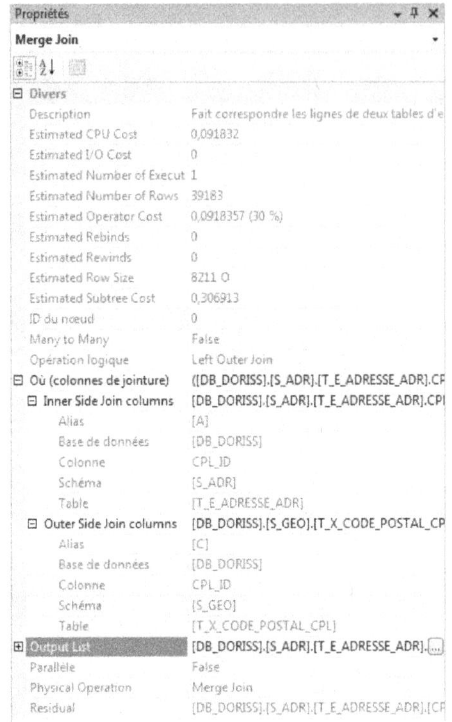

Icônes représentant les opérations du plan d'exécution

Chaque étape du plan de requête est représentée par une icône. Dans le tableau 14-4, nous avons regroupé ces icônes par affinités.

Tableau 14–4 Liste des opérations unitaires des plans de requêtes

Nom	Icône	Description
Racine des plans		
Catchall		Exécution de commande (par exemple, CREATE, GRANT, EXECUTE…)
Select		Ordre SQL de lecture
Insert		Ordre SQL d'insertion
Update		Ordre SQL de modification
Delete		Ordre SQL de suppression
Merge		Ordre SQL de fusion des mises à jour

Tableau 14–4 Liste des opérations unitaires des plans de requêtes *(suite)*

Nom	Icône	Description
Lecture des données		
Table scan		Balayage de table
Table valued function		Construction d'une table à partir d'une fonction
Columnstore index scan		Balayage d'index columnstore
Clustered index scan		Balayage de table organisée sous forme d'index clustered
Non clustered index scan		Balayage d'index non clustered
Parameter table scan		Lecture d'une table construite avec des paramètres
Key lookup		Recherche multiligne par clé
RID lookup		Recherche multiligne par Row ID
Clustered index seek		Recherche dans un index clustered
Non clustered index seek		Recherche dans un index non clustered
Constant scan		Lecture de constante
Inserted scan		Lecture de la pseudo-table inserted dans un déclencheur
Deleted scan		Lecture de la pseudo-table deleted dans un déclencheur
Jointures		
Nested loop		Boucle imbriquée
Hash match		Rapprochement par hachage
Merge join		Jointure par tri fusion
Concaténation		Concaténation de résultat (*Union all*)
Opérations classiques		
Sort		Tri
Stream aggregate		Groupage et agrégat
Filter		Filtre
Compute scalar		Calcul scalaire

Tableau 14–4 Liste des opérations unitaires des plans de requêtes *(suite)*

Nom	Icône	Description
Opérations classiques		
Top		Retourne les *n* premières lignes.
UDX		Opération XQuery/XPath
Mise à jour		
Clustered index insert		Insertion de ligne dans une table organisée sous forme d'index clustered
Clustered index update		Modification de ligne dans une table organisée sous forme d'index clustered
Clustered index delete		Suppression de ligne dans une table organisée sous forme d'index clustered
Clustered index merge		Fusion des mises à jour dans une table organisée sous forme d'index clustered
Non clustered index insert		Insertion de ligne dans un index non clustered
Non clustered index update		Modification de ligne dans un index non clustered
Non clustered index delete		Suppression de ligne dans un index non clustered
Online index insert		Insertion dans un index « online »
Opérations distantes (serveur lié)		
Remote scan		Lecture de table distante par balayage
Remote insert		Insertion de ligne dans une table distante
Remote update		Modification de ligne dans une table distante
Remote delete		Suppression de ligne dans une table distante
Remote query		Requête sur serveur distant
Parallélisme		
(parallelism)		Indique qu'une opération s'effectue en parallèle (en surimpression sur une autre icône).
Gather streams		Rassemble plusieurs flux en un seul.
Repartition streams		Ventilation de *n* flux en *m* flux
Distribute streams		Éclate un flux en plusieurs.
Bitmap		Filtrage bitmap

Tableau 14–4 Liste des opérations unitaires des plans de requêtes *(suite)*

Nom	Icône	Description
Opérations internes		
Split		Divise une mise à jour en plusieurs.
Collapse		Réunie plusieurs mises à jour préalablement divisées.
Segment		Divise un jeu de données en segments.
Sequence project		Ajoute des colonnes et divise le jeu d'entrées en segments.
Sequence		Génère de multiples plans de mise à jour.
Merge interval		Fusion d'intervalles
Switch		Itérateur de concaténation
Build ash		Construit une table de hachage pour l'utilisation d'un index columnstore.
Log row scan		Analyse le journal des transactions.
Assert		Vérification d'une contrainte
Iterator catchall	I	Affichage par défaut en cas d'absence d'une icône spécifique pour une opération du plan
Opérations utilisant la base tempdb		
Spool		Enregistre un résultat intermédiaire dans la base tempdb.
Table spool		Copie des lignes dans une table de la base tempdb.
Eager spool		Stocke des données transitoires dans un objet de la base tempdb.
Lazy spool		Stocke des données transitoires dans un objet masqué de la base tempdb.
Non clustered index spool		Stocke des données de recherche dans un index masqué de la base tempdb.
Row count spool		Compte le nombre de lignes et renvoie une table temporaire exempte de données.
Opérations Transact-SQL		
Result		Résultat d'une requête
Declare		Déclaration de variable
Assign	A←B	Assignation
Convert		Conversion, transtypage

Tableau 14–4 Liste des opérations unitaires des plans de requêtes *(suite)*

Nom	Icône	Description
Opérations Transact-SQL		
If		Test de condition IF, ELSE
While		Boucle de condition WHILE
Intrinsic		Appel d'une fonction Transact-SQL interne
Catchall	T-SQL	Affichage par défaut en cas d'absence d'une icône spécifique pour une opération Transact-SQL
Opérations de curseur		
Dynamic		Ouvre un curseur dynamique, reflétant toutes les mises à jour.
Keyset		Ouvre un curseur reflétant les modifications, mais pas les insertions.
Snapshot		Ouvre un curseur sur une copie des lignes.
Population query		Alimente la table de travail d'un curseur.
Fetch query		Lit les lignes d'un curseur.
Refresh query		Lit les lignes du tampon d'extraction mémoire.
Catchall	C	Affichage par défaut en cas d'absence d'une icône spécifique pour une opération de curseur

Un index non clustered correspond en fait à la table triée sur la clé d'index. La différence de représentation entre index clustered et index non clustered repose sur la présence de la parenthèse dans l'icône.

Toutes les opérations ne sont pas représentées dans ce tableau et certaines n'ont pas d'icône propre (soit elles utilisent l'icône d'une autre opération, mais son intitulé est surchargé, soit elles utilisent une icône par défaut, Catchall).

Si un plan peut être parallélisé, une petite icône jaune avec deux flèches apparaît en surimpression sur les opérations courantes qui s'effectuent en parallèle, de même que des opérateurs spécifiques à la parallélisation (opération de gestion des flux, figure 14-21).

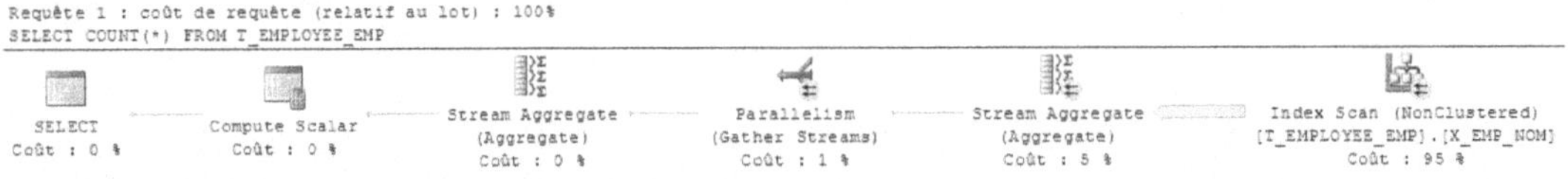

Requête 1 : coût de requête (relatif au lot) : 100%
SELECT COUNT(*) FROM T_EMPLOYEE_EMP

SELECT Coût : 0 %
Compute Scalar Coût : 0 %
Stream Aggregate (Aggregate) Coût : 0 %
Parallelism (Gather Streams) Coût : 1 %
Stream Aggregate (Aggregate) Coût : 5 %
Index Scan (NonClustered) [T_EMPLOYEE_EMP].[X_EMP_NOM] Coût : 95 %

Figure 14–21 Plan de requête parallélisé

Certaines icônes ne concernent pas les requêtes SQL, mais plus particulièrement les opérations effectuées dans les routines SQL. Il s'agit des icônes des opérations Transact-SQL et de curseur.

Pour chaque icône du plan de requête figure en dessous du nom et de la nature de l'opération, le coût relatif (en pourcentage du coût global de la requête) de cet opérateur. Cela permet de voir rapidement quelles opérations sont les plus gourmandes et de tenter de les éradiquer afin de rendre la requête moins coûteuse. Par exemple, sur la figure 14-20, l'opération la plus coûteuse (95 %) est l'accès aux données (Index scan). C'est sans doute là qu'il faudra trouver un moyen de gagner en performances.

Enfin, lorsque vous placez plusieurs requêtes dans l'éditeur et que vous demandez le plan de l'ensemble du lot, chacune d'entre elles se voit attribué un pourcentage de coût par rapport à l'ensemble du lot. Cela permet, lorsque l'on a écrit différentes requêtes répondant au même besoin, de savoir immédiatement quelle est la meilleure.

Principales opérations

Dans l'ordre d'intérêt pour les performances, on trouve tout d'abord les accès aux données, suivis des jointures, de l'utilisation de la base `tempdb` et enfin les diverses opérations.

Accès aux données

Plus l'accès aux données est fin, plus rapide sera la requête. Si l'on classe les opérations de la moins rapide à la moins rapide, nous obtenons la liste suivante :

- balayage de table (Table scan, Table valued function, Clustered index scan...) ;
- balayage d'index (Non clustered index scan, Columnstore index scan...) ;
- recherche de clés (Key lookup, RID lookup...) ;
- recherche dans un index clustered (Clustered index seek...) ;
- recherche dans un index non clustered (Non clustered index seek...).

Il faut donc chercher à ce que la requête accède aux données le plus finement possible. Ceci peut être réalisé en rajoutant des index ou en retardant l'apparition de certaines données dans la requête.

Jointures

Il existe quatre techniques de jointure :

- La boucle imbriquée *(nested loop)*, performante si l'un des objets à joindre possède un très faible nombre de lignes (voire une seule), mais catastrophique si les cardinalités sont importantes.
- Le hachage *(hash join)*, qui consiste à calculer des rapprochements par des plages de valeurs calculées à l'aide d'une fonction de hachage. C'est l'algorithme généralement choisi lorsque la jointure porte sur de multiples colonnes ou sur des grands littéraux.
- Le tri fusion *(merge)*, qui consiste à trier les données à rapprocher, puis à procéder par descente dans les données des deux listes. C'est l'algorithme optimal si les rapprochements s'opèrent sur des données concises déjà triées (clés, index...).
- La concaténation, qui consiste à ajouter un résultat à un autre. C'est cette opération qui est notamment utilisée pour l'opération ensembliste `UNION ALL`.

Le tri fusion est idéal en matière de jointure dans bien des cas, mais il ne sera réellement efficace que si les attributs de jointure sont concis (cas des entiers, par exemple) et exempts de particularisme de traitement (comme c'est souvent le cas des littéraux à cause des collations).

Le nombre de jointures dans une même requête n'est pas le facteur le plus important. Ne vous laissez pas impressionner par une requête ayant, par exemple, trente jointures[a]. Le plus important est le coût des différents opérateurs.

a. Certains SGBDR sont limités en termes d'optimisation des jointures et commencent à fournir des plans aberrants dès que l'on dépasse la dizaine... Ce n'est pas le cas de SQL Server qui se comporte remarquablement bien avec des requêtes contenant plusieurs dizaines de jointures, à condition toutefois que le modèle de données soit parfaitement normalisé, la base bien indexée et les statistiques à jour ! Autrefois, la version 2005 était limitée à 256 jointures par SELECT (on pouvait donc y ajouter des sous-requêtes et des vues...).

Spool et tempdb

Les opérations de *spool* génèrent des données dans la base `tempdb` car elles créents des objets temporaires, ce qui provoque redondance et journalisation. Mais attention, ce n'est pas parce que le plan a prévu un tel opérateur que l'objet temporaire sera réellement utilisé. Parfois, les données à placer dans un objet temporaire sont d'un volume suffisamment faible pour tenir en mémoire, tant est si bien qu'au final, l'utilisation de l'objet temporaire ne conduira pas réellement à l'utilisation de la base `tempdb`. Dans ce cas, il faut compléter l'analyse par une métrique des IO (`SET STATISTICS IO ON`).

Il n'est pas facile de se débarrasser des opérations de spool, sauf si la table temporaire résultant contient des données agrégées, auquel cas une vue indexée pourrait être utile.

Opérations diverses

Les opérations scalaires sont généralement considérées comme peu coûteuses en regard de l'accès aux données. Malheureusement cette estimation n'est pas toujours juste. Dans ce cas, vous pouvez améliorer la situation par différents biais :

- ajouter des colonnes calculées afin d'éviter des opérations scalaires ;
- ajouter des index filtrés pour éviter des opérations de filtrage ;
- ajouter des index afin de faciliter les opérations et le groupage ;
- ajouter des vues indexées pour éviter les opérations d'agrégation en précalculant certains agrégats.

Métadonnées des plans de requêtes

Un certain nombre de DMV permettent d'en savoir plus sur les plans de requêtes. Le tableau 14-5 dresse la liste de ces DMV.

Tableau 14–5 DMV relatives aux plans de requêtes

DMV	Description
`sys.dm_exec_query_plan(plan_handle) *`	Retourne le plan sous forme XML dont la référence mémoire est passée en argument.
`sys.dm_exec_sql_text(plan_handle) *`	Retourne le texte SQL associé à un plan d'exécution dont la référence mémoire est passée en argument.
`sys.dm_exec_cached_plans`	Liste des plans d'exécution en cache
`sys.dm_exec_cached_plan_dependent_objects`	Liste des objets dépendant d'un plan d'exécution
`sys.dm_exec_plan_attributes`	Liste des attributs et valeurs associées, dépendant d'un plan d'exécution
`sys.dm_exec_text_query_plan(plan_handle, début, fin)`	Retourne tout ou partie d'un plan sous forme texte dont la référence mémoire est passée en argument, limité aux offsets début et fin (préciser 0, -1 ou DEFAULT, DEFAULT pour le plan complet).

* Ces deux DMV sont des fonctions table.

Forcer l'optimiseur

Rappelons-le, la meilleure façon d'obtenir de bonnes performances naturellement, c'est-à-dire que l'optimiseur fasse un excellent travail, consiste à de respecter à la lettre les formes normales. Il s'agit des règles de formation de bonnes relations, qui permettent d'obtenir des tables relationnelles, à la structure optimale pour tous les types de traitement, mise à jour comme lecture.

Bien normaliser sa base de données ne suffit pas, il faut aussi l'indexer (voir chapitre suivant). Mais il existe de très rares cas pour lesquels l'optimiseur peut être pris en défaut. Il est alors possible d'influer sur la manière dont le plan de requête va être élaboré par le biais de tags *(hints)* dans les requêtes on dans les procédures.

Une autre façon de procéder, plus élaborée et à mettre en place lorsque l'on ne peut pas réécrire des requêtes, consiste à utiliser un repère de plan qui permet de forcer le plan à la volée (mais pas de le réécrire).

Les tags de plan de requête

Les tags de plan de requête sont de trois sortes :

- applicables aux tables individuellement ;
- applicables aux jointures entre les tables, individuellement ou globalement ;
- applicables à la requête globalement.

Tags de table

La pose d'un tag de table utilise une clause `WITH` que l'on place après le nom de la table s'il n'y a pas d'alias (après ce dernier s'il est présent) et dont la syntaxe est la suivante :

```
<nom_table> [[AS] <nom_alias>] WITH (<tag1> [, <tag2> [, <tagN> …]])

<tagN> ::=

{NOEXPAND
|INDEX (nom_index1 [, …n])|INDEX = (index_value)
|FASTFIRSTROW
|FORCESEEK
|KEEPIDENTITY
|KEEPDEFAULTS
|IGNORE_CONSTRAINTS
|IGNORE_TRIGGERS
}
```

Tableau 14–6 Indicateurs de table généraux

Tags	Règles
NOEXPAND	Dans les vues indexées, ce tag interdit la lecture des tables sous-jacentes au bénéfice de l'index clustered de la vue[a].
INDEX	Permet d'indiquer par son nom ou son id d'index, un ou plusieurs index d'une table pour résoudre la requête.
FASTFIRSTROW	Équivalent du FAST au niveau global. Attention, ce tag sera supprimé dans une version future.
FORCESEEK	Impose à l'optimiseur d'utiliser une opération de recherche d'index (seek) pour accéder aux données.

a. Dans l'édition Enterprise de SQL Server et les éditions postérieures, l'appel d'une vue indexée utilise systématiquement au moins l'index clustered de la vue, ce qui n'est pas le cas dans les éditions antérieures. L'utilisation de NOEXPAND permet de forcer ce comportement.

Pour le cas de l'INSERT lorsque l'option BULK est utilisée dans la fonction OPENROWSET :

Tableau 14–7 Indicateurs de table pour l'insertion

Tags	Règles
KEEPIDENTITY	Force les valeurs contenues dans le fichier d'import à prendre leur place dans la colonne IDENTITY.
KEEPDEFAULTS	Force les valeurs liées aux contraintes par défaut si la valeur n'est pas spécifiée dans le fichier d'import.
IGNORE_CONSTRAINTS	Ignore l'application des contraintes CHECK et FOREIGN KEY de la table.
IGNORE_TRIGGERS	Ignore l'application de tout déclencheur sur la table.

Certains forçages peuvent conduire à des erreurs, d'autres peuvent être ignorés.

Cas du tag INDEX

Vous pouvez spécifier un ou plusieurs index à prendre en compte dans une liste séparée par des virgules à l'aide de son identifiant d'index (index_id) récupéré dans la table sys.indexes ou de son nom. Si vous indiquez plusieurs index, l'ordre dans la liste à son importance, car vous laissez le choix à l'optimiseur d'étudier la pose des différents index en commençant par le premier de la liste.

Si vous voulez spécifier l'index clustered, vous avez le choix d'imposer une lecture par balayage (scan ou analyse d'index) en spécifiant l'index_id 0 ou une recherche d'index (seek) en spécifiant l'index_id 1.

Exemple 14-20. Forçage d'un plan de requête avec INDEX et FORCESEEK

```
CREATE TABLE T_EMPLOYEE_EMP
(EMP_ID         INT IDENTITY(1,1) NOT NULL PRIMARY KEY
,
EMP_NOM         CHAR(32) NOT NULL,
EMP_PRENOM      VARCHAR(25) NULL,
...
SRV_ID          SMALLINT NULL REFERENCES T_SERVICE_SRV (SRV_ID),
SEX_ID          SMALLINT NULL REFERENCES T_SEX (SEX_ID));
GO

CREATE INDEX X_EMP_SRV ON T_EMPLOYEE_EMP (SRV_ID);
CREATE INDEX X_EMP_SEX ON T_EMPLOYEE_EMP (SEX_ID);

SET STATISTICS TIME ON;

-- Test sans forçage
SELECT E.*
FROM   T_EMPLOYEE_EMP AS E
       INNER JOIN T_SERVICE_SRV AS SR
             ON E.SRV_ID = SR.SRV_ID
       INNER JOIN T_SEX AS SX
             ON E.SEX_ID = SX.SEX_ID
WHERE SRV_LIBELLE = 'Direction'
  AND SEX_LIBELLE = 'Femme';

-- Test avec forçage
SELECT E.*
FROM   T_EMPLOYEE_EMP AS E WITH (INDEX(X_EMP_SRV, X_EMP_SRV), FORCESEEK)
       INNER JOIN T_SERVICE_SRV AS SR
```

```
-- Test avec forçage
SELECT E.*
FROM   T_EMPLOYEE_EMP AS E WITH (INDEX(X_EMP_SRV, X_EMP_SRV), FORCESEEK)
       INNER JOIN T_SERVICE_SRV AS SR
             ON E.SRV_ID = SR.SRV_ID
       INNER JOIN T_SEX AS SX
             ON E.SEX_ID = SX.SEX_ID
WHERE SRV_LIBELLE = 'Direction'
  AND SEX_LIBELLE = 'Femme';
```

Dans l'exemple 14-20, la table comporte 17 colonnes mais nous n'en présentons que quelques-unes. Le nombre de lignes de cette table est de 1 253 500. En dehors des deux index créés dans le script, cette table ne possède pas d'autres index que ceux résultant des clés primaires de chacune des tables en jeu. Le résultat des temps de réponse est le suivant :

- Première requête : temps UC = 93 ms, temps écoulé = 396 ms.
- Seconde requête : temps UC = 62 ms, temps écoulé = 253 ms.

Il semble que les résultats soient meilleurs en forçant l'optimiseur, mais le gain est à la marge, les plans de requêtes sont complexes et montrent de prime abord que la première requête devrait être près de 7 fois plus rapide (figure 14-22).

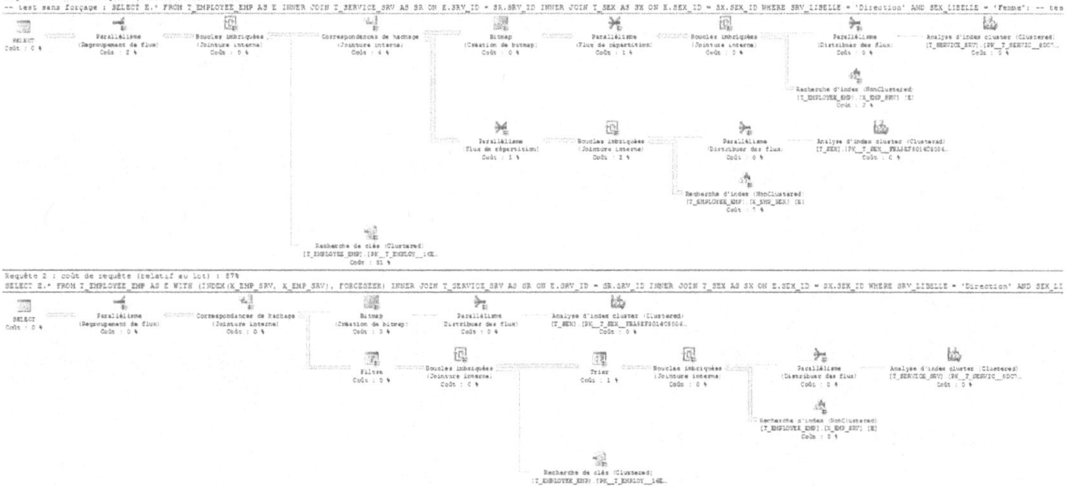

Figure 14–22 Comparaison d'un plan de requête obtenu naturellement et de façon forcée

D'autres tags de table existent, spécifiques au verrouillage et au pilotage de l'isolation des transactions au niveau table (voir le chapitre 16 consacré au verrouillage et aux transactions).

Tag de jointure

Un tag de table jointure se place immédiatement avant le mot-clé `JOIN`. Il ne peut y en avoir qu'un puisqu'il précise quel algorithme est utilisé pour effectuer la jointure, parmi les cas présentés au tableau 14-8.

Tableau 14–8 Algorithmes de jointure

Tags	Algorithmes
LOOP	Effectue la jointure à l'aide de boucles imbriquées.
HASH	Effectue la jointure par hachage (par l'intermédiaire de hash bucket).
MERGE	Effectue la jointure par fusion des éléments ordonnés (suppose que les éléments à joindre sont ordonnés).
REMOTE	Laisse la jointure s'effectuer sur l'ordinateur distant dans le cas où la jointure porte sur au moins une table d'un serveur lié.

Apportons quelques explications sur ces tags :

- LOOP : intéressant lorsque l'une des tables dispose d'une très faible cardinalité, par exemple une seule ligne, sinon gare à l'explosion cardinalistique !
- MERGE : solution parfaite lorsque le prédicat de jointure peut utiliser un index de part et d'autre de la jointure. C'est le cas probable d'un lien mère/fille avec d'un côté l'index sous-jacent à la clé primaire et de l'autre l'index de la clé étrangère qu'il ne faut pas oublier de poser…
- HASH : bonne solution quand on n'a pas d'autre choix et souvent utile lorsque la jointure porte sur de nombreuses colonnes ou des littéraux.
- REMOTE : en principe, c'est sur le serveur sur lequel la requête est lancée que s'effectue la jointure lorsqu'elle est dépendante des données d'une table externe au serveur (cas du serveur lié). Dans ce cas, le serveur demande au serveur lié l'intégralité des lignes candidates de la table liée. Si la cardinalité de la table distante est importante et celle de la table locale relativement faible, on peut tenter d'inverser la vapeur par ce tag.

Exemple 14-21. Forçage d'un plan de requête au niveau d'une jointure

```
CREATE INDEX X_EMP_NOM ON T_EMPLOYEE_EMP (EMP_NOM);

SET STATISTICS TIME ON;

SELECT DISTINCT E.EMP_ID, EMP_NOM
FROM   T_EMPLOYEE_EMP AS E
       INNER JOIN T_ADRESSE_ADR AS A
             ON E.EMP_NOM = A.ADR_VILLE;

SELECT DISTINCT E.EMP_ID, EMP_NOM
FROM   T_EMPLOYEE_EMP AS E
       INNER MERGE JOIN T_ADRESSE_ADR AS A
             ON E.EMP_NOM = A.ADR_VILLE;
```

Dans l'exemple 14-21, une jointure est effectuée avec la table des employées mentionnée dans l'exemple précédent et la table des adresses comportant 1 492 lignes, pour rechercher les personnes ayant un nom identique à celui d'une ville de la table des adresses. Un index est créé sur le nom de l'employée et du fait de l'index clustered de la clé primaire, il inclut de fait la colonne EMP_ID.

La plan estimé par l'optimiseur est assez simple (figure 14-23) mais montre qu'il commence par un hachage pour effectuer ensuite une jointure par boucles imbriquées.

Ne serait-il pas plus intéressant de demander directement une jointure par fusion ? Vu qu'il existe un index pertinent pour la plus grande table (1 253 500 lignes), la création à la volée d'un tri sur 1 492 lignes pour effectuer une jointure par fusion ne devrait pas coûter bien cher…

Hélas, la lecture des temps d'exécution est sans appel :

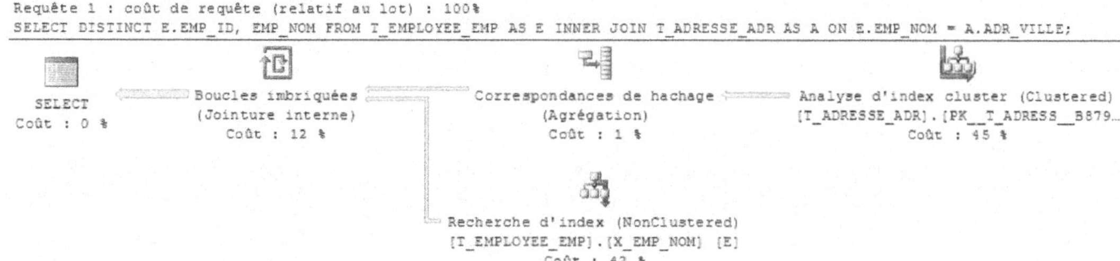

Figure 14–23 Plan estimé par l'optimiseur sur la requête non forcée

- Première requête : temps UC = 16 ms, temps écoulé = 70 ms.
- Seconde requête : temps UC = 392 ms, temps écoulé = 155 ms.

Tag de requête

La pose d'un tag de requête utilise une clause `OPTION` que l'on place en tout dernier élément de la requête et dont la syntaxe est la suivante :

```
OPTION (<tag1> [, <tag2> [, <tagN> …]])

<tagN> ::=
{
   {HASH|ORDER} GROUP
  |{CONCAT|HASH|MERGE} UNION
  |{LOOP|MERGE|HASH} JOIN
  |FAST n
  |FORCE ORDER
  |MAXDOP n
  |OPTIMIZE FOR {UNKNOWN
                |(@nom_variable {UNKNOWN|= valeur} [, …n])}
  |PARAMETERIZATION {SIMPLE|FORCED}
  |RECOMPILE
  |ROBUST PLAN
  |KEEP PLAN
  |KEEPFIXED PLAN
  |EXPAND VIEWS
  |MAXRECURSION n
  |USE PLAN N'plan_xml'
  |TABLE HINT ( nom_objet [, <tag_de_table> [[, ] …n]])
```

Tableau 14–9 Indicateurs de requête

Tags	Règles
GROUP	Impose un algorithme pour l'exécution du groupage : par hachage (HASH) ou par tri (ORDER).
UNION	Impose un algorithme pour l'exécution des opérations d'UNION : par concaténation, hachage ou fusion.
JOIN	Impose un algorithme à la jointure (voir précédemment).
FAST	Affiche le plus rapidement possible les *n* premières lignes tout en continuant l'exécution de la requête.
FORCE ORDER	Impose que l'ordre des jointures soit effectué dans l'ordre d'écriture des tables.

Tableau 14–9 Indicateurs de requête *(suite)*

Tags	Règles
MAXDOP	Limite le nombre de processus lancés en parallèle à *n*, pour l'exécution de la requête. Outrepasse la limitation de niveau serveur faite dans sp_configure si besoin est, sans dépasser les valeurs limites fixées par le gouverneur de requête.
OPTIMIZE FOR	Indique à l'optimiseur de focaliser la création de son plan de requête pour une variable particulière, voire un couple d'éléments variable/valeur ou encore pour toutes les variables locales.
PARAMETERIZATION	Spécifie la règle de paramétrage des valeurs que l'optimiseur doit appliquer à la requête lors de la compilation en outrepassant le paramétrage de niveau base (applicable aux repères de plans uniquement et non aux requêtes *ad hoc*).
RECOMPILE	Impose de recalculer systématiquement le plan, même si un plan utilisable pour cette requête figure dans le cache.
ROBUST PLAN	Force l'optimiseur de requête à essayer un plan capable de prendre en charge la taille maximale potentielle des lignes lorsque certaines opérations intermédiaires échouent à cause d'une trop grande longueur de ligne (erreurs 510, 1 540 et 8 619).
KEEP PLAN	Abaisse le seuil de recompilation pour une requête. Un plan de requête est recompilé si des modifications de données plus ou moins importantes sont entreprises.
KEEPFIXED PLAN	Force l'optimiseur de requête à ne pas recompiler le plan de requête si les statistiques sont modifiées. Seul un changement au niveau de la structure des tables engendrera une telle recompilation.
EXPAND VIEWS	Interdit l'utilisation directe des index de vue et oblige à une lecture des tables sous-jacentes.
MAXRECURSION	Limite le nombre d'appels réentrant pour une requête récursive (*n* dans [0, 32 767]).
USE PLAN	Permet de forcer l'utilisation d'un plan de requête réécrit en XML.
TABLE HINT	Applique un indicateur de table particulier à l'objet (table ou vue) spécifié.

Exemple 14-22. Forçage d'un plan de requête avec limitation du parallélisme

```
SELECT COUNT(*)
FROM   T_EMPLOYEE_EMP AS E
       INNER JOIN T_SERVICE_SRV AS SR
             ON E.SRV_ID = SR.SRV_ID
       INNER JOIN T_SEX AS SX
             ON E.SEX_ID = SX.SEX_ID
WHERE SRV_LIBELLE = 'Direction'
  OR SEX_LIBELLE = 'Femme';

SELECT COUNT(*)
FROM   T_EMPLOYEE_EMP AS E
       INNER JOIN T_SERVICE_SRV AS SR
             ON E.SRV_ID = SR.SRV_ID
       INNER JOIN T_SEX AS SX
             ON E.SEX_ID = SX.SEX_ID
WHERE SRV_LIBELLE = 'Direction'
  OR SEX_LIBELLE = 'Femme'
OPTION (MAXDOP 1);

...
```

Dans l'exemple 14-22, utilisant toujours la table de l'exemple 14-20 et après avoir retiré tous les index sauf celui sous-jacent à la clé primaire, nous lançons la même requête, tout d'abord sans aucun tag, puis en limitant le parallélisme à 0, 1, 2, 4, 8 et 16, notre machine de test comptant 16 cœurs. Le résultat des statistiques de temps d'exécution est le suivant :

- sans forçage : temps UC = 436 ms, temps écoulé = 65 ms ;
- maxdop 1 : temps UC = 484 ms, temps écoulé = 488 ms ;
- maxdop 2 : temps UC = 421 ms, temps écoulé = 208 ms ;
- maxdop 4 : temps UC = 375 ms, temps écoulé = 105 ms ;
- maxdop 8 : temps UC = 515 ms, temps écoulé = 106 ms ;
- maxdop 16 : temps UC = 563 ms, temps écoulé = 65 ms.

Le meilleur résultat est obtenu à la fois en laissant faire l'optimiseur, mais aussi par la requête mobilisant 16 cœurs. Se pourrait-il que l'exécution réelle du plan montre que l'optimiseur a lui aussi utilisé 16 cœurs pour exécuter sa requête ? Pour le savoir, il suffit de demander le plan d'exécution réalisé, et non plus celui estimé (menu Requête>Inclure le plan d'exécution actuel), puis de lancer la requête. Pour lire le nombre de threads estimés et utilisés, il suffit d'ouvrir la fenêtre Propriétés (menu Affichage>Fenêtre Propriétés), de se placer dans le plan et de cliquer à la racine de l'arbre du plan[4].

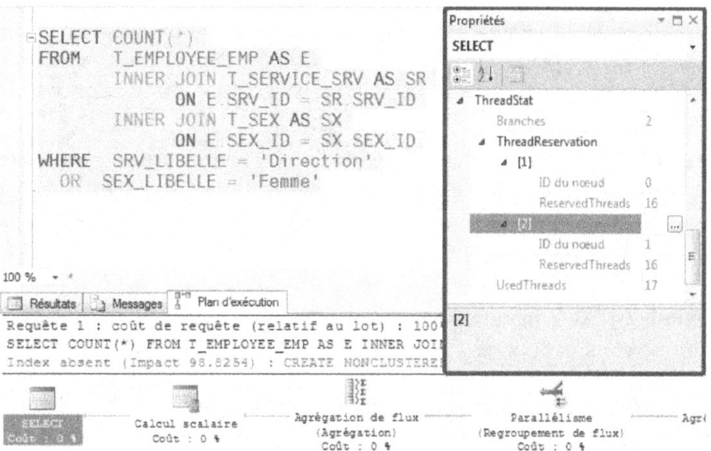

Figure 14–24
Détail d'une opération de parallélisme d'un plan d'exécution à l'aide de la fenêtre Propriétés

Si nous déroulons la propriété ThreadStat et que nous observons les informations qu'elle contient, nous constatons que le nombre de threads réservés a été de 16 et que 17 threads ont été utilisés. Comme notre machine ne dispose que de 16 threads et qu'il n'y a pas de magie, un cœur a été réutilisé pour un des threads.

Le nombre de branches est le nombre de sous-parties du plan de requête parallélisées ou non d'un seul bloc. Une branche est un lot d'opérations du plan situées avant, après ou entre une ou plusieurs opérations de ventilation de flux. La figure 14-25 nous montre une situation et présente bien trois branches dont une seule est réellement parallélisée.

4. Si l'affichage ne présente pas les détails de l'opération SELECT, cliquez sur une autre opération du plan et revenez sur la racine.

Figure 14–25 Mise en lumière des différentes branches d'un plan de requête

Notons que paralléliser sur tous les processeurs est payant si toute l'architecture du serveur l'est à égale partie. Si ce n'est pas le cas pour le stockage de la base `tempdb`, par exemple, mieux vaut limiter le degré de parallélisme... De plus paralléliser sur tous les cœurs empêche l'exécution de requêtes concurrentes et augmente la contention.

Dans le cas présent, un bon compromis semble être un maxdop à 4.

Utilisation des règles d'optimisation

Nous allons maintenant entrer au cœur même du comportement de l'optimiseur en essayant de savoir quelles règles d'optimisation il a utilisé et même d'en abandonner certaines... Attention, nous rentrons dans les secrets de l'optimiseur et rien ne garantit que les outils et techniques montrées ici seront pérennes !

Il est possible de savoir quelles règles l'optimiseur a utilisé pour obtenir un plan de requête. La vue `sys.dm_exec_query_transformation_stats`[5] fournit des statistiques cumulatives sur l'utilisation de telle ou telle règle par l'optimiseur. Pour savoir pour une requête donnée, quelle règle il a utilisé, il faut comparer la situation des données de cette table de statistiques avant et après exécution de la requête que l'on teste. Il faut aussi, et surtout, être le seul à agir sur le serveur, d'où la nécessité d'un serveur de test.

Exemple 14-23. Maquette permettant de relever les statistiques des règles utilisées par l'optimiseur pour une requête donnée

```
-- Récupération des données de statistiques de règle avant lancement de la requête
SELECT *
INTO   #T1
FROM   sys.dm_exec_query_transformation_stats;

-- Texte de la requête à tester
SELECT * FROM T_PERSONNE_PRS WHERE PRS_NOM LIKE 'Po%';

-- Récupération des données de statistiques de règle après lancement de la requête
SELECT *
INTO   #T2
FROM   sys.dm_exec_query_transformation_stats;
```

Une fois les données capturées dans les deux tables temporaires, il suffit de retrouver les différences, ce qui peut être fait par la requête suivante de l'exemple 14-24.

5. Microsoft dit explicitement ne pas garantir la compatibilité future et mentionne cette vue comme « non supportée » en ce qui concerne l'assistance.

Exemple 14-24. Extraction des statistiques des règles utilisées par l'optimiseur pour la requête testée

```
WITH T AS
(
SELECT T2.name,
       T2.promise_total - T1.promise_total AS promise_total,
       T2.promise_avg - T1.promise_avg AS promise_avg,
       T2.promised - T1.promised AS promised,
       T2.built_substitute - T1.built_substitute AS built_substitute,
       T2.succeeded - T1.succeeded AS succeeded
FROM   #T2 AS T2
       INNER JOIN #T1 AS T1
             ON T1.name = T2.name
UNION ALL
SELECT T2.name,
       T2.promise_total,
       T2.promise_avg,
       T2.promised,
       T2.built_substitute,
       T2.succeeded
FROM   #T2 AS T2
       LEFT OUTER JOIN #T1 AS T1
             ON T1.name = T2.name
WHERE T1.name IS NULL
)
SELECT *
FROM   T
WHERE promise_total + promise_avg + promised + built_substitute + succeeded > 0 ORDER BY name;
```

Je laisse à votre sagacité le soin de trouver l'explication des différentes règles utilisées !

Enfin, nous pouvons imposer à l'optimiseur de ne pas utiliser telle ou telle règle, afin notamment d'aller plus vite pour calculer le plan de requête. Pour cela, il convient d'utiliser un tag de requête non documenté, `QUERYRULEOFF`. Par exemple, l'application de la clause `OPTION(QUERYRULEOFF JoinCommute)` interdit la commutation des jointures.

Bien sûr, il s'agit d'une zone obscure fortement déconseillé aux néophytes ! Faites des tests…

Lors de vos tests et afin qu'ils soient complets, vous pouvez imposer un flag (indicateur de trace) durant l'exécution de la requête à l'aide du tag de requête non documenté `QUERYTRACEON` qui doit être combiné avec `RECOMPILE`. Au préalable, il est nécessaire d'activer la mise en place de la trace 3604 pour diriger les informations vers l'onglet Messages.
Cette technique permet d'obtenir davantage d'informations sur ce qui se passe lors de l'exécution de votre requête.

Pour plus d'informations à ce sujet, nous vous invitons à consulter les pages web suivantes :

- http://sqlsaturday.com/downloadsessionfile.aspx?presentationid=4119
- http://sqlblog.com/blogs/paul_white/archive/2010/07/31/inside-the-optimiser-constructing-a-plan-part-3.aspx
- http://www.benjaminnevarez.com/tag/trace-flags/

Les repères de plans

Un repère de plan[6] *(plan guide)*, ou guide de plan, permet de forcer un plan à la volée, c'est-à-dire dans des situations pour lesquelles il n'est pas possible de réécrire la requête. C'est le cas général des applications d'éditeur.

Il est possible de créer des repères de plans pour une requête paramétrée au sein d'une routine SQL Server (procédure, déclencheur ou fonction), pour une requête *ad hoc* avec des valeurs spécifiques ou en faisant un repère de plan à paramètres génériques. Pour ce faire, la méthode consiste à utiliser les procédures système `sys.sp_create_plan_guide`, `sp_create_plan_guide_from_handle` ou bien l'interface graphique (dans l'arborescence de l'explorateur d'objets, recherchez l'entrée Repères de plans sous l'item Programmabilité dans votre base de données). Il est conseillé de valider la création du repère de plan à l'aide de la fonction scalaire `sys.fn_validate_plan_guide`.

L'exemple 14-25 utilise la requête de l'exemple 14-20 pour lui donner un repère de plan avec paramétrage générique et contraindre à la volée l'ensemble du plan. Il nous faut tout d'abord récupérer une requête paramétrée, ce qui se fait en utilisant la procédure `sys.sp_get_query_template`.

Exemple 14-25. Paramétrage d'une requête à valeurs scalaires

```
DECLARE @SQL NVARCHAR(max), @PARAMS nvarchar(max);

EXEC sys.sp_get_query_template
N'
SELECT E.*
FROM   T_EMPLOYEE_EMP AS E
       INNER JOIN T_SERVICE_SRV AS SR
             ON E.SRV_ID = SR.SRV_ID
       INNER JOIN T_SEX AS SX
             ON E.SEX_ID = SX.SEX_ID
WHERE SRV_LIBELLE = ''Direction''
  AND SEX_LIBELLE = ''Femme'';
', @SQL OUTPUT, @PARAMS OUTPUT;

SELECT @SQL AS REQUETE, @PARAMS AS PARAMETRES;
```

Ce code renvoie les éléments suivants :

- Requête : `select E . * from T_EMPLOYEE_EMP as E inner join T_SERVICE_SRV as SR on E . SRV_ID = SR . SRV_ID inner join T_SEX as SX on E . SEX_ID = SX . SEX_ID where SRV_LIBELLE = @0 and SEX_LIBELLE = @1`
- Paramètres : `@0 varchar(8000),@1 varchar(8000)`

Nous allons maintenant créer un repère de plan pour forcer l'utilisation des index et des algorithmes de recherche en index (exemple 14-26).

Exemple 14-26. Création d'un repère de plan

```
EXEC sys.sp_create_plan_guide
@name   = N'PG_EMP_SRV_SEX',
@stmt   = @SQL,
@type   = N'SQL',
@params = @PARAMS,
@hints = N'OPTION(TABLE HINT(E, FORCESEEK, INDEX(X_EMP_SRV, X_EMP_SRV)))';
```

6. Les repères de plans ne sont disponibles qu'à partir de l'édition Enterprise de SQL Server.

Le type de repère s'applique à une commande SQL (`@type = N'SQL'`), le texte de notre requête et la définition de ses paramètres sont repris des variables générées par la procédure `sp_get_query_template` de l'exemple précédent à effectuer dans la foulée, et les tags mis en place sont les tags originaux de la requête forcée de l'exemple 14-20, page 732.

Néanmoins, si vous lancez la première requête de l'exemple 14-20 et que vous la comparez avec la seconde qui est forcée, vous verrez que la première n'est pas conforme au plan attendu. Ceci est logique car nous avons forcé un plan pour une requête générique (valeurs paramétrées) alors que notre base est en paramétrage simple, ce qui fait que les plans sont générés pour des requêtes à valeurs spécifiques. Dans ce cas, il faut forcer le paramétrage de la base avec la commande `ALTER DATABASE ... SET PARAMETERIZATION FORCED`, à moins que vous ne décidiez de créer deux repères de plans : l'un de niveau template pour forcer le paramétrage, et l'autre pour forcer les tags de table (exemple 14-27).

Exemple 14-27. Création de deux repères de plans pour la même requête, dont l'un de niveau template

```
DECLARE @SQL NVARCHAR(max), @PARAMS nvarchar(max);

-- Obtention de la requête paramétrée et de la liste des paramètres
EXEC sys.sp_get_query_template
N'
SELECT E.*
FROM   T_EMPLOYEE_EMP AS E
       INNER JOIN T_SERVICE_SRV AS SR
             ON E.SRV_ID = SR.SRV_ID
       INNER JOIN T_SEX AS SX
             ON E.SEX_ID = SX.SEX_ID
WHERE SRV_LIBELLE = ''Direction''
  AND SEX_LIBELLE = ''Femme'';
', @SQL OUTPUT, @PARAMS OUTPUT;

-- Création d'un guide de plan niveau template pour forcer le paramétrage
EXEC sys.sp_create_plan_guide
@name   = N'PG_EMP_SRV_SEX_TEMPLATE',
@stmt   = @SQL,
@type   = N'TEMPLATE',
@params = @PARAMS,
@hints = N'OPTION(PARAMETERIZATION FORCED)';

-- Création d'un guide de plan avec des tags de table
EXEC sys.sp_create_plan_guide
@name   = N'PG_EMP_SRV_SEX_SQL',
@stmt   = @SQL,
@type   = N'SQL',
@params = @PARAMS,
@hints = N'OPTION(TABLE HINT(E, FORCESEEK, INDEX(X_EMP_SRV, X_EMP_SRV)))';
```

Dans ce dernier cas, il est inutile de forcer la base à paramétrer toutes les requêtes.

Pour plus d'informations, consultez les pages suivantes :

- http://tutorial.programming4.us/windows_server/SQL-Server-2008-R2---Managing-the-Optimizer-%28part-3%29---Using-Plan-Guides---Limiting-Query-Plan-Execution-with-the-Query-Governor.aspx7
- http://blog.datarealized.com/?p=112
- http://sridharbabuk.blogspot.fr/2012/10/sql-server-2010-plan-guides.html
- http://colleenmorrow.com/2011/02/09/plan-guides-and-parameterization/

15

Les index

L'indexation d'une base de données peut sembler assez simple mais certains points sont néanmoins à prendre en compte. En effet, si la création des index est indispensable dès que le volume des données n'est plus négligeable, il ne s'agit ni de les poser à la légère (et donc d'en constituer trop ou de mauvaise manière), ni trop peu…

Contrairement à ce qui est dit sur certains blogs, si l'index accélère notablement les recherches, il ne pénalise pas forcément les mises à jour… En effet, toute mise à jour a besoin de savoir quelles lignes elle impacte (cas des UPDATE et DELETE), ou encore où elle doit venir se placer dans les différentes structures de stockage de la table (cas des INSERT). Ceci est grandement facilité par la pose des index qui diminuent donc les temps de réponse et dans le cas des mises à jour, réduisent la durée des blocages…

SQL Server offre de nombreuses possibilités tant en matière de création que de constitution des index. En plus de l'indexation des données atomiques, il permet d'indexer du XML, du spatial, des grands textes (avec la recherche dite *plain text*) ou encore tout ou partie d'une table de manière verticale…

Dans ce chapitre, nous allons étudier la structure des index ainsi que leur création. Nous vous présenterons aussi les bonnes pratiques en matière de pose et de surveillance des index.

Nous avons déjà beaucoup parlé des index, qui sont indispensables pour obtenir de bonnes performances dans une base de données parfaitement modélisée, c'est-à-dire respectant les formes normales… Dans une base peu ou pas normalisée (qui comporte donc des tables obèses[a]), les index seront un pis-aller et coûteront très cher en termes de mises à jour et de maintenance.

a. Généralement, on considère qu'une table est obèse si elle possède plus de 20 colonnes ou des lignes de plus de 400 octets de long.

Principe et définition

On peut définir un index comme étant une structure de données redondantes, spécialement organisée pour accélérer certaines recherches.

Dans cette définition, tous les mots sont importants :

- « structure de données » : un index est comparable à une table dans le sens où il stocke des données ;
- « redondantes » : les données de l'index proviennent de la table, un index induit donc fatalement de la redondance ;
- « spécialement organisée » : les index ont une organisation interne particulière qui permet de faciliter les recherches ;
- « accélérer certaines recherches » : les index ne peuvent pas accélérer toutes les recherches, certaines le seront alors que d'autres non.

Un index fonctionne selon le principe « diviser pour régner », c'est-à-dire que les données sont réparties à l'aide d'une règle d'ordre ou de tri. Les cas inutiles sont supprimés pour effectuer les recherches dans un plus petit lot de données.

L'algorithme utilisé par SQL Server pour les index relationnels est l'arbre équilibré[1] (*balanced tree* ou B-tree, figure 15-1). C'est d'ailleurs l'un des plus efficaces qui soit.

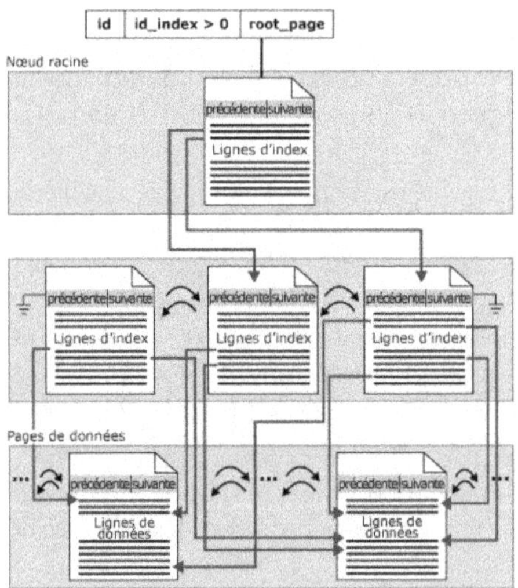

Figure 15–1
Structure d'arbre équilibré d'un index SQL Server.
Source : BOL Microsoft SQL Server

Un index B-tree est constitué d'une page racine, qui constitue le point d'entrée de l'index. Les feuilles de l'arbre (situées en bas) sont les données de l'index. Entre les deux, différents étages de pages servent d'aiguillage pour trouver les données finales. La profondeur de l'index est la distance entre la page racine et une page de données, étant entendu que cette distance est constante du fait de l'équilibrage permanent de l'arbre.

1. Il existe d'autres index que les index relationnels, comme les index textuels, ceux sur XML, ou encore les index spatiaux, mais ils reposent tous sur une technique analogue à l'arbre équilibré.

Les pages de navigation sont composées de données qui indiquent à quelle page se référer pour affiner la recherche, donc aller à une autre page de navigation située dans le rang inférieur, ou bien situer l'information dans une page feuille terminale.

Par ailleurs, pour pouvoir répondre à des requêtes d'intervalle (cas de l'opérateur `BETWEEN`), les pages sont chaînées entres elles à tous les niveaux (figure 15-2).

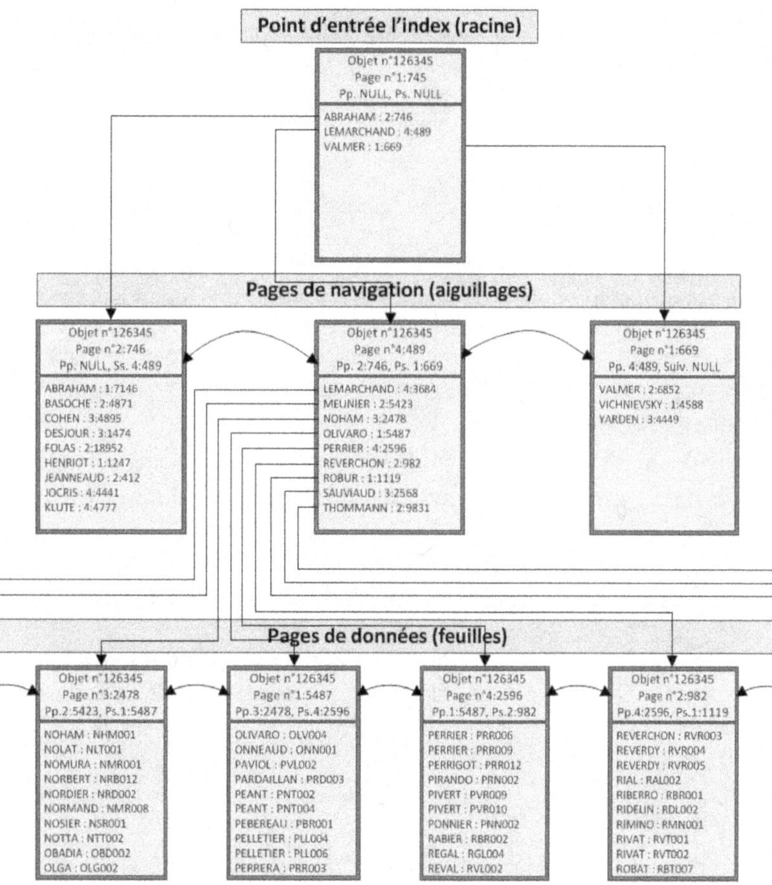

Figure 15–2
Détails d'un index B-tree

La structure étant identique pour des pages contenant des données de table ou d'index, on trouve le même en-tête contenant la référence de la page dans le système de stockage, sous la forme d'un numéro de fichier : le numéro de page (par exemple, 4:489), le lien vers les pages précédente et suivante, les métadonnées de l'objet contenu dans la page, ainsi que des informations techniques comme le nombre d'octets libres…

La différence essentielle réside dans le fait que les données contenues dans la page sont ordonnées (alors que pour une table elles ne le sont pas).

Enfin, pour pouvoir naviguer dans l'arbre à la recherche des informations, toutes les entrées comportent également l'adresse de la page à accéder pour affiner la recherche :

- dans les pages de navigation, racine comprise, c'est une référence à une autre page ;
- dans les pages feuilles contenant les données de l'index, c'est un pointeur vers la ligne de la table d'où est extraite la ligne d'index.

Pointeur de renvoi d'index

En principe, un index ne contient que les données de la clé d'index. Mais il est impératif de savoir quelle est l'origine des informations de l'index. C'est pourquoi, toutes les entrées de données de l'index (pages feuilles) contiennent un pointeur renvoyant vers la ligne de la table où se trouve la donnée originelle. Ce pointeur peut être de deux natures :

- soit un pointeur physique indiquant le numéro de fichier, le numéro de page et le numéro de slot de ligne ;
- soit un pointeur logique renvoyant sur la clé de l'index clustered[2] de la table.

Pour mieux comprendre, nous allons nous pencher à présent sur les index clustered et leur importance dans SQL Server...

Index clustered

Étant donné qu'un index est une redondance de l'information d'une table, l'idée est rapidement apparue qu'il était possible de supprimer au moins une redondance en transformant la table en index[3]. Et c'est ainsi qu'est né le concept d'index clustered. Il ne s'agit, ni plus ni moins, que de trier les données des lignes de la table par rapport à la clé d'index, et de rajouter à cette table ainsi « organisée » les pages de navigation propres à chaque index.

Il faut donc comprendre que :

- les données de la table ne sont triées que pour les quelques colonnes de la clé d'index ;
- il ne peut y avoir qu'un seul index clustered par table, puisque l'index clustered est la table elle-même.

Néanmoins, les index clustered nous présentent quelques petites subtilités.

Une table qui n'est pas organisée en index clustered est dite en HEAP (tas), dans le sens où les lignes n'ont aucun ordre particulier (pas même l'ordre de leur insertion...).
La valeur du paramètre `index_id` dans la vue `sys.indexes` est égale à 0 pour un index en HEAP.
La valeur du paramètre `index_id` dans la vue `sys.indexes` est égale à 1 pour un index clustered.
Pour tous les autres index, la valeur du paramètre `index_id` est supérieure à 1.

Index non clustered

Un index est dit non clustered quand ce n'est pas la table qui sert de support à l'index. Un index non clustered ne contient donc que les données de la clé d'index[4]. Cependant, les données de cet index doivent faire référence à la ligne contenant la donnée originelle.

- Si la table est un tas (HEAP, donc table non clustered), cette référence est une référence physique à l'endroit où la ligne est stockée (fichier, page, slot de ligne).

2. Une traduction française malheureuse a donné le nom d'« ordonné » aux index clustered, faisant ainsi croire que les autres étaient « désordonnés » ! Nous n'emploierons pas cette traduction erronée, pas plus que toute autre traduction. En effet, clustered signifie littéralement « emplacement », ce qui ne veut pas dire grand-chose, d'autant que le terme cluster est utilisé à tort et à travers dans la littérature informatique.
3. Oracle les appelle index organized table (IOT).
4. Hélas, à ce stade, il nous faut mentir légèrement... Mais nous verrons cela un peu plus loin.

- Si la table est organisée sous forme clustered, alors cette référence est une référence logique, constituée par la valeur de la clé de l'index clustered.

Choix de la clé de l'index clustered

Le choix de la clé de l'index clustered est primordial et a une influence directe sur les performances de la base de données. Il convient donc de l'étudier avec soin, d'autant plus que SQL Server utilise par défaut l'index clustered pour la clé primaire – mère de l'intégrité référentielle – et sert donc de jointure avec les clés étrangères filles.

Notons tout d'abord que les valeurs contenues dans l'index clustered vont servir de point de repère aux valeurs de tous les autres index. Nous avons donc tout intérêt à ce que :

- les valeurs de cet index clustered ne changent jamais, ce qui risquerait d'affecter tous les autres index ;
- la taille des données représentant les valeurs de l'index clustered soit la plus petite possible, sinon chaque index enflera d'autant ;
- les valeurs de la clé de l'index clustered soient uniques, sinon le repérage de la ligne nécessitera une information supplémentaire ;
- que les données de cet index clustered soient toujours valuées (pas de NULL), pour les mêmes raisons que celles citées précédemment.

Il faut ensuite constater qu'à défaut, chaque clé primaire créée dans une base SQL Server construit un index clustered de manière sous-jacente. En effet, celle-ci est UNIQUE et NOT NULL, ce qui satisfait déjà deux des derniers postulats mentionnés.

Généralement, une clé primaire change rarement de valeur. Si ce n'est pas le cas, arrangez-vous pour que cela le devienne en modifiant la structure de la clé, par exemple pour une valeur arbitraire (cas de l'auto-incrément). Le premier postulat mentionné précédemment sera ainsi satisfait.

Quant au second postulat, il ne tient qu'à vous de vous y conformer… Par exemple, en utilisant un entier (`SMALLINT`, `INT` ou `BIGINT` selon les cas), c'est-à-dire ce qu'il y a de plus simple et de plus compact. Vous y gagnerez sur tous les tableaux !

> Le moteur de stockage de SQL Server (base OLTP), comme le moteur de requête, a été conçu pour tirer les meilleures performances lorsqu'une table est organisée sous forme d'index clustered et qu'elle possède une clé primaire.

Satisfaire cette exigence est un gage de performance et vous devez le faire en ayant conscience que cette clé doit impérativement être concise, unique, non nulle et immuable. Tel est bien le cas des clés primaires auto-incrémentées.

Néanmoins, se pose le problème pour les tables de jointures (tables héritées d'associations de type « plusieurs à plusieurs » lors de la génération du MCD au MPD). En effet, ces dernières ont au moins deux colonnes clés, voire davantage.

S'il s'agit de deux `INTEGER` c'est-à-dire deux fois 32 bits, cela ne pose aucun problème sur un OS 64 bits.

On constatera une légère baisse des performances dès que l'on s'éloigne un tant soit peu de la longueur du mot du processeur… Aussi convient-il d'étudier soigneusement la taille des clés au cas par cas, et ne pas prévoir arbitrairement le même type de clé pour toutes vos tables. Dans le pire des cas, par exemple lorsque l'on rencontre une table de jointure munie de quatre ou cinq colonnes formant la clé, une technique simple consiste à la transformer en table d'entité en lui donnant une clé primaire auto-incrémentée et en convertissant l'ancienne clé primaire en contrainte d'unicité `NOT NULL` (figures 15-3 et 15-4).

Dans le modèle de la figure 15-3, l'association « projetée » est une association ternaire. De ce fait, elle va être transformée en table de jointure avec une clé composée des trois clés des entités auxquelles elle est liée et donc voir sa clé primaire constituée de quatre colonnes, ce qui est beaucoup. Une solution plus efficace consiste à transformer l'association projetée en entité et à la doter d'une clé plus simple, comme le montre la nouvelle modélisation présentée à la figure 15-4.

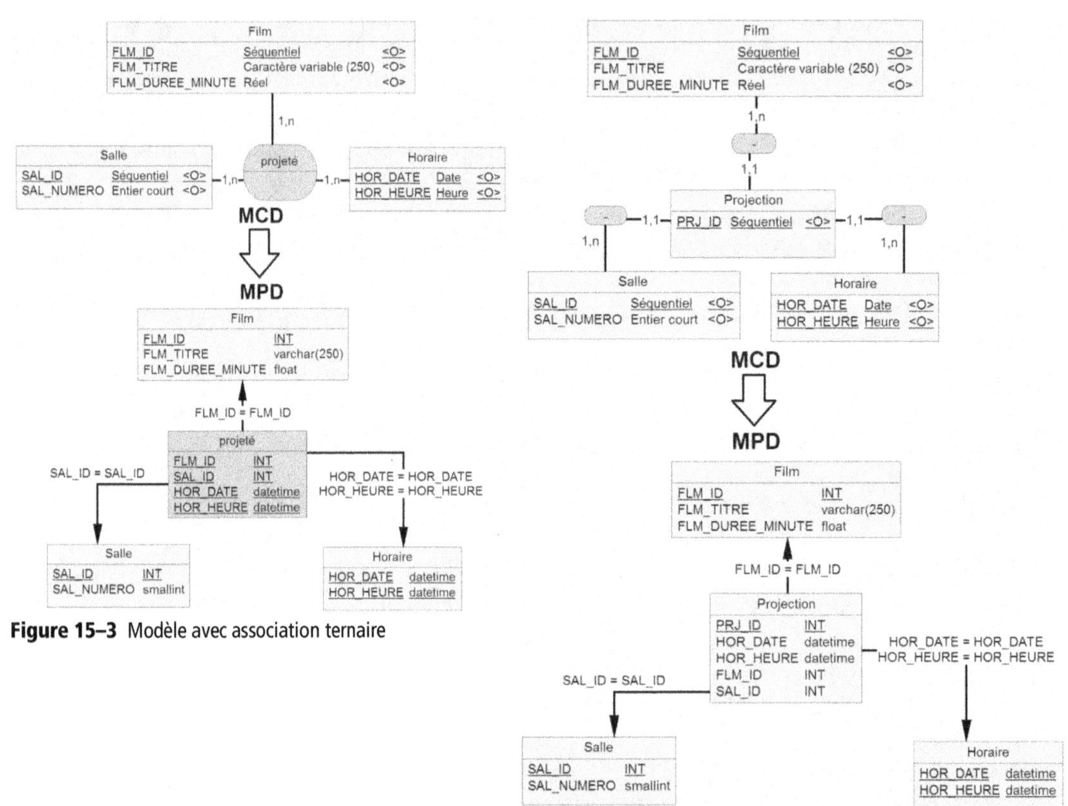

Figure 15–3 Modèle avec association ternaire

Figure 15–4 Modèle avec association ternaire contournée

Dans ce cas, il ne faut pas oublier de rajouter la clé candidate (`UNIQUE`) sur les colonnes composant l'ancienne clé, c'est-à-dire les quatre colonnes `HOR_DATE`, `HOR_HEURE`, `FLM_ID` et `SAL_ID`.

Ce qu'il ne faut pas faire

Parmi les mauvaises pratiques que l'on trouve régulièrement dans les bases de données SQL Server, il y a des constantes biens connues. En voici quatre exemples classiques…

- **Une table sans clé ou sans index.** Contrairement à ce que l'on croit, une table sans clé ou sans index n'est jamais performante pour quelque usage que ce soit. Il se trouve que les SGBDR ont été conçus pour manipuler des relations, c'est-à-dire des tables avec au moins une clé primaire. Sans cet élément, nous sommes devant l'équivalent d'un fichier « à la CoBOL », c'est-à-dire une lecture ligne à ligne pour toute opération… En effet, le seul moyen dans une table sans clé de retrouver une ligne pour l'afficher, la modifier ou la supprimer, consistera à parcourir toute la table (scan), et s'il s'agit d'une mise à jour, cela oblige à un verrou exclusif sur l'intégralité de la table, ce qui interdit toute concurrence en plus d'être long !

- **Une clé de type GUID.** Le séduisant `UNIQUEIDENTIFIER` (GUID ou UUID[5]), bien aimé des développeurs objet, est un véritable poison en termes d'utilisation à titre de clé. En effet, il est bien trop grand (128 bits), peu pratique (allez donc demander à l'utilisateur qui voit défiler une erreur à l'écran la valeur de la clé affichée) et générateur de fragmentation (le fait que sa valeur soit engendrée de façon aléatoire divise les index immédiatement et au maximum !). Par ailleurs, il grève tous les index non clustered de son poids comme repères de ligne, ce qui enfle artificiellement les index. Comme il est généré par rapport à des données du système, cela peut présenter une faille de confidentialité, voire de sécurité. En effet, plus vous créez de GUID, plus vous facilitez le cassage des informations internes et par conséquent, plus il existe de risques que des acteurs malintentionnés piratent votre système…

  Bien que ce soit très rare, l'éventualité d'une collision n'est pas nulle. Elle est de l'ordre de un sur 17 milliards… en théorie. Le caractère aléatoire des algorithmes de calcul de ces GUID étant relatif, dans une base ou toutes les clés sont de cette nature, il est probable que cela arrive bien plus tôt qu'on ne le pense !

  Quant à la vitesse de calcul elle est proche de celle de l'auto-incrément.

  Mais le pire n'est pas là. En effet, le système de calcul des GUID est unique pour l'ensemble du serveur. C'est donc un point focal et il introduit une contention naturelle dans le cas du parallélisme d'accès. Si toutes les tables sont dotées d'un GUID, alors la concurrence sera fatalement très limitée pour des `INSERT`, même lorsqu'ils portent sur des tables différentes !… Par comparaison, le système de calcul des auto-incréments est propre à chaque table. Il n'y a donc aucune concurrence de calculs entre deux tables différentes lors des insertions…

  En tout état de cause, les GUID ne devraient être utilisés que pour servir de repère pour la manipulation de données réparties, et c'est exactement comme cela que SQL Server les utilise dans la réplication de fusion, dans la transmission des messages de service broker ou encore dans les stockages « hybrides » de type FileStream.

- **Une clé composée de multiples colonnes.** Là encore, la taille de la clé est gênante, mais plus encore… Souvenez-vous que pour un index, seule la première colonne est dotée de statistiques, les autres non. Aussi, l'optimiseur peut être trompé dans ses estimations, notamment si la première colonne de la clé d'index est peu sélective. Il vous faudra donc :
  - mettre en premier la colonne la plus sélective (si c'est possible) ;
  - rajouter des statistiques de colonnes pour les colonnes secondaires de la clé d'index ;
  - espérer que l'optimiseur fasse un bon boulot.

  De plus, la clé primaire d'une table générant un index clustered, ce dernier est utilisé par tous les autres index comme repère de ligne. Plus il est complexe ou lourd, moins il est efficace !

- **Une clé trop longue.** Nous savons qu'une clé trop longue pèsera sur tous les index. Mais plus une clé est longue, moins il y a de chances pour qu'elle soit utilisée efficacement, car les statistiques de l'optimiseur prennent en compte le volume de données à manipuler. Plus la clé est volumineuse, moins elle sera utilisée par l'optimiseur… De là à ce que vous vous retrouviez avec des balayages de table un peu partout dans les plans d'exécution, il n'y a qu'un pas !

5. Un GUID (*General Unique IDentifier* dans le monde Microsoft) ou UUID (*Universal Unique IDentifier* dans le monde open source) est un hexadécimal de 16 octets à la valeur arbitraire et censé être unique dans tout l'univers.

Les clés primaires des tables doivent être concises et stables. Cherchez à économiser l'octet et préférez l'auto-incrément sur un entier (SMALLINT, INT, BIGINT...) à toute autre méthode. Vous gagnerez beaucoup en performances, car les clés sont utilisées dans toutes les jointures...

Prédicat « cherchable » et utilité de l'index

Un index ne sera utilisé, et ce de façon efficace, que si le prédicat de recherche permet d'utiliser l'index (c'est la notion de « cherchabilité », mieux exprimée dans la langue de Shakespeare par l'anglicisme *sargable*, abréviation de *Search ARGument ABLE*). Cette phrase presque tautologique mérite une explication, que nous vous proposons à travers un exemple.

Soit un index sur la colonne NOM dans une table PERSONNE. Cet index trie les noms par ordre alphabétique, c'est-à-dire de A à Z. La recherche s'opère de la même manière que lorsque l'on cherche un mot dans un dictionnaire.

Le tableau 15-1 liste quelques prédicats de la clause WHERE qui vont utiliser l'index de manière efficace.

Tableau 15–1 Prédicats cherchables

Prédicat	Méthode de recherche
NOM = 'DUPONT'	Recherche directe
NOM < 'DURAND'	Va à l'emplacement de DURAND et parcourt toutes les occurrences en arrière.
NOM LIKE 'DUB%'	Va au premier nom commençant par DUB et parcourt en avant les noms suivants ayant cette même caractéristique.
NOM LIKE 'DU%UR'	Va au premier nom commençant par DUB, parcourt en avant les noms suivants présentant cette même caractéristique, et ne retient que ceux finissant par UR.
NOM LIKE 'DU%' AND NOM LIKE '%UR'	Même méthode que ci-dessus

Le tableau 15-2 présente quelques prédicats de la clause WHERE qui ne vont pas utiliser l'index.

Tableau 15–2 Prédicats non cherchables

<table>
<tr><th>Prédicat</th><th>Lecture séquentielle (ligne par ligne)</th></tr>
<tr><td>NOM <> 'DUVAL'</td><td>Ne prend pas en compte les DUVAL.</td></tr>
<tr><td>NOM NOT LIKE 'DUB%'</td><td>Ne tient pas compte des noms commençant par DUB.</td></tr>
<tr><td>NOM LIKE '%ONT'</td><td>Prend en compte les noms se terminant par ONT.</td></tr>
<tr><td>NOM LIKE '%UPON%'</td><td>Prend en compte les noms contenant UPON.</td></tr>
<tr><td>NOM LIKE 'DU%' OR NOM LIKE 'MA%'</td><td>Prend en compte les noms commençant par DU ou par MA.</td></tr>
<tr><td>NOM LIKE 'DU%' OR NOM LIKE '%UR'</td><td>Prend en compte les noms commençant par DU ou se terminant par UR.</td></tr>
<tr><td>NOM IN ('DUPONT', 'MARTIN')</td><td>Prend en compte les noms de la liste.</td></tr>
<tr><td>CAST(NOM AS V ARCHAR(32)) = 'DUPONT'</td><td>Prend en compte le nom, application de la fonction de transtypage et vérification d'égalité.</td></tr>
<tr><td>NOM || ' ' || PRENOM = 'DUPONT Marcel'</td><td>Prend en compte le nom et le prénom, puis concaténation et vérification d'égalité.</td></tr>
<tr><td>CHARACTER_LENGTH(NOM) = 6</td><td>Prend en compte le nom, application de la fonction et vérification d'égalité.</td></tr>
</table>

Parmi ces derniers prédicats, certains peuvent être transformés en prédicats cherchables (tableau 15-3).

Tableau 15–3 Prédicats non cherchables transformés en prédicats cherchables

Prédicat	Transformation

`NOM LIKE 'DU%' OR NOM LIKE 'MA%'`	`SELECT * FROM PERSONNE WHERE NOM LIKE 'DU%'`
	`UNION ALL`
	`SELECT * FROM PERSONNE WHERE NOM LIKE 'MA%'`

`NOM IN ('DUPONT', 'DUVAL')`	`SELECT * FROM PERSONNE WHERE NOM = 'DUPONT'`
	`UNION ALL`
	`SELECT * FROM PERSONNE WHERE NOM = 'DUVAL'`

La plupart du temps, l'optimiseur de SQL Server détecte cette problématique et réécrit la requête pour la rendre cherchable. Si ce n'est pas le cas, c'est que le coût d'un accès direct à la table est inférieur à de multiples recherches, ou bien que vos statistiques ne sont pas à jour !

Enfin, quelques prédicats peuvent bénéficier d'un index à condition de réécrire la requête et de disposer d'un index plus astucieux. Par exemple, le prédicat `NOM LIKE '%ONT'` peut être réécrit `MON LIKE 'TNO%'`, à condition de chercher l'information dans une colonne dont les noms ont été « retournés » (fonction `REVERSE`). Dans ce cas, le prédicat pourra être efficacement cherché dans un index si ce dernier porte sur la nouvelle colonne calculée… Une telle colonne peut être créée sous forme de colonne calculée persistante.

Mais les index peuvent aussi être utilisés dans d'autres clauses qu'un simple prédicat. En effet, un tri (clause `ORDER BY` ou opérateur `ORDER BY` des fonctions de fenêtrage) peut utiliser certains types d'index. De la même manière, un regroupement de données (clause `GROUP BY` ou opérateur `PARTITION` des fonctions de fenêtrage) sera notablement accéléré par la pose d'un index adéquat.

Cherchez à construire des requêtes avec des prédicats (`WHERE`, `ON` du `JOIN`, `HAVING`) qui soient cherchables. N'hésitez pas à transformer vos requêtes si besoin est, voire modifier le modèle (dénormalisation intelligente).

Pour de plus amples informations sur le sujet, consultez la page suivante : http://blog.developpez.com/sqlpro/p10994/

Le choix d'une collation rend cherchable ou non selon le prédicat et la collation employée. Faites des tests et choisissez la bonne collation en fonction de chaque colonne et des principaux traitements qui y seront effectués.

Efficacité d'un index

Un index n'est pas toujours très efficace et par conséquent, il ne sera pas toujours utilisé. Intéressons-nous aux principaux facteurs permettant de mesurer les qualités d'un index, notamment le gain.

Gain d'utilisation

Sans index, l'accès aux lignes des tables se fait séquentiellement, c'est-à-dire que pour trouver une information précise, il faut parcourir une à une, et l'une après l'autre, toutes les lignes de la table.

Par exemple, pour chercher un Marcel Dupont dans une table d'individus, il faut lire une par une toutes les lignes, car il peut y en avoir plusieurs et par malchance, l'une d'entre elles peut figurer en dernière position dans la table.

La recherche de Marcel Dupont dans un index, sur les données Nom + Prénom, s'effectue en parcourant l'arbre et donc en éliminant un nombre important de cas, d'autant plus important que le nombre de lignes est conséquent.

L'efficacité d'une telle recherche est en O(log2(n)) (notation Landau), c'est-à-dire que le rapport entre la lecture séquentielle des lignes et la recherche dans l'arbre est logarithmique. Le tableau 15-4 présente le gain obtenu par comparaison entre lecture de la table et lecture de l'index pour rechercher un même nom dans des tables allant de une ligne à 10 millions de lignes, de même structure et comportant des données similaires.

Tableau 15–4 Gain théorique potentiel de l'indexation par rapport au nombre de lignes

Nombre de lignes	Nombre de pages lues		Gain	Gain en %
	Sans index	Avec index		
1	2	2	1	0,00
10	2	2	1	0,00
100	5	2	3	60,00
1 000	28	2	14	92,86
10 000	254	3	85	98,82
100 000	2 566	3	855	99,88
1 000 000	25 648	5	5 130	99,98
10 000 000	242 441	5	48 488	99,998

Le gain devient très important à mesure que le nombre de lignes augmente. Pour une petite table, un index n'apporte généralement pas de gain significatif.

Nous constatons par ailleurs que la lecture de la table en lieu et place de la recherche dans l'index occupe 50 000 fois plus de place en mémoire lorsque la table compte 10 millions de lignes... Cela signifie qu'une bonne indexation permet aussi de réduire drastiquement l'utilisation du cache.

Plus une base est volumineuse, plus il faut l'indexer et étudier soigneusement si chaque index est utile ou non. SQL Server propose des statistiques d'exécution pour rendre compte si les index posés sont réellement efficaces (voir page suivante).

Sélectivité

Une notion fondamentale en matière d'indexation est la sélectivité de l'index. Il s'agit du rapport du nombre de valeurs (éléments distincts) sur le nombre de lignes de l'index (ou de la table). Cet indice varie de 1 à 0 sans jamais atteindre cette valeur (sauf si aucune valeur n'est portée par l'index, c'est-à-dire toutes les occurrences sont `NULL`). Dans un index résultant d'une clé primaire, toutes les valeurs étant distinctes, la sélectivité est de 1. On parle alors d'index « dense ». Dans un index dont la clé possède des doublons, cette sélectivité est inférieure à 1. Plus la sélectivité est importante, donc se rapprochant de 1, plus le nombre de lignes retournées pour la recherche d'une valeur sera faible. Par exemple, avec une sélectivité de 0,209, l'estimation du nombre de lignes retournées sera d'environ 5 (1/0,209). Il ne s'agit que d'une moyenne et l'écart à la moyenne peut s'avérer important lorsque la distribution des données n'est pas uniforme. Cette information figure dans les statistiques (`DBCC SHOW_STATISTICS`) au niveau global, comme pour chaque entrée de l'histogramme.

Dans un index multicolonne, si vous pouvez choisir l'ordre des colonnes, placez toujours la colonne la plus sélective en premier, car seule la première colonne de la clé d'un index dispose de statistiques.

Métriques d'exécution (SET STATISTICS ...)

Pour mesurer l'efficacité d'un index, vous pouvez certes utiliser un plan de requête, mais également demander au serveur la quantité de pages lues (`SET STATISTICS IO`) ou le temps de réponse (`SET STATISTICS TIME`). L'ensemble des pages lues pour résoudre une requête constituent des entrées-sorties (IO). La mesure du nombre d'IO est une excellente indication du coût de la requête, mais il ne s'agit pas de la seule mesure. Le temps utilisé par le CPU en est une autre, tout comme le temps global d'exécution. Mais les mesures de temps sont bien moins précises du fait de la concurrence d'accès (une base est multi-utilisateur) et du parallélisme (plusieurs threads peuvent travailler en même temps pour une même requête). Ainsi, l'exécution d'une même requête à différents moments peut donner des temps extrêmement variables alors que le nombre de pages lues sera parfaitement stable.

La mesure des statistiques d'entrée-sorties, c'est-à-dire des pages de données manipulées pour une requête, constitue le premier indice à prendre en compte pour mesurer les performances. La durée d'exécution n'est qu'une indication secondaire qui sert à confirmer ou infirmer la pertinence de la mesure d'IO.

Lecture de la mesure des entrées-sorties (SET STATISTICS IO)

Une fois la session Management Studio paramétrée avec `SET STATISTICS IO ON`, chaque requête exécutée renvoie dans l'onglet Messages les métriques d'entrées-sorties pour chaque table, y compris des tables temporaires *(worktable)*. Ces métriques sont les suivantes :

- nombre d'analyses*(scan count)* : nombre de fois où l'on a pénétré dans l'objet (par la racine pour un index clustered ou non clustered, par la première page pour une table ou un index clustered) ;
- lectures logiques*(logical reads)* : nombre de pages lues en mémoire ;
- lectures physiques*(physical reads)* : nombre de pages lues sur le disque de manière aléatoire ;
- lectures anticipées*(read_ahead reads)* : nombre de pages lues sur le disque de manière séquentielles et mise en cache.

Ces métriques se répètent pour les LOB (`VARCHAR(max)`, `NVARCHAR(max)`, `VARBINARY(max)`).

Figure 15–5
Affichage des entrées-sorties d'une requête dans l'onglet Messages, après activation des statistiques d'entrées-sorties

```
SET STATISTICS IO ON;
GO
SELECT *
FROM   T_ADHERENT_ADR AS ADR
       LEFT OUTER JOIN T_PRATIQUE_PTQ AS PTQ
            ON ADR.ADR_ID = PTQ.ADR_ID
       LEFT OUTER JOIN T_SPORT_SPT AS SPT
            ON PTQ.SPT_ID = SPT.SPT_ID
```

Résultats | Messages

```
(10894 ligne(s) affectée(s))
Table 'Worktable'. Nombre d'analyses 0, lectures logiques 0,
      lectures physiques 0, lectures anticipées 0, lectures logiques
Table 'T_PRATIQUE_PTQ'. Nombre d'analyses 1, lectures logiques 13,
      lectures physiques 1, lectures anticipées 11, lectures logique:
Table 'T_ADHERENT_ADR'. Nombre d'analyses 1, lectures logiques 1011,
      lectures physiques 3, lectures anticipées 1007, lectures logiqu
Table 'T_SPORT_SPT'. Nombre d'analyses 1, lectures logiques 2,
      lectures physiques 1, lectures anticipées 0, lectures logiques
```

Un nombre d'analyses élevé peut révéler des opérations menées en parallèle, mais aussi des opérations de recherche de clés multiples (*key* ou *RID lookup*).

Le nombre de pages lues en mémoire représente l'exacte proportion des pages que la requête a dû utiliser pour trouver les données nécessaires à sa résolution. Si des lectures physiques ont été entreprises, alors, c'est que les données n'étaient pas dans le cache !

Ne tenez jamais compte des lectures physiques pour comparer des requêtes. La présence de lectures physiques montre simplement que vous n'avez pas assez de mémoire ou que celle-ci est mal utilisée (par exemple sous indexation, tables obèses...).

`SET STATISTICS IO` est une mesure précise et rationnelle. C'est la première des mesures à effectuer avant même de lire un plan de requête pour étalonner vos métriques comparatives.

Lecture des mesures de temps (SET STATISTICS TIME)

Pour chaque requête exécutée, il est possible de connaître les temps de compilation et d'exécution. Le temps est mesuré de deux façons : le temps UC d'un côté et le temps écoulé de l'autre.

Tableau 15–5 Explication des temps de réponse des données de mesure de temps

	Temps UC	Temps écoulé
Analyse et compilation	Temps consommé par les UC pour effectuer la compilation et trouver, ou créer, un plan de requête	Temps chrono entre le moment où la requête est arrivée au moteur et où un plan a été produit ou retrouvé dans le cache
Temps d'exécution	Temps consommé par les UC pour exécuter la requête	Temps chrono entre le moment où la requête a été prise en compte par le moteur SQL et le moment où la dernière ligne a été envoyée

Figure 15–6
Affichage des temps d'une requête dans l'onglet Messages, après activation des statistiques de temps

```
SET STATISTICS TIME ON
GO
SELECT *
FROM   T_ADHERENT_ADR AS ADR
       LEFT OUTER JOIN T_PRATIQUE_PTQ AS PTQ
            ON ADR.ADR_ID = PTQ.ADR_ID
       LEFT OUTER JOIN T_SPORT_SPT AS SPT
            ON PTQ.SPT_ID = SPT.SPT_ID
WHERE SPT_LIBELLE LIKE '%voile%'
  AND (ADR_ADRESSE1 LIKE '%ile%' OR
       ADR_ADRESSE2 LIKE '%ile%' OR
       ADR_ADRESSE3 LIKE '%ile%')
```

Résultats | Messages

```
Temps d'analyse et de compilation de SQL Server :
, Temps UC = 0 ms, temps écoulé = 10 ms.

(1 ligne(s) affectée(s))

 SQL Server \endash Temps d'exécution :
, Temps UC = 15 ms, temps écoulé = 12 ms.
```

Les mesures de temps des UC sont très approximatives car le cycle minimal de SQL Server est basé sur le *timeticks*[a] interne de l'horloge de SQL OS, qui vaut 31,25 ms sur la plate-forme WinTel. Il n'est donc pas rare que les métriques de temps UC soient des multiples de la moitié de cette durée arrondie au plus juste, c'est-à-dire 15, 31, 47... Quant à la durée d'exécution, elle peut notablement varier en fonction du parallélisme et de l'engorgement du système au moment de l'exécution (concurrence notamment).

a. Pour en connaître la valeur, vous pouvez exécuter la requête suivante : `SELECT @@TIMETICKS`.

Les mesures de temps d'une requête ne doivent pas être prises pour argent comptant et il est sain de faire de multiples essais, notamment pour les petites requêtes, avant de conclure à une amélioration. Ces métriques servent donc à confirmer ou infirmer les métriques de lectures d'entrées-sorties.

Limites d'utilisation des index

Nous avons dit plus haut qu'un index est une structure qui ordonne les données. Mais il n'est pas possible d'organiser toutes les données d'une table pour chaque colonne avec un seul index, car le tri serait différent en fonction des colonnes. C'est pourquoi, un index est une copie de certaines données, celles que l'on veut indexer, c'est-à-dire une ou plusieurs colonnes constituant la clé d'index.

Il existe deux inconvénients à l'indexation.

- Un index constitue une sorte de redondance car il copie les données dans une structure particulière. Or tout accroissement du volume de la base est généralement préjudiciable aux performances.
- Un index oblige à modifier plus de données pour chaque mise à jour car il faut alimenter chaque index. Il augmente donc le temps de traitement des mises à jour.

Toutefois, l'indexation présente aussi un avantage non négligeable en plus de l'accélération des recherches. En effet, l'index permet de réduire la taille des données mises en cache car il parcourt beaucoup moins de pages qu'une lecture séquentielle. Or les SGBDR fonctionnent exclusivement en mémoire, sauf pour la gestion de la persistance des données. Cela conduit donc à une meilleure utilisation de la mise en cache des données.

Structure logique d'un index, ordre CREATE INDEX

Pour créer un index, il faut au préalable connaître la table à indexer et les colonnes qui doivent participer à la clé de l'index. Cette dernière constitue une énumération des colonnes composant l'index. Elle consiste en une liste de colonnes associée à l'ordre de tri (`ASC` pour ascendant, valeur par défaut, et `DESC` pour descendant). La position des colonnes dans la liste détermine l'ordre relatif des colonnes indexées.

SQL Server permet de rajouter à l'index des colonnes redondantes pour assurer la couverture de la requête par la seule utilisation de l'index. C'est la clause `INCLUDE` de l'index.

En outre, il est possible de filtrer les données à indexer pour ne rechercher rapidement que certaines valeurs souhaitables ou rejeter des valeurs indésirables. C'est la clause `WHERE` de l'index.

La syntaxe de création d'un index est généralement la suivante :

```
CREATE [UNIQUE] [{CLUSTERED|NON CLUSTERED}] INDEX <nom_index>
   ON [<nom_schema>.] <nom_table> (<clef_index>)
   [INCLUDE (<colonnes_redondantes>)]
   [WHERE <predicat_de_filtrage>]
   [;]
Avec :
<clef_index>::=
   <col1> [{ASC|DESC}]
          [, <col2> [{ ASC|DESC}]
          [,...
          [, <coln> [{ASC|DESC}]]]]

<colonnes_redondantes>::=
   <coli> [, <coli2> [, ... [, <colin>]]]
```

Une même colonne ne peut apparaître plus d'une fois, elle doit figurer dans la clé d'index ou dans la clause INCLUDE.

Exemple 15-1. Création d'un index multicolonne dans la base DB_SPORT sur la table des adhérents

```
CREATE INDEX X_ADR_NOM_PRE_DTN
   ON T_ADHERENT_ADR (ADR_NOM, ADR_PRENOM, ADR_DATE_NAISSANCE DESC);
```

Cet exemple montre la création d'un index sur la table T_PERSONNE_PRS, portant sur la combinaison des colonnes ADR_NOM (ascendant), ADR_PRENOM (ascendant) et ADR_DATE_NAISSANCE (descendant).

Dans un tel index, le tri est relatif. Les noms sont tout d'abord classés, puis les prénoms et ensuite les dates de naissance. Le tri physique pourrait ressembler à celui présenté sur la figure 15-7.

Figure 15–7
Tri physique des données dans un index

ADR_NOM	ADR_PRENOM	ADR_DATE_NAISSANCE
ABADI	Alain	16/11/1921
ABADI	Marcel	14/12/1918
ABADI	Zoé	02/02/1989
MARTIN	Alain	11/02/1987
MARTIN	Marcel	21/10/1963
MARTIN	Marcel	16/11/1958
MARTIN	Marcel	02/05/1947
MARTIN	Zoé	21/12/1978
ZUBER	Alain	11/11/1999
ZUBER	Marcel	02/03/2198
ZUBER	Zoé	11/09/1987

Dans quel cas cet index serait-il efficace ? Voyons quelques prédicats et la façon dont ils peuvent bénéficier de l'index…

Tableau 15–6 Prédicats, « cherchabilité » et efficacité

Prédicat WHERE	Accès	Efficacité
`ADR_NOM = 'DUPONT'`	Recherche	Bonne
`ADR_NOM = 'DUPONT' AND ADR_PRENOM = 'Jean'`	Recherche	Très bonne
`ADR_NOM = 'DUPONT' AND ADR_PRENOM = 'Jean' AND ADR_DATE_NAISSANCE = '1963-09-23'`	Recherche	Excellente
`ADR_NOM = 'DUPONT' AND ADR_DATE_NAISSANCE = '1963-09-23'`	Recherche et balayage	Bonne
`ADR_PRENOM = 'Jean'`	Balayage	Médiocre
`ADR_DATE_NAISSANCE = '1963-09-23'`	Balayage	Médiocre

Tableau 15–6 Prédicats, « cherchabilité » et efficacité *(suite)*

Prédicat WHERE	Accès	Efficacité
`ADR_PRENOM = 'Jean' AND ADR_DATE_NAISSANCE = '1963-09-23'`	Balayage	Médiocre
`ADR_NOM = 'DUPONT' AND ADR_PRENOM LIKE 'M%'`	Recherche	Très bonne
`ADR_NOM <= 'DUPONT' AND ADR_PRENOM LIKE 'A%'`	Recherche	Très bonne
`ADR_NOM LIKE 'DUPON%' AND ADR_PRENOM BETWEEN 'Jean' AND 'John' AND ADR_DATE_NAISSANCE > '1960-01-01'`	Recherche	Excellente
`ADR_PRENOM BETWEEN 'Jean' AND 'John' AND ADR_DATE_NAISSANCE > '1960-01-01' AND ADR_NOM LIKE 'DUPON%'`	Recherche	Excellente

Un index peut être parcouru en recherche (opération SEEK, c'est de loin le cas le plus intéressant), mais aussi comme une table, par balayage de toutes les lignes de l'index (opération SCAN). Le scan est parfois plus rapide que de parcourir la table qui comporte souvent beaucoup plus de colonnes, et donc consomme plus de temps, notamment lorsque les colonnes manipulées dans les différentes clauses de l'ordre SELECT figurent toutes dans l'index. Enfin, il est possible de relever certaines données éparses dans un index (opération LOOKUP).

Le parcours de l'index par recherche ne peut se faire que dans le sens de vectorisation de l'information :

- nom ;
- nom suivi de prénom ;
- nom suivi de prénom, puis de date de naissance ;
- nom suivi de date de naissance (dans ce dernier cas, une recherche sur le nom, puis un balayage sont effectués).

Les autres recherches sont médiocres car il faut lire toutes les données de l'index par balayage.

L'ordre des colonnes dans le prédicat de recherche n'a pas d'importance pour l'égalité, car l'optimiseur du SGBDR recombine les colonnes afin de se servir correctement de l'index. Mais cette recombinaison n'est pas possible lorsque le prédicat utilise des opérateurs d'inégalité.

Ainsi dans le cas d'un prédicat tel que :

```
WHERE ADR_PRENOM BETWEEN 'Jean' AND 'Jeannot' AND ADR_NOM = 'DUPONT'
```

l'index sera pleinement utilisé (recherche) car l'optimiseur recombine les différentes parties du prédicat pour tirer au mieux parti de l'index. En revanche, pour le prédicat suivant :

```
WHERE ADR_NOM BETWEEN 'DUPOND' AND 'DUPONT' AND ADR_PRENOM = 'Jean'
```

il le sera moins (recherche et balayage), de même que pour le prédicat ci-dessous :

```
WHERE ADR_PRENOM = 'Jean' AND ADR_NOM > 'DUPON'
```

où plus aucune recherche dans l'index n'est possible. Il faudra pour le moins balayer tout l'index.

La figure 15-8 illustre très bien cette problématique. Vous pouvez voir en haut (flèches vert clair) les recherches efficaces et en bas (barres kaki) celles nécessitant un balayage des lignes. Au milieu, une recherche hybride, relativement efficace.

Figure 15–8
Efficacité de la recherche dans un index

	ADR_NOM	ADR_PRENOM	ADR_DATE_NAISSANCE
NOM	ABADI	Alain	16/11/1921
NOM + PRÉNOM		Marcel	14/12/1918
NOM + PRÉNOM + DATE DE NAISSANCE			02/02/1989
	MARTIN	Alain	11/02/1987
	MARTIN	Marcel	21/10/1963
NOM	MARTIN	+ DATE DE NAISSANCE	16/11/1958
	MARTIN	Marcel	02/05/1947
	MARTIN	Zoé	21/12/1978
PRÉNOM	ZUBER	Alain	11/11/1999
DATE DE NAISSANCE		Marcel	02/03/2198
PRÉNOM + DATE DE NAISSANCE			11/09/1987

Mais vous vous demandez sans doute pourquoi nous avons demandé un tri descendant pour la colonne ADR_DATE_NAISSANCE ? Parce que généralement, la recherche des informations datées concerne davantage les données récentes que les anciennes... Or en utilisant l'option DESC, on impose que les données récentes figurent en premier dans l'index... Ceci n'a de réel intérêt que si une colonne temporelle est noyée au milieu d'autres colonnes dans un index composite.

Quant aux options INCLUDE et WHERE, nous les développons un peu pages 759 et 764.

Pour obtenir les métadonnées de l'index, vous pouvez utiliser les vues système suivantes :

- sys.indexes, qui liste tous les index de la base ;
- sys.index_columns, qui liste des colonnes utilisées par un index.

Il faut joindre ces vues aux vues système sys.objects, sys.schemas et sys.columns pour obtenir tous les détails sur les index.

Vous pouvez aussi utiliser la procédure stockée sp_helpindex, mais cette dernière ne montre ni les éléments de la clause INCLUDE ni la définition du filtre de la clause WHERE s'il y en a une.

Pour terminer, l'exemple 15-2 présente une requête assez complète qui montre les éléments logiques essentiels de métadonnées d'un index. Elle utilise la récursivité pour créer les listes de colonnes de la clé d'index et de la clause INCLUDE.

Exemple 15-2. Liste des éléments logiques définissant tous les index des objets créés par l'utilisateur

```
WITH
T_COLS AS
(SELECT i.object_id, i.index_id, i.key_ordinal,
        c.name + CASE WHEN is_descending_key = 1
                      THEN ' DESC'
                    ELSE ''
                 END AS name, is_descending_key,
        MAX(key_ordinal)
           OVER(PARTITION BY i.object_id, i.index_id, is_included_column)
              AS n_keys,
```

```
        is_included_column
FROM    sys.index_columns AS i
        INNER JOIN sys.columns AS c
              ON i.object_id = c.object_id
              AND i.column_id = c.column_id),
T_KEYS AS
(SELECT object_id, index_id, key_ordinal, n_keys, is_included_column,
        CASE WHEN is_included_column = 0
           THEN CAST(name AS NVARCHAR(max))
           ELSE ''
        END AS INDEX_KEY,
        CASE WHEN is_included_column = 1
           THEN CAST(name AS NVARCHAR(max))
           ELSE ''
        END AS INDEX_INC
FROM    T_COLS
WHERE key_ordinal = 1
UNION ALL
SELECT c.object_id, c.index_id, c.key_ordinal, c.n_keys, k.is_included_column,
        k.INDEX_KEY +
        CASE WHEN k.is_included_column = 0
           THEN ', ' + CAST(c.name AS NVARCHAR(max))
           ELSE ''
        END,
        k.INDEX_INC +
        CASE WHEN k.is_included_column = 1
           THEN ', ' + CAST(c.name AS NVARCHAR(max))
           ELSE ''
        END
FROM    T_KEYS AS k
        INNER JOIN T_COLS AS c
              ON k.object_id = c.object_id
              AND k.index_id = c.index_id
              AND k.key_ordinal + 1 = c.key_ordinal)
SELECT s.name AS TABLE_SCHEMA, o.name AS TABLE_NAME, i.name AS INDEX_NAME,
       INDEX_KEY, NULLIF(INDEX_INC,'') AS INDEX_INCLUDE, filter_definition AS INDEX_WHERE
FROM   sys.indexes AS i
       INNER JOIN sys.objects AS o ON i.object_id = o.object_id
       INNER JOIN sys.schemas AS s ON o.schema_id = s.schema_id
       INNER JOIN T_KEYS AS k ON i.object_id = k.object_id
                              AND i.index_id = k.index_id
WHERE key_ordinal = n_keys
  AND o."type" IN ('U', 'V');
```

Index filtrés (clause WHERE)

L'idée de recourir à des index filtrés vient du fait que si l'on réduit la taille de l'index en indexant seulement certaines données et pas d'autres, le temps de réponse sera plus rapide.

On ajoute alors une clause `WHERE` à la création de l'index avec un prédicat de filtrage « simple », c'est-à-dire déterministe précis et cherchable.

Exemple 15-3. Index filtré éliminant une information inconnue

```
CREATE INDEX X_ADR_DTN
   ON T_ADHERENT_ADR (ADR_DATE_NAISSANCE)
   WHERE ADR_DATE_NAISSANCE IS NOT NULL;
```

Cet index filtré ne prend pas en compte les dates de naissance non renseignées. En effet, quel est l'intérêt d'indexer une donnée inconnue ? Où la ranger ?

Exemple 15-4. Index filtré éliminant une information trop commune

```
CREATE INDEX X_ADR_CTG
   ON T_ADHERENT_ADR (ADR_CATEGORIE)
   WHERE ADR_CATEGORIE <> 'PLATINIUM';
```

Cet index ne prend pas en compte la catégorie `PLATINIUM`. En effet, il s'agit de la catégorie la plus commune pour nos adhérents (43 %). Il y a donc peu de chance que l'optimiseur choisisse d'utiliser l'index pour cette valeur trop commune. Dès lors, à quoi bon stocker dans cet index des informations inutiles ?

Exemple 15-5. Index filtré éliminant une information trop ancienne

```
CREATE INDEX X_ADR_DTN_JEUNE
   ON T_ADHERENT_ADR (ADR_DATE_NAISSANCE)
   WHERE DATEDIFF (year, [ADR_DATE_NAISSANCE], GETDATE()) < 90;
```

Cette tentative de pose d'un index filtré, se solde par un échec (message 10 375) : `Clause WHERE incorrecte pour l'élément index 'X_ADR_DTN_JEUNE' filtré(e) sur la table 'T_ADHERENT_ADR'`.

En effet, l'appel à la fonction `CURRENT_DATE` (date système) n'est pas déterministe. Le filtrage ne peut s'effectuer.

L'exemple 15-6 présente en revanche un filtrage adéquat de l'index.

Exemple 15-6. Index filtré pour données obsolètes

```
CREATE INDEX X_ADR_DTN_JEUNE
   ON T_ADHERENT_ADR (ADR_DATE_NAISSANCE)
   WHERE ADR_DATE_NAISSANCE >= '1924-01-01';
```

Cet index pourra être modifié régulièrement, par exemple tous les mois, lors d'une opération planifiée de reconstruction de l'index dans le cadre de la maintenance de la base de données.

Il est possible d'effectuer un filtrage externe des données, c'est-à-dire filtrer un index sur des données ne figurant pas dans l'index. La table de l'exemple 15-7 présente des malades atteints de divers cancers.

Exemple 15-7. Table des personnes atteintes d'un cancer

```
CREATE TABLE T_MALADIE_CANCER
(MDC_ID                 INT NOT NULL PRIMARY KEY,
MDC_NUMSECU_SEX        CHAR(1) NOT NULL,
MDC_NUMSECU_AN         CHAR(2) NOT NULL,
MDC_NUMSECU_MOIS       CHAR(2) NOT NULL,
MDC_NUMSECU_COMMUNE    CHAR(5) NOT NULL,
MDC_NUMSECU_RANG       CHAR(3) NOT NULL,
MDC_NATURE             VARCHAR(32) NOT NULL,
MDC_DATE_DECLARATION DATE NOT NULL);
```

L'index de l'exemple 15-8 permettra de rechercher les dates de déclaration des cancers de la prostate, en réduisant le volume de données par le simple fait que ce type de cancer ne concerne que les hommes.

Exemple 15-8. Index filtré avec filtrage externe

```
CREATE INDEX X_MLD_DAT_PROSTATE
   ON T_MALADIE_CANCER (MDC_DATE_DECLARATION, MDC_ID)
   WHERE (MDC_NATURE = 'PROSTATE' AND MDC_NUMSECU_SEX = '1');
```

Remarquez que la colonne `MDC_NATURE` indiquant la nature du cancer ne figure pas dans la clé d'index, ni celle concernant le sexe.

L'inconvénient de cet index est qu'il devient très spécifique et ne pourra donc être utilisé que pour quelques requêtes très particulières… Mais si le contexte est un centre de recherche sur le cancer et qu'une vaste étude est menée sur le cancer de la prostate, alors, en fonction du volume global des données, il devient indispensable !

Peut-on éliminer certaines informations et en garder d'autres ? Oui c'est possible, mais il existe une petite subtilité. L'exemple 15-9 présente la table des groupes sanguins associés aux patients de la table de l'exemple 15-7. Les groupes `A+` et `O+` étant très fréquents, éliminons-les.

Exemple 15-9. Table des groupes sanguins des patients (héritage)

```
CREATE TABLE T_GROUPE_SANGUIN
(MDC_ID     INT NOT NULL PRIMARY KEY
    FOREIGN KEY REFERENCES T_MALADIE_CANCER (MDC_ID),
GSG_GROUPE CHAR(3) NOT NULL
    CHECK (GSG_GROUPE IN ('A+', 'A-', 'B+','B-', 'AB+', 'AB-', 'O+', 'O-')));
```

Les tentatives suivantes de pose d'un index filtré se soldent toutes par un échec.

Exemple 15-10. Index filtré éliminant plusieurs informations trop communes… erreurs

```
CREATE INDEX X_GSG_GRP
   ON T_GROUPE_SANGUIN (GSG_GROUPE)
   WHERE (GSG_GROUPE <> 'A+' OR GSG_GROUPE <> 'O+');

CREATE INDEX X_GSG_GRP
   ON T_GROUPE_SANGUIN (GSG_GROUPE)
   WHERE (GSG_GROUPE NOT IN ('A+', 'O+'));
```

En effet, le prédicat du filtre d'index n'est pas cherchable du fait de la présence du `OR` ou du `NOTIN`. Il suffit alors de transformer ce prédicat en un prédicat cherchable. Dans ce cas, la technique consiste à énumérer toutes les valeurs possibles à l'exception de celles que nous ne voulons pas…

Exemple 15-11. Index filtré éliminant plusieurs informations trop communes… succès

```
CREATE INDEX X_GSG_GRP
   ON T_GROUPE_SANGUIN (GSG_GROUPE)
   WHERE (GSG_GROUPE IN ('B+', 'A-', 'O-', 'AB+', 'AB-', 'B-'));
```

Notez que dans ce dernier cas, nous avons listé les différents groupes sanguins dans l'ordre de leur fréquence afin d'en optimiser la vérification. En effet, ils sont respectivement représentés de la manière suivante dans la population française : 9 %, 7 %, 6 %, 3 %, 1 % et 1 %.

Étudiez soigneusement toute pose d'index filtré, il est rarement utilisé parce que souvent trop spécifique à une requête… Notons que les index filtrés excluant les données non renseignées (`NULL`) devraient être rares si le modèle de données est correctement normalisé !

Index sur expression calculée

SQL Server permet de créer et d'indexer des colonnes calculées persistantes (dont les valeurs sont donc stockées). Rappelons que le calcul de ces colonnes doit être déterministe (pas de fonctions comme RAND, GETDATE, NEWID...) et précis (éviter le type FLOAT ou REAL en sortie).

Voici un cas de figure très classique : l'indexation des numéros de téléphone. Un même numéro de téléphone peut s'écrire de différentes manières :

- 0611864066 ;
- 06 11 86 40 66 ;
- 06- 11- 86- 40-66.

mais aussi :

- 00 33 6 11 86 40 66 ;
- + 33 611864066.

Comment, dans ce cas, effectuer des recherches efficaces ? En le nettoyant et en le renversant puisque la partie la plus importante d'un numéro de téléphone se trouve à la fin et non au début...

Exemple 15-12. Ajout de colonnes calculées persistantes pour indexation

```
ALTER TABLE T_ADHERENT_ADR
ADD ADR_CALC_TEL_FIX AS
    REVERSE(REPLACE(REPLACE(REPLACE(ADR_TEL_FIX,'+','00'),' ',''),'.',''))
       PERSISTED,
    ADR_CALC_TEL_MOBILE AS
    REVERSE(REPLACE(REPLACE(REPLACE(ADR_TEL_MOBILE,'+','00'),' ',''),'.',''))
       PERSISTED;
```

Exemple 15-13. Indexation des colonnes persistantes

```
CREATE INDEX X_ADR_C_TLF
   ON T_ADHERENT_ADR (ADR_CALC_TEL_FIX);

CREATE INDEX X_ADR_C_TLM
   ON T_ADHERENT_ADR (ADR_CALC_TEL_MOBILE);
```

Vous constaterez que la pose de ces deux index calculés se traduit par l'envoi d'un message d'avertissement :

```
Avertissement ! La longueur de clé maximale est 900 octets. L'index 'X_ADR_C_TLM' a une longueur maximale de 8 000 octets. Dans certains cas, la combinaison de valeurs élevées entraînera l'échec de l'opération d'insertion/mise à jour.
```

Aucun souci à se faire puisqu'à l'origine, notre numéro de téléphone ne peut dépasser 20 caractères et que nous en supprimons un certain nombre. Néanmoins, nous aurions pu forcer un typage de données dans l'expression de la colonne calculée afin d'éviter un tel message.

Bien entendu, comme les numéros de téléphone sont maintenant stockés de manière renversée, il faut effectuer des recherches sur la partie significative, avec le paramètre lui-même renversé et tronqué à 9 chiffres.

L'association colonne calculée et indexation est souvent payante, par exemple pour éviter des calculs trop répétitifs. C'est une forme de dénormalisation intelligente !

Voici un second cas, aussi très classique. Nous souhaiterions envoyer un e-mail aux adhérents dont c'est l'anniversaire aujourd'hui… Comment faire ? La requête de l'exemple 15-14 qui répond à cette demande n'est en aucun cas cherchable. Elle restera lente.

Exemple 15-14. Recherche des anniversaires à la date du jour

```
SELECT ADR_ID, ADR_NOM, ADR_PRENOM, ADR_MAIL,
       DATEDIFF(year, ADR_DATE_NAISSANCE, GETDATE()) AS AGE
FROM   T_ADHERENT_ADR
WHERE MONTH(ADR_DATE_NAISSANCE) = MONTH(GETDATE())
  AND DAY(ADR_DATE_NAISSANCE) = DAY(GETDATE());
```

Figure 15–9
Plan d'exécution de la requête de l'exemple 15-13 montrant des problèmes de statistiques…

La figure 15-9 montre le plan d'exécution de la requête de l'exemple 15-13. Son coût est de 0,768581 et il montre des défauts de statistiques. Mais ce n'est pas le réel problème….

En créant deux colonnes calculées et en y plaçant un index dessus, nous atteignons notre objectif (exemple 15-15).

Exemple 15-15. Ajout des colonnes calculées persistantes pour extraire le mois et le jour de la date de naissance

```
ALTER TABLE T_ADHERENT_ADR
ADD ADR_CALC_DN_MOIS AS MONTH(ADR_DATE_NAISSANCE) PERSISTED,
    ADR_CALC_DN_JOUR AS DAY(ADR_DATE_NAISSANCE) PERSISTED;
```

En demandant le plan d'exécution de la requête de l'exemple 15-15, SQL Server va jusqu'à nous conseiller la pose du bon index (dans la ligne verte, figure 15-10).

SELECT ADR_ID, ADR_NOM, ADR_PRENOM, ADR_MAIL, DATEDIFF(year, ADR_DATE_NAISSANCE, GETDATE()) AS AGE FROM
Index absent (Impact 99.4897) : CREATE NONCLUSTERED INDEX [<Name of Missing Index, sysname,>] ON [dbo].[
SELECT
Coût : 0 %
Calcul scalaire
Coût : 1 %
Calcul scalaire
Coût : 0 %
Analyse d'index cluster (Clustered)
[T_ADHERENT_ADR].[PK_T_ADHERENT_ADR]
Coût : 99 %

Figure 15–10
Plan relatif à la requête de l'exemple 15-15, avec apparition d'une demande d'index

Cette demande d'index est la suivante :

```
/*
Détails de l'index absents de SQLQuery4.sql - HPZFRED\SQL2012FBFR.DB_SPORT (sa (52))
Le processeur de requêtes estime que l'implémentation de l'index suivant peut améliorer le coût de
requête de 99.4897 %.
*/

/*
USE [DB_SPORT]
GO
CREATE NONCLUSTERED INDEX [<Name of Missing Index, sysname,>]
ON [dbo].[T_ADHERENT_ADR] ([ADR_CALC_DN_MOIS],[ADR_CALC_DN_JOUR])

GO
*/
```

Il ne reste plus qu'à compléter la commande de création de cet index avec un nom et à la lancer.

Index couvrants (clause INCLUDE)

Un index est dit « couvrant » au regard d'une requête si la seule utilisation de cet index suffit à répondre pleinement à la requête.

Rappelons qu'un index ne contient pas toutes les données de la table. Seules les colonnes de la clé d'index y sont recopiées, sauf si l'index est clustered auquel cas toutes les données de la table y figureront puisqu'un tel index est par définition la table elle-même, triée.

Dès lors, chaque fois qu'une requête pourrait utiliser un index, même en recherche, il faut englober dans le coût global de la requête les phases de lecture suivantes :

- la recherche dans l'index ;
- le parcours de la table pour ajouter au résultat les informations manquantes.

Dans ce cas de figure, il n'est pas toujours évident que l'utilisation de l'index soit une stratégie gagnante. Il est possible qu'une lecture par balayage soit finalement plus efficace.

Mais en utilisant un index couvrant, on est sûr qu'il sera toujours utilisé et qu'aucune lecture supplémentaire de la table ne sera réalisée ! En effet, la clause `INCLUDE` permet de rajouter des informations redondantes (colonnes) qui ne figurent pas dans la clé d'index afin que l'index assure la couverture de la requête.

Repartons de la requête de l'exemple 15-14, que nous avons solutionné avec l'index suivant de l'exemple 15-16.

Exemple 15-16. Pose d'un index multicolonne sur des colonnes calculées pour résoudre la recherche des anniversaires

```
CREATE INDEX X_ADR_DNM_DNJ
   ON T_ADHERENT_ADR (ADR_CALC_DN_MOIS, ADR_CALC_DN_JOUR);
```

Au final, l'utilisation de cet index pour la requêtede l'exemple 15-14 conduit au plan d'exécution de la figure 15-11.

Figure 15–11 Plan de requête pour la recherche des anniversaires avec index sur des colonnes calculées

Dans le plan d'exécution de la figure 15-11, dont le coût est de 0,0889732 (donc un gain de 8,6 fois), nous constatons que cet index est bien utilisé, mais nécessite une lecture complémentaire des données de la table car les informations à retourner (`ADR_ID`, `ADR_NOM`, `ADR_PRENOM`, `ADR_MAIL` et `AGE`) ne figurent pas dans l'index. Nous pouvons cependant les y placer en utilisant la clause `INCLUDE` (exemple 15-17).

Exemple 15-17. Pose d'un index multicolonne et couvrant sur les colonnes calculées pour résoudre la recherche des anniversaires

```
CREATE INDEX X_ADR_DNM_DNJ_I_NOM_PRE_EML_AGE
   ON T_ADHERENT_ADR (ADR_CALC_DN_MOIS, ADR_CALC_DN_JOUR)
   INCLUDE (ADR_NOM, ADR_PRENOM, ADR_MAIL);
```

Le plan de requête devient plus simple (figure 15-12). Il passe à un coût de 0,0033175, ce qui fait un gain final de 231 !

Figure 15–12
Plan d'exécution de la requête de l'exemple 15-14 après pose de couvrant

Ce plan nous informe que nous avons toujours un défaut de statistiques, comme lors du plan original (figure 15-9), mais cette fois l'avertissement ne figure plus sur le `SELECT`... Obéissons bêtement à SQL Server et fournissons-lui ce qui manque et qu'il réclame (détails de l'opérateur de recherche d'index, figure 15-13).

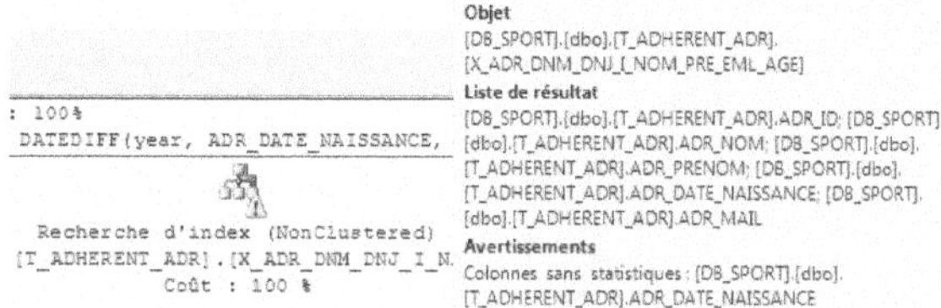

Figure 15–13
Détail sur l'avertissement du plan de la figure 15-12

Nous créons la statistique demandée (exemple 15-18).

Exemple 15-18. Création d'une statistique sur la colonne contenant la date de naissance des adhérents

```
CREATE STATISTICS STS_ADR_DTN
   ON T_ADHERENT_ADR (ADR_DATE_NAISSANCE)
   WITH FULLSCAN;
```

Notez que la statistique créée dans l'exemple 15-18 est très semblable à celles créées de manière sous-jacente pour nos index filtrés... Mais justement, toutes les informations n'y figurent pas du fait des filtres...

Après avoir vidé le cache des procédures (`DBCC FREEPROCCACHE`) afin que le plan précédent ne soit pas réutilisé, relancez la requête et vous verrez disparaître l'avertissement. Cependant, le coût estimé n'a pas été changé...

Voici un deuxième cas qui apporte matière à réflexion... Nous devons extraire les adhérents à l'aide de l'initiale du prénom pour former un annuaire. La page 1 aura tous les adhérents dont le prénom commence par A, la page 2 contiendra ceux dont le prénom commence par B, etc. Pour cela, notre idée est de créer un index sur le nom, comme le montre la requête de l'exemple 15-19.

Exemple 15-19. Pose d'un index sur le nom des adhérents

```
CREATE INDEX X_ADR_PRE
   ON T_ADHERENT_ADR (ADR_PRENOM);
```

En examinant les plans d'exécution des deux requêtes de l'exemple 15-20, nous nous apercevons que les plans de requêtes diffèrent... Pourtant, il s'agit bien d'une même requête, au paramètre près ! (figure 15-14).

Exemple 15-20. Requêtes extrayant les adhérents à partir de l'initiale de leur nom

```
SELECT ADR_ID, ADR_NOM, ADR_PRENOM
FROM   T_ADHERENT_ADR
WHERE ADR_NOM LIKE 'A%';

SELECT ADR_ID, ADR_NOM, ADR_PRENOM
FROM   T_ADHERENT_ADR
WHERE ADR_NOM LIKE 'Z%';
```

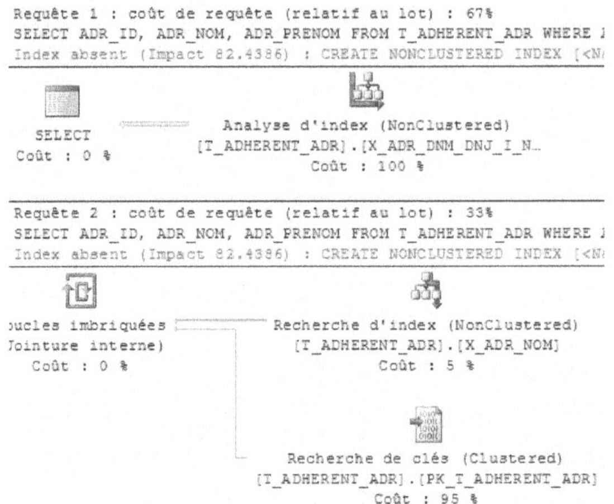

Figure 15–14
Plans d'exécution des deux requêtes de l'exemple 15-20

Dans un cas, SQL Server considère la double lecture recherche d'index et récupération des lignes. Dans l'autre cas, il estime que passer par la table est plus judicieux… Il a sans doute raison. Mais que pouvons-nous faire pour qu'il passe systématiquement par l'index ?

À nouveau, la solution consiste à utiliser un index inclus… Il suffit tout simplement d'ajouter la clause `INCLUDE` avec la colonne `ADR_PRENOM` pour résoudre le problème (exemple 15-21).

Exemple 15-21. Création d'un index avec la clause `INCLUDE`

```
CREATE INDEX X_ADR_NOM_I_PRENOM
   ON T_ADHERENT_ADR (ADR_NOM)
   INCLUDE (ADR_PRENOM);
```

Vous pourrez constater de visu que les plans sont maintenant identiques et nettement plus performants !

Mais une seule interrogation subsiste : pourquoi n'avons-nous pas fait figurer la colonne `ADR_ID` dans la clause `INCLUDE` ? La réponse réside dans la nature de l'index et dans la structuration de la table. Souvenez-vous, en dotant la table d'une contrainte de clé primaire sur la colonne `ADR_ID`, vous avez construit la table sous forme clustered… Donc tout index secondaire possède d'emblée la colonne `ADR_ID` comme repère de ligne ! Il est donc inutile de le rajouter à la clause `INCLUDE`.

Pour vous en convaincre, vous pouvez visionner les statistiques de cet index (`DBCC SHOW_STATISTICS`). Elles vous donneront l'information visible sur la figure 15-15).

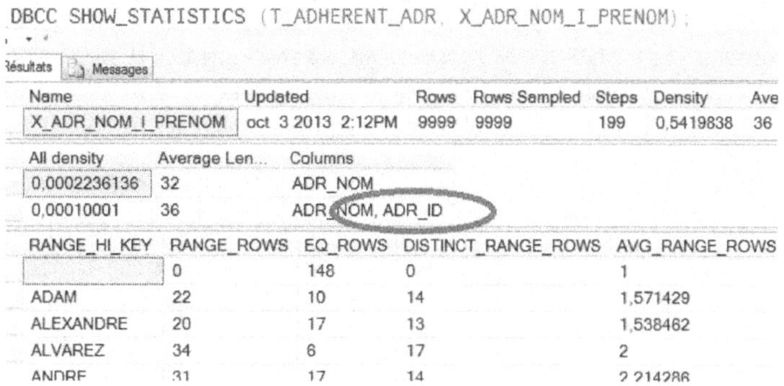

Figure 15–15
Statistiques de l'index couvrant

```
DBCC SHOW_STATISTICS (T_ADHERENT_ADR, X_ADR_NOM_I_PRENOM);
```

Résultats | Messages

Name	Updated	Rows	Rows Sampled	Steps	Density	Ave
X_ADR_NOM_I_PRENOM	oct 3 2013 2:12PM	9999	9999	199	0,5419838	36

All density	Average Len...	Columns
0,0002236136	32	ADR_NOM
0,00010001	36	ADR_NOM, ADR_ID

RANGE_HI_KEY	RANGE_ROWS	EQ_ROWS	DISTINCT_RANGE_ROWS	AVG_RANGE_ROWS
	0	148	0	1
ADAM	22	10	14	1,571429
ALEXANDRE	20	17	13	1,538462
ALVAREZ	34	6	17	2
ANDRE	31	17	14	2,214286

Options physiques de création d'un index

Les options physiques de création d'un index sont sa forme (clustered ou non), le stockage (clause `ON` et `FILESTREAM ON`) et différents paramètres de création ou d'utilisation (clause `WITH`). Voici la syntaxe complète de création d'un index :

```
CREATE [UNIQUE] [{CLUSTERED|NON CLUSTERED}] INDEX <nom_index>
   ON [<nom_schema>.] <nom_table> (<cle_index>)
   [INCLUDE (<colonnes_redondantes>)]
   [WHERE <predicat_de_filtrage>]
   [WITH (<parametres> [, ...n])]
   [ON {schema_de_partition (nom_colonne)
         |nom_filegroup
         |"default"
        }
   ]
   [FILESTREAM_ON {nom_filegroup_filestream|schema_de_partition|"NULL"}]
   [;]
Avec :
<parametres>::

   <param1> [, <param2> [, <paramN> [, ...]]]
et :
<paramN>::=

{
   PAD_INDEX = {ON|OFF}
  |FILLFACTOR = facteur_de_remplissage
  |SORT_IN_TEMPDB = {ON|OFF}
  |IGNORE_DUP_KEY = {ON|OFF}
  |STATISTICS_NORECOMPUTE = {ON|OFF}
  |DROP_EXISTING = {ON|OFF}
  |ONLINE = {ON|OFF}
  |ALLOW_ROW_LOCKS = {ON|OFF}
  |ALLOW_PAGE_LOCKS = {ON|OFF}
  |MAXDOP = degre_max_de_parallelisme
  |DATA_COMPRESSION = {NONE|ROW|PAGE}
     [ON PARTITIONS ({<n° de partition>|<plage de partitions>}
     [, ...n])]
}
```

Nous ne reviendrons pas ici sur la définition d'un index clustered (voir section précédente « Pointeur de renvoi d'index » page 746). Pour le stockage, la clause ON précise le groupe de fichiers des données relationnelles et FILESTREAM ON, le répertoire de stockage des fichiers stockés à titre de Filestream s'il y en a. Reportez-vous au chapitre 10 consacré au stockage pour de plus amples informations. Le tableau ci-dessous donne quelques explications au sujet des divers paramètres de création des index :

Tableau 15–7 Paramètres de création des index

Paramètre	Description
DROP_EXISTING	Supprime l'index de même composition avant de procéder à sa recréation.
ONLINE	Empêche le blocage de la table pendant la création de l'index.
MAXDOP	Limite le degré de parallélisme lors de la création de l'index.
SORT_IN_TEMPDB	Impose le tri dans la base tempdb.
FILLFACTOR	Définit un facteur de remplissage des pages de données de l'index.
PAD_INDEX	Reporte le FILLFACTOR au niveau des pages de navigation.
IGNORE_DUP_KEY	Mode de gestion des erreurs de doublons pour index UNIQUE.
STATISTICS_NORECOMPUTE	Interdit le recalcul des statistiques.
ALLOW_ROW_LOCKS	Permet ou interdit le verrouillage des lignes.
ALLOW_PAGE_LOCKS	Permet ou interdit le verrouillage des pages.
DATA_COMPRESSION	Active la compression des données.

La création d'index ONLINE permet d'éviter un verrouillage exclusif de la table le temps de procéder à la création de l'index. Cette fonctionnalité n'est disponible qu'à partir de la version Enterprise.

Par défaut, le tri des données d'un index est réalisé en mémoire, dans les limites indiquées par le paramètre Index create memory de configuration du serveur (sp_configre). Si vous le désirez, vous pouvez imposer que le tri soit effectué exclusivement dans la base tempdb (SORT_IN_TEMPDB).

Le facteur de remplissage (FILLFACTOR) permet de « préfragmenter » les tables en réservant un peu d'espace dans les pages feuilles de l'index, afin que les nouvelles insertions puissent s'y effectuer sans risquer un split de page. Vous pouvez reporter ce FILLFACTOR aux autres pages de l'index en activant le paramètre PAD_INDEX (ces deux paramètres sont détaillés page 873).

Il est possible d'interdire toute mise à jour des statistiques d'index en positionnant STATISTICS_NORECOMPUTE à ON.

Chaque index (ou la table elle-même en cas d'index clustered) peut être autorisé ou non à utiliser des verrous de niveau ligne ou page. Ceci est possible en attribuant la valeur ON ou OFF aux paramètres ALLOW_ROW_LOCKS et ALLOW_PAGE_LOCKS.

Quant à la compression des données (DATA_COMPRESSION), elle est clairement expliquée au chapitre 10 consacré au stockage et peut porter sur une partition de l'index ou sur sa totalité.

Exemple 15-22. Création d'un index avec tri dans la base tempdb, facteur de remplissage de 80 reporté aux pages de navigation et en utilisant au plus un thread

```
CREATE INDEX X_ADR_CP_VIL
   ON T_ADHERENT_ADR (ADR_CP, ADR_VILLE)
   WITH (FILLFACTOR      = 80,
         PAD_INDEX       = ON,
         MAXDOP          = 1,
         SORT_IN_TEMPDB = ON);
```

Les index couvrants avec clause INCLUDE sont très puissants. Ils permettent notamment de rectifier un modèle mal conçu, par exemple peu normalisé. Néanmoins, ne perdez pas de vue le coût de mise à jour des index, qui, lorsqu'il y en a trop, peut devenir pénalisant.
La restructuration du modèle, aussi coûteuse soit-elle, sera plus bénéfique que ces artifices.

Que faut-il indexer ?

Tout d'abord, on devrait créer des index derrière toutes les clés étrangères, afin d'accélérer les jointures. Il convient également d'indexer les colonnes les plus fréquemment recherchées. Cependant, ceci appelle plusieurs remarques...

Index des clés étrangères

Lorsque vous implantez des contraintes de clés étrangères (FOREIGN KEY), SQL Server ne pose aucun index sur les colonnes filles de l'intégrité référentielle. Il est généralement très important de prévoir de tels index. Mais ce n'est pas toujours nécessaire, car ces colonnes peuvent déjà être naturellement indexées... Voici un cas particulier, qui résulte de la création des tables du modèle présenté à la figure 15-13, page 765.

Exemple 15-23. Création de diverses tables relatives au modèle de la figure 15-13

```
CREATE TABLE T_FILM_FLM
(FLM_ID            INT IDENTITY NOT NULL PRIMARY KEY,
FLM_TITRE         VARCHAR(250) NOT NULL,
FLM_DUREE_MINUTE FLOAT);

CREATE TABLE T_SALLE_SAL
(SAL_ID            INT IDENTITY NOT NULL PRIMARY KEY,
SAL_NUMERO        SMALLINT     NOT NULL);

CREATE TABLE T_HORAIRE_HOR
(HOR_DATE          DATE          NOT NULL,
HOR_HEURE         TIME          NOT NULL,
CONSTRAINT PK_HOR PRIMARY KEY (HOR_DATE, HOR_HEURE));

CREATE TABLE T_PROJECTION_PRJ
(PRJ_ID            INT IDENTITY NOT NULL PRIMARY KEY,
HOR_DATE          DATE          NOT NULL,
HOR_HEURE         TIME          NOT NULL,
FLM_ID            INT           NOT NULL,
SAL_ID            INT           NOT NULL,
CONSTRAINT UK_PRJ_HDH_FML_SAL
    UNIQUE (HOR_DATE, HOR_HEURE, FLM_ID, SAL_ID),
CONSTRAINT FK_PRJ_HOR FOREIGN KEY (HOR_DATE, HOR_HEURE)
    REFERENCES T_HORAIRE_HOR (HOR_DATE, HOR_HEURE),
CONSTRAINT FK_PRJ_FLM FOREIGN KEY (FLM_ID)
    REFERENCES T_FILM_FLM (FLM_ID),
CONSTRAINT FK_PRJ_SAL FOREIGN KEY (SAL_ID)
    REFERENCES T_SALLE_SAL (SAL_ID));
```

Si nous créons un index pour chaque clé étrangère, nous obtenons les index suivants.

Exemple 15-24. Index à créer pour les contraintes de clés étrangères

```
CREATE INDEX X_PRJ_FK_HOR ON T_PROJECTION_PRJ (HOR_DATE, HOR_HEURE);
CREATE INDEX X_PRJ_FK_FLM ON T_PROJECTION_PRJ (FLM_ID);
CREATE INDEX X_PRJ_FK_SAL ON T_PROJECTION_PRJ (SAL_ID);
```

Après exécution du script SQL visant à créer les index (exemple 15-23), nous pouvons examiner les index créés sur la table des projections à l'aide de la procédure stockée `système sp_helpindex`[6] :

Exemple 15-25. Visualisation des index de la table `T_PROJECTION_PRJ`

```
EXEC sp_helpindex 'T_PROJECTION_PRJ';
```

Tableau 15–8 Résultat de la commande sp_helpindex

index_name	index_description	index_keys
PK__T_PROJEC_...	clustered, unique, primary key located on PRIMARY	PRJ_ID
UK_PRJ_HDH_FML_SAL	nonclustered, unique, unique key located on PRIMARY	HOR_DATE, HOR_HEURE, FLM_ID, SAL_ID
X_PRJ_FK_FLM	nonclustered located on PRIMARY	FLM_ID
X_PRJ_FK_HOR	nonclustered located on PRIMARY	HOR_DATE, HOR_HEURE
X_PRJ_FK_SAL	nonclustered located on PRIMARY	SAL_ID

Nous constatons que deux index sont très similaires... En effet, l'index (`X_PRJ_FK_HOR`) commence avec les mêmes colonnes que l'index de contrainte d'unicité (`UK_PRJ_HDH_FML_SAL`) à savoir les colonnes `HOR_DATE` et `HOR_HEURE`... On dit dans ce cas qu'il y a « inclusion » d'index...

Est-il bien raisonnable de garder ces deux index ou faut-il simplifier en n'en conservant qu'un ? Quand on sait que tout index coûte du temps de traitement, cette pseudo redondance d'index doit être étudiée à deux fois.

Des outils de modélisation de données comme PowerAMC de SAP, créent systématiquement les index sous-jacents aux clés étrangères, mais affichent des warnings lorsqu'il y a des inclusions d'index provoquées par la création de tables de jointures ou de tables filles d'héritage.

Colonnes faisant l'objet de recherches systématiques

À l'évidence, les colonnes faisant l'objet de recherches systématiques doivent impérativement être indexées. Si ce sont des clés sémantiques (matricule, numéro de Sécurité sociale, immatriculation, numéro de compte bancaire...), voyez si votre modèle peut supporter une contrainte d'unicité, même composite, car dans ce cas, un index non clustered sera automatiquement posé par SQL Server. Si ce n'est pas le cas, placez un index.

Pour toutes les autres colonnes fréquemment recherchées (nom, e-mail, numéro de téléphone, code postal...), n'hésitez pas à placer les index. S'ils ne servent réellement pas, l'administrateur le saura et peut décider de les désactiver ou encore de les supprimer.

6. Attention : la procédure stockée système sp_helpindex n'affiche pas les données de redondance de la clause `INCLUDE` des index couvrants, mais seulement la composition de la clé et quelques informations complémentaires de paramétrage de l'index.

Index inclus et index redondants

En ce qui concerne les index à créer sous les clés étrangères, nous avons mis en évidence la possibilité d'index inclus, autrement dit un index dont la clé est incluse dans un autre index déjà existant. Mais il y a pire, à savoir les index redondants. SQL Server n'empêche pas la création d'index redondants et cela pour une raison fort simple : chaque index peut avoir un paramétrage physique différent ou peut être modifié comme tel, et vous pouvez préciser dans une requête qu'elle doit impérativement utiliser tel ou tel index avec les statistiques qui vont avec, même si la plupart du temps cela n'est pas vraiment conseillé !

La requête de l'exemple 15-26 détecte les index inclus et redondants. Elle ne tient pas compte des clauses `INCLUDE` et `WHERE`. En l'ordonnant proprement, vous trouverez les index problématiques les uns en dessous des autres afin de procéder à des comparaisons plus fines. Attention, l'inclusion, comme la redondance peut être triple, quadruple…

Exemple 15-26. Requête signalant les index inclus et redondants

```
WITH
T_COLS AS
(SELECT i.object_id, i.index_id, i.key_ordinal,
        c.name + CASE WHEN is_descending_key = 1
                          THEN ' DESC'
                      ELSE ''
                 END AS name, is_descending_key,
        MAX(key_ordinal)
           OVER(PARTITION BY i.object_id, i.index_id, is_included_column)
              AS n_keys,
        is_included_column
FROM   sys.index_columns AS i
        INNER JOIN sys.columns AS c
              ON i.object_id = c.object_id
              AND i.column_id = c.column_id),
T_KEYS AS
(SELECT object_id, index_id, key_ordinal, n_keys, is_included_column,
        CASE WHEN is_included_column = 0
           THEN CAST(name AS NVARCHAR(max))
           ELSE ''
        END AS INDEX_KEY,
        CASE WHEN is_included_column = 1
           THEN CAST(name AS NVARCHAR(max))
           ELSE ''
        END AS INDEX_INC
FROM   T_COLS
WHERE key_ordinal = 1
UNION ALL
SELECT c.object_id, c.index_id, c.key_ordinal, c.n_keys, k.is_included_column,
        k.INDEX_KEY +
        CASE WHEN k.is_included_column = 0
           THEN ', ' + CAST(c.name AS NVARCHAR(max))
           ELSE ''
        END,
        k.INDEX_INC +
        CASE WHEN k.is_included_column = 1
           THEN ', ' + CAST(c.name AS NVARCHAR(max))
           ELSE ''
        END
FROM   T_KEYS AS k
        INNER JOIN T_COLS AS c
```

```
                ON k.object_id = c.object_id
                AND k.index_id = c.index_id
                AND k.key_ordinal + 1 = c.key_ordinal),
T_COMPARE AS
(
SELECT i.object_id, i.index_id, s.name AS TABLE_SCHEMA, o.name AS TABLE_NAME,
       i.name AS INDEX_NAME, INDEX_KEY, NULLIF(INDEX_INC,'') AS INDEX_INCLUDE,
       filter_definition AS INDEX_WHERE
FROM   sys.indexes AS i
       INNER JOIN sys.objects AS o ON i.object_id = o.object_id
       INNER JOIN sys.schemas AS s ON o.schema_id = s.schema_id
       INNER JOIN T_KEYS AS k ON i.object_id = k.object_id
                              AND i.index_id = k.index_id
WHERE key_ordinal = n_keys
  AND o."type" IN ('U', 'V')
)
SELECT i1.*,
       CASE
          WHEN EXISTS(SELECT *
                      FROM   T_COMPARE AS i2
                      WHERE i1.object_id = i2.object_id
                        AND i1.index_id <> i2.index_id
                        AND i1.INDEX_KEY = i2.INDEX_KEY)
             THEN 'REDONDANT'
          WHEN EXISTS(SELECT *
                      FROM   T_COMPARE AS i2
                      WHERE i1.object_id = i2.object_id
                        AND i1.index_id <> i2.index_id
                        AND i2.INDEX_KEY LIKE i1.INDEX_KEY +'%')
             THEN 'INCLUS'
          WHEN EXISTS(SELECT *
                      FROM   T_COMPARE AS i2
                      WHERE i1.object_id = i2.object_id
                        AND i1.index_id <> i2.index_id
                        AND i1.INDEX_KEY LIKE i2.INDEX_KEY +'%')
             THEN 'INCLUS'
          ELSE NULL
       END AS PROBLEME
FROM   T_COMPARE AS i1;
```

À noter, le plan d'exécution de la requête de l'exemple 15-26 comporte plus de 200 opérations…

Faites la chasse aux index inclus et redondants, mais supprimez-les avec prudence. Les index redondants peuvent être systématiquement supprimés, mais pour ce qui est des index inclus toute systématisation est plus difficile. En effet, il faut étudier les différences de volumétrie et des clauses `WHERE` et `INCLUDE`. En dernier recours, étudiez les paramètres physiques de création de ces index…

Estimation des index à créer

SQL Server dispose de trois vues permettant de savoir quels index auraient été utiles à poser dans toutes les bases du serveur. Chaque fois qu'un plan d'exécution est calculé, SQL Server part à la recherche des index idéaux. Si ces derniers n'existent pas, SQL Server en enregistre la demande en mémoire. Chaque fois qu'une telle demande est effectuée et qu'elle a déjà été décrite, un compteur est alimenté. Cela permet de diagnostiquer la pose des index manquants.

Tableau 15–9 Vues informant des index manquants

sys.dm_db_missing_index_...	Description
...details	Informations détaillées sur la structure des index manquants
...group_stats	Informations détaillées sur les métriques des index manquants
...groups	Jointure entre les deux informations

Ces données représentent des statistiques en mémoire et ne figurent dans aucune table système. Par conséquent, elles ne sont pas persistantes. En cas d'arrêt du serveur, ces statistiques seront réinitialisées (statistiques d'exécution).

SQL Server ajoute beaucoup de données à ces vues. Ne les prenez pas pour argent comptant. Sans que ces demandes soient redondantes, elles sont souvent mutualisables.

Voici un extrait d'une liste de demandes d'index à poser d'une base en production. Nous n'avons ciblé qu'une seule table et nous n'avons affiché que les colonnes qui nous intéressent dans la table (figure 15-16).

equality_columns	inequality_columns	included_columns
[IsLastVersion]	NULL	[UserId], [AuthorId], [CreationDateTime], [OORReadi...
[IsLastVersion], [OORReading], [ContactDateTime]	NULL	[UserId], [AuthorId], [CreationDateTime]
[CreationDateTime], [IsLastVersion], [OORReading], [ContactDateTime]	NULL	[UserId], [AuthorId], [PersonContacted]
[IsLastVersion]	NULL	[OORReading], [ContactDateTime], [ReasonForCont...
[IsLastVersion]	[OORReading], [ContactDateTime]	[UserId], [AuthorId], [PersonContacted]
[IsLastVersion]	[OORReading]	[UserId], [AuthorId], [CreationDateTime], [ContactDat...
[IsLastVersion]	[OORReading]	[UserId], [AuthorId], [ContactDateTime]

Figure 15–16 Extrait de la vue sys.dm_db_missing_index_details d'une base en production

D'après la liste des demandes d'index de la figure 15-16, il semble que 7 index soient à créer. Mais en réalité, nous pouvons en mutualiser un certain nombre en vertu des principes de redondance et d'inclusion :

- à l'exception de la clause `INCLUDE`, les demandes 1 et 4 sont identiques (redondances) ;
- les demandes 1 et 2 sont incluses.

Cependant, rien n'empêche de recombiner les noms des colonnes figurant dans la colonne equality columns, en vertu du principe de commutativité de l'opérateur égal. Cela nous conduit aux demandes suivantes (figure 15-17).

equality_columns	inequality_columns	included_columns
[IsLastVersion]	NULL	[UserId], [AuthorId], [CreationDateTime], [OORReadin
[IsLastVersion], [OORReading], [ContactDateTime]	NULL	[UserId], [AuthorId], [CreationDateTime]
[IsLastVersion], [OORReading], [ContactDateTime], [CreationDateTime]	NULL	[UserId], [AuthorId], [PersonContacted]
[IsLastVersion]	NULL	[OORReading], [ContactDateTime], [ReasonForConta
[IsLastVersion]	[OORReading], [ContactDateTime]	[UserId], [AuthorId], [PersonContacted]
[IsLastVersion]	[OORReading]	[UserId], [AuthorId], [CreationDateTime], [ContactDate
[IsLastVersion]	[OORReading]	[UserId], [AuthorId], [ContactDateTime]

Figure 15–17 Mutualisation des demandes d'index par commutativité de l'opérateur égal

Nous voyons maintenant clairement que tous les index sont inclus. Mais qu'en est-il de la colonne inequality_columns ? Nous avons de la chance, car il n'est pas possible de permuter des colonnes dans cette clause, puisque les opérateurs d'inégalité ne sont pas commutatifs. Or les trois demandes sont directement mutualisables sans permutation des colonnes…

Il ne reste plus qu'à placer toutes les colonnes demandées dans la clause `INCLUDE` des différentes demandes. Nous obtenons ainsi une seule et unique pose d'index :

Exemple 15-27. Création d'un index mutualisé résultant de sept demandes distinctes

```
CREATE INDEX X_20130911_SQLpro_AD01AFEA_D902_49B1_A97D_B34F1AF8E68D
    ON mp_custom_HCPNotification
      (IsLastVersion, OORReading, ContactDateTime, CreationDateTime)
INCLUDE (UserId, AuthorId, PersonContacted, ReasonForContact);
```

Ne créez jamais tous les index demandés par SQL Server. Mutualisez-les en utilisant les propriétés de commutativité de l'opérateur égal et en concaténant les demandes dans la clause `INCLUDE`.

Nous avons codifié le nom de l'index avec le pseudonyme de l'auteur et la date de création. Ceci permet de savoir par qui et quand a été créé cet index. En effet, la création d'un index n'est pas datée dans les tables système et son auteur (utilisateur SQL) n'est pas indiqué non plus. Le reste est un simple GUID destiné à différencier chaque pose d'index.

Une information plus complète sur les index manquants sera fournie par la requête de l'exemple 15-28.

Exemple 15-28. Détails et métriques des demandes d'index

```
SELECT mid.*, migs.*
FROM   sys.dm_db_missing_index_details AS mid
       INNER JOIN sys.dm_db_missing_index_groups AS mig
             ON mid.index_handle = mig.index_handle
       INNER JOIN sys.dm_db_missing_index_group_stats AS migs
             ON mig.index_group_handle = migs.group_handle;
```

La liste des index à créer est générée en fonction des plans de requêtes effectués et stockés uniquement en mémoire. Par conséquent, un arrêt du serveur vide le cache et les demandes d'indexation. Les vues `sys.dm_db_missing_index...` ne contiennent plus rien au démarrage de l'instance et donc la demande sera faible ou nulle.
Pour que les informations des demandes d'index manquants soient pertinentes, il faut que le serveur ait été utilisé un bon moment (au moins un mois) sinon, la mutualisation des demandes sera faible.

Pour savoir depuis quand le serveur est en route, vous pouvez scruter le tableau de bord du serveur qui fournit une information intitulée Heure de démarrage du serveur. Ce tableau de bord est disponible dans les rapports standards au niveau du serveur (menu contextuel).

Par défaut, l'heure de redémarrage du serveur peut être récupérée par la requête suivante :

```
SELECT create_date FROM sys.databases WHERE name = 'tempdb'
```

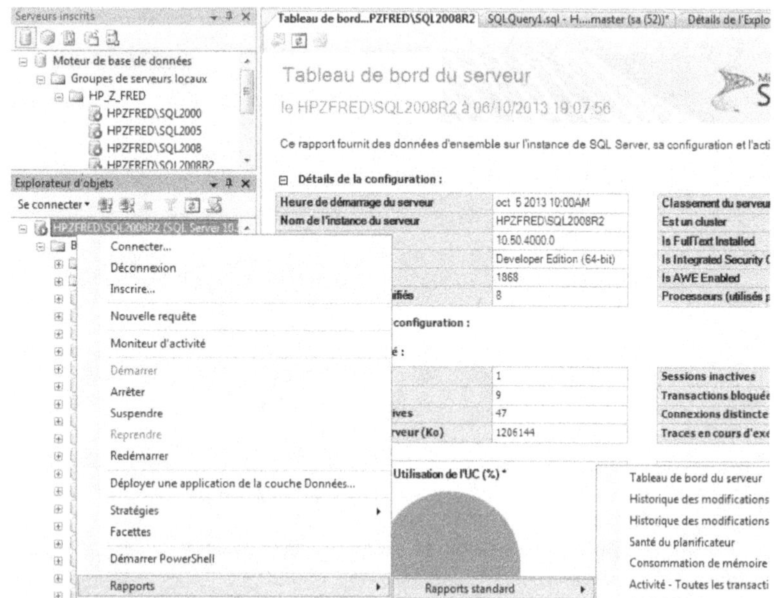

Figure 15–18
Tableau de bord du serveur avec date et heute de démarrage de l'instance

Estimation des index à supprimer

De la même manière que l'on peut voir les index à créer, SQL Server capte des statistiques sur l'utilisation de chaque index. Il est alors possible de savoir quels sont les index réellement utilisés en production et comment ils le sont, voire de désactiver ou supprimer les index inopportuns.

La vue `sys.dm_db_index_usage_stats` donne les métriques d'utilisation des index de toutes les bases du serveur. Les colonnes intéressantes sont :

- `user_seeks` : nombre de recherches par l'utilisateur ;
- `user_scans` : nombre de balayages par l'utilisateur ;
- `user_lookups` : nombre de recherches multiclés par l'utilisateur ;
- `user_updates` : nombre de mises à jour par l'utilisateur.

Le terme `user` sert à distinguer les opérations effectuées par des requêtes utilisateur par opposition aux requêtes système (par exemple, lors d'une lecture pour construction des statistiques).

Plus les `user seeks`, `scans` et `lookups` se rapprochent de zéro, plus les `updates` sont élevés et plus cet index ne sert à rien. Mais attention, il ne faut pas prendre en compte les tables (index ID = 0 ou 1) ou les index sémantiques (clés primaires, contraintes d'unicité, index unique…) sous peine de voir la logique de la base prise en faute ! La figure 15-19 montre un extrait de cette vue de gestion.

A priori, d'après les résultats de la figure 15-19, il semblerait que les 10 premiers index ne sont d'aucune utilité (`user_seeks = 0`, `user_scans = 0`, `user_lookups = 0`) et qu'ils pèsent sur les mises à jour (`user_updates > 0`). Il convient certainement de les retirer. Quant aux autres (toutes métriques à zéro), ils n'ont pour le moment aucune incidence, ni positive ni négative, et ne sont donc pas dommageables. Néanmoins, il y a une petite subtilité… En effet, ne figurent dans cette table que les index qui ont été utilisés au moins une fois, et dans ce cas, SQL Server initialise tous les compteurs à zéro. Autrement dit, les index n'ayant jamais été utilisés n'y figurent pas !

Figure 15–19
Métriques d'utilisation des index

```
SELECT *
FROM   sys.dm_db_index_usage_stats
WHERE  index_id > 1
ORDER  BY user_seeks, user_scans, user_lookups, user_updates DESC;
```

ésultats | Messages

database_id	object_id	index_id	user_seeks	user_scans	user_lookups	user_updates
7	500001358	2	0	0	0	4659
7	512525405	2	0	0	0	2895
7	132664016	2	0	0	0	2802
7	1736145726	2	0	0	0	1287
7	2008146695	2	0	0	0	1264
7	1076003410	2	0	0	0	544
7	817190457	2	0	0	0	509
4	206623779	2	0	0	0	391
7	118551756	10	0	0	0	2
4	437576597	2	0	0	0	1
7	421576540	3	0	0	0	0
7	421576540	2	0	0	0	0
7	1977058079	2	0	0	0	0

Plutôt que de supprimer des index, vous pouvez les désactiver (`ALTER INDEX ... DISABLE`). Ceci laisse la définition de l'index intacte et permet de savoir, en cas de demande de pose d'un index identique, qu'un tel index avait déjà été créé antérieurement.

La vue ne montre pas quels sont les tables et les index impactés par ces métriques d'usage. Aussi faut-il la lier avec les tables de métadonnées d'une base. La requête de l'exemple 15-29 présente l'ensemble des informations à ce sujet.

Exemple 15-29. Liste des index par ordre d'importance d'utilisation pour une base de données

```
SELECT s.name AS TABLE_SCHEMA, o.name AS TABLE_NAME,
       i.name AS INDEX_NAME,
       user_seeks, user_scans, user_lookups, user_updates
FROM   sys.indexes AS i
       INNER JOIN sys.objects AS o
             ON i.object_id = o.object_id
       INNER JOIN sys.schemas AS s
             ON o.schema_id = s.schema_id
       LEFT OUTER JOIN sys.dm_db_index_usage_stats AS ius
             ON ius.object_id = i.object_id
             AND ius.index_id = i.index_id
WHERE i.index_id > 1 AND o."type" IN ('U', 'V') AND database_id = DB_ID()
ORDER BY user_lookups, user_scans, user_seeks, user_updates DESC;
```

Débarrassez-vous des index inutiles et tout particulièrement ceux qui pèsent sur les mises à jour. Nous vous conseillons de les désactiver plutôt que de les supprimer complètement.

Combien d'index ?

La question mérite d'être posée car on entend fréquemment des affirmations telles que « Pas plus de trois index par table »... Or ce genre de dogme n'a aucun sens. Il faut autant d'index que nécessaire, c'est-à-dire suffisamment. En somme, si chaque index sert efficacement, alors il doit être conservé !

La pose d'un grand nombre d'index dans une base peut être gênée par deux phénomènes :

- l'augmentation de la volumétrie (chaque index augmente le volume global des données de la base) ;
- l'allongement du temps de traitement des mises à jour.

Augmentation de la volumétrie

L'augmentation de la volumétrie de la base induite par la pose d'index n'a en pratique aucune autre conséquence que celle du stockage qu'il faudra adapter (pour la base et ses sauvegardes).

Elle est en revanche assez bénéfique pour la RAM, car elle permet de mettre paradoxalement plus de données en cache. En effet, l'utilisation de tables en cache nécessite que l'intégralité des données de la table figurent en mémoire. Ce n'est généralement pas le cas des index qui sont la plupart du temps utilisés pour des recherches, ce qui fait que seules quelques pages (la racine, quelques pages de navigation et les pages contenant les données recherchées) montent en mémoire.

Allongement du temps des mises à jour

Le réel problème de l'indexation est le temps de mise à jour des données. En effet, il faut alimenter tous les index à l'`INSERT` et le `DELETE`, et quelques-uns à l'`UPDATE`. C'est lors de l'insertion qu'une grande partie du temps est perdu, un peu moins à la modification et peu à la suppression.

Cependant, pour diminuer ces temps de réponse, il suffit de quelques mesures simples à mettre en place :

- dimensionner les espaces de stockage des données et du journal des transactions afin qu'il n'y ait aucune opération de croissance des fichiers ;
- ajouter un facteur de remplissage (`FILLFACTOR`) judicieusement choisi pour qu'il n'y ait aucun split de page lors des insertions dans les index jusqu'au moment de la maintenance des index ;
- effectuer une maintenance des index pour défragmenter les index victimes des splits de pages et des lignes fantômes ;
- supprimer les index non sémantiques lorsque l'on procède à des insertions massives et les reconstruire à la fin.

Le split de page

Un split de page, c'est-à-dire la séparation d'une page de données contenant des lignes d'index en deux pages distinctes, se produit lorsque l'on doit insérer une nouvelle ligne dans une page pleine. Dans ce cas, la page cible est coupée en deux en son milieu. Les lignes du haut sont conservées dans la page actuelle et celles du bas sont déplacées dans une page nouvellement créée à cette occasion.

Ainsi, au lieu d'une page, on se retrouve avec deux pages comportant un nombre égal de lignes et la nouvelle ligne est insérée au bon endroit, c'est-à-dire dans l'ordre prévu par l'index. De ce fait, chacune des deux nouvelles pages est remplie à la moitié.

Lorsque ce phénomène se répète souvent, l'index grossit et se fragmente fortement. En effet, chaque split de page génère une page supplémentaire, chacune d'elles étant remplie à moitié…

Le phénomène observé au niveau des feuilles de l'arbre peut d'ailleurs se reproduire dans les pages supérieures (pages de navigation, page racine…), jusqu'à conduire à l'ajout incontournable d'un nouveau niveau à l'arbre.

C'est de très loin le phénomène le plus gênant et il faut tout faire pour l'éviter. En effet, le raboutage d'une nouvelle page dans un index de type B-Tree est l'opération la plus coûteuse !

Les lignes fantômes

Ce sont des lignes d'index abandonnées, qui restent vides soit après une suppression de ligne de table, soit après une modification des données, modification qui entraîne un nouveau placement des valeurs indexées (et parfois, dans ce dernier cas, également un split de page).

La génération d'une ligne fantôme est très rapide puisqu'il ne s'agit que d'indiquer par un flag que la ligne est vide, ce qui prend très peu de temps.

Mais cela se traduit par des index fragmentés qui doivent impérativement être défragmentés, car il est rare qu'un emplacement vide redevienne plein à la suite d'une insertion nouvelle ou d'une mise à jour. En effet, cela supposerait l'apparition d'une valeur presque identique (pour ne pas dire strictement identique) à celle qui a disparue…

Ce n'est donc pas un phénomène gênant, tant il est rapide, mais il est impératif de remédier à la fragmentation qu'il induit.

Diminution du temps des mises à jour et de la contention

Paradoxalement, un index diminue aussi le temps des mises à jour de données et la contention, c'est-à-dire la durée d'attente des processus concurrents. En effet, sans aucun index, la seule solution pour une modification ou une suppression (et dans une moindre mesure, pour une insertion) est de balayer toute la table, ce qui prend du temps et mobilise la table entière (verrou). En effet, il ne faut jamais oublier que toute mise à jour commence par une lecture oppositionnelle pour trouver la ligne à supprimer, modifier, ou encore l'emplacement d'insertion. De plus, des index judicieux minimisent le verrouillage tant dans sa granularité (la quantité des lignes à verrouiller) que dans sa durée (les deux facteurs étant en général corrélés) au moment de la mise à jour.

Une bonne gestion des index est un facteur important en ce qui concerne les performances. Beaucoup de subtilité et d'expérience sont nécessaires pour parvenir au bon équilibre. En tout état de cause, la règle n'est donc pas le nombre d'index, mais leur efficacité, c'est-à-dire un rapport bénéfice/coût le plus positif possible.

Potentiel d'indexation pour une table

Le nombre d'index potentiels pour une table croît de façon exponentielle avec le nombre de colonnes de la table. Hormis le cas particulier de la clé primaire, une table dotée d'une seule colonne de données n'a besoin que d'un seul index. Une table avec deux colonnes aura besoin de quatre index…

Soit la table `T` dotée des colonnes `a` et `b`. La liste des index potentiels est donc la suivante :

- `a`, `b` ;
- `ab`, `ba`.

N'oublions pas que dans un index, les informations sont vectorisées, dans le sens ou l'ordre des éléments composant l'index, ce qui a une importance capitale[7]. Autrement dit, les index `ab` et `ba` peuvent être utilisés différemment et sont potentiellement aussi utiles l'un que l'autre !

Avec trois colonnes dans la table `T` (`a`, `b` et `c`), les combinaisons sont les suivantes :

- `a, b, c`
- `ab, ac, ba, bc, ca, cb`
- `abc, acb, bac, bca, cab, cba`

Soit 15 index potentiels, sans compter les possibilités du tri ascendant ou descendant (qui multiple de façon quadratique le nombre des possibilités déjà calculées), ni la clause `INCLUDE` des index couvrants (un calcul de combinaison) et porteraient ainsi le nombre des possibilités à 16 pour deux colonnes et 120 pour 3… Et nous avons encore ignoré la clause `WHERE` !

Le tableau 15-10 présente le nombre d'index potentiels pour une table dotée de *n* colonnes, sans tenir compte de l'ordre de tri des colonnes ni de la clause `INCLUDE`

Tableau 15–10 Nombre d'index potentiels en fonction du nombre de colonnes d'une table

Nombre de colonnes	Nombre d'index potentiels
1	1
2	4
3	15
4	64
5	325
6	1 956
7	13 699
8	109 600
9	986 409
10	9 864 100
11	108 505 111
12	1 302 061 344
13	16 926 797 485
14	236 975 164 804
15	3 554 627 472 075
16	56 874 039 553 216
17	966 858 672 404 689
18	17 403 456 103 284 420
19	330 665 665 962 403 999
20	6 613 313 319 248 080 000

La formule est représentée à la figure 15-20.

7. En effet, le cas de l'utilisation partielle d'un index est comparable aux différents chemins qu'un vecteur peut prendre pour nous emmener au point d'arrivée. Le résultat sera le même si l'index est utilisé pleinement (c'est-à-dire pour toutes ses composantes), tandis que si nous nous arrêtons en route, nous ne nous trouverons pas au même endroit lorsque nous emprunterons des chemins différents !

Figure 15–20
Nombre d'index potentiels dans une table dotée de n colonnes (A = arrangements)

Comme on le voit, plus la table comporte de colonnes, plus le nombre d'index potentiels devient gigantesque…

Tables obèses vs normalisation

Comme nous venons de le voir, plus une table contient de colonnes, plus les possibilités d'indexation sont immenses, le choix devient complexe et la volumétrie galopante. Dès lors, il convient de s'interroger sur le nombre adéquat de colonnes pour une table.

La normalisation, qui est le processus de réduction des relations au plus strict et permet d'établir un modèle de données « parfait », conduit généralement à un nombre de tables élevé, chaque table étant composée de peu de colonnes. Et d'après ce que nous venons de voir, c'est plutôt bien !

Rappelons quelques-uns des principes qui guident l'établissement d'un modèle de données normalisé :

- les données doivent être atomiques ;
- pas de `NULL` ;
- pas de redondance ;
- les attributs doivent être propres à l'entité ;
- la mise à jour d'une seule information ne doit pas conduire à la mise à jour de plus d'une ligne.

L'application de la 6e forme normale condut d'ailleurs à des tables dotées d'une seule colonne de données en plus de la clé et la date de validité de l'information.

Données atomiques

La première forme normale nous parle de l'atomicité des données : chaque colonne de la table doit présenter une donnée qui n'est pas subdivisible. Le risque lorsqu'une donnée composée figure dans une seule et même colonne est que l'on doive interroger une partie de l'information, avec par conséquent des problématiques de performances. Le problème est qu'il y a des subtilités dans l'application stricte de cette notion.

Exemple 15-30. Modélisation d'un patient avec son numéro de Sécurité sociale

```
CREATE TABLE T_PATIENT_PAT
(PAT_ID                     INT IDENTITY PRIMARY KEY,
 PAT_TITRE                  CHAR(6),
 PAT_NOM                    CHAR(32) NOT NULL,
 PAT_PRENOM                 VARCHAR(25),
 PAT_NUMSECU                CHAR(13));
GO
```

L'exemple 15-30 nous montre une modélisation (à l'apparence très anodine) des données relatives aux patients d'un hôpital. Mais que se passera-t-il si l'on désire effectuer une étude clinique sur le cancer de la prostate auprès de patients ayant environ la cinquantaine et nés en région parisienne ? La requête à produire va devoir extraire du numéro de Sécurité sociale tout un tas d'informations à l'aide des fonctions SUBSTRING, LEFT ou RIGHT, qui, par principe, ne peuvent pas bénéficier des performances de l'indexation. Il aurait mieux valu dès le départ atomiser l'information de numéro de Sécurité sociale ! L'exemple 15-31 montre une telle modélisation.

Exemple 15-31. Modélisation d'un patient avec son numéro de Sécurité sociale « atomisé »

```
CREATE TABLE T_PATIENT_PAT
(PAT_ID         INT IDENTITY PRIMARY KEY,
 PAT_TITRE      CHAR(6),
 PAT_NOM        CHAR(32) NOT NULL,
 PAT_PRENOM     VARCHAR(25),
 PAT_NS_SEXE    CHAR(1) CHECK (PAT_NS_SEXE IN ('1', '2')),
 PAT_NS_AN      CHAR(2) CHECK (CAST(PAT_NS_AN AS INT) BETWEEN 0 AND 99),
 PAT_NS_MOIS    CHAR(2) CHECK (CAST(PAT_NS_MOIS AS INT) BETWEEN 1 AND 12),
 PAT_NS_CMN     CHAR(2) CHECK (CAST(PAT_NS_CMN AS INT) BETWEEN 1 AND 99999),
 PAT_NS_RANG    CHAR(3) CHECK (CAST(PAT_NS_RANG AS INT) BETWEEN 1 AND 999),
 CONSTRAINT CK_NSC CHECK ((    PAT_NS_SEXE IS NULL AND PAT_NS_AN IS NULL
                           AND PAT_NS_MOIS IS NULL AND PAT_NS_CMN IS NULL
                           AND PAT_NS_RANG IS NULL)
                            OR
                          (    PAT_NS_SEXE IS NOT NULL AND PAT_NS_AN IS NOT NULL
                           AND PAT_NS_MOIS IS NOT NULL AND PAT_NS_CMN IS NOT NULL
                           AND PAT_NS_RANG IS NOT NULL)));
GO
```

Non seulement les requêtes vont devenir performantes, mais la saisie sera également plus facile à contrôler ! Le seul inconvénient est l'augmentation du potentiel d'indexation, sauf pour certains index qui peuvent être mutualisés (AN + MOIS, CMN et RANG par exemple).

Parmi les subtilités de l'atomisation, on trouve les tables dans lesquelles des colonnes se répètent, comme TEL1, TEL2, TEL3 ou encore PARAM1, PARAM2, PARAM3, PARAM4... Pourquoi se limiter à trois téléphones ou quatre paramètres ? Dès lors, on pourrait concevoir de stocker l'ensemble de ces téléphones ou de ces paramètres dans une seule colonne, mais heureusement, SQL Server ne dispose pas du type « tableau »[8] ! Il suffit alors d'externaliser ces téléphones ou paramètres dans une table annexe. Par ailleurs, notez que ces colonnes ont toutes les chances d'avoir massivement du NULL...

Pas de NULL

Par essence, le NULL est un marqueur qui informe de l'absence de valeur dans une colonne d'une table. Comme il ne s'agit pas d'une valeur, il n'est pas stocké avec les valeurs de la ligne (voir chapitre 10 consacré au stockage). Et que dire de l'indexation d'une valeur qui n'existe pas ?

Le problème du NULL est qu'il mobilise du stockage pour rien. En modélisant correctement, plus de NULL, car rien n'est stocké, ce qui diminue le volume global de la base et permet une meilleure indexation.

Pour autant il ne faut pas non plus interdire tous les NULL et les remplacer par des « marqueurs valués » du style -1 ou chaine vide, car ceci poserait des problèmes de performances pour nombre de requêtes lorsqu'il s'agit de les éliminer... Il faut donc comprendre que le NULL peut être **fortuit** et ne doit jamais être **induit**.

8. Mais le type XML peut y pourvoir... ce qui n'est généralement pas une bonne idée !

Exemple 15-32. La table T_VEHICULE_VHC propose de stocker des véhicules de toute nature

```
CREATE TABLE T_VEHICULE_VHC
(VHC_ID                 INT IDENTITY PRIMARY KEY,
 VHC_IMMATRICULATION    CHAR(16) NOT NULL,
 VHC_PAYS_IMMAT         VARCHAR(32) NOT NULL DEFAULT 'France',
 VHC_TYPE               CHAR(8) NOT NULL
    CHECK(VHC_TYPE IN ('Avion', 'Bateau', 'Camion')),
 VHC_TIRANT_EAU         FLOAT,
 VHC_RAYON_ACTION       SMALLINT,
 VHC_PTAC               FLOAT);
GO
```

Dans l'exemple 15-32, la structure de la table T_VEHICULE_VHC induit du NULL car les colonnes VHC_TIRANT_EAU, VHC_RAYON_ACTION, VHC_PTAC sont propres à des formes différentes de véhicules. On a donc la certitude qu'il y aura au mieux deux colonnes à NULL sur les trois... Le nombre d'index potentiels hors clé est de 1 956...

En remodélisant cette unique table sous forme d'héritage multitable, comme le montre l'exemple 15-33, le nombre d'index potentiels tombe à 4, soit une optimisation potentielle de près de 500 !

Exemple 15-33. Remodélisation pour la table des véhicules

```
CREATE TABLE T_VEHICULE_VHC
(VHC_ID                 INT IDENTITY PRIMARY KEY,
 VHC_IMMATRICULATION    CHAR(16) NOT NULL,
 VHC_PAYS_IMMAT         VARCHAR(32) NOT NULL DEFAULT 'France');
GO

CREATE TABLE T_VEHICULE_BATEAU_VBT
(VHC_ID                 INT PRIMARY KEY
     FOREIGN KEY REFERENCES T_VEHICULE_VHC (VHC_ID),
 VBT_TIRANT_EAU         FLOAT NOT NULL);
GO

CREATE TABLE T_VEHICULE_AVION_VAN
(VHC_ID                 INT PRIMARY KEY
     FOREIGN KEY REFERENCES T_VEHICULE_VHC (VHC_ID),
 VAN_RAYON_ACTION       SMALLINT NOT NULL);
GO

CREATE TABLE T_VEHICULE_CAMION_CMN
(VHC_ID                 INT PRIMARY KEY
     FOREIGN KEY REFERENCES T_VEHICULE_VHC (VHC_ID),
 CMN_PTAC               FLOAT);
GO
```

Notez la disparition de l'information concernant le type de véhicule, qui se déduit des possibilités de jointures entre la table mère et les tables filles. Cette information peut, par exemple, être reconstituée par une vue (exemple 15-34).

Exemple 15-34. Vue présentant les données originales des véhicules, équivalente à l'ancienne table

```
CREATE VIEW V_VEHICULE_VHC
AS
SELECT VHC.*, CASE
                 WHEN CMN.VHC_ID IS NOT NULL THEN 'Camion'
                 WHEN VAN.VHC_ID IS NOT NULL THEN 'Avion'
```

```
                  WHEN VBT.VHC_ID IS NOT NULL THEN 'Bateau'
                  ELSE NULL
               END AS VHC_NATURE,
       VBT_TIRANT_EAU, VAN_RAYON_ACTION, CMN_PTAC
FROM   T_VEHICULE_VHC AS VHC
       LEFT OUTER JOIN T_VEHICULE_BATEAU_VBT AS VBT
            ON VHC.VHC_ID = VBT.VHC_ID
       LEFT OUTER JOIN T_VEHICULE_AVION_VAN AS VAN
            ON VHC.VHC_ID = VAN.VHC_ID
       LEFT OUTER JOIN T_VEHICULE_CAMION_CMN AS CMN
            ON VHC.VHC_ID = CMN.VHC_ID;
```

Pas de redondance

La redondance augmente le volume de données et nécessite de multiples mises à jour. Plus grave encore, l'information peut y être désynchronisée (deux informations qui devraient être identiques et pourtant ne le sont pas car la mise à jour n'a été effective que sur l'une d'elle) sans savoir laquelle est la bonne !

L'exemple 15-35 présente deux tables : table des clients et table des employés. À l'évidence, un employé peut être un client. Plus subtile, un client d'un jour peut devenir un employé de l'entreprise le lendemain... Nous avons donc trois redondances au moins : le nom, le prénom et le titre. Par ailleurs, la colonne titre gagnerait à être externalisée, ce qui permettrait aussi d'en contrôler les valeurs. En tout, nous pouvons créer 389 index différents avec ces deux tables...

Exemple 15-35. Tables des clients et des employés

```
CREATE TABLE T_CLIENT_CLI
(CLI_ID                   INT IDENTITY PRIMARY KEY,
 CLI_TITRE                CHAR(6),
 CLI_NOM                  CHAR(32) NOT NULL,
 CLI_PRENOM               VARCHAR(25),
 CLI_REMISE_MAX           FLOAT NOT NULL DEFAULT 0
     CHECK(CLI_REMISE_MAX BETWEEN 0 AND 100));
GO

CREATE TABLE T_EMPLOYE_EMP
(EMP_ID                   INT IDENTITY PRIMARY KEY,
 EMP_TITRE                CHAR(6),
 EMP_NOM                  CHAR(32) NOT NULL,
 EMP_PRENOM               VARCHAR(25),
 EMP_MATRICULE            CHAR(8) NOT NULL,
 EMP_NUMSECU              CHAR(13));
GO
```

L'exemple 15-36 présente une solution conforme à la normalisation pour le remaniement du modèle clients/employés.

Exemple 15-36 Clients et employés correctement modélisés par le biais d'un héritage et d'une table de référence

```
CREATE TABLE T_TITRE_TTR
(TTR_ID                   TINYINT IDENTITY PRIMARY KEY,
 TTR_LIBELLE              VARCHAR(16));
GO
```

```
CREATE TABLE T_PERSONNE_PRS
(PRS_ID                  INT IDENTITY PRIMARY KEY,
 PRS_NOM                 CHAR(32) NOT NULL,
 PRS_PRENOM              VARCHAR(25),
 TTR_ID                  TINYINT
     REFERENCES T_TITRE_TTR(TTR_ID));
GO

CREATE TABLE T_CLIENT_CLI
(PRS_ID                  INT PRIMARY KEY
     REFERENCES T_PERSONNE_PRS,
 CLI_REMISE_MAX          FLOAT NOT NULL DEFAULT 0
     CHECK(CLI_REMISE_MAX BETWEEN 0 AND 100));


CREATE TABLE T_EMPLOYE_EMP
(PRS_ID                  INT PRIMARY KEY
     REFERENCES T_PERSONNE_PRS,
 EMP_MATRICULE           CHAR(8) NOT NULL,
 EMP_NUMSECU             CHAR(13));
```

Une table de référence (table des titres) a été créée, elle permettra d'utiliser moins de données (stocker une clé d'un octet seulement est beaucoup moins coûteux qu'un littéral). Une autre table a également été créée à savoir celle des personnes, table mère d'un héritage avec les tables des clients et des employés.

Le nombre global d'index potentiels de cette solution est de 21, soit près de 19 fois moins que la version non normalisée...

Les attributs doivent être propres à l'entité

Toutes les colonnes d'une même table (à l'exception des clés étrangères) doivent être des éléments d'information propres aux objets récensés dans la table. Ceci signifie qu'on doit toujours pouvoir connaître la valeur de tous ces attributs à un moment ou un autre de la vie de l'objet.

L'exemple 15-37 montre une table présentant un tel défaut. C'est une table d'adhérents en apparence anodine... Mais la question fondamentale est : tout adhérent doit-il impérativement avoir un téléphone fixe, un portable et un e-mail ? Y a-t-il des adhérents dépourvus de téléphone fixe ou réfractaires au portable ? Tous les adhérents doivent-ils succomber à Internet ? Autrement dit, aucune de ces informations n'est propre à l'adhérent. Il s'agit simplement de moyens de contact et un adhérent a le droit de n'en avoir aucun, histoire de rester en paix !

Là encore, il convient de distinguer le `NULL` fortuit du `NULL` induit. Cette modélisation présente plusieurs `NULL` induits...

Exemple 15-37. Les adhérents et leurs principaux moyens de contact

```
CREATE TABLE T_ADHERENT_ADH
(ADH_ID          INT IDENTITY PRIMARY KEY,
 ADH_NOM         CHAR(32) NOT NULL,
 ADH_PRENOM      VARCHAR(25),
 ADH_TEL_FIXE    CHAR(20),
 ADH_TEL_MOBILE  CHAR(20),
 ADH_EMAIL       VARCHAR(100));
```

Pour remédier à cette mauvaise structure de données, il suffit de créer une table recensant tous les numéros de téléphone et de les typer, ainsi qu'une autre table contenant tous les e-mails (exemple 15-38).

Exemple 15-38. Les adhérents avec plus de moyens de contact encore et plus de performances

```
CREATE TABLE T_ADHERENT_ADH
(ADH_ID            INT IDENTITY PRIMARY KEY,
 ADH_NOM           CHAR(32) NOT NULL,
 ADH_PRENOM        VARCHAR(25))
GO
CREATE TABLE T_TYPE_TELEPHONE_TTP
(TTP_ID            SMALLINT IDENTITY PRIMARY KEY,
 TTP_LIBELLE       VARCHAR(16));
GO
CREATE TABLE T_TELEPHONE_TEL
(TEL_ID            INT IDENTITY PRIMARY KEY,
 ADH_ID            INT NOT NULL REFERENCES T_ADHERENT_ADH (ADH_ID),
 TTP_ID            SMALLINT REFERENCES T_TYPE_TELEPHONE_TTP (TTP_ID),
 TEL_NUMERO        CHAR(20) NOT NULL);
GO
CREATE TABLE T_EMAIL_EML
(EML_ID            INT IDENTITY PRIMARY KEY,
 ADH_ID            INT NOT NULL REFERENCES T_ADHERENT_ADH (ADH_ID),
 EML_EMAIL         VARCHAR(100) NOT NULL);
```

Avec cette remodélisation, nous passons de 325 index potentiels à 24, soit un gain de 13,5 fois !

Modification d'une seule information

La règle consacrée à la mise à jour des données est souvent la plus complexe à mettre en œuvre et fait généralement appel aux formes normales de Boye Codd et à celles concernant les dépendances multi-valuées (4e et 5e formes normales). Plus concrètement, l'exemple 15-39 présente une table des clients contenant une rubrique Catégorie

Exemple 15-39 Table des clients avec une rubrique Catégorie

```
CREATE TABLE T_CLIENT_PRO_CLP
(CLP_ID            INT IDENTITY PRIMARY KEY,
 CLP_ENSEIGNE      VARCHAR(250) NOT NULL,
 CLP_SIRET         CHAR(14) NOT NULL,
 CLP_CATEGORIE     VARCHAR(16) NOT NULL);
GO
```

Voici un extrait du contenu de la table des clients de l'exemple 15-39 :

```
CLP_ID      CLP_ENSEIGNE             CLP_SIRET        CLP_CATEGORIE
----------- ------------------------ ---------------- ----------------
1           IBM                      55211846503644   gros
2           Microsoft                32773318400516   gros
3           SAP                      37982199400124   gros
4           Orsys                    48276116000019   moyen
5           Hewlett-Packard          65203185701143   moyen
6           Epson                    69202695800276   petit
...
```

Le directeur commercial trouve que la terminologie employée dans la colonne CLP_CATEGORIE est malvenue. Il souhaite transformer les catégories comme ceci : « Platinium » à la place de « gros », « Gold » à la place de « moyen » et « Silver » à la place de « petit ». Combien de lignes vont être impactées ?

À l'évidence, toute la table va être bloquée le temps de procéder à la modification qui portera sur des milliers de ligne. Pendant ce temps, les autres utilisateurs, lecteurs comme écrivains, vont devoir patienter ! En remodélisant cette table comme indiqué à l'exemple 15-40, nous n'avons plus que trois lignes à mettre à jour et plus aucun blocage lors de cette mise à jour de la table des clients !

Exemple 15-40 Table des clients avec externalisation de la rubrique Catégorie

```
CREATE TABLE T_CATEGORIE_CTG
(CTG_ID          TINYINT IDENTITY PRIMARY KEY,
 CTG_LIBELLE     VARCHAR(16));
GO
CREATE TABLE T_CLIENT_PRO_CLP
(CLP_ID          INT IDENTITY PRIMARY KEY,
 CLP_ENSEIGNE    VARCHAR(250) NOT NULL,
 CLP_SIRET       CHAR(14) NOT NULL,
 CTG_ID          TINYINT
     REFERENCES T_CATEGORIE_CTG (CTG_ID));
GO
```

Bien que le nombre d'index potentiels ait augmenté de 1, la volumétrie de ces index a sévèrement diminuée. En effet, tout index incluant la colonne CLP_CATEGORIE de l'ancienne version comptait 5 à 6 octets par ligne, multipliés par le nombre de clients. La nouvelle indexation de ces mêmes données (littéral CTG_LIBELLE) occupe seulement 17 octets ! Les index incluant la colonne CTG_ID (un octet) sont beaucoup plus petits que ceux incluant le libellé original. Le gain final est estimé à 4 ou 5 octets par nombre de clients...

Conclusion

Moins vos tables contiendront de colonnes, plus elles seront naturellement performantes et aptes à absorber la concurrence d'accès. Le coût des jointures est en fin de compte assez négligeable (SQL Server sait proposer des plans d'exécution très optimisés même avec plusieurs dizaines de tables à joindre) à condition que toutes vos tables aient une clé primaire clustered, et que cette dernière soit de préférence une colonne auto-incrémentée sur un entier adapté à la cardinalité des données à terme de la table.

En effet, plus une table est petite :

- Plus elle est facilement indexable sous toutes ses coutures. Plus elle est indexable, plus on économise de la mémoire car les lectures de table nécessitent de placer l'intégralité des données en RAM (scan de table) tandis que l'usage principal des index est en recherche (seek) ce qui ne monte que les pages nécessaires en cache... Bref, une base plus rapide en accès !
- Plus la base de données peut absorber un grand nombre d'utilisateurs en concurrence. Du fait des verrous, les lectures bloquent les écritures et les écritures bloquent tout. En morcelant une grande table en plusieurs petites tables, vous augmentez le potentiel d'utilisateurs concurrents, diminuez la contention et la durée des attentes pour libération des verrous. Votre base est ainsi plus fluide en termes d'accès aux données !

Ceci est résumé dans la figure 15-21.

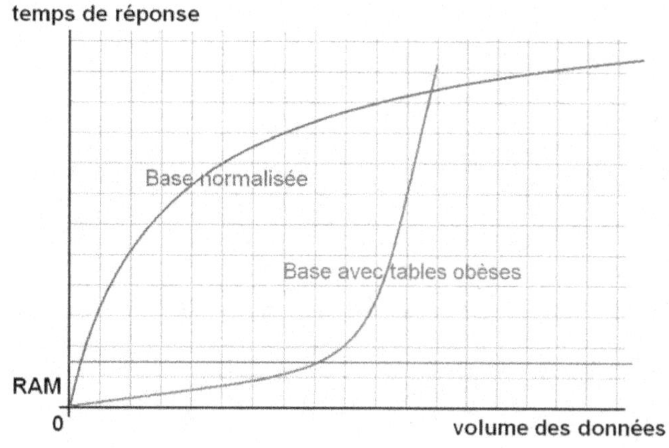

Figure 15–21
Temps de réponse d'une base aux tables obèses en comparaison avec une base normalisée

Ne succombez jamais à la tentation de mettre tout dans la même table en pensant que ce sera plus rapide... Passer du temps à concevoir un véritable modèle de données parfaitement normalisé est le moyen pour vous assurer de bonnes performances à tous les niveaux pour votre base de données. En effet, un SGBD relationnel est spécialement conçu pour traiter des relations et non quelque chose qui ressemble à des fichiers CoBOL !

L'index columnstore

L'index columnstore est une nouveauté apparue avec la version 2012 de SQL Server. Même s'il est plus destiné aux bases de type *datawarehouse* dans le cadre du décisionnel, il peut être employé dans une base relationnelle dans quelques cas particuliers. Il consiste à créer autant d'entrées d'index qu'il existe de colonnes spécifiées dans la clé d'index. Il est basé sur le principe du stockage dit « vertical », c'est-à-dire que ce sont des colonnes qui sont indexées et non des lignes... Ainsi, plus de problème de vectorisation, toutes les recherches par égalité sont permises sur toutes les colonnes indexées. Seul inconvénient : en dehors de l'égalité, toutes les autres recherches ne sont pas *sargeable*, car l'index columnstore utilise une table de hachage pour ventiler les valeurs cherchées.

Pour aborder la notion d'index vertical induite par l'index columnstore, je vous propose de continuer notre voyage dans la modélisation des données, car il existe une relation évidente entre les deux...

À bien y réfléchir, une modélisation extrêmement normalisée pourrait conduire à un ensemble de tables ne contenant au plus qu'une seule information en dehors de la clé primaire et d'éventuelles clés étrangères[9]. Cette modélisation est-elle raisonnable ?

Voici un exemple simple, mais caricatural il est vrai. Soit la table des employés décrite à l'exemple 15-41 présentant trois colonnes `NULL`ables en dehors de la clé primaire et la clé sémentique (matricule).

9. En fait, la 6e forme normale conduit à cela, avec l'ajout de colonnes complémentaires gérant la validité temporelle de chaque donnée de l'entité... Pour plus d'informations, consultez la page suivante : http://fsmrel.developpez.com/basesrelationnelles/normalisation/?page=6

Exemple 15-41. Table des employés avec quelques colonnes pouvant être `NULL`

```
CREATE TABLE T_EMPLOYE_EMP
(EMP_ID          INT IDENTITY PRIMARY KEY,
 EMP_MATRICULE   CHAR(8) NOT NULL,
 EMP_NOM         CHAR(32),
 EMP_PRENOM      VARCHAR(32),
 EMP_TITRE       VARCHAR(8));
```

Quelle serait la meilleure modélisation pour éviter tout `NULL` ? La plus simple consiste à décomposer en quatre tables (exemple 15-42).

Exemple 15-42. Ensemble de tables pour les données des employés sans aucune colonne pouvant être `NULL`

```
CREATE TABLE T_EMPLOYE_NEW_EMP
(EMP_ID          INT IDENTITY PRIMARY KEY,
 EMP_MATRICULE   CHAR(8) NOT NULL);

CREATE TABLE T_EMPLOYE_NOM_EPN
(EMP_ID          INT PRIMARY KEY FOREIGN KEY REFERENCES T_EMPLOYE_EMP (EMP_ID),
 EMP_NOM         CHAR(32) NOT NULL);

CREATE TABLE T_EMPLOYE_PRENOM_EPP
(EMP_ID          INT PRIMARY KEY FOREIGN KEY REFERENCES T_EMPLOYE_EMP (EMP_ID),
 EMP_PRENOM      VARCHAR(32) NOT NULL);

CREATE TABLE T_EMPLOYE_TITRE_EPT
(EMP_ID          INT PRIMARY KEY FOREIGN KEY REFERENCES T_EMPLOYE_EMP (EMP_ID),
 EMP_TITRE       VARCHAR(8));
```

Bien entendu, à cet ensemble de tables, il faut ajouter une vue de synthèse qui représente l'ancienne table. L'exemple 15-43 nous montre une telle vue.

Exemple 15-43. Vue de synthèse de l'ensemble des informations relatives aux employés

```
CREATE VIEW V_EMPLOYE_EMP
AS
SELECT E.EMP_ID, EMP_MATRICULE, EMP_NOM, EMP_PRENOM, EMP_TITRE
FROM   T_EMPLOYE_NEW_EMP AS E
       LEFT OUTER JOIN T_EMPLOYE_NOM_EPN AS N
            ON E.EMP_ID = N.EMP_ID
       LEFT OUTER JOIN T_EMPLOYE_PRENOM_EPP AS P
            ON E.EMP_ID = P.EMP_ID
       LEFT OUTER JOIN T_EMPLOYE_TITRE_EPT AS T
            ON E.EMP_ID = T.EMP_ID;
```

Nous pouvons bien entendu faire en sorte que cette table puisse être mise à jour sans difficulté par le biais de déclencheur `INSTEAD OFF`. Vue de l'extérieur, elle se comportera comme la table de l'exemple 15-41.

Créons maintenant des index équivalents pour les deux solutions : un index par table pour la solution « éclatée », et un index columnstore global pour la table avec toutes ses colonnes. Pour que la comparaison soit judicieuse, ajoutons la compression des données des index « ordinaires » car l'index columnstore est quant à lui naturellement « compressé ». Ceci est possible grâce au script de l'exemple 15-44.

Exemple 15-44. Indexation des deux solutions pour la représentation des employés

```
CREATE COLUMNSTORE INDEX XC_EMP_DATA
   ON T_EMPLOYE_EMP (EMP_MATRICULE, EMP_NOM, EMP_PRENOM, EMP_TITRE);

CREATE INDEX X_EMP_MATRICULE
   ON T_EMPLOYE_EMP (EMP_MATRICULE)
   WITH (DATA_COMPRESSION = PAGE);

CREATE INDEX X_EPT_TITRE
   ON T_EMPLOYE_TITRE_EPT (EMP_TITRE)
   WITH (DATA_COMPRESSION = PAGE);

CREATE INDEX X_EPP_PRENOM
   ON T_EMPLOYE_PRENOM_EPP (EMP_PRENOM)
   WITH (DATA_COMPRESSION = PAGE);

CREATE INDEX X_EPT_NOM
   ON T_EMPLOYE_NOM_EPN (EMP_NOM)
   WITH (DATA_COMPRESSION = PAGE);
```

Notre table contient 100 000 employés. Prenons un exemple de recherche et demandons à visionner les métriques et le plan de requête (exemple 15-45).

Exemple 15-45. Deux requêtes utilisant les différentes solutions d'une recherche multicritère d'employés, après indexation

```
SET STATISTICS IO ON;
SET STATISTICS TIME ON;

SELECT *
FROM   V_EMPLOYE_EMP
WHERE EMP_NOM = 'BRACKE' AND EMP_PRENOM = 'Claude' AND EMP_TITRE = 'M.';

SELECT *
FROM   T_EMPLOYE_EMP
WHERE EMP_NOM = 'BRACKE' AND EMP_PRENOM = 'Claude' AND EMP_TITRE = 'M.';
```

L'exécution des requêtes de l'exemple précédent renvoie les métriques suivantes :

```
Table 'T_EMPLOYE_NEW_EMP'. Nombre d'analyses 0, lectures logiques 9...
Table 'T_EMPLOYE_TITRE_EPT'. Nombre d'analyses 0, lectures logiques 9...
Table 'T_EMPLOYE_PRENOM_EPP'. Nombre d'analyses 0, lectures logiques 196...
Table 'T_EMPLOYE_NOM_EPN'. Nombre d'analyses 1, lectures logiques 2...
SQL Server Temps d'exécution : Temps UC = 0 ms, temps écoulé = 0 ms.

Table 'T_EMPLOYE_EMP'. Nombre d'analyses 1, lectures logiques 561
SQL Server Temps d'exécution : Temps UC = 46 ms, temps écoulé = 47 ms.
```

Il semble que la première requête soit inconstestablement la meilleure, elle totalise en tout 216 lectures en un temps non mesurable. Mais c'est sans compter qu'il faut à chaque fois pénétrer dans un index différent. Tout change lorsque nous observons les deux plans de requêtes.

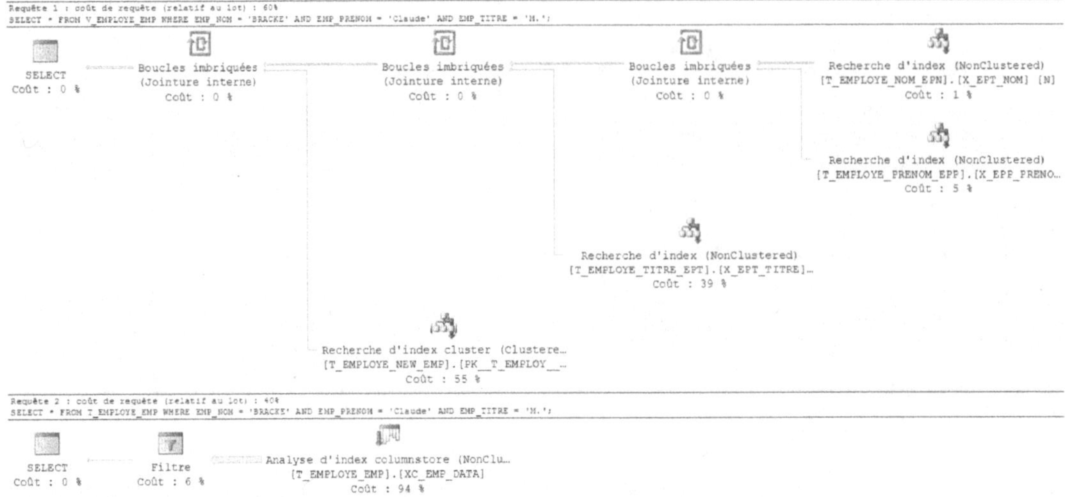

Figure 15–22 Plan de requête comparé avec columstore et multitable

En effet, la première requête est évaluée à un coût de 0,46 et la seconde à un coût de 0,31. Regardons maintenant quel est le coût de stockage de nos deux solutions. Le tableau ci-dessous, dont les métriques sont en Ko, nous en présente les détails.

Tableau 15–11 Volumétrie des différentes solutions de modélisation

Table	Réservé	Données	Index	Inutilisé
T_EMPLOYE_EMP	9 496	7 320	2 120	56
T_EMPLOYE_NEW_EMP	4 616	2 080	1 864	672
T_EMPLOYE_NOM_EPN	7 360	4 864	1 592	904
T_EMPLOYE_PRENOM_EPP	3 976	2 352	1 152	472
T_EMPLOYE_TITRE_EPT	3 408	2 480	808	120
total multicolonne	19 360	11 776	5 416	2 168

La table multicolonne des employés, avec son index columnstore, pèse 9,5 Mo, tandis que la solution « éclatée » avec nos quatre tables pèse 19,4 Mo, soit près du double… Il y a donc un réel bénéfice apporté par l'index columnstore à tous les niveaux : performance d'accès et volumétrie stockée !

On peut d'ailleurs vérifier la taille en Ko d'un tel index par la requête de l'exemple 15-46.

Exemple 15-46. Volumétrie d'un index columstore

```
WITH
TS AS
(SELECT s.name AS TABLE_SCHEMA, o.name AS TABLE_NAME, i.name AS INDEX_NAME,
        SUM(css.on_disk_size)/1024.0 segment_on_disk_size_KB,
        i.object_id
FROM   sys.indexes AS i
        INNER JOIN sys.objects AS o
              ON i.object_id = o.object_id
        INNER JOIN sys.schemas AS s
              ON o.schema_id = s.schema_id
```

```
        INNER JOIN sys.partitions AS p
              ON i.object_id = p.object_id
        INNER JOIN sys.column_store_segments AS css
                   ON css.hobt_id = p.hobt_id
WHERE i.type_desc = 'NONCLUSTERED COLUMNSTORE'
GROUP BY i.object_id, s.name, o.name, i.name),
TI AS
(SELECT s.name AS TABLE_SCHEMA, o.name AS TABLE_NAME, i.name AS INDEX_NAME,
        SUM(csd.on_disk_size)/1024.0 dictionary_on_disk_size_KB,
        i.object_id
FROM   sys.indexes AS i
        INNER JOIN sys.objects AS o
              ON i.object_id = o.object_id
        INNER JOIN sys.schemas AS s
              ON o.schema_id = s.schema_id
        INNER JOIN sys.partitions AS p
              ON i.object_id = p.object_id
        INNER JOIN sys.column_store_dictionaries AS csd
              ON csd.hobt_id = p.hobt_id
WHERE i.type_desc = 'NONCLUSTERED COLUMNSTORE'
GROUP BY i.object_id, s.name , o.name, i.name)
SELECT TS.TABLE_SCHEMA, TS.TABLE_NAME, TS.INDEX_NAME,
       segment_on_disk_size_KB, dictionary_on_disk_size_KB,
       dictionary_on_disk_size_KB + segment_on_disk_size_KB AS total_on_disk_size_KB
FROM   TS
       INNER JOIN TI
             ON TS.object_id = TI.object_id;
```

Les index columnstore ne sont disponibles qu'à partir des versions 2012 de SQL Server – en lecture seule uniquement – et 2014 – en lecture et écriture.

La syntaxe de création d'un index columnstore est la suivante :

```
CREATE [NONCLUSTERED] COLUMNSTORE INDEX nom_index
    ON <table> [(<liste_colonne>)]
    [WITH (<liste_options_index>)]
    [ON {
           nom_schema_partition (nom_colonne_partition)
          |nom_groupe_fichiers
          |"default"
        }
    ][;]

<liste_colonne> ::=
   col1 [, col2 [, …]]

<liste_options_index> ::=
   {
       DROP_EXISTING = {ON|OFF}
     |MAXDOP = n
   }
```

Il ne peut y avoir qu'un seul index columnstore par table. Dans la version 2014, seul un index columstore clustered peut être mis à jour, et dans ce cas il ne faut pas spécifier la clé (liste des colonnes) puisque toutes les colonnes seront indexées sur un même pied d'égalité.

Index « In Memory »

Ce type d'index, qui est arrivé en même temps que les tables « In Memory », est basé sur la technologie Hekaton. Il se décline en deux versions :

- Index non clustered avec hachage *(nonclustered hash index),* destiné à des recherches de « points » ;
- Index non clustered *(nonclustered index)* aussi appelé « *rangeindex* », destiné à la recherche de plages.

Il n'est pas possible de créer un index « In Memory » sur une table qui n'est pas en mémoire elle aussi.
Vous ne pouvez pas créer d'index « In Memory » après création de la table en mémoire.
Le nombre d'index « In Memory » est limité à 8, clé primaire incluse.

Index non clustered avec hachage

Ce type d'index permet seulement de retrouver des valeurs scalaires (ou superscalaires[10] pour le cas particulier du *lookup*). Il ne peut donc être utile que pour des prédicats basés sur l'égalité. Cela tient au fait de son fonctionnement :

- les valeurs de la clé d'index sont transformées, en un nombre entier, à l'aide d'une fonction de hachage qui distribue les données selon la loi de Poisson[11] ;
- un « tableau » de hachage comportant des cellules appelées « *buckets* » (seaux, en français) référence les valeurs par intervalles et renvoie aux lignes de la table.

Le concept est représenté sur la figure 15-23.

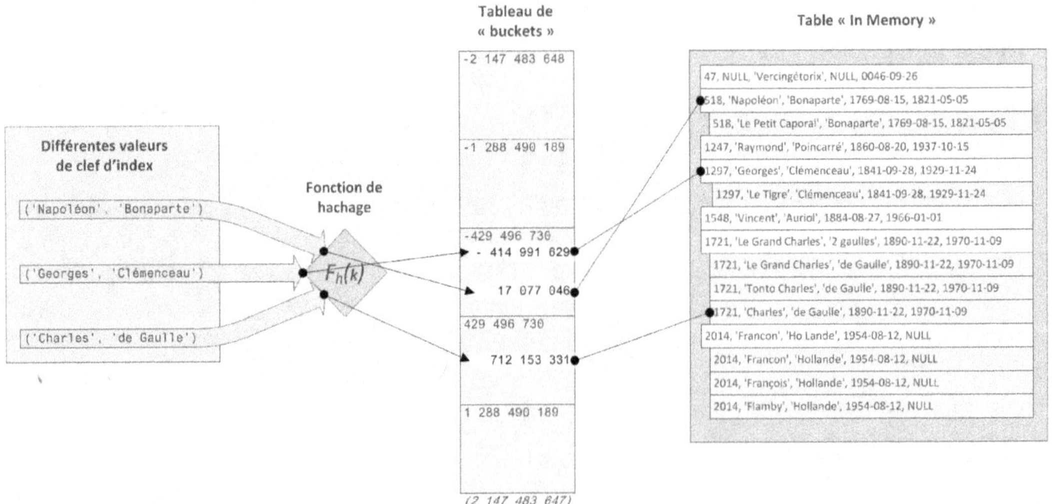

Figure 15–23 Structure d'un index « In Memory » non clustered en hachage

10. Recherche simultanée de multiples valeurs scalaires effectuées en parallèle
11. Elle permet de distribuer efficacement des valeurs rares dans des intervalles connus.

Sur la figure 15-23, la table est dotée d'un index non clustered en hachage sur deux colonnes (nom prenom). La fonction renvoie un entier et la référence de clé d'index ainsi calculée est placée dans l'une des entrées du tableau de hachage, avec une référence à la ligne de la table. Notez que, comme les tables « In Memory » gèrent des versions de lignes, il est possible qu'une référence d'index pointe sur une ancienne version de la ligne, les versions étant conservées logiquement pendant la durée des transactions en cours et nettoyées de manière asynchrone de temps à autre.

Du point de vue de la syntaxe, cet index doit être créé avec le mot-clé `HASH` et suivi d'une clause `WITH` indiquant le nombre d'entrée du tableau de hachage.

Index non clustered pour intervalle

Ils se comportent comme n'importe quel index non clustered, à ceci près qu'il n'est pas possible de les parcourir en ordre inverse.

Exemple 15-47. Création d'une table « In Memory » de cotations boursières avec deux index

```
CREATE TABLE T_BOURSE_POSITION_BPS
(BPS_ID               BIGINT NOT NULL PRIMARY KEY
                      NONCLUSTERED HASH WITH (BUCKET_COUNT = 100000000),
BPS_PLACE            CHAR(8) COLLATE French_BIN2 NOT NULL,
BPS_DATE_CLOTURE     DATE NOT NULL DEFAULT GETDATE(),
BPS_POSITION         DECIMAL(32,12) NOT NULL,
INDEX X_IM_BPS_DAT_PLC NONCLUSTERED (BPS_DATE_CLOTURE, BPS_PLACE))
WITH (MEMORY_OPTIMIZED = ON,
      DURABILITY = SCHEMA_ONLY);
```

L'index relatif à la clé primaire est un index en hachage ; comme il n'est relatif qu'à une seule colonne, on peut le créer directement dans la définition de la colonne. Il faut cependant lui préciser le nombre d'entrées de la table de hachage (*hash buckets*).

Le second index porte sur un couple de valeurs formé de la date et de la place de marché. De ce fait, il doit être créé en dehors de toute colonne, comme s'il s'agissait d'une définition de nouvelle colonne ou d'une contrainte de table. Notez qu'il s'agit d'un « *range index* ».

Le ramasse-miettes fonctionne de façon parfaitement adéquate si chacun des index « In Memory » est fréquemment utilisé. Pour des index faiblement sollicités, le nettoyage des anciennes versions de lignes ne sera pas optimal.

Détermination du nombre d'intervalles (buckets)

Il n'est pas facile de trouver le bon réglage sur le nombre d'entrée du tableau de hachage. Microsoft travaille actuellement à une version automatisée du dimensionnement de ces *hash buckets*. En attendant, vous pouvez « mesurer » l'utilisation des intervalles de hachage en utilisant la requête suivante :

```
SELECT s.name AS TABLE_SCHEMA, o.name AS TABLE_NAME,
       i.name as INDEX_NAME,
       his.total_bucket_count,
       his.empty_bucket_count,
       floor((cast(empty_bucket_count as float)
                / total_bucket_count) * 100) AS empty_bucket_percent,
```

```
        his.avg_chain_length,
        his.max_chain_length
FROM sys.dm_db_xtp_hash_index_stats AS his
        INNER JOIN sys.indexes AS i
              ON his.object_id = i.object_id
              AND his.index_id = i.index_id
        INNER JOIN sys.objects AS o
              ON his.object_id = o.object_id
        INNER JOIN sys.schemas AS s
              ON o.schema_id = s.schema_id;
```

Si le pourcentage de buckets vides (`empty_bucket_percent`) est égal à 30 % c'est idéal. S'il est de moins de 10 %, vous devez augmenter le nombre d'intervalles. Si il est de plus de 90 %, diminuez le nombre d'intervalles.

Le nombre moyen de la longeur du chaînage des lignes (dû aux multiples versions des lignes) doit se rapprocher le plus possible de 1. Si cette mesure dépasse 10, envisagez de passer à un index de type « *range* » plutôt que « *hash* ».

Statistiques

Comme tous les index, ceux en mémoire utilisent des statistiques. Mais ces dernières ne sont pas rafraîchies automatiquement : vous devez procéder régulièrement à un recalcul des statistiques à l'aide de la commande `UPDATE STATISTICS` en spécifiant les options `FULLSCAN` et `NORECOMPUTE`. Vous pouvez aussi utiliser la procédure `sp_updatestats` et créer vos propres statistiques.

> Mettez régulièrement à jour les statistiques de vos tables mémoire. En effet, en cas de décalage, les plans d'exécution peuvent conduire à solliciter fortement la tempdb et vous perdriez tout le bénéfice d'une table en mémoire du fait de l'utilisation d'une table temporaire « disque » !

Indexation des objets de type LOB

Certains LOB structurés (`XML`, `geometry`, `geography`) et les colonnes contenant du texte et/ou des documents électroniques peuvent être indexés. Cela ne garantit par une « sargeabilité » absolue et il convient de regarder dans la documentation ou de réaliser des tests.

Index XML

Selon le choix du mode d'indexation (`FOR PROPERTY`, `FOR VALUE`, `FOR PATH`), un index XML peut accélérer la recherche de chemin, de propriété ou de valeur, voire les trois à la fois (le moteur choisira l'index qu'il estime le plus efficace au moment d'exécuter la requête). Par ailleurs, le fait de typer le XML par une collection de schémas (`CREATE XML SCHEMA COLLECTION...`) permet de contretyper le contenu afin que le moteur XML sache à l'avance ce qu'il va trouver à l'intérieur du document, ce qui facilite la tâche de l'optimiseur. Pour procéder à la création d'un index XML spécifique, il faut commencer par créer un index XML primaire qui agit un peu à la manière d'un index clustered pour une table relationnelle. On pourra ensuite greffer un ou plusieurs des index spécifiques sus mentionnés.

La syntaxe pour créer un index XML est la suivante :

```
CREATE [PRIMARY] XML INDEX nom_index
   ON <objet> (nom_colonne_xml)
    [USING XML INDEX nom_index_xml_primaire
     [FOR {VALUE|PATH|PROPERTY}]]
   [WITH (<options_index_xml>)]
[;]

<option_index_xml> ::=
   {PAD_INDEX = {ON|OFF}
   |FILLFACTOR = facteur_remplissage
   |SORT_IN_TEMPDB = {ON|OFF}
   |IGNORE_DUP_KEY = OFF
   |DROP_EXISTING = {ON|OFF}
   |ONLINE = OFF
   |ALLOW_ROW_LOCKS = {ON|OFF}
   |ALLOW_PAGE_LOCKS = {ON|OFF}
   |MAXDOP = limite_de_parallelisme}
```

Une fois l'index primaire créé (`CREATE PRIMARY XML INDEX...`), il est possible d'ajouter des index XML secondaires (de type `PATH`, `VALUE` ou `PROPERTY`) afin d'optimiser de futures extractions :

- `FOR PATH` optimise la recherche de chemins et concerne les expressions XPath dans la méthode `exist` d'une requête, par exemple `('/pilote/nom[.="F. Brouard"]')`.
- `FOR PROPERTY` optimise les recherches de valeurs des propriétés et concerne la méthode `value`, par exemple `('/pilote[1]/nom[1]')='F. Brouard')`.
- `FOR VALUE` optimise les recherches d'une valeur sans préjuger de sa nature (élément ou attribut), par exemple `('//pilote[.="F. Brouard"]')`.

Exemple 15-48. Création d'une table pour stocker des paramètres de l'application sous forme XML

```
CREATE XML SCHEMA COLLECTION XSC_PARAMS
AS
'<xs:schema attributeFormDefault="unqualified" elementFormDefault="qualified" xmlns:xs="http://
www.w3.org/2001/XMLSchema">
  <xs:element name="param">
    <xs:complexType>
      <xs:sequence>
        <xs:element type="xs:string" name="data_type"/>
        <xs:element type="xs:string" name="data_value"/>
      </xs:sequence>
    </xs:complexType>
  </xs:element>
</xs:schema>';
GO

CREATE TABLE S_ADM.T_PARAMETRE_PRM
(PRM_ID         INT IDENTITY PRIMARY KEY,
PRM_NOM        VARCHAR(128) NOT NULL UNIQUE,
PRM_DATA       XML (XSC_PARAMS) NOT NULL);
GO

INSERT INTO S_ADM.T_PARAMETRE_PRM VALUES
('NOM APPLICATION',
'<param>
   <data_type>string</data_type>
   <data_value>Portfolio Manager</data_value>
</param>'),
```

```
('DATE CREATION',
 '<param>
   <data_type>date</data_type>
   <data_value>2014-12-21</data_value>
 </param>');
GO

CREATE PRIMARY XML INDEX X_PRM_DAT_XML
   ON S_ADM.T_PARAMETRE_PRM (PRM_DATA)
WITH (FILLFACTOR = 80);
GO

CREATE XML INDEX X_PRM_DAT_PATH_XML
   ON S_ADM.T_PARAMETRE_PRM (PRM_DATA)
   USING XML INDEX X_PRM_DAT_XML
   FOR PATH;
GO

CREATE XML INDEX X_PRM_DAT_PROPERTY_XML
   ON S_ADM.T_PARAMETRE_PRM (PRM_DATA)
   USING XML INDEX X_PRM_DAT_XML
   FOR PROPERTY
WITH (ALLOW_PAGE_LOCKS = OFF);
GO
```

Dans l'exemple 15-48, pour assurer une efficacité maximale, le XML a été typé par une collection de schémas XML[12] (`XSC_PARAMS`) ne comportant qu'une seule entrée. Nous avons ensuite créé un index XML (`X_PRM_DAT_XML`) suivi de deux index secondaires, l'un pour accélérer la recherche de chemins (`FOR PATH`) et l'autre pour les attributs (`FOR PROPERTY`).

Index spatial

Un index spatial sur un type géométrique nécessite de définir la limite de l'espace d'indexation par un cadre[13] appelé *bounding box* et spécifié par quatre coordonnées : `xmin`, `xmax`, `ymin` et `ymax`. Limitez le plus possible l'espace d'indexation. L'index sera plus petit et donc la recherche plus efficace. Sur le type géographique, cet encadrement n'est pas obligatoire, la terre étant « fermée ».

L'indexation spatiale est réalisée par un pavage (*tesselation* en anglais) de l'espace considéré, mais à différents niveaux de précision appelées grilles, qui sont imbriquées les unes dans les autres.

Chaque grille possède un nombre fixe de cellules qui sont numérotées suivant la courbe de Lebesgue, que les américaines appellent courbe en « Z ».

Le cheminement dans un tel modèle à travers les polygones a la particularité de remplir un espace en deux dimensions d'un seul trait et de relever au passage les objets qui y figurent. Les objets étant relevés à chaque niveau de la grille. La figure 15-26 montre un objet figurant sur les grilles aux quatre niveaux du pavage et comment cet objet est indexé.

12. Si vous ne savez pas créer un schéma XML (ou XSD pour Xml Schema Definition), utilisez un outil en ligne comme celui du site freeformatter.com qui prend en argument un document XML déjà bien formé et vous livre une définition de schéma correspondante.

13. En effet, l'espace euclidien est infini, or l'infini c'est loin, surtout vers la fin ! (*Eternity is really long, especially near the end* - Woody Allen)

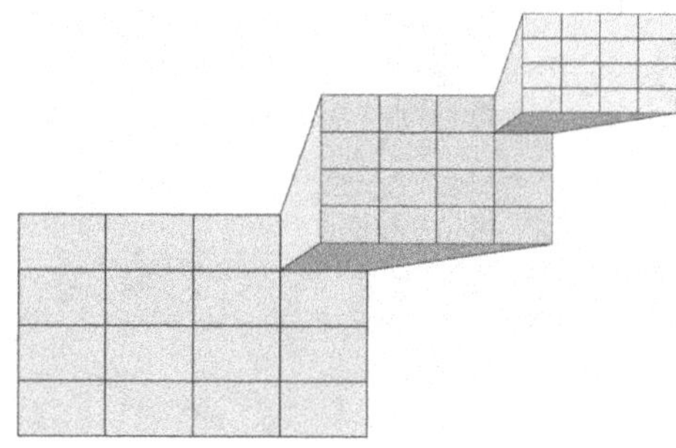

Figure 15–24
Pavage imbriqué à 16 cellules par grille

Figure 15–25
Courbes de Lebesgue dite courbe en « Z », de niveau 1 à 4. Source Wikipédia, auteur David Eppstein, licence GNU

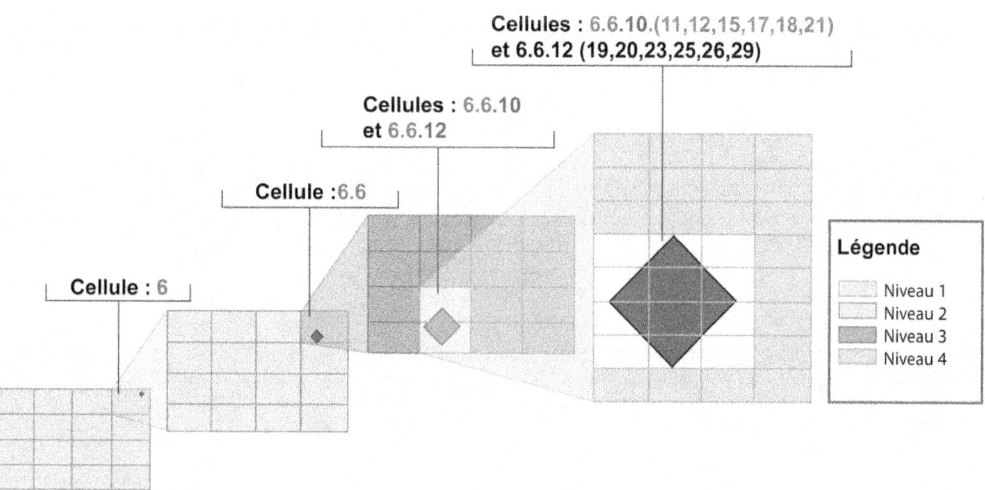

Figure 15–26 Relevé d'un objet sur les différents niveaux de grilles (illustration Claude Leroy)

Une telle technique permet de trouver rapidement les voisins d'un objet. En effet, la courbe de Lebesgue possède des propriétés particulières sur le plan binaire[14]. L'alternance des digits pairs et impairs dans la codification binaire du numéro d'une cellule, donne ses coordonnées en XY.

Par exemple, dans une telle courbe (figure 15-27), l'accès à la cellule 37 est calculé comme suit :

37 en décimal est décomposé en puissance de 2 tel que 32 + 4 + 1, soit 00100101 en binaire.

- en plaçant d'un côté (x) les bits pairs et de l'autre (y) les bits impairs, on obtient les chiffres :
  - 0 1 0 0 soit 4 (y) ;
  - 0 0 1 1 soit 3 (x).
- L'intersection de ces deux coordonnées est bien la cellule 37.

Cette méthode d'indexation, dit code de Morton, s'avère donc d'une redoutable efficacité du fait de cet aspect binaire, apanage des systèmes informatiques.

Figure 15–27
Cheminement binaire dans une courbe de Lebesgue

y \ x	0	1	2	3	4	5	6	7
0	0	1	4	5	16	17	20	21
1	2	3	6	7	18	19	22	23
2	8	9	12	13	24	25	28	29
3	10	11	14	15	26	27	30	31
4	32	33	36	37	48	49	52	53
5	34	35	38	39	50	51	54	55
6	40	41	44	45	56	57	60	61
7	42	43	46	47	58	59	62	63

L'ensemble des données de l'index figurent dans un arbre équilibré (B-Tree).

La création d'un index nécessite que la table possède une clé primaire indexée clustered. Pour une colonne de type `geometry`, la syntaxe est la suivante :

```
CREATE SPATIAL INDEX nom_index
  ON <objet> (nom_colonne_geometry)
    {<pavage_geometrique>}
  [ON {nom_groupe_fichiers|"DEFAULT"}]
;
```

Avec :

```
<pavage_geometrique> ::=
   {<pavage_geometrique_auto>|<pavage_geometrique_manuel>}
et :
<pavage_geometrique_auto> ::=
    [USING GEOMETRY_AUTO_GRID]
         WITH (<cadre>
               [[,] CELLS_PER_OBJECT = n [,…n]]
               [[,] <option_index_spatial> [,…n]]
              )
```

14. Les cases y étant accessibles facilement via le code de Morton.

```
<pavage_geometrique_manuel> ::=
    [USING GEOMETRY_GRID]
         WITH (<cadre>
                 [[,] <parametre_de_pavage> [,…n]]
                 [[,] CELLS_PER_OBJECT = n [,…n]]
                 [[,] <option_index_spatial> [,…n]]
               )
```

Le pavage automatique a été rajouté à partir de la version 2012 de SQL Server. En pavage automatique, il ne faut pas préciser les paramètres de la grille de pavage.

```
<cadre> ::=

BOUNDING_BOX =
   ({xmin, ymin, xmax, ymax
    |XMIN = xmin, YMIN = ymin, XMAX = xmax, YMAX = ymax})

<parametre_de_pavage> ::=

   GRIDS = ({<densite_niveauN> [,.<densite_niveauN>] [, …]
            |<densite1>, <densite2>, <densite3>, <densite4>})

<densite_niveauN> ::=
   {LEVEL_1 = <densite1>
   |LEVEL_2 = <densite2>
   |LEVEL_3 = <densite3>
   |LEVEL_4 = <densite4>}

<densiteN> ::= {LOW|MEDIUM|HIGH}


<option_index_spatial> ::=

{ PAD_INDEX = {ON|OFF}
  |FILLFACTOR = facteur_de_remplisage
  |SORT_IN_TEMPDB = {ON|OFF}
  |IGNORE_DUP_KEY = OFF
  |STATISTICS_NORECOMPUTE = {ON|OFF}
  |DROP_EXISTING = {ON|OFF}
  |ONLINE = OFF
  |ALLOW_ROW_LOCKS = {ON|OFF}
  |ALLOW_PAGE_LOCKS = {ON|OFF}
  |MAXDOP = limite_de_parallelisme
  |DATA_COMPRESSION = {NONE|ROW|PAGE}}
```

Pour un index comportant une colonne de type `geography` :

- vous devez remplacer `GEOMETRY_AUTO_GRID` ou `GEOMETRY_GRID` par `GEOGRAPHY…` ;
- vous n'êtes pas obligé de spécifier un cadre.

L'option de compression a été ajoutée à partir de la version 2012.

Le nombre de cellules par objet limite les entrées d'index pour le référencement d'un objet dans les grilles de niveau supérieur. Sa valeur doit être comprise entre 1 et 8 192. Spécifier une valeur supérieure ne provoque pas d'erreur et ramène à 8 192.

La densité induit le nombre de cellules par grille. `LOW` signifie 4×4, `MEDIUM` 8×8 et `HIGH` 16×16.

Les index spatiaux sont toujours définis pour un espace fini délimité par le cadre (`BOUNDING BOX`). Dans le cas d'un index géographique, l'espace maximal est le globe terrestre qui, pour des raisons pratiques, est découpé en deux hémisphères aplatis (figure 15-28).

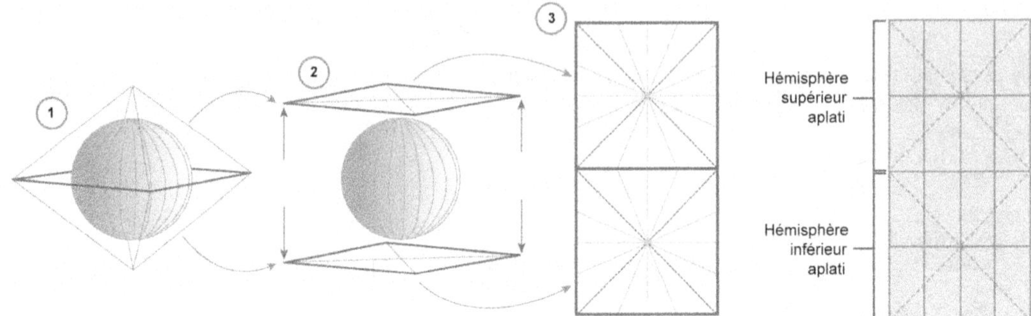

Figure 15–28 Délimitation rectangulaire de l'espace du globe terrestre par aplatissement des deux hémisphères aux pôles

Il y a des limites de « sargeablilité » aux index sur les types géométriques et géographiques. En voici la liste :

Types géométriques :

- `geometrie1.STContains(geometrie2) = 1` ;
- `geometrie1.STDistance(geometrie2) < n` ;
- `geometrie1.STDistance(geometrie2) <= n` ;
- `geometrie1.STEquals(geometrie2) = 1` ;
- `geometrie1.STIntersects(geometrie2) = 1` ;
- `geometrie1.STOverlaps(geometrie2) = 1` ;
- `geometrie1.STTouches(geometrie2) = 1` ;
- `geometrie1.STWithin(geometrie2) = 1` ;

Types géographiques :

- `geographie1.STIntersects(geographie2) = 1` ;
- `geographie1.STEquals(geographie2) = 1` ;
- `geographie1.STDistance(geographie2) < n` ;
- `geographie1.STDistance(geographie2) <= n`.

Exemple 15-49. Création d'un index spatial sur les images de découpe d'un wafer

```
CREATE TABLE S_PRD.T_WAFER_DECOUPE_WFD
(WFD_ID          INT IDENTITY PRIMARY KEY,
 WFD_REFERENCE CHAR(16) NOT NULL UNIQUE,
 WFD_IMAGE       geometry NOT NULL)
GO

CREATE SPATIAL INDEX X_WFD_IMG_GEO
ON S_PRD.T_WAFER_DECOUPE_WFD (WFD_IMAGE)
USING GEOMETRY_GRID
WITH (BOUNDING_BOX = (0, 0, 1000000000, 1000000000),
      GRIDS = (LOW, LOW, LOW, HIGH),
      CELLS_PER_OBJECT = 16,
      FILLFACTOR = 75);
```

Dans l'exemple 15-49, la colonne WFD_IMAGE de la table S_PRD.T_WAFER_DECOUPE_WFD contient les images de découpe des wafers (tranche de silicium sur laquelle on dessine les semi-conducteurs). L'index est créé avec un cadre allant de l'origine 0,0 à l'abscisse et l'ordonnée 1 000 000 000 (nanomètre). Les grilles sont à faible densité sauf la plus basse. On autorise 16 cellules par objet. Le facteur de remplissage de 75 vient du fait que tous les jours de nombreux nouveaux wafers sont intégrés.

Dans l'exemple 15-50, on utilise un index de type géographique (cadre inutile donc) avec génération automatique du pavage et un maximum de 1 024 cellules par objet. Le facteur de remplissage de 100 vient du fait que les géographies des départements évoluent très lentement !

Exemple 15-50. Création d'un index spatial sur géométrie des départements

```
CREATE TABLE S_GEO.T_DEPARTEMENT_ET_DOMTOM_DED
(DED_ID           INT IDENTITY PRIMARY KEY,
 DED_NOM          VARCHAR(64) NOT NULL,
 DED_CODE         CHAR(4) NOT NULL,
 DED_GEO          geography NOT NULL);
GO

CREATE SPATIAL INDEX X_DED_GEO_GEO
ON S_GEO.T_DEPARTEMENT_ET_DOMTOM_DED (DED_GEO)
USING GEOGRAPHY_AUTO_GRID
WITH (CELLS_PER_OBJECT = 1024,
      FILLFACTOR = 100)
```

Si vous disposez d'un grand nombre de CPU, un correctif spécifique aux problèmes d'indexation spatiale a été publié par Microsoft pour SQL Server 2012 (SP1 CU7 Release). Nous vous invitons à lire sur ce sujet l'article publié par Bob Ward et disponible à l'adresse suivante : http://blogs.msdn.com/b/psssql/archive/2013/11/19/spatial-indexing-from-4-days-to-4-hours.aspx.

Comme tous les index, les index spatiaux disposent de statistiques. Mais n'étant pas relationnels, leurs statistiques ne sont pas calculées de la même manière et vous ne pouvez pas utiliser DBCC SHOW_STATISTICS. Néanmoins, Microsoft fournit deux procédures stockées pour vous aider à voir ces statistiques, qui peuvent même être affichées graphiquement dans l'onglet des résultats spatiaux. Il s'agit des procédures sp_help_spatial_geography_histogram et sp_help_spatial_geometry_histogram.

Exemple 15-51. Obtention de l'histogramme des données d'un index spatial

```
EXEC sp_help_spatial_geography_histogram
        'S_GEO.T_DEPARTEMENT_ET_DOMTOM_DED',
        'DED_GEO', 100, -80000, 1610000, 1280000, 2660000, 100;
```

Indexation textuelle

Nous avons vu au chapitre 5 comment utiliser l'indexation textuelle afin de rechercher très rapidement des informations littérales. Le tableau 15-12 liste les différentes opérations possibles.

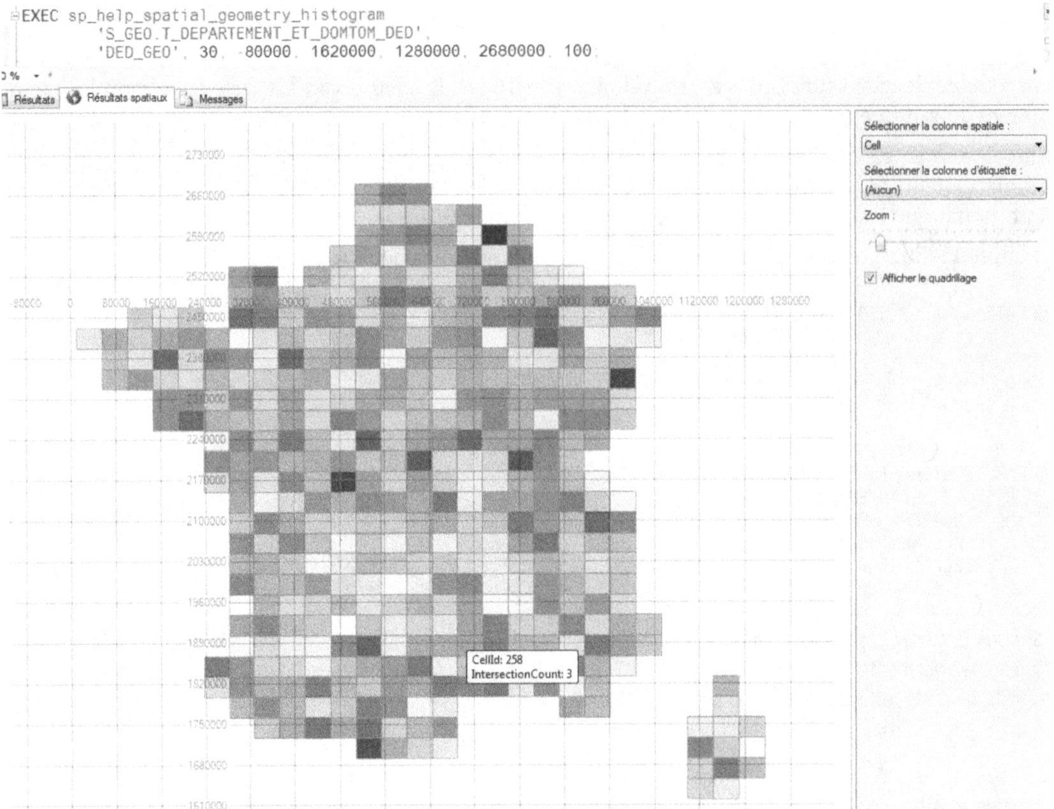

Figure 15–29 Onglet Résultats spatiaux affichant les données spatiales de l'histogramme obtenu par la requête de l'exemple 15-51

Tableau 15–12 Possibilités de recherches dans un index textuel

Recherche	Exemples	Note de résultat
Mot simple	`CONTAINS((LVR_TITRE, LVR_RESUME), ' "roman" ')`	
Expression	`CONTAINS((LVR_TITRE, LVR_RESUME), ' "passe-droit" ')`	
Mot commençant par	`CONTAINS((LVR_TITRE, LVR_RESUME), ' "nouveau*" ')`	nouveau, nouveaux, nouveauté
Différents mots	`CONTAINS((LVR_TITRE, LVR_RESUME), ' "guerre" OR "paix" ')`	
Synonyme	`CONTAINS((LVR_TITRE, LVR_RESUME), ' FORMSOF (THESAURUS, "militaire") ' LANGUAGE French)`	soldat
Expansion	`CONTAINS((LVR_TITRE, LVR_RESUME), ' FORMSOF (THESAURUS, "guerre") ' LANGUAGE French)`	conflit armé
Forme fléchie	`CONTAINS((LVR_TITRE, LVR_RESUME), ' FORMSOF (INFLECTIONAL, "nouveau") ' LANGUAGE French)`	nouveau, nouveaux, nouvel, nouvelle, nouvelles…

Tableau 15–12 Possibilités de recherches dans un index textuel *(suite)*

Recherche	Exemples	Note de résultat
Proximité	`CONTAINS((LVR_TITRE, LVR_RESUME), ' NEAR ((guerre, paix), 2, TRUE)')`	guerre et paix
Combinaisons	`CONTAINS((LVR_TITRE, LVR_RESUME), ' ("roman" AND "nouv*" AND FORMSOF (INFLECTIONAL, "beau")) AND (FORMSOF (THESAURUS, "bouquin"))')`	Le nouveau roman, un bel atout pour le livre
Texte flou	`FREETEXT((LVR_TITRE, LVR_RESUME), ' "la guerre et la paix en Russie" ')`	Guerre et paix. L'épopée napoléonienne du conflit en Russie
Recherche de métadonnés	`CONTAINS (PROPERTY (Document, 'Author'), 'Léon Tolstoï')`	
Recherche sémantique	Avec la fonction table `SEMANTICKEYPHRASETABLE`	
Recherche pondérée	Avec les fonctions table `CONTAINSTABLE` et `FREETEXTTABLE`	

Il existe plusieurs lacunes de recherche en ce qui concerne l'indexation textuelle de SQL Server. En effet, elle ne permet pas la recherche :

- de mots « commençant par » ;
- de mots « contenant » ;
- de mots « flous » avec proposition de correction orthographique.

Cependant, comme l'ensemble des éléments de l'indexation textuelle est disponible (par exemple, la liste des mots indexés et leur référence dans les documents (`sys.dm_fts_index_keywords`)), on peut ajouter ces fonctionnalités par programmation de routines telles que des procédures stockées, des déclencheurs et des fonctions.

Voici sommairement comment procéder.

Pour une recherche de mots « commençant par », il suffit de stocker le mot à l'envers et d'indexer les mots ainsi renversés.

Pour une recherche de mots « contenant », il faut découper chaque mot en autant de « rotations » qu'il y a de lettres dans le mot, moins une. Par exemple, à partir du mot « autocuiseurs », il convient de créer 11 nouvelles entrées contenant les mots suivants :

- utocuiseurs ;
- tocuiseurs ;
- ocuiseurs ;
- cuiseurs ;
- uiseurs ;
- iseurs ;
- seurs ;
- eurs ;
- urs ;
- rs ;
- s.

puis de les indexer. Dès lors une recherche de la chaîne « cuiseur » devient « sargeable ».

Pour une recherche de termes « flous », comme dans le cas de la dysorthographie, il faut combiner plusieurs techniques : par exemple la recherche par la technique du dictionnaire de Knutt combinée à des algorithmes de mesure de rapprochements. Le principe du dictionnaire de Knutt consiste à considérer que lorsqu'un mot mal orthographié est coupé en deux, alors l'erreur est soit dans le demi-mot de droite, soit dans le demi-mot de gauche. Autrement dit l'un des demi-mots est bien orthographié. Il faut alors chercher les mots commençant par le demi-mot de gauche ou finissants par le demi-mot de droite. À nouveau, on fait appel à un stockage des mots à l'envers pour rendre « sargeable » la seconde partie de la recherche. Une fois extraite la liste des mots candidats, on applique alors une fonction de mesure de rapprochement de chaînes, comme celle de Levenshtein pour offrir une liste de corrections dans l'ordre du plus au moins probable.

Un exemple est donné par la requête de l'exemple 15-52 qui utilise une table des mots composée de deux colonnes (le mot dans le bon sens et le mot inversé) afin de chercher la meilleure proposition de correction pour la chaîne « maintnance ».

Exemple 15-52. Requête cherchant les meilleurs candidats pour la correction de la chaîne « maintnance »

```
SELECT TOP (5) MOT_MOT,
       dbo.F_DISTANCE_LEVENSHTEIN('maintnance', MOT_MOT, 10) AS MATCH
FROM   T_MOT
WHERE (MOT_MOT LIKE 'maint%' OR MOT_INVERSE LIKE 'ecnan%')
ORDER BY MATCH;
```

Dans l'exemple 15-52, la table `T_MOT` comporte les colonnes `MOT_MOT` (le mot) et `MOT_INVERSE` (le mot à l'envers). Le résultat de cette requête est le suivant :

```
MOT_MOT                         MATCH
------------------------------- -----------
maintenance                     1
maintenant                      3
maintenue                       3
maintienne                      3
maintiens                       4
...
```

La fonction Levenshtein est une simple UDF définie comme suit (exemple 15-53) :

Exemple 15-53. Code de la fonction Levenshtein

```
CREATE FUNCTION F_DISTANCE_LEVENSHTEIN (@SOURCE nvarchar(4000),
                                       @CIBLE nvarchar(4000),
                                       @d int)
RETURNS int
WITH RETURNS NULL ON NULL INPUT
AS
BEGIN
  DECLARE @sl int, @tl int, @i int, @j int, @sc nchar, @c int, @c1 int,
          @cv0 nvarchar(4000), @cv1 nvarchar(4000), @cmin int;
  SELECT @sl = LEN(@SOURCE), @tl = LEN(@CIBLE), @cv1 = '', @j = 1, @i = 1, @c = 0;
  WHILE @j <= @tl
    SELECT @cv1 = @cv1 + NCHAR(@j), @j = @j + 1;
  WHILE @i <= @sl
  BEGIN
    SELECT @sc = SUBSTRING(@SOURCE, @i, 1), @c1 = @i, @c = @i, @cv0 = '', @j = 1, @cmin = 4000;
    WHILE @j <= @tl
    BEGIN
      SET @c = @c + 1;
      SET @c1 = @c1 - CASE WHEN @sc = SUBSTRING(@CIBLE, @j, 1) THEN 1 ELSE 0 END;
      IF @c > @c1 SET @c = @c1
         SET @c1 = UNICODE(SUBSTRING(@cv1, @j, 1)) + 1;
      IF @c > @c1
         SET @c = @c1;
      IF @c < @cmin
         SET @cmin = @c
      SELECT @cv0 = @cv0 + NCHAR(@c), @j = @j + 1;
    END;
    IF @cmin > @d
       BREAK;
    SELECT @cv1 = @cv0, @i = @i + 1;
  END
  RETURN CASE WHEN @cmin <= @d AND @c <= @d THEN @c ELSE -1 END;
END
GO
```

16

Transactions et verrouillage

De par leur nature, les bases de données relationnelles effectuent des transactions. On parle alors de base de données OLTP pour *On Line Transaction Processing.*

Les transactions permettent de garantir l'atomicité des traitements, le code étant exécuté en « tout ou rien ». Elles assurent aussi que les données en cours de manipulation ne sont pas accessibles de manière transitoire tant que la transaction n'est pas finalisée. C'est la notion d'isolation.

Ceci induit la pose de verrous, c'est-à-dire de mécanismes bloquant temporairement l'accès aux données afin de respecter l'intégrité des données.

Il est nécessaire de bien connaître ce sujet afin de ne pas sombrer ni dans l'une ou l'autre des problématiques : un trop faible verrouillage conduit à une une incohérence des données, ou *a contrario*, un verrouillage trop fort qui génère des blocages, de l'attente, de la contention et finalement de possibles verrous mortels.

SQL Server est un SGBD relationnel doté des possibilités les plus étendues en la matière. Il permet de mettre en place un verrouillage optimiste ou pessimiste et implémente tous les niveaux d'isolation de la norme SQL. Il est également possible de poser manuellement des verrous…

À partir du moment où une base de données autorise un accès multiconcurrentiel, il est nécessaire de prioriser les accès aux données par le biais de verrous. Le verrouillage est donc une opération naturelle dans un SGBD relationnel et il est induit par la notion même de transaction.

Rappelons qu'une base de données relationnelle est par nature ensembliste, et que toute opération constitue une transaction.

Il n'est pas possible d'outrepasser la notion de transaction dans une base de données relationnelle et SQL Server n'échappe pas à la règle. Une erreur fréquente est de penser que l'on peut effectuer certaines opérations, comme la lecture des données, en dehors d'une transaction, ou bien qu'il est possible de désactiver le journal des transactions, par exemple dans le but « d'aller plus vite ». Combien de fois avons-nous vu un développeur se précipiter pour arrêter une longue transaction et s'étonner qu'il faille encore plus de temps pour que le serveur redonne la main à l'utilisateur[1]…

Redisons-le une fois encore, dans une base de données relationnelle, toute opération est une transaction qui doit impérativement se terminer par une validation (COMMIT) ou une annulation (ROLLBACK).

Verrous et blocages

Le verrou est un mécanisme permettant de bloquer une ressource pendant un traitement de manière à ce qu'elle ne soit pas disponible pendant l'exécution du traitement.

Un blocage est le fait par lequel un verrou attend la libération d'une ressource actuellement détenue par un autre verrou dans une autre session. Certains verrous (lecture) peuvent être partagés tandis que d'autres (écriture) doivent être exclusifs. Un blocage est normal et implique une attente. En revanche, les blocages qui durent trop longtemps ne sont pas normaux. Ordinairement, les applications qui se connectent à SQL Server ont un timeout de 30 secondes, au-delà duquel on considère qu'il faut abandonner le traitement. Notez que dans Management Studio, il n'y a pas de timeout et ceci volontairement, notamment pour pouvoir tester des situations critiques.

La contention est un phénomène induit par le blocage lorsque plusieurs processus concurrents se trouvent retardés par des blocages, donnant ainsi l'impression que le système devient peu performant. Elle se traduit par des ralentissements visibles du système du fait d'un encombrement des processus bloqués. La contention, lorsqu'elle se fait sentir, est un phénomène à combattre. Elle n'est pas propre au verrouillage des données et peut se produire sur des ressources physiques telles que l'accès au disque, à la mémoire ou aux CPU.

Granularité de l'information

La différence essentielle de fonctionnement avec tout autre système accédant à des données est liée à la notion d'ensemble de données.

- Dans un programme itératif, une seule occurrence d'information est traitée à la fois. Il s'agit généralement de l'enregistrement d'un fichier pouvant comporter une ou plusieurs rubrique(s) d'information(s). La granularité minimale du traitement est donc un enregistrement composé de plusieurs informations (par exemple le nom, le prénom et la date de naissance d'une personne).
- Dans une base de données, la granularité de l'information est souvent un ensemble de lignes plus qu'une ligne isolée. Par exemple, ce peut être l'ensemble des articles d'une facture, une liste d'opérations comptables, différentes étapes dans une séquence d'action…

Il faut donc pouvoir s'assurer que toutes les lignes manipulées par une opération relationnelle ne changeront pas de valeur pendant toute la durée de la manipulation des données. C'est la notion même de transaction et son corollaire, l'isolation des données.

Par exemple, il serait inconcevable que les prix des produits changent entre le moment où nous mettons ces produits dans le panier et le moment où nous passons à la caisse ! Pour assurer cette stabilité des informations durant toute la transaction, SQL Server, comme tout SGBD relationnel, pose des verrous sur les objets manipulés en fonction de l'étendue des informations à verrouiller, de la nature des commandes SQL et de votre intention d'assurer cette isolation plus ou moins profondément…

1. Et dans le pire des cas, le développeur pense accélérer encore le processus en arrêtant le service SQL Server, voire en redémarrant le système, ce qui bien évidemment relance la finalisation de la transaction !

La notion de verrou

Un verrou est un outil, de nature physique, destiné à stabiliser temporairement la valeur de certaines informations le temps de procéder au traitement voulu.

Un verrou renferme plusieurs caractéristiques :

- l'étendue des informations concernées, aussi appelée « granularité » (ligne, page, table…) ;
- la « force » du verrouillage, aussi appelée « mode » (partagé, exclusif…) ;
- son état (en demande : WAIT, obtenu : GRANT…) ;
- sa durée, non pas comptée en temps, mais en limite d'action (commande SQL ou frontière transactionnelle).

Toutes ces caractéristiques sont gérées par le moniteur de verrouillage de SQL Server, en fonction du niveau d'isolation que vous avez exigé et des traitements opérés.

Le but d'un verrou est donc de bloquer plus ou moins grossièrement, fortement et longtemps des ressources, afin d'assurer une cohérence finale aux données manipulées dans une transaction.

Plus les paramètres du verrouillage seront étendus, plus les traitements et les attentes seront longs, et moins importante sera la concurrence.

Transaction

Rappelons qu'une transaction est une unité de traitement composée de différentes commandes devant être opérées de manière complète. Soit la transaction réussit et l'ensemble des opérations est achevé, soit l'une des opérations échoue et on revient à l'état initial au moment du démarrage de la transaction.

Rappelons aussi que tout ordre SQL, que ce soit une lecture (SELECT) ou une écriture (INSERT, UPDATE ou DELETE), est une transaction à part entière puisqu'il est susceptible de manipuler plusieurs données (aspect ensembliste de traitement des données dans les SGDB relationnels).

Il faut donc distinguer les transactions implicites (lancement d'un seul ordre SQL) et les transactions explicites, pour lesquelles il est nécessaire de délimiter les frontières (lancement, finalisation).

On peut voir aussi la transaction comme étant une suite d'opérations qui font passer la base de données d'un état de départ à un état final, en assurant que rien n'interrompt le traitement ou bien que son effet est annulé. C'est la notion d'atomicité de traitement, aussi appelée « traitement en tout ou rien ».

À cela, il faut ajouter les notions de cohérence, d'isolation et de durabilité.

- Avant la transaction, la base est dans un état cohérent. Toutes les règles d'intégrité (contraintes) sont respectées.
- Pendant la transaction, certaines données peuvent apparaître incohérentes et ne doivent pas être accessibles par d'autres processus. C'est la notion d'isolation.
- Après achèvement de la transaction, la base est de nouveau cohérente. En cas de panne du système, les données modifiées persistent dans le système de stockage. C'est la notion de durabilité.

SQL Server travaille nativement en mode autocommit ce qui signifie que chaque ordre SQL lancé est immédiatement validé, comme si chaque commande SQL était précédée d'un `BEGIN TRANSACTION` et suivie d'un `COMMIT` (ou dans certains cas d'un `ROLLBACK`). Il est possible de changer ce comportement en modifiant le paramètre de session `SET IMPLICIT_TRANSACTIONS`. Dans ce cas, la session démarre automatiquement une transaction et celle-ci se finalise au premier ordre `COMMIT` ou `ROLLBACK`, pour en démarrer aussitôt une nouvelle.

Considérez que la notion de transaction est un « état » de la session : soit les opérations de la session participent à la transaction, soit elles n'y participent pas. La notion de « transactions imbriquées » n'est qu'une vue de l'esprit. Concevoir une sous-transaction dans une transaction violerait le principe même d'atomicité des transactions...

Acidité des transactions

L'acronyme ACID (Atomicité, Cohérence, Isolation et Durabilité) caractérise les transactions au sein des SGBD relationnels :

- l'atomicité est assurée au niveau logique par les commandes de lancement (`BEGIN TRANSACTION`) et de finalisation de la transaction (`COMMIT` ou `ROLLBACK`) ;
- la cohérence d'une transaction est assurée par les différentes règles d'intégrité définies au niveau des données (domaines), des tables (clés primaires et subrogées, clés étrangères, contraintes de validation) ou de la base (assertions, généralement réalisées par le biais de déclencheurs[2]) ;
- l'isolation est assurée par « dosage » logique via une commande SQL (`SET TRANSACTION ISOLATION LEVEL...`) qui induit un mécanisme de verrouillage ;
- la durabilité est assurée par la journalisation des transactions via un support physique (fichier).

Anomalies transactionnelles

Une anomalie transactionnelle est caractérisée par l'obtention d'information(s) erronée(s) au cours d'un traitement portant sur les données, que le traitement soit en lecture ou en lecture et mise à jour. Pour que la base reste intègre et donc que les données soient cohérentes, il est nécessaire d'éradiquer toute anomalie transactionnelle.

Si le SGBD n'est exploité que par un seul processus à la fois, toute anomalie transactionnelle est impossible. Par conséquent, la problématique des anomalies transactionnelles doit être abordée lorsque plusieurs processus accèdent aux mêmes données dans des intervalles de temps qui se chevauchent.

Finalement, le verrouillage sert à s'assurer qu'aucune anomalie transactionnelle n'aura lieu, le temps d'effectuer toutes les opérations de la transaction.

Les principales anomalies transactionnelles sont :

- la perte de mise à jour : lorsque deux sessions modifient une même donnée, celle qui s'applique en dernier peut écraser la précédente mise à jour ;
- la lecture sale[3] : lorsqu'une session modifie des données puis annule la transaction, une autre session peut avoir lu les données modifiées avant la validation finale ;

2. Mais on peut aussi utiliser des contraintes CHECK de validation, qui encapsulent l'appel à des fonctions (UDF) et permettent de valider des données de plusieurs tables simultanément.
3. Aussi appelée « lecture impropre ».

- la lecture non répétable : lorsqu'une session lit à plusieurs reprises les mêmes données, les valeurs lues peuvent être différentes d'une lecture à l'autre si une autre session modifie les données entre-temps ;
- l'apparition de lignes fantômes : lorsqu'une session lit à plusieurs reprises une même plage de données, l'ensemble peut être différent d'une lecture à l'autre si une autre session ajoute entre-temps des lignes qualifiées dans la plage de données.

Une bonne modélisation réduit considérablement les risques d'anomalie transactionnelle.

Au plus haut niveau d'isolation, aucune anomalie transactionnelle n'est possible. Mais un haut niveau d'isolation se traduit par un blocage étendu et durable des objets mis à jour dans la transaction. Or, pour des raisons évidentes de concurrence et de performance, il n'est pas toujours souhaitable de se positionner au niveau le plus haut des modes d'isolation. C'est pourquoi SQL Server permet de choisir le niveau d'isolation de la transaction avant et pendant le déroulement de cette dernière, de façon globale ou à l'échelle de chaque table.

L'application d'un niveau d'isolation induit un verrouillage plus ou moins fort et plus ou moins étendu.

Stratégies de verrouillage

Il existe deux façons de concevoir le verrouillage. La première repose sur la prévention du risque, c'est le verrouillage pessimiste. La seconde s'appuie sur l'abandon du traitement si le risque est avéré, c'est le verrouillage optimiste. Chacune de ces deux stratégies présente des avantages et des inconvénients.

SQL Server vous offre la possibilité de choisir sciemment entre ces deux stratégies à tout moment et même de changer dynamiquement de stratégie au cours d'une même transaction.

Verrouillage pessimiste

Les verrous sont posés dès le démarrage de la transaction et sont relâchés en fin de traitement. Les opérations s'effectuent sur les données réelles de la base. S'il n'est pas possible d'obtenir les verrous au départ ou en cours d'exécution, un blocage a lieu. Ainsi, la moindre lecture bloque toute écriture.

Cette stratégie offre la meilleure cohérence possible, mais diminue le nombre d'accès concurrents.

Le verrouillage pessimiste est assuré à travers les quatre niveaux d'isolation transactionnels conformes à la norme SQL :

- `READ UNCOMMITTED` ;
- `READ COMMITTED` ;
- `REPETABLE READ` ;
- `SERIALIZABLE`.

Ces niveaux peuvent être spécifiés à tout moment par le développeur grâce à la commande `SET TRANSACTION ISOLATION LEVEL` et en invoquant une transaction explicite.

Cette stratégie est souvent à préférer lorsque la transaction porte sur un volume important de données, par exemple pour clôturer un exercice comptable.

Verrouillage optimiste

Aucun verrou préventif n'est posé, mais les opérations s'effectuent sur une copie des données à traiter. En fin de traitement, on compare la copie et l'original. Si aucune modification autre que la transaction considérée n'a affecté les données, on reporte les modifications sur les données originales, sinon le traitement est abandonné. Il n'y a pas de blocage entre lecture et écriture.

Cette stratégie offre un meilleur accès simultané, mais le risque est que la transaction soit finalement annulée. Elle demande également des ressources supplémentaires (copie des données, gestion de versions de lignes…).

Le verrouillage optimiste est assuré par deux mécanismes différents :

- manuellement, par le biais du *row versionning* ;
- automatiquement, par le biais du niveau d'isolation `SNAPSHOT` (copie des données sous forme de cliché).

Il est préférable d'opter pour cette stratégie lorsque les transactions portent sur une faible quantité d'informations, par exemple pour les transactions bancaires, la gestion de stock…

Verrouillage optimiste manuel

Pour mettre en place un verrouillage optimiste manuel, la marche à suivre est la suivante :

- Ajoutez à la table une colonne de type `ROWVERSION`[4] qui contient une valeur de version de ligne alimentée automatiquement à chaque `UDPATE`.
- Capturez la valeur de version des lignes concernées au démarrage de la transaction.
- Effectuez les mises à jour en comparant dans la clause `WHERE` des commandes `UPDATE` que la version n'a pas évoluée. Dans le cas contraire, annulez la transaction.

Exemple 16-1. Utilisation d'un verrouillage optimiste manuel basé sur une valeur intégrée à la table des versions de lignes

```
CREATE TABLE dbo.T_PERSONNE_PRS
(PRS_ID          INT IDENTITY PRIMARY KEY,
 PRS_ROW_VERSION ROWVERSION NOT NULL,
 PRS_NOM         CHAR(32) NOT NULL,
 PRS_PRENOM      VARCHAR(25));

CREATE PROCEDURE dbo.P_U_PERSONNE
                 @PRS_ID INT,
                 @PRS_NOM CHAR(32),
                 @PRS_PRENOM VARCHAR(25)
AS
-- Variable de stockage de la version de ligne
DECLARE @VERSION ROWVERSION;
-- Démarre une transaction explicite
BEGIN TRANSACTION;
-- Capture la valeur de la version de ligne
SELECT @VERSION = PRS_ROW_VERSION
FROM   dbo.T_PERSONNE_PRS
WHERE PRS_ID = @PRS_ID;
```

4. On ajoutait jusque-là une colonne de type TIMESTAMP, aujourd'hui considéré comme obsolète et devant être remplacé par ROWVERSION. C'est un type interne auto-incrémenté à chaque UPDATE et constitué de 8 octets.

```
/* Code SQL complémentaire */

-- Mise à jour finale versionnée
UPDATE dbo.T_PERSONNE_PRS
   SET PRS_NOM    = @PRS_NOM,
       PRS_PRENOM = @PRS_PRENOM
WHERE PRS_ID = @PRS_ID
  AND PRS_ROW_VERSION = @VERSION;
-- Si aucune ligne impactée, annule la transaction
IF @@ROWCOUNT = 0
BEGIN
   ROLLBACK;
   RAISERROR('Mise à jour impossible. Les données ont évoluées entre-temps.', 16, 1);
   RETURN;
END;
-- Valide la transaction
COMMIT;
GO
```

Dans cet exemple de mise à jour avec verrouillage optimiste manuel, la modification des données ne pourra pas s'effectuer et entraînera l'annulation de la transaction dans deux cas de figure :

- la ligne a été supprimée : `PRS_ID = @PRS_ID` vaut faux ;
- la ligne a changé de version : `RS_ROW_VERSION = @VERSION` vaut faux.

Malgré son côté un peu désuet, le verrouillage optimiste manuel est ce qu'il y a de plus léger. Néanmoins, il est difficile à utiliser lorsque la transaction porte sur de multiples lignes.

> Choisissez le verrouillage optimiste manuel lorsque la principale mise à jour porte sur peu de lignes et que vous n'avez pas l'absolue nécessité d'assurer une cohérence préventive.

Verrouillage optimiste automatique

Il faut autoriser la base de données à prendre en compte le niveau d'isolation `SNAPSHOT`, soit explicitement (`SET TRANSACTION ISOLATION LEVEL SNAPSHOT`), soit à la place de la lecture de données validée (`SET TRANSACTION ISOLATION LEVEL READ COMMITTED`). Pour cela, vous devrez utiliser la commande SQL suivante :

```
ALTER DATABASE {<nom_base>|CURRENT}
   SET {ALLOW_SNAPHOT_ISOLATION
       |READ_COMMITTED_SNAPSHOT} {ON|OFF}
```

Les deux paramètres peuvent être combinés.

Un mot rapide sur le comportement des différentes options :

- le mode `ALLOW_SNAPHOT_ISOLATION` permet d'utiliser le versionning des lignes si l'on définit le niveau d'isolation à `SNAPSHOT` (`SET TRANSACTION ISOLATION LEVEL SNAPSHOT`) pour l'écriture ;
- le mode `READ_COMMITTED_SNAPSHOT` a recours au versionning des lignes en lieu et place du mode d'isolation `READ COMMITTED` (mode par défaut) pour l'écriture et pour la lecture.

> Pour gérer le versionning des lignes, le paramétrage de la base en mode `READ_COMMITTED_SNAPSHOT` ou `ALLOW_SNAPHOT_ISOLATION` entraîne une modification des structures des tables. Chaque ligne de table se voit ajouter une information de gestion de version constituée de 14 octets. La connexion qui effectue cette modification doit être la seule sur la base. Ce processus n'étant pas instantané, vous pouvez en suivre la progression en consultant les informations de la colonne `snapshot_isolation_state_desc` dans la vue de gestion `sys.databases`.

L'utilisation du verrouillage optimiste automatique nécessite des copies des lignes des tables qui s'effectuent dans la base `tempdb`. Veillez à bien dimensionner cette base pour que les opérations qui devront utiliser du versionning de ligne n'aient pas à effectuer des opérations de croissance des fichiers.
Du fait du moindre blocage, le versionning fluidifie naturellement la base de données et retarde ainsi la contention. Cependant, il augmente le volume global des données manipulées.

Nous allons à présent illustrer le comportement du verrouillage optimiste et différencier ces deux options. L'exemple 16-2 montre une table `T_EMP` comportant deux employés de sexe masculin et deux employés de sexe féminin. Nous autorisons la base à utiliser le niveau d'isolation `SNAPSHOT`.

Exemple 16-2. Base placée en niveau d'isolation `SNAPSHOT`

```
CREATE TABLE T_EMP
(EMP_ID           INT PRIMARY KEY,
 EMP_NOM          VARCHAR(32),
 EMP_SEXE         CHAR(5));
GO

INSERT INTO T_EMP VALUES
(1, 'MARTIN', 'Femme'), (2, 'SCHMIDT', 'Femme'),
(3, 'DUMONT', 'Homme'), (4, 'MEUNIER', 'Homme'),
(5, 'JOHNSON', NULL);
GO

ALTER DATABASE CURRENT SET ALLOW_SNAPSHOT_ISOLATION ON;
GO
```

Nous lançons maintenant deux processus concurrents afin de voir ce qu'il peut advenir après application de transactions simultanées au niveau d'isolation `SNAPSHOT`. Le code de la fenêtre de gauche de la figure 16-1 sera lancé en premier, suivi immédiatement de celui de la fenêtre de droite[5]. Pour simuler une concurrence de traitement, nous avons ajouté l'instruction `WAITFOR` qui n'est là que pour faire perdre du temps aux transactions afin que les périodes d'exécution se recoupent. La figure 16-1 présente également le résultat de l'exécution de ces deux codes. Le but visé ici est de transformer les hommes en femmes et les femmes en hommes, avec deux processus concurrents (l'un concerne les hommes, l'autre les femmes...).

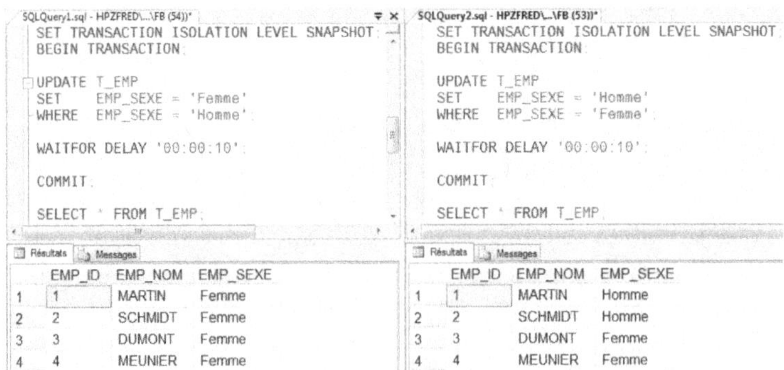

Figure 16–1
Résultats d'exécution des deux transactions simultanées au niveau d'isolation SNAPSHOT

5. En réalité, vous disposez de moins de 10 secondes entre les deux lancements pour reproduire exactement ce qui doit se passer.

Comme nous pouvons le constater, le résultat de lecture montre une différence sensible entre les deux processus. Cette différence est parfaitement logique. En effet, le code de la fenêtre de gauche, qui démarre en premier au temps *t*, transforme les hommes en femmes. Les lignes 3 et 4 sont impactées et il n'y a plus que des femmes, car le `SELECT` final est lancé avant la finalisation de la transaction concurrente… Le code de la fenêtre de droite démarre au temps *t+5 s* alors que la transaction de gauche n'est pas terminée. La seconde transaction est donc bloquée par la première et l'on ne sait pas encore à ce moment comment elle se terminera (`COMMIT` ou `ROLLBACK`). Les lignes lues sont donc les lignes originales. La mise à jour dans la transaction de droite ne prend donc en compte que les deux lignes (1 et 2) concernant les femmes. La transaction de gauche est validée et comme les hommes ont été transformés en femmes, la lecture renvoie une table constituée uniquement d'employées féminines. La transaction de droite s'achève alors et les données sont validées. Les femmes sont bien transformées en hommes et les données modifiées répercutées dans la « vraie vie ». La lecture montre deux femmes et deux hommes et l'on constate que tout a été inversé : les deux hommes sont transformés en femmes par la transaction de gauche et les deux femmes sont transformées en hommes par la transaction de droite… ce qui était le comportement attendu.

> La dernière requête exécutée, celle de la transaction de droite, donne l'état final de la base.

Modifions maintenant la base pour pouvoir utiliser le niveau d'isolation `READ COMMITTED SNAPSHOT` :

```
ALTER DATABASE CURRENT SET ALLOW_SNAPSHOT_ISOLATION OFF;
ALTER DATABASE CURRENT SET READ_COMMITTED_SNAPSHOT ON;
```

> Le passage au mode d'isolation `READ COMMITTED SNAPSHOT` nécessite un accès exclusif à la base. Si tel n'est pas le cas, par exemple si des sessions sont ouvertes sur la base, alors il faut les fermer. En cas d'urgence, utilisez le lot de commandes suivant :
>
> ```
> ALTER DATABASE CURRENT SET SINGLE_USER WITH ROLLBACK IMMEDIATE;
> ALTER DATABASE CURRENT SET READ_COMMITTED_SNAPSHOT ON;
> ALTER DATABASE CURRENT SET MULTI_USER;
> ```
>
> Le mot-clé `CURRENT` dans la commande `ALTER DATABASE` n'est valable qu'à partir de la version 2012 de SQL Server.

Après avoir vidé la table et remis les mêmes données que précédemment, lançons le même code à une exception près : la ligne `SET TRANSACTION...` a été supprimée afin d'utiliser le mode par défaut `READ COMMITTED`, devenu un `READ COMMITTED SNAPSHOT` (figure 16-2).

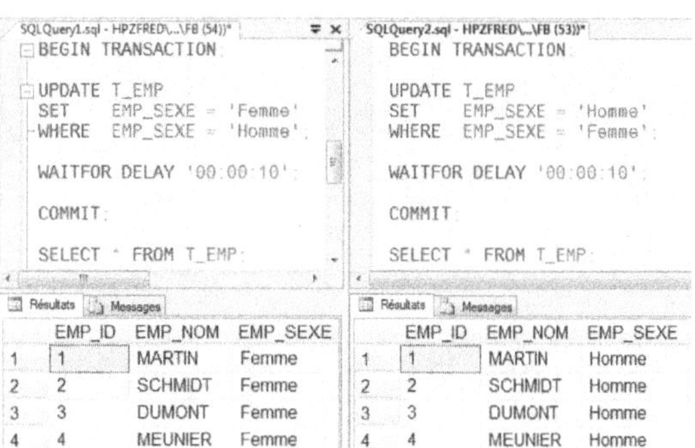

Figure 16–2
Résultats d'exécution des deux transactions simultanées au niveau d'isolation READ COMMITTED SNAPSHOT

Comme dans le scénario précédent, le code de la fenêtre de gauche démarre en premier, suivi par celui de droite 5 secondes après. La transaction de gauche produit les mêmes effets que précédemment. La transaction de droite a capturé les données telles qu'elles figuraient initialement dans la table, puis elle met à jour les deux lignes de femmes en les transformant en hommes. Lors de la validation par `COMMIT`, toutes les lignes de la table sont mises à jour dans la base et écrasent toutes les modifications précédentes. Au final, il n'y a plus que des hommes !

Ce n'était peut-être pas le comportement attendu ! Dans notre cas, c'est une anomalie dite « perte de mise à jour »...

Que se passe-t-il maintenant si nos transactions portent sur les mêmes lignes ?

Voici le nouveau scénario. Nos lignes sont comme au début de l'exemple 16-2, c'est-à-dire deux hommes et deux femmes. Cependant, il n'y a plus de clause `WHERE`. La mise à jour de l'une va-t-elle écraser l'autre... ? Qui va gagner ? (figure 16-3)

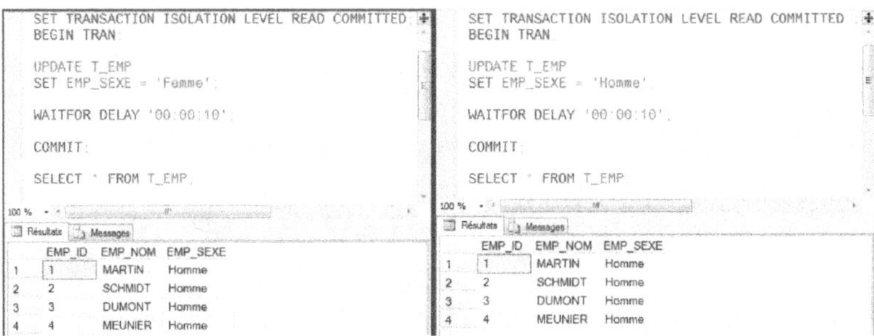

Figure 16–3
Mises à jour concurrentes en mode d'isolation READ COMMITTED SNAPSHOT

Rappelons que la transaction de gauche démarre en premier, suivie de la transaction de droite 5 secondes plus tard. Et c'est la dernière transaction qui gagne. Notre monde s'est masculinisé...

Qu'en est-il en mode `SNAPSHOT` ? Pour le savoir, nous autorisons à nouveau ce mode d'isolation :

```
ALTER DATABASE CURRENT SET ALLOW_SNAPSHOT_ISOLATION ON;
```

La modification d'autorisation du niveau d'isolation `SNAPSHOT` ne nécessite pas l'accès exclusif au serveur, mais ne sera effective que lorsque toutes les transactions actives au moment du lancement de la commande seront finalisées.

En repartant des données originales (exemple 16-2), nous constatons qu'une des transactions n'aboutit pas (figure 16-4).

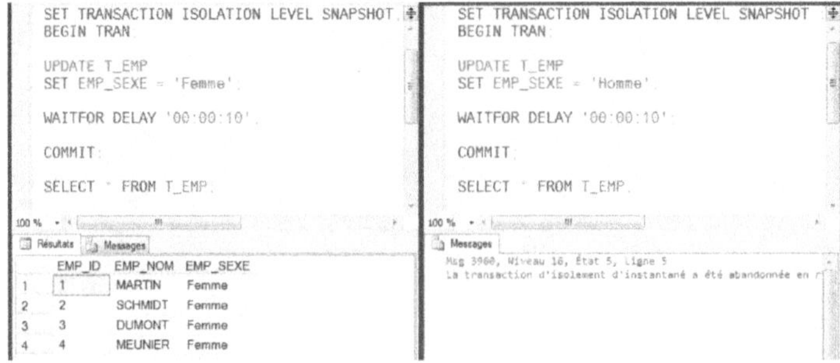

Figure 16–4
Mises à jour concurrentes en mode d'isolation SNAPSHOT

En effet, la valeur de certaines lignes a changé entre le début de la transaction et la finalisation (au moment du COMMIT). Dans ce cas, la transaction est abandonnée et un ROLLBACK se produit. Il est impossible de valider des modifications dont les lignes ne sont pas les lignes originales au moment du démarrage de la transaction. Le mesage d'erreur (n° 3 960) est le suivant :

```
La transaction d'isolement d'instantané a été abandonnée en raison d'un conflit de mise à
jour. Vous ne pouvez pas utiliser l'isolement d'instantané pour accéder à la table
'dbo.T_EMP' directement ou indirectement dans la base de données 'DB_LOCK' afin de mettre
à jour, de supprimer ou d'insérer la ligne modifiée ou supprimée par une autre
transaction. Réexécutez la transaction ou changez le niveau d'isolement pour l'instruction
de mise à jour/suppression.
```

On peut résumer la situation come ceci :

- en mode READ COMMITTED SNAPSHOT, les modifications sont appliquées immédiatement sans attendre la finalisation de la transaction ;
- en mode SNAPSHOT, les modifications sont définitivement validées lors de la finalisation de la transaction, si les lignes à impacter n'ont pas été modifiées entre-temps par une session concurrente.

En cas de modification des lignes par une autre session, le mode d'isolation SNAPSHOT peut conduire à un ROLLBBACK automatique lors de l'application d'un COMMIT !

En conclusion : testez bien le niveau d'isolation choisi. Évitez d'utiliser le READ COMMITTED SNAPSHOT pour effectuer la mise à jour, préférez-le en lecture. Mais comme il s'agit du niveau par défaut si vous avez activé cette option dans la base, soyez sûr de ce que vous faites...

Pour information, PostGreSQL et Oracle (en READ COMMITTED) utilisent par défaut un versionning de ligne correspondant au niveau SNAPSHOT.

Pour plus d'informations sur le sujet, consultez les pages web suivantes :

- http://www.jimmcleod.net/blog/index.php/2009/08/27/the-potential-dangers-of-the-read-committed-snapshot-isolation-level
- http://blogs.msdn.com/b/craigfr/archive/2007/05/16/serializable-vs-snapshot-isolation-level.aspx
- http://sqlblog.com/blogs/alexander_kuznetsov/archive/2011/08/02/reads-involving-udfs-under-read-committed-snapshot-may-seem-inconsistent.aspx

Exemple 16-3. Détection du niveau d'isolation courant d'une session

```
DECLARE @UO TABLE(PARAMETRE sysname, VALEUR NVARCHAR(1024));
DECLARE @ISO_LEVEL NVARCHAR(1024);
INSERT @UO EXEC('DBCC USEROPTIONS WITH NO_INFOMSGS');
SELECT VALEUR AS NIVEAU_ISOLATION_COURANT
FROM   @UO
WHERE PARAMETRE = 'isolation level';

SELECT CASE
          WHEN transaction_isolation_level = 1
             THEN 'READ UNCOMMITTED'
          WHEN transaction_isolation_level = 2
              AND is_read_committed_snapshot_on = 1
             THEN 'READ COMMITTED SNAPSHOT'
```

```
            WHEN transaction_isolation_level = 2
                 AND is_read_committed_snapshot_on = 0 THEN 'READ COMMITTED'
            WHEN transaction_isolation_level = 3
               THEN 'REPEATABLE READ'
            WHEN transaction_isolation_level = 4
               THEN 'SERIALIZABLE'
            WHEN transaction_isolation_level = 5
               THEN 'SNAPSHOT'
            ELSE NULL
         END AS TRANSACTION_ISOLATION_LEVEL
FROM     sys.dm_exec_sessions AS s
         CROSS JOIN sys.databases AS d
WHERE session_id = @@SPID
  AND d.database_id = DB_ID();
```

Dans cet exemple, la première méthode utilise une commande du DBCC et en place la sortie dans une variable table afin d'en extraire la ligne qui nous intéresse. Dans la seconde méthode, on utilise les vues de gestion système, mais ces dernières présentent le niveau d'isolation `READ COMMITTED`, même si la base est en mode `READ COMMITTED SNAPSHOT`. Il faut donc tester si l'option `READ COMMITTED SNAPSHOT` est à `ON` pour la base courante, ce qui se fait par le biais de la colonne `is_read_committed_snapshot_on` dans la vue `sys.databases`.

Isolation et évitement des anomalies transactionnelles

Le tableau 16-1 indique quelles anomalies transactionnelles sont évitées en fonction du niveau d'isolation choisi.

Tableau 16–1 Niveau d'isolation et anomalies transactionnelles

ISOLATION			ANOMALIES				FRONTIÈRES	
Niveau	Description	Stratégie	Lecture sale	Lecture non répétable	Perte de mise à jour	Ligne fantôme	Intitialisation	Finalisation
0	READ UNCOMMITTED	Pessimiste	Possible	Possible	Possible	Possible	Blocage possible	Garantie
1	READ COMMITTED	Pessimiste	Impossible	Possible	Possible	Possible	Blocage possible	Garantie
2	REPEATABLE READ	Pessimiste	Impossible	Impossible	Impossible	Possible	Blocage possible	Garantie
3	SERIALIZABLE	Pessimiste	Impossible	Impossible	Impossible	Impossible	Blocage possible	Garantie
4	READ COMMITTED SNAPSHOT	Optimiste	Impossible	Impossible	Possible	Impossible	Immédiate	À vérifier
5	SNAPSHOT (transactionnel)	Optimiste	Impossible	Impossible	Impossible	Impossible	Immédiate	Non garantie

Dans le tableau 16-1, nous avons ajouté des informations sur la manière dont se comporte la transaction aux frontières (une transaction en lecture et l'autre en écriture).

- Lors de l'initialisation (BEGIN TRANSACTION), les stratégies pessimistes peuvent être bloquées. Dans ce cas, elles doivent attendre la libération des verrous précédemment posés sur les ressources à atteindre.
- Lors de la finalisation (COMMIT ou ROLLBACK), les stratégies optimistes peuvent être validées avec des données incohérentes. Il faut donc les vérifier éventuellement, mais il n'est pas possible de revenir en arrière après le COMMIT !

Pour une démonstration des effets des niveaux d'isolation et des anomalies transactionnelles, consultez l'article « Niveau d'isolation et anomalies transactionnelles » à l'adresse suivante : http://sqlpro.developpez.com/isolation-transaction/.

SQL Server travaille par défaut au niveau du mode d'isolation READ COMMITTED.

Le tableau 16-2 présente les verrous posés en fonction des différents niveaux d'isolation et des commandes SQL.

Tableau 16–2 Niveau d'isolation et verrouillage

Niveau d'isolation	Lecture (SELECT)	Écriture (INSERT, UPDATE, DELETE)
READ UNCOMMITTED	Aucun verrouillage	Verrouillage exclusif avec granularité minimale, relâché après la commande SQL
READ COMMITTED	Verrouillage partagé avec granularité minimale, relâché après la commande SQL	Verrouillage exclusif avec granularité minimale, relâché après la commande SQL
READ COMMITED SNAPSHOT	Verrouillage partagé avec granularité minimale, relâché après la commande SQL	Verrouillage exclusif avec granularité minimale, relâché après la commande SQL
REPEATABLE READ	Verrouillage partagé avec granularité minimale, relâché après finalisation de la transaction	Verrouillage exclusif avec granularité minimale, relâché après finalisation de la transaction
SNAPSHOT	Verrouillage partagé avec granularité minimale, relâché après la commande SQL	Verrouillage exclusif avec granularité minimale, relâché après finalisation de la transaction
SERIALIZABLE	Verrouillage partagé sur la table, relâché après finalisation de la transaction	Verrouillage exclusif sur la table, relâché après finalisation de la transaction

L'utilisation du niveau d'isolation READ UNCOMMITTED, si séduisant car jamais bloquant, peut conduire à des données incohérentes. En effet, certaines informations peuvent être lues plusieurs fois et d'autres « oubliées ». Il convient de ne l'utiliser que pour des cas d'informatique documentaire (peu d'écriture et très nombreuses lectures) ou de statistiques approximatives.

Caractéristiques des verrous

Comme nous l'avons vu, c'est SQL Server, et plus précisément le moniteur de verrouillage, qui pose les verrous en fonction de la nature des opérations à effectuer et du niveau d'isolation choisi. Bien que la pose des verrous soit automatique, il est intéressant de bien distinguer les différentes caractéristiques des verrous…

Granularité

Le tableau 16-3 liste les ressources sur lesquelles SQL Server peut poser des verrous.

Tableau 16–3 Granularité de verrouillage

Granularité	Code	Description
Ligne	RID	Ligne physique (table en tas)
Ligne	KEY	Ligne logique (table clustered)
Page	PAGE	Page de 8 Ko
Extension	EXTENT	Bloc de 8 pages contigües
« index »	HOBT	Table en tas ou index B-tree
Table	TABLE	Données et index
Base	DATABASE	L'intégralité de la base
Fichier	FILE	Un fichier de la base
Application	APPLICATION	Une ressource d'application spécifique
Métadonnées	METADATA	Des métadonnées
Unité d'allocation	ALLOCATION_UNIT	Une unité d'allocation

Les granularités suivantes EXTENT, DATABASE, FILE, APPLICATION, METADATA et ALLOCATION_UNIT ne portent pas à proprement parler sur les données de la base, mais sur les conteneurs physiques (EXTENT, FILE, ALLOCATION_UNIT) ou logiques (HOBT, DATABASE), voire sur des ressources externes (APPLICATION). Elles sont plus visibles lors d'opérations d'administration comme la gestion du stockage (par exemple, lors d'un agrandissement de fichier).

Les verrous les plus communs concernent les données de production, donc des granularités au niveau :

- ligne (KEY ou RID) ;
- page ;
- partition ;
- HoBT (table en *heap* ou index B-tree) ;
- table.

Mode

Le tableau 16-4 liste les modes sur lesquels SQL Server peut poser des verrous.

Tableau 16–4 Les différents types de verrous

Mode	Code	Nom	Description
Partagé	S	Shared	Verrou partagé de lecture
Modification	U	Update	Verrou de mise à jour combiné permettant la lecture partagée avec évolution vers un verrou exclusif pour l'UPDATE
Exclusif	X	eXclusive	Verrou exclusif de mise à jour (INSERT, UPDATE, DELETE)
Intention de partage	IS	Intent Shared	Indique qu'un verrouillage partagé a lieu à une granularité plus fine.

Tableau 16–4 Les différents types de verrous *(suite)*

Mode	Code	Nom	Description
Intention d'exclusivité	IX	Intent eXclusive	Indique qu'un verrouillage exclusif a lieu à une granularité plus fine.
Partagé avec intention de modification	SIU	Shared Intent Update	Verrou partagé avec indication d'un verrouillage de modification à une granularité plus fine
Partagé avec intention d'exclusivité	SIX	Shared Intent eXclusive	Verrou partagé avec indication d'un verrouillage exclusif à une granularité plus fine
Modification avec intention d'exclusivité	UIX	Udpate Intent eXclusive	Verrou de modification avec indication d'un verrouillage exclusif à une granularité plus fine
Plage de clés	RS-S	Key-range	Verrou d'intervalle en lecture, pour lecture
Plage de clés	RS-U	Key-range	Verrou d'intervalle en lecture, pour modification (UPDATE)
Plage de clés	RI-N	Key-range	Verrou d'intervalle en insert (N = Null)
Plage de clés	RI-S	Key-range	Verrou d'intervalle en insert, pour lecture (Shared)
Plage de clés	RI-U	Key-range	Verrou d'intervalle en insert, pour modification (UPDATE)
Plage de clés	RI-X	Key-range	Verrou d'intervalle en insert, pour mise à jour (eXclusif)
Plage de clés	RX-S	Key-range	Verrou d'intervalle en mise à jour, pour lecture (Shared)
Plage de clés	RX-U	Key-range	Verrou d'intervalle en mise à jour, pour modification (UPDATE)
Plage de clés	RX-X	Key-range	Verrou d'intervalle en exclusif pour mise à jour
Chargement en bloc	BU	Bulk Update	Verrou de table lors d'un chargement de données avec l'option TABLOCK spécifiée
Schéma partagé	SCH-S	SCHema Shared	Verrou de schéma pour lecture de structure d'objet
Schéma exclusif	SCH-M	SCHema Modify	Verrou de schéma pour modification de structure d'objet

État

Un verrou peut se trouver dans l'un des trois états suivants :

- en attente (`WAIT`) ;
- en conversion (`CONVERT`) ;
- obtenu (`GRANT`) ;

Tant qu'un verrou ne peut être immédiatement posé et donc obtenu (`GRANT`), il doit attendre son tour (`WAIT`) pour être pris en compte. Lorsqu'il est en lecture, donc partagé, il peut passer en écriture sur la même ressource (`CONVERT`). De la même manière, deux verrous, superposant des clés ou des plages de clés, peuvent muter en un verrou de plage plus contraignant (par exemple, deux verrous `S` et `RI-N`, dont les granules se recoupent, peuvent muter en un seul verrou `RI-S`).

Cinématique de verrouillage

La cinématique de verrouillage est la manière par laquelle le moniteur enchaîne les différents verrous, les libèrent, les mutent et les escaladent. Cette cinématique est limitée par la nature des verrous déjà acquis sur les ressources. Le principe est le suivant : un verrou exclusif (écriture) empêche la pose de tout autre verrou, tandis qu'un verrou partagé (lecture) permet la pose conjointe d'autres verrous partagés.

Mais quels rôles jouent donc les verrous d'intention ? Ces verrous sont systématiquement posés à la granularité supérieure pour indiquer qu'un verrou plus fin est au travail et empêche la pose de verrous de niveau supérieur en contradiction avec les modifications en cours.

Nous allons illustrer cette cinématique à l'aide d'un exemple simple, celui de l'insertion d'une ligne dans une table (exemple 16-4).

Exemple 16-4. Insertion d'une ligne dans une table contenant déjà des lignes

```
CREATE DATABASE DB_LOCK
GO
USE DB_LOCK;
GO
CREATE TABLE T_CLIENT_CLI
(CLI_ID       INT IDENTITY PRIMARY KEY,
CLI_NOM      CHAR(32) NOT NULL,
CLI_PRENOM   VARCHAR(25));
GO
-- Insertion de quelques lignes pour ne pas être gêné par des verrous de stockage
INSERT INTO T_CLIENT_CLI
VALUES ('DURAND', 'Paul'),
       ('DUPONT', 'Marc'),
       ('DUFOUR', 'Jean');
GO
-- Mise en place d'une trace des verrous
DBCC TRACEON (3604);
DBCC TRACEON (1200, -1);
GO

BEGIN TRANSACTION;

-- Insertion de notre ligne test
INSERT INTO T_CLIENT_CLI
VALUES ('BOND', 'James');
```

Le drapeau de trace `1200` permet de tracer la pose des verrous dans la session. Il doit être combiné avec le drapeau de trace `3604` pour la visualisation.

Le résultat de la dernière requête de cet exemple comprend la pose et le relâchement de 20 verrous !

```
Process 55 acquiring S lock on DATABASE: 5 [PLANGUIDE] (class bit0 ref1) result: OK
Process 55 acquiring S lock on DATABASE: 5 [PLANGUIDE] (class bit0 ref1) result: OK
Process 55 acquiring Sch-S lock on OBJECT: 5:245575913:0 (class bit0 ref1) result: OK
Process 55 acquiring Sch-S lock on METADATA: database_id = 5 INDEXSTATS(object_id = 245575913,
index_id or stats_id = 1) (class bit0 ref1) result: OK
Process 55 acquiring Sch-S lock on METADATA: database_id = 5 INDEXSTATS(object_id = 245575913,
index_id or stats_id = 1) (class bit0 ref1) result: OK
Process 55 releasing lock reference on METADATA: database_id = 5 INDEXSTATS(object_id = 245575913,
index_id or stats_id = 1)
Process 55 acquiring Sch-S lock on METADATA: database_id = 5 INDEXSTATS(object_id = 245575913,
index_id or stats_id = 1) (class bit0 ref1) result: OK
Process 55 acquiring Sch-S lock on METADATA: database_id = 5 STATS(object_id = 245575913, stats_id =
1) (class bit0 ref1) result: OK
Process 55 acquiring Sch-S lock on OBJECT: 5:261575970:0 (class bit0 ref1) result: OK
Process 55 releasing lock reference on METADATA: database_id = 5 INDEXSTATS(object_id = 245575913,
index_id or stats_id = 1)
Process 55 releasing lock on METADATA: database_id = 5 STATS(object_id = 245575913, stats_id = 1)
```

```
Process 55 releasing lock on METADATA: database_id = 5 INDEXSTATS(object_id = 245575913, index_id or
stats_id = 1)
Process 55 releasing lock on OBJECT: 5:245575913:0
Process 55 releasing lock on OBJECT: 5:261575970:0
Process 55 releasing lock reference on DATABASE: 5 [PLANGUIDE]
Process 55 releasing lock on DATABASE: 5 [PLANGUIDE]

Process 55 acquiring IX lock on OBJECT: 5:245575913:0 (class bit2000000 ref1) result: OK
Process 55 acquiring IX lock on PAGE: 5:1:73 (class bit2000000 ref0) result: OK
Process 55 acquiring RangeI-N lock on KEY: 5:72057594039042048 (ffffffffffff) (class bit1000000
ref1) result: OK
Process 55 acquiring X lock on KEY: 5:72057594039042048 (a0c936a3c965) (class bit2000000 ref0)
result: OK
```

Pour information, les références aux objets sont les suivantes :

- 245575913 : table T_CLIENT_CLI ;
- 261575970 : contrainte de clé primaire de la table T_CLIENT_CLI.

Les premiers verrous sont posés pour la lecture des informations de métadonnées (structure de la table, colonnes, contraintes, index…) et pour accéder aux statistiques de l'optimiseur ainsi qu'à d'éventuels guides de plans de requêtes[6].

Seules les quatre lignes finales, que nous avons séparées du reste des informations, montrent les verrous posés sur les données afin d'assurer la bonne marche de la transaction. Sur ces quatre verrous, deux sont des verrous « intent », le troisième un verrou de plage pour l'insertion et le quatrième un verrou de ligne logique pour la nouvelle ligne. Les deux verrous INTENT portent sur des granularités supérieures à la ressource bloquée : objet (la table) et page.

Nous pouvons confirmer cela et obtenir plus d'informations sur les verrous encore présents tant que la transaction n'est pas finalisée. Pour cela, nous utilisons la requête suivante de l'exemple 16-5, lancée dans une autre fenêtre.

Exemple 16-5. Requête permettant de connaître les verrous en cours dans le contexte de la base cible

```
WITH
T AS
(SELECT 1 AS resource_level, 'KEY' AS resource_type,
        'hashed key' AS format_description
UNION ALL
SELECT 1, 'RID', 'file:page:slot'
UNION ALL
SELECT 2, 'PAGE', 'file:page'
UNION ALL
SELECT 3, 'OBJECT', 'object_id')
SELECT TL.request_session_id AS session_id, TL.resource_type,
       CASE
          WHEN TL.resource_type IN ('DATABASE', 'FILE', 'METADATA')
             THEN TL.resource_type
          WHEN TL.resource_type = 'OBJECT'
             THEN (SELECT TOP 1 s.name + '.' + o.name
                   FROM   sys.objects AS o
                          INNER JOIN sys.schemas AS s
                                ON o.schema_id = s.schema_id
```

6. Un guide de plan de requête (plan guide) est un plan de requête dans lequel on a forcé certaines opérations afin de contraindre l'exécution du plan. Il remplace à la volée le plan original.

```
                WHERE o.object_id = TL.resource_associated_entity_id)
        WHEN TL.resource_type IN ('KEY', 'PAGE', 'RID')
           THEN (SELECT TOP 1 s.name + '.' + o.name
                FROM   sys.objects AS o
                       INNER JOIN sys.schemas AS s
                             ON o.schema_id = s.schema_id
                WHERE o.object_id = object_id)
        ELSE 'Inconnue'
     END AS "object_name", TL.request_mode AS lock_mode,
     TL.request_status AS lock_status, T.format_description,
     TL.resource_description, resource_associated_entity_id,
     ST."text" AS SQL_command, ER.blocking_session_id,
     ES.status AS session_status, ES.login_name
FROM sys.dm_tran_locks AS TL
     LEFT OUTER JOIN sys.dm_exec_requests AS ER
           ON TL.request_session_id = ER.session_id
     INNER JOIN sys.dm_exec_sessions AS ES
           ON TL.request_session_id = ES.session_id
     INNER JOIN sys.dm_exec_connections AS EC
           ON TL.request_session_id = EC.session_id
     LEFT OUTER JOIN sys.partitions AS P
           ON TL.resource_associated_entity_id = P.hobt_id
     OUTER APPLY sys.dm_exec_sql_text(EC.most_recent_sql_handle) AS ST
     LEFT OUTER JOIN T
           ON TL.resource_type = T.resource_type
WHERE TL.request_session_id <> @@SPID
ORDER BY TL.request_session_id, COALESCE(resource_level, 999);
```

Un extrait du résultat de cette requête est présenté dans le tableau 16-5.

Tableau 16–5 Verrous actuellement présents dans la base

session_id	resource_type	object_name	lock_mode	lock_status	resource_description
52	KEY	dbo.T_CLIENT_CLI	X	GRANT	(a0c936a3c965)
52	PAGE	dbo.T_CLIENT_CLI	IX	GRANT	1:73
52	OBJECT	dbo.T_CLIENT_CLI	IX	GRANT	
52	DATABASE	DATABASE	S	GRANT	

La dernière ligne présente un verrou partagé (S) de niveau base de données, ce qui est tout à fait normal. Nous sommes en train de travailler sur cette ligne, il n'est donc pas question que quiconque se permette de la supprimer.

La première ligne présente un verrou exclusif (X) sur la ligne (KEY) qui vient d'être insérée. Pour obtenir davantage d'informations sur cette ligne par l'intermédiaire de la valeur de hachage de la clé, nous utilisons la requête de l'exemple 16-6, exécutée dans une autre session.

Exemple 16-6. Requête permettant de retrouver une ligne d'une table par la valeur de hachage de la clé

```
SELECT *
FROM   T_CLIENT_CLI WITH (NOLOCK)
WHERE %%LOCKRES%% = '(a0c936a3c965)'
```

Nous avons dû spécifier un *hint* (NOLOCK) pour lire la table en mode sale, du fait que la transaction n'est toujours pas relâchée.

%%LOCKRES%% est une pseudo-colonne de la table donnant la valeur de hachage de la clé de ligne.

Deux des verrous sont des verrous d'intention d'exclusivité (IX), l'un sur une page de la table et l'autre sur la table elle-même. Nous pouvons visualiser de quelle page il s'agit, à l'aide de la commande DBCC PAGE (exemple 16-7).

Exemple 16-7. Commande permettant de visualiser le contenu d'une page

```
DBCC TRACEOFF (1200, -1);
DBCC TRACEON (3604);
DBCC PAGE ('DB_LOCK', 1, 73, 3);
```

Voici un extrait du contenu de cette page :

```
Slot 3 Offset 0xf9 Length 52

Record Type = PRIMARY_RECORD        Record Attributes = NULL_BITMAP VARIABLE_COLUMNS
Record Size = 52
Memory Dump @0x0000000014D8A0F9

0000000000000000:   30002800 04000000 424f4e44 20202020 20202020 0.(.....BOND
0000000000000014:   20202020 20202020 20202020 20202020 20202020
0000000000000028:   03000001 0034004a 616d6573 .....4.James

Slot 3 Column 1 Offset 0x4 Length 4 Length (physical) 4
CLI_ID = 4

Slot 3 Column 2 Offset 0x8 Length 32 Length (physical) 32
CLI_NOM = BOND

Slot 3 Column 3 Offset 0x2f Length 5 Length (physical) 5
CLI_PRENOM = James

Slot 3 Offset 0x0 Length 0 Length (physical) 0

KeyHashValue = (a0c936a3c965)
```

Il s'agit des informations du troisième emplacement de ligne (slot 3), les emplacements de ligne étant numérotés à partir de 0. Nous trouvons bien les informations attendues (James BOND) et notamment la *KeyHashValue* correspondant à la ligne insérée.

La raison pour laquelle ces deux verrous d'intention ont été posés est simple : il s'agit d'empêcher, à chacune des granularités supérieures, de placer un verrou qui violerait l'isolation de la transaction actuelle. Pour preuve, tentons de lire l'intégralité de la table par une requête SELECT dans une autre session (exemple 16-8). Le verrouillage exclusif de la ligne en cours d'insertion devrait nous en empêcher.

Exemple 16-8. Lecture de la table

```
SELECT * FROM T_CLIENT_CLI;
```

Cette requête est effectivement bloquée, et en relançant la requête de visualisation des verrous de l'exemple 16-5, nous obtenons bien un WAIT lorsque la ligne tente d'être lue.

Tableau 16–6 Verrous actuellement présents dans la base

Session id	Resource type	Object name	Lock mode	Lock status	Blocking session id	Session status
54	KEY	dbo.T_CLIENT_CLI	S	WAIT	55	running
54	PAGE	dbo.T_CLIENT_CLI	IS	GRANT	55	running
54	OBJECT	dbo.T_CLIENT_CLI	IS	GRANT	55	running
54	DATABASE	DATABASE	S	GRANT	55	running
55	KEY	dbo.T_CLIENT_CLI	X	GRANT	NULL	sleeping
55	PAGE	dbo.T_CLIENT_CLI	IX	GRANT	NULL	sleeping
55	OBJECT	dbo.T_CLIENT_CLI	IX	GRANT	NULL	sleeping
55	DATABASE	DATABASE	S	GRANT	NULL	sleeping

On remarque que la session 54 est bloquée par la session 55, et que ce blocage concerne une attente (`WAIT`) de verrou sur une ligne (`KEY`) en mode partagé (`S`) pour la lecture de la ligne.

Notez que de nouveaux verrous `IS` ont été ajoutés pour protéger les données aux niveaux table et page d'une éventuelle modification par une autre session.

Escalade de verrous

Pendant l'exécution d'une transaction, la granularité du verrouillage peut augmenter en fonction du nombre de lignes modifiées. Ainsi, une transaction qui commence par modifier une ligne, puis plusieurs lignes aurait intérêt à voir évoluer ses multiples verrous de ligne en quelques verrous de page, voire un seul verrou de table. C'est le phénomène d'escalade de verrous. Le moniteur de verrouillage s'en charge automatiquement en fonction d'un certain nombre de verrous (seuil prédéfini) et de la place en mémoire disponible pour l'ensemble des verrous, chaque verrou occupant environ 100 octets.

Bien entendu, une telle escalade n'est possible que si aucun autre verrou incompatible n'a été acquis.

Par défaut, SQL Server permet de passer du verrou de ligne au verrou de table, et si la table est partitionnée, du verrou de ligne au verrou de partition, puis au verrou de table. Mais il est possible de limiter l'escalade de verrous de différentes manières :

- en lançant une mise à jour qui pose sciemment un verrou empêchant l'escalade ;
- en imposant à la table une limitation de l'escalade (`ALTER TABLE … SET LOCK_ESCALATION …`) ;
- en paramétrant le moteur de stockage pour fixer la règle globale d'escalade (drapeau de trace 1211 et 1224).

Empêcher l'escalade de verrous, ou imposer un mode d'escalade peut s'avérer dangereux car soit le nombre de verrous peut saturer la mémoire, soit la granularité de verrouillage limitera la concurrence. En laissant faire le moniteur de verrouillage, vous assurer un certain équilibre entre ces deux problématiques !

Annulons la transaction d'insertion en suspens de l'exemple 16-4 par un `ROLLBACK`. Ajoutons quelques lignes dans la table pour mieux la peupler afin de rendre possible l'escalade de verrous. Pour cela, lancez deux fois la requête de l'exemple 16-9.

Exemple 16-9. Requête générant 549, puis 100 467 lignes dans la table

```
INSERT INTO T_CLIENT_CLI
SELECT CLI_NOM, CLI_PRENOM
FROM   T_CLIENT_CLI;
GO 183
```

Lançons maintenant une requête de mise à jour plus globale.

Exemple 16-10. Mise à jour de toute la table

```
DBCC TRACEON (3604);
DBCC TRACEON (1200, -1);

BEGIN TRANSACTION;
UPDATE T_CLIENT_CLI
SET CLI_PRENOM = UPPER(CLI_PRENOM);
```

Vous allez alors constater un nombre impressionnant de verrous. Mais à peu près au deux tiers du travail de pose des verrous, SQL Server va changer de stratégie et convertir les nombreux verrous de ligne en un verrou de type HoBT :

```
Process 53 escalating locks on HoBt: 72057594039042048
```

Il est probable que le numéro de l'objet de votre requête ne soit pas le même, mais ceci n'a pas d'importance. Suit alors une série de relâchements de verrous.

Pour ce verrou sur HoBT, nous pouvons savoir de quel objet il s'agit à l'aide de la requête de l'exemple 16-11, effectuée dans une autre fenêtre, mais dans la même base (reprenez le numéro d'objet que vous avez obtenu du résultat d'escalade de la requête de l'exemple 16-10).

Exemple 16-11. Requête retrouvant l'objet logique stocké par le verrou de type HoBT

```
SELECT s.name AS TABLE_SCHEMA, o.name AS TABLE_NAME,
       i.name AS INDEX_NAME, partition_number, rows
FROM   sys.partitions AS p
       INNER JOIN sys.indexes AS i
             ON p.object_id = i.object_id
             AND p.index_id = i.index_id
       INNER JOIN sys.objects AS o
             ON p.object_id = o.object_id
       INNER JOIN sys.schemas AS s
             ON o.schema_id = s.schema_id
WHERE  hobt_id = 72057594039042048;
```

Le résultat de cette requête est repris dans le tableau 16-7.

Tableau 16-7 Objet logique visé par le verrou sur un HoBT

TABLE_SCHEMA	TABLE_NAME	INDEX_NAME	partition_number	rows
dbo	T_CLIENT_CLI	PK__T_CLIENT__D0BA12005014B209	1	100467

Il s'agit bien évidemment d'un verrou posé sur l'index B-tree représentant la clé primaire clustered (donc *in fine*, la table des clients). Ceci peut être confirmé par la requête de l'exemple 16-4 qui nous montre les verrous en cours.

Tableau 16-8 Verrous actuellement présents dans la base

Session id	Resource type	Object name	Lock mode	Lock status	Format description	Resource associated entity id
53	OBJECT	dbo.T_CLIENT_CLI	X	GRANT	object_id	245575913

L'objet 245575913 correspond à la table des clients.

Que se passerait-il si une ligne était verrouillée ? Comment l'escalade de verrous se comporterait-elle ? Relâchons la transaction d'`UPDATE` par un `ROLLBACK` et mettons à jour une ligne de la table dans une transaction non finalisée (exemple 16-12).

Exemple 16-12. Modification d'une ligne dans une transaction infinie

```
BEGIN TRANSACTION;
UPDATE T_CLIENT_CLI
SET    CLI_PRENOM = 'Luc'
WHERE CLI_ID = 666;
```

La requête de l'exemple 16-5 nous montre les verrous actuels (tableau 16-9).

Tableau 16–9 Verrous actuellement présents dans la base

session_id	resource_type	object_name	lock_mode	lock_status
53	KEY	NULL	X	GRANT
53	PAGE	NULL	IX	GRANT
53	OBJECT	dbo.T_CLIENT_CLI	IX	GRANT
53	DATABASE	DATABASE	S	GRANT

Nous lançons une seconde requête de mise à jour qui concerne presque toute la table, afin de tenter d'obtenir une escalade de verrous (exemple 16-13).

Exemple 16-13. Mise à jour de toutes les lignes hormis la ligne actuellement bloquée

```
DBCC TRACEON (3604);
DBCC TRACEON (1200, -1);

BEGIN TRANSACTION;
UPDATE T_CLIENT_CLI
SET CLI_PRENOM = UPPER(CLI_PRENOM)
WHERE CLI_ID <> 666;
```

La lecture de la trace de pose des verrous montre qu'aucune escalade n'a eu lieu. La transaction n'a utilisé que des verrous de ligne... Ceci est tout à fait normal en raison de la présence de verrous `IX` aux niveaux page et table (sinon, elle aurait été bloquée).

En lançant la requête de l'exemple 16-5, nous constatons que la session contenant la requête `UPDATE` a obtenu 98 303 verrous de ligne en mode exclusif et posé 647 verrous de page en mode IX (tableau 16-10).

Tableau 16–10 Verrous actuellement présents dans la base

session_id	resource_type	object_name	lock_mode	lock_status	nombre
55	KEY	dbo.T_CLIENT_CLI	X	GRANT	98303
55	OBJECT	dbo.T_CLIENT_CLI	IX	GRANT	1
55	PAGE	dbo.T_CLIENT_CLI	IX	GRANT	647
55	DATABASE	DATABASE	S	GRANT	1

Dans cette cinématique, les verrous `IX` posés aux niveaux page et table par la première transaction de modification d'une ligne ont empêché la pose d'un verrou à granularité plus large. Le résultat est que nous avons réussi à ne pas être bloqués, au prix d'un nombre considérable de verrous !

Compatibilité des verrous

Intéressons-nous maintenant à la matrice de compatibilité des verrous entre eux. Considérons un verrou à poser sur une ressource donnée : est-il possible de le poser si un autre verrou est déjà présent sur la même ressource ? Le tableau 16-11 nous apporte la réponse et présente la compatibilité des verrous entre eux.

Tableau 16–11 Compatibilité des verrous entre eux

	Verrou à poser																					
Verrou actuel	NL	SCH-S	SCH-M	S	U	X	IS	IU	IX	SIU	SIX	UIX	BU	RS-S	RS-U	RI-N	RI-S	RI-U	RI-X	RX-S	RX-U	RX-X
NL	C	C	C	C	C	C	C	C	C	C	C	C	C	C	C	C	C	C	C	C	C	C
SCH-S	C	C	I	C	C	C	C	C	C	C	C	C	C									
SCH-M	C	I	I	I	I	I	I	I	I	I	I	I	I									
S	C	C	I	C	C	I	C	C	I	C	I	I	I	C	C	C	C	C	I	C	C	I
U	C	C	I	C	I	I	C	I	I	I	I	I	I	C	I	C	C	I	I	C	I	I
X	C	C	I	I	I	I	I	I	I	I	I	I	I	I	I	C	I	I	I	I	I	I
IS	C	C	I	C	C	I	C	C	C	C	C	C	I									
IU	C	C	I	C	I	I	C	C	C	C	C	I	I									
IX	C	C	I	I	I	I	C	C	C	I	I	I	I									
SIU	C	C	I	C	I	I	C	C	I	C	I	I	I									
SIX	C	C	I	I	I	I	C	C	I	I	I	I	I									
UIX	C	C	I	I	I	I	C	I	I	I	I	I	I									
BU	C	C	I	I	I	I	I	I	I	I	I	I	C									
RS-S	C			C	C	I								C	C	I	I	I	I	I	I	I
RS-U	C			C	I	I								C	I	I	I	I	I	I	I	I
RI-N	C			C	C	C								I	I	C	C	C	C	I	I	I
RI-S	C			C	C	I								I	I	C	C	C	I	I	I	I
RI-U	C			C	I	I								I	I	C	C	I	I	I	I	I
RI-X	C			I	I	I								I	I	C	I	I	I	I	I	I
RX-S	C			C	C	I								I	I	I	I	I	I	I	I	I
RX-U	C			C	I	I								I	I	I	I	I	I	I	I	I
RX-X	C			I	I	I								I	I	I	I	I	I	I	I	I

- C signifie compatible.
- I signifie incompatible.
- Les cases vides sont des cas impossibles.

Pour la légende des verrous, reportez-vous au tableau 16-4 page 820.

Les attentes de verrou

La pose d'un verrou provoque fatalement une attente pour les autres processus voulant atteindre la même ressource. Une attente est donc un phénomène naturel et courant. Ce qui n'est pas naturel, c'est une attente qui dure trop longtemps ou qui se traduit par un timeout, voire un verrou mortel.

Dans l'interface de Management Studio, la session est paramétrée par défaut pour attendre indéfiniment la libération des verrous d'une autre session.

Dans les applications, cette attente est limitée par défaut à 30 secondes par le biais du middelware[7].

Vous pouvez modifier la durée de cette attente à l'aide du paramètre de session `LOCK_TIMEOUT` (valeur exprimée en ms).

Exemple 16-14. Limitation de l'attente de libération d'un verrou à 10 secondes

```
SET LOCK_TIMEOUT 10000;
```

Vous pouvez aussi connaître les sessions en attente et la nature des attentes à l'aide de la requête suivante de l'exemple 16-15.

Exemple 16-15. Visualisation des attentes en cours

```
SELECT wt.wait_duration_ms AS duree_attente_ms,
       wt.wait_type AS type_attente,
       s.text AS requête,
       p.query_plan AS plan_requête,
       wt.session_id,
       DB_NAME(er.database_id) AS nom_base,
       er.wait_resource,
       er.command,
       er.last_wait_type
FROM   sys.dm_os_waiting_tasks AS wt
       INNER JOIN sys.dm_exec_requests AS er
             ON wt.session_id = er.session_id
       INNER JOIN sys.dm_exec_sessions es
             ON es.session_id = er.session_id
       CROSS APPLY sys.dm_exec_sql_text (er.sql_handle) AS s
       CROSS APPLY sys.dm_exec_query_plan (er.plan_handle) AS p
WHERE  es.is_user_process = 1;
```

Il est aussi intéressant de se demander quelles ont été les attentes d'une requête ou d'un traitement particulier. Dans ce cas, vous pouvez utiliser la vue `sys.dm_os_wait_stats`. Mais ces statistiques étant cumulatives depuis la dernière réinitialisation, il est nécessaire de les réinitialiser avant usage et de n'utiliser cet outil que dans une base de test et non en production. En effet, les statistiques de tous les autres processus viendraient alors perturber les données de notre problème qu'il convient d'isoler. Pour ce faire, vous pouvez utiliser la commande DBCC de l'exemple 16-16.

Exemple 16-16. Réinitialisation des statistiques d'attentes

```
DBCC SQLPERF ('sys.dm_os_wait_stats', CLEAR);
```

Le problème du verrou mortel

Le verrou mortel, aussi appelé « interblocage » ou « étreinte fatale » *(deadlock)*, résulte d'un blocage conjoint de ressources de différents processus en concurrence.

Un verrou mortel est une situation dans laquelle des processus concurrents attendent chacun la libération de ressources détenues par un autre processus afin de terminer un traitement entamé et qui, de ce fait, empêche toute finalisation des opérations.

7. Comme ODBC, JDBC, ADO.NET…

Dans SQL Server, les verrous mortels se produisent lorsque deux transactions utilisateur ont posé des verrous sur des objets distincts (tout ou partie de table ou d'index…) et que chacune des deux sessions tente d'acquérir un nouveau verrou incompatible du fait des verrous en place de l'autre processus.

Lorsqu'un verrou mortel est détecté, SQL Server choisit la transaction la moins coûteuse à annuler, force un `ROLLBACK` et renvoie un message d'erreur au client du processus qui a initié la transaction. L'autre transaction peut alors continuer de s'exécuter. Le message d'erreur est généralement le suivant :

```
La transaction (ID de processus …) a été bloquée sur les ressources … par un autre processus et a été
choisie comme victime. Réexécutez la transaction (message 1205).
```

La détection des situations de verrous mortels est effectuée par l'analyse des graphes de verrouillage qui présente pour chaque objet et session, les liens entre verrous et ressources en attente et obtenus. Lorsqu'un « circuit »[8] se présente dans le graphe et que des demandes sont en attente conjointe, le moteur de stockage décide de la conduite à avoir (tuer ou non l'une des sessions).

Comme nous venons de le voir, c'est la session la moins coûteuse qui est la candidate désignée pour être abandonnée. Si cela ne vous convient pas, vous pouvez décider de modifier ce comportement via le paramètre `DEADLOCK_PRIORITY`. Plus vous accorderez une valeur basse à ce paramètre, et plus votre session sera susceptible d'être retenue. En cas d'égalité de priorité, c'est toujours la règle de la transaction la moins coûteuse qui s'applique pour des raisons de performances.

La figure 16-5 montre trois tables, `T1`, `T2` et `T3`, qui contiennent une colonne `C` de type `INT` avec quelques lignes. Pas de clé, aucun index. Les trois sessions visibles dans les différentes fenêtres ont été lancées dans l'ordre, de gauche à droite, avec un décalage de 3 secondes. Pour simuler une concurrence, on a fait appel à la fonction `WAITFOR DELAY` (durée 10 secondes) entre les différentes commandes SQL des trois transactions.

Figure 16–5
Verrou mortel survenant par blocage de trois sessions concurrentes

La session du milieu, la deuxième dans l'ordre de lancement, a été la victime désignée pour résoudre cet interblocage.

Une analyse du graphe de blocage nous montre la situation du cycle « infernal » (figure 16-6).

Dans la figure 16-6, chacun des processus se tient par la barbichette et aucun ne veut lâcher la proie…. L'ombre du verrou mortel plane sur les traitements mais le moniteur de verrouillage détecte la situation et annule l'une des transactions.

Un interblocage ne peut être obtenu que si :

- il y a au moins deux sessions concurrentes ;
- chaque session entame une transaction explicite et il y a au moins une mise à jour dans l'une des sessions ;
- sans transaction explicite, il y a une escalade de verrous avec au moins une mise à jour.

8. Aussi appelé « attente circulaire ».

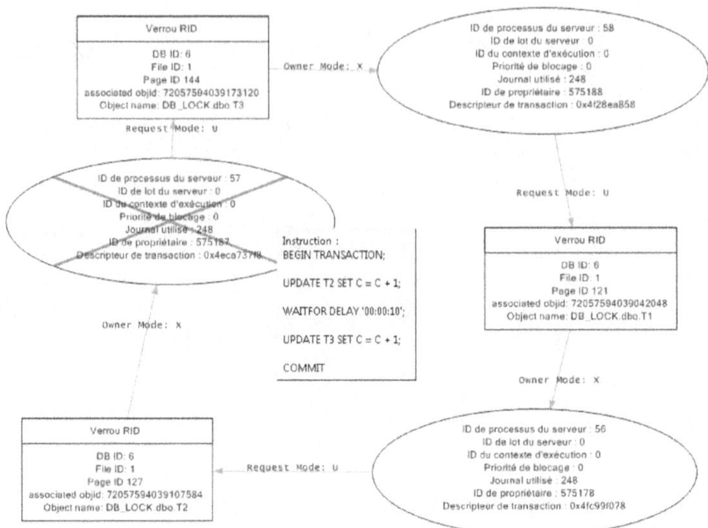

Figure 16–6
Graphe d'interblocage obtenu par le Profiler SQL

Du fait de la granularité des verrous, il est possible d'obtenir un interblocage même lorsque les sessions travaillent sur un seul et même objet. C'est le cas par exemple si une session a verrouillé la table entière et que l'autre tente de verrouiller une ligne ou une page.

La figure 16-7 montre un interblocage suite à l'utilisation d'une seule et même ressource, une table sans clé ni index.

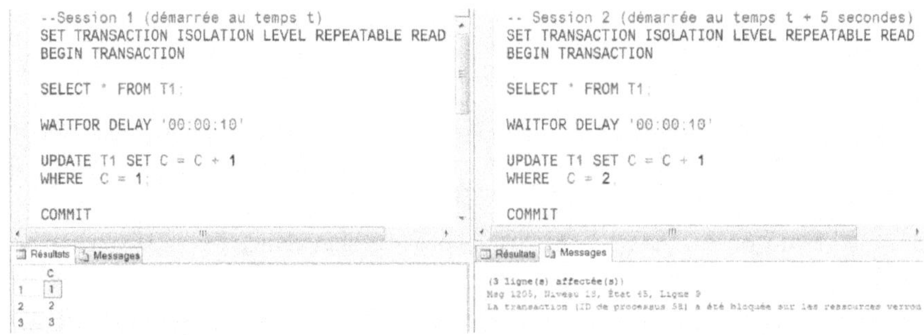

Figure 16–7
Verrou mortel n'impliquant qu'une seule table

Le mode d'isolation REPEATABLE READ, bloquant les lignes dès le début de la transaction, interdit à chacun de continuer la mise à jour tant que le verrou de lecture n'est pas libéré.

Prévention des interblocages

La probabilité de survenance d'un verrou mortel est liée à plusieurs facteurs, dont :

- la durée de la transaction ;
- la fréquence des transactions sur un même objet.

Par conséquent, mieux normaliser la base conduit souvent à diminuer naturellement cette probabilité. Nous avons vu qu'un verrou mortel pouvait survenir même s'il n'y avait qu'une seule table en jeu (figure

16-1). De nombreuses problématiques concurrentes sont généralement concentrées sur un petit nombre de tables ayant un degré élevé[9]. En effet, c'est généralement strictement mathématique, plus une table possède de colonnes, plus elle est utilisée, aussi bien en lecture qu'en écriture.

Ordonnancer les opérations dans le même sens

L'interblocage intervient assez souvent lors de séquences de commande de type A, puis B d'un côté et B, puis A de l'autre. En inversant l'ordre des opérations pour que A soit suivie de B dans tous les cas, le phénomène peut ne plus se produire. Dans l'exemple de la figure 16-5, en inversant l'ordre des modifications des tables T3 et T1 de la troisième transaction en T1 puis T3, l'interblocage disparaît.

Diminuer la granularité et la durée du verrouillage en abaissant le niveau d'isolation

Dans le cas de la figure 16-7, par exemple, il suffit de revenir au niveau d'isolation READ COMMITED pour éradiquer l'interblocage.

Commencer par l'opération la plus bloquante ou verrouiller au maximum lors du lancement de la première commande SQL

Considérons une procédure permettant de générer des auto-incréments partitionnés sur la valeur d'une clé contenue dans une table. Pour réaliser cette opération, il faut disposer d'une table de stockage des clés, contenant pour toute table et toutes partitions dans la table, la dernière valeur accordée. L'exemple 16-17 montre une telle table et quelques valeurs test saisies dans cette table.

Exemple 16-17. Création d'une table de gestion d'auto-incréments partitionnés

```
CREATE TABLE dbo.T_COMPTEUR_CPT
(CPT_ID                 INT IDENTITY PRIMARY KEY,
 CPT_TABLE_SCHEMA       sysname,
 CPT_TABLE_NAME         sysname,
 CPT_CLEF               VARCHAR(32) NOT NULL,
 CPT_VALEUR             INT NOT NULL DEFAULT 1);
GO

INSERT INTO dbo.T_COMPTEUR_CPT
       (CPT_TABLE_SCHEMA, CPT_TABLE_NAME,    CPT_CLEF)
VALUES ('dbo',            'T_COMMANDE_CMD', '2014'),
       ('dbo',            'T_COMMANDE_CMD', '2015'),
       ('dbo',            'T_FACTURE_FCT', '2014'),
       ('dbo',            'T_FACTURE_FCT', '2015');
GO
```

Grâce à une telle table, il sera possible de numéroter les factures comme les commandes en réinitialisant le compteur à 1 pour chaque nouvelle année.

Il nous faut maintenant une procédure pour calculer la ou les clés suivantes à assigner à une ou plusieurs nouvelles lignes à numéroter. L'exemple 16-18 nous montre une telle procédure (dbo.P_NOUVELLE_CLEF).

9. Rappelons que le degré d'une table représente son nombre de colonnes.

Exemple 16-18. Procédure de calcul de nouvelle(s) clé(s) partitionnée(s)

```
CREATE PROCEDURE dbo.P_NOUVELLE_CLEF
                 @TABLE_SCHEMA sysname = 'dbo',
                 @TABLE_NAME   sysname,
                 @CLEF         VARCHAR(32),
                 @ROWS         INT = 1,
                 @VALEUR       INT OUTPUT
AS

SET NOCOUNT ON;

SET TRANSACTION ISOLATION LEVEL REPEATABLE READ;
BEGIN TRANSACTION;

BEGIN TRY

   SELECT @VALEUR = CPT_VALEUR + COALESCE(@ROWS, 1)
   FROM   dbo.T_COMPTEUR_CPT
   WHERE CPT_TABLE_SCHEMA = COALESCE(@TABLE_SCHEMA, 'dbo')
     AND CPT_TABLE_NAME   = @TABLE_NAME
     AND CPT_CLEF         = @CLEF;

   WAITFOR DELAY '00:00:10';

   UPDATE dbo.T_COMPTEUR_CPT
   SET    CPT_VALEUR = @VALEUR
   WHERE CPT_TABLE_SCHEMA = COALESCE(@TABLE_SCHEMA, 'dbo')
     AND CPT_TABLE_NAME   = @TABLE_NAME
     AND CPT_CLEF         = @CLEF;

   COMMIT;

END TRY
BEGIN CATCH

   DECLARE @MSG NVARCHAR(1024);
   IF XACT_STATE() <> 0
      ROLLBACK;
   SET @MSG = 'Transaction annulée suite à erreur : ' + ERROR_MESSAGE();
   THROW 55555, @MSG, 1;

END CATCH
```

Afin de simuler ce qui pourrait se passer avec une forte concurrence, nous avons ajouté la commande `WAITFOR` qui permet de faire perdre du temps entre les deux requêtes. Notez le niveau d'isolation `REPEATABLE READ` nécessaire pour éviter que deux processus concurrents obtiennent la même valeur de clé…

L'exécution conjointe de cette procédure dans deux processus concurrents provoque immanquablement un verrou mortel, comme le montre la figure 16-8.

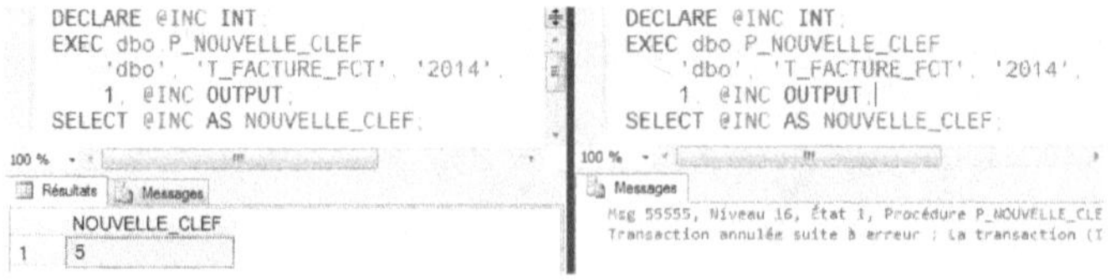

Figure 16–8
Verrou mortel engendré par la procédure de calcul des auto-incréments partitionnés

Pour résoudre cette problématique, il suffit d'inverser les commandes SQL et commencer par l'UPDATE pour finir par le SELECT. L'exemple 16-19 présente le cœur de cette procédure rectifiée.

Exemple 16-19. Modification de la procédure d'obtention d'auto-incréments partitionnés

```
UPDATE dbo.T_COMPTEUR_CPT
SET    CPT_VALEUR = CPT_VALEUR + COALESCE(@ROWS, 1)
WHERE CPT_TABLE_SCHEMA = COALESCE(@TABLE_SCHEMA, 'dbo')
  AND CPT_TABLE_NAME   = @TABLE_NAME
  AND CPT_CLEF         = @CLEF;

WAITFOR DELAY '00:00:10';

SELECT @VALEUR = CPT_VALEUR - COALESCE(@ROWS, 1) + 1
FROM   dbo.T_COMPTEUR_CPT
WHERE CPT_TABLE_SCHEMA = COALESCE(@TABLE_SCHEMA, 'dbo')
  AND CPT_TABLE_NAME   = @TABLE_NAME
  AND CPT_CLEF         = @CLEF;
```

Il n'est d'ailleurs plus nécessaire de se positionner au niveau d'isolation REPEATABLE READ. Le niveau d'isolation par défaut READ COMMITTED suffit.

La technique consistant à commencer par une commande bloquant fortement (verrou exclusif sur tout ou partie de la table) permet notamment d'éviter les interblocages résultant de la mutation d'un verrou partagé à un verrou exclusif. Une façon courante de procéder lorsque les escalades de verrous sont légions et causent de nombreux interblocages consiste à prévenir l'escalade en posant un verrou qui empêchera la pose de verrous de plus haut niveau. Pour ce faire, vous pouvez utiliser la commande suivante :

```
BEGIN TRANSACTION;
UPDATE MA_TABLE SET MA_COLONNE = 123 WHERE 1 = 2;
```

Cette mise à jour absurde qui n'impacte aucune ligne oblige la pose d'un verrou d'intention d'exclusivité au niveau de la table. De fait, aucun verrou de table, ni en lecture ni en écriture ne pourra être posé. Seuls des verrous de ligne, voire des verrous de page, seront effectifs. Le verrou d'intention sera relâché lorsque la transaction sera finalisée.

Supprimer des transactions

Un certain nombre de traitements peuvent être réalisés sans pour autant nécessiter obligatoirement de gérer systématiquement une transaction. Cela peut être fait de plusieurs manières :

- En ajoutant une table de « sémaphores » ou en incorporant dans certaines tables des indicateurs de traitement afin que ledit traitement ne démarre pas tant que le sémaphore ne lui donne pas le feu vert. Dans tous les cas, il faut prévoir un processus de nettoyage et de remise à zéro des sémaphores en cas de panne au milieu d'un traitement.
- En concevant des traitements pouvant naturellement revenir sur leurs pas. Par exemple, conserver l'état initial d'un ensemble de données dans une table temporaire ou une table servant de « tampon ». En cas de problème, on pourra ainsi y replacer les données.

Dans l'exemple 16-19, nous avons deux commandes SQL ce qui nous oblige à mettre en place une transaction explicite. Il est cependant possible de résumer ces deux commandes en une seule et de profiter de la commande UPDATE pour lire les données de la ligne. L'exemple 16-20 montre la procédure rectifiée. Point besoin dorénavant ni de transaction ni de pilotage du niveau d'isolation ni même du traitement d'erreur, puisque la procédure se résume à une seule commande SQL…

Exemple 16-20. Modification de la procédure d'obtention d'auto-incréments partitionnés afin d'éradiquer la transaction

```
CREATE PROCEDURE dbo.P_NOUVELLE_CLEF
                 @TABLE_SCHEMA sysname = 'dbo',
                 @TABLE_NAME   sysname,
                 @CLEF         VARCHAR(32),
                 @ROWS         INT = 1,
                 @VALEUR       INT OUTPUT
AS

SET NOCOUNT ON;

UPDATE dbo.T_COMPTEUR_CPT
SET    CPT_VALEUR = CPT_VALEUR + COALESCE(@ROWS, 1),
       @VALEUR = CPT_VALEUR + 1
WHERE CPT_TABLE_SCHEMA = COALESCE(@TABLE_SCHEMA, 'dbo')
  AND CPT_TABLE_NAME   = @TABLE_NAME
  AND CPT_CLEF         = @CLEF;
```

Utiliser des lectures non verrouillantes

Les lectures non verrouillantes sont utilisées au niveau d'isolation SNAPSHOT, au niveau du READ COMMITTED SNAPSHOT ou encore de la lecture sale (READ UNCOMMITTED), mais dans ce dernier cas, souvenez-vous que vos données peuvent être fausses... Un grand nombre de verrous mortels comportent des transactions effectuant des lectures.

Rajouter des index

Le fait de rajouter des index permet souvent de verrouiller plus finement et d'éviter certains interblocages. L'exemple 16-21 présente deux tables et quelques lignes qui y sont insérées.

Exemple 16-21. Deux tables et quelques lignes...

```
CREATE TABLE T1
(C1 INT CONSTRAINT PK_T1 PRIMARY KEY,
C2 INT,
C3 VARCHAR(32) NULL);
GO
CREATE TABLE T2
(C1 INT CONSTRAINT PK_T2 PRIMARY KEY,
C2 INT,
C3 VARCHAR(32) NULL);
GO

DECLARE @I INT;
SET @I = 1;
WHILE @I <= 1000
BEGIN
   INSERT INTO T1 VALUES (@I, @I, 'DATA');
   INSERT INTO T2 VALUES (@I, @I, 'DATA');
   SELECT @I += 1;
END
GO
```

La figure 16-9 présente une situation bien connue dans laquelle figurent deux processus concurrents. Le premier commence par modifier la table `T1` puis `T2`, le second modifie les tables en sens inverse (`T2`, puis `T1`). Il en résulte un verrou mortel.

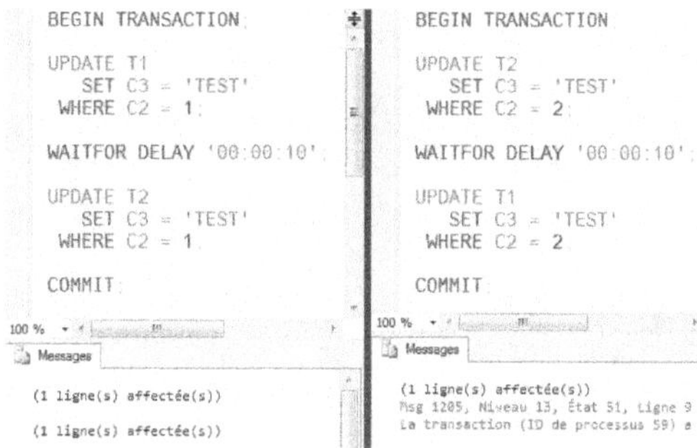

Figure 16–9
Verrou mortel classique du fait de l'inversion du sens de traitement des tables dans les processus concurrents

Une façon de résoudre ce verrou motel consiste à modifier l'indexation :

- en plaçant un index non clustered pour la clé primaire ;
- en ajoutant un index non clustered pour la colonne C2.

L'exemple 16-22 tient compte de ces modifications.

Exemple 16-22. Modification de l'indexation des tables pour résoudre un verrou mortel

```
ALTER TABLE T1 DROP CONSTRAINT PK_T1;
ALTER TABLE T1 ADD CONSTRAINT PK_T1 PRIMARY KEY NONCLUSTERED (C1);
CREATE INDEX X_T1_C2 ON T1 (C2);

ALTER TABLE T2 DROP CONSTRAINT PK_T2;
ALTER TABLE T2 ADD CONSTRAINT PK_T2 PRIMARY KEY NONCLUSTERED (C1);
CREATE INDEX X_T2_C2 ON T2 (C2);
```

Mais cette technique peut aussi conduire à un interblocage interne entre deux processus utilisant deux index différents d'une même table…

Dénormaliser

Une solution peu orthodoxe de dénormalisation peut parfois résoudre un verrou mortel. L'exemple 16-23 présente deux tables : l'une pour un compte bancaire, l'autre pour un compte épargne.

Exemple 16-23. Deux tables de comptes bancaire et épargne et une ligne dans chaque table

```
CREATE TABLE T_COMPTE_BANCAIRE_CPB
(CPB_ID          INT IDENTITY PRIMARY KEY,
CLI_ID          INT NOT NULL REFERENCES T_CLIENT_CLI (CLI_ID),
CPB_SOLDE       DECIMAL(16,2) NOT NULL);
GO
CREATE TABLE T_COMPTE_EPARGNE_CPE
(CPE_ID          INT IDENTITY PRIMARY KEY,
CLI_ID          INT NOT NULL REFERENCES T_CLIENT_CLI (CLI_ID),
CPE_SOLDE       DECIMAL(16,2) NOT NULL);
GO

INSERT INTO T_COMPTE_BANCAIRE_CPB VALUES (1, 26875.41);
INSERT INTO T_COMPTE_EPARGNE_CPE VALUES (1, 189.92);
```

Ajoutons deux procédures, l'une transférant une somme de données du compte bancaire vers le compte épargne et l'autre procédant à l'inverse pour transférer du compte épargne vers le compte bancaire (exemple 16-24).

Exemple 16-24. Procédures de transfert entre comptes

```
CREATE PROCEDURE P_TRANSFERT_BANQUE_EPARGNE
                 @CLI_ID INT,
                 @MONTANT DECIMAL(16, 2)
AS
SET NOCOUNT ON;
BEGIN TRY
   BEGIN TRANSACTION;
   UPDATE T_COMPTE_BANCAIRE_CPB
      SET CPB_SOLDE = CPB_SOLDE - @MONTANT
    WHERE CLI_ID = @CLI_ID;
   WAITFOR DELAY '00:00:10';
   UPDATE T_COMPTE_EPARGNE_CPE
      SET CPE_SOLDE = CPE_SOLDE + @MONTANT
    WHERE CLI_ID = @CLI_ID;
   COMMIT
END TRY
BEGIN CATCH
   DECLARE @MSG NVARCHAR(1024);
   IF XACT_STATE() <> 0
      ROLLBACK;
   SET @MSG = 'Transaction annulée suite à erreur : ' + ERROR_MESSAGE();
   THROW 55555, @MSG, 1;
END CATCH
GO

CREATE PROCEDURE P_TRANSFERT_EPARGNE_BANQUE
                 @CLI_ID INT,
                 @MONTANT DECIMAL(16, 2)
AS
SET NOCOUNT ON;
BEGIN TRY
   BEGIN TRANSACTION;
   UPDATE T_COMPTE_EPARGNE_CPE
      SET CPE_SOLDE = CPE_SOLDE - @MONTANT
    WHERE CLI_ID = @CLI_ID;
   WAITFOR DELAY '00:00:10';
   UPDATE T_COMPTE_BANCAIRE_CPB
      SET CPB_SOLDE = CPB_SOLDE + @MONTANT
    WHERE CLI_ID = @CLI_ID;
   COMMIT
END TRY
BEGIN CATCH
   DECLARE @MSG NVARCHAR(1024);
   IF XACT_STATE() <> 0
      ROLLBACK;
   SET @MSG = 'Transaction annulée suite à erreur : ' + ERROR_MESSAGE();
   THROW 55555, @MSG, 1;
END CATCH
GO
```

L'exécution simultanée de chacune des procédures pour un même compte, comme le montre la figure 16-10, provoque immanquablement un verrou mortel.

Figure 16–10
Verrou mortel du fait de l'exécution des procédures de l'exemple 16-24

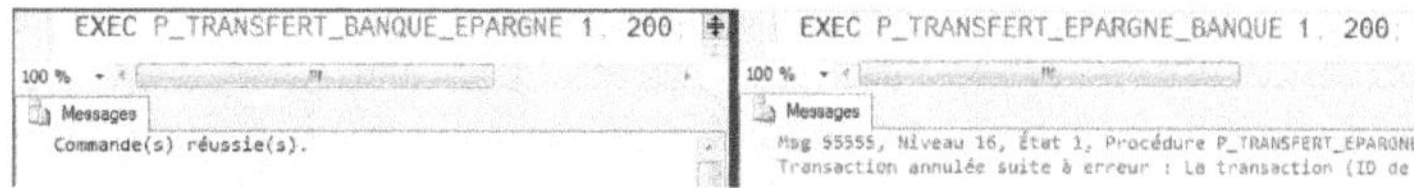

La solution consiste tout simplement à dénormaliser la base en fusionnant les deux tables en une seule, au risque d'être obligé de « stocker » du `NULL` pour les clients n'ayant pas de compte épargne.

L'exemple 16-25 montre l'ensemble de la modification à effectuer.

Exemple 16-25. Dénormalisation permettant de résoudre un verrou mortel

```
BEGIN TRANSACTION;

ALTER TABLE T_COMPTE_BANCAIRE_CPB
ADD CPB_SOLDE_EPARGNE DECIMAL(16,2);
GO

UPDATE CPB
SET    CPB_SOLDE_EPARGNE = CPE_SOLDE
FROM   T_COMPTE_BANCAIRE_CPB AS CPB
       INNER JOIN T_COMPTE_EPARGNE_CPE AS CPE
             ON CPB.CLI_ID = CPE.CLI_ID;
GO

IF EXISTS(SELECT CLI_ID, CPB_SOLDE_EPARGNE
          FROM   T_COMPTE_BANCAIRE_CPB
          EXCEPT
          SELECT CLI_ID, CPE_SOLDE
          FROM   T_COMPTE_EPARGNE_CPE)
   ROLLBACK
ELSE
BEGIN
   DROP TABLE T_COMPTE_EPARGNE_CPE;
   COMMIT;
END
GO
```

Le transfert ne nécessitant plus qu'une seule requête, aucun verrou mortel ne peut plus survenir.

Éradication des interblocages

Est-il possible d'éradiquer tous les verrous mortels ? Cette question intéressante est débattue depuis fort longtemps... En 1965, Edsger Dijkstra a proposé un algorithme d'éradication d'interblocages dit « du banquier ». Le principe de cet algorithme est le suivant :

- chaque processus déclare le nombre maximal d'instances de chaque ressource nécessaire à son traitement ;
- le nombre de ressources demandées n'excède pas la totalité des ressources du système ;
- les ressources utilisées sont libérées dans un temps fini donné.

Cet algorithme est en pratique inapplicable aux SGBD relationnels du fait de l'optimisation, qui paradoxalement, empêche de connaître à l'avance le nombre et la nature des verrous à poser (conversion, escalade...).

Pose manuelle de verrous

SQL Server permet de poser manuellement des verrous sur chaque table, verrous qui seront relâchés à la fin de l'exécution de la commande ou de la transaction, suivant l'option choisie. Pour ce faire, vous devrez utiliser les tags de tables *(hint)*.

La pose manuelle de verrous est généralement la pire des solutions, car elle ne permet pas de tenir compte de l'état des données et de la concurrence à l'instant *t*. Par ailleurs, elle interdit l'escalade de verrous. Vous pouvez donc arriver plus fréquemment à des timeout de verrouillage comme à des interblocages. Il est donc fortement conseillé de s'abstenir !

Pour poser manuellement un verrou de niveau table, vous devez utiliser le mot-clé `WITH` après le nom de la table s'il n'y a pas d'alias, sinon après l'alias. La syntaxe est la suivante :

```
<nom_table> [[AS] <nom_alias>] WITH (<tag1> [, <tag2> [, <tagN> …]])
```

Les tags peuvent être de deux natures : des tags de verrouillage ou des tags d'isolation.

```
<tagN> ::=
   {<tag_lock>|<tag_iso>}

<tag_lock> ::=

{ HOLDLOCK
   |XLOCK
   |NOLOCK
   |ROWLOCK
   |PAGLOCK
   |TABLOCK
   |TABLOCKX
   |UPDLOCK
   |NOWAIT
}

<tag_iso> ::=

{ READCOMMITTED
   |READCOMMITTEDLOCK
   |READPAST
   |READUNCOMMITTED
   |REPEATABLEREAD
   |SERIALIZABLE
}
```

Le tableau 16-12 décrit le fonctionnement de la pose manuelle des différents verrous au niveau table.

Tableau 16–12 Nature des verrous manuels

Tag	Description
HOLDLOCK	Maintient les verrous posés jusqu'à la finalisation de la transaction. En l'absence de HOLDLOCK, les verrous ne sont maintenus que pour la durée de l'exécution de l'ordre SQL dans lequel ce tag figure. Équivalent du mode d'isolation SERIALIZABLE appliqué à la table. Peut être combiné avec ROWLOCK, PAGLOCK, TABLOCK, UPDLOCK ou XLOCK.

Tableau 16–12 Nature des verrous manuels *(suite)*

Tag	Description
XLOCK	Impose des verrous exclusifs maintenus jusqu'à la finalisation de la transaction. Peut être combiné avec ROWLOCK, PAGLOCK, TABLOCK ou HOLDLOCK.
NOLOCK	Effectue une lecture sale dans la table. Équivalent du mode d'isolation READ UNCOMMITTED appliqué à la table.
ROWLOCK	Impose des verrous partagés de ligne (physique ou clé si index clustered) le temps d'exécuter l'instruction SQL. Nécessite une combinaison avec UPDLOCK ou HOLDLOCK si le niveau d'isolation est SNAPSHOT.
PAGLOCK	Impose des verrous partagés de page le temps d'exécuter l'instruction SQL. Nécessite une combinaison avec UPDLOCK ou HOLDLOCK si le niveau d'isolation est SNAPSHOT.
TABLOCK	Impose un verrou partagé sur la table le temps d'exécuter l'instruction SQL.
TABLOCKX	Impose un verrou exclusif sur la table le temps d'exécuter l'instruction SQL.
NOWAIT	N'attend pas de libération de verrou si la table est bloquée par un autre processus et renvoie une erreur (équivalent d'un SET LOCK_TIMEOUT =0 pour la table considérée).

Le moteur ne garantit pas le respect absolu des demandes de verrous. Certaines circonstances feront que le plan de requête établi par l'optimiseur pourra ne pas en tenir compte.
Lorsqu'un indicateur de verrouillage est posé sur une vue, il est diffusé à toutes les tables sous-jacentes à la vue.

Le tableau 16-13 décrit le fonctionnement de la mise en place des différents niveaux d'isolation au niveau table.

Tableau 16–13 Nature des indicateurs d'isolation au niveau table

Tag	Description
READCOMMITTED	Applique le niveau d'isolation READ COMMITTED au niveau de la table et en versionning de ligne si la base est en mode READ_COMMITTED_SNAPSHOT.
READCOMMITTEDLOCK	Applique le niveau d'isolation READ COMMITTED au niveau de la table même si le versionning de ligne est activé par un READ_COMMITTED_SNAPSHOT au niveau de la base.
READPAST	Effectue une lecture sale qui ignore les lignes ou les pages verrouillées (lecture chaotique)
READUNCOMMITTED	Applique le niveau d'isolation READ UNCOMMITTED au niveau de la table. Ne peut être placé pour les commandes UPDATE et DELETE.
REPEATABLEREAD	Applique le niveau d'isolation REPEATABLE READ au niveau de la table.
SERIALIZABLE	Applique le niveau d'isolation SERIALIZABLE au niveau de la table.

Microsoft ne garantit pas la portabilité des tags de table d'une version à l'autre, certains tags étant déjà considérés comme obsolètes (par exemple, le NOLOCK ou le READ UNCOMMITTED pour les DELETE et UPDATE).

Reprenons l'exemple 16-18. Une façon de conserver l'ordre des commandes SQL et de faire en sorte de n'avoir ni doublons de clé, ni verrou mortel, consiste à imposer un verrou exclusif lors de la lecture de la table dans la commande SELECT et de maintenir ce verrou jusqu'en fin de transaction (exemple 16-26).

Exemple 16-26. Procédure de calcul de nouvelle(s) clé(s) partitionnée(s) exempte de problématiques transactionnelles

```
CREATE PROCEDURE dbo.P_NOUVELLE_CLEF
                 @TABLE_SCHEMA sysname = 'dbo',
                 @TABLE_NAME   sysname,
                 @CLEF         VARCHAR(32),
                 @ROWS         INT = 1,
                 @VALEUR       INT OUTPUT
AS

SET NOCOUNT ON;

BEGIN TRANSACTION;

BEGIN TRY

   SELECT @VALEUR = CPT_VALEUR + COALESCE(@ROWS, 1)
   FROM   dbo.T_COMPTEUR_CPT WITH(ROWLOCK XLOCK)
   WHERE CPT_TABLE_SCHEMA = COALESCE(@TABLE_SCHEMA, 'dbo')
     AND CPT_TABLE_NAME   = @TABLE_NAME
     AND CPT_CLEF         = @CLEF;

   WAITFOR DELAY '00:00:10';

   UPDATE dbo.T_COMPTEUR_CPT
   SET    CPT_VALEUR = @VALEUR
   WHERE CPT_TABLE_SCHEMA = COALESCE(@TABLE_SCHEMA, 'dbo')
     AND CPT_TABLE_NAME   = @TABLE_NAME
     AND CPT_CLEF         = @CLEF;

   COMMIT;

END TRY
BEGIN CATCH

   DECLARE @MSG NVARCHAR(1024);
   IF XACT_STATE() <> 0
      ROLLBACK;
   SET @MSG = 'Transaction annulée suite à erreur : ' + ERROR_MESSAGE();
   THROW 55555, @MSG, 1;

END CATCH
```

Dans cet exemple, nous avons supprimé la mise en place d'un niveau d'isolation particulier, ce qui fait que la transaction se déroulera au niveau courant, par défaut `READ COMMITTED`. La présence de la cause `WITH` dans le `SELECT` impose un verrou de ligne avec verrouillage exclusif et maintien des verrous jusqu'à la fin de la transaction. Mais nous savons qu'il y a une meilleure solution… Reportez-vous à l'exemple 16-20, page 836.

La suite et fin de l'ouvrage est disponible sur la fiche du livre sur www.editions-eyrolles.com.

Dépôt légal : décembre 2014
N° d'éditeur : 8985
Imprimé en France.

www.ingramcontent.com/pod-product-compliance
Lightning Source LLC
LaVergne TN
LVHW062257060326
832902LV00013B/1927
* 9 7 8 2 2 1 2 1 3 5 9 2 3 *